Claessen

Grundordnung der Evangelischen Kirche in Deutschland

Herbert Claessen

Grundordnung der Evangelischen Kirche in Deutschland

Kommentar und Geschichte

Herausgegeben von Burkhard Guntau

Otto Bauer Verlag Stuttgart

Bibliografische Information der Deutschen Nationalbibliothek
Die Deutsche Nationalbibliothek verzeichnet diese Publikation in der
Deutschen Nationalbibliografie; detaillierte bibliografische Daten
sind im Internet über http://dnb.ddb.de abrufbar.

1. Auflage Januar 2007

Gesetzt aus der Weidemann von Satz+Service Egger Stuttgart
Gedruckt auf chlorfrei gebleichtem Papier und gebunden
von Ebner & Spiegel Ulm
Printed in Germany
ISBN 978-3-87047-091-3

„Wenn der Herr nicht das Haus baut, so arbeiten umsonst, die da bauen."
(Ps 127,1)

„Hephata!, das heißt: Tu dich auf!"
(Mk 7,34).

Vorwort

Anders als in vielen Ländern baut der Protestantismus in Deutschland auf seinen 23 Landeskirchen auf. Das Zustandekommen der Grundordnung der Evangelischen Kirche in Deutschland ist das Ergebnis eines mühevollen Ringens von 1945–1948, der Gemeinschaft der lutherischen, reformierten und unierten Landeskirchen in Deutschland Ausdruck und Gestalt zu verleihen. Der vorgelegte Kommentar zeichnet die kirchengeschichtliche Entwicklung in Deutschland nach. Erst das historische Verständnis erschließt Bedeutung und Regelungsgehalt der Grundordnung.
Durch den Kommentar soll die verdienstvolle Kommentierung der Grundordnung durch Heinz Brunotte aus dem Jahr 1954 abgelöst werden. Damit werden die im Verlaufe der Zeit eingetretenen Veränderungen der Grundordnung erleichternd für die Rechtsanwendung erschlossen und für die wissenschaftliche Durchdringung erschlossen. Die Umsetzung der Vereinbarungen der Leuenberger Konkordie, die Herstellung der Einheit der EKD nach der deutschen Wiedervereinigung, die Neugestaltung des Gesetzgebungsverfahrens und die Errichtung einer kirchlichen Gerichtsbarkeit, vor allem aber das durch Kirchenverträge zwischen EKD und VELKD sowie EKD und UEK vereinbarte Verbindungsmodell, sind Meilensteine der weiteren Entwicklung der Evangelischen Kirche in Deutschland, ihres Verhältnisses zu den gliedkirchlichen Zusammenschlüssen einerseits wie das zu ihren Gliedkirchen.
Es ist Herrn Oberkirchenrat i. R. Dr. Herbert Claessen zu danken, dass er sich der umfangreichen Aufgabe der Erläuterung angenommen und dabei die Grundordnung in ihren entwicklungsgeschichtlichen Kontext eingebettet hat. Vor allem die sorgfältige Auswertung des Schrifttums und der Beschlüsse der Organe der EKD erlauben einen profunden Überblick. Herr Dr. Claessen, der jahrzehntelang im Kirchenamt der EKD als Kirchenjurist tätig war, verfügt über den fachlichen und kirchengeschichtlichen Überblick und hat sich als Kommentator zum Datenschutzgesetz der EKD verdient gemacht. Zu danken ist ferner dem Kirchenrechtlichen Institut der EKD für Korrektur- und Zuarbeiten, namentlich Frau Dr. Anne-Ruth Glawatz-Wellert.

Hannover, im Oktober 2006

Burkhard Guntau
Vizepräsident des Kirchenamts der EKD

Inhalt

Abkürzungen

(Nicht aufgeführt sind allgemein übliche Abkürzungen.)

a.A.	anderer Ansicht
AA	Arbeitsausschuss
aaO	am angegebenen Ort
ABl. EKD	Amtsblatt der Evangelischen Kirche in Deutschland (ab 1947)
ABl.	Amtsblatt
Abschn.	Abschnitt
ACK	Arbeitsgemeinschaft Christlicher Kirchen
a.E.	am Ende
AEJ	Arbeitsgemeinschaft Evangelischer Jugend
AEM	Arbeitsgemeinschaft Evangelikaler Missionen
a.F.	alte Fassung
Ah	Evangelische Landeskirche Anhalts
AKBl.	Allgemeines Kirchenblatt für das evangelische Deutschland
AKf	Arnoldshainer Konferenz
amtl.	amtlich
Änd.	Änderung
ÄndG	Änderungsgesetz
Anh	Abschnitt „Anhang“
Anl.	Anlage
Anm.	Anmerkung
Apg	Apostelgeschichte
APU	Evangelische Kirche der (altpreußischen) Union
ARRG	Arbeitsrechtsregelungsgesetz der EKD
Art.	Artikel
AT	Altes Testament
Aufl.	Auflage
Aufs.	Aufsatz, Aufsätze
AVR	Arbeitsvertragsrichtlinien
Az.	Aktenzeichen
Bad	Evangelische Landeskirche in Baden
BAG	Bundesarbeitsgericht
Barmer Erkl. z. Rechtslage	Barmer Erklärung zur Rechtslage der Bekenntnissynode der Deutschen Evangelischen Kirche
Barmer Theol. Erkl.	Theologische Erklärung zur gegenwärtigen Lage der Deutschen Evangelischen Kirche

BAT	Bundes-Angestellten-Tarifvertrag
bay.	bayerisch
Bay	Evangelisch-Lutherische Kirche in Bayern
BBO	Evangelische Kirche in Berlin-Brandenburg-schlesische Oberlausitz
Bd.	Band
BDSG	Bundesdatenschutzgesetz
bearb.	bearbeitet
Bek.	Bekanntmachung
BEK	Bund der Evangelischen Kirchen in der DDR
Beschl.	Beschluss
BGB	Bürgerliches Gesetzbuch
BGBl.	Bundesgesetzblatt
BGH	Bundesgerichtshof
BGS	Bundesgrenzschutz
BGSSG.EKD	Bundesgrenzschutzseelsorgegesetz der EKD
Bkm.	Bekanntmachung
BMI	Bundesminister(ium) des Innern
BRD	Bundesrepublik Deutschland
BR-Drs.	Bundesratsdrucksache
Brm	Bremische Evangelische Kirche
Bswg	Evangelisch-lutherische Landeskirche in Braunschweig
BT-Drs.	Bundestagsdrucksache
Buchst.	Buchstabe
BVerfG	Bundesverfassungsgericht
BVerfGE	Entscheidungen des Bundesverfassungsgerichts, amtliche Sammlung
BVerfGG	Bundesverfassungsgerichtsgesetz
c.	Canon
CA	Confessio Augustana (zit. nach J. Lorz, Hg., Das Augsburger Bekenntnis, Göttingen 1980, und H. G. Pöhlmann, Unser Glaube, 3. Aufl. Gütersloh 1986)
CIC	Codex Iuris Canonici
DAVIP	Datenverarbeitung im Pfarramt
DB	Dekanatsbezirk, Zeitschrift „Der Betrieb“
DC	Deutsche Christen
DEK	Deutsche Evangelische Kirche
DEKA	Deutscher Evangelischer Kirchenausschuss
DEKb	Deutscher Evangelischer Kirchenbund

DEKT	Deutscher Evangelischer Kirchentag
ders.	derselbe
DG.EKD	Disziplinargesetz der EKD
diak.	diakonisch
Diss.	Dissertation
DÖSTA	Deutscher Ökumenischer Studienausschuss
DPfBl	Deutsches Pfarrerblatt
DRL	Deutsches Rechts-Lexikon, hg. v. H. Tilch und F. Arloth, 3. Aufl., München 2001
DS	Deutsches Allgemeines Sonntagsblatt
DVBl	Deutsche Verwaltungsblätter
DVO	Durchführungsverordnung,
DVO.EKD	Dienstvertragsordnung der EKD
DW	Diakonisches Werk der EKD
EDV	elektronische Datenverarbeitung
EED	Evangelischer Entwicklungsdienst e. V.
EG	Europäische Gemeinschaft, Evangelisches Gesangbuch
EGO74	Grundordnung der EKD, Entwurf vom 7. November 1974
EGOK	Ergänzende Geschäftsordnung des Kirchenamtes der EKD
EGV	Vertrag über die Europäische Gemeinschaft
eingef.	eingefügt
Eisenach 1948	Verhandlungen der verfassunggebenden Kirchenversammlung der EKD vom 9.–13. Juli 1948, hg. von der Kirchenkanzlei der EKD, Berlin 1951
EKBBO	Evangelische Kirche in Berlin-Brandenburg-schlesische Oberlausitz
EKD	Evangelische Kirche in Deutschland
EKD-Text	Reihe „EKD-Texte", hg. von der Kirchenkanzlei bzw. dem Kirchenamt der EKD in Hannover
EKG	Evangelisches Kirchengesangbuch
EKHN	Evangelische Kirche in Hessen und Nassau
EKiBB	Evangelische Kirche in Berlin-Brandenburg
EKiR	Evangelische Kirche im Rheinland
EKKW	Evangelische Kirche in Kurhessen-Waldeck
EKL2,3	Evangelisches Kirchenlexikon, 2. Aufl. 1951 3. Aufl., Göttingen 1985–87, hg. von E. Fahlbusch u.a.
EKM	Föderation Evangelischer Kirchen in Mitteldeutschland
EKsOL	Evangelische Kirche der schlesischen Oberlausitz
EKU	Evangelische Kirche der Union

EKvW	Evangelische Kirche von Westfalen
EMW	Evangelisches Missionswerk
EOK	Evangelischer Oberkirchenrat
epd	Evangelischer Pressedienst
epd-Dok.	Dokumentation des Evangelischen Pressedienstes
epdZA	Zentralausgabe des Evangelischen Pressedienstes
Eph	Brief des Paulus an die Epheser
Erg.	Ergänzung, Ergebnis
Erl	Abschnitt „Erläuterungen" (mit Angabe des Artikels)
Essener Gespräche	Essener Gespräche zum Thema Staat und Kirche, Bd. 1–38 ff., hg. v. J. Krautscheid/H. Marré/J. Stüting, Münster 1965–2004 ff.
ESozL	Evangelisches Soziallexikon, 7. Aufl. 1980
EvStL1,2,3, 2006	Ev. Staatslexikon, begründet von H. Kunst und R. Herzog, hg. von K. Schlaich/W. Schneemelcher u.a., Stuttgart, 1. Aufl. 1966, 2. Aufl. 1975, 3. Aufl. 1987; neu hg. 2006 v. Heun,W./ Honecker, M. u.a.
EvTh	Evangelische Theologie (Zeitschrift)
EU	Europäische Union
Ev.-ref. Kirche	Synode evangelischer-reformierter Kirchen in Bayern und Nordwestdeutschland
EvK	Evangelische Kommentare
EZA	Evangelisches Zentralarchiv in Berlin
f(f).	folgende
FAZ	Frankfurter Allgemeine Zeitung
FC	formula concordiae (Konkordienformel)
FESt.	Forschungsstätte der Evangelischen Studiengemeinschaft
Fn	Fußnote
geänd.	geändert
GEKE	Gemeinschaft Evangelischer Kirchen in Europa
gem.	gemäß
Gen	Genesis (1. Buch Mose)
Ges.Bl.DEK	Gesetzblatt der Deutschen Evangelischen Kirche (1933–45)
Gesch	Abschnitt „Vorgeschichte, Entstehung und Entwicklung der Grundordnung"
GeschO	Geschäftsordnung
GeschOKA	Geschäftsordnung des Kirchenamtes der EKD
GeschOKK	Geschäftsordnung der Kirchenkonferenz (Text 8)

GeschORat	Geschäftsordnung des Rates der EKD (Text 9)
GeschOSyn	Geschäftsordnung der Synode der EKD (Text 6)
GG	Grundgesetz der Bundesrepublik Deutschland
GO	Grundordnung der EKD
griech.	griechisch
HA	Hauptabteilung
HAL	Hauptabteilungsleiter/in
Han	Evangelisch-lutherische Landeskirche Hannovers
HbdStKirchR I, II	Handbuch des Staatskirchenrechts der Bundesrepublik Deutschland, Berlin, 1. Aufl. hg. v. E. Friesenhahn/U. Scheuner, Bd. I 1974, Bd. II 1975; 2. Aufl. hg. v. J. Listl/D. Pirson, Bd. I 1994, Bd. II 1995
Heb	Brief an die Hebräer
Hg./hg.	Herausgeber/herausgegeben
hl.	heilig
HPTh	Handbuch der praktischen Theologie, 1. Aufl. hg. von H. Ammer u.a., Berlin 1975
HStR	Handbuch des Staatsrechts der Bundesrepublik Deutschland, hg. v. J. Isensee/P. Kirchhof, Heidelberg 1996
HW	Evangelisches Hilfswerk
i.d.F.v.	in der Fassung vom
i.d.R.	in der Regel
i.E.	im Einzelnen
IM	Innere Mission
Impulspapier rh. Ki.	Impulspapier der Kirchen an der Rheinschiene (Rh, EKHN, Pf, Bad) zur Weiterentwicklung der EKD vom 4.12.1998 (KA-Az. 8446/2.211)
insb.	insbesondere
insg.	insgesamt
IuK	Information und Kommunikation
i.V.m.	in Verbindung mit
Jb.	Jahrbuch
Jg.	Jahrgang
Jer	Jeremia
jew.	jeweilig, jeweils
Joh	Evangelium nach Johannes
JuS	Juristische Schulung
Jus Eccl.	Jus Ecclesiasticum, Beiträge zum evangelischen Kirchenrecht

	und zum Staatskirchenrecht, hg. v. A. v. Campenhausen/ M. Daur/M. Heckel u.a., München 1965 ff., später: Tübingen
JVA	Justizvollzugsanstalt
JZ	Juristenzeitung
KA	Kirchenamt der EKD
KA-Az.	Aktenzeichen des Kirchenamtes oder der Kirchenkanzlei der EKD
KAZ	Kirchliches Archivzentrum Berlin
kath.	römisch-katholisch
KBG	Gesetz über die Kirchenbeamtinnen und Kirchenbeamten in der EKD
KBVG	Kirchenbeamtenbesoldungs- und -versorgungsgesetz der EKD
KED	Kirchlicher Entwicklungsdienst
KEK	Konferenz Europäischer Kirchen
KG	Kirchengesetz
KGH	Kirchengerichtshof der EKD
KI	Kirchenrechtliches Institut der EKD
KI-Gutachten (Jahr)	Kirchenrechtliche Gutachten erstattet vom Kirchenrechtlichen Institut der EKD, in der Reihe Jus Ecclesiasticum, M. Heckel, geschf. Hg. (zitiert nach Jahr des Gutachtens): 1946–69 (Bd. 14) hg. v. A. v. Campenhausen/P. v. Tiling, München 1972 1970–80 (Bd. 30), Münchener Gutachten, hg. v. A. v. Campenhausen, Tübingen 1983 1981–89 (Bd. 48) Göttinger Gutachten (I), hg. v. A. v. Campenhausen/J. Christoph, Tübingen 1994 1990–2000 (Bd. 69) Göttinger Gutachten II, hg. v. A. v. Campenhausen/C. Thiele, Tübingen 2002
KiGSt	Kirchliche Gemeinschaftsstelle für elektronische Datenverarbeitung e.V.
KiGG.EKD	Kirchengerichtsgesetz der EKD
Kikanz.	Kirchenkanzlei der EKD
KirchE	Entscheidungen in Kirchensachen seit 1946, Bde. 1–44, begr. v. C.J. Hering, hg. v. M. Baldus/S. Muckel, Berlin 1963–2006
kirchl.	kirchlich
KiZ	Kirchenzeitung
KJ	Kirchliches Jahrbuch begründet von J. Schneider (Jahrgang, Seite) Gütersloh seit 1899, Hg.: J. Schneider 1899–1930, J. Beckmann 1945–1973, W.-D. Hauschild, H. Barth u.a. seit 1974

KK	Kirchenkonferenz
KL	Kirchenleitung
KMG	Kirchengesetz über die Kirchenmitgliedschaft, das kirchliche Meldewesen und den Schutz der Daten der Kirchenmitglieder v. 10.11.1976 (ABl. EKD S. 389)
KonNds	Konföderation evangelischer Kirchen in Niedersachsen
Kor 1./2.	1. und 2. Brief an die Korinther
KPS	Evangelische Kirche der Kirchenprovinz Sachsen
KR	Kirchenrecht, Kirchenrat
KUG	Gesetz betreffend das Urheberrecht an Werken der bildenden Künste und der Photographie
Kundg.BEK 1,2	Kundgebungen des Bundes der Evangelischen Kirchen in der DDR, Bd. 1 1969–80, Bd.2 1981–91, hg. v. M. Falkenau, Hannover 1995, 1996
Kundg.EKD 1-5	Kundgebungen, Worte, Erklärungen und Dokumente der EKD, Hannover, Bd. 1: 1945–59 hg. v. F. Merzyn, 1959; Bd. 2: 1959–69, Bd. 3: 1969–80, hg. v. J. Christoph, 1994 und 1996; Bd. 4 : 1981–91, hg. v. H. Barth/U.-P. Heidingsfeld; Bd. 5: 1991–2000, hg. v. H. Barth
KuR	Kirche und Recht (Zeitschrift)
KV	Kirchenvorstand
KZVK	Kirchliche Zusatzversorgungskasse
lat.	lateinisch
LB	Landesbischof
LG	Landgericht
Li	Lippische Landeskirche
lit.	Litera, Buchstabe
Lit.	Literatur
lfd.	laufend
Lfg.	Lieferung
LK	Landeskirche
LKonk.	Leuenberger Konkordie
LKA	Landeskirchenamt
LKR	Landeskirchenrat
LKS	Lexikon für Kirchen- und Staatskirchenrecht, Paderborn u.a. 2000 (Bd. 1), 2002 (Bd. 2), 2004 (Bd. 3), hg. v. A. v. Campenhausen u.a.
LM	Lutherische Monatshefte
Losebl.	Loseblatt-Sammlung

Ls.	Leitsatz
LThK 2,3	Lexikon für Theologie und Kirche, Freiburg u.a., 2. Aufl. hg. v. J. Höfer u.a., 1957–1965, 3. Aufl. hg. v. W. Kasper u.a.,1993–2001
luth.	lutherisch
LWB	Lutherischer Weltbund (Lutheran World Federation: LWF)
M	Evangelisch-Lutherische Landeskirche Mecklenburgs
MAV	Mitarbeitervertretung
MBL	Mitteilungsblatt des Bundes der Evangelischen Kirchen in der DDR
MDR	Monatszeitschrift für deutsches Recht
m. Hinw.	mit Hinweis
MilB	der Ev. Militärbischof
Mk	Evangelium nach Markus
MSV	Vertrag der Bundesrepublik Deutschland mit der Evangelischen Kirche in Deutschland zur Regelung der evangelischen Militärseelsorge
Mt	Evangelium nach Matthäus
MVG	Kirchengesetz über die Mitarbeitervertretungen in der EKD
m.w.N.	mit weiteren Nachweisen
nds./Nds.	niedersächsisch/Niedersachsen
Ndschr.	Niederschrift über die Sitzung (am)
NdschrKK	Niederschrift über die Sitzung der Kirchenkonferenz am
NdschrRat	Niederschrift über die Sitzung des Rates der EKD am
NEK	Nordelbische Evangelisch-Lutherische Kirche
neugef.	neugefasst
NJW	Neue Juristische Wochenschrift
NT	Neues Testament
n.v.	nicht veröffentlicht
NVwZ	Neue Zeitschrift für Verwaltungsrecht
NZA	Neue Zeitschrift für Arbeitsrecht
o.ä.	oder ähnlich
öff.	öffentlich
o.g.	oben genannt
o.J.	ohne Jahresangabe
OKonsR/n	Oberkonsistorialrat/Oberkonsistorialrätin
ökum.	ökumenisch

OKR/n	Oberkirchenrat/Oberkirchenrätin
Old	Evangelisch-Lutherische Kirche in Oldenburg
OLKR/n	Oberlandeskirchenrat/Oberlandeskirchenrätin
ÖR	Ökumenische Rundschau (Zeitschrift)
ÖRK	Ökumenischer Rat der Kirchen
Phil	Brief des Paulus an die Philipper
Pf	Evangelische Kirche der Pfalz
Pfr./n.	Pfarrer/Pfarrerin
Pom	Pommersche Evangelische Kirche
Präs.	Präsident, Präsidentin
Prot.	Protokoll
Ps	Psalm
RA	Rechtsanwalt
Rderl.	Runderlass
Rdn.	Randnummer
Rdschr.	Rundschreiben
Rdvfg.	Rundverfügung
RE	Realencyklopädie für protestantische Theologie und Kirche, begründet von A. Hauck, Bd. X, Leipzig 1901
Rechenschafts-bericht (mit Jahr)	Rechenschaftsbericht des Rates der EKD, hg. v. Kirchenkanzlei/ Kirchenamt der EKD,1967–1992, Hannover 1967ff
Recht der EKD 1–5	Das Recht der EKD, 1.–3. Aufl. hg. v. F. Merzyn, Hannover 1953–64, 4. Aufl. hg. v. D. Dahrmann, Hannover 1978, ab 5. Aufl. 1990 als Loseblattsammlung, bearbeitet v. G. Eibach/ S. Heuer, Neuwied 1990 ff. (Stand: 2006)
rechtl.	rechtlich
Rechtsquellen-EKD	Rechtsquellennachweisung für das deutsche evangelische Kirchenrecht (jährlich in: ABl. EKD)
Ref. Bund	Reformierter Bund
RG	Reichsgericht, auch amtliche Entscheidungssammlung
RGBl.	Reichsgesetzblatt
RGG	Religion in Geschichte und Gegenwart, hg. v. D. Betz, E. Jüngel u. a., Tübingen, 4. Aufl. 1. Bd. 1999, 4. Bd. 2001
Rh	Evangelische Kirche im Rheinland
Richtl.	Richtlinien
Röm	Brief des Paulus an die Römer
Rspr.	Rechtsprechung
RV	Ratsvorsitzende(r)

RWB	Reformierter Weltbund (World Alliance of Reformed Churches – WARC)
S.	Seite
Sa(D)	Evangelisch-Lutherische Landeskirche Sachsens
Sa(M)	Evangelische Kirche der Kirchenprovinz Sachsen
SB	Kirchenkanzlei/Kirchenamt der EKD, Hg., Bericht über die Tagung der Synode der EKD (Tagungsort, Jahr, Band) Hannover 1950 ff. (SB 1949: Göttingen 1953)
Schr.	Schreiben
SGB	Sozialgesetzbuch
SchlO	Evangelische Kirche der schlesischen Oberlausitz
SED	Sozialistische Einheitspartei Deutschlands
SELK	Selbständige Evangelisch-Lutherische Kirche
SLi	Evangelisch-Lutherische Landeskirche Schaumburg-Lippe
s.o.	siehe oben
Sp.	Spalte
staatl.	staatlich
stellv.	stellvertretend
StGB	Strafgesetzbuch
StL	Staatslexikon, hg. v. der Görres-Gesellschaft, 7. Aufl., Freiburg 1985 f.
s.u.	siehe unten
Sup.	Superintendent/Superintendentin
Syn.	Synodale(r)
SynGeschO	Geschäftsordnung der Synode der EKD
teilw.	teilweise
Text	Abschnitt „Texte des Verfassungsrechts“
theol.	theologisch
Thü	Evangelisch-Lutherische Kirche in Thüringen
2. Tim	2. Brief des Paulus an Timotheus
TRE	Theologische Realenzyklopädie, hg. v. G. Müller, Berlin, New York 1976 ff.
Tz	Textziffer
UEK	Union Evangelischen Kirchen in der EKD
unveröff.	unveröffentlicht
Urt.	Urteil
v.	von, vom

VELKD	Vereinigte Evangelisch-Lutherische Kirche Deutschlands
Verf.	Verfassung
VGG.EKD	Verwaltungsgerichtsgesetz der EKD
VGH	Verfassungsgerichtshof der EKD
VO DSG-EKD	Verordnung zum Kirchengesetz über den Datenschutz vom 21.3.1986
V, VO	Verordnung
VO.u.N.Bl.	Verordnungs- und Nachrichtenblatt der Ev. Kirche in Deutschland (1946)
vorl.	vorläufig
Vorl.	Vorlage
Vorlf.O.EKD	Vorläufige Ordnung für die Evangelische Kirche in Deutschland vom 31.8.1945
Vorspr.	Vorspruch (Präambel)
VwGO	Verwaltungsgerichtsordnung
W.A.	Luther, Martin, Werke. Weimarer Kritische Gesamtausgabe, Bd. 1–60, hg. v. J.K.F. Knaake u.a., Weimar 1883–1999 ff.
Westf	Evangelische Kirche von Westfalen
WKL	Weltkirchenlexikon, Handbuch der Ökumene 1960
WRV	Verfassung des Deutschen Reiches vom 11.8.1919 (Weimarer Reichsverfassung)
Wü	Evangelische Landeskirche in Württemberg
württ.	württembergisch
ZBR	Zeitschrift für Beamtenrecht
ZdZ	Zeichen der Zeit (vormals: LM)
ZEE	Zeitschrift für evangelische Ethik
Zeitz	Zeitzeichen
ZevKR	Zeitschrift für evangelisches Kirchenrecht, hg. v. A. v. Campenhausen u.a. Tübingen
zit.	zitieren
ZThK	Zeitschrift für Theologie und Kirche
zw.	zwischen

Technischer Hinweis

Durch **Fettdruck** werden neben den Überschriften im Erläuterungsteil der Grundordnungstext hervorgehoben, im geschichtlichen Abschnitt die thematischen Begriffe. Sonstige Hervorhebungen, auch der verzeichneten Stichworte, sind ***kursiv*** gedruckt. Artikelangaben ohne weitere Bezeichnung beziehen sich auf die Grundordnung. Querverweise innerhalb des Erläuterungsteils (**Erl**) kennzeichnen Artikel mit Absatz und Satz. Verweise auf Verfassungsrechtstexte (**Text**) und den Anhang (**Anh**) geben die Ordnungsnummer der abgedruckten Quelle an, Hinweise auf den geschichtlichen Abschnitt (**Gesch**) die Ordnungsnummer des betr. Abschnitts.

Grundfragen der Verfassung werden im Kontext der einschlägigen Vorschriften dargestellt. Dies gilt etwa für das Kirchenrecht (Art. 2) und sein Verhältnis zum staatlichen Recht (Art. 3) sowie für das Verständnis von Kirche, Bekenntnis und Gemeinschaft (Überschrift „Kirche“ und Art. 1).

Das wichtige Anliegen geschlechtergerechter Sprache wird wie in der Grundordnung möglichst in Paarformeln berücksichtigt, soweit der hier notwendige Problemabriss auf engstem Raum dies zulässt und lesbar bleibt.

Schrifttum

(Zitierweise in Klammern)

Ahme, M: Der Reformversuch der EKD 1970–1976, Hamburger Diss., Stuttgart 1990

Ammer, H.: Die Ordnung der Kirche, in: HPTh I, S. 229 ff.

v. Ammon, W./Rusam, R.: Verfassung der Ev.-Luth. Kirche in Bayern, 2. Aufl., München 1985

Anschütz, G.: Die Verfassung des Deutschen Reiches, 3. Bearb., 10. Aufl., Berlin 1929

v. Arnim, H.: Das Disziplinargesetz der EKD v. 11.3.1955, Berlin 1960 (Disziplinargesetz)

Barth, H.: Die EKD als Modell für die Gemeinschaft bekenntnisverschiedener Kirchen, in: Mitteilungen aus Ökumene und Auslandsarbeit, hg. v. KA, Breklum 2000, S. 29 ff.

– Welches Bekenntnis braucht die Kirche? – Thesen zum Verhältnis von Kirche und Bekenntnis, epd-Dok. 28/2002

– Welche Kompetenzen brauchen die Kirchen in der Mediengesellschaft?, in: C. Drägert/N. Schneider, Hg., Medienethik, Festschrift für M. Kock, Stuttgart u.a. 2001, S. 195 ff. (Mediengesellschaft)

Barth, K.: Die kirchliche Dogmatik, Bd. I – IV, 5. Aufl., Zollikon 1947

– Die Ordnung der Gemeinde, Zur dogmatischen Grundlegung des Kirchenrechts, München 1955

– Texte zur Barmer Theol. Erklärung, Zürich 1984

Barth, T., Elemente und Typen landeskirchlicher Leitung, Jus Eccl. Bd. 53, 1995, S. 218 ff. (Elemente)

Baumbach, A./Lauterbach, W./Hartmann, P.: Zivilprozessordnung, 58. Aufl., München 2000

Bauer, D.: Kirchl. Finanzausgleich (Teil 1 u. 2), KuR 1997 S. 171 ff. u. 233 ff.

Beckmann, J.: Der Weg zur Bekenntnissynode der DEK in Barmen 1934, in: Burgsmüller/Weth, S. 9 ff.

– Neuordnung und Wiederaufbau der EKD 1945–1948, in: KJ 1933–1945, S. 1 ff.

Beier, P.: „Kirchwerdung“ im Zeichen der deutschen Teilung, EKD-Forschungsprojekt, veröff. als CD, Berlin 2002

Benn, E.-V.: Bekenntnis und Bekenntnisbindung, ZevKR 9 (1962/63) S. 155 ff.

– Die Einstweilige Leitung der DEK, ZevKR 1 (1951) S. 365 ff.

Besier, G.: Die Entstehung der Evangelischen Kirche in Deutschland (EKD), Weinheim 1995

Bielitz, K.: Privatrechtliche Organisationsformen in der evangelischen Kirche, ZevKR 47 (2002) S. 56 ff.

Blaschke, K.: Die Kirchenfinanzierung in Deutschland, ZevKR 48 (2003) S. 395 ff.
– Die Verfassung der Nordelbischen Ev.-Luth. Kirche, ZevKR 22 (1977) S. 254 ff.
Bock, M.: Religion im Militär, München 1994
Bock, W.: Das für alle geltende Gesetz und die kirchliche Selbstbestimmung, Tübingen 1996
– Die Beteiligung kirchl. Dienste an der Synode, ZevKR 40 (1995) S. 121 ff.
Böckenförde, E.-W.: Die Entstehung des Staates als Vorgang der Säkularisation, in: Festschrift für Forsthoff, Stuttgart u.a. 1967, S. 75 ff.
Bonhoeffer, D.: Ethik, 9. Aufl., Gütersloh 1981
Braune, H.-P.: Die Kammern der EKD, ZevKR 21 (1976) S. 131 ff.
Bredt, V.: Der Geist der deutschen Reichsverfassung, Berlin 1924
Brunner, P.: Bekenntnis und Bekenntnisbindung, ZevKR 9 (1962/63) S. 142 ff. (Bekenntnis)
– Eisenach 1948, ZevKR 3 (1954) S. 126 ff. (Eisenach)
Brunotte, H.: Das Zusammenleben der Konfessionen in der EKD, Berlin 1953 (Konfessionen)
– Die EKD, Geschichte, Organisation und Gestalt der EKD, Gütersloh 1964 (EKD)
– Die Entwicklung der staatlichen Finanzaufsicht von 1935–1945, ZevKR 3 (1953) S. 29 ff. (Finanzaufsicht)
– Die Grundordnung der EKD. Ihre Entstehung und ihre Probleme, Berlin 1954 (GO)
– Die Kirchenmitgliedschaft der nichtarischen Christen, ZevKR 13 (1967/68) S. 140 ff.
– Nochmals: Abendmahlszulassung und GO der EKD, LM 1966, S. 508 (Abendmahlszulassung)
Brunstäd, F.: Die Kirche und ihr Recht (1935), in: Gesammelte Aufsätze und kleinere Schriften, 1957, S. 260 ff.
Büning, M.: Bekenntnis als „norma normans" oder „norma normata", KuR 2001 S. 19 ff.
– Bekenntnis und Kirchenverfassung, Frankfurt/M u.a. 2002
Bund der Ev. Kirchen in der DDR, Hg.: Gemeinsam unterwegs, Dokumente aus der Arbeit des Bundes der Ev. Kirchen in der DDR 1980–1987, Berlin/Ost 1989
Bundesministerium der Justiz, Hg.: Handbuch der Rechtsförmlichkeiten, 2. Aufl., Köln 1999 (BMJ, Handbuch der Rechtsförmlichkeiten)
Burgsmüller, A./Weth, R.: Die Barmer Theologische Erklärung, Neukirchen-Vluyn 1984
v. Campenhausen, A.: Das Problem der Rechtsgestaltung in ihrer Spannung zwischen Empirie und Anspruch, in: A. Burgsmüller, Kirche als Gemeinde von Brüdern, Bd. 1, Gütersloh 1974, S. 60 ff. (Das Problem der Rechtsgestaltung)
– Das bundesdeutsche Modell des Verhältnisses von Staat und Kirche – Trennung und Kooperation, ZevKR 42 (1997) S. 169 ff.
– Entwicklungstendenzen im kirchl. Gliedschaftsrecht, ZevKR 41 (1996) S. 129 ff.
– Keine Wahrheitsmehrheit, LM 1/1994, S. 24 f.
– Kirche als Gemeinde von Brüdern, Bd. I, Gütersloh 1980, S. 60 ff.
– Kirchenleitung, ZevKR 29 (1984) S. 11 ff.
– Kirchenmitgliedschaft, in: HdbStKirchR, Bd. 1, Berlin 1974, S. 609 ff.
– Synoden in der evangelischen Kirche, in: ders., Gesammelte Schriften, hg. v. J.E. Christoph u.a., Tübingen 1995, S. 50 ff.

– Vier neue Staatskirchenverträge in vier neuen Ländern, NVwZ 1995, S. 757 ff. (Neue Staatsverträge)
– /Christoph, J.: Amtliche Beglaubigungen der öffentlich-rechtlich korporierten Kirchen im weltlichen Bereich, DVBl. 1987, S. 984 ff.
– /de Wall, H.: Staatskirchenrecht, 4. Aufl., München 2006
Claessen, H.: Datenschutz in der ev. Kirche (Kommentar), 3. Aufl., Neuwied 2004
Coenen, L.: Ekklesiologisch-kirchenrechtl. Bemerkungen zum Rezeptionsprozess der Lima-Dokumente, ZevKR 3 (1988) S. 280 ff.
Christoph, J.: Kirchliche Rechtsetzung im diakonischen Bereich, ZevKR 34 (1989) S. 406 ff.
Daur, M.: Parallelstrukturen in der Kirche, ZevKR 42 (1997) S. 1 ff.
Dehnen, D.: Kirchenverfassung und Kirchengesetz, in: Rau/Reuter/Schlaich I, S. 491 ff.
Dibelius, O.: Ein Christ ist immer im Dienst, Stuttgart 1961
Diem, H.: Die Grenzen kirchl. Gesetzgebung, ZevKR 1 (1951) S. 227 ff.
Dill, R./Reimers, S./Thiele, C., Hg.: Im Dienste der Sache, Festschrift für Gaertner, Frankfurt/M. u.a. 2003 (m. Beiträgen v. E. Benda, A. Hollerbach, J.M. Mierscheid, G. Robbers u.a.)
Dolzer, R./Vogel. K. u.a., Hg.: Bonner Kommentar zum Grundgesetz (Stand 94. Lfg.) Heidelberg 2000 (Bonner Kommentar)
Dombois, H.: Altkirchl. und ev. Kirchenverfassung, ZevKR 2 (1952/53) S. 1 ff.
– Das Recht der Gnade, Bielefeld, Bd. I 1996), Bd. II 1974, Bd. III 1983
– Kodex und Konkordie, Stuttgart, Frankfurt/M. 1972
– Naturrecht und christliche Existenz, Kassel 1952
Dreier, R.: Methodenprobleme der Kirchenrechtslehre, ZevKR 23 (1979) S. 343 ff.
Drößler, B.T.: Zum Recht deutscher Gemeinden im Ausland, KuR 1996, S. 49 ff.
Dummler, K.: Die Steuerreform und die Kirchen, ZevKR 21 (1976) S. 34 ff.
Diakonisches Werk der EKD e.V. – Satzung und andere Rechtsgrundlagen, hg. v. Hauptgeschäftsstelle des DW, Losebl., 4. Aufl. Stuttgart 1989 (DW-Rechtsgrundlagen)
Ehlers, D.: Gemeinsame Angelegenheiten von Staat und Kirche, ZevKR 32 (1987) S. 158 ff.
– Rechtsfragen der Vollstreckung kirchlicher Gerichtsentscheidungen, ZevKR 49 (2004) S. 496 ff.
Ehlers, H.: Der Aufbau der Evangelischen Kirche in Deutschland, Europa-Archiv 1947, S. 609 ff. (Aufbau der EKD)
Ehnes, H.: Bemerkungen zum Oekumenischen Kirchenrecht, KuR, 1997 S. 5 ff.
– Die Bedeutung des Grundgesetzes für die Kirche, insb. Grundrechte in der Kirche, ZevKR 34 (1989) S. 382 ff.
Engelhardt, H.: Einige Gedanken zur Kirchenmitgliedschaft im kirchlichen und staatlichen Recht, ZevKR 41 (1996) S.142 ff.
– Schiedsgerichtsbarkeit im Kirchenrecht, KuR 1998 S. 114 ff.
Ennuschat, J.: Militärseelsorge, Verfassungs- und beamtenrechtl. Fragen der Kooperation von Staat und Kirche, Berlin 1996
Erler, A.: Kirchenrecht, 5. Aufl., München, Berlin 1986
Fey, D.: Die zweite Instanz im Mitarbeitervertretungsrecht etc., KuR 1996 S. 159 ff.

– /Rehren, O., Hg.: MVG.EKD, Kirchengesetz über Mitarbeitervertretungen in der EKD, Losebl. Stuttgart 1999 (Stand 1.2006)
– Richtlinie über Anforderungen der beruflichen Mitarbeit in der EKD und ihrer Diakonie, in: Arbeit und Recht, Heft 10, 2005, S. 349 ff. (Richtlinie)
Filmer, F./Görisch, C.: Die Reichweite des Grundgesetzlichen Kirchengutschutzes, ZevKR 45 (2000) S. 453 ff.
Fischer, M.: Kirchliche Beiträge im Fernsehen, Frankfurt/M, 2002
Fleisch, P.: Das Werden der VELKD und ihrer Verfassung, ZevKR 1 (1951) S. 15 ff.
Frank, J.: Konföderation evangelischer Kirchen in Niedersachsen, in: Die territoriale Bindung der ev. Kirche in Geschichte und Gegenwart, hg. v. K. Dumrath u. H.-W. Krumwiede, Neustadt a.d. Aisch 1971, S. 109 ff.
– Möglichkeiten und Formen gesamtkirchlicher Rechtsetzung, ZevKR 15 (1970) S. 113 ff.
– Stand der Verfassungsreform der EKD, ZevKR 22 (1977) S. 25 ff. (Verfassungsreform)
Friedrich, O.: Einführung in das Kirchenrecht, 2. Aufl., Göttingen 1978
Friesenhahn, E.: Kirchen und Religionsgemeinschaften als Körperschaften des öffentlichen Rechts, HdbStKirchR1, S. 549 ff.
Frost, H: Art. „Kirchenverfassung" in: EvStL3 Sp. 1711 ff.
– Strukturprobleme ev. Kirchenverfassung, Göttingen 1972 (Strukturprobleme)
– Zu den Bemühungen um eine Reform der GO während der Jahre 1970–1976, in: Zeitschrift der Savigny-Stiftung, 96. Bd., Weimar 1979, S. 265 ff. (Reform)
Gadamer, H.-G.: Wahrheit und Methode, Tübingen 1960
Gailus, M.: Protestantismus und Nationalsozialismus, Studien zur nationalsozialistischen Durchdringung des Protestantischen Sozialmilieus in Berlin, Köln, Wien 2001
Germann, M.: Art. „Gerichtsbarkeit, Ev. Kirche", in: RGG Bd. 4, Sp. 740 ff.
Gerstenmaier, E.: Kirche, Volk und Staat (Oxford 1937), Berlin 1937
Giese, F./Hosemann, J: Die Verfassungen der deutschen ev. Landeskirchen, 2 Bde, Berlin 1927 (Verfassungen)
Glawatz, A.-R.: Die Zuordnung privatrechtlich organisierter Diakonie zur evangelischen Kirche, Frankfurt/M. 2003
Goldbach, G.: Die Protagonisten des Kirchenkampfes in Hannover, Osnabrück 2002
Greschat, M.: Die evangelische Christenheit und die deutsche Geschichte nach 1945, Stuttgart 2002
Grethlein, G./Böttcher, H./Hofmann, W./Hübner, H.-P.: Ev. Kirchenrecht in Bayern, München 1994
Grundmann, S.: Die Gestaltung einer neuen Kirchenverfassung für die Evangelisch-Lutherische Kirche in Bayern, in: Grundlagen einer Kirchenverfassung etc., München 1966
– Art. „EKD", in: EvStL1, Sp. 483 f.
– Art. „Kirchenrecht, lit. C", in: EvStL3, Sp. 1657 ff.
– Art. „Militärseelsorge", in: EvStL3, Sp. 2136 ff.
– Verfassungsrecht in der Kirche des Evangeliums, ZevKR 11 (1964/65) S. 9 ff. (Verfassungsrecht)

Guntau, B.: Das (neue) Gesetzgebungsrecht in der GO, ZevKR 47 (2002) S. 639 ff. (Gesetzgebungsrecht)
– Die Entwicklung der rechtlichen Ordnung der Beziehungen der EKD zu evangelischen Gemeinden deutscher Sprache im Ausland, in: Im Dienste der Sache, Festschrift für J. Gaertner, hg. v. R. Dill, S. Reimers u. C. Thiele, Frankfurt/M. u.a. 2003
– Die Neuordnung der Rechtspflege in der EKD durch das KiGG.EKD, ZevKR 51 (2006) S. 327 ff.
– Art. „EKD“, in: LKS 1, S. 645 ff.
– Art. „Gliedkirche“, in: LKS 2, S. 161
– Homosexuelle Lebensgemeinschaft im Pfarrhaus, ZevKR 39 (1994) S. 150 ff. (Pfarrhaus)
Gurney, R., Hg.: 40 Jahre KEK, Genf 1999
Häberle, P.: „Gemeinrechtliche“ Gemeinsamkeiten der Rechtsprechung staatlicher und kirchl. Gerichte?, JZ 1966 S. 385 ff.
Härle, W.: Art. „Kirche VII. Dogmatisch“, in: TRE, S. 277 ff.
Hammer, W.: Die EKD und die Zusammenschlüsse ihrer Gliedkirchen – Chancen und Probleme, in: Festschrift für Hofmann, München 1981, S. 101 ff.
– Gedanken über die Zuordnung und Zusammenarbeit kirchlicher Werke und Verbände. Detmold 1969
– Neuere Entwicklungen in der Amtsstellen-Struktur der EKD, ZevKR 29 (1984) S. 91 ff.
Hauschildt, F.: Die theologische Bedeutung der Leuenberger Konkordie, ZevKR 50 (2005) S. 281 ff.
Hauschildt, F./Hahn, U., Hg.: Bekenntnis und Profil – Auftrag und Aufgaben der VELKD, Hannover 2003
Hauschild, W.-D.: Art. „EKD“, in: TRE, S. 656 ff.
– Art. „EKD”, in: RGG, Sp. 1713 ff.
Hauschild, W.-D./Kretschmar, G.: Hg., Die lutherischen Kirchen und die Bekenntnissynode von Barmen, Göttingen 1984 (Die luth. Kirchen)
– Die Relevanz von „Barmen 1934“ für die Konstituierung der EKD 1945-1948, in: dies., Die luth. Kirchen, S. 363 ff.
– Thesen im Anschluss an das Symposion von (auf der) Reisensburg, s. Kretschmar/Hauschild (Thesen von Reisensburg)
Heckel, C.: Die Kirchengemeinschaft in der EKD, in: Europ. Hochschulschriften: Reihe II., Bd. 1826, Frankfurt/Main 1995
Heckel, J.: Das für alle geltende Gesetz, in: Das blinde, undeutliche Wort „Kirche“, gesammelte Aufs., hg. v. S. Grundmann 1964, S. 590 ff.
– Lex charitatis, 2. Aufl., München 1973
Heckel, M.: Die theol. Fakultäten im weltlichen Verfassungsstaat, Jus Eccl., Bd. 31, Tübingen 1986, S. 127 ff.
– Die Vereinigung der evangelischen Kirchen in Deutschland – Rechtsgutachten „Über die Vereinigung der evangelischen Kirchen auf dem Gebiet der Bundesrepublik und der Deutschen Demokratischen Republik“, Tübingen 1990 (Vereinigung)

– Kirchenreformfragen im Verfassungssystem, ZevKR 40 (1995) S. 280 ff.
– Rechtsprobleme der kirchlichen Wiedervereinigung, ZevKR 36 (1991) S. 112 ff. (Rechtsprobleme)
– Zur kirchl. Wiedervereinigung im Rahmen der EKD, NJW 1992 S. 1001 ff.
– Zu Tradition und Fortschritt im Kirchenrecht, in: Festschrift zum 500jähr. Bestehen der Tübinger Juristenfakultät, Tübingen 1974, S. 491 ff.
Heidland, H.-W.: Der Weg der Arnoldshainer Konferenz, in: Kirche in diesen Jahren. Festschrift für J. Beckmann, Neukirchen 1971, S. 54 ff.
Heinemann, G.: Das Verhältnis von Synode und Parlament, in: Emder Synode hg. v. der Ev.-ref. Kirche in Nordwestdeutschland, Neukirchen-Vluyn, 1973, S. 285 ff.
Heitmann, S.: Die Entwicklung von Staat und Kirche aus der Sicht der „neuen“ Länder, ZevKR 39 (1994) S. 402 ff.
Hempel, J.: Zeugnis und Dienst im Europa der Gegenwart, in: M. Lienhard, Hg., Zeugnis und Dienst reformatorischer Kirchen im Europa der Gegenwart, Ökumenische Perspektiven Nr. 8, Frankfurt/M. 1977, S. 41 ff.
Henkys, R.: Bund der Ev. Kirchen in der DDR, Dokumente seiner Entstehung, ausgewählt und kommentiert von R. Henkys, Witten u. a. 1970 (epd-Dok. 1/1970)
Hermann, E.: Die nothwendigen Grundlagen einer die consistoriale und synodale Ordnung vereinigenden Kirchenverfassung, Berlin 1862
Herms, E.: Das Kirchenrecht als Thema der theologischen Ethik, ZevKR 28 (1983) S. 199 ff.
Hesse, K.: Art. „Bundesstaat“, EvStL1, Sp. 218.
– Grundzüge des Verfassungsrechts der Bundesrepublik Deutschland, 20. Aufl., Heidelberg 1995
– Art. „Kirche und Staat“, in: EvStL1, Sp. 922 ff.
– Schematische Parität der Religionsgesellschaften nach dem Bonner Grundgesetz, ZevKR 3 (1953/54) S. 188 ff.
Heßler, H.-W.: EKD Struktur- und Verfassungsreform, ausgewählt u. eingeleitet v. O. Lingner unter Mitarbeit v. R. Henkys, epd-Dok. Bd. 6, Witten, Frankfurt/Main, Berlin 1972 (EKD-Reform)
– Hg., Protestanten und ihre Kirche, München, Wien 1976
Heun, W.: Die Beauftragten in der Kirche, ZevKR 35 (1990) S. 382 ff.
– Das Gesetz in Staat und Kirche, ZevKR 49 (2004) S. 443 ff.
v. Heyl, C.: Um die Abendmahlszulassung, KiZ 21 (1966), S. 569 f.
Hoffmann, G.: Art. „Kirchenleitung“, in: EvStL3, Sp. 1644 ff.
Hofmann, W.: Bemühungen um die Reform der GO der EKD nach 1981, in: Festschrift für G. Wendt, ZevKR 29 (1984) S. 83 ff.
– Art. „Kirchenvermögen”, in: EvStL 3, Sp. 1741 ff.
Hollerbach, A.: Verträge zw. Staat und Kirche in der BRD, Frankfurt 1965
– Europa und das Staatskirchenrecht, ZevKR 35 (1990)
Holstein, G.: Die Grundlagen des ev. Kirchenrechts, Tübingen 1928 (Grundlagen)
Honecker. M.: Gibt es ein „evangelisches” Kirchenrecht?, ZThK 102 (2005) S. 93 ff.
– Art. „Kirchenrecht (Th)“, in: EvStL 2006, Sp. 1201 ff.

Hornig, E.: Der Weg der Weltchristenheit, Berlin 1952
Hosemann, J.: Der Deutsche Ev. Kirchenbund in seinen Gesetzen, Verordnungen und Kundgebungen, Berlin 1932 (Kirchenbund)
Huber, E. R.: Quellen zum Staatsrecht der Neuzeit, Bd. 2, Tübingen 1951
Huber, W.: Gerechtigkeit und Recht, Gütersloh 1996
– Kirche und Öffentlichkeit, Stuttgart 1973
– Überlegungen zur Theologie der Synode, in: Rau/Reuter/Schlaich III, S. 326 ff.
Isak, A.: Das Selbstverständnis der Kirchen und Religionsgemeinschaften, Berlin 1995
Jüngel, E.: Bekennen und Bekenntnis, in: Theologie in Geschichte und Kunst, Festschrift für W. Ellinger, hg. v. S. Herrmann/O. Söhngen, Witten 1968
– Einheit gewinnt durch Vielfalt, Zeitz. 5/2002, S. 25 ff.
Jung, H.-G.: Art. „Militärseelsorge", in: EvStL3, Sp. 2136 ff.
Jurina, J.: Religionsgemeinschaften mit privatrechtl. Rechtsstatus, in: HdbStKirchR, S. 704 ff.
Kästner, K.-H.: Ev. Kirchengerichtsbarkeit in Deutschland, ZevKR 49 (2004) S. 171 ff.
– Tendenzwende in der Rechtsprechung zum staatlichen Rechtschutz in Kirchensachen, NJW 2000 S. 889 ff.
– Vergangenheit und Zukunft der Frage nach rechtsstaatlicher Judikatur in Kirchensachen, ZevKR 48 (2003) S. 301 ff.
Karsten, C.: Der Nordelbische Kirchenvertrag v. 21.5.1970, ZevKR 16 (1977) S. 375 ff.
Kastendieck, G.: Gleichberechtigung in der Rechtssprache, praktische Überlegungen zu einer frauenpolitischen Forderung, ZevKR 35 (1990) S. 43 ff.
Kienitz, A.: Das Verhältnis der kirchenleitenden Organe zueinander nach luth. Verständnis, KuR 1998 S. 9 ff.
Kirchenamt der EKD, Hg.: Die Denkschriften der EKD 1962–2002, CD, Hannover 2005
Knuth, H. C.: Gefahr der Gigantomanie, Zeitz 5/2002, S. 34 ff.
Koch, E.: Die Beauftragten in der Kirche unter besonderer Berücksichtigung der EKD etc., Göttinger iur. Diss. 1992.
Koch, T.: Die „EKD“ – Kirche Jesu Christi?, ZevKR 37 (1992) S. 43 ff.
Kraus, D.: Evangelische Kirchenverfassungen, Berlin 2001
Kremser, H.: Der Rechtsstatus der ev. Kirchen in der DDR und die neue Einheit der EKD, Tübingen 1993 (Rechtsstatus)
Kretschmar, G.: Kirchengemeinschaft in Deutschland, ZevKR 22 (1977) S. 225 ff.
– /Hauschild, W.-D.: Thesen im Anschluß an das Symposion von Reisensburg, in: Die luth. Kirchen und die Bekenntnissynode von Barmen, hg. v. W.-D. Hauschild/G. Kretschmar/C. Nicolaisen, Göttingen 1984
Kruk, V.: Die Militärseelsorge, KuR 2001, S. 67 ff.
Kühn, O.: Das Wahlrecht der EKD und ihrer Gliedkirchen, Hannover 1967
– Zur Vorgeschichte des Entwurfs einer Ordnung der EKD, vorgelegt am 27. März 1947 vom Bruderrat der EKD, ZevKR 5 (1956) S. 78 ff. (Vorgeschichte)
Kühn, U.: Art. „Kirchliche Ämter“, in: EKL Sp. 1217 ff.

Kunst, H.: Verbindungsstellen zwischen Staat und Kirche, in: HdbStKirchR 1. Aufl. II, S. 273 ff.

Lange, D.: Zur theologischen Begründung des Kirchenrechts, ZevKR 50 (2005) S. 1 ff.

Lange, H.: Die Nordelbische ev.-luth. Kirche, iur. Diss. Kiel 1972

Lienemann, W., Hg.: Die Finanzen der Kirche – Studien zur Struktur, Geschichte und Legitimation kirchl. Ökonomie, Gütersloh 1989

Liermann, H.: Das ev. Bischofsamt in Deutschland seit 1933, ZevKR 3 (1953) S. 1 ff. (Bischofsamt)

– Deutsches Ev. Kirchenrecht, Stuttgart 1933 (Kirchenrecht)

– Art. „Kirchenverfassung“, in: EvStL3, Sp. 1712 ff.

– Der Leuenberger Konkordienentwurf und das kirchl. Recht, in: Asendorf/Künneth, Hg., Leuenberg, Konkordie oder Diskordie, Berlin 1964 (Konkordienentwurf)

– Neuere Entwicklungen des ev. Kirchenrechts, Festschrift für E. Ruppel, 1968, S. 103 ff. (Neuere Entwicklungen)

– Recht und Rechtsstellung des Diakonischen Werkes – Innere Mission und Hilfswerk der EKD, ZevKR 16 (1971) S. 131 ff.

Lindner, B.: Entstehung und Untergang von Körperschaften des öffentlichen Rechts unter besonderer Berücksichtigung der Religions- und Weltanschauungsgemeinschaften, Frankfurt/M. 2002

Lingner, O.: Grundordnung der EKD, ZevKR 20 (1975) S. 348 ff. (GO)

– ‚Leuenberg‘ als Kriterium für die Auslegung von Bestimmungen der GO der EKD, ZevKR 25 (1980) S. 337 ff. (Leuenberg)

– Die Neuordnung der EKD, ZevKR 16 (1971) S. 248 ff. (Neuordnung)

Link, C.: Die „unbeschränkte“ Glaubens-, Gewissens- und Lehrfreiheit der Gemeinden im Bremischen Kirchenrecht, ZevKR 26 (1981) S. 217 ff. (Brem. Kirchenrecht)

– Grundordnungsreform und reformatorisches Kirchenverständnis, ZevKR 37 (1992) S. 48 ff.

– Art. „Kirchengliedschaft“, in: EvStL3, Sp. 1595 ff.

– Kirchen und neue Medien, ZevKR 34 (1989) S. 117 ff.

– Rechtstheol. Grundlagen des Kirchenrechts, ZevKR 45 (2000) S. 77 ff.

– Staatskirchenhoheit, ZevKR (20) 1975 S. 1 ff.

– Typen ev. Kirchenverfassungen, in: A. Boluminski, Hg., Kirche, Recht und Wissenschaft, Festschrift für A. Stein, Neuwied 1995, S. 87 ff.

Lodberg, P.: Die Charta Oekumenica als Problem der Rechtstheologie und Kirchenverfassung etc., ZevKR 47 (2002) S. 197 ff.

Lohse, F.: Zwischenkirchlicher Finanzausgleich, ZevKR 48 (2003) S. 58 ff.

Löwe, H.: Zwanzig Jahre Arnoldshainer Konferenz aus der Sicht der EKD, epd-Dok. Nr. 45a, 1987

Luhmann, N.: Rechtssoziologie, Reinbek 1972

Luther, C.: Das kirchliche Notrecht, seine Theorie und seine Anwendung im Kirchenkampf 1933–1937, Göttingen 1969

Luther, M.: Werke, hg. v. J. K. F. Knaake u.a., Weimar 1883–1999, Bd. 1–60 (W.A.)

Magen, S.: Körperschaftsstatus und Religionsfreiheit, Jus Eccl., Bd. 75, Tübingen 2004
Mahrenholz E. G.: Kirchen als Korporationen, ZevKR 20 (1975) S. 43 ff.
Maihofer, W.: Hg., Naturrecht oder Rechtspositivismus, Darmstadt 1962
v. Mangoldt, H./Klein, F./Starck, Ch.: Das Grundgesetz, Kommentar begründet von H. v. Mangoldt und F. Klein, Bd. 3, Art. 140 GG bearb. v. A. v. Campenhausen, 5. Aufl., München 2005
Maunz, T./Dürig, G.: Kommentar zum Grundgesetz, begr. v. T. Maunz/G.Dürig, hg. v. R. Herzog u.a., Losebl., München 1958 ff. (46. Lfg. Stand 3.2006)
Maunz, T.: Staatsrecht, 9. Aufl., München, Berlin 1955
Maurer, H.: Die Verwaltungsgerichtsbarkeit der Evangelischen Kirche, Göttingen 1958
– Art. „Gerichtsbarkeit, kirchliche“, in: EvStL2, Sp. 1083 ff.
– Grundprobleme der kirchlichen Gerichtsbarkeit, ZevKR 17 (1972) S. 48 ff.
Maurer, W.: Verwaltung und Kirchenleitung, in: Festschrift für E. Ruppel, Hannover 1968, S. 105 ff.
– Zur theol. Problematik des kirchlichen Mitgliedschaftsrechtes, ZevKR 4 (1955) S. 337 ff.
Mehlhausen, J.: 50 Jahre GO der EKD, Festschrift für M. Heckel, hg. v. K.-H. Kästner/K.W. Nörr, Tübingen 1999, S. 159 ff. (50 Jahre GO)
Menn, W.: Ökumenischer Katechismus, Stuttgart 1950
Merzyn, F., Hg.: Ordnung von Hilfswerk und Innerer Mission im Bereich der EKD und ihrer Gliedkirchen, Hannover 1954 (Hilfswerk)
– Hg., Das Verfassungsrecht der EKD und ihrer Gliedkirchen, 3 Bd. Losebl., Hannover 1957–1965 (Verfassungsrecht)
Müller, H. M.: Diakonie in Deutschland, ZevKR 47 (2002) S. 475 ff.
– Luthers Kirchenverständnis und seine Rezeption im deutschen evangelischen Kirchenrecht, ZevKR 49 (2004) S. 45 ff. (Luthers Kirchenverständnis)
Müller, K.: Die Praxis kirchl. Rechtsetzung im Spiegel des Amtsblatts der EKD, ZevKR 3 (1953/54) S. 243 ff. (Rechtsetzung)
Müller, P.: Kirchenrechtliche Gesichtspunkte der Eisenacher Empfehlungen, ZevKR 25 (1980) S. 369 ff.
Müller-Volbehr, J.: Körperschaftsstatus und Sachenrecht der Kirchen, ZevKR 33 (1988) S. 156 ff.
– /Busse, F.-G.: Das Zustimmungsverfahren zur neuen GO der EKD, ZevKR 22 (1977) S. 38 ff.
Mußgnug, F.: Die Ordnung für die Arbeitsrechtliche Kommission des Diakonischen Werks der EKD, KuR 2001, S. 227 ff.
Nicolaisen, C./N.A. Schulze, Hg.: Die Protokolle des Rates der EKD, Bd. 1: 1945–1946, Bd. 2: 1947–1948, Göttingen 1995, 1997 (Nicolaisen, Ratsprot. 1, 2)
– Zur Entstehungsgeschichte der Barmer Theologischen Erklärung, in: Burgsmüller/Weth, S. 20 ff.
Niemöller, M.: Haupttypen heutiger deutscher Kirchenverfassungen, ZevKR 7 (1959/60) S. 337 ff.
Nordmann, H.-G.: Kirchliches Finanz- und Haushaltsrecht, ZevKR 27 (1982) S. 161 ff.
Obermayer, K.: Aufgaben einer ev. Kirchenverfassung in dieser Zeit, ZevKR 32 (1987) S. 608 ff.

– Kirchenführung in dieser Zeit, in: Festschrift für W. Hofmann, München 1981, S. 35 ff.

Odin, K.-A.: Das politische Wort der Kirche, in: ders., Die Denkschriften der EKD, Neukirchen 1956, S. 13 ff.

Ossenbühl, F.: Verfahren der Gesetzgebung, HStR, III, S. 351 ff.

Peters, A.: Rechtfertigung und Recht, ZevKR 32 (1987) S. 480 ff.

Pirson, D.: Die Mitgliedschaft in den deutschen ev. Landeskirchen als Rechtsverhältnis, ZevKR 13 (1967/68) S. 337 ff. (Mitgliedschaft)

– Die Universalität und Partikularität der Kirche etc., München, 1965

– Evangelisches Kirchenrecht und Bekenntnis, ZevKR 47 (2002) S. 173 ff. (Ev. Kirchenrecht)

– Die zeitlose Qualität der Weimarer Kirchenartikel, in: Festschrift für H. Maurer, Staat, Kirche. Verwaltung, hg. v. M.-E. Geis/D. Lorenz, München 2001, S. 409 ff.

– Kirchliches Verfassungsrecht, Eigenart und notwendiger Inhalt, ZevKR 45 (2000) S. 89 ff.

– Zum Erlass einer neuen Verfassung für die Evangelische Kirche von Kurhessen-Waldeck, ZevKR 13 (1967/68) S. 256 ff. (Verfassung für die EKKW)

– Juristische Personen des kirchlichen Rechts, in: ZevKR 16 (1971) S. 1 ff.

– Art. „Kirchenrecht“ in EKL2, Sp. 1175 ff.

– Kirchl. Verfassungsrecht, in: ZevKR 45 (2000) S. 90 ff.

– Art. „Vertragsstaatskirchenrecht“, in: EvStL3, Sp. 3823 ff.

Preul, R.: Kirchentheorie, Berlin, New York 1997

Radbruch, G.: Die Erneuerung des Rechts, in: W. Maihofer, Hg., Naturrecht oder Rechtspositivismus, Darmstadt 1962

– Einführung in die Rechtswissenschaft, 10. Aufl., Stuttgart 1961

– Rechtsphilosophie, 5. Aufl., Stuttgart 1956

Raiser, L.: Die Denkschriften der EKD als Wahrnehmung des Öffentlichkeitsauftrages, in: Denkschriften Bd. 1/1, Gütersloh 1978, S. 9 ff. (Öffentlichkeitsauftrag)

– Zum Stand der Arbeiten des Ausschusses für Struktur- und Verfassungsfragen, epd-Dok. 8/71, S. 1 ff. (Verfassungsausschuss)

Rat der EKD: Kirchengemeinschaft nach ev. Verständnis, Votum zum geordneten Miteinander bekenntnisverschiedener Kirchen, Ein Beitrag des Rates der EKD v. 29.9.2001, EKD-Text Nr. 69 (Kirchengemeinschaft)

– Kirche der Freiheit, Perspektiven für die evangelische Kirche im 21. Jahrhundert, Hannover 2006 (Impulspapier)

Rau, G./Reuter, H.-R./Schlaich, K., Hg.: Das Recht der Kirche, Gütersloh, Bd. I (Theorie) 1997, Bd. II (Geschichte) 1995, Bd. III (Praxis) 1994 (Rau/Reuter/Schlaich I, II, III)

Richardi, R.: Arbeitsrecht in der Kirche, hg. v. H.-J. Dörner/F. Hauck, 3. Aufl., München 2000 (Arbeitsrecht)

Robbers, G.: Grundsatzfragen der heutigen Rechtstheologie, ZevKR 37 (1992) S. 230 ff. (Grundsatzfragen)

– Art. „Kirchenrecht (J)“, in: EvStL 2006, Sp. 1196 ff.

– Staatliches Recht und Kirchenrecht, in: Rau/Reuter/Schlaich I

– Zur Verbindlichkeit von Beschlüssen kirchenleitender Organe, ZevKR 34 (1989) S. 1 ff.
Rössler, D.: Grundriss der Praktischen Theologie, 2. Aufl. Berlin u.a. 1994
Rogge, J.: Art. „EKU", in: TRE, Bd. 10, 1982, S. 677 ff.
Rüfner, W.: Zuständigkeit staatlicher Gerichte in kirchl. Angelegenheiten, in: HdbStrKirchR II, § 73, Sp. 1081 ff.
Sachs, M., Hg.: Grundgesetz, Kommentar, 2. Aufl. München 1999
Sauerzapf, R.: Hg., Berufsethik heute – Ein Leitfaden für den BGS, Moers 1987
Scharbau, F.-O.: Leuenberg. Theol. und kirchenrechtl. Folgerungen, ZevKR 40 (1995) S. 320 ff. (Leuenberg)
– Art. „Vereinigte Evangelisch-Lutherische Kirche Deutschlands", in: EvStL3, Sp. 3706 ff. (VELKD)
v. Scheliha, K.-F.: Rechtsprobleme der kirchl. Wiedervereinigung, ZevKR 37 (1992) S. 52 ff.
Scheuner, U.: Der Dienst in der kirchlichen Verwaltung, in: ders., Schriften zum Staatskirchenrecht, Berlin 1973, S. 497 ff.
– Kirchenverträge in ihrem Verhältnis zu Staatsgesetz und Staatsverfassung, in: Schriften zum Staatskirchenrecht, Berlin 1973, ders., in: EvStL2, Sp. 1365 ff.
– Wie sollte eine Landeskirche geordnet werden? in: ders., Schriften zum Staatskirchenrecht, Berlin 1973, S. 486 ff.
Schieffer, E.: Von Schauenburg nach Leuenberg, Paderborn 1983
Schilberg, A.: Rechtsschutz und Arbeitsrecht in der ev. Kirche, Frankfurt/M., Berlin u.a. 1992
Schlaich, K.: Änderungen der GO, ZevKR 32 (1987) S. 117 ff.
– Art. „Kirchenrecht" (außer lit. C), in: EvStL3, Sp. 1654 ff.
– Kirchenrecht und Kirche, ZevKR 28 (1983) S. 337 ff.
– Art. „Öffentlichkeitsauftrag", in: HdbStKirchR 1. Aufl., II, S. 231 ff.
– Art. „Kirchenrechtsquellen, ev." in: TRE, Bd. 19 (1990), S. 45 ff.
– Art. „Synode", in: EvStL3, Sp. 3371 ff.
Schloz, R.: Art. „EKD, Werke und Einrichtungen", in: RGG, Sp. 1717 ff.
Schmidt, K. D.: Die Bekenntnisse des Jahres 1933 (1934, 1935), 3 Bde., Göttingen 1934 (1935, 1936)
Schneider, B. C.: Ius reformandi: die Entwicklung eines Staatskirchenrechts etc., Jus Eccl., Bd. 68, Tübingen 2001
Scholder, K.: Das Ende der EKD?, in: EvK 1969, S. 311 ff.
– Die Kirche und das Dritte Reich, Bd. 1 (1918-1934), Frankfurt 1977; Bd. 2, hg. v. G. Besier u.a. Berlin 1985
– Art. „Kirchenkampf", in: ESL2, Sp. 1181 ff.
– Art. „Kirchenkampf", in: EKL3, Sp. 1606 ff. m.w.N. v. C. Nicolaisen.
Schroer, H.: Art. „Denkschriften", in: TRE Bd. 10, S. 493 ff.
Schwab, E.: Änderung des Grundartikels der KO der Ev. Kirche im Rheinland, ZevKR 39 (1994) S. 133 ff.
Schwarz, K.: Rechtstheologie-Kirchenrecht, ZevKR 28 (1983) S. 172 ff.

Seidler, G.: Fragen aus der kirchlichen Verfassungsgerichtsbarkeit, ZevKR 17 (1972) S. 87 ff.
Siegmund, I.: Ordination, Bonner jur. Diss. 1995
Slenzka, R.: Synode zwischen Wahrheit und Mehrheit, in: KuD 29 (1983) S. 70 ff.
– Theol. Erwägungen zur Verbindlichkeit von Beschlüssen kirchenleitender Organe, ZevKR 33 (1988) S. 417 ff.
Smend, R.: Die Konsistorien in Geschichte und heutiger Bewertung, ZevKR 10 (1963/64) S. 134 ff.
– Zum Problem des kirchl. Mitgliedschaftsrechts, ZevKR 6 (1957/58) S. 113 ff. (Mitgliedschaftsrechts)
– Zur neueren Bedeutungsgeschichte der ev. Synode, ZevKR 10 (1963/64) S. 248 ff. (Synode)
Smith-von Osten, A.: Von Treysa 1945 bis Eisenach 1948, Göttingen 1980 (Treysa)
Söhlmann, F.: Hg., Treysa 1945 (mit einem Bericht über die Synode der Bekennenden Kirche in Berlin-Spandau 29.–31.7.1945 und über die Tagungen des Reichsbruderrates und des Lutherischen Rates), Lüneburg 1946
Sohm, R.: Kirchenrecht Bd. 1, Leipzig 1892
Stache, C.: Das Evangelische Zentralarchiv in Berlin und seine Bestände, Berlin 1992
Stahl, F. J.: Die Kirchenverfassung nach Lehre und Recht der Protestanten, 2. Aufl., Erlangen 1862
Stählin, W.: Lund, Dritte Konferenz für Glaube und Kirchenverfassung, Witten 1954
Stein, A.: Ev. Kirchenrecht. Ein Lernbuch, 3. Aufl., Neuwied 1992
– Zur Entwicklung der deutschen ev. Kirchenrechtswissenschaft, ZevKR 22 (1977) S. 6 ff.
Steinmüller, W.: Ev. Rechtstheologie, Bd. I u. II, Graz 1968
Steinwand, E.: Ein Lehrer der Kirche, hg. v. K. Cramer/M. Seitz, Göttingen 1960
Stiller, E.: Die Verordnung als Form kirchl. Rechtsetzung, ZevKR 15 (1970) S. 361 ff.
– Rechtl. Aspekte und Konsequenzen der Leuenberger Konkordie, ZevKR 40 (1995) S. 181 ff.
– Rezeption als Rechtsvorgang, ZevKR 37 (1992) S. 285 ff.
Stock, M.: Viele Religionen im Rundfunk? Religiöse Sendungen, gestern, heute und morgen, ZevKR 45 (2000) 380 ff.
Stössel, H.: Die Bedeutung der Barmer theologischen Erklärung für die kirchl. Rechtspraxis, KuR 1997 S. 149 ff.
Stoll, C.: Die Lage der lutherischen Kirche innerhalb des deutschen Gesamtprotestantismus, in: Nachrichtenblatt f. die ev.-luth. Geistlichen in Bayern, Nr. 3 (8.5.1946), hg. v. Ev. Presseverband
Stolleis, G.: Fünfzig Bände „Zeitschrift für evangelisches Kirchenrecht“, ZevKR 50 (2005) S. 165
– Kirchliche und staatliche Zuständigkeiten im Datenschutzrecht, ZevKR 23 (1978) S. 241 ff.
Strietzel, W.: Kirchenrecht und Kirchenpolitik, ZevKR 34 (1989) S. 21 ff.
Thiele, C.: Der Öffentlichkeitsauftrag der Kirchen – aus evangelischer Sicht, ZevKR 46 (2001) S. 179 ff.
– Die Arnoldshainer Konferenz, Struktur und Funktion eines gliedkirchlichen Zusammenschlusses aus rechtlicher Sicht, Europäische Hochschulschriften: Reihe II, Bd. 2174, Frankfurt/M. 1997
– /m.a.: Art. „Evangelische Kirche in Deutschland“, in: EvStL 2006, Sp. 525 ff.

– Art. „Rat der EKD“, in: LKS, Bd. 3, S. 326 ff.
Thierfelder, J.: Das kirchliche Einigungswerk des württembergischen Landesbischofs Theophil Wurm, Göttingen 1975
v. Tiling, P.: Das Kanzelrecht, ZevKR 40 (1995) S. 418 ff.
Till, K.: Art. „Kirchenkampf“, in: EvStL1, Sp. 940 ff.
Thüsing, G.: „Digesten 50,16,152 pp.“, NJW 1996 S. 2634 f.
– Grenzen und Möglichkeiten des Outsourcings aus dem kirchlichen Dienst, KuD 2002 S. 9 ff.
v. Vietinghoff, E.: Reform ist nötig – Reform ist möglich, Disskussionspapier für die Leitenden Geistlichen und Juristen und die Ratsmitglieder v. Januar 2002, in: epd-Dok. Nr. 6a v. 4.2.2002
– Transparent, profiliert und zukunftsorientiert, in: Ev. Verantwortung 5/2002
Vischer, L.: Art. „Evangelisch“, in: EKL, Sp. 1198 f.
Visser't Hooft, W. A.: Geschichte und Sinn des Wortes „ökumenisch“, in: Ökumenischer Aufbruch, Hauptschriften II, Stuttgart, Berlin 1967, S. 11 ff.
Vogt, A.: Kirchenrecht, Neuwied 1961
de Wall, H.: Die Änderung der Grundartikel ev. Kirchenverfassungen, ZevKR 39 (1994) S. 249 ff.
– Europäisches Staatskirchenrecht, ZevKR 45 (2000) S. 157 ff.
Wasse, G.: Die Werke und Einrichtungen der EKD, Göttinger Rechtswiss. Studien H. 11, Göttingen 1954
– Die Werke und Einrichtungen der ev. Kirche, in: ZevKR 4 (1955) S. 76 ff. (Werke)
Weber, H.: Die Verleihung der Körperschaftsrechte an Religionsgemeinschaften, ZevKR 34 (1989) S. 337 ff.
– Kirchenleitung und Gemeindeleitung zwischen Geist und Paragraphen, ZevKR 35 (1990) S. 135 f.
Weber, W.: Neues Staatskirchenrecht, München, Berlin 1938
– Staatskirchenrecht, München, Berlin 1936
Weeber, R.: „Brunotte, Heinz: Die GO der EKD“ (Bericht), ZevKR 6 (1957/58) S. 66 ff. (Bericht)
– Grundfragen gesamtkirchlicher Zuständigkeit, ZevKR 7 (1960) S. 125 ff.
Wendt, G.: Bemerkungen zur gliedkirchl. Vereinbarung über das Mitgliedschaftsrecht in der EKD, ZevKR 16 (1971) S. 23 ff. (Mitgliedschaftsrecht)
– Art. „EKD“, in: StL2, Sp. 484 ff.
– Art. „Kanzelrecht“, in: RGG, Bd. 3 1959, Sp. 113 f.
– Zur kirchenrechtl. Problematik der Ordnung kirchl. Lebens, ZevKR 10 (1963/64) S. 101 ff. (Ordnung)
Wenz, G.: Kirchengemeinschaft aus evangelischer Sicht, epd-Dokumentation 43/2002, S. 27ff.
– Theologie der Bekenntnisschriften der evangelisch-lutherischen Kirche, Berlin u.a., Bd. 1, 1996, Bd. 2, 1998
Werhahn, H.: Der Stand des Methodenproblems in der ev. Kirchenrechtslehre, ZevKR 1 (1951) S. 55 ff.

Wilkens, E.: Der Fall Marahrens aus der Sicht eines Zeitzeugens, ZevKR 33 (1988) S. 427 ff.
– Art. „Evangelische Kirche in Deutschland“, in: EvStL, Sp. 824 (EKD)
– Die EKD ist herausgefordert, in: EvK 1970, S. 213 ff.
Winkler, K.: Seelsorge, Berlin 1997
Winter, J.: Aufgabenfelder und Rechtsformen landeskirchl. Kooperationen, ZevKR 45 (2000) S. 341 ff.
– Diakonie in Bindung und Freiheit, hg. v. DW, Stuttgart 1988
– Die Kirche und ihre Diakonie, in: Rau/Reuter/Schlaich III, S. 239 ff.
– Die UEK als Beitrag zur Strukturreform der EKD, ZevKR 49 (2004) S. 239 ff.
– Art. „Gerichtsbarkeit, II. Ev. Kirche“, in: StL 2, Sp. 916 ff.
– Staatskirchenrecht der Bundesrepublik Deutschland, Neuwied, Kriftel, 2001
Wrege, W. R.: Rechtsverbindlichkeit ökumenischer Erklärungen?, ZevKR 46 (2003) S. 1 ff.
Wolf, Erik: Ordnung der Kirche, Lehr- und Handbuch des Kirchenrechts auf ökum. Basis, Frankfurt/Main 1961 (Ordnung)
– Rechtsgedanke und biblische Weisung, Tübingen 1948 (Rechtsgedanke)
– Zur Entstehung der Grundordnung der EKD, ZevKR 4 (1955) S. 1 ff.
– Zur rechtstheologischen Dialektik von Recht und Liebe, in: ders., Rechtstheologische Studien, hg. v. A. Hollerbach, Frankfurt/M. 1972
Ziekow, A.: Datenschutz und evangelisches Kirchenrecht, Jus Eccl. Bd. 67, Tübingen 2002
– Rechtstheologie – eine Annäherung, ZevKR 51 (2006) S. 309 ff.
Zoellner, W./Stählin, W.: Die Kirche Jesu Christi und das Wort Gottes (Edinburgh 1937 – Studienbuch der Kommission II), Berlin 1937

Verfassungsrecht

Grundordnung, Lehrzeugnisse, Gesetze und sonstige Ordnungen

1. Grundordnung der Evangelischen Kirche in Deutschland mit Beschluss über die Verkündung
2. Konkordie reformatorischer Kirchen in Europa (Leuenberger Konkordie)
3. Barmer Theologische Erklärung
4. Barmer Erklärung zur Rechtslage der Bekenntnissynode der Deutschen Evangelischen Kirche
5. Kirchengesetz über die Verteilung der von den Gliedkirchen zu wählenden Mitglieder der Synode der Evangelischen Kirche in Deutschland
6. Geschäftsordnung der Synode der Evangelischen Kirche in Deutschland
7. Kirchengesetz über die Verteilung der Stimmen in der Kirchenkonferenz
8. Geschäftsordnung der Kirchenkonferenz
9. Geschäftsordnung für den Rat der Evangelischen Kirche in Deutschland
10. Vertrag zwischen der Evangelischen Kirche in Deutschland und der Union evangelischer Kirchen in der Evangelischen Kirche in Deutschland
11. Vertrag zwischen der Evangelischen Kirche in Deutschland und der Vereinigten Evangelisch-Lutherischen Kirche Deutschlands

1. Grundordnung der Evangelischen Kirche in Deutschland.

Vom 13. Juli 1948. (ABl. EKD S. 233)
in der Fassung der Bekanntmachung vom 28. Mai 2002 (ABl. EKD S. 129),
zuletzt geändert durch Kirchengesetz vom 10. November 2005 (ABl. EKD S. 549).

Beschluss über die Verkündung der Grundordnung der Evangelischen Kirche in Deutschland
Vom 3. Dezember 1948. (ABl. EKD S. 233)

Nachdem die Gliedkirchen und der Bruderrat der Evangelischen Kirche in Deutschland der von der Kirchenversammlung der Evangelischen Kirche in Deutschland am 13. Juli 1948 in Eisenach beschlossenen Grundordnung zugestimmt und sie unterzeichnet haben, wird die Grundordnung hiermit auf Grund von § 10 Absatz 1 der Verordnung vom 14. Januar 1948 verkündet. Sie tritt mit dem heutigen Tage in Kraft.

Frankfurt am Main, den 3. Dezember 1948

Der Rat der Evangelischen Kirche in Deutschland
D. Niemöller

Änderungen

Nr.	Änderndes Gesetz	Datum	Fundstelle	Geänderte Artikel	Art der Änderung
1	Kirchengesetz zur Änderung der Artikel 31 und 34 der Grundordnung der EKD	9.12.1982	ABl. EKD 1983 S. 1	31 und 34	neugefasst
2	Kirchengesetz zur Änderung der Grundordnung der EKD	14.6.1984	ABl. EKD S. 249	1 und 4	geändert
3	Kirchengesetz zur Änderung der Grundordnung der EKD	14.12.1984	ABl. EKD 1985 S. 1	30	geändert
4	Kirchengesetz zur Änderung der Artikel 17 und 18 der Grundordnung der EKD	6.11.1986	ABl. EKD S. 481	17 18	neugefasst aufgehoben
5	Kirchengesetz der EKD zur Regelung von Fragen im Zusammenhang mit der Herstellung der Einheit der EKD	24.2.1991	ABl. EKD S. 89	1 Abs. 1 bis 4 25 Abs. 1	geändert geändert
6	Gesetz zur Änderung der Grundordnung der EKD	9.11.2000	ABl. EKD S. 223	9 10 10a 11, 17 Abs. 2, 23 Abs. 2, 24 Abs. 1, 26 Abs. 1 Abs. 3 Abs. 4 wurde zu Abs. 3 Abs. 5 26a 28 Abs. 1 und 3, 29, 30 Abs. 1, 3 und 5, 31 Abs. 3 und 4, 32 34 35 Abs. 2 und 3	geändert neugefasst eingefügt geändert aufgehoben aufgehoben eingefügt geändert neugefasst aufgehoben
7	Gesetz zur Änderung der Grundordnung der EKD	7.11.2002	ABl.EKD S. 387	18	eingefügt
8	Kirchengesetz zur Änderung der Grundordnung der EKD mit dem Ziel, die Grenzschutzseelsorge zur Gemeinschaftsaufgabe der EKD zu erklären	6.11.2003	ABl. EKD S. 406	18	geändert
9	Kirchengesetz über die Errichtung, die Organisation und das Verfahren der Kirchengerichte der EKD	6.11.2003	ABl. EKD S. 408	32 32a, 32b, 32c	geändert eingefügt
10	Kirchengesetz zur Änderung der Grundordnung der EKD und zur Ratifizierung der Verträge der EKD mit der Union evangelischer Kirchen in der EKD und der Vereinigten Evangelisch-Lutherischen Kirche Deutschlands	10.11.2005	ABl. EKD S. 549	Art. 2, Abs. 2 Satz 2 Art. 10, Art. 10a Art. 10b Überschrift IIIa Art. 21a Art. 24 Abs. 1 Abs. 2 Satz 2 Art. 28 Abs. 1 Satz 3 Abs. 2 Abs. 3 Art. 28a Art. 31 Abs. 1 Abs. 2 Abs. 4 Satz 2 Abs. 5	eingefügt geändert eingefügt eingefügt eingefügt geändert eingefügt eingefügt geändert eingefügt eingefügt geändert eingefügt eingefügt

(Vorspruch)

Grundlage der Evangelischen Kirche in Deutschland ist das Evangelium von Jesus Christus, wie es uns in der Heiligen Schrift Alten und Neuen Testaments gegeben ist. Indem sie diese Grundlage anerkennt, bekennt sich die Evangelische Kirche in Deutschland zu dem Einen Herrn der einen heiligen allgemeinen und apostolischen Kirche.

Gemeinsam mit der alten Kirche steht die Evangelische Kirche in Deutschland auf dem Boden der altkirchlichen Bekenntnisse.

Für das Verständnis der Heiligen Schrift wie auch der altkirchlichen Bekenntnisse sind in den lutherischen, reformierten und unierten Gliedkirchen und Gemeinden die für sie geltenden Bekenntnisse der Reformation maßgebend.

I. Grundbestimmungen

Artikel 1

(1) Die Evangelische Kirche in Deutschland ist die Gemeinschaft ihrer lutherischen, reformierten und unierten Gliedkirchen. Sie versteht sich als Teil der einen Kirche Jesu Christi. Sie achtet die Bekenntnisgrundlage der Gliedkirchen und Gemeinden und setzt voraus, dass sie ihr Bekenntnis in Lehre, Leben und Ordnung der Kirche wirksam werden lassen.

(2) Zwischen den Gliedkirchen besteht Kirchengemeinschaft im Sinne der Konkordie reformatorischer Kirchen in Europa (Leuenberger Konkordie). Die Evangelische Kirche in Deutschland fördert darum das Zusammenwachsen ihrer Gliedkirchen in der Gemeinsamkeit des christlichen Zeugnisses und Dienstes gemäß dem Auftrag des Herrn Jesus Christus.

(3) Mit ihren Gliedkirchen bejaht die Evangelische Kirche in Deutschland die von der ersten Bekenntnissynode in Barmen getroffenen Entscheidungen. Sie weiß sich verpflichtet, als bekennende Kirche die Erkenntnisse des Kirchenkampfes über Wesen, Auftrag und Ordnung der Kirche zur Auswirkung zu bringen. Sie ruft die Gliedkirchen zum Hören auf das Zeugnis der Brüder und Schwestern. Sie hilft ihnen, wo es gefordert wird, zur gemeinsamen Abwehr kirchenzerstörender Irrlehre.

(4) Durch seine Mitgliedschaft in einer Kirchengemeinde und in einer Gliedkirche gehört das Kirchenmitglied zugleich der Evangelischen Kirche in Deutschland an.

Artikel 2

(1) Das Recht der Evangelischen Kirche in Deutschland und ihrer Gliedkirchen muss auf der im Vorspruch und in Artikel 1 bezeichneten Grundlage ruhen.

(2) Die gesamtkirchliche Rechtsetzung darf das Bekenntnis der Gliedkirchen nicht verletzen; die Rechtsetzung der Gliedkirchen darf dem gesamtkirchlichen Recht nicht widersprechen. Das Bekenntnis ist nicht Gegenstand der Gesetzgebung.

(3) Die Evangelische Kirche in Deutschland steht in der Ordnung der Ökumene.

Artikel 3

(1) Die Evangelische Kirche in Deutschland ist um ihres Auftrages willen unabhängig in der Aufstellung ihrer Grundsätze, in der Ordnung und Verwaltung ihrer Angelegenheiten und in der Verleihung und Aberkennung ihrer Ämter.

(2) Die Regelung ihres Verhältnisses zum Staat bleibt einem Übereinkommen vorbehalten.

Artikel 4

(1) In der Evangelischen Kirche in Deutschland gilt für den Dienst der Verkündigung und der Sakramentsverwaltung:

1. Die in einer Gliedkirche ordnungsgemäß vollzogene Taufe wird in allen Gliedkirchen anerkannt.
2. Es besteht Kanzel- und Abendmahlsgemeinschaft.
3. Die in einer Gliedkirche ordnungsgemäß vollzogene Ordination wird in allen Gliedkirchen anerkannt; Ordinierte sind in allen Gliedkirchen zum Dienst der Verkündigung, zur Vornahme von Taufen und Amtshandlungen zugelassen.
4. Ordnungsgemäß vollzogene Amtshandlungen werden in allen Gliedkirchen anerkannt.

(2) Die gliedkirchlichen Ordnungen und Vereinbarungen zwischen den Gliedkirchen bleiben unberührt.

Artikel 5

Die Ordnung des Verhältnisses der Gliedkirchen zueinander und zur Evangelischen Kirche in Deutschland ist eine Ordnung der Brüderlichkeit. Verhandlungen und Auseinandersetzungen sowie die Geltendmachung von Rechten und Pflichten zwischen ihnen sollen in diesem Geiste stattfinden.

II. Aufgaben

Artikel 6

(1) Die Evangelische Kirche in Deutschland bemüht sich um die Festigung und Vertiefung der Gemeinschaft unter den Gliedkirchen, hilft ihnen bei der Erfüllung ihres Dienstes und fördert den Austausch ihrer Kräfte und Mittel.

(2) Sie wirkt dahin, dass die Gliedkirchen, soweit nicht ihr Bekenntnis entgegensteht, in den wesentlichen Fragen des kirchlichen Lebens und Handelns nach übereinstimmenden Grundsätzen verfahren.

Artikel 7

Die Evangelische Kirche in Deutschland fördert und unterstützt Einrichtungen und Arbeiten von gesamtkirchlicher Bedeutung, insbesondere die wissenschaftliche Forschung auf den Gebieten der Theologie und des Kirchenrechts, die Kirchenmusik, die kirchliche Kunst und die Herausgabe kirchlichen Schrifttums.

Artikel 8

Die Evangelische Kirche in Deutschland kann den Gliedkirchen für ihre Arbeit Anregungen geben, insbesondere für die Ordnungen der Gliedkirchen, für die Zuordnung der kirchlichen Werke innerhalb einer Gliedkirche zu deren Leitung und für die Gestaltung der kirchlichen Presse.

Artikel 9

Die Evangelische Kirche in Deutschland kann Richtlinien aufstellen

a) für die wissenschaftliche und praktische Ausbildung der Pfarrer und Pfarrerinnen sowie der übrigen kirchlichen Amtsträger und Amtsträgerinnen;
b) für die Rechtsverhältnisse und für die wirtschaftliche Versorgung der Pfarrer und Pfarrerinnen sowie der übrigen kirchlichen Amtsträger und Amtsträgerinnen;
c) für die Erhebung kirchlicher Abgaben;
d) für die Verwaltung des kirchlichen Vermögens;
e) für die Vereinheitlichung der kirchlichen Amtsbezeichnungen und die Benennung der kirchlichen Amtsstellen;
f) für das Archiv- und Kirchenbuchwesen und für die kirchliche Statistik.

Artikel 10

(1) Die Evangelische Kirche in Deutschland kann ihre Angelegenheiten und ihre Beziehungen zu Kirchen im Ausland durch Kirchengesetz regeln, soweit hierfür wegen der Bedeutung der Sache ein Bedürfnis besteht.

(2) Einer kirchengesetzlichen Regelung bedarf es

a) zur Änderung der Grundordnung der Evangelischen Kirche in Deutschland und zur Änderung oder Aufhebung von Kirchengesetzen,
b) soweit Staatskirchenverträge, die die Evangelische Kirche in Deutschland abschließt, Regelungsgegenstand sind,
c) in den Fällen des Artikels 33 Absatz 2.

Artikel 10 a

(1) Die Evangelische Kirche in Deutschland kann Kirchengesetze für Sachgebiete, die durch Kirchengesetz der Evangelischen Kirchen in Deutschland für alle oder mehrere Gliedkirchen oder für einen oder mehrere gliedkirchliche Zusammenschlüsse und die ihnen angehörenden Glied- und Mitgliedskirchen einheitlich geregelt sind, mit Wirkung für die betroffenen Gliedkirchen oder gliedkirchlichen Zusammenschlüsse und die ihnen angehörenden Glied- und Mitgliedskirchen erlassen, wenn die Kirchenkonferenz durch Beschluss nach Artikel 26 a Absatz 4 zustimmt. Das Zustimmungserfordernis gilt nicht für Kirchengesetze nach Artikel 33 Absatz 2.

(2) Die Evangelische Kirche in Deutschland kann Kirchengesetze für Sachgebiete, die noch nicht einheitlich durch Kirchengesetz der Evangelischen Kirche in Deutschland geregelt sind, mit Wirkung für die Gliedkirchen oder gliedkirchlichen Zusammenschlüsse und die ihnen angehörenden Glied- und Mitgliedskirchen erlassen, soweit die Gesetzgebungskompetenz bei den Gliedkirchen oder den gliedkirchlichen Zusammenschlüssen liegt, und zwar

a) für alle Gliedkirchen, wenn alle Gliedkirchen dem Kirchengesetz zustimmen,
b) für mehrere Gliedkirchen, wenn diese dem Kirchengesetz zustimmen oder
c) für gliedkirchliche Zusammenschlüsse und die ihnen angehörenden Glied- und Mitgliedskirchen, wenn der jeweilige gliedkirchliche Zusammenschluss dem Kirchengesetz zustimmt.

Die Zustimmung ist gegenüber dem Rat der Evangelischen Kirche in Deutschland zu erklären. Sie kann auch nach Verkündung des Kirchengesetzes binnen eines Jahres erklärt werden, wenn nichts anderes bestimmt ist. Die Frist beginnt mit dem Tage der Herausgabe des Amtsblatts der Evangelischen Kirche in Deutschland, das die Verkündung nach Artikel 26 a Absatz 6 enthält.

(3) In einem Kirchengesetz der Evangelischen Kirche in Deutschland nach Absatz 2 kann den betroffenen Gliedkirchen für sich oder den gliedkirchlichen Zusammenschlüssen für sich und die ihnen angehörenden Glied- oder Mitgliedskirchen die Möglichkeit eingeräumt werden, jederzeit dieses Kirchengesetz in der zurzeit gültigen Fassung außer Kraft zu setzen. Für Gliedkirchen, die vor der Zustimmung zu einem Kirchengesetz aufgrund mitgliedschaftlicher Bindung das Kirchengesetz eines gliedkirchlichen Zusammenschlusses angewendet haben, kann bestimmt werden, dass diese das Kirchengesetz für sich nur gemeinsam außer Kraft setzen. Satz 1 und 2 gelten nicht für Teile von Kirchengesetzen und nicht für Kirchengesetze nach Artikel 33 Absatz 2. Das Außer-Kraft-Setzen ist gegenüber dem Rat der Evangelischen Kirche in Deutschland zu erklären. Der Rat stellt durch Verordnung fest, dass und zu welchem Zeitpunkt das Kirchengesetz für die betroffene Gliedkirche oder den gliedkirchlichen Zusammenschluss und die ihm angehörenden Glied- oder Mitgliedskirchen außer Kraft getreten ist.

Artikel 10 b

Kirchengesetze der Evangelischen Kirche in Deutschland können eine Ermächtigung zum Erlass ausführender Regelungen vorsehen. Inhalt, Zweck und Ausmaß der erteilten Ermächtigung müssen im jeweiligen Kirchengesetz bestimmt werden.

Artikel 11

Die Gliedkirchen nehmen über die Bestellung des oder der Vorsitzenden ihrer Kirchenleitung mit dem Rat der Evangelischen Kirche in Deutschland Fühlung.

Artikel 12

Kirchengesetze und sonstige Ordnungen mit Gesetzeskraft legen die Gliedkirchen spätestens mit der Verkündung dem Rat der Evangelischen Kirche in Deutschland vor. Sie sind abzuändern, wenn der Rat mitteilt, dass sie gegen gesamtkirchliche Ordnungen verstoßen.

Artikel 13

Alle Gliedkirchen gemeinsam oder einzelne von ihnen können der Evangelischen Kirche in Deutschland mit Zustimmung des Rates einzelne Aufgaben übertragen oder die Entscheidung in Fragen überlassen, für welche die Gliedkirchen zuständig sind.

Artikel 14

Die Evangelische Kirche in Deutschland fördert die Zusammenfassung der der Kirche aufgetragenen Arbeit an den verschiedenen Gruppen von Gliedern der Kirche, insbesondere an den Männern, den Frauen und der Jugend, soweit sie über den Bereich der Gliedkirchen hinausgeht und gesamtkirchlicher Ordnungen oder Organe bedarf. Sie regelt die kirchliche Zuordnung dieser Arbeit so, dass die Mitarbeit freier Kräfte gewährleistet ist.

Artikel 15

(1) Die Evangelische Kirche in Deutschland und die Gliedkirchen sind gerufen, Christi Liebe in Wort und Tat zu verkündigen. Diese Liebe verpflichtet alle Glieder der Kirche zum Dienst und gewinnt in besonderer Weise Gestalt im Diakonat der Kirche; dem gemäß sind die diakonisch-missionarischen Werke Wesens- und Lebensäußerung der Kirche.

(2) Die Evangelische Kirche in Deutschland fördert die in ihrem Gesamtbereich arbeitenden Werke der Inneren Mission, ungeachtet deren Rechtsform. Ihre Verbindung mit der Kirche und den Gemeinden sowie die freie Gestaltung ihrer Arbeit werden in Vereinbarungen und entsprechenden Richtlinien gesichert.

(3) Das Hilfswerk der Evangelischen Kirche in Deutschland wird von der Evangelischen Kirche in Deutschland, den Gliedkirchen und ihren Gemeinden getragen. Es dient dem kirchlichen Wiederaufbau sowie der Linderung und Behebung der Notstände der Zeit. Die Ordnung des Hilfswerkes bedarf eines Gesetzes der Evangelischen Kirche in Deutschland.

Artikel 16

(1) Die Evangelische Kirche in Deutschland und die Gliedkirchen wissen, dass die Kirche Christi das Evangelium an die ganze Welt zu bezeugen hat. Im Gehorsam gegen den Sendungsauftrag ihres Herrn treiben sie das Werk der Äußeren Mission. Die Evangelische Kirche in Deutschland fördert die Arbeit der Äußeren Mission in Zusammenarbeit mit der von den Missionsgesellschaften bestellten Vertretung. Sie kann für diese Zusammenarbeit Grundsätze aufstellen.

(2) Ebenso weiß sich die Evangelische Kirche in Deutschland zum Dienst an der evangelischen Diaspora gerufen. Sie fördert die zur Erfüllung dieses Dienstes bestehenden Einrichtungen und die anderen kirchlichen Werke, soweit sie im Gesamtbereich der Evangelischen Kirche in Deutschland ihren Dienst tun. Sie kann ihnen unter Wahrung ihrer sachlich erforderten Selbständigkeit für ihre Arbeit und ihre Ordnung Richtlinien geben.

Artikel 17

(1) Die Evangelische Kirche in Deutschland arbeitet in der Ökumene mit.

(2) Die Evangelische Kirche in Deutschland ist Mitglied im Ökumenischen Rat der Kirchen, in der Konferenz Europäischer Kirchen und in der Arbeitsgemeinschaft christlicher Kirchen. Sie pflegt Beziehungen mit den weltweiten christlichen Gemeinschaften, mit ökumenischen Organisationen sowie mit anderen Kirchen.

(3) Die Evangelische Kirche in Deutschland fördert den Dienst an evangelischen Christen

deutscher Sprache oder Herkunft im Ausland in partnerschaftlicher Zusammenarbeit mit deren Kirchen und Gemeinden oder nimmt diesen Dienst in Gemeinschaft mit anderen Kirchen wahr.

(4) Die Evangelische Kirche in Deutschland fördert in ihrem Bereich den Dienst der Gliedkirchen an Christen fremder Sprache oder Herkunft in partnerschaftlicher Zusammenarbeit mit den Kirchen der Heimatländer.

(5) Die Evangelische Kirche in Deutschland, die Gliedkirchen und gliedkirchlichen Zusammenschlüsse sowie die kirchlichen Werke, Verbände und Einrichtungen nehmen ihre ökumenischen Aufgaben unbeschadet ihrer unmittelbaren Beziehungen und Verpflichtungen in gegenseitiger Fühlungnahme wahr. Gemeinsam sind sie bemüht, das Bewusstsein ökumenischer Verantwortung zu stärken.

Artikel 18

Die Evangelische Seelsorge in der Bundeswehr und im Bundesgrenzschutz sind je Gemeinschaftsaufgaben der Evangelischen Kirche in Deutschland und der in ihr verbundenen Gliedkirchen.

Artikel 19

Die Evangelische Kirche in Deutschland vertritt die gesamtkirchlichen Anliegen gegenüber allen Inhabern öffentlicher Gewalt. Sie erstrebt ein einheitliches Handeln ihrer Gliedkirchen auf allen Gebieten des öffentlichen Lebens.

Artikel 20

(1) In Erfüllung ihrer Aufgaben kann die Evangelische Kirche in Deutschland Ansprachen und Kundgebungen ergehen lassen, die leitenden Stellen der Gliedkirchen zu Besprechungen versammeln und von ihnen Auskunft oder Stellungnahme einholen.

(2) Sie kann zur Erfüllung bestimmter Aufgaben Kollekten ausschreiben, die in allen Gliedkirchen einzusammeln sind. Ihre Zahl soll jährlich nicht mehr als drei betragen. Die Erhebung weiterer gesamtkirchlicher Kollekten kann sie den Gliedkirchen empfehlen.

III. Gliederung

Artikel 21

(1) Gliedkirchen der Evangelischen Kirche in Deutschland sind die bestehenden Landes- und Provinzialkirchen.

(2) Der Zusammenschluss, die Neubildung und die Auflösung von Gliedkirchen erfolgt im Benehmen mit der Evangelischen Kirche in Deutschland. Das gleiche gilt, wenn sich Gliedkirchen ohne Aufgabe ihres rechtlichen Bestandes innerhalb der Evangelischen Kirche in Deutschland zusammenschließen.

(3) Jede Gliedkirche steht, unbeschadet ihrer Zugehörigkeit zu einem territorial oder konfessionell bestimmten gliedkirchlichen Zusammenschluss, im unmittelbaren Verhältnis zur Leitung der Evangelischen Kirche in Deutschland.

(4) Bekenntnisverwandte kirchliche Gemeinschaften können der Evangelischen Kirche in Deutschland durch Vereinbarung angeschlossen werden. Die Vereinbarung bedarf der Bestätigung durch Kirchengesetz.

III a. Gliedkirchliche Zusammenschlüsse in der Evangelischen Kirche in Deutschland

Artikel 21 a

(1) Gliedkirchliche Zusammenschlüsse können ihren Auftrag in der Evangelischen Kirche in Deutschland wahrnehmen.

(2) Das Nähere wird durch Vertrag geregelt.

IV. Organe und Amtsstellen

Artikel 22

(1) Die Organe der Evangelischen Kirche in Deutschland sind
die Synode der Evangelischen Kirche in Deutschland,
die Kirchenkonferenz,
der Rat der Evangelischen Kirche in Deutschland.

(2) Zur Beratung der leitenden Organe sind für bestimmte Sachgebiete kirchliche Kammern aus sachverständigen kirchlichen Persönlichkeiten zu bilden.

Artikel 23

(1) Die Synode hat die Aufgabe, der Erhaltung und dem inneren Wachstum der Evangelischen Kirche in Deutschland zu dienen.

(2) Sie beschließt Kirchengesetze nach Maßgabe des Artikels 26 a, erlässt Kundgebungen, bespricht die Arbeit der Evangelischen Kirche in Deutschland, erörtert Fragen des kirchlichen Lebens und gibt dem Rat Richtlinien.

(3) Sie wählt in Gemeinschaft mit der Kirchenkonferenz gemäß Artikel 30 den Rat der Evangelischen Kirche in Deutschland.

Artikel 24

(1) Die Synode besteht aus
106 Mitgliedern, die von den synodalen Organen der Gliedkirchen gewählt werden, und
20 Mitgliedern, die vom Rat berufen werden.
Für jeden Synodalen und jede Synodale sind 2 Stellvertreter oder Stellvertreterinnen zu bestimmen. Von den gewählten und berufenen Synodalen darf nicht mehr als die Hälfte Theologen und Theologinnen sein.

(2) Die Verteilung der zu wählenden Synodalen auf die Gliedkirchen wird durch Gesetz geregelt. Jede Gliedkirche hat in der Synode mindestens zwei Sitze.[1]

---

[1] Die Zahl der Gewählten gem. Abs. 1 und Abs. 2 Satz 2 gilt nicht für die 10. Synode (d.h. erst ab 2009).

(3) Unter den vom Rat zu berufenden Synodalen sind besonders Persönlichkeiten zu berücksichtigen, die für das Leben der Gesamtkirche und für die Arbeit der kirchlichen Werke Bedeutung haben.

(4) Die Mitglieder der Synode sind an Weisungen nicht gebunden.

(5) Die Mitglieder der Kirchenkonferenz nehmen an den Beratungen der Synode ohne Stimmrecht teil.

Artikel 25

(1) Die Synode wird für 6 Jahre gebildet. Ihre Amtszeit beginnt mit dem ersten Zusammentritt und endet mit dem ersten Zusammentritt der nächsten Synode, der frühestens 70 und spätestens 73 Monate nach Beginn der Amtszeit stattfinden soll.

(2) Die Synode tritt in der Regel einmal im Jahr zu einer ordentlichen Tagung zusammen. Sie ist außerdem einzuberufen, wenn der Rat oder 30 Synodale es verlangen.

(3) Sie wird mit einem Gottesdienst eröffnet. Ihrer Tagung wird im Gottesdienst aller Gemeinden fürbittend gedacht.

Artikel 26

(1) Die Synode wählt für ihre Amtsdauer aus ihrer Mitte ein Präsidium, bestehend aus dem oder der Präses, zwei Vizepräsides und den Beisitzern oder Beisitzerinnen. Die Mitglieder des Präsidiums bleiben bis zur Wahl ihrer Nachfolger oder Nachfolgerinnen im Amt. Der oder die Vorsitzende des Rates soll nicht gleichzeitig Präses der Synode sein.

(2) Die Synode beschließt mit Stimmenmehrheit. Sie ist beschlussfähig, wenn zwei Drittel der Synodalen anwesend sind. Sie gibt sich eine Geschäftsordnung.

(3) Erhebt der Rat gegen einen Beschluss der Synode Einwendungen, so hat die Synode über den Gegenstand in einer nicht am gleichen Tage stattfindenden Sitzung erneut zu beschließen. Erklären sich zwei Drittel der anwesenden Mitglieder der Synode für die Aufrechterhaltung des Beschlusses, so bleibt er bestehen. Gegen Wahlen durch die Synode kann der Rat Einwendungen nicht erheben.

Artikel 26 a

(1) Entwürfe zu Kirchengesetzen werden vom Rat, von der Kirchenkonferenz oder aus der Mitte der Synode eingebracht. Sie sind mit einer Begründung zu versehen. Vorlagen des Rates sind der Kirchenkonferenz, Vorlagen der Kirchenkonferenz dem Rat zur Stellungnahme zuzuleiten. Der Rat legt der Synode alle Vorlagen mit den Stellungnahmen vor.

(2) Kirchengesetze bedürfen einer zweimaligen Beratung und Beschlussfassung durch die Synode.

(3) Kirchengesetze, die die Grundordnung ändern oder die Gegenstände nach Art. 10 Abs. 2 Buchstabe b betreffen, bedürfen einer Stimmenmehrheit von zwei Dritteln der anwesenden Mitglieder der Synode.

(4) Kirchengesetze nach Artikel 10 Absatz 2 Buchstaben a und b sowie Artikel 10 a Absatz 1 und 2 bedürfen der Zustimmung der Kirchenkonferenz. Sie werden nach ihrer Verabschiedung durch die Synode von dem oder der Präses unverzüglich der Kirchenkonferenz zugeleitet.

(5) Kirchengesetze, die die Grundordnung ändern, bedürfen einer Stimmenmehrheit von zwei Dritteln der Mitglieder der Kirchenkonferenz.

(6) Kirchengesetze sind im Amtsblatt der Evangelischen Kirche in Deutschland zu verkünden.

(7) Kirchengesetze nach Artikel 10 Absatz 2 und Art. 10 a Absatz 1 treten mit dem 14. Tage nach der Herausgabe des Amtsblattes in Kraft, wenn nicht jeweils etwas anderes bestimmt ist. Kirchengesetze nach Art. 10 a Absatz 2 treten in Kraft, nachdem die betroffenen Gliedkirchen ihre Zustimmung erklärt haben. Den Zeitpunkt, zu dem diese Kirchengesetze in Kraft treten, bestimmt der Rat der Evangelischen Kirche in Deutschland durch Verordnung.

Artikel 27

(1) Werden in der Synode gegen eine Vorlage Bedenken erhoben mit der Begründung, dass sie dem lutherischen, dem reformierten oder einem unierten Bekenntnis widerspreche, und können die Bedenken durch eine Aussprache in der Synode nicht behoben werden, so versammeln sich die Angehörigen des Bekenntnisses zu einem Konvent.

(2) Die Zugehörigkeit der Synodalen zu einem Konvent richtet sich nach dem Bekenntnisstand der Gliedkirchen, denen sie angehören. Unierte Gliedkirchen können bestimmen, ob die von ihnen entsandten Synodalen dem unierten oder demjenigen Konvent beitreten sollen, der ihrem persönlichen Bekenntnisstand entspricht.

(3) Bestätigt der Konvent die Bedenken und können sie auch bei nochmaliger Beratung in der Synode nicht behoben werden, so kann die Synode in dieser Frage nicht gegen die Stellungnahme des Konvents entscheiden.

Artikel 28

(1) Die Kirchenkonferenz hat die Aufgabe, über die Arbeit der Evangelischen Kirche in Deutschland und die gemeinsamen Anliegen der Gliedkirchen zu beraten und Vorlagen oder Anregungen an die Synode und den Rat gelangen zu lassen. Sie wirkt bei der Wahl des Rates der Evangelischen Kirche in Deutschland und bei der Gesetzgebung nach Maßgabe von Artikel 23 Absatz 3 und 26 a Absätze 1 und 4 mit. Die Kirchenkonferenz kann der Synode über ihre Arbeit berichten.

(2) Die Kirchenkonferenz wird von den Kirchenleitungen der Gliedkirchen gebildet. Jede Kirchenleitung entsendet zwei Mitglieder, die nicht dem Rat der Evangelischen Kirche in Deutschland angehören. Die Verteilung der Stimmen in der Kirchenkonferenz wird durch Gesetz geregelt. Die Mitglieder des Rates nehmen an den Sitzungen ohne Stimmrecht teil.

(3) Die Kirchenkonferenz kann Ausschüsse bilden.

(4) Die Kirchenkonferenz wird von dem oder der Vorsitzenden des Rates geleitet. Sie tritt auf Einladung des oder der Vorsitzenden des Rates nach Bedarf zusammen. Auf Verlangen von drei Gliedkirchen muss sie einberufen werden.

Art. 28 a

(1) Die Vertreter der zu einem gliedkirchlichen Zusammenschluss nach Artikel 21 a gehörenden Gliedkirchen in der Kirchenkonferenz bilden einen Konvent. Nicht zu einem gliedkirchlichen Zusammenschluss gehörenden Gliedkirchen kann in diesen Konventen Gaststatus eingeräumt werden.

(2) Die gliedkirchlichen Zusammenschlüsse können die Zuständigkeit zur Erfüllung bestimmter Aufgaben an sich ziehen. Dies erfolgt durch Beschluss des Konvents des jeweiligen gliedkirchlichen Zusammenschlusses in der Kirchenkonferenz mit Zustimmung der zuständigen Organe des gliedkirchlichen Zusammenschlusses. Der Beschluss bedarf der Zustimmung von drei Vierteln der in diesem Konvent vertretenen Gliedkirchen. Er ist wirksam, wenn die zustimmenden Gliedkirchen mindestens zwei Drittel der diesem Konvent zuzurechnenden Kirchenglieder vertreten.

(3) Nach Absatz 2 erworbene Zuständigkeiten gelten nur für den jeweiligen gliedkirchlichen Zusammenschluss. Die Zuständigkeit der Evangelischen Kirche in Deutschland im Übrigen bleibt unberührt.

Artikel 29

(1) Der Rat hat die Aufgabe, die Evangelische Kirche in Deutschland zu leiten und zu verwalten. Soweit die Befugnisse nicht anderen Organen beigelegt sind, ist er für alle Aufgaben der Evangelischen Kirche in Deutschland zuständig. Der Rat vertritt die Evangelische Kirche in Deutschland nach außen. Er kann Kundgebungen erlassen, wenn die Synode nicht versammelt ist. Er legt der Synode auf jeder ordentlichen Tagung einen Rechenschaftsbericht vor, der zu besprechen ist.

(2) Gegenstände, die durch Gesetz zu ordnen sind, können ausnahmsweise durch Verordnung des Rates geregelt werden, wenn die Sache keinen Aufschub duldet, die Synode nicht versammelt und ihre Einberufung nicht möglich oder der Bedeutung der Sache nicht entsprechend ist. Die Grundordnung der Evangelischen Kirche in Deutschland darf durch Verordnung nicht geändert werden. Verordnungen sind der Synode bei ihrem nächsten Zusammentritt vorzulegen. Die Synode kann eine Verordnung des Rates ändern oder aufheben. Artikel 26 a Absatz 6 findet Anwendung.

Artikel 30

(1) Der Rat besteht aus 15 Mitgliedern. 14 Mitglieder werden von der Synode und der Kirchenkonferenz gemeinsam in geheimer Abstimmung mit Zweidrittelmehrheit gewählt. Die Kirchenkonferenz kann Vorschläge machen. Die Wahl findet in der zweiten Tagung der Synode statt. Als weiteres Mitglied gehört der oder die Präses der Synode dem Rat an.

(2) Bei der Wahl der Mitglieder des Rates ist die bekenntnismäßige und landschaftliche Gliederung der Evangelischen Kirche in Deutschland zu berücksichtigen.

(3) Der oder die Vorsitzende des Rates sowie der oder die stellvertretende Vorsitzende des Rates werden aus der Mitte der Ratsmitglieder von der Synode und der Kirchenkonferenz gemeinsam in getrennten Wahlgängen mit Zweidrittelmehrheit gewählt. Der Rat kann Vorschläge machen.

(4) Die Amtsdauer des Rates beträgt 6 Jahre. Wiederwahl ist zulässig. Die Mitglieder bleiben bis zur Wahl ihrer Nachfolger und Nachfolgerinnen im Amt. Nach dem Ausscheiden eines Mitgliedes erfolgt Neuwahl gemäß Absatz 1 und 3.

(5) Der Rat der Evangelischen Kirche in Deutschland tritt nach Bedarf zu Sitzungen zusammen. In den Sitzungen wird mit Stimmenmehrheit entschieden; bei Stimmengleichheit gibt der oder die Vorsitzende den Ausschlag. Der Rat gibt sich eine Geschäftsordnung. Sie kann vorsehen, dass die Erledigung bestimmter Aufgaben einem engeren Ausschuss des Rates übertragen wird.

Artikel 31

(1) Das Kirchenamt dient den Organen der Evangelischen Kirche in Deutschland sowie den gliedkirchlichen Zusammenschlüssen nach Artikel 21 a zur Erfüllung ihrer Aufgaben. Es führt die Verwaltung und die laufenden Geschäfte nach Richtlinien und Weisungen des Rates im Rahmen des kirchlichen Rechts und der vertraglichen Regelungen gemäß Artikel 21 a. Das Kirchenamt führt die Verwaltung der Evangelischen Kirche in Deutschland und die laufenden Geschäfte des Rates im Rahmen des kirchlichen Rechts nach Richtlinien oder Weisungen des Rates.

(2) Das Kirchenamt hat insbesondere

1. die Organe in der Erfüllung ihrer Aufgaben zu unterstützen und für sie die Aufgaben einer Geschäftsstelle wahrzunehmen sowie für die Geschäftsführung in den Kammern und Kommissionen zu sorgen,
2. an der ständigen Zusammenarbeit zwischen der Evangelischen Kirche in Deutschland, ihren Gliedkirchen und den gliedkirchlichen Zusammenschlüssen sowie den kirchlichen Werken, Verbänden und Einrichtungen mitzuwirken,
3. Stellungnahmen und Auskünfte der Gliedkirchen, der gliedkirchlichen Zusammenschlüsse sowie der kirchlichen Werke, Verbände und Einrichtungen in Angelegenheiten von gesamtkirchlicher Bedeutung einzuholen,
4. durch Beratung und Information die Gliedkirchen bei der Wahrnehmung ihrer Aufgaben zu unterstützen,
5. Arbeiten und Planungen der Evangelischen Kirche in Deutschland einzuleiten und Entscheidungen der Organe, insbesondere auf dem Gebiet der Rechtsetzung, vorzubereiten,
6. die ökumenischen Verbindungen der Evangelischen Kirche in Deutschland wahrzunehmen,
7. die ihm kirchengesetzlich auf dem Gebiet der Auslandsarbeit und in anderen Bereichen zugewiesenen Aufgaben zu erfüllen,
8. gesamtkirchliche Anliegen gegenüber staatlichen und anderen Stellen im Rahmen von Regelungen des Rates zu bearbeiten und sie zu vertreten, soweit die Vertretung nicht besonderen Bevollmächtigten übertragen ist,
9. die Öffentlichkeit über die Arbeit der Evangelischen Kirche in Deutschland zu unterrichten und im Rahmen von Regelungen des Rates öffentliche Erklärungen abzugeben.

(3) Das Kirchenamt wird von einem Kollegium unter Vorsitz eines Präsidenten oder einer Präsidentin geleitet und in Hauptabteilungen gegliedert. Der Rat erlässt Richtlinien für die Organisation und Geschäftsverteilung und gibt dem Kirchenamt eine Geschäftsordnung.

(4) Der Präsident oder die Präsidentin sowie die Leiter und Leiterinnen der Hauptabteilungen des Kirchenamtes werden vom Rat im Benehmen mit der Kirchenkonferenz berufen. Verträge nach Artikel 21 a Absatz 2 können vorsehen, dass und wie die gliedkirchlichen Zusammenschlüsse bei der Berufung zu beteiligen sind.

(5) Bei der Auswahl der Leiter und Leiterinnen der Hauptabteilungen und der Abteilungen des Kirchenamtes sowie der Referenten und Referentinnen ist auf eine ausgewogene Berücksichtigung der unterschiedlichen Bekenntnisbindungen zu achten.

Artikel 32

(1) Die Auslegung kirchlichen Rechts, das gegründet ist auf der Heiligen Schrift und den Bekenntnisschriften, erfolgt durch die verfassungsmäßigen Organe der Evangelischen Kirche in Deutschland. Unbeschadet der Einheit der verfassungsmäßigen Organe der Evangelischen Kirche in Deutschland haben die Kirchengerichte der Evangelischen Kirche in Deutschland die Aufgabe der Streitschlichtung. Die kirchliche Rechtsprechung in der Evangelischen Kirche in Deutschland ist Richtern und Richterinnen anvertraut.

(2) Kirchengerichte der Evangelischen Kirche in Deutschland sind

1. der Verfassungsgerichtshof der Evangelischen Kirche in Deutschland,
2. das Kirchengericht der Evangelischen Kirche in Deutschland als Kirchengericht erster Instanz und
3. der Kirchengerichtshof der Evangelischen Kirche in Deutschland als Kirchengericht zweiter Instanz.

(3) Durch Kirchengesetz kann die Evangelische Kirche in Deutschland für sich die Zuständigkeit von Kirchengerichten ihrer Gliedkirchen und deren gliedkirchlichen Zusammenschlüsse begründen, soweit dies das Recht der Gliedkirchen und gliedkirchlichen Zusammenschlüsse zulässt.

(4) Durch Kirchengesetz kann die Evangelische Kirche in Deutschland ihren Gliedkirchen, deren gliedkirchlichen Zusammenschlüssen und für kirchliche und freikirchliche Einrichtungen, Werke und Dienste im Bereich der evangelischen Kirchen die Möglichkeit eröffnen, die Zuständigkeit der Kirchengerichte der Evangelischen Kirche in Deutschland zu begründen.

Artikel 32 a

(1) Die Richter und Richterinnen der Kirchengerichte der Evangelischen Kirche in Deutschland werden vom Rat der Evangelischen Kirche in Deutschland berufen. Sie sind an die Heilige Schrift und an ihr Bekenntnis sowie an das in der Kirche geltende Recht gebunden. In diesem Rahmen üben sie ihr Amt unparteiisch und in richterlicher Unabhängigkeit aus. Sie haben sich innerhalb und außerhalb ihres Amtes, auch bei politischer Betätigung, so zu verhalten, dass das Vertrauen in ihre Unabhängigkeit nicht gefährdet wird.

(2) Zu Richtern und Richterinnen der Kirchengerichte der Evangelischen Kirche in Deutschland können nur Kirchenmitglieder der Evangelischen Kirche in Deutschland berufen werden, die zu kirchlichen Ämtern in einer Gliedkirche der Evangelischen Kirche in Deutschland wählbar

sind. Nicht berufen werden können die Mitglieder der verfassungsmäßigen Organe der Evangelischen Kirche in Deutschland.

(3) Die Richter und Richterinnen der Kirchengerichte der Evangelischen Kirche in Deutschland können gegen ihren Willen nur auf kirchengesetzlich geordnetem Wege ihres Amtes enthoben oder an der Ausübung ihres Amtes gehindert werden.

Artikel 32 b

Der Verfassungsgerichtshof der Evangelischen Kirche in Deutschland entscheidet über die Auslegung der Grundordnung aus Anlass von Meinungsverschiedenheiten zwischen den verfassungsmäßigen Organen der Evangelischen Kirche in Deutschland oder eines anderen durch Kirchengesetz Berechtigten, wenn der Antragsteller oder die Antragstellerin geltend macht, durch eine Maßnahme oder Unterlassung des Antragsgegners oder der Antragsgegnerin in eigenen Rechten verletzt oder unmittelbar gefährdet zu sein.

Artikel 32 c

(1) Hält ein Kirchengericht ein Kirchengesetz oder eine Verordnung der Evangelischen Kirche in Deutschland, auf dessen oder deren Gültigkeit es bei der Entscheidung ankommt, für mit der Grundordnung nicht vereinbar, so hat es das Verfahren auszusetzen und die Entscheidung des Verfassungsgerichtshofes der Evangelischen Kirche in Deutschland einzuholen.

(2) Die Entscheidung des Verfassungsgerichtshofes der Evangelischen Kirche in Deutschland hat Gesetzeskraft. Soweit ein Kirchengesetz oder eine Verordnung mit der Grundordnung für unvereinbar und daher für nichtig erklärt wird, ist die Entscheidungsformel im Amtsblatt der Evangelischen Kirche in Deutschland zu veröffentlichen.

V. Besondere und Übergangsbestimmungen

Artikel 33

(1) Die Einnahmen und Ausgaben der Evangelischen Kirche in Deutschland sind für ein Jahr oder mehrere Jahre auf einen Haushaltsplan zu bringen. Ausgaben, die durch eigene Einnahmen nicht gedeckt sind, werden auf die Gliedkirchen umgelegt.

(2) Der Haushaltsplan sowie die Höhe und der Verteilungsmaßstab der Umlage werden durch Gesetz festgelegt. Das gleiche gilt für Anleihen und Sicherheitsleistungen, die nicht aus Mitteln des laufenden Rechnungsjahres gedeckt werden können.

(3) Über die Haushalts- und Kassenführung ist jährlich Rechnung zu legen.
Die Rechnung wird von einem hierzu bestimmten Ausschuss geprüft. Aufgrund seines Berichts beschließt die Synode über die Entlastung.

(4) Das Nähere über das Haushalts-, Umlagen- und Kassenwesen wird durch eine Verordnung des Rates geregelt.

Artikel 34

(1) Die Evangelische Kirche in Deutschland wird in Rechtsangelegenheiten durch den Rat vertreten. Urkunden, welche die Evangelische Kirche in Deutschland Dritten gegenüber verpflichten sollen, und Vollmachten sind von dem oder der Vorsitzenden des Rates oder dem oder der stellvertretenden Vorsitzenden des Rates zu vollziehen; das Siegel ist beizudrücken. Dadurch wird die Rechtmäßigkeit der Beschlussfassung festgestellt.

(2) Der Rat kann die Vertretung allgemein oder im Einzelfall auf das Kirchenamt übertragen und dabei regeln, durch wen Urkunden, welche die Evangelische Kirche in Deutschland Dritten gegenüber verpflichten sollen, und Vollmachten zu vollziehen sind.

Artikel 35

Die Evangelische Kirche in Deutschland als öffentlich-rechtliche Körperschaft ist Trägerin der Rechte und Verbindlichkeiten des Deutschen Evangelischen Kirchenbundes und der Deutschen Evangelischen Kirche. Die Verfassung der Deutschen Evangelischen Kirche vom 11. Juli 1933 wird hiermit aufgehoben. Im Übrigen bleibt das gesamtkirchliche Recht in Kraft, soweit es dieser Grundordnung nicht widerspricht.

2. Konkordie Reformatorischer Kirchen in Europa.

Vom 16. März 1973. (Leuenberger Konkordie)[2]

1 Die dieser Konkordie zustimmenden lutherischen, reformierten und aus ihnen hervorgegangenen unierten Kirchen sowie die ihnen verwandten vorreformatorischen Kirchen der Waldenser und Böhmischen Brüder stellen aufgrund ihrer Lehrgespräche unter sich das gemeinsame Verständnis des Evangeliums fest, wie es nachstehend ausgeführt wird. Dieses ermöglicht ihnen, Kirchengemeinschaft zu erklären und zu verwirklichen. Dankbar dafür, dass sie näher zueinander geführt worden sind, bekennen sie zugleich, dass das Ringen um Wahrheit und Einheit in der Kirche auch mit Schuld und Leid verbunden war und ist.

2 Die Kirche ist allein auf Jesus Christus gegründet, der sie durch die Zuwendung seines Heils in der Verkündigung und in den Sakramenten sammelt und sendet. Nach reformatorischer Einsicht ist darum zur wahren Einheit der Kirche die Übereinstimmung in der rechten Lehre des Evangeliums und in der rechten Verwaltung der Sakramente notwendig und ausreichend. Von diesen reformatorischen Kriterien leiten die beteiligten Kirchen ihr Verständnis von Kirchengemeinschaft her, das im Folgenden dargelegt wird.

2 Recht der EKD 5, Nr. 10.2.

I. Der Weg zur Gemeinschaft

3 Angesichts wesentlicher Unterschiede in der Art des theologischen Denkens und des kirchlichen Handelns sahen sich die reformatorischen Väter um ihres Glaubens und Gewissens willen trotz vieler Gemeinsamkeiten nicht in der Lage, Trennungen zu vermeiden. Mit dieser Konkordie erkennen die beteiligten Kirchen an, dass sich ihr Verhältnis zueinander seit der Reformationszeit gewandelt hat.

1. Gemeinsame Aspekte im Aufbruch der Reformation

4 Aus dem geschichtlichen Abstand heraus lässt sich heute deutlicher erkennen, was trotz aller Gegensätze den Kirchen der Reformation in ihrem Zeugnis gemeinsam war. Sie gingen aus von einer neuen, befreienden und gewissmachenden Erfahrung des Evangeliums. Durch das Eintreten für die erkannte Wahrheit sind die Reformatoren gemeinsam in Gegensatz zu kirchlichen Überlieferungen jener Zeit geraten. Übereinstimmend haben sie deshalb bekannt, dass Leben und Lehre an der ursprünglichen und reinen Bezeugung des Evangeliums in der Schrift zu messen sind. Übereinstimmend haben sie die freie und bedingungslose Gnade Gottes im Leben, Sterben und Auferstehen Jesu Christi für jeden, der dieser Verheißung glaubt, bezeugt. Übereinstimmend haben sie bekannt, dass Handeln und Gestalt der Kirche allein von dem Auftrag her zu bestimmen sind, dieses Zeugnis in der Welt auszurichten, und dass das Wort des Herrn jeder menschlichen Gestaltung der christlichen Gemeinde überlegen bleibt.
Dabei haben sie gemeinsam mit der ganzen Christenheit das in den altkirchlichen Symbolen ausgesprochene Bekenntnis zum Dreieinigen Gott und zur Gott-Menschheit Jesu Christi aufgenommen und neu bekannt.

2. Veränderte Voraussetzungen heutiger kirchlicher Situation

5 In einer vierhundertjährigen Geschichte haben die theologische Auseinandersetzung mit den Fragen der Neuzeit, die Entwicklung der Schriftforschung, die kirchlichen Erneuerungsbewegungen und der wiederentdeckte ökumenische Horizont die Kirchen der Reformationen zu neuen, einander ähnlichen Formen des Denkens und Lebens geführt. Sie brachten freilich auch neue, quer durch die Konfessionen verlaufende Gegensätze mit sich. Daneben wurde immer wieder, besonders in Zeiten gemeinsamen Leidens, brüderliche Gemeinschaft erfahren. All dies veranlasste die Kirchen in neuer Weise, das biblische Zeugnis wie die reformatorischen Bekenntnisse, vor allem seit den Erweckungsbewegungen, für die Gegenwart zu aktualisieren. Auf diesen Wegen haben sie gelernt, das grundlegende Zeugnis der reformatorischen Bekenntnisse von ihren geschichtlich bedingten Denkformen zu unterscheiden. Weil die Bekenntnisse das Evangelium als das lebendige Wort Gottes in Jesus

Christus bezeugen, schließen sie den Weg zu dessen verbindlicher Weiterbezeugung nicht ab, sondern eröffnen ihn und fordern ihn auf, ihn in der Freiheit des Glaubens zu gehen.

II. Das gemeinsame Verständnis des Evangeliums

6 Im Folgenden beschreiben die beteiligten Kirchen ihr gemeinsames Verständnis des Evangeliums, soweit es für die Begründung ihrer Kirchengemeinschaft erforderlich ist.

1. Die Rechtfertigungsbotschaft als die Botschaft von der freien Gnade Gottes

7 Das Evangelium ist die Botschaft von Jesus Christus, dem Heil der Welt, in Erfüllung der an das Volk des Alten Bundes ergangenen Verheißung.

8 a) Sein rechtes Verständnis haben die reformatorischen Väter in der Lehre von der Rechtfertigung zum Ausdruck gebracht.

9 b) In dieser Botschaft wird Jesus Christus bezeugt als der Menschgewordene, in dem Gott sich mit den Menschen verbunden hat; als der Gekreuzigte und Auferstandene, der das Gericht Gottes auf sich genommen und darin die Liebe Gottes zum Sünder erwiesen hat, und als der Kommende, der als Richter und Retter die Welt zur Vollendung führt.

10 c) Gott ruft durch sein Wort im Heiligen Geist alle Menschen zu Umkehr und Glauben und spricht dem Sünder, der glaubt, seine Gerechtigkeit in Jesus Christus zu. Wer dem Evangelium vertraut, ist um Christi willen gerechtfertigt vor Gott und von der Anklage des Gesetzes befreit.
Er lebt in täglicher Umkehr und Erneuerung zusammen mit der Gemeinde im Lobpreis Gottes und im Dienst am anderen, in der Gewissheit, dass Gott seine Herrschaft vollenden wird. So schafft Gott neues Leben und setzt inmitten der Welt den Anfang einer neuen Menschheit.

11 d) Diese Botschaft macht die Christen frei zu verantwortlichem Dienst in der Welt und bereit, in diesem Dienst auch zu leiden. Sie erkennen, dass Gottes fordernder und gebender Wille die ganze Welt umfasst. Sie treten ein für irdische Gerechtigkeit und Frieden zwischen den einzelnen Menschen und unter den Völkern. Dies macht es notwendig, dass sie mit anderen Menschen nach vernünftigen, sachgemäßen Kriterien suchen und sich an ihrer Anwendung beteiligen. Sie tun dies im Vertrauen darauf, dass Gott die Welt erhält, und in Verantwortung vor seinem Gericht.

12 e) Mit diesem Verständnis des Evangeliums stellen wir uns auf den Boden der altkirchlichen Symbole und nehmen die gemeinsame Überzeugung der reformatorischen Bekennt-

nisse auf, dass die ausschließliche Heilsmittlerschaft Jesu Christi die Mitte der Schrift und die Rechtfertigungsbotschaft als die Botschaft von der freien Gnade Gottes Maßstab aller Verkündigung der Kirche ist.

2. Verkündigung, Taufe und Abendmahl

13 Das Evangelium wird uns grundlegend bezeugt durch das Wort der Apostel und Propheten in der Heiligen Schrift Alten und Neuen Testaments. Die Kirche hat die Aufgabe, dieses Evangelium weiterzugeben durch das mündliche Wort der Predigt, durch den Zuspruch an den einzelnen und durch Taufe und Abendmahl. In Verkündigung, Taufe und Abendmahl ist Jesus Christus durch den Heiligen Geist gegenwärtig. So wird den Menschen die Rechtfertigung in Christus zuteil, und so sammelt der Herr seine Gemeinde. Er wirkt dabei in vielfältigen Ämtern und Diensten und im Zeugnis aller Glieder seiner Gemeinde.

14 a) Taufe
Die Taufe wird im Namen des Vaters, des Sohnes und des Heiligen Geistes mit Wasser vollzogen. In ihr nimmt Jesus Christus den der Sünde und dem Sterben verfallenden Menschen unwiderruflich in seine Heilsgemeinschaft auf, damit er eine neue Kreatur sei. Er beruft ihn in der Kraft des Heiligen Geistes in seine Gemeinde zu einem Leben aus Glauben, zur täglichen Umkehr und Nachfolge.

15 b) Abendmahl
Im Abendmahl schenkt sich der auferstandene Jesus Christus in seinem für alle dahingegebenen Leib und Blut durch sein verheißendes Wort mit Brot und Wein. Er gewährt uns dadurch Vergebung der Sünden und befreit uns zu einem neuen Leben aus Glauben. Er lässt uns neu erfahren, dass wir Glieder an seinem Leibe sind. Er stärkt uns zum Dienst an den Menschen.

16 Wenn wir das Abendmahl feiern, verkündigen wir den Tod Christi, durch den Gott die Welt mit sich selbst versöhnt hat. Wir bekennen die Gegenwart des auferstandenen Herrn unter uns. In der Freude darüber, dass der Herr zu uns gekommen ist, warten wir auf seine Zukunft in Herrlichkeit.

III. Die Übereinstimmung angesichts der Lehrverurteilung der Reformationszeit

17 Die Gegensätze, die von der Reformationszeit an eine Kirchengemeinschaft zwischen den lutherischen und reformierten Kirchen unmöglich gemacht und zu gegenseitigen Verwerfungsurteilen geführt haben, bestrafen die Abendmahlslehre, die Christologie und die Lehre von der Prädestination. Wir nehmen die Entscheidungen der Väter ernst, können aber heute folgendes gemeinsam dazu sagen:

1. Abendmahl

18 Im Abendmahl schenkt sich der auferstandene Jesus Christus in seinem für alle dahingegebenen Leib und Blut durch sein verheißendes Wort mit Brot und Wein. So gibt er sich selbst vorbehaltlos allen, die Brot und Wein empfangen; der Glaube empfängt das Mahl zum Heil, der Unglaube zum Gericht.

19 Die Gemeinschaft mit Jesus Christus in seinem Leib und Blut können wir nicht vom Akt des Essens und Trinkens trennen. Ein Interesse an der Art der Gegenwart Christi im Abendmahl, das von dieser Handlung absieht, läuft Gefahr, den Sinn des Abendmahls zu verdunkeln.

20 Wo solche Übereinstimmung zwischen Kirchen besteht, betreffen die Verwerfungen der reformatorischen Bekenntnisse nicht den Stand der Lehre dieser Kirchen.

2. Christologie

21 In dem wahren Menschen Jesus Christus hat sich der ewige Sohn und damit Gott selbst zum Heil in die verlorene Menschheit hineingegeben. Im Verheißungswort und Sakrament macht der Heilige Geist und damit Gott selbst uns Jesus als Gekreuzigten und Auferstandenen gegenwärtig.

22 Im Glauben an diese Selbsthingabe Gottes in seinem Sohn sehen wir uns angesichts der geschichtlichen Bedingtheit überkommener Denkformen vor die Aufgabe gestellt, neu zur Geltung zu bringen, was die reformierte Tradition in ihrem besonderen Interesse an der Unversehrtheit von Gottheit und Menschheit Jesu und was die lutherische Tradition in ihrem besonderen Interesse an seiner völligen Personeinheit geleitet hat.

23 Angesichts dieser Sachlage können wir heute die früheren Verwerfungen nicht nachvollziehen.

3. Prädestination

24 Im Evangelium wird die bedingungslose Annahme des sündigen Menschen durch Gott verheißen. Wer darauf vertraut, darf des Heils gewiss sein und Gottes Erwählung preisen. Über die Erwählung kann deshalb nur im Blick auf die Berufung zum Heil in Christus gesprochen werden.

25 Der Glaube macht zwar die Erfahrung, dass die Heilsbotschaft nicht von allen angenommen wird, er achtet jedoch das Geheimnis von Gottes Wirken. Er bezeugt zugleich den

Ernst menschlicher Entscheidung wie die Realität des universalen Heilswillens Gottes. Das Christuszeugnis der Schrift verwehrt uns, einen ewigen Ratschluss Gottes zur definitiven Verwerfung gewisser Personen oder eines Volkes anzunehmen.

26 Wo solche Übereinstimmung zwischen Kirchen besteht, betreffen die Verwerfungen der reformatorischen Bekenntnisse nicht den Stand der Lehre dieser Kirchen.

4. Folgerungen

27 Wo diese Feststellungen anerkannt werden, betreffen die Verwerfungen der reformatorischen Bekenntnisse zum Abendmahl, zur Christologie und zur Prädestination den Stand der Lehre nicht. Damit werden die von den Vätern vollzogenen Verwerfungen nicht als unsachgemäß bezeichnet, sie sind jedoch kein Hindernis mehr für die Kirchengemeinschaft.

28 Zwischen unseren Kirchen bestehen beträchtliche Unterschiede in der Gestaltung des Gottesdienstes, in den Ausprägungen der Frömmigkeit und in den kirchlichen Ordnungen. Diese Unterschiede werden in den Gemeinden oft stärker empfunden als die überkommenen Lehrgegensätze. Dennoch vermögen wir nach dem Neuen Testament und den reformatorischen Kriterien der Kirchengemeinschaft in diesen Unterschieden keine kirchentrennenden Faktoren zu erblicken.

IV. Erklärung und Verwirklichung der Kirchengemeinschaft

29 Kirchengemeinschaft im Sinne dieser Konkordie bedeutet, dass Kirchen verschiedenen Bekenntnisstandes aufgrund der gewonnenen Übereinstimmung im Verständnis des Evangeliums einander Gemeinschaft an Wort und Sakrament gewähren und eine möglichst große Gemeinsamkeit in Zeugnis und Dienst an der Welt erstreben.

1. Erklärung der Kirchengemeinschaft

30 Mit der Zustimmung zu der Konkordie erklären die Kirchen in der Bindung an die sie verpflichtenden Bekenntnisse oder unter Berücksichtigung ihrer Traditionen:

31 a) Sie stimmen im Verständnis des Evangeliums, wie es in den Teilen II und III Ausdruck gefunden hat, überein.

32 b) Die in den Bekenntnisschriften ausgesprochenen Lehrverurteilungen betreffen entsprechend den Feststellungen des Teils III nicht den gegenwärtigen Stand der Lehre der zustimmenden Kirchen.

33 c) Sie gewähren einander Kanzel- und Abendmahlsgemeinschaft. Das schließt die gegenseitige Anerkennung der Ordination und die Ermöglichung der Interzelebration ein.

34 Mit diesen Feststellungen ist Kirchengemeinschaft erklärt. Die dieser Gemeinschaft seit dem 16. Jahrhundert entgegenstehenden Trennungen sind aufgehoben. Die beteiligten Kirchen sind der Überzeugung, dass sie gemeinsam an der einen Kirche Jesu Christi teilhaben und dass der Herr sie zum gemeinsamen Dienst befreit und verpflichtet.

2. Verwirklichung der Kirchengemeinschaft

35 Die Kirchengemeinschaft verwirklicht sich im Leben der Kirchen und Gemeinden. Im Glauben an die einigende Kraft des Heiligen Geistes richten sie ihr Zeugnis und ihren Dienst gemeinsam aus und bemühen sich um die Stärkung und Vertiefung der gewonnenen Gemeinschaft.

36 a) Zeugnis und Dienst
Die Verkündigung der Kirchen gewinnt in der Welt an Glaubwürdigkeit, wenn sie das Evangelium in Einmütigkeit bezeugen. Das Evangelium befreit und verbindet die Kirchen zum gemeinsamen Dienst. Als Dienst der Liebe gilt er dem Menschen mit seinen Nöten und sucht deren Ursachen zu beheben. Die Bemühung um Gerechtigkeit und Frieden in der Welt verlangt von den Kirchen zunehmend die Übernahme gemeinsamer Verantwortung.

37 b) Theologische Weiterarbeit
Die Konkordie lässt die verpflichtende Geltung der Bekenntnisse in den beteiligten Kirchen bestehen. Sie versteht sich nicht als ein neues Bekenntnis. Sie stellt eine im Zentralen gewonnene Übereinstimmung dar, die Kirchengemeinschaft zwischen Kirchen verschiedenen Bekenntnisstandes ermöglicht. Die beteiligten Kirchen lassen sich bei der gemeinsamen Ausrichtung von Zeugnis und Dienst von dieser Übereinstimmung leiten und verpflichten sich zu kontinuierlichen Lehrgesprächen untereinander.

38 Das gemeinsame Verständnis des Evangeliums, auf dem die Kirchengemeinschaft beruht, muss weiter vertieft, am Zeugnis der Heiligen Schrift geprüft und ständig aktualisiert werden.

39 Es ist Aufgabe der Kirchen, an Lehrunterschieden, die in und zwischen den beteiligten Kirchen bestehen, ohne als kirchentrennend zu gelten, weiterzuarbeiten. Dazu gehören:
Hermeneutische Fragen im Verständnis von Schrift, Bekenntnis und Kirche;
Verhältnis von Gesetz und Evangelium;
Taufpraxis;
Amt und Ordination;

Zwei-Reiche-Lehre und Lehre von der Königsherrschaft Jesu Christi; Kirche und Gesellschaft.

Zugleich sind auch Probleme aufzunehmen, die sich im Hinblick auf Zeugnis und Dienst, Ordnung und Praxis neu ergeben.

40 Aufgrund ihres gemeinsamen Erbes müssen die reformatorischen Kirchen sich mit den Tendenzen theologischer Polarisierung auseinandersetzen, die sich gegenwärtig abzeichnen. Die damit verbundenen Probleme greifen zum Teil weiter als die Lehrdifferenzen, die einmal den lutherisch-reformierten Gegensatz begründet haben.

41 Es wird Aufgabe der gemeinsamen theologischen Arbeit sein, die Wahrheit des Evangeliums gegenüber Entstellungen zu bezeugen und abzugrenzen.

42 c) Organisatorische Folgerungen

Durch die Erklärung der Kirchengemeinschaft werden kirchenrechtliche Regelungen von Einzelfragen zwischen den Kirchen und innerhalb der Kirchen nicht vorweggenommen. Die Kirchen werden jedoch bei diesen Regelungen die Konkordie berücksichtigen.

43 Allgemein gilt, dass die Erklärung der Kanzel- und Abendmahlsgemeinschaft und die gegenseitige Anerkennung der Ordination die in den Kirchen geltenden Bestimmungen für die Anstellung im Pfarramt, die Ausübung des pfarramtlichen Dienstes und die Ordnungen des Gemeindelebens nicht beeinträchtigen.

44 Die Frage eines organisatorischen Zusammenschlusses einzelner beteiligter Kirchen kann nur in der Situation entschieden werden, in der diese Kirchen leben. Bei der Prüfung dieser Fragen sollten folgende Gesichtspunkte beachtet werden:

45 Eine Vereinheitlichung, die die lebendige Vielfalt der Verkündigungsweisen, des gottesdienstlichen Lebens, der kirchlichen Ordnung und der diakonischen wie gesellschaftlichen Tätigkeit beeinträchtigt, würde dem Wesen der mit dieser Erklärung eingegangenen Kirchengemeinschaft widersprechen. Andererseits kann aber in bestimmten Situationen der Dienst der Kirche um des Sachzusammenhanges von Zeugnis und Ordnung willen rechtliche Zusammenschlüsse nahe legen. Werden organisatorische Konsequenzen aus der Erklärung der Kirchengemeinschaft gezogen, so darf die Entscheidungsfreiheit der Minoritätskirchen nicht beeinträchtigt werden.

46 d) Ökumenische Aspekte

Indem die beteiligten Kirchen unter sich Kirchengemeinschaft erklären und verwirklichen, handeln sie aus der Verpflichtung heraus, der ökumenischen Gemeinschaft aller christlichen Kirchen zu dienen.

47 Sie verstehen eine solche Kirchengemeinschaft im europäischen Raum als einen Beitrag auf dieses Ziel hin. Sie erwarten, dass die Überwindung ihrer bisherigen Trennung sich auf die ihnen konfessionell verwandten Kirchen in Europa und in anderen Kontinenten auswirken wird, und sind bereit, mit ihnen zusammen die Möglichkeit von Kirchengemeinschaft zu erwägen.

48 Diese Erwartung gilt ebenfalls für das Verhältnis des Lutherischen Weltbundes und des Reformierten Weltbundes zueinander.

49 Ebenso hoffen sie, dass die Kirchengemeinschaft der Begegnung und Zusammenarbeit mit Kirchen anderer Konfessionen einen neuen Anstoß geben wird. Sie erklären sich bereit, die Lehrgespräche in diesen weiteren Horizont zu stellen.

3. Barmer Theologische Erklärung zur gegenwärtigen Lage der Deutschen Evangelischen Kirche.

Vom 31. Mai 1934.[3]

Die Deutsche Evangelische Kirche ist nach den Eingangsworten ihrer Verfassung vom 11. Juli 1933 ein Bund der aus der Reformation erwachsenen, gleichberechtigt nebeneinanderstehenden Bekenntniskirchen. Die theologische Voraussetzung der Vereinigung dieser Kirchen ist in Art. 1 und Art. 2, 1 der von der Reichsregierung am 14. Juli 1933 anerkannten Verfassung der Deutschen Evangelischen Kirche angegeben:

> Art. 1: Die unantastbare Grundlage der Deutschen Evangelischen Kirche ist das Evangelium von Jesus Christus, wie es uns in der Heiligen Schrift bezeugt und in den Bekenntnissen der Reformation neu ans Licht getreten ist. Hierdurch werden die Vollmachten, deren die Kirche für ihre Sendung bedarf, bestimmt und begrenzt.
> Art. 2, 1: Die Deutsche Evangelische Kirche gliedert sich in Kirchen (Landeskirchen).

Wir, die zur Bekenntnissynode der Deutschen Evangelischen Kirche vereinigten Vertreter lutherischer, reformierter und unierter Kirchen, freier Synoden, Kirchentage und Gemeindekreise erklären, dass wir gemeinsam auf dem Boden der Deutschen Evangelischen Kirche als eines Bundes der deutschen Bekenntniskirchen stehen. Uns fügt dabei zusammen das Bekenntnis zu dem einen Herrn der einen, heiligen, allgemeinen und apostolischen Kirche.

---

3 Recht der EKD 5, Nr. 10.1 (KJ 1933-44, S. 63).

Wir erklären vor der Öffentlichkeit aller evangelischen Kirchen Deutschlands, dass die Gemeinschaft dieses Bekenntnisses und damit auch die Einheit der Deutschen Evangelischen Kirche aufs schwerste gefährdet ist. Sie ist bedroht durch die in dem ersten Jahr des Bestehens der Deutschen Evangelischen Kirche mehr und mehr sichtbar gewordenen Lehr- und Handlungsweise der herrschenden Kirchenpartei der Deutschen Christen und des von ihr getragenen Kirchenregimentes. Diese Bedrohung besteht darin, dass die theologische Voraussetzung, in der die Deutsche Evangelische Kirche vereinigt ist, sowohl seitens der Führer und Sprecher der Deutschen Christen als auch seitens des Kirchenregimentes dauernd und grundsätzlich durch fremde Voraussetzungen durchkreuzt und unwirksam gemacht wird. Bei deren Geltung hört die Kirche nach allen bei uns in Kraft stehenden Bekenntnissen auf, Kirche zu sein. Bei deren Geltung wird also auch die Deutsche Evangelische Kirche als Bund der Bekenntniskirche innerlich unmöglich.

Gemeinsam dürfen und müssen wir als Glieder lutherischer, reformierter und unierter Kirchen heute in dieser Sache reden. Gerade weil wir unseren verschiedenen Bekenntnissen treu sein und bleiben wollen, dürfen wir nicht schweigen, da wir glauben, dass uns in einer Zeit gemeinsamer Not und Anfechtung ein gemeinsames Wort in den Mund gelegt ist. Wir befehlen es Gott, was dies für das Verhältnis der Bekenntniskirchen untereinander bedeuten mag.

Wir bekennen uns angesichts der die Kirche verwüstenden und damit auch die Einheit der Deutschen Evangelischen Kirche sprengenden Irrtümer der Deutschen Christen und der gegenwärtigen Reichskirchenregierung zu folgenden evangelischen Wahrheiten:

1. „Ich bin der Weg und die Wahrheit und das Leben; niemand kommt zum Vater denn durch mich." (Joh 14,6)

   „Wahrlich, wahrlich ich sage euch: Wer nicht zur Tür hineingeht in den Schafstall, sondern steigt anderswo hinein, der ist ein Dieb und ein Mörder. Ich bin die Tür; so jemand durch mich eingeht, der wird selig werden." (Joh 10,1.9)

   Jesus Christus, wie er uns in der Heiligen Schrift bezeugt wird, ist das eine Wort Gottes, das wir zu hören, dem wir im Leben und im Sterben zu vertrauen und zu gehorchen haben.

   Wir verwerfen die falsche Lehre, als könne und müsse die Kirche als Quelle ihrer Verkündigung außer und neben diesem einen Worte Gottes auch noch andere Ereignisse und Mächte, Gestalten und Wahrheiten als Gottes Offenbarung anerkennen.

2. „Jesus Christus ist uns gemacht von Gott zur Weisheit und zur Gerechtigkeit und zur Heiligung und zur Erlösung« (1. Kor 1,30).

   Wie Jesus Christus Gottes Zuspruch der Vergebung aller unserer Sünden ist, so und mit gleichem Ernst ist er auch Gottes kräftiger Anspruch auf unser ganzes Leben; durch ihn widerfährt uns frohe Befreiung aus den gottlosen Bindungen dieser Welt zu freiem, dankbaren Dienst an seinen Geschöpfen.

   Wir verwerfen die falsche Lehre, als gebe es Bereiche unseres Lebens, in denen wir nicht Jesus Christus, sondern anderen Herren zu Eigen wären, Bereiche, in denen wir nicht der Rechtfertigung und Heiligung durch ihn bedürften.

3. „Lasset uns aber rechtschaffen sein in der Liebe und wachsen in allen Stücken an dem, der das Haupt ist, Christus, von welchem aus der ganze Leib zusammengefügt ist.« (Eph 4,15.16)

Die christliche Kirche ist die Gemeinde von Brüdern, in der Jesus Christus in Wort und Sakrament durch den Heiligen Geist als der Herr gegenwärtig handelt. Sie hat mit ihrem Glauben wie mit ihrem Gehorsam, mit ihrer Botschaft wie mit ihrer Ordnung mitten in der Welt der Sünde als die Kirche der begnadigten Sünder zu bezeugen, dass sie allein sein Eigentum ist, allein von seinem Trost und von seiner Weisung in Erwartung seiner Erscheinung lebt und leben möchte.

Wir verwerfen die falsche Lehre, als dürfe die Kirche die Gestalt ihrer Botschaft und ihrer Ordnung ihrem Belieben oder dem Wechsel der jeweils herrschenden weltanschaulichen und politischen Überzeugung überlassen.

4. „Ihr wisset, dass die weltlichen Fürsten herrschen, und die Oberherren haben Gewalt. So soll es nicht sein unter euch; sondern so jemand will unter euch gewaltig sein, der sei euer Diener." (Mt 20,25,26)

Die verschiedenen Ämter in der Kirche begründen keine Herrschaft der einen über die andern, sondern die Ausübung des der ganzen Gemeinde anvertrauten und befohlenen Dienstes.

Wir verwerfen die falsche Lehre, als könne und dürfe sich die Kirche abseits von diesem Dienst besondere, mit Herrschaftsbefugnissen ausgestattete Führer geben oder geben lassen.

5. „Fürchtet Gott, ehret den König!« (1. Petr 2,17)

Die Schrift sagt uns, dass der Staat nach göttlicher Ordnung die Aufgabe hat, in der noch nicht erlösten Welt, in der auch die Kirche steht, nach dem Maß menschlicher Einsicht und menschlichen Vermögens unter Androhung und Ausübung von Gewalt für Recht und Frieden zu sorgen. Die Kirche erkennt in Dank und Ehrfurcht gegen Gott die Wohltat dieser seiner Anordnung an. Sie erinnert an Gottes Reich, an Gottes Gebot und Gerechtigkeit und damit an die Verantwortung der Regierenden und Regierten. Sie vertraut und gehorcht der Kraft des Wortes, durch das Gott alle Dinge trägt.

Wir verwerfen die falsche Lehre, als solle und könne der Staat über seinen besonderen Auftrag hinaus die einzige und totale Ordnung menschlichen Lebens werden und also auch die Bestimmung der Kirche erfüllen.

Wir verwerfen die falsche Lehre, als solle und könne sich die Kirche über ihren besonderen Auftrag hinaus staatliche Art, staatliche Aufgaben und staatliche Würde aneignen und damit selbst zu einem Organ des Staates werden.

6. „Siehe, ich bin bei euch alle Tage bis an der Welt Ende." (Mt 28,20)
„Gottes Wort ist nicht gebunden." (2. Tim 2,9)

Der Auftrag der Kirche, in welchem ihre Freiheit gründet, besteht darin, an Christi statt und also im Dienst seines eigenen Wortes und Werkes durch Predigt und Sakrament die Botschaft von der freien Gnade Gottes auszurichten an alles Volk.

Wir verwerfen die falsche Lehre, als könne die Kirche in menschlicher Selbstherrlichkeit das Wort und Werk des Herrn in den Dienst irgendwelcher eigenmächtig gewählter Wünsche, Zwecke und Pläne stellen.

Die Bekenntnissynode der Deutschen Evangelischen Kirche erklärt, dass sie in der Anerkennung dieser Wahrheiten und in der Verwerfung dieser Irrtümer die unumgängliche theologische Grundlage der Deutschen Evangelischen Kirche als eines Bundes der Bekenntniskirche sieht. Sie fordert alle, die sich ihrer Erklärung anschließen können, auf, bei ihren kirchenpolitischen Entscheidungen dieser theologischen Erkenntnisse eingedenk zu sein. Sie bittet alle, die es angeht, in die Einheit des Glaubens, der Liebe und der Hoffnung zurückzukehren.

Verbum Dei manet in aeternum.

4. Barmer Erklärung zur Rechtslage der Bekenntnissynode der Deutschen Evangelischen Kirche.

Vom 31. Mai 1934.[4]

1. Die unantastbare Grundlage der Deutschen Evangelischen Kirche ist das Evangelium von Jesus Christus, wie es in der Heiligen Schrift bezeugt und in den Bekenntnissen der Reformation neu ans Licht getreten ist.

Das derzeitige Reichskirchenregiment hat diese unantastbare Grundlage verlassen und sich zahlreicher Rechts- und Verfassungsbrüche schuldig gemacht. Es hat dadurch den Anspruch verwirkt, rechtmäßige Leitung der Deutschen Evangelischen Kirche zu sein. Im Namen der Deutschen Evangelischen Kirche rechtmäßig zu sprechen und zu handeln sind nur die berufen, welche an der Heiligen Schrift und dem Bekenntnis der Kirche als ihrer unantastbaren Grundlage festhalten und beidem die maßgebende Geltung in der Deutschen Evangelischen Kirche wieder verschaffen wollen.

Die in solchem Bekenntnis einigen Gemeinden und Kirchen sind die rechtmäßige Deutsche Evangelische Kirche; sie treten zur Bekenntnissynode der Deutschen Evangelischen Kirche zusammen.

2. Die Bekenntnissynode hat in der gegenwärtigen kirchlichen Notlage die Aufgabe, in der Deutschen Evangelischen Kirche die Bekennende Gemeinde zu sammeln und zu vertreten, ihre Gemeinschaft und gemeinsamen Aufgaben zu pflegen und dahin zu wirken, dass die evangelische Kirche dem Evangelium und Bekenntnis gemäß gelehrt und Verfassung und Recht dabei gewahrt werden.

---

[4] KJ 1933-44, S. 65.

3. In der Kirche ist eine Scheidung der äußeren Ordnung vom Bekenntnis nicht möglich. Insofern ist die in der Verfassung festgelegte Gliederung der Deutschen Evangelischen Kirche in Landeskirchen bekenntnismäßig begründet. Bekenntnismäßig gebundene Landeskirchen dürfen nicht durch Eingliederung in die Deutsche Evangelische Kirche auf dem Wege der Verwaltung oder gar des äußeren Zwanges ihrer Selbständigkeit beraubt werden, weil ihre äußere kirchliche Ordnung sich immer vor ihrem Bekenntnis zu rechtfertigen hat. Die von der Reichskirchenregierung bisher vollzogenen Eingliederungen entbehren der Rechtswirksamkeit.

4. Die Einheit der Deutschen Evangelischen Kirche wird auch nicht geschaffen durch den rücksichtslosen Ausbau einer zentralen Befehlsgewalt, die ihre Rechtfertigung dem der Kirche wesensfremden weltlichen Führerprinzip entnimmt. Die hierarchische Gestaltung der Kirche widerspricht dem reformatorischen Bekenntnis. Ihre echte kirchliche Einheit kann die Deutsche Evangelische Kirche nur auf dem Wege gewinnen, dass sie

a) die reformatorischen Bekenntnisse wahrt und einen organischen Zusammenschluss der Landeskirchen und Gemeinden auf der Grundlage ihres Bekenntnisses fördert,

b) der Gemeinde als der Trägerin der Wortverkündigung den ihr gebührenden Platz lässt.

Es muss ihr ernstes Anliegen sein, dass der Geist des Herrn Christus und nicht der Geist weltlichen Herrschens in der Kirche unserer Väter bestimmend ist.

Im Gehorsam gegen den Herrn der Kirche liegt so starke einigende Kraft, dass wir trotz der Verschiedenheit der reformatorischen Bekenntnisse zu einem einheitlichen Wollen und Handeln in der Deutschen Evangelischen Kirche zusammenstehen können.

5. Kirchengesetz über die Verteilung der von den Gliedkirchen zu wählenden Mitglieder der Synode der Evangelischen Kirche in Deutschland.

Vom 9. November 1995. (ABl. EKD S. 582)[5]

Die Synode der Evangelischen Kirche in Deutschland hat das folgende Kirchengesetz beschlossen:

§ 1

Die 100 Mitglieder der Synode, die gemäß Artikel 24 Abs. 1 der Grundordnung von den synodalen Organen der Gliedkirchen zu wählen sind, entfallen auf die einzelnen Gliedkirchen wie folgt:

---

5 Geändert durch Kirchengesetz v. 11.11.1999 (ABl. EKD S. 478); die Mitgliederzahlen und LK (Nrn. 4 und 22) sind noch anzupassen an Art. 24 GO i.d.F.v. 2005.

1.	Evangelische Landeskirche Anhalts	1 Mitglied
2.	Evangelische Landeskirche in Baden	4 Mitglieder
3.	Evangelisch-Lutherische Kirche in Bayern	9 Mitglieder
4.	Evangelische Kirche in Berlin-Brandenburg	6 Mitglieder
5.	Evangelisch-lutherische Landeskirche in Braunschweig	2 Mitglieder
6.	Bremische Evangelische Kirche	1 Mitglied
7.	Evangelisch-lutherische Landeskirche Hannovers	11 Mitglieder
8.	Evangelische Kirche in Hessen und Nassau	7 Mitglieder
9.	Evangelische Kirche von Kurhessen-Waldeck	3 Mitglieder
10.	Lippische Landeskirche	1 Mitglied
11.	Evangelisch-Lutherische Landeskirche Mecklenburgs	1 Mitglied
12.	Nordelbische Evangelisch-Lutherische Kirche	8 Mitglieder
13.	Evangelisch-Lutherische Kirche in Oldenburg	2 Mitglieder
14.	Evangelische Kirche der Pfalz (Protestantische Landeskirche)	2 Mitglieder
15.	Pommersche Evangelische Kirche	1 Mitglied
16.	Evangelisch-reformierte Kirche (Synode ev.-ref. Kirchen in Bayern und Nordwestdeutschland)	1 Mitglied
17.	Evangelische Kirche im Rheinland	10 Mitglieder
18.	Evangelische Kirche der Kirchenprovinz Sachsen	3 Mitglieder
19.	Evangelisch-Lutherische Landeskirche Sachsens	5 Mitglieder
20.	Evangelisch-Lutherische Landeskirche Schaumburg-Lippe	1 Mitglied
22.	Evangelische Kirche der schlesischen Oberlausitz	1 Mitglied
22.	Evangelisch-Lutherische Kirche in Thüringen	3 Mitglieder
23.	Evangelische Kirche von Westfalen	9 Mitglieder
24.	Evangelische Landeskirche in Württemberg	8 Mitglieder

§ 2

(1) Für die beiden stellvertretenden Mitglieder, die gemäß Artikel 24 Abs. 1 Satz 2 der Grundordnung zu bestimmen sind, legen die Gliedkirchen zugleich die Reihenfolge der Stellvertretung fest.

(2) Das Mitglied der Synode, das an der Wahrnehmung des Mandats gehindert ist, wird durch die ihm zugeordneten stellvertretenden Mitglieder in der Reihenfolge ihrer Bestimmung vertreten. Scheidet ein Mitglied der Synode durch Tod, Amtsniederlegung oder aus anderen Gründen aus, so ist an seiner Stelle ein neues Mitglied für die restliche Dauer der Wahlperiode der Synode zu wählen. Bis zur Durchführung der Ersatzwahl wird das ausgeschiedene Mitglied der Synode durch die Stellvertreterin oder den Stellvertreter ersetzt.

(3) Absatz 2 Satz 2 findet beim Ausscheiden einer Stellvertreterin oder eines Stellvertreters entsprechende Anwendung.

§ 3

Das Kirchengesetz über die Verteilung der von den Gliedkirchen zu wählenden Mitglieder der Synode der Evangelischen Kirche in Deutschland vom 10. November 1977 (ABl. EKD 1978 S. 1) einschließlich der für die 8. Synode aufgrund von § 3 Abs. 2 des Kirchengesetzes der Evangelischen Kirche in Deutschland zur Regelung von Fragen im Zusammenhang mit der Herstellung der Einheit der Evangelischen Kirche in Deutschland vom 24. Februar 1991 (ABl. EKD 1991 S. 89) zu § 1 getroffenen Zusatzbestimmung für die östlichen Gliedkirchen tritt mit Ablauf der Amtsperiode der 8. Synode außer Kraft.

§ 4

Das Kirchengesetz tritt am Tag nach der Verkündung in Kraft.

6. Geschäftsordnung der Synode der Evangelischen Kirche in Deutschland.

Vom 7. November 1994. (ABl. EKD S. 517)[6]

Gliederung

§ 1 Grundbestimmung

(1) Die Synode ist mit dem Rat und der Kirchenkonferenz Leitungsorgan der Evangelischen Kirche in Deutschland.

---

6 Geändert am 7.11.2002 (ABl. EKD S. 387).

(2) Die Synode hat die Aufgabe, der Erhaltung und dem inneren Wachstum der Evangelischen Kirche in Deutschland zu dienen. Sie beschließt Kirchengesetze, erlässt Kundgebungen, berät die Arbeit der Evangelischen Kirche in Deutschland, erörtert Fragen des kirchlichen Lebens, gibt dem Rat Richtlinien und wählt in Gemeinschaft mit der Kirchenkonferenz gemäß Artikel 30 der Grundordnung den Rat (Artikel 23 der Grundordnung).

§ 2 Einberufung

(1) Die Synode tritt in der Regel einmal jährlich zusammen.

(2) Zeitpunkt und Ort der Tagung bestimmt das Präsidium im Benehmen mit dem Rat. Die Synode ist binnen zwei Monaten einzuberufen, wenn der Rat, die Kirchenkonferenz oder 30 Mitglieder der Synode es verlangen (Artikel 25 Abs. 2 der Grundordnung).

(3) Das Präsidium bereitet die Tagung der Synode im Benehmen mit dem Rat vor.

(4) Die Synode wird zu Beginn ihrer Wahlperiode von dem oder der Präses der bisherigen Synode einberufen und bis zur Neuwahl des oder der Präses geleitet.

§ 3 Einladung

(1) Der oder die Präses lädt die Mitglieder der Synode und die anderen zur Teilnahme an der Tagung Berechtigten unter Angabe der vorläufigen Tagesordnung und der voraussichtlichen Dauer der Tagung so frühzeitig ein, dass die Einladungen mindestens einen Monat vor dem Tagungsbeginn zur Post gegeben werden. Die Frist kann von dem oder der Präses verkürzt werden; die Zustimmung des Präsidiums soll dazu eingeholt werden. Vorlagen sollen den Teilnehmern und Teilnehmerinnen spätestens zwei Wochen vor der Tagung zugehen.

(2) Über die Einladung von Gästen entscheidet das Präsidium im Benehmen mit dem Rat. Der oder die Präses lädt die Gäste ein.

§ 4 Teilnahme

(1) Mitglieder der Synode, die verhindert sind, an der Tagung teilzunehmen, haben dies der Geschäftsstelle der Synode so frühzeitig mitzuteilen, dass die stellvertretenden Mitglieder eingeladen werden können. Der Eintritt eines stellvertretenden Mitglieds für einen Teil der Tagung ist nicht zulässig; der oder die Präses kann Ausnahmen zulassen. Ein Mitglied, das die Tagung vorzeitig verlassen oder den Sitzungen zeitweise fernbleiben will, stellt hierüber Einvernehmen mit dem oder der Präses her.

(2) Die Mitglieder des Rates und der Kirchenkonferenz, der Präsident oder die Präsidentin und die Vizepräsidenten oder Vizepräsidentinnen sowie der Synodalreferent oder die Synodalreferentin des Kirchenamtes nehmen an der Tagung teil.

§ 5 Eröffnung, Beschlussfähigkeit, Legitimation

(1) Jede Tagung wird mit einem Gottesdienst, jeder Sitzungstag mit einer Andacht eröffnet und mit Andacht oder Gebet geschlossen.

(2) Die Synode ist beschlussfähig, wenn zwei Drittel der Synodalen anwesend sind (Artikel 26 Abs. 2 Satz 2 der Grundordnung). Zu Beginn der Tagung erfolgt der Namensaufruf. Danach stellt der oder die Präses die Beschlussfähigkeit fest. Diese Feststellung ist während einer Tagung nur zu wiederholen, wenn die Beschlussfähigkeit aus der Synode bezweifelt wird. Die Mitglieder der Kirchenkonferenz sind zu Beginn der Tagung ebenfalls aufzurufen, bleiben jedoch für die Feststellung der Beschlussfähigkeit außer Betracht.

(3) Die zu einer Tagung eingeladenen Mitglieder der Synode und im Falle ihrer Verhinderung die stellvertretenden Mitglieder gelten als legitimiert. Das Präsidium prüft die Legitimation. Bei Zweifeln über die Legitimation entscheidet die Synode.

(4) Die an einer Tagung der Synode teilnehmenden Mitglieder und stellvertretenden Mitglieder der Synode sind für die Dauer der Tagung Synodale im Sinne dieser Geschäftsordnung.

§ 6 Dauer der Wahlperiode

Die Synode wird für sechs Jahre gebildet. Ihre Amtszeit beginnt mit ihrem ersten Zusammentritt und endet mit dem ersten Zusammentritt der nächsten Synode, der frühestens 70 und spätestens 73 Monate nach Beginn der Amtszeit stattfinden soll (Artikel 25 Abs. 1 der Grundordnung).

§ 7 Präsidium

(1) Das Präsidium besteht aus Präses, zwei stellvertretenden Präsides und vier Beisitzern oder Beisitzerinnen.

(2) Die Synode wählt auf ihrer ersten Tagung vor Beginn der Beratungen das Präsidium; wählbar ist jedes Mitglied der Synode. Der Vorsitzende oder die Vorsitzende des Rates soll nicht Mitglied des Präsidiums sein. Der oder die Präses bedarf zur Wahl mehr als der Hälfte der Stimmen der gesetzlichen Mitgliederzahl der Synode. Die Mitglieder des Präsidiums bleiben bis zur Wahl ihrer Nachfolger im Amt (Artikel 26 Abs. 1 der Grundordnung).

(3) Der oder die Präses leitet die Synode, führt ihre Geschäfte und vertritt die Synode nach außen, fertigt die Kirchengesetze aus und verkündet sie. Sonstige Beschlüsse werden nur ausgefertigt, soweit sie von gesamtkirchlicher Bedeutung sind. Am Schluss jedes Sitzungstages ist der Arbeitsplan für den nächsten Sitzungstag bekanntzugeben.

(4) Das Präsidium beschließt die vorläufige Tagesordnung, den Arbeitsplan und besondere Arbeitsformen der Synode. Die Mitglieder des Präsidiums unterstützen den oder die Präses in der Führung der Geschäfte, die stellvertretenden Präsides auch in der Sitzungsleitung.

§ 8 Tagesordnung

Die Synode stellt zu Beginn der Tagung aufgrund der vorläufigen Tagesordnung die Tagesordnung fest. Sollen zusätzliche Tagesordnungspunkte aufgenommen werden, bedarf der Antrag der Unterstützung von 25 Synodalen; die Annahme bedarf der Mehrheit von mindestens zwei Dritteln der anwesenden Synodalen.

§ 9 Öffentlichkeit

Die Synode tagt öffentlich. Durch Beschluss kann die Öffentlichkeit für einzelne Beratungsgegenstände ausgeschlossen werden. Der Antrag bedarf der Unterstützung von 25 Synodalen. Über den Ausschluss der Öffentlichkeit wird in nichtöffentlicher Sitzung beraten und beschlossen. Der Beschluss wird anschließend in öffentlicher Sitzung bekanntgegeben. An nichtöffentlichen Sitzungen nehmen außer den Synodalen nur die Mitglieder des Rates und der Kirchenkonferenz sowie der Präsident oder die Präsidentin, die Vizepräsidenten oder die Vizepräsidentinnen und der Synodalreferent oder die Synodalreferentin des Kirchenamtes teil.

§ 10 Bild- und Tonträger

(1) Aufnahmen auf Bild- und auf Tonträgern sind erlaubt. Die Arbeitsfähigkeit der Synode darf dadurch nicht beeinträchtigt werden. Das Präsidium kann die Aufnahmen auf Bild- und auf Tonträgern untersagen.

(2) Die Beratungen der Synode werden in vollem Umfang von der Geschäftsstelle auf Tonträger aufgenommen, Beratungen in nichtöffentlicher Sitzung nur auf Beschluss des Präsidiums. Die Aufnahmen über nichtöffentliche Sitzungen stehen nur dem Präsidium für die Vorbereitung der Niederschrift zur Verfügung; sie sind anschließend zu löschen.

§ 11 Niederschrift

(1) Über jede Tagung der Synode wird eine Niederschrift angefertigt. Sie muss die Tagesordnung, die Feststellung der Beschlussfähigkeit, die Anträge, die Beschlüsse, die Wahlergebnisse, die Berichte und sonstige Wortbeiträge enthalten.

(2) Die Wortbeiträge in Synodalsitzungen sollen im Wortlaut festgehalten werden. Rednern und Rednerinnen ist Gelegenheit zu geben, die Richtigkeit der Wiedergabe des Wortbeitrages zu überprüfen.

(3) Die Tagungsniederschrift ist von dem oder der Präses und einem weiteren Mitglied des Präsidiums zu unterzeichnen.

§ 12 Ordnungsbefugnisse

Der oder die Präses übt während der Tagung das Hausrecht aus und trifft die für den ungestörten Ablauf notwendigen Anordnungen. Demonstrationen sowie das Aufstellen, Auslegen oder Verteilen von Schriften und Bildern in der Tagungsstätte sind nur mit Einwilligung des oder der Präses zulässig.

§ 13 Beratungsgegenstände

(1) Beratungsgegenstand können sein Vorlagen des Rates und der Kirchenkonferenz sowie Themen, die sich die Synode selbst stellt.

(2) Schwerpunktthemen sollen spätestens ein Jahr vor der Tagung festgesetzt werden, auf der sie behandelt werden sollen.

(3) Eingaben an die Synode überweist das Präsidium dem zuständigen Ausschuss. Gegenstand der Beratung in der Synode werden sie nur insoweit, als der Ausschuss sie der Synode zur Beratung vorlegt. § 8 ist insoweit nicht anzuwenden.

§ 14 Gesetzesberatung

(1) Gesetzentwürfe, auch aus der Mitte der Synode, werden durch den Rat mit dessen Stellungnahme und der Stellungnahme der Kirchenkonferenz zur Beratung vorgelegt. Sie sind in drei Beratungen zu behandeln, die nicht an einem Tag stattfinden sollen.

(2) In der ersten Beratung kann nach der Einbringung des Gesetzentwurfes eine allgemeine Aussprache folgen. Sachanträge können gestellt werden; eine Abstimmung findet nicht statt. Die Beratung endet mit der Verweisung an einen oder mehrere Ausschüsse; unterbleibt die Verweisung, gilt der Gesetzentwurf als abgelehnt. Wird die Vorlage an mehr als einen Ausschuss verwiesen, wird zugleich der federführende Ausschuss bestimmt.

(3) Grundlage für die zweite Beratung ist die Vorlage des federführenden Ausschusses. Eine allgemeine Aussprache findet statt, wenn sie der Ausschuss empfohlen hat oder wenn sie von mindestens 25 Synodalen verlangt wird. Über jede selbständige Bestimmung wird der Reihenfolge nach die Aussprache eröffnet und geschlossen. Nach Schluss der Aussprache wird über jede selbständige Bestimmung abgestimmt. Soweit kein Widerspruch erhoben wird, kann auch außerhalb der Reihenfolge sowie über mehrere selbständige Bestimmungen gemeinsam abgestimmt werden. Änderungen von Bestimmungen können nur beantragt werden, solange die Aussprache darüber noch nicht abgeschlossen ist.

(4) Die dritte Beratung von Gesetzentwürfen erfolgt anschließend, wenn in zweiter Beratung keine Änderungen beschlossen worden sind. Sind Änderungen beschlossen, darf die dritte Beratung erst nach Verteilung der beschlossenen Änderungen beginnen. Änderungsanträge sind nur noch zulässig von den beteiligten Ausschüssen, dem Rat und der Kirchenkonferenz sowie aus der Mitte der Synode mit Unterstützung von mindestens 25 Synodalen. Der Berichterstatter oder die Berichterstatterin des federführenden Ausschusses hat Gelegenheit zum Schlusswort. Die dritte Beratung endet mit der Schlussabstimmung.

§ 15 Sonstige Beratung

Soweit die Synode nicht etwas anderes beschließt, werden sonstige Vorlagen des Rates und der Kirchenkonferenz sowie selbständige Anträge aus der Mitte der Synode, in zwei Beratungen behandelt. Die erste Beratung mit einer allgemeinen Aussprache endet in der Regel mit der Überweisung an den zuständigen Ausschuss. Wird der Antrag nicht überwiesen, so gilt er als abgelehnt. Grundlage für die zweite Beratung ist die Vorlage des federführenden Ausschusses. Sie endet mit der Schlussabstimmung. Im Übrigen gilt § 14 Absätze 2 und 3 entsprechend.

§ 16 Anträge

(1) Synodale, der zuständige Ausschuss sowie der Rat und die Kirchenkonferenz können Anträge stellen.

(2) Sachanträge sind mündlich zu stellen und dem oder der Präses schriftlich zu übergeben. Sie können nur bis zum Schluss der Aussprache über den Beratungsgegenstand und wenn über ihn abschnittsweise beraten wird, nur bis zum Schluss der Aussprache über den Abschnitt gestellt werden.

(3) Anträge von Synodalen, die nicht andere Anträge ändern sollen (selbständige Anträge), bedürfen vor ihrer Behandlung in der abschließenden Beratung der Unterstützung von 25 Synodalen.

(4) Ein Antrag kann zurückgenommen werden, bis er zur Abstimmung gestellt ist.

(5) Anträge zur Geschäftsordnung, zu denen auch Anträge auf Schluss der Aussprache und Schließung der Rednerliste gehören, können jederzeit gestellt werden. Über sie wird umgehend abgestimmt, nachdem höchstens zwei Synodale dazu gehört worden sind. Wird Schluss der Aussprache oder der Rednerliste beantragt, sind die noch vorgemerkten Redner und Rednerinnen und die noch vorliegenden Anträge vor der Abstimmung der Synode bekannt zu geben.

§ 17 Redeordnung

(1) Rederecht haben die Synodalen, die Mitglieder des Rates und der Kirchenkonferenz sowie die Vertreter oder die Vertreterinnen der nach Artikel 21 Abs. 4 der Grundordnung angeschlossenen Gemeinschaften, außerdem der Präsident oder die Präsidentin und die Vizepräsidenten oder die Vizepräsidentinnen des Kirchenamtes. Sonstigen Mitarbeitern oder Mitarbeiterinnen des Kirchenamtes kann der oder die Präses das Wort erteilen.

(2) Wortmeldungen sind nach Aufruf des Tagesordnungspunktes zulässig, sie erfolgen durch Handaufheben, auf Verlangen des oder der Präses schriftlich oder in anderer Form. Redner und Rednerinnen erhalten in der Regel in der Reihenfolge ihrer Meldungen das Wort. Wenn es sachlich geboten ist, können Änderungen zugelassen werden. Bei gleichzeitiger Wortmeldung bestimmt der oder die Präses die Reihenfolge. Zu tatsächlichen Berichtigungen und persönlichen Erklärungen kann das Wort auch außer der Reihe erteilt werden.

(3) Auf Antrag kann der oder die Präses Redeberechtigten nach Absatz 1 das Wort zu einer Zwischenbemerkung erteilen. Die Zwischenbemerkung soll unmittelbar nach dem Redebeitrag erfolgen, dem sie gilt. Sie darf zwei Minuten Dauer nicht übersteigen. Für Zwischenbemerkungen sind die Saalmikrofone zu benutzen. Zwischenbemerkungen zu Zwischenbemerkungen sind nicht zulässig. Redner und Rednerinnen sollen Gelegenheit erhalten, in längstens zwei Minuten auf die Zwischenbemerkungen zu ihrem Redebeitrag einzugehen.

(4) Mitglieder des Rates und der Kirchenkonferenz, die namens des Rates oder der Kirchenkonferenz sprechen, erhalten das Wort auch außer der Reihe.

(5) Mit Zustimmung der Synode kann der oder die Präses Gästen zu bestimmten Beratungsgegenständen das Wort erteilen. Die Zustimmung ist nicht erforderlich für Sachvorträge oder Begrüßungsworte von Gästen, die eingeladen worden sind.

(6) In der Beratung sprechen die Redner und Rednerinnen grundsätzlich frei, sie können jedoch Aufzeichnungen benutzen. Der oder die Präses kann Redner oder Rednerinnen unterbrechen, ermahnen, zum Beratungsgegenstand zu sprechen und ihnen das Wort entziehen, wenn die Mahnung nicht beachtet wird.

(7) Die Redezeit in der Aussprache beträgt längstens zehn Minuten. Durch Beschluss der Synode kann sie weiter beschränkt oder im Einzelfall verlängert werden.

(8) Die Aussprache ist geschlossen, wenn der oder die Präses nach Erledigung der Wortmeldungen dies feststellt, oder wenn die Synode auf Antrag den Schluss der Aussprache beschließt.

§ 18 Abstimmungen

(1) Anträge sind von dem oder der Präses so zu fassen, dass darüber mit Ja oder Nein abgestimmt werden kann. Liegen mehrere Anträge vor, so ist die Reihenfolge vor der Abstimmung anzukündigen. Zunächst wird über Änderungsanträge abgestimmt. Der weitergehende Antrag hat den Vorrang. Dann steht der Beratungsgegenstand, wie er sich aus der Aussprache und Beschlussfassung über Änderungsanträge ergeben hat, zur Abstimmung.

(2) Gegen Fassung und Reihenfolge können nur sofort nach der Ankündigung Einwendungen erhoben werden; die Synode entscheidet hierüber.

(3) Bei allen Abstimmungen muss in der Reihenfolge gefragt werden: Ja – Nein – Enthaltungen? Soweit nichts anderes bestimmt ist, ist ein Antrag angenommen, wenn mehr gültige Ja-Stimmen als gültige Nein-Stimmen abgegeben worden sind.

(4) Über jeden Antrag wird gesondert abgestimmt. Wird das Stimmverhältnis von mindestens fünf Synodalen angezweifelt, ordnet der oder die Präses die Zählung an. Das von ihm oder ihr festgestellte und verkündete Ergebnis ist nicht anfechtbar, wenn das Präsidium der Feststellung beitritt.

(5) Namentliche Abstimmung findet auf Verlangen von 25 Synodalen statt.

(6) Soweit nicht die Grundordnung, ein sonstiges Kirchengesetz oder diese Geschäftsordnung andere Vorschriften enthält, entscheidet die einfache Mehrheit.

(7) In den Fällen des Artikels 26 Absatz 3 Satz 3 der Grundordnung leitet der oder die Präses den Beschluss der Synode der Kirchenkonferenz zur Entscheidung über die Zustimmung zu.

§ 19 Kundgebungen

(1) Anträge, eine Kundgebung nach Artikel 23 Abs. 2 der Grundordnung zu erlassen, bedürfen der Unterstützung von 25 Synodalen. Kundgebungen sind Beschlüsse, mit denen sich die Synode an die außerkirchliche Öffentlichkeit wendet.

(2) Die Kundgebung bedarf einer Mehrheit von zwei Dritteln der anwesenden Synodalen. Wird diese Mehrheit nicht erreicht, so kann die Synode beschließen, dass über die Kundgebung erneut abgestimmt wird; in der zweiten Abstimmung genügt die Mehrheit der abgegebenen Stimmen.

(3) Bei der Bekanntmachung der Kundgebung ist das Abstimmungsergebnis anzugeben, wenn weniger als zwei Drittel der anwesenden Synodalen für die Annahme gestimmt haben.

§ 20 Allgemeine Wahlen

(1) Gewählt wird durch Stimmzettel; durch Handaufheben kann gewählt werden, wenn kein Widerspruch erfolgt und in einem Wahlgang nicht mehr Personen vorgeschlagen werden als zu wählen sind.

(2) Wird in einem Wahlgang nur eine Person vorgeschlagen, gilt § 18 Abs. 3 entsprechend.

(3) Werden in einem Wahlgang mehrere Personen vorgeschlagen, soll der Stimmzettel in der Regel den Vorschlag des Nominierungsausschusses und Vorschläge aus der Mitte der Synode in alphabetischer Reihenfolge enthalten. Stimmabgaben sind ungültig, wenn auf dem Stimmzettel mehr Personen bezeichnet sind als in dem Wahlgang zu wählen sind oder wenn sie Zusätze enthalten. Gewählt sind die vorgeschlagenen Personen, die die höchsten Stimmzahlen erhalten und die auf der Mehrzahl der gültigen Stimmzettel bezeichnet sind. Soweit diese Mehrheit nicht erreicht wird, findet ein zweiter Wahlgang als Stichwahl statt, bei dem für die noch zu wählenden Personen nicht mehr als die doppelte Anzahl von Kandidaten oder Kandidatinnen nach der Reihenfolge der im ersten Wahlgang erzielten Stimmen zur Wahl stehen; gewählt sind dann die Personen mit den höchsten Stimmzahlen. Bei Stimmengleichheit entscheidet eine Stichwahl, danach das Los.

§ 21 Wahl des Rates

(1) Die Wahl des Rates (Artikel 30 der Grundordnung) wird vom Ratswahlausschuss vorbereitet. Dem Ausschuss gehören 13 Mitglieder an, und zwar zehn Mitglieder der Synode, zu wählen von der Synode, und drei Mitglieder von Kirchenleitungen, zu wählen von der Kirchenkonferenz, jeweils für die Dauer der Synodalperiode. Scheidet ein Mitglied des Ratswahlausschusses aus, ist ein Nachfolger oder eine Nachfolgerin zu wählen.

(2) Der Ratswahlausschuss stellt einen Wahlvorschlag auf, der mehr Namen enthalten soll, als Ratsmitglieder zu wählen sind. Der oder die Präses soll den Wahlvorschlag zwei Wochen vor Beginn der Tagung an die Mitglieder der Synode und an die Kirchenkonferenz versenden. Der Ratswahlausschuss begründet seinen Vorschlag vor der Synode und der Kirchenkonferenz; dabei ist zu verdeutlichen, in welcher Weise die bekenntnismäßige und landschaftliche Gliederung der Evangelischen Kirche in Deutschland berücksichtigt ist (Artikel 30 Abs. 2 der Grundordnung) und welche weiteren Gründe für den Vorschlag der einzelnen Kandidaten maßgeblich sind (z.B. kirchenleitende Funktion, Theologe oder Laie, Arbeitsbereich). Die Wahl darf frühestens 24 Stunden danach beginnen. Weitere Vorschläge müssen von 25 Synodalen oder von der Kirchenkonferenz unterstützt sein. Das Vorschlagsrecht der Kirchenkonferenz bleibt unberührt. Die Zustimmung der Vorgeschlagenen muss vor der Wahl vorliegen.

(3) Gewählt wird durch Stimmzettel. Diese sollen die Vorgeschlagenen in alphabetischer Reihenfolge enthalten. Gewählt sind die vorgeschlagenen Personen, die die höchsten Stimmzahlen erhalten und die auf mindestens zwei Dritteln der abgegebenen Stimmzettel bezeichnet sind (Artikel 30 Abs. 1 der Grundordnung). Soweit diese Mehrheit nicht erreicht wird, ist die Wahl für die noch offenen Sitze zweimal zu wiederholen. Für danach noch offene Sitze macht der Ratswahlausschuss nach Unterbrechung der Wahlhandlung unverzüglich erneut einen Wahlvorschlag. Das Wahlverfahren wird nach den vorstehenden Bestimmungen fortgesetzt; dabei entfällt die Frist nach Absatz 2 Satz 4.

(4) Die Wahl kann binnen zwei Stunden nach Bekanntgabe des Ergebnisses wegen Verletzung des Artikel 30 Abs. 2 der Grundordnung angefochten werden. Die Anfechtung ist hinfällig, wenn

das Wahlergebnis mit den Stimmen von zwei Dritteln der Anwesenden bestätigt wird. Andernfalls ist die Wahl zu wiederholen.

(5) Die Wahl des Vorsitzenden oder der Vorsitzenden des Rates und des Stellvertreters oder der Stellvertreterin erfolgt in getrennten Wahlgängen mit einer Mehrheit von zwei Dritteln der abgegebenen Stimmzettel (Artikel 30 Abs. 3 der Grundordnung).

(6) Bei den gemeinsamen Abstimmungen von Synode und Kirchenkonferenz haben Synodale, die zugleich Mitglieder der Kirchenkonferenz sind, nur eine Stimme.

§ 22 Fragestunde

(1) Jedes Mitglied der Synode und zur Synodaltagung eingeladene stellvertretende Mitglieder können Fragen über Angelegenheiten der Evangelischen Kirche in Deutschland an den Rat richten.

(2) Auf jeder Synodaltagung ist eine Fragestunde vorzusehen. Nach Verlesung der Frage erhält der Rat Gelegenheit zur mündlichen Antwort. Anschließend ist dem Fragesteller oder der Fragestellerin Gelegenheit zu zwei Zusatzfragen zu geben. Danach sind drei weitere Zusatzfragen aus der Mitte der Synode zugelassen. Eine Aussprache findet nicht statt.

(3) Die Fragen sind spätestens zwei Wochen vor Beginn der Synodaltagung bei der Geschäftsstelle der Synode einzureichen und von dort umgehend dem Rat zuzuleiten.

(4) Der Rat beantwortet die Fragen durch eines seiner Mitglieder oder andere Beauftragte.

(5) Die Absätze 1 bis 3 gelten entsprechend für Fragen an das Präsidium der Synode.

§ 23 Konvente

(1) Die Mitglieder der Synode und im Falle ihrer Verhinderung die stellvertretenden Mitglieder gehören entsprechend ihrem Bekenntnis dem lutherischen, dem reformierten oder dem unierten Konvent gemäß Artikel 27 Absatz 1 der Grundordnung an. Die Mitglieder und stellvertretenden Mitglieder der Synode aus unierten Kirchen teilen dem Kirchenamt zu Beginn der Synodalperiode mit, welchem Konvent sie angehören. Das Kirchenamt führt darüber eine Liste, die nur von den Synodalen und den Mitgliedern der Kirchenkonferenz eingesehen werden darf.

(2) Wird gemäß Artikel 27 der Grundordnung erstmalig der Zusammentritt von Konventen erforderlich, so bittet der oder die Präses ein Mitglied des Konvents, diesen zu versammeln. Die Konvente wählen ihre Vorsitzenden.

§ 24 Ausschüsse

(1) Die Synode hat Ständige Ausschüsse, sie kann nichtständige Ausschüsse bilden und kann vorbereitende Ausschüsse haben. Jeder Ausschuss bereitet in seinem Bereich die Beratungen der Synode zu den Beratungsgegenständen nach § 13 vor; er kann der Synode dazu Vorlagen machen und Anträge stellen. Im Zweifelsfall grenzt das Präsidium die Bereiche ab.

(2) Die Synode wählt, soweit nichts anderes bestimmt ist, die Mitglieder der Ausschüsse aus ihrer Mitte. Jeder Ausschuss soll nicht mehr als 20 Mitglieder haben.

(3) Die Synodalen, die nicht Mitglieder des Ausschusses sind, die Mitglieder des Präsidiums,

des Rates und der Kirchenkonferenz können teilnehmen (synodenöffentlich). Den Synodalen kann das Wort erteilt werden. Den von Präsidium, Rat und Kirchenkonferenz entsandten Mitgliedern ist das Wort zu erteilen. Die dem Ausschuss zugeordneten Mitarbeiter und Mitarbeiterinnen des Kirchenamts wirken beratend mit und stehen für Aufgaben der Geschäftsführung zur Verfügung.

(4) Im Benehmen mit dem oder der Präses kann der Ausschuss auch außerhalb der Synodaltagung einberufen werden.

(5) Im Übrigen gilt diese Geschäftsordnung für Ausschüsse sinngemäß.

§ 25 Ständige Ausschüsse

(1) Ständige Ausschüsse sind der

1. Ausschuss für Schrift und Verkündigung,
2. Ausschuss für Diakonie, Mission und Ökumene,
3. Rechtsausschuss,
4. Ausschuss für Kirche, Gesellschaft und Staat,
5. Ausschuss für Erziehung, Bildung und Jugend,
6. Haushaltsausschuss,
7. Europaausschuss,
8. Ausschuss für Bewahrung der Schöpfung (Umwelt und Entwicklung),
9. Nominierungsausschuss.

(2) Die Mitglieder der Ständigen Ausschüsse werden aus den Mitgliedern der Synode für die Dauer der Wahlperiode gewählt. Für die Dauer der Tagung können stellvertretende Mitglieder der Synode hinzugewählt werden.

(3) Der Nominierungsausschuss tagt nicht synodenöffentlich.

(4) Mitglieder der Synode können nur einem Ständigen Ausschuss angehören; das gilt nicht für den Nominierungsausschuss.

§ 26 Vorbereitende Ausschüsse

(1) Das Präsidium kann zur Vorbereitung einer Tagung der Synode im Benehmen mit dem Rat einen vorbereitenden Ausschuss bilden.

(2) Das Präsidium beruft die Mitglieder des vorbereitenden Ausschusses im Benehmen mit dem zuständigen Ständigen Ausschuss. Mindestens die Hälfte muss Mitglied der Synode sein.

§ 27 Synodale Arbeitsgruppen

(1) Den Synodalen steht es frei, in Gruppen zusammenzuarbeiten.

(2) Eine solche Gruppe ist Synodale Arbeitsgruppe, wenn sie der Vorbereitung, der Beratung und Willensbildung in der Synode und in ihren Ausschüssen dient und Gewähr für Dauer bietet. Weiter ist erforderlich, dass

1. die Sitzungen der Gruppe offen sind für die gleichberechtigte Mitwirkung aller Synodalen und Zeit und Ort der Sitzungen allen Synodalen rechtzeitig bekanntgegeben wird;

2. keine Eingriffe in das freie synodale Mandat angestrebt werden (Artikel 24 Abs. 4 der Grundordnung) und in der Synode grundsätzlich nicht im Auftrage der Gruppe gesprochen wird.

(3) Während der Synodaltagung erhalten die Synodalen Arbeitsgruppen im Arbeitsplan der Tagung angemessen Gelegenheit zu Sitzungen. Das Präsidium sorgt dafür, dass geeignete Räume zur Verfügung stehen.

(4) Die Geschäftsstelle leistet den Synodalen Arbeitsgruppen in angemessenem Umfang organisatorische Hilfe; sie versendet Einladungen zu den Sitzungen an alle Mitglieder der Synode.

(5) Gäste können an den Sitzungen der Synodalen Arbeitsgruppen mit Zustimmung der Mehrheit der anwesenden Synodalen beratend teilnehmen.

(6) Die Synodalen Arbeitsgruppen erhalten von der Evangelischen Kirche in Deutschland keine Zuwendungen; § 30 Abs. 1 Nr. 4 bleibt unberührt.

§ 28 Jugenddelegierte

(1) An der Tagung der Synode können bis zu 12 Jugenddelegierte teilnehmen. Sie werden auf Vorschlag der Verbände der Jugend- und Studierendenarbeit vom Präsidium bestimmt.

(2) Jugenddelegierte können wie Synodale

1. in den Sitzungen der Synode das Wort erhalten, ausgenommen in Fragen der inneren Organisation der Synode einschließlich Geschäftsordnung, sowie bei der Ratswahl,
2. in einen Ausschuss der Synode, ausgenommen den Nominierungsausschuss, gewählt oder berufen werden und in dessen Sitzungen das Wort erhalten.

§ 29 Geschäftsstelle

(1) Die Geschäftsstelle der Synode erledigt die für die Vorbereitung und Durchführung der Tagungen erforderlichen Arbeiten und sorgt für die Zusammenstellung und Versendung der Tagungsniederschriften. Sie vermittelt den Geschäftsverkehr des Präsidiums und unterstützt die Arbeit der Ausschüsse.

(2) Das Kirchenamt nimmt die Aufgaben der Geschäftsstelle wahr. Es sorgt für die personelle und sachliche Ausstattung der Geschäftsstelle.

§ 30 Reisekosten

(1) Reisekosten erhalten

1. Synodale zur Teilnahme an Tagungen der Synode,
2. Mitglieder eines Ausschusses zur Teilnahme an dessen Sitzungen,
3. Mitglieder des Präsidiums zur Teilnahme an dessen Sitzungen und zur Wahrnehmung weiterer Aufgaben für die Synode,
4. die Synodalen, die an einer Sitzung einer Synodalen Arbeitsgruppe teilnehmen, die im Einvernehmen mit dem oder der Präses frühestens am Tage vor Beginn der Synodaltagung am Tagungsort beginnt,
5. Jugenddelegierte zur Teilnahme an Tagungen der Synode,

6. Synodale, die mit Zustimmung des oder der Präses Aufgaben für die Synode, einen Ausschuss oder das Präsidium wahrnehmen.

(2) Die Höhe der Reisekosten wird von der Synode auf Vorschlag des Präsidiums allgemein festgesetzt.

§ 31 Auslegung und Abweichung

(1) Über Zweifel bei der Auslegung der Geschäftsordnung im Einzelfall entscheidet das Präsidium; es soll den Rechtsausschuss hören.

(2) Von der Geschäftsordnung kann im Einzelfall abgewichen werden, wenn

1. gesetzliche Bestimmungen nicht entgegenstehen,
2. auf die Abweichung hingewiesen worden ist und
3. bei der Abstimmung hierüber nicht mehr als 25 Synodale mit „Nein“ stimmen.

§ 32 Inkrafttreten

Diese Geschäftsordnung tritt am 12. November 1994 in Kraft.

7. Kirchengesetz über die Verteilung der Stimmen in der Kirchenkonferenz.

Vom 10. Januar 1949. (ABl. EKD S. 5)[7]

Die Synode der Evangelischen Kirche in Deutschland hat in Ausführung des Artikels 28 Abs. 2 Satz 3 der Grundordnung folgendes Kirchengesetz beschlossen:

Einziger Paragraph

(1) In der Kirchenkonferenz haben Gliedkirchen mit mehr als zwei Millionen Kirchenmitgliedern zwei Stimmen, die anderen Gliedkirchen eine Stimme.

(2) Hat eine Gliedkirche zwei Stimmen, so kann das von der Kirchenleitung der Gliedkirche entsandte Mitglied (Art. 28 Abs. 2 Satz 2 der Grundordnung) das Stimmrecht nur einheitlich ausüben.

(3) In den Fällen des Art. 30 Abs. 1 Satz 2 und Abs. 3 sowie des Art. 26 a Abs. 3 und 5 der Grundordnung hat jede Gliedkirche nur eine Stimme.

---

[7] Zuletzt geändert durch Art. 2 des Kirchengesetzes v. 9.11. 2000 (ABl. EKD S. 458, 459); mit der Strukturreform 2005 ist das Gesetz entsprechend Art. 28 II 2 GO n.F. zu ändern.

8. Geschäftsordnung der Kirchenkonferenz der Evangelischen Kirche in Deutschland.

Vom 5. Dezember 1997. (ABl. EKD 1998 S. 11)

Die Kirchenkonferenz der Evangelischen Kirche in Deutschland gibt sich in Ausführung des Artikels 28 der Grundordnung im Einvernehmen mit dem Rat der Evangelischen Kirche in Deutschland die folgende Geschäftsordnung:

§ 1

(1) Die Kirchenkonferenz tritt nach Bedarf, in der Regel viermal jährlich, zusammen. Zeitpunkt, Ort und Tagesordnung bestimmt der/die Vorsitzende des Rates; er/sie berücksichtigt dabei die Anträge, die ihm/ihr von der Kirchenkonferenz oder einer Gliedkirche mitgeteilt worden sind.

(2) Der/Die Vorsitzende des Rates richtet die Einladung mit der vorläufigen Tagesordnung über das Kirchenamt der Evangelischen Kirche in Deutschland an die Leitungen der Gliedkirchen.

§ 2

(1) Die Kirchenkonferenz ist beschlussfähig, wenn mehr als die Hälfte ihrer stimmberechtigten Mitglieder anwesend ist.

(2) Bei Abstimmungen und Wahlen entscheidet die Mehrheit der abgegebenen Stimmen, soweit kirchengesetzlich nichts anderes bestimmt ist.

§ 3

(Die Vorschrift ist noch an Art. 28 GO n.F.v. 2005 anzupassen.)

(1) Jede Kirchenleitung teilt dem/der Vorsitzenden des Rates zu Beginn einer Ratsperiode das von ihr entsandte stimmberechtigte Mitglied mit.

(2) Als stimmberechtigte Mitglieder sollen die leitenden Geistlichen oder die leitenden nichtordinierten Personen aus den Gliedkirchen benannt werden. Im Verhinderungsfall ist eine andere Person zu benennen.

(3) An den Sitzungen der Kirchenkonferenz können als Berater/Beraterinnen ohne Stimmrecht neben Mitgliedern des Rates der EKD je ein weiterer Vertreter/eine weitere Vertreterin der Leitungen der Gliedkirchen teilnehmen.

(4) Gleichfalls ohne Stimmrecht können an den Sitzungen beratend teilnehmen:

a) der Präsident/die Präsidentin und die Vizepräsidenten/Vizepräsidentinnen des Kirchenamtes der EKD sowie zu ihrer Unterstützung am Beratungsgegenstand Beteiligte,

b) der Leiter/die Leiterin der Hauptgeschäftsstelle des Diakonischen Werkes der Evangelischen Kirche in Deutschland, der Leiter/die Leiterin der Geschäftsstelle des Evangelischen Missionswerks,

d) der/die Bevollmächtigte des Rates der EKD bei der Bundesrepublik Deutschland und der Europäischen Gemeinschaft und

e) der Evangelische Militärbischof /die Evangelische Militärbischöfin.

(5) Der/Die Vorsitzende des Rates kann von sich aus oder auf Beschluss der Kirchenkonferenz weitere Personen einladen; dabei sollen die gliedkirchlichen Zusammenschlüsse berücksichtigt werden.

(6) Die Kirchenkonferenz kann beschließen, dass die Teilnahme an ihren Beratungen auf die stimmberechtigten Mitglieder und die weiteren Vertreter/Vertreterinnen der Kirchenleitungen sowie die Mitglieder des Rates beschränkt werden soll. Der/Die Vorsitzende des Rates kann die Kirchenkonferenz zu Beratungen in dieser Zusammensetzung einladen. Er/Sie soll dem Präsidenten/der Präsidentin des Kirchenamts der EKD die Teilnahme gestatten.

(7) Ein durch Kirchengesetz oder Kirchenvertrag begründetes besonderes Recht zur Teilnahme an der Kirchenkonferenz bleibt unberührt.

§ 4

Der/Die Vorsitzende des Rates und sein Stellvertreter/seine Stellvertreterin werden, wenn sie an der Leitung der Verhandlungen verhindert sind, durch den Vorsitzenden/die Vorsitzende des Arbeitsausschusses vertreten.

§ 5

(1) Zur Vorbereitung der Beratungen und Beschlüsse wählt die Kirchenkonferenz einen Arbeitsausschuss. Er erstellt zusammen mit dem Kirchenamt die vorläufige Tagesordnung und nimmt zu den Vorlagen Stellung.

(2) Dem Arbeitsausschuss sollen sieben Personen angehören, die als stimmberechtigte Mitglieder (§ 3 Abs. 1) oder als weitere Vertreter/Vertreterinnen der Leitungen der Gliedkirchen (§ 3 Abs. 3) ständig an den Beratungen der Kirchenkonferenz teilnehmen. Den Vorsitzenden/Die Vorsitzende des Arbeitsausschusses und seine(n)/ihre(n) Stellvertreter(in) wählt die Kirchenkonferenz aus ihrer Mitte.

(3) Der/Die Vorsitzende des Arbeitsausschusses ist berechtigt, bei Tagungen der Synode der Evangelischen Kirche in Deutschland namens der Kirchenkonferenz zu sprechen und Anträge zu stellen (§ 17 Abs. 1 und 3 der Geschäftsordnung der Synode). Er/Sie kann ein anderes Mitglied der Kirchenkonferenz damit beauftragen.

(4) Der Arbeitsausschuss kann je einen Vertreter/eine Vertreterin der gliedkirchlichen Zusammenschlüsse und der in § 3 genannten Amts- und Dienststellen mit beratender Stimme an seinen Sitzungen beteiligen.

(5) Die Geschäfte des Ausschusses führt das Kirchenamt.

§ 6

(1) Das Kirchenamt der Evangelischen Kirche in Deutschland bereitet die Beratungen der Kirchenkonferenz vor und führt die Beschlüsse durch.

(2) Für die Sitzungsniederschriften sorgt das Kirchenamt.

§ 7

Ist die Kirchenkonferenz nicht versammelt und Eile geboten, so kann der/die Vorsitzende des Rates nach Fühlungnahme mit dem/der Vorsitzenden des Arbeitsausschusses der Kirchenkonferenz eine schriftliche Abstimmung herbeiführen. Widerspricht eine Kirchenleitung der Gliedkirchen der EKD diesem Verfahren, so ist die Entscheidung der nächsten Tagung der Kirchenkonferenz vorbehalten.

§ 8

Diese Geschäftsordnung tritt mit der Verkündung im Amtsblatt der Evangelischen Kirche in Deutschland in Kraft. Zum gleichen Zeitpunkt tritt die Geschäftsordnung vom 18. Mai 1971 (ABl. EKD S. 481) außer Kraft.

9. Geschäftsordnung für den Rat der Evangelischen Kirche in Deutschland.

Vom 25. Februar 1994. (ABl. EKD S. 205)

Der Rat der EKD gibt sich gemäß Artikel 30 Abs. 5 Satz 3 der Grundordnung folgende Geschäftsordnung:

§ 1

(1) Der Rat fasst seine Beschlüsse in Sitzungen. Ausnahmsweise kann der oder die Vorsitzende eine schriftliche Abstimmung herbeiführen. Widerspricht ein Mitglied der schriftlichen Beschlussfassung, so ist sie der nächsten Sitzung vorzubehalten.

(2) Kann eine Entscheidung nicht ohne Schaden für die Sache bis zur nächsten Sitzung aufgeschoben oder auf schriftlichem Wege herbeigeführt werden, so kann der oder die Vorsitzende sie treffen und das Kirchenamt anweisen, die Entscheidung sofort durchzuführen. Er oder sie soll sich nach Möglichkeit mit dem oder der stellvertretenden Vorsitzenden hierüber verständigen. Die Mitglieder sind über die Entscheidung unverzüglich zu benachrichtigen. Die Entscheidung ist auf die Tagesordnung der nächsten Sitzung zu setzen.

(3) Der Rat kann die Erledigung bestimmter Angelegenheiten einem engeren Ausschuss des Rates übertragen. Für sein Verfahren gilt diese Geschäftsordnung entsprechend.

§ 2

(1) Ratssitzungen finden nach Bedarf statt. Auf Verlangen von 4 Mitgliedern muss eine Sitzung einberufen werden.

(2) Zu den Sitzungen lädt der oder die Vorsitzende ein, im Falle seiner oder ihrer Behinderung der oder die stellvertretende Vorsitzende; wenn auch dieser oder diese verhindert ist, das an Lebensjahren älteste der übrigen Ratsmitglieder. Er oder sie bestimmt Zeit und Ort der Sitzung, soweit sie nicht durch Beschluss des Rates festgelegt sind. Er oder sie stellt unter Berücksichtigung der Beschlüsse des Rates sowie der Anträge der Mitglieder und der Vorschläge des Kirchenamtes die Tagesordnung auf.

(3) Einladung, Tagesordnung und etwaige Vorlagen sollen möglichst in der Hand der Mitglieder sein.

§ 3

(1) Der Rat ist beschlussfähig, wenn einschließlich des oder der Vorsitzenden oder des Stellvertreters oder der Stellvertreterin mindestens die Hälfte der Mitglieder anwesend ist. Sind sowohl der oder die Vorsitzende wie auch der Stellvertreter oder die Stellvertreterin verhindert, so ist der Rat beschlussfähig, wenn wenigstens die Hälfte der Mitglieder und zwei weitere Mitglieder anwesend sind.

(2) Wird bei der Beschlussfassung die Mehrheit aller Mitglieder des Rates nicht erreicht, so bedarf es der Zustimmung von zwei Dritteln der anwesenden Mitglieder. Wird diese Mehrheit infolge Enthaltungen nicht erreicht, findet unverzüglich eine weitere Abstimmung statt.

(3) Kundgebungen dürfen nur verabschiedet werden, wenn außer dem oder der Vorsitzenden mindestens die Hälfte der Mitglieder und zwei weitere Mitglieder anwesend sind und mindestens zwei Drittel der Anwesenden zustimmen.

(4) Die Hauptabteilungsleiter oder Hauptabteilungsleiterinnen des Kirchenamtes sowie der oder die Bevollmächtigte des Rates nehmen an den Sitzungen des Rates mit beratender Stimme teil, sofern nicht der Rat im Einzelfall etwas anderes bestimmt. In gleicher Weise können die Abteilungsleiter oder Abteilungsleiterinnen des Kirchenamtes an den Sitzungen des Rates teilnehmen. Die Referenten oder Referentinnen des Kirchenamtes können bei der Erörterung von Angelegenheiten ihres Arbeitsgebietes hinzugezogen werden. Der Präsident oder die Präsidentin des Diakonischen Werkes wird zu den Sitzungen eingeladen. Auch kann der oder die Vorsitzende, wenn der Rat nicht widerspricht, andere Personen hinzuziehen.

(5) Die Sitzungen sind nicht öffentlich; sie stehen unter dem Gebot der Amtsverschwiegenheit.

§ 4

(1) Über jede Sitzung des Rates ist eine Niederschrift anzufertigen; sie kann sich auf die Wiedergabe der Beschlüsse beschränken.

(2) Für die Niederschrift ist der Präsident oder die Präsidentin des Kirchenamtes verantwortlich. Er oder sie unterzeichnet sie. Zu seiner oder ihrer Unterstützung kann er oder sie einen Mitarbeiter oder eine Mitarbeiterin des Kirchenamtes hinzuziehen. In besonderen Fällen kann eine andere Regelung getroffen werden.

§ 5

(1) Die Beschlüsse des Rates sind von dem Kirchenamt vorzubereiten und durchzuführen.

(2) Die Hauptabteilungsleiter oder Hauptabteilungsleiterinnen des Kirchenamtes haben den Rat und, wenn er nicht versammelt ist, den Vorsitzenden oder die Vorsitzende des Rates über alle wichtigen Geschäfte zu unterrichten. Der oder die Vorsitzende kann von ihnen Berichte anfordern und ihnen im Rahmen des § 1 Abs. 2 Weisungen erteilen. Die Mitglieder des Rates haben das Recht, in die Akten des Kirchenamtes einzusehen.

(3) Auch die Mitglieder sollen den Rat über alle für seine Arbeit bedeutsamen Angelegenheiten auf dem Laufenden halten, die ihnen in ihrem eigenen Wirkungsbereich bekannt werden.

10. Vertrag zwischen der Evangelischen Kirche in Deutschland und der Union evangelischer Kirchen in der Evangelischen Kirche in Deutschland.

Vom 31. August 2005.

Präambel

Berufen zur Bezeugung des Evangeliums in Wort und Sakrament,

übereinstimmend im Verständnis des Evangeliums, wie es nach reformatorischer Einsicht für die wahre Einheit der Kirche notwendig ist und ausreicht,

einig in dem Ziel, die bestehende Kirchengemeinschaft zu vertiefen, die Gemeinsamkeit in den wesentlichen Bereichen des kirchlichen Lebens und Handelns zu fördern und so die Gemeinschaft der lutherischen, reformierten und unierten Gliedkirchen in der Evangelischen Kirche in Deutschland zu stärken, und

in der Bindung an ihre Bekenntnisgrundlagen

schließen die Evangelische Kirche in Deutschland (EKD) und die Union evangelischer Kirchen in der Evangelischen Kirche in Deutschland (UEK) folgenden Vertrag:

§ 1 Ziele

Um das reformatorische Erbe lebendig zu halten und weiter auszubreiten, wollen die Vertragsschließenden die theologische Arbeit vertiefen, gemeinsame Aufgaben wirksamer für ihre Gliedkirchen wahrnehmen und die Zusammenarbeit sowie die Beratung und Unterstützung ihrer Gliedkirchen ausbauen, indem sie die Kräfte bündeln, die Kommunikation fördern und die Willensbildung straffen.

§ 2 Grundsätze des Zusammenwirkens

(1) Die Aufgaben, Befugnisse und Kompetenzen der EKD und der UEK bestimmen sich nach ihrer jeweiligen Grundordnung.

(2) Die UEK nimmt ihren Auftrag in eigener Verantwortung in der EKD wahr.

(3) Das Zusammenwirken folgt dem Grundsatz, soviel Gemeinsamkeit aller Gliedkirchen der EKD zu erreichen wie möglich und dabei soviel Differenzierung vorzusehen, wie aus dem Selbstverständnis der UEK nötig ist.

(4) Die UEK wird regelmäßig prüfen, ob der Grad der Zusammenarbeit zwischen EKD und UEK eine Aufgabenübertragung an die EKD möglich macht. Eine Änderung der Aufgaben, Befugnisse und Kompetenzen erfolgt in dem nach der Grundordnung vorgesehenen Verfahren durch die zuständigen Organe.

(5) Die UEK wird für den Fall der Veränderung ihres Bestandes in der bisherigen Form nach § 7 des Vertrages über die Bildung einer Union evangelischer Kirchen in der EKD vom 26. Februar 2003 (ABl. EKD S. 315) rechtzeitig mit der EKD Fühlung aufnehmen, um die sich hieraus ergebenden Konsequenzen für die in diesem Vertrag getroffenen Vereinbarungen zu regeln.

§ 3 Organe, Grundsatz

Bildung und Besetzung der Organe der EKD und der UEK sind ihre je eigene Angelegenheit.

§ 4 Kirchenkonferenz

(1) Die Vertreter der Mitgliedskirchen der UEK in der Kirchenkonferenz bilden einen Konvent. Er kann sich nach Maßgabe dieses Vertrages eine Geschäftsordnung geben. Der Konvent kann auf Antrag Vertretern einer nicht dem Konvent zuzurechnenden Gliedkirche der EKD Gaststatus einräumen.

(2) Die UEK kann die Zuständigkeit zur Erfüllung bestimmter Aufgaben an sich ziehen. Dies erfolgt durch Beschluss des Konvents der UEK in der Kirchenkonferenz mit Zustimmung der zuständigen Organe der UEK. Der Beschluss bedarf der Zustimmung von drei Vierteln der in diesem Konvent vertretenen Gliedkirchen. Er ist wirksam, wenn die zustimmenden Gliedkirchen mindestens zwei Drittel der diesem Konvent zuzurechnenden Kirchenglieder vertreten.

§ 5 Kirchenamt

(1) Der Erfüllung der Aufgaben von EKD und UEK dient das Kirchenamt der EKD in Hannover-Herrenhausen.

(2) Im Kirchenamt der EKD wird eine Amtsstelle der UEK eingerichtet. Sie führt die Bezeichnung „Amt der UEK“. Die Amtsstelle erfüllt die Aufgaben, die ihr von der UEK zugewiesen sind. Die UEK entscheidet über die personelle und sachliche Ausstattung der Amtsstelle.

(3) Ein theologischer Vizepräsident oder eine theologische Vizepräsidentin leitet neben der ihm oder ihr zugeordneten Hauptabteilung das Amt der UEK. Er oder sie führt mittels des Amtes der UEK die Geschäfte der UEK. Insoweit ist er oder sie nur den Organen der UEK gegenüber verantwortlich. Seine oder ihre Bestellung sowie die des Vertreters oder der Vertreterin in der Leitung des Amtes der UEK erfolgt im Einvernehmen mit der UEK. EKD und UEK werden die Personalentscheidungen miteinander vorbereiten.

(4) Der Vizepräsident oder die Vizepräsidentin nach Absatz 4 kann sich in Angelegenheiten der UEK über den jeweiligen Abteilungsleiter oder die jeweilige Abteilungsleiterin der Mitwirkung aller Fachreferate des Kirchenamtes bedienen. Entsprechend können die Abteilungsleiter des Kirchenamtes der EKD sich über den Vizepräsidenten oder die Vizepräsidentin der Mitwirkung der Fachreferate des Amtes der UEK bedienen.

§ 6 Leiter oder Leiterin des Amtes der UEK

(1) Der Leiter oder die Leiterin des Amtes der UEK unterrichtet das Kollegium des Kirchenamts der EKD über die Arbeit in der UEK und fördert den innerevangelischen Dialog.

(2) Macht der Leiter oder die Leiterin des Amtes der UEK gegen eine Beschlussfassung des Kollegiums des Kirchenamts der EKD, spätestens aber bis zum Ablauf von zwei Wochen nach Beschlussfassung, Bedenken geltend mit der Begründung, der Beschluss widerspreche einem der in den Mitgliedskirchen der UEK geltenden Bekenntnisse, und können die Bedenken durch eine Aussprache im Kollegium nicht behoben werden, so kann gegen sein oder ihr Votum nicht entschieden und ein bereits gefasster Beschluss nicht ausgeführt werden. Der Leiter oder die Leiterin des Amtes der UEK hat unverzüglich die Angelegenheit dem Konvent der UEK in der Kirchenkonferenz vorzulegen. Bestätigt der Konvent mit Zustimmung der zuständigen Organe der UEK die Bedenken mit einer Mehrheit von drei Vierteln der im Konvent vertretenen Gliedkirchen, die mindestens zwei Drittel der dem Konvent zuzurechnenden Kirchenglieder vertreten, so ist der Beschluss des Kollegiums abgelehnt und kann nicht ausgeführt werden.

§ 7 Mitarbeiter und Mitarbeiterinnen im Amt der UEK

(1) Anstellungsträgerin der Mitarbeiter und Mitarbeiterinnen im Amt der UEK ist die EKD. Sie stellt diese Personen im Einvernehmen mit der UEK ein. EKD und UEK werden die Personalentscheidungen miteinander vorbereiten.

(2) Die EKD führt die Dienstaufsicht im Einvernehmen mit der UEK. Die UEK führt die Fachaufsicht. Der innere Dienstbetrieb im Kirchenamt der EKD folgt einheitlichen Regelungen.

§ 8 Dienste, Werke, Ausschüsse, Kommissionen und Kammern

Unbeschadet ihrer je eigenen Verantwortung bemühen sich EKD und UEK, die Dienste, Werke, Ausschüsse, Kommissionen und Kammern soweit möglich gemeinsam zu nutzen und ihre ständige Koordination und Kooperation sicherzustellen sowie Möglichkeiten ihrer Zusammenführung zu prüfen.

§ 9 Rechtswesen

Die in der UEK erreichte Rechtseinheit bleibt gewahrt. Die Vertragsschließenden werden das Rechtswesen, insbesondere in den Bereichen Gesetzgebung und Rechtspflege vereinheitlichen. Die UEK wird vor Einleitung von Rechtssetzungsverfahren jeweils prüfen, ob eine gesamtkirchliche Regelung durch die EKD angezeigt ist, und rechtzeitig mit dem Rat der EKD Fühlung aufnehmen.

§ 10 Grundsatz der Ökumenearbeit

(1) Die EKD nimmt im Auftrage der UEK deren ökumenische Beziehungen wahr.

(2) Die UEK übt insoweit die Fachaufsicht aus.

§ 11 Finanzierung

(1) EKD und UEK tragen die bei Erfüllung ihrer Aufgaben jeweils erwachsenden Kosten.

(2) Die UEK trägt anteilig ihre Kosten des Kirchenamtes. Dies sind insbesondere die Personal- und Sachkosten für das Amt der UEK sowie für die von der UEK in Anspruch genommenen Dienste. Näheres wird durch eine Verwaltungsvereinbarung geregelt.

§ 12 Freundschaftsklausel

Sollte eine Bestimmung oder ein Teil einer Bestimmung dieses Vertrages unwirksam sein oder werden, so wird die Gültigkeit des Vertrages im Übrigen nicht berührt. Die Vertragsschließenden verpflichten sich, die unwirksamen Regelungen durch solche zu ersetzen, die dem Vertragszweck entsprechen. Die Vertragsschließenden werden etwa in Zukunft auftretende Meinungsverschiedenheiten über die Auslegung dieses Vertrages in freundschaftlicher Weise beseitigen.

§ 13 Übergang von Dienst- und Anstellungsverhältnissen

Bestehende Dienst- und Anstellungsverhältnisse einschließlich aller erworbenen Anwartschaften auf die Versorgung gehen auf die EKD mit Inkrafttreten dieses Vertrages über. Betriebsbedingte Entlassungen von Bediensteten der UEK aus diesem Anlass sind ausgeschlossen.

§ 14 Berichte

Über den Stand des Erreichens der Vertragsziele ist mindestens einmal je Amtsperiode der EKD-Synode und der Vollkonferenz der UEK zu berichten.

§ 15 Inkrafttreten

(1) Dieser Vertrag tritt zum 1. Januar 2007 in Kraft. Die Vertragsschließenden sind sich einig, dass aufgrund des Vertrages Änderungen der Grundordnungen der EKD und der UEK erforderlich sind. Die Vertragsschließenden werden auf eine rechtzeitige Änderung der gesetzlichen Regelungen hinwirken.

(2) Die EKD verpflichtet sich darauf hinzuwirken, dass ab der nächsten EKD-Synode jede Gliedkirche mindestens zwei Sitze in der Synode hat.

11. Vertrag zwischen der Evangelischen Kirche in Deutschland und der Vereinigten Evangelisch-Lutherischen Kirche Deutschlands.

Vom 31. August 2005.

Präambel

Berufen zur Bezeugung des Evangeliums in Wort und Sakrament,

übereinstimmend im Verständnis des Evangeliums, wie es nach reformatorischer Einsicht für die wahre Einheit der Kirche notwendig ist und ausreicht,

einig in dem Ziel, die bestehende Kirchengemeinschaft zu vertiefen, die Gemeinsamkeit in den wesentlichen Bereichen des kirchlichen Lebens und Handelns zu fördern und so die Gemeinschaft der lutherischen, reformierten und unierten Gliedkirchen in der Evangelischen Kirche in Deutschland zu stärken, und

in der Bindung an ihre Bekenntnisgrundlagen

schließen die Evangelische Kirche in Deutschland (EKD) und die Vereinigte Evangelisch-Lutherische Kirche Deutschlands (VELKD) folgenden Vertrag:

§ 1 Ziele

Um das reformatorische Erbe lebendig zu halten und weiter auszubreiten, wollen die Vertragsschließenden die theologische Arbeit vertiefen, gemeinsame Aufgaben wirksamer für ihre Gliedkirchen wahrnehmen und die Zusammenarbeit sowie die Beratung und Unterstützung ihrer Gliedkirchen ausbauen, indem sie die Kräfte bündeln, die Kommunikation fördern und die Willensbildung straffen.

§ 2 Grundsätze des Zusammenwirkens

(1) Die Aufgaben, Befugnisse und Kompetenzen der EKD bestimmen sich nach ihrer Grundordnung, jene der VELKD nach ihrer Verfassung.

(2) Die VELKD nimmt ihren Auftrag in eigener Verantwortung in der EKD wahr.

(3) Das Zusammenwirken folgt dem Grundsatz, soviel Gemeinsamkeit aller Gliedkirchen der EKD zu erreichen wie möglich und dabei soviel Differenzierung vorzusehen, wie aus dem Selbstverständnis der VELKD nötig ist.

(4) Die Vertragsschließenden werden regelmäßig prüfen, ob die Aufgabenverteilung in anderer Weise wahrgenommen werden kann. Eine Änderung der Aufgaben, Befugnisse und Kompetenzen erfolgt in den nach der Grundordnung bzw. Verfassung vorgesehenen Verfahren durch die zuständigen Organe.

§ 3 Organe, Grundsatz

Bildung und Besetzung der Organe der EKD und der VELKD sind ihre je eigene Angelegenheit.

§ 4 Synoden

(1) Die nach der Grundordnung der EKD von den Gliedkirchen der VELKD gewählten Synodalen sind Synodale der Generalsynode der VELKD und zugleich Mitglieder der Synode der EKD. Die Kirchenleitung der VELKD macht dem Rat der EKD für die Berufungen in die Synode der EKD Vorschläge für Personen lutherischen Bekenntnisses. Von diesen Berufenen beruft die VELKD acht Personen als Mitglieder in die Generalsynode.

(2) Die Tagungen der Synoden von EKD und VELKD werden in der Regel zeitlich verbunden.

§ 5 Kirchenkonferenz

(1) Die Vertreter der Gliedkirchen der VELKD in der Kirchenkonferenz bilden einen Konvent. Er kann sich nach Maßgabe dieses Vertrages eine Geschäftsordnung geben. Der Konvent kann auf Antrag Vertretern einer nicht dem Konvent zuzurechnenden Gliedkirche der EKD Gaststatus einräumen.

(2) Die VELKD kann die Zuständigkeit zur Erfüllung bestimmter Aufgaben an sich ziehen. Dies erfolgt durch Beschluss des Konvents der VELKD in der Kirchenkonferenz mit Zustimmung der zuständigen Organe der VELKD. Der Beschluss bedarf der Zustimmung von drei Vierteln der in diesem Konvent vertretenen Gliedkirchen. Er ist wirksam, wenn die zustimmenden Gliedkirchen mindestens zwei Drittel der diesem Konvent zuzurechnenden Kirchenglieder vertreten.

(3) Der Leitende Bischof oder die Leitende Bischöfin und der stellvertretende Leitende Bischof oder die stellvertretende Leitende Bischöfin der VELKD nehmen an der Kirchenkonferenz mit beratender Stimme teil, wenn sie nicht deren Mitglieder sind.

§ 6 Kirchenamt

Der Erfüllung der Aufgaben von EKD und VELKD dient das Kirchenamt der EKD in Hannover-Herrenhausen.

§ 7 Amtsstelle der VELKD

(1) Im Kirchenamt der EKD wird eine Amtsstelle der VELKD eingerichtet. Sie führt die Bezeichnung „Amt der VELKD“. Die VELKD weist diesem Aufgaben zu und entscheidet über die personelle und sachliche Ausstattung.

(2) Ein theologischer Vizepräsident oder eine theologische Vizepräsidentin leitet neben der ihm oder ihr zugeordneten Hauptabteilung das Amt der VELKD. Er oder sie führt mittels des Amtes der VELKD die Geschäfte der VELKD. Insoweit ist er oder sie nur den Organen der VELKD gegenüber verantwortlich. Seine oder ihre Bestellung sowie die des Vertreters oder der Vertreterin in der Leitung des Amtes der VELKD erfolgt im Einvernehmen mit der VELKD. EKD und VELKD werden die Personalentscheidungen miteinander vorbereiten.

(3) Der Vizepräsident oder die Vizepräsidentin kann sich in Angelegenheiten der VELKD über den jeweiligen Abteilungsleiter oder die jeweilige Abteilungsleiterin der Mitwirkung aller Fachreferate des Kirchenamtes bedienen. Entsprechend können die Abteilungsleiter des Kirchenamtes

der EKD sich über den Vizepräsidenten oder die Vizepräsidentin der Mitwirkung der Fachreferate des Amtes der VELKD bedienen.

§ 8 Leiter oder Leiterin des Amtes der VELKD

(1) Der Leiter oder die Leiterin des Amtes der VELKD unterrichtet das Kollegium des Kirchenamts der EKD über die Arbeit in der VELKD und fördert den innerevangelischen Dialog.

(2) Macht der Leiter oder die Leiterin des Amtes der VELKD gegen eine Beschlussfassung des Kollegiums des Kirchenamts der EKD, spätestens aber bis zum Ablauf von zwei Wochen nach Beschlussfassung, Bedenken geltend mit der Begründung, der Beschluss widerspreche dem lutherischen Bekenntnis, und können die Bedenken durch eine Aussprache im Kollegium nicht behoben werden, so kann gegen sein oder ihr Votum nicht entschieden und ein bereits gefasster Beschluss nicht ausgeführt werden. Der Leiter oder die Leiterin des Amtes der VELKD hat unverzüglich die Angelegenheit dem Konvent der VELKD in der Kirchenkonferenz vorzulegen. Bestätigt der Konvent mit Zustimmung der zuständigen Organe der VELKD die Bedenken mit einer Mehrheit von drei Vierteln der im Konvent vertretenen Gliedkirchen, die mindestens zwei Drittel der dem Konvent zuzurechnenden Kirchenglieder vertreten, so ist der Beschluss des Kollegiums abgelehnt und kann nicht ausgeführt werden.

§ 9 Mitarbeiter und Mitarbeiterinnen im Amt der VELKD

(1) Anstellungsträgerin der Mitarbeiter und Mitarbeiterinnen im Amt der VELKD ist die EKD. Sie stellt diese Personen im Einvernehmen mit der VELKD ein. EKD und VELKD werden die Personalentscheidungen miteinander vorbereiten.

(2) Die EKD führt die Dienstaufsicht im Einvernehmen mit der VELKD. Die VELKD führt die Fachaufsicht. Der innere Dienstbetrieb im Kirchenamt der EKD folgt einheitlichen Regelungen.

§ 10 Dienste, Werke, Ausschüsse, Kommissionen und Kammern

Unbeschadet ihrer je eigenen Verantwortung bemühen sich EKD und VELKD, die Dienste, Werke, Ausschüsse, Kommissionen und Kammern soweit möglich gemeinsam zu nutzen und ihre ständige Koordination und Kooperation sicherzustellen sowie Möglichkeiten ihrer Zusammenführung zu prüfen.

§ 11 Rechtswesen

Die Rechtseinheit der VELKD bleibt gewahrt. Die Vertragsschließenden wollen das Rechtswesen, insbesondere in den Bereichen Gesetzgebung und Rechtspflege vereinheitlichen. Die VELKD wird vor Einleitung von Rechtssetzungsverfahren jeweils prüfen, ob eine gesamtkirchliche Regelung durch die EKD angezeigt ist, und rechtzeitig mit dem Rat der EKD Fühlung aufnehmen.

§ 12 Grundsatz der Ökumenearbeit

Die Vertragsschließenden nehmen ihren jeweiligen ökumenischen Auftrag in eigener Verantwortung wahr. Sie pflegen eine enge und ständige Zusammenarbeit und streben an, Doppelarbeit und -strukturen abzubauen. Das Nähere wird gesondert geregelt.

§ 13 Geschäftsstelle des Deutschen Nationalkomitees des Lutherischen Weltbundes (DNK)

Die Aufgaben der Geschäftsstelle des DNK ergeben sich aus einer Vereinbarung zwischen dem DNK des LWB und der VELKD und werden von den Mitarbeiterinnen oder Mitarbeitern des Amtes der VELKD wahrgenommen.

§ 14 Finanzierung

(1) EKD und VELKD tragen die bei Erfüllung ihrer Aufgaben jeweils erwachsenden Kosten.

(2) Die VELKD trägt anteilig ihre Kosten des Kirchenamtes. Dies sind insbesondere die Personal- und Sachkosten für das Amt der VELKD sowie für die von der VELKD in Anspruch genommenen Dienste. Näheres wird durch eine Verwaltungsvereinbarung geregelt.

§ 15 Freundschaftsklausel

Sollte eine Bestimmung oder ein Teil einer Bestimmung dieses Vertrages unwirksam sein oder werden, so wird die Gültigkeit des Vertrages im Übrigen nicht berührt. Die Vertragsschließenden verpflichten sich, die unwirksamen Regelungen durch solche zu ersetzen, die dem Vertragszweck entsprechen. Die Vertragsschließenden werden etwa in Zukunft auftretende Meinungsverschiedenheiten über die Auslegung dieses Vertrages in freundschaftlicher Weise beseitigen.

§ 16 Übergang von Dienst- und Anstellungsverhältnissen

Bestehende Dienst- und Anstellungsverhältnisse einschließlich aller erworbenen Anwartschaften auf die Versorgung gehen auf die EKD mit Inkrafttreten dieses Vertrages über. Betriebsbedingte Entlassungen von Bediensteten der VELKD aus diesem Anlass sind ausgeschlossen.

§ 17 Berichte

Über den Stand des Erreichens der Vertragsziele ist mindestens einmal je Amtsperiode der EKD-Synode und der Generalsynode zu berichten.

§ 18 Inkrafttreten und Übergangsregelungen für die Synoden

(1) Dieser Vertrag tritt zum 1. Januar 2007 in Kraft. Die Vertragsschließenden sind sich einig, dass aufgrund des Vertrages Änderungen der Grundordnung der EKD und der Verfassung der VELKD erforderlich sind. Die Vertragsschließenden werden auf eine rechtzeitige Änderung der gesetzlichen Regelungen hinwirken.

(2) Die Amtszeiten der gegenwärtigen EKD-Synode und der gegenwärtigen Generalsynode bleiben hiervon unberührt. Die Regelung des § 4 Absatz 1 dieses Vertrages tritt erst nach Ablauf der Amtszeit der beiden Synoden in Kraft.

(3) Die EKD verpflichtet sich darauf hinzuwirken, dass ab der nächsten EKD-Synode jede Gliedkirche mindestens zwei Sitze in der Synode hat.

Gesamtkirchliche Verfassungsgeschichte

Vorgeschichte, Entstehung und Entwicklung der Grundordnung

Der Weg der deutschen ev. Christenheit aus der territorialen und konfessionellen Zersplitterung nach der Reformation zur heutigen Gemeinschaft der EKD vollzog sich im Spannungsfeld eines bekenntnisgebundenen Partikularismus und gesamtkirchlicher Unionsbestrebungen und auch unter dem politischen Horizont nationaler Einigung. Das Beharren auf landeskirchl. Eigenständigkeit und dessen Überwindung durch notwendige Kooperation in allgemein akzeptierten Institutionen einer Gesamtkirche hatte Wurzeln und Parallelen in der nationalen Geschichte. Auch das Verhältnis der Kirche zum Staat, ihre Einbindung oder Unabhängigkeit, prägte ihre Ordnung und das Verständnis des Kirchenrechts.
In der Entwicklung vom Kirchenbund zur Kirchengemeinschaft begegnete der stete Zuwachs zentraler Aufgaben der ständigen Anfrage an die ekklesiale Qualität der Gesamtkirche, der die Kompetenzen zuwuchsen. Dieses bekenntnisbezogene und kirchenpolitisch wirksame Kriterium galt auch allen institutionellen Entwicklungen der Ordnung, die nach den Erkenntnissen des Kirchenkampfes nicht vom Bekenntnis zu trennen ist (Erl Art. 1 III). So wurde der rechtstheol. Grundaspekt des Kirche-Werdens auch zum verfassungsrechtl. Leitmotiv. Mit Geschichte und Reform ihrer Grundordnung verbindet sich bis heute die Frage nach Wesen und Rechtsnatur der EKD.[8]

---

8 Z. geschichtlichen Überblick: H. Ehlers, Aufbau der EKD; Hauschild, EKD, in: TRE, S. 656 ff.; ders., EKD, in: RGG, Sp. 1317 ff. m.w.N. – „Es entspricht dem durch allen politischen und sozialen Wandel nicht gebrochenen Selbstbewusstsein der Landeskirchen, dass sie, ohne ihr eigenes ‚Kirche-Sein' in Frage zu stellen, weiterhin wie schon bei der Gründung der EKD zögern, auch sie eindeutig als Kirche anzuerkennen." (Bericht des Präses L. Raiser 1972, SB Berlin-Spandau 1972, S. 95 f.).

1. Gesamtkirchliche Verfassungen bis 1945

Der aus der Reformation der mittelalterlichen Kirche hervorgegangene Protestantismus litt in Deutschland von Anfang an unter seiner territorialen und konfessionellen Zersplitterung. Sein zögerlicher Umgang mit Rechts- und Organisationsfragen hing nicht zuletzt mit dem neuen Kirchenverständnis zusammen. In der monarchisch-hierarchisch geprägten kath. Kirche, in der die Glaubenskirche in ihrer unsichtbaren Realität und die rechtl. verfasste sichtbare Gemeinschaft nahe zusammenrücken, erhält das Verfassungs- und Organisationsrecht größeres Gewicht als nach reformatorischer Ekklesiologie, die dieses Verhältnis weniger strikt definiert. Sie bestimmt die organisatorische Kirchengestaltung mehr von der Erfüllung ihres Auftrags her. Predigt, Sakramentsverwaltung, die Glaubensbekundung in Zeugnis und Dienst sowie die Förderung des gemeindlichen Lebens sind nicht beliebig, werden aber flexibler und weniger dogmatisch nach Gesichtspunkten der Zweckmäßigkeit und Vernunft geordnet. Ihrem Auftrag kann die Kirche als Institution und Rechtsgestalt daher in unterschiedlichen Ausformungen und Verfassungen dienen.

a) 16. bis 18. Jahrhundert – Corpus Evangelicorum

Mit der Reformation entwickelte sich keine übergreifende Gesamtorganisation der ev. Kirchen. Prägend waren vielmehr die politischen Strukturen des alten Deutschen Reiches, d.h. die institutionelle Verbindung mit dem Kaisertum als weltlichem Haupt des **unum corpus christianum** und sodann die Erstarkung der Territorialherren. Da sich die Bischöfe nicht der Reformation anschlossen, fiel die Kirchengewalt den Landesherren zu. Deren vorreformatorische Gestaltungsrechte (*Advokatie*) entwickelten sich zum landesherrlichen Kirchenregiment. Die den Territorialherren und freien Reichsstädten auf dem Reichstag zu Speyer von 1526 vorläufig übertragene Verantwortung für das Kirchenwesen wurde ihnen im Augsburger Religionsfrieden (1555) und im Westfälischen Frieden (1648) bestätigt. Aus dem als „Notbischof" fungierenden Kurfürst wurde mit Konsolidierung der Landeskirchen der „praecipuum" der Kirchenglieder, dem die Fürsorge auch für die innerkirchl. Ordnung, d.h. die rechtliche, disziplinarische, ordnende Aufsicht – ohne Befugnis in Lehrfragen – zukam.[9]

Am Beginn der organisatorischen Ausbildung und Verfestigung der Landeskirchen und ihrer Verfassungsbildung stand die **Visitation** (1527/28 in Kursachsen). Beauftragte Visitationskommissionen übernahmen Aufgaben der Aufsicht, Lenkung, Verwaltung und Koordinierung. Aus ihrer gemeindeübergreifenden Funktion entwickelten sich

[9] Diese cura religionis schloss – anders als Luthers Unterscheidung der beiden Reiche und der Zurückweisung weltlicher Gewalt in Glaubensdingen ursprünglich intendierte – z.T. auch Glaubensinhalte ein.

die **Konsistorien** (1539 in Wittenberg). In den sich politisch verselbständigenden Territorien erließen Fürsten und Ratsversammlungen in mannigfaltiger Weise ihre **Kirchenordnungen**. Mit dem Territorialsystem verflocht sich zudem unter dem Einfluss der Aufklärung das Kollegialsystem, das in Aufnahme genossenschaftlicher Züge die Kirche als Verein begriff, der seine Entscheidungsgewalt treuhänderisch auf den Landesherrn übertrug.[10] Dieser regierte als **summus episcopus** durch ein *Konsistorium* und durch einen *Superintendenten* als Aufsichtsinstanz für Gemeinden und Pfarrer, die gleichwohl nach luth. Auffassung als „Bischöfe ihrer Gemeinden" galten. Aus ihren *Pfarrerversammlungen* entwickelten sich vielerorts *Synoden.*[11] Da der Landesherr den Bekenntnisstand bestimmte (*ius reformandi*) und Dissentierenden das Auswanderungsrecht zustand, entstand eine Vielfalt konfessionell geprägter untereinander nur im ev. Glauben verbundener **Territorialkirchen** ohne institutionelle Zusammenarbeit. Die vielfach auch durch dynastische Kirchenpolitik veranlassten Konfessionswechsel (cuis regio, eius religio) vermehrten die konfessionellen Spaltungen, wenn mit dem Landesherrn das von ihm beherrschte Territorium in Gänze oder zumindest Teile des Hofstaats und der Beamtenschaft ihr Bekenntnis wechselten. Sie bewirkten durch Jahrhunderte hindurch die Zersplitterung der ev. Kirche auch über das Ende der Landesfürstentümer und die Umwälzungen infolge des Ersten Weltkrieges hinaus bis in die landeskirchl. Gegenwart. Auch das von 1653 bis 1806 bestehende **Corpus Evangelicorum** war lediglich eine Gesandtenkonferenz als politische Interessenvertretung der ev. *Stände* im *Reichstag.* Freilich begründete die Gemeinsamkeit des Bekenntnisses und der Gegensatz zum Katholizismus ein ev. Einheitsbewusstsein als geistliche Realität jenseits der Gegensätze zw. Luthertum und Calvinismus.[12] Versuche einer Institutionalisierung dieser Konferenz für die ev. Standesvertretungen scheiterten mit dem Ende des Reiches.

b) 19. Jahrhundert – Wittenberger Kirchentag

Erst im 19. Jh. begann die ev. Christenheit auf eine die deutschen Territorien umfassende Institution hinzuwirken. Dies ging einher mit der allgemeinen Entwicklung, die vom *Reichsdeputationshauptschluss* (1803) und der territorialen Neuordnung durch den *Wiener Kongress* (1813–15) ausging, politische und damit auch konfessionelle Grenzen veränderte und erste Vorstellungen einer deutschen Einheit und einer nationalkirchl. Einigung zeitigte. Die heutigen landeskirchl. Grenzen gehen noch durchweg auf diese Neuordnung zurück. Wichtigste verfassungsgeschichtliche Neuerung war die Verbindung der überkommenen landesherrlich-konsistorialen Verfassungselemente mit

---

10 Liermann, Kirchenverfassung, Sp. 1714 f.; zu der „ziemlich einheitlichen Typisierung der Landeskirchen": Frost, Strukturprobleme, S. 16 ff.

11 Synoden im heutigen Sinne, in denen das Laienelement und die Gemeinden vertreten waren, entstanden zunächst im ref. Bereich. In den Reichsstädten fungierte das Pfarrkollegium auch als „*Geistliches Ministerium*" (Liermann, Kirchenrecht, S. 155).

12 Erl Überschrift „Evangelische"; Frost, Reform, S. 266.

der ref. *Presbyterial-Synodalverfassung*. Freilich entsprach diese neue Strukturierung der „Kirchengewalt" weniger kirchl., sondern eher parlamentarisch-demokratischen Ideen.[13] Mit dem Ende des Deutschen Reiches 1806 und zunehmender Freizügigkeit der Bevölkerung drängte nationales und liberales Einheitsstreben – bewegt durch Nachwirkungen der Aufklärung und das nach den Freiheitskriegen gewachsenes Nationalbewusstsein[14] – zunehmend auf verantwortliche Mitwirkung im Gemeinwesen auch im kirchl. Leben, besonders in Sozial- und Missionsbewegungen über Einengungen durch die Kirchenbürokratie hinaus. Demgegenüber blieb es jedoch bei den territorialen und religiösen Divergenzen, nicht nur zur kath. Kirche, sondern auch zw. konfessionsbewusstem Luthertum und den Anfängen lutherisch-reformierter Unionsbestrebungen.

In der Folgezeit bestimmt der kirchl. **Unionismus** auf der einen und die konfessionelle Neubesinnung des Luthertums auf der anderen Seite die Diskussion um eine protestantische Einheit und deren Verfassung. Die aus den dynastisch veranlassten Konfessionswechseln resultierenden, politisch unerwünschten Spannungen motivierten auch die Landesherren zu Unionsbestrebungen. Ab 1817 (bzw. 1834 u. 1852) konnten etwa die Hohenzollern, die im 17. Jh. als Lutheraner zum reformierten Glauben übertreten waren, ihre Kirche in Preußen gem. Deklaration Friedrich Wilhelms III. v. 29.9.1817 mit der luth. vereinigen. In dieser Union behielten die Ortsgemeinden ihre konfessionelle Prägung, benutzten Luthers Kleinen Katechismus oder den Heidelberger Katechismus bzw. in unierten Gemeinden beide. Entscheidenden theol. Einfluss auf diese Entwicklung hatte *F. Schleiermacher*, der den konfessionellen Lehrdifferenzen zu Abendmahl, Christologie und Prädestination keine kirchentrennende Bedeutung beimaß. Mit wachsender preußischer Vormacht in Deutschland strahlte diese Union auch auf andere Kirchentümer aus. Vielfältige weitere Unionsgestaltungen reichten von der reinen **Verwaltungsunion**, die das Bekenntnis der Gemeinden unberührt ließ, bis hin zur **Bekenntnisunion** (Lehrunion, z.B. Baden u. Pfalz) mit neuem gemeinschaftlichen Bekenntnis, das in einer Unionsurkunde „ausgesprochen" wurde.[15] Zwischenstufen waren die **Kultusunion** mit gegenseitiger Zulassung zu Gottesdienst und Abendmahl, die **Konsensunion** mit weitergehendem Gemeinschaftsbewusstsein im Unterschied zur **föderativen Union**, die einfach beide Katechismen in einem Band zusammenfasste (sog. Buchbinderunion).[16] Neben diese Unionen trat eine demographische Vermi-

---

13 Kritisch zur Begründung der Kirchengewalt und zur Parlamentarisierung des synodalen Lebens: H. Ehlers, Aufbau der EKD, S. 610.

14 Die mit dem religiösen Patriotismus der Befreiungskriege aufkommende nationalkirchl. unionistische Idee hatte ihre Verfechter in E.M. Arndt, J.G. Fichte, F.L. Jahn und F.D. Schleiermacher und fand 1817 im Wartburgfest anlässlich des 300jährigen Jubiläums der Reformation einen ersten Höhepunkt.

15 Merzyn, Verfassungsrecht, Nr. XXV 1.

16 Liermann, Kirchenrecht, S. 40 ff.

schung der Bekenntnisse im Zuge der Industrialisierung und Binnenwanderung, z.B. in den rheinisch-westfälischen Großstädten.

Gegen diese Unionsentwicklungen regte sich der Widerstand des **Neuluthertums.** Aus der Sorge um das unter dem Einfluss der Romantik wiederentdeckte luth. Erbe und ihre konfessionelle Identität erwuchs die bis heute entscheidende Gegenkraft zu gesamtkirchl. Unionsbestrebungen, wie sie 1936 im Lutherrat und in der VELKD, die vor Verabschiedung der GO gegründet wurde, ihren institutionellen Ausdruck fand (Erl Art. 21 II „VELKD"). Erst aus dieser Besinnung auf die eigenen Bekenntnisgrundlagen – als Reaktion auf aufklärerische Tendenzen zur „natürlichen" oder „vernünftigen" Religion – gewinnt der Begriff der „**Konfession**" seine heutige Bedeutung. Er wurde später bei der Selbstwahrnehmung eigener Konfessionalität und kirchl. Identität zu polemischer Abgrenzung auch missbraucht.

Mit dem Ziel einer gewissen Koordination auf Reichsebene führten Gespräche zw. Preußen und Württemberg (auf dessen Initiative) 1846 zur Einberufung einer **Evangelischen Konferenz** nach Berlin. Dieser Versammlung von Vertretern 27 ev. Staaten ging es bereits um die künftige Gestalt eines kirchl. Zusammenschlusses, den manche schon als *Nationalkirche*, andere lediglich als *Kirchenbund* gestalten wollten. Den Vorsitz führte u.a. M. A. v. Bethmann-Hollweg, der zusammen mit F. J. Stahl schon in der preußischen Verfassungsdiskussion eine *gesamtevangelische Konföderation* angeregt hatte. Auf seinen „Vorschlag einer evangelischen Kirchenversammlung" 1848 reagierte man auf luth. Seite mit der Alternative einer „Konferenz von Gliedern und Freunden der luth. Kirche". Im September 1848 wenige Monate nach der *Frankfurter Nationalversammlung*[17] trat in Wittenberg eine Versammlung landeskirchl. Vertreter zusammen, freilich ohne Auftrag ihrer Kirchenregierungen. Daher konnte die auf diesem **Wittenberger Kirchentag** angestrebte Begründung eines Kirchenbundes als „Darstellung der wesentlichen Einheit der ev. Kirche" (i.S.e. „Konföderation" nicht einer „Union") noch nicht erfolgen. Jedoch wurden die Beschlüsse, die in sechs Punkten Aufbau und Arbeitsweise eines Kirchenbundes festlegten, rückblickend als erster Entwurf für eine Grundordnung der EKD gewertet.[18] Bedeutsam für die ev. Einheit war die Gründung der **Inneren Mission** auf Initiative *Johann Hinrich Wicherns*, dessen aufsehenerregende Kirchentagsrede am 21.9.1848 über die Notwendigkeit und Bedeutung der diakonisch-missionarischen Arbeit auch auf Bundesebene wichtigen Anstoß gab und zur Gründung eines *Centralausschusses für die Innere Mission der Deutschen Evangeli-*

---

17 Deren Reichsverfassung v. 28.3.1849 verschaffte den Kirchen eine behördliche Eigenständigkeit: „Jede Religionsgesellschaft ordnet und verwaltet ihre Angelegenheiten selbständig, bleibt aber den allgemeinen Staatsgesetzen unterworfen." (Art. V, § 147).

18 Anl 1; dazu Brunner, Eisenach, S. 126 ff.

schen Kirche führte. Hierdurch erhielt die deutsche ev. Christenheit eine gesamtkirchl. diakonische und sozialpolitische Arbeitsorganisation in der Form eines Vereins. Diese Bewegung erwuchs aus diak. Initiativen wie Wicherns „Rauhes Haus" in Hamburg, F. v. Bodelschwinghs Heime für Behinderte und Wanderarbeiter in Bethel, T. Fliedners Diakonissenwerk in Kaiserswerth und W. Löhes Missionsanstalt und Diakonissenmutterhaus in Neuendettelsau.

c) Deutscher Evangelischer Kirchenbund

Erst 1852 bildeten die Kirchenregierungen einen losen Zusammenschluss, der erstmalig in Eisenach – in Anknüpfungen an die „Ev. Konferenz" 1846 – als **Deutsche Evangelische Kirchenkonferenz** (*Eisenacher Konferenz*) zusammentrat. Diese wird als eine Vorform des Kirchenbundes von 1922 und damit auch der Kirchenkonferenz der EKD angesehen.[19] Wichtige Projekte waren trotz des lediglich beratenden Charakters die Erstellung einheitlicher *Perikopen*, die *Revision der Lutherbibel*, Vorarbeiten für ein gemeinsames *Gesangbuch*, der Vereinheitlichung des Reformationsfestes, des *Buß- und Bettags* und eine Reform der *Kasualien*. Eine Angleichung der liturgischen Ordnung wurde freilich mit Hinweis auf die landesherrliche Kultusautonomie blockiert. Die Folgen des Bismarckschen *Kulturkampfes*, auch für die ev. Kirche, verstärkten den Wunsch nach einer gemeinsamen protestantischen Vertretung. So konstituierte diese Konferenz am 13.6.1903 in Dresden ihren seit 1900 bestehenden ständigen Ausschuss als **Deutschen Evangelischen Kirchenausschuss** (DEKA).[20] In diesem erstmals gemeinsamen, ständigen Organ der Landeskirchen auf Reichsebene ist in gewisser Hinsicht der Kirchenausschuss des DEKb und der Rat der EKD vorgebildet. Diesem Rat der Kirchenregierungen wurde die Eigenschaft einer *Körperschaft des öffentlichen Rechts* verliehen.[21] Präsident war der Präsident des Ev. Oberkirchenrates der altpreußischen Union. Diese personale Verknüpfung zw. dem Kirchenbund mit der größten Landeskirche trug erheblich zur Festigung der landeskirchl. Beziehungen bei.[22] Als Vertretung von Kirchenleitungen sah der Ausschuss seine Aufgabe wesentlich in der Wahrnehmung gemeinsamer Belange gegenüber anderen Kirchen und in der Fürsorge für die Evangelischen in den deutschen „Schutzgebieten" und im übrigen Ausland, in der Diaspora, unter Seeleuten und Auswanderern.

Als **1918** mit der Monarchie auch das landesherrliche Kirchenregiment zu Ende ging, gaben sich die Landeskirchen nach 1920 eigenständige Verfassungen. Meist waren bereits Synoden mit eigener Gesetzgebungskompetenz gebildet und kirchl. Verwaltungs-

---

19 Brunner, aaO, S. 132.
20 AKBl. 1903 S. 575 ff.
21 Erlass v. 23.1.1905 (AKBl. 1905 S. 426).
22 Über die Arbeit des Kirchenbundes: Hosemann, Kirchenbund.

behörden ausgebaut worden. Daneben traten als ständige Kirchenleitungen meist aus den Konsistorial- und Synodenmitgliedern gebildete Kollegien und ein bischöflicher Amtsträger als Repräsentant der Kirche.
Die neue Republik hat in ihrer **Weimarer Verfassung** von 1919 das Verhältnis von Kirche und Staat maßvoll geregelt. Die bereits in der Paulskirchenverfassung von 1848 bestimmte Trennung wird zwar im Grundsatz aufgenommen („Es besteht keine Staatskirche"). Sie wurde jedoch im Sinne einer „hinkenden" Trennung durch weitere Verfassungsbestimmungen erheblich eingeschränkt. Diese sicherten den Kirchen die öffentlich-rechtl. Stellung und ein landesrechtl. *Steuererhebungsrecht* auch künftig zu und ermöglichten eine weitgehende Zusammenarbeit auf den traditionellen Arbeitsfeldern der *„res mixtae"* (Erziehung, Schule, Familie, Sozialarbeit – zum Begriff Erl Art. 3 II).

Nach dem Wegfall des landesherrlichen Kirchenregiments wuchs auch der Wunsch nach festerer Verbindung unter den Landeskirchen. Dabei stützte sich das Zusammenwachsen auf kirchenbehördlicher Ebene auf parallele Bestrebungen der kirchl. Vereine und Verbände, namentlich des **Deutschen Evangelischen Kirchentags** (1848-72). Dieser bot ein Forum für protestantische Initiativen wie der von *Wiechern* initiierten **Centralausschuss für Innere Mission der Deutschen Ev. Kirche**, die Gustav-Adolf-Stiftung, der Protestantenverein und der *„Ev. Bund* zur Wahrung deutsch-protestantischer Interessen" (seit 1886). 1916 gründete eine größere Zahl solcher Dachverbände die **Konferenz Deutscher Evangelischer Arbeitsorganisationen**. Die Zusammenarbeit auf dem Gebiet der kirchl. Liebestätigkeit hat das Zusammengehörigkeitsgefühl über die landeskirchl. Grenzen hinaus entscheidend gefördert.[23]

Nach dem Zusammenbruch des Kaiserreiches und der Trennung von Thron und Altar hatten sich die Kirchen als *Volkskirche* in einer zentralistisch verfassten *Demokratie* zu behaupten. Der Deutsche Evangelische Kirchenausschuss, der vom Wegfall des landesherrlichen Kirchenregiments nicht betroffen war, konnte nach Kriegsende sogleich mit einer Reihe gesamtkirchl. Verlautbarungen an die Öffentlichkeit treten[24] und Verhandlungen mit der Weimarer Nationalversammlung führen. Zusammen mit einer Konferenz kirchl. Arbeitsorganisationen bemühte er sich um die Gründung eines Bundes der Landeskirchen. Nach der Vorbereitung durch den **Deutschen Evangelischen Kirchentag** im September 1919 in Dresden beschloss der Kirchentag in Stuttgart am 15.9.1921 die Verfassung eines Kirchenbundes (Anh 2). Als diesem alle 28 deutschen Landeskirchen beigetreten waren, konnte am 25.5.1922 (Himmelfahrtsfest) in der Schlosskirche zu Wittenberg an den Gräbern Luthers und Melanchtons der **Deutsche**

23 Wendt, EKD, Sp. 484.
24 Im Februar 1919 zur Gefangenenfrage, im April zu Kriegsschuld und Friedensvertrag, im Mai zu den abgetretenen Gebieten.

Evangelische Kirchenbund (DEKb) konstituiert werden. Mit dieser bündischen Vereinigung der Landeskirchen entstand die historisch erste nach innerem Kirchenrecht ausgeformte Gesamtkörperschaft des deutschen Protestantismus.[25] Sie wurde auch vom Staat als Körperschaft öffentlichen Rechts gem. Art. 137 WRV anerkannt.

Seine Verf., die dem *Kirchenbundesvertrag* vom 25.5.1922 beigegeben wurde, beschränkte den Bund auf „den Zweck, zur Wahrung und Vertretung der gemeinsamen Interessen der deutschen evangelischen Landeskirchen einen engen und dauernden Zusammenschluss derselben herbeizuführen, das Gesamtbewusstsein des deutschen Protestantismus zu pflegen und für die religiös-sittliche Weltanschauung der deutschen Reformation die zusammengefassten Kräfte der deutschen Reformationskirchen einzusetzen – dies alles unter Vorbehalt der vollen Selbständigkeit der verbündeten Kirchen in Bekenntnis, Verfassung und Verwaltung." Betont wird der Bundescharakter: „Kirchen" sind lediglich die Landeskirchen. Diese Föderation jedoch nur als „Zweckverband" zu sehen, verbietet schon der ihren Organen eingeräumte Spielraum zu eigener Initiative in einem nicht unerheblichen Kompetenzbereich.[26] Im Organaufbau werden Traditionsströme sichtbar, die über seine Gründung hinausweisen: Im Kirchentag als synodalem Organ fanden sich neben Synodalen aus den Landessynoden auch berufene Fachvertreter. Seine föderale oder unitarische Natur war umstritten. Im kirchenregimentlichen *Kirchenbundesrat* als Vertretung der Kirchenregierungen kam das konsistoriale Element zur Geltung. Die ständige Leitung war dem von diesen Organen bestellten, aus synodalen und kirchenregimentlichen Elementen gebildeten *Kirchenausschuss* als Exekutivorgan übertragen. Dieser bediente sich des ihm nachgeordneten **Kirchenbundesamtes** als einer ersten gemeinsamen und ständigen Amtsstelle. Viele institutionelle Parallelen nicht nur der Organstruktur lassen diese Verfassung als eine Vorform der heutigen GO erscheinen. Schon sie wurde Gegenstand der im Grunde bis heute andauernden Diskussion, ob ein Bund der Gliedkirchen im Sach- und Rechtssinn „Kirche" sei. Sie resultierte vor allem aus der konfessionellen Verschiedenheit der Landeskirchen, deren Mehrzahl von der Wittenberger Reformation geprägt auf dem Boden der CA, eine Minderheit auf dem Boden des reformierten Heidelberger Katechismus stand. Die Lehrunterschiede betrafen neben Abendmahl und Amtsverständnis auch die *Bedeutung kirchl. Ordnung.*

d) Die Verfassung der Deutschen Evangelischen Kirche (DEK)

Die konsolidierende Entwicklung des Kirchenbundes wurde 1933 durch die Machtübernahme der Nationalsozialisten und die für die Kirchen einschneidenden Folgeer-

---

25 Frost, Reform, S. 267; dazu Verhandlungen des 1. Deutschen Evangelischen Kirchentages 1919, hg. v. DEKA, Berlin-Steglitz o.J., ferner Verhandlungen des 2. Deut. Ev. Kirchentages 1921, wie vor.

26 Frost, Strukturprobleme, S. 491.

eignisse unterbrochen. Die neue politische Ideologie brachte Gedankengut aus der Zeit der Revolution von 1848 und deren nationalen Einigungsideen wieder auf. In einem überwiegend national und konservativ geprägten deutschen Protestantismus verstärkte sich der Ruf nach einer „Evangelischen Kirche deutscher Nation“. Bekenntnisgeprägte Zielsetzungen lehnten eine Reichskirche ab und propagierten eine „Lutherische Kirche deutscher Nation“[27] oder auf der anderen Seite die Zusammenfassung der reformierten Kirche[28]. Bei den Forderungen nach einer „Nationalkirche“ blieb ungeklärt, ob man eine einheitlich verfasste, aber selbständige Gesamtkirche anstrebte oder eine Staatskirche als eine für religiöse und moralische Angelegenheiten in die Staatsmacht integrierte Institution. Diese entschied jedoch gegen eine Verstaatlichung der Kirche, förderte aber deren *Gleichschaltung* mit dem Staatswesen mit Hilfe der neugegründeten **Glaubensbewegung Deutsche Christen** (DC). Dem suchte der Kirchenausschuss (DEKA) durch die Einsetzung eines Dreimänner Kollegiums[29] zu begegnen, das eine Verfassungsreform im Sinne einer weiteren Vereinheitlichung des Kirchenbundes (DEKb) anstrebte. Das Konzept einer nach den Bekenntnissen in eine luth., ref. und unierte Säule gegliederten Gesamtkirche stieß auf die organisatorische Schwierigkeit bezüglich der Union als „dritter Konfession“. Gleichwohl gediehen diese Bestrebungen trotz kirchenpolitischer Turbulenzen bereits in wenigen Monaten zu dem Kompromiss einer von den Landeskirchen beschlossenen Verf. der **Deutschen Evangelischen Kirche (DEK**) v. 11.7.1933 (Anh 3). Sie wurde durch Reichsgesetz anerkannt.

Die Verfassung war ein Kompromiss aus der Fortentwicklung des DEKb zu einer in den gesamtkirchl. Kompetenzen erweiterten Bundeskirche und den radikalen Forderungen der DC, wie sie etwa in der nach dem *Führerprinzip* gestalteten Stellung des Reichsbischofs zum Ausdruck kamen.[30] Die „Kirchen (Landeskirchen)“ blieben „in Bekenntnis und Kultus selbständig“ (Art. 2 II u. III).[31] Ihre Organe, die Nationalsynode (Art. 8) und der „lutherische“ Reichsbischof (Art. 6)[32] waren zentralistisch ausgerichtet, das *Geist-*

---

27 Generalsup. Zoellner im April 1933.

28 Vgl. K.D. Schmidt, Die Bekenntnisse des Jahres 1933, Bd. 1.

29 Es bestand aus dem luth. Bischof *A. Marahrens,* dem Moderator des Ref. Bundes *H.A. Hesse* und dem Leiter des ev. OKR der preußischen Union *H. Kapler* als Vorsitzendem und erstellte die Verfassungsgrundzüge (Loccumer Manifest). Die weitere Arbeit an der Verf. basierte auf einem Entwurf v. *J. Heckel.* Diese wurde schon aus damaliger Sicht von etlichen, besonders vom langjährigen Präsidenten des KEKT W. Frhr. v. Pechmann, der dann aus dem Kirchenausschuss austrat, auch als Verhängnis gewertet (Scholder, Die Kirche und das Dritte Reich, Bd. 1, S. 384-390).

30 Für das Amt des Reichsbischofs war von den Kirchen F. v. Bodelschwingh berufen worden, der jedoch nach Hitlers Ablehnung seine Kandidatur zurückzog, um das Zustandekommen der Verf. nicht zu gefährden.

31 Damit verblieben die bekenntnisbezogenen Aufgaben Lehre, Verkündigung, Seelsorge, Gottesdienstordnung bei den Landeskirchen.

32 Dazu Liermann, Das ev. Bischofsamt in Deutschland, S. 1.

liche Ministerium (Art. 2 u. 7) war nach Bekenntnissen gegliedert. Eine bedeutsame Neuerung im *Namen* der DEK war ihre Bezeichnung als „*Kirche*“ statt Kirchenbund. Die Verfassung wurde – auch mit dieser neuen Begrifflichkeit – nicht nur von den DC, sondern von allen zum großen Teil noch nicht DC-geführten Kirchenleitungen, d.h. auch den vor 1933 ins Amt gelangten Amtsträgern akzeptiert,[33] in konservativen Kreisen wie auch bei den Anfängen der „Bekennenden Kirche“, im luth. ebenso wie im ref. Bereich. Der durch die Verfassung beibehaltene Charakter eines Bundes[34] ließ es zu, dass auch die späteren Widerstände, in Sonderheit die Bekennende Kirche, auf dem Boden dieser Bundesverf. blieben und sich lediglich gegen das deutsch-christliche Kirchenregiment und vor allem dessen Gleichschaltungspolitik wandten.

Dennoch erscheint diese Verfassung im Rückblick als eine Begleiterscheinung der Reichsreform und ein vom Regime instrumentalisiertes Organisationsstatut zur Beherrschung der Kirche.[35] Zwar war es gelungen, eine gemessen an den politischen Begleitumständen noch erträgliche Kirchenverf. zu schaffen, die von allen Landeskirchen unterzeichnet wurde. Doch war diese Gründung aus heutiger Sicht kein freier Schritt zu einer engeren Gemeinschaft. Gegen die nationalistische Umgestaltung zu einer Reichskirche formierte sich bald in einigen Landeskirchen Widerstand. Dennoch gelang es den DC sich auf dem Wege der durch Reichsgesetz kurzfristig anberaumten Kirchenwahlen am 23.7.1933 als innerkirchliche Partei mit Hilfe[36] der Nationalsozia-

---

33 Nur für Sachsen unterzeichnete bereits ein neu eingesetzter Landesbischof; dazu Benn, Die Einstweilige Leitung der DEK, S. 367.

34 Im Gegensatz zu ihrer Bezeichnung als „Deutsche Evangelische Kirche“ weist die Verf. eher den Charakter eines – wenn auch zentralistisch umgestalteten – Kirchenbundes auf. Basis sind nach wie vor „die aus der Reformation erwachsenen gleichberechtigt nebeneinander stehenden Bekenntnisse in einem feierlichen Bund.“ Bei dem Verhältnis zw. Mitgliedskirchen gleichen Bekenntnisses spricht die Verf. von einem „geistlichen Band“, zw. anderen von einem „Vertrauensverhältnis“ (Art. 7 III).

35 H. Ehlers, Aufbau der EKD, S. 611, mit Bezug auf W. Weber, Neues Staatskirchenrecht. Die Gründe sind aus der innerkirchl. Entwicklung schwer verständlich. Das Pathos, mit dem die neue Verf. die kirchl. Vereinigung „in der Stunde, da Gott unser deutsches Volk eine große geschichtliche Wende erleben lässt“ betont, lässt darauf schließen, dass eine fragwürdige politische Diagnose des gesellschaftlichen Umbruchs und ein zumindest mittelbarer Druck staats- und parteipolitischer Kräfte und eine unzureichende theol. und kirchenrechtl. Reflexion am Maßstab des Verkündigungsauftrags in der damaligen historischen Situation zumindest mitgewirkt haben und letztlich eher politische Faktoren eine Rolle spielten. (Zum parteipolitischen Druck und staatl. Eingriffen: Benn, Die Einstweilige Leitung der DEK, S. 367 f.; zur Kritik an dieser Verf.: Wilkens, EKD, Sp. 824).

36 Diese Wahlen kennzeichnete ein Telegramm des altpreußischen EOK an den Staatssekretär Pfundtner v. 20.7.1933: „Aufstellung anderer Listen als solcher der Deut. Christen von amtl. Parteistellen der Rheinprovinz als staatsfeindlicher Akt bezeichnet. Bei Kandidatur auf Liste Evangelium und Kirche vielerorts Ausstöße aus der NSDAP angedroht. Zahlreiche Gewaltakte. Freie Willensbekundung dadurch gefährdet. Unter solchen Umständen können wir die Verantwortung für rechtzeitige Durchführung der Wahl nicht tragen...“ (zit. nach Benn, aaO, S. 368).

listischen Deutschen Arbeiterpartei (NSDAP) und ihres Führers und Reichskanzlers in den meisten Landeskirchen durchzusetzen.[37]

e) Bekennende Kirche und Barmer Erklärung

In dem nun folgenden *Kirchenkampf* kam es zu einer harten Auseinandersetzung des ev. Glaubens mit der Weltanschauung des Nationalsozialismus und zum Ringen der Kirchen um Unabhängigkeit von einem Regime, dessen Kirchenfeindlichkeit immer offener zu Tage trat. Gegen die bekenntnis- und rechtswidrigen Maßnahmen des Reichskirchenregiments, vor allem die zwangsweise Eingliederung der Landeskirchen wandten sich Vertreter der „intakten“ Landeskirchen und aus bekennenden Gemeinden. Im Juli 1933 rief eine **Jungreformatorische Bewegung** zum Kampf für „eine **bekennende Kirche**“ auf. Im September wurde ein **Pfarrernotbund** gegründet. Der Mitinitiator *M. Niemöller*[38] richtete einen Aufruf an alle bekenntnistreuen Pfarrer in der DEK, dem Bund beizutreten und „sich für ihre Verkündigung nur an die Heilige Schrift und an die Bekenntnisse der Reformation zu binden“. Dem Aufruf folgten bis 1934 etwa 7000 Pastoren.[39] Diese Notbundpfarrer wurden die Pastoren der Bekennenden Kirche. Sie gaben sich zunächst Ordnung und Leitung in Gestalt regionaler Bekenntnissynoden und eines Bruderrates und fanden sich im April 1934 zur **Bekenntnisgemeinschaft der Deutschen Evangelischen Kirche** zusammen.

---

[37] In der Folgezeit übernahmen sie „fast alle leitenden Stellen in den ev. Kirchen ... und in unzähligen Gemeinden“. Nur wenigen Landeskirchen waren bekenntnisgebundene Leitungen im Amt geblieben, so etwa in Bayern, Baden, Württemberg und Hannover (Söhlmann, Treysa 1945, S. 173). Dieser Umschwung kam neben den Nachwirkungen des verlorenen Krieges, und der Weltwirtschaftskrise auch der Idee einer konservativen Erneuerung von Staat und Gesellschaft entgegen, die von weiten Kreisen der Rechten und des Bürgertums getragenen wurde. Diese deutsch-nationale Haltung fand nicht nur in der Gesellschaft eine gewisse Offenheit für die nationalsozialistischen Leitbilder und deren politischen und ideellen Perspektiven und den Zulauf zur NSDAP. Auch in der volkskirchl. Mehrheit und in deren Pfarrerschaft wurde die allgemeine nationale Erhebung „weithin begeistert begrüßt“ (dazu Gailus, Protestantismus und Nationalsozialismus). Zugrunde lag eine breite nationale Option des deut. Protestantismus, der traditionelle Respekt vor der Obrigkeit, der alte Wunsch nach einer einigen deut. Kirche, das Volkskirchenverständnis (Gedanke der völkischen Kirche) und ein theol. Pluralismus, der eine einheitliche Beurteilung der Situation auszuschließen schien (Scholder, Kirchenkampf, Sp. 1181). Dabei spielten auch antimarxistische, antikapitalistische und antisemitischen Ressentiments in Gesellschaft und Kirche eine Rolle. Ebenso bemerkenswert war dann andererseits schon im November 1933 die „außerordentlich starke Reaktion“ in der ev. Kirche auf die Großkundgebung der DC. Sie ließ einen Großteil der Christen und ihrer Pfarrerschaft alsbald die Gefahren und ihre Fehleinschätzung dieser Regierung des nationalen Zusammenschlusses erkennen (Beckmann, Der Weg zur Bekenntnissynode, S. 9); zum Ganzen Scholder, Die Kirche und das Dritte Reich, Bd. 2, S. 119 ff.

[38] Pfr. D. Martin Niemöller (1892-1984), später Leiter des Reichsbruderrats, stellv. Vorsitzender des Rates der EKD, 1961-68 einer der Präsidenten des ÖRK, Leiter des Kirchl. Außenamtes, Kirchenpräsident der EKHN.

[39] Burgsmüller/Weth, Die Barmer Theologische Erklärung, S. 10 f.

Am 31.5.1934 verabschiedete die erste **Bekenntnissynode in Barmen**[40] (Art. 1 III) auf der Grundlage eines Entwurfs des ref. Theologen *Karl Barth*[41] die *„Theologische Erklärung zur gegenwärtigen Lage der DEK“* (**Barmer Theologische Erklärung** – Text 3) und bestellte einen **Bruderrat** mit 12 Mitgliedern. Sie „wollte weder eine neue Kirche gründen noch eine Union schaffen“, sondern „der Zerstörung des Bekenntnisses und damit der ev. Kirche in Deutschland im Glauben und in der Einmütigkeit widerstehen“. Sie bekräftigte, dass die DEK als Bund von Bekenntniskirchen mit der „Anerkennung dieser Wahrheiten“ und der „Verwerfungen dieser Irrtümer“ steht und fällt (*status confessionis*). Damit entstand aus den verschiedenen bekennenden Gruppen und Gemeinden und Synoden die **Bekennende Kirche**, die erstmals seit dem 16. Jh. ein gemeinsames evangelisches „Bekenntnis“ artikulieren konnte.[42] Das „Barmer Bekenntnis“ gab der Kirche für die Zeit des Kirchenkampfes das Fundament und die Richtung. In sechs Thesen und Verwerfungen, benannte es den Grund des Glaubens und der Kirche und vollzog die Abgrenzung gegen die deutsch-christlichen Irrlehren. Die daneben verabschiedete **Erklärung zur Rechtslage der Bekenntnissynode der DEK** (Text 4) enthielt die Absage an eine Trennung von Recht und Bekenntnis, von äußerer Verwaltung und geistlicher Leitung im kirchl. Verfassungsrecht und an eine Aufteilung des Verkündigungsdienstes in das „gesamtkirchliche Rechtsleben“ und „Bekenntnis und Kultus“: „In der Kirche ist eine Scheidung der äußeren Ordnung vom Bekenntnis nicht möglich.“ In Sonderheit richtete sich dies gegen die Zwangseingliederung der Landeskirchen.

Auf weiteren Druck der Reichsregierung reagierte die zweite **Bekenntnissynode von Dahlem 1934**. Auf der Grundlage der Barmer Erklärung zur Rechtslage proklamierte sie die Eigenbestimmung nicht nur über ihre Lehre, sondern auch über ihre Ordnung und verkündete das **„kirchliche Notrecht“**.[43] In quasi-institutioneller Gestalt etablierte sie ein Notkirchenregiment mit neuen Organen als rechtmäßige „Leitung und Ver-

---

40 Die Synode tagte v. 29.–31.5.1934 in der ref. Kirche in Barmen-Gemarke als Versammlung von 139 Abgeordneten aus 18 luth., ref. und unierten Landeskirchen unter dem Vorsitz des westf. Präses K. Koch.

41 Der Schweizer Karl Barth (1886-1968), Mitbegründer der dialektischen Theologie, war seinerzeit Professor für Theologie in Bonn (bis 1930 Göttingen und Münster, ab 1935 Basel) und zusammen mit dem luth. Pfr. H. Asmussen (sp. Ratsmitglied und erster Präsident der Kirchenkanzlei der EKD) und OKR T. Breit Mitglied eines vom Reichsbruderrat eingesetzten Vorbereitungsausschusses für die Barmer Synode. Durch Korrekturen der Vorlage Barths, der schon damals in der Bekennenden Kirche, besonders auf ihrem ref. Flügel, maßgebend war, während der Synode wurde sie für die Vertreter des Luthertums annehmbar, aber in ihrer theol. Prägung nicht grundlegend verändert.

42 Dies wird heute „zu den wichtigsten kirchengeschichtlichen Ereignissen“ des 20. Jh. gezählt (Scholder, aaO, Sp. 1182).

43 Botschaft von Dahlem, Oktober 1934, Abschn. II Abs. 3 (KJ 1933-44, S. 76ff.); C. Luther, Das kirchl. Notrecht.

tretung der DEK als eines Bundes bekenntnisbestimmter Kirchen" (Reichsbruderrat, Reichsbekenntnissynode, vorlfg. Kirchenleitung; vgl. Text 4: These I).[44] Durch Vereinbarung zw. Bruderrat und den nach ihrem Selbstverständnis „intakt" gebliebenen Landeskirchen wurde eine Regelung zur vorläufigen Leitung der DEK getroffen[45] und der **Reichsbruderrat**[46] einstweilen mit der Wahrnehmung der Rechte der Nationalsynode beauftragt. Dies geschah formell auf der Verfassungsgrundlage der DEK, ebenso wie die späteren Versuche zur kirchl. Neuordnung, etwa die Bildung eines Reichskirchenausschusses 1935[47], die Einsetzung einer juristischen Leitung der DEK 1937 und die Berufung eines **Geistlichen Vertrauensrats**[48] bei Kriegsausbruch 1939.

Das Notrecht verwirklichte die in Barmen gewonnene Erkenntnis, dass äußere Ordnung der Kirche nicht vom Bekenntnis geschieden werden kann. Sie überwand damit den *dualistischen Kirchenbegriff* des 19. Jh. mit seiner Trennung von unsichtbarer Glaubenskirche und einer in der Welt verfassten Rechtskirche. Diese Trennung und der ihr zugrundeliegende positivistische Rechtsbegriff auch der allgemeinen Rechtslehre (K. Bergbohm, C. Schmitt) hatte unter der Herrschaft der DC die radikale Säkularisierung der verfassten Kirche ebenso wie die Totalisierung im Staatsrecht begünstigt. Die Barmer Erkenntnisse begründeten andererseits aber auch die Eigenständigkeit eines bekennenden Rechts, also einen neuerlichen Dualismus zw. kirchl. und staatl. Recht (z. Rechtsbegriff: Erl Art. 3 vor I).

Als Versuche, die Kirchen zur religiösen Untermauerung des „völkischen Staates" gleichzuschalten, auf Widerstand stießen, war die Regierung bestrebt, die ev. Kirche unter die Herrschaft des Kirchenministeriums zu stellen und mit Hilfe der Finanzabteilung eine weitgehende Kontrolle zu erreichen.[49] Auch den meist in Vereinsform organisierten, freien ev. Werken und Einrichtungen drohte Gleichschaltung und Wegnahme. Um dem vorzubeugen, anerkannte der Reichskirchenausschuss 1936 die *Innere Mission als „Wesens- und Lebensäußerung der Kirche"*. Er beauftragte namens der Kirche den Centralausschuss für die Innere Mission, die Belange der Diakonie in der Öffentlichkeit und bei Staats- und Parteistellen zu vertreten.

---

44 Botschaft von Dahlem, aaO, Abschn. III.
45 KJ 1933-44, S. 82.
46 Spätere offizielle Bezeichnung des Bruderrates.
47 Berufen von dem durch Reichsgesetz zur „Sicherung der DEK" v. 24.9.1935 gebildeten Reichskirchenministerium.
48 A. Marahrens, J. Hymmen, W. Schulz und O. Weber.
49 Auf der Grundlage einer 15. VO zur Durchführung des Gesetzes zur Sicherung der DEK wurden die Finanzabteilungen der Kirchen zunehmend mit kirchenexternen Funktionären besetzt, die dem Kirchenministerium entscheidenden Einfluss gewährten; vgl. Brunotte, Die Entwicklung der staatlichen Finanzaufsicht von 1935–1945, S. 35.

Neben den ausdrücklich vorgeschriebenen Organen sah die Verfassung der DEK vor, dass der Reichsbischof „mit den führenden Amtsträgern der Landeskirchen zu regelmäßigen Aussprachen und Beratungen zusammentrat" (Art. 6 II); die „im leitenden Amt stehenden Führer der Landeskirchen" (Art. 6 V) waren auch am Vorschlagsrecht für die Berufung des Reichsbischofs beteiligt. Diese Befugnisse kamen in der Praxis zwar kaum zum Tragen; die *Kirchenführer* wurden aber unter dem Vorsitz des Landesbischofs Marahrens im Zusammenhang mit dem Rücktritt des Reichskirchenausschusses 1936 und 1937 und der Bildung einer neuen Leitung der DEK versammelt. Zu dieser **Kirchenführerkonferenz** gehörten zehn luth. und ref. Landeskirchen, zu denen sich auch Baden und Kurhessen-Waldeck hielten. Sie fand weder staatl. noch allgemeine Anerkennung, war aber an der kirchl. Neuordnung nach 1945 beteiligt.[50]

Im Widerstand gegen die deutsch-christlichen Bestrebungen stand nach der Spaltung der Bekennenden Kirche neben Bruderrat und Kirchenführerkonferenz seit 1941 als dritte Kraft das **Kirchliche Einigungswerk**. Diese Initiative des württ. *Landesbischofs T. Wurm*[51] verfolgte das Ziel, alle unter Schrift und Bekenntnis stehenden Kreise der ev. Christenheit zu sammeln. Denn seit 1936 agierte die in Oeynhausen von der Bekennenden Kirche konstituierte **Vorläufige Leitung der DEK** neben dem **Rat der Evangelisch-lutherischen Kirche** (Lutherrat) als interimistische Vertretung der intakten Landeskirchen und einiger ihnen folgender Bruderräte. Mit Zustimmung dieser Gruppierungen kam es zu langwierigen Verhandlungen, die 1943 zur Veröffentlichung der **13 Sätze über Auftrag und Dienst der Kirche** führten (Anh 4). Sie sollten in Anknüpfung an die Erkenntnisse von Barmen als Richtschnur gegenüber „den weiteren Eingriffen des Staates gelten" und eine „einheitliche geistliche Führung des Amtes und der Kirche" gewährleisten. Diese programmatische Grundlage gewann entscheidende Bedeutung für die Neuordnung nach dem Kriege. Daher erscheint das Einigungswerk, getragen durch die Persönlichkeit seines Gründers, heute als Ausgangspunkt der EKD.[52]

Bei der Neuordnung der Gesamtkirche wurde nach Kriegsende festgestellt: „Die Evangelische Kirche in Deutschland (EKD) ist in Abwehr der Irrtümer der Zeit und im Kampf gegen einen staatlichen Zentralismus zu einer kirchlich gegründeten inneren Einheit geführt worden, die über den Deutschen Evangelischen Kirchenbund von 1922 hinausreicht. Diese Einheit ist zuerst auf den Bekenntnissynoden in Barmen, Dahlem und

---

50 1937 u. 1939 versammelten sich auf der Gegenseite die DC ebenfalls zu einer gesonderten Kirchenführerkonferenz.

51 D. Theophil Wurm (1868–1953), 1929 Kirchenpräsident, 1933–1949 württ. Landesbischof, 1945–49 Vors. des Rates der EKD; vgl. Thierfelder, Das kirchliche Einigungswerk.

52 So auch Scholder, Kirchenkampf, Sp. 1193, sowie Smith-von Osten, Treysa, S. 17; Dokumentation: KJ 1933–44.

Augsburg sichtbar geworden."[53] Kritischer formuliert die Rückschau der **Stuttgarter Erklärung** des Rates der EKD v. 19.10.1947 gegenüber einer ökumenischen Delegation: „Wohl haben wir lange Jahre hindurch im Namen Jesu Christi gegen den Geist gekämpft, der im nationalsozialistischen Gewaltregime seinen furchtbaren Ausdruck gefunden hat; aber wir klagen uns an, dass wir nicht mutiger bekannt, nicht treuer gebetet, nicht fröhlicher geglaubt und nicht brennender geliebt haben."[54] Aus der Rückschau der Bekennenden Kirche ist es nicht „zu einem ernsten, auch nur inneren Widerstand des deutschen Christentums und Theologenvolkes gegen das herrschende System gekommen".[55] Der Widerstand der Kirche galt mehr der eigenen Unabhängigkeit als einer Auseinandersetzung mit dem Nationalsozialismus, wie etwa an der Haltung zur Judenverfolgung deutlich wird.[56]

Schon die Barmer Formulierungen ließen erkennen, dass auch die Trennung in Bekenntniskirchen nicht überwunden wurde.[57] Gleichwohl erwies es sich als bedeutsam, dass sie sich in der Stunde der Gefahr in der Abwehr kirchenzerstörender Irrlehren einig waren und gemeinsam zu klaren Verwerfungen kamen. Auch wenn die positiven Aussagen von Barmen die Theologie wieder auseinander führten und die organisatorische Gemeinschaft der Bekennenden Kirche bei der Bekenntnissynode in **Oeynhausen** 1936 wieder zerbrach, blieben die „Erkenntnisse des Kirchenkampfes über Wesen, Auftrag und Ordnung der Kirche" (Art. 1 III) Grundlagen kirchl. Neuordnung. Die Vereinigung im Kirchenbund, der Zusammenschluss in der DEK und die Erfahrungen des Kirchenkampfes brachten die konfessionell verschiedenen Kirchen trotz aller politischer Friktionen einander näher.[58] Im Kirchenkampf wurde deutlich, dass Kirchenge-

53 Vorlf.O.EKD Ziff. 1 (Anh 5).

54 Kundg. EKD 1, S. 14; vgl. Dokumentation in: Nicolaisen, Ratsprot. 1, S. 38 ff. In der historischen Rückschau wird auf das vorwiegend kirchentheol. Verständnis des Kirchenkampfes hingewiesen. Auch die Bekennende Kirche habe „in erster Linie für die Reinheit der Lehre und die Eigenständigkeit der Kirche und erst in zweiter, wenn nicht dritter oder vierter Linie gegen das allgemeine Unrecht Widerstand geleistet" (H. Zahrnt); sie habe „in einer Art Schizophrenie" zw. kirchl. Widerstand und politischer Loyalität gelebt (M. Jacobs, zit. nach Scholder, Kirchenkampf, Sp. 1197 f.).

55 K. Barth, Texte zur Barmer Theol. Erklärung, S. 213 ff.

56 Nicht nur DC-geleitete Landeskirchen forderten den Ausschluss von Nichtariern oder gar deren Deportation. Mit Rdschr. v. 22.12.1941 -KK III 1746/41- bat die Kirchenkanzlei der DEK die Kirchenleitungen „im Einvernehmen mit dem Geistlichen Vertrauensrat", „geeignete Vorkehrungen zu treffen, dass die getauften Nichtarier dem kirchl. Leben der deutschen Gemeinde fernbleiben." Vorausgegangen waren freilich noch weitergehende Erklärungen der DC-Kirchen; dazu Brunotte, Die Kirchenmitgliedschaft der nichtarischen Christen. Kritik an dem Rdschr. äußerte die Leitung der Bekennenden Kirche und der württ. Bischof Wurm; dazu: Scholder, aaO; vgl. auch schon H. Ehlers, Aufbau der EKD, S. 614.

57 Noch auf der Synode waren alle Hinweise auf die „Vereinigung der Bekenntniskirchen" und auf die „Einheit" des Bekenntnisses im Entwurf gestrichen (Nicolaisen, Zur Entstehungsgeschichte der Barmer Erklärung, S. 25).

58 Neben der durch Jahrhunderte gewachsenen Verbundenheit gründete die in der EKD sichtbar

meinschaft nicht allein Sache der äußeren Organisation sein kann.[59] Die weitere Frage, ob die Gesamtkirche in der DEK im Verlauf des Kirchenkampfes ungeachtet ihrer verfassungsrechtl. Kontinuität in der theol. Substanz als Kirche eine andere Qualität gewonnen hatte, stellte sich erst nach dem Zerfall der DEK bei der Wiederherstellung der zerstörten Rechtsordnung. Die Fronten und Fragestellungen insb. nach theol. und politischen Konsequenzen blieben: Auf der einen Seite standen die eher konservativ orientierten luth. Kirchen, die im Kirchenkampf eine Erneuerung und Verlebendigung des Bekenntnisbewusstseins sahen. Die sog. intakten Kirchen gingen auch äußerlich gestärkt daraus hervor, ein Umstand, der sich auf die Verfassungsgebung der EKD und noch auf spätere Reformversuche auswirkte. Auf der anderen Seite betonte das **„Darmstädter Wort** des Bruderrates der Evangelischen Kirche in Deutschland zum politischen Weg unseres Volkes" v. 8.8.1947[60], das Versagen der Kirche nötige zu einer tiefgreifenden Buße und Wandlung. Dies signalisierte nicht nur eine neue allgemeine Politikrichtung, sondern galt auch der gesamtkirchl. Neuordnung.

2. Die Kirchenversammlung von Treysa 1945 und die Vorläufige Ordnung der EKD

Das Ende des nationalsozialistischen Staates führte auch zum Zusammenbruch der äußeren kirchl. Ordnung. Im Frühjahr 1945 war die Organisation der DEK zerfallen; die meisten Landeskirchen waren unter der politischen und finanziellen Kontrolle des Kirchenministeriums weitgehend aus dem öffentlichen Leben ausgeschaltet. So waren von den kirchl. Körperschaften und Einrichtungen faktisch wie rechtl. nur noch unbedeutende Reste übriggeblieben.[61] Die äußere Kontinuität der gesamtkirchl. Verwaltung wurde zeitweise nurmehr durch die **Deutsche Evangelische Kirchenkanzlei** gewahrt. Nachdem der letzte vom Kirchenministerium bestellte Leiter und sein Vizepräsident zur Wehrmacht einberufen waren und das Dienstgebäude in Berlin-Charlotten-

---

werdende Gemeinschaft der deut. ev. Christenheit „in dem gemeinsamen theol. Ansatzpunkt der luth. und ref. Bekenntnisse, im vierfachen ‚Allein', in der Formel ‚sola fide, sola gratia, sola scriptura, solus Christus'". Zwar entsprang diese Gemeinschaft noch keinem Lehrkonsens (doctrina), aber der gleichen Intention (intentio doctrinae); C. Heckel, Die Kirchengemeinschaft in der EKD, S. 170 m.w.N.

59 Burgsmüller/Weth, Die Barmer Theologische Erklärung, S. 84.

60 KJ 1945-48, S. 220.

61 Beckmann, Neuordnung und Wiederaufbau der EKD 1945-1948 (KJ 1933-1945, S. 1); vgl. auch Vorlf.O.EKD „Erläuterungen" Ziff. 2 (Anh 5); die Nationalsynode hatte seit 1934 nicht mehr getagt. Das ursprünglich nur beratende Organ des Geistlichen Ministeriums, gab es schon seit Ende 1933 nicht mehr. Der Reichsbischof war im Folgejahr entmachtet worden und starb 1945 beim russischen Einmarsch.

burg im Februar 1944 durch Bomben zerstört worden war, wurde die Kanzlei im März 1944 zunächst nach Stolberg im Südharz und nach der amerikanischen Besetzung im Juni 1945 mit Hilfe der Besatzungsmacht nach Göttingen verlegt. Nach der Übernahme der Leitung der „Kirchenkanzlei" durch H. Asmussen im Oktober 1945 verlegte sie ihren Dienstsitz nach Schwäbisch Gmünd.[62]

Eine Neuorganisation der Kirche stand wie auch der staatl. und gesellschaftliche Neubeginn vor erheblichen technischen und rechtl. Schwierigkeiten: Die Städte waren zerstört, Millionen Flüchtlinge strömten in das von alliierten Truppen besetzte Land. Demontagen lähmten die Wirtschaft. Ein Heer von Kriegsgefangenen kehrte erschöpft und resigniert in die Heimat zurück. Post, Zeitungen oder sonstige Nachrichtenmittel gab es nicht mehr, statt dessen Hunger und Versorgungsengpässe. Das Reisen in dem in vier Besatzungszonen aufgeteilten Deutschland war aufs äußerste erschwert. Für die Kirchen schien es kaum mehr möglich, an die gesamtkirchl. Entwicklung seit 1922 anzuknüpfen. Es war unklar, wie sich die Besatzungsmächte zu einer Neuordnung stellen würden und welche Persönlichkeiten aus dem kirchl. Bereich und in den meist neu bestellten Leitungen der Landeskirchen die nötige kircheninterne und staatl. Akzeptanz fanden, für die Kirche zu sprechen. Schon vor der Kapitulation nahmen einzelne Kirchenvertreter in ihren jeweils besetzten Territorien Kontakte mit den Siegermächten bzw. mit den jew. militärischen Hauptquartieren auf.

In dieser Situation gelang es dem württ. Landesbischof *Wurm* schon im Juni 1945, sich in Bethel mit Pastor *F. v. Bodelschwingh* u.a. darauf zu verständigen, die erreichbaren Landeskirchen zu einer „Konferenz der Ev. Kirchenführer"[63] einzuladen. Der Einladung im Namen des von Wurm geleiteten Einigungswerkes (s.o. Ziff. 1c) folgten die meisten Landeskirchen mit Ausnahme einiger ostzonaler Kirchen (z.B. Mecklenburg, Thüringen, Prov. Sachsen) sowie 10 Vertreter des Reichsbruderrates, der zuvor in Frankfurt am Main getagt hatte, und Vertreter kirchl. Werke.[64]
Diese Kirchenversammlung vom 27. bis 31.8.1945 in der Pflege- und Brüderanstalt Hephata der Inneren Mission im hessischen **Treysa** – die erste große Versammlung seit der Synode in Oeynhausen – stützte sich auf die drei wesentlichen Gruppierungen des Kirchenkampfes, die **Landeskirchenführerkonferenz**, das **Einigungswerk** und

---

62 Die Kanzlei war bis dahin noch als Kirchenkanzlei der DEK kommissarisch bis zu deren Abwicklung durch Oberkonsistorialrat H. Brunotte geleitet worden (Nicolaisen, Ratsprot.1, S. 2).

63 Z. Problematik des Begriffs: Smith-von Osten, Treysa, S. 102.

64 Als Vertreter der Alliierten waren anwesend: Major Crumm (US-Hauptquartier Frankfurt/M), Oberleutnant Lapp (Kontrollrat Berlin), Oberst Sedgwick (brit. Hauptquartier). Zu den personalpolitischen Hintergründen: Besier, Auf dem Weg nach Treysa, S. 306 ff. und Smith-von Osten, S. 116 ff.

den **Bruderrat.**[65] Sie stand vor der historisch erstmaligen Aufgabe, die mit dem Ende des NS-Regimes und mit ausdrücklicher Billigung der Besatzungsmächte gegebene neue Freiheit zu nutzen, sich von den nationalsozialistischen Einflüssen zu trennen und in eigener Verantwortung dem gesamtkirchl. Leben eine Ordnung zu geben, wie sie ihrem Auftrag und Selbstverständnis entsprach.

Kirchenpolitisch stand diese Neuordnung von Anfang an unter Spannungen: Aus den Verwicklungen der Volkskirche, ihrer Bischöfe, Pfarrer und Gemeinden in die Katastrophe des Dritten Reiches und aus den Erfahrungen im Kirchenkampf resultierte eine „Konfliktgemeinschaft" zw. Lutheranern und Barthianern, Unionisten und Bruderräten, die auch persönliche Gegensätze einschloss.[66] Exponenten teils revolutionärer, teils restaurativer Tendenzen waren schon im Vorfeld der gesamtkirchl. Neuordnung Persönlichkeiten wie der Schweizer Karl Barth als reformierter Theologe der Bekennenden Kirche und der luth. Bischof Marahrens, der wegen öff. Unterstützung der NS-Führung umstritten war[67]; bei den Verhandlungen in Treysa waren dies insb. der Leiter des Bruderrates Niemöller im Gegenüber zum bay. Landesbischof Meiser als Vorsitzendem des Lutherrates. Bischof Wurm als Initiator des Einigungswerkes war auch Lutheraner, vermittelte aber in politischem und persönlichem Abstand zwischen den konträren Positionen und unterschiedlichen Modellen einer Gesamtkirche. Für deren Verfassung ging es um einen Konsens zw. den Konzepten des Bruderrats, des Lutherrats und des Einigungswerks, mit denen sich z.T. dann die Vorläufige Ordnung kritisch auseinander setzte[68]:

– Im *Lutherrat* gab es das vor allem von den durch das Neuluthertum geprägten Landeskirchen (s.o. Ziff. 1b) getragene Vorhaben einer Vereinigten Ev.-Luth. Kirche in Deutschland und Überlegungen, die luth. Gemeinden aus der Verwaltungsunion herauszulösen. Der EKD wären dann in der weitgehendsten Zielvorstellung als luth. Gesamtkirche ein reformierter und ein unierter Sektor bzw. entsprechende Klassen beizuordnen.[69]

---

65 Vorlf.O.EKD Ziff. III (Anh 5); der Reichsbruderrat (ab August 1945: „Bruderrat der EKD") wurde immer noch als Träger einer neuen Ordnung anerkannt und in seinen von den Bekenntnissynoden übertragenen kirchenregimentlichen Ansprüchen bestätigt.

66 Smith-von Osten, aaO, S. 103; zum Ganzen Greschat, Die ev. Christenheit und die deut. Geschichte nach 1945.

67 Goldbach, Die Protagonisten des Kirchenkampfes in Hannover; Wilkens, Der Fall Marahrens aus der Sicht eines Zeitzeugens, S. 427 ff.

68 Mehlhausen, 50 Jahre GO der EKD; vgl. Erik Wolf, Ordnung, S. 712 f.

69 Weitgehend formuliert in der Schrift v. Chr. Stoll (1933 LKA München, 1936 Referent des Lutherrats) „Die Lage der luth. Kirche innerhalb des deutschen Gesamtprotestantismus" v. 18.5.1946, in: Nachrichtenblatt f. die ev.-luth. Geistlichen in Bayern, Nr. 3, hg. v. Ev. Presseverband. In modifizierter Form wird dieses Konzept noch 2002 als eine „Evangelische Kirche Augsburgischen Bekenntnisses mit einer reformierten Klasse (und möglicherweise einer unierten Klasse)" als Reformziel vorgeschlagen (Knuth, Gefahr der Gigantomanie, S. 35).

– Im *Bruderrat* sah man die EKD als eine von der Gemeinde her grundlegend neugeordnete Unionskirche mit bruderrätlicher Verfassungsstruktur.[70] In einer limitierten Konsensusunion mit dem Recht verschiedener theol. Schulbildungen trat als bekenntnismäßige Grundlage die Barmer Erklärung in den Vordergrund.
– Ferner entwarf eine **Drei-Säulen-Theorie** die EKD als Dachorganisation, die auf drei selbständigen Kirchen ruht und in der eine luth., ref. und unierte Abteilung unter einer gemeinsamen, nur in der Spitze verwaltungsunierten Regierung stehen.

Die Konferenz stand vor der Aufgabe, auf einem Weg zu solchen Vorstellungen eine möglichst breite theol. und rechtl. Grundlegung zu erarbeiten. Diese musste in der Tradition des Protestantismus den luth., ref. und unierten Landeskirchen hinreichende Mitwirkungsmöglichkeit, aber auch Raum für künftige Entwicklung bieten. Zu berücksichtigen waren die zentralen Erkenntnisse des Kirchenkampfes i.S.d. Barmer Erklärung, aber auch die größte Gruppe von Amtsträgern und Gemeindegliedern, die während des Leitungsschismas weder für den Bruderrat noch für den Lutherrat optiert hatten. Das Ziel der Versammlung, über die überkommenen konfessionellen Unterschiede hinaus eine einheitliche ev. Kirche zu organisieren, hat diese erste Kirchenversammlung nicht erreicht. Dem standen wieder die alten Bekenntnisdivergenzen im Wege.
Verfassungsrechtl. war zunächst die gesamtkirchl. *Rechtskontinuität* zu klären, eine vorläufige Leitung zu bestimmen und handelnde Organe zu bilden. In der formalen Frage der Rechts*identität* zw. DEK und EKD neigten in süddeutschen Kirchenkreisen und im Reichsbruderrat zunächst gewichtige Stimmen zu der Ansicht, dass die 1933 geschaffene Reichskirche mit Fortfall des staatl. Rechtsrahmens[71] und dem Erlöschen aller Ämter „auch im Rechtssinne nicht mehr bestehe",[72] jedenfalls keine Rechte mehr gegenüber den Gliedkirchen geltend machen könne.[73] Dies hätte die Möglichkeit eröffnet, dass die durch das 1934 in Dahlem verkündete Notrecht eingesetzten Leitungsorgane der Bekennenden Kirche nunmehr voll in das Kirchenregiment einträten. Programmatisch wies dieser Weg von der sich konfessionell und lehrgesetzlich abgrenzenden Verwaltungskirche hin zu einer von Grund auf neu zu legitimierenden, bekennenden Gemeindekirche.[74] Diesem Konzept widersprach vor allem der Lutherrat und

---

70 Etwa nach dem Modell des Zusammenschlusses der drei konfessionsverschiedenen Kirchen in Südhessen zur EKHN.

71 Gesetz zur Sicherung der DEK nebst VOen u.a.

72 Erik Wolf, Gutachten für Landesbischof Wurm über die rechtmäßige Neuordnung der Leitung der EKD, o. Datum (EZA 2/2; abgedruckt in: Söhlmann, Treysa, S. 181); vgl. auch Erik Wolf, Grundordnung, S. 10; diese Ansicht vertrat mit M. Niemöller auch K. Barth.

73 Diesen Standpunkt vertrat insb. die Bay. Kirche auf Grund eines Gutachtens von H. Liermann (vgl. H. Ehlers, aaO, S. 613).

74 Frankfurter Botschaft des Reichsbruderrats v. 21./24.8.1945, Ziff. II 1; der Einbruch der innerkirchl. Rechtsordnung wurde im Grunde auch als „Katastrophe des Kirchenrechts" insg. empfunden (Diem, Die Grenzen kirchl. Gesetzgebung, S. 238).

berief sich auf die konfessionelle Tradition seiner Kirchen; dem gemäß wandte er sich auch gegen ein Verständnis der Barmer Erklärung als bekenntnismäßige Grundlage einer vollen Kirchengemeinschaft (Erl Art. 1 III 1).

Die Rechtsansicht des völligen Erlöschens der DEK begegnete gewichtigen Einwänden: Die DEK-Verfassung war nicht nur durch nationalsozialistische Zwangsanordnung entstanden, sondern in „Fortführung und Vollendung der durch den Deutschen Evangelischen Kirchenbund eingeleiteten Einigung" und trotz politischen Drucks durch innerkirchl. Beschluss (Anh 3: Vorspr.). Sie war von den Landeskirchen paktiert und deren legitimen Amtsträgern unterschrieben. Der organisatorische Zerfall der DEK tangierte nicht ohne weiteres die bis 1945 unbestrittene Fortgeltung ihrer Verf. (Art. 35 I 2 GO). Zu keiner Zeit betrachtete sich eine der Landeskirchen, weder der „intakten" noch der von Notorganen geleiteten, als nicht mehr zur DEK gehörig. Auch die Kräfte des Widerstandes beriefen sich immer wieder auf Art. 1 der DEK-Verf. und betonten ihren Willen, an der bestehenden Gemeinschaft der deutschen ev. Christenheit festzuhalten. Die DEK, gegründet auf die in ihrer Substanz fortbestehenden in Landeskirchen gegliederten Gemeinschaft der Kirchengemeinden und Amtsträger, hatte die Wirkungen und Zerstörungen des Kirchenkampfes überdauert. Das Notrecht und die dahinter stehende kirchenpolitische Konzeption hatte sich nicht durchgesetzt. Aus der Sicht der Landeskirchen erwies sich die formale Rechtskontinuität als nützlich, so etwa im Zusammenwirken der noch bestehenden Verwaltung, mit noch lebenden Vertretern von Organen, die vor 1933 gebildet waren, und mit den Bruderräten. Auch wurde mit dem praktischen Bedürfnis nach Rechtssicherheit argumentiert.[75] Auch die NS-Gesetze waren nicht ohne weiteres ungültig geworden, sondern nur zu einem Teil von den Besatzungsmächten außer Kraft gesetzt. So galt das Reichsgesetz über die Verfassung der DEK zunächst fort und wurde erst später durch Kontrollratsgesetz aufgehoben.[76] Es war auch staatskirchenrechtl. problematisch, bei der Besatzungsmacht eine Gesetzesaufhebung zu betreiben und so deren Mitwirkungserfordernis bei der Konstituierung der Kirche anzuerkennen. „Auf Grund solcher rechtl. und vielerlei kirchenpolitischen Überlegungen und dem einmütigen Willen, an der vorhandenen Einheit der evangelischen Christenheit in Deutschland festzuhalten"[77], setzte sich in Treysa die Ansicht durch, „den Zusammenhang mit bestehenden Rechtsformen zu wahren" und die Rechtskontinuität über den Zusammenbruch hinaus zu erhalten.[78]

---

75 Dahinter besorgte die Bekennende Kirche auch Motive zur Aufrechterhaltung illegitimer Machtpositionen (Erik Wolf, Grundordnung, S. 6).

76 Reichsgesetz v. 14.7.1933 (RGBl. I S. 471) aufgehoben durch Gesetz Nr. 49 des Interalliierten Kontrollrats v. 20.3.1947 (ABl. EKD 1947 Sp. 131).

77 K. Mensing im Einführungsreferat zur Vorlfg.O.EKD (zit. nach: Brunotte, GO, S. 17).

78 Vorlf.O.EKD Ziff. I f.; Brunotte, GO, S. 17; zur Unterscheidung zw. Rechts*identität und* Rechts*kontinuität* s. Erik Wolf, Grundordnung, S. 10 f.

Trotz mangelnder Vorarbeiten gelang es einem Rechtsausschuss der Versammlung[79] in der Kürze der Tagungszeit, eine **Vorläufige Ordnung der Evangelischen Kirche in Deutschland** vorzulegen (Anh 5). Diese gründete auf der Feststellung: „Die EKD ist in Abwehr der Irrlehren der Zeit und in dem Kampf gegen den staatlichen Zentralismus zu einer kirchl. gegründeten Einheit geführt worden, die über den Deutschen Evangelischen Kirchenbund von 1922 hinausreicht." Auf dieser Grundlage wurde nach schwierigen Auseinandersetzungen als vorläufige Leitung der **Evangelischen Kirche in Deutschland (EKD)** ein in der Verordnung namentlich bestimmter Rat der EKD von 12 Mitgliedern berufen (s.u.).

Die Probleme der Neuordnung ergeben sich weitgehend schon aus dem Text und dem ungewöhnlichen Duktus der Vorläufigen Ordnung: Über die eigentliche Regelung hinaus formuliert sie zunächst ein Fazit des Kirchenkampfes, sodann verfassungsrechtl. Vorüberlegungen (I) sowie das Wahlergebnis für einen Rat der EKD (III 1–12) und schließt mit „Erläuterungen". Die Vorüberlegungen begründen, warum eine Neuordnung weder durch eine Wiederherstellung der DEK und deren diskreditierten Ämter noch in Anknüpfung an den Kirchenbund wegen fehlender arbeitsfähiger Organe möglich sei. Auch eine Bestätigung der Notorgane der Bekennenden Kirche erschien angesichts der wachsenden Gemeinsamkeit mit den Kirchenleitungen nicht mehr angezeigt, zumal es solche Organe nicht in allem Landeskirchen gab und die vorläufige Kirchenleitung von 1936 nicht in der gesamten Bekennenden Kirche anerkannt wurde. Schließlich war auch die Konstituierung und rechtl. Befugnis des Bruderrats zur förmlichen Vertretung der Notorgane nicht hinreichend geklärt, auch wenn ihm die moralische Legitimation nicht abzusprechen war. In der Konsequenz dieser Entscheidung lag es, dass der Bruderrat „seine kirchenregimentlichen Funktionen diesem Rat als vorläufiger Leitung der EKD für die Zeit dieser vorläufigen Leitung" übertrug und seine übrigen – theol. und innerkirchl. Aufgaben zunächst behielt (Anh 5: „Erläuterungen" Ziff. 1).

Die Bestellung des **Rates der EKD** berücksichtigte 6 Mitglieder aus luth., 4 aus unierten und zwei aus ref. Kirchengebieten.[80] Sie trug der bekenntnismäßigen und landschaftlichen Gliederung der EKD Rechnung und wurde in diesem Verhältnis bei der Ratswahl durch die erste Synode und weitgehend auch von späteren Synoden über-

---

[79] Dem Ausschuss gehörten die Kirchenrechtler Prof. Dr. Erik Wolf, auf dessen Vorentwurf (EZA 2/1) die Ordnung weitgehend zurückging, Prof. D. Dr. R. Smend, OKR Dr. H. Ehlers und Rechtsanwalt Dr. K. Mensing an sowie als theol. Sachverständiger OKR D. H. Frick aus Marburg; dazu Erik Wolf, Grundordnung, S. 11 f. in kritischer Auseinandersetzung mit der Darstellung bei Brunotte, GO, S. 12 ff.

[80] H. Asmussen, O. Dibelius, E. Hagemann, H. Hahn, G. Heinemann, H. Held, H. Lilje, H. Meiser, M. Niemöller (stellv. Vors.), W. Niesel, R. Smend, T. Wurm (Vors.).

nommen. Ungeachtet dieser Kriterien waren die Mitglieder von vornherein weit mehr als nur Vertreter ihrer Kirchen, sondern Repräsentanten einer Einheit der EKD, die sie – auch ohne Klärung aller formellen Zuständigkeiten, des organisatorischen Unterbaus oder der synodalen Vertretung – legitim verkörperten. Die Aufgaben dieser „vorläufigen Leitung" waren nicht abschließend aufgezählt.[81] Sie sollte „die tragenden Kräfte der Kirche vereinigen und zur Auswirkung bringen" (III). Dazu gehörten vor allem die Vertretung in gemeinsamen Angelegenheiten, die Mitarbeit in der Ökumene, die Wahrnehmung der EKD-Belange nach außen und die Beratung und Unterstützung von Landeskirchen bei der Wiederherstellung bekenntnisgemäßer Ordnungen. Zur Erfüllung seiner Aufgaben kam dem Rat mit der Funktion des Kirchenregiments neben der rechtl. Vertretung mit gewissen Einschränkungen auch Rechtsetzungsbefugnis zu (s.u. Ziff. 3).
Auf Initiative insb. des württ. Landesbischofs Wurm und nach Plänen des Oberkonsistorialrats *E. Gerstenmaier* kam es auf der Kirchenversammlung in Treysa zur Gründung des **Evangelischen Hilfswerks** (später: „Diakonisches Werk", Erl Art. 15 III). Damit erhielt die Kirche ein wirksames Instrument, der Not im Nachkriegsdeutschland auch in den Gemeinden zu begegnen. Durch seine straffe zentrale Leitung und die einheitliche Verbindung mit dem Ausland und der Ökumene wurde es – wie 100 Jahre zuvor bei Wicherns Wittenberger Aufruf – zum Motor gesamtkirchl. Einheit.[82] EKD und Gliedkirchen schufen dieses Werk als einen Dienst an den Heimatvertriebenen, Ausgebombten, Kriegsgefangenen und Hinterbliebenen in jeder Gemeinde. Durch diese gesamtkirchl. Initiative erfuhr die diak. Arbeit einen neuen Aufbruch.[83] Ähnliche gesamtkirchl. Wirkung ging von den übrigen bestehenden Werken der Männer-, Frauen- und Jugendarbeit aus (Erl Art. 14 Satz 1). Vor allem hatte der Rat eine endgültige Ordnung der EKD vorzubereiten. Dieser Auftrag der Vorlfg. Ordnung (III f) bot die Rechtsgrundlage für seine spätere **Verordnung über das Zustandekommen einer Grundordnung der Evangelischen Kirche in Deutschland** (Anh 8).

Trotz der einmütigen Feststellung, dass die EKD schon „zu einer kirchlich gegründeten inneren Einheit geführt worden" sei, blieben auf dem weiteren Weg zur GO die „Erblasten" der traditionsbewussten und bekenntnisbestimmten Landeskirchen und die Gliederung in drei konfessionelle Lager[84].

---

81 Anh 5: „Erläuterungen" Ziff. 3.

82 H. Ehlers, Aufbau der EKD, S. 615; E. Gerstenmaier, Ausbau des Hilfswerks, in: Söhlmann, Treysa, S. 83 ff.

83 Die Idee war in der Widerstandsbewegung entstanden und wurde nach Kriegsende im Wesentlichen auf Initiative des Begründers und Leiters E. Gerstenmaier (1906-86, Dr. theol. 1942 Konsistorialrat im Außenamt der DEK, 1954-1969 Präsident des Deut. Bundestages) realisiert.

84 Mehlhausen, 50 Jahre GO der EKD; auch die Vorl.O.EKD ließ „die Selbständigkeit der Landeskirchen unberührt": Der Rat hatte „keine Befugnis, den Landeskirchen bindende Weisungen zu

3. Die verfassungsrechtliche Gestaltung durch den Rat der EKD bis 1948

Der neu gebildete Rat der EKD trat am 31.8.1945 erstmals zusammen.[85] Unter vielfachen Unzulänglichkeiten begann er seine eigenen Arbeitsmöglichkeiten, die durch die „Vorläufige Ordnung“ von Treysa 1945 mehr angedeutet als festgelegt waren, durch Ausführungsverordnungen zu unterbauen. Zunächst nahm der Rat bis auf weiteres die *Leitung und Verwaltung* der EKD für sich in Anspruch. Er „vereinigt insoweit die Rechte und Pflichten der bisherigen verfassungsmäßigen Organe der DEK in seiner Hand“. So übernahm er in *Weiterbildung* der Rechtsgrundlage von Treysa 1945 bis auf weiteres die gesamten Funktionen, die bisher der Reichsbischof, das Geistliche Ministerium und die Nationalsynode innehatten, ohne dass damit ein Fortbestehen der Verf. von 1933 behauptet wurde. Dabei wurde auch geklärt, dass das von der DEK „gesetzte Recht vorbehaltlich einer vom Rat eingeleiteten Prüfung weiter“ galt, um insoweit ein Vakuum zu vermeiden.[86]

Die Leitung von **Kirchenkanzlei** und **Kirchlichem Außenamt** übertrug der Rat seinen Mitgliedern H. Asmussen und M. Niemöller. Beiden Behörden kamen nach seinen Vorstellungen die bisherigen Funktionen der ihm nachgeordneten Amtsstellen zu, und zwar in der bisherigen Geschäftsaufteilung.[87] Dem Außenamt oblagen die ökum. Beziehungen und die Sorge für die Auslandsgemeinden. Beide Amtsstellen nahmen ihre Tätigkeit am Wohnort ihrer Leiter auf, die Kirchenkanzlei in Schwäbisch Gmünd (ab 1947 in Hannover), d.h. in erreichbarer Nähe auch des Ratsvorsitzenden in Stuttgart, das Außenamt im hessischen Büdingen, von wo es später nach Frankfurt/M. verlegt wurde.

---

erteilen“ (Anh 5: „Erläuterungen“ Ziff. 4). Mit Blick auf die Rechtskontinuität wird das Landeskirchenrecht vom Wegfall der früheren Verfassungseinrichtungen ausdrücklich ausgenommen. Dem entspricht die vorerwähnte bekenntnismäßige Differenzierung. Umso bemerkenswerter erscheint die besondere Ratsaufgabe bezüglich der „bekenntnismäßigen“ landeskirchl. Ordnungen.

85 Teilnehmer waren Landesbischof Wurm, Landesbischof Meiser, Bischof Dibelius, Pfarrer Niemöller, Pastor Asmussen, Pfarrer Niesel, Superintendent Hahn, Superintendent Held und OLKR Lilje; diese Sitzung und die folgende Arbeit des Rates sind weitgehend dokumentiert (Nicolaisen, Ratsprot. 1, S. 1 ff.).

86 Z. Ganzen W.-D. Hausschild, Der Rat der EKD als Vertretung des deutschen Protestantismus in der Nachkriegszeit, in: Nicolaisen, Ratsprot.,1, S. IX ff.

87 Nachträglich geregelt durch § 6 Übergangsordnung und die VO über die Kirchenkanzlei v. 2.5.1946; noch in der Übergangsordnung v. 22.3.1946 u. im Impressum des VO.u.N.Bl. lautete die amtliche Bezeichnung „Kanzlei der EKD“ (§ 6); der GO-Entwurf Feine v. September 1946 (Art. 6 III) sah – wie bereits die erste NdschrRat 1945 – die Bezeichnung „Kirchenkanzlei“ vor; die erste AusführungsVO des Rates v. 19.10.1945 sprach von „der Deutschen Evangelischen Kirchenkanzlei“.

Im Oktober 1945 wurde eine **Berliner Stelle** der Kirchenkanzlei eingerichtet.[88]
Mit Schreiben vom 10.10.1945 teilte der Rat dem Alliierten Kontrollrat mit, dass in Treysa beschlossen worden sei, die Verfassung der DEK von 1933 für ungültig zu erklären, dass der Rat die EKD zu führen und zu vertreten habe und Landesbischof Wurm zum Vorsitzenden berufen worden sei.[89] Der Kontrollrat hat diesen Mitteilungsakt „amtlich bestätigt".[90] Ferner teilte der Rat mit, „dass die EKD dieselbe kirchl. Körperschaft darstellt, wie die bisher durch die Verfassung vom 11. Juli 1933 geordnete DEK". Deren Organe seien „mit dem Zusammenbruch des nationalsozialistischen Staates endgültig fortgefallen". An deren Stelle trete der Rat. „Alle Rechte, einschließlich der Vermögensrechte, sowie Pflichten, einschließlich der Schulden der DEK, werden von der EKD fortgeführt und durch den Rat wahrgenommen."[91]

In diesem Schriftwechsel wurden auch **staatskirchenrechtliche Grundlagen** der werdenden Gesamtkirche formuliert. Auf die Mitteilung bzw. Anweisung des Kontrollrats v. 18.12.1945, die Rechte und Pflichten der Landeskirchen innerhalb ihrer Gebiete ohne seine Zustimmung nicht zu ändern und die Pläne des Rates „zur Organisation und Beaufsichtigung der gesamten Ev. Kirche zur Begutachtung vorzulegen", antwortete der Rat: „Wir nehmen entsprechend dem von den alliierten Mächten zugesagten Grundrecht der freien Religionsausübung an, dass durch den letzten Absatz des Schreibens betreffend die Rechte der Landeskirchen und deren Freiheit zu autonomer Gestaltung ihrer inneren Ordnung, eine Freiheit, wie sie im Kampf gegen den Nationalsozialismus als von dem Bekenntnis unserer Kirche her geforderte Vollmacht verteidigt worden ist, nicht in Frage gestellt wird" (Erl Art. 35 I 2).

Als dem einzigen Leitungsorgan der EKD kam dem Rat auch die Befugnis zu, Recht zu setzen mit der Einschränkung, dass die erlassenen Vorschriften nicht „den Charakter endgültiger Ordnungen" tragen sollten.[92] Von dieser Kompetenz hat er in den Folgejahren auftragsgemäß Gebrauch gemacht,[93] um zunächst seine Arbeitsgrundlagen, die in der Vorläufigen Ordnung nur in groben Zügen vorgegeben waren, zu regeln bis hin zum Erlass der Übergangsordnung der EKD zur Vorbereitung einer endgültigen Verfassung.

---

88 „Deutsche Evangelische Kirchenkanzlei Berliner Stelle" (NdschrRat v. 19.10.1945; VO.u.N.Bl. Nr. 1 v. Januar 1946, S. 3; vgl. Nr. 38/39 v. 11.12.1946 Ziff. 7).
89 VO.u.N.Bl. 1946 Nr. 9 Ziff. IV.
90 Schr. v. 18.12.1945 (aaO, Ziff. V).
91 Schr. v. 31.1.1946 (aaO, Ziff. VI); Dokumentation: Nicolaisen, Ratsprot. 1, S. 322 f.
92 Vorlf.O.EKD, „Erläuterungen" Ziff. 4 (Anl 5).
93 Vgl. die Zusammenstellung des bis dahin geltenden Rechtes der EKD im VO.u.N.Bl. Nr. 38/39 v. 11.12.1946.

a) Eine **Erste Ausführungsverordnung** v. Oktober 1945[94] stellte i.S.d. Treysaer Beschlüsse zur Rechtskontinuität klar, dass dem Rat alle Rechte und Pflichten der bisherigen verfassungsmäßigen Organe der DEK zukamen, d.h. neben der Leitung auch die Verwaltung der EKD, und dass die Rechtsvorschriften der DEK vorbehaltlich einer Überprüfung fortgalten. Ferner wurden dem Ratsvorsitzenden und dem Leiter der Berliner Stelle für den Bereich der Sowjetischen Besatzungszone die Befugnis übertragen, einzelne Bestimmungen der DEK einstweilen außer Kraft zu setzen.

b) Eine **zweite Ausführungsverordnung betreffend Ergänzungswahlen zum Rat** v. Januar 1946 räumte aus gegebenem Anlass dem Rat das Recht einer einstimmigen Kooptierung ein, wenn ein Mitglied ausschied. Diese Regelung wurde durch die spätere Übergangsverordnung um das Gebot zur „*Wahrung seiner bekenntnismäßigen Zusammensetzung*" ergänzt.[95]

c) Unter verfassungsrechtl. Aspekten ist die **Übergangsordnung der Evangelischen Kirche in Deutschland** v. März 1946 (Anh 6) hervorzuheben: Darin fasst der Rat wesentliche konstitutionelle Inhalte der Vorläufigen Ordnung von Treysa zusammen und bekräftigt seine Rechtsnachfolge bezüglich „der früheren verfassungsmäßigen Organe der DEK". Hinzu kommt eine Finanzregelung: „Die EKD bringt ihren Finanzbedarf durch Umlage der Landeskirchen auf." (§ 7). Ferner wird bestimmt, dass der Rat „*die fördernde Obhut über diejenigen Arbeitsverbände und Werke*" übernimmt, „die als Einrichtungen der EKD von ihr anerkannt sind".[96]

d) Auf der Grundlage der Übergangsordnung gibt sich der Rat im Mai 1946 eine **Geschäftsordnung**[97]. Neben der Regelung des Geschäftsgangs, die sich im Kern in der geltenden GeschO erhalten hat, waren die Geschäftsführungsfunktion der Kirchenkanzlei und ihre Aufgaben eingehend und detailliert geregelt (§§ 2, 3, 6, 8 und 10), obwohl deren Leitung, Organisation und Aufgaben Gegenstand einer gesonderten VO gleichen Tages war. Um die einzelnen Aktivitäten in das Ratsgremium zu integrieren, statuierte die GeschO eine Berichts- und Informationspflicht der Ratsmitglieder (§ 9) und schrieb vor, dass bestimmte Erklärungen unverzüglich zu den Kanzleiakten zu geben seien (§ 10).

---

94 Erste Ausführungsverordnung zur Vorlf.O.EKD v. 19.10.1945 (VO.u.N.Bl. Nr. 1 v. Januar 1946 S. 4, und Nr. 38/39 v. 11.12.1946 Ziff. 2).

95 Zweite AusführungsVO zur Vorlf.O.EKD 31.1.1964 (VO.u.N.Bl. Nr. 9 v. März 1946 S. 2 und Nr. 38/39 v. 11.12.1946 Ziff. 3).

96 Hierzu gehören vor allem die Innere und Äußere Mission, die männliche und weibliche Diakonie, die Männer-, Frauen- und Jugendarbeit, die Pflege der Diaspora, der Kirchenmusik und des gottesdienstlichen Lebens, der religiösen Kunst, der theol. Wissenschaft sowie der Ev. Bund „zur Wahrung der protestantischen Interessen" (§ 4).

97 VO.u.N.Bl. Nr. 16 v. 5. 1946 S. 1.

e) Eine weitere **Verordnung über die Kanzlei der Evangelischen Kirche** v. Mai 1946[98] regelt deren Geschäftsführung (§ 1) und die Leitung auch der anderen Dienststellen. Die Kirchenkanzlei und die „für die Dauer der Verkehrsschwierigkeiten vorübergehend eingerichtete **Berliner Stelle**“ der Kanzlei wurde von einem Ratsmitglied geleitet (§ 2).[99] Bezüglich des „bisherigen“ *Außenamtes* war nur von dessen Aufgaben die Rede, die ein Ratsmitglied mit den erforderlichen Hilfskräften übernahm. Es entwickelte sich gleichwohl unter der Leitung von M. Niemöller bald zur zweiten Amtsstelle der EKD.

f) Mit fortschreitendem Wiederaufbau musste der Rat bemüht sein, die Landeskirchen zu beteiligen und in die Verantwortung zu nehmen. Zu gemeinsamen Beratungen mit den Kirchenführern kam es jedoch nur im Januar 1947 in Treysa und im Mai 1948 in Darmstadt. Daher ordnete „er sich eine **Kirchenversammlung** aus Vertretern der in der EKD zusammengeschlossenen Kirchen bei“.[100] Diese hatte „das Recht, dem Rat der EKD Vorschläge zu machen und Anregungen zu geben“ und ihn „insbesondere bei der Vorbereitung einer endgültigen Ordnung der EKD“ zu beraten (§ 9). Die Versammlung war mindestens einmal jährlich unter dem Vorsitz des Ratsvorsitzenden einzuberufen. Die Zahl der von den Kirchen zu entsendenden Vertreter war im Einzelnen festgelegt. Mitglieder des gleichen Bekenntnisses oder aus bekenntnisgleichen Kirchen konnten zu Sonderberatungen zusammentreten (§ 6). Nach einer weiteren Verordnung vom 14.1.1948[101] wurde dann später die verfassunggebende Kirchenversammlung von Eisenach gebildet.

g) Verfassungsrechtl. Bedeutung hat auch die noch geltende Verordnung über die **Beflaggung der kirchlichen Gebäude** v. 18.11.1947, mit der die Kirchenfahne wieder eingeführt wurde.[102]

Von den bis 1948 ergangenen **weiteren Ratsverordnungen** sind folgende Regelungen hervorzuheben :

– Die in der Vorläufigen Ordnung vorgesehene Revision derjenigen DEK-Rechtsnormen, die „eine bekenntnismäßig geordnete EKD nicht anzuerkennen vermag“, hatte ein Sachverständigengremium vorgenommen. Dessen Arbeit ergab die **Verordnung über die Aufhebung und Abänderung von Gesetzen der DEK** v. 2.5.1946.[103] Bei den in Geltung bleibenden Gesetzen wurden zum Teil Abänderungen vorgenommen.

---

98 VO.u.N.Bl. Nr. 16 v. 5. 1946 S. 2.

99 Für deren Status besagt diese Formulierung, dass in Berlin keine eigenständige Amtsstelle neben der Kanzlei errichtet werden sollte (a.A. Brunotte, GO, S. 34); vgl. VO.u.N.Bl.Nr. 1 v. Januar 1946, S. 3; vgl. insg. VO.u.N.Bl. Nr. 38/39 v. 11.12.1946 Ziff. 4-7).

100 § 1 VO über eine Kirchenversammlung der EKD v. 24.1.1947 (ABl. EKD 1. Jg. Nr. 4 /Ausgabe A 1946/47 Nr. 1 S. 2); zur verfassungsgeschichtl. Entwicklung: O. Kühn, Vorgeschichte, S. 83.

101 ABl. EKD Nr. 3 v. 1.2.1948.

102 Recht der EKD 1999, Nr. 8.11.

103 VO.u.N.Bl. Nr. 16 v. Mai 1946, S. 3 (vgl. Nr. 38/39 v. 11.12.1946 Ziff. 8).

– Eine weitere **Verordnung über die Nachprüfung von Disziplinarmaßnahmen** v. 2.5.1946 hatte zwar nur geringe Auswirkungen in den Landeskirchen, gewann aber dadurch an Bedeutung, dass auf sie – und auf die Mitteilung betr. das **Disziplinarwesen** der ostzonalen Kirchen – letztlich eine wichtige Gesetzgebungskompetenz der EKD zurückgeht. Ähnliches gilt für die **Gebührenordnung für Auszüge aus Kirchenbüchern** v. 10.10.1947.
– Auf der ersten **Verordnung des Rates betr. Versorgung und Verwendung von Ostpfarrern**[104] beruht die heute noch bedeutsame *Ostpfarrerversorgung* der EKD. In gemeinschaftlicher Leistung der Landeskirchen wurde die Verwendung und Versorgung der Pfarrer organisiert, die östlich der Oder-Neiße-Linie und in Ost- bzw. Südosteuropa im Dienst gestanden hatten, und ein entsprechender Lastenausgleich unter den Landeskirchen vereinbart.
– Ferner erließ der Rat im Mai 1946 Richtlinien **zur Wiederherstellung bekenntnismäßiger Ordnungen und zur Wiederherstellung eines an Schrift und Bekenntnis gebundenen Pfarrerstandes.**[105]

Mit dieser gesetzgeberischen Tätigkeit und seinen Verwaltungsmaßnahmen schuf der Rat der EKD in entscheidenden Jahren die rechtl. Grundlagen für den kirchl. Wiederaufbau und den Rechtsrahmen für die „endgültige Ordnung der EKD“.
Als Publikationsorgan der EKD auch zur Verkündung der Rechtsakte richtete der Rat im Januar 1946 ein **„Verordnungs- und Nachrichtenblatt“** ein. Es wurde in seinem Auftrag von der Kirchenkanzlei in Schwäb. Gmünd herausgegeben, wo 39 Ausgaben erschienen sind.[106] Vorgänger waren das **„Allgemeine Kirchenblatt für das evangelische Deutschland“** (AKBl. 1852–1936), in dem auch die Bundesverfassung von 1922 veröffentlicht ist, und in dessen Folge das **„Gesetzblatt der DEK“** (Anh 3: Art. 10). Ab 1947 erschien das ABl. unter der neuen Bezeichnung **„Amtsblatt der Evangelischen Kirche in Deutschland“**.[107] Veröffentlicht wurden neben Rechtsakten und sonstigen amtlichen Verlautbarungen auch andere kirchl. Nachrichten und thematische Beiträge, die sich nicht immer deutlich vom amtlichen Teil absetzten. Dies ging zurück auf den früheren Informationsdienst *„Nachrichten aus dem kirchl. Leben“* und den entsprechenden Teil im Verordnungs- und Nachrichtenblatt. Auf entsprechende Kritik auch aus den Landeskirchen ließ die Kirchenkanzlei ein neu gestaltetes „Amtsblatt der Evangelischen Kirche in Deutschland“ durch ihre Berliner Stelle am 25.7.1947 erscheinen. Der Erscheinungsort wurde gewählt, damit das ABl. auch Publikationen für ostzonale Landeskirchen, die keine Lizenz erhielten, übernehmen konnte. Ein Jahr später erschien dieses Amtsblatt auch für den westlichen

---

104 VO.u.Bl. Nr. 24 v. 22.7.1946 S. 1; eine Erweiterung des Begriffs „Ostpfarrer“ brachte die ErgänzungsVO v. 11.10.1946 (VO.u.N.Bl. Nr. 38/39 v. 11.12.1946 Ziff. 11).
105 VO.u.N.Bl. Nr. 16 S. 1.
106 Vgl. Verkündungsregelung gem. § 8 Übergangsordnung der EKD (Anh 6).
107 Das östliche ABl. erschien ab Juli 1947 als „Amtsblatt der Kanzlei der EKD – Berliner Stelle“; zum Ganzen Thiele, Art. „Amtsblatt“ (I. Ev.), in: LSK, Bd. 1, S. 83.

EKD-Bereich in *Schwäbisch Gmünd* (seit 1950 in *Hannover*) und begann mit Heft 5 am 15.7.1948. Darin übernahm man auch die Übung des AKBl., dass auch für die westlichen Landeskirchen deren wichtige oder gesamtkirchl. bedeutsamen Gesetze veröffentlicht wurden.[108]

4. Die Kirchenversammlung von Treysa 1947 und die Ausarbeitung der Grundordnung

Die 1947 durch den Rat der EKD eingerichtete Kirchenversammlung trat nur zu einer, aber für die Neuordnung entscheidenden Tagung zusammen, und zwar am 5. und 6.6.1947 wieder im hessischen Treysa (Treysa II). Die Versammlung aus Vertretern der Kirchenleitungen und Synoden repräsentierte föderative und unitarische Elemente.[109]

Der eigentliche Grund der Einberufung waren Auseinandersetzungen zw. dem **Bruderrat** und dem **Rat der Evangelisch-lutherischen Kirche Deutschlands** (Lutherrat), zu dem sich 1936 und 1945 die Mehrzahl der luth. Kirchen zusammengeschlossen hatten. Bei dieser Auseinandersetzung ging es erneut um die Kernfragen einer Neuordnung der Gesamtkirche, d.h. um das Selbstverständnis der EKD als Kirche und um die Grundpositionen der verschiedenen Gruppierungen, die sich schon in Treysa I abzeichneten: Im Bruderrat tendierte man nach wie vor dahin, in der EKD als einer neu geschaffenen Einheitskirche die überkommenen Bekenntnisdivergenzen auf der Grundlage der Barmer Erklärung zu überwinden. Auf der anderen Seite ging es dem Lutherrat wiederum um die Bekenntnisbindung der Gliedkirchen mit entsprechender Eigenständigkeit in einer föderalen Gesamtkirche luth. Prägung.[110] Er hatte noch am Vortage der Kirchenversammlung den Verfassungsentwurf einer *Vereinigten Lutherischen Kirche* beraten und erweckte zuweilen den Anschein, als ob man diesen Zusammenschluss

---

108 Wegen dieser Parallelausgaben empfiehlt es sich, das ABl. auch nach den einzelnen Nrn. der veröff. Texte zu zitieren, die in beiden Blättern übereinstimmen. Zur Vorgeschichte des ABl.: K. Müller, Die Praxis kirchl. Rechtsetzung im Spiegel des Amtsbl., S. 243 ff.

109 Vgl. H. Ehlers, Der Aufbau der EKD, S. 616. Die nächste Kirchenversammlung in Eisenach trat auf Grund einer neuen VO v. 14.1.1948 (ABl. EKD Nr. v. 1.2.1948) zusammen. Zum Verlauf: H. Asmussen, Bericht über die Kirchenversammlung in Treysa, ABl. EKD Nr. 14 v. 1.7.1947 S. 2 (Prot.: EZA 2/42).

110 Vgl. Verlautbarungen des Reichsbruderrates v. 20.3.1946 u. 20.1.1947 (KJ 1945-1948, S. 69 u. 73). Zuspitzungen in der Diskussion ließen die einen neuerliche Bestrebungen nach einer Unionskirche befürchten und die anderen, dass die VELKD an die Stelle einer Mitarbeit in der EKD den eigenen Zusammenschluss setzen oder die EKD durch Blockbildung dominieren würde. Über diese wechselseitigen Besorgnisse wurden insb. 1947 etliche Diskussionsbeiträge im ABl. der EKD veröffentlicht; dazu Mehlhausen, 50 Jahre GO.

an die Stelle der EKD setzen oder die Unierten und Reformierten Landeskirchen sich selbst überlassen wollte.[111]

Die meist bekenntnisbezogenen Sachthemen der Kirchenversammlung kommen in ihrer **Entschließung zur innerkirchlichen Lage vom 6. Juni 1947**[112] zum Ausdruck: Mit Dank nahm man zur Kenntnis, dass die **Vereinigte Evangelisch-Lutherische Kirche in Deutschland** (VELKD) „innerhalb der EKD in brüderlicher Gemeinschaft mit den übrigen ev. Kirchen in Deutschland" bleiben wolle. Man stimmte überein, „dass die EKD ein *Bund luth., ref. und unierter Kirchen ist*"[113] und „auf dem Boden der in Barmen getroffenen Entscheidungen steht." Man bat den Rat, sich um „ein verbindliches theol. Gespräch über die Lehre vom heiligen Abendmahl im Hinblick auf die kirchliche Gemeinschaft" zu bemühen. Insg. konnte die Versammlung feststellen, „dass nach ihrer Erkenntnis die Wege für eine Festigung der Ordnung der EKD i.S. eines Bundes bekenntnisbestimmter Kirchen frei sind, und bittet den Rat, möglichst bald einer verfassunggebenden Kirchenversammlung den Entwurf einer Ordnung der EKD zur Beschlussfassung vorzulegen". Zum letzteren Vorhaben wurde nach dieser Einigung in der Sache der Rat um Einsetzung eines *Verfassungsausschusses* gebeten. Dieser nahm seine Arbeit schon im Sommer auf[114] und beendete sie nach vier Sitzungen am 12.4.1948 mit einer Textvorlage, einem Bericht und der Empfehlung, noch ungeklärte Punkte der einzuberufenden Kirchenversammlung zu überlassen. An Vorarbeiten standen u.a. ein Entwurf des Bruderrates v. März 1947 (H. Ehlers, H. Mochalski) und der vorausgehende „Entwurf einer Ordnung der EKD" von K. Mensing und H. Werhan v. 1.5.1946[115] sowie ein Entwurf des Tübinger Rechtsprofessors H. E.

---

111 Z. Gründung der VELKD s. die Beiträge im ABl. EKD „Der Zusammenschluss der luth. Kirchen und die Einheit der EKD" von Brunotte, Künneth und Kinder (Nr. 3 v. 15.1.1947), „Der Stand des Gespräches" von Asmussen (Nr. 6 v. 1.3.1947), „Was soll aus der Bekennenden Kirche werden?" von Niesel, Vogel, Bannach und Meiser (Nr. 7 v. 15.3.1947) u. „Die Einheit der EKD" von Hartenstein und Dipper (Nr. 9 v. 15.4.1947). Den Verfassungsentwurf der VELKD enthält in Auszügen auch eine Synopse der Kirchenkanzlei für den Rat v. 21.4.1947 (EZA 2/3).

112 ABl. EKD Nr. 14 v. 1.7.1947 S. 2.

113 Diese Kompromissformulierung ging auf einen Vorschlag des Reichsbruderrates zurück (m. redakt. Hervorhebung u. Abkürzung).

114 Gebildet am 6.6.1947; Mitglieder: H. Brunotte (OLKR; 1949-65 Präs. der Kirchenkanzlei der EKD und zgl. des Lutherischen Kirchenamtes der VELKD), H. Ehlers (OKR, Dr. iur., D. Rechtsanwalt, Mitarb. i.d. Bekennenden Kirche, 1950-54 Präs. des Deutschen Bundestags) und Erik Wolf (D. Dr., Universitätsprofessor, 1930-67 in Freiburg, Mitgl. der Bekennenden Kirche).

115 Dessen Ausarbeitung ging zurück auf einen Vortrag von E. Schlink und den „Entwurf einer Ordnung der EKD (Beschl. auf der Sitzung des Ordnungsausschusses in Detmold am 22. u. 23.3.1947 auf Grund einer Vorl. von OKR Dr. Ehlers – Oldenburg)" (Zentralarchiv der EKHN Bestand 36/59), ferner auf einen von H. Mochalski erstellten „Entwurf einer Ordnung der evang. Kirche in Deutschland anhand eines Entwurfes von OKR Dr. Ehlers und aufgrund der beigefügten Stellungnahme zu dem Entwurf von OKR Dr. Ehlers und der Ausarbeitung ‚Zur Frage einer Ordnung der EKD'" v. 27.2.1947 (Zentralarchiv der EKHN Bestand 36/59). Beteiligt waren ferner

Feine v. September 1946 nebst Begründung zur Verfügung; diesen hatte in Reaktion auf den Verfassungsentwurf der VELKD der württ. OKR angefordert, für den die Schaffung einer geschlossenen konfessionell luth. Gesamtkirche „an der Wirklichkeit der Frage der ev. Christenheit vorübergeht".[116] Erstere Entwürfe knüpften an die Verf. der Bekennenden Kirche, der letztere eher an die Verf. der DEK an. Hinzu kamen etliche Verlautbarungen, etwa die des Lutherrates v. 4.6.1947. In der Bekenntnisfrage ging es dem Ausschuss um eine Verfassung, die es den Lutheranern ermöglichte, ihr Kirchenwesen luth. zu ordnen, d.h. „in die EKD einzubauen", und den Reformierten, nach ref. Grundsätzen zu leben.[117]

Die durchgängigen theol. Divergenzen wurzelten letztlich im bekenntnisgeprägten Begriffsverständnis von Kirche und Kirchenrecht und brachen schon bei der Namensgebung auf (Erl Überschrift „EKD" u. Art. 2 vor I). Sie wurden in der Kirchenversammlung wie folgt umrissen: „Es hat Brüder gegeben, und es gibt sie auch heute noch, die der Meinung sind, diese Frage sei im Grunde durch den Kirchenkampf, etwa durch die Synode von Barmen 1934 und die dort getroffenen Entscheidungen gelöst. Es gibt Brüder, die der Meinung waren, dass die EKD eine Kirche sei in dem theol. und kirchenrechtl. fassbaren Sinn, in dem wir in aller Welt und insbesondere in der ev. Christenheit in Deutschland von Kirche zu reden pflegen. Es sind auf der anderen Seite Brüder aufgetreten, die mit aller Hartnäckigkeit darauf hingewiesen haben, dass im vollen theol. Sinne die EKD nicht Kirche sei, und haben aus den Bekenntnisschriften der luth. Kirche die Begriffsbestimmung von Augustana VII beigebracht. Wir sind darauf gestoßen, dass die Frage nicht so einfach ist."[118]

Im Ausschuss standen drei Modellvorstellungen der Ausschussmitglieder zur Debatte. Ein luth. geprägtes Konzept (H. Brunotte, Entwurf Feine), ein Entwurf des Bruderrates (H. Ehlers) und ein mehr presbyterial-synodal konzipierter Entwurf (Erik Wolf), dem

---

u.a. die Herren Adam, Beckmann, Böhm, Ehlers, Fokken, Held, Mensing, Erik Wolf und Ernst Wolf. Veröffentlicht wurde er als Nr. 6 der „Flugblätter der Bekennenden Kirche" mit Erläuterungen von J. Beckmann im Quell-Verlag der Ev. Gesellschaft Stuttgart im März 1947 hg. v. T. Dipper (Aufl. 30.000 gedr. bei J. F. Steinkopf). Eine Neufassung (bezüglich der ersten Artikel) anlässlich eines Vortrags von K. Barth übermittelte der Bruderrat m. Schr. v. 8.7.1947 der EKD (EZA 2/4). Vorausgegangen war noch der (nicht ermittelte) „Entwurf einer Verfassung der EKD", den ein vom Rat im Juni 1946 hierzu eingesetzter Ausschuss (Lilje, Iwand, Smend) erarbeitete und der Beratungsgegenstand der Ratssitzung v. 10./11.10.1946 war (vgl. Nicolaisen, Ratsprot. 1, S. 579 u. 584); er wurde anscheinend nicht Grundlage der weiteren Beratungen. Ferner lag vor der „Entwurf einer Verfassung der EKD, vorgelegt von Prof. Dr. Hans Erich Feine in Tübingen September 1946" (EZA 2/2), der als Organe einen „Bischof der EKD" für die „geistliche Führung der Kirche", einen „Rat der Kirchenführer" und eine „Generalsynode" vorsah. Der GO-Entwurf Erik Wolfs nebst Begründung datiert v. 18.7.1947 (EZA 2/4).

116 Begründung des GO-Entwurfs Feine (EZA 2/2).

117 Rdschr. der Kirchenkanzlei an den Rat v. 21.4.1947.

118 Einführung in die Vorlage der GO 1948 (Eisenach 1948, S. 13).

ein Abschnitt „Bekenntnis" vorangestellt war. Dies erforderte zunächst eine grundsätzliche theol. Einigung. Sie ergab, dass die EKD nicht als Einheitskirche und auch nicht nach einem konfessionell bestimmten Verfassungsprinzip zu ordnen sei. Die Gliedkirchen sollten für episkopale und presbyteriale, synodale und konsistoriale Ordnungen frei bleiben (Erl Art. 22 vor I). Es bestand also nicht die Absicht, „eine ‚ideale' Kirche zu konstruieren und alles in der Verfassung zu regeln, was wünschenswert erscheinen könnte," sondern nur „zu ordnen, was da ist".[119] Nach dieser Klärung wurde den weiteren Überlegungen der Entwurf des Bruderrates zugrundegelegt. Er erfuhr jedoch erhebliche Änderungen in fast allen wesentlichen Punkten.[120] Nach der zweiten Sitzung des Ausschusses im September 1947 konnte dem Rat bereits ein erster Entwurf übergeben werden, der im November 1947 im ABl. abgedruckt und außerdem den Kirchenleitungen zur Stellungnahme zugeleitet wurde (Anh 7B).
Die gliedkirchl. Stellungnahmen bewegten sich zw. den luth. Bedenken, dass der Entwurf die „Kirche im Vollsinn" i.S.e. „Unionskirche" vorweg nehme (Lutherrat, Württ.) und dass er andererseits „zu wenig weit auf dem Weg der Einheit der EKD" gehe (ref. Moderamen), und betrafen fast alle wesentlichen Einzelbestimmungen.[121]

Dem GO-Entwurf beigefügt war der Entwurf einer **Verordnung über das Zustandekommen einer Grundordnung der Evangelischen Kirche in Deutschland** (Anh 8), die dann vom Rat im Januar 1948 erlassen worden ist. Danach war „eine Kirchenversammlung zu bilden, welche die Aufgabe hat, die Grundordnung der Evangelischen Kirche in Deutschland zu beschließen" (§ 1). Neben der Zusammensetzung, dem Berufungsverfahren und einer Geschäftsordnung (§§ 2–8) wurde das weitere Verfahren geregelt. Danach sollte der Rat „die beschlossene Grundordnung" den Gliedkirchen übergeben, die sich dazu binnen einer Frist „nur im ganzen erklären" könnten (§ 9).

Im März 1948 wurde auf einer dritten Sitzung des Verfassungsausschusses auf Grund der Änderungswünsche des Bruderrats und des Lutherrats sowie landeskirchl. Voten eine Neufassung des GO-Entwurfs erstellt, die dem Rat am nächsten Tag vorgetragen wurde.[122] Trotz weitgehender Zustimmung ergab sich vor allem wegen ernster Beden-

---

119 Eisenach 1948, S. 19.

120 Die Änderungen betrafen die bekenntnismäßigen Grundlagen der EKD, ihre bündische Struktur, ihr Verhältnis zu Gliedkirchen, Ökumene und Staat, die Kanzel- und Abendmahlsgemeinschaft, ihre einzelnen Aufgaben und Kompetenzen sowie die Gestaltung der Organe und Amtsstellen.

121 Eine auszugsweise Zusammenstellung wurde unter dem 1.4.1948 durch die Kirchenkanzlei versandt (EZA 2/6). In einer kritischen kanzleiinternen Stellungnahme des Justitiars heißt es: „Die Kompromissformulierungen sind im übrigen auch wohl nur deshalb und nur insoweit für die verschiedenen Parteien annehmbar, weil letzten Endes jeder sich das darunter vorstellen kann, was ihm beliebt. Bei der praktischen Anwendung dieser Grundordnung müssen daher die vorhandenen Probleme wieder voll wirksam werden" (O. v. Harling v. 20.10.1947, EZA 2/4).

122 Unveröff. „Entwurf II" v. 9.3.1948, Kassel (EZA 2/7).

ken des bay. Landesbischofs u.a. neuer landeskirchl. Beratungsbedarf. Die im weiteren Verlauf aufkommende erhebliche Kritik konnte erst auf einer Zusammenkunft des Verfassungsausschusses mit Vertretern des Bruderrats, des Lutherrats, der ref. und konsensunierten Positionen am 10./11.4.1948 in Karlsruhe-Rüppurr beigelegt werden.[123] Den Textvorschlag, den der Verfassungsausschuss dem Rat am nächsten Tage übermittelte, verabschiedete dieser vorlagegemäß am 28.4.1948 als Entwurf einer Grundordnung der EKD. Darüber hinaus beschloss er, die verfassunggebende Kirchenversammlung einzuberufen.[124]

5. Die Kirchenversammlung von Eisenach 1948 und die Einführung der Grundordnung

Auch die Kirchenversammlung in Eisenach stand noch vor den allgemeinen Schwierigkeiten eingeschränkter Reise- und Kommunikationsmöglichkeiten zw. den Besatzungszonen; hinzu kam der zeitlich unvorhersehbare Einschnitt der *Währungsreform* (18./20.6.). Dennoch konnte die für Juni verabredete Versammlung am 9. Juli im Hotel „Fürstenhof" in Eisenach mit 139 stimmberechtigten Teilnehmern mit den Vorberatungen beginnen.[125] Diese dienten der Klärung, ob sich eine gemeinsame Grundlage für eine Verabschiedung des Entwurfs abzeichnete. Nach einer Einführung durch den Verfassungsausschuss und einer Generalaussprache setzte die Versammlung neben anderen Ausschüssen einen *Ausschuss zur Bearbeitung der GO* ein.[126] Bei den weiteren Beratungen brachen in zeitweise dramatischen Verhandlungen noch einmal

123 Teilnehmer: Meiser u. Sommerlath (Lutherrat), Mochalski u. Niemöller (Bruderrat), Steiner (Reformierte), Friedrich (Unierte), Benn u. Schwarzhaupt (Kirchenkanzlei); vgl. Nicolaisen, Ratsprot. 2, S. 397; die Ndschr. dokumentiert kaum überbrückbare Divergenzen hinsichtlich des Bekenntnisses der EKD, ihres Kirchenstatus und vor allem des Abendmahls (EZA 2/8).

124 Schr. des Verfassungsausschusses an den Rat der EKD v. 11.4.1948 abgedruckt b. Erik Wolf, Zur Entstehung der GO, S. 71 f.; Vorlage des Rates v. 28.4.1948: Anh 7C (EZA 2/7); der Ausschuss sah „mit dieser Stellungnahme seine Arbeit als abgeschlossen an." Die wichtigsten Abänderungen der Vorentwürfe wurden vor Eisenach zw. November 1947 und April 1948 vorgenommen (Brunner, Eisenach, S. 142).

125 Im Prot. der „Verhandlungen" nebst Festakt a.d. Wartburg miterfasst (Eisenach 1948, S. 9 ff.); zu Verlauf und Vorgeschichte der Kirchenversammlung aus – auch konfessionell – unterschiedlicher Sicht: Erik Wolf, Zur Entstehung der Grundordnung, und Brunner, Eisenach.

126 Mitglieder: von Dietze (Baden), Dietzfelbinger und Meinzolt (Bayern), Scharf und Vogel (Berlin), Herntrich (Hamburg), Brunotte (Hannover – Vorsitz), Maurer (Kurhessen), Fokken (Nordwestdeutschland), Ehlers (Oldenburg), Hofmann (Prov. Sachsen), Obendiek (Rheinland), Lotz (Thüringen), Lücking (Westfalen), Seiz (Württemberg); weitere Teilnehmer: Ratsmitglieder und von der Kirchenkanzlei Benn und Schwarzhaupt (Elisabeth, Dr. iur., 1935–58 Mitarbeiterin bzw. Referentin in Kirchenkanzlei der DEK bzw. EKD und Kirchlichem Außenamt, 1961–69 Bundesministerin).

erhebliche Gegensätze auf, mit veranlasst durch die wenige Tage vorher am 8. Juli erfolgte förmliche **Gründung der VELKD**. Dabei ging es insb. um die Kontroversen zum Kirchenverständnisses und zur Abendmahlsgemeinschaft. Zu letzterer schien in Treysa schon ein gewisser Konsens gefunden; auch waren Lehrgespräche in Aussicht genommen worden.[127] Nach dem feierlichen Eröffnungsgottesdienst am Sonntag in der St.-Georgen-Kirche, in dem Bischof Dibelius die für die Verhandlungen bedeutsame Predigt über Hesekiel 37, 15-28 hielt[128], konstituierte sich anderntags die **Kirchenversammlung.**[129] Unter den Gästen befanden sich auch Vertreter der Besatzungsmächte, der Sowjetischen Militäradministration (Major Eichenwald), der Militärregierung der USA (Arndt), der französische Feldbischof (Sturm) und ein Vertreter des ÖRK (Propst Hoegsbro).

In der ersten und der zweiten Lesung der GO an den beiden folgenden Tagen wurden Vorspruch und Art. 4 zunächst zurückgestellt und (gegen eine Stimme bei sechs bzw. drei Enthaltungen) schließlich angenommen. Am Nachmittag des 13. Juli wurde die GO schließlich nach zweimaliger Beratung und Beschlussfassung über die einzelnen Bestimmungen im Ganzen *einstimmig und ohne Stimmenthaltung angenommen.*[130]

> Die Schlussansprache des 77-jährigen Versammlungsvorsitzenden Wurm endete mit den Worten: „Ich bin dankbar, dass wir nicht mit leeren Händen heimkommen, sondern dass wir den Gemeinden sagen können, endlich ist doch etwas gebaut worden, es ist zwar kein stolzer Dom, eher eine Baracke, wie wir sie neben den zerstörten Domen in unseren Großstädten auch finden. Aber auch eine Baracke gewährt Schutz gegen Regen, auch in einer Baracke kann man das Wort Gottes verkündigen und hören. Man müsste die Ordnung prüfen und daraufhin ansehen, ob sie die Verkündigung des Wortes hindert oder fördert. Ich glaube, man darf sagen, sie fördert es dadurch, dass sie den lebendigen Austausch zwischen den lebendigen Kräften der Kirche im ganzen deutschen Vaterland fordert und fördert. Gott der Herr möge den Männern, die künftig das Instrument dieser Verfassung zu gebrauchen haben, seinen Geist, seine Weisheit und seine Kraft geben in reicher Fülle!"

[127] Dies führte zu Unterbrechungen und Sonderberatungen. Die luth. Seite lehnte es ab, die Einheit der EKD von völliger Abendmahlsgemeinschaft abhängig zu machen. Auf der anderen Seite wurde dann eine Überarbeitung des betr. Art. 4 durch den Ausschuss als zu blass und nichtssagend empfunden.

[128] „Die Last unserer Verschiedenheit nehmen wir in demütiger Beugung aus Gottes Hand ..." (Eisenach 1948, S. 61 ff.).

[129] In das Präsidium wurden gewählt Rechtsanwalt Dr. Dr. Heinemann, Staatsrat Dr. Meinzold und Probst D. Scharf (sp. Bischof der EKiBB).

[130] Z. Verfahren vgl. GeschO für die Kirchenversammlung, Eisenach 1948, S. 205 f.

Noch am Tage der Verabschiedung der GO versandte der Rat den Text des ausgefertigten[131] Beschl. an die Landeskirchen und bat um Erklärung gemäß § 9 der Verordnung über das Zustandekommen der GO (Anh 8). Mit dieser konnte die GO nur im Ganzen angenommen oder abgelehnt werden und zwar nur hinsichtlich der Geltung in der betr. Landeskirche. Ferner wurden die Landeskirchen gebeten, mit einer Zustimmung zugleich die auf sie entfallenden Synodalen zu wählen. Gleichzeitig wurde die GO unter dem an den Rat gerichteten Synodenbeschl. v. 13.7.1948 (Anh 9) im Amtsblatt veröffentlicht. Die darin enthaltenen, meist orthographischen Druckfehler sind in der nach Inkrafttreten im Dezember verkündeten Fassung berichtigt.[132]
Die **Stellungnahmen der Gliedkirchen** mussten i.d.R. nicht nur durch die Kirchenleitung, sondern als Gesetz durch die Synoden ratifiziert werden und gingen bis November 1948 ein. Sie beschränkten sich überwiegend auf eine kurze Zustimmung. Einige Gliedkirchen erklärten statt dessen ihren „Beitritt"; eine Gliedkirche äußerte noch Änderungsvorschläge. Wie mühsam das Einigungswerk war und welchen Aufwand die Verabschiedung erfordert hatte, wird noch einmal in den Erläuterungen, Zusätzen bzw. Einschränkungen der Stellungnahmen deutlich.[133] Sie beleuchten die grundlegenden Probleme und landeskirchl. Interpretationen der GO (Auszüge mit Abkürzungen):

– „In Beachtung des noch ungeklärten Lehrunterschiedes im Blick auf das Heilige Abendmahl mag es bei Versammlungen der EKD nicht geraten sein, einen für die Abgesandten aller Gliedkirchen gemeinsamen Abendmahlsgottesdienst zu halten. Darum kann aber den Abgesandten nicht angesonnen werden, bei diesem ihrem Dienst des Heiligen Abendmahls zu entraten. Die Organe der EKD, insbesondere ihre Synode, werden vielmehr gebeten, bei Versammlungen zum Dienst in der EKD einen lutherischen Abendmahlsgottesdienst ‚allen Christen, die getaufte und zum Abendmahl zugelassene Glieder ihrer Kirche sind und Leib und Blut unseres Herrn Jesus Christus zu empfangen wünschen', anzubieten, wie es die lutherische Kirche zur Weltkonferenz in Amsterdam getan hat. Ebenso mag, wenn es gewünscht wird, daneben ein reformierter Abendmahlsgottesdienst gehalten werden."[134]

---

131 Durch den Präses gem. § 2 III GeschO für die Kirchenversammlung.

132 ABl. EKD Heft 5 Nr. 1 S. 109 ff.; im ABl. EKD Heft 12 v. 15.12.1948 Nr. 80 wurden folgende Textfehler berichtigt: Art. 4 IV: Bestimmungen (statt: Bestimmung), Art. 12: Verkündung (statt: Verkündigung), Art. 15 I: verkündigen (statt: verkünden), Art. 15 III: evangelischen Kirche (statt: Kirchen), Art. 16 I: Trennung in zwei Absätze nach Satz 4 (statt in einem Absatz), Art. 17: Kirchengemeinschaften und Gemeinden (statt ohne Verbindungswort), Art. 17: nach Maßgabe der gesetzlichen Bestimmungen (statt ohne bestimmten Artikel), Art. 29: anderen (statt: andern), Art. 33 II: festgelegt (statt: festgestellt); vgl. Nicolaisen, Ratsprot. 2, S. 524 ff. (handschriftliche Korrekturen s. EZA 2/8).

133 In Auszügen zusammengefasst im Rdschr. der Kirchenkanzlei v. 1.4.1948 (EZA 2/6, z.T. abgedruckt in: Brunotte, GO, S. 76 ff.).

134 Provinz Sachsen, Synodenbeschl. v. 15.10.1948 (ABl. EKD – Berliner Stelle – S. 268 u. 271).

– „Demgemäss tritt sie unter Wahrung ihres Bekenntnisstandes der EKD als einem Bund luth., ref. und unierter Kirchen in Deutschland bei."[135]

– „Die Evang.-Luth. Kirche in Bayern tritt unter Wahrung ihres unantastbaren Bekenntnisstandes der EKD als einem Bund ... bei."[136]

– „Die Evang.-Luth. Landeskirche von Schaumburg-Lippe ist unter Wahrung ihres unantastbaren Bekenntnisstandes bereit, sich an einem Bund luth., ref. und unierter Kirchen zu beteiligen."

– „Die Evang.-Luth. Kirche in Thüringen tritt der EKD als einem Bund bekenntnisbestimmter Kirchen bei. Die Synode stellt ausdrücklich fest, dass sie die Auslegung und Anwendung der GO nur insoweit als verbindlich anerkennen kann, als das luth. Bekenntnis, das unantastbare Grundlage der Evang.-Luth. Kirche in Thüringen ist, nicht verletzt wird." „Das Recht der VELKD als das Recht einer Kirche im Sinne von Confessio Augustana VII 2 geht dem Rechte des Kirchenbundes der EKD vor."[137]

– „Indem der Vorläufige Kirchensenat und die Landessynode die Zustimmung zur GO aussprechen, stellen sie fest, dass die letzte Entscheidung über ein bekenntnisgebundenes Handeln in Zweifelsfällen bei den Gliedkirchen liegt."[138]

– „1. Der Bundescharakter der EKD ist in Art. 1 I GO eindeutig ausgesprochen. Bei Unklarheiten in der Auslegung der übrigen Bestimmungen wird die Evang.-Luth. Kirche in Bayern an dem Bundescharakter festhalten.
2. Der Beitritt zur EKD erfolgt unter Festhalten an den gegenüber der VELKD eingegangenen Bindungen. So wird z.B. Art. 17 GO durch Art. 1 IV der Verfassung der VELKD begrenzt.
3. Die selbständige, bekenntnismäßig ausgerichtete Betätigung auf dem Gebiete der Diaspora, der Äußeren Mission und der Ökumene darf durch die Art. 16, 17 und 18 GO nicht eingeschränkt werden.
4. Die Landessynode bejaht das in Art. 6 II der Verfassung der VELKD angestrebte Ziel einer Gesamtvertretung der luth. Kirchen innerhalb der EKD durch die VELKD. Sie gibt der Erwartung Ausdruck, dass diesem Anliegen zur gegebenen Zeit Rechnung getragen wird.
5. Art. 27 II GO bedarf einer Ausführungsbestimmung, in welcher eine objektive Norm für den Bekenntnisstand der Synodalen aus unierten Kirchen festgestellt wird.

---

135 Mecklenburg, Synodenbeschl. v. 12.10.1949 (ABl. M 1949 S. 1).

136 Bayern, Synodenbeschl. v. 15.9.1948; lt. entsprechendem KG tritt die bay. LK „unter Wahrung ihres unantastbaren Bekenntnisstandes der EKD als einem Bund luth., ref. und unierter Kirchen nach Maßgabe der von der Kirchenversammlung in Eisenach am 13.7.1948 beschlossenen" GO bei (ABl. Bay S. 98-99).

137 Thüringen, Synodenbeschl. v. 18./19.10.1948 (ABl. Thür S. 58).

138 Hannover, Entschließung des Kirchensenats und der Landessynode v. 10.11.1948 (ABl. Han S. 97).

6. Die Landessynode nimmt in Anspruch, dass ungeachtet des in der Grundordnung verankerten Bekenntniskonvents und Schiedsgerichts die letzte Entscheidung darüber, ob eine Maßnahme der EKD das Bekenntnis der Landeskirche berührt, dieser selbst überlassen bleiben muss.“[139]

Gegenüber solchen teils massiven Vorbehalten gab es auch amtl. Zustimmung, die die Verabschiedung besonders begrüßte und sich für eine weitergehende Einigung aussprach.[140] Mit Dank für die Einigung der ev. Christenheit nahm der Bruderrat als erster Stellung.[141] In seiner Entschließung stellt er fest, dass die Bekennende Kirche sich mit Inkrafttreten der GO vom Auftrag der Bekenntnissynode 1936 von seiner Notfunktion als Organ der DEK entbunden sieht, dass seine kirchenleitenden Funktionen (nach bislang nur vorläufiger Übertragung auf die EKD) nunmehr erloschen seien und der auf der Bekenntnissynode von Dahlem 1934 beschrittene Weg des „kirchlichen Notrechts“ beendet sei. Zugleich werden die künftigen Aufgaben der Bekennenden Kirche dargelegt.

Besondere Probleme ergab die Ratifizierung in *Bremen*. Der dortige Kirchenausschuss teilte der EKD am 25.11.1948 mit, die Bremische Kirche sei durch ihre mit staatl. Hilfe 1945 (nach Beschädigungen im Kirchenkampf) wieder in Kraft gesetzte alte Verf. gehindert, die Präambel der GO anzunehmen.

Nach dieser Verf. v. 1920 waren die einzelnen Gemeinden völlig selbständig gewesen, soweit der Senat der Hansestadt nicht kirchenregimentliche Funktionen wahrnahm: „Die Glaubens-, Gewissens- und Lehrfreiheit der Gemeinden bleibt unbeschränkt“ (§ 1 II). Dieser Passus war seinerzeit auf Antrag einiger in besonderer Weise biblisch orientierter, sog. positiver Gemeinden in die Kirchenverf. aufgenommen worden. Diese Gemeinden fühlten sich durch die Bekenntnisaussagen der Präambel, insb. durch die Erwähnung der altkirchl. Bekenntnisse in ihrer Lehrfreiheit beschränkt und widersprachen einer Zustimmung. Eine Verfassungsänderung war gegen ihre Stimmen aber nicht möglich.

Um nun zu vermeiden, dass gemäß Ziff. II der EKD-VO über das Zustandekommen der GO die Kirchenversammlung erneut einberufen werden musste, vertrat der Rat der EKD die Auffassung, dass die Bremische Evangelische Kirche in ihrer gegenwärtigen Struktur noch nicht Gliedkirche der EKD i.S.d. GO sein könne. Daher unterfalle die fehlende Bremer Zustimmung nicht dem Tatbestand vorerwähnter Verordnung. Diese verschiedentlich problematisierte Rechtsansicht trug politisch dem einhelligen Wunsch

---

[139] Bayern, Erklärung der Landessynode v. 15.9.1948 (ABl. Bay S. 98-99).
[140] So z. Abendmahlsgemeinschaft die Pfälzische Synode m. Beschl. v. 10.11.1948 (ABl. Pf S. 155).
[141] Beschl. v. 15.7.1949 (KJ 1945-48, S. 106 f.).

aller 28 Landeskirchen Rechnung, die Verabschiedung der GO nicht durch Widerstände einer Minderheit von Gemeinden in einer einzigen, kleinen Gliedkirche neuerlich zu gefährden.[142]

Die Problematik erledigte sich später durch einen Beschl. des Bremischen Kirchentages im Juni 1952[143], der ihre Glaubensgrundlage konkretisierte und die Verfassung „authentisch" interpretierte: Einen Bekenntnisstand im fraglichen Sinne hat danach nicht die Kirche als Zweckverband, sondern allenfalls die einzelne ref., luth., unierte oder „sich ev. nennende" Gemeinde. Keine dieser Gemeinden habe einen Verstoß gegen § 1 II der Verf. darin gesehen, dass die Bremische Kirche 1933 der DEK beigetreten war und deren Verf. und Bekenntnisgrundlagen akzeptiert hatte. Auch sei diese Bestimmung dahingehend auszulegen, „dass die verschiedenen Gemeinden in der Freiheit des Verständnisses des Evangeliums und seiner Verkündigung nicht durch Maßnahmen und Entschließungen der Bremischen Evangelischen Kirche und ihrer Organe beeinträchtigt werden dürften". Gemeint sei also die Freiheit gegenüber ihrer Kirchenleitung, nicht aber gegenüber dem Evangelium. Auf der Grundlage dieses Beschl., der mit großer Mehrheit gefasst wurde, erging die letzte gliedkirchl. Zustimmung zur GO.

Ähnlich wie in Bremen gab es auch andere einzelne Gemeinden luth. Kirchen (Bayern, Braunschweig, Hamburg, Hannover), die sich gegen die Zugehörigkeit zur EKD gewandt haben, was auch später hin und wieder auf Landessynoden zur Sprache kam.[144]

Nachdem die GO am 3.12.1948 in Kraft getreten war, blieben dem bisherigen Rat der EKD nur noch wenige Übergangsmaßnahmen: Er hatte die zahlenmäßige Verteilung der Sitze in der Synode und der Stimmen in der KK vorzunehmen und die Synode zu ihrer ersten Tagung einzuberufen. Die vorläufige Stimmverteilung in der KK (Art. 28 II)[145] erfolgte auf der Grundlage der (damaligen) Übergangsbestimmung des Art. 35 II a.F.[146] Die Synode und die zwischenzeitlich bestellte Kirchenkonferenz traten bereits

---

142 S. Beschl. des Rates v. 2./3. 12. 1948 (Nicolaisen, Ratsprot. 2, S. 578). Der Ansicht ist entgegengehalten worden, dass die Eigenschaft als Gliedkirche nicht erst durch die Zustimmung begründet werde, sondern kraft älteren Rechts vorgegeben sei, zumal die beiden Brem. Vertreter die GO mitbeschlossen hatten (so Brunotte, GO, S. 83, mit dem formal nicht weniger problematischen Vorschlag einer quasi rückwirkenden neuerlichen RatsVO; vgl. auch Eisenach 1948, S. 203).

143 ABl. EKD 1953 Heft 5 Nr. 78; zur rechtstheol. Problematik: Link, Bremisches Kirchenrecht.

144 Z.B. Hannover u. Braunschweig.

145 Beschl. v. 2.12.1948 (ABl. EKD Heft 12 Nr. 81–83).

146 KG zur Änderung der GO v. 9.11.2000 (ABl. EKD S. 223); Art. 35 II u. III a.F.:
(2) Bis zur Bildung des Rates nach Artikel 30 dieser Grundordnung werden seine Aufgaben durch den bisherigen Rat der EKD wahrgenommen. Dieser verteilt erstmalig die nach Artikel 24 von den Gliedkirchen zu wählenden Mitglieder der Synode und beruft erstmalig die Synode ein; sein Vorsitzender leitet sie bis zur Wahl des Präses. Der bisherige Rat regelt ferner bis zum Erlass des in Artikel 28 Abs. 2 vorgesehenen Kirchengesetzes die Verteilung der Stimmen in der Kirchenkonferenz.

am 9.1.1949 in Bethel in den dortigen Bodelschwinghschen-Anstalten zusammen. Bis zur Wahl eines Präsidiums[147] leitete der Ratsvorsitzende bzw. sein Stellvertreter diese Synode, die dann den ersten ordentlichen Rat wählte. Als letzte Übergangsmaßnahme wurden der Synode die von dem bisherigen Rat erlassenen Verordnungen gem. Art. 35 III a.F. vorgelegt. Da keine der von 1945 bis 1948 erlassenen Rechtsverordnungen aufgehoben oder geändert worden ist, war dieses in der Übergangszeit gesetzte Recht als fortgeltendes Recht der EKD anerkannt und der Anschluss an die Vorlfg. Ordnung v. 1945 hergestellt.[148]

Die geschilderten Widerstände und Probleme auf dem Weg zu einer gesamtkirchl. Ordnung sind im Rückblick nicht leicht zu verstehen, die überlieferten theol. und rechtl. Argumentationen nicht immer stringent. Es wurde auf verschiedenen Ebenen gedacht und gehandelt: die institutionelle und die persönliche Ebene, die theol. und die juristische Ebene, Glaubensüberzeugung und Pragmatismus, politisches Kalkül, wirtschaftliche Interessen und Machtstreben. Das erschwert Darstellung und Einschätzung. Die Ursachen waren weniger in den allgemeinen Einengungen der Nachkriegszeit und noch weniger bei den Besatzungsmächten zu suchen. Vielmehr eröffnete sich nach den Repressalien der Diktatur eine ungewohnte religiöse und politische Freiheit, die als verheißungsvolle Chance empfunden wurde. Dies gilt besonders für die fördernde Begleitung durch die Besatzungsmächte, vor allem der amerikanischen, in deren Zone die kirchl. Rekonstituierung eingeleitet wurde (Stolberg, Treysa, Darmstadt, Kassel, Frankfurt/M., Schwäbisch Gmünd, Stuttgart), aber auch für die sowjetische Besatzungsmacht, auch wenn sich bald Ost-West-Spannung abzeichneten. Hinzu kamen persönliche Faktoren: Inmitten der Zerrüttungen im Kirchenleben und traditioneller Verwerfungen in der durch die DC zerstörten Institutionen war die Neuordnung weitgehend auf das Engagement einzelner Persönlichkeiten gewiesen. Deren Vorstellungen und Umgang miteinander waren geprägt durch die menschlichen Erfahrungen, Enttäuschungen und Irritationen im Kirchenkampf.[149] Für die historische Transparenz

---

(3) Die von dem bisherigen Rat erlassenen Verordnungen sind der Synode bei ihrem ersten Zusammentritt vorzulegen.

147 Präses wurde (bis 1955) nach Kanditaturverzicht von M. Niemöller der Syn. G. Heinemann (RA, Dr. jur. Dr. rer. pol., 1945–1967 Mitglied des Rates, später Bundesinnen- und Bundesjustizminister, 1969–1974 Bundespräs.).

148 SB Bethel 1949, S. 79, 172 u. 310.

149 Bei denjenigen, die vor 1945 leitende Kirchenämter innehatten und in größerer Nähe zum NS-Regime standen, stellte sich – ähnlich wie in den Zeiten der deutschen Teilung – manchem die Frage, ob sie noch ein Mann der Kirche geblieben waren. Eine nachvollziehbare Grenze zw. opportunistischer Anpassung und verantwortlichem Kompromiss war oft kaum auszumachen und verbaute das unbefangene Miteinander und Vertrauen. Rechtfertigungsbedürfnis und uneigennützige Initiative lagen dicht beieinander. Theol. Überzeugungen wurden instrumentalisiert und persönliche Schwächen durch Glaubensüberzeugungen kaschiert; dazu auch Smith-von Osten, Treysa, S. 19 mit Bezug auf K. Scholder u. G. Besier.

sind diese Umstände noch aufzuarbeiten; denn für das Verständnis der GO bleiben sie neben der protokollierten Sacherwägung bedeutsam.

6. Der Kirchenbund von 1969 bis 1991

Auch nach Verabschiedung einer gesamtkirchl. Verf. blieb die Entwicklung der ev. Christenheit vielgestaltig. Die EKD verstand sich zunächst als Bund bekenntnisbestimmter und weithin selbständiger Landeskirchen mit verhältnismäßig beschränkten Kompetenzen vornehmlich in Rechtsetzung und Verwaltung, der Vertretung gesamtkirchl. Anliegen gegenüber öff. Gewalt sowie bei der Integration und Koordinierung der Gliedkirchen zu einheitlichem Handeln. Die Fülle des kirchl. Lebens vollzog sich weiterhin in den geistlich und kirchensoziologisch unterschiedlich geprägten Landeskirchen. Auch in den von den Siegermächten politisch bestimmten Umfeldern, vor allem nach der Gründung zweier deutscher Staaten, vollzog sich für die Kirchen eine unterschiedliche Nachkriegsentwicklung. In den Ländern der sowjetisch besetzen Zone und in der dort 1949 gegründeten *Deutschen Demokratischen Republik (DDR)* genossen sie in der ersten Phase des „antifaschistischen" Wiederaufbaus verhältnismäßig weite Entfaltungsmöglichkeiten. Die Verf. sah ähnlich wie das Grundgesetz ausführliche, der Weimarer Reichsverfassung nachgebildete Staatskirchenartikel vor. Mit fortschreitender Spaltung der Lebensverhältnisse und Umgestaltung der DDR im dort herrschenden sozialistischen Rechts- und Freiheitsverständnis wurden diese Verfassungsgarantien umgedeutet und faktisch abgebaut. Daraus erwuchsen – ähnlich wie im Kirchenkampf – Konflikte, in deren Verlauf Zuspitzungen und Annäherungen abwechselten. In diesem Sinne bekräftigte die staatl. Verfassung „volle Glaubens- und Gewissensfreiheit" und den „Schutz der ungestörten *Religionsausübung*", und die Kirchen bestätigten dies mit Loyalitätsbekundungen gegenüber der DDR und ihrer Entwicklung zum Sozialismus.[150]

Mit zunehmenden Spannungen des Kalten Krieges richtete sich die Kirchenpolitik der DDR gegen die EKD, deren organisatorische Einheit und Bekenntnis zur Überwindung der deutschen Teilung dem Bemühen um Anerkennung als eigener Staat entgegenstand. 1957 brachen DDR-Regierung und Blockparteien anlässlich des *Militärseelsorgevertrages der EKD* mit der Bundesrepublik die Beziehungen zum Rat der EKD als nato-gebunde-

---

150 Z.B. im Kommunique v. 21.7.1958 (KJ 1958 S. 144 f.).

ner „Militärkirche"[151] ab. Um der DDR keine weiteren Vorwände gegen die dortigen Gliedkirchen zu geben, sah sich die EKD mit zunehmender Bedrängnis immer mehr veranlasst, in ihren Entscheidungen und Äußerungen Zurückhaltung zu üben. Eine neue DDR-Verf. v. 1968 reduzierte die staatskirchenrechtl. Garantien. Es verstärkten sich die Bemühungen um eine Vereinnahmung in das sozialistische Staats- und Gesellschaftssystem und eine Lösung der östlichen Gliedkirchen aus der Gesamtkirche sowie ihre Gleichschaltung. Solange diese an der Einheit mit der in die bundesdeutsche Gesellschaft integrierten EKD festhielten, war man zu keinen politischen Zugeständnissen bereit.[152] Die revidierte Verfassungslage ließ befürchten, dass neben allen Beeinträchtigungen und Behinderungen die DDR-Justiz die EKD und ihre Einrichtungen für illegal erklären würde, weil gesamtdeutsche Organisationen nicht mehr akzeptiert wurden.

Vor diesem Hintergrund gewann unter den Landeskirchen in der DDR der Wunsch breiten Raum, gemeinsam aus der gesellschaftlichen Isolation herauszutreten. Die Verweigerungshaltung gegenüber dem Staat sollte überwunden und der kirchl. Auftrag bewusst unter dem von der sozialistischen Gesellschaft bestimmten „Bewährungsfeld" als „Kirche im Sozialismus" (A. Schönherr) wahrgenommen werden.[153] Schließlich machte es der Bau der *Berliner Mauer* 1961 der EKD in beiden deutschen Staaten nahezu unmöglich, ihre gegen den Widerstand der SED aufrechterhaltene organisatorische Einheit weiter zu praktizieren. Ihre Organe konnten die Funktionen der kirchl. Zusammenarbeit und ihre Hauptaufgaben der Integration und Repräsentation in unabhängiger Weise in der DDR nicht mehr wahrnehmen. Ratsmitglieder und Synodale aus Ost und West mussten an getrennten Orten zusammentreten und sich per Boten verständigen. So suchte man wegen der staatl. Behinderungsmaßnahmen nach organisatorischen Entflechtungsmöglichkeiten. Als der Zusammentritt gesamtkirchl. Leitungsgremien durch Reiseverbote u.ä. weiter erschwert und schließlich unmöglich wurde, schuf man 1967 die gesetzliche Möglichkeit getrennter und regionaler Tagungen der Synode.[154] Diese konnte danach zu Tagungen einberufen werden, zu der sich die Synodalen an verschiedenen Orten versammeln. Ferner konnten notfalls gewisse Angelegenheiten für bestimmte Bereiche auf regionalen Tagungen geregelt werden.

---

151 Bericht zum Parteitag des Zentralkomitees der SED v. 10.–16.7.1968 (Henkys, Bund der Ev. Kirchen in der DDR, S. 47 ff.) und Erklärung des Staatsratsvorsitzenden W. Ulbricht vor der Volkskammer am 4.10.1960 (KJ 1960 S. 51 f.).

152 M. Heckel, Vereinigung, S. 17.

153 Sachstandsbericht des Themenausschusses der Bundessynode zum Thema „Kirche für andere etc." vom 6.7.1971 (Kundg.BEK 2, S. 45). Der von A. Schönherr geprägte Begriff wurde als „Ortsbestimmung in einer so geprägten Gesellschaft verstanden" (Beschl. der Bundessynode vom 17.5.1977, S. 186, 193); dazu C. Lepp, Tabu der Einheit? Ost-West-Gemeinschaft der evangelischen Christen und deutsche Teilung, Göttingen 2003.

154 KG über Tagungen der Synode und Kirchenkonferenz der EKD in besonderen Fällen vom 4.4.1967 (ABl. EKD S. 121); Erl Art. 25 II 1.

Schließlich sahen die acht Landeskirchen in der DDR nur noch eine Möglichkeit zur weiteren Erfüllung ihres Verkündigungsauftrages, wie sie die veränderten Rahmenbedingungen „im Sozialismus" noch zuließen. 1969 bildeten die Gliedkirchen Anhalt, Berlin-Brandenburg/Ost, Görlitz, Greifswald, Kirchenprovinz Sachsen, Mecklenburg, Sachsen und Thüringen einen selbständigen **Bund der Evangelischen Kirchen in der DDR (BEK).** Dessen „Ordnung" wurde von allen beteiligten Landessynoden beschlossen und am 10.6.1969 unterzeichnet und in Kraft gesetzt.[155] Verfassungsrechtl. vollzog sich die Gründung des **Kirchenbundes** als ein Akt der Verselbständigung der östlichen Gliedkirchen außerhalb der GO, die eine solche Trennung nicht vorsieht, allerdings unter Wahrung der geistlichen Gemeinschaft.

Die EKD empfand die Loslösung der östlichen Gliedkirchen als „tiefen und folgenschweren Einschnitt in der über hundertjährigen Geschichte des Zusammenschlusses der ev. Kirchen"[156] und nahm sie als Faktum hin. Sie „respektierte" die Gründung des Kirchenbundes, nahm aber davon Abstand, dieses Geschehen durch einen Akt der Verfassungsänderung zu autorisieren und damit auf Verfassungsebene zu normalisieren.[157] Die Geltung der GO war im östlichen Bereich faktisch nicht mehr zu vollziehen, blieb aber normativ bestehen und wurde insoweit nur suspendiert. Entsprechend ruhte auch die EKD-Mitgliedschaft der betr. Gliedkirchen. Um keine zusätzlichen Spannungen zw. Kirche und Staat in der DDR zu erzeugen, beschränkte sie sich fortan auf die Wahrnehmung ihrer verfassungsmäßigen Aufgaben im Bereich der Bundesrepublik und Berlin (West). Demnach existierten zwei organisatorisch selbständige Kirchenbünde, die sich allerdings, wie es sowohl in der GO wie auch der *Bundesordnungen* hieß, zur „*besonderen Gemeinschaft* der ganzen ev. Christenheit in Deutschland" bekannten.[158] Diese

---

155 Text der Bundesordnung: Anh 11; zur verfassungsrechtl. Entwicklung und Bewertung: M. Heckel, Vereinigung, S. 32 ff. m.w.N.

156 SB Stuttgart 1970, S. 287; Erklärung des Vors. des Rates der EKD zur Gründung des Kirchenbundes v. Januar 1969 (Kundg. EKD 2, S. 295).

157 Vgl. Erklärung des Rates der EKD zur Gründung des Kirchenbundes v. 26.9.1969 (Kundg. EKD 2, S. 314). Zu den aufgeworfenen Rechtsfragen hatte der Bonner Kirchenrechtler Prof. Dr. U. Scheuner in einem unveröff. „Bericht über die rechtliche Bedeutung des BEK in der DDR für die EKD" v. 25.9.1969 gutachtlich Stellung genommen (EZA 4/23). Die Kennzeichnung des politischen und rechtl. Verhältnisses der EKD zur Ausgründung des Kirchenbundes mit dem Begriff „Respektierung" bedeutete also weder eine Ignorierung noch eine Auflösung der westlichen Rumpf-EKD, auch nicht deren Regionalisierung oder eine Aufteilung in Zwillingskirchen; sie bedeutete weder eine rechtl. oder auch de-facto- Anerkennung bzw. Akzeptierung des Kirchenbundes, noch eine Ausgliederung der östlichen Gliedkirchen (Kremser, Rechtsstatus, S. 101 ff.; zur Unterscheidung zw. Anerkennung und Akzeptierung: SB Stuttgart 1970, S. 169). Bei dem Rechtsverhältnis sui generis einer „Respektierung" bei ruhender EKD-Verfassung im Ostbereich ist es trotz enger Kooperation in der Folgezeit geblieben (M. Heckel, Rechtsprobleme, S. 164). Aus der Sicht des BEK stellte sich die Ausgründung nicht als Dezentralisation oder Sezession (streitig), sondern als Dismembration dar (Kremser, aaO, S. 107 ff.).

158 KG zur Änderung der GO v. 14.6.1984 (ABl. EKD S. 249); dazu A. Silomon, Theorie und Praxis der „besonderen Gemeinschaft". Der Ost-West-Dialog zwischen EKD und BEK, Göttingen 2003.

wurde als Glaubens- und Zeugnisgemeinschaft, als Haftungsgemeinschaft aus gemeinsamer Schuld, als Verantwortungs- und als Hoffnungsgemeinschaft verstanden.[159] In der Praxis entstand zw. westlichen und östlichen Kirchen, Gemeinden und Kirchengliedern und deren Familien ein dichtes Netz von Partnerschaften und persönlichen Verbindungen auch kollegialer und familiärer Art, die den wohl wichtigsten Faktor des kirchl. und nationalen Zusammenhaltes ausmachten und auch die wirtschaftliche Unterstützung der Gemeinden in entscheidendem Maße gewährleisteten.

Die neue Ordnung des Kirchenbundes war durchaus nicht auf die staatl. geforderte ideologische Gleichschaltung und ebenso wenig auf die Aufkündigung der besonderen Gemeinschaft in der EKD ausgerichtet, sondern orientierte sich an den Thesen der Barmer Erklärungen (Text 3 f.). Der BEK war wie die EKD föderativ geprägt. Die Selbständigkeit der Landeskirchen blieb gewahrt. Organe des Kirchenbundes waren die Synode und die *Konferenz der Evangelischen Kirchenleitungen*, die den Bund leitete und für die laufenden Geschäfte einen fünfköpfigen Vorstand mit einem *Vorsitzenden* bildete. Verwaltungsaufgaben nahm das in Ost-Berlin (Auguststr.) ansässige *Sekretariat des BEK* wahr.

Zunächst resultierte aus dem Ausscheiden der östlichen Gliedkirchen die Frage nach der Identität der EKD und rührte an deren Selbstverständnis und Fortbestand. Entgegen etlichen Voten für eine Neukonstituierung auch der westlichen Gesamtkirche[160] verabschiedete die EKD-Synode im Mai 1970 eine „*Erklärung zur Gründung des Bundes der Evangelischen Kirchen in der DDR* und zur Rechtslage innerhalb der EKD“, die nicht von einer Auflösung, Aufteilung[161] oder Aufgliederung der EKD, sondern von deren ungebrochenem Weiterbestehen in einem allerdings räumlich eingeschränkten Wirkungsbereich ausging. Die Erklärung wurde mit verfassungsändernder Mehrheit beschlossen und von der KK bestätigt, so dass sie als materielle Verfassungsergänzung neben die GO trat (Erl Art. 26a III).[162] Das Rechtsverhältnis zum Kirchenbund besagte demnach weder eine Ignorierung noch eine Anerkennung, sondern dessen Respektierung.[163] Die Praxis der „besonderen Gemeinschaft“ ging freilich entscheidend darüber

159 So die Bischöfe Krusche und Leich in öff. Voten, in: epd-Dokumentation 12/1990, S. 22 ff. Gemeint war aber hier nicht die Gemeinschaft zw. den Gliedkirchen unterschiedlicher Bekenntnisse im Sinne von Art. 1 I, sondern zw. der politisch getrennten Christenheit in Ost und West.

160 So etwa Scholder, Das Ende der EKD?, S. 311; s. Erl Überschrift „EKD“.

161 Eine solche Aufteilung erfolgte bei der VELKD durch Neukonstituierung besonderer Zusammenschlüsse in Ost und West, während sich die EKU wie auch die Kirche in Berlin-Brandenburg der staatl. Forderung nach einer Trennung auf dem Wege einer Regionalisierung entzog.

162 Erklärung v. 15.5.1970 (ABl. EKD S. 277); vgl. SB Stuttgart 1970, S. 287 f.; Frost, Reform, S. 280; der BEK hat die These vom Fortbestand der Mitgliedschaftsrechte nie anerkannt (M. Heckel, Rechtsprobleme, S. 174).

163 M. Heckel, Rechtsprobleme, S. 148 ff.

hinaus, denn trotz organisatorischer Trennung arbeitete Ost und West auf vielen Ebenen zusammen.[164]

Die Gründung des Kirchenbundes führte mit unterschiedlichen Ausformungen der Verfassungslage auch zu eigenen ekklesiologischen Entwicklungen.[165] Im Kontext der Leuenberger Konkordie (Text 2) legte 1974 ein gemeinsamer Ausschuss „Kirchengemeinschaft" von Kirchenbund, VELKD und EKU sein Arbeitsergebnis unter dem Titel „Zwischen Konkordie und Kirche" vor. 1976 verhandelte die Bundessynode in Züssow zum Hauptthema „Kirchengemeinschaft, Einheit und Vielfalt". In ihrem Grundsatzbeschluss wurde „festgestellt, dass der Kirchenbund nicht nur ein Bund von Kirchen, sondern selbst im vollen Sinne Kirche" sei.[166] Daran anknüpfend bestätigte 1977 die Konferenz der Kirchenleitungen in ihrem Bericht vor der Bundessynode, dass die „Kirchengemeinschaft im Bund der Evangelischen Kirchen in der DDR eine heute für unseren Raum angemessene Form des Kircheseins" sei und „eine heute notwendige Ergänzung zum Kirchesein der Landeskirchen". Zugrunde lag das Bemühen, „den Gedanken des Föderativen und die volle Anerkennung des Bundes als Kirche" miteinander zu verbinden.[167] In der **Eisenacher Empfehlung** kam man 1979 überein, dass die bestehenden Zusammenschlüsse Kirchenbund, VELKD und EKU in einer *„Vereinigten Evangelischen Kirche in der DDR"* (VEK) schrittweise vereinigt werden und in ihr aufgehen sollten.[168] 1981 verabschiedete die Bundessynode in Güstrow eine **Gemeinsame Entschließung zur schrittweisen Verwirklichung einer verbindlichen föderativen Gemeinschaft**, die selbst auch „Kirche als Gemeinschaft von Kirchen ist", und bat die Gliedkirchen und deren Zusammenschlüsse um Zustimmung zu einer entsprechenden Änderung der Bundesordnung.[169]

Die EKD und ihre Gliedkirchen haben diese Zeiten der politischen und kirchl. Spannungen von 1948 bis 1970 in einem Prozess des Aufeinanderhörens und geschwis-

---

164 So tagten amtl. Beratungs- und Arbeitsgremien, z.B. die Kammer für öffentliche Verantwortung und die Kommission „Kirche und Gesellschaft" zuweilen zusammen oder trafen sich in Abordnungen. Wichtiger noch waren gemeinsame Arbeitsvorhaben, wie die Revision der Lutherübersetzung, das einheitliche Gesangbuch und eine Reihe „Gemeinsamer Worte", etwa zum Gedenken an den Kriegsbeginn oder an die Barmer Bekenntnissynode.

165 Dazu im Einzelnen Beier, Kirchwerdung, S. 142 ff. m.w.N.

166 Beschl. v. 28.9.1976 (MBl. Nr. 5/6, S. 74; Kundg.BEK 1, S. 191); der gemeinsame Ausschuss war 1973 durch die Konferenz der Ev. Kirchenleitungen zur Klärung der Bedeutung der Leuenberger Konkordie zur Frage der Kirchengemeinschaft eingesetzt worden und zwar durch Ergänzung der Theologischen Kommission des BEK um Vertreter der EKU und VELK; dazu P. Müller, Kirchenrechtliche Gesichtspunkte der Eisenacher Empfehlungen, S. 369 ff.; kritisch M. Heckel, Vereinigung, S. 74; Beier, Kirchwerdung, S. 195 ff.

167 Kundg.BEK 1, S. 191.

168 Kundg.BEK 1, S. 284.

169 Kundg.BEK 2, S. 10 ff.

terlicher Rücksichtnahme (Art. 1 III 3, Art. 5) bewältigt. Im Gesamtbewusstsein der Gemeinden und Kirchenglieder ist auch dadurch ein gesamtdeutsches protestantisches Bewusstsein gewachsen, das im öff. Erscheinungsbild und Selbstverständnis der EKD auch verfassungsrechtl. seinen Niederschlag gefunden hat.

7. Der Entwurf einer neuen Grundordnung von 1974

In ihrer Entschließung „zum künftigen Weg der EKD“ v. Mai 1970 stellt die Synode (Regionaltagung West) „dankbar fest, dass in den Jahren seit 1945 die Gemeinschaft der deutschen evangelischen Christenheit über die Ordnung des im Jahre 1948 auf der Wartburg bei Eisenach beschlossenen Bundes lutherischer, reformierter und unierter Kirchen hinausgewachsen ist. An die Stelle des Kirchenbundes[170] soll eine engere Gemeinschaft der Kirchen (*Bundeskirche*) treten.“[171] Damit sollte der inzw. weiter zusammengewachsenen Zeugnis- und Dienstgemeinschaft durch eine verbesserte Struktur mehr Handlungsfähigkeit gegeben und sie so für die Erfüllung ihres Auftrages angesichts weltweiter Herausforderungen gestärkt werden.

Der äußere Impuls dieses Reformversuchs war – ähnlich wie bei den früheren kirchl. Aufbrüchen nach der Paulskirche, nach den Weltkriegen und nach der Machtübernahme – ein politischer Umbruch, nämlich die deutsche Teilung. Anlass war insb. die Ausgründung des Kirchenbundes aus der EKD und eine Anpassung der GO: Einerseits war in der GO ein Ausscheiden von Gliedkirchen nicht vorgesehen, andererseits hatte beispielsweise die EKD-Synode durch das Vorgehen der ostdeutschen Kirchen formal ihre Handlungsfähigkeit, d.h. ihre Beschlussfähigkeit (Art. 26 II 2), verloren. In Übereinstimmung mit dem Gutachten des Bonner Kirchenrechtlers U. Scheuner (s.o. Gesch 6) kamen die westlichen Ratsmitglieder zu dem Ergebnis, dass die Gründung des Kirchenbundes die EKD in ihrem Fortbestand nicht berührte, sondern lediglich ihren Wirkungsbereich eingrenze. Dieser Standpunkt wurde von der Kirchenkonferenz und durch Erklärung der Synode „zur Gründung des Bundes der Ev. Kirchen in der DDR und zur Rechtslage innerhalb der Evangelischen Kirche in Deutschland“ vom 15.5.1970 bestätigt. Demnach galt die GO für den West-Bereich fort, und die „regi-

[170] Diese Wertung war im Fachschrifttum nicht unbestr. (Frost, Strukturprobleme, S. 501 u. 584 f.).

[171] Beschl. der 2. Regionaltagung West der 4. Synode v. 15.5.1970 (SB Stuttgart 1970, S. 290); auch von luth. Seite wurde für eine „Verstärkung kirchl. Gemeinschaft“ votiert mit dem Ziel einer „territorial gegliederten *Bundeskirche*“ (Entschließung der Generalsynode der VELKD/Thesen des Planungsausschusses der VELKD zur Neuordnung der EKD v. 1970, in: KJ 1970 S. 23 ff.).

onale Tagung (West)“ wurde zur Synode der EKD erklärt.[172] Formale Konsequenzen waren eine Neuverteilung der Sitze in der Synode und Nachwahlen zum Rat.[173]
Um aus der Zielstellung einer „Bundeskirche“ die notwendigen Folgerungen zu ziehen und Vorschläge für die Neugestaltung der GO zu unterbreiten, wurde ein aus Synodalen (16) bzw. Mitgliedern des Präsidiums (2), der Kirchenkonferenz (8) und des Rates (3) bestehender *ständiger Ausschuss für Struktur- und Verfassungsfragen* eingesetzt.[174] Die Vorschläge sollten nach dem Auftrag der Synode „davon ausgehen, dass eine vertiefte Kirchengemeinschaft verwirklicht wird, die Kanzel- und Abendmahlsgemeinschaft einschließt.“[175] Die Ausgangssituation wurde vom Ausschussvorsitzenden wie folgt geschildert: „Für die einen steht bei jedem Reformentwurf drohend schon die ‚Einheitskirche' am Horizont, die alle gewachsene landeskirchliche Eigenart erstickt; für die anderen ist der Ausschuss zu zaghaft, wenn es gilt, endlich mit landeskirchlicher Eigenbrötelei aufzuräumen.“ Mit einer Stärkung der EKD würde, so hoffte man, „ein landeskirchl. Partikularismus eingedämmt und das Nebeneinander von 20 Kirchenverwaltungen, die für alle Aufgaben eigene Referate unterhalten müssen, auf ein vernünftiges Maß reduziert.“ Leitbild war weder ein Zentralismus noch ein Partikularismus, sondern ein *kooperativer Föderalismus.*[176] Die eigentlichen Gründe gingen weiter zurück: In der Praxis erwies sich das 1948 konzipierte Organisationsstatut der EKD für die stärker gewordene gliedkirchl. Gemeinschaft und die Fülle neuer Aufgaben als nicht mehr zureichend. Die verwaltungstechnische Ausweitung der EKD kam auch in der steigenden Mitarbeiterzahl und Haushaltsausweitung zum Ausdruck. Über das organisatorische Wachstum hinaus war die integrative Kraft der EKD auch auf theol. Arbeitsfeldern wirksam, wie etwa die Einführung des Ev. Kirchengesangbuchs und die Nachrevision des Neuen Testament bzw. der Abschluss der Textneufassung der Lutherbibel. Kritische Fragen richteten sich aus kirchensoziologischer und rechtswissenschaftlicher Sicht an das Organisationsgefüge der EKD: Sie galten ihrer als schwach empfun-

---

172 ABl. EKD S. 277.

173 Zunächst wurden nur 12 Ratsmitglieder gewählt, um die nächste Synode nicht vor vollendete Tatsachen zu stellen. Die verschiedentlich auch für die Synode erwogene „Politik der leeren Plätze“, d.h. des Freihaltens der ostdeutschen Sitze hat sich nicht durchgesetzt (dazu Henkys, Von der EKD zum Kirchenbund, S. 27).

174 Ein bereits bestehender *Planungs- und Strukturausschuss* des Rates mit einer anderen Aufgabe wurde aufgelöst. Der neue Ausschuss trat erstmals im Oktober 1970 zusammen.
Vorsitzender war der Tübinger Rechtsprofessor und Präses der Synode L. Raiser, seine Stellvertreter waren W. Danielsmeyer, Bielefeld, und W. Hofmann, München; Geschäftsführer O. Lingner (Kirchenkanzlei), zur weiteren Zusammensetzung: Heßler, EKD-Reform, S. 214 f. Der als „Rohentwurf“ angekündigte Entwurf (EGO I) wurde mit Erläuterungen als „Zweiter Zwischenbericht des Struktur- und Verfassungsausschusses der Synode der EKD“ zur Synodentagung am 7.–12.11.1971 vorgelegt (EZA 86/90/17, abgedruckt in: Heßler, aaO, S. 26 ff.).

175 Entschließung der EKD-Synode v. 21.2.1971 (ABl. EKD S. 150); dieser Absatz wurde mit 68 gegen 40 Stimmen verabschiedet.

176 Heßler, aaO, S. 69 f.

denen Stellung zu den Gliedkirchen und zu deren Zusammenschlüssen, den damit korrespondierenden Verhältnisbestimmungen der EKD-Organe und der Kirchenkanzlei sowie der ungenügenden Zuordnung der funktionalen Werke und Einrichtungen. Daraus resultierte nach allgemeiner Ansicht ein – auch wegen der Kirchentrennung – aufgelaufener „Reformstau" und die Notwendigkeit einer Struktur- und Verfassungsreform, die eine engere Gemeinschaft in der EKD anstrebte.[177]

Reformbestimmend waren auch geistlich-theol. und kirchensoziologische Entwicklungen bei Gemeinden und Kirchengliedern: Der Stellenwert innerprotestantischer Bekenntnisunterschiede begann sich zu ändern. Andere Fragestellungen traten in den Vordergrund. Auch die innerdeutsche Migration verminderte ungeachtet landeskirchl. Bekenntnisprägungen das Bewusstsein persönlicher Bindung an innerevangelische Sonderbekenntnisse. So erschien es zunehmend fraglich, ob die diesbezügliche Wesensbeschreibung der EKD von 1948 dieser tatsächlichen Entwicklung noch entsprach. Insb. zum Abendmahlsverständnis gingen Gemeindebewusstsein und rechtstheol. Erkenntnisstand der GO immer mehr auseinander. Schon 1957 gelang es einer Gruppe von 20 Professoren aus allen drei ev. Konfessionen im Auftrag der EKD, die **Arnoldshainer Abendmahlsthesen** zu formulieren. Unter Verwendung einer Kompromissformel aus der Reformationszeit war man sich einig, dass sich im Abendmahl der gekreuzigte und auferstandene Herr in Leib und Blut durch sein Wort mit Brot und Wein empfangen lässt. Diese Thesen wurden Gegenstand von Lehrgesprächen der **Arnoldshainer Konferenz (AKf)**.[178] Auf der Grundlage der 1966 vorgelegten Gesprächsergebnisse wurden 1970 **„Thesen zur Kirchengemeinschaft"**[179] festgelegt. Darin ging es vornehmlich um eine Verständigung in der zentralen Lehre der Rechtfertigung und um die einigende Kraft des Vollzugs von Gemeinschaft. Darüber hinaus hielten die Lutheraner der VELKD zunächst die *Lehrübereinstimmung (consensus de doctrina)* für erforderlich.[180] Fraglich blieb, ob nur der luth. geforderte Totalkonsens ausreichte oder ob der

---

177 Frost, Reform, S. 277.

178 In diesem arbeitsgemeinschaftlichen Zusammenschluss – benannt nach der Ev. Akademie Arnoldshain als dessen erstem Tagungsort – ging es allen Gliedkirchen außerhalb der VELKD ohne eine Blockbildung um eine Verwirklichung der Kirchengemeinschaft zw. den Gliedkirchen ungeachtet der Bekenntnisunterschiede (vgl. GeschO der AKf v. 19.2.1972 -ABl. EKD S. 683).

179 Heßler, aaO, S. 153; Text in: EvK 1970 S. 424 u. LM IX 1970 S. 368; vgl. KJ 1970, S. 47 f.

180 Für sie bedeutete Bekenntnis die norma normans für Verkündigung und Lehre und nicht Teil eines situationsgeprägten theol. Denkens. Als Proprium wurden vor dem Luth. Weltbund 1972 als luth. Spezifika genannt:
1. Verständnis des Heils als Rechtfertigung allein durch den Glauben;
2. Betonung der Kondeszenz Gottes („finitum capax infiniti");
3. Unterscheidung von Gesetz und Evangelium;
4. Unterscheidung von Wort und Schrift;
5. Gepredigtes Evangelium und gespendetes Sakrament als konstitutive Elemente von Kirche;
6. Bemühen um die Wahrheit des hier und jetzt zu verkündigenden Evangeliums;

schon erreichte Fundamentalkonsens über das rein gepredigte Evangelium und das einsetzungsgemäß gereichte Sakrament für die Kirchengemeinschaft genügte („satis est", CA VII). Einig war man sich darin: das Bekenntnis sei als verbindliche „Antwort auf das Evangelium" zu verstehen, und das Fundament der Kirche sei das Heilsgeschehen des Evangeliums, nicht das formulierte Bekenntnis selbst.[181]

Zu dieser innerdeutschen Annäherung der Bekenntnisse kamen parallele Einigungsbemühungen des europäischen Protestantismus und der ökum. Bewegung. Die **Ökumenische Kommission für Glauben und Kirchenverfassung** berief in Zusammenarbeit mit dem **Lutherischen** und dem **Reformierten Weltbund** einen Gesprächskreis zur gemeinsamen Bewertung der historischen Bekenntnisbildung des 16. Jh. und zu der veränderten Bedeutung bekenntnismäßiger Unterschiedsfaktoren im Blick auf Kirchentrennung und Kirchengemeinschaft. Dies führte zu Lehrgesprächen im schweizerischen Bad Schauenburg und später auf dem Leuenberg bei Basel, an denen auch leitende Vertreter luth., ref. und unierter Kirchen beteiligt waren. Dort wurde nach jahrzehntelangen Vorarbeiten eine Konkordienformel über „das gemeinsame Verständnis des Evangeliums, die Übereinstimmungen angesichts der Lehrverurteilungen der Reformationszeit und die Erklärung und Verwirklichung der Kirchengemeinschaft" gefunden.

Diese **Leuenberger Lehrübereinkunft** v. 16.3.1973 hat bindenden Charakter für die Signatarkirchen[182] und beendete eine über 450 Jahre währende Kirchentrennung in Europa. Die Konkordie und das zugrundeliegende Ökumene-Modell der *„Einheit in versöhnter Verschiedenheit"* eröffnete auch innerhalb der EKD die Möglichkeit einer neuen Art theol. qualifizierter Kirchengemeinschaft unter den Gliedkirchen. Die gegenseitigen Verwerfungen der reformatorischen Bekenntnisse zum Abendmahl, zur Christologie und zur Prädestination sind danach kein Hindernis mehr für die Kirchengemeinschaft. Aufgrund des gemeinsamen Verständnisses des Evangeliums gewähren die Signatarkirchen einander Gemeinschaft an Wort und Sakrament. Dies schließt die

7. Betonung des kirchl. Bekenntnisses (statt statisch zeitlosem Verständnis von konfessioneller Identität, offen für Modifikationen und Änderungen als wanderndes Gottesvolk).

[181] Ndschr. der 4. Sitzung des Struktur- und Verfassungsausschusses der Synode der EKD Frankfurt/M 22./23.1.1971 (EZA 2/93/315); Beier, Kirchwerdung, S. 43.

[182] Text 2; dazu Auf dem Weg – Gemeinschaft der reformatorischen Kirchen, hg. v. Sekretariat für Glauben und Kirchenverfassung, Bd. II, Zürich 1971; Dombois, Kodex und Konkordie. Die anfänglich von 46 Kirchen unterzeichnete Konkordie trat nach Zustimmung von 69 Kirchen am 1.10.1974 in Kraft. Sie strebte zwar „Kirchengemeinschaft" auf europäischer Ebene an, sah aber in Hinsicht auf die Gemeinschaft der EKD keine explizite „Kirchwerdung" vor; Erl Art.1 II; Lingner, Leuenberg, S. 337 ff.; vgl. Scharbau, Leuenberg, theol. und kirchenrechtl. Folgerungen, S. 320 ff.; zum Ganzen Schieffer, Von Schauenberg bis Leuenberg; F. Hauschildt, Die theol. Bedeutung der Leuenberger Konkordie, m.w.N.

„gegenseitige Anerkennung der *Ordination* und die Ermöglichung der *Interzelebration*“ (Erl Art. 4 I Nrn. 2 u. 3) ein. Diese verbindlich erklärte Kirchengemeinschaft wird in den Kirchen und Gemeinden als Gemeinsamkeit in Zeugnis und Dienst verwirklicht. Dies schließt zu ihrer Vertiefung die *Verpflichtung zu theol. Lehrgesprächen* ein.[183] So entstand infolge der Konkordie die **Gemeinschaft Evangelischer Kirchen in Europa** (GEKE) **– Leuenberger Kirchengemeinschaft** (Erl Art. 1 II und Art. 17 II 2).

Unter diesen Reformaspekten erarbeitete der *Ausschuss für Struktur- und Verfassungsfragen* den Entwurf einer neuen GO, der nach vierjähriger Beratung unter dem Vorsitz des Synodenpräses L. Raiser bereits zur 4. Tagung der 4. Synode 1971 vorgelegt wurde. Diskussionspunkte in den Folgejahren waren die Frage der Kirchengemeinschaft, die gesamtkirchl. Bekenntnisgrundlage, die Mitgliedschaft einzelner Gemeindeglieder, das Verhältnis der EKD zu den Gliedkirchen und die Zuordnung der Werke und Einrichtungen. Im Verlaufe der weiteren Reformarbeiten eines neu gewählten Verfassungsausschusses und unter Beteiligung der Gliedkirchen kam es nach vier Entwürfen (EGO I-IV) 1974 zur Verabschiedung einer neuen Grundordnung (Anh 12). Der Beschl. der Synode erging bei nur vier Enthaltungen; eine württ. Enthaltung wurde damit begründet, dass „die innere kirchl. und theol. Einmütigkeit in den großen Sachfragen“ fehle.[184]

Nicht alle von den Initiatoren angestrebten Reformansätze konnten in dem mühsam erreichten Kompromiss durchgesetzt werden. Die Reformvorstellungen und -ziele beschränkten sich darauf, die Verfassungswirklichkeit in der EKD auf der Grundlage festgestellter Übereinstimmung neu zu beschreiben und das Instrumentarium für gemeinsames Handeln auf dieser Grundlage zu verbessern. Skeptiker kennzeichneten den Entwurf als „Rückmarsch in die kirchl. Verfassungsprinzipien der zwanziger Jahre“.[185] Besonderer Nachdruck lag auf den Grundbestimmungen. Die EKD „umfasste“ zwar weiterhin eigenständige, bekenntnisbestimmte „Gliedkirchen“, ihr Zusammenschluss wurde aber nicht mehr als „Bund“ sondern – auch im Blick auf die Leuenberger Konkordie – als *„Kirchengemeinschaft“* gekennzeichnet in einer Grenzform

183 Die verpflichtenden Elemente i.V.m. den verbindlichen Feststellungen geben der Konkordie einen vertragsähnlichen Charakter (Stiller, Rechtl. Aspekte, S. 192; Liermann, Konkordienentwurf, S. 266). Demgegenüber weist Scharbau auf den theol. unverfügbaren Konsensgegenstand der Bekenntnisinhalte hin mit dem Ergebnis: „Einklagbar ist mit der Konkordie weniges, tatsächlich hat sie aber eine starke verpflichtende Kraft“ (aaO, S. 325).
Eine Leuenberger Lehrgesprächsgruppe *„Gesetz und Evangelium“* hatte den Signatarkirchen 2002 ihr Beratungsergebnis zur Stellungnahme bis 31.5.2003 vorgelegt; dazu F. Hauschildt, aaO, S. 307 ff.

184 SB Berlin-Spandau 1974, S. 312 f.

185 K. Scholder zu EGO74 (SB Berlin-Spandau 1972, S. 113).

zw. Kirchenbund und Bundeskirche.[186] Betont wurde der Charakter als Zeugnis- und Dienstgemeinschaft. Diese umfasste auch die gegenseitige Anerkennung von Taufe und Ordination und die Abendmahlsgemeinschaft i.S.d. offenen Kommunion. Bestrebungen einer *Gliedschaft der ev. Christen in der EKD* haben sich nicht durchgesetzt, wohl aber deren durch Gemeinde und Landeskirche vermittelte Zugehörigkeit zur EKD. Im Verhältnis zu den Gliedkirchen tritt neben deren Eigenständigkeit ein Vorrang des gesamtkirchl. vor dem landeskirchl. Recht (Art. 6 u. 9). Die abschließende Feststellung von Verletzungen ihrer Verfassungsgrundsätze und Bekenntnisse verbleibt den Gliedkirchen (Art. 54). Die gesamtkirchl. Arbeit der Werke und Einrichtungen und deren Trägerverbände wurde organschaftlich und funktional stärker in die Gesamtkirche eingebunden (Art. 10, 16-19); für weitere war ein Anerkennungsverfahren vorgesehen.

Das Instrumentarium von Empfehlungen, Musterentwürfen, Grundsätzen bis hin zu Rahmengesetzen für die gliedkirchl. Gesetzgebung und Verwaltung wurde detaillierter und wirksamer konzipiert (Art. 21-25). EKU und VELKD wurden in ein besonderes Zuordnungsverhältnis gerückt (Art. 31). Zur Verstärkung des institutionellen Einflusses der Gliedkirchen auf das gesamtkirchl. Handeln wird die Stellung der KK aufgewertet und auch bei der Gesetzgebung verbessert. Einzige Verwaltungsstelle wurde ein Kirchenamt mit kollegialer Leitungsstruktur. Eine Neuerung der Finanzverfassung war der Übergang des *Bedarfsdeckungs-* zum *Anteilsprinzip* (Art. 59-67) und die Statuierung eines *Finanzausgleichs* zw. den Gliedkirchen. Schließlich wird über den Schiedsgerichtshof und die Disziplinargerichtsbarkeit hinaus die gesamtkirchl. Gerichtsbarkeit durch einen einheitlichen *Rechtshof der EKD* mit verfassungs- und verwaltungsgerichtlichen Aufgaben erweitert (Art. 68 f.).

Verabschiedung und Ratifizierung des Reformwerks warfen wiederum die Frage nach der Rechtsnatur der GO auf. Sie galt angesichts ihres Zustandekommens als eine *„paktierte Verfassung"*, als Vertragswerk besonderer Art zw. den konstituierenden Elementen der EKD, ihren Gliedkirchen (dazu Erl Art. 26a V). Ohne dass die Frage eine systematische Beantwortung erfuhr, wurde gleichwohl im Verlauf der mühevollen Beratungen deutlich, dass diese Totalrevision der Zustimmungen aller Gliedkirchen bedurfte. Während die Ratifizierung im Übrigen durchweg[187] ohne Schwierigkeiten verlief, scheiterte das Reformvorhaben 1976 schließlich knapp an der dort erforderlichen Zweidrittelmehrheit der württ. Landessynode.[188] Pläne für eine sog. kleine Reform der

---

186 Frost, Strukturprobleme, S. 501 f.

187 Zweifel blieben bei der ausstehenden bay. Zustimmung; es wurde aber allgemein nicht mit ihr gerechnet (W.-D. Hauschild, in: KJ 1966/77, S. 62).

188 Für die vom württ. Ev. OKR eingebrachte Erklärung der Landessynode zur GO stimmten am 17.2.1976 54 der 85 anwesenden Syn. Mitbestimmend waren Vorbehalte *evangelikaler* bzw. *pietistischer Kreise* (zu den stärksten Gruppierungen der württ. Synode zählte der Gesprächskreis

GO, die nach der württ. Entscheidung schon 1976 vom Landeskirchenrat in München vorgeschlagen wurden,[189] haben sich zunächst nicht durchsetzen können.

Der kirchenpolitische Hintergrund dieses Scheiterns hatte sich schon früh in der kritischen Frage des Präses der Synode abgezeichnet, „ob sich eine EKD-Reform ungeachtet des Drängens der großen Mehrheit ernster Christen und des Kopfschüttelns der Öffentlichkeit mit halben Maßnahmen begnügen darf. Die ‚theologischen Schlagbäume' alter Art überzeugen weithin nicht mehr." Sachliche Gründe sind zum einen bereits in der Geschichte der GO von Anbeginn vorgezeichnet. Ihre Aktualisierung in der Reformdiskussion spiegelt sich wiederum vor allem im theol. Dissens über die Voraussetzungen und die organisatorischen Konsequenzen einer inhaltlich qualifizierten Kirchengemeinschaft. In der Bekenntnisfrage und ihrer Bedeutung für die gesamtkirchl. Ordnung hielten die Lutheraner an der Voraussetzung eines umfassenden Lehrkonsenses fest, umfassender als er in der Leuenberger Konkordie erreicht werde. Dem hielten Reformer entgegen, dass es keine „einheitliche luth., gesprächsprägende Theologie" mehr gäbe und auch keine „Landeskirche, in der noch rein luth. Bekenntnis gepredigt" werde.[190] Die Minderheit beruft sich auf die Wahrheitsfrage, in der sie sich nicht vergewaltigt sehen möchte. „Aber könnte es nicht sein, dass sich hinter der Wahrheitsfrage nur das Beharren auf einer Tradition verbirgt?"[191]

Am Widerstand luth. Kirchen scheiterte 1948 der Versuch, die EKD als „Kirche" zu verfassen; die Reform der siebziger Jahre stand gleichfalls vor dem Hindernis, die allseits angestrebte engere Gemeinschaft der Kirchen als „volle Kirchengemeinschaft" zu statuieren. Zentrale Probleme blieben Kanzel- und Abendmahlsgemeinschaft und die Kirchenmitgliedschaft. Hinzu kamen aus luth. Sicht namentlich der bay. Kirche „andere schwere Differenzen in Lehrfragen, besonders in Fragen der *politischen Diakonie"*

„*Lebendige Gemeinde Bibel und Bekenntnis*") gegen den als Gefahr empfundenen *Pluralismus* in der EKD. Der Wortführer, Dekan K. Hennig, brachte die Sorge um die „normative Priorität der ganzen Bibel" und vor „Gesellschaftsideologien" und einem „Kirchengroßschaltwerk" zum Ausdruck, „dass auch ein sehr starker marxistisch-ideologischer Impetus die Kirchenreform in Gestalt einer neuen zentralistischen Kirchenordnung der EKD gefordert und gefördert hat" (Tagungsprot. der 8. Ev. Landessynode Wü. hg. v. Ev. OKR Stuttgart S. 1434 ff.; dazu Ahme, Der Reformversuch der EKD, S. 119 u. 155 f.).
Der zunächst dadurch begründete Schwebezustand wurde durch Synodenbeschl. mit Jahresablauf 1980 beendet. Die Ev.-Luth. Kirche in Bayern versagte im April 1980 als zweite LK ihre Zustimmung, nachdem sie (zus. m. Schaumburg-Lippe) von der EKD-Synode um definitive Beschlussfassung gebeten worden war. Zur verfassungsrechtl. Problematik: Müller-Volbehr/Busse, Das Zustimmungsverfahren zur neuen GO der EKD, S. 38 ff.

189 Schr. des bay. LKA an den Landessynodalausschuss v. 30.1.1976 (EZA 2/93/173).

190 Syn. K. Scholder, zit. nach Ahme, Der Reformversuch der EKD, S. 95.

191 L. Raiser, Zum Stand der Arbeit des Ausschusses für Struktur- und Verfassungsfragen, epd-Dok. 8/71, S. 1 ff. Raiser saß auch dem Struktur- und Verfassungsausschuss vor. Der „Minderheit" gehörte der damalige Ratsvorsitzende und bay. Landesbischof Dietzfelbinger an.

und virulent unterschiedliche Überzeugungen hinsichtlich des Verhältnisses zw. „Kirche und Politik".[192] Auch hat sich die Synode der EKD „gerade während der Reformarbeit nicht immer so dargestellt, dass in den Landeskirchen und ihren Synoden Vertrauen und damit Bereitschaft zur Abgabe von Zuständigkeiten hätten wachsen können. Zu stark bot sich lediglich das Spiegelbild politischer und gesellschaftspolitischer Auseinandersetzungen. In den sozialethischen Fragen etwa des Schwangerschaftsabbruchs, der Verwirklichung sozialen Ausgleichs, der Weltverantwortung[193] wurde die theol.-kirchl. Position und das Bemühen um einen Konsens zu wenig erkennbar. Insbesondere vermissten evangelikale Kreise und Gruppen die Artikulierung des Propriums der Kirche. Dies gilt auch für die Aktivitäten des ÖRK in regionalen und weltweiten Konflikten und die Art seiner Zusammenarbeit mit dem Organen der EKD; sie war eher geeignet, kritische Reaktionen auszulösen, die sich auf das Verhältnis der Gliedkirchen zur EKD auswirkten."[194]
Seit der Ökum. Studienkonferenz für „Kirche und Gesellschaft" 1966 stand das Thema einer wachsenden Weltnot und deren mögliche Bewältigung auf der kirchl. Tagesordnung. Dabei ging es um die Frage, inwieweit das Engagement in weltweiten oder nationalen gesellschaftlichen Problemen noch als genuin christliches Handeln oder als ein opus alienum der Kirche anzusehen war. Entsprechend betonten dogmatische oder pragmatische Reformkonzepte entweder die Frage nach der ekklesiologischen Einheit – auch i. kirchenrechtl. S. der Kanzel- und Abendmahlsgemeinschaft – oder die Forderung nach konkreter Zeugnis- und Dienstgemeinschaft zugunsten der Welt mit ihren politischen Implikationen. Dieses Konfliktpotential entlud sich vornehmlich an den Themen „Mission" und „kirchl. Entwicklungsdienst" und betraf so gegensätzliche Positionen, wie die eines evangelikal geprägten „Kongresses für Weltevangelisation" im Sommer 1974 in Lausanne und den Beschluss des ÖRK zur Fortsetzung seines Anti-Rassismus-Programms gleichen Jahres. Innerkirchl. Kontroversen betrafen politische Streitfragen, wie die Novellierung des § 218 StGB.

Auch die rechtl. Gemeinschaft entwickelte sich, obwohl das Erfordernis stärkerer Rechtsangleichung betont wurde, in gewichtigen praktischen Fragen auseinander, etwa bei der Regelung der Altersversorgung für Pfarrer und Kirchenbeamte und auch bei den Maßnahmen zur Senkung der Personalkosten in den Jahren des Kirchensteuer-

---

192 Ndschr. ü. die 3. Sitzung des Struktur- und Verfassungsausschusses der EKD in Frankfurt/M am 12.12.1970, S. 6 (EZA, 2/93/315); so kam z.B. kein Synodenvotum zur Neufassung des § 218 StGB zu Stande.

193 Z. Themenübersicht: Kundg.EKD 3, S. XIV–XVIII und S. 156 ff.

194 Frank, Stand der Verfassungsreform der EKD, S. 31; vgl. ferner: Lingner, Neuordnung, S. 153 f.; politische Kontroversen im Zusammenhang mit dem Antirassismusprogramm des ÖRK v. 1969 führten auch in den Gliedkirchen zu kritischen Reaktionen und veranlassten etwa die württ. Kirche zur Problematisierung der Mitgliedschaft im ÖRK.

rückgangs, auch vor dem Hintergrund eines unzureichenden Finanzausgleichs. Angesichts ungünstiger Prognosen des Steueraufkommens infolge wirtschaftlicher Rezession und der Steuerreform 1975 stellte sich zudem die Frage der „Finanzierbarkeit" eines Ausbaues der EKD.[195] Hinzu kam die in einigen Gliedkirchen – nicht zuletzt in Württemberg – ausgesprochene Befürchtung vor einem als problematisch empfundenen Zentralismus in der Verwaltung von Gemeinschaftsaufgaben.[196] Theol. und kirchenpolitische Vorbehalte resultierten schließlich auch aus den unterschiedlichen Erfahrungen der Gliedkirchen in ihrer Vergangenheit und im aktuellen Kirchenalltag. Die je eigene Bewährung der Landeskirchen in den Nöten des Kirchenkampfes und auch ihres Kirchenlebens in einer entkirchlichten Gesellschaft führte – auch im Spiegel der Statistik – zu unterschiedlichen Befunden und Einschätzungen im gesamtkirchl. Horizont. Schließlich traten auch Vorbehalte nicht theologischer Art und „handfeste kirchenpolitische Interessen" zutage.[197]

8. Die Entwicklung der Grundordnung seit 1974

Die Verfassung von 1948 blieb über 30 Jahre lang unverändert. Durch ihre bündische Struktur waren der Rechtsfortbildung durch die EKD über ihren eigenen Organisationsbereich hinaus enge Schranken gesetzt. Die GO wurde aber nicht nur als historische Bestandsaufnahme, sondern von Anbeginn auch als Gestaltungsbasis der gesamtkirchl. Fortentwicklung verstanden. So führten die wachsende Gemeinschaft innerhalb der EKD und der beschriebene Reformstau auch nach dem gescheiterten Reformversuch der 70er Jahre dann doch zu wichtigen Reformschritten.[198] Auszugehen war dabei von der Bekenntnisbestimmtheit der Gliedkirchen; angestrebt wurde eine engere kirchl. Gemeinschaft – zw. föderalistischer Kooperation und unionistischer Einheitskirche – sowie eine Organisationsstruktur, die neuen gesamtkirchl. Erfordernissen gerecht wurde.

Nach dem Scheitern der Reform 1974 blieb die Möglichkeit partieller Änderungen. Da sich ihr aber partikularistische und *evangelikale Kräfte* so nachhaltig entgegengestellt hatten, wurden die Chancen auch selektiver Änderungen unterhalb der gliedkirchl.

---

[195] Ahme, aaO, S. 131 u. 154.
[196] Dummler, Die Steuerreform und die Kirchen, S. 34 ff.
[197] Beier, Kirchwerdung, S. 50 u. 195, mit Hinweis auf die traditionellen Differenzen „überlieferter Frömmigkeitsstrukturen sowie nicht dogmatischer Faktoren soziologischer, politischer und struktureller Herkunft"; Lingner, Neuordnung, S. 255.
[198] Überblick: Hofmann, Bemühungen um die Reform der GO der EKD nach 1981, S. 83.

Zustimmungsschwelle, wie sie namentlich als „kleine Reform“ von der Bay. Kirche angeregt wurden, vom Rat zunächst nicht mehr aufgenommen.[199] Dafür wurden – z.T. noch im Laufe des Zustimmungsverfahrens zur neuen GO – bedeutsame Gesetzesvorhaben auf den Weg gebracht, wie die Gesetze über das Diakonischen Werk der EKD (1975) und über die Ordnung des Missionswerkes (1975), das Kirchenmitgliedschafts- und das Datenschutzgesetz (1976, 1977). Initiativen für eine Fortentwicklung der GO kamen dann in den 80er Jahren aus der Mitte der Synode.

a) Errichtung des Kirchenamtes (1982: Art. 31 und 34)

Die erste Änderung der GO galt der Zusammenführung von Kirchenkanzlei und Kirchlichem Außenamt und einer neuen Aufgabenbeschreibung. Eine Gesetzesinitiative aus der Mitte der Synode gab Ende 1981 den Anstoß zu neuen Überlegungen über die Amtsstellenstruktur.[200] Die im EGO74 vorgesehene Regelung sollte übernommen werden. Als Stellungnahme legte der Rat der Synodaltagung im November 1982 einen ausformulierten, die Grundgedanken aufnehmenden Gegenvorschlag vor, der zusammen mit einer GeschO für das Kirchenamt durch beide Amtsstellen vorbereitet und mit der KK durch einen gemeinsamen Ad-hoc-Ausschuss abgestimmt war. Nach umfassenden Debatten in Rechtsausschuss und Plenum der Synode wurde das **Kirchengesetz zur Änderung der Art. 31 und 34 der GO** v. 9.12.1982 (ABl.EKD 1983 S. 1) verabschiedet und konnte mit Zustimmung der KK am 1.1.1983 in Kraft treten. Danach war nun das Kirchenamt die Amtsstelle des Rates. Das neue Amt wurde in Hauptabteilungen gegliedert und – im Unterschied zur überkommenen Präsidialstruktur – von einem Kollegium mit einem Präsidenten geleitet (Erl Art. 31 vor I u. III).

Dieser Zusammenführung ging ein langer, wechselvoller und kontroverser Entscheidungsprozess insb. im Rat voraus; denn der Abbau der Präsidentialverf. griff in die Rechtsstellung sowohl des Präsidenten als auch der gem. Art. 31 a.F. vom Rat berufenen theol. und rechtskundigen Räte der Amtsstellen ein.

Hinsichtlich des *Kirchlichen Außenamtes* hatte sich der Rat anlässlich der Berufung eines neuen Leiters in den sog. *„Kasseler Feststellungen“* vom 17.1.1974 darauf verständigt, dass ungeachtet der Zusammenführung dem pastoralen Aspekt der *Auslandsarbeit* im Amtsaufbau angemessen Rechnung getragen werde, die für die ökum. Arbeit erforderlichen Kontakte ungehindert wahrgenommen werden könnten und der unmittelbare Vortrag aller damit zusammenhängenden Fragen im Rat sichergestellt werde. Auch bezüglich der persönlichen Stellung

---

199 Schr. des bay. LKA an den Landessynodalausschuss v. 30.1.1976 (EZA 2/93/173).

200 Entwurf v. 5.11.1981 (KA-Az. 0100/7, Bd. 1 bis 31.7.86); Entwurfstexte der Synode und des Rates: SB Berlin-Spandau 1982, S. 469 ff.; die Zusammenlegung war bereits vor Verabschiedung der GO v. Pom vorgeschlagen worden (EZA 2/6).

des Außenamtsleiters, seine Zuständigkeiten und „Dienstbezeichnung" waren Feststellungen getroffen worden.

Im Juni 1983 beschloss der Rat dann die *Verlegung der Hauptabteilung „Ökumene und Auslandsarbeit"* nach Hannover (1986). Zugrunde lag die Einsicht, dass die dem Außenamt zugeordnete „Ökumene nicht ein abtrennbarer Verwaltungszweig, sondern ein integraler Faktor und Bestandteil jeden kirchl. Handelns zu sein hatte".[201] Zudem machte die personelle Ausweitung der Kirchenkanzlei in Hannover den Neubau eines Verwaltungsgebäudes mit langfristigen Planungen erforderlich.

b) Beschreibung der Kirchengemeinschaft (GO-Änderung 1984: Art. 1 und 4)
Die Überlegungen im Nachgang zur gescheiterten Reform von 1974 beschränkten sich nicht auf strukturelle Veränderungen. In den Vordergrund rückte wieder die Frage nach Wesen und Rechtsnatur der EKD. Auf der Herbstsynode 1982 beantragte eine Initiative von 22 Synodalen die Angleichung der Grundbestimmungen an die *Leuenberger Konkordie* (Text 2).[202] Zugrunde lag die Formulierung des Art. 1 I 1 EGO74. Dieser wurde verbunden mit vier weiteren Absätzen zur *Bekenntnisfrage*, zur Kanzel- und zur *Abendmahlsgemeinschaft*. Hinzu kam ein neuer Art. 4a über die *Kirchenmitgliedschaft*. Begründet wurde die Initiative u.a. damit, dass inzwischen alle Gliedkirchen der Leuenberger Konkordie zugestimmt hatten und diese damit auch für die EKD ekklesiale Konsequenzen habe. Der Rat konnte sich dem in wesentlichen Punkte zunächst nicht anschließen und schlug in einem alternativen Entwurf u.a. eine Beibehaltung des Art. 1 I a.F. und der einfachen Aussage des Art. 4 EGO74 über das Abendmahl vor. Diese Zurückhaltung wurde damit begründet, dass eine Änderung der Definition der EKD als Bund und die über 1974 hinausgehende Aussage über die Abendmahlsgemeinschaft die Zustimmung aller Gliedkirchen erfordere (Erl Art. 26a V).[203] Auf der Grundlage beider Entwürfe erarbeitete der Rechtsausschuss der Synode den dritten Entwurf eines KG zur Änderung der GO. Dieses wurde am 3.11.1983 fast einstimmig von der Synode verabschiedet. Es konnte aber erst nach einem zusätzlichen Beschl. der KK zur Mitgliedschaftsfrage (Erl Art. 1 IV) im Juni 1984 verkündet werden.[204]

---

201 Hammer, Neuere Entwicklungen in der Amtsstellen-Struktur der EKD, S. 91 ff.

202 Entwurf eines KG zur Änderung der Art. 1 u. 4 und eines neuen Art. 4a als Initiativantrag des Syn. A. Echte u. weiteren 21 Syn. v. 11.11.1982 (SB Worms 1983, S. 348 ff.; Erläuterung des Syn. A. Echte, aaO, S. 85 ff.). Vorausgegangen war eine Initiative des Syn. W. Radatz v. 7.11.1982 (EZA 101/3132; SB Berlin-Spandau 1982, S. 171), die „besondere Gemeinschaft" in der GO festzuschreiben; daraufhin bat die Synode den Rat, ein entsprechendes ÄnderungsG vorzulegen (aaO, S. 400).

203 SB Worms 1983, S. 355, und Votum Syn. W. Hofmann, aaO, S. 90; einen entsprechenden Antrag stellte der Syn. K. Hennig (aaO, S. 274). Die Synode schloss sich den Bedenken des Rates gegen eine Änderung von Art. 1 I an.

204 ABl. EKD S. 249; zum Mitgliedschaftsvotum der KK s. Erl Art. 1 IV u. Art. 1 vor I.

Art. 1 II (heutiger Zählung) wurde wie folgt neugefasst: „Zwischen den Gliedkirchen besteht Kirchengemeinschaft im Sinne der Konkordie reformatorischer Kirchen in Europa (Leuenberger Konkordie). Die EKD weiß sich mit ihren Gliedkirchen verpflichtet, die in ihr bestehende Gemeinschaft auch im Sinne dieser Konkordie zu stärken und die Gemeinsamkeit im Verständnis des Evangeliums zu vertiefen." Hinzugefügt wurde der heutige 4. Absatz über die Mitgliedschaft.

Die verfassungspolitische Einschätzung ging seinerzeit überwiegend dahin, die Reform bringe „nicht Neues"; auch mit der Neufassung bleibe die GO, „was sie seit 1948 gewesen sei, eine noch unvollkommene und unvollendete Ordnung der Gemeinschaft zw. den Gliedkirchen und der EKD".[205] Gleichwohl fand der seit Entstehung der GO zentrale Dissens über Kanzel- und Abendmahlsgemeinschaft eine verfassungsrechtl. Klärung. Mit der Beschreibung der „bestehenden Gemeinschaft *auch* im Sinne" der Konkordie und der gemeinsamen Zugehörigkeit zur EKD gewann die Rechtsnatur EKD auch verfassungsrechtl. eine neue Qualität: „Die EKD hat Verantwortung übernommen in der gemeinsamen Erfüllung von Aufgaben. Die EKD hat gemeinsame Organe, wie die(se) Synode. Sie hat auch im Übrigen Organisationen im Dienste der Gemeinschaft. All dies geht über die Kirchengemeinschaft im Sinne der Leuenberger Konkordie hinaus."[206]

Weitere Änderungen des Art. 1 wurden durch spätere GO-Änderungen überholt. Dies gilt insb. für einen neuen Abs. 2 Satz 2: „Die EKD bekennt sich zu der besonderen Gemeinschaft der ganzen ev. Christenheit in Deutschland." Dieser Satz war allerdings schon durch die Erklärung der Synode vom 15.5.1970 mit verfassungsändernder Mehrheit beschlossen und insoweit neben die GO von 1948 getreten.[207]

c) Zeitpunkt der Ratswahl (1984: Art. 30)

Zu den wichtigsten und ersten Aufgaben der neu gewählten Synode gehört die Wahl des Rates. Die Erfahrungen zeigten von an Anfang an, dass der formell und in der Sache verhältnismäßig aufwendige Wahlakt, was das Verfahren und die sorgfältige Auswahl betrifft, nicht gleich zu Beginn der Amtsperiode, sondern erst dann vorgenommen werden sollte, wenn die Synodalen schon über entsprechende praktische Erfahrungen verfügen. Dem entsprach eine Gesetzesinitiative aus der Mitte der Synode, in den Art. 30 I a.F. eine entsprechende Regelung (Satz 3 n.F.) einzufügen. Man konnte

205 Ratsvorsitzender M. Kruse (SB Worms 1983, S. 82) und Syn. A. Echte (aaO, S. 85).
206 Synodenbericht des Syn. K. Schlaich 1983 (SB Worms 1983, S. 263 ff.); dazu auch Beschl. der EKD-Synode „zur lutherisch-katholischen Verständigung in Fragen der Rechtfertigungslehre" (SB Leipzig 1999, S. 648).
207 Hofmann, aaO, S. 87.

sich dabei auf eine ähnliche Bestimmung des EGO74 (Art. 48 I) stützen (im Einzelnen: Erl. Art. 30 I 4). Der Rat begrüßte die Initiative und die Synode beschloss das Gesetz zur Änderung der GO v. 14.12.1984 (ABl. EKD 1985, S. 1) mit nachträglicher Zustimmung der KK.[208]

d) Neubestimmung der Mitarbeit in der Ökumene (1986: Art. 17 und 18)
Nachdem die ökum. Aufgaben der EKD bereits 1982 als organisatorischer Reformaspekt aufgegriffen worden waren, bat die Synode im November 1984 den Rat, die in Art. 17 geregelte Auslandsarbeit der EKD zu überprüfen. Der darauf folgenden 7. Synode legte der Rat im November 1986 den Entwurf eines Kirchengesetzes zur Änderung der Art. 17 und 18 vor.[209]

Der Entwurf fasste die beiden überkommenen Regelungen der Auslandsarbeit (Art. 17 a.F.) und Mitarbeit „in der ökumenischen Bewegung" (Art. 18 a.F.) in einer Bestimmung zusammen, die sich an dem entsprechenden Art. 18 EGO74 orientierte. Dieser neugefasste Art. 17 ordnet beide Aufgabenfelder formal und auch inhaltlich in den Gesamtkontext der Ökumene ein. Diese Neuordnung berücksichtigt die gewachsene Verselbständigung der den deutschen Kirchen traditionell verbundenen Auslandskirchen, deren Beziehung zur EKD sich in der ökum. Gemeinschaft zu partnerschaftlichen Verhältnissen entwickelt hatte. Zudem konnte die Mitarbeit in den ökum. Einrichtungen, die 1948 noch keine konkrete Gestalt gewonnen hatte, genauer benannt werden. Der Entwurf des Rates wurde mit wenigen Änderungen als *Kirchengesetz zur Änderung der Art. 17 und 18 der GO der EKD* v. 6.11.1986 verabschiedet (ABl. EKD S. 481) und bedeutete eine weitere Anpassung der GO an die Verfassungswirklichkeit.

e) Zusammenführung von Kirchenbund und EKD (1991: Art. 1 und 25)
Ebenso wie Politik, Wirtschaft und Verwaltung traf der gesellschaftliche Vereinigungsdruck aus der DDR-Bevölkerung an der Jahreswende 1989/90 auch die Kirchen unvorbereitet. So wurde zunächst betont, eine Notwendigkeit für eine rasche kirchl. „Wiedervereinigung"[210] bestehe nicht. Denn anders als der Staat, dessen Existenz die meisten Bürger bereits im Frühjahr 1990 als nicht mehr erhaltenswert erachtete, und der bereits Auflösungserscheinungen erkennen ließ, genoss die Kirche in der Bevölkerung Vertrauen. Sie galt als die einzige Organisation, die innerhalb des zentralistischen Staates Unabhängigkeit und Eigenständigkeit in ihrer pluralen und in der Gemeinde verwurzelten Struktur gewahrt hatte. Die Menschen erinnerten sich, dass die ev. Kirche Oppositionellen und demokratischen Meinungsbildungsprozessen einen schüt-

---

208 SB Lübeck-Travemünde 1984, S. 586; zu den Gründen s. Vorl. u. Stellungnahme, aaO, S. 480 ff.
209 Gesetzesentwurf m. Begründung: SB Bad Salzuflen 1986, S. 450.
210 Zu den Vorbehalten gegen diese Bezeichnung: M. Heckel, Rechtsprobleme, S. 123.

zenden Freiraum gewährt und damit Anteil an der Vorbereitung zur „Wende" hatte. Die ev. Kirche war keine Opposition gegen den *„real existierenden Sozialismus"*, doch ließen viele Pfarrer und Gemeindekirchenräte gesellschaftskritische Gruppen in ihre Räume und stellten sich schützend zw. diese Initiativen und den Sicherheitsapparat des Staates. Auch als Minderheit hat die Kirche selbst nicht gegen, nicht neben, sondern als „Kirche im Sozialismus" (Gesch 6) gesellschaftspolitische Entwicklungen gefördert, die mit dem Reformtrend aus Osteuropa zum Umbruch auch in der DDR geführt haben.

Ein lange vor der „Wende" verabredetes Treffen von Beauftragten der ev. Kirchen beider deutschen Staaten im Januar 1990 in der Ev. Akademie Loccum (Niedersachsen) wurde zur Initialzündung für den kirchl. Einigungsprozess. Unter dem Eindruck der dramatischen Ereignisse in der DDR wollten die Kirchenvertreter ein gemeinsames Wort an die Gemeinden abstimmen. Von der kirchl. und gesellschaftlichen Öffentlichkeit jedoch wurde die **Loccumer Erklärung** dann als Signal zur Einheit gedeutet.

> Zur politischen und kirchl. Zukunft hieß es darin: „Das Bewusstsein der Zusammengehörigkeit der Deutschen in beiden Staaten ist für die Kirchen eine wichtige Grundlage ihres gemeinsamen Wirkens. Wir haben dieses Gefühl gestärkt, wir empfinden es selbst. Wir wollen, dass die beiden deutschen Staaten zusammenwachsen. Das wird in mehreren Schritten im gesamteuropäischen Verständigungsprozess geschehen. Die besondere Gemeinschaft der evangelischen Christenheit in Deutschland ist trotz der Spaltung des Landes und der organisatorischen Trennung der Kirche lebendig geblieben. Wie sich auch die politische Entwicklung künftig gestalten mag, wir wollen der besonderen Gemeinschaft der ganzen ev. Christenheit in Deutschland auch organisatorisch angemessene Gestalt in einer Kirche geben. Mit den während der Zeit der Trennung gewachsenen Erfahrungen und Unterschieden wollen wir sorgsam umgehen."

Diese Erklärung traf auf Zustimmung und Widerspruch. Denn sie wurde so interpretiert, dass die ev. Kirchen den zu diesem Zeitpunkt in der Vereinigungsfrage noch zögernden Regierungen vorauseilten. Die Befürworter einer zügigen Vereinigung argumentierten, dass mit dem Ende der SED-Herrschaft die von der Partei erzwungene Spaltung auch der Kirchen gegenstandslos werde. Der in der „besonderen Gemeinschaft" zum Ausdruck gekommenen Bemühung zur kirchl. Einheit auch über trennende Staatsgrenzen hinweg könne nun organisatorisch hin zur selbstverständlichen Gemeinschaft Rechnung getragen werden. Eine künstlich aufrechterhaltene Trennung würde von den Gemeinden nicht verstanden werden. Gegner einer raschen Vereinigung wiesen auf die Verschiedenheit der gesellschaftlichen Systeme auch in Struktur und Lebensäußerungen der Kirchen und Gemeinden. Sie müssten erst in einem längeren Aufarbeitungsprozess überwunden werden. Eine als Entgegnung auf die „Loccumer Erklärung“ verfasste „**Berliner Erklärung** von Christen aus beiden deutschen Staaten“ forderte eine ausreichende Bedenkzeit zur „Selbstklärung über das, was wir in den dreißig Jahren der Trennung gelernt und in die neue Gemeinschaft einzubringen haben“.[211]

Im Frühjahr 1990 beauftragten EKD und Kirchenbund eine *Gemeinsame Kommission*, die Zusammenführung vorzubereiten. Sodann wurde ein *Gemeinsamer Leitungsausschuss* aus Mitgliedern des Rates der EKD und der Konferenz der Kirchenleitungen bevollmächtigt, für EKD und Kirchenbund öff. Stellung zu nehmen. Noch im selben Jahr stimmten beide Synoden auf ihren Herbsttagungen in Leipzig und Travemünde den Vorschlägen der Gemeinsamen Kommission grundsätzlich zu und verkürzten den Zeitplan für eine Vereinigung. Verfassungsrechtl. Probleme, die sich für die Wiedervereinigung aus der Ausgründung des Kirchenbundes und seiner weiteren Entwicklung ergaben, wurden begutachtet.[212] Die erforderlichen Verfassungsänderungen des Kirchenbundes (*Kirchenbundvereinigungsgesetz*) und der EKD, insb. das **Kirchengesetz zur Regelung von Fragen im Zusammenhang mit der Herstellung der Einheit der EKD**[213] konnten in formal noch getrennten Abstimmungen, jedoch bei einer gemeinsamen Tagung der beiden Synoden und nach gemeinsamer Beratung bereits am 24.2.1991 in Berlin-Spandau verabschiedet werden.[214] Die Zustimmung der östlichen Landessynoden im Frühjahr machte den Weg für die Zusammenführung frei. Verfassungsrechtl. vollzog sie sich als Kompromiss zw. einfachem Wiederaufleben der EKD-Mitgliedschaft der östl. Gliedkirchen und geordneter Zusammenführung beider

---

211 Diese kritische Stellungnahme v. 9.2.1990 der Theologen U. Duchrow, H. Falcke, J. Garstecki und K. Raiser zu einer Wiedervereinigung fährt fort: „Das gilt für die Kirchen in der DDR, die jetzt dem Sog der Angleichung an den Westen ausgesetzt sind. Es gilt aber ebenso für die Kirchen in der BRD, die sich fragen lassen müssen, ob sie bereit sind, sich durch die eigenständigen Erfahrungen ihrer Partnerkirchen in der DDR verändern zu lassen.“

212 M. Heckel, Rechtsgutachten „Über die Vereinigung der evangelischen Kirchen auf dem Gebiet der Bundesrepublik und der Deutschen Demokratischen Republik“ (veröff. unter: M. Heckel, Vereinigung); zu Einzelheiten des Verfahrens: v. Scheliha, Rechtsprobleme der kirchl. Wiedervereinigung, S. 52 ff. In Ost und West gab es auch Stimmen für eine Neugründung der EKD mit neuer GO (vgl. M. Heckel, Rechtsprobleme, S. 187 ff. m. Hinw. auf den anfänglichen Meinungsstand in der Gemeinsamen Kommission und auf K. Scholder).

213 ABl. EKD S. 89 bzw. MBL, Sonderdruck v. 25.6.1991, S. 152 ff. Zur „gewundenen“ Bezeichnung des EKD-Gesetzes: M. Heckel, Rechtsprobleme, S. 123; zur verfassungsrechtl. Bewertung: Kremser, Rechtsstatus, S. 114 ff.

214 Entsprechend einem auf der 7. Tagung der EKD-Synode in Lübeck-Travemünde gefassten Beschl. trat sie ein weiteres Mal zusammen, um über das KG zur Regelung von Fragen im Zusammenhang mit der Herstellung der Einheit der EKD zu beraten. Diese 8. Tagung der 7. Synode fand am Sonntag, dem 24.2.1991, im Ev. Johannesstift in Berlin-Spandau gemeinsam mit der Synode des Kirchenbundes statt, die ebenfalls über das entsprechende Gesetz für den Bereich des Bundes beriet. Beide Synoden stimmten den Gesetzen, die die Grundlage für eine wiedervereinte EKD bilden, mit großer Mehrheit zu (vgl. SB Berlin-Spandau 1991).

Kirchenbünde in partnerschaftlichem Verfahren und zwar auf der Rechtsgrundlage der GO, die für den östlichen EKD-Bereich lediglich suspendiert war.[215]

Die durch die staatl. Vereinigung am 3.10.1990 notwendig gewordene Anpassung der kirchl. Strukturen, etwa bei der Übernahme des staatl. *Kirchensteuereinzugs* durch die östlichen Landeskirchen ging rasch vonstatten. Dagegen blieben manche inhaltlichen Gegensätze, so etwa über die Gestaltung des Verhältnisses von Staat und Kirche und in der friedensethischen Kontroverse um den *Militärseelsorgevertrag*. Zwar sollten auf Wunsch der acht östlichen Gliedkirchen Gemeindepfarrer die Seelsorge auch an Bundeswehrangehörigen in den Kasernen leisten, doch lehnten sie die Militärseelsorge in der Form des 1957 mit der Bundesregierung geschlossenen Militärseelsorgevertrages ab, insb. die Finanzierung durch den Staat und die Verpflichtung der Geistlichen als Staatsbeamte. Damit sei die Trennung von Staat und Kirche in Frage gestellt. Außerdem erhalte die Armee durch die ständige Anwesenheit von Pfarrern in den Kasernen eine moralische Rechtfertigung, die ihrem Friedensbekenntnis nicht entspreche.[216] Die EKD akzeptierte daher in Ostdeutschland für eine Übergangszeit eine an die Ortsgemeinde gebundene neue Form der Bundeswehrseelsorge.

So wurde die vom 28. bis 30.6.1991 in Coburg konstituierte EKD-Synode wieder das Organ aller 24 Landeskirchen, denen 29 Millionen Christen angehörten. Auch die durch die Mauer erzwungene Trennung der *Ev. Kirche in Berlin-Brandenburg* in Ost- und West-Region, die jeweils dem BEK bzw. der EKD angehörten, wurde 1991 aufgehoben.

---

215 Da die Geltung der GO im östl. Raum und die betr. EKD-Mitgliedschaft lediglich suspendiert worden war, handelte es sich weder um einen neuen Bundesschluss oder eine Fusion noch einen Beitritt des Kirchenbundes (im Einzelnen streitig, wie hier: M. Heckel, Rechtsprobleme, S. 168; zum Ganzen auch Kremser, Rechtsstatus, S. 117 ff.). Nach dem Kirchenbundvereinigungsgesetz handelte es sich nicht um eine Wiedervereinigung, sondern um die „Herstellung der Gemeinschaft" durch Rechtsakte sowohl der östl. Gliedkirchen als auch ihres Kirchenbundes, dessen konstitutive Relevanz aus EKD-Sicht zumindest umstritten war. Das EKD-Gesetz regelte lediglich die Reaktivierung der gliedkirchl. Mitgliedschaften. Es ließ den Mitgliederbestand der EKD gem. Art. 21 I unberührt und erforderte daher auch kein bündisches Einverständnis der westlichen Gliedkirchen (M. Heckel, Zur kirchl. Wiedervereinigung im Rahmen der EKD, S. 1001 ff.; Kremser, aaO, S. 123).

216 Nach dem 1987 von der Synode des BEK verabschiedeten Text „Bekennen in der Friedensfrage" ist die Entscheidung für den Armeedienst nicht selbstverständlich und muss individuell gerechtfertigt werden: „Jeder Christ, der vor die Frage gestellt ist, muss prüfen, ob seine Entscheidung mit dem Evangelium des Friedens zu vereinbaren ist." Als legitimere Entscheidung erscheine das Nein zum Waffendienst: „Die Kirche sieht in der Entscheidung von Christen, den Waffendienst oder den Wehrdienst überhaupt zu verweigern, einen Ausdruck des Glaubensgehorsams, der auf den Weg des Friedens führt."

> Der Berliner Bischof Kruse sagte als Vorsitzender des Rates der EKD in seinem Bericht an die Synode im Februar 1991: „Die Wiederherstellung der einen Evangelischen Kirche in Deutschland ist nicht das Ende des Vereinigungsprozesses, sondern eine wichtige Etappe in seinem Verlauf. Die östl. Gliedkirchen bringen das mit, was sie in 40 Jahren DDR und 20 Jahren Bund der Evangelischen Kirchen erfahren und durchlitten haben. Das kann nicht verloren gehen, weil jene Gliedkirchen in der Pluriformität der EKD ihre eigene Prägung haben und erst recht die Gemeinden. Vertreter dieser Landeskirchen werden im Rat und in der Synode der EKD mitwirken. Sie haben ihren Platz in der Kirchenkonferenz, in den Kammern, in Kommissionen und Ausschüssen. Es gibt also eine Fülle von Möglichkeiten und Gegebenheiten, das Eigene und Besondere in das Gespräch, auch in das Streitgespräch, einzubringen."[217]

Mit dem KG zur Regelung von Fragen im Zusammenhang mit der Herstellung der Einheit der EKD wurde auch die GO geändert: Beginn und Ende der Amtsdauer der Synode und der erste Zusammentritt wurden neu geregelt (Erl. Art. 25 I 2 f.). Ferner wurde die Synode um 34 von den östlichen Gliedkirchen gewählte Synodale und sechs berufene Mitglieder aus Ostdeutschland erweitert. Auch der Rat der EKD wurde vorübergehend auf 18 statt bisher 14 gewählte Mitgliedern zzgl. Synodenpräses erweitert.
Neben den strukturellen Veränderungen hatten EKD und BEK schon in den 70er Jahren Änderungen in der GO verabredet, die ein neues Selbstverständnis der EKD ausdrücken sollten. Seitens der östl. Landeskirchen bestand insb. der Wunsch, die Formulierung, nach der die EKD ein *Bund* luth., ref. und unierter Kirchen darstellt, durch den Begriff der *Gemeinschaft* zu ersetzen. Damit sollte der besonders in der DDR gewachsenen Gemeinschaft der Kirchen Rechnung getragen werden. Unter den Bedingungen einer säkularisierten Gesellschaft und einem von einer atheistischen Partei zentralistisch gelenkten Staatswesen waren die Kirchen in der DDR eng zusammengerückt.[218] Auch unter ekklesiologischen Gesichtspunkten hatte der Wunsch Raum gewonnen, die trennenden Grenzen der Bekenntnisprägung zu überwinden und partikulare Interessen der Landeskirchen in den Hintergrund zu rücken.[219] Daraus entstand die 1986 wirksam gewordene „*Gemeinsame Erklärung zu den theologischen Grundlagen der Kirche und ihrem Auftrag in Zeugnis und Dienst*", mit der die acht im BEK zusammengeschlossenen Gliedkirchen sich als eine Kirche im theol. Sinne begriffen. Diesem Selbstverständnis trugen die Synoden von EKD und BEK durch Neufassung des Art. 1 I Rechnung. Ferner kamen sie überein, dass geprüft werden müsse, wie

---

217 SB Berlin-Spandau 1991, S. 18.

218 Eine Reihe von Aufgaben der Landeskirchen wurden dem gemeinsamen Bund übertragen, dem bei der Wahrnehmung kirchl. Interessen gegenüber der Staatsführung eine zentrale Rolle zufiel. Gemeinsam wurden die Versuche der SED abgewehrt, die Kirchen für innen- und außenpolitische Zwecke zu missbrauchen.

219 Zwar scheiterte der 1979 in Eisenach gefasste Plan für eine „Vereinigte Evangelische Kirche in der DDR", doch wurde in den folgenden Jahren die Arbeit an den für den Zusammenschluss vorgesehenen Grundartikeln fortgesetzt.

die „Gemeinsame Erklärung“ für die EKD wirksam und dies in der GO verdeutlicht werden kann.[220]

f) Neuregelung der Gesetzgebungsbefugnis und Stärkung der Kirchenkonferenz (2000: Art. 10 f., 26 f. u.a.)[221]

In ihrem Beschl. „zur strukturellen Konzentration in der EKD“ sprach die Synode 1998 die Erwartung aus, dass ein Änderungsvorschlag zur Neuregelung der Rechtsetzung durch die EKD mit Wirkung für ihre Gliedkirchen vorgelegt werden sollte.[222] Die aus jahrelangen Beratungen der Leitenden Juristen und der Kirchenkonferenz erwachsene Neuregelung verband eine Stärkung des gesamtkirchl. Handelns namentlich der Rechtsetzung mit einer erweiterten Mitwirkung der Gliedkirchen und der KK.

Nach überkommener Verfassungskonzeption der GO lag das Gesetzgebungsmonopol grundsätzlich bei den Gliedkirchen. Nur soweit sich diese mit einer gesamtkirchl. wirksamen Regelung durch die EKD einverstanden erklärten, erfolgte eine Übertragung der Rechtsetzungsbefugnis auf die EKD. Insofern unterscheidet sich die Rechtslage von der des Grundgesetzes: Auf Grund der verfassungsgebenden Gewalt des Staatsvolkes im Bund wie in den Ländern kann sich der Gesamtstaat wie der Teilstaat auf eine unabgeleitete, originäre Rechtsetzungskompetenz berufen. Eine solche besitzt die EKD nicht. Nach Art. 1 ist sie die Gemeinschaft ihrer Gliedkirchen. Von diesen leitet sie ihre Zuständigkeit der Rechtsetzung ab, die Geltung für die Gliedkirchen erlangt. Die GO sah – im Unterschied zum GG – keine ausdrückliche Kompetenzzuweisung durch einen positiven Gesetzgebungskatalog vor.

Die früher erforderliche gliedkirchl. Zustimmung zu einer gesetzlichen Regelung mit Wirkung für die Gliedkirchen ist nur für wenige Gesetze erteilt worden. Denn damit ging die betr. Gesetzgebungskompetenz endgültig auf die EKD über, und zwar ohne künftige Mitwirkungsbefugnis, wie sie den Ländern bei der Bundesgesetzgebung zukommt. Daher scheuten sich die Gliedkirchen, neue Kompetenzen zu übertragen; denn sie hatten auf die spätere Rechtsentwicklung und sonstigen Folgewirkungen keinen unmittelbaren Einfluss mehr. Die Konsequenz war eine weitgehende Blockade gesamtkirchl. Rechtsetzung. Dem trug die GO-Änderung dadurch Rechnung, dass die Gliedkirchen an der Rechtsetzung der EKD in allen Fällen beteiligt werden, soweit sie durch die Regelung betroffen sind. Zum anderen wurden der KK erweiterte Zustimmungsbefugnisse und jeder Gliedkirche die Möglichkeit eingeräumt, das KG jederzeit für sich außer Kraft zu setzen (Art. 10a III).

---

[220] Z. Änderungsproblematik im Einzelnen Beier, Kirchwerdung, S. 131 ff.

[221] KG zur Änderung der GO v. 9.1.2000 (ABl. EKD S. 458).

[222] SB Münster 1998, S. 605; in diesem Sinne schon die Entschließung der Synode der EKD v. 15.5.1970 (SB Stuttgart 1970, S. 290).

Dies kam zudem einem Strukturproblem der GO im Zusammenspiel der Organe bei der Bewältigung gesamtkirchl. Aufgaben entgegen, der funktionalen Schwäche der KK. Den programmatischen Forderungen, die Befugnisse der KK zu erweitern, entsprach die Intention einer verstärkten Mitwirkung der Gliedkirchen durch das föderative Organ an einer gesamtkirchl. erweiterten Gesetzgebungskompetenz in Richtung auf eine zweite Kammer.[223] Eine Stärkung ihrer integrativen Funktion sollte dem Gegenüber von EKD und Gliedkirchen entgegenwirken. Zudem wurde so auf eine Rechtsvereinheitlichung hingewirkt mit der Möglichkeit, parallele Gesetzgebungsarbeit der Gliedkirchen zu vermeiden. Ferner konnten nunmehr Gesetze auch nur für einige Gliedkirchen erlassen werden, um Synoden insb. kleinerer Kirchen und ihre Verwaltungen zu entlasten.

Die GO-Änderung entsprach schließlich auch der Bitte der Synode, „*einen Entwurf der Grundordnung in geschlechtergerechter Sprache vorzulegen*“ und auch künftige Gesetzesnovellen entsprechend abzufassen,[224] denn bei Verabschiedung der GO hatte über „die Mitwirkung der theologisch gebildeten Frau am geistlichen Amt“ noch kein „theologischer consensus“ bestanden.[225]
Eine verfahrensmäßige Besonderheit der GO-Änderung 2000 war es, dass sie mit Rücksicht auf die Neuregelung der Gesetzgebung und ihres Verfahrens, die einen Kernbe-

---

223 Dies entsprach schon früheren reformprogrammatischen Forderungen, die Befugnisse der KK zu erweitern und ihre integrativen Elemente zu stärken; vgl. etwa Entschließung der Synode der EKD v. 15.5.1970 (SB Stuttgart 1970, S. 290).

224 Beschl. v. 5.11.1998 (ABl. EKD S. 491; SB Münster 1998, S. 592 ff.); vgl. Synodenbeschl. zum Schwerpunktthema „Die Gemeinschaft von Frauen und Männern in der Kirche“ (SB Bad Krotzingen 1989, S. 790 ff. mit Einführungsvorträgen, aaO, S. 151 ff.). Schon 1992 hatte der Rat der EKD empfohlen „dass Frauen und Männer in der amtlichen und normgebundenen Sprache ... gleichbehandelt werden“ (Beschl. v. 22.5.1992; KA-Az 0232/2/8. Sitzung). Die GO-Änderung v. 2000 betraf die Art. 9, 11, 24, 26, 26a, 28, 30, 31 und 34. Dabei bestimmt sich die Reihenfolge in den Paarformeln meist nach dem Alphabet (außer Art. 26 I 1 u. 32 I 3) und insoweit nicht nach der vom Rat zur sprachlichen Gleichbehandlung zur Beachtung gebotenen (Beschl. v. 22.5.1992 – KA-Az. 0232/2/8.Sitzung) Empfehlung der Frauenreferentin bzw. des KA v. 6.7.1992, die weibliche Form jew. voranzustellen (KA-Az. 0304/2,112); zum Ganzen Kastendieck, Gleichberechtigung in der Rechtssprache. Hinweise auf diese Problematik finden sich schon in den Digesten (Gaius): „Hominis appellatione tam feminam quam masculum contineri non dubitatur.“ „Verbum hoc: si quis, tam masculos quam feminas complectitur“ (zit. nach K.-E. Otto, Das Corpus Iuris Civilis, Bd. 4, Leipzig 1832, Neudruck Aalen 1984, S. 1243; Thüsing, Digesten, S. 2634 f.; vgl. auch Votum des Syn. J.M. Mierscheid (SB Limburg 1953, S. 173); E. Lippold, „Ihr Christen alle Frau und Mann“, zur Frage der inklusiven Sprache im Gesangbuch, DPfBl 1989 Heft 4 S. 138 f.; zur neueren Praxis vgl. KA der EKD, Empfehlungen zur sprachlichen Gleichbehandlung von Frauen und Männern in der Rechts- und Verwaltungssprache der EKD, Hannover 1992, und Handreichung für eine geschlechtergerechte Sprache im Diakonischen Werk der EKD, hg. v. DW der EKD, Stuttgart 2002.

225 Rdschr. der Kirchenkanzlei v. 26.7.1948 (Nicolaisen, Ratsprot. 2, S. 458).

reich der GO berührte, erst nach Zustimmung aller Gliedkirchen durch RatsVO in Kraft trat, die auch den Zeitpunkt bestimmte.[226]

g) Bundeswehrseelsorge als Gemeinschaftsaufgabe (2002: Art. 18)

Der Wiederaufrüstungsdiskussion im geteilten Nachkriegsdeutschland entsprach in der Kirche eine bewegte friedensethische Auseinandersetzung, insb. um die Bundeswehrseelsorge. So nahmen DDR-Regierung und Blockparteien den Militärseelsorgevertrag der Bundesrepublik zum Anlass, die Beziehung zum Rat der EKD abzubrechen. Die Kontroverse um die Ausgestaltung der Militärseelsorge hatte auch nach der Wiedervereinigung Vorbehalte der östlichen Gliedkirchen gegen einen Beitritt zu diesem Vertrag zur Folge. Dem trug dann eine bis 2003 befristete *Rahmenvereinbarung über die ev. Seelsorge in der Bundeswehr in den neuen Bundesländern* Rechnung. Da verfassungsrechtl. Bedenken einer Verlängerung dieser Vereinbarung entgegenstanden, kam es – auch mit Rücksicht auf eine Strukturreform der Bundeswehr (vergrößerte Wehrbereiche, verstärkte Auslandseinsätze u.a.) – zu einer rechtl. Anpassung der Bundeswehrseelsorge und einer zentralen Wahrnehmung durch die EKD im Zusammenwirken mit den Gliedkirchen. Durch Kirchengesetz zur Änderung der Grundordnung der EKD v. 7.11.2002 wurde die Bundeswehrseelsorge ausdrücklich als eine „*Gemeinschaftsaufgabe der EKD und der in ihr verbundenen Gliedkirchen*" in der GO verankert (Erl Art. 18). Der Begriff der Gemeinschaftsaufgabe folgt aus den rechtstheol. und verfassungsrechtl. Vorgaben der in Art. 1 statuierten Gemeinschaft und Kirchengemeinschaft in der EKD und deren gesamtkirchl. Zuständigkeiten.

h) Seelsorge in der Bundespolizei als Gemeinschaftsaufgabe (2003: Art. 18)

Die Zuständigkeit des Bundesgrenzschutzes (BGS) für den grenzpolizeilichen Schutz, hatte mit einer Vielfalt anderer Aufgaben wie dem Schutz der Verfassungsorgane und Bundesministerien sowie in der Katastrophenhilfe erhebliche Erweiterungen zu einer Polizei des Bundes erfahren (heute „Bundespolizei"). Die politische Entwicklung nach der Wiedervereinigung, die Verlagerung der Ostgrenzen, europäische Auslandsaktivitäten und die Integration der Bahnpolizei brachten zudem Strukturveränderungen mit sich, die sich auch auf die Organisation der Seelsorge auswirkten. Die BGS-Seelsorge wurde über die ursprünglich nur sechs vertragsschließenden Kirchen hinaus unter zentraler Leitung für alle Gliedkirchen tätig. Daraus resultierte eine entsprechende Anbindung an die EKD. Der Sonderhaushalt des BGS war seit 1996 in den EKD-Haushalt integriert. Durch gesamtkirchl. Vereinbarung mit dem Bundesminister des Inneren

226 In Kraft gesetzt wurde das KG zum 1.4.2002 durch VO des Rates v. 22.3.2002 (Ndschr.Rat 22.3.2002, KA-Az. 0232/2, 46. Sitzung, Anl. zu TOP 13); vgl. KI-Gutachten „Zum Erfordernis der gliedkirchlichen Zustimmung bei Änderungen der GO der EKD" v. 29.10.1999, S. 1 ff.; zum Zustimmungserfordernis allgemein: Erl Art. 26a V.

kann der Beauftragte der Ev. Seelsorge für den Bundesgrenzschutz durch den Rat der EKD berufen werden. Seit 1999 ist die EKD für die beteiligten Gliedkirchen auch Vertragspartner der ursprünglich gliedkirchl. Vereinbarung mit der Bundesregierung v. 1965. Mit dem Beschl. der Synode der EKD zum *Kirchengesetz zur Änderung der Grundordnung der EKD die Evangelische Seelsorge im Bundesgrenzschutz betreffend* v. 6.11.2003 ist die Grenzschutzseelsorge ähnlich wie die Bundeswehrseelsorge als *Gemeinschaftsaufgabe* in die GO aufgenommen worden.

i) Reform der Kirchengerichtsbarkeit (GO-Änderung 2003: Art. 32 ff.)

Bei Verabschiedung der GO 1948 konnten die staatl. Regelungen der Rechtspflege durch das Grundgesetz v. 1949 noch nicht mit berücksichtigt werden. Auf gesamtkirchl. Verfassungsebene war die Rechtspflege über die Aufgabe einer „Vermittlung bei Streitigkeiten" zw. den zugehörigen Kirchen und Gemeinschaften, die bereits dem ev. Kirchenbund v. 1848 zugewiesen war, nicht wesentlich fortentwickelt worden (Anh 1: Ziff. 5d). Zur Entscheidung von Meinungsverschiedenheiten und Streitfragen war zwar nach Art. 32 a.F. in der EKD ein *Schiedsgerichtshof* (SHG) berufen. Dieser diente jedoch nicht der Rechtskontrolle und dem Rechtsschutz Einzelner, sondern der Bereinigung von Streitfragen zw. Kirchen und Verbänden. Im Übrigen war die Rechtspflege für bestimmte Sachgebiete wie Disziplinarwesen, Mitarbeitervertretung und Arbeitsrechtsregelung in verschiedenen Kirchengesetzen geregelt. Nach dem Grundordnungsentwurf 1974 sollte ein Rechtshof über Verfassungs-, Verwaltungs- und Disziplinarsachen entscheiden (Art. 68 f.).

Zunehmende Aktivierung und steigender Aufwand für die diversen Verfahren vor Gerichten und Schlichtungsstellen erforderten eine Straffung der Gerichtsorganisation im gesamtkirchl. Bereich auch i.S.d. gebotenen Rechtsvereinheitlichung (Art. 6). Hinzu kamen die staatskirchenrechtl. Rahmenbedingungen einer umfassenden Rechtsschutzgarantie und Justizgewährungspflicht und andererseits die Begrenzung staatl. Justizhoheit durch die Kirchenautonomie. Die daraus resultierende Reform der gesamtkirchl. Gerichtsbarkeit verwirklichte der Beschl. der Synode der EKD zum *Kirchengesetz über die Errichtung, die Organisation und das Verfahren der Kirchengerichte der EKD* v. 6.11.2003 (ABl. EKD S. 408) mit Wirkung v. 1.1.2004.

Mit diesem Gesetz wurden grundlegende Regelungen der Rechtspflege in die GO aufgenommen, wie die Trennung von Verwaltung und Gerichtsbarkeit und die richterliche Unabhängigkeit. Eingerichtet wurde ferner der Verfassungsgerichtshof für *Organstreitverfahren* und eine konkrete *Normenkontrolle* (Art. 32-32c). Auch wurde die gesetzliche Möglichkeit einer Verzahnung der gesamtkirchl. mit der gliedkirchl. Gerichtsbarkeit geschaffen. Mit der GO-Änderung verband sich ein *Kirchengerichtsgesetz* zu Verfassung und Verfahren der Kirchengerichte.

9. Strukturreform – Verbindung der gliedkirchlichen Zusammenschlüsse (2005: Abschn. IIIa, Art. 28a u.a.)

Im Zuge der Mitgliedschaftsuntersuchungen der EKD stellte sich verstärkt die Frage „Was wird aus der Kirche?“[227] Die Augsburger Konfession beantwortet sie mit dem Bekenntnis, „dass allezeit eine heilige christliche Kirche sein und bleiben wird“ (CA 7). Die aktuelle Frage signalisiert aber, dass die Gesamtkirche wie auch fast alle Gliedkirchen sich jeweils auf ihrer Ebene in einem Prozess der Aufgabenkritik und Strukturrevision befinden.

Rückschauend wird deutlich, dass der Reformversuch 1974 nicht vergebens war, sondern den Weg für die nachfolgenden GO-Änderungen bereitet hat. Auf dem Weg zur Kirchwerdung hat insb. die Reform v. 1984 im Zusammenwirken mit dem Leuenberger Prozess die EKD als Gemeinschaft bestärkt. Im Zuge der Herstellung der Einheit 1991 wurden weitere Schritte zur Neuordnung getan und haben mit der tatsächlichen Entwicklung neue Überzeugungen wachsen lassen. Gleichwohl erweckte immer noch eine überlandeskirchl. Organisationsvielfalt „bei äußerer Betrachtung den Eindruck, dass konfessionelle Differenzen die Szene beherrschen“. Bemühungen um verstärkte Kooperation und Arbeitsteilung stießen in der Vergangenheit meist auf die Grenzen der Einsicht in die Notwendigkeit von Veränderungen und Reformfähigkeit in der EKD und weckten die Sorge um gewachsene Traditionen, bestehende Vielfalt.[228] Daher blieb die zentrale Aufgabe, aus der theol. Neubestimmung des Verhältnisses der Konfessionen auf Grund der Arnoldshainer Abendmahlsthesen (1957), der Thesen zur Kirchengemeinschaft (1970), der Leuenberger Konkordie (1974) und aus der verfassungsmäßigen Bestimmung der EKD als „Gemeinschaft“ (1991) institutionelle Konsequenzen für ihre Gliederung zu ziehen.

Die Frage nach einer sinnvollen und überzeugenden Gestalt der ev. Kirche und „eine deutliche strukturelle Vereinfachung“ ihrer Organisation wurde dringender.[229] Auch eine überzeugende Ordnung der Kirche kann missionarische Impulse auslösen. Das aufgetragene Ziel der Einheit der Kirche (Joh 17,21; Eph 4,1ff.) gilt nicht nur für die weltweite Ökumene, sondern auch innerhalb der EKD. Das Bewusstsein dafür war auch mit den Erfahrungen der gesamtgesellschaftlichen Entwicklungen während der deutschen Teilung und seit der Wiedervereinigung – auch unter bevölkerungspolitischen und ökonomischen Perspektiven – gewachsen.

---

227 J. Hanselmann, H. Hild, E. Lohse, Hg., „Was wird aus der Kirche?“ (z. Ergebnis der zweiten Mitgliedschaftsumfrage der EKD), Gütersloh 1984.

228 Löwe, Zwanzig Jahre Arnoldshainer Konferenz aus der Sicht der EKD, S. 4 f.; Synodenbericht zum Lenkungsausschuss und EED (SB Leipzig 1999, S.299 ff.); Erl Art. 15 II.

229 Beschl. der EKD-Synode v. 7.11.2002 (SB Timmendorfer Strand 2002, S. 589); vgl. J. Winter, Die UEK als Beitrag zur Strukturreform der EKD, ZevKR 49 (2004) S. 239 ff.; vgl. Rat der EKD, Impulspapier.

Im Dezember 2002 ergriffen die Gliedkirchen der EKD die Initiative. Ein durch die KK eingesetzter Ad-hoc-Ausschuss empfahl nach Sichtung und Bewertung der verschiedenen Reformvorschläge eine Neuordnung in der Weise, dass UEK und VELKD ihren Auftrag *in* der EKD und nicht mehr *neben* ihr wahrnehmen sollten. Man hatte sich vergewissert, dass einer Veränderung der bestehenden Organisationsstrukturen keine zwingenden theol. Bedenken entgegenstanden. Vielmehr erwies sich eine Verbindung der konfessionell bestimmten gliedkirchl. Zusammenschlüsse mit einer veränderten EKD sinnvoll und gestaltbar.[230]
Die Kirchenleitungen der UEK und der VELKD sowie der Rat der EKD haben, nachdem die Vertreter der Gliedkirchen in der KK sich einstimmig die Empfehlung zu eigen gemacht hatten, am 31. August 2005 entsprechende Verträge geschlossen. Diese wurden für die EKD zusammen mit der GO-Änderung durch *Kirchengesetz zur Änderung der Grundordnung der EKD und zur Ratifizierung der Verträge der EKD mit der Union Evangelischer Kirchen in der EKD und der Vereinigten Evangelisch-Lutherischen Kirche Deutschlands* v. 10.11.2005 (ABl. EKD S. 549) verabschiedet. Nach Zustimmung aller Gliedkirchen setzte der Rat der EKD das Gesetz zum 1. Januar 2007 in Kraft.[231]

Durch das Vertragswerk wurde eine vertiefte strukturelle Verbindung der drei großen Zusammenschlüsse EKD, UEK und VELKD hergestellt und unter der Bedingung einer Erhaltung der konfessionellen Identitäten und Handlungsfähigkeiten folgende Ziele angestrebt:
- Stärkung einer profilierten ev. Präsenz in Gesellschaft und Öffentlichkeit,
- wirksamere und zukunftsorientiertere Wahrnehmung der Gemeinschaftsaufgaben,
- Vertiefung der theol. Zusammenarbeit,
- Verbesserung der Zusammenarbeit der Landeskirchen,
- Ausbau von Beratung und Unterstützung der Landeskirchen sowie
- Konzentration der Kräfte durch sorgsamen Umgang mit verfügbaren Ressourcen, Abbau von Doppelstrukturen, Transparenz von Abläufen, Willensbildung und Entscheidungsfindung sowie Verbesserung der Kommunikation und Kooperation.

Die Neuordnung (im Einzelnen Erl Art. 21a und 28a) verbindet das überkommene faktische Nebeneinander von UEK, VELKD und EKD zu einer mit Verfassungsrang geordneten Gesamtkirche, die eine engere Gemeinschaft bekenntnisgleicher Kirchen in der größeren Gemeinschaft bekenntnisverschiedener Gliedkirchen ermöglicht und respektiert. Die unterschiedlichen Sichtweisen zw. den bekenntnisverschiedenen Kirchen wurden in einem verlässlichen Verfahren des Aufeinanderbezogenseins aufgenommen.

---

230 Vgl. epd-Dokumentation 28a/2003 u. 44/2003; Winter, Die UEK als Beitrag zur Strukturreform der EKD, ZevKR 49 (2004) S. 239 ff.

231 Durch Verordnung gem. Art. 26 VII 3.

Nach dem sog. „Verbindungsmodell“ nimmt die EKD grundsätzlich als die Gemeinschaft aller Gliedkirchen deren Gemeinschaftsaufgaben wahr. Dabei soll so viel Gemeinsamkeit aller Gliedkirchen erreicht werden wie möglich und so viel Differenzierung für die gliedkirchl. Zusammenschlüsse vorgesehen werden, wie nach deren Verständnis nötig ist. Die bestehenden Zusammenschlüsse sind mit je eigener Willens- und Entscheidungsbildung für ihre jew. Angelegenheiten in die EKD eingefügt, mit der Möglichkeit, gewisse Sachverhaltsregelungen an sich zu ziehen. Die Bildung von Konventen als Teilorgane innerhalb der KK mit entsprechenden Mitwirkungsrechten in den Entscheidungsstrukturen der EKD sowie besonderen Amtsleitungs- und Haushaltsstrukturen gewährleisten, dass die Zusammenschlüsse ihren Auftrag in eigener Verantwortung in der EKD erfüllen können. Auch die ökum. Anschlussfähigkeit wird bewahrt. Die Verwaltungsaufgaben werden für alle Organe der EKD und der Zusammenschlüsse durch ein gemeinsames Kirchenamt mit den darin verbundenen Ämtern der UEK und der VELKD wahrgenommen.[232]

Die Reform erscheint heute als einer der verfassungsrechtl. wichtigsten Schritte im langwierigen Prozess vom Kirchenbund zur Kirchengemeinschaft und vom Bundesstatut zu einer Ordnung, mit deren Gestaltung die Gesamtkirche „wie mit ihrer Botschaft mitten in der Welt“ das Evangelium bezeugt. Gewiss wird diese Grundordnung bei allen Wandlungen menschlichen Kirchenrechts vom unwandelbaren ius divinum her immer den jeweiligen Bedürfnissen anzupassen sein, um als umfassende Gemeinschaft wie auch als Minderheitskirche in der Welt durch Zeugnis, Mission und Diakonie zu bestehen.[233]

---

232 Dazu vgl. v. Vietinghoff, Reform ist nötig – Reform ist möglich, Diskussionspapier; ders., Transparent, profiliert und zukunftsorientiert; ders., Strukturdebatte in der EKD; epd-Dok. 43/2002, S 13 ff.; ders., Klares Profil, kraftvolle Entscheidungen, Zeitz. 5/2002, S. 30 ff.; vgl. Beschl. der EKD-Synode zur Strukturreformdebatte v. 7.11.2002 (ABl. EKD S. 381); kritisch zur Strukturreform: F. Hauschildt, Erwägungen zu den Strukturüberlegungen für die EKD (epd-Dok. 43/2002, S. 20 ff.). Dazu auch Bericht und Voten v. H. Beste, M. Rupp, W. Härle, Beschl. der Kirchenleitung sowie Entschließung der Generalsynode der VELKD (Drucks. 1-11/2004 der Sondertagung der 10. Generalsynode der VELKD 2004).

233 Barmer Theol. Erkl. These III; vgl. Jüngel, Einheit gewinnt durch Vielfalt, S. 28; zur „Perspektive der ev. Kirche im 21. Jh.“ und „Reformdekade 2007 bis 2013“: Rat der EKD, Impulspapier.

Erläuterungen

1. Einteilung der Grundordnung

Unter der Überschrift „Grundordnung der Evangelischen Kirche in Deutschland“ werden im Anschluss an den Vorspruch die Artikel in sechs Abschnitte zusammengefasst:

I. **Grundbestimmungen** (Art. 1–5)
II. **Aufgaben** (Art. 6–20)
III. **Gliederung** (Art. 21)
IIIa. **Gliedkirchliche Zusammenschlüsse in der EKD** (Art. 21 a)
IV. **Organe und Amtsstellen** (Art. 22–32 c)
V. **Besondere und Übergangsbestimmungen** (Art. 33–35).

Der Entwurf des Bruderrates unterteilte die Verfassung lediglich in zwei Abschnitte: „A) Wesen und Aufgaben“ und „B) Organe der EKD und ihre Aufgaben“. Schon der Verfassungsausschuss nahm weitgehend die endgültige Gliederung vor, wobei er den Vorspruch und die Grundbestimmungen in einen ersten Abschnitt „Grundlagen“ zusammenfasste. Ferner überschrieb er Abschnitt IV: Organe und *„Dienststellen“*, um deren dienenden Charakter zu kennzeichnen (vgl. Anh 7A u. B).

2. Überschrift „Grundordnung der Evangelischen Kirche in Deutschland vom 13. Juli 1948“

Alle Elemente der Überschrift, die *Bezeichnung* als „Grundordnung“ wie auch der *Name* der „Evangelischen Kirche in Deutschland“, selbst *Abkürzung* und *Verfassungsdatum* waren Gegenstand der Auseinandersetzung um Wesen und Rechtsnatur der Gesamtkirche und ihrer Ordnung. Dies zeigt auch die Entstehungsgeschichte mit ihrer durchgängigen Diskussion um den kirchl. Status der EKD und ihr Verhältnis zu den bekenntnisbestimmten Gliedkirchen.

a) Bezeichnung „Grundordnung“

„Einen andern Grund kann niemand legen als den, der gelegt ist, welcher ist Jesus Christus“ (1. Kor 3,11). Dies gilt für die Kirche und für ihre Ordnung, in der ihr Bekenntnis wirksam wird (Art. 1 I), und gilt auch für die verfassungsrechtl. Grundlage der EKD, die „Grundordnung“. Die Bezeichnung verweist auf die rechtl. Gestalt und auf den Grund, auf dem sie aufbaut und den sie der Welt ihrerseits vermittelt. Das besagt auch der erste Satz der GO: „Grundlage der EKD ist das Evangelium...“.

Entstehung der Bezeichnung

Im geschichtlichen Rückblick auf die Ordnungen des Deutschen Evangelischen Kirchenbundes (DEKb) und der Deutschen Evangelischen Kirche (DEK) hätte es nahegelegen, die Neuordnung nach dem Zweiten Weltkrieg wieder als „*Verfassung*“ zu bezeichnen.[234] Diese Bezeichnung ging zurück auf das Aufkommen des Verfassungsstaates im 19. Jh. und auf die mit dem Wegfall des Summepiskopats 1918 einsetzende staatskirchenrechtl. Verselbständigung der Landeskirchen. Diese gaben sich in der Folgezeit erstmalig grundlegende Ordnungen ihres kirchl. Lebens und bezeichneten diese durchweg als „Verfassung“.[235] Demzufolge trat an die Stelle der Bundesverfassung von 1922 auch 1933 wiederum eine „Verfassung“ der DEK.[236] Im Kirchenkampf wuchs dann die Erkenntnis der Wesensverschiedenheit staatl. und kirchl. Organisation und Ordnungen.[237] Die Kontinuität der gesamtkirchl. Organisationsgestalt stand in Frage. Dies fand seinen Ausdruck auch in einer Problematisierung des bis dahin einheitlichen Sprachgebrauchs.[238] So betont die *Barmer Erklärung* neben der Botschaft der Kirche ihre „Ordnung“ als geistlich verantwortete Gestaltung, die sich staatl. Ingerenz entzieht (Text 3: These III). Dieser Ordnung kam aus reformierter Sicht sogar Bekenntnischarakter zu. Bei der Neuordnung der Kirche ging es demnach nicht nur um die Schaffung von Organen und Kompetenzabgrenzungen, sondern untrennbar auch um das geistliche Leben.

---

234 Anh 2; dazu Hosemann, Kirchenbund, S. 14 ff.

235 Mit Ausnahme der APU, die den Ausdruck „Verfassungsurkunde“ wählte; zur Übersicht: Giese-Hosemann, Die Verfassungen der deut. ev. Landeskirchen; Kraus, Ev. Kirchenverfassungen.

236 Anh 3; vgl. W. Weber, Staatskirchenrecht, S. 13 ff.

237 Barmer Erklärung zur Rechtslage der Bekenntnissynode der DEK: „In der Kirche ist eine Scheidung der äußeren Ordnung vom Bekenntnis nicht möglich.“ (Text 4: These III) und Ziff. 2.5 der 13 Sätze des Kirchlichen Einigungswerks (Text 5); vgl. Gesch 1e, Erl Art. 3 vor I.

238 Der Terminus „Verfassung“ war bereits in einer Note der Ministerpräsidenten an die Alliierten v. 10.7.1948 genannt. Zur parallelen Problematik des Grundgesetzes: Maunz/Dürig, Präambel, Rdn. 6; zum Begriff „Grundgesetz“: Murswiek, in: Dolzer/Vogel, Bonner Kommentar, Überschrift Ziff. I, 1; zur Begriffsproblematik der staatl. „Verfassung“ und des „Grundgesetzes“ i.S.d. Unverbrüchlichkeit aber auch der Vorläufigkeit der staatl. Neuordnung: Maunz, Deutsches Staatsrecht, S. 38 f.

Dies führte zu einer *Rückbesinnung auf den Sprachgebrauch der Reformationszeit.* Nach deren Einführung hatten Landesfürsten und Reichsstädte den Partikularkirchen – entsprechend ihren staatl. „Ordnungen“ – vielfach „*Kirchenordnungen*“ gegeben. Diese hatte sowohl im luth. Bereich als auch i.S.d. ref. Gemeindeordnung (z.B. die Genfer Ordonnances ecclesiastiques v. 1541) neben einer rechtl. Regelung des Aufbaus und der Leitung, des Schulwesens, der Feiertage u. dgl. meist auch dogmatische und Bekenntnistexte (corpus doctrinae), Gottesdienstordnungen und sonstige agendarischen Bestimmungen zum Gegenstand und als umfassende Kompendien mitunter den Charakter einer Lebensordnung. Einige Landeskirchen, die sich nach 1945 eine neue Verf. gegeben hatten, z.B. Oldenburg und Schleswig Holstein, haben ebenso wie die rhein. und die westf. „Kirchenordnung“ versucht, an diese Tradition anzuknüpfen.[239] Andere haben ihre Verf. mehr auf Organisations- und Verfahrensrecht beschränkt. Sie wählten die Bezeichnungen „Ordnung, Kirchenordnung oder Grundordnung“[240] oder sind aus Gründen der Kontinuität bei der Bezeichnung „Verfassung“ geblieben.[241] Für die EKD führte dieser Rekurs auf die Kirchenordnungen indes nicht zur vollständigen Übernahme dieser Bezeichnung. Denn der Bekenntnisbezug[242] dieser Tradition tangierte wiederum die Frage nach dem kirchl. Status der EKD. Nachdem sich abzeichnete, dass die GO in einer bündischen Struktur Lehraussagen, gottesdienstliche und andere bekenntnisspezifische Materien nicht im Einzelnen regeln würde, stand einer solchen Konzeption die historische Funktion einer umfassenden und bekenntnisbezogenen *Kirchen*ordnung entgegen. Daher kam der Verfassungsausschuss schon zu Beginn seiner Beratungen 1947 überein, von der traditionellen „Kirchenordnung“ lediglich den Begriffsbestandteil **„Ordnung“** zu übernehmen.

Den rechtstheol. Vorbehalten gegen den staatl. *Verfassungsbegriff* einerseits und gegen eine als Kirche *geordnete* EKD andererseits lag der Kirchenbegriff der Reformation zugrunde. Er unterscheidet die geistliche Kirche als Gemeinschaft der wahrhaft Glaubenden (ecclesia spiritualis)

---

239 Ein Ansatz der GO hierzu, wenn auch aus anderen entstehungsgeschichtlichen Motiven, mag in der Bezugnahme der GO auf die altkirchl. und reformatorischen Bekenntnisse und vor allem auf Barmer Erklärung und Leuenberger Konkordie gesehen werden (Vorspr. u. Art. 1).

240 Baden, BEK, EKHN, EKiBB, EKKW, EKsOL, EKU, Lübeck, Old, Pom, Sa(M), Rh, Westf (vgl. Kraus, aaO, S. 81).

241 Grethlein/Böttcher, Kirchenrecht, S. 23; gegen die terminologische Absetzung von staatl. tradierten Strukturen wurde namentlich von luth. Theologen die Unterscheidung zw. geglaubter und irdisch verfasster Kirche eingewandt. Diese sei auch ein Stück der „Welt“ und habe insoweit ohne Schaden an ihrem Wesen auch Teil an deren Organisationsformen (Erl Art. 3 vor I); zum Wesensunterschied zw. staatl. und kirchl. Recht vgl. Erl Art. 2 vor I.

242 So konstatierte der von Erik Wolf vorgelegte GO-Entwurf, der an die ref. Theologie Karl Barths anknüpfte: „Die Ordnung der EKD ruht auf ihrem Bekenntnis.“ In der Begründung hieß es dazu, es gehöre „zu den grundlegenden Erkenntnissen der neueren deutschen Kirchenrechtswissenschaft, dass eine kirchliche Verfassung auf dem Bekenntnis der Kirche ruhen muss und nur aus ihm entfaltet werden kann“ (EZA 2/4).

von der menschlich geordneten Partikularkirche (ecclesia particularis) in ihrer äußeren kirchenrechtl. Gestalt (Erl Überschrift „Kirche"). Die Ordnung der Partikularkirche beruht als menschlich geschaffene Verfassung – im Unterschied zum kath. Verständnis, das auch in der äußeren Organisationseinheit eine die geistliche Kirche konstituierende Grundlage sieht – nicht unmittelbar auf göttlichem Recht (ius divinum). Ihr wird besonders nach luth. Auffassung, die einer gesamtkirchl. Ordnung mit besonderen Vorbehalten begegnete, eher die Funktion eines praktischen Regulativs beigemessen, dass es ordentlich in der Kirche zugehe (CA XXVIII,53: „ut res ordine gerantur"), „ohne dass man die Gewissen damit beschweren soll, als seien solche Dinge notwendig zur Seligkeit" (CA XV). Dies entspricht einem Verständnis kirchl. Ordnung, die vor allem Amt und Gemeinde, die Institutionen der Verkündigung und Sakramentsverwaltung und der Gemeinde der Gläubigen auf allen Stufen des kirchl. Lebens in das rechte Verhältnis zueinander bringt. Mit welchen organisatorischen Mitteln dies jedoch geschieht und wie hierzu etwa die Organe zu gestalten sind, bleibt Frage insb. der Zweckmäßigkeit.[243] Neben dieses Kriterium pragmatischer Vernunft tritt nach reformierter Rechtstradition und Barmer Erkenntnis ein deutlicherer Bekenntnisbezug (Erl Art. 2 vor I).

Das pragmatische Verständnis partikularkirchl. Ordnung kam dem *Kompromisscharakter* der neuen Ordnung und ihrer Statusproblematik entgegen. In der schwierigen kirchenpolitischen Situation überwog daher schon im Verfassungsausschuss eine Tendenz, die Verf. nicht mit theol. Erkenntnissen zu überfrachten und keine Ordnung anzustreben, die allen bekenntnismäßigen Desideraten vollständig entsprach. Demnach gehörten besonders ekklesiologische Vorstellungen – etwa des Bruderrats von der neuen Gemeindekirche oder des Lutherrats über die rechte Zuordnung von Amt und Gemeinde – in die gliedkirchl. Verf.; Regelungsgegenstand der gesamtkirchl. Ordnung war in erster Linie das Miteinander der Gliedkirchen. Dem Verfassungsausschuss ging es bei der neuen Ordnung der EKD, wie ein luth. Mitglied hervorhob, nicht um eine Verf. für die Ewigkeit, sondern um ein Regelungswerk, nach dem sich in aller Vorläufigkeit ohne unnötige Reibungsverluste für jeden an seiner Stelle arbeiten ließ.[244]

Unter diesen Auspizien verständigte man sich auf den vermittelnden Vorschlag,[245] die Verf. als „**Grund**ordnung" zu bezeichnen, in dem auch deren Kompromisscharakter

---

243 Diese aus den luth. Bekenntnisschriften abgeleitete Bewertung „äußerer Zeremonien und Mitteldinge" als *Adiaphora* (FC Art. 10; CA XXVIII), die dem Glauben weder nützen noch schaden, erleichterte insoweit partiell die Verfassungsdiskussion, wird aber heute nicht mehr auf Rechtssätze der Kirchenverf. bezogen. Diese werden zwar nicht, wie in der Weise des kanonischen Rechts in die Heilsordnung einbezogen, aber sie sind, wie dies die Barmer Erkl. – mehr im calvinistischen Verständnis – verdeutlicht, ekklesial nicht zweitrangig (Grundmann, Verfassungsrecht, S. 11).

244 Einführung zur Ratsvorlage der GO: „Wir haben uns bemüht, zu ordnen, was da ist... Wir haben bewusst bei der Grundordnung der EKD davon abgesehen, diese Ordnung nach einem luth. oder nach einem ref. Verfassungsprinzip zu gestalten" (Eisenach 1948, S. 19).

245 Vorschlag des Vizepräsidenten V. Benn, der anregte, die staatl. Begrifflichkeit generell zu vermeiden und die Besonderheit der Kirche auch terminologisch zum Ausdruck zu bringen.

zum Ausdruck kam. Diese modifizierte Namensgebung kennzeichnet aber nicht nur Vorbehalte, sondern bedeutete in dem kirchenpolitischen Kontext auch eine Heraushebung. Theologisch gewährleistete dieser Begriff den Bezug auf den eingangs erwähnten Grund der Kirche (1. Kor 3,2), der unterschiedliche Vorstellungen über die Rechtsnatur der Gesamtkirche zuließ und die kontroversen Punkte nicht unmittelbar berührte. In der besonderen kirchengeschichtlichen Situation verwies die biblische Metapher des Bauwerks auf den Grund, der gelegt wird zum Hause des Herren (1. Kö 6,37) und auf den sicheren Grund der Lehre (Lk 1,4; Eph 2,20). Rechtlich wird die Verf. mit dieser Bezeichnung nicht nur aus „Kirchengesetzen und sonstigen Ordnungen" (Art. 12), sondern auch als „Grundlage" der gesamtkirchl. Rechtsgestalt hervorgehoben.
Die Bezeichnung „Grundordnung" wurde von weiteren Gliedkirchen luth. und unierten bzw. konsensunierten Bekenntnisses übernommen.[246]

Bedeutung der Bezeichnung
Im *rechtstheol. Verständnis* spiegelt der verfassungsrechtl. Begriffs der „Grundordnung" das Wesen und die Rechtsnatur der Gesamtkirche und kennzeichnet die EKD „als geordnetes und als ordnendes Rechtsgebilde".[247]

Der kirchenrechtl. *Begriff* der Ordnung (griech. *kósmos*) als Gestalt (lat. *ordo*)[248] und Gestaltung (lat. ordinatio) ist biblisch geprägt: Das *Alte Testament* bezieht ihn auf Gottes Schöpfungs- und Heilsordnung und auf sein Gesetz für das Volk Israel (Jer 31,36). In einem weiteren Sinne der Hierarchie priesterlicher Ordnung (Heb 5,6) klingt auch ein funktionales Moment der Ordnung (i.S.d. Ordination) als Gestaltungsprozess einer Hinordnung zu Gott an. Im *Neuen Testament* geht der Begriff auf die antike Vorstellung vom Kosmos als dem durch die Idee geordneten Chaos zurück und liegt auch dem paulinischen Rechtsverständnis zugrunde. „Gott ist nicht ein Gott der Unordnung, sondern des Friedens" (1. Kor 14,33); dies besagt das Gottgewollte und damit die Heiligkeit der Ordnung.[249] In Luthers Übersetzung beschreibt der Begriff in Sonderheit die Ordnung für das weltliche Regiment (Röm 13,2; 1. Petr 2,13) im Rahmen der Heilsordnung Gottes. Hinzu kommt der formale Ordnungsaspekt, etwa der Reihenfolge eines Geschehensablaufs, wie ihn Luther beispielsweise im Lukasevangelium (Lk 1,1)

---

246 Berlin-Brandenburg v. 15.12.1948, Kirchenprovinz Sachsen v. 30.6.1950, Baden v. 23.4.1958 und Kurhessen-Waldeck v. 22.5.1967.

247 Erik Wolf, Grundordnung, S. 1.

248 Entfaltet wurde der Begriff etwa in der Drei-Stände-Lehre der Orthodoxie des 17. Jh. von der häuslichen (ordo oeconomicus), politischen (ordo politicus) und kirchl. (ordo ecclesiasticus) Ordnung (vgl. Erik Wolf, Ordnung, S. 61). – Im allgemeinen Sprachgebrauch verbindet sich mit dem *Begriff* der „Ordnung" die Vorstellung eines umfassenden Zusammenhangs, einer bestimmten Reihenfolge. Er bezeichnet nicht nur die Regelungsform an sich, sondern auch deren Inhalt. Darüber hinaus fixiert eine „Ordnung" nicht nur einen objektiv statischen Zustand, sondern umreißt auch die aktive Rechtsgestaltung.

249 Liermann, Kirchenrecht, S. 20.

betont. Die patristische Definition als Zusammenstellung gleicher und ungleicher Dinge durch Zuweisung des einem jeden gebührenden Ortes verdeutlicht die pragmatische Ordnungsfunktion namentlich einer Kirchenverf.[250]

Die *Grundordnung* umfasst das vielfältige Bedeutungsspektrum: Sie stellt zum einen die „Ordnung“ der Kirche deren „Lehre und Leben“ (Art. 1 I) gegenüber, an anderer Stelle auch deren „Wesen und Auftrag“ (Art. 1 III). Diese Unterscheidung definiert mehr das formale Moment. Die Verf. ist insofern der statische Rahmen, in dem sich die Erbauung der Gemeinde, also das Wirken Gottes vollzieht,[251] kirchl. Handeln und seine Regeln miteinander zu einem Ganzen verbindet. Sie ermöglicht Nachvollziehbarkeit, Durchsetzung und Bestand. Diese praktische und gegenständliche Bedeutung der Ordnung als Regulativ menschlicher Organisation (CA XV u. XXXVIII) steht im Vordergrund, wenn die GO von „der Ordnung des Verhältnisses der Gliedkirchen zueinander“ (Art. 5) oder der „Ordnung“ des Hilfswerkes (Art. 15 III) und der Diasporapflege (Art. 16 II) spricht.
Demgegenüber kommt in anderem Kontext etwa der „Ordnung der Ökumene“ (Art. 2 III) und „der Brüderlichkeit“ (Art. 5) mehr eine inhaltliche Deutung und auch der geistliche Prozess des Ordnens zum Ausdruck. Im Unterschied zu dem im Staatsrecht gebräuchlichen Begriff der „Verfassung“ rückt diese Bezeichnung eine *transzendierende Perspektive* des Heilsgeschehens in Richtung einer höheren Ordnung in den Blick. Sie ist zwar Menschenwerk, aber Ausdruck des göttlichen Rechtswillens (1. Kor 14,40) und insofern nicht dem Belieben der Kirche überlassen.[252] Die konstitutive Bedeutung von Bekenntnis und Zeugnis für die kirchl. Ordnung unterstreicht die GO durch ihre Bezugnahme auf die Barmer Erklärung (insb. zur Rechtslage, These III) und auf die Leuenberger Konkordie (Tz 45).

Diese inhaltliche und formale Deutungsvielfalt verbietet ein schematisches Verfassungsverständnis und eine abstrakte Grenzziehung, inwieweit die Anwendung der GO nach Zweckmäßigkeitserwägungen verfahren kann oder sich an Schrift und Bekenntnis zu halten hat (Erl Art. 2 I u. Art. 26a III).

b) Der Name „Evangelische Kirche in Deutschland“

Die GO regelt den Namen der Gesamtkirche als solchen nicht ausdrücklich, legt ihn aber verfassungsrechtl. fest: Die Überschrift, der Vorspruch, nachfolgende Artikel und der Beschluss über die Verkündung der GO bezeichnen die Gesamtkirche als „Evange-

250 Augustin, De civitate Dei, XIX, 13 (zit. n. J. Bernhard, Hg., Bekenntnisse und Gottesstaat, Stuttgart 1955).
251 K. Barth, Die Ordnung der Gemeinde, S. 5.
252 Grundmann, Verfassungsrecht, S. 15.

lische Kirche in Deutschland“. Zentral findet sich die Formulierung in der Definition zu Beginn der ersten Grundbestimmung.

„Evangelische“

Dieses Attribut bedeutet, vom Wort „Evangelium“ (griech. eu angelium, gute Botschaft, Mk 1,14 f.) abgeleitet, seit ältester Zeit „dem Evangelium gemäß“ oder diesem „zugeordnet.“[253] Die Reformatoren nannten so ihre aus dem Evangelium gewonnenen Einsichten. Das Wort war schon 1521 von Luther für die von ihm vertretene (bis dahin „lutherische“) Sache vorgeschlagen worden („ecclesia creatura est evangelii“). Die Bezeichnung wurde jedoch durch den Bauernkrieg und die Täuferbewegung belastet, die ihre politischen, sozialen Forderungen „evangelisch“ nannte.[254] Später setzte sich diese Kennzeichnung der Reformbewegung durch, weil sie, auch nach deren Selbstverständnis, ihr Anliegen insg. treffender und umfassender benannte als die Bezeichnungen „protestantisch“[255] oder „lutherisch“. Reichsrechtl. verfestigte sich der Ausdruck im *„Corpus Evangelicorum“*, zu dem sich die nicht-kath. Reichsstände 1593 zusammenschlossen. Seit dem blieb „evangelisch“ Namensbestandteil aller Einigungsversuche des deutschen Protestantismus (vgl. Gesch 1a) – auch im gemeinsamen „Zeugnis gegen das Unevangelische“ (Anh 1: Ziff. 5b). In diesem übergreifenden Sinne wurde die Bezeichnung insb. von den aus der preußischen Union entstandenen Kirchen aufgenommen und steht in den noch heute üblichen Namen der evangelisch-luth. und evangelisch-ref. Gemeinden und Landeskirchen und auch in der Evangelischen Kirche in Deutschland für deren reformatorisches Bekenntnis.

In der Sache verweist die Bezeichnung der Gesamtkirche als „evangelische“ auf ihre im ersten Satz der GO genannte Grundlage. Aufgenommen wurde das Wort in der ursprünglichen Fassung des Art. 1 II 1 mit der Formulierung „Gemeinschaft der deutschen evangelischen Christenheit“. Als künftige Zielperspektive möchte der Rat „die EKD-Ebene für ein ‚evangelisch in Deutschland‘ profilieren“.[256] Entfaltet wird der Begriff in Art. 1 I 1. Nach dem dort wiedergegebenen Selbstverständnis der EKD umfasst sie die bei ihrer Gründung bestehenden luth., ref. und unierten Landeskirchen und deren Nachfolgekirchen. Kirchen anderer als der dort enumerativ aufgezählten Be-

---

[253] Z. Konfessionsbezeichnung und deren Anspruch: Honecker, Gibt es ein „evangelisches“ Kirchenrecht; zur Begriffsgeschichte: Vischer, Evangelisch, Sp. 1198.

[254] Reichsrechtl. konnte sich die Bezeichnung gegen kath. Widerstand weder auf dem Augsburger Reichstag 1530 noch im Augsburger Religionsfrieden durchsetzen. Noch im Westfälischen Frieden werden die Evangelischen als „Augsburgische Konfessionsverwandte“ bezeichnet.

[255] Die Evangelische Kirche der Pfalz bezeichnet sich eingedenk der ev. Einigung auf die Protestationsschrift von Speyer 1529 als „Protestantische Landeskirche“. Dagegen bezeichnete sich die EKHN als „evangelische Kirche“ (Votum zur GO, EZA 6/2, S. 15).

[256] Geänd. durch KG v. 14.6.1984 (ABl. EKD S. 249); Impulspapier des Rates 2006, S. 97.

kenntnisse wie etwa Methodisten, Mennoniten oder andere Denominationen können nicht Gliedkirche der EKD werden.[257] Nach der GO-Änderung v. 1984 findet sich das Wort „evangelisch“ im Text der GO außer im Namen der EKD und der Bestimmung der Gerichtszuständigkeit (Art. 32 IV) – noch bei der Beschreibung des Dienstes an der „evangelischen Diaspora“ (Art. 16 II), „an *evangelischen* Christen deutscher Sprache und Herkunft“ (Art. 17 III) und in der „Evangelischen Seelsorge“ gem. Art. 18.

„Kirche“

Dieser Namensbestandteil besagt das „Kirchesein“ der EKD. Die Frage nach Wesen und Rechtsnatur der Gesamtkirche durchzog – von der Bezeichnung ihrer Verfassung („GO“) über die Grundartikel bis hin zu Organisationsdetails – den Prozess der gesamtkirchl. Neuordnung und die seitherige Reformdiskussion (Gesch 7). Die verfassungsrechtl. und kirchenpolitische Relevanz der Kirchenqualität betrifft die ekklesiale und rechtl. Kompetenz der Gesamtkirche, ihre Fähigkeit, nicht nur als Dachorganisation die Außenvertretung eines Kirchenverbandes zu organisieren, sondern selbst als partikularer Träger substantieller Kirchenfunktionen unmittelbar am Verkündigungsauftrag teilzuhaben.

Vorgeschichte

Kontroversen um „das Selbstverständnis der EKD“ schon bei der Erarbeitung der GO wurzelten im konfessionell unterschiedlichen Begriffsverständnis von Kirche, Kirchenrecht und Kirchengemeinschaft (Erl Art. 3 vor I). Dabei ging es zunächst um „das theologische Problem“, „was denn das eigentlich konstitutive für eine Kirche sei, woran man sie erkennen könne, welche äußeren ‚notae ecclesiae‘ man festzustellen habe“. Vor allem von luth. Seite wurde „mit aller Hartnäckigkeit“ bezweifelt, dass „die EKD Kirche sei“.[258]

Die Bezeichnung als „Kirche“ im Namen der Gesamtkirche statt „Kirchenbund“ war eine Neuerung der *Deutschen Evangelischen Kirche.* Bemerkenswert war die damalige Akzeptanz dieser Begrifflichkeit (Gesch 1d). Doch gab man schon auf der Eisenacher Kirchenversammlung 1948 wieder zu bedenken, auf den Begriff „Kirche“ zugunsten des „Kirchenbundes“ zu verzichten. Gegen solche – auch semantischen – Vorbehalte wurde jedoch eingewandt, dass dies zwar „den Vorzug der Logik und Konsequenz habe, nicht aber den der allumfassenden Wahrheit, denn auch die begriffliche Alternative sei letztlich ein unkirchlicher Terminus, aus staatsrechtl. Parallelen gebildet“.[259]

257 I.d. historisch restriktiven S. auch Brunotte, GO, S. 122; vgl. Erl Art. 1 I 1 u. Art 21.

258 Einführung der Vorlage der GO 1948 (Eisenach 1948, S. 13); vgl. Gesch 4.

259 Einführung der Vorl. der GO, aaO, S. 20 und 23; dort auch die Voten von H. Ehlers (S. 26) und Meinzolt (S. 40 f.). Selbst das Zugeständnis, die EKD als Kirchenbund anzuerkennen (Art. 1 I

Wesentliche Voraussetzung der Qualität als Kirchengemeinschaft ist ein gemeinschaftliches Bekenntnis der ihr zugehörigen Kirchenglieder. Dieses rechtstheol. Kriterium wurde zum durchgängigen, auch rechtspolitischen Argument bei der Entstehung der GO und ihrer weiteren Entwicklung. Neue Aspekte eröffnete insoweit die von allen Gliedkirchen und der EKD unterzeichnete *Leuenberger Konkordie* v. 1973.[260] Doch auch gegenüber dieser Lehrübereinkunft über die reformatorische Kirchengemeinschaft wurde vor allem aus luth. Sicht betont, dass sie lediglich einen Bekenntnis-Konsens nicht aber volle Bekenntnisgleichheit beinhalte. D.h. sie formuliere das, was die beteiligten Kirchen gemeinsam bekennen können, nicht aber das jew. eigene Bekenntnis (consensus de doctrina), das hinsichtlich des Kirchenverständnisses über die Konkordie hinausgehen kann.[261] Gleichwohl brachte die Übereinkunft eine gewisse Klärung in die mitunter diffuse bekenntnisbezogene Diskussion um die GO. Zudem ermutigte sie die Gliedkirchen der EKD, ihr „Zeugnis und Dienst gemeinsam“ auszurichten und sich ihrerseits um die „Stärkung und Vertiefung der gewonnenen Gemeinschaft“ zu bemühen; sie verpflichtete zu gemeinsamer und kontinuierlicher theol. Weiterarbeit (Tz 35). Dies fand seinen Niederschlag in den Änderungen der Grundbestimmungen (Art. 1 u. 4) von 1984 und 1991 (Feststellung der Kanzel- und Amtsgemeinschaft und der „Kirchengemeinschaft“ i.S.d. Konkordie, sowie der Beschreibung der EKD als „Gemeinschaft“ ihrer Gliedkirchen; Gesch 8b u. Erl Art. I u. II).

Kirchenbegriff

Der *Begriff der „Kirche“* in diesem theol., rechtl. und politisch umstrittenen Kontext der EKD entzieht sich der rechtl. Normierung, weil die Kirche im Grunde nicht ein Werk von Menschen ist, sondern Stiftung des Wortes Gottes (creatura verbi). Kirche

1 a.F.) veranlasste 1947 luth. Freikirchen, in den luth. Landeskirchen die Kanzel- und Abendmahlsgemeinschaft aufzukündigen. Zwar hatte sich auch der Lutherrat für die Beibehaltung der Bezeichnung als „Kirche“ entschieden, jedoch – wie noch im letzten Vermittlungsgespr. 1948 (Gesch 4) gesagt wurde – „nur um das Gespräch mit den Brüdern nicht unmöglich zu machen“; darauf wurde von unierter Seite erwidert: „Wenn der Name Kirche bleibt, muss auch Kirche dahinterstehen“ (Ndschr. v. 10./11.4.1948, EZA 2/8).

260 Text 2; in der Brm. Kirche hat eine Mehrheit der Gemeinden zugestimmt.

261 Das jew. Kirchenverständnis kann über die Konkordie hinausgehen, es darf ihr nur nicht widersprechen (vgl. Lingner, Leuenberg, S. 354, mit Hinweis auf Hempel). Daher definiert die Leuenberger Formel die „Kirchengemeinschaft“ lediglich „im Sinne dieser Konkordie“ (Tz 29) und versteht sich nicht als neues Bekenntnis (Tz 37). Zudem vermag die europäisch ausgerichtete Lehrformel kaum die innerhalb der EKD historisch und besonders im Kirchenkampf gewachsene Gemeinschaft angemessen zum Ausdruck zu bringen. „In ihrem Raum ist durch die lange gemeinsame Geschichte der deutschen ev. Christenheit und zuletzt durch intensive Zeugnis- und Dienstgemeinschaft der vergangenen 25 Jahre im theol. Denken und kirchl. Handeln mehr an Gemeinschaft gewachsen, als was Leuenberg Kirchengemeinschaft im ersten Akt der Herstellung nennt“ (L. Raiser zu „Herstellung und Verwirklichung“ der Kirchengemeinschaft in der EKD, in: SB Berlin-Spandau 1972, S. 96).

kann letztlich nicht „begriffen“, sondern nur geglaubt werden.[262] Daher sind ihre konstituierenden Merkmale auch in der geschichtlichen Realität nie eindeutig sichtbar. Zu beschreiben sind die von Gott gestifteten Mittel der Verkündigung und der dargereichten Sakramente. Unklarheit und Mehrdeutigkeit des Begriffs besagte schon Luthers Rede von dem „blinden, undeutlichen wort“ Kirche.[263]

In den gebräuchlichen Bibelübersetzungen fehlt das Wort „Kirche“.[264] Der entsprechende Begriff (hebr. „qahal“ oder „edah“, griech. „ekklesia“) wird in Luthers Übertragung durchgängig mit Gemeinde übersetzt.[265] Diese bezeichnet ursprünglich die gottesdienstliche Versammlung, wie im Psalm: „Ich will dich in der Gemeinde rühmen“ (Ps 22,23) oder bei Paulus: „wenn ihr in der Gemeinde zusammenkommt“ (1. Kor 11,18). Über diese Bedeutung hinaus wird Gemeinde im NT in ihrem Bezug zu Jesus Christus als die Kirche Christi verstanden im Sinne von Art. 1 I 2 (1. Kor 1,2). Der neutestamentliche Begriff „ekklesia“ wie auch seine möglichen Übersetzungen „Gemeinde“ und „Kirche“ werden insofern synonym für Einzelgemeinde und Gesamtkirche verwendet.
Nach seiner Herkunft bezeichnet das Wort „Kirche“ im seinem aus dem althochdeutschen „chiriha“ abgeleiteten Sinne den Ort, den Tempel bzw. das *Kirchengebäude* als das Haus des Vaters (Luk 2,49; Joh 2,16) und im übertragenen Sinne die Institution und Einrichtung. Der Begriff umfasst überdies sowohl das darin stattfindende Ereignis, die *Versammlung* der Berufenen im griech. Wortsinne (ekklesia), als auch das darin versammelte *Kirchenvolk* (qahal). In die Namensbedeutung der EKD und die Begrifflichkeit der GO spielen alle diese Bedeutungen mit hinein.[266]

Dem mehrfachen Wortsinn in der GO liegt der überkommene reformatorische Kirchenbegriff zugrunde. Er definiert „Kirche“ auf den verschiedenen Ebenen als *Einzelkirche,* dem rechtl. organisierten territorial umgrenzten Teil (*ecclesia particularis*) der *Weltchristenheit* (*ecclesia universalis*). Letztere ist als Welt-Taufgemeinschaft greifbar, bildet in ihrer Vielfalt jedoch keine rechtl. Einheit. Einzelkirche und Weltchristenheit sind die irdische Schauseite (ecclesia visibilis)[267] der geistlichen Kirche des Nicänums (*ecclesia spiritualis*), der unsichtbaren Gemein-

---

262 Liermann, Kirchenrecht, S. 6.

263 W.A., Bd. 50, S. 625, Tz 5; zur ekklesiologischen Diskussion: Härle, Kirche, S. 277 ff.

264 Die Bezeichnung „Kirche“ kommt heute unter den großen Religionsgemeinschaften nur der christlichen Gemeinschaft zu.

265 Nur einmal wurde die Tempelweihe zu Jerusalem mit „Kirchweihe“ übersetzt (Joh 10,22 in der Übersetzung bis zur Revision 1956).

266 Vgl. Erik Wolf, Ordnung, S. 27; zur sprachlichen Bedeutung des Wortes „Kirche“: Liermann, Kirchenrecht, S. 5; J. Roloff, Die Kirche im Neuen Testament, Göttingen 1993; bezeichnend sind die Metaphern des „Bodens“ (Vorspr. II), der „Baracke“ und des „Notbaus“ für die GO (Gesch 5). Unmittelbar zur EKD gehört auch die Ev. Versöhnungskirche Dachau.

267 Die Unterscheidung zw. sichtbarer und unsichtbarer Kirche (ecclesia visibilis et ecclesia invisibilis) hat aber auch zu Missdeutungen des Kirchenbegriffs geführt.

schaft der Gläubigen (*ecclesia invisibilis*), die als wahre Kirche Christi nur Gott bekannt, über die Konfessionen hinausgeht. Dokumentiert wird das Kirchenverständnis in den Bekenntnisschriften der Reformation, auf die der Vorspruch der GO (Abs. 3) Bezug nimmt: Das *Augsburger Bekenntnis* (CA) beschreibt die Kirche in diesem Sinne als „die Versammlung aller Gläubigen, bei denen das Evangelium rein gepredigt und die heiligen Sakramente laut dem Evangelium gereicht werden“.[268] Nach dem *Heidelberger Katechismus* (Frage 55) bedeutet Kirche, „dass alle und jede Gläubigen als Glieder an dem Herrn Jesus Christus und allen seinen Schätzen und Gaben Gemeinschaft haben. Zum andern, dass jeder seine Gaben zu Nutz und Heil der anderen Glieder willig und mit Freuden anzulegen, sich schuldig wissen soll.“ Aus diesen Lehrsätzen folgt rechtl., dass der ev. Kirchenbegriff eine konkrete Personenmehrheit glaubensverbundener Menschen bezeichnet, dass diese Gemeinschaft in göttlichem Handeln in Wort und Sakrament sichtbar wird und darin auf Dauer angelegt und geordnet ist.[269]

Kirchenbegriff der GO: Die GO selbst enthält, wie die dargestellte Deutungsvielfalt zeigt, keine eigene explizit entfaltete Ekklesiologie. Weder das biblische Zeugnis noch die in der GO bezogenen Bekenntnisse enthalten einen einheitlichen Begriff von Kirche. Demnach schließt die GO verschiedene Kirchenbegriffe i.S. einer Vielzahl erfahrbarer Sozialgestalten nicht aus.[270] Sie verwendet den Begriff – abgesehen von der Namensverbindung und dem Begriff der Glied*kirche* – in mehrfachem Kontext und Sinn: insb. als Kirche Jesu Christi (Vorspr. I und Art. 1 I 2), als „alte Kirche“ (Vorspr. II), als „Kirche“, in deren „Leben, Lehre und Ordnung“ das Bekenntnis wirksam wird (Art. 1 I 3), als „reformatorische“ Kirche i.S.d. Leuenberger Konkordie (Art. 1 II), als „bekennende Kirche“ (Art. 1 III 2) und als Weltkirche i.S.d. „Ökumene“ (Art. 2 III) in der „Gemeinschaft mit anderen Kirchen“ (Art. 17 III); ferner im Zusammenhang mit dem „Diakonat der Kirche“ und der „Wesens- und Lebensäußerung der Kirche“ (Art. 15).

Aus dem Charakter der Kirche als göttlicher Stiftung und als Gemeinschaft ihrer Glieder resultieren Strukturprinzipien auch für ihre verfassungsrechtl. Ordnung: Dem Stiftungscharakter entspricht die Organisationsform der *Anstalt* als einer von Personen unabhängigen Einrichtung, während die vom Gemeindeleben getragene Kirche als Gemeinschaft ihrer Glieder – im Unterschied zur kath. Hierarchie – auch Wesenszüge einer *Genossenschaft* aufweist, die eine gewisse Dynamik und Offenheit des reformatorischen Kirchenbegriffs betonen.[271] Diese Strukturelemente klingen im zit. Kirchen-

---

268 CA VII: „Est autem ecclesia congregatio sanctorum, in qua evangelium pure docetur et recte administrantur sacramenta“.

269 Frost, Strukturprobleme, S. 32.

270 Impulspapier rh. Ki.

271 Durch ihre innerliche Verbundenheit christlicher Gemeinschaft unterscheidet sich deren *Genossenschaft* wesentlich von der Zweckverbundenheit des *Vereins* (Liermann, Kirchenrecht S. 16 f.).

verständnis der verschiedenen Bekenntnisse an: einerseits die Gewähr von Predigt und Sakrament, andererseits die Teilhabe an der Gemeinschaft als Glieder Christi. Das Kirchenverständnis der GO ist ferner ausdrücklich geprägt durch „die Erkenntnisse des Kirchenkampfes über Wesen, Auftrag und Ordnung der Kirche", wie sie in der Barmer Theol. Erkl. formuliert sind (Gesch 1e). Deren These III geht über die engere, auf Amt und Sakrament sehende Beschreibung der Kirche (CA VII) hinaus und richtet den Blick auf die Menschen, die zu Christus gehören, auf die Gemeinschaftsbildung der Brüder und Schwestern, deren Zeugnis, Dienst und Mission aber auch deren Ordnung zum Kirchesein gehören.[272]

Im Vorspruch der GO wird zunächst die Kirche des Glaubensbekenntnisses vorangestellt i.S.d. „einen heiligen allgemeinen und apostolischen Kirche", die sichtbare wie unsichtbare Kirche umfasst. Im Anschluss an das Bekenntnis zur Kirche im umfassenden Sinne des Nizänums verweist die GO auf die Gemeinsamkeit der EKD „mit der alten Kirche" (Erl Vorspr. II) im ökum. Horizont der damaligen Weltkirche (ecclesia universalis – Art. 2 III) und beschreibt damit auch den Aspekt der EKD als geordneter Partikularkirche, die im Kirchenkampf zur „bekennenden Kirche" (Art. 1 III) wird. Als deren „Wesens- und Lebensäußerung" werden Diakonie und Mission benannt (Art. 15); sie sucht in der Ökumene die „Gemeinschaft mit *anderen* Kirchen" (Art. 17 III) auf dem Wege der „Konkordie reformatorischer Kirchen" (Art. 1 II). Unter allen diesen Aspekten versteht sich die EKD als „Teil der einen Kirche Jesu Christi" (ecclesia spiritualis – Art. 1 I 2).

Die EKD als „Kirche"

Dem weitgefächerten Verständnis des Kirchenbegriffs entspricht eine differenzierte ekklesiologische Prägung der bekenntnisverschiedenen und politisch eigenständigen Landeskirchen und somit ihrem Problem, in einer Gesamtkirche zusammenzufinden. Einig ist man sich darin, dass die EKD ebenso wenig wie ihre Gliedkirchen mit der Kirche Christi als geistliche Gemeinschaft (ecclesia spiritualis) gleichzusetzen ist, zu der sie sich im Vorspr. bekennt, und ebenso wenig mit der Gemeinschaft aller getauften Christen (ecclesia universalis), an der sie teilhat. Diese Gemeinschaft ist aber nach menschlichem Recht in ihren Teilen jeweils als Einzelkirche zu verfassen (ecclesia particularis). Ob eine Gemeinschaft als solche „Kirche" anzusehen ist und was als „signum ecclesiae" gewertet wird, ist die Frage des jew. Bekenntnisses. So können die Gliedkirchen der EKD entsprechend ihrem besonderen Bekenntnis das „Kirchesein" ihrer Landeskirche und das der EKD unterschiedlich verstehen und definieren. Insofern ist zum Verständnis der EKD als Kirche in der Meinungsvielfalt ref. und luth. Ekklesiologie auch

[272] Schlaich, Kirchenrecht, Sp. 1657.

nach der Zustimmung zur Leuenberger Konkordie Einigkeit nur zum Teil, wenn auch zu einem grundlegenden, erreicht.

Im Einzelnen blieb die rechtstheol. Wesensfrage bis in die heutige Zeit umstritten.[273] Vor allem aus luth. Sicht wird auf die Besonderheit und Eigenständigkeit des jew. gliedkirchl. Bekenntnisses abgestellt. So wird in der Abendmahlsgemeinschaft gegenseitig anerkannt, dass das Sakrament bei allen Gliedkirchen einsetzungsgemäß gespendet wird. Gleichwohl bestehen Unterschiede im luth. und ref. Sakramentsverständnis (Erl Art. 4 I 2). Aus solchen Erwägungen der Bekenntnisdivergenzen wurde bei Verabschiedung der GO die Frage, ob die EKD Kirche sei, überwiegend verneint, weil sie kein eigenes einheitliches Bekenntnis habe. Demgegenüber wurde vornehmlich von unierten und ref., aber auch von luth. Gliedkirchen immer auch die Ansicht vertreten, dass die EKD Anteil habe an der durch Gottes Wort gestifteten communio sanctorum bzw. deren notae und indem ihr eine erfahrbare Sozialgestalt eigne, die die signa der wahren Kirche aufweise. Auf der Grundlage solchen Verständnisses setzte sich zunehmend die Ansicht durch, dass der EKD als Gemeinschaft ihrer Gliedkirchen der Charakter einer Einzelkirche zukommt.[274] Denn eine solche ist anzunehmen, wenn sie sich als verfasster Teil der Kirche Christi versteht und innerhalb ihrer Grenzen Bekenntnis-, Sakraments- und Amtsgemeinschaft besteht. Von diesen vier Kriterien werden die letztgenannten von der GO (Art. 4) selbst ausdrücklich bejaht und die erstgenannten werden insofern als gegeben angesehen, als im Geltungsbereich der GO kaum ein ev. Christ die auf Deutschland begrenzte Gemeinschaft ev. Christen nicht als einen Ausschnitt aus der ecclesia universalis ansieht. Denn in ihr wird „die bestehende Gemeinschaft der deutschen evangelischen Christenheit sichtbar“ (Art. 1 II 1 a.F.).

Zu dem weiteren Kriterium der *Bekenntnisgemeinschaft*, auf das sich der Meinungsstreit vornehmlich bezog, wird auf die beiden Seiten des Bekenntnisses hingewiesen, in seiner geschriebenen (confessio scripta) und seiner gelebten Gestalt (confessio in actu).[275] Beide Bedeutungen – Satz und Akt – sind (ähnlich dem KR) letztlich nicht zu trennen.

---

273 So etwa wandte sich die Schaumburg-Lippische Kirche 1990 gegen eine Mitgliedschaft der EKD in der KEK, weil sie keine Kirche, sondern nur eine Vereinigung von Kirchen sei (Vorl. für die 56. Ratssitzung im Dezember 1990, KA-Az. 0232/2); ähnlich T. Koch, Die EKD – Kirche Jesu Christi?, S. 43 f. mit dem Hinweis, dass es sich bei der EKD nur um eine Organisation mit amtl. Organen und ohne Gemeinden handele; noch in jüngerer Zeit: Knuth, Gefahr der Gigantomanie, S. 35; Wenz, Kirchengemeinschaft aus ev. Sicht.

274 M. Heckel, Rechtsprobleme, S. 153 m.w.N.

275 Dieses dogmatische Spannungsverhältnis war bereits auf der Bekenntnissynode in Augsburg in Erscheinung getreten und belastete dann auch die Vorberatungen zur GO (Brunner, Eisenach, S. 139). Die Sonderbekenntnisse verbinden wiederum auch bekenntnisbezogene Zusammenschlüsse wie die luth. Kirchen in der VELKD oder die Kirchen der APU in der EUK, die sich auch als Partikularkirchen verstehen.

Als Grundrisse der Lehre sind Bekenntnisse „gleichermaßen schriftgemäß und zeitgemäß" und die ev. Bekenntnisbildung nie definitiv abgeschlossen.[276] Die gliedkirchl. Bekenntnisse sind in beider Hinsicht zu einem Teil gemeinsam; sie weisen aber auch Unterschiede auf. Diesen Besonderheiten der Bekenntnis*schriften* kommt insoweit heute keine kirchentrennende Bedeutung mehr zu, weder im kirchl. Leben noch im Bewusstsein der Gemeinden. Zudem sind sie auch dogmatisch durch die Leuenberger Übereinkunft ihrer kirchentrennenden Kraft entkleidet worden.[277] Letztere beschränkt sich daher auf diejenigen Besonderheiten, die noch in beiderlei Sinn als confessio scripta *und* confessio in actu wirksam geblieben sind. Von ersterer sprechen die Präambel (Abs. 2 f.) sowie Art. 1 I und Art. 2 II. Der Akt des Bekenntnisses, das sich aktuell zu bewähren hat, wird in Art. 1 I 3 als das Bekenntnis angesprochen, das im „Leben" der Kirche „wirksam" wird, und deutlicher in Art. 1 III 2 mit der EKD als „bekennender Kirche".[278]

Die Frage, ob die EKD selbst ein *Bekenntnis* habe, wird zwar zuweilen noch gestellt;[279] sie wird jedoch zunehmend dahingehend bejaht, die EKD als eine „Größe sui generis" nämlich als *Gemeinschaft von reformatorischen Kirchen unterschiedlichen Bekenntnisses* anzusehen,[280] die in der Vielfalt der Bekenntnistraditionen ihrer Gliedkirchen zur Kirchengemeinschaft, d.h. zu einer bekenntnisgebundenen „Gemeinschaft von Kirchen mit unterschiedlichen (luth., ref. u. unierten) Bekenntnisständen" zusammengewachsen ist (amtl. Begründung der GO-Änderung 2005; vgl. Erl Art. I u. II).

Die im BEK schon in den siebziger Jahren intensivierten theol. Lehrgespräche zw. den Gliedkirchen, der EKU und VELK zur Frage der Bekenntnisgemeinschaft kamen für eine gesamtkirchl. Verf. zu der Formulierung: „Die in den Gliedkirchen geltenden Bekenntnisse der Reformation haben die Kirche Christi auf das Evangelium als den Grund ihrer Existenz und ihres Auftrags ausgerichtet. Sie haben in schriftgemäßer Auslegung des Wort Gottes in ihrer Zeit bezeugt und

---

276 E. Jüngel, zit. in: H. Barth, Welches Bekenntnis braucht die Kirche?; Honecker, Kirchenrecht, Sp. 1213.

277 Die Bedeutung dieser kaum wägbaren Besonderheiten ist heute kaum mehr anhand von Traditionen oder kirchenpolitisch quantifizierbar, sondern nach den objektiven, positivierten Kriterien der GO zu bewerten. Hierzu wird vor allem hingewiesen auf das Selbstverständnis der EKD als „bekennende Kirche", auf ihre Bejahung der von der Bekenntnissynode in Barmen getroffenen Entscheidungen, ihre Verpflichtung, „die Erkenntnisse des Kirchenkampfes über Wesen, Auftrag und Ordnung der Kirche zur Auswirkung zu bringen (Art. 1 III), und die schon durch Art. 4 a.F. beschriebene Amts- und Taufgemeinschaft. Zur Begründung wird ferner die Communio-Struktur der EKD, ihr Mitgliedschaftsrecht und ihre ökum. Dimension betont (Impulspapier rh. Ki.).

278 Die hier vertretene Auffassung folgt im Wesentlichen Grundmann, EKD, Sp. 483 f. und Schlaich, Kirchenrecht; so auch M. Heckel, Rechtsprobleme, S. 153, und Link, Grundordnungsreform und reformatorisches Kirchenverständnis.

279 Verneint wurde die Frage etwa in einem Beitrag des Präs. des Luth. Kirchenamtes für die Zeitschrift „idea" (Nr. 55/66 v. 10.6.2002).

280 H. Barth, Welches Bekenntnis braucht die Kirche?, S. 12.

sich darin dem Maßstab der Heiligen Schrift unterstellt. Dieser Absicht der reformatorischen Bekenntnisse weiß sich die Vereinigte Evangelische Kirche verpflichtet. Bei bleibender Bindung der Gliedkirchen an ihre Bekenntnisse erkennt die Vereinigte Evangelischer Kirche mit ihren Gliedkirchen die bei den jeweils anderen in Geltung stehenden Bekenntnisse als unerlässliche Hilfe zur Auslegung der Schrift und zum eigenen Bekenntnis an.“ (Eisenacher Empfehlungen v. 1979, Gesch 6).

Das in der GO zum Ausdruck kommende entsprechende Selbstverständnis besagt in einer Formulierung des Rates: „Die EKD ist die erklärte und angemessen geordnete Gemeinschaft von konfessionsverschiedenen ev. Kirchen (in) der Bundesrepublik Deutschland. Bestimmte Kompetenzen und Hoheiten, wie ihre Gliedkirchen sie besitzen, z.B. in Ausbildungs- und Lehrfragen, hat die EKD nicht. So ist sie *kirchenrechtlich* nicht *eine Kirche*, wie ihre Gliedkirchen es sind. Zwischen diesen Gliedkirchen besteht in der Gemeinschaft der EKD Kanzel- und Abendmahlsgemeinschaft sowie die gegenseitige Anerkennung der Ämter (Art. 4). Darüber hinaus umfasst die Ordnung der EKD gemeinsame Regelungen und Koordinationsverfahren für eine Reihe weiterer Arbeitsbereiche der Gliedkirchen. Diese Form der Gemeinschaft wurde von den beteiligten Kirchen gemeinsam gefunden und erklärt; sie wird praktiziert. Daraus folgt auch dass die EKD befähigt ist, eigene Initiativen gegenüber den Gliedkirchen zu entfalten, ohne deren Selbständigkeit anzutasten. Maßnahmen, durch welche die EKD erst *Kirche* werden müsste, sind nicht nötig, da sie es im *theologischen* Sinne schon ist, denn Kirchengemeinschaft ist Kirche.“[281] Dieser Kirchencharakter zeigt sich auch in äußeren Merkmalen wie etwa in der Führung von Kirchenbüchern, den Amtsbezeichnungen der Bischöfe für die Auslandsarbeit und die Bundeswehrseelsorge (Erl Art. 17 III u. Art. 18), Propst und Kirchenrat, in der Errichtung ihrer Versöhnungskirche (Erl Art. 35 I 1), der Mitgliedschaft in den ökum. Kirchengemeinschaften und im synodalen Eröffnungsgottesdienst nebst Fürbitten seitens der Gemeinden (Art. 25 III).

Schließlich wurde schon in der Reformdebatte 1971 darauf hingewiesen, „dass Einheit in der EKD nicht nur in den Grundartikeln gesucht werden darf, sondern dass sie sich auch im praktischen Handeln (z.B. bei Finanzausgleich oder gemeinsamer Pfarrerbesoldung) bewähren muss, denn dies sind Fragen, die die Gemeinschaft oft schwerer belasten als die theologischen Unterschiede.“[282]

„In Deutschland“

Dieser Namensbestandteil umgrenzt das staatliche, territoriale und nationale Umfeld der Gesamtkirche. Schon die Vorläufige Ordnung v. 1945 stellt für die Neuordnung

---

281 Rat der EKD, Kirchengemeinschaft, S. 14 (Kursivdruck u. Klammerzusätze v. Verfasser); vgl. Erl Art. 1 I „Gemeinschaft“ und II „Kirchengemeinschaft“.

282 Frank, Stand der Verfassungsreform der EKD, S. 124; zum Kriterium der Geschwisterlichkeit vgl. Art.5.

ausdrücklich auf die „Rechtsformen der EKD in Deutschland“ ab (Anh 5: Ziff. II). Der Name weist auf das Verhältnis der Kirche zum weltlichen Gemeinwesen und dessen gemeinsamer Geschichte, auf dessen Bestand und Tradition. Dieses Verhältnis betrifft aus kirchl. Sicht die Wahrnehmung des Verkündigungsauftrages in der Welt, d.h. durch Wort und Tat in Staat und Gesellschaft, und aus weltlicher Sicht ihren staatskirchenrechtl. und gesellschaftlichen Bezugsrahmen.

Staatsgebiet
Der Begriff „Deutschland“ bezeichnete bei der Entstehung der GO 1948 das von der Alliierten Hohen Kommission definierte Gebiet und bezeichnet heute das im Grundgesetz beschriebene Staatswesen und zwar vornehmlich im geographischen Sinne des bis heute vielfach veränderten *Staatsgebiets.* Eine weitere Konkretisierung erfährt der Begriff auch aus dem Bezug auf die Gemeinschaft der Gliedkirchen, die Gemeinden und Kirchenmitglieder in der Präambel und den Grundbestimmungen. Die landeskirchl. Territorien stimmen weitgehend mit den Grenzen der staatl. Territorien überein, wie sie vom Wiener Kongress 1815 bestimmt worden sind. Diese Kongruenz gilt, was die Außengrenzen Deutschlands betrifft, auch heute noch für die „bestehenden Landes- und Provinzialkirchen“ der EKD i.S.d. Art. 21 I. In diesem territorialen Sinne deckt sich das Gebiet der EKD mit dem der Bundesrepublik Deutschland.

Rechtl. folgt aus dieser räumlichen Eingrenzung der EKD insb. die parochial geordnete Mitgliedschaft in den Landeskirchen mit entsprechenden Auswirkungen auf das Melde- und Kirchenbuchwesen (Erl Art. 1 IV). Die dem Staatsgebiet entsprechende Grenzziehung betrifft die rechtl. Verknüpfung der Gemeindezugehörigkeit mit dem staatl. und kirchenrechtl. Wohnsitz.[283] Zur Mitgliedschaft in den mit der EKD verbundenen deutschen Auslandsgemeinden und zur Gemeindezugehörigkeit der über die Staatsgrenze verzogenen Gemeindeglieder s. Erl Art. 1 IV.

Nationale und geschichtliche Bedeutung
Mit dem Begriff „Deutschland“ und seiner Geschichte werden über die räumliche Begrenzung hinaus auch Inhalte *nationaler* Bedeutung in die GO aufgenommen. Schon die erste Bekenntnissynode 1945 stellte fest: „*Unser Deutsches Reich* ist nun als Staat zerstört. Neue Ordnung muss auf allen Gebieten wieder aufgebaut werden. Die Kirche ist dazu berufen, an dieser Ordnung kräftig mitzuwirken.“[284] Auch die Schlussansprache der verfassungsgebenden Kirchenversammlung gab der Hoffnung Ausdruck, dass die EKD den lebendigen Austausch der „Kirche *im ganzen deutschen Vaterland*

283 KI-Gutachten „Zu einigen Fragen des Mitgliedschaftsrechts der EKD“ v. 3.12.1981, S. 21 f.
284 Söhlmann, Treysa 1945, S. 146; Hervorhebungen vom Verfasser.

fordert und fördert“.[285] Die „deutsche Sprache und Herkunft“ kennzeichnet den gesamtkirchl. Aufgabenbereich gem. Art. 17 III. Demnach hat der Begriff nicht nur allgemein politisch und kulturell, sondern auch für die kirchl. Ordnung eine integrative Bedeutung.

Diese Bedeutung wird historisch an den der EKD vorausgehenden Organisationsversuchen und ihren Bezeichnungen deutlich: Zwar war eine *deutsche* ev. Christenheit, weder im „Corpus Evangelicorum“ des Römischen Reichs deutscher Nation geordnet, noch in den reformatorisch verbundenen, aber territorial und dynastisch selbständigen Landeskirchen in einem kirchl. Sinne vereinigt. Zur Einheit des deutschen Protestantismus führten dann aber die Nachwirkungen der Aufklärungszeit und die nach den Freiheitskriegen zunehmende Sehnsucht nach nationaler Einheit im 19. Jh. Bei der Einberufung einer Evangelischen Konferenz ging es 1846 bei der künftigen Gestalt eines kirchl. Zusammenschlusses schon für manche um eine *Nationalkirche* oder Evangelisch-protestantische Kirche des *deutschen Reiches.* 1852 bildeten die Kirchenregierungen die „Eisenacher Konferenz *deutscher* evangelischer Kirchenregierungen“. Diese konstituierte 1903 ihren „*Deutschen* Evangelischen Kirchenausschuss“. 1919 trat ein „*Deutscher* Evangelische Kirchentag“ zusammen und bereitete die Verf. eines „*Deutschen* Evangelischen Kirchenbundes“ vor. Im ersten Satz dieser Verf. werden die fünf Kernbegriffe: Kirchenbund, Landeskirchen, Protestantismus, Reformation und Reformationskirchen jeweils als „*deutsch*“ charakterisiert[286]. Der Nationalsozialismus belebte dieses Gedankengut und die nationalen Einigungsideen. Nicht nur die *Deutschen Christen* forderten eine einheitliche „*Reichskirche“* oder „*Nationalkirche*“. Auch andere riefen zu einer „Evangelischen Kirche *deutscher* Nation“ auf oder strebten eine „Lutherische Kirche *deutscher* Nation“ an. Schließlich gediehen diese Bestrebungen 1933 zur „*Deutschen* Evangelischen Kirche“ (Anh 3; zum Ganzen: Gesch 1).

Angesichts der Erfahrungen des Kirchenkampfes und der Nachkriegssituation ist bemerkenswert, dass die neu zu ordnende Gesamtkirche nach dem Bruch im Staatswesen und Nationalbewusstsein gleichwohl als „Evangelische Kirche in **Deutschland**“ bezeichnet worden ist. Dies gilt um so mehr für die hauptwörtliche Gewichtung gegenüber der herkömmlichen Benennung als „deutschem“ Kirchenbund etc. Die erste Kirchenversammlung von Treysa hat mit der Vorläufigen Ordnung der **Evangelischen Kirche in Deutschland** (Anh 5) diesen Namen schon 1945 amtl. bestätigt. Mit dem neuen Namen wollte man zum einen von der Vergangenheit, d.h. den Irrlehren der Deutschen Christen, abrücken und die Gefahr des sog. „Bindestrich-Christentums“

285 Eisenach 1948, S. 195.

286 Anh 2: § 1; vgl. kritische Erwähnung im mündlichen Ratsbericht 1950 (SB Berlin-Weißensee 1950, S. 21 f.).

(deutsch-evangelisch u.ä.) meiden. Zum anderen bedeutete der Bezug zum fortbestehenden „Deutschland“ auch ein Stück gesamtkirchl. Kontinuität.[287]

„In“ (Deutschland)

Entsprechende Intentionen und Vorbehalte liegen auch der präpositionalen Verknüpfung (**in** Deutschland) zugrunde. In dieser räumlichen Relation klingt eine gewisse Abschwächung des staatl. und nationalen Bezugs und mehr eine lokalisierende Eingrenzung an. Anliegen der Verfassungsgeber war das Zeugnis für die geistliche und soziologische Existenz einer Gesamtkirche der Reformation in Deutschland, ohne ihr damit den Charakter einer „Über“-Landeskirche zuzusprechen. Abgesehen von der damaligen verfassungs- und völkerrechtl. Ungeklärtheit der raumpolitischen Gestalt Deutschlands, kommt darin ein kirchl. Denken zum Ausdruck, „das es nicht wohlgetan fand, die Kirche (dem überlebten Territorialprinzip entsprechend) als Kirche eines (weltlich bestimmten) ‚Landes‘ (Staates) zu bezeichnen oder gar als Kirche einer Nation, wo sie doch Kirche eines (geistlich bestimmten) ‚Volkes‘, nämlich der von Gott erwählten Gemeinde ist“.[288] Die neue Organisation sollte nicht die Evangelische Kirche Deutschlands in der umfassenden auch nationalpolitischen Bedeutung dieses Genitivs sein, sondern lediglich *„in“* Deutschland. Darin kommt auch die in Art. 3 I statuierte *Unabhängigkeit* vom Staat zum Ausdruck. „Es sollte klar sein, dass das, was an dieser Kirche deutsch ist, nicht ihr Wesen ausmacht. Ihrem Wesen nach ist sie Kirche Jesu Christi; Deutschland ist der Raum, in dem diese Kirche existiert.“[289] Andererseits ist auch die nationale Wesensart und Kultur nicht ohne Auswirkung auf den Charakter der Volkskirche.

Ähnliche Überlegungen haben später auch bei der kirchl. Trennung 1969 in beiden deutschen Staaten ein Rolle gespielt (Erl Abkürzung „EKD“). In diesem Zusammenhang und bei der Vereinigung der ev. Kirchen auf dem Gebiet der *Deutschen* Demokratischen Republik wurde die Bezeichnung „in Deutschland“ in noch anderer Hinsicht problematisiert: Die Gründung und Abspaltung des Kirchenbundes von der EKD stellte diese neuerlich vor die Frage ihrer Identität und Kontinuität. Dies betraf nicht zuletzt ihren Namen und dessen undifferenzierten Bezug auf das gemeinsame oder getrennte „Deutschland“. Einige Synodale baten den Rat, den Namen „EKD“ zu ändern, weil nur dessen ausdrückliche „Beschränkung auf den westlichen Teil Deutschlands die intendierte Entlastung für die Kirchen in der DDR bedeute und ihnen erst die kir-

---

287 Z. staatl. Parallele in diesem Sinne Maunz, Staatsrecht, S. 55, u. Murswiek, in: Dolzer/Vogel, Bonner Kommentar, Rdn. 46 ff. ; vgl. J. Müller-Volbehr, Das christliche Deutschland, ZevKR 49 (2004) S. 73 ff. Dem Beschluss der GO ging ein Festakt auf der Wartburg voraus.

288 Erik Wolf, Grundordnung, S. 13.

289 Dibelius, Ein Christ ist immer im Dienst, S. 258.

chenpolitische Basis für eine Neuordnung des Verhältnisses zur EKD gebe“.[290] Dies sei auch unter dem Aspekt der Kommunikationsfähigkeit mit den östlichen Kirchen zu bedenken.[291] Mit einer Namensänderung, beispielsweise in „EKD(BR)“, verband sich die Hoffnung auf ein weniger restriktives Verhalten der DDR-Behörden bei Aus- und Einreisen der Gremien.[292] Im Struktur- und Verfassungsausschuss gingen die Meinungen auseinander.[293] Synode und KK haben auf ihrer Stuttgarter Tagung 1970 eine Änderung in breitem Konsens abgelehnt.

Auch den dahinter stehenden Bestrebungen nach einer Neugründung der EKD wurde entgegengehalten, dass die durch einen Gesamtakt zu Stande gekommene EKD in ihrer Verf. einen Austritt von Gliedkirchen rechtl. nicht vorsieht und durch deren faktisches Ausscheiden nicht zerfällt. Dabei wurde man von dem Wunsch geleitet, durch eine solche eindeutige Bekundung am Fortbestand der EKD gerade in ihrer Identität verfassungsrechtl. und auch in historischer Kontinuität festzuhalten. Dies sollte öff. auch im Namen dokumentiert werden.[294] Die Frage einer Umbenennung mit Rücksicht auf die in Stuttgart vorgenommene Begrenzung der EKD auf den West-Bereich hat sich dann auch bei der GO-Reform von 1974 gestellt.[295]

c) Datum der Grundordnung „Vom 13. Juli 1948“

Im Amtsblatt der EKD, in dem die GO gem. § 10 I Verordnung über das Zustandekommen der GO (Anh 8) verkündet wurde, trägt sie kein Datum.[296] In der dann im

290 Dies gab auch L. Raiser auf der Vorbereitungstagung der EKD-Synode im Mai 1970 zu bedenken (Vermerk E. Wilkens, EZA 2/93/268).

291 So schlug K. Scholder in einem GO-Entwurf vom Mai 1971 den Namen „Evangelische Kirche in der Bundesrepublik Deutschland“ vor (EZA 2/93/316); in diesem Sinne auch: ders., Das Ende der EKD?, S. 311.

292 Lingner, Prot. der Sitzung des Vorstandes der KKL mit der Beratergruppe des Rates am 15.12.969, S. 2 (EZA 4/Nr. 67).

293 Ndschr. der Sitzungen am 12.12.1970 u. 22./23.1.1971 (Az. der Kirchenkanzlei – Berliner Stelle KB III 15/71 u. 56/71).

294 Aus dem Bericht des Vorsitzenden des Synodenausschusses: „Der Ausschuss macht keinen Vorschlag, hier und jetzt den Namen der EKD zu ändern. Der Name steht im Text der GO, seine Änderung bedürfte einer Änderung der GO. Und eine isolierte Änderung der GO nur wegen des Namens, das erscheint eine Überbetonung des Namens über der Sache“ (SB Stuttgart 1970, S. 169). Gegen eine Änderung wurde ferner die Notwendigkeit vorgebracht, „mit der Beibehaltung des Namens eine geschichtliche Kontinuität zum Ausdruck zu bringen. Man meint auch mit der Forderung einer Namensänderung in Wirklichkeit mehr als nur diese, nämlich eine umfassende Strukturreform der EKD. Aber gerade, wenn man diese Forderung bejaht, kann eine bloße Namensänderung die Vorstellung erwecken, mit ihr sei tatsächlich die Reformaufgabe in Angriff genommen“ (Wilkens, Die EKD ist herausgefordert, S. 224).

295 Die Dringlichkeit der Namensgebung entschärfte sich später durch die Ausgründung und staatl. Anerkennung des BEK; vgl. Einbringung der GO-Reform 1974 (SB Berlin-Spandau 1974, S. 148).

296 Die Verkündung erfolgte gem. § 8 ÜbergangsO der EKD (Anh 6) im ABl. EKD, Jg. 1948, Heft 12 ausgegeben: Schwäbisch Gmünd, am 15.12.1948.

Auftrag der Kirchenkanzlei herausgegebenen Rechtssammlung datiert sie vom „3. Dezember 1948“, d.i. das Datum des Beschlusses, mit dem der Rat der EKD die GO verkündet und gleichzeitig für denselben Tag in Kraft gesetzt hat.[297] Diese Divergenz zum heute gebräuchlichen Datum des 13. Juli hat Anlass zu Zweifeln an der Datierung der GO gegeben. Sie bezogen sich auf folgenden verfassungsgebenden Ablauf: Die GO wurde am 13.7. von der Kirchenversammlung in zweiter Lesung angenommen. Selbigen Tages unterschrieb der Präses diesen Beschluss[298] und übergab „dem Rat der EKD die Grundordnung mit der Bitte gemäß der §§ 9 und 10 der Verordnung über das Zustandekommen der GO zu verfahren“ (Anh 8), d.h. sie seinerseits den Gliedkirchen und dem Bruderrat zur Stellungnahme zuzuleiten. Die Gliedkirchen konnten nach § 10 vorgenannter VO nur im Ganzen zustimmen oder nicht. Im letzteren Fall trat die GO für ihren Bereich nicht in Kraft, wohl aber bei den anderen zustimmenden Gliedkirchen. Tatsächlich stimmten alle Gliedkirchen mit Ausnahme des Sonderfalles Bremen fristgemäß zu.

Die Datierung auf den 3. Dezember 1948, d.h. nach Zustimmung der Gliedkirchen, mag ein Vergleich mit staatl. Verfassungsgebung nahelegen: Das GG trägt das Datum nicht des Tages, an dem es vom Parlamentarischen Rat beschlossen wurde (8.5.1949), sondern erst des Tages, an dem das erforderliche Zustimmungsquorum der Länder erreicht worden war, der Parlamentarische Rat dieses am 23.5.1949 in öffentlicher Sitzung festgestellt und das GG durch seinen Präsidenten ausgefertigt und verkündet worden ist.

Die zweite Auflage der Rechtssammlung der EKD korrigiert das Datum der GO in „13. Juli“. Wie in der staatl. Gesetzgebung[299] pflegt auch bei KG nach deren Überschrift (mit der Anknüpfung „Vom“[300]) das Datum der *Ausfertigung* zu stehen und nicht der meist unmittelbar vorausgehenden Beschlussfassung, ebenso wenig der späteren Verkündung.[301] Demnach gibt die Datierung der GO zutreffend den Tag der Ausfertigung bzw. der *Unterschrift* des Präses der Kirchenversammlung wieder, die bei der Verabschiedung der GO – im Unterschied zum GG – unmittelbar an die Beschlussfassung anschloss. Die Datierung eines Gesetzes ist Teil des Ausfertigungsver-

297 Recht der EKD 1953, S. 1.

298 Die förmliche Übergabe setzt eine Ausfertigung und damit auch die Unterschrift des Präses voraus.

299 BMJ, Handbuch der Rechtsförmlichkeiten, Rdn. 394.

300 Das Datum wird vom Gesetzesnamen abgesetzt, damit bei Änderungsgesetzen die Überschrift des geänderten Gesetzes ungekürzt in den Bezug übernommen werden kann; dies besagt auch, dass die Überschrift zum Synodenbeschl. gehört, das Datum aber zur Ausfertigung.

301 A.A. Brunotte, GO, S. 96, der – wenn auch im Ergebnis zutreffend – auf die Beschlussfassung abstellt. Die Datierung kann sich verzögern, wenn die KK an der Gesetzgebung durch nachträgliche Zustimmung beteiligt ist (z.B. KG zur Änderung der GO v. 14.12.1984 auf Synodenbeschl. v. 7.11.1984, vgl. SB Lübeck-Travemünde 1984, S. 586).

fahrens (nicht des Gesetzesbeschlusses), das der Kirchenversammlung (nach der GO der Synode) bzw. ihrem Präses oblag. Die Datierung bezog sich also weder auf die in der Eingangsformel genannten Beschlussfassung der Kirchenversammlung noch auf die evtl. dort ebenfalls zu erwähnende Zustimmung weiterer Organe, geschweige denn auf das Inkrafttreten.

Eine andere Beurteilung der Datumsfrage wurde seinerzeit erwogen, insofern es sich bei der Verabschiedung der GO, wie verschiedentlich vertreten, um eine *paktierte Verfassung* handele. In dieser Hinsicht würde sie nicht durch den Synodenbeschluss, sondern in erster Linie durch Vertragsschluss der Landeskirchen konstituiert. Diese Einschätzung der formalen Rechtsnatur der GO ist auch heute noch Gegenstand unterschiedlicher Betrachtungen (Erl Art. 26a III). Sie bezieht sich jedoch auf eine Paktierung im materiellen Sinne. Hinsichtlich des Gesetzgebungsverfahrens können diese Zweifel dahinstehen, da die Datierung verfahrenstechnisch zu den Rechtsförmlichkeiten der Ausfertigung gehört. Und an der formellen Funktion der Kirchenversammlung als beschlussfassendes, vor allem aber als ausfertigendes Gremium besteht kein Zweifel, auch wenn man dem Beschl. in der Sache bzw. nach dem Willen der zustimmenden Gliedkirchen einen Pakt zugrundelegt und ihn nicht nur als Synodalkonsens versteht. Im Übrigen hatte laut VO über das Zustandekommen der GO die Kirchenversammlung die Aufgabe, die GO zu beschließen, und war formell das konstituierende bzw. verfassungsgebende Organ. Auch wenn die Geltung der GO für die einzelne Landeskirche – ähnlich wie bei zivilrechtl. Genehmigung – noch von deren nachträglicher Zustimmung abhing, so war die GO mit dem Synodalbeschluss bereits durch diesen gesetzgeberischen Akt und nicht erst durch Vertragsschluss rechtl. existent und konnte im Zustimmungsverfahren auch nicht mehr geändert werden.[302]

d) Abkürzung „EKD“

Die amtliche Namensabkürzung der Evangelischen Kirche in Deutschland lautet **„EKD“**. Sie wird schon lange vor der GO gebraucht, erfährt eine formalrechtl. Regelung in der Vorläufigen Ordnung der EKD v. 1945 (Anh 5: Ziff. I) und wurde seitdem amtlich beibehalten. Im Januar 1946 erscheint das erste „Verordnungs- und Nachrichtenblatt der EKD“ als amtliches Organ der Evangelischen Kirche in Deutschland.[303] Die Abkürzung wurde im amtlichen Sprachgebrauch in der ersten Zeit nur in Ausnahmefällen benutzt; noch in den 50er Jahren wurde empfohlen, die Abkür-

302 Es ging auch nicht um die Zustimmung eines EKD-Organs gem. Art. 26 III a.F.; zur Datierung von KG vgl. K. Müller, Die Praxis kirchl. Rechtsetzung im Spiegel des ABl. EKD, S. 260.

303 VO.u.NBl. Nr. 1 S. 1: In der Stuttgarter Erklärung (Gesch 1e) noch mit Abkürzungspunkt, im darauffolgenden Ratstagungsbericht ausdrücklich: „Evangelische Kirche in Deutschland (EKD)“.

zung „um der Würde der Sache willen“ nur bei häufiger Wiederkehr im Schriftverkehr, nicht aber in der mündlichen Aussprache zu gebrauchen.[304]

Nicht amtlich ist die Abkürzung „EKiD“. Sie fand sich insb. im Sprachgebrauch der DDR und des Kirchenbundes.[305] Darin mögen auch in der Sache ähnliche Vorbehalte mitschwingen, die vordem gegen eine Übernahme der Bezeichnung der *Deutschen* Evangelischen Kirche sprachen (Erl Überschrift „in Deutschland“). In der Präposition (in) klingt wie dargestellt eine gewisse Abschwächung und territoriale Einschränkung an. Der neue Bund sollte nicht *die* Evangelische Kirche Deutschlands sein, sondern „*in*“ einem Teil Deutschlands. Dieses kam wohl auch später der staatspolitischen Einordnung der in der Bundesrepublik und Berlin verbliebenen Gesamtkirche durch die DDR (Sprachgebrauch: „BRD“) entgegen.[306]

3. Vorspruch

Grundlage der Evangelischen Kirche in Deutschland ist das Evangelium von Jesus Christus, wie es uns in der Heiligen Schrift Alten und Neuen Testaments gegeben ist. Indem sie diese Grundlage anerkennt, bekennt sich die Evangelische Kirche in Deutschland zu dem Einen Herrn der einen heiligen allgemeinen und apostolischen Kirche.

Gemeinsam mit der alten Kirche steht die Evangelische Kirche in Deutschland auf dem Boden der altkirchlichen Bekenntnisse.

Für das Verständnis der Heiligen Schrift wie auch der altkirchlichen Bekenntnisse sind in den lutherischen, reformierten und unierten Gliedkirchen und Gemeinden die für sie geltenden Bekenntnisse der Reformation maßgebend.

---

304 Brunotte, GO, S. 20, Fn 15.

305 Z.B. Bericht des Bischofsamtsverwalters Schönherr vor der Regionalsynode Ost der EKBB v. 3.5.1969: „Man sieht die Notwendigkeit, aus Gründen des Glaubens an der EKiD festzuhalten, nicht gegeben.“ (KJ 1969, S. 250 ff.); so auch im Bericht des sächs. Bischofs Krusche vor seiner Synode v. 12.4.1969 (KJ 1969, S. 243) und im Bericht des Görlitzer Bischofs Fränkel vor seiner Synode v. 21.3.1969 (KJ 1969, S. 243). Die Abkürzung findet sich auch in sonstiger KR-Literatur, z.B. Stein, Kirchenrecht, S. 171 f.

306 Diese abschwächende Funktion hat auch staatshistorisch Parallelen etwa im Beginn des Königtums „in“ Preußen.

Vor die Grundbestimmungen stellt die GO die rechtstheol. Aussagen, unter denen die gesamtkirchl. Verfassung und damit die EKD mit allen, die ihr angehören, und in allen ihren tatsächlichen und rechtl. Erscheinungsformen steht. Sie formulieren das Selbstverständnis der EKD. Die Vorgabe der Bekenntnisgrundlagen findet sich heute in ähnlicher Weise in den meisten gliedkirchl. Verf.[307] Der Kirchenkampf, die Spannungen zw. Union und Luthertum, die Auseinandersetzungen über die Barmer Erklärung und im Zusammenhang damit auch die bis heute währende Diskussion um das kirchl. Recht hatten Fragen aufgeworfen, deren Beantwortung bei der umfassenden rechtl. Neuordnung nicht übergangen werden konnten. Auch in den Präambeln staatl. Verf. werden deren Beweggründe, Ziele und damit der Zweck etwa des Grundgesetzes dargelegt. Der Vorspruch wird damit zu einem Schlüssel für das Verfassungsverständnis.

Der **Vorspruch** ist als solcher nicht in einer Überschrift wohl aber gem. Art. 2 I so bezeichnet.[308] Er war in den Entwürfen des Bruderrats und des Verfassungsausschusses nicht vorgesehen. Die entsprechenden Aussagen waren dort an den Anfang eines ersten Abschnittes „Wesen und Aufgabe der EKD" bzw. „Grundlagen" gestellt (Anh 7A u. B). Die Form der Präambel wurde erst auf Antrag des Lutherrats (nach seiner Versammlung v. 28.1.1948, s. Gesch 2) und Pommerns vom Verfassungsausschuss vorgeschlagen. Die Gründe zielten in der Sache weder darauf ab, den Aussagen ein besonderes Gewicht zu geben, noch sie umgekehrt als programmatische Deklaration zu marginalisieren. Formal ist der Vorspruch dadurch hervorgehoben, dass er allen Artikeln vorangestellt wird; er ist aber mit seinen Aussagen auch in den eigentlichen Verfassungstext einbezogen und Teil der Verf. Er bekräftigt das Evangelium als Grundlage der EKD und damit auch als unabdingbare Voraussetzung ihres Verfassungsrechts (Erl Art. 2 I u. II). Es ist uns in der Schrift **„gegeben"** (Satz 1). Der Vorspruch formuliert hier – wie auch in den anschließenden bekenntnisbezogenen Sätzen – theol. Prämissen, die in ihren sachlichen Aussagen der GO vorgegeben sind. Sie sind nicht von ihr festzusetzen, sondern lediglich festzustellen. Dem entspricht in einigen gliedkirchl. Verf. ein ausdrückliches Änderungsverbot (Erl Art. 26a III).

Der Vorspr. besteht aus vier Sätzen und teilt sich in **drei Absätze**, ohne dass diese beziffert werden.[309] Die beiden ersten Sätze werden zu einem Absatz zusammengefasst. Diese Einteilung ergab sich im Verfassungsausschuss im Rekurs auf den Bruderratsentwurf (Anh 7). Dessen erster Artikel baute auf Art. 1 der DEK-Verfassung (Anh 3)

---

307 Z.B. in der Rheinischen Kirchenordnung v. 2.5.1952 in einem ebenfalls als solchem nicht bezeichneten Vorspruch – im Unterschied zu den früheren Kirchenordnungen; auch im preuß. Allgemeinen Landrecht kamen „Schrift u. Bekenntnis" nicht vor.

308 Im EGO74 wird dieser Vorspruch als „Grundartikel" bezeichnet, im vorausgehenden Entwurf (EGOII) als „Präambel".

309 In dieser Form wurde die GO im ABl. verkündet bzw. abgedruckt.

auf und verband diesen mit dem Bezug auf die Barmer Erklärung. Diese Verknüpfung stieß auf luth. Sorgen vor einer Art Unionsbekenntnis. Daher wurden diese Aussagen in mehreren Absätzen entfaltet, der Verweis auf die Barmer Erklärung von diesem Bekenntniskomplex separiert und mehr in einen historischen Bezug der Grundbestimmungen (Art. 1 III) gestellt. Die vom Verfassungsausschuss ursprünglich in fünf Absätzen gegliederte Präambel ist dann von der Kirchenversammlung auf drei Absätze reduziert worden.

Wie auch bei Staatsverf. stellt sich bei dem Vorspruch zur GO die Frage, inwieweit er nur programmatische Bedeutung hat oder auch *rechtl. Bindungen* enthält. Sicherlich kommt ihm nach beiden Richtungen Gewicht zu: Der Vorspruch „bezeichnet" die „Grundlage" auch des Rechts der EKD (Art. 2 I). In rechtspolitischer Hinsicht enthält er ein Bekenntnis zu den geistlichen Grundlagen, markiert aber auch besondere Vorstellungen der verfassungsgebenden Kirchenversammlung, die für die Auslegung von Bedeutung sind. In rechtl. Hinsicht statuiert die Präambel als Religionsnorm Bindungen, nach denen sich die Anwendung der Verf. richten muss. Andererseits sind die bekenntnisbezogenen Aussagen des Vorspr. nicht mit dem Bekenntnis identisch, was u.a. für die Frage der Änderbarkeit bedeutsam ist. Es handelt sich nur um eine deklaratorische rechtsförmige Bekräftigung dessen, was Basis der EKD ist (Erl Abs. 1 vor Satz 1). Um Zweifel an der rechtl. Verbindlichkeit zu vermeiden, dürfte man von der ausdrücklichen Bezeichnung durch eine Überschrift als „Vorspruch" abgesehen haben.[310]

Absatz 1 (Bekenntnisgrundlage)

Der Vorspr. geht zunächst von der Basis jeder Kirche aus, dem Wort Gottes, das in Jesus Christus Mensch geworden ist und in der Heiligen Schrift bezeugt wird. Im Unterschied zu den folgenden Absätzen, die von der verfassten Kirche handeln, stellt der erste Absatz die EKD in den Bezug zur Kirche des Evangeliums, d.h. zur geglaubten Kirche, wie sie im Glaubensbekenntnis beschrieben wird. Im Unterschied zu landeskirchl. Verfassungen[311] wird hier nicht versucht, Inhalte der reformatorischen Bekenntnisse als ein gemeinsames Bekenntnis wiederzugeben. Gleichwohl verweist der erste Absatz auf eine Bekenntnisaussage. Diese ist der EKD wie dem Verfassungsgeber vorgegeben und steht außerhalb ihrer Disposition. Ihr Inhalt kann nicht Gegenstand kirchl.

310 Dazu kritisch Grundmann, Die Gestaltung einer neuen Kirchenverfassung für die Ev.-Luth. Kirche in Bayern.

311 Vgl. insb. die ersten Verf. nach Verabschiedung der GO: Ordnung der Evang. Kirche der APU (ABl. EKD 1951, Heft 7 Nr. 85), Grundordnung von Berlin-Brandenburg (ABl. EKD 1949, Heft 3 Nr. 41), Kirchenordnung von Pommern (ABl. EKD 1950 Heft 9 Nr. 133), Kirchenordnung des Rheinlandes (ABl. EKD 1952 Heft 8 Nr. 99), Grundordnung der Provinz Sachsen (ABl. EKD 1950 Heft 9 Nr. 131), Kirchenordnung von Schlesien 14.11.1951 (unveröff.), Kirchenordnung von Westfalen (ABl. EKD 1954 Heft 4 Nr. 96).

Rechtsetzung sein (Art. 2 II); insofern geht es im Vorspr. nicht darum, Bekenntnisaussagen zu statuieren oder den Wesensgehalt ev. Verkündigung zu bestimmen, sondern nur durch deren Wiedergabe deutlich zu machen, wo die EKD als innerweltliche Größe zu lokalisieren ist. Dies erfordert, dass sie sich zunächst als Kirche kennzeichnet und diejenigen Faktoren nennt, die nach ihrem Selbstverständnis die Beziehung zum kirchestiftenden Handeln Christi verbürgen, und ihren geschichtlichen Ort als Partikularkirche bezeichnet.[312] Eine solche Scheidung zw. Bekenntnisaussage und Rechtsnorm lässt sich aus luth. Sicht deutlicher treffen als nach ref. Rechtsverständnis etwa des bekennenden Rechts (Erl Art. 2 vor I) und steht unter dem Vorbehalt der gemeinsamen Erkenntnis von Barmen, dass die Ordnung nicht vom Bekenntnis, d.h. die Grundordnung letztlich nicht von den in der EKD geltenden Bekenntnissen zu trennen ist. Ihre Formulierungen sind nicht selbst Bekenntnis i.S.d. Abs. 3, aber sie ist von den Verfassungsgebern unter dem eigentlichen Auftrag der Kirche verantwortet.[313]

Satz 1 (Evangelium als Grundlage)

Der erste Satz der GO entspricht in der Sache und weitgehend auch in der Formulierung dem Anfang der Barmer Erklärungen (Texte 3 u. 4). Daran knüpfte die Bekenntnissynode die Feststellung, dass das damalige Reichskirchenregiment diese Grundlage verlassen und seinen Leitungsanspruch verwirkt habe (vgl. Art. 1 III), und bezeichnete die Anerkennung der von ihr bezeugten Wahrheiten als „*die unumgängliche theologische Grundlage*“ der Kirche. Auch am Anfang der GO steht die biblische Grundlegung der EKD als Teil der einen Kirche Jesu Christi (Art. 1 II 2), d.h. der geglaubten Kirche als der Gemeinschaft aller wahrhaft Glaubenden (vere credentium). Diese Aussage wird im folgenden zweiten Satz als *Anerkenntnis* bezeichnet und i.S. eines *Bekennens* der EKD zu dem Einen Herrn der einen Kirche entfaltet.

Die so gegründete Kirche ist die „Versammlung aller Gläubigen, bei denen das Evangelium rein gepredigt und die heiligen Sakramente laut dem Evangelium gereicht werden“ (CA VII). Dieses Geschehen, das den Glauben schafft (CA V), schafft zugleich die Glaubensgemeinschaft, die Gemeinde, „in der Jesus Christus in Wort und Sakrament durch den Heiligen Geist gegenwärtig handelt“ (Barmer Theol. Erklärung, These III). Beide, Glauben und Glaubensgemeinschaft, verdanken sich dem in der Verkündigung und in den Sakramenten manifestierenden Wort Gottes. Als **Evangelium** ist es Gottes in Christus erschienene Kraft (Röm 1,16), die alle Menschen erreichen und zum Glauben bewegen will.

---

312 Z. Unterschied zw. Bekenntnisaussage und Rechtssatz: Pirson, Zur Verfassung für die EKKW, S. 266 f.; abweichend Brunotte, GO, S. 114. Eine andere Frage betrafen freilich luth. Bedenken, ob die EKD überhaupt ein Bekenntnis habe.

313 Z. antwortenden und verantworteten Recht: Robbers, Grundsatzfragen, S. 238.

Wenn die GO das Evangelium, „wie es uns **in der Heiligen Schrift gegeben** ist“, als die alleinige **Grundlage** der EKD „anerkennt“, besagt dies, dass die Schrift als norma normans dem Bekenntnis als norma normata (Erl Satz 3) – und damit auch allem Kirchenrecht, namentlich der Verfassung – vorgeordnet ist. Bekenntnisse und Recht haben dem Zeugnis der Schrift zu entsprechen. Sie ist die „einzige Regel und Richtschnur, nach welcher alle Lehren und Lehrer gerichtet werden sollen“.[314] Dies gilt für traditionelle wie aktuelle Bekenntnisse und letztlich für alles gesamtkirchl. Handeln.

Satz 2 (Bekenntnis zum Herrn der Kirche)

Diesen Satz aus dem Entwurf des Bruderrates (Anh 7A: Art. I Satz 2) hatte auch der Verfassungsausschuss weitgehend übernommen (Anh 7B: Art. 1 V). Er war aber in der Vorlage des Rates gestrichen worden, weil von luth. Seite Bedenken bestanden, „dass damit ein Bekenntnis der EKD i.S.e Unionsbekenntnisses präsumiert“ werde. Der Satz wurde dann noch im letzten Einigungsgespräch 1948 (Gesch 4) eingehend erörtert und erst im Plenum der Kirchenversammlung wieder hergestellt.

> Die Begründung des betr. Antrags betonte, dass dieser Satz „von Anfang an die Entscheidungen um die Erhaltung der Substanz der EKD bestimmt hat. Er tritt zum ersten Mal in Barmen auf, wo gesagt wird, dass mit diesen theol. Aussagen und mit diesen Verwerfungen die unumgängliche Grundlage der Ev. Kirche bestimmt sei und dass damit die EKD sich zu dem einen Herrn der einen heiligen, allgemeinen und apostolischen Kirche bekennt. Dieser Satz ist festgehalten bei allen Beratungen über die Grundverfassung der Ev. Kirche. Er behauptet nichts anderes, als dass die Ev. Kirche in ihrem Bekenntnis sich zu dem Einen Herren bekennt, dass sie in der Einheit des Leibes Jesu Christi steht und zu bleiben gedenkt. Denn die Einheit des Leibes Jesu Christi, die Einheit der Kirche, wird nicht konstituiert durch die Mehrzahl von Kirchen durch deren Zusammenschluss, sie geht jeweils aller Eingliederung in diesen Leib voraus. Es ist sozusagen das ökumenische Bekenntnis.“[315]

Die GO entfaltet hier die im vorangehenden ersten Satz festgestellte Grundlegung der EKD im Evangelium. Sie beschränkt sich hier nicht darauf, erinnernd und bestätigend auf einen Tatbestand hinzuweisen, sie geht vielmehr den Schritt zu einer eigenen Bekenntnisaussage: Sie **bekennt** sich zu dem Einen Herrn, zu Jesus als dem Christus. Dieses Bekennen wird auch als ein „*Bekenntnis*“ i.S.e. zentralen, biblisch begründeten Bekenntnisses der Christenheit (Mt 16,16) verstanden. Begrifflich werden jedoch davon unterschieden die altkirchl. und reformatorischen „Bekenntnisse“ der Absätze 2

[314] Epitome der Konkordienformel v. 1577; einige Gliedkirchen (Brm u. SchlO) votierten im Blick auf das Verhältnis von Schrift und Evangelium für das Wort „bezeugt“, weil „gegeben“ eine gewisse Verfügbarkeit suggeriere.

[315] Begründung des Antrags durch den Syn. H. J. Iwand (Eisenach 1948, S. 96).

und 3, deren abgrenzende und erläuternde Formulierungen diese allgemeine Glaubensaussage im Leben der Einzelkirche noch bedarf.[316] Grad und Gewichtung dieser Unterscheidung wird je nach konfessioneller Tradition unterschiedlich bewertet; aus luth. Sicht wird die Bedeutung des Bekenntnisses als formulierter Textkorpus in besonderer Weise vom allgemeinen Bekennen i.S.d. Satz 2 unterschieden. Gleichwohl geht diese Formulierung der GO deutlich und prinzipiell über den kulturprotestantischen Bundeszweck von 1922 „zur Pflege des protestantischen Gesamtbewusstseins und der religiös-sittlichen Weltanschauung der Reformation" hinaus (Anh 2: § 1). Zu *Begriff* und *normativer Bedeutung* des Bekenntnisses s. Erl Satz 3.

Bekannt wird hier der **Eine Herr** (Kyrios christus) der einen Kirche (una sancta ecclesia) i.S.d. Petrusbekenntnisses (Mt 16,16; Joh 6,68) und der im Evangelium verheißenen Gemeinschaft der Glaubenden und Getauften (ecclesia spiritualis et universalis). „Versetzt in die Gemeinschaft mit dem dreieinigen Gott, werden sie zu Gliedern am Leibe Christi und bilden als solche seine Gemeinde. In diesem Sinne impliziert der Glaube an den dreieinigen Gott den Glauben an die eine, heilige, katholische und apostolische Kirche."[317]

Die Beschreibung dieser Kirche Christi als **„der einen heiligen allgemeinen** (griech. katholikòs) **und apostolischen Kirche**" zitiert das *Nizäische Glaubensbekenntnis* (nicht das Apostolicum, in dem die Attribute der *„einen"* und *„allgemeinen"* Kirche fehlen). Es wird zusammen mit den anderen altkirchl. Bekenntnissen als der „Boden" bezeichnet, auf dem die EKD steht (Abs. 2). Damit ist, wie sich aus Abs. 3 ergibt, noch nicht gesagt, dass den in der EKD zusammengeschlossenen Bekenntnissen ein gänzlich übereinstimmendes[318] Schriftverständnis zueigen sei. Die Übernahme der nizäischen Formulierung in die GO stellt aber die EKD mit diesem Kirchenbegriff über das bloße Zitat hinaus in einen eigenen kirchenrechtl. konstituierenden Bezug zu diesem Bekenntnis. Darüber hinaus versteht sich die EKD „als Teil" (Art. 1 I 2) dieser heiligen christlichen Kirche.

Absatz 2 (Satz 3 – Altkirchliche Bekenntnisse)
Im Anschluss an Grundlagen und Bekenntnis beschreibt die GO die Gemeinsamkeiten **„mit der alten Kirche"**, d.h. der Kirche der frühen Zeit, vornehmlich der ersten fünf Jahrhunderte. Historisch umfasst dies den Zeitabschnitt der Kirchenväter (Patristik) und

316 Brunotte, GO, S. 114; die GO stellt hier (wie auch ausdrücklich das GG in Präambel u. Art. 1 II: „bekennt") an den Anfang aller Verfassungsbestimmungen die grundlegenden Aussagen, die ihrerseits nicht mehr begründet, sondern bekannt werden; die Deutung als eigenes Bekenntnis ist umstr. (vgl. Erl Abs. 2).

317 Rat der EKD, Kirchengemeinschaft, S. 6.

318 Brunotte spricht hier von einem *„gemeinsamen"* Schriftverständnis (GO, S. 116).

bezieht sich auf die damalige Weltkirche, in diesem Kontext auch auf die damaligen, gewachsenen Kirchentümer. Festgestellt wird hier ein gemeinsamer Bekenntnisstand *innerhalb* der als EKD verfassten kirchl. Gemeinschaft. Der Rückbezug auf die „alte Kirche“ hebt sich aber insoweit vom aktuellen Bekenntnis der ev. Christenheit ab. Alternative Formulierungen waren Gegenstand des letzten Einigungsgesprächs im April 1948 (Gesch 4). Sie begegneten jedoch luth. Bedenken, wie etwa die Formulierung „Gemeinsam mit der alten Kirche bekennt die EKD die altkirchlichen Symbole“, weil das Wort „bekennt“ hier als Bekenntnis *der* EKD missverstanden werden könnte.[319] Auch spätere Reformversuche einer Aktualisierung dieser Retrospektive, etwa mit der Formulierung: „Gemeinsam mit der ganzen Christenheit steht die EKD“, wurden nicht verwirklicht.[320]

Die **altkirchlichen Bekenntnisse** oder die sog. ökum. Symbole (symbola) sind das Apostolische (*Apostolicum*, 2./3. Jh.), das Nizäische (*Nicaeno-Constantinopolitanum*, 381) und das Athanasische (*Athanasianum*, um 500) Glaubensbekenntnis. Erwachsen aus den urchristlichen Bekenntnissen wurden sie als Taufbekenntnisse gebraucht (Apostolicum) und zur Abwehr neuer Irrlehren erforderlich (Nicaenum, Athanasianum) und umfassen insb. das trinitarische und das christologische Dogma.[321] Die altkirchl. Bekenntnisse werden von allen Gliedkirchen der EKD anerkannt und bringen in schriftgemäßer Weise die Bekenntnisgrundlage auch der EKD zum Ausdruck. Sie werden aber, wie der folgende Absatz der Präambel ergibt, nach Maßgabe der verschiedene reformatorischen Bekenntnisse der Gliedkirchen unterschiedlich ausgelegt.

Die *theol. Bedeutung* der überlieferten Bekenntnisse bezieht sich nach heutigem Verständnis insb. auf die rechte *Schriftauslegung*, auf die Wahrheit im Vollzug des aktuellen Bekennens, auf die Erinnerung an das Zeugnis und die Glaubens- und Lehrentscheidungen früherer Generationen, auf die Einbindung in die ökum. Christenheit, auf den unerlässlichen Ausweis der Grenzen menschlich verantworteter kirchl. Lehre und die Ermutigung der Kirche zu neuer verbindlicher Lehrverantwortung.[322] Das Bekenntnis dient so als Maßstab für die Reinheit der Verkündigung des Evangeliums (pure docere) und für die Übereinstimmung im reinen Verständnis des Evangeliums (consentire

---

319 Vorschlag von M. Niemöller, Ablehnung durch H. Brunotte; dazu Smith-von Osten, Treysa, S. 360; statt „gemeinsam mit der alten Kirche“ (Kirchenstatus der EKD) wurde auch vorgeschlagen „gemeinsam mit der ganzen Christenheit“ (Pom).

320 O. Lingner, Ndschr. der 6. Sitzung des Struktur- und Verfassungsausschusses der EKD- Synode am 3.7.1971 (EZA, 2/93, Nr. 360, S. 6).

321 Die genannten Bekenntnisse erwuchsen aus den letzten drei der sieben altkirchl. Konzilien des „consensus quinque saecularis.“

322 „Vom Gebrauch der Bekenntnisse“, Beitrag der Kammer für Theologie, EKD-Text Nr. 53, 1995.

de doctrina evangelii).[323] Freilich unterscheidet die Präambel (Abs. III) zwischen den Bekenntnissen der alten Kirche und denen der Reformation und zwar nicht nur historisch, sondern auch in der theol. Funktion. Denn „maßgebend ... für das Verständnis" der altkirchl. sind die reformatorischen Bekenntnisse (Abs. 3).

Die Bekenntnisse der alten Kirche kennzeichnet die GO als den **Boden, auf dem die EKD steht**. In diesem Sinne wird der Bezug der kirchl. Ordnung auf diese Bekenntnisse als grundlegende Glaubensdokumente der Verf. vorangestellt.[324] Im Bewusstsein, dass diese Zeugnisse das Evangelium, wenn auch situationsbedingt, aber durch die Kirchengeschichte hindurch bewahrt haben, hat sich der Verfassungsgeber an diese Grundlagen gebunden. Der Bezug auf das Bekenntnis statuiert den Anspruch der EKD und ihr Selbstverständnis, Teil der apostolischen Kirche zu sein, und beschreibt Ort und Grundlage ihrer verfassungsrechtl. Ordnung.

In Abkehr zur früheren Ausklammerung des Bekenntnisses aus dem KR wird ihm heute auch *rechtliche Bedeutung* zugemessen. Die Bekenntnisse sind zwar als religiöse Normen in ihrem Gehalt der Disposition des Verfassungsgebers entzogen. Sie sind aber von rechtserheblicher Natur, insofern sie als „metajuristische norma normans" auf die Gestaltung des KR einwirken.[325] In diesem Sinne stehen diese Bekenntnisse nicht nur als vorrechtl. Glaubenszeugnisse außerhalb der GO. Als Boden der EKD sind sie Grund, Grenze und Richtschnur der kirchl. Funktionen und Normen. Insofern kommt ihnen auch für die Verfassung eine ähnlich normative Bedeutung zu wie der Schrift im Verhältnis zum Bekenntnis. Es ist seinerseits norma normans, d.h. Maßstab allen Rechts der EKD und für dessen Auslegung.[326]

Absatz 3 (Satz 4 – Reformatorische Bekenntnisse)

Nach den gesamtkirchl. Bekenntnisbezügen behandelt der dritte Absatz die Bekenntnisse **in den Gliedkirchen und Gemeinden.** Nach deren Maßgabe bestimmt sich das **Verständnis** der Grundlagen der Gesamtkirche, das Verständnis **der Heiligen Schrift** (Abs. 1) **wie auch der altkirchlichen Bekenntnisse** (Abs. 2). Die GO unterschei-

---

323 H. Barth, Welches Bekenntnis braucht die Kirche?, S. 2.

324 Vorentwürfe zur GO (EZA 2/4 u. 2/8) formulierten hier noch: „Das Glaubensbekenntnis der EKD ist das Apostolikum" (Erik Wolf, s. Gesch 2 u. 4) und „... bekennt die EKD die altkirchlichen Symbole" (Verfassungsausschuss), stießen jedoch auf luth. Bedenken.

325 So schon Holstein, Die Grundlagen des ev. Kirchenrechts, S. 14; Pirson, Kirchliches Verfassungsrecht, S. 106; vgl. Erl Satz 4.

326 Dazu Erl Abs. 3; zum Problemstand: Büning, Bekenntnis als „norma normans" oder „norma normata", S. 19 ff.; de Wall, Die Änderung der Grundartikel ev. Kirchenverfassungen, S. 253 m.w.N.; zur Bedeutung des Bekenntnisses für das KR allgemein: M. Heckel, Die theol. Fakultäten im weltlichen Verfassungsstaat, S. 127 ff.; Erik Wolf, Ordnung, S. 502 ff.; Liermann, Kirchenrecht, S. 34 ff.; Frost, Strukturprobleme, S. 22 f.; Pirson, Evangelisches Kirchenrecht und Bekenntnis.

det hier zweierlei Bekenntnisse, und zwar die altkirchl., auf deren Boden die EKD gemeinsam mit der alten Kirche steht, und die für die Gliedkirchen und Gemeinden jew. zusätzlich **geltenden** Bekenntnisse der Reformation. Diese sind für das Verständnis jener maßgebend (vgl. Kleiner Katechismus, 2. Hauptstück; Heidelberger Katechismus, Frage 26-55). D.h. die **Reformation** hat sich bewusst auf den Boden der drei altkirchl. Bekenntnisse gestellt, diese aber zugleich im Lichte des von ihr neu gehörten Evangeliums interpretiert. Diese – an sich zunächst ökum. intendierten – reformatorischen Interpretationen (mit ursprünglich gottesdienstlicher Funktion) wurden dann faktisch zu Bekenntnissen von Konfessionskirchen und entwickelten insofern auch eine trennende Wirkung von normativer Bedeutung. Das rechte Schriftverständnis erschließt sich demnach nicht ohne weiteres aus den alten Bekenntnissen an sich, sondern nach Maßgabe auch der reformatorischen Bekenntnisse. Dies gilt mit der Auslegung von Schrift und Bekenntnis auch für das Verständnis der kirchl. Ordnungen.[327]

Maßstab

Die Hervorhebung der gliedkirchl. Geltung der reformatorischen Bekenntnisse intendierte, dass die beiden vorausgehenden Absätze noch kein umfassendes Bekenntnis der EKD i.S.d. Einheitsbekenntnisses einer Unionskirche formulieren. **Maßgebende** Bekenntnisse beschreibt die GO hier nur in Bezug auf die („**in den**") Gliedkirchen und Gemeinden. Damit ist hier nur das jew. Schriftverständnis der einzelnen Gliedkirche angesprochen und der Unterschied zw. den reformatorischen Bekenntnissen als ein Unterschied im Verständnis der Grundlage der EKD selbst festgelegt.[328] Diese überkommene Abgrenzungsfunktion der reformatorischen Bekenntnisse hat in der neueren theol. Diskussion eine weniger exklusive Deutung erfahren, und zwar als „Wegweiser" zum Schriftverständnis und als „unerlässliche Orientierungshilfe" zur Ausrichtung des Verkündigungsauftrags, die „der Abwehr von Irrlehren und dem aktuellen Bekennen dienen" und der Fortentwicklung und Aktualisierung bedürfen.[329] Die GO-Reform von 1974 hat in dem Versuch, in der Präambel eine allgemeine Glaubensgrundlage zu formulieren, auf diesen 4. Satz verzichtet und statt dessen einen Verkündigungsauftrag auch der EKD formuliert (Anh 12: Art. IV 1).

Für Kontroversen des Schriftverständnisses ist auf gesamtkirchl. Ebene ein Lehramt bzw. ein Entscheidungsorgan nicht vorgesehen. Auch die Theologische Kommission der EKD kann hier

327 Dazu „Vom Gebrauch der Bekenntnisse", Beitrag der Kammer für Theologie der EKD, EKD-Text 53; vgl. auch Pirson, Kirchliches Verfassungsrecht, S. 105; Texte der Bekenntnisschriften s. R. Mau, Hg., Evangelische Bekenntnisse, Teilbände 1 und 2, Bielefeld 1997.

328 Brunner, Eisenach, S. 143, aus luth. Sicht; vgl. auch Erl Art. 1 I 3.

329 Gemeinsame Erklärung des BEK zu den theol. Grundlagen der Kirche v. 23.5.1985 (Kundg.BEK 2, S. 190); in neuerer Zeit: Jüngel, Bekennen und Bekenntnis, S. 94 ff.; H. Barth, Wie viel Bekenntnis braucht die Kirche?

nur beratend zur Klärung beitragen. Für die praktische Beilegung konfessionell begründeter Divergenzen eröffnet die GO freilich besondere Verfahren in Konventen der Synode und der Kirchenkonferenz. Die Konvente der gliedkirchl. Zusammenschlüsse in der KK können entsprechende Fragen gem. Art. 28a im gesamtkirchl. Rahmen behandeln.

Zur Bedeutung des Bekenntnisses für den Status der EKD als Kirchengemeinschaft s. Erl Überschrift „Kirche", Art. 1 I 1 u. II 1.

Die Bekenntnisse der Reformation
Maßgebend für das Schriftverständnis sind die **Bekenntnisse der Reformation.** Durch diese machen die reformatorischen Kirchen nach außen wie für sich selbst deutlich, worauf sie ihren Anspruch stützen, die christliche Wahrheit i.S.d. ursprünglichen Botschaft bewahrt zu haben. Um welche Bekenntnisse es sich hierbei handelt, erschließt sich mittelbar aus der Zuordnung zu den **lutherischen, reformierten und unierten** Gliedkirchen und Gemeinden (Erl Art. 1 I). Die historische Definition des maßgebenden Bekenntnisses bedeutet auch eine inhaltliche Festlegung und betont das traditionelle bewahrende Moment nicht nur der alten Kirche, sondern auch der Reformation. Darin eingeschlossen ist aber auch die Verpflichtung, diese tradierten Textformeln immer neu an der Heiligen Schrift zu prüfen,[330] wie dies auch die Leuenberger Konkordie betont (Text 2: Tz 38).

Besonders die **lutherische** Reformation brachte ihre Grundüberzeugungen bevorzugt in Bekenntnisschriften, z.B. dem Konkordienbuch, zur Geltung. Sie galten als verbindliche Auslegung der Bibel, die aber ihrerseits *norma normans* auch für die geltenden Bekenntnisse (*norma normata)* blieb. Bekenntnis in diesem Sinne ist – auch für die Gestalt der Kirche – „das Kriterium jener Einsichten und Erfahrungen, in denen die biblische Wahrheit und das uns prägende hermeneutische Verständnis aufbewahrt sind".[331]
Luth. Bekenntnisse sind niedergelegt in Luthers *Großem und Kleinem Katechismus* (1529), dem lateinisch und deutsch abgefassten und von Melanchthon redigierten *Augsburgischen Bekenntnis* (Confessio Augustana), die 1530 auf dem Augsburger Reichstag als Darstellung des gemeinsamen reformatorischen Glaubens evangelischer Fürsten und Städte vorgelegt wurde, ferner in der zur Verteidigung der Augustana von Melanchthon verfassten sog. *Apologia Confessionis Augustanae* (1531), in den *Schmalkaldischen Artikeln*, die von Luther für ein in Mantua 1537 geplantes Konzil verfasst wurden, und in der *Konkordienformel* (1577). Die einzelnen Dokumente, insb. die beiden letztgenannten, werden – abgesehen von der Augustana – in den luth. Gliedkirchen unterschiedlich gewichtet.

330 Vgl. Art. 2 II 3 EGO74.
331 Knuth, Gefahr der Gigantomanie, S. 34.

In den **reformierten** Kirchen gab es eine vergleichbar strenge Bekenntnisbindung nie;[332] denn nach ref. Ekklesiologie vermag ein einheitliches Bekenntnis ebenso wenig wie ein übergreifendes Lehramt die Einheit der Kirche zu gewährleisten. Gottes in der Heiligen Schrift geoffenbartes Wort erweist seine Göttlichkeit und Wirksamkeit im Zeugnis des Heiligen Geistes und nicht durch historisch-objektive Sicherstellung. Daraus ergibt sich aus reformierter (und unierter) Sicht eine größere Offenheit zur Weiterentwicklung der Bekenntnisse im Unterschied zu den für alle luth. Kirchen gleichen, abgeschlossenen konfessionellen Vorgaben. Die Synoden haben in den ref. Kirchen als geistliche Leitung diesbezügliche Entscheidungsbefugnisse. Auch der Kirchenordnung kommt hier z.T. Bekenntnisrang zu. Als **reformierte** Bekenntnisschriften hat vor allem der *Heidelberger Katechismus* (1562), daneben auch die *Märkische Konfession* des zum reformierten Glauben übergetretenen Kurfürsten von Brandenburg (Confessio Sigmundi, 1614) Verbreitung gefunden, ferner für die französisch Reformierten die *Confessio Gallicana* von 1559.

Zehn Gliedkirchen folgen dem luth. Bekenntnis: Bayern, Braunschweig, Hannover, Mecklenburg, Nordelbien, Oldenburg, Sachsen, Schaumburg-Lippe, Thüringen und Württemberg. Zwei Gliedkirchen verstehen sich als reformierte Kirchen: die Evangelisch-reformierte Kirche und die Lippische Landeskirche. Ähnlich wie eine Verwaltungsunion gehört letzterer eine „lutherische Klasse" (Kirchenkreis) an, in der die luth. Gemeinden des Lipper Landes unter eigenem Superintendenten zusammengeschlossen sind.
Der Begriff der **„unierten Gliedkirchen"** besagt in der GO nicht, dass es sich hier um eine dritte Konfession handeln müsse. Meist bezeichnet die Union den organisatorischen Zusammenschluss von Gemeinden unterschiedlichen Bekenntnisstandes unter einer gemeinsamen Kirchenleitung und -verwaltung in der Form einer *Verwaltungsunion.* Luth. und ref. Kirchen haben auf Grund ihrer Bekenntnisschriften und Kirchenordnungen eine konkrete Bekenntnisbestimmtheit. Ein solcher Bekenntnischarakter kommt auch unierten Kirchen und deren Gemeinden zu, wenn es sich um eine sog. *Konsensusunion* handelt, mit der ein Konsens in der Lehre, mindestens in der Abendmahlslehre besteht, oder einer *Bekenntnisunion* (Lehrunion), bei der die Gemeinschaft zu einem neuen Bekenntnis geführt hat (Gesch 1b).
Demnach umfasst der Begriff „uniert" alle innerhalb der EKD vorkommenden Formen einer Vereinigung von Gemeinden verschiedenen Bekenntnisses in einer Landeskirche, unabhängig davon, ob die betr. Kirche sich in ihrem Titel als uniert bezeichnet oder sich in ihrer Verf. als uniert ausweist. Unierte Kirchen i.S.d. GO sind also alle Landeskirchen innerhalb der EKD, deren Bekenntnisstand nicht eindeutig luth. oder ref. ist. 12 Kirchen bezeichnen sich als uniert: Anhalt, Baden, Berlin-Brandenburg-schlesische

---

[332] Jüngel, Einheit gewinnt durch Vielfalt, S. 38; A. Böckel, Die Bekenntnisschriften der ev.-ref. Kirche, Leipzig 1847.

Oberlausitz, Bremen, Hessen und Nassau, Kurhessen-Waldeck, Pfalz, Pommern, Provinz Sachsen, Rheinland, Westfalen und die UEK.[333] In der Mehrzahl dieser Kirchen haben die Gemeinden luth. oder ref. Bekenntnisstand. Nur in den Bekenntnisunionen in Baden und in der Pfalz hat die Landeskirche als solche auf der Grundlage von Unionsurkunden ein *uniertes Bekenntnis.* In einigen Kirchen (Berlin-Brandenburg-schlesische Oberlausitz und Provinz Sachsen) gibt es nur luth. und ref. Gemeinden; in anderen gibt es daneben auch unierte Gemeinden (Brm, EKHN, EKKW, Rh, Westf). In Pommern gibt es nur luth. Gemeinden; die Verwaltungsunion besteht hier lediglich in der verfassungsmäßig festgehaltenen Kirchengemeinschaft mit einzelnen ref. Gemeindegliedern. Daher gehört die LK als einzige der UEK dem Luth. Weltbund an.

Gemeinsamkeiten des Bekenntnisses
„Ein gemeinsames Verständnis des Evangeliums, wie es in der Leuenberger Konkordie seinen Ausdruck gefunden hat" und im Reformvorschlag 1974 (Anh 12: Art. 2 I) konstatiert wurde, wird in dem seit 1948 unveränderten Vorspr. noch nicht beschrieben, aber auch nicht ausgeschlossen. Die Sonderbekenntnisse der Gliedkirchen schließen nicht aus, dass hier eine gemeinsame Überzeugung des Glaubens – als Konsensus im Fundamentalen – i.S.d. Kirchengemeinschaft gem. Art 1 II festgestellt wird. Die Feststellung, dass sich Lutheraner, Reformierte und Unierte im Bekenntnis und d.h. im Verständnis der Heiligen Schrift unterscheiden, ist an sich zwar zutreffend. Sie ist jedoch mit der Rezeption der **Leuenberger Konkordie** ergänzungsbedürftig geworden, auch wenn diese nicht unmittelbar im Kontext des Vorspruchs, sondern (wie die Barmer Erklärung) bewusst erst in Art. 1 II u. III genannt wird (Erl vor Abs. 1). Denn dieser Lehrkonsens beschreibt die über den Negativbefund von 1948 hinausgehenden Gemeinsamkeiten im „Verständnis des Evangeliums" (Leuenberger Konkordie Abschnitt II), die in großer Einmütigkeit (magno consensu i.S.d. CA) in allen Gliedkirchen gelehrt werden und auch ihr ekklesiales Verhältnis zueinander verändert haben. Auch wenn man die Konkordie nicht als Bekenntnis im engeren Sinne, sondern nur als Lehrübereinkunft oder „Konsensus-Bekenntnis" versteht, so ist doch eine gewisse „Unschärfe" zw. diesen beiden Begriffen festzustellen, so dass eine trennende Unterscheidung, wie sie namentlich aus luth. Sicht markiert worden ist,[334] dem heutigen Verständnis kaum mehr gerecht wird. Demgemäß wurde vorgeschlagen, Abs. 3 mit dem Zusatz zu lesen: „... unbeschadet des gemeinsamen Verständnisses des Evangeliums, wie es in der

---

333 Genau genommen ist auch die gewöhnlich als reformiert bezeichnete Lippische Landeskirche eine verwaltungsunierte Kirche, da der ref. Bekenntnisstand dieser Kirche nicht für die ihr angehörende Luth. Klasse gilt; zum Ganzen Liermann, Kirchenrecht, S. 40 ff.

334 Hempel, Zeugnis und Dienst, S. 41; zur aktualen Dimension des Bekenntnisses s. Erl Überschrift „Kirche".

Leuenberger Konkordie festgestellt ist".[335] Zum Bekenntnis i.S.d. EKD s. Erl Überschrift „Kirche".
Der Bezug auf die Bekenntnisse bringt ferner zum Ausdruck, dass eine Gemeinschaft, welche die vorangehenden Grundaussagen nicht bejaht, auch nicht Glied der EKD sein kann und ebenso wenig eine Gemeinschaft, die nicht entweder luth., uniert oder ref. ist und gleichzeitig die Gemeinschaftsfähigkeit i.S.d. Art. 1 I dieser drei aus der Reformation erwachsenen Bekenntnisse anerkennt.[336]

Gliedkirchen und Gemeinden
Die Bekenntnisse gelten für die Gliedkirchen und Gemeinden:
Gliedkirchen sind die bestehenden Landes- und Provinzialkirchen (Art. 21 I). Der Begriff der „Gliedkirchen" findet hier erstmals Eingang in eine gesamtkirchl. Verf. Er unterscheidet sich auch in einem geistlichen Sinne von der mehr organisationsrechtl. „Mitgliedschaft" „verbündeter Landeskirchen" des DEKb. Der *Begriff* wird vor allem in den Grundbestimmungen entfaltet (Erl Art. 1 I u. Art. 21 I). Der EGO74 definierte sie als *die von der EKD umfassten* luth., ref. und unierten Kirchen.
Die **Gemeinden** sind aus den vorstehenden Gründen vor allem im Hinblick auf die Verwaltungsunionen und auf reformiertes Kirchenverständnis neben den Gliedkirchen gesondert aufgeführt. Die Kirchengemeinde gewinnt in der GO (passive) Bedeutung bei der Achtung ihrer Bekenntnisgrundlagen durch die EKD (Erl Art. 1 II); aktiv vermittelt sie insb. die Zugehörigkeit ihrer Glieder zur EKD (Art. 1 IV).
Die theol. Bewertung ihrer geistlichen Qualität ist nicht einheitlich; in den vom ref. Bekenntnis bestimmten Gliedkirchen kommt ihnen eine selbständigere und tragendere Stellung zu als in luth. Kirchen.[337] Zum *Begriff* der „Gemeinde" s. Erl Art. 1 IV.

Geltung
Maßgebend sind die aktuellen Bekenntnisse, die jew. **für die** Gliedkirchen bzw. Gemeinden **gelten**. Die Bekenntnisschriften beinhalten keine Rechtsnormen, aber Religionsnormen rechtserheblicher Natur (Erl Satz 1 und 3). Es besteht – und zwar auch aus theol. Sicht – Einigkeit darüber, dass es sich bei der Geltung des Bekenntnisses auch formal als Bestandteil der Rechtsordnung um eine *Geltung von Rechts wegen* handelt und daher von einem Bekenntnisstand auch im Rechtssinne auszugehen ist. Andererseits trennt die GO – z.T. deutlicher als frühere Ordnungen – zw. Recht und Bekenntnis und spricht vom Bekenntnis i.S.e. dem Recht vorgeordneten Größe, die für

335 Lingner, Leuenberg, S. 346 ff.; Gesch 7; Erl Art. 1 II.
336 Benn, Bekenntnis und Bekenntnisbindung, S. 155; Jüngel, Bekenntnis und Bekennen, S. 94 ff.
337 Dem entsprechen unterschiedliche, historisch am öff. oder zivilen Recht orientierte Organisationsstrukturen und Bezeichnungen, z.B. der Leitungsgremien als Kirchengemeinderat, -vorstand oder Presbyterium, als „Bischof" oder „Schriftwart".

die Rechtsordnung bindend ist.[338] Eine Legaldefinition des Bekenntnisses gibt auch die GO nicht. Sie geht aber davon aus, dass die kirchl. Autorität des Bekenntnisses der des Rechtes vorgeht (vgl. auch Art. 2 II 2 und 27). Auch der Bezug auf die Barmer Erklärung (Art. 1 III) verweist auf die Bekenntnisbestimmtheit des KR und die Bezogenheit der Ordnung der Kirche auf ihr geistliches Wesen. Somit hat die Geltung des Bekenntnisses auch Konsequenzen im Rechtssinne. Sie bedeutet beispielsweise, dass sich in der Kirche niemand auf einen Rechtsgrundsatz der *Glaubensfreiheit* im grundrechtl. Sinne berufen kann. „Es soll auch von Rechts wegen so und nicht anders geglaubt werden, wie es der Heiligen Schrift in der Auslegung des Bekenntnisses entspricht." Die rechtl. Geltung impliziert ferner die Möglichkeit, das Bekenntnis auch mit den Mitteln des Rechts zur Geltung zu bringen. Ob jedoch ein Widerspruch zum Bekenntnis vorliegt, ist keine Rechtsentscheidung, sondern eine Lehrentscheidung.[339]

338 Art. 2 stellt in Abs. 1 das *Recht* den Grundlagen (Schrift und Bekenntnis) und in Abs. 2 die Recht*setzung* dem Bekenntnis gegenüber.

339 Benn, aaO, S. 158 f. u. 175 f.; Pirson, Evangelisches Kirchenrecht und Bekenntnis.

I. Grundbestimmungen

Die **Grundbestimmungen** wurden zusammen mit dem Vorspruch im Entwurf des Verfassungsausschusses als die „Grundlagen“ der Verf. bezeichnet (Anh 7B). Nach den Bekenntnisgrundlagen des Vorspruchs, die dem Verfassungsgeber in der Sache vorgegeben sind, formuliert er hier seine Grundentscheidungen über die Gestaltung der Kirchengemeinschaft der EKD (Art. 1), ihr Recht (Art. 2) und ihren Status (Art. 3), über die zentralen Fragen der Verkündigung und Sakramentsverwaltung (Art. 4) und über das geschwisterliche Miteinander (Art. 5).

Artikel 1 (Gemeinschaft und Mitgliedschaft)

(1) Die Evangelische Kirche in Deutschland ist die Gemeinschaft ihrer lutherischen, reformierten und unierten Gliedkirchen. Sie versteht sich als Teil der einen Kirche Jesu Christi. Sie achtet die Bekenntnisgrundlage der Gliedkirchen und Gemeinden und setzt voraus, dass sie ihr Bekenntnis in Lehre, Leben und Ordnung der Kirche wirksam werden lassen.
(2) Zwischen den Gliedkirchen besteht Kirchengemeinschaft im Sinne der Konkordie reformatorischer Kirchen in Europa (Leuenberger Konkordie). Die Evangelische Kirche in Deutschland fördert darum das Zusammenwachsen ihrer Gliedkirchen in der Gemeinsamkeit des christlichen Zeugnisses und Dienstes gemäß dem Auftrag des Herrn Jesus Christus.
(3) Mit ihren Gliedkirchen bejaht die Evangelische Kirche in Deutschland die von der ersten Bekenntnissynode in Barmen getroffenen Entscheidungen. Sie weiß sich verpflichtet, als bekennende Kirche die Erkenntnisse des Kirchenkampfes über Wesen, Auftrag und Ordnung der Kirche zur Auswirkung zu bringen. Sie ruft die Gliedkirchen zum Hören auf das Zeugnis der Brüder und Schwestern. Sie hilft ihnen, wo es gefordert wird, zur gemeinsamen Abwehr kirchenzerstörender Irrlehre.
(4) Durch seine Mitgliedschaft in einer Kirchengemeinde und in einer Gliedkirche gehört das Kirchenmitglied zugleich der Evangelischen Kirche in Deutschland an.

Am Anfang der Grundbestimmungen beschreibt die GO das gesamtkirchl. Selbstverständnis: Wesen und Rechtsnatur der EKD (Abs. 1), das Verhältnis der Gliedkirchen untereinander (Abs. 2), das geschichtlich gewachsene Miteinander in der EKD (Abs. 3) und die Zugehörigkeit der Kirchenmitglieder (Abs. 4). Die vier Absätze spiegeln auch in ihrer Entstehung die Spannung zw. konfessionellem Partikularismus und gesamtkirchl. Einigungsbestrebungen, die den deutschen Protestantismus immer bestimmt und auch den Kompromisscharakter der GO geprägt hat. In seiner ursprünglichen

Fassung beschrieb dieser Artikel die EKD als einen „Bund“ luth., ref. und unierter Kirchen. Diese bündische Charakterisierung betonte – auch in Anknüpfung an den DEKb – die überkommene Autonomie der Gliedkirchen.[340] Dem stellte die GO 1948 als gemeinsame Erfahrung des Kirchenkampfes und des gesamtkirchl. Neubeginns die in der EKD sichtbar werdende „bestehende Gemeinschaft der deutschen evangelischen Christenheit“ gegenüber (Anh 7D: Art. 1 I u. II). An diesem Antagonismus setzte bald nach Verabschiedung der GO die Diskussion über deren „beharrendes oder vorwärtsweisendes“ Verständnis an. Einerseits verstand man sie als Ruf an die Gliedkirchen, im Sinne von Barmen bekennende Kirche zu sein, andererseits auch als Handhabe, die EKD auf juristische und verwaltungsmäßige Äußerlichkeiten zu beschränken und innerhalb der Föderation das Leben konfessioneller Kirchentümer zu pflegen.[341] Solchem polarisierenden Verfassungsverständnis trat der Rat alsbald entgegen und war „einmütig der Meinung, dass die mit Art. 1 a.F. gegebene Spannung für die in der EKD bestehende Gemeinschaft wesentlich ist und dass daher die GO nur dann richtig ausgelegt und angewandt werden kann, wenn Abs. 1 und Abs. 2 des Art. 1 miteinander voll zur Geltung kommen.“[342] In diesem Spektrum zw. Kirchenbund und sichtbar bekennender Einheit hat man das Wesen der EKD mit den verschiedensten Typisierungsmodellen beschrieben: als Kirchenbund,[343] als nicht bloßer Kirchenbund,[344] als kirchl. Föderativgebilde eigener Art,[345] als Gebilde zw. Bundeskirche und Kirchenbund,[346] als Kirche und Bund,[347] als Bundeskirche,[348] als Gemeinschaft (Abs. 1), als Kirchengemeinschaft (Abs. 2) und schließlich als Kirche.[349]

Mit der gesamtkirchl. Entwicklung und wachsenden Arbeitsbereichen der EKD über die föderativen Funktionen hinaus setzten Reformüberlegungen auch zur Frage der ekklesialen Qualität ein. Befördert wurden diese durch die Leuenberger Konkordie v. 1973 (Text 2; vgl. Erl Abs. 2) und durch verfassungsrechtl. Entwicklungen des Kirchenbundes in der DDR (Gesch 6). Die Konkordie, der EKD und Gliedkirchen zugestimmt haben, kam zu einem gemeinsamen Verständnis der Kirchengemeinschaft. Infolge dieser Entwicklung auf europäischer Ebene setzte

---

340 Diese erste und grundlegende Aussage über die EKD entsprach dem GO-Entwurf des Bruderrates und der Entschließung von Treysa 1947 wie auch den Aussagen der Barmer Synode über die DEK; dazu Ratsbericht 1950 (SB Berlin-Weißensee 1950, S. 22 f.).

341 So etwa der Landeskirchenvorstand der Ev.-Ref. Kirche in Nordwestdeutschland in seinen Eingaben an den Rat der EKD v. 16.5. u. 28.12.1949 (KJ 1949, S. 28 ff.; EZA 2/901).

342 Schr. des Rates v. 19.1.1950 (Anl. zu NdschrRat 17./18.1.1950 – EZA 2/1792).

343 Eisenach 1948, S. 27.

344 Eisenach 1948, S. 157.

345 Frost, Strukturprobleme, S. 501.

346 Erik Wolf, Ordnung, S. 724.

347 Grundmann, EKD, Sp. 646.

348 SB Stuttgart 1970, S. 290.

349 Rat der EKD, Kirchengemeinschaft, S. 14; zur Kirchengemeinschaft grundlegend: Kretschmar, Kirchengemeinschaft in Deutschland, mit Hinweis auf die Überschrift der GO.

sich in Lehr- und Einigungsgesprächen des Kirchenbundes (BEK) die Ansicht durch, dass dieser „nicht nur ein Bund von Kirchen, sondern in vollem Sinne Kirche" sei (Beschl. der Synode in Züssow 1976, Gesch 6). Entsprechende Überlegungen der EKD kamen bei den Reformversuchen der siebziger Jahre zum Tragen. Die Formulierungsvorschläge reichten von der Bezeichnung der EKD als *„Kirche", in der „luth., ref. und unierte Gliedkirchen" in einer „Kirchengemeinschaft" leben*, die „Kanzel- und Abendmahlsgemeinschaft" einschließe, über eine Beschreibung der EKD nur *als „Kirchengemeinschaft"* bis hin zu einer Formulierung, die im wesentlichen der GO v. 1948 entsprach, aber (wie heute) die dort verwendete Bezeichnung „Bund" durch „Gemeinschaft" ersetzte.[350] Der GO-Entwurf von 1974 (EGO74) kam schließlich zu dem Kompromiss: „Die EKD umfasst luth., ref. und unierte Kirchen (Gliedkirchen) mit ihren Kirchengemeinden und Kirchenmitgliedern. Zwischen den Gliedkirchen besteht Kirchengemeinschaft im Sinne der Konkordie reformatorischer Kirchen in Europa (Leuenberger Konkordie); sie schließt Kanzel- und Abendmahlsgemeinschaft ein" (Art. 1). Diese Fassung wurde nach dem Scheitern dieses Entwurfs Ausgangspunkt einer neuerlichen Reforminitiative 1982.[351] Sie wurde verbunden mit weiteren Bestimmungen zur Bekenntnisfrage, zur Kirchenmitgliedschaft und zur Kanzel- und Abendmahlsgemeinschaft. Hinzu kam die Umsetzung einer Übereinkunft zw. EKD und BEK, in ihren Verf. *die besondere Gemeinschaft* der ganzen ev. Christenheit in Deutschland zum Ausdruck zu bringen. In der Sache sind diese Vorschläge weitgehend in die Änderung der GO v. 1984 eingegangen (Gesch 8b).[352]

Die geltende Fassung des Absatzes geht zurück auf das KG der EKD zur Regelung von Fragen im Zusammenhang mit der Herstellung der Einheit der EKD v. 1991. Weiterhin bestimmt dieses Gesetz (§ 2): „Um die Gemeinschaft zwischen den Gliedkirchen zu stärken, ist zu prüfen, wie die von den Kirchen des BEK beschlossene ‚Gemeinsame Erklärung zu den theol. Grundlagen der Kirche und ihrem Auftrag in Zeugnis und Dienst' aus dem Jahre 1985 für die EKD wirksam und wieweit das in der GO verdeutlicht werden kann." [353]

Absatz 1 (Gemeinschaft, Kirche und Bekenntnis)
Die grundlegenden Aussagen über das Wesen der EKD betreffen ihre Identität als Gemeinschaft ihrer Gliedkirchen (Satz 1), ihr Selbstverständnis als Teil der Kirche Jesu

---

350 Dazu Beier, Kirchwerdung, S. 53 m.w.N.

351 Entwurf eines KG zur Änderung der Art. 1 u. 4 und eines neuen Art. 4a der GO v. 11.11.1982 (SB Worms 1983, S. 349; Initiativantrag v. 11.11.1982, EZA 4/91/371). Dieser ging zurück auf eine Bitte der Synode an den Rat um einen Gesetzesentwurf, um „die besondere Gemeinschaft der ganzen ev. Christenheit in Deutschland zum Ausdruck zu bringen" (Beschl. v. 11.11.1982).

352 Art. 1 II 2 f. i.d.F. v. 14.6.1984: „Die bestehende Gemeinschaft der deutschen evangelischen Christenheit wird in der EKD für ihren Bereich sichtbar. Die EKD bekennt sich zu der besonderen Gemeinschaft der ganzen evangelischen Christenheit in Deutschland."

353 KG v. 24.2.1991 (ABl. EKD S. 89); die zit. Erklärung datiert v. 23.5.1985 (nicht 1986).

Christi (Satz 2) und ihr Verhältnis zu den gliedkirchl. Bekenntnisgrundlagen (Satz 3). Vorangestellt ist die *Definition als Gemeinschaft.* Zu deren inhaltlicher Deutung markieren die beiden Folgesätze die rechtstheol. Eckwerte für die Entfaltung der EKD als Kirchengemeinschaft: einerseits die Teilhabe an der Kirche Jesu Christi (Gemeingut – Satz 2) und andererseits die gliedkirchl. Bekenntnisse (Sondergut – Satz 3). Eine wesentliche Umgestaltung erfuhr der erste Absatz im Zuge der kirchl. Wiedervereinigung auf Grund der von den östlichen Gliedkirchen eingebrachten besonderen Erfahrungen als „Gemeinschaft" (Satz 1) und „als Teil der einen Kirche Jesu Christi" (Satz 2).[354]

Satz 1 (EKD als Gemeinschaft)

Dieser Satz ist durch die vorerwähnte GO-Änderung v. 1991 an die Stelle der ursprünglichen Beschreibung der EKD als *Kirchenbund* getreten. Mit der überkommenen bündischen Qualifizierung und ihrer vermeintlichen Alternative einer Bundes- oder Einheitskirche verband sich lange die Diskussion um die Rechtsnatur der EKD zw. Konfessionalismus und Unionismus, Landeskirchentum und Bekennender Kirche (Gesch 2 und Erl Überschrift „Kirche"). Die tatsächliche Gestaltung der Gesamtkirche als Gemeinschaft war schon lange vor der verfassungsrechtl. Fortschreibung über den herkömmlichen Bundescharakter hinausgegangen. Dies gilt nicht nur für die Organisation, sondern auch für bekenntnisbezogene Arbeitsgegenstände z.B. in Bereichen der Liturgie (Lutherbibel, Ev. Gesangbuch) und Ökumene. Freilich wurde der praktische Vollzug gerade solcher Gemeinschaftsaufgaben auch öfter unter Umgehung unmittelbarer EKD-Zuständigkeit in organisationsrechtl. verselbständigten und mit den Gliedkirchen personell verknüpften Verantwortungs- und Arbeitsstrukturen gebildet, etwa in Form von Vereinen, Arbeitsgemeinschaften oder Konferenzen (Erl Art. 14 I 1).[355] Die Formulierung „**ist die** Gemeinschaft" entspricht der Gemeinsamen Erklärung des BEK v. 1985 (Gesch 6).

Die GO definiert die EKD nunmehr als **Gemeinschaft** (griech. koinonia, lat. communio) ihrer Gliedkirchen. Die redaktionell hervorgehobene Stellung am Beginn des ersten Artikels gewichtet dieses Verständnis der EKD und rückt einen zentralen Gedanken des NT in das Zentrum ihrer Verfassungsgrundlagen. Bedeutsam für das *Begriffsverständnis* ist die parallele Verwendung des Begriffs der „Kirchengemeinschaft" im Abs. 2. Dort wird der Gemeinschaftsbegriff als „*Kirchen*gemeinschaft" insofern in einem engeren Sinn verwandt, als er in erster Linie das Verhältnis „zwischen" den be-

354 So schon der Grundsatzbeschl. der EKD-Synode zur Herstellung der künftigen kirchl. Gemeinschaft v. 8.11.1990 (ABl. EKD S. 439); dazu M. Heckel, Rechtsprobleme, S. 143 ff.; Gesch 8e.

355 Beispiele sind die Luth.-liturgische Konferenz, das Ev. Bibelwerk (Deutsche Bibelgesellschaft), die Ökumenische Arbeitsgemeinschaft für Bibellese, der Gesamtverband für Kindergottesdienst, die Arbeitsgemeinschaft für liturgische Texte, die Arbeitsgemeinschaft für ökum. Liedgut.

kenntnisgebundenen Gliedkirchen beschreibt. In diesem horizontalen (multilateralen) Bezug wird der Begriff zudem ausdrücklich auf die historisch und regional bedingte Begrifflichkeit der Leuenberger Konkordie beschränkt und im spezifischen Sinne der „Gemeinschaft an Wort und Sakrament“ (Text 2: Tz 29) zw. den Gliedkirchen, d.h. als ein gliedkirchl. Teilaspekt konkretisiert. Gemeinschaft als Wesensbeschreibung der EKD bedeutet für diese selbst etwas Umfassenderes als diese „Kirchengemeinschaft“ und jedenfalls etwas anderes als die Leuenberger Definition[356] (Erl Abs. 2). Die Bestimmung der EKD als Gemeinschaft **ihrer** Gliedkirchen verwendet den Gemeinschaftsbegriff in einem sprachlich weiteren und inhaltlich offeneren Sinne. Er umfasst die ganze Vielfalt der theol., rechtl. und politischen Bezüge tatsächlicher und normativer Bedeutung als Wort- und Sakramentsgemeinschaft, als Zeugnis- und Dienstgemeinschaft. In dieser für die EKD konstitutiven Gemeinschaft aus gesamtkirchl. wie gliedkirchl. Sicht gewinnt der Begriff eine ekklesiale Dimension, die entscheidend über das föderale Miteinander des früheren „Bundes“ der GO a.F. hinausgeht.[357]

Der *Gedanke der Communio* in der neueren ökum. Diskussion[358] gewinnt hier für die EKD an Bedeutung (Apg 2,42; 1.Kor 10,16; 2.Kor 13,13; Apostolicum, 3. Art.). In diesem Kontext wird zw. Grund und Wesen der Kirche unterschieden. Der Grund im Wort Gottes wird im ersten Satz des Vorspr. beschrieben. Das Wesen besteht aus der Gemeinschaft der Glaubenden. Gemeinschaft wird nach diesem Verständnis zum allgemeinsten Bestimmungsmerkmal des Wesens der Kirche (vgl. CA VIII u. Heidelberger Katechismus, Frage 55).[359] Im ökum. Sinne besagt dies, dass selbständige Gemeinden und Einzelkirchen einander Gemeinschaft an Wort und Sakrament gewähren und sich gegenseitig als „wahre Kirche“ anerkennen, dies öff. erklären und gemeinsam ordnen und umfassend praktizieren. „Wenn hierbei die Kennzeichen der wahren Kirche (signa ecclesiae verae) zum Maßstab gemacht werden“, ist eine solche Kirchengemeinschaft theol. ebenso als Kirche anzusehen, wie die ihr zugehörigen Gemeinden und Einzelkirchen. In diesem auch rechtstheol. Sinn ist die EKD die erklärte und angemessen geordnete Gemeinschaft ihrer konfessionsbestimmten Gliedkirchen geworden. „Im kirchenrechtlichen Sinne hingegen bleibt, solange die in einer Kirchengemeinschaft verbundenen Kirchen ihre Selbstständigkeit bewahren, zwischen ihnen im Blick auf die Handlungskompetenz und Rezeptionsautonomie ein Unterschied bestehen.“[360] Insofern wird auch hier noch von luth. Seite differenziert, dass die EKD „keine Unionskirche, sondern eine Gemeinschaft be-

---

356 Syn. K. Schlaich als Berichterstatter der GO-Änderung 1983 (SB Worms 1983, S. 266).

357 Vgl. Kundgebung der EKD-Synode zum Schwerpunktthema „Eins in Christus ...“ (einstimmig, SB Braunschweig 2000, S. 520): „... EKD als die Kirchengemeinschaft ihrer luth., ref. und unierten Landeskirchen“.

358 Seit der Versammlung des Rates des ÖRK in Canberra 1991; vgl. Impulspapier rh. Ki. Ziff. 1. 2.

359 Härle, Kirche, S. 277 ff.

360 Rat der EKD, Kirchengemeinschaft, S. 9 u. 15; dazu im Einzelnen Erl Überschrift „Kirche“.

kenntnisbestimmter Kirchen" sei.[361] Freilich ist das Wesen dieser „Gemeinschaft" der EKD (methodisch) nicht nur von einem vorgefassten, abstrakten Begriff rechtstheol. oder aus dem Rechtsleben her zu bestimmen. Vielmehr ergibt es sich nach der GO aus den konkreten Bestimmungen der nachfolgenden Verfassungsartikel: aus der Aufzählung ihrer Aufgaben und Befugnisse – auch aus dem, was *nicht dazu* gezählt wird – , aus der Gliederung des Ganzen und aus der Gestaltung ihrer Organe sowie aus ihrem faktischen Dasein und Wirken.[362]

Aus dem Begriff der Gemeinschaft leitet sich die „*Gemeinschaftsaufgabe*" ab. Als solche wird die Seelsorge in Bundeswehr und -polizei ausdrücklich definiert (Erl Art 6 u. 18). Liturgischen Ausdruck findet die Gemeinschaft z.B. in der Vorschrift der GO, die Synode „mit einem Gottesdienst" zu eröffnen, sowie in der Fürbitte „aller Gemeinden" (Art. 25 III), deren gesamtkirchl. Kollekte (Art. 20 II) u.a. (Erl Überschrift „Kirche").

Dem rechtstheol. Gemeinschaftsverständnis entspricht dessen *verfassungsrechtl. Relevanz*: Die EKD hat nicht nur als Zusammenschluss die Qualität eines Rechtssubjekts neben den Landeskirchen, dem gewisse Aufgaben und Dienste übertragen sind, sondern sie selbst verkörpert als Gemeinschaft zusammen mit ihren Gliedkirchen dieses Miteinander und damit auch den spezifischen Gemeinschaftsbezug der Einzelkirche. Mit dieser Identität hat sie Teil an der Kirchengemeinschaft und am Kirchesein „**ihrer**" Glieder.[363] Mit ihrem Bemühen um das Zusammenwachsen der Gliedkirchen (Abs. 2 Satz 2) und „*um die Festigung und Vertiefung der Gemeinschaft*" (Art. 6 I) hat sie teil an deren Verkündigungsauftrag. Dementsprechend bestimmt auch der Begriff der „*Kirchengemeinschaft*" im nachfolgenden Absatz nicht nur das Verhältnis „zwischen" den Gliedkirchen, sondern auch das Wesen der EKD selbst (Erl Abs. 2) als Integral der Gemeinschaft.[364] In dieser Eigenschaft hat die EKD auch ihre Mitarbeit in der *Leuenberger Kirchengemeinschaft* (GEKE) durch Unterschrift formal bekräftigt.[365]

Die EKD wird hier als die Gemeinschaft ihrer **Gliedkirchen** beschrieben und nicht als eine „Gemeinschaft der deutschen evangelischen Christenheit" (Art. 1 II a.F.) oder „der evangelischen Christen", wie ein früherer Reformvorschlag formulierte.[366] Diese Aussage über das Wesen der EKD enthält i.V.m. Art. 21 zugleich die Beschreibung ih-

361 Schr. der VELKD an den Rat der EKD v. 14.10.1998 -Tgb.-Nr. 2387. I/VI. 862- (KA-Az. 0071/2).
362 Impulspapier rh. Ki., Ziff. 2.1.2.
363 Die Gemeinsame Erklärung des BEK v. 1985 („ist die Gemeinschaft *der* Gliedkirchen") geht an diesem Punkt weniger weit.
364 Beier, „Kirchwerdung", S. 115; zu weitgehend: Koch i.S.e. besitzanzeigenden Genetiv, dass „nun die Gliedkirchen ihr (der EKD) gehören" (T. Koch, Die „EKD" – Kirche Jesu Christi?, S. 43).
365 Beschl. der EKD-Synode v. 5.11.1988 (SB Münster 1988, S. 600).
366 Entwurf K. Scholder zu EGO74 (EZA, 2/93, Nr. 316).

res *Wirkungs- und Verantwortungsbereichs*, in dessen räumlichen und konfessionellen Grenzen sie ihren kirchl. Auftrag wahrnimmt. Zum *Geltungsbereich* der GO u. *Begriff* „Gliedkirche" s. Erl 21 I.

Die Aufzählung der Denominationen beschränkt den Kreis der Gliedkirchen, und zwar auf die **lutherischen, reformierten und unierten** Kirchen. Dies sind die im Westfälischen Frieden von Osnabrück 1648 rechtl. anerkannten Konfessionsverwandten, „die *Lutheraner* und *Calvinisten*" und die aus diesen beiden Bekenntnissen hervorgegangenen unierten Kirchen (Erl Vorspr. III). Damit ist unter den reformatorischen Kirchen eine Auswahl getroffen, die nur diesen drei Bekenntnissen eine volle EKD-Mitgliedschaft gestattet. Demzufolge können beispielsweise methodistische oder mennonitische Kirchen nicht Gliedkirchen sein. Die GO sieht jedoch vor, dass andere bekenntnisverwandte kirchl. Gemeinschaften der EKD durch Vereinbarung angeschlossen werden können (Art. 21 IV).

Satz 2 (Kirche Jesu Christi)
Die Beschreibung des Selbstverständnisses der EKD **als Teil der einen Kirche Jesu Christi** nimmt eine Formulierung der Gemeinsamen Erklärung des BEK v. 1985 auf.[367] Auch die Leuenberger Konkordie (Tz 34) spricht von der Teilhabe „an der einen Kirche Jesu Christi" (Erl Überschrift „Kirche").

Die EKD **versteht sich** als Teil der geglaubten Kirche als dem Lebenszentrum der verfassten Kirche. Diese verfassungsrechtl. Positivierung des Selbstverständnisses hat – wie die Bekenntnisbezüge des Vorspruchs – keinen konstitutiven Charakter. Die Kirchenqualität der EKD – wenn auch als verfasster, durch Menschen geordneter Kirche mit ihren Vorläufigkeiten, Unvollkommenheiten und Gemeinschaftsdefiziten (simul iusta et peccatrix[368]) – steht nach reformatorischem Verständnis nicht zur Disposition des Verfassungsgebers. Von ihr wird nicht festgelegt, sie sei Teil der ecclesia spiritualis; die Feststellung der GO knüpft hier vielmehr an das Bekenntnis „zu dem Einen Herrn" der Kirche an (Vorspr. I 2) und bezeugt den Glauben und das Vertrauen auf dessen Verheißung als Existenzberechtigung auch der EKD.[369]

Die Bezeichnung als **Kirche** begegnete auch hier luth. Vorbehalten gegen die Kirchenqualität der EKD (Erl Überschrift „Kirche"). Schon gegen die betr. GO-Änderung ist eingewandt worden, sie ändere Charakter und Grundstruktur der EKD und sei man-

367 Gemeinsame Erklärung zu den theol. Grundlagen der Kirche und ihrem Auftrag und Zeugnis und Dienst v. 1985 (Kundg.BEK 2, S. 189 ff.).
368 Dazu Erik Wolf, Ordnung, S. 6 f., 501.
369 Link, Grundordnungsreform und reformatorisches Kirchenverständnis, S. 48 ff.

gels Zustimmung aller Gliedkirchen rechtswidrig und unverbindlich.[370] Dieser These steht nach ganz überwiegender Ansicht entgegen, dass die EKD mit dieser Änderung des Verfassungstextes in der Sache nicht neu konzipiert und von einem Kirchenbund in eine Bundeskirche umgegründet worden sei. Vielmehr war dies die verfassungsrechtl. Konsequenz aus einem über Jahrzehnte kontinuierlich verlaufenden Prozess des Zusammenwachsens zu neuer Qualität von Gemeinschaft, nämlich einer bekenntnisgebundenen Gemeinschaft bekenntnisgebundener Kirchen (Erl Satz 1).[371] Dem entspricht die Feststellung der GO, dass „EKD und die Gliedkirchen wissen, dass die Kirche Christi das Evangelium an die ganze Welt zu bezeugen hat“ (Art. 16 I 1).

Satz 3 (Gliedkirchliche Bekenntnisgrundlage)

Die Achtung der Bekenntnisgrundlage bindet nicht nur die EKD, sondern auch die Gliedkirchen. Zunächst besagt sie, dass die EKD die Bekenntnisgrundlagen respektiert und nicht in das Bekenntnis der Gliedkirchen und Gemeinden eingreift. Konkretisiert wird diese Verpflichtung besonders für die Rechtsetzung durch Art. 2 II und für Synodenbeschl. gem. Art. 27. Auch durch die Unterzeichnung der LKonk. durch die EKD „wurden Bekenntnisbindung der Gliedkirchen und die darauf bezogenen Aussagen in Art. 1 I nicht berührt“.[372]

Die Pflicht, die Bekenntnisgrundlage **zu achten,** beinhaltet darüber hinaus auch ein aktives Bemühen, diese mit zu gewährleisten. Verschiebungen im Bekenntnisstand der Kirchen und Gemeinden betreffen auch die EKD in ihrem gemeinschaftlichen Gesamtgefüge. Im Kirchenkampf ist deutlich geworden, dass eine Verfälschung des Bekenntnisstandes in Gliedkirchen zu deutsch-christlichen Zielen die Gesamtkirche durchaus tangiert hat (vgl. Abs. 3 Satz 2). Entsprechendes gilt heute für Fälle der Hinwendung beispielsweise zu nationalistischen oder marxistischen Ideen oder das Eindringen von Sekten, Jugendreligionen oder sonstigen außerchristlichen Weltanschauungen in die Verkündigung einer Gliedkirche (vgl. Abs. 3 Satz 3).[373]

Die EKD muss demgemäß Wert darauf legen, dass die reformatorischen Bekenntnisse in den Gliedkirchen und Gemeinden nicht nur kirchenrechtl. in Geltung stehen, sondern darüber hinaus im Gemeindeleben zur Auswirkung gebracht werden.[374] Die EKD steht hier – ähnlich wie bei der Umsetzung der Erkenntnisse des Kirchenkampfes, die sie gem. Abs. 3 Satz 2 „zur Auswirkung zu bringen“ hat – in der Verpflichtung einer

370 T. Koch, aaO, S. 47; zu der damit angesprochenen Frage der *Paktierungsgrenze*: Erl Art. 26a III.
371 Link, aaO, S. 48 ff. in Erwiderung auf Koch.
372 Beschl. der EKD-Synode v. 5.11.1998 (SB Münster 1998, S. 600).
373 In diesem Sinne war z.B. eine als „Predigt“ angekündigte Kirchenveranstaltung mit einem aus der Kirche ausgetretenen früheren DDR-Funktionär und MdB Beratungsgegenstand der KK.
374 Brunotte, GO, S. 124 f.

bekennenden Kirche. In diesem Sinne **setzt** sie in der Sache **voraus**, dass Gliedkirchen und Gemeinden diese Bekenntnisse **wirksam werden lassen** in der Gemeinsamkeit des Zeugnisses und Dienstes. Ohne dieses auch praktische Wirksamwerden **in Lehre, Leben und Ordnung** würde es an der gem. Satz 1 konstatierten Gemeinschaft ebenso fehlen wie an der bestehenden Kirchengemeinschaft i.S.d. Abs. 2. Zu dieser gehört eine gegenseitige tätige Verantwortung zur Bewahrung der Gemeinsamkeiten. Dies besagt, dass das gemeinsame Verständnis des Evangeliums in den jew. bekenntnisbestimmten Kirchen auch für die anderen erkennbar zum Tragen kommt, unbeschadet einer hinzunehmenden Toleranz bei der Auslegung der Konsensformulierungen. Gliedkirchen wie auch EKD müssen sich gegenseitig darauf verlassen können, dass diese zw. ihnen gewachsene und durch GO, Konkordie u.a. dokumentierte, wenn auch begrenzte Gemeinsamkeit bei ihnen in Lehre, Leben und Ordnung wirksam wird.[375]

Einen möglichen Weg, wie die EKD ihrerseits darauf hinwirken kann, weist das in Art. 5 vorgesehene geschwisterliche Gespräch, das auch Kritik und Ermahnung einschließt. Der Achtung der Bekenntnisunterschiede widerspricht es auch nicht, wenn sich die Kirchen – sobald bekenntnismäßige Gemeinsamkeiten berührt sind – gegenseitig befragen und erforderlichenfalls im Geist geschwisterlicher Ordnung ermahnen. Bei gravierenden und andauernden Verletzungen der Bekenntnisgrundlagen bliebe die Verständigung mit den übrigen Gliedkirchen und den Zusammenschlüssen (vgl. Erl Art. 28a).

Zum Begriff der „**Gliedkirchen** und Gemeinden" s. Erl Vorspr. III und Art. 21 I. Die **Gemeinden** sind hier wie im Vorspruch (Abs. 3) auch im Hinblick auf die Verwaltungsunionen besonders aufgeführt (Erl Abs. 4).

Absatz 2 (Kirchengemeinschaft, Zeugnis und Dienst)
Ein Kernanliegen der Grundbestimmungen ist die verfassungsmäßige Überbrückung der konfessionellen Verschiedenheit innerhalb der gesamtkirchl. Gemeinschaft. Mögliche Wege weisen unierte Kirchenordnungen, um die Kirchengemeinschaft luth. und ref. Gemeinden zu begründen. Dort geht man meist davon aus, dass die Kirchenlehren im vierfachen „solus" einig seien. Aber auch dieser reformatorische Ansatz stieß auf Vorbehalte anderer Gliedkirchen, die sich sogar bezüglich dieser Grundaussagen an unterschiedliche Gewichtungen gebunden sahen.[376] Es bedurfte vieler Initiativen des theol. Dialogs und Lehrgesprächs und der Leuenberger Konkordie, um die für die entsprechenden GO-Änderungen 1984 und 1991 erforderlichen konfessionellen Verständigungsmöglichkeiten zu eröffnen (Gesch 7 u. 9).

---

375 Lingner, Leuenberg, S. 361.
376 Allein durch den Glauben, allein in der Heiligen Schrift, allein in Christus, allein durch Gottes Gnade; zu den konfessionellen Divergenzen: Brunotte, GO, S. 127.

Satz 1 (Kirchengemeinschaft und Leuenberger Konkordie)

Die Bezugnahme der GO auf die „Kirchengemeinschaft im Sinne der Konkordie reformatorischer Kirchen in Europa“ geht zurück auf einen württ. Reformvorschlag v. 1972 und auf einen Initiativantrag aus der Mitte der EKD-Synode 1982 bzw. auf die GO-Änderung v. 1984.[377] Die Formulierung übernimmt den Wortlaut des EGO74 (Art. 1 Satz 2, 1. Halbsatz). Die Frage der Kirchengemeinschaft betr. die zentrale Auseinandersetzung um das Kirchesein der EKD, die den Werdegang der GO von Beginn an begleitet (Gesch 7). So etwa wandten sich luth. Gliedkirchen gegen eine *Unterzeichnung der Konkordie* durch die EKD. Die Begründung hob – wie schon bei der GO-Änderung 1984 (Erl Abs. 1 Satz 1) – vor allem darauf ab, dass sich der Bekenntnisstand der EKD als „Gemeinschaft bekenntnisverschiedener Kirchen“ lediglich auf die altkirchl. Bekenntnisse beschränke.[378] „Für das Verständnis der Heiligen Schrift wie auch der altkirchlichen Bekenntnisse“ seien jedoch „in den luth., ref. und unierten Gliedkirchen und Gemeinden die für sie geltenden Bekenntnisse der Reformation maßgebend“.[379] Demgemäß beschreibe der Leuenberger Lehrkonsens lediglich eine Gemeinschaft unterschiedlicher Kirchen auf europäischer Ebene und sehe keine gemeinsame Kirchbildung i.S. einer EKD-Reform vor. Insoweit dies von den Gliedkirchen unterschiedlich verstanden wird, ist die Konkordie und damit die GO verfassungskonform nicht als neues Bekenntnis, sondern als Lehrerklärung oder Brückentext zu verstehen.[380] Auch die Konkordie selbst „versteht sich nicht als neues Bekenntnis“, sondern lässt mit Rücksicht auf die Vorbehalte gegen ein „Unionsdokument“ ausdrücklich „die verpflichtende Geltung der Bekenntnisse in den beteiligten Kirchen bestehen“ (Text 2, Tz 37). Durch die explizite Bezugnahme der GO sollten nach luth. Intention gegen solche Reformziele Unklarheiten über den Umfang einer in der EKD verwirklichten Gemeinschaft ausgeräumt werden.

---

377 Stellungnahme der württ. Landessynode zum Entwurf der GO v. 20.6.1972 (EZA, 86/90, Nr. 28, S. 2); KG zur Änderung der GO v. 14.6.1984; vgl. Gesch 7.

378 So erhoben einige luth. Gliedkirchen Bedenken gegen die Unterzeichnung durch die EKD und stützten diese z.T. auf Art. 1 II – ohne Bezug auf Abs. 1 Satz 1 (so Mecklenburg m. Schr. v. 21.9.1998, 201.02/44 – KA-Az. 0071/2) und auf ihr Verständnis der EKD als „Gemeinschaft bekenntnisverschiedener Kirchen“ (Sachsen m. Schr. v. 10.9.1998 Nr. 1063120/132 – KA-Az. 0071/2); zur parallelen Kontroverse um die Unterzeichnung der Konkordie im BEK durch EKU und VELKD: Beier, Kirchwerdung, S. 192 ff.

379 Schr. der VELKD an den Rat der EKD v. 14.10.1998 -Tgb.-Nr. 2387. I/VI. 862- (KA-Az. 0071/2). Dieser hat dann die Unterzeichnung mit der Erklärung verbunden: „Mit der Zustimmung zur Konkordie bringt die EKD zum Ausdruck, dass sie sich in der Gemeinschaft mit ihren Gliedkirchen, die diese Entscheidung bereits früher vollzogen haben, der Kirchengemeinschaft reformatorischer Kirchen in Europa im Sinne der Leuenberger Konkordie verpflichtet weiß, in ihr auf der Grundlage der Konkordie mitzuarbeiten bereit ist und sich auch in der Wahrnehmung ihrer sonstigen ökumenischen Aufgaben von der Konkordie leiten lässt“ (NdschrRat 10./11.9.1999 – KA-Az. 0232/2. 19. Sitzung); vgl. Erl Vorspr. III.

380 Hofmann, Bemühungen um die Reform der GO, S. 87.

So konnte zwar grundsätzlich-theol. auch unter luth. Blickwinkel der notae ecclesiae (CA VII) gefolgert werden, dass „Kirchengemeinschaft“ „nicht weniger“ sei „als ‚Kirche’, sondern Kirche unter den Bedingungen einer dynamisch pluralen und spannungsreichen Welt“.[381] Unter institutionell-organisatorischem Aspekt hingegen erschien „Kirchengemeinschaft“ als eine Gemeinschaftsform von Kirchen, die zwar etwas über den Kirchenbund hinausgehe, nämlich in der Kanzel- und Abendmahlsgemeinschaft. Sie unterscheide sich jedoch insofern von der Gemeinschaft in einer Kirche, als letztere eine vollständige Übereinstimmung (Totalkonsens) in Lehre und Bekenntnis sowie organisatorischer Verknüpfung voraussetze.

Den Reformbefürwortern des Initiativantrags v. 1982, die neben dem Lehrkonsens auch auf den praktischen Glaubensvollzug und die in der EKD bereits erreichte Gemeinschaft abhoben, kam die Konkordie in ihrer kirchenpolitischen Ambivalenz ebenfalls entgegen. Denn sie mahnt ausdrücklich eine „Stärkung und Vertiefung der gewonnenen Gemeinschaft“ (Tz 35) an und weist insoweit über den zunächst fixierten Konsens hinaus. Zudem entspricht dieses Leuenberger Postulat der für die EKD wesentlichen, ja sie als Kirchengemeinschaft (i.S.d. Abs. 1 Satz 1) konstituierenden Aufgabe, wie sie Art. 6 I formuliert und der folgende Satz 3 mit dem „Zusammenwachsen ihrer Gliedkirchen“ in der Sache benennt.

Der Ausdruck „**Kirchengemeinschaft**“ ist vieldeutig. Er beschreibt in erster Linie eine dogmatisch-ekklesiologische Relation und beinhaltet nur mittelbar auch soziologisch-organisatorische Aussagen „zum *geordneten* Miteinander“, die rechtl. zu bewerten wären (Erl Abs. 1 Satz 1). Nach neuerem Verständnis besagt der Begriff, „dass selbständige Gemeinden und Einzelkirchen einander Gemeinschaft an Wort und Sakrament gewähren und sich – gemessen an den Kennzeichen der Kirche (notae ecclesiae) – gegenseitig als ‘wahre Kirche’ anerkennen. Das bedeutet, sie erklären öffentlich die Gemeinschaft, in der sie kraft Zugehörigkeit zum Leib Christi stehen. Sie ordnen diese Gemeinschaft gemeinsam und praktizieren sie und verstehen dieses menschliche Werk als Erfüllung der ihnen durch das kirchengründende Wort Gottes gestellten Aufgabe, der Einheit des Leibes Christi zu dienen.“[382]

Die Konkordie selbst betont über die deskriptive Darstellung der Gemeinschaft hinaus auch deren Ziel, „dass die Kirchen verschiedenen Bekenntnisstandes ... eine möglichst große Gemeinsamkeit in Zeugnis und Dienst an der Welt erstreben“ (Tz 29). Dies schließt aber nicht aus, dass ihr Text in seiner (über dreißigjährigen) Wirkungsge-

---

381 Syn. H.-G. Jung, Bericht an die EKD-Synode 1972 (SB Berlin-Spandau 1972, S. 160 f.).

382 Rat der EKD, Kirchengemeinschaft, S. 1 u. 9; zu „Gemeinschaft“: Erl Abs. 1 Satz 1 und Kretschmar, Kirchengemeinschaft in Deutschland S. 250 f.

schichte von Kirchen als Bekenntnis qualifiziert und rezipiert wird. Denn neben den geklärten Übereinstimmungen im Evangeliumsverständnis statuiert die Konkordie die Pflicht zur Vertiefung und Aktualisierung. Zu diesem Handlungsziel der Kirchengemeinschaft, auch zur theol. Weiterarbeit, „verpflichten sich" die Kirchen „untereinander" (Tz 37 f.). Diese Verpflichtung zu einem „Mehr" an Gemeinschaft, gilt also jew. zw. den Kirchen und zwar nach Maßgabe der jew. bereits bestehenden Übereinstimmung. Die Anforderungen sind also unterschiedlich, je nach dem, ob sich die Kirchen in den verschiedenen Traditionen und Regionen Europas noch verhältnismäßig fremd sind oder ob sie sich so nahe stehen, wie die deutschen Landeskirchen. Das eigentlich prozesshafte Moment der Leuenberger Gemeinschaft stellt also auf den jew. geschichtlichen Kontext ab und damit auch auf die Aktualität der EKD[383] in ihrem „geordneten Miteinander bekenntnisverschiedener Kirchen". Die Dynamik des Prinzips „Kirchengemeinschaft" wird so zu einem Verfassungselement der GO. Dies erteilt der EKD auch verfassungsrechtl. ein Mandat, an der Aufarbeitung der verbliebenen Lehrunterschiede mitzuwirken und sich mit Tendenzen theol. Polarisierung auseinanderzusetzen.[384] Zum Tragen kam dies beispielsweise für die GO-Reform 2005 im Gespräch mit den gliedkirchl. Zusammenschlüssen.

Kirchengemeinschaft besteht **„im Sinne"** der LKonk. Dies lässt zunächst offen, ob der Inhalt des auf europäischer Ebene signierten Dokuments oder das entsprechende Substrat der gewachsenen gliedkirchl. Gemeinschaft in der EKD gemeint ist. Für den schwächeren Bezug spricht die vorausgegangene Reformdiskussion, bei der die Formulierungsalternative: „... wie es in der Leuenberger Konkordie seinen Ausdruck gefunden hat" scheiterte (Gesch 7). Dafür spricht auch das ausdrückliche Zitat **„(Leuenberger Konkordie)"**. Zudem lag auch wohl nur eine förmlich deklarative Bezugnahme auf die Konkordie außerhalb der Zustimmungspflicht der Gliedkirchen.[385] Daher beklagten Reformbefürworter, dass die Konkordie lediglich dem Wortlaut, nicht aber ihrer Intention nach aufgenommen werde. Folgerichtig wurde auch die nach Art. 1 Satz 2 EGO74 in einem weiteren Halbsatz statuierte Kanzel- und Abendmahlsgemeinschaft

383 Dieser kontextbezogene dynamische Inhalt der Leuenberger Verpflichtungen tritt in der Diskussion zuweilen hinter die eher statischen Feststellungen übereinstimmender Dogmen zurück. Deutlichere Feststellungen ergaben in dieser Hinsicht die Lehrgespräche im BEK, dass das ekklesiale Spezifikum der bereits gewachsenen und praktizierten Gemeinschaft der Gliedkirchen über die ekklesiale Bedeutung des Leuenberger Modells „erheblich" hinausging und sehr viel konkreter war (vgl. Beier, Kirchwerdung, S. 191 ff. m.w.N.). Organisatorischer Träger des Leuenberger Prozesses ist die „Gemeinschaft reformatorischer Kirchen in Europa".

384 Als „Konsequenz" aus der Einbeziehung der LKonk. in die GO wurde auch der Antrag auf Einrichtung der *Kammer für Theologie* begründet (SB Bad Wildungen 1988, S. 333 f.). So ist es Aufgabe nicht nur der Gliedkirchen, z.B. Konflikte zw. den sog. bekennenden Gemeinschaften und der verfassten Kirche zu klären (Ahme, Der Reformversuch der EKD, S. 172).

385 So einhellig die Leitenden Juristen v. 16.3.1983 (EZA, 2/01, Nr. 571); Erl Art. 26a III.

1984 redaktionell vom Kontext der Kirchengemeinschaft als gesonderter Artikel (4) abgelöst.[386]

Der Satz „**zwischen den Gliedkirchen** besteht Kirchengemeinschaft" trifft zunächst nur eine Aussage über das Verhältnis der Gliedkirchen zueinander. Freilich bezieht dieses Verhältnis zueinander sich nicht nur auf den Status der Landeskirchen an sich, sondern auch als *Glied*kirchen. Und diese gliedkirchl. Qualifizierung als Gemeinschaft erfasst ein auch für die EKD konstitutives Moment. Es findet unmittelbaren Ausdruck in deren vorangehenden Definition als „Gemeinschaft" (Erl Abs. 1) und kommt auch hier mittelbar zum Tragen. Der Begriff wird nicht nur als Genitiv pluralis im Sinne von „Gemeinschaft von Kirchen", sondern auch als „Gemeinschaft in der Kirche" interpretiert.[387]

Die Kirchengemeinschaft i.S.d. Konkordie **besteht** bereits. Sie hat nicht erst mit dem Inkrafttreten der Leuenberger Übereinkunft begonnen, wie auch deren Entstehung zeigt (Gesch 7). Die betr. GO-Änderung wurde damit begründet, „dass es schon in den Jahren und Jahrzehnten davor eine solche Gemeinschaft gegeben hat, die durch die Konkordie lediglich gestärkt" worden sei. Diese „Konkordie hat auf den Begriff gebracht und bereinigt, was unter den Gliedkirchen schon vielfältig erreicht worden war".[388] Diese Feststellung schließt ferner nicht aus, „dass es zwischen den Gliedkirchen schon mehr an Gemeinschaft im Sinne von Abs. 1 als Kirchengemeinschaft i.S.d. Konkordie" gibt.[389] Die Präsensform „besteht" beschreibt keinen abgeschlossenen Zustand. Die verfassungsrechtl. begründete Verpflichtung zur theol. Weiterarbeit insb. in Lehrgesprächen und deren Konsequenzen kennzeichnen die Kirchengemeinschaft als einen Prozess.[390] Diese Dynamik ist bereits im Begriff der „Grundordnung" beschlossen (Erl Überschrift „Bezeichnung").

Satz 2 (Gemeinsamkeit in Zeugnis und Dienst)
Die EKD **fördert** das Zusammenwachsen ihrer Gliedkirchen. Nach der Verfassungssystematik gehören Aussagen dieser Art (Aufgaben der Förderung) eher zum Abschnitt II; sie steht hier aber als Konsequenz des vorausgehenden Satzes und wegen des rechtstheol. Gewichts auch in einem programmatischen Sinne. Zur einschränkenden Bedeutung des Förderns als vermittelnder Funktion s. Erl Art. 7. Entfaltet wird dieses grund-

---

386 Das Ev. Gesangbuch enthält in allen seinen Ausgaben die Konkordie im Auszug; allerdings wurde sie ebenso wie die Barmer Erklärung auf Verlangen der VELKD aus dem Abschn. „Bekenntnisse" in einen besonderen Abschn. „Lehrzeugnisse" ausgegliedert.
387 M. Fischer, SB Frankfurt/M. 1971, S. 271; vgl. Beier, Kirchwerdung, S. 68.
388 Syn. K. Schlaich als Berichterstatter zur GO-Änderung 1983 (SB Worms 1983, S. 266).
389 So Syn. W. Hofmann und K. Schlaich 1983 (SB Worms 1983, S. 90 u. 266).
390 Syn. W. Danielsmeyer in der Einbringung des EGO74 (SB Berlin-Spandau 1974, S. 145).

legende Gebot im Bemühen um die Gemeinschaft dann durch Art. 6 und den darauf folgenden Aufgabenkatalog.

Nach der LKonk. verwirklicht sich die Kirchengemeinschaft vor allem in der gemeinsamen Ausrichtung von **Zeugnis und Dienst**, d.h. in Erfüllung des Verkündigungsauftrags, Gott zu dienen und sein Wort zu bezeugen: „Die Verkündigung der Kirchen gewinnt in der Welt an Glaubwürdigkeit, wenn sie das Evangelium in Einmütigkeit bezeugen. Das Evangelium befreit und verbindet die Kirchen zum gemeinsamen Dienst. Als Dienst der Liebe gilt er dem Menschen mit seinen Nöten und sucht, deren Ursachen zu beheben" (Text 2: Tz 35). Inwieweit die EKD selbst an dieser Gemeinsamkeit von Zeugnis und Dienst teilhat, wird durch die Formulierung nicht konkret. Ähnlich unbestimmt blieb auch der GO-Entwurf 1974, wonach sich „in gemeinsamer Ausrichtung" von Zeugnis- und Dienst „Kirchengemeinschaft *in* der EKD verwirklicht", sei es im Bereich oder in Gestalt der EKD.[391]

Die Förderung durch die EKD gilt zunächst dem **Zusammenwachsen ihrer Gliedkirchen**. Sie resultiert aus der vorangehend konstatierten Kirchengemeinschaft „zwischen den Gliedkirchen" als deren Konsequenz (**„darum"**).
Dies geschieht **„in der Gemeinsamkeit** des christlichen Zeugnisses und Dienstes". Ob sich diese Gemeinsamkeit auf das Zusammenwachsen (der Gliedkirchen) oder das Fördern (der EKD) bezieht, wird auch nicht deutlich ausgesprochen. Satzbau und Entstehungsgeschichte sprechen für den gliedkirchl. Bezug. Andererseits spricht die GO hier nicht unmittelbar vom Zusammenwachsen in Zeugnis und Dienst, sondern „*in der Gemeinsamkeit* des christlichen Zeugnisses und Dienstes". In der Sache geht es auch hier um das Selbstverständnis der EKD als Kirche und Kirchengemeinschaft (Erl Überschrift „Kirche" und Abs. 1 Satz 1). Als Gemeinschaft verwirklicht sich die EKD durch das gliedkirchl. Zusammenwachsen im gemeinsamen Handeln und hat als Fördernde insoweit Teil an dieser Gemeinsamkeit. Sie tut dies **gemäß dem Auftrag des Herrn**, zu dem sie sich bekennt (Vorspr. I 2).

Absatz 3 (Bekennende Kirche)
In der Neufassung des Artikels durch die GO-Änderung v. 1991[392] wurden die bisherigen Sätze 2 bis 4 des Abs. 2 a.F. v. 1948 als bekenntnisbezogene Aussagen

---

391 Anh 12: Art. 3 I; offen blieb auch hier, ob sich die Gemeinschaft im Wesen der EKD oder nur in ihrem Bereich vollzieht, ob die Ausrichtung i.S. einer Koordinierung oder ihres eigenen Zeugnisses und Dienstes zu verstehen war. Die GO blieb in ihrem Kompromisscharakter hier wie an anderen Stellen mehrfacher Deutung zugänglich; vgl. „Gemeinsame Erklärung zu den theologischen Grundlagen der Kirche und ihrem Auftrag in Zeugnis und Dienst" des BEK v. 23.5.1985 (Kundg.BEK 2, S. 189).

392 GO-Änderung durch KG v. 24.2.1991 (ABl. EKD S. 89).

unverändert zu einem eigenen dritten Absatz. Nachdem zum Beginn dieses Artikels noch die Konfessionsunterschiede innerhalb der Gesamtkirche benannt werden und im zweiten Absatz die Gemeinschaft in den Vordergrund tritt, beschreibt nun dieser dritte Absatz Gemeinsamkeiten der EKD „mit ihren Gliedkirchen".[393]

Satz 1 (Barmer Entscheidungen)
Die Auseinandersetzung der ev. Kirche mit dem Nationalsozialismus und der Widerstand gegen das Kirchenregime der Deutschen Christen erreichte ihren ersten Höhepunkt 1934 in der **ersten Bekenntnissynode von Barmen**. Diese Kirchenversammlung von Vertretern aus 18 Landes- und Provinzialkirchen stellt sich heute als das zentrale theol. Ereignis des Kirchenkampfes dar. Sie rief die ev. Gemeinden und Christen dazu auf, „der Zerstörung des Bekenntnisses und damit der ev. Kirche in Deutschland zu widerstehen." Sie erließ mehrere bedeutsame Erklärungen, in denen ihre Gedanken und **Entscheidungen** Ausdruck fanden. Diese *Barmer Erklärungen*[394] dienten der Bekennenden Kirche angesichts der Irrlehren und Gleichschaltungspolitik der Deutschen Christen als Ansatz einer grundlegenden theol. und kirchenrechtl. Neubesinnung. Sie formulieren auch den rechtl. Ertrag des Kirchenkampfes und umschreiben die christologische Verankerung der Kirche als christokratische Geschwisterschaft, die den überkommenen Dualismus zw. Bekenntnis und Recht, von Geist- und Rechtskirche überwindet.[395] Sie dienten auch der theol. und rechtl. Legitimation der Synodalen. Angesichts ihrer unterschiedlichen kirchl. Herkunft beriefen sie sich auf das gemeinsame Bekenntnis zu dem „Einen Herren der einen heiligen, allgemeinen und apostolischen Kirche" (Vorspr. I 2).

Die Bekenntnissynode beschloss die „Theologische Erklärung zur gegenwärtigen Lage der DEK" (Text 3), eine „Erklärung zur Rechtslage der DEK„ (Text 4) sowie eine „Erklärung zur praktischen Arbeit der Bekenntnissynode", die sich zur Erneuerung des Pfarrerstandes und zur Zurüstung und Sendung der Gemeinde äußert. Die *„Erklärung zur Rechtslage der DEK"* beschreibt in fünf Leitsätzen (Thesen) die Gestalt eines schrift- und bekenntnismäßigen Kirchenregiments als Kriterium zur Beurteilung der Rechtmäßigkeit der damaligen Reichskirchenregierung und ihrer Maßnahmen (These I). Sie legt ferner die rechtstheol. Grundlagen für das durch die zweite Bekenntnissynode in Dahlem 1934 verkündete kirchl. *Notrecht* und formulierte die organisatorische

---

393 Bei den Beratungen des GO-Entwurfs 1974 (Anh 12) war vor allem von unierter Seite kritisiert worden, dass die Bejahung der Barmer Erklärung erst im zweiten Artikel und nicht im vorangestellten Grundartikel aufgeführt werde, und angesichts der grundsätzlichen Bedeutung von Barmen für eine Umstellung votiert worden (vgl. Beier, aaO, S. 83).

394 Texte 3 u. 4; Gesch 1e; dazu auch Burgsmüller/Weth, Die Barmer Theologische Erklärung, m. Beiträgen v. H. Asmussen,. J. Beckmann, E. Lohse und C. Nicolaisen.

395 Stössel, Die Bedeutung der Barmer theologischen Erklärung, S. 23.

Aufgabe, die „Gemeinde als Trägerin der Wortverkündigung" (These V) „zu sammeln und zu vertreten, ihre Gemeinschaft und gemeinsame Aufgaben zu pflegen und dahin zu wirken, dass die evangelische Kirche dem Evangelium und Bekenntnis gemäß geführt wird und Verfassung und Recht dabei gewahrt werden" (These II). Dabei sei „eine Scheidung der äußeren Ordnung vom Bekenntnis nicht möglich." Die (damalige) „hierarchische Gestaltung der Kirche widerspricht dem reformatorischen Bekenntnis". Aus dem Zusammenhang zw. Ordnung und Bekenntnis folgert die Erklärung, dass „die Gliederung der DEK in Landeskirchen bekenntnismäßig begründet" sei und sie ihre „echte kirchliche Einheit" nur auf dem Wege gewinne, „dass sie die reformatorischen Bekenntnisse wahrt und einen organischen Zusammenschluss der Landeskirchen und Gemeinden auf der Grundlage ihres Bekenntnisses fördert" (These III und IV).

Die „*Theologische*" Erklärung ist die bedeutsamere mit den stärksten Nachwirkungen; doch waren Bedeutung und Tragweite von Barmen bei der Verabschiedung der GO noch kaum zu übersehen und bedürfen bis heute zumindest in verfassungsrechtl. Hinsicht weiterer Klärung. Daher nimmt die GO nicht unmittelbar Bezug auf die eigentlichen Erklärungen, sondern auf den historischen Befund der von der Synode „**in Barmen getroffenen** Entscheidungen". Dies wird durch die Ortsangabe unterstrichen. Auch hier sprachen *konfessionelle Vorbehalte* gegen einen inhaltlichen Bezug unmittelbar auf die Barmer Thesen. Gestrichen wurde daher der im Entwurf des Bruderrats anschließende Halbsatz: „... und sieht in der Theol. Erklärung vom 31.5.1934 die von Schrift und Bekenntnis her gebotene, die Kirche auch künftig verpflichtende Abwehr kirchenzerstörender Irrlehren".[396]
Statt einer Rezeption der Barmer Erklärung an sich wird lediglich das situationsbedingte synodale Handeln **bejaht**. Das bedeutet aber lt. Entschließung der Kirchenversammlung v. 1947, „dass die EKD auf dem Boden" dieser Entscheidungen steht.[397]
Die **Entscheidungen** ergeben sich nur mittelbar aus den erklärten Thesen und dem geschichtlichen Kontext (der „gegenwärtigen Lage" bzw. „Rechtslage der DEK"). Anlass und Skopus der Thesen waren die Irrlehren der DC, das Regime des Reichsbischofs i.S.d. Religionspolitik des totalitären Staates (Gesch 1e). Die verfassungsrechtl. festgeschriebene Bejahung gilt in erster Linie der Gefahr eines Wiederauftretens ähnlicher Entwicklungen, die in der Unsicherheit der Nachkriegswirren noch weniger voraus-

[396] Anh 7A: Art. 1 IV; mit der Streichung aus dem Vorspr. war „klar, dass es nicht als Bekenntnis der EKD verstanden werden soll" (Erik Wolf, Ndschr. v. 10./11.4.1948, EZA 2/8); zum „tiefgreifenden und außerordentlich schmerzlichen Prozess" dieser Streichung: Brunner, Eisenach, S. 148; dazu W.-D. Hauschild, Die Relevanz von „Barmen 1934" für die Konstituierung der EKD 1945–1948; Gesch 1e.

[397] Entschließung der Kirchenversammlung in Treysa v. 6.6.1947 Ziff. 3 (ABl. EKD Nr. 14); freilich kommt in dem Wort „bejaht" auch ein gewisser Abstand zu Barmen zum Ausdruck (Kirchenkanzlei v. 20.10.1947, EZA 2/4).

sehbar schienen als heute. Gleichwohl impliziert die Bejahung dieser Entscheidungen auch die Rezeption wesentlicher Gedanken ihrer *Begründung*. Dass die Barmer Entscheidungen von der GO nicht nur als historisch abgeschlossenes Faktum beschrieben, sondern in ihrer bleibenden Relevanz aufgenommen werden, zeigen die folgenden beiden Sätze: Danach wird die EKD diese Erkenntnisse künftig „zur Auswirkung bringen" (Satz 2) und bei der Abwehr von Irrlehren helfen (Satz 3). Demnach statuiert der Verfassungsgeber mit der Bejahung der Barmer Entscheidungen auch einen normativen Grundzug der Verf. und ein durchgängiges Kriterium ihrer Auslegung. Näheres zum Inhalt der Erklärungen s. Erl Satz 2.

Die Barmer Theol. Erkl. wird in den Verfassungen der Ev.-ref. Kirche neben dem altkirchl. und reformatorischen Bekenntnis „als Urkunde ihres Bekenntnisstandes" (§ 3) rezipiert und wurde im Grundartikel der EKU „als ein Glaubenszeugnis in seiner wegweisenden Bedeutung für die versuchte und angefochtene Kirche" anerkannt. Auch in der neueren luth. Theologie gibt es Stimmen, die Barmer Erklärung „unbezweifelbar in den Aufbruch neuer Bekenntnisbildung" einzuordnen und diesem Lehrtext „alle klassischen Merkmale eines Bekenntnisses" zuzusprechen.[398]

Satz 2 (Verpflichtungen aus dem Kirchenkampf)
Als Konsequenz aus der Bejahung der Barmer Entscheidungen entfalten die folgenden Sätze die aktive Verpflichtung der EKD zur aktuellen Umsetzung dieser Erfahrung **als bekennende Kirche**. Nicht gemeint ist hier die historische Organisation der „Bekennenden Kirche" (Gesch 1e), an die der vorangehende Satz anknüpft („Bekenntnissynode"), sondern das zentrale Wesensmerkmal jeder Kirche zu jeder Zeit, ihr jew. Bekenntnis zu aktualisieren und **zur Auswirkung zu bringen.** Die historische Parallele in dieser bewussten Bezeichnung als „bekennende Kirche" bezieht die EKD in alle aktuellen dem Kirchenkampf entsprechenden Auseinandersetzungen mit inner- und außerkirchlichen Anfechtungen ein. Im Unterschied zu den besonderen Bekenntnissen der Gliedkirchen, die diese selbst – in der Gemeinschaft der EKD – „wirksam werden lassen" (Abs. 1 Satz 3), trifft die EKD hier unmittelbar eine originäre Verpflichtung als bekennende Kirche.[399] Deutlicher formulierte der Verfassungsausschuss, dass die Gliedkirchen „ihr Bekenntnis ernst nehmen und klären, damit es in Lehre, Leben und Ordnung der Kirche wirksam wird" (Anh 7B: Art. 2 II).

---

398 Kretschmar/Hauschild, Thesen von Reisensburg, S. 462 f.; schon durch die Kirchenversammlung von Treysa 1945 (mit den luth. Teilnehmern) war die Barmer Erkl. als verbindliche Auslegung der reformatorischen Bekenntnisse anerkannt worden (Schr. des Bruderrats v. 20.3.1946, EZA 2/1).

399 Die Formulierung der „*Er*kenntnisse des Kirchenkampfes" setzt sich andererseits deutlich ab von einem unionsorientierten „*Be*kenntnis von Barmen".

Zur Auswirkung zu bringen sind die Erkenntnisse **des Kirchenkampfes**. Diese schließen die gesamte Auseinandersetzung der ev. Kirche mit Nationalsozialismus und DC von der Machtübernahme 1933 bis zu deren Zusammenbruch 1945 ein. Diese Erkenntnisse haben ihren Ausdruck vor allem in den Äußerungen der Bekenntnissynoden in Barmen (1934), Dahlem (1934) und Ulm (1935), aber auch anderer protestantischer Kräfte gefunden, wie etwa des *Einigungswerks* (Anh 4). Sie gehen also über die gem. Satz 1 bejahten Barmer Entscheidungen hinaus. Sie sind auch Gegenstand der kirchl. Rückschau etwa des *Darmstädter Wortes*, der *Stuttgarter Erklärung* und weiterer Beschl. des Rates und anderer Organe (z.B. Vorlfg.O.EKD v. 1945, Anh 5). Die „Erkenntnisse des Kirchenkampfes" sind nicht nur im Selbstverständnis der Bekennenden Kirche aufzunehmen, sondern es stellt sich mit dem Gebot der GO auch die Aufgabe und das gesamtkirchl. *Mandat* kritischer Aufarbeitung durch Theologen, Historiker und Kirchenrechtler.[400] Für den Verfassungsgeber stand die Bekenntnissynode von Barmen als das zentrale Ereignis des Kirchenkampfes im Vordergrund. Die damals entstandene Kampf- und Leidensgemeinschaft ist für die Entstehung der EKD als Gemeinschaft nicht zu unterschätzen. In der Stunde der Gefahr waren sich die verschiedenen reformatorischen Kirchen in der „gemeinsamen Abwehr kirchenzerstörender Irrlehre" (Abs. 3) einig. Die Barmer Erklärung hat daher wie später die Leuenberger Konkordie zum Ausgleich von Lehrunterschieden geführt. Der „Text ist weder lutherisch konfessionell noch reformiert konfessionell, sondern hier klingt wirklich die Stimme der bekennenden Kirche heraus."[401]

Der Begriff der **„Erkenntnisse"** bezieht sich auf feststellbare Ergebnisse und umfasst nicht jegliche Erfahrung. So hatte die Bekennende Kirche die konkrete Erfahrung gemacht, dass konfessionelle Gebundenheit und *Gemeinschaft* untereinander – bis hin zur Abendmahlsgemeinschaft – möglich waren, ohne dass diese zunächst in die GO einging. Zu den Erkenntnissen des Kirchenkampfes über **Wesen, Auftrag und Ordnung der Kirche** gehören wiederum vor allem die „in Barmen getroffenen Entscheidungen", wie sie sich in den Erklärungen manifestieren. Dies betrifft den Zusammenhang zw. Bekenntnis und *Leitung* der Kirche, gewisse Vorbehalte gegen Ämter- und Normenhierarchie (Erl Art. 29 I 1), die tragende Bedeutung der durch Wort und Sakrament konstituierten Gemeinde für alles Kirchentum, die Bedeutung des kirchl. Amtes in seiner von Gott – nicht von der Gemeinde – verordneten Sendung, die ihrem Wesen entsprechende äußere Ordnung der Kirche, die Bejahung der Öffentlichkeitsarbeit der

---

400 Diese Arbeit geschieht etwa durch die *Ratskommission und Forschungsstelle der Ev. Arbeitsgemeinschaft für kirchl. Zeitgeschichte* (bis 1970: *„Kommission der EKD für die Geschichte des Kirchenkampfes")*; hierzu Scholder, Kirchenkampf, Sp. 1631 ff. m.w.N. v. C. Nicolaisen; Gesch 1e.

401 So sehr weitgehend der Syn. G. Ritter, zit. nach Burgsmüller/Weth, Die Barmer theologische Erklärung, S. 29.

Kirche (Erl Art. 20) und ihrer öffentlichen und politischen Verantwortung,[402] sowie die Diakonie als „Wesens- und Lebensäußerung der Kirche" (Art. 15 I 2).
Die Bekenntnisbindung der Ordnung begünstigte einerseits ein sich abgrenzendes Konfessionskirchentum, sie führte aber mehr noch zu Öffnungen für ein neues Verständnis der Kirchengemeinschaft. Ein weiterer Ertrag des Kirchenkampfes sind Einsichten in die *Begründung des Kirchenrechts*, denn er nötigte die Kirche zu einer grundlegenden Überprüfung ihres Verständnisses von Recht und Staat. Im Handeln der Bekennenden Kirche überwand sie den verhängnisvollen – von einer missverstandenen luth. Zwei-Reiche-Lehre abgeleiteten – Gegensatz von freier Glaubenskirche und bekenntnisneutraler Rechtskirche. Es wird deutlich, dass sich kirchl. Recht durch seine Gebundenheit an Schrift und Bekenntnis von allem weltlichen Recht wesensmäßig unterscheidet und nur von der Kirche selbst in voller Eigenständig gebildet und gehandhabt werden kann. Mit dieser Erkenntnis gewann die Kirche eine bisher nicht erreichte innere Freiheit vom Staat, die sich bis heute auch im weiten Rahmen des Staatskirchenrechts auswirkt.

Die **Auswirkungen** auf die GO und die heutige Gestalt der EKD sind – ebenso wie bei der gliedkirchl. Neuordnung – hinter den ursprünglich mit Barmen und Dahlem geweckten Erwartungen zurückgeblieben. Für den kirchenpolitischen Wiederaufbau nach dem Zusammenbruch schien eine radikale Erneuerung der Kirche nötig, eine Kontinuität der Rechts- und Verwaltungstraditionen jedoch praktisch unverzichtbar. Hinzu kamen die de facto unveränderten Rahmenbedingungen. Die Anforderungen der Volkskirche und die notwendige Erweiterung der gesamtkirchl. Aufgaben haben an der noch in Treysa 1945 einhellig kritisierten „Behördenkirche" in der Rechtswirklichkeit wenig zu ändern vermocht. So hat sich aus heutiger Sicht die vom Verfassungsgeber gehegte „Hoffnung, die grundlegenden Einsichten des Kirchenkampfes über Wesen, Auftrag und Ordnung der Kirche für die Zukunft festhalten zu können", nicht in diesem Maße erfüllt.[403]

Satz 3 (Ruf an die Gliedkirchen)
Nach der Bejahung der Barmer Entscheidungen (Satz 1) und den daraus folgenden Verpflichtungen (Satz 2) beschreiben Satz 3 und 4 die Konsequenzen für das gesamtkirchl. Handeln. In diesem Sinne **ruft** die EKD die Gliedkirchen zum **Hören auf das Zeugnis der Brüder und Schwestern,** von der Wahrheit des Evangeliums (vgl. Art. 16 I 1). Es ist dies nicht (nur) das historische Zeugnis der Bekennenden Kirche, sondern das aktuelle Zeugnis der anderen Gemeinschaftsglieder. Das Verhältnis der bekenntnisbestimmten Gliedkirchen innerhalb der EKD ist ein geschwisterliches (Art. 5). „Das

---

402 K.D. Schmidt/Till, Kirchenkampf, Sp. 948 ff.; zum Begriff der „Ordnung": Barmer Erkl. zur Rechtslage, These III, zum Begriff des „Auftrags": Barmer Theol. Erkl., These VI. Zur Kammer für öffentl. Verantwortung s. Erl Art. 22 II und Art. 19.
403 Scholder, Kirchenkampf, Sp. 1632.

Hören auf die jeweils anderen Bekenntnisse erweist sich als Hilfe zur Auslegung der Heiligen Schrift."[404] Dies schließt nicht aus, sich auch als irrende Geschwister zu sehen. Aber sie sind in ihrem auch bekenntnismäßigen Dialog nicht auf Apologien und Polemik verwiesen, sondern auf das geschwisterliche Gespräch und die Auseinandersetzung im Lehrgespräch. Das Zeugnis zu hören, heißt nicht, es als richtig anzuerkennen, es meint aber die Bereitschaft, sich von der anderen Konfession her nach seinem Schriftverständnis fragen zu lassen, dieses stets anhand der Heiligen Schrift zu prüfen. Sie können nicht Fragen zw. den Konfessionen als im positiven oder auch im negativen Sinne erledigt ansehen. Die Zugehörigkeit zur EKD verbietet solche Exklusivität.[405] Die Kirchenversammlung v. 1947 vertraute darauf, dass sich „im gemeinsamen Hören auf das Wort Gottes Kirche im Sinne des Neuen Testamentes verwirklicht".[406]

Die EKD **ruft** die Gliedkirchen **auf**, nicht: „hält sie dazu an", wie dies der GO-Entwurf v. 1974 (Anh. 12: Art. 2 II) vorsah. Dieser stieß auf konfessionelle Besorgnisse, die in einer verbindlicheren Form der Ansprache Ansätze zu einer gesamtkirchl. Lehrhoheit sahen. Aufgerufen sind (nach der durch H. Frick eingebrachten Formulierung – Gesch 4) die **Gliedkirchen**, nicht „die Glieder der verschiedenen Bekenntniskirchen", wie der Bruderrat vorschlug, um damit auch die Gründung in der Gemeinde und ihren Gliedern einzuschließen. Andererseits vermeidet die GO auch die Betonung der „verschiedenen Bekenntniskirchen" in der Ratsvorl. (Anh. 7C: Art. 1 II 4).

Satz 4 (Abwehr von Irrlehre)
Eine weitere Konsequenz aus der Bejahung der Barmer Entscheidungen und der Erkenntnisse des Kirchenkampfes betrifft die **Abwehr kirchenzerstörender Irrlehren**. Die historische Erfahrung deutsch-christlicher Glaubensirrtümer bleibt kein Ereignis der Vergangenheit, sondern stiftet als bleibendes Band der Gemeinschaft in der EKD eine zentrale Erkenntnis: Diese Gemeinschaft bleibt nur dann Kirche, wenn sie bereit ist, Zeugnis abzulegen und in actu zu bekennen, d.h. für die gemeinsame Botschaft auch handelnd einzutreten. Die EKD hilft den Gliedkirchen, wo es gefordert wird, zur gemeinsamen Abwehr kirchenzerstörender Irrlehren (Erl Abs. 1 Satz 3). Wege und Mittel solcher Hilfe weist auch die Leuenberger Konkordie: Zur Bezeugung und Abgrenzung der Wahrheit des Evangeliums gegenüber Entstellungen und Irrlehren sollen die beteiligten Kirchen gemeinsam theol. arbeiten. Mit dem Instrument gemeinsamer Lehrgespräche wächst der EKD auch eine theol. Aufgabe zu.[407] Andererseits steht ein Tätigwerden der EKD unter zwei Bedingungen: Zum einen setzt die Hilfe voraus, dass

---

404 Gemeinsame Erklärung des BEK v. 1985.
405 So Brunotte, GO, S. 131 f.
406 Entschließung der Kirchenversammlung in Treysa v. 6.6.1947 Ziff. 2 (ABl. EKD Nr. 14).
407 Lingner, Leuenberg, S. 362.

die eigentliche Abwehr Sache der Gliedkirche bleibt. Zum anderen muss die Hilfe von der Gliedkirche gefordert werden; es heißt nicht: „gefordert ist". Der EKD wird also hier ebenso wenig wie durch Satz 3 ein Lehramt gegenüber einer Gliedkirche eingeräumt.[408]

Absatz 4 (Kirchenmitgliedschaft)
Die Beschreibung der EKD als historischer, geistlicher Gemeinschaft (Abs. 1–3) schließt mit ihrer mitgliedschaftsrechtl. Grundlage als Ausdruck ihrer Einheit.

Der *geschichtliche Rückblick* zeigt, dass für die Frage der Kirchenzugehörigkeit im Mittelalter der Hinweis auf die *Taufe* genügte. Weiterer Kriterien der Mitgliedschaft und deren Regelungen bedurfte es kaum, solange praktisch eine Identität zw. Kirche und Gesellschaft bestand. Mit der Reformation und der Entstehung zweier Kirchen und der partikularen Landeskirchen im ev. Bereich trat neben die Taufe das örtliche Kriterium des *Wohnsitzes*, der bestimmte, welcher Gemeinde (ecclesia localis) bzw. welcher Landeskirche man zugehörte. Diese verstand sich jeweils als Verkörperung der Kirche Jesu Christi, in der die rechtl. nicht verfasste Kirche des Dritten Glaubensartikels (vgl. Vorspruch I und Art. 1 I 2) Gestalt gewinnt (ecclesia particularis). In der römisch-kath. Kirche trat diese Differenzierung zurück. Denn nach deren Selbstverständnis hat die Kirche Jesu Christi ihre konkrete Existenzform in der vom Papst geleiteten römischen Kirche, der alle Getauften angehören.[409] Im ev. Bereich ergab sich ein weiterer mitgliedschaftsrechtl. Regelungsbedarf mit der Auflösung der konfessionellen Geschlossenheit der Territorien. Mit dem Nebeneinander verschiedener Bekenntnisse innerhalb eines partikularkirchl. Territoriums, namentlich von luth. und ref. Gemeinden, trat neben Taufe und Wohnsitz als weiteres Mitgliedschaftskriterium das einer Partikularkirche entsprechende *Bekenntnis*.[410] So haben etwa in Niedersachsen zuziehende Kirchenmitglieder gem. § 12 I *Kirchengesetz über die Kirchenmitgliedschaft, das kirchliche Meldewesen und den Schutz der Daten der Kirchenglieder (KMG)*[411] ein Wahlrecht, welcher Gliedkirche sie, d.h. ob sie einer luth. oder ref. Gemeinde, angehören wollen.

---

408 Solche Bedenken äußerte Brm bei früheren Reformüberlegungen (Beschl. des Brem. Kirchentages v. 31.5.1972 – EZA 86/90 Nr. 27).

409 Nach deren Identifizierung mit der geglaubten, rechtl. nicht verfassten Kirche Jesu Christi umfasste sie nach kath. Mitgliedschaftsrecht bis 1983 gem. c. 12 CIC auch die Zugehörigkeit der getauften ev. Kirchenglieder; dazu A. v. Campenhausen, Entwicklungstendenzen im kirchl. Gliedschaftsrecht, S. 134 f.

410 Vgl. Smend, Zum Problem des kirchlichen Mitgliedschaftsrechtes; W. Maurer, Zur theol. Problematik des kirchl. Mitgliedschaftsrechtes; Pirson, Die Mitgliedschaft in den deutschen ev. Landeskirchen als Rechtsverhältnis, S. 337 ff.; A. v. Campenhausen, Kirchenmitgliedschaft, S. 635 ff.; ders., Das Problem der Rechtsgestaltung in ihrer Spannung zwischen Empirie und Anspruch.

411 KMG v. 10.11.1976 (ABl. EKD S. 389).

Die geltende Mitgliedschaftsregelung der GO wurde durch das *KG zur Änderung der GO der EKD* v. 14.6.1984 (ABl. EKD S. 249) ursprünglich als letzter Absatz in diese Grundbestimmung aufgenommen. Die rechtl. Angleichung der GO an das KMG war nötig, um zw. den Aussagen der GO und den Aussagen des KMG bzw. der Vereinbarung keine Unstimmigkeit entstehen zu lassen.[412] Der Wortlaut ist dem KMG (§ 2 II) entnommen. Diese Vorschrift geht wiederum zurück auf Ziff. II Satz 2 der gliedkirchlichen *Vereinbarung über die Kirchenmitgliedschaft* v. 1970.[413] Da es sich um eine paktierte Regelung handelt, bestimmt das KMG, dass auch dieses insoweit nur mit Zustimmung aller Gliedkirchen geändert werden darf (§ 20 II).

Die Übernahme des Gesetzestextes in die GO warf Fragen der Verfassungsqualität dieser kirchenpolitisch umstrittenen Ergänzung auf: Ausdrücklich bestimmte die GO a.F. schon im Zusammenhang mit der Abendmahlszulassung, dass „die rechtliche Kirchenzugehörigkeit ... in jedem Falle unberührt“ bleibe (Art. 4 IV 3 a.F.). Im Zusammenhang mit ihrer Zustimmung zu diesem Teil der geltenden Neuregelung von 1984 hat die KK daher beschlossen:

> „1. Die Kirchenkonferenz stellt fest, dass die Aufnahme des Textes von § 2 Abs. 2 des Kirchengesetzes über die Kirchenmitgliedschaft vom 10.11.1976 als Absatz 5 in Artikel 1 der GO der EKD lediglich die deklaratorische Übernahme einer Bestimmung darstellt, die bereits im Rahmen der geltenden GO mit Zustimmung aller Gliedkirchen durch Kirchengesetz der EKD übereinstimmend getroffen worden ist. Als Kirchengesetz im Rahmen der geltenden GO stand diese Bestimmung unter dem Obersatz der GO, wonach die EKD ein Bund lutherischer, reformierter und unierter Kirchen ist (Art. 1 Abs. 1 GO. EKD). Unter dieser Voraussetzung haben ihr alle Gliedkirchen zugestimmt. Ihre Aufnahme in die GO bedeutet daher nicht, dass die Absätze 1 bis 4 des Artikels 1 künftig im Lichte von oder in Abgrenzung zu dem neuen Absatz 5 auszulegen seien.
> 2. Das Kirchenmitgliedschaftsrecht ist in dem Kirchengesetz über die Kirchenmitgliedschaft vom 10.11.1976 und in der Vereinbarung über die Kirchenmitgliedschaft vom 1.2.1970 umfassend geregelt. Der neue Abs. 5 des Art. 1 GO.EKD kann als Einzelaussage daher nur von diesen Bestimmungen her ausgelegt werden. Artikel 1 Abs. 5 enthält keinen Verfassungsauftrag, der über diese Bestimmungen hinausgeht. Er kann auch nur mit Zustimmung aller Gliedkirchen geändert werden“.[414]

---

412 Lingner, GO der EKD, S. 359.

413 Z. Vereinbarung v. 1.2.1970 (ABl. EKD S. 2): Wendt, Mitgliedschaftsrecht; die Vereinbarung nahm ausdrücklich Bezug auf die gem. Art. 1 II GO a.F. in der EKD sichtbar gewordenen „bestehenden Gemeinschaft der deutschen-evangelischen Christenheit“ (Ziff. II).

414 ABl. EKD S. 250; der Beschl. geht zurück auf ein KI-Gutachten v. 15.2.1984 „Zur Änderung von Art. 1 der Grundordnung der EKD“, S. 1 ff.

Diese authentische Interpretation ist dementsprechend auch zur späteren GO-Änderung v. 1991 (Übernahme als Abs. 4) beschlossen und vom Rat im ABl. bekannt gemacht worden.[415] Auch wenn diese Veröffentlichung dem förmlichen Vorbehalt eine konstitutionelle Verbindlichkeit nicht verleihen konnte,[416] wurde so doch auf pragmatischem Wege das verfassungsrechtl. Problem erledigt, ob es für die Aufnahme der Mitgliedschaftsregelung der Zustimmung nur der KK (gem. Art. 26 III 3) oder aller Gliedkirchen (§ 20 KMG) bedurfte. Für das letztere Erfordernis sprach das besondere Regelungskompetenzgefüge zw. EKD und Gliedkirchen im Kirchenmitgliedschaftsrecht. Denn anders als bei der Mitgliedschaftsvereinbarung v. 1970, bei deren Zustandekommen die Möglichkeit des Art. 6 II ausgeschöpft worden war, war das KG dann im Verfahren nach Art. 10 lit. b) a.F. erlassen worden.[417]

Hinter dem formellen Zustimmungsvorbehalt auch des KMG steht die Grundstruktur der föderativen Verfassung und ein Verständnis der GO als *paktierter Verfassung*,[418] die im Wege eines bündischen Verfassungsgebungsprozesses zustande gekommen sei. Nach dieser überwiegend vertretenen Auffassung ist der Kern- und Grundbestand der GO durch konstituierenden Akt aller Landeskirchen festgelegt. Änderungen der GO, wie Aussagen zur Kirchenmitgliedschaft,[419] die über diesen Verfassungsbestand hinausgehen, können nicht gem. Art. 26a III beschlossen werden, sondern bedürfen der Zustimmung aller Landeskirchen (z. *Paktierungsgrenze* Erl Art. 26a III).

Mitgliedschaft

Die **Mitgliedschaft** i.S.d. GO bezieht sich nach gängigem Sprachgebrauch auf die *rechtl. Zugehörigkeit* zur Einzelkirche – im Unterschied zur „Gliedschaft" im Sinne geistlicher Zugehörigkeit zur Kirche Jesu Christi. „Innerhalb der EKD wird nach ev. Kirchenrecht die Kirchenmitgliedschaft durch die Taufe, den ev. Bekenntnisstand (Zugehörigkeit zu einem in der EKD geltenden Bekenntnis gem. Vorspr. III) und durch *Wohnsitz* in einer Gliedkirche der EKD begründet" (Vereinbarung über die Kirchenmitgliedschaft v. 1970 Ziff. I). In neuerer Zeit verstärken sich Ansätze, auch *ungetauften Kindern* unter gewissen Voraussetzungen eine quasi-mitgliedschaftliche Stellung zu

---

415 Beschl. v. 19.3.1992, ABl. EKD S. 162.
416 Schlaich, Änderungen der GO, S. 119.
417 KI-Gutachten „Zum Erfordernis der gliedkirchlichen Zustimmung bei Änderungen der GO der EKD" v. 29.10.1999, S. 1 ff.
418 Syn. K. Schlaich als Berichterstatter des Rechtsausschusses (SB Worms 1983, S. 267 ff.). Von „vertragschließenden Landeskirchen" spricht die Verf. des DEKb (Anh 2: § 18 I).
419 KI-Gutachten aaO; Schlaich, aaO; M. Heckel, Rechtsprobleme, S. 149 f.; Hofmann, Bemühungen um die Reform der GO, S. 89.

geben.[420] Zum *Wohnsitz* s. Erl „Kirchengemeinde". Die wesentlichen Fragen des Mitgliedschaftsrechts, Rechte und Pflichten, Erwerb und Verlust der Mitgliedschaft, sind für alle Gliedkirchen gesamtkirchl. durch das *Kirchenmitgliedschaftsgesetz* (KMG)[421] geregelt, namentlich die Veränderung des Wohnsitzes (Zu- und Wegzug), Aufnahme, Wiederaufnahme,[422] Übertritt u. dgl. Der Kirchenmitgliedschaft kommt über den Kirchenbereich hinaus auch *öffentlich-rechtl.* Wirkung zu, so etwa im Melde- und Personenstandswesen und in gemeinsamen Angelegenheiten von Kirche und Staat, wie im Schulwesen (Religionsunterricht und öff. Konfessionsschulen), in der Anstaltsseelsorge (z.B. im Krankenhaus oder Strafvollzug), im Bestattungswesen und der Steuererhebung. Dies gilt allerdings nur für die rechtl. Zugehörigkeit und nicht für die religiöse Überzeugung des Einzelnen. Dieser öffentliche Bezug der Mitgliedschaft besagt auch, dass ihrer Bekanntmachung, ebenso wie ihrer Beendigung durch Austritt, nicht der Datenschutz entgegensteht.[423]

Zugehörigkeit

Die GO unterscheidet hier zw. Mitgliedschaft in einer Gemeinde oder Landeskirche und der *Zugehörigkeit* („**gehört ... an**") zur EKD, die durch erstere vermittelt wird (vgl. aber Art. 32a II 1). Bei Vorüberlegungen zum EGO74 war auch eine durch die Landeskirche vermittelte persönliche Mitgliedschaft zur EKD angeregt, aber von den meisten Gliedkirchen abgelehnt worden,[424] ebenso wie eine unmittelbare *Einzelmitgliedschaft.* Es blieb kontrovers, inwieweit die EKD als Gemeinschaft der in ihren Gemeinden und Gliedkirchen beheimateten ev. Christen oder als Gemeinschaft der Gliedkirchen aufzufassen sei. „Letztlich ging es auch hier um die Frage, ob die EKD im vollen Sinne als Kirche gelten kann," in der eine unmittelbare (Mit)Gliedschaft auch ekklesial anzuerkennen war.[425] Deren konstitutive Grundlage ist die Taufe und zwar sowohl i.S.d. Art. 1 I 2, d.h. der Gliedschaft in der Kirche Christi, als auch im rechtl. Sinne der Mitgliedschaft in der verfassten Einzelkirche (Erl Überschrift „Kirche"). Beide Wirkungen der *Taufe* als dem „Sakrament des Christenstandes" sind nicht voneinander zu trennen, sondern einander komplementär zugeordnet.[426] Die Regelung der Mitglied-

420 Dies gilt insb. für die Kirchen in Hannover, Braunschweig und Württemberg; dazu KI-Gutachten „Zum kirchenrechtlichen Status ungetaufter Kinder" v. 11.6.1971, S. 63 ff.

421 KG über die Kirchenmitgliedschaft, das kirchliche Meldewesen und den Schutz der Daten der Kirchenmitglieder v. 10.11.1993 (ABl. EKD S. 389) i.d.F. v. 7.11.2002 (ABl. EKD 2002).

422 Dazu J. Ennuschat, Wiederaufnahme in die ev. Kirche in Wiedereintrittsstellen, ZevKR 50 (2005) S. 616 ff.

423 LG Zweibrücken Urt. v. 25.11.1997, NVwZ 1999, S. 737, m. Anm. H. Claessen.

424 So auch Wendt, Mitgliedschaftsrecht, S. 23 ff.

425 So der Vorsitzende des Struktur- und Verfassungsausschusses (Heßler, EKD-Reform, S. 69).

426 Dazu Link, Kirchengliedschaft, Sp. 1596; Anh 4, Ziff. II: „Wer getauft ist, gehört zur Kirche, ohne dass es einer weiteren Erklärung der Aufnahme bedarf".

schaftskriterien der Taufe und des Bekenntnisses sind nach herkömmlicher Auffassung den Landeskirchen bzw. der Partikularkirche vorbehalten. Zum *Bekenntnisstand* s. Erl Art. 27 II u. Art. 30 II. Mit Rücksicht auf diesen Vorbehalt ist es hier im einschlägigen Artikel bei dem rechtl. weniger bestimmten Begriff des „Angehörens“ geblieben. Er wurde mitunter auch dahingehend verstanden, dass der einzelne Christ Anteil an der Kirchengemeinschaft der EKD habe.[427] An anderer Stelle geht die GO insofern von einer gesamtkirchl. Mitgliedschaft aus, als in die Kirchengerichte nur „*Mitglieder der EKD*“ berufen werden (Erl Art. 32a II 1). Die Zugehörigkeit zur EKD begründet, wenn auch keine Mitgliedschaft im engeren Sinne d. KMG, so doch „Rechte und Pflichten“ des einzelnen Christen. Sie „gelten im gesamten Bereich der EKD. In dieser Gemeinschaft und in gegenseitiger Anerkennung bieten die Gliedkirchen der EKD jedem Mitglied einer Gliedkirche den Dienst der Verkündigung, der Seelsorge und der Diakonie an und lassen es nach Maßgabe ihrer Ordnung zum Heiligen Abendmahl zu“ (Vereinbarung über die Kirchenmitgliedschaft v. 1.2.1970, Ziff. II; vgl. Art. 4 I Nr. 2).
Mit dem Wort „**zugleich**“ betont die GO diese Identität der EKD mit ihren Gliedkirchen und Gemeinden.

Kirchengemeinde und Wohnsitz
Voraussetzung der Zugehörigkeit zur EKD ist die Mitgliedschaft in einer **Kirchengemeinde.** Dies ist die Gemeinschaft von Kirchengliedern, die sich um Wort und Sakrament versammelt, und Mittelpunkt aller kirchl. Arbeit. Sie hat insb. die Aufgabe, das Gemeindeleben in ihrem Bereich zu gestalten, für die Verkündigung des Evangeliums in Wort und Sakrament zu sorgen, den Dienst der christlichen Liebe zu üben und den missionarischen Auftrag in der Welt mitzuerfüllen. Die Bedeutung der Kirchengemeinde für die Zugehörigkeit zur EKD kommt auch liturgisch dadurch zum Ausdruck, dass ihrer Synodentagung „im Gottesdienst aller Gemeinden fürbittend gedacht“ und nach Ausschreibungen der EKD kollektiert wird (Art. 25 III, Art. 20 II).
Die Kirchengemeinde ist im Regelfall der *Parochie* (griech. Nachbarschaft) als Rechtsgemeinschaft aller ev. Mitglieder des gleichen *Wohnsitzes* durch territoriale Grenzen örtlich bestimmt als grundlegender Verwaltungsbezirk, in dessen Mittelpunkt die Taufkirche steht.[428] Regelmäßige Voraussetzung für die Zugehörigkeit der EKD ist demnach

---

[427] So die Mitgliedschaftskommission der EKD mit einem mehr organisatorischen Gemeinschaftsverständnis lt. Ndschr. 19.11.1971, S. 9 f. (EZA, 2/93/233). Die Zugehörigkeit wird auch als rechtl. Argument dafür gewertet, dass die EKD sich nicht nur als Kirchenbund versteht (Stein, Kirchenrecht, S. 171).

[428] Für die Vielfalt heutiger Lebensformen etwa im städt. Raum haben sich funktionale übergemeindliche Dienste entwickelt, die durch die Regelgestalt der Territorialgemeinde nicht erfasst sind. Daraus resultieren Bestrebungen, den Gemeindebegriff zu erweitern (dazu: Bock, Die Beteiligung kirchl. Dienste an der Synode, S. 121 ff.).

neben Taufe und Bekenntnis der *Wohnsitz* in einer Ortskirchengemeinde. Als konkrete Versammlung um Wort und Sakrament ist sie örtliche, ortsbezogene Gemeinde und ist parochialrechtl. zu ordnen, indem das Kirchenglied einer bestimmten Gemeinde zugewiesen wird und seine Verantwortlichkeit für diese festgestellt wird. Insofern betr. der kirchenrechtl. Begriff des Wohnsitzes eine eigene Angelegenheit der Kirche und nicht nur des staatl. Melde- und Steuerwesens.[429]

Das *Parochialprinzip*[430] erfährt nach dem KMG und den gliedkirchl. Ordnungen immer mehr Ausnahmen: In Sonderfällen ist eine Gemeinde in einem rechtl. und örtlichen Zusammenhang mit einer Anstalt (*Anstaltsgemeinde)* oder einem von dieser betreuten Personenkreis geordnet. Auf Grund besonderer persönlicher Eigenschaften (z.B. konfessioneller Minderheiten oder Domgemeinden) können *Personal- und Richtungsgemeinden (Paragemeinden)* von der parochialen Organisation ausgenommen werden. Die Bundeswehrseelsorge wird entsprechend dem Militärseelsorgevertrag überwiegend in *personalen Seelsorgebereichen,* verschiedentlich auch in *Militärkirchengemeinden* ausgeübt (Erl Art. 18). Weitere Ausnahmen vom Parochialprinzip gelten z.B. für den Fall, dass der Pastor seinen Amtssitz in der Gemeinde hat, aber dort nicht wohnt (Ausnahme von der Residenzpflicht), oder dass ein Gemeindeglied in die angrenzende Gemeinde bzw. Gliedkirche oder das benachbarte Ausland gezogen ist und seine bisherige Gemeindezugehörigkeit auf Grund entsprechender Vereinbarung zw. den betr. Kirchen (z.B. durch Umpfarrung) aufrechterhält. Auch aus Bekenntnisgründen möchten Kirchenglieder in gewissen Fällen beispielsweise nicht der luth. Gemeinde ihres Wohnsitzes, sondern der ref. im Nachbarort angehören. Gliedkirchl. Recht kann ferner eine *zusätzliche Mitgliedschaft* in einer weiteren Gemeinde, der man beispielsweise durch Ausbildung oder Beruf verbunden ist, vorsehen (sog. gespaltene Mitgliedschaft bei Haupt- und Nebenwohnung).[431] Gesamtkirchl. Regelungen insb. des Wohnsitzwechsels, des doppelten Wohnsitzes und Auslandsaufenthaltes enthalten das KMG sowie die gliedkirchl. Vereinbarung v. 7.12.2005 über die Kirchenmitgliedschaft in besonderen Fällen (ABl. EKD S. 571).

---

429 KI-Gutachten „Zu einigen Fragen des Mitgliedschaftsrechts der EKD“ v. 3.12.1981, S. 21 f.; a.A. Erik Wolf, Ordnung, S. 577.

430 Im Unterschied zum *Territorialprinzip* als staatskirchenrechtl. System, in dem alles Recht wie auch die äußeren kirchl. Leitungsbefugnisse aus der territorialen Herrschaftsgewalt des ursprünglich weltlichen Souveräns abgeleitet wurde (Gesch 1a).

431 § 1 II 2 KMG; dazu KI-Gutachten, aaO, S. 19. Nicht hierher gehört die Doppelmitgliedschaft in der Ortsgemeinde und einer landeskirchl. Gemeinschaft.

Gliedkirche
Die Zugehörigkeit zur EKD wird kumulativ durch Mitgliedschaft in der Gemeinde **und in einer Gliedkirche** vermittelt. Der Begriff der Gemeinde tritt hier wie im Vorspruch und an anderer Stelle der GO neben den Begriff der Kirche, obwohl es im NT für beides nur ein griech. Wort (ekklesia) gibt, das von Luther durchgängig mit Gemeinde übersetzt wird (vgl. Erl Überschrift „Kirche"). Kirche i.S. einer „Gliedkirche" umfasst hier die übergreifende Gestaltungseinheit ihrer Gemeinden als Elementarbausteine und zwar nicht nur quantitativ als Summe von Gemeinden, sondern auch nach qualitativen Kriterien. Als solches gilt etwa die Ordnungskompetenz der Kirche gegenüber den Gemeinden. Nach diesem Begriffsverständnis entsteht Kirche als communio der Gemeinden dadurch, dass diese ihr Kompetenzen bezüglich Gottesdienst, Lehre, Leben und Organisation abtreten.[432]
Je nach gliedkirchl. Verfassungsstruktur ist die Gemeinde organisatorische Untergliederung (*Kirchenprinzip*) aber auch – besonders in presbyterial geprägten Gliedkirchen – Trägerin der eigentlichen kirchl. Rechtshoheit (*Gemeindeprinzip*). Die Glieder der Landeskirche sind zugleich Glieder einer Kirchengemeinde. Zw. beiden Gliedschaftsverhältnissen besteht eine Wechselwirkung, jedoch generell – auch nach der GO – keine Priorität. Aus der Begründung der Kirchenmitgliedschaft folgt kraft Gesetzes die Mitgliedschaft in der Gemeinde, in der das Kirchenglied seinen Wohnsitz hat.
Praktische Konsequenzen hat diese mitgliedschaftliche Doppelvoraussetzung für die Zugehörigkeit zu einer deutschen *Auslandsgemeinde* im Sinne von Art. 17 III. Sie begründet, wenn kein Wohnsitz im Bereich einer Gliedkirche besteht, mangels gliedkirchl. Mitgliedschaft keine rechtl. Zugehörigkeit zur EKD, auch wenn die EKD Geistliche ihrer Gliedkirchen dorthin als Auslandspfarrer entsendet.[433]

Bei einem *Wohnsitzwechsel* in den Bereich einer anderen Gliedkirche setzt sich die Kirchenmitgliedschaft in der Gliedkirche des neuen Wohnsitzes fort. Unberührt bleibt das Recht des Zuziehenden, sich einer anderen im Bereich der Gliedkirche bestehenden ev. Kirche, z.B. der ref. Kirche im Bereich einer luth. Landeskirche, anzuschließen.

---

432 Herms, zit. in: Impulspapier rh. Ki., Ziff. 1.1.; vgl. auch Guntau, Gliedkirche, S. 161.
433 Dazu Drößler, Zum Recht deutscher Gemeinden im Ausland.

Artikel 2 (Recht und Ordnung der Kirche)

(1) Das Recht der Evangelischen Kirche in Deutschland und ihrer Gliedkirchen muss auf der im Vorspruch und in Artikel 1 bezeichneten Grundlage ruhen.
(2) Die gesamtkirchliche Rechtsetzung darf das Bekenntnis der Gliedkirchen nicht verletzen; die Rechtsetzung der Gliedkirchen darf dem gesamtkirchlichen Recht nicht widersprechen. Das Bekenntnis ist nicht Gegenstand der Gesetzgebung.
(3) Die Evangelische Kirche in Deutschland steht in der Ordnung der Ökumene.

Die in der ersten Grundbestimmung beschriebene Gemeinschaft der EKD und ihrer Gliedkirchen wird hier als *Rechtsgemeinschaft* der geordneten Gesamtkirche entfaltet. Recht und Rechtsetzung richten sich nach der im Vorspruch und Art. 1 bezeichneten Grundlage und werden in den Ordnungsrahmen der Ökumene gestellt.

Recht der Kirche
Alles „in der Kirche geltende Recht" (Art. 32a I), d.h. das *Kirchenrecht* (KR), muss im Auftrag der Kirche gegründet sein. „Eine Scheidung der äußeren Ordnung vom Bekenntnis ist nicht möglich."[434] Dies bedeutet eine Ausrichtung auch des Verfassungs- und Verwaltungsrechts der EKD am Evangelium. In diesem geistlichen Bezug ist auch die GO als Teil des KR mehr als ein bloßes Organisationsstatut. Sie ist kein theol. Lehrdokument, aber sie spiegelt in ihrer Formulierung und Konzeption eine schriftgemäße Grundüberzeugung wieder.
Im *Begriff* des „Kirchenrechts" sind beide rechtstheol. Sichtweisen vorgezeichnet: Der geistliche Aspekt zeigt das KR als Proprium der „*Kirche*" und seine Eigenständigkeit gegenüber staatl. Ordnung.[435] Am „*Recht*" orientiert sich das Verständnis des KR andererseits als Form und Standort kirchl. Handelns in der Welt, das auch die Verfassung als Reflex auf die geschichtliche Wirklichkeit von Kirche versteht. Beide Komponenten „Recht" und „Kirche" implizieren für *jede der beiden* ein wiederum weit gefächertes

---

434 Barmer Erkl. zur Rechtslage, These III (Text 4); Liermann, Neuere Entwicklung des ev. Kirchenrechts, S. 94; das aus staatl. verliehener Hoheitsgewalt abgeleitete Recht wird hier nicht mit einbezogen. Erik Wolf formuliert in seinem GO-Entwurf v. 1946: „Die Ordnung der EKD beruht auf ihrem Bekenntnis" (Art. II Abs. 2, EZA 2/4); Heun, Das Gesetz in Staat und Kirche, S. 449; zum Ganzen Robbers, Kirchenrecht, Sp. 1196 f. m.w.N.; Ziekow, Rechtstheologie, m. zutr. Problemaufriss.

435 Z. Verhältnis zw. staatl. und kirchl. Recht s. Erl Art. 3 vor I; zur fundamentalen Bedeutung des Kirchenverständnisses für das KR: Honecker, Gibt es ein „evangelisches" Kirchenrecht?; D. Lange, Zur theol. Begründung des Kirchenrechts, S. 3 f. und schon Werhahn, Der Stand des Methodenproblems in der ev. Kirchenrechtslehre, S. 55.

Begriffsverständnis, wie es auch in der GO sichtbar wird: Der philosophischen und historischen Entfaltung allen *Rechts* zw. Polen institutioneller und ideeller, konkreter und abstrakter, normativer und dezisiver Ordnung entspricht andererseits die konfessionell verzweigte Deutungsvielfalt der *Kirche* als Glaubensgegenstand und zugleich als historisch gewachsenes, weltlich Ding (Erl der Überschrift „Kirche"; zum Verhältnis zw. kirchl. und staatl. Recht: Erl Art. 3 vor I).

In der *historischen Situation* nach 1945 stand zunächst die politische Erfahrung eines generellen „Beiseitesetzens des Rechts und der Gerechtigkeit", einer Auflösung des Rechtsbewusstseins im Vordergrund und sodann dessen Wiederaufbau aus der Glaubensperspektive. Dahinter traten zunächst dogmatische Fragen nach dem besonderen Recht innerhalb der Kirche oder nach dem Staatskirchenrecht zurück.[436] Der Nationalsozialismus hatte auch das Recht und seine etatistische und positivistische Grundlegung als ein Trümmerfeld hinterlassen.[437] Nach verlorener Rechtssicherheit und verletzter Gerechtigkeit ging es auch für die staatl. Neuordnung um eine Wiedergewinnung materialer Gerechtigkeitskriterien. Einen Anhalt boten insb. das traditionelle Naturrecht und die Wert- und Sozialethik N. Hartmanns und M. Schelers (P. Althaus; H. Coing, F. Wieacker) und der Rückgriff auf den deutschen Idealismus, namentlich auf neukantische Ansätze der Marburger Schule (G. Radbruch),[438] ferner auf die Kanonistik insb. thomistischer Prägung (J. Messmer, H. Rommen), partiell auch auf eine neue Rechtsontologie der Existentialphilosophie (W. Maihofer). Damit verband sich eine Wiederbelebung des Gedankens der Billigkeit insb. im zivilrechtl. Ansatz von „Treu und Glauben".[439] Diese Neuorientierung fand ihren Niederschlag im Grundgesetz und in der Rechtsprechung (H. Weinkauff; G. Müller).

Die parallelen, nunmehr auch als „*Rechtstheologie*" bezeichneten Bemühungen um eine Neubegründung des KR sind in etlichen Grundlagenentwürfen beschrieben worden; ein umfassendes und zugleich konsensfähiges Konzept hat es aber als Basis einer gesamtkirchl. Verfassung weder bei der Verabschiedung der GO noch in der Folgezeit gegeben.[440] Die unterschiedlichen Ansätze und konfessionell divergierenden Deutungs-

---

436 F. Delekat als Referent zum Schwerpunktthema der ersten EKD-Synode „Kirche, Recht, Rechtsbewusstsein" (SB Bethel 1949, S. 82 ff.); Erl Art. 3 vor I.

437 Z. Ganzen Radbruch, Die Erneuerung des Rechts.

438 Eine Übersicht dieser Entwicklung vermittelt die Zusammenstellung der wichtigsten Stimmen, auch aller hier gen. Autoren in: Maihofer, Naturrecht oder Rechtspositivismus; vgl. auch Radbruch, Rechtsphilosophie, S. 116 ff.

439 Er geht zurück auf die aristotelische Epieikeia und kanonische Aequitas (C.J. Hering, Die Billigkeit im kanonischen Recht, in: Beiträge zur Rechtsforschung, hg. v. E. Wolf, Berlin, Tübingen 1950; zu den Begriffen „Epiikia, Equitas, Billicheit": M. Luther, W.A. 19. Bd., S. 632).

440 Für die rechtstheol. Neubegründung des KR ist, soweit ersichtlich, die allgemeine Rechtsphilosophie noch wenig wirksam geworden. Soziologische Ansätze etwa G. Holsteins und H. Liermanns

versuche der ev. Rechtstheorie sind zudem geprägt durch die Auseinandersetzung mit der röm.-kath. Verschränkung zw. Kanonistik und Heilsordnung einerseits und durch die Wahrung kirchl. Propriums gegenüber säkularer Rechtsentwicklung. Bis heute vollzieht sich die Grundlegung des KR in einem Spannungsfeld zw. geglaubter und verfasster Kirche, zw. Evangelium und Gesetz, Gottes Gnade und menschlicher Vernunft.

Lutherisch und reformiert geprägte Rechtstheologie
Die innerkirchl. Diskussion um Recht und Verf. wird geprägt durch die Spannung zw. dem luth. orientierten Ansatz an der Zwei-Reiche-Lehre, der die Eigenständigkeit religiöser und politischer Entscheidung stärker betont, und der mehr reformiert geprägten christokratischen Grundanschauung, in der Glaube und Welt auch rechtstheol. enger zusammenrücken. In der Auseinandersetzung um die Kirchenqualität der EKD gewinnt sie Bedeutung für Entstehung und Entwicklung der GO, etwa für die rechtl. Relevanz der Bekenntnisschriften (Erl Vorspr. I) und die Abendmahlsfrage (Art. 4 I) wie auch für die Lehre von der Kirche und ihrer Ordnung (Erl Überschrift „Grundordnung" und „Kirche").

Im Rückblick auf Luthers Verbrennung der Bannandrohungsbulle „Exsurge domine" nebst Dekretalen vor dem Elstertor in Wittenberg am 10.12.1520 wird dem Protestantismus mit der Verwerfung des kanonischen Rechts eine gewisse Rechtsskepsis nachgesagt.[441] Die luth. Kirchenrechtslehre wurzelt stärker in einem spiritualisierten Kirchenbegriff: Wort und Sakrament wirken Gemeinschaft im Reich Gottes zur Rechten (vgl. CA XXVIII); darin gilt als Grundgesetz: das Liebesgebot. Dem entspricht eine gewisse Relativierung von Gesetz, Recht und Gerechtigkeit durch die reformatorische Rechtfertigungslehre (sola fide) sowie an der alleinigen Offenbarungsquelle der Heiligen Schrift (sola scriptura) zur Orientierung des Glaubenden, der nach seinem Gewissen handelt. Dessen freier Annahme des Evangeliums entspricht eine Freiheit kirchl. Ordnung. „Von Kirchenordnungen lehrt man ..., dass man die Gewissen damit nicht beschweren soll, als seien solche Dinge notwendig zur Seligkeit" (CA XV). So trugen die luth. Kritik an der *Werkgerechtigkeit*, die heute noch theol. und institutionelle Grundfragen der Diakonie betrifft, und die vielfältig gedeutete *Zwei-Reiche-Lehre* dazu bei, juristisches Ordnungsdenken zu relativieren. Dem ev. KR wurde aus dieser Sicht mehr die Hilfsfunktion eines auf Zweckmäßigkeitserwägungen beruhenden Dienstes am eigentlichen

---

wurden zwar aufgenommen, führten aber nicht zu einer allgemein akzeptierten rechtstheol. Systematik; dies gilt auch für N. Luhmanns Konzept einer „Religion der Gesellschaft". Wohl wurden existenzialphilosophische Einflüsse (M. Heidegger) in der Theologie z.B. R. Bultmanns oder P. Tillichs wirksam, und die der dialektischen Theologie K. Barths im Rechtsdenken Erik Wolfs; zum Begriff der Rechtstheologie, Steinmüller, Ev. Rechtstheologie, Bd. I, S. 3 f.

441 Liermann, Kirchenrecht, S. 19 f. ; die Skepsis galt weniger dem KR, sondern den kanonischen Inhalten.

Auftrag der Kirche beigemessen und einer Richtschnur für christliches Leben (i.S.e. *tertius usus legis* im Unterschied zu *usus theologicus u. politicus).* Absolute Rechtsgeltung (etwa im Sinne von Normenhierarchie und Derogation) und das Moment des Rechtszwangs haben nicht die fundamentale Bedeutung wie in staatl. Ordnung. Diese rechtskritische Tradition gewann unter dem Eindruck des gescheiterten positivistischen Rechtsverständnisses neuerliches Gewicht bis hin zu einer weitgehend spirituell ausgerichteten Anschauung, das KR stehe „im Widerspruch zum Wesen der Kirche" als einer durch das Liebesgebot bestimmten Ordnung,[442] und wirkte auch noch im rechtsgeschichtlichen Vorfeld der GO.

Am *luth. Verständnis* und der zentralen Frage der Rechtfertigung setzt die Deutung des KR als eine *lex charitatis* an (J. Heckel; M. Luther, W.A. 2, 617).[443] Diese gilt als lex fidei dem (vertikalen) Verhältnis des Menschen zu Gott (Röm 10,6: Rechtfertigung durch den Glauben) und als lex charitatis im engeren Sinne der Gemeinschaft Christi mit den Glaubenden als das Grundgesetz der Kirche (Röm 13,10). In ähnlichem Sinne wird das KR auch als ein Akt göttlicher Gnade begründet, der durch den Glauben angenommen werden muss. Die „positive Existenzbestimmung des Menschen im Recht ist die *Gnade*" Gottes als liturgisches Sakramentsrecht im Unterschied zum Organisationsrecht (so konfessionell vermittelnd: H. Dombois).[444] Eine mehr soziologische Sicht der Kirche bezieht das KR auf die Kirche als Gemeinschaft. Mit ihrer Stiftung wird sie zugleich Sozialverband. Das KR beschränkt demnach seine Geltung auf die jew. rechtl. Organisation eines Teiles der Christenheit.[445] Da das eigentliche Verkündigungshandeln nicht durch materielles KR normiert werden kann, hat dieses mithin nur die Aufgabe, das auch von der Theologie als unerlässlich anerkannte Ordnungselement der Kirche sachgerecht auszugestalten. Dem entspricht auch der mehr organisatorische Charakter

---

442 Sohm, Kirchenrecht, Vorrede S. X; dazu Dombois, Altkirchliche und ev. Kirchenverfassung, S. 1 ff. und Erik Wolfs Kritik an Sohms spiritualistischem Kirchenbegriff und dessen positivistischem Rechtsansatz (Ordnung, S. 494 f.), ähnlich aus luth. Sicht Honecker, aaO, S. 95 f.; zum Ganzen H.M. Müller, Luthers Kirchenverständnis; vgl. auch M. Roth, Art. „Zwei-Reiche-Lehre", in: EvStL 2006, Sp. 2789 f.

443 J. Heckel, Lex charitatis m. luth. Rechtsansatz am *Gesetzes*begriff; Peters, Rechtfertigung und Recht, S. 480 f. „Die Rechtfertigungslehre der Theologie handelt von der Rechtfertigung des Sünders vor Gott; die Rechtfertigung des Rechts handelt von der Rechtfertigung menschlichen Handelns in der Welt. Der Blickpunkt ist also ein entgegengesetzter, der Ausgangspunkt ist der gleiche" (H. Dombois, Naturrecht und christliche Existenz, S. 29).

444 Dombois geht vom Missionsbefehl als maßgeblicher Ordnung christlicher Nachfolge aus, wertet die Taufe als Rechtsvorgang, das Herrenmahl als kirchenrechtl. bedeutsames Strukturelement, sieht die Ordination (ähnlich wie Calvin) biblisch begründet und erhebt aus alledem Grundformen eines ökum. vorreformatorischen KR, das luth. u. ref. Positionen verbindet; vgl. Stein, Kirchenrecht, S. 22.

445 Liermann, Kirchenrecht, S. 15 f.; in dieser Richtung bereits G. Holstein in Anknüpfung an Gierckes Genossenschaftstheorie.

kirchl. Verf., namentlich der GO, die einen dem GG entsprechenden materialen Grundrechtsteil nicht umfasst.[446] Ein Bestand an positivierten Sätzen göttlichen Rechts (ius divinum) i.S. überzeitlicher Normen, der für die Ausgestaltung der Verf. verpflichtend wäre, wird in der luth. Tradition eher verneint. Nicht ein Rechtssatz, sondern die Verheißung und Autorität des Evangeliums ist das Kriterium kirchl. Handelns.[447] Diese Deutung des KR impliziert eine gewisse Bekenntnisneutralität kirchl. Kodifizierung. Sie begünstigt das Zusammenwirken bekenntnisverschiedener Kirchen[448] und darüber hinaus auch eine – freilich zweischneidige – Annäherung an staatl. Rechtsmodelle (vgl. Erl Art. 3 vor I).

Aus dem Kirchenkampf gegen den politischen Missbrauch kirchl. Rechtsstrukturen erwuchs die Erkenntnis, dass der Auftrag der Kirche nicht von ihrer Ordnung getrennt werden darf; sie bezeugt das Evangelium „mit ihrer Botschaft wie mit ihrer Ordnung" (Text 4: Barmer Erkl. zur Rechtslage, These III; Erl Art. 1 III). Auch die organisatorische Gestaltung der Kirche entspricht ihrem Verkündigungsauftrag, als spezifischem Beitrag zur kirchl. Gesamtordnung. Auch mit ihren rechtl. Regelungen geben Christen als Glieder der „Kirche der begnadigten Sünder" (Barmer Theol. Erkl.) Antwort auf den Anruf des Evangeliums in der jew. geschichtlichen Situation. Daraus folgt, dass KR auch liturgisches Recht ist, das auf das Handeln Gottes in Wort und Sakrament antwortet („*antwortendes Recht*").[449] Dieser mehr an der ref. Tradition Calvins orientierte Bezug des KR auf die „bekennende Ordnung" der Kirche in der Welt betont deren Wesen als Gemeinschaft. Er richtet den Blick über die traditionelle, auf Amt und Sakrament bezogene Sicht der CA hinaus auf die Gemeinschaftsbildung. Zeugnis und Dienst (Art. 1 III 3) der Schwestern und Brüder in einer auch soziologisch begriffenen Ordnung bestimmen das Wesen der Kirche i.S. einer „christokratischen Bruderschaft".[450] In dialektischer Erfassung des (paradoxen) Wesens der Kirche als göttlicher Stiftung und menschlicher Gemeinschaft sind auch die Quellen ihrer Rechtsordnung teils göttlicher, teils menschlicher Herkunft (ius divinum et humanum).[451]

---

446 Pirson, Kirchliches Verfassungsrecht, S. 95 u. 99; Schlaich, Kirchenrecht und Kirche, S. 367; vgl. aber Art. 5.

447 Pirson, aaO, S. 105; Calvin galt dagegen das KR z.T., insb. bzgl. kirchl. Ämter, als ius divinum.

448 Liermann, aaO; sein Grundlagenmodell knüpft an die von F. Schleiermacher beeinflusste Kirchenrechtstheorie G. Holsteins an. Vgl. in neuerer Zeit: Pirson, Universalität und Partikularität der Kirche.

449 K. Barth, Kirchl. Dogmatik, Bd. 4/2; zum heutigen Meinungsstand: Robbers, Grundsatzfragen, S. 238; ders., Kirchenrecht; i.S. „antwortenden Rechts" Ammer, Ordnung der Kirche, S. 729 ff.; kritisch zum Bekenntnisbezug des KR und dessen prinzipieller Spiritualisierung, aber für einen Antwortcharakter: Honecker, aaO, S. 101 u. Kirchenrecht, Sp.1209, 1213 f.; dies betr. auch die luth. betonte Trennung zw. Gesetz u. Evangelium.

450 Von dieser horizontalen Perspektive unterscheidet Erik Wolf die vertikale „bruderschaftliche Christokratie"; dagegen die heute herrschende Meinung: Lange, Zur theol. Begründung des KR, S. 4 f.

451 Vgl. Erik Wolf, Rechtsgedanken und biblische Weisung: Erstere treten in Erscheinung auch als „*biblische Weisungen*". Diese werden im Glauben aus der Schrift gewonnen und durch beken-

Am Antwortcharakter des KR setzt die *neuere Rechtstheologie* an: Ausgehend von der „verantwortlichen Eigenständigkeit des Subjekts", der Geschichtlichkeit der Situation, des Maßstabs, der Gestaltung und Interpretation „erweist sich das KR als menschliches Recht in der theologisch zu erweisenden Bindung". Dabei bleibt es als bekennendes Recht verstehbar, auch im Barmer Verständnis der Zusammengehörigkeit von Botschaft und Ordnung. Im Moment der Verantwortlichkeit berührt sich die Rechtstheologie mit der eschatologischen Dimension der Verantwortungsethik. – Je höher man den Zeugnischarakter des KR bewertet, umso eigenständiger stellt dieses sich in seiner theologischen Bindung gegenüber staatl. Recht dar, und umso bedeutsamer wird die qualitative Verschiedenheit beider Rechte (z. doppelten Rechtsbegriff Erl Art. 3 vor I).[452]

Der Praxis des KR gilt das ihm wesenseigene Moment der *Billigkeit* oder *Aequitas,* traditionell verstanden als „wirkliche Gerechtigkeit (iustitia quaedam existens)". Diese fragt weniger nach der Eigenart des KR in seinen Inhalten, sondern in seiner Verwirklichung. Denn Rechtssatz und -akt sind letztlich (ähnlich dem Bekenntnis) nicht zu trennen. Allein im Anwendungsprozess der konkreten Rechtsentscheidung wird die rechtstheol. Antwort zur existentiellen Notwendigkeit für den, der sein Recht bzw. das seiner Kirche geltend macht. In diesem persönlichen Handeln wird das Recht – je nach geschwisterlicher Geistesgabe – zum dienenden Recht, das „billig und heilsam" ist.[453]

---

nendes Recht auf allen Ebenen in die Praxis umgesetzt. Biblische Weisungen können nach dieser (umstr.) Ansicht aus dem Evangelium, auch wenn es nicht unmittelbar als Rechtsquelle wirkt, und ohne es zu vergesetzlichen, erhoben werden, beispielsweise aus den sog. Haustafeln des NT (Kol 3,18-4,6; 1. Petr. 2,13-5,5) und aus Herrenworten, wie der „Goldenen Regel" (Mt 7,12; Lk 6,31). Aus dem Gebot der Nächstenliebe (Mt 22,37-40) begründet eine rechtstheol. Dialektik zw. Recht und Liebe, zw. iustitia und caritas in einer auf Liebe aufbauenden Kirchenordnung das KR als „*Recht des Nächsten*" (Erik Wolf, Zur rechtstheologischen Dialektik von Recht und Liebe, S. 115 f. – im Anschluss an ref. Ansätze K. Barths; ähnlich Stein, Kirchenrecht, S. 22 f.); zum Ganzen auch Schlaich, Kirchenrecht, Sp. 1676 ff.; Robbers, Warum Kirchenrecht? ZevKR 49 (2004) S. 215 ff.

452 Dazu Robbers, Grundfragen, S. 238 (m. Verweis auf W. Maurer, A.v. Campenhausen, Schlaich, Frost und W. Huber) sowie Schlaich, Kirchenrecht und Kirche, S. 359 ff.; zur neueren Kirchenrechtstheorie: Robbers/Honecker, Kirchenrecht, Sp. 1209 f., m.w.N.; dazu auch die vorstehend zit. Beiträge von Ziekow, Heun und (in luth. Ansatz) Lange.

453 „Solche tugend odder weisheit ... heyst auff Kriechisch ‚Epiikia', auf Lateinisch ‚Equitas' ich nenne sie Billicheit...Also sollen alle Rechte, wilche auff die that gestellet sein, der Billicheit als der meysterynn unterworffen sein ... Derhalben die richter und herrn müsen hie klug und frum sein" (M. Luther, W.A., Bd. 19, S. 632); T. v. Aquin, Summa theologica, 120. Frage, 2. Art.; Präfation des ev. Hauptgottesdienstes; vgl. auch c. 7o2 § 2 CIC: „Billigkeit und evangelische Liebe"; zum Ganzen H. Claessen, Rudolf Stammlers Bedeutung für die Theorie des Naturrechts und den Gedanken der Aequitas, Diss. iur. Köln 1968, S. 112 ff.; zur Geschwisterlichkeit als „Gesetzbuch" des KR: Erl Art. 5 Satz 1; methodisch ist sie als Topos des KR zu verstehen (vgl. T. Viehweg, Topik und Jurisprudenz, 3. Aufl., München 1965).

Ein neuer methodischer Ansatz unterteilt das KR nach der theol. Relevanz der jew. Rechtsmaterie in ein (staatl. definiertes) „Verbandsrecht" der Kirche als Genossenschaft und einem geistlichen „inneren Kern des KR" der Glaubensgemeinschaft, je nach Nähe oder Distanz zum Verkündigungsauftrag.[454] Dies erinnert an historische Unterscheidungen zw. einem ius circa sacra und in sacra, zw. der potestas ecclesiastica externa und interna. Solche Aufteilung – auch der Verfassungsmaterie – kommt freilich den zunehmenden staatl. Tendenzen auch in der EU entgegen, die eigenständige Gesamtordnung der Verkündigung in Wort und Tat auf einen vermeintlichen Kernbereich kirchl. Handelns, etwa der Liturgie und des Sakramentenrechts, zu beschränken und auf organisatorische und institutionelle Kirchenangelegenheiten, z.B. im Bereich der Diakonie, einzuwirken.

Bekenntnisbezug des Rechts der EKD und der Gliedkirchen

Ihre Rechtsordnung macht die Kirche in der Welt zur bestimmbaren und handlungsfähigen Einheit und begründet ihre Eigenschaft als verfasste Kirche.[455] Diese Identität der EKD und ihre Handlungsfähigkeit zur Wahrnehmung des kirchl. Auftrags gewährleistet ihre GO. Teil dieser Verf. und Grundlage kirchl. Ordnung ist der Bezug auf die Heilige Schrift und auf den in den Bekenntnissen wiedergegebenen Verkündigungsauftrag. Als Konstitutivum der Kirche ist er einer inhaltlich gestaltenden Normierung auch durch die GO nicht zugänglich (Erl Abs. 2 Satz 2; Vorspr. II u. Art. 26a III).[456] Dieser Vorbehalt wiegt aus luth. Sicht und aus der des bekennenden Rechts ref. Tradition unterschiedlich schwer. Die GO verweist auf diesen Auftrag und regelt die notwendigsten gesamtkirchl. Vorkehrungen für eine bleibende Wahrnehmung von Zeugnis und Dienst in ihrer Gemeinschaft. So restriktiv gesehen kommt ihr für den „Aufbau der Kirche zu einer Dienstgemeinschaft"[457] in erster Linie die Funktion eines *Organisationsstatuts* i.w.S. zu. Sie soll dazu dienen, die Verkündigung mit allem, was dazu gehört, zu ermöglichen und zu fördern; es darf ihr also nicht im Wege stehen oder sie beeinträchtigen i.S. vernünftiger Abwägung (usus civilis). Ein solches pragmatisches Verfassungsverständnis verminderte – insb. aus luth. Sicht – bei der Verabschiedung der GO die konfessionellen Vorbehalte gegen eine gesamtkirchl. Verf. und ließ auch Raum für ekklesiologische Divergenzen.[458] Andererseits besagt der ausdrückliche *Bezug der GO auf Schrift und Bekenntnis*, dass auch für die EKD eine „Scheidung der Ordnung vom Bekenntnis nicht möglich" ist. Auch wenn Lutheraner und Reformierte unterschiedlich

---

[454] Honecker, Kirchenrecht, Sp. 1201 f., ähnlich Heun, aaO, S. 449, Lange aaO, S. 4, gegen K. Barths Verständnis eines geistlichen Rechts „bis in alle seine Verästelungen" (Die Ordnung der Gemeinde, S. 14).

[455] Dazu Pirson, Kirchl. Verfassungsrecht, S. 90.

[456] Robbers, Zur Verbindlichkeit von Beschlüssen kirchenleitender Organe, S. 16.

[457] Frost, Strukturprobleme, S. 23; zum Begriff Fey/Rehren, MGV, § 1 Rdn. 6; Fey, Richtlinie.

[458] Das Bemühen des Verfassunggebers war es nicht, „eine ‚ideale' Kirche zu schaffen", sondern „zu ordnen, was zu ordnen ist". (Vorberatungen zur GO, in: Eisenach 1948, S. 19).

beurteilen, inwieweit das Recht der Kirche aus der Schrift abzuleiten und durch das Bekenntnis bestimmt sei, so besteht doch Übereinstimmung, dass beides in einem wesentlichen Zusammenhang stehen muss (Abs. 2, 1. Halbsatz). Der Grundverweis der GO auf Schrift und Bekenntnis gebietet es, ihre Bestimmungen rechtstheol. zu deuten und nach Maßgabe des jew. gemeinsamen Schriftverständnisses anzuwenden.

Praktische Auswirkungen
Sichtbar wird diese geistliche Natur des KR in der *Gliederung* der GO wie auch im *Aufbau* der einzelnen Artikel: Am Anfang steht die bekenntnismäßige Feststellung; daran schließen die rechtstheol. Folgerung und die darauf beruhende verfassungsrechtl. Regelung an. Im Gesamtaufbau der GO zeigt dies etwa die Sequenz des Vorspruchs und der Grundbestimmungen (z.B. Vorspr. I 1 → Art. 1 I 1); ähnlich leiten wichtige Grundbestimmungen und beispielsweise Art. 15 und 16 aus rechtstheol. Prämissen ihre theol. und sodann kirchenrechtl. Folgerungen ab. Materiell bedeutsam wird dieser geistliche Duktus für verfassungsrechtl. Fragen etwa der Hierarchie der Leitungsorgane (Erl vor Art. 21) und der Rechtsnormen (Erl Art. 26a III, Art. 32c), für Kompetenzstrukturen in Gestalt einer Funktionsteilung (Erl Art 22 I), für das föderale Grundverhältnis (Erl Art. 1 I) und für den Bezug zum staatl. Recht (Erl Art. 3 vor I).
Die Bindung an Schrift und Bekenntnis verbietet es ferner, bei der *Auslegung der GO* starr am Wortlaut der Norm festzuhalten, beispielsweise bei möglicher Verletzung des gliedkirchl. Bekenntnisses im Sinne von Abs. 2. Die Auslegung der Bestimmungen etwa über Kompetenzzuordnung, Mehrheitsentscheidung und Kirchenleitung steht unter *Leitprinzipien* einer kirchenrechtsspezifischen Auslegungslehre (auch i.S.d. Billigkeit und Geschwisterlichkeit; vgl. Art. 5). Dazu bildet – unterhalb von Schrift und Bekenntnis – das Leitprinzip der Einheit und der Gemeinschaft der EKD ebenso wie die Barmer Erklärung oder die Leuenberger Konkordie interpretative Verpflichtungen auch rechtl. Natur. Hinzu kommt der Auslegungsaspekt der Geschichtlichkeit der Kirchenordnung.[459]

Sichtbar wird dieser rechtstheol. Ansatz auch in der im Verhältnis zu früheren Verfassungen betonteren theol. *Sprache der GO* und in Abweichungen von säkularer Verfassungsterminologie.[460] Freilich wird vor einer Theologisierung des Verfassungsrechts auf Kosten seiner Klarheit gewarnt; denn sie gefährdet die für jedes rechtl. Denken kennzeichnende begriffliche Bearbeitung positiven Rechts als notwendiges Substrat aller Ordnung.[461] Dies gilt besonders für die „friedenstiftende und konfliktentschärfende Funktion rechtlicher Verfahren". Auf der anderen Seite steht die Sorge, dass die Verfassung die

459 Robbers, Verbindlichkeit von Beschlüssen kirchenleitender Organe, S. 3 f.
460 Eine Auswirkung des Kirchenkampfes, vgl. Link, Rechtstheol. Grundlagen des Kirchenrechts, S. 80; Erl Überschrift „Grundordnung".
461 Schlaich, Kirchenrecht, Sp. 1654 ff.; Honecker, aaO, S. 110.

„eigentliche Substanz der Kirche ausklammere und von ihr eine kirchenbewusstseinsbildende Kraft nicht ausgehe".[462] So wird auch das praktische Verständnis der GO nicht darauf verzichten können, sich durchgehend an der Mitte der Heiligen Schrift zu orientieren – auch was die alltägliche Organisation betrifft – und die Normen der GO wie alles Kirchenrecht „in ihrer Gültigkeit zu überprüfen, in ihrem Sinnverstand zu definieren und zu präzisieren",[463] ohne in Bibilizismus oder Schriftpositivismus zu verfallen.

Materielle Auswirkungen hat die geistliche Eigenständigkeit des KR und Unabhängigkeit kirchl. Rechtsetzung beispielsweise für deren Geltungsbereich. Dies wird praktisch etwa bei der Geltung der KG für die in Werken und Einrichtungen organisierte Kirche, die zugleich nach (z.T. divergierendem) staatl. Recht, z.B. als BGB-Verein oder öffentliche-rechtl. Stiftung verfasst ist (Erl Art. 3 vor I und Art. 14 Satz 1).

Absatz 1 (Recht und geistliche Grundlage)
Den Begriff **„Recht"** im objektiven Sinn verwendet die GO – von einer beiläufigen Erwähnung (Art. 31 I) und einer Übergangsbestimmung (Art. 35 I) abgesehen – nur in dieser Vorschrift und im Kontext richterlicher Auslegung und Bindung (Art. 32 f.).[464] Das Recht umfasst hier im weitesten Sinne die Gesamtheit kirchl. Rechtsnormen, d.h. der bestehenden und künftigen, geschriebenen und ungeschriebenen Vorschriften, die in bindender Weise den Aufbau (Verfassungsrecht) und das Leben (Verwaltungsrecht) der Kirche regeln.[465] Dazu gehören neben der GO Gesetze im formellen und materiellen Sinne, Rechts- und Verwaltungsverordnungen, Richtlinien, Satzungen, Erlasse, Weisungen, Wahlen und Entscheidungen kirchl. Gerichte oder Schiedsstellen wie auch vertragliche Normen. Dies gilt auch für *Verträge* mit außerkirchl. Partnern, wie den *Kirchenverträgen* mit Bundesländern, insoweit sie Bestandteil der kirchl. Rechtsordnung werden (Erl Art. 3 II).[466]

Als Teil der Kirchenrechtsordnung unterliegt insb. das *Verfassungsrecht*, die Auslegung und Fortbildung der GO, der Bindung an Schrift und Bekenntnis und weist den von da her bestimmten und am kirchl. Auftrag ausgerichteten dienenden Charakter auf.[467] Diese Rückbindung allen Rechts ist auch beim Verwaltungsrecht und den *Entscheidungen*

---

462 Honecker, aaO, S. 110; Obermayer, Aufgaben einer ev. Kirchenverfassung in dieser Zeit, S. 608.

463 M. Heckel, Zu Tradition und Fortschritt im Kirchenrecht, S. 491 ff.; zur Ideologiekritik charismatischer Rechtsetzung und Spiritualisierung kirchl. Ordnung: Honecker, Gibt es ein „ev." Kirchenrecht, S. 100.

464 Von subjektiven Rechten sprechen Art. 5, 32b und 35. Im Übrigen finden sich die Wortverbindungen Rechtsetzung (Art. 2), Rechtsverhältnisse (9), Rechtsform (15), Rechtsfragen (32), Rechtsangelegenheiten u. Rechtmäßigkeit (34).

465 Liermann, Kirchenrecht, S. 312.

466 Z. Kirchenrechtsqualität von Kirchenverträgen: Erl Art. 3 vor I.

467 Frost, Strukturprobleme, S. 23; zu den rechtstheol. Folgerungen s. Erl vor I.

der Amtsstellen zu beachten.[468] *Liturgische Ordnungen* und *Lebensordnungen* (für Gottesdienst, Sakramente, Konfirmation, Trauung und Bestattung) sind nach überkommenem Rechtsverständnis nicht als solche schon Rechtsnormen; sie wollen i.d.R. mehr als pastorale Anweisungen verstanden und in geistlicher Freiheit gehandhabt werden, geben jedoch im Kerngehalt gewohnheitsrechtl. verfestigte Leitlinien wieder.[469] Zum Recht der EKD und ihrer Gliedkirchen gehört auch das *Recht ihrer Werke und Einrichtungen* (Erl Abs. 2), deren Satzungen und sonstige Ordnungen (z. deren kirchl. Status: Erl Art. 3 vor I, Art. 10 I u. Art. 14 I).

Gegenstand dieser Grundbestimmung ist nicht nur das Recht der EKD, sondern auch **das Recht der Gliedkirchen**. Dieses schließt das autonome Recht der sie konstituierenden Gemeinden und ihrer sonstigen amtskirchl. Körperschaften ein. Auch deren Recht hat die in der GO bezeichnete Grundlage zu beachten. Was in der Präambel und in Art. 1 z.B. als das Wesen der EKD beschrieben ist, darf nicht durch Rechtsetzung der Gliedkirchen oder ihrer Gemeinden verletzt werden.

Das Recht muss **auf der im Vorspruch und in Art. 1 bezeichneten Grundlage** ruhen. Im Unterschied zum Grundgesetz (Art. 79 GG) macht die GO die sie legitimierenden Grundlagen zum Kriterium allen Rechts und bezieht sie damit auch in einem materiellen Sinne in die Verf. ein, zumindest was Verständnis, Auslegung und Fortbildung betrifft. Als „Grundlage“ bezeichnet der Vorspruch selbst nur das Evangelium des Alten und Neuen Testaments. Die Bezugnahme auf den Vorspruch *und* den ersten Artikel versteht den Begriff „Grundlage“ in einem w.S. Dazu gehören neben der Hl. Schrift zunächst die Bekenntnisse der alten Kirche und der Reformation, auf deren Boden die EKD und ihre Gliedkirchen stehen. Die Gründung des Rechts auf Schrift und Bekenntnis wird von der GO auch für die Rechtsauslegung hervorgehoben (Art. 32 I 1). Zu den für das Recht grundlegenden Bekenntnissen gehört neben den traditionellen Lehrdokumenten auch das aktuelle Bekenntnis der EKD zu dem Einen Herrn der einen Kirche (Vorspr. I 2). Zu den in der ersten Grundbestimmung bezeichneten Grundlagen zählen der Gemeinschaftscharakter der EKD, die Kirchengemeinschaft i.S.d. Leuenberger Lehrübereinkunft (Art. 1 II), die von der Bekenntnissynode in Barmen getroffenen Entscheidungen (Art 1 III 1) sowie die vornehmlich in diesen Entscheidungen zum Ausdruck gebrachten Erkenntnissen des Kirchenkampfes (Art. 1 III 2). Grundlegende Bedeutung für das Recht dürfte schließlich in ihrem Kern auch den Aussagen zur Zugehörigkeit zur EKD (Art. 1 IV) zukommen.[470]

---

[468] Brunotte, GO, S. 133.

[469] Stein, Kirchenrecht, S. 34; zur Differenzierung nach unterschiedlichem Kirchenrechtsverständnis: Wendt, Zur kirchenrechtl. Problematik der Ordnung kirchl. Lebens, S. 101 ff.

[470] Die Konkordie werden EKD und Gliedkirchen auch bei kirchenrechtl. Regelungen berücksichti-

„Grundlage" sind also nicht nur die unmittelbar bekenntnisbezogenen Vorgaben der Verfassungsgeber (dazu Abs. 2), sondern auch die vom Bekenntnis nicht ablösbaren und rechtstheol. *„Leitprinzipien"* (G. Robbers) der Kirchengemeinschaft der EKD. Davon zu unterscheiden sind die kirchenpolitischen Grundentscheidungen des Verfassungsgebers innerhalb der sog. „Paktierungsgrenze", wie etwa die föderale Struktur der EKD oder die Gestaltung der rechtl. Mitgliedschaft (Erl Art. 1 IV u. Art. 26a III). Zum Essentiale für das Recht gehört somit auch der ekklesiale Status der EKD. Gesamtkirchl. und gliedkirchl. Recht ist darauf gegründet, dass die EKD und ihre Gliedkirchen bekennende Kirche sein wollen und dass das Bekenntnis zu achten und wirksam zu machen ist. Diese Grundstruktur, wie sie in der Präambel und in Art. 1 beschrieben ist, soll durch das Recht im Einzelnen geschützt, gestützt und ausgebaut werden. Das ist bei aller Rechtsetzung und -anwendung der Organe und Dienststellen zu beachten.

Die Formulierung **„ruhen"** (auf) besagt nicht, dass das Recht der EKD aus seiner Grundlage, etwa aus der Heiligen Schrift oder den Bekenntnissen, abzuleiten sei. Denn dies wird von Reformierten und Lutheranern unterschiedlich gesehen (Erl vor Abs. 1). Die Rechtsetzung muss diese Grundlagen jedoch beachten und darf sie nicht verletzen. Daraus folgt nicht nur das Verbot, bekenntniswidriges Recht zu setzen (Abs. 2), sondern aus den Erkenntnissen des Kirchenkampfes (Art. 1 III) auch ein Gebot, dass sich die Kirche auch durch ihre rechtl. Gestaltung zum Herrn bekennt.[471] Auch die luth. Auffassung, die mehr die dienende Funktion des KR und den Zweck einer Förderung und Ermöglichung der Verkündigung betont, anerkennt den – jedenfalls aus ref. Sicht konstituierenden – inneren Zusammenhang des Rechts mit Schrift und Bekenntnis. „Das *Bekenntnis* ist zwar in seinem Gehalt der Macht des Gesetzgebers entzogene religiöse Norm. Aber es ist von rechtserheblicher Natur, da es auf die Rechtsgestaltung einwirkt. Insofern ist es metajuristische norma normans, aber als solche sehr wohl in der Lage, einer juristischen norma normata als Richtschnur oder Schranke zu dienen."[472] Im neueren Schrifttum wird das Bekenntnis als mittelbare Rechtsquelle im weiteren Sinne verstanden, die auch die vom Recht zu respektierenden tatsächlichen Umstände erfasst. Dabei werden die inhaltlichen Aussagen des Bekenntnisses über das Evangelium unterschieden von den *Aussagen zur Art und Weise, wie der Verkündigungsauftrag wahrzunehmen ist.* Während erstere nicht für eine Übernahme in Rechtstexte in Betracht kommen, gewährleisten letztere den ursprünglichen Gehalt der christlichen

---

gen (Tz 42). Ferner sind im Hinblick auf Ordnung und Praxis der Kirchen und Gemeinden neue Probleme auch in die theol. Weiterarbeit i.S.d. Konkordie aufzunehmen (Tz 39).

471 Barmer Erklärung zur Rechtslage; zum Bekenntnisbezug: de Wall, Die Änderung der Grundartikel ev. Kirchenverfassungen, S. 249 ff.; Link, Rechtstheol. Grundlagen des Kirchenrechts, S. 85.

472 H. Liermann, Rechtsgutachten über die rechtl. Bedeutung des § 1 des kirchl. Gesetzes betr. die Verfassung der ev. Kirche in Württemberg v. 24.6.1920 (ABl. Wü, Bd. 32 Beibl. 24, S. 14), im Anschluss an Holstein, Kirchenrecht; vgl. Diem, Die Grenzen kirchl. Gesetzgebung, S. 227 ff.

Botschaft etwa durch geordnete Übertragung der Amtsaufgaben, durch die rechte Regelung der Amtsgewalt, durch korrekten Umgang mit den Sakramenten und durch Geschwisterlichkeit (Art. 5). Zumindest mit den auf solche Ordnungsfragen bezogenen Bekenntnisaussagen muss das KR im Einklang stehen. Im Übrigen gilt für jegliche Zweckmäßigkeitserwägung die Ausrichtung aller Vernunft an dem Verkündigungsauftrag i.S. einer „mittelbaren Destination" des KR durch das Bekenntnis.[473]

Das Recht „**muss**" auf diesen Grundlagen ruhen. Welche Rechtsfolgen dies andernfalls hat, ist in der GO nicht ausdrücklich geregelt. Im Kern gilt, dass eine bekenntniswidrige Verfassung keine Geltung beanspruchen kann.[474] Eingewandt wurde dies etwa gegen die GO-Änderung v. 1991 mit der Begründung, das Verständnis der EKD als Teil der Kirche Jesu Christi (Art. 1 I 2) widerspreche reformatorischem Kirchenverständnis.[475] Andererseits kennzeichnet das Wort „ruhen" die Grundlagen als mittelbaren Geltungsmaßstab mit einer schwer bestimmbaren Ausstrahlungswirkung. Da weder Schrift noch Bekenntnis einhellig als unmittelbare Rechtsquellen angesehen werden, denen eine den Grundrechten des GG vergleichbare normative Qualität zukäme, wirken sie nicht als Sätze eines höherrangigen Rechtes. Eine Verletzung durch materielles KR hat auch wegen des vorwiegend organisationsrechtl. Charakters der GO nicht die im allgemeinen Recht geläufige Bedeutung, da sich kirchl. Verkündigungshandeln in der Sache rechtl. Normierung entzieht.[476] Die Geltung der Bekenntnisse ihrerseits beruht nicht auf der Entscheidung des Verfassungsgebers, sondern wird von ihm vorausgesetzt. Dies schließt aber eine Weiterentwicklung der *Bekenntnisformulierung* etwa durch eine längerfristige Rezeption, die durch einen bleibenden Konsensus zutage tritt, nicht aus.[477]
Die Bekenntnisbezogenheit kirchl. Rechts und die ev. Vorbehalte gegen eine Ämter- und Normenhierarchie (Barmer Erkl. zur Rechtslage, These IV) relativieren innerhalb der Gesamtordnung auch das Gewicht der Verfassung beispielsweise auch bezüglich ihrer *derogativen Wirkung*.

---

473 Pirson, Ev. Kirchenrecht und Bekenntnis, S. 184 f.

474 Link, GO-Reform und reformatorisches Kirchenverständnis, S. 48; i. ähnlichem Sinne Liermann, Kirchenrecht, S. 23, insoweit „Klarheit und Übereinstimmung über die christlicher Sittlichkeit widersprechende Qualität einer kirchenrechtlichen Norm" besteht.

475 T. Koch, Die „EKD" – Kirche Jesu Christi?, S. 47.

476 Vgl. Pirson, Kirchl. Verfassungsrecht, S. 104 f.; inhaltliche Normierungen finden sich eher in den gliedkirchl. Verfassungen insb. ref. Prägung mit z.T. grundrechtsähnlichen Tatbeständen, wie die Achtung der „Würde jedes einzelnen Menschen als Ebenbild Gottes" oder die Bestimmung „durch die Freiheit der Kinder Gottes, durch Gleichheit und Teilhabe" (Li, Art. 1 f.).

477 Dies wird nach ref. Rechtstheologie offener beurteilt, als nach luth. Gründung auf die Bekenntnisschriften; vgl. H. Barth, Welches Bekenntnis braucht die Kirche?; Dehnen, Kirchenverfassung und Kirchengesetz, S. 491.

So war es auch lange streitig, inwieweit eine mit der GO nicht zu vereinbarende Rechtsvorschrift der EKD anzuwenden oder erstinstanzlich zu verwerfen war. Diese praktisch bedeutsame Streitfrage ist mit der Einrichtung des Verfassungsgerichtshofs (Art. 32) und dessen Verwerfungskompetenz im Normenkontrollverfahren (Art. 32c) entschieden. Die Kirchenverf. wird insofern als formal vorgeordnetes Recht angesehen.

Verfahrensregelungen für die Feststellung eines Verstoßes gegen die Grundlagen i.S.d. Art. 2 finden sich für eine Bekenntnisverletzung durch synodale Rechtsetzung in Art. 27 und für die gliedkirchl. Gesetzgebung im Vorlageverfahren gem. Art. 12. Die Normenkontrolle des Verfassungsgerichtshofs regeln Art. 32c und das Kirchengerichtsgesetz v. 6.11.2003.

Absatz 2 (Rechtsetzung und Bekenntnis)
Nach den Maßgaben des ersten Absatzes für das gesetzte Recht insg. konkretisiert der zweite Absatz die Anforderungen an die Recht*setzung* und die Gesetzgebung im Besonderen sowie das Verhältnis zw. gesamt- und gliedkirchl. Recht und Bekenntnis.

Satz 1 (Gesamtkirchliche und gliedkirchliche Rechtsetzung)
Die GO sichert hier einerseits den Bekenntnisstand der Gliedkirchen gegen Rechtsetzung der EKD. Der zweite Halbsatz sichert das Recht der EKD vice versa hinsichtlich gliedkirchl. Rechtsetzung.
Gegenstand der **Rechtsetzung** in diesem Sinne ist – weiter als bei der Gesetzgebung im Sinne von Art. 23 II – die Gesamtheit der durch die kirchl. Organe erlassenen Regelungen i.S.d. Abs. 1; dazu gehören auch Verfassungsänderungen, ferner die autonome Rechtsetzung zivilrechtl. organisierter Werke und Einrichtungen, die am kirchl. Auftrag teilhaben und der EKD oder ihren Gliedkirchen in bestimmter Weise zugeordnet sind.[478] Einzubeziehen in die Rechtsetzung ist auch deren Vorbereitung beispielsweise gem. Art. 31 II Nr. 5.

Erster Halbsatz
Die gesamtkirchl. **Rechtsetzung darf das Bekenntnis der Gliedkirchen nicht verletzen.** Diese in ihrer negativen Wendung schwache Formulierung[479] ist nicht so zu deuten, als sei aus der Rechtsetzung der EKD alles ausgeschlossen, was das Bekenntnis der Gliedkirchen berühre oder irgendwie mit dem Bekenntnis zusammenhänge. Denn ein Regress auf das nicht allen Kirchen gemeinsame Bekenntnis in Fra-

478 Vgl. Erl Art. 3 vor I; Christoph, Kirchl. Rechtsetzung im diak. Bereich, S. 406 ff.; nach Vorschlag des Lutherrates sollte sich die GO hier auf KG und VO beschränken.
479 So Westf. i. Votum v. 1948 (EZA 2/6 S. 19); vgl. aber die parallelen Kriterien des GG (Art. 1 I und II) für die Menschenwürde (unantastbar) und die Menschenrechte (unverletzlich).

gen kirchl. Rechtsgestaltung würde letztlich jeglichem gemeinen KR entgegenstehen. Die GO verweist sie nicht auf äußere Verwaltungsdinge, baut aber eine Sicherung dagegen ein, dass durch Bestimmungen, die mit innerkirchl. Angelegenheiten zu tun haben, das Bekenntnis einer Gliedkirche **verletzt** werden könnte. Hinsichtlich der Eindeutigkeit einer aus dem Bekenntnis hergeleiteten Verletzung ist jeweils zu fragen, ob das sichere Gemeinsame zugunsten eines unsicheren Trennenden aufgegeben, ob die Realität eines gemeinen ev. KR mit Hilfe jener Deduktionen aufs Spiel gesetzt werden darf.[480] Zur Abgrenzung der Befugnisse von EKD und Gliedkirche macht die GO nicht den Versuch der Verf. der DEK (Art. 2 III u. IV), zw. Angelegenheiten von Kultus und Bekenntnis, in denen die Landeskirchen selbständig bleiben sollten, und anderen nicht bekenntnismäßig gebundenen zu unterscheiden. Im Kirchenkampf hat sich gezeigt, dass die Aufteilung in innere und äußere Angelegenheiten nicht durchführbar ist. Denn es gibt kaum eine kirchl. Rechtsmaterie, die nicht direkt oder indirekt mit dem Bekenntnis zu tun hätte. Dies gilt zumal für das reformierte Verfassungsverständnis, das z.T auch der Kirchenordnung Bekenntnisrang beimisst. Gleichwohl ist das Bekenntnis Grundlage des Rechts und nicht Gegenstand gestaltender Normierung durch den Gesetzgeber.
Die abgrenzende Funktion haben in der GO die Kriterien „verletzen" und „widersprechen". Im Übrigen steht die gesamtkirchl. Rechtsetzung unter dem Vorbehalt der Zuständigkeit (Art. 10 f. u. 28a) und ggf. einer Konventsentscheidung (Art. 27).

Die *Definitionsmacht*, was das gliedkirchl. Bekenntnis fordert, und das Recht zur Feststellung der Verletzung steht der jew. Gliedkirche zu (z. Begriff und normativer Bedeutung des Bekenntnisses s. Erl Abs. 1 u. Vorspr. II 3). Bekenntnis- und Glaubensfragen sind auch nicht von den Kirchengerichten i.S.d. Art. 32 zu entscheiden. Diese sind auf Rechtsfragen beschränkt, dürfen freilich Rechtssätze, die im Widerspruch zu Schrift und Bekenntnis stehen, nicht anwenden.

Zweiter Halbsatz
Die äußere Symmetrie der Halbsätze hat keine inhaltliche Entsprechung: Da der EKD bei der Verabschiedung der GO kein den Gliedkirchen gleichwertiger Bekenntnisstand i.S.d. Art. 27 zuerkannt wurde, sichert der zweite Halbsatz statt des Bekenntnisses das **gesamtkirchliche Recht**. Gegenüber dem Bekenntnis mag man das Recht trotz seiner Bekenntnisgebundenheit als ein Minus ansehen. Immerhin wird statuiert, dass die gliedkirchl. Rechtsetzung nicht dem Recht der EKD widersprechen darf. Denn dieser Grundsatz, der auch als *Rezeptionsautonomie* (E. Herms) bezeichnet wird,[481] läuft im Ergebnis auf einen grundsätzlichen *Vorrang* der gesamtkirchl. gegenüber der glied-

[480] KI Gutachten „Zum Erlass eines Disziplinargesetzes" v. 29.4.1954 (SB Espelkamp 1955, S. 738).
[481] Impulspapier rh. Ki., S. 5.

kirchl. Rechtsetzung hinaus. Dies wird zwar nicht so weitgehend formuliert wie in der Verf. der DEK (Anh 2: Art. 2 IV und 3 I) und nicht expressis verbis wie im GG,[482] wirkt sich aber in der Praxis ähnlich aus, wenn auch in der Negation („nicht widerspricht") und nur im Bezug auf die Setzung des Rechts formuliert.[483]
Nach dem nds. Konföderationsvertrag beispielsweise gehen das Recht der EKD sowie die Pflichten und Aufgaben, die sich aus der Zugehörigkeit der verbundenen Kirchen zur EKD ergeben, dem Vertrag vor.[484]

Rechtsetzung bedeutet hier wie im vorausgehenden Halbsatz (s.o.) nicht nur die förmliche Gesetzgebung, sondern umfasst im weiteren Sinne auch die Rechtsetzung anderer Organe und Stellen durch Erlass von Verordnungen, Richtlinien, Satzungen etc. In diesem Sinne formulierte der EGO74: „Das Recht der EKD geht dem Recht der Gliedkirchen vor" (Art. 9) und regelte hier in der Sache nicht die Kompetenz für die „Rechtsetzung", sondern die Normenkollision.

Das in den Gliedkirchen gesetzte Recht **darf** gesamtkirchl. Recht **nicht widersprechen**. In der Konsequenz dieser Regelung dürfen die Gliedkirchen, soweit die EKD eine Materie etwa durch Gesetz geregelt hat, keine Bestimmungen erlassen, die dem zuwiderlaufen. Dieses Verbot enthält freilich keine ausdrückliche Kollisionsnorm, d.h. keine konkrete Regelung des Konfliktfalles und seiner Rechtsfolgen, etwa i.S. einer Unwirksamkeit der gliedkirchl. Norm oder einer bloßen Abänderungspflicht. Für letztere spricht jedoch die entsprechende Regelung des Art. 12. Gegen die Annahme, dass gesamtkirchl. Recht ihm widersprechendes gliedkirchl. Recht aufhebt,[485] sprechen verfahrensrechtl. und rechtspolitische Gründe: Meist fehlen Normenkontrollverfahren und entsprechende Rechtswege zu gliedkirchl. Gerichten, die hier eine ungeschriebene Verwerfungskompetenz in Anspruch nehmen könnten. Das Fehlen einer ausdrücklichen Kollisionsnorm führt demnach für den Fall des Widerspruchs zw. gesamtkirchl. und gliedkirchl. Recht dazu, dass beide Regelungen wirksam sind.[486]

---

482 Art. 31 GG (Bundesrecht bricht Landesrecht), entsprechend Art. 13 I WRV und Art. 2 Verf. des Norddeutschen Bundes v. 1867 und Art. 2 Reichsverf. v. 1871 (E.R. Huber, Quellen zum Staatsrecht Bd. 2, S. 28; Bd. 1, S. 318 u. 346).

483 So auch Brunotte, GO, S. 135; einen deutlicheren Vorrang formuliert z.B. Art. 6 I Verf. der VELKD v. 8.7.1948: „Die Gesetze und Rechtsverordnungen der Vereinigten Kirche gehen den Gesetzen der Gliedkirchen vor"; auch für dieses Recht gilt – mittelbar – Art. 2 II GO.

484 § 3 Vertrag über die Bildung einer Konföderation Ev. Kirchen in Niedersachsen, ABl. EKD 1971, S. 142. Für die Zeit des BEK ruhte für diesen Bereich mit der GO auch deren Vorrang vor den betr. gliedkirchl. Verfassungen (M. Heckel, Rechtsprobleme, S. 165).

485 So Weeber, Bericht, S. 68 i. Widerspruch zu Brunotte, GO, S. 135, der zutreffend lediglich eine Änderungspflicht folgert.

486 Guntau, Gesetzgebungsrecht, S. 641, Anm. 5 m.w.N. ; vgl. Erl Art. 32c.

Das *Verfahren zur Prüfung gliedkirchl. Rechts* regelt Art. 12. Er statuiert eine Vorlage- und Abänderungspflicht für gliedkirchl. Gesetze und Verordnungen mit Gesetzeskraft. Im Vorlagestadium gem. Art. 12 müssen die Gliedkirchen ihre Bestimmungen, die dem EKD-Recht widersprechen, ändern. Voraussetzung ist selbstverständlich, dass das gesamtkirchl. Recht in dem durch Art. 6 bis 20 und 28a gezogenen Zuständigkeitsrahmen und nach den für den Erlass von Gesetzen (Art. 10f., 26, 27) und Verordnungen (Art. 29 II) vorgesehenen Modalitäten zu Stande gekommen ist. *Reformüberlegungen*, neben dem Bekenntnis auch die wesentlichen Verfassungsgrundsätze der Gliedkirchen als Schutzgut aufzunehmen, haben sich nicht durchgesetzt.[487]

Satz 2 (Gesetzgebung und Bekenntnis)
Dieser Satz wurde durch die GO-Reform von 2005 angefügt im Kontext der Verbindung der EKD mit den bekenntnisgeprägten Zusammenschlüssen UEK und VELKD.[488] Als rechtstheol. Grundaussage bekräftigt und begründet er den im ersten Satz wie auch im vorausgehenden Absatz geregelten Bezug von Recht und Rechtsetzung zu deren geistlichen Grundlagen. Er enthält eine Klarstellung („**ist**") und keine spezifische Gestaltung der Gesetzgebungskompetenz; denn dieser ist eine inhaltliche Normierung ihrer Bekenntnisgrundlage schlechthin entzogen. Hier geht es nicht nur wie im vorausgehenden Satz um eine „Verletzung des Bekenntnisses", sondern um dessen normative Gestaltung als Gegenstand der Rechtsetzung.

Die Aussage gilt ausdrücklich für die **Gesetzgebung** (z.B. Art. 10 ff.). Sie erfasst aber darüber hinaus wegen der besonderen Verfahrenssicherungen erst recht auch alle übrige Rechtsetzung (z.B. Richtlinienerlass gem. Art. 9).[489] Aus der vorangehenden Regelung gesamtkirchl. wie auch gliedkirchl. Rechtsetzung folgt zudem, dass hier auch die Gesetzgebung der Gliedkirchen einbezogen ist. Andererseits grenzt die Hervorhebung der förmlichen Gesetzgebung diese Aussage von anderen Verfahren oder Beschlüssen ab, die nach gliedkirchl. Ordnungen auf der Grundlage eines magnus consensus die Auslegung und Fortentwicklungen von Bekenntnis und Lehre betreffen (vgl. Art. 15 Verf. der VELKD).
Bekenntnis bezeichnet wie in Satz 1 das durch Überlieferung und Lehre objektiv definierte Schriftverständnis, wie es auch in Bekenntnisschriften niedergelegt ist und von der Gemeinde bezeugt wird, nicht das aktuale Bekennen i.S.d. aktiven Ausübung (z. *Begriff* s. Erl vor Abs. 1 *„Bekenntnisbezug"* und Vorspruch Abs. 3). Freilich ist auch

---

487 Beier, Kirchwerdung, S. 84.
488 Er entspricht Art. 16 Nr. 5 VELKD-Verf. und findet sich in anderen vornehmlich luth. Kirchenverf. (z.B. 73 Bay Kirchenverf. u. Art. 122 Hann. Kirchenverf.).
489 Dazu Robbers, Verbindlichkeit von kirchenleitenden Beschlüssen, S. 16; Stiller, Rezeption als Rechtsvorgang, S. 384 f.; de Wall, Die Änderung der Grundartikel ev. Kirchenverfassungen, S. 261; Pirson, Kirchl. Verfassungsrecht, S. 93.

hier die begriffliche Trennung der objektiven und aktiven Bedeutung mehr rechtstechnischer Natur und rechtstheol. nicht unproblematisch. Denn alles kirchl. Tun, d.h. die Wahrnehmung des Verkündigungsauftrages in Wort und Tat schließt letztlich bekennendes Handeln ein und erfordert immer eine Bekenntnissituation. Dies gilt nicht nur für die Wortverkündigung, sondern auch für die Ordnung der Kirche und in Sonderheit für Recht und Rechtsetzung. Zumal nach ref. Verständnis eines bekennenden Kirchenrechts, aber auch nach luth. geprägten Deutungen einer lex charitatis, eines Rechts der Gnade oder auch nur einer den Verkündigungsauftrag ermöglichenden rechtl. Ordnung (vgl. Erl vor Abs. 1) ist eine Scheidung der äußeren Ordnung vom Bekenntnis nicht möglich (Erl Art. 1 III 1 und Art. 2 vor I: *Kirchenrecht* und *Bekenntnisbezug*).[490]

Insofern ist im Prinzip alles bekenntnisgemäße Handeln der Kirche möglicher Gegenstand auch der Gesetzgebung; deutlich wird dies etwa an der historischen Entwicklung des ekklesialen und verfassungsmäßigen Charakters der EKD vom Kirchenbund zur Kirchengemeinschaft insb. im Blick auf die gliedkirchl. Bekenntnisse.

Der Ausschluss gesetzlicher Regelung gilt hier nicht nur für das „Bekenntnis der Gliedkirchen" (Satz 1), sondern auch für das Bekenntnis im gesamtkirchl. Sinn.

Absatz 3 (Ordnung der Ökumene)

Den formalen und inhaltlichen Bezugsrahmen des Rechts und der Rechtsetzung der EKD und ihrer Gliedkirchen bildet auch das Außenverhältnis zur weltweiten Gemeinschaft der Kirchen. Während die vorausgehenden Absätze den internen Bezug zu den Grundlagen der EKD und zum Bekenntnis der Gliedkirchen (i.S. interner Ökumene) herstellen, wird die EKD hier in den externen Ordnungsrahmen der Ökumene gestellt. Die GO beschreibt die EKD hier auch durch die Mitarbeit in der Ökumene (Art. 17 I) als Kirche.[491]

In der Ordnung der Ökumene zu **stehen**, besagt, dass auch nach dieser Seite hin *rechtliche* Bindungen bestehen und nicht nur geistliche Gemeinschaft zu pflegen ist. Dieser rechtl. Wesenszug der Ökumene hat mit der Gründung des ÖRK an Deutlichkeit gewonnen; die Entstehung eines „zwischenkirchlichen Weltrechts" wird aber schon

490 Dies gilt beispielsweise auch für die verfassungsrechtl. Einbeziehung der Leuenberger Konkordie (Art. 1 II) und deren umstrittenen Bekenntnischarakter (Erl Art. 1 II 1) oder die Zulassung zum Dienst der Verkündigung oder die Vornahme der Taufe sowie deren Anerkennung (Art. 4). Die im Schrifttum vertretene Analogie des Verfassungsgrundsatzes bezüglich „Verträgen, Vereinbarungen und dgl." (so Stiller a.a.O.) verdeutlicht diese Abgrenzungsproblematik etwa im Blick auf bekenntnisrelevante Synodenerklärungen. Zum Begriff Mehlhausen, Art. „Bekenntnis", in: EvStL1, Sp. 144 ff.; Schröer, Art. „Glaubensbekenntnis", in: TRE, S. 443 f.

491 Impulspapier rh. Ki., Ziff. 2.1.2; vgl. KG über die Mitarbeit der EKD in der Ökumene v. 6.11.1996.

mit der ökum. Konferenz für praktisches Christentum in Stockholm 1925 verbunden und gewinnt etwa in der Leuenberger Konkordie konkrete Konturen. Wo Partikularkirchen zur Verstärkung ökum. Bemühungen eigene Organisationen gründen, gewinnt die Annäherung der Kirchen den Charakter ökum. Vertragsrechts.[492] Aus dieser Ordnung resultieren Rechte und Pflichten der EKD und damit auch Schranken ihrer Verf. sowie Maßgaben für deren Auslegung. Nach ihrem Wesen und Auftrag verkörpert auch die EKD den Glauben an die „eine heilige allgemeine und apostolischen Kirche" (Vorspr. I 2). In ihrer Gestalt als verfasste Kirche wird die im Bekenntnis angesprochene Universalität sichtbar. Diese ökum. Dimension der GO hat auch verfassungsrechtl. Konsequenzen: Eine Einzelkirche verstößt beispielsweise gegen diese Ordnung, wenn sie sich eine Verf. gibt, in der sie sich von der übrigen Christenheit abgrenzt.[493] Ihre ökum. Aufgaben nimmt die EKD „als Teil der weltweiten Gemeinschaft" nach Maßgabe des Art. 17 in Fühlungnahme mit ihren Gliedkirchen und deren Vereinigungen sowie den kirchl. Werken, Verbänden und Einrichtungen wahr. Einzelheiten regelt das *Kirchengesetz über die Mitarbeit der EKD in der Ökumene* (Erl Art. 17). Die Fühlungnahme mit dem gliedkirchl. Bereich wird in besonderer Weise die gliedkirchl. Zusammenschlüsse (Art. 21a) und deren Konvente (Art. 28 a) einbeziehen.

Dem weit gefassten *Begriff* der **Ordnung** (Erl Überschrift „Grundordnung") entspricht in diesem Kontext ein ähnlich vielfältiges *Begriffverständnis* der **Ökumene**. Ökumene (griech. die bewohnte Erde) beinhaltet zum einen die weltweite *Verbreitung* der Christenheit, zum anderen auch ihre *Verbundenheit* trotz konfessioneller Unterschiede. Der Begriff bezeichnet ferner eine *Bewegung* für die Einheit der Konfessionen und schließlich auch die Gesamtheit der *Organisationen*, die dieser Bewegung dienen.
Das *theol. Verständnis* beruht insb. auf dem Gebet Jesu: „Auf dass sie alle eins seien. Wie Du, Vater in mir bist, und ich in dir, so sollen auch sie in uns sein, damit die Welt glaube, dass du mich gesandt hast" (Joh 17,21). Demgemäß sagte die Synode der EKD: „Weil wir in Christus eins sind, suchen wir nach mehr Gemeinschaft der Kirchen. Das ist Ökumene."[494]
In der Ökumene geht es darum, die in der Welt verborgene Einheit des Leibes Christi (ecclesia spiritualis) auch durch die äußere Gestalt der Kirchen (ecclesia particularis) zu bezeugen. Wesentlich für alle ökum. Bemühungen ist es daher, dass ihr Verhältnis zu anderen Einzelkirchen in einer Weise *geordnet* wird, die dieser geistlichen Verbundenheit der Kirchen einen angemessenen Ausdruck verleiht. Dies kann geschehen durch Begegnung und Austausch mit Christen anderer Kirchen, durch Lehrgespräche,

492 Holstein, Grundlagen, S. 399; Liermann, Kirchenrecht, S. 308; Stein, Kirchenrecht, S. 177.
493 Es ist z.B. nicht in ihr Belieben gestellt, wie sie tauft; nur die auftragsgemäß vollzogene Taufe ist mitgliedschaftsbegründend und anerkennungswürdig durch andere Kirchen (Ehnes, Bemerkungen zum Ökumenischen Kirchenrecht, S. 5).
494 Kundgebung der EKD-Synode v. 9.11.2000 (SB Braunschweig 2000, S. 519).

durch die erklärte Bereitschaft zum gemeinsamen Hören des Gotteswortes und zur gemeinsamen Abendmahlsfeier, durch Beratung und Zusammenarbeit und durch entsprechende Gestaltung der eigenen Ordnung. Das Ziel dieses „Bemühens, die Einheit immer umfassender zu bezeugen und der in ihr enthaltenen Verheißung immer getreuer zu entsprechen" ist die Erklärung und Praktizierung von voller Kirchengemeinschaft.[495]

Bezugsrahmen der EKD ist die Ökumene in ihren geistlichen, politischen und rechtl. Entfaltungen. In diesem rechtl. Rahmen wird auch überpositives gemeinchristliches KR wirksam. Konkreten Ausdruck findet diese weltweite Verbundenheit zum einen in einer Fülle von bilateralen Beziehungen zu Kirchen und Gemeinden, Werken und Einrichtungen und zum anderen in der in Art. 17 beschriebenen Mitarbeit in länderübergreifenden Organisationen vor allem auf dem Gebiet der Mission, der theol. Arbeit und der weltweiten Hilfe.

Rechtl. Bindungen resultieren in Sonderheit aus rechtserheblichen Verfahrensvereinbarungen und der Mitarbeit in der institutionalisierten Ökumene: Die EKD ist Gründungsmitglied des *Ökumenischen Rates der Kirchen (ÖRK)*, der *Konferenz Europäischer Kirchen (KEK)* und der *Arbeitsgemeinschaft christlicher Kirchen in Deutschland e.V. (ACK)*. Zur ökum. Ordnung gehört ferner die *Gemeinschaft Evangelischer Kirchen in Europa (Leuenberger Kirchengemeinschaft – GEKE)*. Sie beruht auf der *Leuenberger Konkordie*, an der auch methodistische und vorreformatorische Kirchen und Kirchen über Europa hinaus beteiligt sind.[496]

Die EKD steht in der ökum. Ordnung nicht nur als Mitglied in Gesamtorganisationen, sondern sie wirkt auch in unterschiedlichen bilateralen Ordnungen: So haben z.B. die Kirche von England und die Gliedkirchen der EKD in der *Meißener Erklärung* von 1991 dokumentiert, dass sie sich „gegenseitig als Kirchen" anerkennen, „die zu der Einen, Heiligen, Katholischen und Apostolischen Kirche Jesu Christi gehören", und haben eine „eucharistische Gemeinschaft" festgestellt.[497] Partnerschaftsverträge und sonstige Übereinkommen bestehen mit etlichen Kirchen in Europa, Nord- und Südamerika, Afrika und Asien (Erl Art. 17 II). Hinzu kommen Verträge mit Auslandsgemeinden wie etwa die Vereinbarung mit der St. Pauls-Gemeinde in New York City (Erl Art. 17 III).

---

495 3. Theol. Konferenz im Rahmen der Abmachungen der Meißener Erklärung, März 1999; vgl. Rat der EKD, Kirchengemeinschaft, S. 4.

496 Dazu Erl Art. 1 II 1 u. Gesch 7 u. 8; näheres zu allen gen. Gemeinschaften s. Erl Art. 17 II. Die Gliedkirchen der EKD beteiligen sich – ihrer konfessionellen Prägung entsprechend – auch an der Arbeit des *Reformierten* und des *Lutherischen Weltbundes* und dessen *Deutschen Nationalkomitees.*

497 Dazu Wrege, Rechtsverbindlichkeit ökumenischer Erklärungen.

In der Ordnung der Ökumene steht die EKD auch mit ihren Werken und Einrichtungen der ökum. Diakonie, z.B. über den Ev. Entwicklungsdienst e.V.[498] oder „Brot für die Welt" und durch das Ev. Missionswerk (Art. 15 f.). Schließlich ist die *eigene Ordnung der EKD als Gemeinschaft ihrer luth., unierten und ref. Gliedkirchen* selbst ein Modell ökum. Ordnung, in dem

- bekenntnisverschiedene Kirchen dem Ruf zur Einheit der christlichen Kirchen und zur Überwindung schmerzender Spaltungen Folge leisten,
- die Einheit der Kirche in Gestalt einer Kirchengemeinschaft bezeugt und
- fortschreitend eine Vertiefung dieser Gemeinschaft angestrebt wird.[499]

Artikel 3 (Unabhängigkeit der EKD)

(1) Die Evangelische Kirche in Deutschland ist um ihres Auftrages willen unabhängig in der Aufstellung ihrer Grundsätze, in der Ordnung und Verwaltung ihrer Angelegenheiten und in der Verleihung und Aberkennung ihrer Ämter.
(2) Die Regelung ihres Verhältnisses zum Staat bleibt einem Übereinkommen vorbehalten.

Schon der Entwurf des Wittenberger Kirchentages für einen Kirchenbund betonte die Selbständigkeit und „die Rechte und Freiheiten, welche den Kirchengemeinschaften nach göttlichem und menschlichem Recht zustehen" (Anh 1: Ziff. 4 f.). Auch die GO statuiert in den Grundbestimmungen die Unabhängigkeit der EKD in eigener Sache. Die Formulierung orientiert sich z.T. an der Weimarer Reichsverfassung,[500] die der Kirche eine selbständige Rechtsetzung, Verwaltung und Rechtsprechung garantierte und (nach Verabschiedung der GO) auch in das GG Eingang fand.

Kirchliche und staatliche Rechtsordnung
Die Unabhängigkeit gilt insb. dem Verhältnis zum Staat. Eine Erkenntnis des Kirchenkampfes (Art. 1 III 2) besagt, dass die Ordnung der Kirche von ihrem Verkündigungsauftrag, dem sie dient, nicht zu trennen ist und dass auch ihr *Recht* dessen bekennenden Zeugnischarakter teilt, als ein eigenständiges Kirchenrecht (KR) gegenüber staatl. Recht. Andererseits hat das heutige partnerschaftliche Verhältnis der Kirchen

---

498 Zum EED sind 2000 die Aufgaben der Dienste in Übersee e.V. (DÜ), der Ev. Zentralstelle für Entwicklungshilfe e.V. (EZE), des Kirchl. Entwicklungsdienstes der EKD (KED), des Ökumenisch-Missionarischen Weltdienstes (ÖMW), des Ausschusses für entwicklungsbezogene Bildung und Publizistik (ABP) sowie der Planungs- und Grundsatzabteilung der AG KED zusammengefasst worden.

499 H. Barth, Die EKD als Modell für die Gemeinschaft bekenntnisverschiedener Kirchen, S. 29 ff.

500 Art. 137 III WRV: „ordnet und verwaltet ihre Angelegenheiten selbständig ... Sie verleiht ihre Ämter ohne Mitwirkung des Staates."

zum Staatswesen und ihre Verflochtenheit mit der Gesellschaft in der rechtspolitischen Praxis nicht eine laizistische Trennung, sondern das Miteinander auch im Rechtsleben in den Vordergrund gerückt. Verschiedenheit und Entsprechung beider Rechte finden eine mögliche Deutung im dualistischen wie im monistischen Rechtsbegriff. Sie haben ihre rechtstheol. Wurzeln im unterschiedlichen Begriffsverständnis der Kirche und ihrem Verhältnis zur Welt, wie dies Luthers Zwei-Reiche-Lehre oder Karl Barths christozentrische Dogmatik oder andere Grundlagenentwürfe des KR verdeutlichen.[501] Zum Wesen des KR s. Erl Art. 2 vor I.

Geschichtlich wurzelt das einheitliche Rechtsverständnis in den politischen Anfängen der Reformation, mit der statt einer einheitlichen ev. Verfassungskonzeption das obrigkeitliche Notrecht des jew. Landesherrn an die Stelle der päpstlichen kanonischen Gesamtordnung in bekenntnisverschiedenen Landeskirchen Platz griff (Gesch 1a). Auch nach dem Ende des landesherrlichen Kirchenregiments 1918 absorbierte in der Weimarer Zeit die kirchenrechtl. Verfassungsdebatte die kirchl. Kräfte, um letztlich wieder in eine staatsrechtl. geprägte Verfassung der DEK zu münden (Gesch 1 b–d).
Der Kirchenkampf aktualisierte das Verständnis eines eigengearteten KR. Dies geht zurück auf F. Brunstäds Postulat aus dem Jahre 1935: „Die Kirche ist Quelle eigenständigen, arteigenen kirchlichen Rechts.“[502] Dieser doppelte Rechtsbegriff der Kirche und des Staates entspricht dem fundamental verschiedenen Geltungsgrund und Normzweck beider Rechte (utriusque iuris), ihrem Wesensunterschied, der auch in der GO zum Tragen kommt: So bezeichnet sie als Grundlage der EKD das Evangelium, wie es in der Heiligen Schrift gegeben ist (Vorspr. Satz 1), während das Grundgesetz auf dem Willen des deutschen Volkes beruht (Präambel Satz 1); die Gläubigen verstehen sich als Glieder am Leibe Christi (Apologie VII f.) und nicht als souveränes Kirchenvolk (vgl. auch Erl Überschrift „*in* Deutschland“). Eine Synode ist kein Parlament und eine Kirchenleitung keine parlamentarische Regierung. Demnach werden Kirchengesetze (KG) nicht eigentlich mit demokratischer Mehrheit beschlossen, sondern in einem durch die Synode gefundenen Konsens (Erl Art. 26a). Er bindet die anderen Organe, namentlich die Exekutive, nicht i.S. strikter rechtsstaatl. *Gewaltenteilung* und Hierarchie der Organe und Normen (vgl. Erl Art. 22 I). Grundlegende Unterschiede betreffen auch das Verständnis *rechtl. Zwangs.* Als lockerer föderativer Organisationsrahmen besitzt die GO zudem eine geringere Organisationsdichte und Prägewirkung für die Lebensverhältnisse als die Staatsverfassung.[503] Dies äußert sich in der Dichte, Konsistenz und

501 Z. Problemstand: Schwarz, Rechtstheologie – Kirchenrecht, S. 177 m.w.N.; Robbers, Staatliches Recht und Kirchenrecht; in Kürze u. Prägnanz ders., Warum Kirchenrecht?, ZevKR 49 (2004) S. 215 ff.

502 Brunstäd, Die Kirche und ihr Recht, S. 260; zum Ganzen Robbers, Staatliches Recht und Kirchenrecht; ders., Grundsätze der heutigen Rechtstheologie.

503 M. Heckel, Rechtsprobleme S. 123.

Kontinuität der Gesetzgebung, im praktischen Gewicht der Streitentscheidung und des Prozessrechts, im Regelungszwang wie im Entscheidungsdruck. Dem Handeln der kirchl. Leitung und Verwaltung setzt die GO Schranken „kirchlichen Rechts“ (Art. 31 I), dessen Grundlagen in Schrift und Bekenntnis staatl. Recht fremd sind.

Begünstigt durch die administrative Praxis, durch eine fast nur noch an staatl. Recht orientierte Juristenausbildung für den kirchl. Dienst und eine gewisse Grundlagenmüdigkeit überwiegt heute in der Kirchenrechtslehre die Tendenz zur Rückbesinnung auf einen einheitlichen Rechtsbegriff. Gegen die Betonung eines doppelten Rechtsbegriffs werden heute überwiegend pragmatisch politische Gründe geltend gemacht; dieser rechtstheol. Ansatz „sollte aber auch nicht verschleiert werden“. Ein monistisches Rechtsverständnis fordert daher die Beteiligung der Theologie am Grundlagengespräch über Sinn und Ziel kirchl. Ordnung.[504] Es betont den unaufgebbaren Zusammenhang allen Rechts und erblickt im KR ungeachtet der besonderen Daseinsweise und des besonderen Telos der Kirche und damit auch des besonderen Adressatenkreises und Normziels ihres Rechts „das gleiche Phänomen wie alles sonstige Recht“ (D. Pirson). Es beruht auf einer weitgehenden Anerkennung der „Mitbedingtheit“ kirchl. Rechts durch die staatl. Rechtsordnung in der volkskirchl. Verbindung zw. Kirche und Gesellschaft. Historisch geht es auf die ursprüngliche „Rechtsgemeinschaft“ und „gemeinrechtliche“ Verbundenheit (P. Häberle) zw. Kirche und Staat zurück, auf die reformatorischen Zeiten staatl. Verantwortung für das Kirchenwesen und die Entwicklung des Summepiskopats (Gesch 1a). Theol. wird auf Gottes Anspruch auf unser „ganzes“ Leben (Barmer Theol. Erkl., These II) verwiesen, der einer Diastase zw. Kirche und Welt und auch ihrer Rechtsbegriffe entgegenwirkt (W. Huber). Auch das KG ist ein Produkt menschlicher Ratio, das mit Mitteln moderner Rechtstechnik zu Stande kommt. Bei parallel gelagerten Sachgebieten ergibt sich eine Form des kirchl. Rechtssatzes, die zur staatl. Normierung deutliche Übereinstimmungen aufweist und die Abweichungen nach Grund und Zweck beider Rechte weitgehend als graduelle Verschiedenheit erscheinen lassen.[505]

---

504 Heun, Das Gesetz in Staat und Kirche, S. 450. – Das KR ist zu einer „esoterischen Disziplin“ geworden, die Juristen in der Ausbildung, aber auch mit Kirchensachen befassten Richtern (vgl. §§ 2f. KiGG.EKD) und Verwaltungsbeamten nur schwer zu vermitteln ist. „Einst der ehrenvolle Zweig utriusque iuris, hat es seinen stillen Auszug aus den Prüfungssälen der Juristenausbildung weithin gehalten.“ Die Besetzung der Lehrstühle bereitet zunehmend Probleme mit Folgen für den Nachwuchs der Verwaltung und ihre künftige Gestalt und Wirkungsweise (Stein, Zur Entwicklung der deutschen ev. Kirchenrechtswissenschaft, S. 7); vgl. Link, Rechtstheol. Grundlagen des Kirchenrechts, S. 81; H. Schmoll, Ohne Kirchenrecht, FAZ v. 5.9.2001; Honecker, Gibt es ein „evangelisches“ Kirchenrecht?; H. de Wall, Zur Reform der Juristenausbildung etc., JuS 2002 S. 207.

505 Pirson, Die Universalität und Partikularität der Kirche, S. 17 f.; ders., Vertragsstaatskirchenrecht, Sp. 3823; Häberle, „Gemeinrechtliche“ Gemeinsamkeiten der Rechtsprechung staatlicher und kirchlicher Gerichte?, S. 370, 385; W. Huber, Gerechtigkeit und Recht, S. 427; Preul, Kirchentheorie, S. 227; für einen allgemein, Kirchliches wie Weltliches umfassenden Rechtsbegriff inner-

Die Verhältnisbestimmung zum staatl. (öff. und privaten) Recht impliziert Folgen für Kirche wie auch Theologie und ist von *praktischer Relevanz* insb. an den Nahtstellen zw. Kirche und Staat. Dies gilt z.B. für den Geltungsbereich von KG (Art. 10 f.) und für die gesamtkirchl. Vertretung gegenüber staatl. Stellen durch verbindliche Rechtsakte (Art. 19 u. 34) bis hin zu vertraglichen Übereinkommen (Art. 3 II). Dies gilt auch für Analogien zum staatl. Recht; eine Übernahme allgemeiner Rechtsgedanken steht unter dem formellen Vorbehalt des qualitativ anderen Rechts und dem materiellen Vorbehalt des jew. Gesetzeszwecks. Dies gilt ferner für die rechtspolitische Frage, inwieweit KG sich an staatl. Vorschriften inhaltlich oder terminologisch orientieren, sie rezipieren oder gar unmittelbar auf sie verweisen können. Letzteres legt sich häufig nahe, um staatl. Regelungsstandards entgegenzukommen und auch i.S.d. Rechtsvereinheitlichung (Art. 6 II) die Fülle der betr. Rechtsprechung und Literatur zu nutzen. Die Verweisung überantwortet jedoch die kirchl. Rechtsgestaltung insoweit parteipolitisch bestimmten Parlamentsmehrheiten.

Am Beispiel des Datenschutzes (DSG-EKD) zeigt sich einerseits, dass das KR bei der Erfassung technischer Sachverhalte auf die Begriffe und Tatbestände allgemeiner Gesetze angewiesen ist; hinzu kommt die Leistungskapazität und Professionalität staatl. Legislative. Andererseits wird hier auch deutlich, dass beispielsweise die bundesgesetzliche Grundrechtsdefinition der *informationellen Selbstbestimmung* sich nicht mit dem biblischen Bild des Menschen (als Gottes Kind und Ebenbild) und seiner Bestimmung nach ev. Freiheitsverständnis hinreichend deckt; daher kann die Kirche auf eine eigene Ordnung dieses Handlungsfeldes „um ihres Auftrages willen“ (Abs. I) grundsätzlich nicht verzichten und darf es nicht durch bloßen Gesetzesverweis staatl. Ingerenz anheimgeben.[506]

Das heute überwiegende monistische Rechtsverständnis liegt namentlich Vertragsverhältnissen, wie Kirchenverträgen oder Konkordaten zugrunde (vgl. Abs. 2). Für den *vertraglichen Konsens* von Kirche und Staat käme hier ein doppelter Rechtsbegriff zu problematischen Konsequenzen. Wenn man die Kontrahierenden „als zwei voneinander geschiedene Rechtssubjekte mit eigener Rechtsmacht“ ansieht, „die jedes nach seiner, vom anderen unabhängigen Rechtsordnung leben“ (A. v. Campenhausen), würden sie letztlich nur zu „scheinbar vertragschließenden Teilen“ (G. Radbruch; Erl Abs. 2 u. Art. 10 II lit. b).[507] Auch die GO geht insofern von einem monistischen Rechtsver-

---

halb des allgemeinen nationalen Rechtssystems schon: Holstein, Die Grundlagen des ev. Kirchenrechts; zum monistischen Rechtsbegriff: Dreier, Methodenprobleme des Kirchenrechtslehre.

506 Z. Eigengeartetheit des kirchl. Datenschutzrechts: Ziekow, Datenschutz und ev. Kirchenrecht, S. 139 ff.; zum ev. Verständnis informationeller Selbstbestimmung: Claessen, Datenschutz der EKD, S. 25 ff.

507 v. Campenhausen/de Wall, Staatskirchenrecht, S. 141 f. m.w.N.; Radbruch, Einführung in die Rechtswissenschaft, S. 220; kritisch noch Liermann, Kirchenrecht, S. 390; zum Ganzen Scheu-

ständnis aus. Die Unterscheidung beider Rechtsbegriffe gewinnt vornehmlich im innerkirchl. Bereich an Bedeutung, wo sich beispielsweise die sog. „freien" Werke und Einrichtungen der Kirche zivilrechtl. Organisationsformen bedienen und nach staatl. Recht, z.B. in Gestalt der *Vereinsautonomie*, eine Eigenständigkeit entwickeln, die ihre kirchenrechtl. Einbindung in die Kirchengemeinschaft (z.B. durch KG) nicht hinreichend bestimmt.[508]

Für die Auslegung der GO wird die Rechtspraxis demnach auf beide Betrachtungsweisen eines einheitlichen wie des doppelten Rechtsbegriffs nicht verzichten können. Auch methodisch gilt, dass rechtstheol. und juristische Betrachtungsweise einander fordern und ergänzen. Ihre Wechselwirkung ist die Entsprechung zur Untrennbarkeit von Geistkirche und Rechtskirche.[509] Allerdings verbleibt eine rechtl. und dogmatische Unschärfe. Sie hat ihren Grund auch darin, dass das Verhältnis beider Rechte aus den unterschiedlichen theol. Standorten und im Bezug auf den zugrundeliegenden Kirchenbegriff keine einheitliche Klärung erfahren hat: Kirche *in der Welt* neigt in engerer Teilhabe an Staat und Gesellschaft zu einer anderen Rechtsbetrachtung als eine Sicht der Welt im Gegenüber zur verkündigenden Kirche. Das erstere Verständnis wird mit einer Analogie z.B. zum staatl. Vereinsrecht weniger kritisch umgehen. Der eher dualistische Ansatz tendiert zu eigenständigen kirchenrechtl. Strukturen, die dem kirchl. Proprium der Dienste – nicht nur in einem fiktiven Kernbereich – und die auch ihrer organisatorischen Einheit gerecht werden.

Absatz 1 (Unabhängigkeit in ihren Angelegenheiten)
Die Bestimmung der Unabhängigkeit besagt unmittelbar nur warum und worin, nicht aber von wem die EKD **unabhängig** sei. Angesichts der Verflochtenheit der EKD mit ihren Gliedkirchen und Gemeinden scheint diese Unabhängigkeit nur das Verhältnis zum Staat zu betreffen. Diese Ansicht[510] bezog sich vor allem auf die ursprüngliche Bundesstruktur der EKD (Art. 1 I a.F.) und deren – überwiegend von luth. Seite vertretenen – Verständnis nicht als Kirche, sondern als Bundesorganisation der Landeskirchen. Auch die Erfahrungen des Kirchenkampfes hatten zunächst vor allem das staatl.

---

ner, Kirchenverträge in ihrem Verhältnis zu Staatsgesetz und Staatsverfassung, S. 367 (ähnlich in: Kirchenvertrag, Sp. 1365 ff.).

508 Die staatl. Unterscheidung zw. zivilem und öff. Recht hat im KR keine unmittelbare Relevanz, sondern nur für die staatskirchenrechtl. Zuordnung kirchl. Strukturen (abweichend: Verfassungs- und Verwaltungsgericht der VELKD im Urt. v. 4.5.2001 (LS. 1), das die Klage einer Kirchengemeinde gegen ihre Landeskirche als „öffentlich-rechtliche Streitigkeit" bezeichnet (ABl. EKD 2002 Heft 4, Rechtsprechungsbeilage S. 2); zur juristischen Person des KR s. Erl Art. 10 I.

509 Steinmüller, Ev. Rechtstheologie, S. 815; Schlaich, Kirchenrecht und Kirche, S. 337 ff. Die Dialektik eines doppelten Rechtsbegriffs entspricht ekklesiologisch dem „Paradoxon" (Erik Wolf) einer von Gott gestifteten und durch Menschen verfassten Kirche.

510 In dieser Richtung: Brunotte (GO, S. 136), der jedenfalls die Gliedkirchen ausschließt.

Gegenüber, aber auch die deutsch-christliche Bewegung in den eigenen Reihen im Blick. Der Wortlaut der GO bietet für solch restriktive Auslegung keinen Anhalt und schließt die Unabhängigkeit gegenüber nichtstaatl. Institutionen, wie Gewerkschaften, Parteien, Medienkonzernen und dgl. nicht aus, ebenso wenig wie die Eigenständigkeit im kirchl. Bereich.[511] Vielmehr weist die umfassende Beschreibung des Grundes der Souveränität („ihres Auftrags") und ihres weit gefassten Inhalts (Grundsätze, Angelegenheiten und Ämter) auf alle möglichen Abhängigkeiten auch im außerstaatl. und kirchl. Bereich hin.[512] Die Regelung des besonderen Verhältnisses zum Staat ist Gegenstand des folgenden Absatzes. Zudem stößt die kirchenrechtl. Normierung einer besonderen Unabhängigkeit vom Staatswesen auf das Problem einer adäquaten Erfassung der staatsrechtl. Tatbestände möglicher Ingerenzen.[513] Es geht also nicht um staatl. verliehene „Autonomie". Diese Auslegung i.S.e. allseitigen Unabhängigkeit gebietet die neuere Entwicklung des Staatswesens zu einem komplexen Zusammenspiel vielfältiger politischer, gesellschaftlicher, wirtschaftlicher, auch kultureller und übernationaler (z.B. EU) Kräfte, die neben der eigentlichen Staatsmacht auf die Kirche einwirken. Hinzu kommt die gesamtkirchl. Entwicklung von der bündischen Organisation zur Kirchengemeinschaft, die einen eigenständigen Rechtsraum der EKD als Kirche zur Ordnung und Verwaltung in eigener Sache (z.B. bei Gesetzgebung und Ämterverleihung) – auch in der wachsenden ökum. Ordnung – einschließt. Begrenzt wird dieser Freiraum freilich durch die in der GO im Übrigen festgelegten Aufgaben, Zuständigkeiten und sonstigen Verpflichtungen im Verhältnis zu den Gliedkirchen und Gemeinden. Insoweit dies verfassungsrechtl. gestaltet ist, verbleibt dem Prinzip der Unabhängigkeit die Funktion der Auslegungsregel.

---

511 Die unmittelbar auf den Staat bezogenen Formulierungen des Verfassungsausschusses: „Im Rahmen der für alle Staatsbürger geltenden Rechtsordnung" (Anh 7B: Art. 4) und „Unbeschadet der von allen Staatsbürgern anzuerkennende Rechtsordnung" sind vom Rat nicht in seine Vorl. aufgenommen; freilich sollte in erster Linie das Missverständnis vermieden werden, die EKD unterwerfe sich jeder staatl. Ordnung (vgl. Nicolaisen, Ratsprot. 2, S. 396 u. 402).

512 So schon der Wittenberger Kirchentag zur Selbständigkeit der Kirchengemeinschaften (Anh 1: Ziff. 4).

513 Die Kirchenkanzlei hatte daher Bedenken gegen eine Normierung in der GO (Vermerk v. 20.10.1947, EZA 2/4); zu entsprechenden eigentumsrechtl. Fragen vgl. Schr. der Kirchenkanzlei an das Kirchl. Außenamt v. 15.3.1941 (EZA 2/5); in Vorentwürfen zu GO wird auf den „Rahmen der für alle Staatsbürger geltenden Rechtsordnung" (Erik Wolf, Gesch 4) oder auf die „von allen Staatsbürgern anzuerkennenden Rechtsordnung" (Rat der EKD v. 9.3.1948; EZA 2/7) Bezug genommen oder das „Verhältnis Kirche und Staat" einschließlich des Körperschaftsstatus in einem gesonderten Abschn. der GO beschrieben (Entwürfe v. Pommern, ähnlich Sachsen, EZA 2/5). Dem sind letztlich Rat und Kirchenversammlung nicht gefolgt und haben die Dimension der kirchl Unabhängigkeit weithin offen gestaltet.

Drei Bezugsfelder dieser Unabhängigkeit stellt die GO nebeneinander: Die **Aufstellung der Grundsätze**, die **Ordnung** und **Verwaltung ihrer Angelegenheiten** und die **Ämterverleihung.** In dieser Unterscheidung deutet sich das besondere Begriffsverständnis dieser Gegenstände an:
Den *Begriff* der *„Grundsätze“* bezieht die GO an anderer Stelle auf „die *wesentlichen Fragen des kirchl. Lebens und Handelns“*.[514] Damit verbindet sich auch die kirchenpolitische Gestaltungs- und Handlungsfreiheit der EKD. Diese betrifft dem Staat gegenüber naturgemäß mehr das bekenntnisbezogene Moment, den Gliedkirchen gegenüber vor allem strukturelle Grundentscheidungen innerhalb gewisser Verfassungsgrenzen (z. Paktierungsgrenze: Erl Art. 26a III). Demgegenüber ist mit der Eigenständigkeit ihrer *Ordnung und Verwaltung* mehr das organisatorische Moment, namentlich der Rechtsetzung, angesprochen. Das wird seinerseits von der *Ämterverleihung* unterschieden. Damit markiert die GO spezifische Schwerpunkte der Unabhängigkeit. Diese schließen Überschneidungen im Einzelnen nicht aus; denn der „grundsätzliche“ Bezug verwirklicht sich in allem Handeln der EKD, und die Ämterverleihung stellt ihrerseits auch einen Akt eigener Ordnung dar.

Mit der Begrenzung der Eigenständigkeit der EKD auf **ihre Angelegenheiten** wird der sachliche und personale (weniger der zeitliche oder räumliche) Geltungsbereich ihrer Selbstbestimmung gekennzeichnet. Denn das Begriffverständnis entfaltet sich vor allem in Abgrenzung zu staatl., gliedkirchl. und anderweitigen Angelegenheiten (z. *Begriff:* s.u.).

Unabhängig ist die EKD hinsichtlich des *ob* ihres Tätigwerdens; sie bedarf in ihrem Bereich auch keiner weiteren Ermächtigung für das ordnende und verwaltende Handeln. Sie ist auch unabhängig in der Wahl der Mittel (s.u.). Insofern geht diese Unabhängigkeit über die in Art. 16 II 3 bestimmte „Selbständigkeit“ (ihrer Werke) hinaus.

Unabhängigkeit innerhalb des kirchlichen Bereichs
Die grundlegende Bezugnahme auf den **Auftrag** der EKD in der GO wird im Rahmen der in Art. 1 II 2 beschriebenen Kirchengemeinschaft entfaltet: „Gemäß dem Auftrag des Herrn“ fördert die EKD „das Zusammenwachsen ihrer Gliedkirchen“. In Ausführung dieses ihres Auftrages kommt ihr „als Teil der einen Kirche Jesu Christi“ auch eine bestimmte Eigenständigkeit als fördernde Instanz im Miteinander bzw. Gegenüber zu den Gliedkirchen zu. Dieser Auftrag vermittelt ihr wie jeder Partikularkirche die entsprechende geistliche und auch rechtl. Autonomie im weiteren Sinne nicht nur gegenüber den staatl., sondern auch kirchl. Instanzen. Auch diese grundsätzliche Un-

---

[514] Erl Art. 6 II; in anderem Sinn: Art. 16 I 4.

abhängigkeit wird der EKD durch die GO **um ihres** Auftrags **willen** gewährleistet. Sie resultiert also nicht aus einer zentralistischen oder klerikalen Machtposition.
Die Gründung im Auftrag der Kirche bezeichnet unmittelbar nur Grund und Intention der Unabhängigkeit und kein striktes Kriterium für die Zulässigkeit einer konkreten Maßnahme der EKD. Daraus ergeben sich aber mittelbar Folgerungen für Inhalt und Grenzen dieser Unabhängigkeit: Alle Ordnung und Verwaltung auch der eigenen Angelegenheiten der EKD haben letztlich ihrem *Gemeinschaftsauftrag,* d.h. der Festigung und Vertiefung der gliedkirchl. Gemeinschaft (Art. 6 I), zu dienen; sie setzt aber auch den für ihre eigenständige Funktion erforderlichen Freiraum voraus. Insoweit dient die Unabhängigkeit der Gemeinschaft der Gliedkirchen, steht aber auch in einem Spannungsverhältnis zu deren Partikularinteressen; denn einerseits „ist" die EKD selbst „die Gemeinschaft" ihrer Gliedkirchen (Art. 1 I 1) und andererseits auch deren Förderer (Art. 2 II).

Die Unabhängigkeit der EKD wird im Verhältnis zu den Gliedkirchen durch die GO im Einzelnen entfaltet und definiert und durch vielerlei Verpflichtungen und Abhängigkeiten relativiert. Ein wichtiger Bereich eigener **Ordnung** ist die Gesetzgebung der EKD in **ihren Angelegenheiten** (Art. 10 I). Dies sind diejenigen Sachgebiete bzw. Regelungsgegenstände, Bedürfnisse und Interessen, die in der gesamtkirchl. Gemeinschaft wurzeln oder auf sie einen spezifischen Bezug haben (z. *Begriff:* Erl Art. 10 I). Dieser breit angelegte Wirkungsbereich ist zeitlichen und rechtl. Veränderungen ausgesetzt und deshalb nicht enumerativ, sondern jew. aus dem Zweck der durch die GO statuierten Unabhängigkeit zu bestimmen.[515] Unabhängig von ihren Gliedkirchen ist die EKD im Rahmen der Gemeinschaft mit diesen nur in einem engen Sinne. Ähnliches gilt bezüglich der Institutionen und Zusammenschlüsse der *Ökumene,* in deren Ordnung die EKD steht (Art. 2 III).[516]

Die Integration der EKD in die interne und externe Kirchengemeinschaft beschränkt den Raum ihrer Unabhängigkeit hier auf einen relativ engen Kernbereich. Dieser wird gekennzeichnet durch das Fürwort **„ihrer"** (Grundsätze etc.). Unabhängig ist die EKD hier demnach nur in eigener Sache; bei deren Regelung dürfen die Gliedkirchen also nicht betroffen oder auch nur mitbetroffen sein (Erl Art. 10 I).

Unabhängig ist die EKD auch in der *Wahl der Mittel* ihres Ordnens und Verwaltens. Ob sie ihre Angelegenheiten durch Verwaltungsverfügungen, Richtlinien, Verordnungen, Gesetze, Verträge etc. regelt, steht grundsätzlich in ihrem Ermessen. Insoweit

---

515 Z. ähnlichen bundesstaatl. Problemen: BVerfGE 79,127 sowie BVerwGE 92,62.
516 Freilich unterscheidet die GO vom Bereich der eigenen Angelegenheiten „ihre Beziehungen zu Kirchen im Ausland" (Art. 10 I), so dass hier innerhalb der „Ökumene" zu differenzieren ist.

erfährt das in Abschn. II der GO definierte Instrumentarium insb. der Rechtsetzung (Art. 9 bis 10b) durch Art. 3 I entsprechende Erweiterungen. Für ihre eigenen Angelegenheiten, z.B. zur Durchführung der verfassungsmäßigen Ordnung, Dienstrecht der eigenen Amtsträger, Finanzen oder Gerichtswesen kann die EKD nicht nur gesetzliche Bestimmungen, sondern auch Richtlinien und dgl. erlassen.[517] Sie kann zur Ordnung und Verwaltung ihrer Angelegenheiten auch *neue Werke oder Einrichtungen* schaffen. Dies kann auch gemeinsam mit Gliedkirchen oder deren Zusammenschlüssen geschehen, z.B. im Evangelischen Zentralarchiv (Erl 9 lit. f).

Unabhängigkeit gegenüber Staat und Dritten
Die gem. Art. 3 statuierte Unabhängigkeit der EKD gilt insb. ihrem Verhältnis zum Staat, wie dies bereits in ihrem Namen EKD (**in** Deutschland) anklingt. Die wesentlichen Aufgaben der Kirche, ihre Befugnisse und Zuständigkeiten sind originär und nicht vom Staate abgeleitet.[518] Ihr Auftrag, der ihr nur vom Herrn gegeben ist, macht eine völlige Einordnung in das allgemeine staatl. Rechtsgefüge unmöglich. Sie kann ihm – auch nach den Erkenntnissen von Barmen – nur gerecht werden, wenn sie sich unabhängig nach Schrift und Bekenntnis gestaltet.[519] Doch neben das prophetische Wächteramt der Kirche tritt andererseits auch ihre Ermutigung: „Suchet der Stadt Bestes" (Jer 29,7). Tatsächlich folgt aus der engen personalen und territorialen Verschränkung zw. Kirche und Staat, dass diese Autonomie nicht unbegrenzt sein kann. Diese kirchenpolitische Grenze der *Staatsverträglichkeit*[520] signalisiert der ausdrückliche Verweis auf ein Übereinkommen mit dem Staat i.S.d. folgenden Absatzes, der auch die Gleichrangigkeit der Vertragsschließenden voraussetzt.

Die Unabhängigkeit vom Staat wird *durch das kirchl. Verfassungsrecht* auch in anderer Weise entfaltet, als sie der Staat aus seiner Sicht wahrnehmen kann und in seiner Verfassung gewährleistet: Während sich die staatl. Verfassungsgarantie in einer knapperen Formulierung (Art. 140 GG i.V.m. Art. 137 III WRV) auf die Ordnung und Verwaltung ihrer Angelegenheiten und die Ämterverleihung beschränkt, fügt die GO ausdrücklich die *Unabhängigkeit bei der Aufstellung ihrer Grundsätze* hinzu. Schon dies indiziert eine prinzipielle Divergenz zw. der in der GO und der im GG statuierten Autonomie. Sie resultiert schon aus der dargestellten Wesenverschiedenheit kirchl. und staatl.

517 Brunotte, GO, S. 160.

518 BVerfGE 18, 385; 19, 129; 42, 312; zum Ganzen Link, Staatskirchenhoheit; so schon KI-Gutachten v. 16.10.1953, S. 169 ff. i.S.e. souveränen Verbandes neben dem Staat.

519 Vgl. Barmer Erkl. zur Rechtslage, These III (Text 4) und Barmer Theol. Erkl. These VI (Text 3); dieser wesensnotwendigen Eigenständigkeit der EKD entspricht ihre kirchenexterne Unabhängigkeit; sie wird durch die Identität als Gemeinschaft ihrer Gliedkirchen nicht – wie diesen gegenüber – eingeschränkt, sondern erhält ein entsprechend höheres Gewicht.

520 Dazu Link, Rechtstheol. Grundlagen des Kirchenrechts, S. 77.

Rechts (Erl vor Abs. 1) und dem unterschiedlichen Verfassungsgrund und -zweck von Grundgesetz und Grundordnung. Dadurch wird jedoch nach dem Verständnis der GO (wie auch nach dem GG) eine *praktische Konkordanz beider Rechtsordnungen* nicht ausgeschlossen. In der Praxis gewährt vielmehr das GG eine gemessen an der GO „nahezu uneingeschränkte Selbstbestimmung",[521] zumal in der Auslegung durch das Bundesverfassungsgericht, die das kirchl. Selbstverständnis berücksichtigt. Andererseits respektiert das kirchl. Autonomieverständnis im Interesse einer „verlässlichen Partnerschaft"[522] staatsnotwendige Verfassungsschranken.

Die Unabhängigkeit der EKD beschränkt sich auch gegenüber dem Staat auf die Regelung **ihrer** eigenen Sache. Bei den *gemeinsamen Angelegenheiten* mit dem Staat (z.B. Militärseelsorge) erstreckt sie sich nur auf die spezifisch kirchl. Bezüge (Erl Abs. 2).

Die Eigenständigkeit der EKD bezieht sich auch gegenüber dem Staat insb. darauf, dass sie ihre **Grundsätze** aufstellen und ihre **Angelegenheiten** ordnen und verwalten kann. Diese Aufgliederung kirchl. Handelns bezieht sich einerseits auf die grundsätzlichen Bereiche der inneren Ausrichtung kirchl. Arbeit an Schrift und Bekenntnis sowie an den grundlegenden Leitprinzipien der GO (Erl Art. 2 I) und andererseits auf die ordnende eigenverantwortliche Rechtsetzung (Autonomie[523]) und die Verwaltung konkreter Angelegenheiten. Ob ein KG gegen Bekenntnisschriften oder sonstige kirchl. Grundlagen verstößt, kann an keiner staatl. Rechtsnorm gemessen werden.[524]

Unabhängig ist die EKD auch **in der Verleihung und Aberkennung ihrer Ämter.** Diese Regelung entspringt den Erfahrungen des Kirchenkampfes mit dem nationalsozialistischen Regime, aber auch mit den Besatzungsmächten nach dem Kriege. Sie galt den Versuchen, die Berufung bestimmter Persönlichkeiten durch politischen Druck zu erreichen oder die Dienstentlassung eines Pfarrers zu erzwingen bzw. zu verhindern. Hinsichtlich der kirchl. *Ämtergestaltung* ist es dem Staat versagt, Statusfragen der Amtsträger einschließlich des Bereichs von Lehrzucht und Disziplinarrecht der Kirche nachzuprüfen. Im Einzelnen umstritten ist der Rechtsweg zu staatl. Gerichten bei *vermögensrechtl. Streitigkeiten* von Pfarrern und Kirchenbeamten.

Den *Begriff* der „**Ämter**" verwendet die GO ansonsten in den Wortverbindungen „Amtsträger" und „Amtsbezeichnungen" (Art. 9). Sie versteht darunter nicht Behör-

---

521 Hesse, Kirche und Staat, Sp. 922; A. v. Campenhausen, Das bundesdeutsche Modell des Verhältnisses von Staat und Kirche, m.w.N.

522 Beschl. der EKD-Synode „zur verlässlichen Partnerschaft" (SB Leipzig 1999, S. 651).

523 Z. begriffl. Differenzierung des BVerfG zw. Autonomie und Eigenständigkeit des KR s.u. Ämterautonomie.

524 OVG Lüneburg Urt. v. 26.3.1969 (KirchE 10, S. 366).

den im Sinne von Landeskirchenämtern u.ä., sondern institutionalisierte Dienstaufträge, die bestimmten Personen als Amtsträgern im Auftrag der Gemeinde zur Ausübung als Funktion (nicht als Status) auf Zeit übertragen sind. Schon Paulus hat darauf hingewiesen, dass gemeindliches Leben die Wahrnehmung ganz unterschiedlicher Aufgaben durch verschiedene Menschen erfordert, die um der Ausbreitung des Glaubens und der Liebe willen zusammenarbeiten (Röm 12,4-8; 1. Kor 12). Daraus folgt ein gewisses Maß gestufter Verantwortung, die auch rechtl. verankert sein muss.[525] Nach reformatorischem Verständnis betraf das Amt (ministerium) ursprünglich besonders die öff. Wortverkündigung (Predigtamt) und Sakramentsverwaltung und wurde im Einzelnen theol. unterschiedlich gedeutet. I.S.d. allgemeinen Priestertums geht der Begriff nach heutigem Verständnis der GO weit darüber hinaus und umfasst nicht nur Pfarrer und Kirchenbeamte, sondern in einem w.S. auch den ehrenamtlichen Bereich.[526]

Die Ämterautonomie umfasst auch – in einer gewissen Überschneidung mit der Ordnung eigener Angelegenheiten – die jeweilige *Ausgestaltung* der Ämter. Dies gilt etwa für die Begründung eigener Beamtenverhältnisse und der (gesetzlichen) Besoldungs- und Versorgungsregelung.[527] Die Amtskräfte der EKD im Kirchenbeamtenverhältnis stehen in einem öffentlich-rechtl. Dienst- und Treueverhältnis. Auch dieser „Dienst im *Kirchenbeamtenverhältnis* steht unter dem Auftrag, den die Kirche von ihrem Herrn Jesus Christus erhalten hat“ (§ 3 I KBG). Das Dienstrecht ist nicht vom Staate verliehen, sondern rein kirchl. Natur.[528]

„Kirchl. Dienst ist durch den Auftrag bestimmt, das Evangelium Jesu Christi in Wort und Tat zu verkündigen“ (§ 2 Satz 1 DVO.EKD). Für die EKD gilt seit den 70er Jahren wie in den meisten Gliedkirchen und ihrer Diakonie der sog. *Dritte Weg:* Auch das Arbeitsrecht und Arbeitsbedingungen, insb. die Gehälter, werden nicht durch Tarifverhandlungen oder Arbeitskampf festgelegt, sondern von einer paritätisch besetzten *Arbeitsrechtl. Kommission* und ggf. vom *Schlichtungsausschuss* der EKD beschlossen (§§ 1, 2, 13 ARRG).[529] Für die Pfarrerschaft gilt diese Regelung nicht, weil sie kirchl. Beamtenstatus hat.

---

525 VELKD, Leitlinien kirchl. Lebens, Text 104 v. Juni 2001, S. 9.

526 Dazu Kühn, Kirchliche Ämter, Sp. 1217.

527 Kirchengesetz über die Kirchenbeamtinnen und Kirchenbeamten in der EKD v. 10.11.2005 (ABl. EKD S. 551) und Kirchenbeamtenbesoldungs- und -versorgungsgesetz der EKD; vgl. schon § 5 DEKb-Verf. (Anh 2).

528 v. Mangoldt/Klein/Starck, Art. 140 Rdn. 155-160; gewisse Interdependenzen zum Staat ergeben sich hinsichtlich der theol. Fakultäten.

529 Dazu Mußgnug, Die Ordnung für die Arbeitsrechtliche Kommission des DW der EKD, S. 227 ff.; Fey, Die zweite Instanz im Mitarbeitervertretungsrecht etc., KuV 1996, S. 159; ders., Richtlinie, S. 349 ff.

Kirchliche Selbstbestimmung nach dem Grundgesetz
Die in der GO statuierte Unabhängigkeit findet im GG ungeachtet der prinzipiellen Wesensverschiedenheit beider Rechte (Erl vor Abs. 1) eine weitgehende praktische Entsprechung. Diese wird bereits in der parallelen Formulierung deutlich (vgl. Art. 3 I GO und Art. 137 III WRV). Die Kirche erfüllt ihren Auftrag an der Welt und in der Welt, die staatl. geordnet ist. Daher entspricht dem Gegenüber auch ein Miteinander. Zeugnis und Dienst sind einerseits auf staatl. Ordnung angewiesen und bedürfen andererseits der Unabhängigkeit. In dieser Ambivalenz antizipierte die GO (1948) die staatl. *Verfassungsverträglichkeit*, während GG (1949) und BVerfG ihrerseits das kirchl. Selbstverständnis respektieren. Dieses Grundverhältnis zw. Kirche und Staat wird nicht als laizistische Trennung, sondern heute als „hinkende Trennung", d.h. als wechselseitige Selbständigkeit innerhalb eines Koordinatensystems und als „Partnerschaft" charakterisiert.

Das staatl. Verfassungsrecht gewährleistet der EKD (wie anderen Religionsgesellschaften) die Selbstordnung und Selbstverwaltung **„ihrer Angelegenheiten** *innerhalb der Schranken des für alle geltenden Gesetzes*" (Art. 137 III WRV). Anhand dieser *Schrankenformel* ist die Scheidung des staatl. und kirchl. Bereichs in jedem Einzelfall durch eine *Güterabwägung* zu ermitteln. Eine generelle Abgrenzung der kirchl. zu den staatl. Angelegenheiten, etwa durch die abstrakte Definition eines „Jedermann-Gesetzes" oder eines Bereichs „innerkirchlicher Angelegenheiten", wird dem vielfältigen und komplexen Wechselverhältnis zw. Kirche und Staat dogmatisch kaum gerecht.[530] In besonderen Bereichen staatl. verliehener Gewalt, in denen die Kirche hoheitlich tätig wird, z.B. bei der Steuererhebung, unterliegt sie insoweit auch entsprechend engeren Schranken, namentlich der *Grundrechtsbindung*.[531]
Auf der Verfassungstradition, dem GG und den Landesverf. ruht ein vielfältig verzweigtes und durch die Rechtsprechung entfaltetes *Staatskirchenrecht:* Dieses bestimmt – neben den vertraglichen Übereinkünften (Kirchenverträge, Konkordat) – das rechtl. Verhältnis zur Kirche und deren Selbstbestimmung aus staatl. Sicht. Sie wurde im heutigen Umfang (erst nach Verabschiedung der GO) durch das Grundgesetz der Bundesrepublik Deutschland gewährleistet. Danach wird die Unabhängigkeit der Kirche als Voraussetzung des ihr aufgetragenen Dienstes in allen Bereichen garantiert, in denen sich dieser Dienst vollzieht. Vervollständigt wird diese Unabhängigkeit durch

530 v. Mangoldt/Klein/Starck, Art. 140 GG/Art. 137 WRV Rdn. 136 ff. m.w.N.; vgl. K.J. Hering, Zur Interpretation zur Formel „innerhalb der Schranken des für alle geltenden Gesetzes", in: Festschrift für H. Jahrreis, hg. v. K. Carstens/H. Peters, Köln 1964, S. 87 ff.; zum Ganzen S. Korioth, in: Maunz/Dürig, Erl Art. 140 GG, Art. 137 WRV.

531 So für den Gleichheitssatz bei der Steuererhebung BVerfG Beschl. v. 17.9.2002 (Az. 2BvR443/01); zur im Übrigen zweifelhaften Geltung der Grundrechte für bzw. in der Kirche vgl. Ehnes, Die Bedeutung des Grundgesetzes für die Kirche.

Gewährleistung der für ihren Dienst förderlichen materiellen Güter und Mittel. Durch das Grundrecht der Religionsfreiheit (Art. 4 II GG) und die *Kirchenartikel*[532] der WRV (Art. 140 GG i.V.m. Art. 136 bis 141 WRV) wird die „ungestörte Religionsausübung" in *kollektiver und korporativer* Religionsfreiheit gewährleistet. Die formelle staatl. Letztentscheidung über diese staatsrechtl. Grenzen der Selbstbestimmung der Kirche wird durch deren gleichwohl vom Staat anerkanntes Selbstverständnis erheblich relativiert.

Selbstbestimmungsgrundsätze nach staatlicher Rechtsprechung
Diese Grundrechte und ihre staatl. Schranken wurden durch Lehre und Rechtsprechung, namentlich durch das BVerfG, im Einzelnen entfaltet:

Schrankengesetz
„Nach herkömmlicher Definition ist ein für alle geltendes Gesetz, ein Gesetz, das trotz grundsätzlicher Bejahung der kirchlichen Autonomie vom Standpunkt der Gesamtnation als sachlich notwendige Schranke der kirchlichen Freiheit anerkannt werden muss; mit anderen Worten, jedes für die Gesamtnation als politische Kultur- und Rechtsgemeinschaft unentbehrliche Gesetz, aber nur ein solches Gesetz."[533] Nach neuerer staatskirchenrechtl. Auffassung ist ein Schrankengesetz dann anzunehmen, wenn es „zwingenden Erfordernissen des friedlichen Zusammenlebens von Staat und Kirche in einem religiös und weltanschaulich neutralen politischen Gemeinwesen entspricht".[534] Nach staatlicher Verf. rechnen nur solche Gesetze dazu, die für die Kirche dieselbe Bedeutung haben wie für ‚den jedermann'. Trifft das Gesetz die Kirche nicht wie den jedermann, sondern in ihrer Besonderheit als Kirche härter, ihr Selbstverständnis, insb. ihren geistig-religiösen Auftrag beschränkend, also anders als den normalen Adressaten, dann bildet es insoweit keine Schranke. Eine kirchl. Regelung, die keine unmittelbaren Rechtswirkungen in den staatl. Zuständigkeitsbereich hat, bleibt deshalb eine „innerkirchliche Angelegenheit", auch dann, wenn sie dorthin mittelbare Auswirkungen hat. In diesem Bereich ist die Kirche an das für alle geltende staatl. Gesetz nicht gebunden.[535]

---

532 Dazu Pirson, Die zeitlose Qualität der Weimarer Kirchenartikel; zum Begriff v. Mangoldt/Klein/Starck, Art. 140 Rdn. 68. Die Weimarer Kirchenartikel gingen wiederum zurück auf Formulierungen der Reichsverfassung v. 1849: „Jede Religionsgesellschaft ordnet und verwaltet ihre Angelegenheiten selbständig, bleibt aber den allgemeinen Staatsgesetzen unterworfen" (Art. V § 147). In einem Schreiben des Ratsvorsitzenden an den Parlamentarischen Rat v. 9.11.1948 brachte die EKD zum Ausdruck, dass im Wortlaut der Weimarer Kirchenartikel „die wirklichen Anliegen der gesamten evangelischen Kirche in Deutschland bei weitem nicht erschöpfend zum Ausdruck kommen"; dies bezog sich insb. auf erweiterte aktive Religionsfreiheiten, namentlich der Glaubensausbreitung und des Religionsunterrichts als ordentliches Lehrfach (Nicolausen, Ratsprot. 2, S. 687).

533 J. Heckel, Das für alle geltende Gesetz, S. 590 ff.

534 v. Campenhausen/de Wall, Staatskirchenrecht, S. 109.

535 BVerfGE 42, 312, 334. So ist beispielsweise streitig, ob der Grundsatz der Tarifautonomie als Ausfluss der kollektiven Koalitionsfreiheit und als Inhalt des Sozialstaatsprinzips auch für den kirchl. Bereich gelte; vgl. KI-Gutachten „Kirche und Tarifvertrag" v. 18.1.1979, S. 102.

Anerkennung eigenständigen Kirchenrechts und kirchlicher Ordnung
Der religiös-weltanschaulich neutrale Staat kann sich mangels eigener Staatstheologie oder -philosopie nicht selbst die Grundlagen schaffen, auf denen er beruht.[536] Daher respektiert das GG „elementare Teile der kirchlichen Ordnung, für die der Staat nicht imstande ist, Schranken in Gestalt von allgemeinen Gesetzen aufzurichten ... Gerade die etwa für die christlichen Kirchen nach ihrem Selbstverständnis wesentlichen Dinge, insbesondere ihr von Christus stammender Auftrag ... und ihre Struktur bedürfen der rechtl. **Ordnung**. Und diese hat natürlich ihre Wirkungen, ihre Berührung mit der staatlichen Ordnung und kann dennoch gerade nicht durch staatliche Ordnung begrenzt werden, es sei den um den Preis der Abhängigkeit der kirchlichen Ordnung von der staatlichen Ordnung."[537] Demgemäß erkennt der Staat auf Grund des Selbstbestimmungsrechts den Kirchen ein von ihm unabhängiges, *eigenständiges KR* zu, im Unterschied zum sog. *autonomen KR*, das die Kirchen kraft staatl. Verleihung mit unmittelbarer Wirkung auch für den weltlichen Rechtsbereich setzen. Im letzteren Bereich ist die Kirche in Ausübung des ihr verliehenen Hoheitsrechts auch an die Grundrechte des GG, z.B. im Kirchensteuerrecht, an den Gleichheitssatz gebunden. Auch hier achtet der Staat auf einen verfassungsrechtl. tragfähigen Ausgleich des Spannungsverhältnisses zw. Selbstbestimmung und rechtsstaatl. Anforderungen.[538]

„Die Garantie freier Ordnung und Verwaltung der eigenen Angelegenheiten erweist sich ... als notwendige, rechtlich selbstständige Gewährleistung, die der Freiheit des religiösen Lebens und Wirkens der Kirche die zur Wahrnehmung ihrer Aufgaben unerlässliche Freiheit der Bestimmung über Organisation, Normsetzung und Verwaltung hinzufügt."[539]

Selbstbestimmung privatrechtlich verfasster Kirche
„Die Verfassungsgarantie des kirchlichen Selbstbestimmungsrechts gewährleistet den Kirchen, darüber zu befinden, welche Dienste es in ihren Einrichtungen geben soll und in welcher Rechtsform sie wahrzunehmen sind." Das Selbstverwaltungs- und Selbstbestimmungsrecht gilt also auch den privatrechtl. *als eigenständige Organisationen verfassten Werken und Einrichtung der EKD* und „umfasst alle Maßnahmen, die in Verfolgung der vom kirchl. Grundauftrag her bestimmten caritativ-diakonischen Aufgaben zu treffen sind, z.B. Vorgaben struktureller Art, aber auch die Personalwahl und die mit all diesen Entscheidungen untrennbar verbundene Vorsorge zur Sicherstellung der ‚religiösen Dimension' des Wirkens i.S. kirchlichen Selbstverständnisses."[540]

---

536 Böckenförde, Die Entstehung des Staates als Vorgang der Säkularisation, S. 75 ff.
537 BVerfGE 42, 334 f.
538 BVerfG Beschl. v. 19.8.2001 (2 BvR 443/01- 2).
539 BVerfGE 70, 164.
540 BVerfGE 70, 138, Ls. 1 S. 1.

Ämterautonomie
Auch hinsichtlich der *staatskirchenrechtl. Ämterautonomie* bestimmt das GG in Entsprechung zur GO, dass die Kirche „ihre Ämter ohne Mitwirkung des Staates" verleiht (Art. 140 GG i.V.m. Art. 137 III 2 WRV). Dieser Freiraum umfasst die *Beamtenfähigkeit* der EKD und ermöglicht, dass sie im Rahmen des *„Dritten Weges"* anstelle des Tarifsystems nach dem Leitbild der christlichen *Dienstgemeinschaft* ein eigenständiges Beschäftigungsmodell entwickelt.[541] Zur eigenen Ordnung auch der EKD gehört namentlich die Gestaltung der Ämter, beispielsweise die Einrichtung des *Kirchenbeamtentums,* und ihre *Dienstherrenfähigkeit,* d.h. die staatl. Befugnis, Beamte zu haben. Ihr Status einer öffentlich-rechtl. Körperschaft[542] befähigt die EKD, Dienstverhältnisse öffentlich-rechtl. Natur zu begründen, die nicht dem Arbeits- und Sozialversicherungsrecht unterliegen (Erl Art. 35 I 1). Durch Bescheid des zuständigen Kultusministers ist festgestellt, dass die beamtenrechtl. Versorgungsanwartschaften gem. § 169 RVO durch die EKD gewährleistet sind.[543] Staatliche Gerichte sind nicht befugt, das Bestehen oder Nichtbestehen eines Dienstverhältnisses als Pastor oder Kirchenbeamter zu prüfen, auch wenn sie versorgungsrechtl. Streitigkeiten zu entscheiden haben (sog. verkappte Statusklage).[544]

Kirchliches Arbeitsrecht
Bei der Begründung und Regelung von *Arbeitsverhältnissen* kann sich die EKD auch der Privatautonomie bedienen. „Auf diese findet das staatliche Arbeitsrecht Anwendung; hierbei bleibt das kirchliche Selbstbestimmungsrecht wesentlich. Das ermöglicht den Kirchen, in den Schranken des für alle geltenden Gesetzes den kirchlichen Dienst nach ihrem Selbstverständnis zu regeln und die spezifischen Obliegenheiten kirchlicher Arbeitnehmer verbindlich zu machen."[545] „Die Einbeziehung der kirchlichen Arbeitsverhältnisse in das staatliche Arbeitsrecht hebt indessen deren Zugehörigkeit zu den eigenen Angelegenheiten der Kirche nicht auf ... Auch im Wege des Vertragsschlusses können daher einem kirchlichen Arbeitnehmer besondere Obliegendheit einer kirchlichen Lebensführung auferlegt werden. Werden solche Loyalitätspflichten in einem Arbeitsvertrag festgelegt, nimmt der kirchliche Arbeitsgeber nicht nur die allgemeine Vertragsfreiheit für sich in Anspruch; er macht zugleich Gebrauch von seinem verfassungskräftigen Selbstbestimmungsrecht. Das schließt ein, dass die Kirchen bei der Gestaltung des kirchlichen Dienstes auch dann, wenn sie ihn auf der Grundlage von Arbeitsverträgen regeln, das besondere Leitbild einer christlichen Dienstgemeinschaft aller ihrer Mitarbeiter zugrundelegen können."[546]

---

541 Im Einzelnen Fey/Rehren MVG. EKD; Fey. Richtlinie, S. 1.
542 Die staatl. Differenzierung in öffentlich- und privatrechtlich ist nicht kirchenrechtl. Natur.
543 *Gewährleistungsbescheid* des nds. Kultusministers v. 26.5.1972 (ABl. EKD S. 285).
544 BVerwG, Urt. v. 28.4.1994 (NJW 1994 S. 3367).
545 BVerfGE 70, 138 f. LS. 1 S. 2; zum Ganzen H. Gehring/C. Thiele, Kirchenarbeitsrecht, in: Schliemann, Hg., Das Abeitsrecht im BGB, 2. Aufl., Berlin u.a. 2002, § 630, S. 978 ff.
546 BVerfGE 70, 156; z. Befreiung der Einrichtungen der Diakonie von Betriebsratswahlen nach

Die GO nimmt auf diesen staatskirchenrechtl. Rahmen der kirchl. Selbstbestimmung inhaltlich keinen Bezug. Verbindliche Maßgabe ihrer Unabhängigkeit ist aus ihrer Sicht auch gegenüber dem Staat letztlich nur der Auftrag Jesu Christi. Aus diesem Auftrag ergeben sich allerdings politische Erfordernisse, sich als Kirche **um ihres Auftrages willen** – nämlich des wirksamen Dienstes und Zeugnisses in dieser Welt – in deren Rechts- und Gesellschaftsordnung einzufügen. Ausdrücklich erwähnt die GO den Korporationsstatus der EKD (Art. 35 I 1). Andererseits verweist sie mit den „in Barmen getroffenen Entscheidungen" (Art. 1 III) auch auf Grenzen dieser wichtigen Partnerschaft und Loyalität zum Staat, jenseits derer kirchl. Auftrag und staatl. Ordnung im konkreten Handeln der EKD wie des einzelnen Kirchengliedes und Staatsbürgers kollidieren können (z. *status confessionis:* Erl Art. 27 I).[547]

Zuständigkeit kirchlicher und staatlicher Gerichte

Für bürgerlich-rechtl. Streitigkeiten aus dem Individualarbeitsrecht kirchl. Angestellter und Arbeiter sind die staatl. Arbeitsgerichte und bei vermögensrechtl. Streitigkeiten zw. Pfarrern, sowie Kirchenbeamten und der Kirche die staatl. Verwaltungsgerichte zuständig. Das Kollektivarbeitsrecht, namentlich die Rechtsetzung im „Dritten Weg" – bei dem an die Stelle eines ausgehandelten Tarifvertrages die von einer paritätisch besetzten Arbeitsrechtlichen Kommission beschlossenen Dienstvertragsordnungen treten – und das gesamte Mitarbeitervertretungsrecht ist dagegen Kirchenrecht. Eine Zuständigkeit staatl. Gerichte ist hier nicht gegeben; die Kontrolle des selbst gesetzten Rechts erfolgt durch Kirchengerichte (Art. 32 ff.).[548]

Europarechtliche Unabhängigkeit

Diese staatskirchenrechtl. Grundsätze gelten auch in Bezug auf das *europäische Gemeinschaftsrecht*. Denn der Gemeinschaft bzw. Union ist eine Kompetenz zur umfassenden Regelung des Verhältnisses von Staat und Religionsgemeinschaften in den Mitgliedstaaten nicht übertragen. Vielmehr kann sie nach dem Grundsatz der begrenzten Einzelermächtigung nur zur Verwirklichung der Vertragsziele tätig werden, soweit sie in den Verträgen ausdrücklich ermächtigt ist (Art 5 EUV, Art. 5 I EGV). Verstärkt wird dieser Grundsatz

---

staatl. Mitbestimmungsrecht – auch bei hälftiger außerkirchl. Beteiligung: BAG v. 31.7.2002 (Az. 06936/31.7.02); vgl. Fey/Rehren, MGV. EKD § 1 Rdn. 6 ff.

547 Bei der Formulierung wollte der Rat bewusst dem Missverständnis begegnen, dass die Kirche sich „jeder staatlichen Ordnung unterwerfe" (NdschrRat 9./10.3.1947 in: Nicolaisen, Ratsprot. 2, S. 296). – Beispiel eines solchen Konfliktbereichs ist die Initiative der ökum. Bundesarbeitsgemeinschaft „Asyl in der Kirche" und Verstöße durch Pfarrer gegen § 92a AusländerG (dazu C. Görisch, Kirchenasyl und staatliches Recht, Berlin 2000).

548 Vgl. v. Campenhausen/de Wall, Staatskirchenrecht, S. 309 f.; Richardi, Arbeitsrecht, S. 325 ff.; Fey/Rehren, MVG.EKD, § 56 Rdn. 2; H. Gehring, Kirchenarbeitsrecht, in: Das bürgerliche Gesetzbuch und Kommentar, hg. v. Mitgliedern des BGH, 12. Aufl., Berlin u.a. 1992, § 630; vgl. Erl Art. 32.

durch das Subsidiaritätsprinzip (Art. 5 II EGV) und vor allem das Gebot der Achtung nationaler Identität (Art. 6 III EGV), zu der die dargelegten verfassungsmäßigen Garantien insb. durch Art. 4 und 140 GG weitgehend gehören. Ferner achtet die EU die Grundrechte, wie sie in der „Europäischen Konvention für Menschenrechte und Grundfreiheiten gewährleistet sind und wie sie sich aus den gemeinsamen Verfassungsüberlieferungen der Mitgliedstaaten als allgemeine Grundsätze des Gemeinschaftsrechts ergeben" (Art. 6 II EUV); zu letzteren zählt die Garantie der Religionsfreiheit (Art. 9 EMRK) und zwar auch im kollektiven und korporativen Sinne (im Einzelnen streitig). Demgemäß wird in der gemeinsamen Erklärung der Mitgliedstaaten „zum Status der Kirchen", die der Schlussakte zum EU-Vertrag v. 2.10.1997 beigefügt ist, und in der Europäischen Verfassung festgestellt: „Die Europäische Union achtet den Status, den Kirchen und religiöse Vereinigungen oder Gemeinschaften in den Mitgliedstaaten nach deren Rechtsvorschriften genießen, und beeinträchtigt ihn nicht."[549]

Absatz 2 (Übereinkommen mit dem Staat)

Im Verhältnis zum ersten Absatz erfährt die dort statuierte generelle Unabhängigkeit der EKD im Blick auf den Staat noch eine besondere Regelung. Mit dem ausdrücklichen Hinweis auf das Verhältnis zum Staat signalisiert die GO, dass die kirchl. Autonomie auch kirchenrechtl. ihre Grenzen in einer gewissen Staatsverträglichkeit findet. Zum anderen wird hier das Verfahren entfaltet, die Selbstbestimmung der EKD rechtl. zu gestalten und zu gewährleisten: das Übereinkommen als ein wesentliches Element des deutschen Staatskirchenrechts bzw. des KR. Dieses Institut bedeutet zudem eine rechtl. Gleichordnung zum Staat.

Bei Verabschiedung der GO hatte das **Verhältnis** der EKD zu den staatl. Gebilden in den Besatzungszonen, mit denen sie es im Westen und Osten Deutschlands nach dem Zusammenbruch zu tun hatte, noch keine neuerliche Regelung gefunden. Das GG mit seinen Regelungen der Religionsfreiheit (Art. 4), der Übernahme der Weimarer Kirchenartikel (Art. 140) und der Fortgeltung der Staatsverträge des Reiches (Reichskonkordat u.a. gem. Art. 123 II GG) war noch nicht in Kraft. Die Anerkennung der Kirchenverf. der DEK durch Reichsgesetz war hinfällig geworden (Gesch 2), die Gel-

549 Die Abgrenzung der gemeinschaftsrechtl. Kompetenzen gegen die grundgesetzlich garantierte Unabhängigkeit der Kirchen ist im Einzelnen umstr.; dazu de Wall, Europäisches Staatskirchenrecht m.w.N.; ders., Das Religionsrecht der EU, ZevKR 50 (2005) S. 383 ff.; Hollerbach, Europa und das Staatskirchenrecht. Die Grundsätze des kirchl. Selbstbestimmungsrechts haben auch bereits in wichtigen Ansätzen in das Recht der Europäischen Union Eingang gefunden, so etwa in die Charta der Grundrechte der EU (Präambel u. Art. 10 I) sowie in die EG-Richtlinie für die Verwirklichung von Gleichbehandlung in Beschäftigung und Beruf v. 27.11.2000 (ABl. EG v. 2.12.2000 L 303/16); zu „Kirchenklausel im Europ. Vertragswerk": H. Claessen, EKD-Bulletin, Nr. 4/97, S. 4.

tung überkommener Kirchenverträge noch nicht geklärt.[550] Klar war nur, dass der Staat nicht mehr wie vor 1918 kirchl. Angelegenheiten durch Gesetz regeln konnte und die GO keiner staatsgesetzlichen Anerkennung bedurfte.

Gegenstand eines Übereinkommens wären Regelungen insb. der *gemeinsamen Angelegenheiten im engeren Sinne.*[551] Dies sind grundsätzlich diejenigen staatl. Aufgaben, an denen ein konkurrierendes kirchl. Interesse besteht. Dies betr. solche Gebiete auf denen Kirche und Staat gemeinsam tätig sind und bei denen ein Zusammenwirken wegen des untrennbaren religiösen und staatl. Bezuges rechtl. Voraussetzung für deren Wahrnehmung ist. Dies gilt für die Bereiche: Erziehung, Wohltätigkeit, Krankenpflege, Ehe, Friedhofswesen, Denkmalschutz, Schutz des kirchl. Eigentums, Meldewesen und Datenübermittlung, Anstaltsseelsorge etwa im Krankenhaus oder Strafvollzug, Militärseelsorge, theol. Fakultäten, Steuer- und Abgabewesen, Staatsleistungen und deren Ablösung (im Einzelnen umstr.), soweit sie bundesrechtl. Regelung unterliegen und insoweit zu den gesamtkirchl. wahrzunehmenden Aufgaben der EKD gehören. Die von Staat und Kirche verfolgten legitimen Interessen können unterschiedlich sein. Zur Verringerung der dadurch erfahrungsgemäß entstehenden Reibungsgefahren haben sich *Staatskirchenverträge* bewährt, wie sie die meisten Gliedkirchen mit ihren Bundesländern abgeschlossen haben.[552]

Die Vorschrift meint nicht irgendeine Regelung im objektiven Sinne, sondern die kirchl. **Regelung** der EKD als regelndem Rechtssubjekt und Partner eines Übereinkommens. Der Staat hat seinerseits sein Verhältnis zur Kirche auf Bundesebene im GG im Wesentlichen bestimmt. Auch das Reichskonkordat entfaltet auf Grund des *Paritätsprinzips* Rechtswirkungen für die ev. Kirche.[553] Regelungen des Verhältnisses zum Staat werden auch außervertraglich in einer Vielfalt von einseitigen kirchl. (und staatl.) Rechtsakten bzw. -vorschriften getroffen. Im Unterschied zu diesem Rechtsbestand ist hier mit „Regelung" ein für den Staat verbindliches und mit ihm getroffenes **Übereinkommen** im weiteren Sinne gemeint. Darunter ist in erster Linie die Form eines zweiseitigen *Staatskirchenvertrages* und zwar eines *Kirchenvertrages* zu verstehen, wie er seit der

---

550 Beispielsweise wurde der Preußische ev. Kirchenvertrag v. 1931 für die Kirchen in Niedersachsen erst durch den Loccumer Vertrag vom 19.3.1955 abgelöst (in Schleswig-Holstein 1957, in Hessen 1960).

551 Im Unterschied zu den gemischten Angelegenheiten, zu denen nach älterem Staatskirchenrecht auch solche kirchl. Angelegenheiten gehörten, an denen der Staat wegen ihrer Wirkung in seinen Bereich hinein ein besonderes Interesse in Anspruch nahm (res mixtae); zum Begriff D. Ehlers, Gemeinsame Angelegenheiten von Staat und Kirche, S. 171 f. m.w.N.

552 Dazu A. v. Campenhausen, Vier neue Staatskirchenverträge in vier neuen Ländern, S. 757 ff.; Heitmann, Die Entwicklung von Staat und Kirche aus der Sicht der „neuen" Länder, S. 402 ff.

553 Z. Paritätsprinzip: Hesse, Schematische Parität der Religionsgesellschaften nach dem Bonner Grundgesetz, S. 188 ff.

Weimarer Zeit ein verbreitete Rechtsquelle des Staatskirchenrechts und KR geworden ist. Dazu gehören nicht nur Verwaltungsabkommen, sondern auch sog. *Koordinationsverträge.*[554] Eine andere Möglichkeit wäre der Weg eines paktierten, d.h. abgestimmten Staatsgesetzes, wenn auch dabei die unterschiedliche Rechtssicherheit, Bestandskraft und Abänderungsmöglichkeit wechselnder parlamentarischer Mehrheiten bedacht werden müsste.

Der Verweis auf ein mögliches Übereinkommen schließt weitere Aussagen zu dem im Einzelnen umstr. staatskirchenrechtl. Vertragswesen ein: Die GO geht hier davon aus, dass ein *Vertragsschluss zwischen Staat und Kirche* als zwei jede in ihrem Rechtsbereich völlig selbständige und unabhängige Größen möglich ist. Das setzt ein gemeinsames Fundament eines kommensurablen und kommunikationsfähigen Rechtsverständnisses voraus. Mit der Kompetenz der EKD, ein Übereinkommen mit dem Staat zu treffen, bejaht die GO auch ihre *Vertragsfähigkeit* (z. monistischen Rechtsverständnis: Erl vor I).

Die Regelung mit dem Staat bleibt **einem** Übereinkommen vorbehalten. Die Einzahl besagt, dass die GO darin die Gesamtheit des zu regelnden Verhältnisses – zumindest in Grundzügen, wie etwa im Reichskonkordat – vorsieht und nicht eine Vielzahl einzelvertraglicher Regelungen. Dies spricht ferner dafür, dass dieses Übereinkommen auf Bundesebene abzuschließen ist, d.h. mit der Bundesrepublik, die bei der Verabschiedung der GO noch nicht bestand. Dies wiederum beschränkt den Gegenstand eines Übereinkommens grundsätzlich auf Regelungsbefugnisse des Bundes.

Zuständiges Organ für den Abschluss des Übereinkommens ist auf Grund seiner Vertretungsbefugnis der Rat der EKD (Art. 29 I 3). Einer Beteiligung der Synode, der KK oder der Gliedkirchen bedarf es nicht. Vom Kontrakt zu unterscheiden ist die nötige Umformung in objektives, innerkirchlich verbindliches Recht. Sie erfolgt durch Gesetz (Art. 10 II lit. b) bzw. durch die gem. Art. 26a an der Gesetzgebung beteiligten Organe.
Ein Übereinkommen bedarf, soweit es sich nicht nur um bloße *Verwaltungsabkommen oder -vereinbarungen* handelt, der Zustimmung der Synode (Zwei-Drittel-Mehrheit) und der KK (Art. 10 II lit. b und Art. 26a III u. IV).
Das einzige bisher von der EKD mit der Bundesrepublik geschlossene Übereinkommen ist der Vertrag zur Regelung der *Militärseelsorge* von 1957 nebst Ergänzungsabkommen (Erl Art. 18).

[554] Der Oberbegriff des Staatskirchenvertrages umfasst außerdem die historische Vertragsform des Konkordates; zum Ganzen Hollerbach, Verträge zwischen Staat und Kirche in der BRD. Wegweisend für die Kirchenverträge, wie sie die meisten Gliedkirchen mit den Bundesländern abgeschlossen haben, war nach dem Krieg der Loccumer Vertrag v. 1955.

Artikel 4 (Verkündigung und Sakramentsverwaltung)

(1) In der Evangelischen Kirche in Deutschland gilt für den Dienst der Verkündigung und der Sakramentsverwaltung:

1. **Die in einer Gliedkirche ordnungsgemäß vollzogene Taufe wird in allen Gliedkirchen anerkannt.**
2. **Es besteht Kanzel- und Abendmahlsgemeinschaft.**
3. **Die in einer Gliedkirche ordnungsgemäß vollzogene Ordination wird in allen Gliedkirchen anerkannt; Ordinierte sind in allen Gliedkirchen zum Dienst der Verkündigung, zur Vornahme von Taufen und Amtshandlungen zugelassen.**
4. **Ordnungsgemäß vollzogene Amtshandlungen werden in allen Gliedkirchen anerkannt.**

(2) Die gliedkirchlichen Ordnungen und Vereinbarungen zwischen den Gliedkirchen bleiben unberührt.

Die gesamtkirchl. Regelung der Verkündigung und Sakramentsverwaltung, das traditionelle Sakramentenrecht, hat bei den Beratungen in Treysa und Eisenach die größten Schwierigkeiten verursacht. Nach damals überwiegender Auffassung war die EKD als „Bund" bekenntnisverschiedener Einzelkirchen i.S.d. GO a.F. (Anh 7D) keine Kirchengemeinschaft mit gemeinsamem Amts- und Abendmahlsverständnis, in der die Ordination gegenseitig anerkannt und die allseitige Abendmahlszulassung ohne weiteres gewährt wurde. Einig waren sich dagegen alle Gliedkirchen in der Anerkennung der ordnungsgemäß vollzogenen Taufen und Amtshandlungen. Zurückgehend auf den GO-Entwurf v. 1974 wurde der Artikel 1984 neu gefasst.[555] Unter Berücksichtigung der seitherigen theol. Entwicklung und ökum. Initiativen, „einander Gemeinschaft an Wort und Sakrament zu gewähren" (Konvergenzerklärung des ÖRK und Leuenberger Konkordie)[556] wie auch der weithin geübten Praxis legt diese Bestimmung fest, was für Verkündigung und Sakramentsverwaltung in der EKD rechtens sein soll. Wegen dieses verbindlichen Charakters, der den rechtstheol. Kern der gesamtkirchl. Gemeinschaft betrifft, war auch diese Neuregelung besonders hinsichtlich des Abendmahls immer noch umstritten.

---

555 KG zur Änderung der GO v. 14.6.1984 (ABl. EKD S. 249); Art. 4 a.F. (s. Anh 7D); vgl. Art. 4 EGO74 (Anh 12).

556 Vgl. Gesch 7; zur Leuenberger Konkordie s. Erl Art. 1 II 1; s. ferner die 1982 von der ÖRK-Kommission für Glauben und Kirchenverfassung verabschiedete Konvergenzerklärung über Taufe, Eucharistie und Amt (2. Aufl. Frankfurt, Paderborn 1982); dazu Coenen, Ekklesiologisch-kirchenrechtl. Bemerkungen zum Rezeptionsprozess der Lima-Dokumente, S. 280 ff.

Absatz 1 (Sakramente, Ordination, Amtshandlungen)
Der Normierung gliedkirchl. Gemeinsamkeiten im Dienst am Wort und bei der Verwaltung der Sakramente kommt besonderes ekklesiologisches Gewicht zu. Die Regelungsgegenstände Kanzel und Sakrament, Ordination und Amtshandlung verweisen auf den Grundauftrag der Kirche, das Evangelium rein zu predigen und die Sakramente dem göttlichen Wort gemäß zu reichen (CA VII).[557] Was im Einzelnen **„in der"** EKD darunter zu verstehen ist, folgt aus den im Vorspruch bezogenen Quellen, aus der Heiligen Schrift und den Bekenntnissen (Erl Vorspr. III).

Verkündigung bedeutet, Gottes Heil in dieser Welt zu bezeugen und den Inhalt der Schrift weiterzugeben (z. *Begriff:* Erl Nr. 3). Im Kontext des Dienstes „der Verkündigung und Sakramentsverwaltung" und aus dem Regelungszusammenhang mit Kanzelgemeinschaft (Nr. 2) und Ordination (Nr. 3) versteht sich Verkündigung hier wie in Nr. 3 vornehmlich als *Wortverkündigung* (in Predigt, Seelsorge, Unterricht, Liturgie). Die GO lässt jedoch eine generelle Überbetonung des Wortes im Sinne einer lehrhaften Theologisierung nicht zu und sieht die EKD und ihre Gliedkirchen dazu gerufen, Christi Liebe in Wort „und Tat" zu verkündigen (Art. 15 I 1; vgl. aber LKonk. Tz 13).

Sakramentsverwaltung gehört zu der handelnden, aktiven, gestaltenden Verwaltung im Unterschied zu der aufsichtlichen Verwaltung und betrifft Taufe und Abendmahl.[558] Während bei Verabschiedung der GO über den Vollzug der Taufe schon weitgehende Übereinstimmung unter den Gliedkirchen erreicht war, bestanden über die Abendmahlsgemeinschaft mehr oder weniger exklusive Auffassungen nebeneinander. Demgemäß konstatierte Art. 4 a.F.: „Über die Zulassung zum Heiligen Abendmahl besteht innerhalb der EKD keine volle Übereinstimmung." Angesichts der weitgehenden Gemeinschaft der Gliedkirchen im Übrigen empfand man es zunehmend als Not und Armut, nicht miteinander zum Tisch des Herrn gehen zu können. Dieses Problem war aber auch in der Ökumene ungelöst, insofern es damals weltweit zw. Lutheranern und Calvinisten seit der Reformation keine volle Abendmahlsgemeinschaft gab.[559]
Demnach geschah Wortverkündigung und Sakramentsverwaltung auch innerhalb der EKD grundsätzlich[560] nach bekenntnisgebundenen Ordnungen der Gliedkirchen bzw. der verwaltungsunierten Gemeinden und war gemäß Art. 4 I 2 a.F. (Anh 7D) gliedkirchl. Vereinbarungen überlassen. Von dieser Möglichkeit haben dann etliche Kirchen

---

557 Impulspapier rh. Ki., Ziff. 2.1.2.4.
558 Z. begriffl. Unterscheidung: v. Ammon/Rusam, Verfassung der Ev.-Luth. Kirche, S. 41.
559 Brunotte, GO, S. 139.
560 Ausnahmen waren in der Praxis nicht selten. Der Verkündigungsdienst in Gemeinden eines anderen Bekenntnisses wurde im Rahmen der gliedkirchl. Bestimmungen auch nach der GO a.F. zugelassen (Art. 4 II). Dies galt etwa für gelegentliche Predigtdienste, wie Festpredigten bei Tagungen, Vertretungen, Aushilfe unter Pfarrern verschiedener Landeskirchen u. dgl.

Gebrauch gemacht. Schon bei ihrer Zustimmung zur GO erklärten die badische und pfälzische Kirche und 1949 die EKHN, dass sie zu solchen Vereinbarungen bereit seien und dass alle Angehörigen der in der EKD geltenden Bekenntnisse zum Abendmahl zugelassen seien. Schon in den siebziger Jahren bestand zw. den Gliedkirchen unbestritten offene Kommunion und Kanzelgemeinschaft (s. Erl Nr. 2). Die GO-Änderung v. 1984 wurde dann insb. damit begründet, dass inzw. alle Gliedkirchen der Leuenberger Konkordie zugestimmt hatten und dieses auch für die EKD ekklesiale und verfassungsrechtl. Konsequenzen haben sollte.

Die Geltung **„in der EKD"** umfasst zunächst nicht nur die Gliedkirchen, sondern auch die ihr gem. Art. 21 IV angeschlossenen bekenntnisverwandten Gemeinschaften, wird aber dann in den Nrn. 1, 3 und wohl auch 4 auf die Gliedkirchen beschränkt (Ausnahme: Nr. 2, Kanzel- und Abendmahlsgemeinschaft). Die Formulierung („in") lässt zudem unterschiedliche Deutungen der geistlichen Gemeinschaft der EKD zu.

Nummer 1 (Taufe)
Die Taufe ist ein religiöser und auch rechtserheblicher Akt. Durch dieses „Sakrament des Christenstandes" wird als unabdingbare ökum. Voraussetzung die *Gliedschaft* in der Kirche begründet. Mit dem persönlichen Zuspruch des in Christus geschenkten Heils im Sakrament ist die Einfügung des Täuflings in den Leib Christi und das Volk Gottes (ecclesia spiritualis) und seine Eingliederung in die sichtbare Gemeinschaft der Kirche (ecclesia universalis) verbunden. Damit ist zugleich die Rechtsgrundlage für die (von weiteren Voraussetzungen abhängige) *Mitgliedschaft* in der konkreten de iure humano geordneten Gemeinde, d.h. in der verfassten Einzelkirche (ecclesia particularis) gegeben. Daraus erwachsen Rechte und Pflichten, wie die Übernahme kirchl. Ämter und die Steuerpflicht (Erl Art. 1 IV; zum Kirchenbegriff: Erl Überschrift „Kirche"). Das ev. Kirchenrecht hat im Unterschied zum CIC (c. 849-878) keine einheitliche Regelung der Taufe. Sie ist in den Gliedkirchen unterschiedlich in Taufgesetzen, Lebensordnungen, Agenden oder durch Gewohnheitsrecht geregelt.[561]

Die Anerkennung der Taufe innerhalb der EKD war schon bei Verabschiedung der GO 1948 an sich selbstverständlich; Vorbehalte gab es nur gegen die Übung der Erwachsenentaufe. Heute wird das Sakrament über die EKD hinaus auch von den Leuenberger Partnerkirchen als Kinder- und Erwachsenentaufe anerkannt, wenn sie „rite" vollzogen

---

[561] Auch die Ordnung der Taufe ist in der ev. Theologie dogmatisch umstritten. Zur Bedeutung: Taufe und Kirchenaustritt, Theologische Erwägungen der Kammer für Theologie, EKD-Text Nr. 66/2000; zu Wesen, Voraussetzungen und Wirkungen: Engelhardt, Einige Gedanken zur Kirchenmitgliedschaft im kirchlichen und staatlichen Recht, S. 142 ff.; vgl. Taufbuch, Agende für die EKU, hg. i.A. des Rates der EKU, Berlin 2000.

ist, d.h. Übergießen mit Wasser und unter Anwendung der trinitarischen Formel („im Namen des Vaters und des Sohnes und des Heiligen Geistes"). Das gilt auch für die römisch-kath. und die orthodoxe Kirche. Für die Anerkennung der Taufe christlicher Sondergemeinschaften ist die Beachtung dieses „rite-Vollzuges" wichtig. Für abweichende Taufformen von Baptisten und Freikirchen gilt die Aufforderung der Lima-Erklärung v. 1982, alle beteiligten Kirchen sollten die praktischen Aspekte ihrer Haltung neu überdenken. Die EKD hat den Gliedkirchen lediglich gegenüber der anthroposophischen „*Christengemeinschaft*" auf Grund des Gutachtens eines besonders dafür eingesetzten Ausschusses und nach längeren Aussprachen mit der Leitung der Christengemeinschaft empfohlen, deren Taufen nicht als christliche Taufe anzuerkennen.[562]

Der ordnungsgemäße Vollzug des Sakraments verleiht einen *character indelebilis* und wird auch bei einem Wechsel in eine andere Partikularkirche nicht erneut vorgenommen. Die Taufe ist unwiderruflich und darf nicht wiederholt werden (semel christianus, semper christianus). Auch die früher bei Konversion übliche *Konditionaltaufe* der kath. Kirche ist dort nur noch bei ernstem Zweifel am gültigen Vollzug erlaubt (c. 869, 2 CIC).

Nummer 2 (Kanzel- und Abendmahlsgemeinschaft)
„Kanzel- und Abendmahlsgemeinschaft" sind wesentliche Elemente der Kirchengemeinschaft. Auf Grund der Erfahrungen im Kirchenkampf und der daraus erwachsenen Gemeinschaft hatte sich zw. den Gliedkirchen eine weitgehende gemeinsame Praxis entwickelt.[563] Sie fand ihren Niederschlag in Art. 4 a.F.: „Berufenen Dienern am Wort wird der Dienst der Verkündigung auch in Gemeinden eines anderen Bekenntnisses im Rahmen der geltenden Bestimmungen der Gliedkirchen nicht verwehrt." „In vielen Gliedkirchen werden Angehörige eines anderen in der EKD geltenden Bekenntnisses ohne Einschränkung zugelassen. In keiner Gliedkirche wird einem Angehörigen eines in der EKD geltenden Bekenntnisses der Zugang zum Tisch des Herrn verwehrt, wo seelsorgerliche Verantwortung oder gemeindliche Verhältnisse die Zulassung gebieten". Andererseits konstatierte die GO, dass über die Zulassung zum Abendmahl „keine volle Übereinstimmung" bestehe. Vereinbarungen über Kanzel- und Abendmahlsgemeinschaft blieben „Aufgaben der Gliedkirchen". Den schwierigen Weg zur verfassungsrechtl. Gemeinschaft und zur GO-Änderung 1984 eröffnete insb. die Leuenberger Konkordie (Gesch 7; Erl Art. 1 II 1). Danach ist Kirchengemeinschaft auch als Kanzel-

562 KI-Gutachten „Zur Anerkennung der Taufe christlicher Sondergemeinschaften" v. 25.11.1985, S. 3 ff.

563 Ein bedeutsamer Anfang hierzu ist in dem von der Kirchenversammlung in Treysa 1947 geforderten und vom Rat der EKD veranlassten Abendmahlsgespräch gemacht worden (Gesch 4).

und Abendmahlsgemeinschaft zu verstehen (Tz 29).[564] Diese **besteht** nunmehr **in der EKD** kraft GO auch ohne Rückbezug auf die Leuenberger Konkordie. Sie entstand nicht erst durch deren Unterzeichnung oder durch Änderung der GO, sondern war bereits durch weitgehend gemeinsame Übung in den Gliedkirchen gewachsen.

Kanzelgemeinschaft
Die **Kanzel** ist der zum Predigen dienende Standort der Geistlichen. Der Inhaber der Pfarrstelle besitzt ein Recht auf seine Kanzel, d.h. die Befugnis, Gottesdienst und Kasualien in seiner Kirche selbst zu halten und darüber zu bestimmen, wer solche Handlungen sonst vornehmen darf (*Kanzelrecht*). In einem weiteren Sinne schließt dieses Recht die gesamte kirchl. Versorgung der Gemeinde ein.[565] Soll eine Amtshandlung, insb. eine Taufe, von anderen Geistlichen vorgenommen werden, ist entsprechend gliedkirchl. Recht ein Abmeldeschein (*Dimissoriale*) des Kanzelinhabers erforderlich.

Kanzelgemeinschaft in der EKD ist Gemeinschaft am Wort und in dessen Verkündigung (CA V u. VII). Daraus folgt auch die gegenseitige Zulassung zur Wortverkündigung. Dies bedeutet allerdings nicht, dass etwa der Ortspfarrer (pastor loci) seine Kanzel einem anderen Prediger gleich welcher Konfession gegen sein Gewissen einzuräumen hat. Nur kann er dies nicht mehr wegen des Bekenntnisunterschiedes verweigern oder mit der Begründung, Ausbildung oder Ordination des Gastpredigers seien unzureichend, wenn diese in der anderen Gliedkirche oder Gemeinde als wirksam anerkannt sind.[566] Auch einer Kirchenleitung ist es versagt, Prediger einer anderen Gliedkirche auszuschließen.
Die Kanzelgemeinschaft betrifft in erster Linie die zur Verkündigung *ordinierten Geistlichen.* Ursprünglich regelte die GO den Verkündigungsdienst „der berufenen Diener am Wort“ (Art. 4 II a.F.). Diese Formulierung schloss über die Ordinierten hinaus alle diejenigen ein, die von der Kirche zu einem Amt, das der Wortverkündigung dient, ordnungsgemäß zugelassen sind, wie Pfarrhelfer, Vikare, Volksmissionare, Diakone, Lektoren, Prädikanten. Daher wird man nach neuerem Ordinationsverständnis und zunehmender personeller Ausweitung des Verkündigungsdienstes in der Praxis auch diesen Personenkreis in die Kanzelgemeinschaft in einem weiteren Sinne einzuschließen haben. Dieses gilt freilich nur nach der Maßgabe, dass niemand in der anderen Gliedkirche mehr Rechte wahrnehmen kann, als er in seiner eigenen haben würde,

---

564 „Kanzel- und Abendmahlsgemeinschaft sind nach lutherischem Verständnis das letzte, das Kirchen sich gewähren können.“ (Hempel, Zeugnis und Dienst im Europa der Gegenwart, 1977, S. 41).
565 v. Tiling, Das Kanzelrecht, 418 ff.; Wendt, Kanzelrecht, Sp. 113 f.
566 A. v. Campenhausen, Die Zertrennung überwinden, aaO (Anm. 1), S. 88; zur Rechtslage in den Gliedkirchen: Siegmund, Ordination.

und diese auch nur, soweit die andere Kirche entsprechende Bestimmungen über das von ihm eingenommen Amt hat.

Verkündigung, zu der Ordinierte zugelassen sind, hat hier die Bedeutung der öffentlichen Wortverkündigung im Unterschied zur Verkündigung im weiteren Sinne des Art. 15 I 1 (Erl vor Nr. 1). Sie folgt der theol. Aufgabe, „die biblischen Texte auszulegen und in die Gegenwart zu verlängern“, und der wissenschaftlichen, d.h. zugleich kritischen, Verpflichtung einer Kirche des Wortes.[567]

Abendmahlsgemeinschaft
Das **Abendmahl** ist neben der Taufe das einzige von Christus gestiftete Sakrament als Gottes Anrede an die Menschen in sinnlich erfahrbarer, sichtbarer und fühlbarer Weise.

Bei der Verabschiedung der GO bestand über die Zulassung zum Abendmahl „keine volle Übereinstimmung“. Die Zulassung bzw. deren Verwehrung wurde jeweils dem Gebot seelsorgerlicher Verantwortung oder den gemeindlichen Verhältnissen anheimgegeben (Erl vor Nr. 1). Dies führte in der Praxis zu Problemen, auch auf Kirchentagen, überlandeskirchl. Konferenzen und Verbandstagungen, Freizeiten, Rüsttagen oder in den Studentengemeinden. In Kirchen, in denen an der geschlossenen Kommunion festgehalten wurde, lag die Entscheidung bei den sog. Konferenzabendmahlsfeiern i.d.R. beim zuständigen Pfarrer.

Die Lehre vom Abendmahl als einem Zeichen der Einheit wurde zwangsläufig schon früh ein zentrales Thema der ökum. Diskussion. Schon 1952 hat die Weltkonferenz für „Faith and Order“ in Lund abgestufte Formen definiert:[568]

1. *Volle Abendmahlsgemeinschaft* zwischen lehrmäßig und bekenntnismäßig gleichen Kirchen,
2. *Interzelebration*: Die gegenseitige Teilnahme der Mitglieder von Kirchen verschiedener Konfession und wechselseitiges Amtieren der Geistlichen,
3. *Interkommunion*: Die gegenseitige Teilnahme der Gemeindeglieder ohne wechselseitiges Amtieren der Pfarrer,
4. *offene* Kommunion: grundsätzliche Zulassung der Glieder anderer Kirchen,
5. *gegenseitige offene* Kommunion: Erlaubnis auch an die eigenen Mitglieder, bei einer anderen Kirche teilzunehmen,
6. *begrenzte offene* Kommunion: Gliedern anderer Kirchen wird die Teilnahme am Abendmahl in Notfällen erlaubt;

---

567 Steinwand, Ein Lehrer der Kirche, S. 43.
568 Stählin, Lund, Dritte Konferenz für Glaube und Kirchenverfassung.

7. *geschlossene* Kommunion: Einschränkung der Zulassung auf die Glieder der eigenen Konfession.

Interkommunion und Interzelebration gab es 1948 bei bekenntnisverschiedenen Kirchen bzw. Landeskirchen noch nicht. Der Kirchenversammlung von Eisenach ging es bei den konfessionellen Lehrdifferenzen um die Frage, ob es für die Lutheraner bei einer streng geschlossenen Kommunion wegen des von ihnen vertretenen engen Zusammenhangs zw. Lehre und Ritus bleiben müsse. Sie sahen im Allgemeinen die Anerkennung der luth. Lehre als Voraussetzung zur Teilnahme und beriefen sich dabei auf das paulinische Gewissensverständnis (1. Kor 10,29), während Vertreter der Unionskirchen auch aus praktischen Erwägungen und mit Rücksicht auf die Migration und Konfessionsmischung nach dem Kriege die „*gegenseitige offene Kommunion*" zw. allen Gliedkirchen anstrebten. Die Praxis ging aber auch in den luth. Kirchen über diese grundsätzliche Haltung hinaus.[569] Rechtl. wurde die Praktizierung der offenen Kommunion 1970 durch die Mitgliedschaftsvereinbarung anerkannt.[570]

Diese schon auf die Reformationszeit zurückgehenden Divergenzen haben in den Arnoldshainer Abendmahlsthesen v. 1957 und der *Leuenberger Konkordie* v. 1973 eine die luth. und die ref. Position versöhnende Lösung gefunden. Die Gaben des Abendmahls, Brot und Wein, sind in die Realpräsenz Christi deutlich mit eingeschlossen. So besteht nunmehr zw. allen Gliedkirchen Abendmahlsgemeinschaft i.S.d. Interkommunion mit der Möglichkeit der „*Interzelebration*".[571] Die Formulierung schließt die zunehmend in der EKD praktizierte „volle Abendmahlsgemeinschaft" nicht aus.[572] Zugelassen und erwünscht ist auch die Feier und gemeinsame Spendung des Abendmahls mit Beteiligung verschiedener Bekenntnisse. Bei einer solchen *Konzelebration* wird das Abendmahl unter der assistierenden Beteiligung mehrerer Geistlicher verschiedenen Bekenntnisses unter der Leitung eines von ihnen, i.d.R. des Ortspfarrers, gefeiert. Eine gemeinsam zu verantwortende, gleichrangige Leitung bei der *Interzelebration* stößt wegen des unterschiedlichen Verständnisses von der Art der Gegenwart Christi immer noch auf luth. Bedenken.[573] Das Abendmahl wird aus ref. Sicht als Zeichen (H. Zwingli) der „geistlichen Präsenz Christi" (J. Calvin) gedeutet. Gliedkirchl. Stellungnahmen

569 Eisenach 1948, S. 58 f.; vgl. Votum der Sa(M) zur GO 1948 (Gesch 5).

570 „In dieser Gemeinschaft und in gegenseitiger Anerkennung bieten die Gliedkirchen der EKD jedem Mitglied einer Gliedkirche den Dienst der Verkündigung, der Seelsorge und der Diakonie an und lassen nach Maßgabe ihrer Ordnungen zum Heiligen Abendmahl zu." (Vereinbarung ü. die Kirchenmitgliedschaft v. 1.2.1970, Abschn. II; Erl Art. 1 IV).

571 S.o. Ziff. 2; Tz 33 LKonk.

572 Tz 13, 15 f., 18 ff., 33 LKonk.; vgl. auch Memorandum des Ökumenischen Ausschusses zum Verhältnis von Kirchengemeinschaft und Abendmahlsgemeinschaft v. 18.9.1954.

573 Stiller, Rechtl. Aspekte und Konsequenzen der Leuenberger Konkordie, S. 214; betr. auch das Amtsverständnis.

noch zum EGO74 besagten, dass volle Abendmahlsgemeinschaft nicht zw. allen Gliedkirchen der EKD bestehe.[574] Denn die Feststellung „**Es besteht ... Abendmahlsgemeinschaft**" lässt für sich genommen offen, wie diese über die (seit langem bestehende) Abendmahlszulassung hinausgehende Gemeinschaft im Einzelnen zu beschreiben ist. Nach der vorstehend zitierten ökum. Definition (Ziff. 2), die auch der Leuenberger Konkordie zugrunde liegt, beinhaltet diese nunmehr eine gegenseitige Teilnahme der Mitglieder von Kirchen verschiedener Konfession und wechselseitiges Amtieren der Geistlichen. Aber auch „das Wort Interzelebration" ist – zumindest aus luth. Sicht – „nicht recht deutlich".[575] Zudem spricht die Leuenberger Konkordie, auf die Art. 1 II Bezug nimmt, nur von einer *Ermöglichung* solcher Gemeinschaft. Auch diese Aussage ist nicht eindeutig. Man kann darunter „die Verpflichtung verstehen, dafür Sorge zu tragen, dass aus der Möglichkeit Wirklichkeit wird, andere sehen in dem Begriff ein Stück gebliebener Freiheit. Nach dieser Sicht gehört die Interzelebration nicht zu den zwingenden Folgerungen aus der erklärten Kirchengemeinschaft im Sinne der Konkordie und auch nicht zu ihren Voraussetzungen."[576] Zwar verbleiben Unterschiede im luth. und ref. Verständnis insb. zur Art der Gegenwart Christi im Abendmahl.[577] Diese werden jedoch nicht mehr als kirchentrennend angesehen. Gemeinsam gilt, dass das Abendmahl eine Stiftung Christi und der auferstandene Christus gegenwärtig ist und sich mit Leib und Blut schenkt.

Über die dokumentierende Deutung hinaus entfaltet dieser Satz der GO auch die normative Wirkung eines Gebotes: Er verpflichtet Gemeinden und Pastoren zur Sakramentsspende bzw. Zulassung aller Angehörigen anderer Gliedkirchen. Es wird gegenseitig anerkannt, dass dieses Sakrament bei den anderen Gliedkirchen einsetzungsgemäß gespendet wird.[578] Vollzogen wird es durch Darreichung und Empfang von mit Einsetzungsworten konsekriertem Brot und Wein. Die Konsekration und Darreichung nehmen i.d.R. leitend die durch Ordination (Erl Nr. 3) Beauftragten vor.

---

574 Bayern und Schaumburg-Lippe (EZA, 2/93, Nr. 323).

575 Syn. K. Schlaich als Berichterstatter des Rechtsausschusses 1983 (SB Worms 1983, S. 268); W. Hofmann, SB Worms 1983, S. 90; Hempel, Zeugnis und Dienst im Europa der Gegenwart, S. 41.

576 Stellungnahme des Rates zur GO-Änderung 1983 (SB Worms 1983, S. 355); so auch W. Hofmann, aaO; noch 2006 wurde der Abendmahlsgottesdienst der ÖRK zum luth.-ref. Problem.

577 Die luth. Lehre betont die reale Präsenz Jesu Christi nach seiner göttlichen und menschlichen Natur in, mit und unter den Elementen von Brot und Wein; ferner verbindet sich damit das Verständnis, dass eine unwürdige Teilnahme, dem Teilnehmer zum Gericht wird (1. Kor 11,27). Diese sog. maducatio impiorum hat im reformierten, überwiegend calvinistisch geprägten Abendmahlsverständnis keinen Raum, nach der sich Christus als geistliche Speise darreichen lässt und nur von Glaubenden empfangen wird (vgl. Rat der EKD, Das Abendmahl – Eine Orientierungshilfe zu Verständnis und Praxis des Abendmahls in der ev. Kirche, Gütersloh 2003, S. 25 f.).

578 Zur Lehre und Praxis des Abendmahls: Beratungsergebnis der 4. Vollversammlung 1994 (epd-Dok. Nr. 25/94, S. 41 ff.).

Konfessionswechsel und Abendmahlszucht
An die ursprüngliche Bestimmung der GO (Art. 4 a.F.) fügte sich eine Klarstellung, die mit der GO-Änderung v. 1982 infolge der Abendmahlsgemeinschaft entfallen ist: „Die rechtliche Kirchenzugehörigkeit und die Bestimmungen über die allgemeine Kirchenzucht bleiben in jedem Falle unberührt." Dieser Satz stellte klar, dass Kirchenzugehörigkeit und Abendmahlszucht von der bestehenden Abendmahlsgemeinschaft zumindest formalrechtl. unberührt bleiben. Die Kirchenzugehörigkeit wird nicht allein dadurch geändert, dass jemand im Einzelfall oder im Notfall am Abendmahl einer anderen Konfession teilnimmt. Dagegen wurde in früheren Zeiten die Teilnahme am Abendmahl der anderen Konfession weithin als *Übertritt* angesehen. Natürlich kann auch heute ein nach den geltenden Rechtsvorschriften vollzogener Übertritt – ähnlich heutiger Praxis beim Wiedereintritt – mit einer Abendmahlsfeier verbunden werden.

Ebenso bleibt die in den Gliedkirchen bestehende, im Einzelnen sehr verschieden gehandhabte *Abendmahlszucht* bestehen. Die Gliedkirchen und ihre Pfarrer sind auf jeden Fall berechtigt, Kirchenzuchtbestimmungen, die sie auf ihre eigenen Gemeindeglieder anzuwenden haben, ebenso auf Angehörige einer anderen Konfession, die die Teilnahme am Abendmahl begehren, auszudehnen, z.B. wenn es sich um nachhaltige Unbußfertigkeit notorisch schwerer Sünder handelt. Es muss ausgeschlossen bleiben, dass z.B. ein aus Gründen der Kirchenzucht in seiner Gemeinde vom Abendmahl ausgeschlossener Reformierter in einer luth. Gemeinde bedenkenlos zugelassen wird und umgekehrt.

Nummer 3 (Ordination)
Durch die „ordnungsgemäß vollzogene **Ordination**" wird der Auftrag zur öff. Wortverkündigung und Sakramentsverwaltung übertragen; Auftrag und Recht sind auf Lebenszeit angelegt. Mit diesem geistlichen Akt ist die Begründung des Pfarrerdienstverhältnisses verbunden. Von der geistlichen *Amtsübertragung* ist aber die rechtl. Ordnung des Pfarramtes, insb. die *Anstellungsfähigkeit,* zu unterscheiden. Die Ordinierten sind durch die Ordination verpflichtet, das übertragene Amt im Gehorsam gegen Gott in Treue zu führen, das Evangelium von Jesus Christus nach Schrift und Bekenntnis rein zu lehren, die Sakramente ihrer Einsetzung gemäß zu verwalten und sich in ihrer *Amts- und Lebensführung* so zu verhalten, dass die Wahrnehmung des übertragenen Amtes nicht beeinträchtigt wird.[579] Die Bindungswirkung der Ordination tritt auch dann ein, wenn ein *Pfarrerdienstverhältnis* nicht begründet wird oder nicht mehr besteht.

579 § 3 Empfehlungen des Rates und der KK der EKD zur Vereinheitlichung dienstrechtlicher Vorschriften in den Gliedkirchen der EKD v. Nov. 1996 hg. v. KA, Hannover 1996; zum ev. Verständnis und zur Praxis der Ordination: VELKD-Studie „Allgemeines Priestertum und Ordination nach ev. Verständnis" und Stellungnahme der Kammer für Theologie der EKD v. 2003.

Der **ordnungsgemäße Vollzug** dieser Segnungs- oder Einführungshandlung, in der ein Theologe zum Predigtamt berufen wird, ist in den Gliedkirchen nach der jew. *Agende* und z.T. unterschiedlich gestaltet. Die rechtl. Wirkung wird in allen Gliedkirchen anerkannt. Fraglich ist, ob eine entsprechende Anerkennung auch solchen kirchl. Mitarbeiterinnen und Mitarbeitern zukommt, denen aufgrund besonderer und der Ordination vergleichbarer Berufung und Lehrverpflichtung der Auftrag zum Predigtdienst und zur Sakramentsverwaltung für einen bestimmten Dienstbereich erteilt wird (Erl Nr. 2, z.B. Prädikanten u. dgl.). Die konfessionellen Divergenzen in unterschiedlichen Agenden und Qualifikationen, die dieser GO-Bestimmung zugrunde liegen, sprechen für eine restriktive Auslegung, auch wenn dies zw. etlichen Gliedkirchen offener gehandhabt wird. Jedenfalls setzt die Ordination voraus, dass ein geordneter kirchl. Dienst übertragen werden soll, der öffentliche Wortverkündung und Sakramentsverwaltung einschließt. Wer ordiniert wurde, erhält eine *Ordinationsurkunde;* sie ist bei Verlust von Auftrag und Recht zurückzugeben.

Mit der Zulassung **Ordinierter** zum Verkündigungsdienst in allen Gliedkirchen knüpft der 2. Halbsatz an den vorangehenden Tatbestand der Ordination an. Die GO a.F. sprach hier angesichts divergierender gliedkirchl. Begriffe von „berufenen Dienern am Wort" (Anh 7D). Das Amtieren in Gemeinden einer fremden Landeskirche ist durch die GO nicht uneingeschränkt freigegeben. Die tatsächliche Zulassung zum Verkündigungsdienst und zur Vornahme von Amtshandlungen steht im konkreten Fall unter dem Vorbehalt der jew. gliedkirchl. Ordnung gemäß Abs. 2. So untersteht etwa ein gelegentlicher Predigtdienst in einer anderen Kirche den dort geltenden Vorschriften. Ist z.B. das Amtieren eines nicht in der Gemeinde angestellten Amtsträgers an das Dimissoriale (Erlaubnisschein) des Ortspfarrers oder an die Zustimmung der Gemeindeleitung gebunden, so gilt das auch für einen Predigtdienst nach Abs. 1 Nr. 3. In manchen Gliedkirchen bedarf jede Predigt eines außerlandeskirchl. Geistlichen der Genehmigung durch die oberste Verwaltungsbehörde. Auch derartige Bestimmungen bleiben durch Abs. 1 unberührt.

Nummer 4 (Amtshandlungen)

Im Zusammenhang mit der Anerkennung der Ordination und der Ämter steht die Gültigkeit der Vornahme von Amtshandlungen durch ordinierte Amtsträger anderer Gliedkirchen. Das bedeutet, dass diese auch die Voraussetzungen für die Übernahme des Predigtamtes etc. erfüllen. In der Konsequenz wird die Ansicht vertreten, dass dementsprechend auch deren *Anstellungsfähigkeit* ohne weiteres eingeräumt werden müsste.[580] Insoweit dies aus der Leuenberger Konkordie gefolgert wird, gilt freilich deren Vorbehalt,

---

[580] Stiller, Rechtl. Aspekte und Konsequenzen der Leuenberger Konkordie, S. 214 f.

dass die in den Kirchen geltenden Bestimmungen für die Anstellung im Pfarramt nicht beeinträchtigt werden (Tz 43). **Ordnungsgemäß** ist der Vollzug, wenn er auch im Übrigen der Ordnung der vollziehenden Gliedkirche bzw. Gemeinde entspricht.

Die Anerkennung gilt für *alle* **Amtshandlungen.** Mit diesen begleitet die Gemeinde in besonderen Gottesdiensten ihre Glieder auf deren Bitten hin an Wendepunkten ihres Lebens (Kasualien). Amtshandlungen, die im Kirchenbuch beurkundet werden, sind: Taufe, Konfirmation, Trauung, Bestattung, Aufnahme, Übertritt und Wiederaufnahme (§ 1 II KBO). Der weitere Begriff der GO umfasst hier zudem Segens- und Einweihungshandlungen, die neben dem regelmäßigen Gottesdienst auf einen bestimmten casus bezogen sind (im weiteren Sinne auch Erntedank- und Bußgottesdienst oder besondere Friedensgebete). Die Taufe wird gem. Nr. 3, 2. Halbsatz begrifflich (und theol. unscharf) von der Amtshandlung im engeren Sinne unterschieden und gehört mit dem Abendmahl zur Sakramentsverwaltung. Anerkannt wird deren rechtl. Geltung, nicht die theol. Bedeutung insg.
Bei der Anerkennung einer Amtshandlung kann es z.B. vorkommen, dass eine Gliedkirche bei der Trauung nicht nur die Vorlegung eines Taufscheins der Nupturienten, sondern auch einer Konfirmationsbescheinigung vorschreibt. Dann gilt die Konfirmation, die in einer Gliedkirche anderen Bekenntnisses stattgefunden hat.

Absatz 2 (Gliedkirchliche Ordnungen und Vereinbarungen)
Der Vorbehalt gliedkirchl. Ordnung steht im besonderen sachlichen Zusammenhang mit Verkündigungsdienst und Sakramentsverwaltung. Seine Bedeutung erschließt der Rückblick auf die ursprüngliche Fassung des Art. 4, der hier im Kontext des Verkündigungsdienstes eigens auf die gliedkirchl. Bestimmungen verwies und die „rechtl. Kirchenzugehörigkeit" zum Gegenstand hatte (Anh 7D). Denn früher wurde die Teilnahme am Abendmahl einer anderen Kirche als Übertritt angesehen (Erl Nr. 2).

Gliedkirchl. **Ordnungen** in diesem Sinne (zum *Begriff:* Erl Überschrift „Grundordnung" u. Art. 8) sind etwa gliedkirchl. Vorschriften über das Amtieren eines nicht in der Gemeinde angestellten Amtsträgers, z.B. über das Dimissioriale (förmliche Erlaubnis) des Ortspfarrers oder über die Zustimmung des Kirchenvorstandes oder Presbyteriums. Dies betr. den Vollzug der Sakramente, Amtshandlungen wie auch den Predigtdienst.

Zu den **Vereinbarungen** der Gliedkirchen sind sowohl bilaterale wie gemeinsame Vereinbarungen aller Gliedkirchen zu rechnen. Beide Wege sind etwa im Mitgliedschaftsrecht gegangen worden. Dies gilt für die Vereinbarung über die Kirchenmitgliedschaft von 1970 (Erl Art. 1 IV) oder für die in neuerer Zeit häufigeren Übertrittsvereinbarungen zw. benachbarten Kirchen.[581]

Artikel 5 (Geschwisterlichkeit)

Die Ordnung des Verhältnisses der Gliedkirchen zueinander und zur Evangelischen Kirche in Deutschland ist eine Ordnung der Brüderlichkeit. Verhandlungen und Auseinandersetzungen sowie die Geltendmachung von Rechten und Pflichten zwischen ihnen sollen in diesem Geiste stattfinden.

Die „Pflege des brüderlichen Sinnes" stellte der Wittenberger Entwurf eines Kirchenbundes 1848 an den Anfang der ihm zugedachten Aufgaben (Anh 1: Ziff. 5a). Die Bestimmung der GO wurde erst durch den Rat (Anh 7C) aufgenommen[582] und blieb durch alle Lesungen unverändert.
Das Ordnungs- und Handlungsprinzip der „Brüderlichkeit" kennzeichnet des Wesen des Kirchenrechts. Neben dem Organisationsrecht statuiert die GO vor allem hier die praktische Umsetzung bekenntnisbezogener Rechtsinhalte (Erl Art. 3 vor I). Ferner kann dieses Prinzip in einem bes. Sinne als Korrelat zum föderalen Moment der GO verstanden werden. Es kompensiert die gliedkirchl. Eigenständigkeit innerhalb der seinerzeit als Bund, heute als Gemeinschaft (Erl Art. 1 I) verstandenen Gesamtkirche. Unter diesem Aspekt entspricht dieses Gebot der Geschwisterlichkeit im staatl. Föderalismus der *Bundestreue* und dem *bundesfreundlichen Verhalten*. Diese verpflichten die Länder nicht nur zu äußerer Korrektheit in der Erfüllung ihrer Pflichten, sondern zu stetem Suchen und zur Herstellung eines guten bundesfreundlichen Verhältnisses.[583]
Wie dieser staatl. Grundsatz kann auch das Gebot der Geschwisterlichkeit zusätzliche Pflichten begründen und Kompetenzen beschränken.

Satz 1 (Ordnungsprinzip)

Mit der „**Brüderlichkeit**" nimmt die GO den zentralen neutestamentlichen Gedanken der Gotteskindschaft (Röm 8,9 u. 14 f.) und des Liebesgebotes auf, entfaltet im moralischen Appell des Apostels: „Ein jeglicher sehe nicht auf das seine, sondern auch

---

581 Z.B. die Vereinbarung zw. den Kirchen und kirchl. Gemeinschaften innerhalb der ACK im Freistaat Sachsen zur Regelung des Übertritts, die Vereinbarung zw. der Ev. Landeskirche in Württemberg und der Ev. methodistischen Kirche in Württemberg und die Übertrittsvereinbarungen der Ev.-luth. Landeskirche Hannovers mit der Ev.-ref. Kirche in Nordwestdeutschland, der Ev.-luth. Landeskirche in Braunschweig, der Selbständigen Ev.-luth. Kirche und der Ev.-ref. Gemeinde Göttingen; vgl. auch EKD-Vereinbarung v. 7.12.2005 (ABl. EKD S. 571).

582 In der Ratssitzung vom 27./28.4.1948 auf Antrag des Ratesmitgliedes R. Smend (Nicolaisen, Ratsprot. 2, S. 452).

583 Hesse, Bundesstaat, Sp. 218.

auf das, was des anderen ist“ (Phil 2,4). Brüderlichkeit verweist – auch als Gabe – auf den einen Herrn der Kirche; „denn einer ist euer Meister, Christus; ihr aber seid alle Brüder“ (Mt 23,8; vgl. Barmer Erkl., These 3). Das Verhältnis der Brüderlichkeit bezeichnet man heute als „*Geschwisterlichkeit*“, wie dies sprachlich auch schon durch die GO an anderer Stelle im „Zeugnis der Brüder *und Schwestern*“ zum Ausdruck kommt (Art. 1 III 3).

Zunächst statuiert die GO einen *Ordnungsgrundsatz.* Er regelt sowohl das **Verhältnis der Gliedkirchen zueinander** als auch ihr **Verhältnis zur EKD**. Er geht also über eine „Bundestreue“ hinaus und gilt zw. den einzelnen Gliedkirchen. Der umfassende Begriff der „**Ordnung**“ wird hier im rechtl. und rechtstheol. Sinne verwandt, und zwar im Sinn rechtsförmlicher Gestaltung (der Verhältnisse) und rechtstheol. Handlungsmaximen (Erl Überschrift „Grund*ordnung*“). Er objektiviert den zunächst personalen Bezug der hier bezeichneten Geisteshaltung zu einer institutionellen Verhaltensnorm und zum wesentlichen Strukturmerkmal der Gemeinschaft. Brüderlichkeit als Bekenntnis zur Gotteskindschaft und als Konkretisierung des Liebesgebots gilt für den Umgang in Gemeinde und Kirche (1. Joh 2,10). Dieses rechtstheol. geprägte Ordnungsprinzip („Ordnung der Brüderlichkeit“) für das Zusammenleben der einzelnen Christen überträgt die GO auf die Ordnung der Kirche insg. und in Sonderheit auf deren Rechtsordnung. So kennzeichnete der Initiator des Artikels den „Grundsatz der Brüderlichkeit als Gesetzbuch“ i.S.e. inhaltlichen Generalklausel.[584] Der Rechtsgrundsatz wird in seiner Geltung hier besonders bezogen auf das Verhältnis der Gliedkirchen zueinander und zur EKD. Er gilt also dem Wesen der EKD als Kirchengemeinschaft und erhält damit als Rechtsgedanke zentrale Bedeutung für das materielle Verfassungsrecht.

Der Rechtsgrundsatz der Geschwisterlichkeit kompensiert im Kirchenrecht ferner das allgemeine Rechtselement des Zwangs, das bei der Anwendung der KG in den Hintergrund tritt. „Bundeszwang“ kennt die GO nicht. An seine Stelle tritt die „Maxime der bundesfreundlichen, brüderlichen Verständigung“.[585] Der Grundsatz will bei allem bedacht sein, was über das Prinzip der Einmütigkeit hinausgeht. Er kommt mit zum Tragen, wenn es um den Ausgleich insb. finanzieller Mittel geht, wie etwa im Rahmen des Finanzausgleichs oder auch des Clearing-Verfahrens (Erl Art. 9 lit. c und Art. 33 II), wenn es um die Berücksichtigung und Offenlegung einer gliedkirchl. Notlage geht.[586] Schon bezüglich der unterschiedlichen Beamtenversorgung in den Kirchen der Sowjet-

584 R. Smend (Prof. f. öff. Recht, Leiter des Instituts für ev. KR der EKD), SB Bethel 1949, S. 163.

585 Amtl. Begründung zum Ratsentwurf eines Gesetzes über den SGH (SB Bethel 1949, S. 312).

586 So z.B. bei der Androhung einer Kündigung des Clearing-Verfahrens (Ndrschr. ü. die 49. Ratssitzung am 8./9.12.1995 und Vorl. v. 27.11.1995 – KA-Az. 9131/27. 131 – betr. Brm, ähnlich Berl).

zone und des Westens ist die Brüderlichkeit i.S.d. GO als Rechtsgrundsatz angezogen worden.[587]

Ein weiteres Beispiel praktischer Anwendung eines Ordnens in diesem Geiste bietet die Verteilung der Stimmen in der KK. Hier wird unter den Gliedkirchen nicht die sehr unterschiedliche Seelenzahl schematisch oder auch nur annähernd bei Sitz und Stimme austariert, sondern im Geiste geschwisterlicher Ordnung gewährleistet, dass auch die kleineren Gliedkirchen mit gleicher Stimme zu Gehör kommen.[588] So berief sich schon 1972 ein entsprechendes Reformpetitum auf diesen Artikel.[589] Auch bei der kirchl. Wiedervereinigung wurde der Anspruch auf Reaktivierung der ruhenden EKD-Mitgliedschaft der im BEK abgesonderten Kirchen darauf gestützt.[590] Darüber hinaus wurden bezüglich der Zusammensetzung der EKD-Organe „die östlichen Kirchen mit großem Entgegenkommen nicht unerheblich günstiger behandelt, als es proportional den Mitgliederzahlen“ entsprach,[591] so etwa bei der synodalen Sitzverteilung (Erl Art. 25 II).

Der Grundsatz ist auch maßgebend für *Auslegung und Anwendung der GO.* In diesem Sinne bekräftigte der Rat, er wolle „selber jederzeit für eine Handhabung aller Bestimmungen der GO in brüderlichem Geiste eintreten“.[592] Dies gilt auch für den *Grundsatz der Organtreue*; er verpflichtet beispielsweise im Gesetzgebungsverfahren den Rat, den Gliedkirchen Gesetzesvorl. so rechtzeitig vorzulegen, dass sie ausreichend Zeit zur Stellungnahme haben (Erl Art. 26a vor I). Im staatlichen Vertragswesen entspricht dem die Formel der sog. Freundschaftsklausel (z.B. Text 10 § 12).

Satz 2 (Handlungsprinzip)

Aus dem Charakter der Ordnung folgt für deren Praktizierung ein entsprechender Umgang miteinander. Die Ordnung der Geschwisterlichkeit schließt „Meinungsverschiedenheiten und Streitfragen innerhalb der EKD“ (Art. 32) nicht aus. Der *Rechtsgrundsatz* der Geschwisterlichkeit, der sich aus dem Wesen der Kirche ableitet, verpflichtet und berechtigt Gliedkirchen und EKD in ihrem Verhältnis untereinander, im Umgang mit ihren Interessen und der Wahl ihrer Mittel bei der Wahrung ihrer Belange. „Alles, was in der Kirche irgendwo geschieht, hat einen unmittelbaren Bezug zu jedem anderen Gliede dieser Kirche ... (Was) die einzelne Ekklesia beschließt, hat nur insoweit

---

587 BVerwG Urt. v. 25.10.1965 (KirchE 10, S. 205).

588 Auch bei den übrigen Entscheidungen wird für Sitz und Stimme nicht lediglich zweifach differenziert.

589 Stellungnahme der Bad. v. April 1972 zur GO-Reform (EZA 86/90/26); Beier, „Kirchwerdung“ im Zeichen deutscher Teilung, S. 86.

590 M. Heckel, Rechtsprobleme, S. 167.

591 M. Heckel, aaO, S. 160 m. Hinweis auf „mannigfache Rücksichtnahmen“ und die „enormen Finanzhilfen“.

592 NdschrRat 17./18.1.1950 (EZA 2/1792); zum Aspekt der Billigkeit s. Erl Art. 2 vor 1.

verbindliche Kraft, als es von den anderen Ekklesien angenommen, rezipiert ist."[593] Jede Gliedkirche hat bei Zustimmung oder Widerspruch in Sachen EKD die Absichten anderer Gliedkirchen oder der EKD und die gemeinsame Aufgabenwahrnehmung mitzubedenken. „Über das verbindliche Maß an Geschwisterlichkeit entscheidet allerdings jeder für sich selbst."[594]

Das Handlungsprinzip gilt namentlich für „Verhandlungen und Auseinandersetzungen sowie für die Geltendmachung von Rechten und Pflichten". Diese Formulierung differenziert jew. die gegensätzlichen Aspekte des Miteinanders und Gegenübers, des Anerbietens und der Inanspruchnahme. Mit der ausdrücklichen Regelung der **Auseinandersetzung** und der **Geltendmachung** geht die GO davon aus, dass Gliedkirchen und EKD auch unterschiedliche Positionen haben und zum geordneten Ausgleich bringen. Darin ist sowohl das Moment des gemeinschaftlichen Miteinanders als der abzugrenzenden Eigenständigkeit enthalten. Dieser Ausgleich wird nicht mit der Geschwisterlichkeit identifiziert, sondern er **„soll"** lediglich **in diesem Geiste stattfinden**; d.h. auch andersartige Ordnungen und Umgangsweisen bleiben Gegenstand der GO. Insofern tritt hier also nicht die Liebe einfach an die Stelle des Rechts. Gesetz und Evangelium sollen so nicht vermischt werden. Die nüchterne Wahrnehmung notwendiger Rechtsbeziehungen und **die Geltendmachung von Rechten und Pflichten** bleiben im Prinzip unverzichtbar, die geschwisterliche Ausübung aber eine Sache des Bemühens und der Gnade (H. Dombois). Zum Aspekt der Billigkeit s. Erl Art. 2 vor I. Neuere kirchl. Verträge sehen manchmal statt des schriftbezogenen geschwisterlichen Geistes für Meinungsverschiedenheiten vor, dass diese „in freundschaftlicher Weise" zu beseitigen seien (z.B. Text 10: § 12).

Das Nebeneinander nüchterner Rechtstitel und geschwisterlichen Umgangs wird beispielsweise im Steuer- und Finanzausgleich deutlich: Während die den Gliedkirchen zustehenden Kirchensteuern auf Grund divergierender Wohn- und Betriebssitze exakt nachberechnet und im sog. *Clearingverfahren* erstattet werden, berücksichtigten im Geiste der Geschwisterlichkeit *Hilfspläne* für östliche Gliedkirchen wie heute der *Finanzausgleich* (Erl Art. 6 I) nach bestimmten Kriterien die Bedürftigkeit finanziell schwächerer Gliedkirchen (Erl Art. 33 I). Den Umgang im Geiste der Geschwisterlichkeit betraf aber auch z.B. die „Androhung" der Kündigung des Clearing-Verfahrens durch Gliedkirchen, die ihren Zahlungsverpflichtungen nicht mehr nachkommen konnten. Im Prinzip der Geschwisterlichkeit wurzelt – ebenso wie im Grundsatz der Verwaltungsökonomie – auch der Gedanke der Rechts- und *Amtshilfe* zw. kirchl. Stellen, wie er insb. im Gerichtswesen gesetzlichen Niederschlag gefunden hat (z.B. § 39 I DG.EKD u. § 12 VGG.EKD).

---

593 Dombois, Bd. 3, S. 12; dazu auch Schlaich, Änderungen der GO, S. 152.
594 Syn. K. Schlaich für den Rechtsausschuss, SB Worms 1983, S. 153.

II. Aufgaben

Der Abschnitt der GO mit den meisten Artikeln (6 bis 20) regelt die Vielfalt der Aufgaben der EKD. Sie sind in zwei Richtungen gestellt: auf das Ziel der Zusammenordnung gliedkirchl. Arbeit und auf den Dienst an der Gesamtkirche durch Bereitstellung von Institutionen und Normen.[595] Die Überschrift „**Aufgaben**“ umfasst sowohl die originären Aufgaben der EKD als Gesamtkirche und in eigener Sache, als auch solche, die ihr aus dem gliedkirchl. Bereich übertragen werden können (Art. 10a u. 13). Mit den Aufgaben und den sich daraus ergebenden Befugnissen regelt die GO die gesamtkirchl. Zuständigkeit und damit die Kompetenzaufteilung zw. EKD und Gliedkirchen.

Vorangestellt ist die Gesamtaufgabe. Dieser folgen die sich daraus ergebenden einzelnen Aufgaben der EKD und ihre Mitwirkung an gliedkirchl. Aufgaben nebst entsprechenden Verfahrensvorschriften und dem Instrumentarium zur Wahrnehmung. Nach der gesamtkirchl. Aufgabenbeschreibung durch die Art. 6 bis 10b behandeln Art. 11 bis 13 Kompetenzen der Gliedkirchen, bei denen eine Beteiligung bzw. Mitwirkung der EKD bis hin zur Übertragung vorgesehen ist. Diese betreffen die Bestellung ihrer Kirchenleitungen (Art. 11), Rechtsangleichung (Art. 12) und Aufgabendelegierung (Art. 13). Die Art. 14 bis 16 knüpfen an die generelle Förderungsaufgabe des Art. 7 an und behandeln die besondere Arbeit an Gruppen sowie im Diakonie- und Missionsbereich. Die Regelungen zur Äußeren Mission und Diaspora (Art. 16) leiten zum ökum. Arbeitsfeld des Art. 17 und zur Seelsorge in Bundeswehr und Bundespolizei (Art. 18) über. Der Katalog schließt mit der Wahrnehmung gesamtkirchl. Anliegen gegenüber Staat und Öffentlichkeit als einem Aufgabenschwerpunkt (Art. 19) und mit der Kundgebungs- und Kollektenbefugnis (Art. 20).

Aus der generellen Aufgabenumschreibung des Art. 6 werden die einzelnen Aufgabenfelder nach dem Instrumentarium ihrer Wahrnehmung entfaltet. Mit stufenweise wachsender Verbindlichkeit kann die EKD
- „fördern und unterstützen“ (Art. 7),
- „Anregungen geben“ (Art. 8),
- „Richtlinien aufstellen“ (Art. 9) und
- „durch Kirchengesetz regeln“ sowie Rechtsverordnungen erlassen (Art. 10–10 b).

In der Bundesverf. v. 1922 waren die Aufgaben der „Anregung“ und „Förderung“ als „mittelbare Tätigkeit des Bundes“ konzipiert und der unmittelbaren Tätigkeit „mit bindender Wirkung für die verbündeten Kirchen“ gegenübergestellt. Zu dieser letzteren zählte das Verhältnis zu „Reichs- und Landesbehörden sowie sonstigen weltlichen oder kirchl. Stellen“ und zu

[595] Erik Wolf, Ordnung, S. 725.

anderen Religionsgesellschaften im In- und Ausland; hinzu kam für die DEK die Arbeit an ev. Deutschen im Ausland (Anh 2: § 2; Anh 3: §§ 2-4).

Auch in der Verf. der DEK wurde trotz ihrer Tendenz zur nationalen Kircheneinheit in der Sache die Eigenständigkeit der Landeskirchen gewahrt (Gesch 1 d) und gesamtkirchl. wie landeskirchl. Aufgabengebiete generell geschieden. Zu letzteren gehört die Zuständigkeit für „Bekenntnis und Kultus", während der Gesamtkirche mehr die äußeren Angelegenheiten verblieben. Die darin implizierte Scheidung zw. geistlichem Leben und äußerer Verwaltung hat sich nach den Erfahrungen des Kirchenkampfes als theol. problematisch und in der Praxis als undurchführbar erwiesen. Ähnliches gilt für die staatlicherseits und im EU-Recht heute zuweilen noch geübte Differenzierung des kirchl. Verkündigungsdienstes nach innerem Kultusbereich und äußerem Verwaltungshandeln oder zw. Gottesdienst als vermeintlichem Kernbereich und karitativem Dienst, zw. Verkündigung durch Wort und Tat.

Die GO legt im Unterschied zur DEK-Verf. nur die gesamtkirchl. Zuständigkeiten fest und belässt alle anderen Aufgaben einschließlich der Kompetenz-Kompetenz bei den Gliedkirchen. Durch den Aufgabenkatalog werden in der Sache durchweg keine ausschließlichen Zuständigkeiten der EKD begründet. Sie hat aber auch die korrespondierenden Aktivitäten der Gliedkirchen, deren Werke, Einrichtungen und Verbände auf diesen Arbeitsfeldern zu koordinieren und für sachgemäße Kooperation zu sorgen.

In der Sache ist es der EKD aufgegeben, sich um die Stärkung der Gemeinschaft unter den Gliedkirchen zu bemühen, ihnen Hilfen zu bieten und den Kräfteaustausch zu fördern. Sie soll außerdem darauf hinwirken, dass in wesentlichen Fragen ein einheitliches Handeln in der ev. Kirche erreicht wird, namentlich auf den Gebieten des öff. Lebens. Vor allem aber soll die EKD alle die für den ganzen Protestantismus bedeutsamen Aktivitäten fördern, insb. der Diakonie, Mission und Ökumene. Schließlich hat die EKD die gesamtkirchl. Interessen gegenüber öff. Gewalt bzw. dem Staat wahrzunehmen. Sie beteiligt sich durch ihre Kundgebungen und Denkschriften am Zeitgespräch der Gesellschaft und leistet auf diese Weise einen kirchl. Beitrag zur Lösung gesamtgesellschaftlicher Probleme (Erl. Art. 20 I).

Eine ausdrückliche Beschränkung der Aufgaben auf den Katalog dieses Abschnittes II fehlt. Die Entstehungsgeschichte der GO, der ursprüngliche Bundescharakter der EKD (Gesch 4 f.) und die von Anfang an restriktiven Kompetenzzuweisungen lassen zunächst eine enumerative Aufzählung vermuten. Die weitgefassten Formulierungen insb. der Gesamtaufgaben wie auch der seitherigen Änderungen der GO, namentlich die Bestimmung der EKD als Gemeinschaft, begründen freilich eine an der tatsächlichen Entwicklung orientierte extensivere Auslegung des Gesamtkonzeptes wie auch einzelner Aufgaben. Soweit der EKD Aufgaben zugewiesen sind, schließt dies nach dem Grundsatz der Universalität der Mittel im Rahmen gestellter Aufgaben auch die Kompetenz zur Wahrnehmung dieser Aufgabe ein, z.B. durch Gesetzgebung, staatl.

Übereinkommen und dgl.[596] So hat der ursprüngliche, durch die GO bestimmte Aufgabenbereich seit ihrer Verabschiedung wichtige Erweiterungen erfahren, und zwar durch einen Zuwachs im Zuge faktischer Entwicklungen, durch Aufgabenzuweisungen gem. Art. 13 bzw. über erweiterte Gesetzgebungsmöglichkeiten gem. Art. 10a; dies gilt insb. für die Sachgebiete, die kraft Natur der Sache oder Sachzusammenhangs gemeinschaftlich für alle Gliedkirchen geregelt werden müssen, wie z.B. Mitgliedschaftsrecht und Finanzausgleich.

Die GO-Änderung 2002 entwickelte aus der Grundstruktur der EKD als Gemeinschaft den Begriff der allgemein anerkannten „*Gemeinschaftsaufgabe*" (Art. 18). Nach dem der Verfassungsreform v. 2005 zugrunde liegenden Verbindungsmodell folgt aus der gesamtkirchl. Rechtsnatur als Gemeinschaft aller Gliedkirchen, dass die EKD grundsätzlich deren Gemeinschaftsaufgaben wahrnimmt.[597]

Verfahrensrechtl. liegt der herkömmliche Schwerpunkt nicht auf gesetzgeberischer Tätigkeit und zwingender Regelung für die Gliedkirchen, auch wenn diese ursprünglich sehr eingeschränkten Kompetenzen der EKD inzw. formell erweitert worden sind. Wirksamkeit und Kompetenz der EKD werden letztlich vor allem durch die Qualität ihrer Arbeit, Zweckmäßigkeit und Durchführbarkeit ihrer Vorschläge und Regelungen bestimmt, die die Gemeinschaft festigen und vertiefen. Auch bei der Ausübung ihrer verfassungsrechtl. Befugnisse ist die ev. Kirche dem Grundsatz verpflichtet, in den wesentlichen Fragen des kirchl. Lehrens, Lebens und Handelns den Grundsatz der Geschwisterlichkeit zu beachten (Art. 5) und die breite Übereinstimmung, den magnus consensus, zu suchen.

Artikel 6 (Grundaufgaben der Gemeinschaft)

(1) Die Evangelische Kirche in Deutschland bemüht sich um die Festigung und Vertiefung der Gemeinschaft unter den Gliedkirchen, hilft ihnen bei der Erfüllung ihres Dienstes und fördert den Austausch ihrer Kräfte und Mittel.
(2) Sie wirkt dahin, dass die Gliedkirchen, soweit nicht ihr Bekenntnis entgegensteht, in den wesentlichen Fragen des kirchlichen Lebens und Handelns nach übereinstimmenden Grundsätzen verfahren.

---

596 Unveröff. Gutachten des Leiters des KI v. 9.6.1955 im Kontext der Militärseelsorge (KA-Az. 4201/1).
597 Amtl. Begründung zu § 2 III der Verträge nach Art. 21a – Synoden-Drucks. Nr. VII/1 S. 34; vgl. Gesch 9.

Der Aufzählung der gesamtkirchl. Aufgaben stellt die GO eine Gesamtbeschreibung und allgemeine Zielrichtung voran. Sie richtet ihren Blick zum einen auf die Gemeinschaft als dem in Art. 1 statuierten Wesen der EKD (Abs. 1) und zum anderen auf die Verwirklichung dieser Gemeinschaft in den Gliedkirchen (Abs. 2). Inhaltlich geht es um die Aufgaben, die für die Gesamtheit der Gliedkirchen von besonderer Bedeutung sind und im Interesse einer einheitlichen Wahrnehmung von Zeugnis und Dienst gesamtkirchl. Handeln erfordern. Die neuere Verfassungsentwicklung prägt hierfür den Begriff der „*Gemeinschaftsaufgaben*“ (vgl. Erl vor Art. 6). Deren Erfüllung geschieht in eigener Verantwortung der EKD, wenn auch nicht in ihrer ausschließlichen. Ihre originären Aufgabenbereiche sind mit der generellen Aufgabe, die Arbeit der Gliedkirchen durch Kooperations-, Koordinierungs- und Integrationsförderung zu unterstützen, rechtl. und praktisch eng verflochten.

Absatz 1 (Stärkung der Gemeinschaft, Hilfe und Austausch)
An den Anfang stellt die GO die zentrale Aufgabe der EKD, ihre Gemeinschaft mit den Gliedkirchen auf jede Weise festzuhalten und zentrifugalen Tendenzen entgegenzuwirken. Mit dieser Gemeinschaft im Sinne von Art. 1 als Ziel allen Bemühens wahrt sie ihre Identität (Erl Art. 1 I u. II). Das Bemühen um **Festigung** richtet sich zunächst auf die „Erhaltung“ (Art. 23 I), bedeutet darüber hinaus auch eine Stärkung der EKD und schließt ein, durch ihre gesamte Wirksamkeit zu verhindern, dass die jeweils erreichte Form der Gemeinschaft wieder zerfällt. Auch dieses Bemühen ist eine fortwährende Herausforderung.

Über eine Bestandswahrung hinaus geht die **Vertiefung** der Gemeinschaft, d.h. insb. „dem inneren Wachstum der EKD zu dienen“ (Art. 23 I). Wie diese Vertiefung vorzunehmen ist, legt die GO nicht fest. Mit der im Anschluss aufgeführten gesamtkirchl. Hilfe und Austauschförderung durch die EKD sind zwei Wege gewiesen. Fast wortgleich heißt es in der *Leuenberger Konkordie:* Die Kirchen „bemühen sich um die Stärkung und Vertiefung der gewonnenen Gemeinschaft“ (Tz 35). Im Unterschied zur GO entfaltet die Konkordie diese Aufgabe und beschreibt, wie die Bemühungen der Kirchen in diesem Leuenberger Kontext umzusetzen sind, namentlich in theol. Arbeit und in Zeugnis und Dienst (Tz 37–41). Dazu gehört die „theologische Weiterarbeit“ in Lehrgesprächen, zu denen sich EKD wie Gliedkirchen mit ihrer Zustimmung zur Konkordie verpflichtet haben. Hier geht es um die Vertiefung des gemeinsamen Verständnisses des Evangeliums, um die weitere Aufarbeitung von Lehrunterschieden, um die Auseinandersetzung mit Tendenzen theol. Polarisierung sowie um das Zeugnis für die Wahrheit des Evangeliums gegenüber Entstellungen. Ein Teil dieser Arbeit geschieht in den Fakultäten und der Kammer für Theologie und anderen theol. Einrichtungen der EKD (Erl Art. 7). Die Vertiefung der gewachsenen Gemeinschaft in der EKD umfasst darüber hinaus das gesamte Miteinander des gliedkirchl. Lebens auf allen Ebenen.

Im Anschluss an die generalisierende *Zielvorgabe* der Festigung und Vertiefung werden als *Mittel* des Bemühens die Hilfe beim Dienst und die Förderung des Austauschs benannt. Das Bemühen gilt also einerseits der einzelnen Gliedkirche (Hilfsdienste) und zum anderen dem gliedkirchl. Miteinander (Austauschförderung):

Die EKD **hilft** den Gliedkirchen **bei der Erfüllung ihres Dienstes**. Dies ist der Dienst der Landeskirche in dem ihr für ihren Bereich aufgegebenen Verkündigungsauftrag. Daran hat die EKD nicht unmittelbar Teil, sondern Hilfsaufgaben. Andererseits steht diese Aufgabe der EKD auch in engem Zusammenhang mit ihren geistlichen Funktionen, die Erkenntnisse des Kirchenkampfes zur Auswirkung zu bringen und zum Hören auf das Zeugnis der Brüder und Schwestern zu rufen (Art. 1 III). Die Mittel der Hilfe und Förderung schließen aus, was für den gliedkirchl. Dienst nicht hilfreich ist und den gebotenen Austausch übersteigt. Dies ist für das Maß des gesamtkirchl. Bemühens jew. behutsam zu ermitteln und zwar unter sorgfältiger Beachtung der in Art. 7 bis 20 beschriebenen Zuständigkeiten. Der Vertiefung der Gemeinschaft werden aktionistische Programme und übereilte Vorschläge kaum dienlich sein. Sie ist nicht machbar, sondern muss mit Gottes Segen wachsen. Die Gemeinschaft der EKD wird daher auch nicht durch zentralistische Wahrnehmung ihrer Ordnungskompetenzen gefördert. Andererseits steigen Bedarf und Erwartungen an einheitliche Regelungsmuster und ordnende Vorgaben, beispielsweise im Blick auf die zunehmende Verrechtlichung und Gesetzgebungsflut, die nicht nur die staatl. Verwaltung fordert und belastet.

Die weitere Hauptaufgabe der EKD ist die Förderung des gliedkirchl. **Austauschs**. Sie hat ständig dafür zu sorgen, dass die Gliedkirchen sich untereinander stärker im Blick behalten und sich nicht in partikularistische Selbstgenügsamkeit zurückziehen. Dies verpflichtet zum wechselseitigen Verfügbarmachen der Leistungen, Ideen, Projekte aller, nicht zuletzt seitens der größeren Gliedkirchen: z.B. regionale Publizistik und Öffentlichkeitskampagnen, IuK-Techniken und Arbeitsmaterialien aller Art. Ein Beispiel ist die von der EKD initiierte „Gegenseitigkeitserklärung der Landeskirchen zur Genehmigung zum Abdruck urheberrechtlich geschützter Texte“.

Zu den **Kräften und Mitteln** der Gliedkirchen gehören auch die Werke und Einrichtungen, die über die gliedkirchl. Grenzen hinweg zu nutzen sind, beispielsweise zur besseren Auslastung der Bildungsstätten. Dem Austausch dienen hier gesamtkirchl. Bestands- und Bedarfserhebungen und damit ein Stück *Planungskompetenz.* Ein Beisp. im Aus- und Fortbildungswesen ist die EKD-Dokumentation „Institutionen“ zum Bildungs- und Erziehungswesen.[598] Beisp. des Kräfteaustauschs sind der *Pfarreraustausch*, die *Öffnung der landeskirchl. Listen für Theologiestudierende („Landeskirchenkinderprinzip")*, der Mittelaustausch im *Finanzausgleich*. Letzterer wurde insofern als EKD-Aufgabe problematisiert, als sich einige Gliedkirchen gegen die Einstellung der Mittel in den EKD-Haushalt wandten, so dass er seit 1970 außerhalb der allgemeinen Umlage vermittelt wird. Ebenso wurden die Hilfen für die östlichen Gliedkirchen von der EKD auf der Grundlage „paktierter Umlagevereinbarungen" nur treuhänderisch verwaltet.[599] Zum Austausch der Kräfte und Mittel gehört die vielfältige Kooperation zw. Gliedkirchen, sei es in gemeinsamen Einrichtungen oder als Partner staatl., kommunaler, ökum. u.ä. Organisationen.[600]

Absatz 2 (Koordinierung gliedkirchlichen Handelns)
Über die helfende und fördernde Funktion hinaus gilt das Bemühen der EKD auch der Koordination und Abstimmung **des kirchlichen Lebens und Handelns** innerhalb der Gliedkirchen. Die EKD hat dahin zu wirken, dass die Gliedkirchen in den wesentlichen Fragen nach übereinstimmenden Grundsätzen verfahren.

Das koordinierende Wirken gilt in diesem Kontext vor allem der Kohärenz in **wesentlichen Fragen** und zielt auf „übereinstimmende Grundsätze". Im Vordergrund steht in diesem Zusammenhang also nicht die alltägliche technische Vereinheitlichung der Kirchenverwaltung. Angesprochen ist hier mehr das Wesen der Kirche, wie es in der Präambel und den Grundbestimmungen beschrieben ist. Die **Grundsätze** kirchl. Lebens und Handelns, wie sie auch in den Lebensordnungen der Gliedkirchen ihren Ausdruck finden, verweisen auf die theol. und bekenntnismäßigen Grundlagen (z. *Begriff:* Erl Art. 3 I). Das wird deutlich im gliedkirchl. Bekenntnisvorbehalt für dieses Wirken der EKD. Soweit es sich um Rechtsgrundsätze handelt, betreffen diese das verfassungsrechtl. „Leben" und das verwaltungsrechtl. „Handeln" der Gliedkirchen.[601] In gleicher Weise soll die EKD für ein einheitliches Handeln der Gliedkirchen auf dem Gebiet des öff. Lebens eintreten (Erl Art. 19 Satz 2).

In diesem Kontext sieht die Leuenberger Konkordie eine gemeinsame *Ausrichtung von Zeugnis und Dienst* vor. Auch diese wird zur Aufgabe auf allen Ebenen kirchl. Or-

---

598 EKD-Reihe „Institutionen" mit einer Dokumentation von Einrichtungen in ev. Trägerschaft auf dem Gebiet der Bildung-, Erziehung- und Ausbildung, erstellt durch das Comenius-Institut, hg. v. KA, 2. Aufl., Hannover 1990.
599 Vgl. Nordmann, Kirchliches Finanz- und Haushaltsrecht, S. 161; 2005 lag das Ausgleichsvolumen bei 154 Mio. Euro; vgl. Rechenschaftsbericht 1993-1995, S. 710; zum Ganzen Bauer, Kirchlicher Finanzausgleich.
600 Dazu Winter, Aufgabenfelder und Rechtsformen landeskirchl. Kooperation.
601 Liermann, Kirchenrecht, S. 312.

ganisation, die nicht nur von Gemeinden und Gliedkirchen, sondern auch durch die EKD wahrzunehmen ist. Dieses Arbeitsfeld beschreibt die Konkordie als den Dienst der Liebe, der dem Menschen in seinen Nöten hilft und auch die Ursachen von Not zu beheben sucht, und die Bemühungen um Gerechtigkeit und Frieden in der Welt, die zunehmend die Übernahme von gemeinsamer Verantwortung von den Kirchen verlangen (Text 2, Tz 36).

Mit **ihrem Bekenntnis** ist nicht das gemeinsame Bekenntnis i.S.d. Leuenberger Lehrübereinkunft gemeint; geschützt ist hier das besondere Bekenntnis der jew. Gliedkirche. Dieser Vorbehalt besagt andererseits, dass das Wirken der EKD wesentliche Fragen und Grundsätze des kirchl. Lebens also auch Bekenntnisfragen einschließt und dass Angelegenheiten, die „Bekenntnis und Kultus" berühren, nicht – wie in der DEK und zuvor im Kirchenbund – den Landeskirchen vorbehalten und vom gesamtkirchl. „Hinwirken" ausgeschlossen sind. Begrenzt ist die Koordinierungsaufgabe nicht dort, wo ein gliedkirchl. Bekenntnis berührt wird, sondern nur **soweit** dieses **entgegensteht**. Das Bekenntnis an sich ist ohnehin nicht verfügbar (Art. 2 II 2). Über seinen Inhalt befindet allein die Gliedkirche. Nur sie entscheidet darüber, ob und inwieweit ihr Proprium einer von der EKD vorgesehenen Maßnahme bzw. Regelung entgegensteht. Der EKD kommt also auch insoweit keine Kompetenz-Kompetenz für ihre Wirkungsbefugnis zu.

Die EKD **wirkt dahin,** dass aus dem Austausch der Kräfte, Mittel und Erfahrungen überall da, wo es möglich ist, auch ein gemeinsames Handeln, d.h. übereinstimmend **verfahren** wird. Dies tut die EKD durch ihre Organe mit den in den folgenden Artikeln beschriebenen *Mitteln* der Förderung, Anregung, Richtlinie, Verordnung und des Gesetzes, der Ansprachen und Kundgebungen. Das angestrebte Ziel des gesamtkirchl. Wirkens beschränkt die GO hier auf die Verfahrensgrundsätze in den Gliedkirchen; dieses Wirken ist insofern eher mittelbarer Natur. Die eigene Ausgestaltung eines originären gesamtkirchl. Handelns hatten die Verfassungsgeber bei dieser Bestimmung noch nicht im Blick. Tatsächlich erfüllt die EKD inzw. über diese Begrenzung hinaus eine ganze Reihe von Aufgaben, deren Wahrnehmung unmittelbar kirchl. Handeln und Gestalten bedeutet, sowohl im innerkirchl. wie im gesellschaftlichen Bereich (Erl Art. 19 Satz 2).[602]

---

602 Lingner, Leuenberg, S. 364; in der Vergangenheit hatte sich die Praxis entwickelt, für die verantwortliche Erfüllung solcher Gemeinschaftsaufgaben wie Mission oder Publizistik besondere Trägerschaften durch juristische Personen zu bilden. Gesamtkirchl. Arbeitsfelder wurden auf diese Weise formell aus der Verantwortung der EKD ausgegliedert und Werken und Einrichtungen übertragen, die der EKD unabhängig von ihren Organen als eigenständig organisierte Körperschaften gegenüberstehen. Diese Struktur wurde schon in den Beweggründen der Grundordnungsreform von 1974 als „ekklesiologisches Defizit" empfunden (L. Raiser, zit. nach Lingner, GO, S. 353 Anm. 29).

Artikel 7 (Fördern und unterstützen)

Die Evangelische Kirche in Deutschland fördert und unterstützt Einrichtungen und Arbeiten von gesamtkirchlicher Bedeutung, insbesondere die wissenschaftliche Forschung auf den Gebieten der Theologie und des Kirchenrechts, die Kirchenmusik, die kirchliche Kunst und die Herausgabe kirchlichen Schrifttums.

Die im vorausgehenden Artikel umrissene Gesamtaufgabe wird hier für die allgemeinste und umfassendste Aufgabenstufe der EKD bei ihrer Bemühung um die Gemeinschaft entfaltet, und zwar in Gestalt fördernder und unterstützender Maßnahmen. In generalisierender Formulierung benennt die Vorschrift deren Adressaten bzw. Gegenstände (Einrichtungen und Arbeiten) und Sachgebiete.

Trotz der in der Sache weitläufigen Aufgabenbeschreibung bringen die Begriffe „**fördern und unterstützen**" einschränkend zum Ausdruck, dass die EKD die betr. Einrichtungen und Arbeiten im Rahmen dieser Bestimmung nicht selbst und unmittelbar betreibt. Demnach soll sie nach den ursprünglichen Vorstellungen des Verfassungsgebers beispielsweise nicht selbst Kirchenmusik oder kirchl. Kunst schaffen, sondern diese lediglich fördern (vgl. Art. 14), soweit sie überlandeskirchl. Förderung bedürfen.[603] Sie soll Arbeitsgebiete, wie etwa die wissenschaftliche Forschung unterstützen, auch wenn deren Durchführung weitgehend Angelegenheit der Gliedkirchen bleibt. Für diese restriktive Auslegung spricht die Abstufung der Aufgaben, die auch die Intensität der möglichen Reglementierung indiziert.[604]

Andererseits erwies sich eine solche Aufgabenbeschränkung, wie sie dem Verfassungskonzept im Jahre 1948 entsprach, angesichts der Aufgabenfülle, die der EKD seit dem zugewachsen ist, zunehmend als problematisch. Hinzugekommen sind Verpflichtungen der EKD, die den ursprünglichen nur für eine Förderung und Unterstützung vorgesehenen Arbeitsbereich über die mittelbare Wahrnehmung hinaus erweitert haben. So verpflichtet etwa die Zustimmung zur Leuenberger Konkordie (Tz 37 ff.) auch die EKD selbst zur theol. Weiterarbeit (Art. 2 III). Im Zuge solcher Entwicklungen ist die EKD inzw. auf Arbeitsfeldern, wie der Kirchenmusik oder der theol. Forschung, selbst unmittelbar tätig geworden, etwa mit der Erstellung des *Evangelischen Gesangbuchs* oder durch die Arbeit der *Kammer für Theologie*, die auch in Konsequenz der Rezeption der Leuenberger Konkordie (Art. 1 I) für entsprechende Grundlagenarbeit gebildet

---

603 So Brunotte, GO, S. 154; im Einzelnen streitig; die EKD tut dies etwa durch Vergabe eines Förderpreises für herausragende wissenschaftlich-theol. Arbeiten (Hanna-Jursch-Preis).

604 Schon die Verf. des DEKb ordnete die „Förderung" der mittelbaren Tätigkeit des Bundes zu, ohne bindende Wirkung für die Landeskirchen (Anh 2: § 2).

wurde (Erl Art. 21 II). Ferner fungiert die EKD selbst als Herausgeberin einer wachsenden Fülle von Schriften und betreibt eigene Einrichtungen zur Förderung gesamtkirchl. Arbeit, z.B. das Kirchenrechtliche Institut für die gesamtkirchl. KR-Wissenschaft.

Die gesamtkirchl. Zuständigkeitsbegrenzung auf die Förderung der seinerzeit aus der amtskirchl. Struktur ausgegliederten, formell eigenständigen „Einrichtungen und Arbeiten" hat auch strukturell an Bedeutung verloren; denn in ihrer sachlichen Funktion und durch entsprechende personelle und satzungsmäßige Verknüpfung wurden diese zunehmend in die organisatorische Einheit der Gesamtkirche rechtl. und tatsächlich integriert. Zur Arbeitsform der *juristischen Personen kirchl. Rechts* s. Erl Art. 10 I. Nach dem Verständnis des Struktur- und Verfassungsausschusses der Synode schließt die Förderung und Unterstützung ein, dass die EKD auch *neue Einrichtungen schaffen* muss, wenn es die Wahrnehmung von Gemeinschaftsaufgaben verlangt.[605] Weitergehende Möglichkeiten werden auch durch die Förderaufgaben gem. Art. 14 und durch einvernehmliche Aufgabenübertragung gem. Art. 13 eröffnet.

Die Förderung und Unterstützung kann sowohl geistlicher bzw. ideeller wie auch finanzieller oder politischer Art sein. Ein Beispiel für die letztgenannte Unterstützung waren die sog. *Schutzerklärungen*, mit denen die EKD Werke und Einrichtungen in der Nachkriegszeit als ihre Organisationen in „ihre fördernde Obhut" nahm. Geistliche bzw. ideelle Unterstützung wird etwa durch die Arbeit der Kammern zu den Förderungsgegenständen geleistet. Maßnahmen finanzieller Art sind vor allem *Haushaltszuschüsse*. Einen Eindruck von dem gewachsenen Umfang und Gewicht dieses gesamtkirchl. Aufgabenfeldes vermittelt der Haushaltsplan der EKD. Er spiegelt die Fülle der allgemeinen und besonderen kirchl. Dienste, der „diakonischen und sozialen", ökum. und weltmissionarischen Arbeiten, der Förderobjekte im Bereich der Öffentlichkeitsarbeit, des Bildungswesen und der Wissenschaft als *Zuschussempfänger* (Einzelpläne 0 bis 5).

Die GO geht hier davon aus, dass es neben der Grundform kirchl. Dienstes im Pfarramt der Ortsgemeinden auch nichtparochiale oder überparochiale Dienste in der Kirche gibt (Erl Art. 1 IV „Kirchengemeinde"). Auch solche übergemeindlichen Arbeitsformen in Einrichtungen, Ämtern oder anderen Stellen sind Lebensäußerung der Kirche. **Einrichtungen** bezeichnen die mehr institutionalisierten Handlungsformen (z.B. das Kirchenrechtliche oder das Sozialwissenschaftliche Institut der EKD), während die **Arbeiten** als Förderungsobjekte auch weniger ständige Initiativen und Projekte einbeziehen (z.B. die Gemischte Kommission für die Reform des Theologiestudiums). Angesichts

---

605 Begründung zu Art. 25 des GO-Entwurfs v. Nov. 1971 (Heßler, EKD-Reform, S. 46).

der seit Verabschiedung der GO gewandelten Begrifflichkeit[606] sollen die heute (und an anderer Stelle der GO) als „Werke“ oder „Verbände“ bezeichneten mehr gliedschaftlich strukturierten Organisationen in diesem Kontext nicht ausgeschlossen werden. Dasselbe gilt auch für die Vielfalt weiterer, mehr oder weniger selbständiger Arbeitsstrukturen von Instituten, Bildungsstätten u. dgl. (z. Begrifflichkeit: Erl Art. 14 Satz 1).

Die Einrichtungen und Arbeiten werden nicht erschöpfend, sondern nur beispielhaft durch die Gegenstände ihrer Tätigkeit beschrieben und aufgezählt. Sie wurden schon in der ÜbergangsO v. 1946 als Einrichtungen der EKD aufgeführt und mit weiteren Verbänden z.B. der „Pflege des gottesdienstlichen Lebens“ als „Einrichtungen der EKD“ unter deren fördernde Obhut gestellt (Erl Art. 14 Satz 1). Nähere Ausgestaltung erfährt die Fördertätigkeit auch in den folgenden Einzelvorschriften, etwa für die „Arbeit an den verschiedenen Gruppen“ (Art. 14). Bei den hier ausdrücklich benannten Arbeitsfeldern war ursprünglich auch gedacht an „Kirchliche Hochschulen und Evangelische Akademien“.[607] Zum Bereich **wissenschaftlicher Forschung** (im Unterschied zur Lehre)[608] zählen auf dem Gebiet der **Theologie** der *Fakultätentag* der ev.-theol. Fakultäten in Deutschland, die *gemischte Kommission,* die Ev. Studiengemeinschaft (FESt), der Evangelische Bund, das Konfessionskundliche Institut u.a.
Zur Forschung „auf dem Gebiet des **Kirchenrechts**“ gehören die in rechtswissenschaftlichen und theol. Fakultäten und im weiteren universitären Bereich eingerichteten Lehrstühle (z.B. Stiftungsprofessur an der Jur. Fakultät in Göttingen) und Institute für KR, die wissenschaftlichen Veröffentlichungsreihen, Fachzeitschriften,[609] die dem KR gewidmeten Festschriften, Aufsatz- und Gutachtensammlungen und Studienbücher, Fachgespräche und Kolloquien. Das *Kirchenrechtliche Institut der EKD* geht zurück auf das von R. Smend 1945 in Göttingen gegründete Institut für evangelisches Kirchenrecht.[610] Neben gutachterlicher Tätigkeit, Tagungs- und Fortbildungsveranstaltungen und anderen wissenschaftlichen Aktivitäten gibt das Institut seit 1951 die in Tübingen erscheinende *Zeitschrift für evangelisches Kirchenrecht* (ZevKR) heraus.[611]

---

[606] Dazu grundlegend Wasse, Die Werke und Einrichtungen der EKD; ders., Die Werke und Einrichtungen der ev. Kirche, S. 76 ff.; die ÜbergangsO v. 1946 bezeichnete die hier von der GO genannten Aktivitäten als „Arbeitsverbände und Werke“ und als „Einrichtungen der EKD“ (Anh 6: § 4); zum Begriff der Arbeit: G. Brakelmann, Art. „Arbeit“ in EvStL3, Bd. 1, S. 59 ff.

[607] Anh 2: Art. 7; vgl. Nicolaisen, Ratsprot. 2, S. 452.

[608] Die wissenschaftliche Lehre wird hier nicht genannt und berührt gliedkirchl. Kompetenzen des Lehramtes und der Ausbildung, die nach dem Votum Pom u. dem GO-Entwurf Feine (Gesch 4 f.) einbezogen werden sollte.

[609] KuR, Zeitschrift der Savigny-Stiftung für Rechtsgeschichte, kan. Abt., Jus Ecclesiasticum u. ZevKR; vgl. auch Stein, Zur Entwicklung der deutschen ev. Kirchenrechtswissenschaft, S. 6 ff.

[610] Prof. D. Dr. R. Smend, Staats- und Kirchenrechtslehrer an der Universität Göttingen und 1945-55 Mitglied des Rates der EKD.

[611] Dazu Stolleis, Fünfzig Bände „Zeitschrift für evangelisches Kirchenrecht“.

Für die Bildungs- und Akademiearbeit unterhält die EKD neben Fortbildungseinrichtungen auch wissenschaftliche Institute für Religionspädagogik, Gesellschafts- und Sozialwissenschaft (SWI), Weltanschauungsfragen und ein Frauenstudien- und -bildungszentrum sowie die Ev. Akademie zu Berlin. Einem angemessenen Prüfungsrecht der ev. Theol. Fakultäten, der Fachbereiche und Hochschulen dient die Rahmenordnung für die Erste Theol. Prüfung. Die Sammlung und Förderung besonders begabter ev. Studierender in allen Gliedkirchen obliegt dem von der EKD getragenen *Evangelischen Studienwerk e.V.* in Villigst.

Für den Bereich der **Kirchenmusik** sind auf EKD-Ebene der *Verband evangelischer Kirchenchöre Deutschlands*, die *Gesellschaft zur Edition des deutschen Kirchenliedes* und die Hochschulen für Kirchenmusik zu nennen, für die **kirchliche Kunst** das *Institut für Kirchbau und kirchliche Kunst der Gegenwart* in der Philipps-Universität Marburg oder die Direktorenkonferenz der kirchl. und staatl. Schulen bzw. Hochschulen für Kirchenmusik, für den Bereich der **Schrifttumsherausgabe** die *Deutsche Bibelgesellschaft* sowie als wichtigste publizistische Gemeinschaftsorganisation des deutschen Protestantismus das *Gemeinschaftswerk der ev. Publizistik* (GEP gGmbH), ferner die Jugendpublizistik. Als Herausgeber theol. und kirchenpolitischer Texte fungiert zunehmend auch der Rat der EKD durch das KA, beispielsweise in Form der Denkschriften (Erl Art. 22 II), der „EKD-Texte“ (seit 1981), der „EKD-Informationen“ und der gemeinsamen Texte mit der Deutschen Bischofskonferenz. Neben das Schrifttum treten heute die Publizistik durch Film, Hörfunk und Fernsehsendungen sowie zunehmende Veröffentlichungen im Internet, namentlich über die *EKD-Homepage.* Eines der wichtigsten Bestandteile ev. Publizistik ist der *Ev. Pressedienst (epd)*, dessen Träger in der epd-Arbeitsgemeinschaft als Agentur auf EKD-Ebene zusammengeschlossen sind (z. Medienarbeit: Erl Art. 20 I „Öffentlichkeitsauftrag“). Gefördert werden ferner am freien Markt erscheinende Zeitschriften wie das Beilage-Magazin „chrismon“ und die Monatszeitschrift „zeitzeichen“.

Beschränkt ist der Aufgabenbereich der Förderung und Unterstützung auf Objekte **gesamtkirchlicher Bedeutung.** Die Arbeit der hier begünstigten Trägerorganisationen darf sich nach dieser Vorschrift nicht lediglich auf das Gebiet weniger Landeskirchen beschränken. Demnach ist es nicht Aufgabe der EKD z.B. eine einzelne gliedkirchl. Akademie, wohl aber den *Leiterkreis* der Akademien zu unterstützen. Indiz für die Bedeutung ist auch die Trägerschaft, sei es aller (z.B. EED, GEP, DW, EMW), sei es mehrerer Gliedkirchen (z.B. *FESt*, Erwachsenenbildung, Akademien). Gesamtkirchl. gefördert wird auch der *Deutsche Evangelische Kirchentag*, der 1949 in Anknüpfung an die im Kirchenkampf veranstalteten Ev. Wochen durch R. v. Thadden-Trieglaff als Laienbewegung der Kirche ins Leben gerufen worden ist.

Artikel 8 (Anregungen für die Gliedkirchen)

Die Evangelische Kirche in Deutschland kann den Gliedkirchen für ihre Arbeit Anregungen geben, insbesondere für die Ordnungen der Gliedkirchen, für die Zuordnung der kirchlichen Werke innerhalb einer Gliedkirche zu deren Leitung und für die Gestaltung der kirchlichen Presse.

Während Art. 7 gesamtkirchl. Einrichtungen und Arbeiten zum Gegenstand hat, geht es hier um die Arbeit innerhalb der Gliedkirchen. Diese Regelungsfolge findet ihre Parallele in der Formulierung der Gesamtaufgabe durch Art. 6. Auch dort geht es für die EKD zunächst um die Gemeinschaft und sodann um den Dienst in den Gliedkirchen. Für dessen Erfüllung können Anregungen gegeben werden; sie sollen auch bewirken, dass nach übereinstimmenden Grundsätzen verfahren wird (Art. 6 I u. II).

Die Befugnis zu **Anregungen** ist ähnlich wie die Aufgabe der Förderung und Unterstützung allgemein gehalten und wird hier durch die GO formal und sachlich nicht begrenzt. Dies gilt insb. für den Gegenstand der Anregungen, der die gesamte gliedkirchl. **Arbeit** umfasst (z. Begriff der Arbeit s. Erl Art. 14). Die „Anregung" war wie auch die „Förderung" in der Verf. des DEKb der mittelbaren Tätigkeit zugeordnet, ohne bindende Wirkung für die Landeskirchen. Gemeint waren alle „Anregungen im Sinne und in den Grenzen des Bundeszwecks" (Anh 2: § 2).
Die hier genannten Aufgabenfelder, die Neuordnung der Kirchen und ihrer Werke und des Pressewesens, sind Beispiele, die 1948 in der Aufbauphase besonders im Blick waren. „*Ordnung*", „*Zuordnung*" und „*Gestaltung*" betreffen eher die Organisation; die GO beschränkt jedoch die gesamtkirchl. Aufgabe weder auf bestimmte – etwa auf verwaltungstechnische – Arbeitsfelder, noch schließt sie besondere Bereiche kirchl. Handelns, beispielsweise theol. oder bekenntnisbezogene Anregungen aus. Schon dem Kirchenbund oblagen „Anregungen" in Bezug auf die religiöse Volkserziehung auf allen Stufen des Schulwesens und die Arbeit an der schulentlassenen Jugend, auf die christliche Liebestätigkeit, auf den Ausgleich und die Versöhnung der sozialen Gegensätze, auf den Feiertagsschutz, auf die Theologenausbildung, die staatskirchenrechtl. und sonstige Rechtswahrung der Kirche (Anh 2: § 2 IV). Für die zur Gemeinschaft gewachsene Gesamtkirche wird damit nur der traditionelle Kernbereich möglicher Anregungen der EKD umschrieben.

In der Sache kommt die „Anregung" in einem gezielten und förmlichen Sinn der heute gebräuchlichen Form der *Empfehlung* nahe.[612] Er schließt, ähnlich wie beim vorausgehenden Artikel, insoweit eine Begrenzung ein, als er die Aufgabe der EKD auf den

---

[612] Art. 21 EGO74 sieht „Empfehlungen und Muster-Entwürfe" vor.

Impuls zum Beginn oder zu einer Verbesserung der Arbeit beschränkt. Die Arbeit an sich, d.h. deren eigentliche Durchführung, schließt er nicht ein. Sie war nach dem ursprünglichen Bundes-Konzept den Gliedkirchen vorbehalten. Die Anregung als Form der Mitwirkung ist ebenso generell wie unverbindlich. Sie muss an sich weder im Grundsatz aufgenommen noch im Einzelnen befolgt werden. Ihre ausdrückliche Statuierung durch die GO gibt der „Anregung" als Rechtsinstitut hier aber einen verbindlicheren Charakter; denn die Anregung im landläufigen Sinne kommt einer Gesamtkirche ohnehin zu. Die Freiheit der Gliedkirchen, sie zu verwerten, zu verändern oder ganz zu verwerfen, steht hier zudem im verpflichtenden Rahmen der durch die GO vorgegebenen Kirchengemeinschaft (Art. 1 I u. II) und ihrer Ordnung der Geschwisterlichkeit (Art. 5). Der Anregungsbefugnis entspricht die Pflicht zu einer angemessenen Reaktion, d.h. im Regelfall zur Prüfung solcher Anregungen und einer Abwägung zw. gesamtkirchl. und gliedkirchl. Verantwortung.[613] Tatsächlich kommt den Anregungen der EKD in Gestalt von Empfehlungen, Orientierungshilfen u. dgl. in der Praxis eine erhebliche Bedeutung zu, die weit über formelle Verbindlichkeiten und über traditionelle Arbeitsfelder hinausgeht.

Die Anregungen setzen i.d.R. voraus, dass die EKD die *nötigen Informationen* erhebt. Um Kriterien für ein abgestimmtes gliedkirchl. Vorgehen etwa in Ausbildungsfragen zu ermitteln, sind von der EKD Informationen über Status und Standort, Ausstattung und Auslastung der Ausbildungsstätten zu erheben und Statistiken zu erstellen (vgl. Art. 31 II Nr. 3 f.).

Die aufgeführten Beispiele (**insbesondere**) schließen nicht aus, dass Anregungen auf allen möglichen Gebieten, aufgefordert oder unaufgefordert, gegeben werden können. Konkret sind hier die gliedkirchl. „**Ordnungen**" genannt (vgl. Art. 4 II). Diese umfassen zunächst alle Rechtsordnungen der Gliedkirchen, d.h. ihre Verfassung, Kirchenordnung, Grundordnung, ihre Kirchengesetze und Verordnungen. Gegenstand von Anregungen können etwa Gesetzesentwürfe sein (z.B. Empfehlung der KK für ein Gesetz zur Modernisierung der Besoldungsstruktur). Freilich stand bei Verabschiedung der GO und noch in den 50er Jahren die Überlegung im Vordergrund, dass die EKD einzelnen Gliedkirchen auf Grund ihres Überblicks über andere gliedkirchl. Verfassungsarbeiten und deren Erfahrungen entsprechende Formulierungsanregungen geben kann. Größeres Gewicht kommt inzw. den allgemeinen Anregungen zur alltäglichen Gesetzesarbeit und sonstigen Rechtsetzung der Gliedkirchen zu. Für neue Rechtsmaterien wie Telekommunikation und Datenschutz ist der Austausch von Materialien und

[613] Die gliedkirchl. Organe sind hier also nicht, wie dies gelegentl. etwa in Landessynoden zum Ausdruck kommt, gegenüber Anregungen der EKD vollkommen frei; vielmehr haben sie als Teil der Gemeinschaft deren gesamtkirchl. Aspekte zu berücksichtigen – auch in Verantwortung gegenüber den sie konstituierenden Gemeinden.

Mustern der bereichsspezifischen Vorschriften von synergetischem Nutzen. Ferner hat sich auf verwaltungstechnischem Gebiet die Ausarbeitung von *Vertragsmustern* bis hin zu *Rahmenverträgen* bewährt, wie sie durch die *Grundstücks-* und die *Versicherungskommission* geleistet wird. In dieser Hinsicht kommt die Anregung in der Sache den im EGO74 vorgesehenen „Muster-Entwürfen" nahe (Anh 12: Art. 21).

Darüber hinaus rückt die kirchenrechtl. Bedeutungsvielfalt des Ordnungsbegriffs (Erl Überschrift „Grundordnung") auch Ordnungen im geistlichen Sinne in den Blick.[614] Anregungen werden beispielsweise auch für die Ordnung des Gottesdienstes durch die von der *Gemeinsamen Arbeitsstelle für gottesdienstliche Fragen der EKD* seit 1987 herausgegebenen „Informations- und Korrespondenzblätter" gegeben. Eine Beschränkung auf rechtl. Ordnungen lässt sich weder auf den Wortlaut der GO stützen noch auf den Inhalt der genannten Beispielsfälle. So schließt etwa die Zuordnung der Werke zur Kirche nicht nur organisatorische Kriterien ein, sondern vor allem – was auch staatskirchenrechtl. anerkannt ist – deren Teilhabe am Verkündigungsauftrag.[615]

Bei der als weiteres Beispiel angeführten **Zuordnung kirchlicher Werke innerhalb einer Gliedkirche zu deren Leitung** waren seinerzeit vor allem die damals wichtigsten Organisationen Hilfswerk und Innere Mission (Art. 15) im Blick. Als die GO verabschiedet wurde, sahen sich die Landeskirchen genötigt, das Verhältnis des Hilfswerkes zur Inneren Mission sowie beider Werke zur Kirchenleitung zu regeln; als Anregung hierzu veröffentlichte die EKD eine Zusammenfassung aller einschlägigen Regelungen der Gliedkirchen (ABl. EKD 1950 Heft 2/3). Inzw. ist mit der Einrichtung des Diakonischen Werkes durch die EKD auf gesamt- und gliedkirchl. Ebene eine gesetzliche Ordnung gefunden worden (Erl Art 15 II).
„Der Auftrag **der kirchlichen Presse** ist es, durch Information, Argumentation und Diskussion die christliche Präsenz in der Öffentlichkeit zu fördern und zu formulieren. Dadurch nimmt sie an der Verkündigung des Evangeliums teil."[616] Ihre hier besonders genannte **Gestaltung** betraf zunächst den Neuaufbau in den Gliedkirchen. Es bestand zwar noch der „Ev. Pressverband für Deutschland". Nach den Erfahrungen des Kirchenkampfes galt es aber, einer neuerlichen Zersplitterung des Pressewesens durch

---

614 A.A. Brunotte, GO, S. 154 f., der den Begriff hier nur auf rechtsförmliche Akte, in Sonderheit auf Ordnungen mit Gesetzeskraft im Sinne von Art. 12 einschränkt. Einer solchen Restriktion steht der Umkehrschluss aus Art. 12 entgegen, dessen ausdrückliche Unterscheidung zw. Ordnungen mit und ohne Gesetzeskraft Art. 7 nicht übernimmt.

615 Vgl. Richtlinien für die Führung der Übersicht über die kirchl. Werke und Einrichtung der EKD etc. v. 27.4.1991, Ziff. 2 (Recht der EKD 1999, 1.1.4); zur staatskirchenrechtl. Zuordnung: BVerfGE 70, 138 f.

616 Sog. Reichenau-Papier einer Studiengruppe der EKD, zit. nach: Heßler, Protestanten und ihre Kirche, S. 291.

eine gesamtkirchl. abgestimmte Ordnung vorzubeugen, ohne dass die EKD jedoch in die notwendige Gestaltungsfreiheit der Gliedkirchen eingriff. Dies geschah u.a. 1950 durch die Einrichtung einer Kammer für die publizistische Arbeit und deren „Fachausschusses Presse". Diese Arbeit obliegt heute weitgehend dem *Gemeinschaftswerk der evangelischen Publizistik (GEP)* mit seinem Arbeitszentrum in Frankfurt/M. begleitet von der *Publizistischen Kommission des Rates* der EKD im Rahmen eines *Publizistischen Gesamtplanes der EKD.*[617] Eine von KK und Rat gebildete *Arbeitsgruppe Publizistik* dient der Abstimmung zwischen EKD und Gliedkirchen.

Zuständig für die Anregungen ist regelmäßig der Rat, soweit sie nicht Synode oder KK vorbehalten sind (Art. 29 I 2).

Artikel 9 (Richtlinien)

Die Evangelische Kirche in Deutschland kann Richtlinien aufstellen

- **a) für die wissenschaftliche und praktische Ausbildung der Pfarrer und Pfarrerinnen sowie der übrigen kirchlichen Amtsträger und Amtsträgerinnen;**
- **b) für die Rechtsverhältnisse und für die wirtschaftliche Versorgung der Pfarrer und Pfarrerinnen sowie der übrigen kirchlichen Amtsträger und Amtsträgerinnen;**
- **c) für die Erhebung kirchlicher Abgaben;**
- **d) für die Verwaltung des kirchlichen Vermögens;**
- **e) für die Vereinheitlichung der kirchlichen Amtsbezeichnungen und die Benennung der kirchlichen Amtsstellen;**
- **f) für das Archiv- und Kirchenbuchwesen und für die kirchliche Statistik.**

Die Vorschrift wurde zusammen mit weiteren Artikeln durch GO-Änderung v. 2000 redaktionell neu gefasst; einem Grundsatzbeschl. der Synode, Gesetzesnovellen *in geschlechtergerechter Sprache* vorzulegen, wurde durch die Verwendung von Paarformeln entsprochen (Gesch 8 f).

In der Skala der Ordnungsmittel der EKD zur Durchführung ihrer Aufgaben gem. Art. 7 bis 10b (Erl vor Art. 6) rangiert die Aufstellung von Richtlinien zw. Anregung und Verordnung. Die Richtlinie als Instrument der Rechtsetzung hatte bei Verabschiedung der GO kaum Vorbilder im sonstigen kirchl. oder bundesstaatl. Verfassungsrecht. Im letzteren gestalten leitende Organe durch Richtl. Entscheidungen ihres Aufgabenbereichs,

---

[617] Mandat und Markt, Publizistischer Gesamtplan 1997, hg. v. KA, 1. Aufl., Frankfurt/Main 1997 (GEP-Buch); i..E. Erl Art. 7 „Schrifttum" u. Art. 20 I „Öffentlichkeitsauftrag". Die Pressefreiheit, die Brm hier normiert wissen wollte (EZA 2/6), gehört als staatl. Grundrecht nicht in die GO.

beispielsweise der Bundeskanzler die Regierungspolitik (Art. 65 GG). Im Verwaltungsrecht beinhalten sie als Verwaltungsvorschriften für den inneren Dienstbetrieb i.d.R. Anweisungen an nachgeordnete Stellen zur Durchführung höherrangiger Vorschriften und deren einheitlicher Anwendung.[618]

Die GO kennt beide – anleitende und leitende – Funktionen in unterschiedlichen Zusammenhängen, und zwar als „Richtlinien" des Rates für seine Amtsstelle (Art. 31 I), für diakonische (Art. 15 II 2) und Diasporaarbeit (Art. 16 II 3) sowie auch als „Richtlinien" der Synode für den Rat als Regierungsorgan (Art. 23 II).

Die erstgenannte Richtl. für das Kirchenamt veranschaulicht den internen Verwaltungscharakter einer allgemein formulierten Anweisung an die nachgeordnete Amtsstelle neben der Weisung im Einzelfall. Den letztgenannten grundsätzlichen Charakter verdeutlicht die Richtl. der Synode i.S. politischer Vorgaben für Wege und Ziele der Kirchenleitung; hier bleibt für unmittelbar anweisende Vorschriften für den Rat als gleichgeordnetes Organ für Leitung und Verwaltung kein Raum.

Beide Momente, das verwaltungstechnische wie das politische, deuten sich auch bei den Richtl. gem. Art. 15 f. an; hier kommt sowohl eine Hierarchie der Amtskirche gegenüber den Werken, als auch deren „Wahrung ihrer Selbständigkeit" zum Ausdruck.

Der *Begriff* der **„Richtlinie"** des Art. 9 trat an die Stelle der vom Verfassungsausschuss hier vorgesehenen, aber als zu unverbindlich angesehenen „Grundsätze"[619] und wird nach herkömmlicher Praxis im weiteren Sinne verstanden. Wichtiger als die *Bezeichnung* sind Inhalt und Gestaltung. Richtlinien in diesem Sinne sind auch etliche als „Ordnung" bezeichnete Vorschriften, beispielsweise die Kirchenbuch-, die Siegel- und die Bibliotheksordnung oder die Ordnung für das kirchliche Finanzwesen. Hinsichtlich ihrer *Gestaltung* handelt es sich bei einer Richtl. i.d.R. um durchgearbeitete, in Sätze oder Paragrafen gegliederte Vorschläge, die ggf. die umfassende und langfristige Regelung einer Materie vorsehen können. Dies unterscheidet sie von Anregungen gem. Art. 8 oder von aktuellen *Empfehlungen* und *Orientierungshilfen* des Rates, die auch der Einheit im Handeln der Gemeinschaft dienen sollen.[620] Doch können auch Verlautbarungen oder Musterverträge in besonderen Fällen als Richtl. anzusehen sein.[621] Die Richtl. kann auch den Charakter einer Rahmenordnung haben, wie z.B. die Rahmenordnung für die Erste Theol. Prüfung/die Diplomprüfung in Ev. Theologie v. 2002,

---

618 In der Einführung von „Richtlinien" und „Grundsätzen" in das Verfassungsrecht wird auch eine Abkehr vom positivistischen Charakter des Rechts als Zwangsregel deutlich. – Bei Verordnungen wird entsprechend unterschieden zw. Rechts- und VerwaltungsVO.

619 Damit wurde einem Hinweis Pom (Schr. v. 10.2.1948, EZA 2/5) auf die anderweitige begriffliche Verwendung in Art. 3 I entsprochen (so schon der GO-Entwurf Feine, s. Gesch 4).

620 Z.B. Empfehlungen des Rates „zur Stellung und zum Gebrauch der Lutherübersetzung" v. 29./30.6.2001; Orientierungshilfe des Rates „Mit Spannungen leben" v. 5./6.9.2001.

621 Brunotte, GO, S. 158.

durch die die Gliedkirchen zur Anpassung ihrer Prüfungsordnungen aufgefordert werden.

Die Richtlinien i.S. dieser GO-Ermächtigung vereinen demnach beide Funktionen, sowohl der politischen Leitung als auch der verwaltungstechnischen Anleitung: Ihr *politischer Charakter* folgt aus dem Kontext der verfassungsrechtl. Kompetenzverteilung im Verhältnis zu eigenständigen Gliedkirchen und aus der Nähe zur der nach außen wirkenden Gesetzgebung; zudem geht es in der Sache auch hier um Grundsätze und wesentliche Fragen des gliedkirchl. Lebens (Art. 6 II). In diesem politischen Sinne definierte der EGO74 die Richtl. als „Grundsätze, die von den Gliedkirchen in Gesetzgebung und Verwaltung beachtet werden sollen" (Art. 22 – im Unterschied zu „Rahmengesetzen").
Der verwaltungsinterne Richtliniencharakter steht an sich in einer gewissen Spannung zur Eigenständigkeit gliedkirchl. Adressaten; er unterstreicht aber das gesamtkirchl. Eigengewicht der EKD auch als ordnende Gemeinschaft.

Verbindlichkeit
Mit der Richtlinienkompetenz ist der EKD ein Instrument in die Hand gegeben, mit dem sie regelnd und ordnend auf die Belange der Gliedkirchen einwirken kann, ohne deren Eigenständigkeit in Frage zu stellen. Dies sprach auch wohl für die Bezeichnung als „Richtlinie". Sie bezweckt einen rechtl. Rahmen zur einheitlichen Regelung. Auch wenn sie nicht die Rechtsverbindlichkeit von Gesetz und Verordnung hat, so geht ihr normativer Gehalt doch über den Bindungsanspruch einer Anregung (Art. 8) oder des Förderns und der damit verbundenen Auflagen (Art. 7) hinaus. Die Richtl. ist für die Gliedkirchen insoweit nicht verbindlich, als sie im Ganzen wie im Einzelnen davon abweichen können;[622] sie setzen sich aber ggf. „damit in einen Widerspruch zu einer durch die Richtlinie gestalteten Ordnung". Insofern ist die Richtl. zwar keine Gebotsnorm im formellen Sinne, aber materiell-verpflichtende und geistlich-rechtl. autorisierte Leitung mit Grundsätzen, die von der gliedkirchl. Verwaltung und Rechtsetzung im Kern zu berücksichtigen sind.[623] Im Unterschied zum Gesetz muss die Richtl. – ungeachtet der üblichen Veröffentlichung im ABl. – nicht formell verkündet werden.

Eine weitergehende Verbindlichkeit ist für den Fall denkbar, dass eine Richtl. von den Gliedkirchen über längere Zeit beachtet wird und ihr durch eine solche faktische auch eine rechtl.

---

622 So konnte sich beispielsweise die Richtlinie zur Durchführung der Selbstreinigung der Kirche v. 23.5.1946 ähnlich wie die Richtlinie für die Versorgung in Kriegsgefangenschaft befindlicher oder vermisster Geistlicher v. 5.8.1946 nicht durchsetzen.

623 Erik Wolf, Ordnung, S. 726; abweichend Brunotte (GO, S. 157: „an sich unverbindlich"); Weeber, Bericht, S. 70.

Geltung zuwächst. Hier sind ggf. Gesichtspunkte der gliedkirchl. Übereinkunft oder einer Entscheidungsübertragung (Art. 13) zu berücksichtigen, sowie der Aspekt des Vertrauensschutzes und der Natur der Regelungsmaterie, wenn sie gemeinsames Handeln sachnotwendig erfordert (z.B. bei der Verrechnung von Lohnsteueranteilen). Auch ist hier das Gebot geschwisterlichen Verhaltens (Art. 5) bedeutsam.

Der Grad der Verbindlichkeit ist nicht eindeutig festgelegt. Eine Begrenzung folgt naturgemäß aus den unterschiedlichen Rahmenbedingungen, Regelungsmaterien und Begrifflichkeiten der gliedkirchl. Rechtsordnungen, an die sich die Richtl. wendet. Dies schließt nicht aus, dass Richtl. der EKD auch als weitgehend durchgeformte Regelwerke ergehen, wie dies etwa für das Kirchenbuchwesen geschehen ist. So kann dieses Instrument auch als Vorform zur Erprobung späterer Gesetzgebung dienen.
Diese detaillierte Gestaltungsmöglichkeit weist Parallelen zum Recht der gleichfalls föderal strukturierten EU auf. Dort verpflichtet aber eine Richtl. die Mitgliedstaaten zur Umsetzung, wenn auch nur hinsichtlich des zu erreichenden Ziels (Art. 249 EGV).

Befugnis
Die EKD **kann** Richtlinien aufstellen. Diese Befugnis setzt bestehende Vorschriften als Ermächtigung oder Regelungsrahmen nicht voraus. Sie kann auch Rechtsmaterien ordnen, die noch nicht geregelt sind. So wird dieses Instrument in den Fällen genutzt, in denen eine weitergehende Rechtsetzungsbefugnis nicht besteht oder aus anderen Gründen, etwa mit Rücksicht auf den Gesetzgebungsaufwand bei künftigen Änderungen, nicht in Betracht kommt. Andererseits zeigt das Beispiel der vorgen. EKD-Datenschutzrichtlinie, dass der Katalog des Art. 9 die Richtlinienbefugnis nicht erschöpfend regelt. Vielmehr räumen andere Rechtsvorschriften (z.B. DSG-EKD) die Befugnis ergänzender Bestimmungen ein. Dabei kann es sich auch um eine Verordnungsermächtigung handeln, die den weniger verbindlichen Richtlinienerlass einschließt (vgl. Art. 10b).
Der Katalog möglicher Regelungsgegenstände beruht auf der 1948 noch begrenzten Erfahrungsgrundlage des gesamtkirchl. Regelungsbedarfs, der sich historisch zunächst auf die personelle Rekonstituierung der Kirche konzentrierte. Gegen eine enumerative Interpretation spricht die materiell weitergehende Verordnungs- und Gesetzeskompetenz und die Verfahrenssicherung (Art. 10a und b, Art. 26a) und auch die allgemeine Delegationsmöglichkeit gem. Art. 13, soweit die Gliedkirchen mitwirken; dahinter treten formelle Bedenken hinsichtlich des vereinfachten Erlassverfahrens (Ratsbeschluss im Unterschied zum Gesetzgebungsverfahren) zurück.

Die Aufstellung von Richtl. ordnet die GO der **Evangelischen Kirche in Deutschland** insg. zu. Ihr Erlass ist also – im Unterschied zu Art. 23 und 31 – nicht ausdrücklich bestimmten Organen vorbehalten. Daraus ist der Schluss gezogen worden, dass dazu auch das Kirchenamt oder andere EKD-Stellen befugt seien.[624] Dieses mag für Richtlinien i.S. administrativer Anweisungen innerhalb der Verwaltungshierarchie zutreffen. Das hier auch im Verhältnis zu den Gliedkirchen geregelte Rechtsetzungsinstrument ist hingegen nach der allgemeinen Zuständigkeitsnorm des Art. 29 I 2 mangels expliziter Bestimmung dem Rat bzw. dessen Amtsstelle gem. Art. 31 vorbehalten und so auch praktiziert worden.[625] Eine unmittelbare gliedkirchl. Beteiligung in der Sache ist nicht ausdrücklich vorgesehen. Gleichwohl wird die EKD wegen der weitreichenden Bedeutung, die gesamtkirchl. Richtl. haben können, den Inhalt vorher mit den Gliedkirchen nach Möglichkeit – z.B. in der Referentenkonferenz oder der KK bzw. den gliedkirchl. Zusammenschlüssen – abstimmen, schon um deren Befolgung sicherzustellen.[626] Dem Rat ist es auch unbenommen, andere Organe an der Erstellung seiner Richtl. zu beteiligen.

Die Richtlinienbefugnis des Art. 9 regelt im Kontext der Aufgabenbeschreibung der EKD vor allem die Aufstellung von Richtl. für die Gliedkirchen. Der *Erlass interner Richtl. (z.B. Richtlinie für die Zahlung von Honoraren bei Veranstaltungen der EKD)* wird durch diesen Zuständigkeitskatalog jedenfalls nicht begrenzt.[627] In der Ordnung und Verwaltung ihrer eigenen Angelegenheiten ist die EKD unabhängig (Erl Art. 3 I). Bei der Gesetzgebung unterscheidet die GO zwar ausdrücklich zw. eigenen „Angelegenheiten“ (Art. 10 I) und der „Wirkung für die Gliedkirchen“ (Art. 10a I). Bei den Ordnungsmitteln der Art. 7 bis 9 wird auf solche Differenzierung angesichts des minderen Eingriffscharakters verzichtet.[628] Explizit ermächtigt die GO etwa zum Erlass von Richtlinien für Werke der diakonischen Arbeit (Art. 15 II 2) und der Diasporaarbeit (Art. 16 II 3). „Richtlinien“ i.S. der Verwaltungsvorschrift kann auch das Kollegium des KA für seine Kolleggruppen und Abteilungen aufstellen (§ 7 GeschOKA). Soweit Richtl. gem. Art. 9 zugleich auch EKD-interne Regelungsgegenstände betreffen, dürfte ihnen intern eine verbindlichere Geltung zukommen, es sei denn, die Materie ist für den eigenen Bereich gesondert geordnet, wie beispielsweise das Rechnungsprüfungswesen sowohl durch Richtl. als auch – EKD intern – durch KG (Erl Art. 33 II 2).

Regelungsbeispiele

Der erste bedeutende Gegenstand einer Richtl. ist die schon seit 1946 geregelte *Ostpfarrerversorgung* (später: Richtl. v. 26.10.1984). Die gesamte freiwillig von den Gliedkirchen aufgebrachte Versorgung der aus dem Osten geflüchteten Amtsträger sowie der

---

624 Brunotte, GO, S. 157.

625 So im Ergebnis auch Weeber, aaO, m. Hinw. auf den „normativen Wert“ der Richtl.; vgl. aber Richtl. für die Zugehörigkeit von Fachverbänden des DW.

626 So beruht auch die Datenschutzrichtl. des Rates auf Empfehlungen der Referentenkonferenz.

627 Auch solche internen Richtl. können durch ihre Modellfunktion Wirkungen für die Gliedkirchen haben, wie beispielsweise die Honorarrichtlinie.

628 Ein Beispiel der Richtl. in eigenen EKD-Angelegenheiten sind die förmlichen Vorgaben und Formulare des KA für Zuschussanträge.

dafür erforderliche Finanzausgleich basiert noch heute auf der mehrfach geänderten Richtlinie zur Versorgung der Ostpfarrer und ihrer Hinterbliebenen. Seit Verabschiedung der GO ist von der Richtlinienbefugnis vielfältiger Gebrauch gemacht worden (nachstehende Beispiele finden sich in Recht der EKD):

a) Zur **wissenschaftlichen Ausbildung** der Pfarrer und Pfarrerinnen wurde z.B. 2002 eine Rahmenordnung für die Erste Theol. Prüfung/die Diplomprüfung in Ev. Theologie erlassen, durch die die Gliedkirchen zur Anpassung ihrer Prüfungsordnungen aufgefordert werden. **Die praktische Ausbildung** regelt u.a. die Richtlinie für die Weiterbildung zur Ev. Paramentikerin/zum Ev. Paramentiker vom 26.1.1989. Andere Ausbildungsregelungen z.B. für Sozialsekretäre sind durch Gesetz geregelt.
Richtlinien für die Ausbildung – ebenso wie für die Rechtsverhältnisse – kirchl. Amtsträger dienen vorrangig der übereinstimmenden Ordnung bestehender Ämter und nicht der konzeptionellen Entfaltung neuer, noch in keiner Gliedkirche vorhandener Ämter.[629]

b) Zu den **Rechtsverhältnissen und der Versorgung der Geistlichen und sonstiger Amtsträger und Amtsträgerinnen** sind neben der vorgen. Versorgungsrichtlinie z.B. die Richtlinie zur Besoldung und Versorgung aus öffentlich-rechtlichen Dienstverhältnissen v. 21.3.1980 ergangen. Diese Ermächtigungsgrundlage gilt auch über die Pfarrer- und Beamtenschaft hinaus für Angelegenheiten privatrechtl. beschäftigter Mitarbeiter; sie liegt insb. der arbeitsrechtl. Richtlinie des Rates zugrunde auch bezüglich der Wohnungsfürsorge und Mitarbeitervertretung und der Dienstvertragsordnung. Als Richtl. dürften auch die „Empfehlungen des Rates der EKD und der Kirchenkonferenz" zur „Vereinheitlichung dienstrechtl. Vorschriften in den Gliedkirchen der EKD"[630] anzusehen sein. Dagegen überwiegt z.B. bei anderen Vorschlägen wie der „Empfehlung zu Fragen des Pfarrhauses" (2002) der informatorische Charakter einer Problemanzeige mit Lösungsvorschlägen. Das Dienstrecht hat ansonsten in der EKD, insb. in seinem Kernbereich, dem Pfarrerrecht –, noch keine einheitliche Regelung erfahren.[631] Freilich eröffnen sich hier mit der Strukturreform 2005 und der Arbeit der Zusammenschlüsse in der EKD neue Perspektiven: Für die Beamtenschaft weist das 2005 novellierte KBG neue Wege, das eine Übernahmemöglichkeit für Gliedkirchen und Zusammenschlüssen gem. Art. 10a II b und c GO vorsieht. Ein entsprechend wichtiger Schritt in den Angestellten-Bereich ist die *„Richtlinie des Rates über die Anforderungen der privatrechtlichen beruflichen Mitarbeit in der EKD und des Diakonischen Werks"* v. 1.7.2005 (ABl. EKD S. 413). Ein einheitliches Pfarrergesetz wird angestrebt.

---

629 Beschl. der KK v. 10.12.2003 betr. Diakonat.
630 Hg. v. KA, Hannover im November 1996 (KA-Az. 2710/2).
631 Die Gliedkirchen hielten in der Vergangenheit trotz aller Bemühungen auf EKD-Ebene auch im Rahmen der Dienstrechts-Referentenkonferenz weitgehend daran fest, ihr Dienstrecht in Eigenverantwortung sowie auf der Ebene ihrer Zusammenschlüsse auszugestalten und fortzubilden (Strietzel, Kirchenrecht und Kirchenpolitik, S. 21 ff.).

c) Für die **Erhebung kirchlicher Abgaben** sind die Kirchensteuererstattungen, die sich bei Belegenheit des Wohnorts und Arbeitsplatzes (Betriebsort) in verschiedenen Gliedkirchen ergeben, durch die *Richtlinie zur Verrechnung der Kirchenlohnsteueranteile zwischen den Gliedkirchen der EKD* v. 15.5.1998 geregelt.

d) Der **Verwaltung des kirchlichen Vermögens** dient etwa die *Ordnung für das kirchl. Finanzwesen* (für Kameralistik und Doppik) mit Ausführungsbestimmungen v. 2006 Eine weitere für die gliedkirchl. Praxis genutzte Regelung ist die von der *Grundstückskommission* erarbeitete *Richtlinie der EKD über die Verwaltung des kirchl. Grundbesitzes.*

e) Eine **Vereinheitlichung der Amtsbezeichnungen und der Benennung der Amtsstellen** berührt Besoldungs- und andere sensible Strukturen. Daher steht eine Richtl. noch aus, obwohl sie mit zunehmender Fluktuation der Bevölkerung über Kirchengrenzen und konfessionelle Unterschiede hinweg dem Verständnis der kirchl. Öffentlichkeit entgegenkäme.[632]

f) Für das **Archivwesen** regeln mehrere Richtlinien (v. 1982, 1984 u. 1987) den Schutz kirchlichen *Archivguts,* dessen Benutzung und dessen Sicherungsverfilmung. Auch die *Bibliotheksordnung* v. 11.12.1999 (ABl. EKD 2000 S. 1) gehört zu dieser Materie. Eine wichtige Leitfunktion erfüllt die als Richtlinie beschlossene *Kirchenbuchordnung* v. 11.9.1999 (ABl. EKD S. 425). Sie regelt die Führung von **Kirchenbüchern**, d.h. der amtl. Register zur Beurkundung geistlicher Amtshandlungen, und gilt auch für die Kirchenbuchführung der EKD für Auslandsgemeinden. Als Archiv der EKD ist im Kooperationsrahmen des *Kirchlichen Archivzentrums Berlin (KAZ)* das *Evangelische Zentralarchiv* (EZA) eingerichtet. Dieses sammelt neben dem Archivgut der EKD auch das freier kirchenbezogener Einrichtungen und besonderer Nachlässe. Deponiert ist dort ferner ein Teil des Archivs der EKBBO.[633] Weitere Trägerin des EZA ist die UEK. Archivfunktionen nimmt u.a. auch die *Zentrale Informations- und Dokumentationsstelle der EKD* in Berlin wahr. Die **kirchliche Statistik** ist lediglich in Ansätzen der EKD-Statistik durch KG über die Statistik v. 1993 geregelt.

---

632 Hier habe nach Ansicht eines Mitverfassers der GO ein „zäher landeskirchl. Traditionalismus jeden Ansatz zur Erfüllung dieser Aufgabe verhindert“ (Erik Wolf, Ordnung, S.727).

633 Z. KZA/EZA gehört auch eine Kirchenbuchstelle für die Bücher der APU, der preußischen Armee und früherer Gemeinden Alt-Berlins.

Artikel 10 (Gesetzgebung in eigener Sache)

(1) Die Evangelische Kirche in Deutschland kann ihre Angelegenheiten und ihre Beziehungen zu Kirchen im Ausland durch Kirchengesetz regeln, soweit hierfür wegen der Bedeutung der Sache ein Bedürfnis besteht.

(2) Einer kirchengesetzlichen Regelung bedarf es

- **a) zur Änderung der Grundordnung der Evangelischen Kirche in Deutschland und zur Änderung oder Aufhebung von Kirchengesetzen,**
- **b) soweit Staatskirchenverträge, die die Evangelische Kirche in Deutschland abschließt, Regelungsgegenstand sind,**
- **c) in den Fällen des Artikels 33 Absatz 2.**

Die Vorschrift betrifft die Gesetzgebung der EKD in eigener Sache, ihre Beziehungen zu Auslandskirchen und Sondertatbestände. Sie konkretisiert die in Art. 3 I statuierte Unabhängigkeit der EKD. Historisch geht die kirchl. Gesetzgebungskompetenz auf den Übergang der bischöflichen Rechtsetzungsgewalt auf die Landesherren der reformatorischen Territorien zurück und auf die spätere Übernahme des Kirchenregiments durch die Landeskirchen.[634]

Die Vorschrift wurde durch GO-Änderung 2000 im Zusammenhang mit der Einfügung des Art. 10a neu gefasst. Bis dahin regelte die GO lediglich die Gesetzgebung mit Wirkung für die Gliedkirchen und beschränkte sie auf bereits geregelte Sachgebiete und die Fälle gliedkirchl. Einverständnisses (Anh 7D: Art. 10). Eine ausdrückliche Regelung der Gesetzgebung in eigener Sache fehlte. Nach diesem Konzept lag das Gesetzgebungsmonopol bei den Gliedkirchen im Unterschied zum staatl. Bereich, in dem sich Bund wie Länder auf eine originäre Rechtsetzungskompetenz stützen. Mit der Neuregelung unterscheidet die GO nun ausdrücklich zw. EKD-internen Gesetzen und solchen mit Wirkung für die Gliedkirchen und stellt klar, dass die EKD eigene Angelegenheiten auch durch KG regeln kann. Das *Gesetzgebungsverfahren* regelt insb. Art. 26a.

Absatz 1 (Eigene Angelegenheiten und Auslandsbeziehungen)

Mit diesem Absatz wird der Grundsatz vorangestellt, dass die EKD ihre Angelegenheiten – soweit also die Gliedkirchen davon nicht betroffen werden – durch „Kirchengesetz" regeln „kann". Diese Befugnis in eigener Sache entspricht einer an sich selbstverständlichen Übung, wie sie etwa für das Recht der Dienst- und Arbeitsverhältnisse sowie des Versorgungswesens für die Bediensteten der EKD und für die Mitwirkung der EKD in der Ökumene auch schon vor der GO-Änderung praktiziert worden war.

---

[634] Guntau, Gesetzgebungsrecht, S. 641 (Fn 4) m.w.N.; Gesch 1a.

Kirchengesetz i.S. dieser Vorschrift ist eine Anordnung, die auf dem von der GO für die Gesetzgebung vorgeschriebenen Weg durch Zusammenwirken der dazu bestellten Organe in der Form eines Gesetzes zu Stande kommt, und zwar im Einklang mit den Grundsätzen der GO, namentlich mit den in der Präambel und den Grundbestimmungen festgelegten Grundlagen.[635] Gemeint sind hier Gesetze im *formellen* Sinn im Unterschied zu Richtlinien oder Verordnungen. Dies schließt nicht aus, dass die EKD auf Grund der gem. Art. 3 I statuierten Ordnungsautonomie ihre Angelegenheiten a fortiori auch durch Verordnung, Richtlinie oder andere untergesetzliche Regelungen ordnen kann.

Für die EKD handelt es sich um **ihre** Angelegenheiten, wenn diese nur sie selbst betreffen. Die amtl. Begründung bezeichnet sie als *„eigene"* Angelegenheiten. Deren Regelung wird der Gesetzgebung *mit Wirkung für die Gliedkirchen* (Art. 10a) gegenübergestellt, d.h. Gesetzen, die (auch) Angelegenheiten der Gliedkirchen regeln. Freilich ist kaum ein gesamtkirchl. Gesetz denkbar, das nicht mittelbare Auswirkungen auch auf die internen Verhältnisse einer Gliedkirche hätte. Gemeint ist hier aber nicht die Regelung an sich, sondern der *Regelungsgegenstand;* die geregelte Materie darf gliedkirchl. Angelegenheiten nicht – auch nicht in Teilen – berühren. Mit den **Angelegenheiten** als Gegenstand bzw. Sachverhalt, der geregelt wird, ist implizit auch der sachliche und personale (im weiteren Sinne auch ein räumlicher und zeitlicher) Geltungsbereich bezeichnet und damit auch der Adressatenkreis. Zum *Begriff* s. auch Erl Art. 3 I.
Angelegenheiten der EKD sind z.B. die Durchführung ihrer verfassungsmäßigen Ordnung, so etwa *Ausführungsgesetze* zur GO,[636] ihr Haushaltsplan, die Gerichtsbarkeit in eigener Sache, insb. die Schiedsgerichtsbarkeit (dazu vgl. auch die Sondertatbestände des Abs. 2) und die Diakonie der EKD. Sie beschränken sich auch nicht auf „äußere" Angelegenheiten, auf technische Gesetzesgegenstände wie Recht und Verwaltung und schließen geistliche Regelungen, die Bekenntnis und Kultus berühren, nicht aus.

Werke und Einrichtungen
Zu den Angelegenheiten der EKD, die durch KG geregelt werden können, zählen auch die ihrer Werke und Einrichtungen ungeachtet deren Rechtsform, d.h. auch zivilrechtl. Vereine, Stiftungen u.ä. Dazu gehören alle „Werke und Einrichtungen, die am kirchl. Auftrag teilhaben und ihr in bestimmter Weise zugeordnet sind. Die Zuordnung setzt voraus, dass eine hinreichende organisatorische Verbindung zur EKD und ihren Organen festgestellt wird, um die Geltung der EKD-Vorschriften zu gewährleisten."[637] Die

---

635 Zur historischen bzw. zur abnehmenden Bedeutung des materiellen und formellen Gesetzes: Heun, Das Gesetz in Staat und Kirche, S. 447 m.w.N.; Liermann, Kirchenrecht, S. 48.
636 Interne Begründung des Verfassungsausschusses zur EGO74, KA-Az. Berl Stelle KB 0100.
637 Richtlinien des Rates der EKD für die Führung der Übersicht über die kirchl. Werke und Ein-

in den Kirchenverf. angelegte Rechtseinheit der Kirche und ihrer Werke und Einrichtungen wird rechtssystematisch nicht durch die staatl. Differenzierung zw. ziviler oder öff. Rechtsform berührt. Kirchl. Werken wie dem Diakonischen Werk und dem Gemeinschaftswerk der Evangelischen Publizistik kommt ein ihrem öff. Verkündigungsauftrag entsprechender kirchenrechtl. Status zu, der sich nicht auf die vom Staat für Privatinitiativen und deren zivilrechtl. Handeln vorgesehene Form reduzieren lässt.[638] Denn staatl. Vereinsautonomie und eine beim Amtsgericht registrierte Satzung erfassen nicht die rechtl. Wirklichkeit kirchl. Gemeinschaft und vermögen keine kirchengesetzliche Regelung zu ersetzen.[639] Den staatl. anerkannten Körperschaften entsprechen also insoweit kirchenrechtl. verfasste Institutionen, die als *juristische Personen des Kirchenrechts* begriffen werden können und sich in die kirchl. Rechtsordnung aktiv und passiv einfügen. In unterschiedlichen Typen und Mischformen ist die Kirche hier jeweils mehr anstaltlich als *Einrichtung* oder mehr genossenschaftlich als *Werk* organisiert oder lediglich formal (begrifflich überschneidend) als *Verband* koordiniert. Sie sind als „Wesens- und Lebensäußerung der Kirche“ (Art. 15) in ihrer verantwortlichen Teilhabe am Verkündigungsauftrag auch kirchenrechtl. Träger von Rechten und Pflichten und unmittelbare Adressaten des KG.[640] Praktische und rechtspolitische Relevanz hat dies beispielsweise für den Datenschutz, dessen kirchengesetzliche Regelung in ihrem Geltungsbereich staatl. Regelungen und Kontrollbefugnisse auch bezüglich der zivilrechtl. organisierten Kirche ausschließt.[641] Entsprechendes gilt z.B. für das KG über das Diakonische Werk der EKD und das MVG.EKD.[642]

Die kirchenrechtl. Qualität vereinsrechtl. Strukturen ist im Einzelnen umstr. und wird z.T. vor allem aus der Sicht der Werke und in Abgrenzungsfragen auch staatlicherseits problematisiert. Historisch resultiert dies aus den gesellschaftlichen Ursprüngen der betr. Dienste, die aus Laien-

---

richtungen der EKD v. 27.4.1991 m. anl. Empfehlung der Datenschutz-Referentenkonferenz v. 3.5.1990 (abgedruckt in: Claessen, Datenschutz in der ev. Kirche, S. 207).

638 Stolleis, Kirchl. und staatl. Zuständigkeiten etc., S. 245; Robbers, Staatl. Recht und Kirchenrecht, S. 40. Der Übernahmebeschluss der Diakonischen Konferenz v. 1987 ist demnach als Durchführungsregelung zu verstehen.

639 Liermann, Kirchenrecht, S. 17.

640 Vgl. dazu Pirson, Juristische Personen des kirchlichen Rechts, S. 1 ff.; vgl. die „kirchliche Rechtspersönlichkeit“ i.S.d. § 2 VELKD-Werkegesetz v. 27.1.1949 i.d.F. v. 31.10.1997 und die „Rechtspersönlichkeit nach kirchlichem Recht“ in der bay. Verf. (Art. 8 III); zum kath. Vereinsstatut gem. c. 298 CIC: Jurina, Religionsgemeinschaften mit privatrechtl. Rechtsstatus, S. 704.

641 Einbezogen sind alle kirchl. Werke und Einrichtungen „der“ EKD (§ 1 II S. 1 DSG-EKD), d.h. die „am gesamtkirchl. Auftrag der EKD teilhaben und ihr in bestimmter Weise zugeordnet sind“ (Richtlinie des Rates v. 25.4.1991, abgedruckt in: Recht der EKD, 1999, Nr. 1.14; vgl.: KI-Gutachten „Zur Geltung kirchlichen Datenschutzrechtes in den privatrechtlich organisierten Einrichtungen der Diakonie“ v. 14.2.1996, S. 122 ff.; zum Ganzen Claessen, Datenschutz in der ev. Kirche, S. 43 ff.

642 Dazu Fey/Rehren, MVG. EKD, § 1 Rdn. 6.

initiativen eines Bürgertums erwuchsen, das seine Rechtsformen traditionell nicht in sondern neben der Amtskirche in bewusster Anlehnung an staatl. Recht entwickelte. Auch die Natur der Arbeitsfelder bedingt eine Affinität zu staatl. Strukturen, je weiter der Verkündigungsdienst auch strukturell in Staat und Gesellschaft hineinreicht. Andererseits sind die ursprünglich „freien Werke" inzw. personell und verwaltungstechnisch weitgehend in die Kirchenorganisation hineingewachsen und partizipieren ungeachtet ihrer Rechtsform durch die Teilhabe am kirchl. Auftrag auch staatskirchenrechtl. an den Privilegien ihrer Kirche. Schon die Vorlf.O.EKD ging davon aus, dass die gesamtkirchl. Dachorganisationen als „Einrichtungen der EKD" anerkannt waren, und stellte sie unter deren „Obhut" (Anh 5: § 4).
Hinsichtlich des internen Regelungsbedarfs hilft sich die Rechtsdogmatik damit, dass die Bestimmungen der zivilrechtl. Satzung – in toto oder soweit möglich – auch als kirchenrechtl. Regelung gedeutet werden. Die kirchl. Praxis verfährt hier auf Seiten der Organisationen in einer pragmatischen Akkordanz zum Zivilrecht und nutzt die Freiheiten der zivilrechtl. Vereinsautonomie.[643]

Die EKD steht in der Ordnung der Ökumene und arbeitet in dieser mit (Art. 2 IV u. Art. 17). Daher treten neben den Tatbestand der eigenen Angelegenheiten der EKD **ihre Beziehungen zu Kirchen im Ausland**. Diesem Regelungsbedarf entspricht das *KG über die Mitarbeit der EKD in der Ökumene*. Auslandsbeziehungen betreffen ferner die gesetzliche Ratifizierung der mit ausländischen Kirchen geschlossenen Verträge (Erl Art. 17 IV). Werden durch solche Verträge auch die Interessen der Gliedkirchen berührt, müssen diese der Ratifizierung zustimmen (Art. 10 I 2 i.V.m. Art. 10a II); so etwa bei der Erklärung gegenseitiger Kirchengemeinschaft mit der Kirche von Schweden und der Ev.-luth. Kirche Finnlands (Erl Art. 17 II Satz 2).[644] Keiner Gesetzesform bedürfen *Verwaltungsverträge*, die allein der Rat verantwortet. Dies gilt etwa für Verträge mit ev. Kirchen und Kirchengemeinden nach Abschn. I des Ökumenegesetzes.

Die Gesetzesform ist, auch soweit sie lediglich die eigenen Angelegenheiten und Auslandsbeziehungen umfasst, nur zulässig, wenn **„wegen der Bedeutung der Sache ein Bedürfnis besteht"**, sie gesetzlich zu regeln. Ein ähnlicher Vorbehalt fand sich auch im EGO74 (Anh 12: Art. 24 II) und entspricht dem rechtsstaatl. Grundsatz, die

---

643 In der Praxis wird dies kirchenrechtl. kaum begründet oder rechtstheol. reflektiert; dazu Christoph, Kirchliche Rechtssetzung im diakonischen Bereich, S. 430; Jurina, aaO; Winter, Diakonie in Bindung und Freiheit, S. 50; ders., Die Kirche und ihre Diakonie, S. 239 ff.; a.A. Isak, Das Selbstverständnis der Kirchen und Religionsgemeinschaften, S. 156. Im Datenschutz entscheidet auch die organisatorische Verbindung der Werke und Einrichtungen zur verfassten Kirche darüber, ob sie kirchl. oder staatl. Kontrolle unterliegen. So sehen die Satzungen oft kirchl. Funktionsträger als geborene Vereinsmitglieder vor, wobei gewährleistet bleibt, dass der Verein nicht zur Verwaltungsstelle der Amtskirche wird, sondern vornehmlich vom Mitgliederwillen getragen ist (vgl. OLG Hamm, Beschl. v. 21.6.1994, in: KirchE 32, 215).

644 Guntau, Gesetzgebungsrecht, S. 642 , Fn 6.

für das Gemeinwesen wesentlichen Entscheidungen dem Gesetzgeber vorzubehalten.[645] Das Erfordernis des Bedarfs an sich entspricht bereits allgemeinen Verwaltungsgrundsätzen, namentlich dem Gebot der Verwaltungsökonomie, denen auch die gesetzgebenden Organe der Kirche unterworfen sind. Für deren Tätigwerden reicht hier jedoch nicht ein allgemeiner Bedarf. Vielmehr muss das gesetzliche Regelungsbedürfnis wegen der Bedeutung der Sache bestehen. Dies ist z.B. dort anzunehmen, wo in Anlehnung an das öffentlich-rechtl. Dienstrecht das *Legalitätsprinzip* auch im KG Geltung hat, oder in Angelegenheiten, deren *Dignität* die Qualität eines KG erfordern. Besondere Bedeutung wurde z.B. für die EKD-Verträge mit UEK und VELKD bei der Strukturreform 2005 bejaht. Veranschaulicht wird dieser hervorgehobene Normcharakter auch durch die Regelungsgegenstände des folgenden zweiten Absatzes (z. Verhältnis zu Abs. 2 s. dort).

Soweit dieses Bedürfnis zu bejahen ist, folgt daraus noch nicht, dass die Gesetzesform wie in den Fällen des Abs. 2 gewählt werden *muss.* Vielmehr **kann** die Regelung als Gesetz ergehen. Dies bezieht sich hier also nicht auf die Regelung an sich, sondern auf deren Form und ist eine Frage des politischen Gestaltungswillens. Die EKD kann ihre eigenen Angelegenheiten auch z.B. durch VO oder Richtl. regeln. Die wäre durch den Rat allein, ohne Beteiligung von Synode oder KK möglich. Ferner bestimmt Art. 10 nicht, dass die EKD bestimmte Angelegenheiten überhaupt regeln muss. So etwa hat man von einem KG über die Zustimmung der EKD zur Leuenberger Konkordie abgesehen, für die nach alter Rechtslage (Art. 26 III a.F.) eine synodale Zwei-Drittel-Mehrheit erforderlich war. Auch bei (den meisten) Verträgen mit Auslandskirchen ist auf ein Ratifizierungsgesetz verzichtet worden (anders bei neueren Verträgen, etwa mit den Kirchen von Schweden und Finnland); von Bedeutung ist hierfür auch das politische Gewicht des Gegenstandes.

Absatz 2 (Gesetzesvorbehalt)
Im Anschluss an die Grundsatzregelung im vorangehenden Absatz führt die GO bestimmte Bereiche auf, deren Regelung der Gesetzesform bedarf: die Änderung der GO oder eines Gesetzes, die Ratifizierung eines Staatskirchenvertrages sowie Haushaltsplan, Umlageverteilung und Kreditaufnahme. Durch diesen Katalog wird zugleich eine *Zuständigkeitsabgrenzung* zw. der Entscheidungsbefugnis des Rates und der Synode vorgenommen.

Verhältnis zum ersten Absatz
Die bes. Tatbestände tendieren insoweit über die Ermächtigung gem. Abs. 1 hinaus, als sie in der Regelungsmaterie oder zumindest hinsichtlich gewichtiger tatsächlicher und

645 Guntau, aaO, m.w.N.

rechtl. Auswirkungen auch die Gliedkirchen tangieren. Dem entspricht auch das Zustimmungserfordernis gem Art. 26a IV. Im Verhältnis zu Abs. 1 enthält Abs. 2 demnach nicht nur eine Konkretisierung der im ersten Absatz generell beschriebenen „eigenen Angelegenheiten", sondern *erweitert diese Kompetenz der EKD um bestimmte Bedarfsfälle.* Formell handelt es sich sowohl bei der GO, bei einem Staatsvertrag als auch bei ihrem Haushalt primär um Angelegenheiten der EKD. Letztlich berührt jedoch eine Änderung der GO regelmäßig die Kirchen- und Rechtsgemeinschaft der Gliedkirchen und deren Rechtsstellung. Auch ein Übereinkommen der EKD mit der Bundesrepublik dürfte, was die gängigen Regelungen eines Staatsvertrages etwa im Sinne Art. 3 II betrifft, nicht ohne unmittelbare rechtl. Auswirkungen für die Gliedkirchen sein. Schließlich werden die Gliedkirchen auch durch den Haushalt und die Festsetzung ihrer Umlage rechtl. verpflichtet. Daher wird die *Form* der Regelung hier nicht in das Ermessen der EKD gestellt. *Ob* eine Regelung an sich erforderlich ist, ergibt sich aus anderen Vorschriften (Erl Art. 15 III, 21 IV, 28 II, 32, 33 II).

Nicht ohne weiteres deutlich ist das Verhältnis der beiden Absätze unter dem Aspekt des legislatorischen *Ermessens.* Stellt man nur auf die sprachliche Anknüpfung („bedarf") an den vorangehenden ersten Absatz ab, so wird hier lediglich auf das „Bedürfnis" Bezug genommen und dieses Tatbestandsmerkmal der Kann-Vorschrift des Abs. 1 konkretisiert. Ob die EKD diese Bedarfsfälle ggf. durch Gesetz oder gar nicht regelt, stünde demnach – wie in Absatz 1 – grundsätzlich in ihrem Ermessen (vgl. aber Art. 26a III u. 33 II 1).

Laut amtl. Begründung der GO-Änderung[646] wird der Kreis notwendiger Gesetzesform für die „Regelung ihrer eigenen Angelegenheiten" durch diesen Katalog „*abschließend*" bestimmt. Dafür spricht die Verfassungskonzeption einer abschließenden – wenn auch z.T. weit gefassten – Aufgaben- und Zuständigkeitsbeschreibung der Art. 6 ff. (Erl vor Art. 6).

Der Gesetzeswortlaut an sich besagt freilich nicht, dass es sich um eine enumerative Aufzählung handelt, und lässt auch die Deutung der aufgeführten Tatbestände als Katalog zu, der weitere formbedürftige Fälle nicht ausschließt. So wird die Auffassung vertreten, dass es sich bei der Ordnung ihrer Diakonie, die gem. Art. 15 III der Gesetzesform bedarf, auch um eine eigene Angelegenheit der EKD handelt (Erl Art. 15 III 3). Entsprechendes gilt für die Fälle der Art. 21 IV 2 (Anschluss kirchl. Gemeinschaften) oder Art. 28 II 3 (Zusammensetzung der KK).

646 Amtl. Begründung der Vorl. zu Art. 10a (Synoden-Drucks. Nr. VI 1 der 5. Tagung der 9. Synode, S. 10, SB Braunschweig 2000, S. 481); so auch Guntau, aaO, S. 643.

a) Änderung der GO: Für Verfassungsänderungen sind im Unterschied zur Verfassungsgebung die zur entsprechenden Gesetzgebung konstituierten Organe zuständig (zu den Grenzen der Verfassungsänderung: Erl Art. 26a III). Der Tatbestand der **Gesetzesänderung** überschneidet sich praktisch mit der Gesetzgebungsbefugnis bezüglich bereits bestehender gesetzlicher Regelungen gem. Art. 10a I 1 und geht auf die frühere Kompetenz gem. Art. 10 lit. a für bereits geregelte Sachgebiete zurück (Anh. 7D). Eine GO-Änderung in Form einer Synodenerklärung oder -kundgebung ist nicht mehr möglich (z. Verfassungsdurchbrechung s. Erl Art. 26a III).

b) „Staatskirchenverträge" sind an sich nach gängigem Sprachgebrauch neben den Konkordaten alle Arten von Kirchenverträgen und sonstigen Übereinkommen zw. Kirche und Staat. Das gesetzliche Formerfordernis gilt hier aber nur den förmlichen, durch die EKD mit dem Staat zu schließenden Verträgen und zwar sowohl kodifikatorischen Hauptverträgen (z.B. ein Übereinkommen gem. Art. 3 II) als auch Übereinkommen über Einzelmaterien, wie z.B. über die Bundeswehrseelsorge. Hinsichtlich der allseitigen Verbindlichkeit kraft parlamentarischer Zustimmung seitens des Staates ist der Kirchenvertrag in diesem Sinne zu unterscheiden vom bloßen *Verwaltungsabkommen*. Gegenstand von Kirchenverträgen können grundsätzlich alle für die Beziehung zum Staat belangvollen Angelegenheiten sein. Näheres zu Begriff und Problematik s. Erl Art. 3 II.
Die gebotene Gesetzesform ist in der Rechtsnatur und Bindungswirkung der Kirchenverträge begründet (Erl Art. 3 II). Zweifel bestehen darüber, wie die rechtl. Bindung der Vertragspartner an den Vertrag, der sowohl die staatsrechtl. wie kirchenrechtl. Sphäre betrifft, begründet werden kann, und welche Folgen eine Nichtbeachtung der Vertragspflichten, insb. durch den Gesetzgeber, nach sich ziehen. Daher werden die Kirchenverträge durch die Synode (wie durch das Parlament) gesetzlich in das jew. Rechtssystem transformiert.

c) Fälle des Artikels 33 Absatz 2 betreffen den *Haushaltsplan* der EKD, Höhe und Verteilungsmaßstab der gliedkirchl. *Umlage* sowie Anleihen und Sicherheitsleistungen, die nicht aus Mitteln des lfd. Rechnungsjahrs gedeckt werden können. Sie werden i.d.R. durch ein einheitliches „Kirchengesetz über den Haushaltsplan, die Umlagen und die Kollekten der EKD für das Haushaltsjahr" geregelt.

Artikel 10 a (Gesetzgebung mit Wirkung für Gliedkirchen und Zusammenschlüsse)

(1) Die Evangelische Kirche in Deutschland kann Kirchengesetze für Sachgebiete, die durch Kirchengesetz der Evangelischen Kirche in Deutschland für alle oder mehrere Gliedkirchen oder für einen oder mehrere gliedkirchliche Zusammenschlüsse und die ihnen angehörenden Glied- und Mitgliedskirchen einheitlich geregelt sind, mit Wirkung für die betroffenen Gliedkirchen oder gliedkirchlichen Zusammenschlüsse und die ihnen angehörenden Glied- und Mitgliedskirchen erlassen, wenn die Kirchenkonferenz durch Beschluss nach Artikel 26 a Absatz 4 zustimmt. Das Zustimmungserfordernis gilt nicht für Kirchengesetze nach Artikel 33 Absatz 2.

(2) Die Evangelische Kirche in Deutschland kann Kirchengesetze für Sachgebiete, die noch nicht einheitlich durch Kirchengesetz der Evangelischen Kirche in Deutschland geregelt sind, mit Wirkung für die Gliedkirchen oder gliedkirchlichen Zusammenschlüsse und die ihnen angehörenden Glied- und Mitgliedskirchen erlassen, soweit die Gesetzgebungskompetenz bei den Gliedkirchen oder den gliedkirchlichen Zusammenschlüssen liegt, und zwar

a) für alle Gliedkirchen, wenn alle Gliedkirchen dem Kirchengesetz zustimmen, oder
b) für mehrere Gliedkirchen, wenn diese dem Kirchengesetz zustimmen,
c) für gliedkirchliche Zusammenschlüsse und die ihnen angehörende Glied- und Mitgliedskirchen, wenn der jeweilige gliedkirchliche Zusammenschluss dem Kirchengesetz zustimmt.

Die Zustimmung ist gegenüber dem Rat der Evangelischen Kirche in Deutschland zu erklären. Sie kann auch nach Verkündung des Kirchengesetzes binnen eines Jahres erklärt werden, wenn nichts anderes bestimmt ist. Die Frist beginnt mit dem Tage der Herausgabe des Amtsblatts der Evangelischen Kirche in Deutschland, das die Verkündung nach Artikel 26 a Absatz 6 enthält.

(3) In einem Kirchengesetz der Evangelischen Kirche in Deutschland nach Absatz 2 kann den betroffenen Gliedkirchen für sich oder den gliedkirchlichen Zusammenschlüssen für sich und die ihnen angehörenden Glied- oder Mitgliedskirchen die Möglichkeit eingeräumt werden, jederzeit dieses Kirchengesetz in der zur Zeit gültigen Fassung außer Kraft zu setzen. Für Gliedkirchen, die vor der Zustimmung zu einem Kirchengesetz aufgrund mitgliedschaftlicher Bindung das Kirchengesetz eines gliedkirchlichen Zusammenschlusses angewendet haben, kann bestimmt werden, dass diese das Kirchengesetz für sich nur gemeinsam außer Kraft setzen. Satz 1 und 2 gelten nicht für Teile von Kirchengesetzen und nicht für Kirchengesetze nach Artikel 33 Absatz 2. Das Außerkraftsetzen ist gegenüber dem Rat der Evangelischen Kirche in Deutsch-

land zu erklären. Der Rat stellt durch Verordnung fest, dass und zu welchem Zeitpunkt das Kirchengesetz für die betroffene Gliedkirche oder den gliedkirchlichen Zusammenschluss und die ihm angehörenden Glied- oder Mitgliedskirchen außer Kraft getreten ist.

Die Regelung der Gesetzgebung der EKD mit Wirkung für ihre Gliedkirchen wurde im Zusammenhang mit der Neufassung des vorausgehenden Art. 10 durch GO-Änderung v. 2000 als neuer Artikel eingefügt (Erl Art. 10 vor I) und durch die Strukturreform v. 2005 (Einbeziehung der gliedkirchl. Zusammenschlüsse; s. Gesch 9) ergänzt.
Die Bestimmung betrifft den verfassungspolitischen Kern des erstgen. Änderungsgesetzes, das nach altem Recht überkommene Problem der irreversiblen gliedkirchl. Kompetenzabgabe: Als Gemeinschaft ihrer Gliedkirchen leitet die EKD ihre Zuständigkeit der Rechtsetzung für die Gliedkirchen von diesen ab.[647] Gesetze mit Wirkung für die Gliedkirchen konnte die EKD i.d.R. nur erlassen (Art. 10 a.F.), wenn diese damit einverstanden waren (lit. a), es sei denn der Gegenstand war bereits einheitlich geregelt (lit. b). Wenn also der EKD die Gesetzgebungskompetenz durch solches Einverständnis einmal eingeräumt war, verblieb sie für alle weiteren Regelungen i.S.e. Zuständigkeitswechsels bei der EKD. Die Gliedkirchen konnten dann auch auf die spätere Rechtsentwicklung keinen unmittelbaren Einfluss mehr nehmen. Diese Schwäche der früheren Verfassung hinderte die Gliedkirchen an dem notwendigen auch legislatorischen Ausbau der Gesamtkirche und führte im Ergebnis zu dessen Blockade (Gesch 8 f). Dem trugen die GO-Änderungen durch eine verstärkte Mitwirkung der KK sowie der Gliedkirchen und ihrer Zusammenschlüsse an der Gesetzgebung durch weitgehende Zustimmungserfordernisse Rechnung. Überdies wird nunmehr den einzelnen Gliedkirchen und ihren Zusammenschlüssen die Möglichkeit eingeräumt, ein Gesetz für sich notfalls wieder außer Kraft zu setzen (Abs. 3).

Diese Neuordnung diente auch der Klärung weiterer Zweifelsfragen, die schon bald nach Verabschiedung der GO Änderungsbedarf deutlich werden ließen.[648] Dies galt beispielsweise für den Fall, dass eine oder mehrere Gliedkirchen ihr Einverständnis gem. Art. 10 lit. b) a.F. nicht gaben. Schon zur Treysaer Kirchenversammlung 1947 hieß es in einem Petitum der württ. Delegation: „Der Widerspruch einzelner Gliedkirchen gegen eine bestimmte gesamtkirchl. Ordnung sollte es aber nicht unmöglich machen, diese Ordnung wenigstens für die zustimmenden Gliedkirchen in Kraft zu setzen."[649] Nunmehr sieht die GO ein Gesetzgebungsverfahren vor,

---

647 Insofern unterscheidet sich die Rechtslage von der Verteilung der Gesetzgebungszuständigkeit nach dem GG: Auf Grund der verfassungsgebenden Gewalt des Staatsvolks in Bund und Ländern kann sich der Gesamtstaat wie der Teilstaat auf eine originäre Gesetzgebungskompetenz berufen. Zum Ganzen Guntau, Gesetzgebungsrecht, S. 648.
648 So schon Brunotte, GO, S. 169; vgl. Ahme, Der Reformversuch der EKD, S. 15.
649 Zit. nach Weeber, Bericht, S. 71.

das auf die unterschiedlichen Anliegen unterschiedlicher Gruppierungen von Gliedkirchen einzugehen vermag, auf konfessionelle Gemeinsamkeiten oder spezifische Sachinteressen. Nicht mehr nur alle Gliedkirchen gemeinsam, sondern auch „mehrere“ können für ihre Belange EKD-Gesetze erwirken.

Schließlich lag dieser Neuordnung die Absicht zu Grunde, auf eine *Rechtsvereinheitlichung* hinzuwirken und parallelen Gesetzgebungsaufwand der Gliedkirchen vermeiden zu helfen. Nach Art. 6 II hat sich auch die gesamtkirchl. Rechtsetzung um eine Festigung und Vertiefung der Gemeinschaft unter den Gliedkirchen zu bemühen und darauf hinzuwirken, dass in wesentlichen Fragen des kirchl. Lebens und Handelns nach übereinstimmenden Grundsätzen verfahren wird. Um eine solche Vereinheitlichung legislatorisch zu ermöglichen, ist – solange keine generelle Übertragung von Zuständigkeiten durch einen Gesetzgebungskatalog entsprechend staatl. Vorbild (Art. 70 ff. GG) bestimmt ist – eine erhöhte Bereitschaft der Gliedkirchen erforderlich, der EKD die Gesetzgebungszuständigkeit im Einzelfall zu übertragen. Nach wie vor besitzt die EKD also nur eine begrenzte Rechtsgewalt, wie sich aus der föderativen Grundstruktur, aus den Garantien des Bekenntnisstandes und aus ihren schmalen Kompetenzen ergibt; sie hat namentlich auch nicht die *Kompetenz-Kompetenz*, kraft deren sie ihre Gesetzgebungsbefugnis gegenüber den Gliedkirchen erweitern könnte.

Absatz 1 (Gesetzgebung kraft Herkommens)
Die Bestimmung über die Gesetzgebungsbefugnis für bereits geregelte Sachgebiete knüpft an Art. 10 lit. a) a.F. an, erweitert durch verstärkte Mitwirkung der KK.

Satz 1 (Gesetze mit Zustimmung der Kirchenkonferenz)
Die Bestimmung stellt auf den bereits vorhandenen Regelungsbestand ab und entspricht insoweit altem Recht. Dieses berücksichtigte freilich nicht nur die Sachgebiete, die **durch Kirchengesetz geregelt** sind, sondern auch einheitliche Regelungen durch allgemeines Recht, Gewohnheitsrecht oder Vereinbarung.[650] Aus der systematischen Einordnung des Artikels im Anschluss an die Richtlinienbefugnis folgt, dass hier das durch die Synode beschlossene KG im formellen Sinn gemeint ist, im Unterschied

---

650 Hammer, EKD-Reform, S. 121. Dies galt an sich beispielsweise für die disziplinar- und beamtenrechtl. Verordnungen der DEK, die der VO des Rates v. 2.5.1946 bzw. dem DisziplinarG und dem KBG vorausgingen: die Disziplinarordnung des Reichskirchenausschusses v. 8.2.1936 (Ges. Bl. DEK S. 9 f.). u. die Disziplinarordnung der DEK v. 13.4.1939 (Ges. Bl. DEK S. 27) sowie die hierzu gehörigen VO v. 15.12.1939 (Ges. Bl. DEK S. 130) u. 9.2.1942 (Ges. Bl. DEK S. 47). Das wirksame Zustandekommen der DisziplinarO der DEK und die spätere einheitliche Geltung blieb jedoch umstr. Ähnliche Bedenken galten dem KBG und der vorausgehenden Kirchenbeamtenordnung der DEK v. 13.4.1939 (Ges. Bl. DEK S. 43) i.V.m. der VO v. 2.5.1946 (VO. u. N. Bl., Nr. 38/39, Ziff. 8) sowie für die VO zum Verlust der Rechte des geistlichen Standes 14.4.1944 (Ges. Bl. DEK S. 3) i.V.m. der VO v. 2.5.1946.

zu Richtl. oder VO, auch einer RatsVO gem. Art. 29 II. Der *Begriff* des **„Kirchengesetzes"** deckt sich insoweit mit dem zuvor im Hauptsatz verwandten Begriff des Kirchengesetzes, zu dessen Erlass die EKD befugt ist; zum Gesetzesbegriff allgemein vgl. Erl Art. 10 I. Eine entsprechende Anwendung der Regelungsermächtigung auf den Erlass von Verordnungen oder Richtlinien wird man – anders als in eigenen Angelegenheiten gem. Art. 10 – wegen des unterschiedlichen Rechtsetzungsverfahrens und mit Rücksicht auf die Belange der Gliedkirchen auch nicht aus der allgemeinen Ordnungsautonomie der EKD (Art. 3 I) herleiten können.

Der Rechtsetzungsbereich **„mit Wirkung für die Gliedkirchen"** entspricht in der Formulierung der Verf. des DEKb (Anh 2: § 2 I) und ist bewusst weit gefasst; durch Strukturreform v. 2005 wurden auch **gliedkirchliche Zusammenschlüsse** (Art. 21a) **und die ihnen angehörenden Glied- oder Mitgliedskirchen** einbezogen. Diese Erweiterung kam insb. bei der Reform des Kirchenbeamtengesetzes zum Tragen. Zudem beschränkt sich die Regelung nicht wie Art. 2 II auf das Verbot von Verletzungen gliedkirchl. Rechts, sondern öffnet den Gesetzgebungsbereich durch das weiter gefasste Kriterium der *Wirkung*. Eine Wirkung für die Gliedkirchen wurde aber beispielsweise verneint für gesetzliche EKD-Regelungen des Diakonischen Werks oder für die Ordnung der Missionsarbeit (Art. 15 III).[651]

Die neue Differenzierung des Geltungsbereichs **für alle oder** nur für **mehrere Gliedkirchen** trägt dem Auslegungsstreit über Art. 10 lit. b) a.F. Rechnung.[652] Er betraf Fälle, dass einzelne Gliedkirchen ihr Einverständnis nicht erteilten. Während das Gesetz nach der einen Ansicht gar nicht zu Stande kam, galt es nach a.A. für den Teilbereich der zustimmenden Gliedkirchen.[653] Die Gesetze können sich nunmehr von vorneherein einen partiellen Geltungsbereich zusprechen oder durch den Ausstieg gem. Abs. 3 in ihrer Geltung begrenzt werden.

Die Gesetzgebungsbefugnis gilt nur für Sachgebiete, **die geregelt sind.** Dies umfasst zeitlich unbeschränkt alle vor und nach Verabschiedung der GO 1948 erlassenen gesamtkirchl. Gesetze. Eingeschlossen sind also prinzipiell auch nicht aufgehobene Gesetze des DEKb und der DEK. Denn deren Rechtsnachfolge durch die EKD wird gem. Art. 35 I 1 festgestellt. Andererseits besteht die Befugnis der EKD, bereits gesetzlich geregelte Sachgebiete neu zu ordnen, *zeitlich unbegrenzt* fort. Die vorkonstitutionellen gesetzlichen Regelungen (bis 1948) betreffen z.B. die Auslandsdiasporapflege durch das

651 Brunotte, GO, S. 160; vgl. Schlaich, Änderung der GO, S. 137.

652 S. KI-Gutachten „Zur Auslegung von Art. 10 b GO" v. 14.7.1978, S. 1 ff. und schon KI-Gutachten v. 29.1.1954 „Zur Frage der Zuständigkeit der EKD zum Erlass eines Disziplinargesetzes".

653 Diese letztere Ansicht stützte sich insb. auf den Gesetzeszweck der a.F., der in der Formulierung („beteiligten") zum Ausdruck kam. Diese Zweifelsfrage wurde durch die Neufassung klargestellt.

Kirchenbundesgesetz betr. den Anschluss deutscher ev. Kirchengemeinschaften, Gemeinden und Geistlichen außerhalb Deutschlands an den Kirchenbund v. 17.6.1924 (Recht der EKD 1, S. 92 ff.), ferner die Angliederung des Bundes freier ref. Gemeinden durch das Kirchenbundesgesetz v. 28.6.1930 (AKBl. S. 205).[654]
Die heutige Rechtssammlung der EKD verdeutlicht, dass sich diese wie andere vorkonstitutionelle Regelungen in veränderter Gestalt durchweg bis heute erhalten haben. Die Veränderung, sei es Verschiebung oder Erweiterung, der Gesetzesgegenstände betrifft die Bedeutung des Wortes **„Sachgebiet"**. Der Begriff ist elastisch auszulegen; denn fast jede über das Redaktionelle hinausgehende Novellierung hat es mit neuen Sachverhalten zu tun oder verzichtet auf andere. Auf die Änderung einzelner Bestimmungen kommt es hier nicht an. Dies gilt unter Umständen auch für tiefgreifende und grundsätzliche Änderungen. So war es z.B. beim Auslandsgesetz möglich, an die Stelle des früheren „Anschlusses" von Gemeinden an den Kirchenbund ein Vertragsverhältnis zw. den Auslandsgemeinden und der EKD zu setzen; es blieb trotzdem dasselbe Sachgebiet, das zu regeln war. Das Sachgebiet würde allerdings verändert, wenn der Umkreis der von einem Gesetz erfassten Personen sachlich ausgeweitet werden sollte, wenn also z.B. in eine Kirchenbeamtenordnung nunmehr die Pfarrer mit hineingenommen würden; denn das Pfarrerrecht ist für die EKD kein Sachgebiet, das bereits einheitlich geregelt ist.[655]

---

654 Die Angliederung der Ev. Brüderunität durch das Kirchenbundesgesetz v. 16.6.1924 (AKBl. S. 105) wurde durch KG v. 12.1.1949 ohne Mitwirkung der Gliedkirchen neu geregelt.

655 Die Problematik vorkonstitutioneller Regelungen und ihres Geltungsbereichs veranschaulicht beispielsweise das Sachgebiet des Disziplinarwesens: 1949 wurde von der EKD-Synode die Ausarbeitung einer neuen Disziplinarordnung beschlossen. Dagegen wurde von einzelnen Gliedkirchen eingewandt, eine DisziplinarO könne von der EKD nicht erlassen werden, da das Disziplinarrecht nicht einheitlich geregelt sei; denn die Disziplinarordnung von 1939 sei nie rechtsgültig gewesen, da sie von dem deutsch-christlichen Leiter der Kirchenkanzlei aufgrund der Ermächtigung einer DVO v. 1937 zum Kirchensicherungsgesetz v. 1935 erlassen worden sei. Schon 1939 hätten aber die Bekennende Kirche und die im Lutherrat zusammengeschlossenen Landeskirchen gegen diese Ordnung Einspruch erhoben und ihre Rechtsgültigkeit bestritten. Von der VELKD wurden insb. Bedenken aus dem Bekenntnis eingewandt (SB Berlin-Spandau 1954, S. 525; vgl. auch KI-Gutachten „Zur Frage der Zuständigkeit der EKD zum Erlass eines Disziplinargesetzes" v. 29.1.1954, in: SB Espelkamp 1955, S. 734; ferner: Strietzel, Kirchenrecht und Kirchenpolitik, S. 23). Daher wurde ein Erlass auf der Grundlage v. Art. 10 lit. a (a.F.) verzichtet. Andererseits stand aber fest, dass sich die Landeskirchen, wie auch Han, Wü und Bay mit dem formellen Protest begnügt, in der Praxis aber die DisziplinarO der DEK angewandt und sich mehrfach des seinerzeit gebildeten Disziplinarhofs bedient hatten, obwohl dieser nicht einmal nach Bekenntnissen gegliederte Senate hatte. Sie hatten auch zugelassen, dass Mitglieder ihrer Kirchenleitung und Geistliche ihrer Landeskirche als Beisitzer dem Disziplinarhof der DEK angehörten. Obwohl der Rat die Disziplinarordnung durch seine VO v. 2.5.1946 mit gewissen Änderungen als fortbestehend bestätigte, kam es 1955 dann nur zur Verabschiedung eines Disziplinargesetzes gem. Art. 10 lit. b) a.F. das durch das geltende Gesetz v. 9.11.1995 (i.d.F. v. 7.11.2002, ABl. EKD S. 390) abgelöst wurde. Die der VELKD angehörenden Kirchen verfahren nach wie vor nach eigenen Amtszuchtsgesetzen; dazu v. Arnim, Disziplinargesetz, S. 4 f. u. 10; zum Ganzen Guntau, Gesetzgebungsrecht, S. 645 f.

Unter der Geltung der GO sind insb. folgende KG mit Wirkung für alle Gliedkirchen in Kraft getreten:

- das KG zur Regelung der evangelischen *Militärseelsorge* in der Bundesrepublik Deutschland vom 8.3.1957 (ABl. EKD S. 257),
- das KG über die *Kirchenmitgliedschaft*, das kirchliche Meldewesen und den Schutz der Daten der Kirchenmitglieder vom 10.11.1976 (ABl. EKD S. 89) und
- das KG über den *Datenschutz* vom 12.11.1993 (ABl. EKD S. 505).

Zum KG über die Statistik v. 12.11.1993 (ABl. EKD S. 12) fehlt das Einverständnis der Gliedkirchen; auch dem MVG.EKD v. 6.11.1992 (ABl. EKD S. 45) fehlt noch die Zustimmung mehrerer Gliedkirchen.

Mit der **Zustimmung der Kirchenkonferenz** wird dem föderativen Charakter der EKD entsprochen und die Stellung der Gliedkirchen gestärkt. Ihnen wird über die KK als EKD-Organ eine mittelbare Mitwirkung an Änderungsgesetzen eingeräumt, die es nach Art. 10 a.F. in dieser Form nicht gab. Die Zustimmung kommt durch Beschluss gem. Art. 26a IV zu Stande. Dann kann das KG nach Art. 26a VI u. VII (14 Tage nach Verkündung im ABl.) in Kraft gesetzt werden. Die Frage, ob ein KG der EKD Wirkung für eine Gliedkirche erlangt, hängt zudem von deren Verfassungsrecht ab.[656] Mit der Novellierung verband sich die Hoffnung, dass sich die Struktur der KK durch die Erweiterung ihrer Befugnisse im Gesetzgebungsverfahren nachhaltig ändert und dies Auswirkungen auf ihre Zusammensetzung haben wird; ggf. könnte sich auch die Notwendigkeit eines ständigen Rechts- und Verfassungsausschusses ergeben (Art. 28 III).[657]

Satz 2 (Ausnahme für Finanzgesetze)

Von dem Erfordernis der Zustimmung der KK in der Form des Art. 26a IV sind der Haushaltsplan, die Umlageverteilung und die Schuldenaufnahme ausgenommen (Erl Abs. 3 Satz 3). Die KK beschränkt sich hier auf die Stellungnahme gem. Art. 26a I. Das gliedkirchl. Votum findet in der Praxis jedoch vor allem durch den Finanzbeirat Eingang in die Vorlage des Haushaltsgesetzes (Erl Art. 33 II).

Absatz 2 (Erstregelung von Sachgebieten)

Die Gesetzgebungszuständigkeit kraft gliedkirchl. Zustimmung bezieht sich auf **Sachgebiete** (zum *Begriff:* Erl Abs. 1) die noch keine *gesetzliche* Normierung erfahren haben. Dazu gehören auch die gesamtkirchl. Regelungsmaterien, für die bereits Richtl. (vgl. Art. 9) oder VO erlassen worden sind. Bei erstmaliger Gesetzesregelung für ein

---

656 Amtl. Begründung der Vorl. zu Art. 10a (Synoden-Drs. Nr. VI 1 der 5. Tagung der 9. Synode, S. 10, vgl. SB Braunschweig 2000, S. 481).

657 Amtl. Begründung der Vorl. zu Art. 10a, aaO; vgl. Gesch 9, Machbarkeitsstudie für die Novellierung der GO v. 2002.

Sachgebiet stellt die GO wie schon Art. 10 lit. b) a.F. auf das Einverständnis der betroffenen Gliedkirchen ab und ergänzt insofern die allgemeine Delegation gem. Art. 13.

Die Einbeziehung der **Zusammenschlüsse** i.S.d. Art. 21a durch die Strukturreform 2005 erläuterte die amtl. Begründung: „Übertragen die gliedkirchlichen Zusammenschlüsse die Gesetzgebungskompetenz auf die EKD, soll die bisher erreichte Rechtseinheit nicht aufgegeben werden. Dass die Gliedkirchen der VELKD und die Mitgliedskirchen der UEK, soweit sie der ehemaligen EKU angehört haben, das Recht der VELKD oder der UEK nicht für sich außer Kraft setzen konnten, soll auch in Zukunft erhalten bleiben. Daher kann nur die VELKD für sich und ihre Gliedkirchen oder die UEK für sich und die ehemaligen Mitgliedskirchen der EKU das Kirchengesetz der EKD außer Kraft setzen. Eine Bindung der anderen ehemaligen AKf-Kirchen ist nicht eingetreten. Hört ein gliedkirchlicher Zusammenschluss zu bestehen auf, soll die Rechtsgemeinschaft seiner Gliedkirchen über diesen Zeitpunkt hinaus fortwirken und nur einen Ausstieg in der Gemeinschaft zulassen. Mit dem Außerkraftsetzen fällt die Regelungskompetenz an den gliedkirchlichen Zusammenschluss zurück oder im Falle seiner Auflösung an die ihm früher angehörenden Mitgliedskirchen."

Satz 1 (Geltungsbereich und Zustimmung)
Gesetze mit Wirkung für die Gliedkirchen bedürfen – über das nach früherem Recht hinreichende Einverständnis der betr. Gliedkirchen hinaus – gem. Art. 26a IV auch noch der *Zustimmung der Kirchenkonferenz.*

Geltungsbereich
Neben dem Regelfall des gesamtkirchl. Geltungsbereichs eröffnet die GO die Möglichkeit, ein KG nur für mehrere Gliedkirchen oder Zusammenschlüsse zu erlassen. Dies erweitert auch die rechtspolitischen Möglichkeiten gesetzlicher Regelung und dient so der Rechtsvereinheitlichung, Rechtsvereinfachung und der Synergie in der Gemeinschaft. Durch die gemeinsame Gesetzgebung mehrerer Gliedkirchen bzw. Zusammenschlüsse kann in besonderen Fällen die Belastung der Synoden insb. kleinerer Kirchen und ihrer Verwaltungen vermindert werden.

Das EKD-Gesetz muss **alle** oder **mehrere**, d.h. mindestens zwei Gliedkirchen (oder einen Zusammenschluss) betreffen, nicht einzelne (Art. 13).[658] Ein späterer Beitritt von weiteren Gliedkirchen zu dem KG durch einseitige Erklärung ist nicht möglich, denn die Festlegung des räumlichen Geltungsbereichs ist Bestandteil des Gesetzes selbst.[659] Er kann ggf. nur durch Änderung des Gesetzes erweitert werden.

658 Ein EKD-Gesetz nur für eine einzelne Gliedkirche wäre ökonomisch nicht sinnvoll.
659 Amtl. Begründung der Vorl. zu Art. 10a, aaO, S. 8, Tz 2.3.3. Zur Kennzeichnung des Geltungsbereichs: Müller, Die Praxis kirchl. Rechtsetzung im Spiegel des ABl. der EKD, S. 260.

Ob es sich um ein Gesetz gem. Buchst. **a) „für alle Gliedkirchen“** oder **b)** nur **„für mehrere Gliedkirchen“** oder **c)** für **„Zusammenschlüsse“** handelt, bestimmt sich danach, welchen Geltungsbereich sich das Gesetz selbst zuspricht. Es muss schon in seinem Einleitungsteil deutlichen machen, dass es als territorial begrenztes KG erlassen wird. In der Überschrift ist eine solche Angabe entbehrlich. Die Gliedkirchen bzw. Zusammenschlüsse, für die das Gesetz gelten soll, sind namentlich zu bezeichnen. Fehlt eine solche Aufzählung, liegt ein Gesetz nach lit. a) vor, mit der Folge, dass es nur mit Zustimmung aller Gliedkirchen wirksam wird. Die Festlegung des Geltungsraumes ist Bestandteil des Gesetzes selbst, so dass dieses für eine Ausdehnung auf weitere Gliedkirchen geändert werden muss.
Das Gesetz tritt nur dann bzw. erst in Kraft, wenn alle „betroffenen Gliedkirchen ihre **Zustimmung** erklärt haben“ (Erl Art. 26a VII 2). Entsprechendes gilt für Zusammenschlüsse. Sie ist durch einen Akt der Kirchenleitung zu erteilen; das einhellige Einverständnis der betr. Synodalen oder der KK-Mitglieder der Gliedkirche genügt nicht. Wen die Kirchenleitungen zu beteiligen haben, richtet sich nach ihrer Verf.; hinsichtlich der Kompetenzübertragung haben z.T. die Synoden mit zu entscheiden (z.B. Art. 127 Verf. Han. u. Art. 78 Verf. Bay). Um der Rechtsklarheit willen stellt die GO (im Unterschied zu Art. 10 a.F.) auf die Einstimmigkeit und zwar *aller* betr. Gliedkirchen ab (Einstimmigkeitsprinzip). Stimmen nur einzelne Gliedkirchen zu, so entfaltet das Gesetz auch für diese keine Rechtswirksamkeit.[660] Die Zustimmung bezieht sich, wenn sie bereits vor Verkündung (z.B. im Entwurfsstadium) gegeben wird (Satz 3), sowohl auf den formalen *Gesetzgebungsakt, dass* eine Regelung erfolgt, als auch auf die materielle Seite, d.h. *auf den Inhalt* des Gesetzes (z. *Begriff* des Kirchengesetzes: Erl Art. 10 I). Das bedeutet nicht, dass über den Gesetzeswortlaut schon vor der Synodenberatung vollständige Übereinstimmung hergestellt sein müsste. Die Synode muss gegenüber der zustimmenden Gliedkirche das Recht behalten, den Entwurf in Einzelheiten zu verändern. Dieser Gestaltungsraum wird jedoch praktisch durch die Möglichkeit der Gliedkirchen eingeengt, ihre Zustimmung gem. Satz 3 erst nach Verkündigung zu erteilen (z. bedingten Zustimmung s.u.).

Die Zustimmung ist Tatbestands- und damit *Wirksamkeitsvoraussetzung* des Gesetzes. Soweit sie fehlt, handelt es sich nicht um ein Gesetz mit Wirkung für die Gliedkirchen bzw. Zusammenschlüsse. Da auch noch nach Verkündung zugestimmt werden kann, wird das Gesetzgebungsverfahren, das regulär mit der Verkündung abgeschlossen ist, insoweit verlängert. Die Rückwirkungsfiktion (analog § 184 I BGB) steht hier in einer gewissen Spannung zum Gebot der Rechtssicherheit, zumal das Normsetzungsverfahren nicht nur ein einzelnes Gesetz schaffen will, sondern i.d.R. die ganze Rechtsord-

[660] Zum Ganzen Guntau, Gesetzgebungsrecht, aaO, S. 647.

nung beeinflussen soll. Das Inkrafttreten wird durch die Verfahrensbestimmungen des Art. 26a VII geregelt; sachliche Differenzierungen können durch ein *gespaltenes, bedingtes oder gekoppeltes Inkrafttreten* berücksichtigt werden. Den Zeitpunkt bestimmt der Rat durch Verordnung (Art. 26a VII 3). Das Gesetz kann auch eine *Bekanntmachung der Zustimmungserteilung* vorsehen. Die genannten Probleme vermindern sich in der Praxis, insofern das Gesetz im landeskirchl. ABl. jew. erst nach Zustimmung veröffentlicht wird.

Die Zustimmung selbst kann im Grundsatz nicht *bedingt* gegeben werden. Wenn die Rechtswirksamkeit des Gesetzes von einem zukünftigen ungewissen Ereignis abhängig gemacht würde, wäre die Synode – auch nach Fristablauf – mangels eindeutiger Gegebenheiten zur ordnungsmäßigen Gesetzesausfertigung und -verkündung nicht in der Lage. Diese Ungewissheit widerspricht dem allgemeinen Interesse an einer absolut klaren, in ihrer Rechtsverbindlichkeit für jedermann erkennbaren Normsetzung.[661] Als Ausnahme dieser *grundsätzlichen Bedingungsfeindlichkeit* wird eine Willensbedingung (*Potestativbedingung)* erachtet, wenn die Zustimmung beispielsweise an einen bestimmten Regelungsgehalt gekoppelt wird. Dies käme besonders für den Fall in Betracht, dass sie schon vor Verabschiedung des Gesetzes erklärt wird, was die GO nicht ausschließt. Problematisch bleibt aber auch hier im Einzelfall die Eindeutigkeit der Bedingung und ihres Eintritts, wenn nicht zweifelsfrei festzustellen ist, ob die Synode bis in die Formulierung hinein dem Regelungswunsch entsprochen hat oder nicht.[662] Im letzteren Fall müsste die Gliedkirche erneut entscheiden. Daher sollte die *Zustimmung grundsätzlich ohne Vorbehalt* erteilt werden, zumal sie noch ein Jahr nach Gesetzesverkündung gegeben werden kann. Zudem hat jede Gliedkirche gem. Abs. 3 die Möglichkeit, das Gesetz auch nach Zustimmung jederzeit für ihren Bereich wieder außer Kraft zu setzen. Aus den vorgen. Gründen kann eine einmal gegebene Zustimmung grundsätzlich *nicht wieder zurückgezogen* werden. Ebenso wenig kann sich eine Gliedkirche bei der vorherigen Zustimmung einen späteren *Widerruf,* z.B. nachdem der Zeitpunkt des Inkrafttretens durch VO festgestellt ist, vorbehalten. Außerhalb des Gesetzgebungsverfahrens nach Art. 10a bleibt den Gliedkirchen nach Ablauf der Zustimmungsfrist die *Möglichkeit, die gleiche Regelung als gliedkirchl. Gesetz* zu treffen.

Die Gliedkirchen können einer kirchengesetzlichen Regelung mit Wirkung für sie nur zustimmen, **soweit die Gesetzgebungskompetenz bei ihnen liegt**. Sofern sie diese auf kirchl. Zusammenschlüsse (z.B. VELKD) übertragen haben, fehlt es u.U. an der gesamtkirchl. Übertragungsbefugnis, oder der betr. Zusammenschluss (Art. 21a) stimmt seinerseits dem Gesetz zu. Eine ausdrückliche *Kollisionsnorm* für die gem.

---

661 Guntau, aaO, S. 661 m.w.N.
662 Dazu KI-Gutachten „Zur Auslegung von Art. 10b GO“ v. 14.7.1978, S. 3 ff., u. Guntau, aaO.

Art. 10a II mit Wirkung für die Gliedkirchen erlassenen EKD-Gesetze und deren Recht (wie Art. 31 GG für das Verhältnis von Bundes- zu Landesrecht) sieht die GO nicht vor. Hier gilt die allgemeine Regel des Art. 2 II, dass gliedkirchl. Rechtsetzung den EKD-Gesetzen nicht widersprechen darf, und das Vorlageverfahren gem. Art. 12.
Im gesamtkirchl. Interesse bedürfen solche KG – ebenso wie die bei der Regelung eigener Angelegenheiten (Abs. 1) der *Zustimmung der Kirchenkonferenz* (Art. 26a V) als dem gegenüber den Gliedkirchen eigenständigen Leitungsorgan der EKD.

Satz 2 (Zustimmungsadressat)
Die Zustimmung der Gliedkirchen ist um der Rechtsklarheit willen **gegenüber dem Rat zu erklären**, damit dieser feststellt, ob alle erforderlichen Zustimmungen vorliegen (Art. 29 I). Die Erklärung hat nur deklaratorischen Charakter; sie gehört zu den Verwaltungsaufgaben der Gliedkirche und wird daher je nach gliedkirchl. Verfassungsrecht i.d.R. von deren zentraler Verwaltungsstelle erteilt und dem KA als Amtsstelle des Rates zugeleitet.

Satz 3 (Zustimmungsfrist)
Die Zustimmung kann in jedem Stadium der Gesetzgebung erklärt werden; die Betroffenen können vorher in das Gesetzgebungsvorhaben, d.h. bereits in dessen Planungs- oder Entwurfsphase, einwilligen oder das Gesetz erst nach Verabschiedung oder gar Verkündigung genehmigen. Die **Frist** für die Zustimmung ist grundsätzlich als *Jahresfrist* vorgesehen, um den Gliedkirchen bzw. Zusammenschlüssen zu ermöglichen, das Zustimmungsverfahren, das sich nach ihrer Verf. richtet, durchführen zu können. Da vielfach die Synoden zu befassen sind, wird eine kürzere Frist nur in Ausnahmefällen in Betracht kommen. Erst wenn alle erforderlichen Erklärungen vorliegen, kann der Rat das KG durch Bestimmung des Zeitpunktes nach Art. 26a VII in Kraft treten lassen.

Satz 4 (Fristablauf)
Die Frist bestimmt sich nach dem Tag der Herausgabe des ABl. Die GO stellt hier nicht auf die Herausgabe selbst, sondern auf den Beginn des betr. Tages ab. Maßgeblich für die Herausgabe ist das Datum des ABl. Erscheint es z.B. unter dem 10.1., so muss die Zustimmungserklärung dem Rat am 9.1.zugegangen sein (entsprechend §§ 188 II, 187 II BGB).

Absatz 3 (Ausstiegsmöglichkeit)
Ein Vorbehalt gegen die Übertragung der Rechtsetzungskompetenz auf die EKD bestand vor der Neuregelung 2000 darin, dass die Gliedkirchen nicht von vornherein übersehen konnten, welche administrativen und finanziellen Auswirkungen sich durch spätere Änderungen der Rechtslage oder aus der tatsächlichen Entwicklung für sie ergeben würden. Um dem Rechnung zu tragen, sieht die GO vor, dass betr. Gesetze – nach lit. a wie b – den

Gliedkirchen die Möglichkeit einräumen, sie für sich wieder außer Kraft zu setzen. Die Notwendigkeit einer solchen Lösung von einem zu Stande gekommenen Gesetz ergibt sich beispielsweise durch einen dringenden Reformbedarf etwa wegen des Rückgangs der Finanzen, wie im Fall des Mitarbeitervertretungsgesetzes der EKD in der NEK.[663]
Mit dieser Regelung wird der Gedanke der Kündbarkeit einer Aufgabenübertragung nach Art. 13 aufgenommen. Mit dem Ausstieg wird der räumliche Geltungsbereich auch der nach lit. a) erlassenen Gesetze reduziert. Schon der Verfassungsgeber hat gesehen, dass mit solcher Ausstiegsmöglichkeit die Gefahr einer *Rechtszersplitterung* besteht und damit gerade das Ziel einer Rechtsvereinheitlichung verfehlt werden könnte.[664] Nach bisherigen Erfahrungen wird jedoch von dieser Möglichkeit nur als ultima ratio Gebrauch gemacht. Dass sie aber gegeben ist, erhöht umgekehrt die intendierte Bereitschaft, einer gesamtkirchl. Rechtsetzung zuzustimmen.
Ähnliche Ausstiegsmöglichkeiten waren vereinzelt auch schon in der Vergangenheit vorgesehen, z.B. im Disziplinargesetz v. 1955 (§ 131 II).

Satz 1 (Außerkraftsetzung)
Da es Sachgebiete gibt, die nur einheitlich geregelt werden können (z.B. Kirchenmitgliedschaft) oder die nach dem Willen der Gliedkirchen nur einheitlich geregelt werden sollen, sieht die GO vor, dass der Ausstieg nicht für alle KG gilt, sondern nur eingeräumt werden **kann.** Durch die *„Kann-Bestimmung“* liegt die Entscheidung darüber, ob das KG ein gesamtkirchliches sein und bleiben soll, bei der Synode bzw. über die Zustimmung mittelbar auch bei Gliedkirchen (Abs. 2) und KK (Art. 26a IV).

Die Ausstiegsmöglichkeit gilt nur für KG, die *nach* Inkrafttreten der GO-Änderung v. 2000, d.h. nach dem 1.4.2002 (Inkrafttretung des ÄnderungsG v. 9.11.2000 – vgl. Übergangsbestimmung) erlassen wurden.[665] Dies gilt auch für Gesetzesänderungen. Die Rechtseinheit, die durch altes Recht gewonnen wurde, sollte durch die Neuregelung nicht aufgegeben werden; das gilt namentlich für die Gesetze über die Militärseelsorge (1957), die Kirchenmitgliedschaft (KMG v. 1976) und den Datenschutz (DSG-EKD v. 1993).

Der Ausschluss der Gesetzesgeltung ist **jederzeit** möglich. Dadurch sollen die Gliedkirchen und Zusammenschlüsse in ihrer Entscheidung frei bleiben, wann für sie ein Ausschluss der gesamtkirchl. Regelung unabweisbar wird. Auch durch diese Verfahrenser-

663 Dazu KI-Gutachten, „Zur Auslegung von Art. 10b GO“ v. 14.7.1978, S. 3 ff. u. KI-Gutachten „Zur Lösung einer Gliedkirche von einem nach Art. 10 lit. b GO zustande gekommenen Kirchengesetz“ v. 23.5.2000, S. 106 ff.; vgl. Ausstiegsregelung § 131 II DisziplinarG v. 1955.

664 Amtl. Begründung der Vorl. zu Art. 10a, aaO, Tz 2. 3. 2.

665 Z. alten Rechtslage: KI-Gutachten „Zur Lösung einer Gliedkirche von einem nach Art. 10 lit. b GO zustande gekommenen Kirchengesetz“ v. 23.5.2000, S. 106 ff.

leichterung hinsichtlich einer Befristung soll die gliedkirchl. Zustimmungsbereitschaft gefördert werden. Aus diesen Gründen bedarf der Ausschluss der Rechtswirkung für die betroffene Gliedkirche auch *keiner Begründung* gegenüber der EKD. Ein Ausschluss ist nur **in der aktuellen Gesetzesfassung** möglich. Die Gliedkirche ist aber in ihrer Entscheidung frei, ob sie den Ausschluss mit Wirkung ex nunc oder ex tunc regelt.[666]
Das *Verfahren der Außerkraftsetzung* durch die Gliedkirchen richtet sich nach deren Verfassungsrecht bzw. Gesetzgebungsverfahren. Es wird also i.d.R. durch die Landessynode zu beschließen sein. Entsprechendes gilt für Zusammenschlüsse.
Soweit ein EKD-Gesetz (das nicht in die Zuständigkeit eines Konvents gem. Art. 28a fällt) dem Bekenntnis einer Gliedkirche widerspricht, besteht zunächst die Möglichkeit, diese Bedenken schon auf dem Wege des Art. 27 I gegen die Synodenvorl. zu erheben; dies ist jedoch nur in der Synode geltend zu machen. Die Gliedkirchen haben dies i.d.R. bei ihrer Zustimmung zu prüfen. Eine nachträglich veränderte Bekenntnislage – verursacht etwa durch Migration – dürfte in der Praxis selten sein.

Satz 2 (Ausstieg in gliedkirchlichen Zusammenschlüssen)
Nach dieser Übergangsregelung soll die bisher jeweils erreichte Rechtseinheit der Zusammenschlüsse nicht aufgegeben werden. Daher kann bestimmt werden, dass deren Mitgliedskirchen das EKD-Gesetz nur gemeinsam – freilich nur für die jeweils zusammengeschlossenen Mitglieder (z.B. der EKU oder VELKD) – außer Kraft setzen. Insofern soll die Rechtsgemeinschaft fortwirken und deren Regelungskompetenz bei Auflösung an die früheren Mitglieder zurückfallen (vgl. Erl Abs. 2 vor Satz 1).

Satz 3 (Teilausstieg, Haushaltsplan)
Die GO lässt – nicht zuletzt aus Gründen der Rechtsklarheit – einen Ausschluss nur von Teilen des KG nicht zu. Die Ausstiegsmöglichkeit besteht nicht für Haushaltsgesetze nach Art. 33 II; sie wäre mit der notwendigen Planungssicherheit nicht zu vereinbaren und kollidierte mit Rechtsansprüchen insb. Forderungen der EKD.

Satz 4 (Erklärung gegenüber dem Rat)
Um der EKD Kenntnis über das Außerkraftsetzen eines KG zu verschaffen, ist die Unterrichtung des Rates vorgeschrieben, denn er hat diesen Rechtsakt gem. Satz 5 festzustellen (Art. 29 I).

Satz 5 (Feststellung durch VO)
Um der Rechtsklarheit willen stellt der Rat das Außerkraftsetzen und den **Zeitpunkt** desselben **durch Verordnung** fest. Dies geschieht deklaratorisch. Außer Kraft gesetzt werden kann das KG nur in der jeweils gültigen Fassung.

---

666 Amtl. Begründung der Vorl. zu Art. 10a, aaO, S. 11.

Artikel 10 b (Ausführungsregelungen, Rechtsverordnungen)

Kirchengesetze der Evangelischen Kirche in Deutschland können eine Ermächtigung zum Erlass ausführender Regelungen vorsehen. Inhalt, Zweck und Ausmaß der erteilten Ermächtigung müssen im jeweiligen Kirchengesetz bestimmt werden.

Die Vorschrift wurde im Zuge der Strukturreform v. 2005 eingefügt (Gesch 9). Sie ergänzt die Skala des gesamtkirchl. Regelungsinstrumentariums von der Förderung und Anregung bis hin zu Richtlinie und Gesetz. Die Ermächtigung gilt insb. auch für Verordnungen. Sie begründet jedoch keine verfassungsunmittelbare originäre Verordnungskompetenz, sondern schließt in den vorgegebenen legislativen Rahmen eine ausführende Regelungsbefugnis ein. Eine ähnliche allgemeine Verordnungsermächtigung findet sich in der staatl. Verf. (Art. 80 GG).

Satz 1 (Ermächtigung zum Erlass)

Der Begriff der **ausführenden Regelungen** bringt zum Ausdruck, dass sie den bereits durch ein Gesetz verbindlich gemachten Inhalt den vollziehenden Stellen nur nahe bringen und den Vollzug erleichtern. Da die Verordnungsbefugnis von der gesetzlichen Ermächtigungsnorm abgeleitet ist, kann man hier von einer Rangordnung der Rechtsquellen sprechen, obwohl eine solche – ebenso wie eine Ämterhierarchie – kein Prinzip der ursprünglichen GO-Konzeption war.

Ausführungsregelungen können u.a. in Gestalt von Verwaltungsvorschriften, z.B. Verwaltungsrichtlinien oder auch Verwaltungsverordnungen erlassen werden, die i.d.R. nur die inneren Einrichtungen und Tätigkeiten der EKD-Verwaltung binden; darüber hinaus können sie auch als allgemein verbindliche Regelungen, d.h. *Rechtsverordnungen* (RVO), erlassen werden, die etwa auch im gliedkirchl. Bereich gelten. Die verwaltungsinternen Ausführungsbestimmungen, wie z.B. *Verwaltungsverordnungen*, bedürfen wegen ihres beschränkten dienstlichen Geltungsbereichs i.d.R. keiner besonderen Ermächtigung des Art. 10b. Daher gilt diese Vorschrift insb. der RVO. Dem entspricht die systematische Anfügung an die legislativen Regelungen der Art. 10 f. Auch Organisationsvorschriften bedürfen als RVO insoweit der Ermächtigung, als sie nach außen wirkende Zuständigkeiten begründen.

Adressaten der **Ermächtigung** zum Erlass von Ausführungsregelungen sind nach dem Sachzusammenhang diejenigen Organe oder Stellen, die für die Ausführung des betr. Gesetzes zuständig sind. Sie werden von der GO an dieser Stelle nicht ausdrücklich bestimmt. Dies geschieht i.d.R. durch das ermächtigende Gesetz. Im Übrigen dürfte dies nach der generellen Zuständigkeitsregel des Art. 29 I 2 in erster Linie den Rat betreffen. Andere Stellen sind möglich. KG mit Wirkung für *Gliedkirchen oder Zusammenschlüsse* können auch diese ermächtigen (so schon § 27 II DSG-EKD).

Der **Erlass** der Regelungen folgt, was das Verfahren (Beschlussfassung, Ausfertigung u.a.) betrifft, in erster Linie den Regeln des ermächtigten Organs. Dies entspricht dem Zweck der Delegierung, die Rechtsetzung zeitlich und sachlich näher an die aktuelle Gesetzesanwendung zu verlagern und das i.d.R. einfachere Verfahren des Delegatars für eine flexiblere Rechtsetzung zu nutzen. Dies gilt beispielsweise für einen Ratsbeschl., der keiner Mitwirkung der KK oder anderer Organe bedarf. Das vereinfachte Erlassverfahren begründet andererseits die rechtspolitische Beschränkung der Befugnis auf die Ausführung eines Gesetzes. Eine entsprechende Anwendung des synodalen Rechtsetzungsverfahrens ist hier – im Unterschied zum Verordnungsrecht gem. Art. 29 II – nicht vorgeschrieben. Andererseits ist aus der allgemeinen Verbindlichkeit der RVO i.S.e. materiellen Gesetzes zu folgern, dass sie – ähnlich wie entsprechende Richtlinien und im Unterschied zu Verwaltungsvorschriften – *im ABl. bekannt zu geben* ist. Auch bezüglich des Inkrafttretens ist eine Analogie zu Art. 26a VII 1 angezeigt.

Diese ergänzende Rechtsetzungsbefugnis der Exekutive folgt zwar nicht dem Grundsatz einer eng verstandenen Funktionsteilung, entspricht aber allgemeinen – auch rechtsstaatl. – Verfassungsgrundsätzen und dem Gedanken, dass die Kompetenz des Gesetzgebers im Rahmen seiner sachlichen Regelungsbefugnis auch die Ermächtigung anderer Organe zum Erlass von Ausführungsregelungen umfasst. So ermächtigt beispielsweise das Datenschutzgesetz der EKD schon seit 1993, d.h. vor Einfügung dieses Artikels, den Rat zum Erlass von Rechtsverordnungen zur Gesetzesdurchführung (§ 27 I DSG-EKD; ähnlich im KiGG. EKD).

Ermächtigen kann nur ein förmliches **Kirchengesetz** i.S.d. Art. 10 f., d.h. ein nach dem in der GO geregelten Gesetzgebungsverfahren (Art. 26 a) zu Stande gekommener Willensakt. Von diesem leiten sich die ausführenden Regelungen ab.

Satz 2 (Anforderungen an die Ermächtigung)
Dieser Satz wurde im Rahmen der Strukturreform 2005 auf besonderen Wunsch einzelner Gliedkirchen noch angefügt und entspricht weitgehend allgemeinen Verfassungsgrundsätzen.
Soweit es sich um allgemeinverbindliche Anordnungen, d.h. um *Rechtsverordnungen* handelt, muss die Erteilung einer **Ermächtigung** gewissen Mindesterfordernissen genügen. Dies gilt insb. für die allgemeinen Anforderungen der Rechtsklarheit und Rechtssicherheit, zumal hier i.d.R. ein exekutives Organ, z.B. der Rat, ermächtigt wird und damit Normsetzung und Normvollziehung in derselben Hand liegen. Demgemäß müssen Inhalt, Zweck und Ausmaß der erteilten Verordnungsbefugnis im KG bestimmt werden. Diese Rechtsgrundlage ist in der RVO anzugeben, damit sie bei der Anwendung im Zweifelsfall erkennbar ist. Die RVO ist nichtig, wenn die spezielle Ermächtigungsgrundlage sie nicht trägt oder gar fehlt.

Die Ermächtigungsnorm kann über die allgemeinen Mindesterfordernisse hinaus auch weitere Bindungen des Verordnungsgebers vorsehen, wie die Zustimmung eines anderen Organs (z.B. der KK oder eines Synodalausschusses) oder die Anhörung von Sachverständigen.

Artikel 11 (Bestellung gliedkirchlicher Leitungsvorsitzender)

Die Gliedkirchen nehmen über die Bestellung des oder der Vorsitzenden ihrer Kirchenleitung mit dem Rat der Evangelischen Kirche in Deutschland Fühlung.

Nach der Beschreibung der gesamtkirchl. Aufgaben durch die vorausgehenden Art. 6 bis 10a behandeln Art. 11 bis 13 originäre Kompetenzen der Gliedkirchen, die Bestellung ihrer Kirchenleitung, ihre Rechtsetzung und eine Delegierung ihrer Aufgaben. Die Neufassung der Bestimmung in geschlechtergerechter Sprache erfolgte durch GO-Änderungsgesetz v. 9.11.2000 (Gesch 8f).

Die Mitwirkung der EKD bei der Bestellung der gliedkirchl. Leitungsvorsitzenden ist Ausdruck der Kirchengemeinschaft (Art. 1). Diese umfasst über die bekenntnisbezogenen Gemeinsamkeiten hinaus auch rechtl. und organisatorische, hier die personalen Aspekte. Sie gelten der Kirchenleitung als dem gliedkirchl. Organ, an das die Gesamtkirche in erster Linie gewiesen ist und das auch die Kirchenkonferenz bildet (Art. 28 II 1). Die rechtl. und politische Problematik einer gesamtkirchl. Mitwirkung liegt auf der Hand; denn eine der für die Gliedkirche wichtigsten Personalentscheidungen muss in erster Linie deren Sache bleiben. Die gesamtkirchl. Mitwirkung gilt nur den **Vorsitzenden der Kirchenleitungen.** Eine Einbeziehung auch der leitenden Juristen der zentralen Verwaltungsstellen, wie sie wegen deren politischen Gewichts noch der Entwurf des Verfassungsausschusses vorsah (Anh 7B: § 11), wurde vom Rat nicht übernommen, geschweige denn eine Erstreckung auf alle „führenden Amtsträger" i.S.d. DEK-Verfassung (Anh 3: Art. 2 V). Welche Amtsträger als Leitungsvorsitzende jeweils gemeint sind, richtet sich nach dem unterschiedlichen Recht der Gliedkirchen. Danach haben den Vorsitz regelmäßig die Landesbischöfe bzw. -bischöfinnen oder die Präses inne. Meist sind dies die obersten Geistlichen bzw. Inhaber des leitenden geistlichen Amtes. Bei mehreren Bischöfen einer Kirche – wie etwa in der NEK – bestimmt die Verf. i.d.R., wer jeweils der Leitung vorsitzt. In synodal verfassten Kirchen bestimmt die Verf. i.d.R. den oder die Präses der Synode oder einen besonders bestellten haupt- oder ehrenamtlichen Kirchenpräsident bzw. Präsident (z.B. Bremen, EKHN, Ev.-ref. Kirche). Die Regelungsvielfalt erschwert die Handhabung dieser Vorschrift. Daher hat der Rat der EKD schon bald nach Inkrafttreten der GO umfragen lassen, wer jew. als Vorsitzende der Kirchenleitungen anzusehen seien.[667]

Der Begriff der „**Bestellung**“ ist bewusst weit gefasst.[668] Denn er schließt die verschiedenen nach den gliedkirchl. Verf. vorgesehenen Möglichkeiten der Wahl, Ernennung oder Berufung ein. Auf welche Weise das Amt des Vorsitzenden vergeben wird, bestimmt ebenfalls gliedkirchl. Recht, in das die GO hier nicht eingreift. Das *Verfahren* der Bestellung ist von praktischer Bedeutung für die Fühlungnahme (s.u.). Eine größere Zahl von Gliedkirchen wählt die Leitungsvorsitzenden durch ihre Synoden (z.B. Ah, Bswg, Han, M, NEK, Ev.-ref. K, Rh, SLi, Westf).

Der Modus der **Fühlungnahme** orientiert sich an früherem Verfassungsrecht.[669] Die schwache Rechtsform für die Mitwirkung durch die EKD (vgl. Art. 17 V) entspricht der Wichtigkeit der Amtsvergabe für die Gliedkirche und dem ursprünglich dominierenden Bundescharakter der EKD. Ihr kommt weder ein Einspruchsrecht noch ein Veto mit aufschiebender oder aufhebender Wirkung zu. Fühlungnahme bedeutet lediglich, dass dem Rat Kenntnis von der zur Bestellung anstehenden Persönlichkeit und *Gelegenheit zur Äußerung* dazu gegeben werden muss. Nicht ausdrücklich geregelt ist die Form, Frist oder Begründung der Kenntnisgabe. Meist wird der Ratsvorsitzende angesprochen, der dem Rat über die Kandidaten berichtet und die Reaktion des Rates wiederum weiterleitet. Diese Äußerung hat die Gliedkirche zur Kenntnis zu nehmen und i.S.d. Kirchengemeinschaft auch zu prüfen, d.h. in ihre Erwägungen einzubeziehen. Sicherlich darf sie evtl. geäußerte Bedenken nicht einfach übergehen bzw. zu den Akten schreiben. Sie ist aber an das Ratsvotum nicht gebunden und entscheidet letztlich in Freiheit und Selbständigkeit. Insofern äußert sich die EKD eher i.S.e. geschwisterlichen Rates, der vornehmlich die gesamtkirchl. Aspekte in den Blick rückt. In diesem Sinne hatte der Verfassungsausschuss vorgeschlagen, die Fühlungnahme wie folgt zu konkretisieren: „Erhebt der Rat Bedenken, so überprüft das Organ der Gliedkirche, dem die Wahl oder Berufung obliegt, seine Entschließung.“ Dieser Satz wurde nur deshalb nicht in die GO übernommen, weil sich alle Beteiligten darüber einig waren, dass er selbstverständlich sei.[670] Ein solcher Umgang mit einer Äußerung der EKD folgt aus der Gemeinschaftsnatur der EKD und dem Gebot geschwisterlichen Miteinanders (Art. 1 I, Art. 5).

---

[667] Rdschr. der Kirchenkanzlei v. 28.1.1950 (KA-Az. Nr. 9635.V; EZA 2/903).

[668] Die EKKW bezeichnet den Begriff in der Erläuterung ihres GO-Entwurfs v. 5.4.1948 als „juristisch unklar“ (EZA 2/7).

[669] Anh 3: Art. 2 V DEK-Verf.; vgl. § 11 GO-Entwurf des Verfassungsausschusses (Anh 7B).

[670] Anh 7B: Art. 11; Brunotte, GO, S. 170.

Die Formulierung „**über** die Bestellung“ gibt keine ausdrückliche Bestimmung des *Zeitpunktes, wann* die Fühlungnahme zu erfolgen hat. Im Unterschied dazu gebot der Entwurf des Verfassungsausschusses in Anlehnung an die DEK-Verf. eine Fühlungnahme *vor* der Bestellung. Diese Abweichung der GO kann nicht den Sinn haben, dass nunmehr eine Mitteilung der abgeschlossenen Bestellung ausreiche. Sie hat vielmehr ihren Grund in den unterschiedlichen Bestellungsverfahren der Gliedkirchen: Die vorerwähnte Umfrage des Rates von 1950 ergab nämlich, dass die Synode, die in vielen Gliedkirchen die Vorsitzenden der Kirchenleitung wählt, meist nicht an zeitlich vorausgehende Vorschläge gebunden ist. Vielmehr können – wie auch bei der Wahl des Ratsvorsitzenden der EKD (§ 21 II SynGeschO) – während der Tagung weitere Kandidaten vorgeschlagen werden. Und nach gliedkirchl. Recht können die Syn. nicht jeweils zur vorherigen Fühlungnahme mit der EKD bzw. zur Aussetzung der Wahl verpflichtet werden. Andernfalls würde dies u.U. zur Vertagung der Landessynode und damit zu erheblichen Verzögerungen führen. Diese würde mit Rücksicht auf den Sitzungsplan des Rates die Praktikabilität der Fühlungnahme in Frage stellen. Praktisch bleibt die Möglichkeit, dem Rat rechtzeitig die mutmaßlichen Kandidaten mitzuteilen. In anderen Gliedkirchen (z.B. EKHN, Li, NEK, Sachsen, Thü) bietet die Zeit zw. der Ausübung des Vorschlagsrechts durch die eine und der Wahl durch die andere Stelle bessere Möglichkeiten einer Fühlungnahme. Andere Gliedkirchen halten die Fühlungnahme auch noch nach erfolgter Wahl, aber vor der Amtseinweisung, d.h. vor rechtskräftigem Vollzug der Bestellung, für zulässig.[671] Eine verbindliche Regelung nach einheitlichem Modus erscheint bislang kaum möglich. Im Ergebnis folgt jedoch trotz fehlender Zeitbestimmung aus dem Zweck der Vorschrift und den beschriebenen technischen Schwierigkeiten die gliedkirchl. Verpflichtung, die EKD *zu einem möglichst frühen Zeitpunkt* einzuschalten, dass eine geschwisterliche Ratserteilung noch sinnvoll ist. In diesem Sinne hat auch der Rat seine Überlegungen in der Bitte zusammengefasst, darauf bedacht zu sein, nach Möglichkeit frühzeitig mit ihm Fühlung aufzunehmen.[672]

Die Fühlungnahme hat **mit dem Rat** zu erfolgen, nicht nur mit dessen Vorsitzenden oder mit dem KA, das als Amtsstelle nur eine Mitteilung an den Rat weiterleiten kann. Daher sind die im Zusammenhang mit dem Zeitpunkt dargelegten Probleme auch nicht durch telefonische Rückfrage zu lösen, wie dies von einer Gliedkirche vorgeschlagen wurde. Die Fühlungnahme mit dem „Rat“ kann auch nicht, wie von anderen Gliedkirchen angeregt, durch Abordnung einzelner Ratsmitglieder in das gliedkirchl. Wahlgre-

---

671 So EKBB (BischofsG v. 14.11.1952 – ABl. EKD 1953 Heft 8 Nr. 108) und der Provinz-Sachsen (Grundordnung v. 30.6.1950 Art. 121 – ABl. EKD Heft 9 Nr. 131).

672 Rdschr. der Kirchenkanzlei v. 20.1.1951 (KA-Az. Nr. 10286.V, EZA 2/903). Vgl. Brunotte, GO, S. 170; Erik Wolf, Ordnung, S. 728.

mium erfolgen.[673] Denn diese sind als Gremium mit der Fühlungnahme zu befassen. Durch die neuen Medien der Telekommunikation verbessert sich jedoch in der Praxis die technische Erreichbarkeit der Ratsmitglieder.

Artikel 12 (Vorlage gliedkirchlicher Gesetze)

Kirchengesetze und sonstige Ordnungen mit Gesetzeskraft legen die Gliedkirchen spätestens mit der Verkündung dem Rat der Evangelischen Kirche in Deutschland vor. Sie sind abzuändern, wenn der Rat mitteilt, dass sie gegen gesamtkirchliche Ordnungen verstoßen.

Um das oft mühevoll eingeführte gesamtkirchl. Recht vor der Zersplitterung zu bewahren, darf ihm die Rechtsetzung der Gliedkirchen nicht widersprechen (Art. 2 II). Dem dient das Vorlageverfahren für gliedkirchl. Gesetze und Ordnungen mit Gesetzeskraft. Ohne einen umfassenden und vollständigen Überblick über die Gesetzgebung in den Gliedkirchen kann die EKD ihrer Aufgabe, die Rechtsvereinheitlichung zu fördern und Anregungen für die gliedkirchl. Ordnungen zu geben (Art. 6 u. 8), nur unzureichend nachkommen.

Die Vorschrift geht zurück auf eine weitergehende Regelung der DEK, die freilich auch der damaligen Dominanz gesamtkirchl. Rechtes entsprach (Anh 3: Art. 2 IV u. 3 I). Seinerzeit war durch VO bestimmt, dass gliedkirchl. Gesetze und Verordnungen sowie Anordnungen, die eine Veränderung im Aufbau und in der Organisation der Verwaltung vorsahen oder bedingten, nur nach einer Unbedenklichkeitserklärung der Kirchenkanzlei erlassen wurden.[674] Ausgenommen waren nur Vorschriften über Bekenntnis und Kultus. Diese Verordnung ist bis 1945 von den Landeskirchen aller politischen Richtungen praktiziert worden. Der Verfassungsausschuss hatte ebenfalls eine in der Sache und im detaillierten Verfahren weitergehende Regelung vorgeschlagen, die u.a. auch bevorstehende gesamtkirchl. Regelungen als Maßgabe einbezog (Anh 7B: Art. 12). Verabschiedet wurde die Rechtsetzungskontrolle schließlich in einer der föderalen GO-Konzeption angemessenen abgeschwächten Form.

Satz 1 (Vorlagepflicht)

Vorlagepflichtig sind zum einen alle **Kirchengesetze** und zwar im formellen Sinn (z. *Begriff:* Erl Art. 10 I), wie die ausdrückliche Nennung der „Ordnungen" besagt. Diese Formulierung bezieht aber auch materielle Aspekte des Gesetzesbegriffs (dazu Erl Art. 10a I), namentlich die Gesetzeskraft, mit ein.

---

673 Schr. der Kirchenkanzlei v. 12.3.1953 (EZA2/903).

674 VO des Leiters der Deutschen Ev. Kirchenkanzlei zur Gewährleistung der Rechtseinheit unter den Landeskirchen auf dem Gebiete der Verwaltung und Rechtspflege v. 5.3.1938 (Ges. Bl. DEK S. 19).

Sonstige Ordnungen mit Gesetzeskraft sind alle Ordnungen, die zwar nicht die Form eines Gesetzes haben, aber doch vergleichbar verbindliche Kraft. Dies betrifft insb. Regelungen solcher Gegenstände, die nach gliedkirchl. Recht an sich durch Gesetz zu ordnen sind. Dazu gehören die *Notverordnungen*. Dies sind Ordnungen, die nach der Verf. regulär als Gesetz ergehen müssten, für die aber das Gesetzgebungsverfahren ausnahmsweise nicht gangbar ist, und die in anderer Form oder von einem anderen als dem regulären Gesetzgebungsorgan erlassen werden müssen. Angesichts der Vielfalt gliedkirchl. Rechtsgestaltung sei hier als Beispiel auf die Regelung der GO hingewiesen (Art. 29 II). Diese gestattet dem Leitungs- und Verwaltungsorgan (Rat der EKD), einen der Legislative vorbehaltenen Regelungsgegenstand in Ausnahmefällen auf dem Verordnungswege zu regeln.
Zu den sonstigen Ordnungen gehören auch alle anderen allgemein verbindlichen Vorschriften, die die Gliedkirche nach ihrer Verf. nicht durch Gesetz regeln muss (z.B. die Ordnung des diak. Amtes, der Frauenarbeit, der kirchl. Publizistik, eines Amtes für Gemeindedienst).[675] Die Regelung muss nicht als „Ordnung" oder „Verordnung" bezeichnet sein und auch nicht vom kirchenleitenden Organ getroffen werden.

Aus dem Zweck der *Rechtsvereinheitlichung* folgt andererseits eine gewisse Beschränkung der Vorlage auf deren mögliche *gesamtkirchl. Relevanz*. Diese ist nicht immer ohne weiteres erkennbar und im Zweifel extensiv zu praktizieren. Gleichwohl kommt beispielsweise die Errichtung einer neuen Pfarrstelle, sofern diese nach gliedkirchl. Recht eines Kirchengesetzes bedarf, i.d.R. nicht für eine Vorlage bzw. Prüfung durch die EKD in Betracht. Daher hat das KA die Gliedkirchen angesichts einer sich immer mehr verdichtenden Rechtsetzung gebeten, die Vorl. ihrerseits auf diese Relevanz vorzuprüfen. Nach bisheriger Übung werden der EKD nur die von den zentralen landeskirchl. Organen erlassenen Rechtsordnungen vorgelegt. Eine Einbeziehung der öffentlich- und zivilrechtl. verfassten Untergliederungen oder der auf landeskirchl. Ebene wirkenden Organisationen wurde bislang, soweit ersichtlich, nicht praktiziert.

Die GO statuiert eine *Pflicht zur Vorlage:* **Die Gliedkirchen legen** ihre Gesetze etc. vor. Dieser Verpflichtung wurde nicht immer in vorgeschriebener Weise nachgekommen. Das veranlasste die EKD dazu, die Gliedkirchen auf die mangelhafte Praxis hinzuweisen und die Vorschrift in Erinnerung zu bringen mit der Mutmaßung, dass die Vorschrift einfach nicht mehr im Blick gewesen sei.[676]
Die **Vorlage** umfasst zunächst den Gesetzes- bzw. Verordnungstext. Der Zweck der Vorlage setzt eine Prüfung durch die EKD, also das Verständnis der zu prüfenden Vorschrift voraus. Regelmäßig handelt es sich um Entwürfe bzw. Synodenvorl., die auch

675 Brunotte, GO, S. 176.
676 Rdschr. der Kirchenkanzlei v. 15.2.1985 (KA-Az. 0100/3.132).

mit einer amtl. Begründung versehen sind. Ohne Einsicht in die Begründung kann die Überprüfung durch den Rat erheblichen Aufwand verursachen, beispielsweise um die für eine Novellierung wesentlichen Gesichtspunkte herauszufinden. Daher sollen die Gliedkirchen – entsprechend einer Anregung des Kirchenrechtlichen Instituts – der Vorl. ggf. auch die amtl. Begründung beifügen.[677]
Im Unterschied zur Vorlagepflicht der Gliedkirchen sind die gliedkirchl. Zusammenschlüsse nach den Verträgen i.S.d. Art. 21a II vor Einleitung eines Rechtsetzungsverfahrens lediglich zu einer entsprechenden Prüfung und ggf. Fühlungnahme verpflichtet.

Vorzulegen sind die Gesetze und Ordnungen **dem Rat der EKD.** Dies geschieht i.d.R. durch Übersendung an das KA als dessen Amtsstelle. In Wahrnehmung der lfd. Geschäfte des Rates nimmt dieses erforderlichenfalls auch eine Weiterleitung an das Kirchenrechtliche Institut der EKD zwecks Prüfung für den Rat vor.

Vorlagezeitpunkt ist (spätestens) die **Verkündung** des Gesetzes bzw. der Ordnung. Verkündet werden Gesetze nach gliedkirchl. Recht. Dies geschieht regelmäßig im ABl. der Gliedkirche und zwar mit dessen Herausgabe, also vor dem Inkrafttreten. Die Gliedkirchen sind an sich zu einer früheren Vorl. nicht verpflichtet. Die GO schreibt aber eine Vorl. **spätestens** mit der Verkündung vor. Dies bedeutet zumindest, dass eine frühzeitige Vorl. erwünscht ist und nach Möglichkeit erfolgen soll. Dies entspricht nicht nur der allgemeinen Kooperationsverpflichtung (Art. 5), sondern liegt auch im eigenen Interesse der Gliedkirche; denn im Falle einer Beanstandung muss das Gesetz abgeändert werden, auch wenn es schon veröffentlicht ist, so dass mit der neuerlichen Verabschiedung bis hin zur Veröffentlichung im ABl. ein erheblicher zusätzlicher Aufwand entstünde. Daher hat der Rat bald nach Inkrafttreten der GO die Gliedkirchen gebeten, ihre Gesetze und Ordnungen *möglichst frühzeitig vorzulegen*, damit etwaige Bedenken noch erörtert werden könnten. Ferner wurde darum gebeten, möglichst schon die Entwürfe der Synodenvorl. beim Rat einzureichen.[678]

Satz 2 (Abänderungspflicht)
Die beanstandeten Vorschriften **sind abzuändern**, wenn sie lt. Mitteilung des Rates gegen gesamtkirchl. Ordnungen verstoßen. So verstieß z.B. ein KG zu einem Kirchenvertrag über Umgemeindungen gegen das KMG, ferner verstieß eine DatenschutzDVO gegen das DSG-EKD.[679] Zur Wirksamkeit abzuändernden Rechts trifft die GO keine

---

[677] Darum bat die EKD mit Rdschr. der Kirchenkanzlei v. 5.1.1976 „aus gegebenem Anlass“ u. auf Anregung des KI mit Schr. v. 16.12.1975 (KA-Az. 0727/2. 12; EZA 2/93/1545).
[678] Rdschr. der Kirchenkanzlei v. 15.3.1949 (KA-Az. Nr. 1438/49) a. Grd. Beschl. des Rates v. 17./18.2.1949 (EZA 2/60).
[679] Schr. des KI v. 6.10.1992 – Az. 34826-71- (KA-Az. 0750/1) und Gutachtliche Stellungnahme des KI v. 22.12.1997 zu § 1 Abs. 2 DATVO; DatenschutzDVO des Rates der KonNds v. 12.12.1995

Aussage. Da auch Art. 2 II eine Kollisionsnorm im engeren Sinne nicht enthält, gilt das gliedkirchl. Gesetz trotz Verstoßes gegen die gesamtkirchl. Ordnung bis zu seiner Abänderung im Zweifel fort (Erl Art. 2 II 2. Halbsatz).

Zu prüfen ist ein Verstoß nach Maßgabe der **gesamtkirchlichen Ordnung**. Dies ist vor allem das geltende Recht der EKD. Der GO-Entwurf des Verfassungsausschusses bezog auch „bevorstehende" gesamtkirchl. Regelungen mit ein, denen gliedkirchl. Recht nicht vorgreifen sollte (Anh 7B: Art. 12). Zu diesem Zweck eröffnet die geltende Kontrollvorlage der EKD die Möglichkeit, auf ihre geplanten oder schon in Arbeit befindlichen Regelungen hinzuweisen. Auch kann der Rat die Gliedkirche auf unbeachtet gebliebene Vorschriften anderer Gliedkirchen hinweisen. Mit Rücksicht auf den Auftrag zur Vertiefung der Rechtsgemeinschaft und dem Gebot eines geschwisterlichen Miteinanders (Art. 2 II, Art. 5, Art. 6 I) dürfte eine dahingehende Beratung auch nicht als unzulässige Einmischung in die gliedkirchl. Gesetzgebung empfunden werden. Die EKD hat nur in seltenen Fällen Anlass gehabt, Bedenken gegen einen gliedkirchl. Gesetzesentwurf zu äußern.[680]

Für die verfassungsrechtl. Prüfung, ob die vorgelegten Rechtsvorschriften gegen die gesamtkirchl. Ordnung **verstoßen**, bedient sich der Rat regelmäßig des *Kirchenrechtlichen Instituts der EKD.*
„... Sowohl die Prüfung, als auch die daran anschließende Äußerung gegenüber der vorlegenden Landeskirche ist nicht darauf beschränkt, konkrete Verstöße gegen gesetztes Recht festzustellen und die Abänderung der vorgelegten Regelung anzumahnen. Da Art. 12 GO-EKD der innerkirchlichen Rechtsvereinheitlichung dient, können im ‚GO-12-Verfahren' landeskirchliche Regelungen auch am Prüfungsmaßstab gemessen werden, der sich aus Art. 2 II, 2. Halbsatz, Art. 5 und Art. 6 GO-EKD ergibt. Der Rat ist somit in diesem Verfahren berechtigt, auch ohne den Anspruch auf Abänderung einer vorgelegten Regelung zu erheben, allgemeine, auf innerkirchliche Rechtsvereinheitlichung und Wahrung gleichgerichteten Handelns zwischen den Gliedkirchen zielende Äußerungen gegenüber den Landeskirchen zu machen" (Beschl. des KA v. 13.5.2003).

(ABl. KonNds 1995, S. 579).

680 Rdschr. der Kirchenkanzlei v. 15.2.1985 (KA-Az. 0100/3. 132).

Artikel 13 (Aufgabenübertragung)

Alle Gliedkirchen gemeinsam oder einzelne von ihnen können der Evangelischen Kirche in Deutschland mit Zustimmung des Rates einzelne Aufgaben übertragen oder die Entscheidung in Fragen überlassen, für welche die Gliedkirchen zuständig sind.

Gegenstand dieser Regelung sind – wie bei beiden vorausgehenden Artikeln – die Zuständigkeiten der Gliedkirchen. Ihre systematische Bedeutung erklärt sich aus dem historischen Verfassungskompromiss von 1948 zw. den Konzepten des Bruderrats und des Lutherrats. Das Integrationsmodell des Einigungswerkes (Gesch 1e) „beließ den Landeskirchen weitestgehende Selbständigkeit, insb. die uneingeschränkte Autonomie in allen Fragen, bei denen das Bekenntnis berührt wird. Aber man gab der EKD den Auftrag, für die Gliedkirchen vor allem im Blick auf die Gesellschaft, den Staat und die Ökumene öffentliche Gemeinschaftsaufgaben zu übernehmen ... Als im Laufe der Jahre die EKD auf immer mehr Gebieten Aufgaben wahrzunehmen begann, von denen in der ‚Grundordnung' streng genommen nicht die Rede war, ... erhoben die Gliedkirchen keinen Widerspruch ... Sie akzeptierten durch Stillschweigen einen stückweisen Souveränitätsverzicht, indem sie gegen bestimmte Aktivitäten der EKD keinen Einspruch" erhoben.[681] Mit der generellen Möglichkeit der Gliedkirchen, ihre Aufgaben an die EKD zu delegieren, eröffnet die GO – über eine extensive Praktizierung der gesamtkirchl. Aufgaben i.S.d. Art. 6 bis 10 b hinaus – einen praktisch bedeutsamen Ansatz, dieser Strukturentwicklung zur gliedkirchl. Gemeinschaft in der EKD auch verfassungsrechtl. zu entsprechen. Dies betrifft vor allem den Tatbestand der **gemeinsamen** Aufgabenübertragung. Von der Übertragung durch **einzelne** Gliedkirchen (z.B. im Gerichtswesen gem. Art. 32 IV) ist bisher weniger Gebrauch gemacht worden. Nach den Verträgen gem. Art. 21a prüfen die betr. *gliedkirchl. Zusammenschlüsse* regelmäßig Möglichkeiten der Aufgabenübertragung bzw. einer Änderung der Aufgabenverteilung (Texte 10 u. 11: § 2 IV).

Eine Vorstufe der Aufgabenübertragung ist die Schaffung gemeinsamer Einrichtungen durch EKD und Gliedkirchen. So wurde beispielsweise 1991 zur Vorermittlung wegen der Zusammenarbeit kirchl. Mitarbeiter mit dem Ministerium für Staatssicherheit durch Vereinbarung aller Gliedkirchen mit der EKD ein *Vorprüfungsausschuss* „bei der EKD" errichtet, den einzelne Gliedkirchen in Anspruch nahmen.

Geregelt wird eine mögliche Übernahme *gliedkirchl.* **Aufgaben** (z. Begriff Erl vor Art. 6). Es handelt sich also nicht um Befugnisse, die der EKD aus eigenem Recht gem.

---

681 Mehlhausen, 50 Jahre GO, S. 168 f.; vgl. schon Verf. des DEKb Art. 2 III Ziff. 2.

Art. 6 bis 10b zukommen, sondern um originäre Aufgaben der Gliedkirchen. Diesen ist es unbenommen, den Aufgabenkreis der EKD in der Sache bis hin zu einer gesetzlichen Regelungsbefugnis zu erweitern. Letzterer Weg ist durch die GO-Änderung v. 2000 (Art. 10a) ausdrücklich eröffnet worden. Schon vorher wurde beispielsweise das Disziplinargesetz v. 1955 „auf Grund der Art. 13 und 10b“ beschlossen, d.h. in der Sache als eine von den Gliedkirchen initiierte Delegation gliedkirchl. Aufgaben vorgenommen, auch wenn der Gesetzesbeschl. formell nur auf letzterem Artikel und nicht auf Art. 13 basierte.[682]

Nur **einzelne** Aufgaben können übertragen werden. Das Wort wurde im Rat eigens hinzugefügt[683] und bezeichnet nur partielle Zuständigkeitsbereiche, wie auch die Alternative der „Entscheidung in (bestimmten) Fragen“ deutlich macht. „Einzelne“ sind jedoch nicht nur konkrete Aufträge von Fall zu Fall, wie etwa die Durchführung eines Musterprozesses für mehrere Gemeinden oder Gliedkirchen (Beispiel: Einklagung von Versicherungsansprüchen ostdeutscher Gemeinden gegen staatl. Versicherungsstellen). **Übertragen** bedeutet vielmehr hier auch die permanente Wahrnehmung abstrakter Sachgebiete, z.B. der Aushandlung und Pflege bestimmter Rahmenverträge mit der Wirtschaft im Versicherungs- oder im Telekommunikationsbereich (Blitzschlag, Sendeeinrichtungen, Gebührenvereinbarung für die Telefonseelsorge); vgl. auch Art. 32 IV.

Freilich schließt die Formulierung „einzelne Aufgaben“ und „Entscheidung von Fragen“ im verfassungsrechtl. Kontext des zweiten Abschnitts der GO auch die *prinzipielle Beschränkung* einer Übertragung bzw. Überlassung ein; gem. Art. 13 können unmittelbar nur bestimmte Angelegenheiten auf die EKD übertragen, nicht aber die grundlegenden Strukturen der Gesamtkirche über diese Vorschrift verändert werden. So kann eine Gliedkirche nicht ihre „Hoheitsrechte“ gänzlich auf die EKD übertragen, etwa i.S.e. „Eingliederung“ nach „reichskirchlichem“ Muster der DEK.[684] Andererseits ist der GO eine substantielle oder zeitliche Beschränkung der Delegierung auf überschaubare Angelegenheiten und eine Begrenzung im inhaltlichen wie formellen Sinne in Bezug auf Gewicht und Umfang der Kompetenz nicht ohne weiteres zu entnehmen. Die Übertragung kann aber je nach der zugrundeliegenden Vereinbarung im Zweifel *jederzeit beendet* werden, d.h. die Gliedkirche kann die Wahrnehmung ihrer Zuständigkeit wieder zurücknehmen.[685] Dabei sind jedoch die Belange der Gemeinschaft und das Gebot der Geschwisterlichkeit (Art. 5) und die Besonderheiten der Rechtsform (z.B. Vertragskündigung) zu beachten.

682 v. Arnim, Disziplinargesetz, S. 10.
683 Nicolaisen, Ratsprot. 2, S. 453.
684 Vgl. Brunotte, GO, S. 176.
685 Guntau, Gesetzgebungsrecht, S. 668; z. Gesetzgebung s. aber Art. 10 a III.

Die Gliedkirchen können der EKD ferner **die Entscheidung in Fragen** überlassen, die in gliedkirchl. Zuständigkeit liegen. Dies kann sich wiederum auf einzelne Fragen ad hoc, d.h. auf konkrete Einzelfälle, beziehen, z.B. wenn die Zuständigkeit eines Spruchkörpers der EKD in gliedkirchl. Angelegenheit prorogiert wird. Die GO beschränkt diese Delegierung aber nicht auf einzelne Fragen; delegiert werden kann auch hier eine bestimmte Spezies von Fragen im Sinne eines abstrakten Zuständigkeitsbereichs für eine bestimmte Dauer.

Eine Übertragung kann nicht einseitig durch die Gliedkirche vorgenommen werden, sondern darf nur **mit Zustimmung des Rates** erfolgen. Diese ist insb. deswegen erforderlich, weil die übertragenen Aufgaben über die Arbeitskapazitäten der EKD hinausgehen und die gesamtkirchl. Arbeit für andere Gliedkirchen beeinträchtigen könnten. Auch mögliche Kostenfolgen sind in ihren Auswirkungen auf den Haushalt zu prüfen und im gesamtkirchl. Kontext abzuwägen. Darüber hinaus ist für die Delegierung gem. Art. 13 *kein besonderes Verfahren* vorgesehen und *keine Rechtsform* vorgeschrieben. Den Verzicht auf einen förmlichen Übertragungsakt verdeutlicht besonders die Alternative, „Entscheidungen zu **überlassen**". Zulässig ist neben ausdrücklichen Vereinbarungen auch eine *stillschweigende Übertragung.* Diese geschieht in der Praxis häufig auf dem Wege, dass in den gesamtkirchl. Fachgremien oder auch der KK die Notwendigkeit einer akuten Aufgabe und deren Inangriffnahme durch die EKD festgestellt wird, ohne dass zunächst – oft auch aus Gründen der Dringlichkeit – die exakten Zuständigkeiten oder haushaltsrechtl. Folgen im Einzelnen für eine definitive Aufgabenübertragung vorgeklärt sind. Demgemäß kann auch die Zustimmung des Rates konkludent erteilt werden.

Praktische Bedeutung hat die Delegationsmöglichkeit vor allem für diejenigen Aufgaben der Gliedkirchen, die sich ihrer gesamtkirchl. Natur nach zu Gemeinschaftsaufgaben entwickelt haben und de facto mit stillschweigender Billigung der Gliedkirchen oder auf deren Veranlassung hin durch die EKD wahrgenommen werden und ihr auf Dauer (auch mit Billigung des Rates) zuwachsen. Dies gilt vornehmlich für solche Aufgaben, die im Interesse der wirksamen Ausrichtung von Zeugnis und Dienst gesamtkirchl. Handeln erfordern und für die Gesamtheit der Gliedkirchen von besonderer Bedeutung sind. Eine Übersicht über solche Aufgabenbereiche, deren tatsächliche Wahrnehmung durch die EKD im gliedkirchl. Einvernehmen über die in Art. 7 und 14 vorgesehene Förderung und Unterstützung hinausgeht, enthält etwa die beispielhafte Aufzählung des EGO74 (Anh 12: Art. 15).

Artikel 14 (Förderung der Arbeit an Gruppen)

Die Evangelische Kirche in Deutschland fördert die Zusammenfassung der der Kirche aufgetragenen Arbeit an den verschiedenen Gruppen von Gliedern der Kirche, insbesondere an den Männern, den Frauen und der Jugend, soweit sie über den Bereich der Gliedkirchen hinausgeht und gesamtkirchlicher Ordnungen oder Organe bedarf. Sie regelt die kirchliche Zuordnung dieser Arbeit so, dass die Mitarbeit freier Kräfte gewährleistet ist.

Die Artikel 14 bis 17 knüpfen an der generellen Aufgabenbeschreibung des Art. 7 an. Die Förderung gilt hier der Arbeit an kirchl. Gruppen, in Sonderheit im diak. und missionarischen Bereich (Art. 15 u. 16) sowie in der Ökumene und Auslandsarbeit (Art. 17).

In der Sache geht es bei der hier formal umschriebenen „Zusammenfassung" um die *funktionalen Dienste* in der Kirchengemeinschaft. Zu den vielfältigen Sozialgestalten, in denen die Kirche geordnet ist, gehören innerhalb der EKD eine Vielzahl von Initiativgruppen in Form eigenständiger Werke, Einrichtungen und Verbände. Geschichtlich spiegelt sich in deren Entstehen die mit der Industrialisierung einhergehende Differenzierung der Gesellschaft des 18. und 19. Jh. Sie führen sich auf meist diakonisch-missionarische bzw. soziale Aktivitäten zurück und haben sich vornehmlich als privatrechtl. Organisationen neben den Parochien und der sonstigen öffentlich-rechtl. verfassten Kirche organisiert (Gesch 1c und 2). Diese über den amtskirchl. Bereich hinausgehenden Dienste sind hinsichtlich ihrer Gestalt, Arbeitsweise und Beziehung zur sog. verfassten Kirche weit über das hinausgewachsen, was die GO 1948 noch mit der Arbeit „an den verschiedenen Gruppen von Kirchengliedern" beschreibt. Auch auf gesamtkirchl. Ebene berühren sie fast alle Aspekte kirchl. Handelns, diak. wie missionarische, ökum. wie auch parochial-kirchl. Aspekte und tragen gemeinsam zum Zeugnis des Glaubens in Verkündigung, Bildung, diak. Handeln und zur Mitgestaltung gesellschaftlichen Lebens bei. Die Einordnung und Strukturierung dieser Dienste in die EKD wird als eine der wichtigsten Aufgaben einer Struktur- und Verfassungsreform angesehen.[686]

Satz 1 (Arbeit an kirchlichen Gruppen)

Gegenstand der Förderung ist die Arbeit an den verschiedenen Gruppen von Kirchengliedern. Welche Art kirchl. „Gruppen" hier gemeint ist, zeigen die aufgeführten Beispiele: **Männer, Frauen und Jugend.** Sie gehen auf die traditionellen gesamtkirchl. Schwerpunkte zurück und wurden bereits 1946 durch die ÜbergangsO unter die Obhut des Rates gestellt (Anh 5: § 4). Die Verf. der DEK erwähnte „vornehmlich" die Jugendarbeit (Anh 3: Art. 4 II), während heute zunehmend auch die Altenarbeit

686 Lingner, Neuordnung, S. 260.

als Aufgabe der Kirche bewusst wird. Vorläufer dieser Arbeit waren Männervereine, Handwerker- und Gesellenvereine, Ev. Volksvereine und Ev. Arbeitervereine. Sie wurden 1896 zu einem Gesamtverband vereinigt. 1899 folgte die Gründung der heutigen „Evangelischen Frauenhilfe" und des „Deutsch-Evangelischen Frauenbundes".

Jugendarbeit im herkömmlichen Sinne galt der religionsmündigen Jugend nach der Konfirmation. Sie geht zurück auf die unter dem Einfluss der Erweckungsbewegung im 19. Jh. entstehenden Jünglings- und Jungfrauenvereine, auf den 1883 gegründeten Christlichen Verein junger Männer (CVJM) und den 1884 entstandenen Jugendbund für entschiedenes Christentum. Gesamtkirchl. wurde 1893 die weibliche Jugendarbeit im „Reichsverband weiblicher Jugend" in Berlin-Dahlem (später: im Burckhardthaus) und das Ev. Jungmännerwerk in Kassel organisiert. 1946 berief der Rat unter der von der Bekennenden Kirche übernommenen Bezeichnung „Jugendkammer" ein leitendes Gremium für diesen Aufgabenbereich und erkannte die Arbeit als Werk der EKD an.

Die Förderung bezieht sich auf **Gruppen**; dies ist, wie die Beispiele zeigen, ein bekenntnisunabhängiges Kriterium. Neben der gesamtkirchl. Arbeit der EKD haben bekenntnisgeprägte Bewegungen, wie die Deutsche Evangelische Allianz und der Gnadauer Verband, Parallelstrukturen entwickelt.[687] So schließt etwa die *Arbeitsgemeinschaft Missionarischer Dienste* (im DW) die in den landeskirchl. Gemeindediensten und im Gnadauer Verband organisierten volksmissionarisch-evangelistischen Aktivitäten – auch der Freikirchen – zusammen.

Die Umschreibung „**von Gliedern der Kirche**" bezieht sich auf die Zusammensetzung der Gruppen, „**an**" denen die Arbeit getan wird. Die Formulierung weist auf das herkömmliche Verständnis eines Gegenübers zw. Amt und Gemeinde, zw. Amtskirche und Gemeindegliedern. Heute geschieht diese Arbeit weniger *an*, sondern eher *in* bzw. *durch* solche Gruppen als aktivem Teil der Kirche.[688] Die **der Kirche aufgetragene** Arbeit beschränkt sich nicht auf den Dienst an Gemeindegliedern, sondern geschieht an der Welt und strahlt auf Nichtzugehörige aus. Dementsprechend halten sich auch Ungetaufte oder Ausgetretene zu solchen Gruppen. Auch ihnen gilt dieser Dienst der Verkündigung. Immer deutlicher wird dies in der Jugendarbeit, für die als „offene" Arbeit geworben wird.

Werke, Einrichtungen und Verbände

Die nach den Adressaten gegliederte **Arbeit** bedingt naturgemäß auch institutionelle Differenzierungen. Der Gruppenstruktur der Kirche entsprechen die traditionellen

[687] Dazu Daur, Parallelstrukturen in der Kirche.
[688] So auch die Textausgabe „Verfassungsrecht" der EKD v. Februar 2003 („in Gruppen").

kirchl. *Arbeitsformen* der *Werke, Einrichtungen und Verbände.* Kirchenrechtl. kommt in den unterschiedlichen Organisationstypen das anstaltliche oder das genossenschaftliche Moment der Kirchenverf. zum Ausdruck (Erl Überschrift „Kirche“). Die Verf. des DEKb bezeichnete diesen Dienst als „Werke der freien kirchl. Arbeitsorganisationen“ und ordnete sie der „mittelbaren Tätigkeit des Bundes“ zu (Anh 2: § 2 IV; vgl. Erl Art. 7 Satz 1). Die ÜbergangsO v. 1946 nannte sie „Arbeitsverbände und Werke“ (Anh 6: § 4). Die GO verwendet die Bezeichnung „Werke“, „Einrichtungen“ und „Verbände“ (Art. 17 V und Art. 31 II Nr. 2).[689] Sie unterscheidet aber deren Bedeutung nicht immer im gleichen Sinne und gebraucht „Einrichtungen“ und „Werke“ z.T. synonym (Art. 16 II) oder schließt in letztere mit den Einrichtungen auch die Verbände ein (Erl Art. 8, Art. 24 III). Diese terminologischen Divergenzen gehen zurück auf die kirchl. Neuordnung nach dem Kriege. Damals galten als „Werke der Kirche“ vornehmlich die personal und gliedschaftlich strukturierten Verbände der Jugend-, Männer- und Frauenarbeit, während andere weniger genossenschaftlich als anstaltlich verfassten Organisationen als „Einrichtungen“ bezeichnet wurden. Außerdem wichen z.T. die organisationseigenen Benennungen von den nach allgemeinen Sachkriterien entwickelten Kategorien ab.[690]

Die *Rechtsform* dieser kirchl. Arbeit orientierte sich herkömmlich an staatl. Rechtsinstituten, derer sich die verschiedenen christlichen Initiativen vornehmlich in der Wohlfahrtspflege und Mission außerhalb der öffentlich-rechtl. verfassten Kirche ursprünglich bedienten und sich entsprechend benannten. Überwiegend konstituierten sich die funktionalen Dienste der Kirche als „Arbeitsgemeinschaften“, Stiftungen oder Vereine, wie etwa die Ev. Frauenarbeit in Deutschland e.V., die Arbeitsgemeinschaft der Männerarbeit der EKD und die Arbeitsgemeinschaft der Ev. Jugend in der Bundesrepublik Deutschland e.V. (AEJ). Von der Amtskirche unterscheiden sie sich aus staatl. Sicht durch ihre zivilrechtl. Organisation. Um auf Arbeitsfeldern außerhalb der amtskirchl. Strukturen zu wirken, bedarf es bis heute dieser staatl. Rechtsform der juristischen Person des bürgerlichen Rechts, namentlich der Rechtsfähigkeit des eingetragenen Vereins und der *Stiftung* (z.B. Ölbergstiftung), die auch öffentlich-rechtl. verfasst sein kann (z.B. Ev. Schulstiftung in der EKD). Unter ökonomischen Gesichtspunkten werden zunehmend auch handelsrechtl. Formen, etwa der Gesellschaft mit beschränkter Haftung bzw. der gemeinnützigen GmbH gewählt.[691]

---

689 In anderen Arbeitsbereichen finden sich nicht alle diese Formen, so geschieht etwa die Diasporaarbeit (Art. 16 II) vornehmlich in Werken und Einrichtungen. Der Wittenberger Entwurf des DEKb v. 1848 sprach noch von „Zwecken, Vereinen und Anstalten“. Der EGO74 unterschied durchgängig „Werke, Einrichtungen und Verbände“. In neueren Gesetzen wird zutreffend nur zw. „Werken“ und „Einrichtungen“ unterschieden (§ 1 II 1 DSG-EKD u. § 1 II MVG).

690 Dazu grundlegend Wasse, Die Werke und Einrichtungen der EKD.

691 Die Organisation kirchl. Werke in öffentlich-rechtl. Form ist gleichfalls möglich aber naturgemäß

Die zivilrechtl. Autonomie dieser Dienste entspricht traditionell auch der historisch gewachsenen Eigenständigkeit nicht nur nach außen, sondern auch im kircheninternen Verhältnis der jew. Arbeitsgestaltung und Verantwortlichkeiten zur Leitung der Amtskirche. Aus dieser organisationsrechtl. Differenzierung folgt heute jedoch in der Sache und im verfassungsrechtl. Rahmen der EKD keine unterschiedliche Einordnung und Bewertung als Arbeit der Kirche und als deren Wesens- und Lebensäußerung (Art. 15 I). „Kirchl. Dienst geschieht wie in den Gemeinden und Gliedkirchen so auch in den kirchl. Werken, Verbänden und Einrichtungen. Diese tragen ungeachtet ihrer Rechtsform gemeinsam mit den Gliedkirchen Verantwortung für den Auftrag der Kirche. In dieser Einheit haben sie die zur Erfüllung ihrer besonderen Aufgaben notwendige Eigenverantwortung und Freiheit, die durch die kirchlichen Ordnungen gesichert und begrenzt werden“ (Art. 10 EGO74). Zur staatl. Anerkennung kirchl. Selbstbestimmung auch der Werke und Einrichtungen s. Erl Art. 3 I.

Schon auf Grund der ÜbergangsO v. 1946 übte die EKD „die fördernde Obhut“ über die von ihr anerkannten Werke und Einrichtungen aus.[692] So obliegt ihr auch nach der GO die **Förderung** der traditionellen Gruppenarbeit (z. *Begriff* Erl Art. 7). Sie vollzieht sich organisatorisch insb. in der Einrichtung „gesamtkirchl. Ordnungen und Organe“ sowie der „Zuordnung dieser Arbeit“ (Satz 2). Dabei handelt es sich i.d.R. um die jew. Dachorganisation der gliedkirchl. Verbände; dies sind im Beispiel der *Ev. Frauenarbeit in Deutschland* 22 gliedkirchl. Frauenverbände und 13 Ev. Frauenarbeiten bzw. Frauenwerke. Auch bei diesen meist vereinsrechtl. organisierten Zusammenfassungen handelt es sich in der Sache um Zweige der landeskirchl. Gemeindearbeit. Die Verantwortung für die Basisorganisation trägt die Landeskirche. Die EKD hat allgemein die Aufgabe zu helfen und zu fördern und die Eigenständigkeit der Organisationen zu achten. Dies geschieht etwa auf dem Wege, die Zentralstellen im Rahmen ihrer Möglichkeiten finanziell zu unterstützen, sie zu beraten und an der gesamtkirchl. Arbeit teilhaben zu lassen. Ferner hat die EKD auf den *Austausch zw. den Verbänden* hinzuwirken. Rat und Synode haben ihrerseits nach außen, z.B. gegenüber staatl. Stellen, für die Zusammenschlüsse einzutreten und im Einzelnen auch Anregungen an sie gelangen lassen, ebenso wie sie sich über die Arbeit berichten lassen und auf deren Erfahrungen und Stimmen hören.

---

seltener; dazu KI-Gutachten „Zur Rechtsform des Diakonischen Werks der Ev.-Luth. Kirche Oldenburgs“ v. 5.2.1974, S. 218; zum Ganzen: Bielitz, Privatrechtliche Organisationsformen in der ev. Kirche; Thüsing, Grenzen und Möglichkeiten des Outsourcings aus dem kirchlichen Dienst.

692 Hierzu gehörten vor allem die Innere und Äußere Mission, die männliche und weibliche Diakonie, die Männer-, Frauen- und Jugendarbeit, die Verbände zur Pflege der Diaspora, der Kirchenmusik und des gottesdienstlichen Lebens, der religiösen Kunst, der theol. Wissenschaft sowie der Evangelische Bund (Anh 6: § 4).

Adressat der Förderung sind die Zentralstellen und Leitungsorgane der Dachorganisationen. Diese vertreten ihre Mitgliedsorganisationen in den Gremien der EKD und der Ökumene, ebenso wie in anderen gesellschaftspolitischen und staatl. Institutionen. Sie sind in dieser Arbeit eigenständig und an Weisungen nicht gebunden. Dies ist insb. bei der finanziellen Förderung zu beachten. Zuschüsse können nicht mit *Auflagen* oder Direktiven gleich welcher Art verbunden werden, die über die Aufgabe einer Vertiefung und Festigung der Kirchengemeinschaft hinausgehen oder gar die besondere bekenntnismäßige Prägung der einzelnen Gliedkirche tangiert. Andererseits werden sich die gesamtkirchl. Zusammenschlüsse ihrerseits dort mit der EKD abstimmen, wo sich die Aufgabenbereiche berühren, etwa bei Erklärungen gegenüber Staat und Öffentlichkeit oder bei kirchenpolitischen Aktivitäten in der Ökumene. Dabei wirkt die EKD auf eine gemeinsame Linie hin, ohne die Selbständigkeit zu verletzen. Dies setzt eine enge Beziehung der Stellen zu den Organen der EKD voraus, die regelmäßig über die Arbeit unterrichtet werden, wie etwa durch Vorlage der Jahresberichte des Diakonischen Werks und des Ev. Missionswerks an die Synode.

Gesamtkirchliche Zusammenfassung
Die Förderaufgabe der EKD erfährt eine mehrfache Eingrenzung: Zunächst beschränkt sich eine „Förderung“ schon begrifflich auf eine indirekte Mitwirkung an deren Gegenstand (Erl Art. 7). Zudem wird sie organisatorisch auf die **Zusammenfassung** dieser Arbeit beschränkt. Sie beinhaltet also nach ursprünglicher Verfassungskonzeption nicht die Basisarbeit an sich. Die gesamtkirchl. Förderung gilt ihr zudem nur, **soweit sie über den Bereich der Gliedkirchen hinausgeht und gesamtkirchlicher Ordnungen bedarf.** Beide Voraussetzungen sind i.d.R. gegeben, soweit die betr. Arbeit auf Bundesebene organisiert ist (z.B. Bundeswehr und Bundespolizei). Dies gilt beispielsweise auch für die Aussiedlerseelsorge und -arbeit durch die EKD (Erl Art. 31 II Nr. 7 „Beauftragte“) und für ihr DW, ferner die Circus- und Schaustellerseelsorge und die Seemannsmission, sowie die Seelsorge an Urlaubern, Reisenden und Sportlern, an Kranken und Behinderten, an Familien, an Arbeitnehmern und Unternehmern.
Freilich bezeichnet die „Zusammenfassung“ nicht nur die bestehenden Institutionen, sondern auch einen Integrationsprozess, und kann insoweit auch die Begründung gesamtkirchl. Strukturen beinhalten. Die Beschränkung der EKD auf ein mehr mittelbares Wirken war nach den Vorstellungen der Verfassungsgeber darin begründet, dass auch die Gruppenarbeit der funktionalen Dienste letztlich der Verkündigung dient. Als unmittelbar bekenntnisbezogene Arbeit sollte diese nach herkömmlichen Ordnungsprinzipien Sache der bekenntnisgebundenen Landeskirche bleiben. Aus diesem Grunde ist die gesamtkirchl. Verantwortungs- und Arbeitsstruktur in der Vergangenheit vielfach so geordnet worden, dass eine unmittelbare Zuständigkeit der Leitungsorgane der EKD vermieden wurde (Erl Art. 6). Dies entsprach dem früheren Verständnis von der EKD als Bund und nicht als Kirchengemeinschaft. Dieses Kirchenverständnis hat sich in der

heutigen Gemeinschaft der ev. Christenheit gewandelt und Ausdruck in der Leuenberger Konkordie sowie in der GO selbst gefunden.[693] Die EKD als Kirchengemeinschaft ist insoweit von der bekenntnisbezogenen Gruppenarbeit nicht mehr ausgeschlossen (vgl. Art. 18). D.h. der gesamtkirchl. Organisationsbezug der „Zusammenfassung" gewinnt substantiellen Charakter kompetenter Gestaltung, die nicht ohne prägende Auswirkungen auf die Arbeitsinhalte bleiben kann.[694] Dem entsprachen auch *Reformüberlegungen*, diese Arbeit – mit der die Kirche in der Gesellschaft oft mehr in Erscheinung tritt als im traditionellen Gottesdienst und in der Seelsorge – der Verantwortung der Leitungsorgane zu unterstellen oder ihr in Gestalt der *Konferenz der kirchlichen Werke und Verbände* eine besondere Organqualität zu geben.[695] Auf den wichtigen Feldern der Diakonie, Mission und Publizistik sind diese Strukturreformen inzw. verwirklicht worden (Erl Art. 15 f.).

Satz 2 (Zuordnung in freier Mitarbeit)

So wie auf gliedkirchl. Ebene Ordnungen etwa für die Männer-, Frauen- und Jugendarbeit bestehen, so hat auch die EKD die Möglichkeit, gesamtkirchl. Ordnungen und Organe zu schaffen und eine entsprechende **Zuordnung dieser Arbeit** zu bestimmen. Ein jüngeres Beispiel ist Ordnung der Evangelischen Arbeitsgemeinschaft für Altenarbeit in der EKD v. 1994 (Recht der EKD, 6.21).

Die ursprünglich vorgesehene Regelungsbefugnis „auf allen Stufen" dieser Arbeit wurde auf gliedkirchl. Einspruch (Sachsen, Brm, Lutherrat) nicht in die GO übernommen. Für den Fall, dass eine Dachorganisation „gesamtkirchlicher Ordnung oder Organe" bedarf, wird die EKD gut tun, von dieser Möglichkeit Gebrauch zu machen. Bei der Zuordnung wird auf Empfindlichkeiten gegenüber „behördlichen" Eingriffen zu achten sein, ohne dass eine „Verkirchlichung" immer auch mit einer „Bürokratisierung" gleichzusetzen wäre. In der Praxis erkennen die Zusammenschlüsse ihre kirchl. Aufgabe und den erforderlichen Organisationsbedarf von sich aus und nehmen ihrerseits – sei es auch über die Referentenkonferenz – Fühlung mit der EKD. Meist werden dann geeignete Satzungen durch Vermittlung des für die Arbeit zuständigen Referats im KA erarbeitet und entsprechende Verbandsgründungen oder -umgestaltungen vorbereitet. Um die für solche Arbeit notwendige Selbständigkeit und Freiheit zu wahren, ist die amtskirchl. Zuordnung so zu gestalten, dass **die Mitarbeit freier Kräfte gewährleistet ist.** Die traditionelle Eigenständigkeit einer freien Trägerschaft kirchl. Initiativen geht insb. in der freien Wohlfahrt auf das bürgerliche Engagement auch ehrenamtlicher

---

693 S. Erl Überschrift „Kirche" und Art. 1 I 1; dazu Lingner, Leuenberg, S. 360 f.

694 So nimmt das EMW neben der zusammenfassenden Funktion auch eigenständige Partnerschaften in Übersee wahr.

695 Dazu Schloz, EKD, Sp. 1717 ff.; Beier, Kirchwerdung, S. 65; SB EKD, Frankfurt/M 1971, S. 211 f. Die KKWV geht zurück auf die *„Konferenz Deutscher Evangelischer Arbeitsorganisationen"* v. 1916 (Gesch 1c).

Initiatoren außerhalb der Amtskirche zurück (Erl Satz 1). Soweit diese kirchl. Arbeit heute professionell und hauptamtlich geschieht, liegt es nahe, sie auch organisatorisch weiter in die Kirche zu integrieren. So ist die Verschränkung zw. „freien" Werken und „verfasster" Kirche, auch hinsichtlich der Finanzierung, stetig fortgeschritten. Andererseits erweisen sich spontane Initiativgruppen auch heute noch als Orte, an denen gesellschaftliche Probleme und Fragestellungen für die Kirche außerhalb ihrer verfassten Strukturen erfahrbar werden; sie werden daher in vielfältigen, für „freie Kräfte" geeigneten Kooperationsstrukturen gefördert (vgl. Erl Art. 7).[696]

Artikel 15 (Diakonie und Innere Mission)

(1) Die Evangelische Kirche in Deutschland und die Gliedkirchen sind gerufen, Christi Liebe in Wort und Tat zu verkündigen. Diese Liebe verpflichtet alle Glieder der Kirche zum Dienst und gewinnt in besonderer Weise Gestalt im Diakonat der Kirche; demgemäß sind die diakonisch-missionarischen Werke Wesens- und Lebensäußerung der Kirche.
(2) Die Evangelische Kirche in Deutschland fördert die in ihrem Gesamtbereich arbeitenden Werke der Inneren Mission, ungeachtet deren Rechtsform. Ihre Verbindung mit der Kirche und den Gemeinden sowie die freie Gestaltung ihrer Arbeit werden in Vereinbarungen und entsprechenden Richtlinien gesichert.
(3) Das Hilfswerk der Evangelischen Kirche in Deutschland wird von der Evangelischen Kirche in Deutschland, den Gliedkirchen und ihren Gemeinden getragen. Es dient dem kirchlichen Wiederaufbau sowie der Linderung und Behebung der Notstände der Zeit. Die Ordnung des Hilfswerkes bedarf eines Gesetzes der Evangelischen Kirche in Deutschland.

Unter dem Verkündigungsauftrag ist die EKD auch in die diakonisch-missionarische Gemeinschaft mit den Gliedkirchen und mit allen ihren Gliedern gestellt. Die GO kennzeichnet Diakonie und Mission als Lebens- und Wesensäußerung der Kirche und als eine Gestalt des Zeugnisses von Gottes Liebe zur Welt in Jesus Christus (Abs. 1). Sodann (Abs. 2 f.) werden die Gestaltungsmöglichkeiten der EKD behandelt, um diesen Auftrag wahrzunehmen. Dies waren namentlich der Centralausschuss für die Innere Mission (IM) und das Evangelische Hilfswerk (HW), in dessen Arbeit für den Wiederaufbau nach dem Kriege das volksmissionarische Moment besonders zum Tragen kam. Die Formulierung dieses Artikels bedurfte in Eisenach wiederholter Aussprachen und

[696] Zum Ganzen Glawatz, Die Zuordnung privatrechtlich organisierter Diakonie zur evangelischen Kirche.

Fühlungnahmen mit den Vertretern dieser Werke. Dabei erhielt die Vorschrift (ebenso wie Art. 14 u. 16) erst in der Kirchenversammlung die klare Aufgliederung, die in den Vorlagen des Verfassungsausschusses und des Rates noch fehlte.[697]

Absatz 1 (Verkündigungsauftrag und Diakonat)

„Im Absatz 1 ist gewissermaßen der Niederschlag der Besinnung enthalten, die uns im Jahre 1948 auf das Jahr 1848 und den Wittenberger Kirchentag zurücksehen lehrt ... Die Kirche sieht es als ihre Pflicht an, im Diakonat als einer ordnungsgemäßen und notwendigen Tätigkeit der Kirche Christi Liebe in Wort und Tat zu verkündigen ... Damit ist die entscheidende Forderung Hinrich Wicherns, sein Bußruf an die Kirche zum Ziel gekommen."[698] Dabei unterscheidet die GO zw. *dem Ruf an die Kirchen* zur Verkündigung und der *Verpflichtung aller Glieder* zum diak. Dienst. Die programmatische Formulierung des Verkündigungsauftrags und des Diakonats in der GO bezieht sich also auf alle Ebenen der Kirche von der EKD bis zu den Gemeindegliedern und weist insofern über die selektive Beschreibung der EKD-Aufgaben in Abschnitt II hinaus. Die Grundlegung im Verkündigungsauftrag der Kirche als deren Wesens- und Lebensäußerung hat zudem *staatskirchenrechtl.* Bedeutung für die Teilhabe der diak. Werke und Einrichtungen an der Gewährleistung kirchl. Selbstbestimmung (Erl Art. 3 I).

Satz 1 (Verkündigung in Wort und Tat)

Schon nach der Verf. des DEKb galt dessen „mittelbare Tätigkeit ... den Werken der freien kirchlichen Arbeitsorganisationen, u.a. der äußeren und inneren Mission im Sinne christlicher *Liebestätigkeit* und Versöhnung der sozialen Gegensätze". Auch die DEK nahm „die freie kirchliche Arbeit von gesamtkirchlicher Bedeutung, insb. auf dem Gebiete der Inneren ... Mission" unter ihre „fördernde Obhut".[699] Die GO geht über solche programmatischen Beschreibungen hinaus und formuliert die theol. Grundlegung **diakonisch-missionarischer** Arbeit. „Da die Entfremdung von Gott die tiefste Not des Menschen ist und sein Heil und Wohl untrennbar zusammengehören, vollzieht sich Diakonie *in Wort und Tat* als ganzheitlicher Dienst am Menschen."[700] Schon nach Wicherns Konzeption war die Aufgabe der Diakonie nicht nur die der helfenden Liebe, sondern auch der Wiedergewinnung der abseits stehenden Kirchenglieder, die

---

697 Vgl. Ndschr. der Kirchenversammlung 1948, darin: H. Held als Berichterstatter (Eisenach 1948, S. 98 und 117 ff.); s. auch Anh 7B u. C; zum Ganzen KG über das Diakonische Werk der EKD v. 6.11.1975 (ABl. EKD S. 713) u. KG über die Ordnung der Missionsarbeit v. 6.11.1975 (ABl. EKD S. 719).

698 H. Held, aaO, S. 118; Gesch 1c.

699 Anh 2: § 2 IV u. Anh 3: Art. 4 II; die „Obhut" wurde nötig, als 1940 private Vereine als unkontrollierbar unerwünscht wurden; vgl. Erl Satz 2 a.E.

700 Satz 4 der Präambel der Satzung des DW v. 6.6.1975 (Anl. zum KG über das DW, ABl. EKD 1979 S. 557).

von der Amtskirche nicht mehr erreicht wurden. Die in dieser diak. Liebestätigkeit wirkende **Verkündigung** wird hier der Wortverkündigung gleichgestellt. Zu dieser Verkündigung der Liebe Christi **sind EKD und Gliedkirchen gerufen** (nicht: „*be*rufen").[701] D.h. die EKD hat an diesem Verkündigungsdienst teil und nimmt diese Aufgabe unter Mitverantwortung ihrer Organe durch ihr Diakonisches Werk wahr (§ 1 KG über das DW).

Satz 2 (Verpflichtung zum Dienst, Wesens- und Lebensäußerung der Kirche)
Die durch die Kirche verkündigte Liebe Christi **verpflichtet alle Glieder** zum Dienst. Die Verkündigung, zu der EKD wie Gliedkirchen gerufen sind, bewirkt damit eine geistliche Verpflichtung aller Kirchenglieder.

Dienst bedeutete ursprünglich dasselbe wie Amt (lat. ministerium), und zwar i.S. eines Dienstes in abhängiger, untergeordneter Stellung als Beistand (Röm 16,1 f.) oder einer Dienstleistung für andere (Lk 10,40). Dementsprechend wurde bis über die Reformationszeit hinaus „Dienst" und „Amt" nicht unterschieden. Das NT bezeichnet zwar eine religiöse oder kultische Dienstleistung verschiedentlich mit leiturgia, begreift sie aber ebenso als „diakonia" (im griech. Ursprung bedeutete „diakonein" „bei Tisch aufwarten, für die Mahlzeit sorgen", später allgemein „dienstbar sein"). Die GO weitet dieses Begriffsverständnis des diak. Dienstes i.S.e. Mitwirkung an der Verkündigung durch alle Kirchenglieder. Diese „Dienstpflicht eines jeden Christen" ist bestimmt durch die besondere soziale Lage, welche seine Hilfe erfordert.[702] Durch die EKD wird dieser Dienst wahrgenommen vor allem auf den Gebieten der Pflege und Fürsorge, Beratung und Seelsorge sowie der Erziehung und Gemeindepädagogik.

Mit der Kennzeichnung der Diakonie als Wesens- und Lebensäußerung der Kirche stellt sich die GO in die Tradition christlicher Liebestätigkeit, wie sie insb. von *Johann Hinrich Wichern* und *Theodor Fliedner* praktisch und auch theol. begründet wurden und in dem seitherigen *Aufbau der Diakonie* wirksam geworden ist. Diese Liebestätigkeit der Kirche und ihrer Glieder **gewinnt in besonderer Weise Gestalt** im Diakonat der Kirche.[703] Mit der Verkündigung in Wort und Tat bekennt sich die EKD dazu, dass dieser Dienst wie der Dienst der Wortverkündigung und Sakramentsverwaltung jeweils Gestalt des Versöhnungsdienstes der Kirche ist (2. Kor 5,8). Für die auftragsge-

701 Diese verbindlichere Formulierung der Vorl. wurde zuletzt noch – anscheinend auf „Zuruf" – abgeschwächt (Eisenach 1948, S. 117 u. 122).

702 H. Held, aaO, S. 122; Der ev. Diakonat als geordnetes Amt der Kirche, Beitrag der Kammer für Theologie der EKD v. 17./18.5.1996, EKD-Text 58, Tz 2.2; zum Ganzen H.M. Müller, Diakonie in Deutschland.

703 „Christi Liebe gewinnt nicht nur Gestalt im Diakonat, sondern auch in der Gemeinschaft untereinander und im Gottesdienst." (H. Kunst in der Kirchenversammlung, Eisenach 1948, S. 122).

mäße Ordnung der erfahrbaren Kirche sind die Institutionen des Gottesdienstes auf der einen und der Diakonie auf der anderen Seite so zu ordnen, dass beide als Institutionen von Zeugnis und Dienst zur Geltung kommen. Dieser Auftrag konkretisiert sich in den verschiedenen Diensten aufgrund der funktional unterschiedlichen Gnadengaben (Charismen).[704]

Der **Diakonat** als geordnetes Amt wird nach gliedkirchl. Recht in den Diakonen- bzw. Mitarbeitergesetzen unterschiedlich definiert, begründet und geregelt. Mit dem Dienstauftrag des Diakonats verbinden sich i.d.R. die Berufsbezeichnungen Diakon und Diakonin. Eine allgemeine theol. Ausgestaltung des Diakonats fehlt. Die luth. Bekenntnisse kennen nur das eine geordnete Amt der öff. Predigt und Sakramentsverwaltung. Auch die ref. Kirchen sind dem Verständnis Calvins von einer vierfachen Ausgestaltung des Amtes (pasteur, docteur, ancien, *diacre*) nur zögernd oder gar nicht gefolgt. Die Reformatoren haben in einer intakten, christlich geprägten und funktional wenig differenzierten Gesellschaft die Sorge für den Nächsten den sozialen Institutionen der Gesellschaft überlassen und keinem dafür vorgebildeten und zugerüsteten Stand zugewiesen. Angesichts geänderter gesellschaftlicher Voraussetzungen und der Pflicht der Kirche, in helfendem Dienst auf die sich wandelnden Nöte und Bedürfnisse in geordneter Form einzugehen, wächst die Einsicht und das Bedürfnis, den Diakonat als geordnetes Amt der Kirche auszugestalten.

Eine Besonderheit der Ausrichtung dieser Arbeit im Bereich der EKD liegt darin, dass sie meist von zivil- und kirchenrechtl. verselbständigten *Werken* und *Einrichtungen* getan wird (Erl Art. 14 Satz 1). Die Verf. des DEKb unterschied noch „die Werke der freien kirchl. Arbeitsorganisationen" von „dem Kirchenwesen im engeren Sinne" (Anh 3: § 2 IV). Die Formulierung „**Wesens- und Lebensäußerung der Kirche**" geht zurück auf die Zeit des Kirchenkampfes. Die Reichsregierung begann nach 1940, die als nicht kontrollierbar unerwünschten Privatvereine aufzulösen. Auch der Kirche wurde vom Reichskirchenministerium nahegelegt, dass der Staat ihr auf die Dauer nur *eine* Organisationsform (der öffentlich-rechtl. Körperschaft) zubilligen könne. Daraufhin hielt es die IM für geboten, ihren Vereinscharakter zurückzustellen und ihre kirchl. Integration stärker zu betonen. So kam es zu dem Erlass der DEK: „Die Innere Mission ist Wesens- und Lebensäußerung der evangelischen Kirche. Die in der Inneren Mission der DEK zusammengeschlossenen Verbände, Anstalten und Einrichtungen der evangelischen Liebestätigkeit und Volksmission sind ein Bestandteil der DEK."[705] Der diesen

704 Der evangelische Diakonat als geordnetes Amt der Kirche, Beitrag der Kammer für Theologie der EKD v. 17./18.5.1996, EKD-Text 58, (Tz 2.4.2); vgl. auch Entwurf des DW für eine „Richtlinie für den Diakonat als geordnetes Werk der Kirche" v. 2002.

705 Erlass der Kirchenkanzlei der DEK v. 12.6.1940 (GesBl.DEK S. 39); vorausgegangen war eine entsprechende Erklärung der IM „zu einem unveräußerlichen Werk der Kirche" durch den Reichskirchenausschuss. An diese vom Verfassungsausschuss zunächst nicht übernommene For-

Vorgängen zugrundeliegende Gedanke hat in Art. 15 neuerlich Gestalt gewonnen: Die Werke der Diakonie sind „ungeachtet deren Rechtsform“ Werke der Kirche (Abs. 2).

Absatz 2 (Förderung diakonischer Arbeit)
Die programmatische Beschreibung der diak.-missionarischen Aufgabe der Kirche konkretisieren der zweite und dritte Absatz in der Förderung der Inneren Mission und des Hilfswerks der EKD. Zum Begriff der „Förderung“ s. Erl Art. 7 u. Art. 14 Satz 1.

Satz 1 (Förderung der Inneren Mission)
Die EKD fördert **die in ihrem Gesamtbereich arbeitenden Werke der Inneren Mission.** Diese Regelung galt namentlich dem 1848 entstandenen Centralausschuss für die Innere Mission und gilt heute dem gesamtkirchl. organisierten *Diakonischen Werk der EKD* (DW).

Die **Innere Mission** war der ältere Zweig der Diakonie und geht auf *Johann Hinrich Wicherns Wittenberger Aufruf* von 1848 zurück (Gesch 1b). Sie hatte von Anbeginn an volksmissionarisches Gepräge; deswegen sollten schon nach Wicherns Vorstellungen die ganze Kirche, Leitungen und Pfarrer und Gemeinden die IM als ihr Werk ansehen.

Die einzelnen Stellen der IM bestanden je nach ihrer Geschichte meist in Gestalt von Stiftungen oder Vereinen. Innerhalb der einzelnen Gliedkirchen waren sie in loser Form zusammengeschlossen als *Landesausschüsse*, -vereine oder -verbände der IM. Daneben standen die sog. *Fachverbände.* Gesamtorganisation war seit 1849 der „*Centralausschuss* für die Innere Mission der Deutschen Evangelischen Kirche“ in Bethel und Berlin. Die höheren Zusammenschlüsse der IM waren meist eingetragene Vereine und standen insoweit der öffentlichrechtl. verfassten Kirche formell eigenständig gegenüber. *Fachgruppen* für die Arbeitsgebiete umfassten die Mitarbeiterverbände der Schwestern bzw. Diakonissen und Diakone und ihre Ausbildungsstätten, die Frauen- und Jugendarbeit, Erziehungsarbeit, Gesundheits- und Gefährdetenfürsorge, Fürsorge für heimatfremde wandernde Menschen, Schriftenmission, sonstige Sozialarbeit und Volksmission.[706]

Die GO erwähnt die Institution der IM und des HW „im umfassendsten Sinne. Es ist nicht unterschieden und getrennt zwischen diakonischen und missionarischen Werken, denn ein rechtes diakonisches Werk ist auch ein missionarischer Dienst.“[707] Die

---

mel wurde dann insb. vom IM-Centralausschuss auf Grund einer Entschließung der Geschäftsführerkonferenz 21.1.1948 erinnert (EZA 2/7).

706 Vgl. Merzyn, Hilfswerk, S. 8 ff.

707 H. Held, aaO, S. 118; zur Übersicht der neueren Organisationen: Handbuch Evangelisch-missionarischer Werke und Einrichtungen und Gemeinden, Stuttgart 1997.

gesamtkirchl. Förderung hängt auch nicht vom jeweiligen Organisationsstatus ab. Als deren Wesensäußerung gehört die IM zur Kirche **ungeachtet ihrer Rechtsform** (zur Rechtsform: Erl Abs. 1 und Satz 2; zur Kirchenzugehörigkeit: Erl Art. 10 I).

Diakonisches Werk der EKD
1951 wurde „zur Förderung des in Art. 15 der Grundordnung umschriebenen diakonischen Auftrags der Kirche“ ein *Diakonischer Beirat* zwecks Erfahrungsaustausch, Koordination und Planung gebildet. Dieser Arbeitsgemeinschaft gehörten neben Ratsmitgliedern Vertreter der IM und des HW an. Die Arbeit der IM und des HW setzt heute der 1957 begonnene und 1975 abgeschlossene Zusammenschluss beider Werke im *Diakonischen Werk der EKD e.V.* fort.[708] Entsprechend sind die Bestimmungen der GO heute zu lesen. „Mitglieder des Vereins sind die EKD, die im DW mitarbeitenden Freikirchen, die freikirchlichen Diakonischen Werke, die Landesverbände und die Fachverbände.“

„Das DW nimmt als Werk der EKD diakonische und volksmissionarische Aufgaben wahr ... Es sorgt für die Ausrichtung kirchlicher Arbeit in diakonischer und volksmissionarischer Verantwortung ... Das DW fördert seine Mitglieder. Es dient ihrer Zusammenarbeit und unterstützt die gemeinsame Planung von Aufgaben, die in ihrer Bedeutung über den Bereich eines Landesverbandes hinausgehen.“ (§ 1 der DW-Satzung v. 13.10.2004; dort auch die Aufgaben im Einzelnen).
Die heutige diak.-missionarische Arbeit reicht von der Satelliten-Evangelisation „Pro christ“ über Glaubenskurse für Erwachsene bis hin zu EKD-weiten Öffentlichkeitsinitiativen. Von den Krankenhäusern in Deutschland stehen mehr als ein Drittel in kirchl. Trägerschaft.[709]

Leitungsorgane des DW sind die *Diakonische Konferenz* und der *Diakonische Rat.* Sie tragen und koordinieren die Arbeit im Bereich der mit ihren Werken angeschlossenen Gliedkirchen und der Freikirchen. Die *Hauptgeschäftsstelle* dient der Durchführung der Arbeit des Werkes nach Satzung und Organbeschl. Neben der regionalen besteht eine fachliche Gliederung der Arbeit in über 90 *Fachverbände* des DW.

---

[708] KG über den Diakonischen Beirat der EKD v. 5.4.1951 (ABl. EKD Nr. 42); das DW wurde auf der Synode von Berlin-Spandau zunächst durch Ordnung des Diakonischen Werks – Innere Mission und Hilfswerk – v. 8.3.1957 als „Innere Mission und Hilfswerk der Ev. Kirche in Deutschland“ gegründet. Abgeschlossen wurde die Fusion durch das KG über das DW v. 6.11.1975 (ABl. EKD S. 713); vgl. Liermann, Recht und Rechtsstellung des Diakonischen Werkes.

[709] Z. Ganzen „Das Evangelium unter die Leute bringen – Zum missionarischen Dienst der Kirche in unserem Lande“ EKD-Text 68 v. April 2000. Die Diakonie umfasste 2006 ca. 450.000 Beschäftigte in 27.000 Einrichtungen.

Satz 2 (Vereinbarungen und Richtlinien)
Ihre Rechtsform hat die Diakonie in der Tradition der Inneren Mission nicht in, sondern neben der Amtskirche entwickelt. Deren unmittelbare Einwirkungsmöglichkeit, wie etwa durch ihre Gesetzgebung, sind der Diakonie daher ursprünglich fremd. Die Entwicklung freier diak. Initiativen ist historisch gesehen der Ausdruck ev. Verantwortung der Laien und der Autonomie christlicher Gemeinschaften gegenüber einer mit dem Staat verflochtenen Amtskirche. Die Anerkennung und das Selbstverständnis der Diakonie als Wesens- und Lebensäußerung der Kirche sind erst Ergebnis des Kirchenkampfes (Erl Abs. 1 Satz 2 und Art. 14 Satz 1). Dessen Erkenntnisse sollen auch ihren organisatorischen Ausdruck in entsprechenden Regelwerken der EKD finden (Art. 1 III 2). Diese haben sowohl das traditionelle Element der **freien Gestaltung dieser Arbeit** in der notwendigen Eigenständigkeit der Diakonie als auch die inzw. gewachsene **Verbindung mit der Kirche** i.S.d. parochial verfassten Gebietskörperschaft zu sichern.

Dem bei der Entstehung der GO noch weithin ungeregelten Nebeneinander zw. sog. Amtskirche und freier kirchl. Wohlfahrt trägt die GO dadurch Rechnung, dass die gesamtkirchl. Zuordnung nicht durch bürokratische Reglementierung erfolgt, sondern grundsätzlich auf **Vereinbarungen** beruht. **Entsprechende Richtlinien** setzen also ein Einvernehmen zw. Diakonie und EKD voraus. Demgem. sollte das Instrument der Richtl. auch eine entsprechende Offenheit der rechtl. Regelung gewährleisten. Zum *Begriff* s. Erl Art. 9. Freilich ist die kirchl. Integration der Diakonie im Laufe der Zeit so weit gediehen, dass schon der Gründungsakt des DW 1975 in der Form eines EKD-Gesetzes erfolgte. Dieses KG spiegelt die Balance zw. Eigenständigkeit und Einbindung, die bis heute das *Verhältnis zur EKD* kennzeichnet: Grundsätzlich gilt, dass diese ihren diak. Auftrag nicht an das DW delegiert hat, sondern ihn unter Mitverantwortung ihrer Organe durch ihr Werk wahrnimmt: Demgemäß hat die EKD das DW durch Gesetzesakt konstituiert, seine Satzung bestätigt und das Werk mit der Vertretung ihrer diak. Aufgaben beauftragt (§ 1 I Satzung). Freilich hat die EKD in einem zumindest formalen Gegensatz dazu lediglich den Status eines Mitgliedes; ihre gesetzlichen Einwirkungsmöglichkeiten (§ 1 II Nrn. 1-7, § 3 I Satzung) gehen jedoch über diesen Status hinaus: Satzungsänderungen bedürfen der Zustimmung des Rates der EKD (der von der Synode vorher ermächtigt werden soll) und sind im ABl. EKD zu veröffentlichen. Trotz dieser funktionalen und personellen Verknüpfungen haben unterschiedliche Führungsstrukturen und Finanzierungssysteme in Diakonie und Amtskirche auch zu divergierenden Entwicklungen und zu Parallelstrukturen geführt, die Gegenstand von Reformüberlegungen sind.[710]

---

710 Vgl. Bericht über die Arbeit des Lenkungsausschusses, Drucks. Nr. XIV/1 der EKD-Synode Leipzig 1999 (KA-Az. 8446/2 Bd. 6); vgl. auch Daur, Parallelstrukturen in der Kirche, S. 1; Glawitz,

Eine gewisse Eigenständigkeit resultiert aus der Integration der Diakonie in die allgemeine Wohlfahrt. Als *Verband der Freien Wohlfahrtspflege in Deutschland* arbeitet das DW mit anderen Spitzenverbänden dieses Arbeitsfeldes in einer Bundesarbeitsgemeinschaft zusammen. Die Vertretung gegenüber staatl. Stellen und der EU und die Beobachtung der politischen und rechtl. Entwicklung in Europa nimmt eine *Diakonie-Bundesvertretung* in Berlin und – auch als Mitglied des Europäischen Diakonischen Verbandes (Eurodiaconia) – eine Dienststelle in Brüssel wahr, die mit der Außenstelle des Ratsbevollmächtigten im „EKD-Büro Brüssel" verbunden ist. Weitere gesamtkirchl. Regelungen für die Arbeitsgestaltung der Diakonie und ihrer kirchl. Verbindung i.S.d. GO sind nicht nur unmittelbar durch die Leitungsorgane der EKD, sondern durch das DW getroffen worden. Dazu gehören die von der Diakonischen Konferenz entworfenen „*Leitlinien zum Diakonat*" und die „Richtlinien für die Zugehörigkeit von Fachverbänden zum Diakonischen Werk", die „Empfehlungen der Diakonischen Konferenz der EKD zur Verstärkung des kirchlichen Bezuges diakonischer Einrichtungen in freier Trägerschaft".[711] Ferner wird diese Zuordnung durch die „Richtlinien für die Führung der Übersicht über die kirchlichen Werke und Einrichtungen der EKD gem. § 1 II DSG-EKD" des Rates der EKD bestimmt. Eine allg. Zuordnungsrichtlinie ist vorgesehen.

Absatz 3 (Gemeinschaftsaufgaben der Diakonie – Hilfswerk der EKD)
Der jüngere Zweig kirchl. Diakonie, der mit der IM im Diakonischen Werk der EKD aufging, war das **Hilfswerk** (HW). Es entstand auf Initiative von E. Gerstenmaier gestützt durch den württ. Landesbischof Wurm während der ersten Kirchenversammlung in Treysa 1945 und galt der Not in den Familien und dem kirchl. Wiederaufbau.[712]

Satz 1 (Kirchliche Trägerschaft)
Nach dem Organisationskonzept der GO war das HW kein „zentral gesteuerter Apparat", sondern wurde **von der EKD, den Gliedkirchen und ihren Gemeinden getragen.**[713] Es gestaltete sich von Beginn an nicht in Vereinsform als Gegenüber, sondern als unmittelbares Werk der Amtskirche. Hauptorgan war ein umfangreicher *Wiederaufbauausschuss*. In den gliedkirchl. Hauptbüros fungierte ein Bevollmächtigter, der seiner Kirchenleitung angehören sollte. Beauftragte in Kirchenkreisen und Arbeitsausschüssen der Gemeinden gewährleisteten den Kontakt zur Basis. Das Vermögen wurde als landeskirchl. „Sondervermögen" geführt. Im Anfang beruhte die Arbeit vor allem

---

Die Zuordnung privatrechtlich organisierter Diakonie zur evangelischen Kirche.

711 Alle gen. Regelungen abgedruckt in „Diakonisches Werk der EKD – Satzungen und andere Rechtsgrundlagen" hg. v.d. Hauptgeschäftsstelle des DW, Stuttgart, Losebl. Stand 1989, neu herausgegeben v. DW, 1. Aufl. 2005.

712 Söhlmann, Treysa 1945, S. 83 ff.; KJ 1945-1948, S. 228 u. 389 ff.; dazu Entschließung des Rates der EKD zum Hilfswerk der EKD v. 2.5.1946, in: Kundg.EKD 1, S. 34; Gesch 2.

713 H. Held, aaO, S. 119.

auf der persönlichen Initiative des Leiters des Zentralbüros und der Bevollmächtigten. Sie arbeiteten weitgehend unabhängig von den Organen der EKD, wenn auch unter der Schirmherrschaft des Ratsvorsitzenden. Dies hatte in Zeiten ungeklärter rechtl. Verhältnisse und praktischer Herausforderungen Vorteile der Effizienz, barg aber auch die Gefahr kommerzialisierender Fehlentwicklungen.
Dem Hilfswerk schlossen sich 1946 auch die *Freikirchen* an, später die *Hilfskomitees* der Ostvertriebenen. Nach dem wirtschaftlichen Aufschwung im Westen unterstützte das HW die Kirchen in der DDR. Als die westlichen Gliedkirchen immer mehr zu gebenden Kirchen wurden, übernahmen sie diese Leistungen und fügten sich auch in die ökum. Hilfsprogramme ein. Die 1959 begonnene Weihnachtssammlung „*Brot für die Welt*" steht in dieser Tradition des HW, den Blick der Gemeinden und Kirchen auf ihren diak. Auftrag zu lenken.

Satz 2 (Aufgaben)
Aufgabe des HW war der **kirchliche Wiederaufbau sowie die Linderung und Behebung der Notstände** der Zeit. EKD und Gliedkirchen schufen dieses Werk als Dienst jeder Gemeinde an den Heimatvertriebenen, Ausgebombten, Kriegsgefangenen und Hinterbliebenen der Kriegsopfer. Für den Wiederaufbau konnten in den ersten Jahren Bibeln und Gesangbücher hergestellt und Notkirchen gebaut werden. Mit Hilfe der Ökumene und durch Auslandsspenden, insb. aus USA, Schweiz und Schweden, flossen Lebensmittel und andere Sachwerte und Geld in das zerstörte Nachkriegsdeutschland. Gespendete Rohstoffe wurden im Inland verteilt und verarbeitet und dienten neben der materiellen Hilfe auch der Arbeitsbeschaffung.

Die in der GO ausdrücklich formulierte Aufgabe und Tätigkeit des HW waren nach ihrer *Dauer* beschränkt und nur für die Notstände „**der Zeit**" nämlich die Nachkriegsnöte konzipiert. So änderte bereits die GO die ursprüngliche Aufgabenbeschreibung der Gründungsurkunde, indem sie den Wiederaufbaugedanken der Notbehebung voranstellte. Dem Abschluss der Wiederaufbauphase entsprach dann die Ablösung des HW 1975 (Erl Satz 3). Allerdings sollte die hier modellhaft gestaltete Regelung der damals vorhandenen diak. Institution den Blick für die diak. Verpflichtung auch der Gesamtkirche über die damaligen zeitlichen und räumlichen Grenzen hinaus schärfen und neuerlichen Regelungen und Organisationsformen nicht entgegenstehen.[714]

Satz 3 (Ordnung durch ein EKD-Gesetz)
Dem Gesetzesvorbehalt liegt die Absicht zugrunde, das HW als ein Werk der EKD zu ordnen. Bei der Verabschiedung der GO ging man davon aus, dass „das Hilfswerk als

714 Weeber, Bericht, S. 71.

eine kirchliche Gründung in dieser neuen Situation der Kirche am Diakonat der Kirche beteiligt ist und in der Form des Gesetzes der EKD seine Ordnung von der Kirche her empfängt".[715] Der gesamtkirchl. Rechtsakt entspricht dem schon in Absatz 1 beschriebenen und von den praktischen Erfordernissen des Wiederaufbaus bestimmten zentralisierten Aufbauprinzip (EKD, Gliedkirche, Gemeinde). Bald nach Inkrafttreten der GO beschloss die Synode der EKD auf ihrer ersten Tagung das *Kirchengesetz zur vorläufigen Ordnung des Hilfswerks der EKD.* Zur Korrektur organisatorischer Entwicklungen im Sinne wirksamerer Leitungs- und Aufsichtsmöglichkeiten der EKD-Organe wurde diese vorläufige Ordnung 1951 durch ein neues KG zur Ordnung des Hilfswerks abgelöst.[716] Gleichzeitig versuchte man durch einen Diakonischen Beirat der EKD (Erl Abs. 2) und Vereinbarungen mit der IM, die Zusammenarbeit zw. EKD-Organen, IM und HW zu fördern.

Diese Ordnungen sind mit der Zusammenfassung des HW mit der IM zum Diakonischen Werk der EKD durch die gemeinsame Ordnung von 1957 und schließlich durch KG über das Diakonische Werk der EKD v. 1975 abgelöst worden.[717] Mit diesem Gesetz wurde das HW aufgelöst, sein Vermögen dem DW zugeführt (§ 3 I) und dessen Satzung bestätigt (§ 2 I).

Artikel 16 (Äußere Mission und Diaspora)

(1) Die Evangelische Kirche in Deutschland und die Gliedkirchen wissen, dass die Kirche Christi das Evangelium an die ganze Welt zu bezeugen hat. Im Gehorsam gegen den Sendungsauftrag ihres Herrn treiben sie das Werk der Äußeren Mission. Die Evangelische Kirche in Deutschland fördert die Arbeit der Äußeren Mission in Zusammenarbeit mit der von den Missionsgesellschaften bestellten Vertretung. Sie kann für diese Zusammenarbeit Grundsätze aufstellen.

(2) Ebenso weiß sich die Evangelische Kirche in Deutschland zum Dienst an der evangelischen Diaspora gerufen. Sie fördert die zur Erfüllung dieses Dienstes bestehenden Einrichtungen und die anderen kirchlichen Werke, soweit sie im Gesamtbereich der Evangelischen Kirche in Deutschland ihren Dienst tun. Sie kann ihnen unter Wahrung ihrer sachlich erforderten Selbständigkeit für ihre Arbeit und ihre Ordnung Richtlinien geben.

---

715 H. Held, aaO.

716 KG zur vorläufigen Ordnung des Hilfswerks der EKD v. 13.1.1949 (ABl. EKD Heft 3 Nr. 40); KG zur Ordnung des Hilfswerks der EKD v. 5.4.1951 (ABl. EKD Heft 4 Nr. 41).

717 KG über das DW der EKD v. 6.11.1975 (ABl. EKD S. 713) – mit der Satzung v. 6.6.1975 (neu gefasst am 13.10.2004) als Anlage zu § 2 – in der mit Zustimmung des Rates geänderten Fassung v. 30.10.1979 (ABl. EKD S. 557); vgl. SB Berlin-Spandau 1957, S. 449 ff.

Diese Bestimmung beschließt die Regelungen der Aufgabenfelder, auf denen die Kirche vornehmlich durch ihre Werke und Einrichtungen tätig wird. Eine gewisse Abfolge ergab sich daraus, dass die Gruppenarbeit (Art. 14) weitgehend unmittelbar durch die verfasste Kirche bzw. Gemeinde wahrgenommen wird, während die diakonisch-missionarische Aufgabe sowohl durch die Amtskirche als auch durch freie Träger geschieht. Demgegenüber obliegt Äußere Mission und Diasporaarbeit bis heute durchweg privatrechtl. verfassten Missionsgesellschaften und Werken. Impulse der Weltkirchenkonferenzen von Whitby 1947 und von Neu-Delhi 1961 beförderten aber auch in Deutschland die „Integration von Mission und Kirche",[718] insb. die gesamtkirchl. Gründung der Ev. Arbeitsgemeinschaft für Weltmission als Vorläufer des Ev. Missionswerks (EMW). „Weltmission und missionarisches Handeln in unserem Lande befruchten sich gegenseitig."[719] Daher wurden Innere und Äußere Mission und die Diaspora in allen Entwürfen zur GO (Anh 7) in einem gemeinsamen Artikel geregelt. Die Vorschrift wurde in Eisenach wiederholt zurückgestellt und einem besonderen Ausschuss überwiesen. Dieser trennte insoweit die Mission „in der ganzen Welt" von der im Inland und ordnete die Innere Mission dem diak.-missionarischen Dienst zu (Art. 15).

Absatz 1 (Äußere Mission)

Die Mission ist „ein Grundelement der Kirche".[720] Sie beruht auf dem Sendungsauftrag ihres Herrn (Mt 28,18-20; Mk 16,15-16). Dessen Grundlage in der Heiligen Schrift wird in Satz 1 wiedergegeben. Die rechtstheol. Folgerung für die gesamtkirchl. Aufgabe und deren rechtl. Durchführung beschreiben die folgenden drei Sätze. Die Aufgabenbeschreibung der GO entspricht im Ansatz der traditionellen „Förderung der Werke der äußeren Mission" im Rahmen der „mittelbaren Tätigkeiten" des DEKb (Anh 2: § 2 IV Nr. 2) und der „freien kirchlichen Arbeit von gesamtkirchlicher Bedeutung auf dem Gebiete der äußeren Mission" der DEK (Anh 3: Art. 4).

Satz 1 (Missionsauftrag)

Das Anliegen der Verfassungsgeber war es, zunächst den „vom Herrn geforderten Dienst der Verkündigung des Evangeliums in aller Welt ausdrücklich im ersten Satz des Art. 16 festzustellen".[721] Die GO nimmt damit Bezug auf das NT (Vorspr. I) und zwar auf den Missionsbefehl: „Gehet hin in alle Welt und predigt das Evangelium" (Mk 16,15). Dieser Auftrag an die Kirche Christi gilt auch der **Evangelischen Kirche in Deutschland**, als deren Teil sie sich versteht (Art. 1 I 2), und ihren **Gliedkirchen**.

---

718 SB Bethel 1963, S. 51 ff. u. 329 ff.

719 Kundgebung der EKD-Synode „Reden von Gott in der Welt – Der missionarische Auftrag der Kirche" v. 9.11.1999 (SB Leipzig 1999, S. 638 ff.; vgl. SB Braunschweig 2000, S. 527).

720 Kundgebung der Synode der EKD „Eins in Christus" v. 9.11.2000 (SB Braunschweig 2000, S. 527).

721 H. Held, Eisenach 1948, S. 134.

Die globale Dimension der **ganzen Welt** ist räumlicher, personaler und spiritueller Natur (vgl. Erl Art. 17 I „Ökumene"). Nach den Vorstellungen der Eisenacher Kirchenversammlung war Äußere Mission nicht nur die „Heidenmission" im herkömmlichen Sinne des 19. Jh. (an den mit dem Christentum noch nicht in Berührung gekommenen Völkern), sondern galt auch „Juden und Mohammedanern"; dies wurde aber nicht wie vorgeschlagen ausdrücklich in die GO aufgenommen.[722] Mission in ökum. Verantwortung wird heute verstanden als Teilhabe an der Mission Gottes. Die Verkündigung seines Wortes umfasst auch die missionarische Diakonie, also die praktische Hilfe an Notleidenden in hilfsbedürftigen Ländern.[723]

Satz 2 (Mission als Werk der EKD und der Gliedkirchen)
Durch die Institutionen der **Äußeren Mission** entsprechen die Kirchen ihrem Sendungsauftrag. Sie wird in der herkömmlichen Form nicht unmittelbar von den Amtskirchen und Ortsgemeinden betrieben; diese treiben nur „das **Werk**" der Äußeren Mission. Das Medium des Werks bedeutet die Gesamtarbeit der Vielzahl kirchl. Organisationen i.S.d. *Institutionen* und auch deren *Wirken* und dessen *Früchte* (Ps 90,17: „das Werk unsrer Hände"). Ihr Wirken gehört im institutionellen und operativen Sinn zur Kirche, wie sie in der EKD und der Gemeinschaft ihrer Gliedkirchen Gestalt gewinnt.

Die Bezugnahme auf den **Sendungsauftrag** des Evangeliums betont die Bedeutung dieser Arbeit für die EKD. Über den an sich schon verpflichtenden Auftrag ihres Herrn hinaus wird hier auch auf den **Gehorsam** der Kirche gegen diesen Auftrag abgestellt i.S.e. „Partnerschaft im Gehorsam" (Weltmissionskonferenz in Whitby 1947). Die Äußere Mission steht also in keiner Weise zur Disposition der Kirchen, sondern gehört ebenso zu ihrem Wesen und Leben wie der diak. Dienst (Art. 15). Nur eine missionierende Kirche ist wirkliche Kirche Jesu Christi. Angesprochen als diejenigen, die das Missionswerk **treiben**, d.h. das Evangelium der Welt bezeugen, sind gem. Satz 1 *die EKD und die Gliedkirchen* in ihrer Gemeinschaft.

Satz 3 (Förderung mit den Missionsgesellschaften)
„Die EKD und ihre Gliedkirchen haben nach ihren Ordnungen die Aufgabe, für die missionarische Ausrichtung der kirchl. Arbeit zu sorgen und die Zuordnung von Kirche und Mission in ihrem Bereich sowie die Zusammenarbeit der regionalen Missions-

[722] Eisenach 1948, S. 134-136; ebd.: „Äußere Mission heißt doch nicht außerhalb des deutschen Volkes, sondern nur außerhalb der Kirche"(Syn. K. Hesse); zur theol. Neuorientierung im Verhältnis zum Judentum s. EKD-Denkschrift „Christen und Juden II", hg. v. KA, Gütersloh 1991, und zur Gestaltung christl. Begegnung: Handreichung des Rates der EKD „Zusammenleben mit Muslimen", hg. v. KA, 2. Aufl., Gütersloh 2000.

[723] Beschl. der EKD-Synode zum Schwerpunktthema 1963 (SB Bethel 1963, S. 51 ff. u. 329 ff.)

werke und Missionsgesellschaften zu fördern."[724] Die EKD nimmt ihre Aufgabe wahr, indem sie dieses Werk **in Zusammenarbeit** mit den Missionsgesellschaften **fördert**. Zum *Begriff* der Förderung s. Erl Art. 7. Dabei arbeitet die EKD **mit der von den Missionsgesellschaften bestellten Vertretung** zusammen. Die GO stellt nicht auf die einzelnen Missionsgesellschaften, sondern auf deren Gesamtvertretung ab, da es auch solche gibt, die nicht im Gesamtbereich der EKD, sondern nur in einer oder mehreren Gliedkirchen tätig sind. Diese Vertretung wird wahrgenommen durch die Dachorganisation der zumeist als Vereine organisierten regionalen Missionswerke. Alle wichtigen Organisationen waren bei Verabschiedung der GO 1948 im *Deutschen Evangelischen Missions-Tag* unter Leitung eines Rates zusammengeschlossen. „Evangelische Kirchen, Missionswerke und Verbände haben 1975 unter Wahrung ihrer Eigenständigkeit ein Missionswerk im Bereich der Bundesrepublik zur Vertiefung und Stärkung ihrer Gemeinschaft bei der Wahrnehmung des missionarischen Auftrags gegründet", dokumentiert die Satzung des heutigen *Evangelischen Missionswerks e.V.* (EMW).[725] Der Beitritt der EKD zu diesem Werk war ein Schritt auf dem Weg der Integration von Mission und Amtskirche.[726] Im EMW kommt es zur institutionellen Zusammenarbeit auch mit nicht der EKD angehörenden Kirchen. Der *Ökumenisch-Missionarische Weltdienst* des EMW ist in den Ev. Entwicklungsdienst (EED) integriert. Für die ökum. Beziehungen und Partnerschaften der Missionswerke wurde von der EKD eine zentrale Service-Agentur angeregt, die die Werke von Funktionen der Projektvorbereitung zur strukturellen Förderung von Partnerkirchen, der Finanzregelung und von der Personalentsendung entlasten soll.

Satz 4 (Ordnung durch gesamtkirchliche Grundsätze)

Für ihren Teil der Missionsarbeit, nämlich für die gesamtkirchl. **Zusammenarbeit** mit dem EMW, kann die EKD **„Grundsätze"** aufstellen. Diese haben nicht nur internen Charakter und verpflichten das Missionswerk. Sie beziehen sich freilich nicht unmittelbar auf die sachlichen Arbeitsinhalte, sondern auf das Miteinander und auf Abgrenzungsfragen hinsichtlich der eigenständigen Ordnung des EMW.

Daher wurde bei der Beratung der GO auf Anfrage festgestellt, dass solche *Grundsätze* eine den „Richtlinien" gem. Abs. 2 entsprechende Verbindlichkeit hätten.[727] Der Verbindlichkeitsgrad ist jedoch unterschiedlicher Natur. Die Richtlinie in ihrer i.d.R. durchnormierten Form kann angewandt oder außer Acht gelassen werden; Grundsätze sind dagegen als solche verbindlich, lassen aber durch ihre allgemeinere Gestaltung Spielraum zur Auslegung und Umset-

[724] § 1 KG über die Ordnung der Missionsarbeit v. 6.11.1975 (ABl. EKD S. 719).
[725] § 1 Satzung des EMW v. 25.9.1991 (Recht der EKD, 6.2).
[726] Syn. H. Frost (SB Freiburg 1975, S. 299).
[727] Eisenach 1948, S. 135; zum Begriff der „Grundsätze": Erl Art. 3 I – der „Richtlinie": Erl Art. 9.

zung. Dieser bereits bei der Verabschiedung der GO offenkundige Vorbehalt hat in der Praxis die Konsequenz, dass die Verbindlichkeit der Grundsätze bei ihrer Erstellung durch die EKD insoweit auf einem Einvernehmen mit dem Missionswerk gründen sollten.

Im Übrigen erlässt das EMW seinerseits – im Unterschied zu den von der EKD aufgestellten Grundsätzen – „Richtlinien" für seine Mitglieder. Die geltenden Grundsätze für die Zusammenarbeit sind im *Kirchengesetz über die Ordnung der Missionsarbeit* vom 6.11.1975 geregelt. Danach bestätigt die EKD-Synode die Satzung des EMW. Satzungsänderungen bedürfen der Zustimmung des Rates und sind im ABl. EKD zu veröffentlichen. Auch die Richtlinien des EMW bedürfen der Zustimmung des Rates, der zuvor die Stellungnahme der KK einholt.

Absatz 2 (Diaspora)
Neben die Äußere Mission, d.h. die Gründung und Erweiterung der Gemeinden in aller Welt, tritt hier die gesamtkirchl. Verantwortung für die bestehenden Gemeinden in der Zerstreuung, soweit sie in einer andersgläubigen Mehrheit bzw. Umgebung leben.

Satz 1 (Dienst der EKD)
Der zweite Absatz knüpft ausdrücklich an die vorausgehende Grundlegung an, dass die Kirche das Evangelium an die ganze Welt zu bezeugen hat: **Ebenso** weiß sich die EKD zum Dienst an der ev. Diaspora **gerufen**, Christi Liebe zu verkündigen (Art. 15 I). Im Unterschied zum ersten Absatz sind hier nicht auch die Gliedkirchen, sondern nur **die Evangelische Kirche in Deutschland** angesprochen. Die Diasporapflege beschreibt die GO hier in einem umfassenden Sinn und beschränkt ihn weder inhaltlich noch funktional. Der folgende Satz bezeichnet lediglich einen Schwerpunkt dieser Förderaufgabe.
Der Dienst gilt hier **der evangelischen Diaspora** (griech. Zerstreuung), d.h. den ev. Minderheiten in andersgläubiger Umgebung. Im Blick auf die konfessionelle Bestimmung (Erl Überschrift „evangelisch") und die Tradition hatten hier die Verfassungsgeber zunächst die Diasporaarbeit freier Werke in vorwiegend kath. Umgebung in Deutschland im Blick und weniger die Auslandsdiaspora, die durch die EKD bzw. ihr Außenamt wahrgenommen wurde. Dabei entsprach es der geschichtlichen Entwicklung, dass diese Arbeit zunehmend auch über die Grenzen Deutschlands hinausging, z.B. Österreich mit einbezog, und heute ihre Arbeitsfelder der Werke insb. in Osteuropa und Südamerika ausbaut (Erl Satz 2). Hier berührt sich die Diasporaarbeit gem. Art. 16 mit der Auslandsarbeit gem. Art. 17, deren Förderung die EKD durchweg unmittelbar wahrnimmt.

Satz 2 (Förderung der Werke)
Die Diasporapflege geschieht ähnlich wie die Äußere Mission durchweg in privatrechtl. Organisationsform, meist des auch kirchenrechtl. eigenständigen Vereins. Sie wird seit langem insb. durch das Gustav-Adolf-Werk, das hier ursprünglich vor allem gemeint war (und hier auch ausdrücklich genannt werden wollte), und den Martin-Luther-Bund betrieben, z.T. auch durch den Evangelischen Bund.
Das *Gustav-Adolf-Werk e.V.* mit seiner Zentrale in Leipzig wurde 1862 als Stiftung gegründet, 1946 als Diasporawerk der EKD anerkannt und widmet seine geistliche und materielle Fürsorge insb. der europäischen und südamerikanischen Diaspora.
Der *Martin-Luther-Bund* in Erlangen ist ein Zusammenschluss der seit 1853 gegründeten „Gotteskastenvereine". Arbeitsschwerpunkte dieses von der VELKD anerkannten Werkes liegen in der südamerikanischen und osteuropäischen Diaspora.
Der *Ev. Bund* unterhält als konfessionskundliches und ökum. Arbeitswerk der EKD das *Konfessionskundliche Institut* am Ort der Hauptgeschäftsstelle in Bensheim.
Der Dienst der erstgenannten Werke geschieht im gliedkirchl. Rahmen; dort wird auch gesammelt und kollektiert. Die Förderung der EKD beschränkt sich auf den Dienst im **Gesamtbereich.** Sie arbeit also mit den Zentralstellen zusammen und unterstützt die von ihnen geschaffenen Einrichtungen. Die EKD fördert diese und weitere Aktivitäten auch mit z.T. erheblichen Zuschüssen.

Satz 3 (Richtlinien der EKD)
Mit der Aufgabe der Förderung verbindet sich auch eine Richtlinienkompetenz der EKD für die Arbeit dieser Werke und Einrichtungen, d.h. für die Erfüllung ihres Dienstes und auch für ihre Ordnung, namentlich ihre Satzungen. Zum *Begriff* der **Richtlinie** s. Erl Abs. 1 Satz 4 und Art. 9. Die EKD hat von dieser Regelungsmöglichkeit noch nicht Gebrauch gemacht. Mit dieser Befugnis verbindet die GO hier auch die ausdrückliche Feststellung, dass die Pflege der Diaspora eine besondere **Selbständigkeit** der damit befassten Werke **erfordert.** Diese hat eine EKD-Richtlinie zu wahren, nicht im Sinne prinzipieller Unabhängigkeit, aber soweit dies jew. in der Sache geboten ist.

Artikel 17 (Ökumene und Auslandsarbeit)

(1) Die Evangelische Kirche in Deutschland arbeitet in der Ökumene mit.
(2) Die Evangelische Kirche in Deutschland ist Mitglied im Ökumenischen Rat der Kirchen, in der Konferenz Europäischer Kirchen und in der Arbeitsgemeinschaft christlicher Kirchen. Sie pflegt Beziehungen mit den weltweiten christlichen Gemeinschaften, mit ökumenischen Organisationen sowie mit anderen Kirchen.
(3) Die Evangelische Kirche in Deutschland fördert den Dienst an evangelischen Christen deutscher Sprache oder Herkunft im Ausland in partnerschaft-

licher Zusammenarbeit mit deren Kirchen und Gemeinden oder nimmt diesen Dienst in Gemeinschaft mit anderen Kirchen wahr.
(4) Die Evangelische Kirche in Deutschland fördert in ihrem Bereich den Dienst der Gliedkirchen an Christen fremder Sprache oder Herkunft in partnerschaftlicher Zusammenarbeit mit den Kirchen der Heimatländer.
(5) Die Evangelische Kirche in Deutschland, die Gliedkirchen und gliedkirchlichen Zusammenschlüsse sowie die kirchlichen Werke, Verbände und Einrichtungen nehmen ihre ökumenischen Aufgaben unbeschadet ihrer unmittelbaren Beziehungen und Verpflichtungen in gegenseitiger Fühlungnahme wahr. Gemeinsam sind sie bemüht, das Bewusstsein ökumenischer Verantwortung zu stärken.

Ökumene ist eine Gemeinschaftsaufgabe der EKD. Daher „nimmt die EKD als Teil der weltweiten Gemeinschaft christlicher Kirchen ihre ökumenischen Aufgaben in Fühlungnahme mit ihren Gliedkirchen, deren Vereinigungen sowie den kirchlichen Werken und Verbänden und Einrichtungen wahr". Ziel ökum. Handelns sind aus ev. Sicht die Erklärung und Verwirklichung von Kirchengemeinschaft.[728]
Ökumene und Auslandsdienst sind durch GO-Änderung v. 1986 und durch das Ökumenegesetz v. 1996, das an die Stelle des Auslandsgesetzes trat, grundlegend neu geordnet worden.[729] Die Neuordnung geht zurück auf eine Bitte der Synode um Überprüfung des Auslandsgesetzes und der GO (Art. 17 a.F.) „i.S.d. ökumenischen Orientierung der Auslandsarbeit".[730] Der neue Wortlaut des Artikels knüpft z.T. an die Art. 17 und 18 GO a.F. an (Anh 7D) und fasst Teile der beiden zusammen. Darüber hinaus orientiert er sich am GO-Entwurf v. 1974 (Art. 18) sowie an den ihn tragenden Überlegungen und schreibt ihn nach Maßgabe der zwischenzeitlichen Entwicklung fort. Dazu wies die amtl. Begründung der GO-Änderung auf die Zusammenschlüsse von Kirchen deutscher Tradition mit einheimischen Kirchen hin, denen die EKD zunehmend als Partner begegnet, sowie auf die wachsende Verbindung zu ökum. Zusammenschlüssen und nationalen Kirchenräten auch auf dem Gebiet der herkömmlichen Auslandsarbeit.

In der Sache wurden die überkommenen und die neu entstandenen Strukturen der *Auslands- und Ausländerarbeit* als Formen der „Mitarbeit in der Ökumene" neu gestaltet.[731] Ökumene und Auslandsarbeit der EKD sind nach der GO und dem Ökumenege-

---

728 Rat der EKD, Kirchengemeinschaft, S. 10; zur Gemeinschaftsaufgabe: Kundgebung der EKD-Synode „Eins in Christus" (SB Braunschweig 2000, S. 521); Erl vor Art. 6.
729 KG zur Änderung der Art. 17 und 18 der GO der EKD v. 6.11.1986 (ABl. EKD S. 481) und KG über die Mitarbeit der EKD in der Ökumene v. 6.11.1996 geänd. durch KG v. 9.11.2000 (ABl. EKD S. 461).
730 SB Lübeck-Travemünde 1985, S. 604.
731 SB Bad Salzuflen 1986, S. 415.

setz theol. und praktische Dimensionen des gesamtkirchl. Handelns. Die EKD beteiligt sich an der Förderung der Einheit der Kirchen in Zeugnis und Dienst besonders durch ihre Mitgliedschaft in den ökum. Verbänden. Im Ausland pflegt sie Beziehungen zu nationalen und regionalen Zusammenschlüssen und zu Kirchen und Kirchengemeinden. Die EKD beteiligt sich an der Entwicklungsarbeit und nimmt dabei entsprechende Projektförderungen wie die Sammelaktion *„Brot für die Welt“* (seit 1959) und den *Kirchlichen Entwicklungsdienst* als Gemeinschaftsaufgaben wahr. Sie pflegt die Zusammenarbeit mit den Werken, die in der Ökumene engagiert sind. Die konkrete Arbeit wird durch Beschlüsse der EKD-Organe bestimmt und vom Kirchenamt ausgeführt.
Die Ökumenearbeit der *gliedkirchl. Zusammenschlüsse* i.S.d. Art. 21a wird z.T. in deren Auftrag von der EKD wahrgenommen (UEK); z.T. nehmen diese sie in eigener Verantwortung wahr, streben aber in enger Zusammenarbeit an, Doppelarbeit und -strukturen abzubauen (VELKD).

Absatz 1 (Mitarbeit in der Ökumene)
Voran steht die Grund- und Leitaussage des Artikels; sie entspricht Art. 18 I a.F. Die Mitarbeit der **Evangelischen Kirche in Deutschland** umfasst auch ihre Werke, Einrichtungen und Verbände gleich welcher Rechtsform. Dies gilt in Sonderheit für die weltweite Arbeit der Mission, der *ökumenischen Diakonie* und des Entwicklungsdienstes (z.B. im Evangelischen Missionswerk, Diakonischen Werk der EKD und Evangelischen Entwicklungsdienst).

Bereits die Vorläufige Ordnung des Rates v. 1945 und die Übergangsordnung v. 1946 nennen als besondere Aufgaben der EKD „die Mitarbeit in der Ökumene“ (Anh 4 u. 5). Deren Bestimmungen konnten in Eisenach nur locker gefasst werden, da die Weltkirchenkonferenz von Amsterdam (August 1948) erst bevorstand und noch nicht abzusehen war, wie dort die Organisation der Ökumene geregelt werden würde.[732] Demgemäß hieß es in Abs. 1 a.F. lediglich: „Die EKD arbeitet in der ökumenischen Bewegung mit.“ Statt ökumenischer *Bewegung* heißt es nunmehr **„Ökumene“** (griech. die *bewohnte* Erde). Dies ist eine Bedeutungserweiterung:[733] Das herkömmliche Be-

---

[732] Hinzu kamen Bedenken der VELKD: „Die Beziehungen der ev.-luth. Kirche Deutschlands zur außerdeutschen Ökumene dürfen – da vom Bekenntnis nicht zu lösen – nur unmittelbar von ihr selbst wahrgenommen werden.“
Die Arbeit in der Ökumene (Erl Art. 2 III) wird in den folgenden Abs. 2 bis 4 aufgefächert und umfasst alle Bemühungen zu anderen christlichen Gemeinschaften – über das Verhältnis zur kath. Kirche hinaus – sowohl die geregelten als auch die ungeregelten Beziehungen (Bericht des Syn. W. Kappe, (SB Bad Salzuflen 1986, S. 330 f.).

[733] Der Rechtsausschuss legte dies lediglich als Bedeutungsänderung aus und vertrat die abweichende Ansicht, dass der ÖRK nicht schon in Abs. 1, sondern erst in Abs. 2 geregelt sei (Bericht des Syn. W. Kappe, aaO; vgl. Smith-von Osten, Treysa, S. 369); vgl. § 3 lit. b ÜbergangsO der EKD v. 1946 (Anh 6).

griffsverständnis war noch geprägt durch die Ökum. Bewegung, d.h. durch den seinerzeit in der Entstehung begriffenen Ökumenischen Rat der Kirchen (ÖRK) und die ihm vorausgehenden und die von ihm initiierten Aktivitäten in seinem Umfeld. Ihr ging es um das „Werk der Versöhnung und Einigung bisher getrennter Kirchen" (N. Söderblom). Dieses Grundverständnis entfaltete sich in vielerlei Bedeutungen, etwa i.S. eines weltweiten missionarischen Auftrags und der Beziehungen zw. Kirchen und Christen bis hin zur geistigen Haltung des Wissens um die Zugehörigkeit zur christlichen Weltgemeinschaft und der Bereitschaft, für die Einheit der Kirche Christi zu arbeiten.[734] In der GO umfasst der Begriff Ökumene heute die gesamten Beziehungen zu anderen Kirchen und Christen anderer Konfession, so auch die Auslandsarbeit und damit alle in Art. 17 angesprochenen Aufgabenfelder.
Auch die EKD ist „*Kirchengemeinschaft* ihrer luth., ref. und unierten Landeskirchen und damit selbst Modell der Kircheneinheit".[735] Ökumene bedeutet demnach nicht nur eine Einrichtung oder ein Zustand; gemeint ist auch ein dynamischer Prozess, eine Entwicklung zur Zusammenarbeit mit der kirchl. Weltgemeinschaft.

Mit der Begriffserweiterung des Tätigkeitsfeldes korrespondiert die Kennzeichnung der Tätigkeit: „die EKD **arbeitet mit**". Sprachlich wurde sie bei der Beratung der Synode als zu farblos, zu formal und zu wenig inhaltsreich kritisiert; sie beschreibe – verglichen mit dem Pathos z.B. der Art. 15 und 16 – nicht das substantielle Ziel dieser Mitarbeit in der Ökumene als kirchl. Entwicklung, sondern mehr eine Äußerlichkeit.[736] Die Formulierung – entstanden vor der Mitgliedschaft der EKD in dem sich konstituierenden ÖRK – enthielt aber schon als Leitaussage und in Verbindung mit dem Begriff Ökumene mehr Aussagekraft, als prima facie ersichtlich. Ökumene als Gemeinschaftsaufgabe geschieht i.V.m. den ökum. Beziehungen und Aktivitäten der Ortsgemeinden, der Gliedkirchen und deren Organisationen.[737] Im Kontext dieser Arbeit stehen auch vielfältige Gespräche und Vereinbarungen mit Kirchen des Auslands. Hier handelt die EKD z.T. weder in Vertretung der Gliedkirchen noch im Rahmen einer ihr von diesen übertragenen Aufgaben (im Sinne von Art. 13), sondern „von sich aus". Sie erarbeitet solche ökum. Vereinbarungen ggf. im eigenen Namen, beschränkt sich aber z.T. auf die Federführung für den rechtsverbindlichen Akt der Gliedkirchen.[738]

---

734 Grundlegend zum Begriff: Visser't Hooft, Geschichte und Sinn des Wortes „ökumenisch", S. 11 ff.; heute wird zur Ökumene zuweilen auch schon das Gespräch zw. den Religionen gerechnet, an dem die EKD auch teilnimmt.

735 Kundgebung der EKD-Synode v. 9.11.2000 zum Schwerpunktthema „Eins in Christus" (SB Braunschweig 2000, S. 520 f., einstimmig beschl. m. einer Enth.; Rat der EKD, Kirchengemeinschaft, S. 14 f.).

736 Syn. W. Kappe, aaO, S. 232.

737 Kundgebung der EKD-Synode „Eins in Christus", aaO.

738 Schlaich, Änderungen der GO, S. 155; zu den Verträgen im Einzelnen: Erl Abs. 2 Satz 2 und Abs. 3, 2.Halbsatz.

Absatz 2 (Mitgliedschaften und sonstige ökumenische Beziehungen)
Die GO regelt die Zugehörigkeit der EKD zu den wichtigsten ökum. Organisationen auf weltweiter, europäischer und nationaler Ebene. Sie ist namentlich Gründungsmitglied des ÖKR. Anlässlich eines Besuchs von Vertretern des noch in Gründung befindlichen ÖRK[739] beim Rat der EKD in Stuttgart am 18./19.10.1945, dem Datum des „Stuttgarter Schuldbekenntnisses“,[740] wurde die EKD eingeladen, bei den weiteren Vorbereitungen zur offiziellen Gründung des ÖRK mitzuwirken.[741] Die Gründung im August 1948 fiel dann in den Zeitraum zw. Verabschiedung und Inkrafttreten der GO. Zu dieser Weltkirchenkonferenz entsandte der Rat der EKD Delegierte und Beobachter.[742] Sie wurden im Protokoll durchweg als „Vertreter der EKD“ aufgeführt. Der ÖRK versandte unmittelbar nach dieser Vollversammlung an die beteiligten Kirchen ein Rundschreiben, in dem er klarstellte, dass er sie als Gründungsmitglieder betrachte. Den Kirchen wurde Gelegenheit gegeben, innerhalb einer gewissen Frist zu widersprechen, wenn sie die Mitgliedschaft nicht erwerben wollten. Ein solcher Widerspruch ist von der EKD nicht erhoben worden, so dass diese seither unangefochten alle Rechte und Pflichten eines Mitgliedes im ÖRK wahrnimmt. Hierdurch sind alle Gliedkirchen der EKD mittelbar Mitglieder des ÖRK geworden.

Die Beteiligung der deutschen ev. Christenheit war nicht von Anfang an eindeutig. An der von N. Söderblom 1925 nach Stockholm einberufenen Weltkirchenkonferenz für praktisches Christentum (Life and Work) beteiligten sich die damaligen deutschen Kirchenleitungen und der Kirchenbund durch eine amtliche Delegation. Die auf Anregung des amerikanischen Bischofs der Episkopalkirche C. Brent 1927 in Lausanne zu Stande gekommene Weltkirchenkonferenz für Glaube und Verfassung (Faith and Order) mit 127 Kirchen zur Wiedervereinigung der gespaltenen Kirchen wurde nicht amtlich beschickt; es nahmen an ihr aber über 30 Persönlichkeiten des kirchl. Lebens aus Deutschland teil. An den Fortsetzungskonferenzen des Jahres 1937 in Oxford und Edinburgh beabsichtigte sich die DEK zu beteiligen;[743] die nationalsozialistische Regierung ließ aber eine amtl. Beteiligung nicht zu. Die ökum. Verbindungen der deutschen Kirchen wurden, von einzelnen persönlichen Beziehungen abgesehen, durch den Krieg unterbrochen. Seit den Konferenzen von Oxford und Edinburgh drängte die ökum.

739 Visser t‘ Hooft, Michelfelder, Cavert, Maury, Kraemer, Koechlin und Bell; W. Visser t‘Hooft (1900-1985) war der erste Generalsekretär des ÖRK.

740 KJ 1945-1948, S. 26.

741 Der Rat hatte daraufhin Bischof Wurm und Kirchenpräsident Niemöller als Vertreter in das Gründungsgremium entsandt.

742 Zur Weltkirchenkonferenz 1948 (Gründungsversammlung 23.–30.8.) entsandte der Rat der EKD 20 Delegierte und 6 Beobachter. Dem ersten Zentralausschuss gehörten aus der EKD an: Bischof Dibelius, Bischof Meiser, Kirchenpräsident Niemöller, Pastor Niesel und v. Thadden-Trieglaff, ferner Pastor Renkewitz von der Brüdergemeine.

743 Zu „Oxford“: Gerstenmaier, Kirche, Volk und Staat; zu „Edinburgh“: Zoellner/Stählin, Die Kirche Jesu Christi und das Wort Gottes.

Bewegung auf einen Zusammenschluss. Ein von beiden Bewegungen bestellter Ausschuss entwarf 1938 in Utrecht eine Verfassung des Ökumenischen Rates. Die konstituierende Vollversammlung sollte 1941 stattfinden, wurde jedoch durch den Krieg verhindert. Am 23.8.1948 nahm in Amsterdam die Vollversammlung der Weltkirchenkonferenz die *„Verfassung des ökumenischen Rates der Kirchen“* an.[744] Damit gewann die Ökumene verfassungsmäßig erstmalig eine geschlossene Gestalt.

Satz 1 (Mitgliedschaft in ÖRK, KEK, ACK u.a.)
Die Beziehungen zu ökum. Institutionen und Zusammenschlüssen werden unter weitgehender Übernahme der Formulierungen von Art. 18 EGO74 beschrieben. Die Erwähnung der **Mitgliedschaften** hat keine konstitutive Bedeutung, sondern verleiht dem Verfassungsrang der schon bestehenden Mitgliedschaften Ausdruck. Dies entspricht auch dem Gedanken des Art. 2 III, dass die EKD „in der Ordnung der Ökumene“ steht (Erl Art. 2 III) und dass dort auch rechtl. Bindungen bestehen, nicht nur geistliche Gemeinschaft zu pflegen ist. Dies hat zur Folge, dass diese Mitgliedschaften nicht durch einfachen Beschl. des Rates oder der Synode *beendet* werden können, sondern nur im Wege einer GO-Änderung (Art. 26a V).

Ökumenischer Rat der Kirchen (ÖRK)
„Der ÖRK ist eine Gemeinschaft von Kirchen, die den Herrn Jesus Christus gemäß der Heiligen Schrift als Gott und Heiland bekennen und darum gemeinsam zu erfüllen trachten, wozu sie berufen sind, zur Ehre Gottes, des Vaters, des Sohnes und des Heiligen Geistes.“[745] In den ÖRK können alle diejenigen Kirchen (auch im Sinne von Föderationen, Konventionen, Vereinigungen autonomer Kirchen) aufgenommen werden, die u.a. ihre Zustimmung zu dieser „Basis“ erklärt haben. Die EKD gehört zu den Gründungsmitgliedern des ÖRK (Erl vor Satz 1). Darin sind über 340 protestantische, orthodoxe und anglikanische Kirchen in mehr als 120 Ländern zusammengeschlossen. Der ÖRK repräsentiert den größten Teil der nicht zur römisch-kath. Kirche gehörenden Christenheit.

Die Mitgliedschaft der EKD warf zu Beginn im Verhältnis zur VELKD das Problem auf, dass die EKD nach Art 1 a.F. nur ein *Bund* von Kirchen war und ihr aus luth. Sicht die Eigenschaft als „Kirche“ i.S. auch der ÖRK-Verfassung nicht zukam (vgl. Erl Überschrift „Kirche“ u. Art. 1 I 1 u. II 1). Aus dieser Erwägung forderte die VELKD auf ihrer Gene-

---

744 ABl. EKD 1948 Heft 10 Nr. 56; dazu Menn, Ökumenischer Katechismus; Hornig, Der Weg der Weltchristenheit.

745 „Basis“ der Verf. des ÖRK v. 30.8.1948 (ABl. EKD 1948 Heft 10 Nr. 56; Recht der EKD, 10.4.1); dazu Visser‘t Hooft, Die Bedeutung der Mitgliedschaft im ÖRK, Rede vor dem Zentralausschuss 1964 u. Stellungnahme des Rates (Kundg. EKD 2, S. 159 ff.).

ralsynode 1949 ihre Gliedkirchen auf, sich um *unmittelbare Mitgliedschaft* im ÖRK zu bewerben.[746] Da diese aber nicht die Absicht hatten, in dieser Frage die Gemeinschaft der EKD zu verlassen und dadurch die übrigen Gliedkirchen gegenüber der Ökumene in eine schwierige Lage zu bringen, wurde die Lösung gefunden, zw. *Mitgliedschaft* und *Vertretung* zu unterscheiden. Demnach betrachten sich die in der VELKD vereinigten Kirchen jede für sich als *unmittelbare* Mitglieder des ÖRK.[747] Sie lassen aber ihre Vertretung in der Ökumene nicht durch die VELKD, sondern durch die EKD, und zwar „innerhalb der Grenzen der Zuständigkeit der EKD" und „durch die Vermittlung des Rates der EKD" wahrnehmen. Das bedeutet praktisch, dass die erwähnten Gliedkirchen sich für ihre Vertretung gegenüber der Ökumene der Amtsstelle des Rates, also des Kirchenamtes, bedienen; sie brachten aber zum Ausdruck, dass sie als eine Kirche des ev.-luth. Bekenntnisses vertreten sein wollen und dass die Vertreter, die aus ihrer Mitte in den ÖRK entsandt werden, als lutherisch zu bezeichnen seien.[748]

Die ökum. Organe ihrerseits hielten sich zunächst an den Namen der Evangelischen *Kirche* in Deutschland und bezweifelten von daher nicht die Möglichkeit, dass diese unmittelbar Mitgliedskirche sein könne. Sie widersprachen aber auch nicht der Mitteilung luth. Kirchen, dass sie also gleichsam auf eine doppelte Weise der Ökumene angehören.

Nach längeren Verhandlungen kam man 1949 wie folgt überein: Im Verzeichnis der Mitgliedskirchen wird die EKD aufgeführt; darunter sind ihre sämtliche Gliedkirchen zu nennen; die zur VELKD gehörenden werden dabei in Klammern als „lutherisch" bezeichnet; sie erhalten daneben ein *Sternchen*, das auf eine Fußnote verweist; diese besagt, dass es unmittelbare Mitgliedskirchen im ÖRK sind.[749] Die Mitgliedschaft der EKD als solcher hat beim ÖRK weder bei

---

746 Beschl. der Generalsynode der VELKD v. 27.1.1949 (KJ 1949, S. 116-119).

747 Die VELKD ist also nicht an Stelle der EKD oder im Namen der luth. Gliedkirchen Mitglied geworden.

748 Ziff. 1-3 des Beschl. der VELKD, aaO.

749 Hierzu erläutern die Mitgliederverzeichnisse:
„Diese Kirche ist ein unmittelbares Mitglied des Ökumenischen Rates der Kirchen in Übereinstimmung mit der Entschließung der Generalsynode der Vereinigten Evangelisch-Lutherischen Kirche in Deutschland vom 27. Januar 1949, die empfahl, dass die Mitgliedskirchen der Vereinigten Evangelisch-Lutherischen Kirche dem Rat der Evangelischen Kirche in Deutschland gegenüber hinsichtlich ihrer Mitgliedschaft im Ökumenischen Rat der Kirchen folgende Erklärung abgeben sollten: Die Evangelische Kirche in Deutschland hat durch ihre Verfassung deutlich gemacht, dass sie ein Bund konfessionell bestimmter Kirchen ist. Darüber hinaus sind die Bedingungen für die Mitgliedschaft im Ökumenischen Rat der Kirchen auf der Vollversammlung in Amsterdam bestimmt worden. Deshalb erklärt diese Evangelisch-Lutherische Kirche hinsichtlich ihrer Mitgliedschaft im Ökumenischen Rat der Kirchen:
1. Sie ist vertreten im Ökumenischen Rat als eine Kirche der evangelisch-lutherischen Konfession.
2. Repräsentanten, die sie zum Ökumenischen Rat entsendet, sind als evangelisch-lutherisch zu bezeichnen.

der Gründung noch bei der Regelung von 1950 noch später jemals zur Diskussion gestanden. Entsendungen zu den Vollversammlungen sind entsprechend dem konfessionellen Schlüssel durch den Rat der EKD, ab 1968 in ausdrücklicher Zusammenarbeit mit den gliedkirchl. Zusammenschlüssen vorgenommen worden. Dies ist seither auch nicht in Frage gestellt worden. Die Ev.-Luth. Kirche von Schaumburg-Lippe hat von ihrem selbständigen Status insofern Gebrauch gemacht, als sie im Zusammenhang mit dem ÖRK-Programm zur Bekämpfung des Rassismus 1978/1979 ihre Mitgliedschaft zeitweise suspendiert hat.[750]

Im Ergebnis ergibt sich eine unmittelbare ÖRK-Mitgliedschaft der EKD (nicht nur als Treuhänderin ihrer Gliedkirchen), ferner eine Mitgliedschaft der VELKD-Glieder auf „doppelte Weise", nämlich „einmal direkt und sodann als Bestandteil der EKD" vermittelt, und schließlich die „mittelbare Mitgliedschaft" der übrigen Gliedkirchen.[751]
Die Organe des ÖRK sind die alle sieben Jahre zusammentretende *Vollversammlung*, die einen *Zentralausschuss* (158 Mitglieder, davon 5 aus der EKD) wählt. Dieser wählt einen *Exekutivausschuss* und den *Generalsekretär*, der mit seinem Stab das in vier Programmeinheiten gegliederte Generalsekretariat in Genf leitet.

Konferenz Europäischer Kirchen (KEK)
Diese seit 1958 im gesamteuropäischen Raum als gemeinnützige Körperschaft bestehende Arbeitsgemeinschaft evangelischer, orthodoxer und anglikanisch-episkopaler Kirchen dient als Dachorganisation von über 120 nicht-röm.-kath. Kirchen dem Meinungsaustausch und gemeinsamer theol. Arbeit. Die KEK will diesen Kirchen in gesamteuropäischer Verpflichtung helfen, ihr gemeinsames Zeugnis und ihren gemeinsamen Dienst zu stärken sowie die Einheit der Kirche und den Frieden in der Welt zu fördern. Ihre Aufgabe sieht die KEK in der kontinuierlichen Kontaktpflege zw. den europäischen Kirchen, die in den Zeiten des Eisernen Vorhangs die Verbundenheit der westlichen mit den Kirchen Ost- und Südosteuropas gewährleistete. Schwerpunkte ihrer Arbeit waren die westliche und östliche Theologie sowie Studienarbeit für Frieden und Menschenrechte. Zunehmendes Gewicht erhält die Begleitung der politischen Einigung Europas durch die Kommission der KEK „Kirche und Gesellschaft" in Brüssel. 2001

---

3. Innerhalb der Grenzen der Zuständigkeit der Evangelischen Kirche in Deutschland ist sie im Ökumenischen Rat durch die Vermittlung der Evangelischen Kirche in Deutschland vertreten."
Dieser Modus wurde durch das Zentralkomitee des ÖRK in *Toronto* 1950 gutgeheißen.
Bei der Vollversammlung in Nairobi 1975 wurde eine Bestimmung in die Satzung des ÖRK aufgenommen, nach der Mitgliedskirchen sowohl Kirchen als auch Vereinigungen und Zusammenschlüsse von Kirchen werden können, wenn sie der Grundlage des ÖRK zustimmen und die entsprechende Größe haben. Dies klärt die alte Frage des ÖRK, ob „Gruppen von Kirchen" Mitglieder werden können.

750 Ähnliche Schritte sind seinerzeit auch von der württ. Landeskirche erwogen worden.

751 Erik Wolf, Ordnung, S. 734; zu den aktuellen Aufgaben der EKD im ÖRK s. Synodenbeschl. v. 9.11.2001 (SB Amberg 2001, S. 581).

unterzeichnete die KEK zusammen mit dem kath. *Rat der Europäischen Bischofskonferenzen (CCEE)* eine „Charta Oecumenica“.[752] In diesem Grundsatzdokument werden grundlegende ökum. Aufgaben der Kirchen auf dem europäischen Kontinent als Leitlinien zur Selbstverpflichtung, aber ohne lehramtlichen oder kirchenrechtl. Charakter, beschrieben.

Organe der KEK sind die Vollversammlung, das Präsidium und der Zentralausschuss, in den von Seiten der EKD vier Vertreter bzw. Vertreterinnen gewählt sind. Die Geschäftsführung liegt beim Sekretariat in Genf (mit Büros auch in Straßburg und Brüssel). Mit der römisch-kath. Kirche besteht eine doppelte Koordination durch die Teilnahme kath. Beobachter an der Vollversammlung und durch regelmäßige Zusammenarbeit mit dem *CCEE*.[753]

Arbeitsgemeinschaft Christlicher Kirchen in Deutschland e.V. (ACK)
Mit anderen christlichen Kirchen arbeiten die EKD und – durch sie vermittelt – ihre Gliedkirchen in der ACK zusammen. Sie stellt die umfassendste ökum. Zusammenarbeit im deutschen Bereich dar, als wirksame Plattform für den Erfahrungsaustausch und einen Annäherungsprozess. Die ACK wird durch die *Ökumenische Centrale* in Frankfurt/M koordiniert und durch einen *Ökumenischen Studienausschuss (DÖSTA)* beraten. Mitglieder sind seit der Gründung 1948 außer der EKD die *Altkatholische Kirche* und die meisten Freikirchen. Durch den 1974 erfolgten Beitritt der römisch-kath. Kirche (*Verband der Diözesen Deutschlands*) und der *Griechisch-orthodoxen Metropolie* vereint die ACK zusammen mit einigen Gastmitgliedern praktisch alle Kirchen in der Bundesrepublik (Satzung in: Recht der EKD, Nr. 10.5).

Satz 2 (Sonstige Beziehungen)
Die EKD soll ökum. Beziehungen auch mit anderen als den in der GO ausdrücklich genannten Gemeinschaften, Organisationen oder Kirchen pflegen. Der Begriff der **Beziehungen** bringt im Unterschied zu dem in früheren Entwürfen verwendeten Wort „Verbindungen“ die Vielfalt der Formen der Mitarbeit in den Weltbünden und der Zusammenarbeit mit ökum. Partnern bzw. Kirchen zum Ausdruck.

Der Begriff der **weltweiten christlichen Gemeinschaft** entspricht ökum. Sprachgebrauch für die konfessionellen Weltbünde, wie dem Reformierten und dem Lutherischen Weltbund. Im *Deutschen Nationalkomitee des Lutherischen Weltbundes* arbeiten die luth. Gliedkirchen zusammen (dazu Erl Art. 21 II 2). Die **ökumenischen Organisationen** sind z.T. im vorangehenden Satz genannt, soweit zu ihnen eine

---

752 Dazu Lodberg, Die Charta Oekumenica als Problem der Rechtstheologie; Pirson, Rechtliche Implikationen der Charta Oecumenica, ZevKR (50) 2005 S. 307f.; im kath. Bereich entspricht der KKG die Kommission der Bischofskonferenzen in der EU (COMECE).

753 Z. Ganzen Gurney, 40 Jahre KEK.

mitgliedschaftliche Beziehung besteht. Die EKD gehört auch der Ev. Kommission für Mittel- und Osteuropa an. Zu den **„anderen Kirchen“** gehören insb. die *römisch-kath.* und *orthodoxen Kirchen.* Zu ersterer besteht u.a. ein Kontaktgesprächskreis zw. Vertretern der Deutschen Bischofskonferenz und des Rates.
Ihre Beziehungen zu anderen Kirchen kann die EKD durch Vertrag bzw. KG regeln (Art. 10 I). Der für die EKD bedeutsamste Verbund neben den im ersten Absatz aufgeführten ist die Gemeinschaft Evangelischer Kirchen in Europa (s.u.), auf deren Leuenberger Konkordie sich die GO ausdrücklich bezieht (Art. 1 II). Daneben stehen eine Reihe bilateraler vertraglicher Beziehungen. Ökumene i.S.d. GO bezieht sich nur auf „Kirchen“, d.h. christliche Gemeinschaften. Zum Verhältnis zu „nichtchristlichen Religionen“ außerhalb der Ökumene hat die EKD durch die Kammer für Theologie „Theologische Leitlinien“ entworfen (EKD-Text 77/2003).

Gemeinschaft Evangelischer Kirchen in Europa (GEKE)
Ziel ökum. Handelns ist aus ev. Sicht die Erklärung und Verwirklichung von Kirchengemeinschaft.[754] Dieses Ziel ist Gegenstand der zw. reformatorischen Kirchen Europas geschlossenen **Leuenberger Konkordie** v. 1973 (Text 2, Erl Art. 1 II). Diese als verbindlich erklärte *Kirchengemeinschaft* schließt zu ihrer Vertiefung die Verpflichtung zu theol. Lehrgesprächen ein; so entstand die GEKE. Ihre Organe sind die *Vollversammlung*, die *Lehrgesprächsgruppen* und der *Exekutivausschuss* mit dem *Sekretariat.* Die Vollversammlung tritt alle sieben Jahre zusammen. Die zwischenzeitliche Leitung hat der jährlich tagende Exekutivausschuss. Der Gemeinschaft gehören über 100 meist luth., unierte und ref. Kirchen sowie Methodisten und vorreformatorische Kirchen wie Waldenser und Böhmische Brüder an, auch über Europa hinaus (z.B. Südamerika). Auch die EKD und alle ihre Gliedkirchen (ausgenommen Brm) haben die Übereinkunft signiert. Mit der Unterzeichnung durch die EKD sind keine neuen institutionellen Konsequenzen verbunden; das Recht der Gliedkirchen zur Mitarbeit in dieser Kirchengemeinschaft bleibt uneingeschränkt gewahrt.[755] Aufgrund eines gemeinsamen Verständnisses des Evangeliums gewähren die Signatarkirchen einander Gemeinschaft an Wort und Sakrament. Die Kirchengemeinschaft soll die Einheit der europäischen Protestanten stärken und der ev. Stimme in Europa mehr Gewicht verleihen (Gesch 7 u. Erl Art. 1 II).

754 Kundgebung der EKD-Synode „Eins in Christus“, aaO.

755 Beschl. der EKD-Synode v. 5.11.1998 (SB Münster 1998, S. 600); zu seiner Zustimmung erklärte der Rat: „Mit der Zustimmung zur Konkordie bringt die EKD zum Ausdruck, dass sie sich in der Gemeinschaft mit ihren Gliedkirchen, die diese Entscheidung bereits früher vollzogen haben, der Kirchengemeinschaft reformatorischer Kirchen in Europa im Sinne der Leuenberger Konkordie verpflichtet weiß, in ihr auf der Grundlage der Konkordie mitzuarbeiten bereit ist und sich auch in der Wahrnehmung ihrer sonstigen ökumenischen Aufgaben von der Konkordie leiten lässt“ (Beschl. v. 10./11.9.1999).

Einzelne ökumenische Beziehungen
Mit der EKD sind eine Vielzahl von Gemeinden, Kirchen und Diözesen, sowie kirchl. Werke und Einrichtungen im Ausland partnerschaftlich verbunden. Gegenstand vertraglicher Beziehungen ist insb. die Auslandsarbeit (Erl Abs. 3). Zu nennen sind hier insb. folgende vertraglich verbundenen Partnerkirchen (aktuelle Übersicht: Anhang zum Auslandsgesetz, in: Recht der EKD 7.1):
- Evangelical Lutheran Church in America (1991)
- Ev. Kirche der Böhmischen Brüder in Tschechien (2003)
- Igreja Evangélica de Confissao Luterana no Brasil (2001)
- Iglesia Evangélical del Río de la Plata (1984)
- Evangelical Lutheran Church in Canada (1988)
- Iglesia Evangélica Luterana en Chile (1971)
- Iglesia Luterana en Chile (1993)
- Kirche von England
- Ev.-Luth. Kirche Finnlands (2002)
- Fédération Protestante de France (1993)
- Ev. Synode deutscher Sprache in Großbritannien (1996)
- Ev.-Luth. Kirche in Italien (1997)
- National Council of Churches in Korea (1995)
- Ev.-Luth. Kirche in Namibia (2003)
- Ev. Kirchen in den Niederlanden (2003) s. Erl Abs. 4.
- Ev. Kirche A. B. in Rumänien (2004)
- Ev.-Luth. Kirchen in Russland, der Ukraine, Kasachstan und Mittelasien (1999)
- Kirche von Schweden (2002)
- Ev.-Luth. Kirchen im südlichen Afrika, Natal-Transvaal und Kapkirche (2003).

Die in der „*Meissener Erklärung*“ (1988) durch die EKD und die Kirche von England erfolgte gegenseitige Anerkennung ermöglicht nach Auffassung der EKD volle Kirchengemeinschaft.[756]

Absatz 3 (Ökumenische Auslandsarbeit)
Die mit der EKD verbundenen deutschsprachigen Gemeinden und Kirchen im Ausland sind wichtige ökum. Brückenbauer, die häufig in die Kirche des jeweiligen Landes integriert sind. Die Entstehung der Auslandsgemeinden beginnt mit der Ansiedlung deutscher Kaufleute im Raum der späten Hanse. Schon 1571 wurden Deutsche der St. Gertrudsgemeinde in Stockholm kraft Privilegs König Johanns III. von Schweden durch einen Pastor ihres Bekenntnisstandes aus Deutschland betreut. Sie setzt sich fort in

[756] Dokumentiert in EKD-Text 47; aus anglikanischer Sicht steht hingegen eine Einigung über das Bischofsamt in historischer apostolischer Sukzession noch aus.

den Auswanderungsbewegungen nach Osteuropa und Amerika, mit der Entwicklung des internationalen Handels, der wirtschaftlichen und politischen Expansion des Deutschen Reiches, der Missionsbewegung, dem Kolonialismus im 19. Jh. und der Mobilität einer zusammenwachsenden Weltwirtschaft. Dabei wurde die Muttersprache, die gemeinsame Kultur und der gemeinsame Glaube zu stabilisierenden Elementen in der neuen Heimat. Die ev. Kirchen erkannten frühzeitig ihre Verantwortung für die geistige Beheimatung der deutschen Christen im Ausland. Diese umfasste zunehmend auch Gemeinden in Übersee, die im 19. Jh. durch Auswanderung in einigermaßen geschlossenen Räumen entstanden waren; daneben standen die Einzelgemeinden in den meist europäischen Haupt- oder Hafenstädten, oft in Verbindung mit einer diplomatischen Vertretung (Botschaft, Gesandtschaft, Konsulat) oder mit einer Station der Seemannsmission.[757] Die Auswanderergemeinden waren je nach ihrer Herkunft mit den Landeskirchen der Heimat verbunden. So betreute die Evangelische Kirche der altpreußischen Union (APU) seit langem die brasilianischen und argentinischen Gemeinden, die den weitaus größten Teil der gesamten Auslandsdiaspora ausmachten. Die bay. Kirche hatte beispielsweise Beziehungen zur sog. Gotteskastensynode in Brasilien, die sächsische stand mit Gemeinden in Chile, die hannoversche mit Gemeinden in Südafrika in Verbindung. Einzelgemeinden in den Hauptstädten waren zu einem erheblichen Teil von ursprünglich preußischen Gesandtschaftspredigern versorgt worden und standen von daher der APU nahe. Mit der Gründung des Deutschen Evangelischen Kirchenausschusses 1903 und des DEKb 1922 wurde diesen gesamtkirchl. Organen der größte Teil der Auslandsarbeit der Landeskirchen als Gemeinschaftsaufgabe übertragen.[758] In

---

757 Z. Ganzen Guntau, Die Entwicklung der rechtlichen Ordnung der Beziehungen der EKD zu evangelischen Gemeinden deutscher Sprache im Ausland, S. 233 ff. m.w.N.; vgl. auch Mitteilungen aus Ökumene und Auslandsarbeit, hg. v. KA, Hannover 1998, S. 56 f.; Sonderfälle waren die Betreuung der deutschen ev. Gemeinden in Nordschleswig durch die Ev.-Luth. Landeskirche von Schleswig-Holstein und die im Verband der Staatskirche stehenden deutschsprachigen Gemeinden in Skandinavien.

758 Nach der Verf. des DEKb (Anh 1: § 2 III) erstreckt sich die „unmittelbare Tätigkeit" des Bundes u.a. darauf, „bei der kirchlichen Versorgung der evangelischen Deutschen im Ausland unter Fühlungnahme mit den jeweils beteiligten einzelnen Kirchen und freien Vereinigungen" die gemeinsamen ev. Interessen zu wahren. I.S.d. Verfassungsbestimmung übertrug die Kirche der APU ihre ganze Auslandsarbeit auf den DEKA bzw. den DEKb, sowohl was die Einzelgemeinden in Europa betraf, als auch hinsichtlich der von ihr betreuten Synoden in Südamerika. Im Januar 1933 stimmte Bayern dem Anschluss der brasilianischen Gotteskastensynode an den Kirchenbund (mit gewissen Vorbehalten) zu. Die an Sachsen angelehnten Gemeinden in Chile folgten nach Vorverhandlungen im Jahre 1937 z.T. erst nach 1945. Nicht an den Kirchenbund angeschlossen blieben die hann. Gemeinden in Südafrika sowie die mit Schleswig-Holstein in Verbindung stehenden Gemeinden in Nordschleswig. Den Anschluss vollzog außerdem die Evangelische Kirche AB und HB in Österreich. – Für alle dem DEKb angeschlossenen Kirchengemeinschaften und Gemeinden schuf dieser eine gesetzliche Regelung im „Kirchenbundesgesetz betr. den Anschluss deutscher evangelischer Kirchengemeinschaften, Gemeinden und Geistlichen außerhalb Deutschlands an den Kirchenbund" vom 17.6.1924 nebst einer Reihe von Ausführungsvorschriften (vgl. Hosemann, Kirchenbund, S. 105 ff.; KG abgedruckt in: Recht der EKD 1, S. 92–119).

der DEK wurde das bisher im *Kirchenbundesamt* bestehende *Auslandsreferat* selbständig. Um es kirchenpolitischen Verwicklungen zu entziehen, wurde 1934 das „*Kirchliche Amt für auswärtige Angelegenheiten bei der Deutschen Evangelischen Kirche*" (Kirchliches Außenamt) gegründet und dem Leiter[759] die Amtsbezeichnung „Bischof" beigelegt. Als gesamtkirchl. Aufgabe wurde festgelegt: „Die Verbundenheit mit den evangelischen Deutschen im Ausland hat sie zu wahren und zu pflegen" (Anh 3: Art. 4 IV).

Kirchenrechtl. waren die Gemeinden im Ausland den jew. Landeskirchen „angeschlossen", d.h. deren Rechtsgewalt unterworfen. Durch das *Kirchenbundesgesetz betreffend den Anschluss deutscher evangelischer Kirchengemeinschaften* v. 17.6.1924 konnte Einzelgemeinden wie Kirchen im Ausland der Anschluss an den DEKb, später die DEK gewährt werden, wenn sie die Gewähr „für den dauernden Bestand und für die Pflege deutschen evangelisch-kirchlichen Lebens" boten. In dieser Tradition stand auch die GO. Der Entwurf des Verfassungsausschusses hatte die „Fürsorge für die kirchliche Versorgung der evangelischen Deutschen im Ausland" zur Aufgabe der EKD erklärt (Anh 7B: Art.18). Dieser Artikel war wegen völkerrechtl. Bedenken aus der Sicht der Nachkriegszeit wieder gestrichen worden. In Eisenach wurde mit dem Art. 17 a.F. der EKD „die Verantwortung für die deutschen evangelischen Kirchengemeinschaften und Gemeinden, Pfarrer und Gemeindeglieder außerhalb Deutschlands" zugewiesen. Darunter fiel auch die noch direkt und selbständig von den Gliedkirchen betriebene Auslandsarbeit. Die EKD erhielt durch diesen Artikel ihrer GO eine umfassende Verantwortung.

Die Verhältnisse der ausländischen Gemeinden deutscher Herkunft oder Sprache haben sich grundlegend geändert. Die Ereignisse der Kriegs- und Nachkriegszeit haben es mit sich gebracht, dass ein „*Anschlussverhältnis*" an die EKD politischen und rechtl. Bedenken begegnet. Die GO ging zwar ihrem Wortlaut nach (Art. 17 a.F.) noch bis zur Änderung 1986 von gesetzlichen Anschlussverhältnissen aus, was auch weiterhin dem Selbstverständnis der Gemeinden wie der Heimatkirche entsprach. Dem entgegen wurden jedoch de iure die Auslandsgemeinden zu Körperschaften ausländischen Rechts, mit denen die EKD dann auch vertraglich kooperierte, ohne dass diese neuen rechtl. Gegebenheiten im Einzelnen reflektiert wurden. Heute sind die Auslandsgemeinden bewusst darum bemüht, Rechtskörperschaften nach den Bestimmungen ihres Gastlandes zu werden.

---

[759] D. Dr. iur. h.c. T. Heckel (1894-1967), 1928 Oberkonsistorialrat im Kirchenbundesamt, 1934–1945 Leiter der Auslandsarbeit der DEK, 1939 Leiter des Ev. Hilfswerks für Kriegsgefangene und Internierte; zu seinem Verhältnis zum NS-Regime: B. Maiwald, Eine biographische Notiz: Theodor Heckel, in: Festschrift für G. Kretschmar, Kirchengemeinschaft – Anspruch und Wirklichkeit, Stuttgart 1986.

Der nationale Gesichtspunkt („deutsche evangelische Auslandsgemeinden“) trat zurück. In manchen Ländern reiften auch die früher alleinstehenden Gemeinden zu einem kirchl. Zusammenschluss (Synode, Kirche). Sie waren weithin nicht mehr „deutsche“ Gemeinden, nahmen deutschsprechende, ja deutsch verstehende Glieder aus allen Ländern Europas auf und sind in der dritten Generation z.T. auch zur Sprache des Gastlandes übergegangen.

Diese Entwicklungen führten 1954 zu einem neuen Auslandsdiasporagesetz der EKD.[760] An die Stelle des „Anschlussverhältnisses“ traten freie Vereinbarungen (Verträge) mit den Kirchengemeinden deutscher Sprache und Herkunft im Ausland. Solchen, die sich neu bilden, werden größere Freiheiten eingeräumt, ohne dass ihnen doch die Fürsorge und Hilfe der EKD – vor allem auf finanziellem Gebiet und bei der Versorgung mit Pfarrern – entzogen würde. Weiter sah die Neuregelung eine stärkere Verankerung der entsandten Pfarrer bei ihren Landeskirchen vor. Während nach dem Gesetz v. 1924 die Pfarrer aus dem Dienst ihrer Landeskirche ausschieden und in den unmittelbaren Dienst des DEKb bzw. der DEK traten, bleiben sie heute rechtl., finanziell und geistlich in einem engeren Verhältnis zu ihrer Gliedkirche, schon damit sie in dieser Kirche nicht fremd werden und ihre Rückkehr in deren Dienst besser gesichert wird. Neben das ruhende landeskirchl. Pfarrer- bzw. Beamtenverhältnis tritt ein quasi privatrechtl. Anstellungsverhältnis zw. Pfarrer und Auslandsgemeinde (nach ausländischem Recht), dem die EKD rechtl. zustimmt.
Durch das *Kirchengesetz über die Mitarbeit der EKD in der Ökumene* v. 1996 wurde der Auslandsdienst auch im ökum. Sinne neu geordnet (Erl vor Abs. 1). Die Beziehungen zu den Auslandsgemeinden und Kirchen werden heute ausschließlich auf der Grundlage von Verträgen nach Maßgabe dieses Ökumenegesetzes gestaltet (z. Übersicht s. Erl Abs. 2 Satz 2). Vertragsgegenstand ist i.d.R. neben der Bestätigung kirchl. Gemeinschaft die Verpflichtung der ausländischen Partner zur Übernahme der kirchl. Versorgung aller in ihrem Bereich lebenden ev. Christen und Christinnen deutscher Sprache, um so die Wahrnehmung der durch die GO der EKD übertragenen Gemeinschaftsaufgabe zu gewährleisten. Hinsichtlich der reformatorischen Bekenntnisunterschiede und anderer Gliedschaftskriterien der EKD-Gemeinschaft müssen die Gemeinden offen sein für alle, die sich ihnen anschließen wollen.
Heute umfasst der Dienst im Ausland nach der GO insb. die partnerschaftliche Zusammenarbeit mit den betr. Kirchen und Gemeinden deutscher Herkunft sowie den mit

760 KG über das Verhältnis der EKD und ihrer Gliedkirchen zu evangelischen Kirchengemeinschaften und Gemeinden, Pfarrern und Gemeindemitgliedern deutscher Herkunft außerhalb Deutschlands vom 18.3.1954 (ABl. EKD S. 110), zuletzt geändert durch Verordnung vom 20.12.1975 (ABl. EKD 1976, S. 81) nebst Ausführungsbestimmungen v. 17.10.1980 i.d.F. des Änderungsbeschl. v. 25.3.1994 (ABl. EKD S. 237); zum Ganzen Drößler, Zum Recht deutscher Gemeinden im Ausland; vgl. „Mit der EKD verbundene Gemeinden und Kirchen im Ausland“, hg. v. KA.

den einheimischen Kirchen zu leistenden Dienst an deutschsprachigen Protestanten im Ausland. In beiden Halbsätzen des Absatzes wird die ökum. Einbettung der Arbeitsgebiete nunmehr auch in der Formulierung zum Ausdruck gebracht.

Erster Halbsatz
Die Auslandsarbeit gilt allen **evangelischen Christen** deutscher Sprache oder Herkunft. Diese offene Formulierung erweitert den Art. 17 a.F. und umfasst nicht nur „Gemeindeglieder“, sondern alle Evangelischen, die als Auswanderer oder Gastarbeiter oder als Reisende irgendwo auf der Welt des geistlichen Zuspruchs bedürfen.
Das Merkmal „**deutsch**“ wird nicht i.S.e. staatsbürgerlichen Kennzeichnung, sondern der durch **Sprache oder Herkunft** und Tradition gegebenen besonderen Beziehungen dieser Gemeindegliedern zu den Christen vor allem in Deutschland verwendet. Die Sprache als das für Gottesdienst und Seelsorge aber auch als „Amtssprache“ bedeutsame Element schließt aber über den nationalen Bereich hinaus („oder“) auch Christen aus dem deutschsprachigen Ausland (z.B. Österreich, Schweiz, Südtirol) ein.

Der Bezugspunkt der EKD bzw. ihrer Gliedkirchen zu diesen Gemeindegliedern im Ausland ist „die Zusammenarbeit **mit deren Kirchen und Gemeinden**“. Diese Formulierung lässt bewusst sowohl die Möglichkeit zu, dass diese Christen sich in einer „deutschen“ Gemeinde zusammenfinden, wie auch die andere Möglichkeit, dass sie bzw. ihre Gemeinden sich mit einheimischen Kirchen zusammenschließen. Damit wird im Prozeß der Integration von Gemeinden und ihren Gliedern Rechnung getragen.
Mit deren „**Kirchen**“ sind die größeren, mehr oder weniger selbständigen Kirchenkörper gemeint, die sich im Ausland als Kirchen, Synoden oder Synodalverbände gebildet haben. **Gemeinden** sind die einzelnen, früher im Anschlussverhältnis stehenden Kirchengemeinden deutscher Herkunft oder Sprache. Für etliche führt die EKD *Kirchenbücher* zur Beurkundung von Amtshandlungen, „die an Orten vorgenommen werden, an denen keine Kirchenbücher geführt werden“.[761] Zu Mitgliedschaftsfragen s. Erl Abs. 4 und Art. 1 IV.

Die EKD **fördert den Dienst** an ev. Christen im Ausland. Diese Aufgabe knüpft an die fördernde Tätigkeit der Art. 14 bis 16 an. Gegenüber der entsprechenden Aufgabenbestimmung des Art. 17 a.F., die der EKD die gesamte „Verantwortung“ für die Auslandsarbeit zuwies (Erl vor Satz 1), bedeutet dies eine Einschränkung. In diesem Kontext unterstreicht der Begriff der Förderung, dass diese Arbeit nicht von der EKD allein, sondern partnerschaftlich und in gemeinsamer Verantwortung mit anderen Kirchen im

[761] Z.B. „Verzeichnis der Getauften“ seit dem 26.5.1960, eingerichtet durch das Kirchliche Außenamt; ferner Verzeichnisse zur Beurkundung von Trauungen, Bestattungen und Konfirmationen; sie werden durch das KA (HA IV) geführt.

EKD-Bereich oder auch des Gastlandes durchgeführt wird. Ziel dieser Förderung ist es, dass die Kirchen und Gemeinden im Ausland als Träger fungieren. Zum Begriff „fördern“ s. Erl vor Art. 6 und Art. 7.

Die Förderung des Dienstes im Ausland nimmt die EKD neben notwendigen finanziellen Leistungen vor allem durch Hilfeleistungen bei der Gewinnung und durch *Entsendung von Pfarrerinnen und Pfarrern* wahr, die für eine Vorbereitungszeit und eine befristete Entsendungszeit von den Gliedkirchen freigestellt werden. Die Entsendung erfolgt auf Anforderung des ökum. Partners, mit dem ein Anstellungsverhältnis begründet wird. Der EKD obliegt für diese Dauer die Fürsorge der *Auslandsgeistlichen*, insb. Beratung und Begleitung, finanzielle Leistungen und Unterstützung in der Folgezeit einschließlich anteiliger Versorgungsleistungen.[762] Dem Zusammenwirken mit gliedkirchl. Einrichtungen dient beispielsweise ein Verwaltungsabkommen der EKD mit dem Ev.-luth. Missionswerk in Niedersachsen über personelle Zusammenarbeit v. 22./23.6.1988 (ABl. EKD S 165).

Zweiter Halbsatz

Über die Förderung dieses Dienstes hinaus sieht die GO auch dessen unmittelbare Wahrnehmung vor, und zwar in Gemeinschaft mit anderen Kirchen.

Laut amtl. Begründung „beschreibt der zweite Halbsatz die besonderen Dienste, die sich inzwischen für Deutsche entwickelt haben, die sich für kürzere oder längere Zeit außerhalb Deutschands aufhalten; z.B. die Urlauberseelsorge, Baustellenseelsorge, Rentnerseelsorge usw. Zugleich wird klargestellt, dass diese Dienste in unmittelbarer Verantwortung der EKD, aber natürlich auch in partnerschaftlicher Zusammenarbeit mit den jeweiligen einheimischen Kirchen durchgeführt werden sollen. Der Begriff ‚in Gemeinschaft mit anderen Kirchen‘, der schon im Entwurf der Grundordnung von 1974 verwendet wurde, gibt eine Zielvorstellung wieder und darf nicht als Handlungsbeschränkung für den etwaigen Fall einer mangelnden Kooperationsbereitschaft seitens anderer Kirchen verstanden werden.“[763] Ferner beschränkt die Formulierung „andere Kirchen“ die Beteiligung an der Auslandsarbeit nicht auf die Kirchen vor Ort.

---

762 AuslandsfürsorgeVO v. 8.10.1999 (ABl. EKD S. 449) i.d.F. v. 28.3.2003; VO über die Ruhestands- und Hinterbliebenenversorgung von Auslandspfarrern und anderen nicht beamteten kirchlichen Mitarbeitern v. 27.11.1958 i.d.F. v. 7.6.1980 (ABl. EKD S. 354) mit Änderung v. 27.4.1990 (ABl. EKD S. 201).

763 SB Bad Salzuflen 1986, S. 455.

Absatz 4 (Ökumenische Inlandsarbeit)
„In unserem Land entstehen zunehmend Gemeinden, in denen sich Menschen anderer Herkunft und Sprache sammeln. Sie sind eine Chance für ökumenische Begegnungen vor unserer Haustür. Sie brauchen die Gastfreundschaft und Unterstützung der Gemeinden und Kirchen am jeweiligen Ort."[764] Diese *ökumenische Inlandsarbeit* hat mit wachsender Internationalisierung und Globalisierung, mit dem Bevölkerungszustrom aus Europa, aus dem Osten und der Dritten Welt erheblich an Bedeutung gewonnen. In der EKD und den Gliedkirchen wurde man der Christen gewahr, die sich in unserem Lande aufhalten und Mitglieder ökum. Partnerkirchen sind. Unter diesem Gesichtspunkt ist die Ausländerarbeit als Wahrnehmung ökum. Beziehungen im eigenen Landes anzusehen.[765] Zur theol. Problematik des *Ausländerbegriffs* s. Handreichung der EKD „Zur ökumenischen Zusammenarbeit mit Gemeinden fremder Sprache oder Herkunft".[766]

An die Stelle der früheren „ausländischen Gemeinden" sind heute Einwanderer- und Flüchtlings-, Exil- und Gastarbeitergemeinden, Gemeinden von Asylsuchenden und von „Vertragsarbeitnehmern" in der ehemaligen DDR sowie die Militärgemeinden der Allierten getreten. Sie alle stehen in der reformatorischen Tradition der böhmischen Flüchtlinge, die zur Keimzelle der Brüderunität wurden, der Hugenotten aus Frankreich und Holland, auf die viele ref. Gemeinden der EKD zurückgehen, der Waldenser aus Süddeutschland und der Salzburger Exilanten, die sich in Potsdam und Ostpreußen niederließen. Heute erwerben die aus dem Ausland zuziehenden getauften Christen ev. Bekenntnisses mit der Begründung des Wohnsitzes in einer Gliedkirche deren Mitgliedschaft und Zugehörigkeit zur EKD durch eine Erklärung gegenüber der nach kirchl. Recht zuständigen Stelle.[767]

Die EKD fördert diesen Dienst an Christen fremder Herkunft oder Sprache im eigenen Land. Sie fördert ihn **„in ihrem Bereich"**. Dieser Zusatz ist dem Gesetzentwurf im

---

764 Kundgebung der EKD-Synode EKD „Eins in Christus", aaO, S. 518 f.

765 Dazu Handreichung „Zur ökumenischen Zusammenarbeit mit Gemeinden fremder Sprache oder Herkunft" (EKD-Text 59, 1996); Gemeinsames Wort von EKD, Deutscher Bischofskonferenz und zwölf weiteren Kirchen in Deutschland zu den Herausforderungen durch Migration und Flucht unter den Titel „... und der Fremdling, der in deinen Toren ist" (Gemeinsame Texte Nr. 12, 1997); Kirchen und Gemeinden anderer Sprache und Herkunft, hg. v. KA, Hannover 1997.

766 EKD-Text 59, 1996, S. 9, m. Hinweis auf Eph 2,19.

767 Die Übereinstimmung des Bekenntnisses ist im Rahmen ihres Selbstbestimmungsrecht durch die Kirchen zu bestimmen; dies geschieht insb. nach Maßgabe der Leuenberger Konkordie. Zuständige Stelle ist insb. die staatl. Meldebehörde (§ 9 KMG); vgl. F. Rausch, Die mitgliedschaftliche Erfassung Zuziehender, ZevKR 36 (1991) S. 337 ff.; BVerwG Urt. v. 12.4.1991 (DVBl. 1991, S. 1395); v. Mangoldt/Klein, Das Grundgesetz, Art. 140 GG/Art. 137 III WRV, Rdn. 65 ff.; Erl Art. 1 IV.

Rechtsausschuss der Synode hinzugefügt worden. Er kennzeichnet die mehr koordinierende und vermittelnde Funktion. Mit der Beschränkung auf die **Förderung** dieser Arbeit ist, wie auch an anderen Stellen der GO (Erl Abs. 3, 1.Halbsatz), zum Ausdruck gebracht, dass der Dienst an ausländischen Christen in Deutschland primär Aufgabe der Gliedkirchen ist. In diesen Dienst greift die EKD nicht unmittelbar ein, sondern sie fördert ihn – das ist der ökum. Aspekt – im Zusammenwirken mit den Heimatkirchen. Diese Arbeit wird durch das KG über die Mitarbeit der EKD in der Ökumene (§ 6) geregelt:

> „(1) Die EKD fördert den Dienst ihrer Gliedkirchen an evangelischen Christen fremder Sprache oder Herkunft in der Bundesrepublik Deutschland.
> (2) Die EKD vertritt die Belange des Dienstes an evangelischen Christen fremder Sprache oder Herkunft in Grundsatzfragen gegenüber der BRD sowie gegenüber nationalen und internationalen Organisationen. Sie arbeitet in internationalen kirchlichen Fachgremien mit.
> (3) Um des Dienstes an Christen fremder Sprache oder Herkunft anderer christlicher Konfession in der BRD willen kann die EKD in Zusammenarbeit mit ihren Gliedkirchen deren Kirchen und Gemeindeverbände fördern. Das setzt voraus, dass die EKD mit Kirchen dieser Konfession durch die gemeinsame Mitgliedschaft im Ökumenischen Rat der Kirchen oder in der Konferenz Europäischer Kirchen oder in der Arbeitsgemeinschaft Christlicher Kirchen in Deutschland e.V. verbunden ist.
> (4) Die EKD nimmt bei der Erfüllung ihrer Aufgaben nach den Absätzen 1 bis 3 die Beziehungen zu den Kirchen der Herkunftsländer im Einvernehmen mit den beteiligten Gliedkirchen wahr. Sie berücksichtigt Belange anderer Mitgliedskirchen der Arbeitsgemeinschaft Christlicher Kirchen in Deutschland e.V.“

Im Rahmen ihrer koordinierenden Funktion pflegt die EKD die Verbindung mit Gemeinden anderer Sprache und Herkunft durch Kontakte zu den bestehenden regionalen Konventen und Netzwerken und durch die *Konferenz der Ausländerpfarrerinnen und -pfarrer.* In dieser arbeiten ev., orthodoxe und anglikanische Geistliche aus über 25 Ländern mit, als Gäste auch die ACK, das DW und der *Nationaldirektor für Ausländerseelsorge der Deutschen Bischofkonferenz.* Ferner bestehen Arbeitskontakte zu den für Gemeinden anderer Sprache und Herkunft Zuständigen in den Gliedkirchen und in den größeren Ballungsräumen mit wechselseitigen Informationen und Abstimmungen. Die EKD fördert im Rahmen ihrer finanziellen Möglichkeiten die Arbeit der Gemeinden. Sie wirkt mit in entsprechenden ökum. Initiativen (z.B. zur *Woche der ausländischen Mitbürger).*

Die EKD tut diesen Dienst **in partnerschaftlicher Zusammenarbeit mit den Kirchen der Heimatländer**. Diese Formulierung lässt offen, wo jeweils der aktive Schwerpunkt liegt. Die EKD hält Kontakt zu Herkunftskirchen oder nationalen Kirchenräten und berücksichtigt dabei die besondere ökum. Beziehungen einzelner Gliedkirchen. Sie fühlt sich dabei der sog. *Brüsseler Erklärung der 9. Konferenz der Leiter* *der Auslandsarbeit europäischer Kirchen* v. 1973[768] verpflichtet, die das *Prinzip der Wechselseitigkeit* unterstreicht. Dies besagt, dass ausländische Christen in engen Kontakt mit den hiesigen Kirchen treten und gleichzeitig bei der Gründung von Gemeinden die vorherige Beratung mit den Kirchen oder konfessionellen Zusammenschlüssen im Heimatland suchen. Mit solchen Kirchen hat die EKD Vereinbarungen mit dem Ziel getroffen, in Zusammenarbeit mit den Gliedkirchen ev. Christen anderer Sprache und Herkunft zur Kirchenmitgliedschaft im Rahmen der EKD einzuladen und muttersprachliche Seelsorgeangebote so weit wie möglich in die Strukturen der EKD und der Gliedkirchen zu integrieren. Ein Beispiel ist die gemeinsame Erklärung mit den *Gereformeerde Kerken in Nederland* zur kirchl. Arbeit unter den in Deutschland lebenden ev. Niederländern (1992), der größten Gruppe von EU-Ausländern, sowie der Vertrag zw. EKD, den Ev. Kirchen in den Niederlanden und der Niederländischen Kirche in Deutschland v. 2003. Zu den einzelnen Vereinbarungen der EKD s. Erl Abs. 2. Begleitet wird diese Arbeit durch die *Kommission des Rates der EKD für Ausländerfragen und ethnische Minderheiten (KAEM).*

Absatz 5 (Ökumene im Miteinander der Gemeinschaft der EKD)
Das Verhältnis zu den ökum. Beziehungen der Gliedkirchen und ihrer Werke und Verbände war Gegenstand des Art. 18 a.F. (Anh 7D). Diese Vorschrift wurde 1996 insoweit auf Grund der GO-Änderung v. 1996 i.V.m. dem KG über die Mitarbeit der EKD in der Ökumene durch Art. 17 V n.F. abgelöst.

Satz 1 (Verhältnis zur Ökumene in den Gliedkirchen)
Die GO geht davon aus, dass die ökum. Arbeit als Gemeinschaftsaufgabe der EKD wahrgenommen wird, berücksichtigt aber zugleich, dass auch eigene, unmittelbare ökum. **Beziehungen und Verpflichtungen** der Gliedkirchen bestehen. Nicht zuletzt haben sich infolge der Arbeit der Missionsgesellschaften in zahlreichen Ländern der Dritten Welt junge Kirchen gebildet, die inzw. selbständig geworden sind und enge Partnerschaften mit den Trägerkirchen der Missionswerke unterhalten, die aus den früheren Missionsgesellschaften hervorgegangen sind. Diese Partnerschaften werden von Kirchengemeinden und Kirchenkreisen, von Gliedkirchen, von Missionswerken und nicht zuletzt vom *Evangelischen Missionswerk* als Dachverband gepflegt und unterhalten. Auch an diesen, teilweise seit Jahrzehnten bestehenden Partnerschaften wollte die Neufassung der GO keine Änderung vornehmen. Hierzu führte Rat der EKD schon in seiner Begründung zu EGO74 aus: „Dabei muss der Tatsache Rechnung getragen werden, dass eine Reihe von Gliedkirchen im Ökumenischen Rat einen eigenen Status haben und in Weltbünden mitarbeiten, darüber hinaus gibt es eigene ökumenische

[768] Erklärung v. 3.10.1973, in: Kirchen und Gemeinden anderer Sprache und Herkunft, aaO, S. 153 f.

Beziehungen der Gliedkirchen, die durch die Grundordnung der EKD nicht eingeengt werden sollen. Im Interesse der Kooperation und Koordination der ökumenischen Arbeit der Gliedkirchen ist es aber wünschenswert, dass bei den ökumenischen Beziehungen der Gliedkirchen mit den Organen der EKD Fühlung gehalten wird.“[769]

Es wird weiter berücksichtigt, dass die meisten Gliedkirchen auch durch ihre **Zusammenschlüsse** i.S.d. Art. 21a ökum. Beziehungen unterhalten, wie auch diese Vereinigungen selbst solche Beziehungen pflegen (z. *Begriff* der „Zusammenschlüsse“ s. Erl Art. 21a I).[770] In deren Wirken kann und will die EKD nicht regelnd eingreifen. Gleichwohl entspricht deren ausdrückliche Einbeziehung in die GO den Bedürfnissen der Praxis. Sie nehmen grundsätzlich ihren jew. ökum. Auftrag in eigener Verantwortung wahr, freilich nach Maßgabe vertraglicher Regelung i.S.d. Art. 21a II. Eine Neugestaltung mit verstärkter Kooperation wird nach der Reform 2005 angestrebt.

Die besondere Erwähnung der **kirchlichen Werke, Verbände und Einrichtungen** (z. *Begriff* s. Erl Art. 14 Satz 1) trägt der Tatsache Rechnung, dass ökum. Beziehungen aller Art auch von eigenständigen, meist privatrechtl. verfassten Organisationen der Kirche gepflegt werden. Diese Verbindungen, die zu einer Bereicherung und Vertiefung des ökum. Gedankens beitragen, sollen nicht beeinträchtigt werden. Sie sollen auch nicht auf die Vermittlung des Rates oder KA angewiesen sein. Werke und Einrichtungen, die ihrerseits Weltorganisationen angehören, können ihre Beziehungen zu diesen unmittelbar pflegen. Es wird aber zum Ausdruck gebracht, dass auch solche Beziehungen **in gegenseitiger Fühlungnahme** (statt der ursprünglichen Formulierung „Zusammenarbeit“) geschehen. Demgemäß werden die kirchl. Werke und Einrichtungen Gelegenheit suchen, wichtige Fragen ihrer ökum. Arbeit mit dem KA zu besprechen und dieses über wichtige Vorkommnisse, insb. über Tagungen und ihre Ergebnisse zu unterrichten; und das KA wird seinerseits entsprechende Initiativen ergreifen. „Fühlungnahme“ (im Unterschied zu Benehmen oder Abstimmung) ist in der GO eine lose Form der Verständigung; aber eine solche darf auch nicht unterlassen werden. Zum *Begriff* s. Erl Art. 11.

Satz 2 (Gemeinsame Verantwortung)

Auch hier orientiert sich die GO am GO-Entwurf v. 1974 (Anh 12: Art. 18 I 4). Die Formulierung bringt in gestraffter Form zum Ausdruck, dass lebendige Ökumene der

---

769 SB Bad Salzuflen 1986, S. 455.

770 Der in Art. 18 III a.F. verwandte Tatbestand der „bekenntnismäßig gebundenen ökumenischen Vereinigungen“ galt in erster Linie den konfessionellen Weltbünden (Brunotte, GO, S. 202). Die geänderte Fassung v. 1986 („Gliedkirchen und deren Vereinigungen“) hatte schon eher das Umfeld der GO und die „gliedkirchl. Zusammenschlüsse“ im Blick und wurde durch GO-Änderung v. 2005 entsprechend Art. 21a sprachlich angepasst.

Bejahung und aktiven Teilnahme auf allen kirchl. Ebenen bedarf und sich daher die Aufgabe stellt, die ökum. Verantwortung bei allen Beteiligten bewusst zu machen. Darüber hinaus geht es um eine Stärkung dieses Verantwortungsbewusstseins, d.h. nicht nur um Erhaltung der traditionellen Beziehungen, sondern um eine ständige Erweiterung und dynamische Entwicklung auch der gesamtkirchl. Aktivitäten.

Artikel 18 (Seelsorge in Bundeswehr und Bundesgrenzschutz) [771]

Die Evangelische Seelsorge in der Bundeswehr und im Bundesgrenzschutz sind je Gemeinschaftsaufgaben der Evangelischen Kirche in Deutschland und der in ihr verbundenen Gliedkirchen.

Durch GO-Änderungen 2002 und 2003 wurde die Seelsorge jeweils („je") in der Bundeswehr und dem Bundesgrenzschutz als Gemeinschaftsaufgabe in die GO aufgenommen. Mit gliedkirchl. Zustimmung ist die Vorschrift bezüglich der Bundeswehr zum 1.1.2004 und bezüglich des Bundesgrenzschutz zum 1.1.2005 in Kraft getreten.

Seelsorge in der Bundeswehr
Die Militärseelsorge war seit ihrer Institutionalisierung mit der Einführung stehender Heere, insb. in Brandenburg-Preußen, bis zum Anfang des 20. Jh. staatl. Einrichtung. Der Feldprediger bzw. Militärpfarrer gehörte, wie heute noch in den meisten westlichen Staaten (z.B. Schweiz), zur Truppe und zog mit ihr ins Feld. Nach der Lösung der Landeskirchen aus dem Staatsgefüge gewährleistete ihnen die Reichsverf. die Zulassung religiöser Handlungen im Heer (Art. 141 WRV).[772] Diese Regelung wurde mit den übrigen Kirchenartikeln in das GG übernommen (Art. 140 GG). Für die Gewährleistung der seelsorgerlichen Betreuung sind Staat und Kirche gemeinsam verantwortlich. Bei Wiedereinführung der Wehrpflicht 1956 galten die Bedenken der Gegner einer Wiederaufrüstung und friedensethische Initiativen in der Kirche auch der „Militärseelsorge" und ihrer Organisation (s.u.).[773] Nach längeren Verhandlungen ergab sich

---

771 Art. 18 a.F. wurde durch KG zur Änderung der Art. 17 und 18 der GO der EKD v. 6.11.1986 aufgehoben (vgl. Erl Art. 17 vor I). Die Neufassung des Art. 18 beruht auf den GO-Änderungen von 2002 und 2003.

772 Art. 141 WRV: „Soweit das Bedürfnis nach Gottesdienst und Seelsorge im Heer ... besteht, sind die Religionsgesellschaften zur Vornahme religiöser Handlungen zuzulassen, wobei jeder Zwang fernzuhalten ist." Die Militärseelsorge war durch die Ev. Militärkirchliche Dienstordnung für das Reichsheer und die Reichsmarine v. 28.2.1928 (RGBl. II, S. 141) geregelt; diese Vorschrift wurde aber durch Kontrollratsgesetz Nr. 34 Art. III v. 20.8.1946 (ABl. KontrR 1945-48, Nr. 10 v. 31.8.1946) beseitigt. Zur Übersicht in anderen Ländern: M. Bock, Religion im Militär.

773 So war es von Anbeginn der Wunsch einiger Gliedkirchen, diese Seelsorge den Ortspfarrern der jeweiligen Standorte im Nebenamt zu übertragen. Die „Frage eines Vertrages der EKD mit der Bundesrepublik über die zukünftige Wehrmachtsseelsorge" war auch Gegenstand einer unveröff.

aber 1957 ein breiter Konsens für den Abschluss von Militärseelsorge-Verträgen der Bundesrepublik mit beiden großen Kirchen, und zwar „in dem Bestreben, die freie religiöse Betätigung und die Ausübung der Seelsorge in der Bundeswehr zu gewährleisten, (und) in dem Bewusstsein der gemeinsamen Verantwortung für die Aufgabe". Das staatl. Übereinkommen mit der EKD v. 22.2.1957 (Militärseelsorgevertrag – MSV) wurde auf der Synode in Berlin-Spandau ratifiziert und durch KG zur Regelung der ev. Militärseelsorge in der BRD v. 8.3.1957 (ABl. EKD Nr. 164) innerkirchl. umgesetzt und ergänzt.

Im Zuge der Wiedervereinigung ist die „Militärseelsorge" in der überkommenen Form neuerlich in Frage gestellt worden. Dies galt insb. dem beamtenrechtl. Status der Militärgeistlichen, dem *Ev. Kirchenamt für die Bundeswehr* als dem Bundesminister unmittelbar nachgeordneter Behörde und der Erteilung des Lebenskundlichen Unterrichts. Daher wurde für die östlichen Gliedkirchen, die den MSV ablehnten, als vorl. Rechtsgrundlage mit der Bundesregierung eine bis Ende 2003 befristete „*Rahmenvereinbarung über die ev. Seelsorge in der Bundeswehr in den neuen Bundesländern*" geschlossen[774] und durch innerkirchl. Vereinbarungen der EKD mit den betr. Kirchen ergänzt. Nachdem einer Verlängerung dieser Vereinbarung verfassungsrechtl. Bedenken entgegenstanden, und im Hinblick auf eine Strukturreform der Bundeswehr erfuhr die Bundeswehrseelsorge durch GO-Änderung v. 7.11.2002 eine innerkirchl. Neuregelung als Gemeinschaftsaufgabe der EKD.[775]

Die Vorbehalte östlicher Landeskirchen gegen die Staatsnähe der herkömmlichen Wahrnehmung der Militärseelsorge gaben Anlass zu Gesprächen der EKD und des Bundesverteidigungsministeriums auf der Grundlage der Freundschaftsklausel des MSV (Art. 27). Eine Protokollnotiz v. 13.6.2002 „*zur Auslegung*" des Vertrages berücksichtigt neue Aspekte für dessen künftige Praktizierung in Bezug auf den staatl. und landeskirchl. Status der Geistlichen, die Befristung der Leitungsämter und einer möglichen juristischen Kirchenamtsleitung. Die Geistlichen, wenn auch im Regelfall weiterhin Bundesbeamte auf Zeit, können auch nur als Angestellte des Bundes übernommen werden, wenn ihre Landeskirche und der Militärbischof im Einzelfall besondere sachliche Grün-

---

gutachtlichen Äußerung des Leiters des KI v. 9.6.1955 (KA-Az. 4201/2).

774 In der Bekanntmachung v. 23.1.1997 (S. 102), abgedruckt in EKD-Informationen „Militärseelsorge III", Von der Seelsorge an Soldaten (Ost) zur Seelsorge in den neuen Bundesländern, 1996, S. 49 ff.; zum Ganzen: Kruk, Die Militärseelsorge, S. 67; vgl. auch Gesch 8g.

775 KG zur Änderung der GO der EKD v. 7.11.2002 (ABl. EKD S. 387); zu den erwähnten verfassungsrechtl. Bedenken vgl. EKD-Information „Militärseelsorge IV" v. Sept. 2001, S. 84 ff.; das KG zur Regelung der ev. Militärseelsorge in der BRD ist durch das Erste ÄnderungsG v. 7.11.2002 (ABl. EKD S. 387) neu gefasst und umbenannt worden in: „Kirchengesetz zur Regelung der evangelischen Seelsorge in der Bundeswehr" im Folgenden: KG.

de feststellen, und als Soldatenseelsorger im Nebenamt und in geteilten Stellen tätig sein. Eine Verbeamtung ist weder zur Gewährleistung des völkerrechtl. Schutzes noch aus Geheimhaltungs- und Sicherheitsbedürfnissen oder wegen einer Gleichbehandlung mit kath. Geistlichen zwingend erforderlich.[776]

Seelsorge ist im umfassenden Sinne eines kirchl. Dienstes zu verstehen, der Verkündigung und Sakramentsverwaltung einschließt, ebenso wie Formen der Erwachsenenbildung und des diak. Dienstes. Daher wendet sie sich sowohl den Soldaten zu als auch ihren Angehörigen. Als Teildisziplin der praktischen Theologie definiert sie sich als „Hilfe zur Lebensgewissheit" bzw. als „Freisetzung eines christlichen Verhaltens zur Lebensbewältigung".[777] Wie alle Seelsorge geht auch dieser Dienst an Soldaten und Soldatinnen davon aus, dass der Zuspruch des in Jesus Christus geschenkten Heils und die Zuwendung Gottes allen Menschen gilt (Mt 28,18 ff.) und dass es keine Lebensbereiche gibt, „in denen wir nicht der Rechtfertigung und Heiligung durch Ihn bedürfen" (Text 3: Barmer Theol. Erkl., These II). In der Spannung zw. Friedenssicherung und militärischer Gewalt ist es ihre Aufgabe, die Gewissen der Soldaten zu schärfen und zugleich zu trösten.[778] Dieser Dienst wird als Teil der kirchl. Arbeit im Auftrag und unter Aufsicht der Kirche von Geistlichen ausgeführt (Art. 2 I MSV), die hierzu von den Gliedkirchen – i.d.R. befristet – freigestellt werden. Diese sind in dem Dienst an Wort und Sakrament und in der Seelsorge im Rahmen der kirchl. Ordnung selbständig und stehen allein in einem geistlichen Auftrag, in dessen Erfüllung sie von staatl. Weisungen unabhängig sind. Die Leitung der Bundeswehrseelsorge obliegt einem oder einer haupt- oder nebenamtlichen Geistlichen mit der Amtsbezeichnung „Bischof" bzw. „Bischöfin" (lt. Staatsvertrag: „Militärbischof"; §§ 1 u. 10 KG). Sie führen die Geistlichen in angemessener Beteiligung der Gliedkirchen in ihr Amt ein und haben die Dienstaufsicht. Die Bundeswehrseelsorge erstellt unter Mitwirkung von Rat und KK ein Feldgesangbuch und ein Gottesdienstbuch mit einer Agende für Auslandseinsätze. Für Gottesdienste in Seelsorgebereichen und Gemeinden ist die jew. gliedkirchl. Ordnung maßgebend.

---

776 Vgl. Synodenbeschl. v. 8.11.2001 (SB Amberg 2002, S. 585); einen Ansatz verfassungskonformer Auslegung des MSV bot insb. Art. 33 IV GG, der für die grundsätzliche Ausübung hoheitlicher Befugnisse durch Beamte ausdrücklich Ausnahmen zulässt; zu den verfassungs- und beamtenrechtl. Fragen: Ennuschat, Militärseelsorge.

777 Rössler, Grundriss der praktischen Theologie, S. 210; Winkler, Seelsorge, S. 3.

778 Grundmann, Militärseelsorge, Sp. 2136 f.; dazu EKD-Denkschrift „Frieden wahren, fördern und erneuern" hg. v. der Kirchenkanzlei der EKD, Gütersloh 1981; Orientierungshilfe des Rates der EKD 1994 „Schritte auf dem Weg des Friedens" EKD-Text 48; KA der EKD, Hg., Friedensethik in der Bewährung (Fortschreibung der Denkschrift v. 1994), Hannover 2001.

Die kirchenrechtl. Bezeichnung als Seelsorge **„in der Bundeswehr“** unterstreicht im Unterschied zum herkömmlichen Begriff der „Militärseelsorge“, der im staatskirchenrechtl. Sinne verwendet wird, die personale Ausrichtung dieser Gruppenseelsorge. Sie bezieht sich jedoch auch über die Individualseelsorge hinaus als Anstaltsseelsorge auf die Bundeswehr als ganze und zwar in kritischer Solidarität vor allem dort, wo persönliche, seelische Nöte im Zusammenhang mit der Struktur der Bundeswehr gesehen werden müssen.[779] Die Arbeit umfasst *alle Bereiche der Bundeswehr.* Dies entspricht der staatskirchenrechtl. Vertragslage, auch wenn GG bzw. WRV nur von der Seelsorge im „Heer“ sprechen. Die Bundeswehrseelsorge nimmt sich auch der Soldaten an, die nicht den personalen Seelsorgebereichen oder Militärkirchengemeinden angehören (Art. 9 MSV).

Die Seelsorge wird im Zusammenwirken **der EKD und der in ihr verbundenen Gliedkirchen** wahrgenommen. Die Verbindung gliedkirchl. Verantwortung und gesamtkirchl. Aufgabe[780] kennzeichnet die GO als **Gemeinschaftsaufgabe**, als die sie auch vor der Aufnahme in die GO allgemein anerkannt war.[781]

Ihre Wahrnehmung ist innerhalb des *Bereichs der Gliedkirchen* an deren Bekenntnis gebunden (§ 2 KG). Die Soldaten und Soldatinnen sind in „*Militärkirchengemeinden*“ (§ 6 II MSV) oder *personale Seelsorgebereiche* zusammengefasst. Erstere sind landeskirchl. Personalgemeinden mit Parochialrechten. Letztere sind den Ortsgemeinden angegliedert, wobei ihre Angehörigen Glieder der Gemeinde sind, bei der der Seelsorgebereich gebildet wird. Die pfarramtliche Zuständigkeit liegt aber bei den Bundeswehrgeistlichen.[782] Diese werden aus den Gliedkirchen berufen. Sie werden vom Staat nur auf Zeit beschäftigt und bleiben im Dienst ihrer Landeskirche, deren Disziplinaraufsicht und Lehrzucht sie unterstehen. Sie bleiben insb. an deren Bekenntnis und an ihr Ordinationsgelübde gebunden und haben die Gemeinschaft mit ihrer Gliedkirche aufrechtzuerhalten (§ 15 KG); dazu trägt auch die Leitung der Bundeswehrseelsorge bei (§ 17 II KG). Die Bindung an Weisungen ihrer Gliedkirche ruht für die Amtsdauer der Soldatenseelsorge (§ 16 II KG). Die Geistlichen sind gehalten, am Leben der örtlichen Gliedkirchen und ihrer Untergliederungen teilzunehmen (§ 17 II).

---

779 Jung, Militärseelsorge, Sp. 2136 ff.

780 So schon Gutachten des Leiters des KI v. 9.6.1955, aaO, S. 4; in diese Richtung weist der eingehende Beschl. der EKD-Synode v. 11.11.1993 „Zum Dienst der Kirche unter den Soldaten“ (SB Osnabrück 1993, S. 981 ff.; ähnlich entsprechende Beschl. v. Rat u. KK v. 9. bzw. 11.11.1993).

781 KI-Gutachten „Zur Verfahrensrechtslage hinsichtlich der künftigen Gestaltung der Militärseelsorge“ v. 17.10.1994, S. 6.

782 Vgl. KI-Gutachten „Zur Frage der Mitgliedschaft eines Berufssoldaten in einer ev. Kirchengemeinde“ v. 8.1.1980, S. 80 ff.

Die Wahrnehmung der mit dem MSV übernommen kirchl. Aufgaben *durch die EKD* bestimmt sich nach dem KG zur Regelung der evangelischen Seelsorge in der Bundeswehr. Im Übrigen schließt sie, soweit als *gesamtkirchl. Aufgabe der EKD* zugewiesen, nach dem Grundsatz der Universalität der Mittel im Rahmen gestellter Aufgaben auch die Kompetenz der EKD zur Wahrnehmung dieser Aufgabe durch Gesetzgebung und staatl. Übereinkommen ein.[783] Zur Beratung in Angelegenheiten der Bundeswehrseelsorge beruft der Rat im Benehmen mit der KK einen (ursprünglich als synodales Organ gedachten) *Beirat* (§ 14 KG), dem gliedkirchl. Referenten, Bundeswehrseelsorger und Vertreter der Soldatengemeinden angehören.
Der Bischof oder die Bischöfin werden vom Rat mit Zustimmung der KK benannt bzw. ernannt (§ 11 KG; Art. 11 MSV). Sie unterrichten ihn laufend über ihre Tätigkeit und halten Fühlung mit den Gliedkirchen, denen sie jährlich – ebenso wie der EKD-Synode – berichten (§ 12 KG). Die *Vertretung* der kirchl. Aufgaben *gegenüber der Bundesrepublik* wird durch die EKD wahrgenommen. Dies entspricht der allgemeinen Vertretungsaufgabe des Art. 19. Demgemäß erstrebt die EKD auch für die Bundeswehrseelsorge ein einheitliches Handeln ihrer Gliedkirchen (Art. 19 Satz 2).[784] Sie ist bei dieser Vertretung nach Maßgabe des Gesetzes an die Mitwirkung der Gliedkirchen gebunden (§ 3 KG).

Für den organisatorischen Aufbau sorgt der Staat auf Bundesebene, der auch die Kosten trägt (Art. 2 II MSV). Er unterhält für staatl. und kirchl. Verwaltungsaufgaben ein *Kirchenamt für die Bundeswehr.* Dieses leitet ein *Generaldekan* (zu einer jur. Leitung s.o. Prot.-Notiz). Er untersteht dem Militärbischof bzw. für die staatl. Verwaltungsaufgaben dem Bundesminister. Er wird neben weiteren hauptamtlichen Militärdekanen ebenso wie die übrigen Bundeswehrgeistlichen nach bisheriger Übung – im Unterschied zum Bischof – in das Bundesbeamtenverhältnis berufen (Art. 19 ff. MSV).[785] Letztere sind i.d.R. Beamte auf Zeit; sie können aber auch – vor allem bei nebenamtl. Beschäftigung – im Angestelltenstatus entsandt werden, wenn Gliedkirche und Militärbischof wegen besonderer sachlicher Gründe darum ersuchen. Die bischöfliche Benennung des Generaldekans bedarf der Zustimmung des Rates und der KK.

Die im Zuge einer Bundeswehrreform vergrößerten Wehrbereiche umfassen nunmehr jew. mehrere Gliedkirchen. Dies erschwert, ebenso wie neue Strukturen für verstärkte Auslandseinsätze, eine regionale kirchl. Zuordnung der Seelsorge und erfordert einheitliche Vorgaben in allen Standorten und Verbänden und insoweit auch die gesamtkirchl. Wahrnehmung.

783 Gutachten des Leiters des KI v. 9.6.1955, aaO.
784 Vgl. Beschl. der EKD-Synode v. 8.11.2001 (SB Amberg 2001, S. 584).
785 Dazu Ennuschat, Militärseelsorge.

I.S.d. Gemeinschaftsaufgabe kommen auch die *Kirchensteuern* der Soldaten und Soldatinnen teils den Gliedkirchen, teils dem EKD-Haushalt der Bundeswehrseelsorge („Sonderhaushalt") zugute (Erl Art. 33 I 2).

Seelsorge im Bundesgrenzschutz (Bundespolizei)
Aufgabe des **Bundesgrenzschutzes** (BGS – seit 2005 „Bundespolizei") ist vor allem der grenzpolizeiliche Schutz des Bundesgebietes. Hinzu kommt u.a. der Schutz der Verfassungssorgane und Bundesministerien, Katastrophenhilfe und Aufgaben nach Spezialgesetzen.
Mit der Aufstellung des BGS 1951 erfolgte schon frühzeitig eine Betreuung der Beamten in berufsethischer und seelsorgerlicher Weise durch Pfarrer der Landeskirchen, in denen sich BGS-Standorte befanden. Durch Vereinbarung über die Evangelische Seelsorge im BGS v. 12.8.1965 zw. der Bundesrepublik Deutschland und zunächst 6 Gliedkirchen (GMBl. S. 374) kam es zu einem geordneten Dienst der Kirche im BGS, der vom Staat gewährleistet und mit technischen und finanziellen Mitteln einschl. Personal- und Sachkosten ausgestattet wurde. Der Vereinbarung sind später 10 weitere, auch östliche Landeskirchen beigetreten. Seit 1999 ist für die beteiligten Gliedkirchen die EKD Vertragspartnerin der Vereinbarung v. 1965. Seit der GO-Änderung v. 2003[786] wird die Seelsorge im BGS durch die EKD im Zusammenwirken mit den Gliedkirchen nach Maßgabe des *Kirchengesetzes zur Regelung der evangelischen Seelsorge im Bundesgrenzschutz* (BGSSG.EKD) v. 6.11.2003 (ABl. EKD S. 407) als **Gemeinschaftsaufgabe** wahrgenommen (z. geschichtlichen Entwicklung s. Gesch 8 h).

Die Seelsorge umfasst den Dienst an Wort und Sakrament einschließlich des Vollzugs kirchl. Amtshandlungen und die Einzelseelsorge an den ev. Polizeivollzugsbeamten in der Bundespolizei. Sie wird als Teil der kirchl. Arbeit im Auftrag und unter der Aufsicht der Kirche von Geistlichen ausgeübt. Sie sind im Dienst an Wort und Sakrament und in der Seelsorge im Rahmen der kirchl. Ordnung selbständig und in ihrem geistlichen Auftrag von staatl. Weisungen unabhängig. Für Gottesdienst und Amtshandlungen ist die Ordnung der Gliedkirche am Ort maßgebend. Dies betrifft auch die Kirchenbuchführung der örtlichen Gemeinde (§ 4 BGSSG.EKD).

Die Gliedkirchen schlagen die benötigten hauptamtlichen Geistlichen vor, die für diesen Dienst freigestellt werden und nach Dienstablauf zurückkehren, und benennen weitere Geistliche zur nebenamtlichen Tätigkeit (§ 13). Die Geistlichen bleiben Pfarrer ihrer Gliedkirchen und an ihre Ordination und ihr Bekenntnis gebunden (§ 10). Die

---

[786] KG zur Änderung der GO v. 6.11.2003 (ABl. EKD S. 406); die bundesgesetzliche Einführung des Begriffs „Bundespolizei" (Gesetz v. 21.7.2005, BGBl. I S. 1818) ist noch nicht i.d. GO übernommen.

Direktion, Ämter und Stellen des Einzeldienstes der Bundespolizei werden von den zuständigen Oberpfarrern betreut. Die Pfarrstellen werden im Bereich der einzelnen Kommandos von haupt- und nebenamtl. Pfarrern versehen.
Die *Leitung* und kirchl. Dienstaufsicht üben *Beauftragte* aus, die der Rat der EKD mit Zustimmung der KK dem Bundesinnenminister benennt. Er oder sie kann die Aufgaben auf den ev. *Grenzschutzdekan* oder die *-dekanin* übertragen und sich durch ihn oder sie vertreten lassen. Diese sind Angestellte des Bundes (§ 5). Zu den Aufgaben gehört die lfd. Unterrichtung des Rates und Fühlungnahme mit den Gliedkirchen, denen jährlich zu berichten ist. Zur Beratung des Rates und der Beauftragten entsenden die Gliedkirchen ihre Beauftragten für die Seelsorge im BGS in eine „Arbeitsbesprechung", die mindesten jährlich einmal tagt (§§ 5–9).

Der Staat trägt die Personal- und Sachkosten. Die kirchl. Arbeit für die Beamten, die sonstigen Bediensteten und ihre Angehörigen erfolgt mit Unterstützung aus Mitteln des kirchl. Sonderhaushaltes der Grenzschutzseelsorge (Erl Art. 33 I) im Rahmen von kirchl. Tagungen, Seminaren, Studienreisen und Familienfreizeiten.[787] Die Finanzierung dieses Sonderhaushaltes erfolgt über die Allgemeine Umlage zum EKD-Haushalt.

Artikel 19 (Vertretung gegenüber der öffentlichen Gewalt)

Die Evangelische Kirche in Deutschland vertritt die gesamtkirchlichen Anliegen gegenüber allen Inhabern öffentlicher Gewalt. Sie erstrebt ein einheitliches Handeln ihrer Gliedkirchen auf allen Gebieten des öffentlichen Lebens.

Die gesamtkirchl. Vertretung gegenüber der öffentlichen Gewalt hat im Bemühen um eine Kohärenz gliedkirchl. Handelns für die kirchl. Partizipation an der Bundespolitik ein besonderes Gewicht gewonnen.[788] Sie wendet sich besonders an staatl. Institutionen, während die Mittel und Wege zur Wahrnehmung des Verkündigungsauftrags im folgenden Art. 20 im Vordergrund steht. Mit der förmlichen Vertretung (Satz 1) korrespondiert das inhaltliche Ziel des gesamtkirchl. Handelns (Satz 2).

Satz 1 (Vertretung)

Mit der Vertretung gegenüber öff. Gewalt wird der EKD eine Aufgabe übertragen, die schon dem DEKb (und mehr noch der DEK) zugewiesen war: „Die unmittelbare Tä-

---

787 Z. Ganzen Sauerzapf, S. 97 ff. m.w.N.; J. Heubach, K.-D- Stephan, Berufsethik, Glaube, Seelsorge, Leipzig 1997, darin u.a. R. Kass, Der moderne BGS, S. 45 ff.; Gesetz über den BGS v. 19.10.1994 BGBl. I S. 2978).

788 Hauschild, EKD, Sp. 1715.

tigkeit des Bundes erstreckt sich ... auf die Wahrung der gemeinsamen evangelischen Interessen ... im Verhältnis zum Reiche, seiner Gesetzgebung und Verwaltung, auf Antrag der beteiligten Kirchen im Verhältnis zu den einzelnen Ländern, ihrer Gesetzgebung und Verwaltung" (Anh 2: § 2 III). Die **Vertretung** der EKD beschränkt sich auf „die gesamtkirchlichen Anliegen". Sie greift also nicht in die Befugnis der Gliedkirchen ein, eigene Anliegen gegenüber Ländern und Kommunen zu vertreten. Daraus folgt für das Begriffsverständnis hier abweichend von der Stellvertretung im engeren Sinne (d.h. in den Angelegenheiten des Vertretenen) ein Moment eigenständigen Handelns der Gesamtkirche.[789]

Mit **„gesamtkirchlichen Anliegen"** ist der *Vertretungsgegenstand* weit gefasst. Er geht über den juristisch geprägten Begriff der „Interessen" (s.o.) hinaus. Der Begriff deckt sich auch nicht mit der Summe der Einzelanliegen aller Gliedkirchen. Er umfasst vielmehr alle diejenigen Aufgaben, die aus der Natur der Sache heraus nur von der Gesamtkirche wahrgenommen werden können, sei es, dass sie rechtstechnisch nur im Wege einheitlichen Handelns zu lösen sind, oder dass sie ein Gesamtinteresse des deutschen Protestantismus als solchen betreffen, das wesensmäßig nicht von einer oder mehreren Gliedkirchen vertreten werden kann. Dazu gehören insb. die *Gemeinschaftsaufgaben* wie beispielsweise die Regelung der *Seelsorge in der Bundeswehr* durch Vertrag mit der Bundesregierung (Erl Art.18).
Gesamtkirchl. Anliegen beinhalten an sich alle Aufgabenbereiche der EKD. Gleichwohl ergibt sich aus dem mehr rechtl. Institut der „Vertretung" und dem institutionellen Charakter der „öffentlichen Gewalt" als Vertretungsadressaten, dass der Verfassungsgeber wohl mehr die institutionellen und staatskirchenpolitischen Anliegen der Kirche im Blick hatte, als den Regelfall der Wortverkündigung. Dies schließt aber deren Wahrnehmung auch gegenüber staatl. Organen i.S. politischer Diakonie, wie sie insb. den Ratsbevollmächtigten aufgetragen ist, nicht aus. Für die Ausrichtung ihrer Botschaft an die Öffentlichkeit weist der EKD eher der folgende Art. 20 Mittel und Wege.

Inhaber öffentlicher Gewalt sind hier hauptsächlich staatl. Stellen. Die EKD ist zunächst an die zentralen Stellen gewiesen. Bei der Verabschiedung der GO hatte es die Gesamtkirche nicht wie früher mit dem Reich zu tun, sondern mit mehreren staatl. Zentralen: zunächst mit den Besatzungsmächten und später mit den Organen beider deutscher Staaten. Daher ist für die Vertretungsaufgabe der EKD eine Beschränkung auf einen zentralen Adressaten in der GO nicht vorgesehen. Ihre Vollmacht ist vielmehr in der Sache des zu vertretenden Anliegens beschränkt und bezieht sich letztlich auf **alle** Inhaber öffentlicher Gewalt. Dies sind neben den Staatsorganen auf Bundesebene

---

[789] Vgl. Schlaich, Änderungen der GO, S. 155.

u.a. auch die *Bundesländer*, während eine Intervention des DEKb bei letzteren ausdrücklich nur auf gliedkirchl. Antrag erfolgte.[790] Die Länder können insb. in denjenigen Fällen Adressaten gesamtkirchl. Anliegen werden, in denen mehrere Gliedkirchen in einem Bundesland belegen sind oder eine Angelegenheit in einem Land erhebliche praktische bzw. politische Auswirkungen für die Gesamtkirche aufweist. Im ersteren Fall – beispielsweise in den Ländern Nordrhein-Westfalen oder in Niedersachsen, in denen jeweils 6 bzw. 9 Gliedkirchen belegen sind – wird i.d.R. zunächst eine der Kirchen federführend tätig werden, etwa diejenige, die in der Sache stärker als andere betroffen ist, oder in der das Landesorgan bzw. der Regierungssitz belegen ist. In Niedersachsen sind entsprechende Aufgaben der *Konföderation niedersächsischer Kirchen* übertragen (Erl Art. 21 II 2). Soweit die EKD in solchen Fällen, etwa auch auf Anregung einer der betr. Gliedkirchen, in gesamtkirchl. Vertretung tätig wird, stimmt sie dies tunlich vorher mit den anderen Kirchen ab.[791]

Im Fall überlandeskirchl. Bedeutung einer Angelegenheit wendet sich meist die Gliedkirche ihrerseits an die EKD, auch wegen möglicher Unterstützung auf Bundesebene. Typische Fälle sind hier staatskirchenrechtl. Auseinandersetzung um die kirchl. Selbstverwaltung, z.B. auf dem Gebiet des Datenschutzes, des Friedhofs- und Krankenhauswesens oder anderer Diakoniebereiche, um den kirchl. Datenanspruch im Melde- und Standesamtswesen oder um die Gebührenbefreiung kirchl. Stellen. Hier geht es vielfach um Präjudizien für andere Länder bzw. Gliedkirchen, die ein unmittelbares Tätigwerden der EKD erfordern. Anderenfalls ist die EKD dazu auf Grund Art. 19 weder befugt noch verpflichtet.

Zu den Inhabern öffentlicher Gewalt i.S.d. GO gehören auch zwischenstaatl. Einrichtungen, auf die der Staat Hoheitsrechte übertragen hat (z.B. gem. Art. 23 I u. 24 I GG). Dazu gehören vor allem die europäischen Institutionen, die in der politischen Gestalt der *Europäischen Union* zunehmend auch für die Kirche relevante staatl. Funktionen ausübt. Zur Vertretung der EKD gegenüber der Bundesrepublik hat der Rat frühzeitig einen „besonderen Bevollmächtigten" (Art. 31 II Nr. 7) bestellt. Diese Aufgabe wird wahrgenommen durch den *Bevollmächtigten des Rates bei der Bundesrepublik Deutschland und der Europäischen Union* mit seiner Dienststelle in der Bundeshauptstadt und einem *Büro am Sitz der EU in Brüssel*.

---

[790] Anh 2: § 2 III; dies sah ausdrücklich schon der GO-Entwurf v. H.E. Feine v. 1946 (Gesch 4) vor.

[791] Vgl. schon den vorsichtigen Beschl. des DEKA v. 8./9.12.1926 (Hosemann, Kirchenbund, S. 1); solcher Abstimmung dienen auch regelmäßige Konferenzen der Bevollmächtigten der EKD und ihrer Gliedkirchen.

Die Einrichtung dieser Dienstellen geht zurück auf eine Bitte des Rates um Vorschläge der Kirchenkanzlei, „in welcher Weise eine Verbindung der EKD zu den Organen der BRD hergestellt und eine Sammlung der ev. Abgeordneten des Bundestages herbeigeführt werden kann".[792] 1950 berief der Rat einen „Bevollmächtigten des Rates der EKD am Sitz der Bundesregierung" mit dem Amtstitel eines Prälaten.[793] Er hatte die Aufgabe, „ständige Fühlungnahme" mit den leitenden Stellen der Bundesregierung, dem Bundestag und den Abgeordneten zu halten und den Rat über die politische Lage und die leitenden Stellen der Bundesrepublik über die grundsätzlichen Auffassungen und die aktuellen Anliegen der EKD zu unterrichten. Außerdem soll er sich die Seelsorge an den ev. Mitgliedern der Bundesorgane und Bundesdienststellen angelegen sein lassen.[794] Mit dem diplomatischen Auftrag verbindet sich demnach ein pastoraler Dienst, der den Bevollmächtigten aus dem Kreis der politischen Interessenvertretungen heraushebt. Zum Mandat des Bevollmächtigten gehört es im Hinblick auf die Ökumene auch, dass er die internationalen staatl. Kontakte für EKD und Gliedkirchen nutzbar macht. Er führt ferner Korrespondenzen und Vertragsverhandlungen der EKD mit dem Bund. Hinzu kommt die Repräsentanz der EKD in der Bundeshauptstadt und die Vermittlung von Begegnungen kirchl. Vertreter des In- und Auslandes mit Mandatsträgern des öffentlichen Lebens.[795] Der Bevollmächtigte oder sein geschäftsordnungsmäßiger Vertreter nehmen grundsätzlich an den Sitzungen des Rates (§ 3 IV GeschORat) und des Kollegiums des KA (§ 9 GeschOKA) mit beratender Stimme teil und regelmäßig auch an Tagungen der Synode und KK.

Die „Außenstelle" des Ratsbevollmächtigten in Brüssel – verbunden mit einer entsprechenden Dienststelle des DW – im „EKD-Büro Brüssel" fungiert als Verbindungsstelle gegenüber der EU und dem Europarat. Dieser „Vertreter der EKD bei der Europäischen Ökumenischen Kommission für Kirche und Gesellschaft (EECCS) unterrichtet den Rat und die Dieststelle der EKD über die Entwicklung des Rechts der EG in allen Bereichen ..., die von kirchlichem Belang sind." (Dienstanweisung des Ratsbevollmächtigten v. 19.6.1991). Sie hält auch Kontakt zu den kirchl. Organisationen auf europäischer Ebene, namentlich zur KEK und zu anderen Glaubensgemeinschaften, beispielsweise zum Rat der Europäischen Bischofskonferenzen (CCEE). Seine Arbeit gilt der zunehmenden Bedeutung der europäischen Rechtsetzung und Rechtsprechung für die EKD, aber auch den Aktivitäten der EU-Kommission im Bereich der gemeinsamen Außen- und Sicherheitspolitik, sowie besonders der Sozial- und Kulturpolitik (z. Verhältnis zum KA s. Erl Art. 31 Nr. 8).

---

792 Beschl des Rates v. 6./7.9.1949 (EZA 2/1791).

793 Beschl. des Rates v. 17./18.1.1950 (EZA 2/1792); in Entsprechung zu dem Beauftragten gegenüber der DDR (1949-58), H. Grüber, hatte der Bevollmächtigte bei der BRD, Sup. H. Kunst (1956-1972), die Amtsbezeichnung „Propst" (NdschrRat 29./30.11.1949: EZA 2/1791); bis 1999 in Personalunion mit dem Militärbischof.

794 GeschO v. 1.10.1954 (Anl. zu NdschrRat 1.10.1954 – EZA 2/1797).

795 Dazu Kunst, Verbindungsstellen zwischen Staat und Kirche, und Gaertner, Der Dienst des juristischen Stellvertreters beim Bevollmächtigten des Rates der EKD etc., ZevKR 51 (2006) S. 190 ff.

Auf Grund der vom Staat gem. Art. 5 I 2 GG gewährleisteten Freiheit der Presse und Berichterstattung sind die Kirchen als gesellschaftlich relevante Gruppe zur Repräsentation der Allgemeinheit in den *Rundfunk- bzw. Fernsehräten* vertreten. Die EKD entsendet Vertreter in die Gremien der bundesweiten öffentlich-rechtl. Sendeanstalten u.a. von ARD und ZDF, der Deutschen Welle, des Deutschlandradios sowie z.T. auch der *Landesmedienanstalten* und *Programmausschüssen* des privaten Rundfunks. Zur kirchl. Öffentlichkeitsarbeit im Rundfunk s. Erl Art. 20 I.
Auch für die *Seelsorge in der Bundeswehr* wird die Vertretung der kirchl. Angelegenheiten gegenüber der Bundesrepublik durch die EKD wahrgenommen (Erl Art. 18). Eine Vertretungsfunktion auf Bundes- und EU-Ebene übt die EKD ferner durch das *Diakonische Werk der EKD* als *Spitzenverband der freien Wohlfahrtspflege* aus (Erl Art. 15 III).

Satz 2 (Gliedkirchliche Kohärenz im öffentlichen Leben)
Zweck und Ziel der gesamtkirchl. Vertretung ist die Einheit gliedkirchl. Handelns. Über das Verhältnis zu staatl. Stellen hinaus erfaßt die Koordinierungsaufgabe der EKD **alle Gebiete des öffentlichen Lebens**. Damit ist ein Raum umschrieben, der über Predigt, Sakramentsverwaltung, Seelsorge und Unterricht hinaus das gesamte öff. Leben politischer, wirtschaftlicher, sozialer und kultureller Art umfasst. Dies bedeutet gegenüber dem Vertretungsbereich des ersten Satzes eine erhebliche Weiterung des gesamtkirchl. Arbeitsfeldes. Denn das öff. Leben erfährt mit der Entwicklung zur *Mediengesellschaft* eine bei Verabschiedung der GO noch nicht dagewesene Ausdehnung (Erl Art. 20 I „Kundgebungen"). Ein Gesamtkonzept für die Publizistik in der EKD als elementarer Lebensäußerung der Kirchen beschreibt der *Publizistische Gesamtplan der EKD.*[796]

Die Wahrnehmung des *Öffentlichkeitsauftrages* (Erl Art. 20 I) durch die EKD beschränkt sich hier auf die bezweckte gliedkirchl. Kohärenz im Unterschied zur autonomen Öffentlichkeitskompetenz gem. Satz 1; denn ein einheitliches gliedkirchl. Handeln in der Öffentlichkeit ist zunächst durch interne Abstimmung (s. Art. 20 I 2. Halbsatz) anzustreben. Die Übernahme der Wortführerschaft kann auch ein notwendiges und legitimes Mittel für die Einheit gliedkirchl. Handelns sein, aber nur als Ergebnis des primär gebotenen Benehmens mit den Gliedkirchen.
Die gesamtkirchl. Koordinierungsaufgabe erfährt eine Einschränkung auch in der Art und Weise ihres Wirkens: Die EKD wird hier nicht ausdrücklich zu konkreten Handlungsformen ermächtigt, sondern sie „**erstrebt**" lediglich ein einheitliches Handeln. Diese mehr finale Umschreibung bedeutet in diesem Verfassungskontext aber nicht

[796] Markt und Medien, hg. v. KA, 1. Aufl., Hannover 1997 (Fortführung des Publizistischen Gesamtplans der EKD v. 1979).

nur eine Haltung, sondern notwendig ein aktives Tätigwerden der EKD, das an anderer Stelle der GO mit der generellen Aufgabe des „Bemühens“ beschrieben wird (z.B. Art. 6 I). Die offene Formulierung („erstrebt“) der Aufgabe umfasst alle mögl. Aktivitäten, von der persönlichen inoffiziellen Kontaktnahme über offizielle Interventionen bis hin zu Denkschriften, Grundsatzpapieren und weiteren Instrumentarien gesamtkirchl. Handelns (Erl Art. 20 I) gegenüber den Repräsentanten öffentlichen Lebens, wie Berufsverbänden, Parteien, Gewerkschaften.

Die weitere Bestimmung dieses Aufgabenfeldes folgt aus dem Ziel **einheitlichen Handelns der Gliedkirchen.** Das einheitliche „Handeln“ der Gliedkirchen besagt mehr, als dass nur „nach einheitlichen Grundsätzen verfahren“ wird (Art. 6 II). Zum Handeln gehört auch die Meinungsbildung und Stellungnahme der Kirche, die zu einer bestimmten Frage von der Öffentlichkeit auf Bundesebene erwartet wird und dargestellt werden kann (Erl Art. 20 I „Kundgebungen“ u. Art. 29 „Denkschriften“). Dabei geht es um die höhere Überzeugungskraft einstimmiger Voten. Es hat sich hierbei wiederholt gezeigt, wie schwer es in der ev. Kirche ist, zu einem einheitlichen Handeln gegenüber der gesellschaftlichen und staatl. Öffentlichkeit zu kommen. Dieses Ziel ist der EKD aber durch Art. 19 auch für ihre Kundgebungen, Ansprachen und sonst. Verlautbarungen gesteckt. Das besagt, dass die Kirche möglichst „mit einer Stimme und nicht mit allzu vielen und nicht mit allzu unterschiedlichen oder gegensätzlichen Stimmen reden“ sollte.[797] In dieser Hinsicht gewinnt die an sich mehr koordinierende interne Funktion der EKD zwangsläufig auch inhaltliche Bedeutung und verbindet sich mit ihrem gesamtkirchl. *Öffentlichkeitsauftrag.* Insoweit die Kohärenz gliedkirchl. Handelns ein unmittelbares Tätigwerden in der Sache und Äußerung der EKD zur Sache erfordert, überschneiden sich – soweit sich die EKD auch an den Staat wendet – beide Aufgaben der Koordinierung (Satz 2) und der Vertretung (Satz 1).

Artikel 20 (Kundgebungen, Versammlungen und Kollekten)

(1) In Erfüllung ihrer Aufgaben kann die Evangelische Kirche in Deutschland Ansprachen und Kundgebungen ergehen lassen, die leitenden Stellen der Gliedkirchen zu Besprechungen versammeln und von ihnen Auskunft oder Stellungnahme einholen.
(2) Sie kann zur Erfüllung bestimmter Aufgaben Kollekten ausschreiben, die in allen Gliedkirchen einzusammeln sind. Ihre Zahl soll jährlich nicht mehr als drei betragen. Die Erhebung weiterer gesamtkirchlicher Kollekten kann sie den Gliedkirchen empfehlen.

---

797 Präses L. Raiser vor der bay. Synode (Bericht der Bay. Landessynode 1972, Bd. 48, S. 12).

Zum Abschluss des Abschn. über die gesamtkirchl. Aufgaben benennt die GO Mittel und Wege zu deren Erfüllung. Sie kann sich an die Öffentlichkeit, an die Kirchenleitungen und über die Gliedkirchen an die Gemeinden wenden. Die Vorschrift gilt der Erfüllung „aller" Aufgaben, also dem gesamten Dienst der EKD; die Mittel der Ansprache, Kundgebung, und der Kollektenausschreibung weisen dabei über organisatorische und koordinierende Funktionen hinaus auf die unmittelbare Wahrnehmung des Verkündigungsauftrages der EKD gegenüber Öffentlichkeit und Gemeinde. Die Mittel zur Aufgabenerfüllung werden hier nicht auf die ausdrücklich benannten beschränkt; denn nach dem *Grundsatz der Universalität der Mittel* kann die GO der EKD keine gesamtkirchl. Aufgaben zuweisen, ohne ihr die geeigneten Mittel zu deren Wahrnehmung einzuräumen.[798]

Absatz 1 (Ansprache der Öffentlichkeit und der Gliedkirchen)
Dieser Absatz bezieht sich, wie Art. 6 zu Beginn des Zuständigkeitskatalogs der EKD, auf die Gesamtheit **ihrer Aufgaben**: ihr Bemühen um die Gemeinschaft der Gliedkirchen und ihr Hinwirken auf kohärentes Handeln.

Öffentlichkeitsauftrag – Ansprachen und Kundgebungen
An erster Stelle steht die Möglichkeit, sich mit **Ansprachen und Kundgebungen** an die Öffentlichkeit zu wenden, denn zum Wesen der Kirche gehört *Öffentlichkeit*: das Wirken in ihr und die Verlautbarung an sie. Der auf dem Missionsbefehl (Mt 28, 18 ff.) gegründete Sendungs- und Verkündigungsauftrag, „die Botschaft der freien Gnade auszurichten an alles Volk", bedeutet einen Anspruch des Evangeliums auf öff. und universale Geltung (Art. 16 I 1). Aus diesem *Öffentlichkeitsanspruch* leitet sich der *Öffentlichkeitsauftrag*[799] der Kirche ab, an dem die EKD im Rahmen ihrer Aufgaben teilhat. Dieser Auftrag betrifft namentlich das öff. Handeln und Vertreten i.S.d. Art. 19.
Die Verkündigung der Heilsbotschaft in die Wirklichkeit dieser Welt, kann nicht davon absehen, zu deren Lage und Vorgängen Stellung zu nehmen. Dies schließt auch die *Unterrichtung* der Öffentlichkeit ein (Art. 31 II Nr. 8). Die Kirche hat sich daher auch zu politischen und gesellschaftlichen Fragen zu äußern und schriftgebotene Positionen zu beziehen, ohne innerweltliche Gerechtigkeit zum Richtpunkt der Verkündigung und „politischer Theologie" zu machen. Das politische Wächteramt der Kirche (Jer 6,17; Jes 62,2, Hes 33,1 ff.) kann in elementaren Glaubensdingen (status confessionis)

798 Gutachtliche Äußerung des Leiters des KI v. 9.6.1955 zur Frage eines Vertrages über die Militärseelsorge (KA-Az. 4201/2).

799 Barmer Theol. Erkl. These VI; zur Terminologie: W. Huber, Kirche und Öffentlichkeit, S. 620; Schlaich, Öffentlichkeitsauftrag, S. 245; Thiele, Der Öffentlichkeitsauftrag der Kirchen; Öffentlichkeitsanspruch und -auftrag sind auch staatlicherseits anerkannt und in den meisten Kirchenverträgen ausdrücklich aufgenommen (v. Campenhausen/de Wall, Staatskirchenrecht, S. 93); vgl. Erl Art. 1 III 2: Erkenntnisse des Kirchenkampfes.

letztlich auch ein eindeutiges „Nein“ gebieten (z.B. Verwerfungen der Barmer Theol. Erklärung: Text 3).

Begriffsverständnis und Unterschied zw. beiden Formen öff. Äußerung der Kirche sind nicht ohne weiteres ersichtlich.[800] **Kundgebungen** sind nach der GeschO der Synode „Beschlüsse, mit denen sich diese an die außerkirchliche Öffentlichkeit wendet“ (§ 19 I). Dies schließt in der Sache gem. Art. 20 I kirchl. Adressaten, namentlich die volkskirchl. Öffentlichkeit ein (zu den besonderen Anforderungen an außerkirchl. Verlautbarungen: Erl Art. 23 II). Für die Ansprache der Kirchenleitungen und ihrer Gemeinden bieten sich in erster Linie andere Wege der Bekanntmachung an, etwa durch Rundschreiben oder sonstige Verbreitung über die Gliedkirchen.
Kundgebungen und Ansprachen können sich in Erfüllung der Aufgaben der EKD an alle Bereiche der Öffentlichkeit wenden, an besondere gesellschaftliche Gruppen oder Standesvertretungen ebenso wie an die staatl. Organe und politischen Repräsentanten, auch über den nationalen Bereich hinaus in die europäische oder Weltöffentlichkeit. Im ökum. Horizont kann sich die EKD an Kirchen innerhalb und außerhalb Deutschlands wenden oder an die Christenheit der Welt; sie hat hier freilich die Ordnung der Ökumene zu achten, in die sie gem. Art. 2 III gestellt ist.

Der Kundgebung kommt gegenüber „Ansprachen“ und mehr noch im Verhältnis zu sonstigen lfd. Beschlüssen größerer Abschlusscharakter in der Meinungsbildung zu. Die Verf. des DEKb sprach von „öffentlichen Kundgebungen“ (Anh 2: § 9 III). Sie gehörten zu der Sprechweise der Kirche von ‚oben‘ als Autorität. Solches kirchl. Wort war „nicht Diskussionsbeitrag, sondern Kundmachung“, versichert durch Bibelwort und Verkündigungsauftrag (vgl. CA XIV: „publice docere“).[801] Das größere Gewicht der „Kundgebung“ gegenüber „Ansprachen“ und ihren förmlichen und feierlichen Charakter unterstreicht die GO, indem sie für diese erstere Verlautbarungsform *Zuständigkeiten und Verfahren* festlegt (Erl Art. 23 II u. 20 I 4). Während sich die Kundgebung als institutionelle Veröffentlichung mehr an die Allgemeinheit wendet, verbindet sich mit der **Ansprache** ein konkreter bestimmter Kreis von Adressaten, die von der Stimme des Ansprechenden erreicht werden. Auf die Bezeichnung als „Kundgebung oder Ansprache“ kommt es daher nicht allein an, sondern auch auf Inhalt, Medium und Adressaten.[802] Vielfach wurden Kundgebungen als „Worte“, „Entschließungen“ oder „Erklärungen“ veröffentlicht (vgl. Kundg.EKD). Die Synode bezog sie meist auf ihr Schwerpunktthema.

---

[800] Die Begriffe werden daher gem. Art. 23 II EGO74 unter dem Terminus „öffentliche Erklärung“ zusammengefasst.
[801] Odin, Das politische Wort der Kirche, S. 13.
[802] So Präses L. Raiser (SB Berlin-Spandau 1991, S. 155).

Mit dem Zweck und der erforderlichen Wirksamkeit der **Erfüllung ihrer Aufgaben** stellen sich auch entsprechende *Anforderungen* an die Verlautbarungen: Zu prüfen ist jeweils, welches Gegenüber sich Synode, Rat etc. im konkreten Falle vorstellen und welchen Partner sie anzusprechen haben. Des Weiteren ist zu bedenken, dass solche Äußerungen i.d.R. mehr bewirken, wenn von ihnen ein sparsamer Gebrauch gemacht wird. Die Aufnahmebereitschaft der Medien fördern allzu häufige Verlautbarungen nicht, auch wenn dies von den jew. Initiatoren gerade für ihr besonderes Anliegen energisch gefordert wird. Eine gewohnheitsmäßige Verabschiedung von Kundgebungen, auch in weniger wichtigen Fragen, würde dieses bedeutsame Instrument kirchl. Handelns entwerten. Verlautbarungen, bei denen an eine Verlesung von den Kanzeln gedacht ist, sollten nicht zu lang sein und die theol. Fachsprache vermeiden.[803]

Mandat der gesamtkirchlichen Leitungsorgane
Die Vielgestalt des deutschen Protestantismus geht mit einer Vielfalt von Meinungen und Verlautbarungen einher. Äußerungen im Rahmen des Verkündigungs- und Sendungsauftrages als Ratschlag zu politischen Fragen können nicht allein auf die kirchenleitenden Organe beschränkt sein, da die ganze Kirche mit all ihren Ämtern und Gliedern unter diesem Auftrag steht. Die Wahrnehmung des Öffentlichkeitsauftrages als Bestandteil der Verkündigung liegt an sich in der Kompetenz jedes Kirchengliedes. Das Nebeneinander der vielen, die berufen sind – oder sich berufen fühlen – für die Kirche zu reden, bringt aber das Problem mit sich, dass zu viel, manchmal auch Widersprüchliches gesagt und dadurch nicht mehr gehört wird. Auf die gem. Art. 19 erstrebte größere Einheit und Überzeugungskraft der ev. Kirche in der Öffentlichkeit kann sich beides negativ auswirken. Daher muss die kirchl. *Öffentlichkeitsverantwortung* und die allgemeinpolitische Vertretung nach der GO vornehmlich als Gemeinschaftsaufgabe verstanden werden. Wenn daher Organe der **EKD** im Namen der Kirche sprechen, nehmen sie nicht lediglich theol. begründete Kompetenz in Anspruch, sondern handeln auf Grund eines Rechtstitels der GO (Art. 19, 20 I, 23 II, 29 I, 31 II Nr. 8).[804]
Besonders auf dem politischen Feld der Öffentlichkeitsverantwortung entstehen immer wieder Konflikte und Polarisierungen für die „*Verantwortungsgemeinschaft*" der glied- und gesamtkirchl. Organe.[805] Die Stellungnahmen der EKD zu politischen Problemen

---

803 Denkschrift der EKD „Aufgaben und Grenzen kirchlicher Äußerungen zu gesellschaftlichen Fragen", Rdn. 11, in: Denkschriften Bd. 1/1, Gütersloh 1978, S. 43 ff.; dazu auch: L. Raiser, Die Denkschriften der EKD als Wahrnehmung des Öffentlichkeitsauftrages, S. 9 ff.

804 Robbers, Verbindlichkeit von Beschlüssen kirchenleitender Organe, S. 9; vgl. schon Erik Wolf mit Hinweis auf den Defizite gemeinsamer reformatorischer Sozialtheologie und die notwendige bekenntnismäßige Legitimation sowie auf die Gefahr des Dilettierens (Ordnung, S. 735).

805 Reformüberlegungen hierzu b. Ahme, Der Reformversuch der EKD, S. 181; dazu Votum der AKf „Möglichkeiten und Grenzen eines politischen Zeugnisses der Kirche und ihrer Mitarbeiter", Neukirchen 1982.

bereicherten in der Vergangenheit einerseits die innerkirchl. und gesamtgesellschaftliche Meinungsbildung und gaben der EKD Profil; sie belasteten aber auch ihre Gemeinschaft, z.B. in der Auseinandersetzung mit Fragen der Wiederbewaffnung (1956), der Vertriebenen (Ost-Denkschrift 1965), des ÖRK-Programms zum Anti-Rassissmus (1969), der Ostverträge (1970/73) und zum Schwangerschaftsabbruch (1972), in denen die politischen Ansichten der Kirchenglieder wie der Gesamtgesellschaft geteilt waren.[806] Bei der Mitwirkung am kirchl. Öffentlichkeitsauftrag bedarf es daher bei allen Amtsträgern und Kirchenmitgliedern eines gewissen Maßes an Loyalität in der Mitverantwortung für das Ganze. Diese ist gegen regionale bzw. partikulare Erfordernisse und Verantwortlichkeiten abzuwägen. Dem dient auch das Mittel der Versammlung und Besprechung mit den Kirchenleitungen (s.u.). Eine strikte „Verlautbarungsbindung" dergestalt, dass amtl. Stellungnahmen nicht durch „nachgeordnete" Stellen unterlaufen werden dürfen,[807] würde dieser Abwägung auch nicht gerecht. Zur Abstimmung in publizistischen Fragen zw. EKD und Kirchenbünden, Gliedkirchen sowie publizistischen Einrichtungen, Werken und Verbänden hat die KK eine *Arbeitsgruppe für Publizistik und Medien* eingerichtet; daneben besteht ein gemeinsamer Medienauschuss der KK und des Rates der EKD.

Äußerungsgegenstände und Medien
Kundgebungen und Ansprachen waren schon vor der GO eine gängige Form kirchl. Äußerungen. Bereits der DEKb hat zu zahlreichen Problemen Stellung genommen.[808] Nationale und politische Fragen wurden ebenso aufgegriffen wie die der Erziehung, der Wohnungsnot und anderer sozialer Probleme. Schon 1945 erließ die „Kirchenkonferenz der EKD" Kundgebungen zur Verantwortung der Kirche für das öffentliche Leben, zur Schulfrage, Worte an Gemeinden und Pfarrer, gefolgt von der Stuttgarter Erklärung des Rates im Oktober 1945.[809] Seither haben alle gesamtkirchl. Leitungsorgane Kundgebungen erlassen, sei es zur Frage der Kriegsdienstverweigerung, zur Eidesfrage, zu Menschenrechten und Flüchtlingsproblem, zu Wohnungsbau und Siedlungswesen, zur Familienfürsorge, zum Eherecht, zur Wiedervereinigung Deutschlands oder zu anderen Fragen des öff. Leben.[810] Die stärkste Öffentlichkeitswirkung erzielten Äußerungen zu gesellschaftlichen und politischen Fragen. Freilich ist bei einer Flut von Erklärungen zu beachten, dass das Reden vom rechten Tun die christlich gebotene Tat nicht suggestiv

---

806 Dazu Hauschild, EKD, in: TRE, S. 674 f.; Schroer, Denkschriften, S. 493 ff.; Ahme, aaO, S. 79 m.w.N.; vgl. Raiser, Die Denkschriften der EKD, S. 11 f.

807 Obermayer, Kirchenführung in dieser Zeit, S. 35.

808 Anh 2: § 2 IV Nr. 1; zu den Kundgebungen des Kirchentages und des Kirchenausschusses: Hosemann, Kirchenbund, S. 149 ff.

809 Kundg. EKD 1 S. 3-14.

810 Vgl. Kundg.EKD 1-3.

ersetzt und überdeckt und dass auch die Kirche der Welt letztlich keine Lösung für ihre Probleme bringen kann, sondern die Erlösung durch Christus zu verkündigen hat.[811]

Mit dem Wandel zur *Mediengesellschaft* wächst die Bedeutung kirchl. Mediennutzung, der Printmedien einschließlich des *Internets* und der *Plakatierung,* des *Telefons (Zuschauertelefon nach TV-Gottesdienst, Telefonmarketing, Call-Center)* und vor allem des Rundfunks. Dem Anstoß und der Förderung innovativer Vorhaben dient der *Medienfonds der EKD.* Besonderes Gewicht kommt *„religiösen Sendungen"* zu, die die öffentlich-rechtl. verfasste Kirche im *Fernsehen und Hörfunk* auf Grund von *Staats-* und sonstigen *Verträgen* oder *Rundfunkgesetzen* als Drittsendungen eigenverantwortlich gestaltet. Zur kirchl. Vertretung in den Rundfunk- und Fernsehräten s. Erl Art 19 I. Um geeignetes Materialangebot für die Sendestellen sorgen kirchl. Filmgesellschaften, wie die EIKON gemeinnützige Gesellschaft für Fernsehen und Film mbH und die Matthias-Film Gemeinnützige GmbH. In diesem Medienengagement ermöglicht und verpflichtet der Öffentlichkeitsauftrag die EKD über herkömmliche Gottesdienstübertragungen hinaus zu weit ausgreifenden, Gesellschaft und Staat insg. betreffenden, kommunikativen Aktivitäten. Dabei vollzieht sich solche zeitbezogene, politisch relevante Gestaltung der Botschaft in der Dialektik zw. Verkündigungsauftrag und gesamtgesellschaftlicher Diakonie.[812] Wahrgenommen wird der Öffentlichkeitsauftrag auch durch publizistische Initiativen, wie etwa die Trägerschaft des „Robert Geisendörfer Preises" für Hörfunk und Fernsehen oder die Öffentlichkeitsinitiative der ev. Kirche 2002: „Gemeinsam Antworten finden". Im Gesamtbereich der EKD sind die meist von Kammern erarbeiteten und vom Rat verantworteten *Denkschriften* (Erl Art. 22 II) oder *„Orientierungshilfen"* zu akuten Fragen – z.T. gemeinsam mit der Deutschen Bischofskonferenz – Beispiele für die Wahrnehmung des Öffentlichkeitsanspruchs. „Aufgaben und Grenzen kirchlicher Äußerungen zu gesellschaftlichen Fragen" beschreibt die so überschriebene Denkschrift der Kammer für soziale Ordnung (1970).

Versammlung und Befragung der Gliedkirchen

Große praktische Bedeutung kommt der Möglichkeit zu, **die leitenden Stellen der Gliedkirchen zu Besprechungen zu versammeln.** Gemeint ist hiermit nicht die KK als Verfassungsorgan, dessen Einberufung und Beratung auch nicht so disponibel ist, wie die hier geregelte Besprechung. Ansprechpartner der EKD sind die „leitenden **Stellen**". Dies sind nicht die Gliedkirchen als solche oder die Kirchenleitungen, die die

811 Slenczka, Verbindlichkeit von Beschlüssen kirchenleitender Organe, S. 417 ff. mit Bezug auf: Bonhoeffer, Ethik, S. 276-282.

812 Link, Kirchen und neue Medien, S. 129 f.; vgl. Synodenbeschl „Zum Protestantismus in der europäischen Medienpolitik"(SB Amberg 2001, S. 583); dazu Stock, Viele Religionen im Rundfunk?, S. 380 ff.; Fischer, Kirchliche Beiträge im Fernsehen.

KK bilden, und auch nicht nur die leitenden Amtsträger. Der Begriff der Stelle bezieht sich mehr auf die Organisationseinheiten der Verwaltungs- oder Leitungszentralen bzw. der Amts- und Dienststellen. Besondere Bedeutung kommt hier den Leitern der Zentralen Verwaltungsstellen zu; die *Leitenden Juristen* treffen sich mehrmals jährlich auf Einladung des Präsidenten des KA. Zu entsprechenden Zusammenkünften, zuweilen auch zu Klausurtagungen, lädt der Ratsvorsitzende die *Leitenden Geistlichen* ein. Außerdem gehören zu den leitenden Stellen auch die Dezernate, Referate und andere zentrale Organisationseinheiten. Auch den *Referentenkonferenzen*, zu denen das KA regelmäßig die Leiter bestimmter Fachbereiche versammelt, kommt erhebliche praktische Bedeutung zu, freilich ohne Mandat externer Stellungnahmen. So werden etwa Gesetzentwürfe der EKD, die die Gliedkirchen betreffen, regelmäßig bei der Vorbereitung durch das KA in der betr. Referentenkonferenz so weitgehend wie möglich abgestimmt.

Der Versammlungszweck der **Besprechungen** bringt zum Ausdruck, dass es hier grundsätzlich nicht um förmliche Meinungsbildung und verbindliche Beschlussfassung geht, die im Prinzip den Verfassungsorganen vorbehalten sind, sondern um Informations- und Meinungsaustausch. Dieser zielt aber auf die Abstimmung mit den Gliedkirchen i.S.d. Art. 6 II und Art. 19 Satz 2, d.h. wie in bestimmten Fragen praktisch verfahren und dass nach übereinstimmenden Grundsätzen gehandelt wird.[813] Die Versammlung zu Besprechungen hat sich in einigen Fällen zu festeren zw. EKD und Gliedkirchen vermittelnden Gremien institutionalisiert (z.B. Leitende Juristen, Leitende Geistliche). Zu den Besprechungen gehören auch die Fachtagungen, wie die *Kirchenjuristentagung*, die jährlich durch das Kirchenrechtliche Institut der EKD veranstaltet wird.

Ähnlichen Zwecken wie der Versammlung, gilt der oft parallel laufende Verständigung durch **Auskunft oder Stellungnahme**. Sie bezeichnet einen Teil der *Amts- und Verwaltungshilfe,* die auch aus dem Prinzip der Gemeinschaft und der Ordnung der Geschwisterlichkeit folgt (Art. 1 I u. 5). Als Alternative zur Konferenz bietet sie die Möglichkeit der Verständigung zw. einzelnen Amtsinhabern oder Organisationseinheiten auf allen Ebenen. Sie ist vorbehaltlich der jew. GeschO und sonstiger interner Regelungen an eine Form nicht gebunden und kann auf mündlichem, fernmündlichem oder schriftlichem Wege eingeholt werden. Diese Kommunikation umfasst den größten Teil des Verwaltungsverkehrs der EKD mit den Gliedkirchen. Das herkömmliche und noch gängige Instrument ist das *Rundschreiben* an die Gliedkirchen, sei es als Umfrage

---

[813] So wurde beispielsweise in die Richtlinien des Rates für die Führung der Übersicht über die kirchl. Werke und Einrichtungen etc. die Empfehlungen der Datenschutz-Referentenkonferenz durch ausdrückliche Bezugnahme aufgenommen (Recht der EKD, 1.14).

(Auskunft) nach bestimmten Daten, Handhabungen oder dem Meinungsstand zu einzelnen Fragen. Die Einholung von Auskunft und Stellungnahme, d.h. Information und Meinungsäußerung, überschneidet sich. Umfragen führen selten zu einheitlichen bzw. einhelligen Ergebnissen; für die EKD gilt es dann, Zahl und Inhalt der Voten verantwortlich abzuwägen, um zur Wahrnehmung ihrer Aufgaben für die Gemeinschaft zu einer eigenen Meinung zu kommen. Zum Verfahren vgl. auch GeschOKA.

Absatz 2 (Kollekten)
Zur Werbung für ihre gesamtkirchl. Aufgaben und zur Beschaffung der finanziellen Mittel für deren Erfüllung – über den regulären Haushaltsansatz hinaus – kann die EKD Kollekten der Gottesdienstgemeinden ausschreiben.

Satz 1 (Ausschreibung)
Kollekten sind die Opfersammlungen, hier insb. im Sonntagsgottesdienst der versammelten Gemeinde. Mit der Zweckbestimmung des Dankopfers tritt die EKD auch in der gemeindlichen Liturgie in Erscheinung. Daher ist es nicht statthaft, dass die Gliedkirchen statt dessen entsprechende Beträge aus anderen Mitteln überweisen. Denn die Gemeinden sollen durch die Kollekte mit den Aufgaben der EKD, den gesamtkirchl. Erfordernissen und den Anliegen der Kirchengemeinschaft vertraut gemacht werden. Freilich beschränkt sich ihre Beteiligung auf die Zweckbestimmung und **Ausschreibung** der Kollekte bzw. deren Zahl. Die *Kollektenhoheit* liegt bei den Gliedkirchen bzw. Gemeinden. Dies bedeutet, dass die EKD sich nicht unmittelbar an die Gemeinden wenden kann; ihre Ausschreibung richtet sich im Rahmen des Haushaltsgesetzes an die Gliedkirchen. Diese nehmen die Ausschreibungen in ihren *Kollektenplan* auf: Sie bestimmen auch die Erhebungstermine. Daher muss nicht in allen Kirchen an demselben Sonntag für die EKD kollektiert werden. Abkündigung und Einsammlung ist dann Sache der gottesdienstlichen Gemeinde.

Die Kollekten **sind in allen Gliedkirchen** und deren Gemeinden einzusammeln. Diese haben nicht mehr darüber zu befinden, ob für den EKD-Zweck kollektiert wird. Für jede der (drei) Kollekten ist ein besonderer Sonntag vorzusehen. Es dürfen also nicht mehrere für die EKD an einem Sonntag eingesammelt werden; ebenso wenig darf vom Ertrag etwas für andere Zwecke abgezweigt werden.[814] Der geschwisterliche Umgang miteinander gebietet auch, dass nicht alle EKD-Kollekten an erwartungsgemäß schwach besuchten Gottesdiensten, z.B. zur Hauptferienzeit, erhoben werden. Die Ausschreibung wird bestimmt im „Kirchengesetz über den Haushalt, die Umlagen und die Kollekten der EKD für das Haushaltsjahr“.

814 Vgl. Robbers, Verbindlichkeit von Beschlüssen kirchenleitender Organe, S. 4.

Satz 2 (Zahl der Kollekten)
Dem gliedkirchl. Obligo, für die EKD zu kollektieren, entspricht die Begrenzung auf regulär drei Ausschreibungen im Jahr. Diese Anzahl **soll** nicht überschritten, kann auch unterschritten werden. In Abweichung zu früherer Praxis wurden in den letzten Jahren regelmäßig drei Kollekten ausgeschrieben, für besondere gesamtkirchl. Anliegen, für Ökumene und Auslandsarbeit sowie für die Diakonie. Mit dem Recht der Ausschreibung **zur Erfüllung bestimmter Aufgaben** verbindet sich die Pflicht, der Gottesdienstgemeinde den Zweck der Kollekte als einen wichtigen Teil der Verkündigung möglichst konkret und ansprechend zu benennen, d.h. plausibel und kanzeltauglich vor Augen zu führen. Mit Sorgfalt bei Formulierung und Vortrag sollten „bestimmte" und nicht eine Auswahl von Projekten u. dgl. abgekündigt werden und möglichst durch jew. kundige Gäste oder Gemeindeglieder. Zur „Erfüllung" ist nicht auf die Höhe, sondern den Sinn des „Dankopfers" abzustellen.

Satz 3 (Weitere Kollektenempfehlungen)
Von der Möglichkeit, die Erhebung weiterer gesamtkirchl. Kollekten zu **empfehlen**, wird – auch nach bisheriger Handhabung – nur mit Zurückhaltung Gebrauch zu machen sein. In diesem Zusammenhang sah Art. 59 II EGO74 neben den Kollekten die Aufgabe vor, „für bestimmte Zwecke Sammlungen zu veranstalten" (z.B. „Brot für die Welt").

III. Gliederung

Der Abschnitt beschreibt zunächst den gliedkirchl. Bestand der EKD. Er umfasste schon in Kirchenbund und DEK die bestehenden „deutschen Landeskirchen" und beruht auf der gewachsenen traditionellen Zusammengehörigkeit der evangelischen Kirchen in Deutschland. Damit verbindet sich auch eine territoriale Ordnung, die geschichtlich bedingt weitgehend auf die politische **Gliederung** des 19. Jh. zurückgeht (Gesch 1b). Bei der Verabschiedung der GO stand die staatl. Verf. noch aus; die politische Neuordnung des in Besatzungszonen geteilten Deutschlands war noch ungeklärt. Mangels solcher Vorgaben waren die politischen Rahmenbedingungen für eine grundlegend neue Konzeption der Gesamtkirche, wie sie etwa aus den Erfahrungen des Kirchenkampfes von bruderrätlicher Seite postuliert wurde, noch nicht hinreichend bestimmbar. Daher beschränkten sich alle Entwürfe zur GO auf eine entsprechend kurze Beschreibung bzw. Fortschreibung des historischen Bestandes in Form nur eines Artikels. Eine Neugliederung der EKD wurde erst über ein halbes Jh. später Gegenstand einer Strukturreform und Perspektivüberlegungen des Rates (Gesch 9). Dieser heute immer dringlicher empfundenen Aufgabe entsprach bereits die Bestimmung des Bruderratsentwurfs: „*Die EKD hat auf eine Gliederung nach kirchlichen Gesichtspunkten hinzuwirken.*"

Artikel 21 (Glieder der Kirchengemeinschaft)

(1) Gliedkirchen der Evangelischen Kirche in Deutschland sind die bestehenden Landes- und Provinzialkirchen.
(2) Der Zusammenschluss, die Neubildung und die Auflösung von Gliedkirchen erfolgt im Benehmen mit der Evangelischen Kirche in Deutschland. Das gleiche gilt, wenn sich Gliedkirchen ohne Aufgabe ihres rechtlichen Bestandes innerhalb der Evangelischen Kirche in Deutschland zusammenschließen.
(3) Jede Gliedkirche steht, unbeschadet ihrer Zugehörigkeit zu einem territorial oder konfessionell bestimmten gliedkirchlichen Zusammenschluss, im unmittelbaren Verhältnis zur Leitung der Evangelischen Kirche in Deutschland.
(4) Bekenntnisverwandte kirchliche Gemeinschaften können der Evangelischen Kirche in Deutschland durch Vereinbarung angeschlossen werden. Die Vereinbarung bedarf der Bestätigung durch Kirchengesetz.

In einer einzigen Vorschrift behandelt die GO die gesamtkirchl. **Gliederung** in Gliedkirchen und deren körperschaftliches Verhältnis zur EKD, die möglichen Bestandsveränderungen und den Anschluss weiterer Gemeinschaften.

Absatz 1 (Gliedkirchen)
Die EKD ist der Zusammenschluss von Partikularkirchen, die territorial auf das Gebiet der BRD begrenzt sind und sich auf das reformatorische Glaubensverständnis gründen. An Stelle des Begriffs der „verbündeten Landeskirchen“ als „Mitglieder“ des DEKb (Anh 2: § 3) oder der „Landeskirchen“, wie sie die Verf. der DEK (Anh 3: Art. 2 I) ohne inhaltliche Aussage über das Verhältnis zur Gesamtkirche definierte, führt die GO den Begriff der **„Gliedkirchen“** ein.[815] Folglich ist nach 1948 von luth. Seite wiederum kritisch auf den Föderationscharakter der EKD hingewiesen worden, die keine Kirchen als „Glieder“ haben könne. Diese Kritik maß der Bezeichnung dann lediglich terminologische Bedeutung ohne inhaltlich-sachliche Aussage bei; denn eine „wirkliche“ Kirche im damaligen luth. Sinne gliedere sich in Kirchenprovinzen, -bezirke, -kreise oder Sprengel, nicht aber in Gliedkirchen. Eingewandt wurde gegen diese Vorbehalte der Vergleich mit der VELKD, in der auch Einzelkirchen verbündet sind und der Kirchencharakter beigemessen wird.

Gliedkirchen der EKD „sind **die bestehenden** Landes- und Provinzialkirchen“. Es heißt nicht: „die bisherigen Landeskirchen können Gliedkirchen werden“ oder „werden“ Gliedkirchen, sondern sie **sind** es bereits. Diese historische und rechtl. Aussage

815 Z. Begriff der Gliedkirche: Guntau, Gliedkirche, S. 161; vgl. Erl Vorspr. III u. Art. 1 I 1.

bringt zum Ausdruck, dass die EKD nicht erst im Jahre 1945 oder 1948 durch die GO auf dem Wege eines Beitritts von bis dahin unverbundenen Einzelkirchen bzw. durch eine von diesen spontan initiierte kirchenpolitische Neugründung entstanden ist. Sie ist vielmehr die Fortsetzung der bereits bestehenden Einheit und Gemeinschaft derselben Landeskirchen, wie sie schon in Wittenberg 1848 entworfen wurde und im DEKb und den nachfolgenden Organisationsformen zusammengewachsen ist (Anh 1-4). Statt eines Beitritts wurde daher die „Zustimmung" zur GO erklärt.[816] „Bestehend" besagt aber nicht, dass der Bestand unveränderbar ist (Abs. 2). Nach Ansicht des Rates (Impulspapier, S. 95) könnte sich künftig die Zahl der Gliedkirchen u.U. auf „zwischen acht und zwölf" reduzieren.

Die Definition der Gliedkirchen betrifft auch den *Geltungsbereich der GO.* Dieser geht nicht unmittelbar aus dieser Vorschrift hervor, ebenso wenig wie aus dem übrigen Text der GO. Es ergibt sich aber durch Hinzuziehung weiterer Quellen, wie der Unterschriftenliste (Anh 10), der Bremer Zugehörigkeitsmitteilung (Gesch 5) oder Kirchengesetzen (Text 5). Im Hinblick auf die territorialen bzw. parochialen Grenzen der ursprünglich als Anstalt verstandenen kirchl. Institution hat nach ev. Kirchenverständnis auch das genossenschaftliche Moment an Bedeutung gewonnen,[817] das die Geltung gesamtkirchl. Rechts auch über territoriale und nationale Grenzen hinaus beansprucht. Dies gilt z.B. für die Dienststelle der EKD in Brüssel.

An eine *Erweiterung* der EKD durch Beitritt, wie ihn die Verf. des DEKb (§ 3) vorsah, ist anscheinend nicht gedacht, zumal ihr von Anfang an alle in Deutschland flächendeckend bestehenden Landes- und Provinzialkirchen angehören.[818] Auch einen *Austritt* aus der EKD sieht die GO – im Unterschied zum DEKb (§ 21) – nicht mehr vor, was bei der Gründung des BEK 1969 bedeutsam wurde und bei der Wiedervereinigung 1991 ein Wiederaufleben der Gliedschaft ermöglichte (Gesch 8e). Die Reaktivierung der ruhenden Gliedschaft durch das EKD-Vereinigungsgesetz ließ daher den Kirchenbestand der EKD unberührt. Ebenso wenig lässt die GO vor allem aus rechtstheol. Gründen eine *Auflösung der EKD* zu.

Die GO unterscheidet zw. Landeskirchen und Provinzialkirchen. Der Begriff der **Landeskirche** kennzeichnet die historisch gewordene Eigenart der Territorialkirchen. Ihre

---

816 Brunotte, GO, S. 209 f.; a.A. i.S. eines Beitritts: mehrere gliedkirchl. Stellungnahmen zu GO (Gesch 5). Dies berührt auch die Frage der Entstehung und Rechtsnatur der GO bzw. EKD; zur „Paktierungsgrenze" Erl Art. 26a III.

817 Liermann, Kirchenrecht, S. 16 f.

818 Abweichend anscheinend: EKD-Synode, Kundgebung zum Schwerpunktthema „Eins in Christus" v. 9.11.2000 (SB Braunschweig 2000, S. 520); mit dem Beitritt weiterer Kirche kann jedoch auch ein Anschluss gem. Abs. 4 gemeint sein.

geographischen Zuschnitte beruhen in Grundzügen – von wenigen Ausnahmen abgesehen – auf den staatl. Entscheidungen des Wiener Kongresses (Gesch 1b). Sie behielten auch nach dem Wegfall des landesherrlichen Summepiskopates 1918 über den öffentlichrechtl. Körperschaftsstatus hinaus besondere Rechte. Daher hat sich diese Bezeichnung meist auch in den Namen der betr. Gliedkirchen erhalten, unabhängig vom politischen Korrelat veränderter oder weggefallener Länderstrukturen. Der Begriff bezieht sich nunmehr auch in volkskirchl. Sinn auf den Dienst der Kirche an den Menschen eines bestimmten Raumes, der anstaltlich wie auch genossenschaftlich zu bestimmen ist.

Als 1866 Schleswig-Holstein, Hannover und Hessen-Nassau zu Preußen kamen, wurde den dort bestehenden Landeskirchen ihre Selbstständigkeit neben der APU belassen. **Provinzialkirchen** gab es 1948 nur in der „Evangelischen Kirche der altpreußischen Union" (EKU). Im DEKb und in der DEK waren sie keine selbständigen Kirchen, sondern Verwaltungsbezirke der Landeskirche der altpreußischen, d.h. der vor 1866 preußisch gewordenen Gebiete, die fast die Hälfte der DEK ausmachten. Nach 1945 haben sich aber die verbliebenen *altpreußischen* Kirchenprovinzen[819] besonders im Westen weitgehend als selbständige Landeskirchen verfasst.

1945 schien es zunächst, dass sich die EKU in ihre Teilkirchen auflösen werde. Frühzeitig setzte aber eine Gegenbewegung zur Erhaltung der altpreußischen Gesamtkirche ein. Die in Treysa anwesenden Vertreter von Westfalen, Rheinland, Berlin-Brandenburg und Schlesien schlossen am 31.8.1945 eine Vereinbarung über eine neue reduzierte Form, in der die Union fortbestehen sollte. Zusammen mit einer ergänzenden Erklärung v. 2.10.1945 auch bezüglich der östlichen Provinzialkirchen führte diese zu einer vorläufigen Neubildung der EKU.[820] Diesem Provisorium folgte nach weiteren Bemühungen um die Neugestaltung der altpreußischen Kirche am 20.2.1951 die endgültige *„Ordnung der Evangelischen Kirche der altpreußischen Union"*.[821] Danach besteht die APU mit eingeschränkten Befugnissen als Kirche fort. Die früheren Provinzialkirchen wurden auch „Gliedkirchen" der APU, blieben aber autonom und übten Kirchenleitung und Gesetzgebung selbständig aus (Art. 2 der „Ordnung"). Durch KG v. 12.12.1953 wurde mit der neuen Bezeichnung „Evangelische Kirche der Union" auch der umstrittene Namensteil „altpreußisch" abgelegt.

---

819 Nach der Abtrennung von Ostpreußen, Westpreußen und Posen sowie des größten Teiles von Pommern und Schlesien; so wurde aus der „Ev. Kirche von Schlesien" 1968 die „Ev. Kirche des Görlitzer Kirchengebietes" und 1992 die „Ev. Kirche der schlesischen Oberlausitz" (vgl. Handreichung zur Namensgebung, in: ABl. Görlitz 1992 S. 7 f.); Berlin-Brandenburg, Provinz Sachsen, Rest-Pommern, Rest-Schlesien, neben Westfalen und Rheinland.

820 Durch eine (Zweite) VO der neugebildeten altpreußischen Kirchenleitung v. 2.10.1945 (Amtliche Mitteilungen aus der Ev. Kirche der APU 1945 Nr. 1, S. 3-10; abgedruckt im – ABl. EKD Berliner Stelle – 1947 Heft 2, S. 28-31).

821 ABl. EKD 1951 Heft 7 Nr. 85 u. ABl. EKD 1954 Heft 4 Nr. 89.

Bei Verabschiedung der GO, war die Entwicklung der APU noch nicht abzusehen. Es musste auch mit der weiteren Möglichkeiten eines Zerfalls in die Provinzialkirchen gerechnet werden. Andererseits schien eine völlige Wiederherstellung der APU als Landeskirche mit den Provinzialkirchen als unselbständigen Teilgebieten angesichts deren zunehmender Eigenständigkeit wenig wahrscheinlich. Daher entschied man sich in Eisenach dahingehend, dass sowohl die Provinzialkirchen als auch die APU bzw. EKU unmittelbar Gliedkirchen der EKD wurden.[822]
Die EKU hat nach 1948 – wie auch später die UEK als Rechtsnachfolgerin – von ihrem *Status als Gliedkirche* grundsätzlich Gebrauch gemacht und Art. 21 I auf sich bezogen.[823] Freilich sind die Bestimmungen der GO nicht in allen Punkten auf sie anwendbar. Die EUK entsendet zwar gemäß Art. 28 II ein Mitglied in die KK, wählt aber entgegen Art. 24 I keine Mitglieder in die Synode der EKD. Sie zahlt auch abweichend von Art. 33 I 2 keine Umlage.

Für diese Abweichungen gab es gute Gründe (doppelte Mandate und Beiträge); denkbar wäre aber auch gewesen, dass von den auf die EKU entfallenden Synodalen die Union und die Gliedkirchen je einen Teil entsandt hätten. Ähnlich hätte man auch bei der Umlage verfahren können. Es verblieben jedoch Zweifel hinsichtlich der Zulässigkeit der besonderen Vertretung der Gesamt-EKU in der KK und einer gewissen Gewichtsverschiebung zugunsten der sechs altpreußischen Gliedkirchen. Nach der verfassungsrechtl. Struktur stellte sich die Frage, ob dem seinerzeit noch ungeklärten Status für Altpreußen und seine Provinzialkirchen nicht eher der Charakter einer „territorial bestimmten Vereinigung von Gliedkirchen“ gem. Absatz 3 beizumessen wäre.[824]

In der Eisenacher Kirchenversammlung wies in diesem Zusammenhang der Vertreter der Ev. Kirche in Hessen und Nassau darauf hin, dass seine Kirche weder Provinzialkirche sei und sich auch nicht als Landeskirche bezeichne, sondern der EKD als Territo-

822 Für letztere unterschrieb Bischof Dibelius die GO.

823 Vgl. Art. 3 I Ordnung der APU (ABl. EKD 1951 H 7 Nr. 85).

824 So Brunotte, GO, S. 212 f., der darüber hinaus die Frage aufwarf, inwieweit die APU nach ihrer Ordnung v. 20.2.1951 noch dem Begriff einer „Landeskirche“ i.S.d. Art. 21 I entsprach: „Ist ein Gebilde noch ‚Landeskirche‘, wenn es kein Gesetzgebungsrecht mit bindender Wirkung für seine Gliederungen mehr hat und wenn seine Untergliederungen im unmittelbaren Verhältnis zur EKD stehen?“ Das Problem erhält seine rechtl. Zuspitzung durch die Frage: Würde eine auf konfessioneller oder territorialer Basis erfolgende „Vereinigung“ (Abs. 3) von anderen Gliedkirchen auch die Möglichkeit haben, Gliedkirche der EKD zu werden, wenn eine solche Vereinigung nicht „Landeskirche“ war und es auch nicht werden kann, weil die Mitglieder der Vereinigung rechtl. selbständig bleiben? Ähnliche Fragen waren mit der Gründung der UEK angesprochen (Erl Abs. 2 Satz 1).

rialkirche angehöre. Dagegen betonte der rheinische Kirchenvertreter die Eigenschaft seiner Kirche als „Provinzialkirche“.[825]

Außer der Union Evangelischer Kirchen in der EKD (UEK) gehören der EKD an:[826]

1. Evangelische Landeskirche Anhalts
2. Evangelische Landeskirche in Baden
3. Evangelisch-Lutherische Kirche in Bayern
4. Evangelische Kirche Berlin-Brandenburg-schlesische Oberlausitz
5. Evangelisch-lutherische Landeskirche in Braunschweig
6. Bremische Evangelische Kirche
7. Evangelisch-lutherische Landeskirche Hannovers
8. Evangelische Kirche in Hessen und Nassau
9. Evangelische Kirche von Kurhessen-Waldeck
10. Lippische Landeskirche
11. Evangelisch-Lutherische Landeskirche Mecklenburgs
12. Nordelbische Evangelisch-Lutherische Kirche
13. Evangelisch-Lutherische Kirche in Oldenburg
14. Evangelische Kirche der Pfalz (Protestantische Landeskirche)
15. Pommersche Evangelische Kirche
16. Evangelische-reformierte Kirche (Synode ev.-ref. Kirchen in Bayern und Nordwestdeutschland)
17. Evangelische Kirche im Rheinland
18. Evangelische Kirche der Kirchenprovinz Sachsen
19. Evangelisch-Lutherische Landeskirche Sachsens
20. Evangelisch-Lutherische Landeskirche Schaumburg-Lippe
21. Evangelisch-Lutherische Kirche in Thüringen
22. Evangelische Kirche von Westfalen
23. Evangelische Landeskirche in Württemberg.

Absatz 2 (Zusammenschluss, Neubildung und Auflösung)

Umgruppierungen und neue Abgrenzungen der Gliedkirchen ändern das territoriale und politische Gefüge der EKD. Dies gilt namentlich für *Zusammenschlüsse.* Sie erfolgen in verschiedenen Formen und Stufen und werden von der GO (Satz 1 u. 2) in unterschiedlicher Bedeutung behandelt. Bekenntnisgleiche Kirchen können sich zu einer größeren Kirche zusammenschließen, wie es z.B. 1920 in Thüringen, 1977 in Nordelbien oder 1989 in den reformierten Kirchen geschehen ist. Luth. und ref. Kir-

---

825 M. Niemöller, EKHN, und E. Stoltenhoff, Rh (Eisenach 1948, S. 106).

826 Die ursprünglich der EKD angehörenden Gliedkirchen, deren Vertreter auch die GO unterzeichnet haben, sind in Anh 10 aufgeführt.

chengebiete haben sich im 19. Jh. zu einer Unionskirche zusammengeschlossen. Bekenntnisgleiche Kirchen können sich auch an einem Bund beteiligen, der amtskirchl. Organisationsformen vermeidet, wie der Reformierte Bund, oder auch bei vorläufiger Wahrung ihrer äußeren Selbständigkeit zu einer Bundeskirche, wie z.B. der VELKD zusammentreten, an die Souveränitätsrechte abgetreten werden. Auch Kirchen verschiedener Bekenntnisse können einen Kirchenbund oder eine Kirchengemeinschaft bilden. Darüber hinaus kann es lose Formen einer Arbeitsgemeinschaft ohne engere rechtl. Bindungen geben (z.B. ACK).

Satz 1 (Aufgabe des rechtlichen Bestandes von Gliedkirchen)

Der Zusammenschluss bedeutet hier (im Unterschied zu „zusammenschließen“ gem. Satz 2) die Begründung einer einheitlichen, größeren Gliedkirche durch mehrere Partner unter Aufgabe deren rechtl. Bestandes.[827] Er kann auf regionaler oder auch auf konfessioneller Ebene erfolgen, sei es, dass beim Anschluss einer kleineren Gliedkirche auch deren Namen aufgegeben wird oder dass sich mehrere Gliedkirchen zu einer neu verfassten Kirche mit neuem Namen zusammenschließen. Der Zusammenschluss i.S. dieser Vorschrift umfasst auch den *nachträglichen Beitritt* einer Gliedkirche.

Durch den bedeutsamsten Zusammenschluss in der EKD mit dem Nordelbischen Kirchenvertrag v. 21.5.1970 entstand 1977 die *Nordelbische Evangelisch-Lutherische Kirche (NEK)* aus den benachbarten luth. Landeskirchen: Ev.-luth. Landeskirche Eutin, Ev.-luth. Kirche im Hamburgischen Staate, Ev.-luth. Kirche in Lübeck und Ev.-Luth. Landeskirche Schleswig-Holsteins zuzüglich des Kirchenkreises Harburg der Landeskirche Hannovers. Angegliedert ist die Nordschleswigsche Gemeinde. Das Kirchengebiet ist nahezu deckungsgleich mit den Ländern Hamburg und Schleswig-Holstein.[828] In neuerer Zeit schlossen sich 2003 die Berlin-brandenburgische und die Oberlausitzer Kirche zur „Evangelischen Kirche Berlin-Brandenburg – schlesische Oberlausitz“ zusammen.

Die *Ev.-Ref. Kirche* entstand 1989 aus dem Zusammenschluss der ev.-ref. Kirche in Nordwestdeutschland und der Ev.-ref. Kirche in Bayern.

Für den staatskirchenrechtl. Status solcher Zusammenschlüsse bestimmt Art. 140 GG i.V.m. Art. 137 V 3 WRV: „Schließen sich mehrere derartige öffentlich-rechtliche Religionsgemeinschaften zu einem Verbande zusammen, so ist auch dieser Verband eine öffentlich-rechtliche Körperschaft.“ Betrachtet man die entstehende Kirche als Verband, so ist der Status unmittelbare

827 Solche Zusammenschlüsse v. Gliedkirchen „berühren“ deren Verhältnis zur EKD (Anh 7A: Art. VIII Entwurf des Bruderrats).

828 Dazu Karsten, Der Nordelbische Kirchenvertrag v. 21.5.1970; Blaschke, Die Verfassung der Nordelbischen Ev.-Luth. Kirche.

Rechtsfolge des Vertragsabschlusses. Bezieht man diesen Verbandsbegriff nur auf einen föderativen Bund, dann müsste der neuen Kirche der staatsrechtl. Status erst verliehen werden.[829]

Auflösung einer Gliedkirche bedeutet weder ein völliges Verschwinden noch ein Aufgehen in einer anderen Kirche – dies wäre der Tatbestand des Zusammenschlusses –, sondern eine Teilung in mehrere kleinere Gliedkirchen unter Aufgabe des gemeinsamen Rechtsverbandes. Aus kirchenpolitischen oder aus bloßen Zweckmäßigkeitserwägungen könnte sich eine Gliedkirche i.S. einer Regionalisierung oder bekenntnismäßigen Trennung (z.B. in einer Verwaltungsunion) in mehrere kleinere Gliedkirchen teilen. Im Falle einer solchen Neugliederung würde im Endergebnis jede der neu entstehenden Teilkirchen entweder sich selbst als neue Gliedkirche der EKD konstituieren oder aber an eine schon bestehende andere Gliedkirche anschließen. Das Ergebnis sowohl des Zusammenschlusses als auch der Auflösung ist die **Neubildung** einer Gliedkirche.

Alle solche Umbildungen von Gliedkirchen müssen **im Benehmen mit der EKD** erfolgen, denn sie berühren das gesamtkirchl. Gefüge.[830] Benehmen bezeichnet eine Verständigung, die über die bloße Anhörung, wie vom Bruderrat vorgeschlagen (Anh 7A: Art. VIII), und auch über eine Fühlungnahme (Erl Art. 11) hinausgeht, andererseits aber noch kein Einvernehmen bedeuten muss. Die Organe der EKD werden sich zu den Umgestaltungsplänen im Regelfall äußern. Sie können förderliche Vorschläge machen oder auch abraten. Die EKD hat, wie schon der Bruderrat ausdrücklich vorsah, „auf eine Gliederung nach kirchl. Gesichtspunkten hinzuwirken" (Anh 7A: Art. VIII); sie hat aber nach der GO kein Vetorecht. Die Neuordnungen bedürfen auch nicht einer gesetzlichen Bestätigung durch die EKD, wie der Verfassungsausschuss zunächst vorsah (Anh 7B: § 21 II). Die Gliedkirchen behalten ihrerseits hinsichtlich ihres rechtl. Bestandes im Rahmen der Gemeinschaftsbindung (Art. 1 u. 5) die volle Souveränität und können sich u.U. auch gegen das Votum der EKD neu ordnen.

Ein Sonderfall war die *Verschmelzung von EKU und AKf* zu einer *„Union Evangelischer Kirchen in der EKD"*. Insofern die Zusammenführung unter dem Rechtsmantel der EKU erfolgt, handelt es sich hinsichtlich der AKf weder um einen „Zusammenschluss ... von Gliedkirchen" noch um deren „Auflösung" und hinsichtlich der EKU als Gliedkirche formal auch nicht um deren „Auflösung". Bei einem derart grundlegenden Einschnitt in die Struktur einer Gliedkirche durch eine zumindest sachlich so gewichtige Erweiterung legte jedoch der Regelungszweck der GO eine entsprechende

---

829 So für den Fall der NEK: Karsten, aaO, S. 292; zur abweichenden Ansicht: Lange, Die Nordelbische Evangelisch-Lutherische Kirche, S. 293.

830 Nach dem Entwurf des Bruderrates war die EKD lediglich „vorher zu hören" (Anh 7A: Art. VIII).

Anwendung nahe, ein Benehmen mit der EKD dort zu fordern, wo ihr gesamtkirchl. Gefüge betroffen ist.[831]

Satz 2 (Zusammenschlüsse ohne Aufgabe des rechtlichen Bestandes)
Neben der Neubildung von Gliedkirchen durch Teilung oder Zusammenschluss sieht die GO auch die Möglichkeit vor, dass sich Gliedkirchen innerhalb der EKD zusammenschließen, ohne ihren rechtl. Bestand aufzugeben. **„Zusammenschließen"** bedeutet hier (im Unterschied zu Satz 1) eine aktive Verbindung, in der weiterhin selbständige Teilkirchen zur ständigen Zusammenarbeit in Teilbereichen zusammentreten. Dadurch entstehen Zusammenschlüsse i.S.d. Abs. 3. Sie tragen dem Bedürfnis Rechnung, bestimmte Angelegenheiten einheitlich und von vornherein verbindlich zu beschließen und nicht jedes Mal vertraglich aushandeln zu müssen.[832] In der Sache ist hier eine „konfessionell oder territorial bestimmte Vereinigung" gemeint, wie sie als Ergebnis dieses Vorgangs Gegenstand des folgenden Abs. 3 ist. Charakteristisch für einen solchen Zusammenschluss ist, dass der rechtl. Bestand der Partner nicht aufgegeben wird, wie bei der Vereinigung zu einer neuen Gliedkirche gem. Satz 1. Die Vereinigung kann sich aber selbst als Kirche (Bundeskirche, Kirchenbund oder -gemeinschaft) verstehen, wie z.B. UEK und VELKD (vgl. Art. 21a). Es kann sich auch um eine Vereinigung in Form eines losen Verbandes handeln, wie z.B. der *Reformierte Bund*, dem Kirchen und Gemeinden angehören können, der aber selbst nicht Kirche sein will und sich bündisch (und zivilrechtl. als Verein) organisiert. Zum inhaltlichen Wirken der Zusammenschlüsse in der EKD vgl. Art. 21a.

Diese Zusammenschlüsse bzw. Vereinigungen haben völlige Freiheit der Bildung, und die betr. Gliedkirchen haben die Freiheit, sich an solchen Vereinigungen zu beteiligen. Die EKD hat – wie beim Zusammenschluss gem. Satz 1 – kein Einspruchsrecht mit aufschiebender oder aufhebender Wirkung. Doch ist auch hier das **Benehmen mit der EKD** herzustellen (Erl Satz 1).[833]

Gliedkirchliche Zusammenschlüsse (gem. Satz 2)
Mit der Gliederung der EKD werden von der GO ausdrücklich die Zusammenschlüsse zu „konfessionell oder territorial bestimmten Vereinigungen" der Gliedkirchen (Abs. 3) angesprochen. Diese sind auf vielfältige Weise und in unterschiedlicher Organisationsstruktur aus historischen und konfessionellen Gründen, als Vorstufe zu einer Kirche oder zur gemeinsamen Wahrnehmung regionaler bzw. bekenntnisspezifischer Aufga-

---

831 Vgl. Stellungnahme des Rates der EKD v. 25.1.2002 (KA-Az. 0710.126).
832 Stein, Kirchenrecht, S. 169.
833 Hammer, Die EKD und die Zusammenschlüsse ihrer Gliedkirchen, S. 101 ff.; Winter, Aufgabenfelder und Rechtsformen landeskirchl. Kooperationen, S. 341 ff.; vgl. auch Erl Art. 17 II „ÖRK".

ben (z.B. Pfarrerdienstrecht, Gottesdienstordnung) verbunden. Diese Vereinigungen innerhalb der EKD besitzen eigene Organe, die zum Teil mit Rechtsetzungsbefugnis, mit eigener Gerichts- und Verwaltungsfunktion ausgestattet sind.

Vereinigte Evangelisch-Lutherische Kirche Deutschlands (VELKD)
Die VELKD ist der Zusammenschluss der vom Neuluthertum des 19. Jh. geprägten Landeskirchen auf der Grundlage des gemeinsamen Bekenntnisses der luth. Reformation. Sie geht zurück auf den ersten deutschen Zusammenschluss luth. Kirchen im „Rat der Evangelisch-lutherischen Kirchen" 1936, als mit der Synode in Oeynhausen die Einheit der Bekennenden Kirche endete. Sie ist Kirche, weil sie ein gemeinsames reformatorisches Bekenntnis hat, in das ein weitgehend bestimmtes Verständnis der Kirche und ihrer Ämter eingeschlossen ist. Sie ist Körperschaft des öff. Rechts und hat die kirchl. Rechtsform einer Bundeskirche. Ihre Organe – die Generalsynode, die Bischofskonferenz mit dem Leitenden Bischof und die Kirchenleitung – können im Rahmen der ihnen in der Verf. zugewiesenen Aufgaben unmittelbar auf das Rechtsgefüge ihrer Gliedkirchen einwirken. Von dieser seit Gründung der VELKD im Jahr 1948 (Gesch 4) in der Verf. verankerten Befugnis wurde bisher allenfalls zurückhaltend Gebrauch gemacht, doch hat sie in den Bereichen Pfarrerdienstrecht, Agende und „Leitlinien kirchlichen Lebens" (2002) integrierend gewirkt. Zu weiteren Kernbereichen ihrer Arbeit gehören: Theologie und Bekenntnis, Gottesdienst und Ökumene. Dieser Arbeit dienen das Prediger- und Studienseminar (Pullach), ein Pastoralkolleg sowie ein Gemeindekolleg (Celle). Das Amt der VELKD im Kirchenamt der EKD übt die allgemeine Verwaltung aus. Die VELKD hat ein Verfassungs- und Verwaltungsgericht, ein Spruchkollegium für Lehrfragen und eine Kammer und einen Senat für Amtszucht. Der VELKD gehören mit den acht Landeskirchen von Bayern, Braunschweig, Hannover, Mecklenburg, Nordelbien, Sachsen, Schaumburg-Lippe und Thüringen – außer der oldenburgischen und der württembergischen Kirche (die im Kirchenkampf auch dem Lutherrat angehörte) – alle luth. Landeskirchen an.[834]

Deutsches Nationalkomitee des Lutherischen Weltbundes
In dieser „freien Vereinigung"[835] arbeiten sämtliche 14 luth. Gliedkirchen der EKD, auch die

834 Vgl. Strukturbericht des Luth. Kirchenamtes v. 13.10.1999 (Drucks. 11/1999 f. der 3. Tagung der 9. Generalsynode der VELKD); Hammer, Gedanken über die Zuordnung und Zusammenarbeit kirchlicher Werke und Verbände, S. 1 ff.; Scharbau, Vereinigte Evangelisch-Lutherische Kirche Deutschlands, Sp. 3706 ff. Zur Vorgeschichte: Fleisch, Das Werden der VELKD und ihrer Verfassung; die VELKD unterhält ein Gemeindekolleg, ein Theol. Studienseminar, ein Pastoralkolleg und ein Liturgiewissenschaftl. Institut und ist auf den Gebieten des Pfarrerdienstrechts, der Gemeindepädagogik und der weltweiten Ökumene tätig. Gegen den Beitritt der oldenburgischen Kirche sprach u.a. deren hochkirchl. Prägung, und der württ. Kirche neben reformationsgeschichtlichen Gründen die kirchenpolit. Intention des Einigungswerks ihres Bischofs.

835 Frost, Strukturprobleme, S. 546; vgl. Satzung des Nationalkomitees v. 18.3.1976, in: M. Lindow, Recht und Verlautbarungen der VELKD, Hannover, Losebl. Stand 1998, Nr. 703.

nicht zur VELKD, aber zum Lutherischen Weltbund gehörenden Gliedkirchen (auch Pommern als einzige UEK-Kirche) zusammen. Das Komitee fördert die Erfüllung der Aufgaben des Weltbundes und dient der Mitarbeit seiner Mitgliedskirchen. Dies gilt insb. der Information und Kommunikation zw. seinen Mitgliedskirchen und dem Weltbund und für eine möglichst gemeinsame Vertretung ihrer Anliegen. Geborener Vorsitzender des Komitees ist der Leitende Bischof der VELKD, die selbst nicht Mitglied ist.

Union Evangelischer Kirchen in der EKD (UEK)

Der 2003 in Kraft getretene Unionsvertrag zw. der Evangelischen Kirche der Union (EKU)[836] und Arnoldshainer Konferenz (AKf)[837] hat eine Verschmelzung der beiden Zusammenschlüsse zu einer *„Union Evangelischer Kirchen der EKD“* (UEK) mit insg. 14 unierten und reformierten Landeskirchen zum Gegenstand, mit dem ausdrücklichen Ziel, die UEK in die größere Gemeinschaft der EKD aufzulösen. Der UEK gehören außer der luth. Kirche in Oldenburg alle Mitglieder von AKf und EKU an.

Die UEK ist Körperschaft des öff. Rechts und arbeitet in der kirchl. Rechtsform eines Kirchenbundes. Der Zusammenschluss soll der weiteren gesamtkirchl. Einigung und einer Festigung der EKD dienen mit dem Ziel einer Gemeinsamkeit in Theologie, Liturgie und Kirchenrecht. Er steht insoweit unter dem Vorbehalt einer Überprüfung und Befristung im Hinblick auf die zu reformierenden EKD-Strukturen (Gesch 9) und sieht daher auch von der Bildung einer Synode ab. Entscheidungsgremium ist eine jährlich tagende Vollkonferenz. Sie wählt als Leitung ein Präsidium nebst Vorsitzendem und amtiert jew. 6 Jahre.

Die Verfassungsorgane werden verwaltungsmäßig vom „Amt der UEK“ im Kirchenamt der EKD unterstützt. Besonders auf liturgischem Gebiet und für das Arbeitsrecht bestehen einheitliche, integrative Ordnungen, ferner für die Pfarrerausbildung und für Lehrbeanstandun-

---

836 Dazu Winter, Die UEK als Beitrag zur Strukturreform der EKD. In der Evangelischen Kirche der Union (EKU) waren die unierten Landeskirchen von Anhalt, Berlin-Brandenburg, Pommern, Rheinland, Kirchenprovinz Sachsen, Schlesische Oberlausitz und Westfalen zusammengeschlossen. Sie war 1961 aus der ehemaligen Landeskirche der älteren Provinzen Preußens, der späteren Kirche der Altpreußischen Union (APU), hervorgegangen (Erl Abs. 1 „Provinzialkirchen“). Deren Zusammenschluss wiederum geht zurück auf den Aufruf König Friedrich Wilhelms III v. 1817, die seit der Reformation bestehende (auch dynastisch verursachte) luth. und ref. (calvinistische) Spaltung zu überwinden (Gesch 1b).; zur Entstehung s. Erl Abs. 1; zum Ganzen Rogge, EKU, S. 677 ff.

837 Die Arnoldshainer Konferenz (AKf) entstand 1967 im Gefolge der vom Rat der EKD initiierten theol. Arbeit zur Frage der Abendmahlsgemeinschaft zw. luth. und ref. Kirchen in Arnoldshain (Gesch 7). Sie war ein arbeitsgemeinschaftlicher Zusammenschluss von Vertretern kirchenleitender Organe aus 16 Landeskirchen der EKD. Ihr gehörten Vertreter der Kirchenleitungen von Anhalt, Baden, Berlin-Brandenburg, Bremen, Hessen und Nassau, Kurhessen-Waldeck, Lippe, Oldenburg, Pfalz, Pommern, Rheinland, Sachsen, Schlesische Oberlausitz, Westfalen, der Evangelisch-reformierten Kirche und der EKU an. Gastweise nahmen Württemberg und Reformierter Bund teil. Dazu Thiele, Die Arnoldshainer Konferenz, Struktur und Funktion eines gliedkirchl. Zusammenschlusses aus rechtl. Sicht; Löwe, 20 Jahre Arnoldshainer Konferenz aus der Sicht der EKD; Heidland, Der Weg der Arnoldshainer Konferenz, S. 54 ff.

gen. Die UEK besitzt eine eigene Verwaltungs- und Disziplinargerichtsbarkeit. Sie unterhält u.a. zwei Predigerseminare, den Berliner Dom, das Dietrich-Bonhoeffer-Haus, eine Historische Kommission zur Erforschung des Pietismus und den Theol. Arbeitskreis für reformationsgeschichtliche Forschung; ferner vergibt sie den Karl-Barth-Preis. Zur Geschichte s. Erl. Abs. 1.

Reformierter Bund
Der Reformierte Bund stellt einen freien Zusammenschluss von Kirchengemeinden, Kirchenverbänden, Synodalverbänden, Kirchen und Einzelpersonen ref. Bekenntnisses dar und gilt als gliedkirchl. Zusammenschluss innerhalb der EKD; er hat die kirchl. Rechtsform eines Bundes und ist zivilrechtl. als eingetragener Verein verfasst. Oberstes Organ ist die *Hauptversammlung,* die alle zwei Jahre tagt. Die zwischenzeitliche Leitung obliegt dem *Moderamen,* dem ein Generalsekretär beigeordnet ist. Hauptträger des Bundes sind die Evangelisch-reformierte Kirche (Synode der evangelisch-reformierten Kirchen in Bayern und Nordwestdeutschland), die Lippische Landeskirche, der Bund ev.-ref. Kirchen Deutschlands, die ev.-altref. Kirche in Nds. und die meisten ref. Gemeinden aus dem Bereich des ehemaligen Kirchenbundes in der DDR (Generalkonvent).

Konföderation evangelischer Kirchen in Niedersachsen (KonNds)
Aus der staatskirchenpolitischen Zusammenarbeit der nds. Gliedkirchen ist 1971 die *Konföderation evangelischer Kirchen in Niedersachsen* hervorgegangen. Diese Vereinigung der Landeskirchen von Hannover, Braunschweig, Oldenburg und Schaumburg-Lippe sowie der Ev.-ref. Kirche (Synode ev.-ref. Kirchen in Bayern und Nordwestdeutschland) betraf zunächst nur die gemeinsamen Angelegenheiten gegenüber dem Land Nds., die sich insb. aus dem *Loccumer Vertrag* v. 1955 (Erl Art. 3 II) ergaben. Die KonNds. ist dann zu einer engeren Organisationsgestalt mit dem Status einer öffentlich-rechtl. Körperschaft zusammengewachsen. Zu ihren Aufgaben gehört es, einen ständigen Erfahrungsaustausch zw. den Kirchen auf allen Aufgabengebieten und eine möglichst gleichmäßige Behandlung kirchl. Angelegenheiten herbeizuführen. Ferner werden gemeinsame Einrichtungen geschaffen und unterhalten, die Kirchen in Personalangelegenheiten unterstützt, gemeinsame Gesetze und Ordnungen herbeigeführt und Maßnahmen eingeleitet, die einer wirkungsvolleren kirchl. Ordnung und Gliederung in Nds. dienen. Organe der KonNds sind die Synode und der Rat. Sie unterhält eine Geschäftsstelle am Sitz der Landesregierung, die u.a. die gemeinsame Vertretung der fünf Gliedkirchen gegenüber dem Land wahrnimmt.[838]

In neuerer Zeit verstärken sich nach dem Zusammenschluss der Oberlausitzer und Berlin-brandenburgischen Kirche Bestrebungen einer weiteren *Neuordnung der Partikularstrukturen in Mitteldeutschland.* So bilden die Ev. Kirche der Kirchenprovinz Sachsen und die Ev.-Luth. Kirche in Thüringen seit 1.7.2004 die *Föderation Evangelischer*

---

838 Frank, Konföderation ev. Kirchen in Niedersachsen, S. 109 ff.

Kirchen in Mitteldeutschland (EKM). Organe der EKM sind die Föderationssynode, die Föderationskirchenleitung sowie das gemeinsame Kirchenamt, in dem das Landeskirchenamt in Eisenach und das Konsistorium in Magdeburg zusammenführt sind. Dem entspricht auch eine Vereinigung der drei Diakonischen Werke in Sachsen-Anhalt und Thüringen zu einem „Diakonischen Werk in Mitteldeutschland".
Auch die Kirchen von Mecklenburg und Pommern streben eine Fusion mit föderalen Elementen an.
Langfristig zielt diese gesamtkirchl. Entwicklung auf eine weitere Konzentration der Zahl der Gliedkirchen, die eine annähernd gleich starke kirchenleitende Dienstleistung für alle Regionen ermöglicht.

Absatz 3 (Verhältnis zur Leitung der EKD)
Der Stärkung der Gemeinschaft in der EKD dient die Erhaltung einer engen gesamtkirchl. Einbindung der Gliedkirchen, die sich gem. vorausgehendem Abs. 2 Satz 2 zu **einem territorial oder konfessionell bestimmten gliedkirchlichen Zusammenschluss** verbunden haben (z. Begriff: Erl Art. 21a I). Sie stehen daher unbeschadet dieser gesonderten Zugehörigkeit **im unmittelbaren Verhältnis zur Leitung der EKD.**[839] Dieses Prinzip der Unmittelbarkeit lässt es beispielsweise nicht zu, dass die betr. Gliedkirchen ihren Schriftverkehr über eine andere Stelle leiten, etwa über den Zusammenschluss, die nicht selbst Gliedkirche ist. Auch können sie sich gegenüber der EKD, ihren Organen und ihrer Leitung grundsätzlich nur selbst vertreten, und zwar jede für sich. Zwischeninstanzen zw. den Gliedkirchen und EKD sind in der Konzeption der GO nicht vorgesehen. So könnte beispielsweise der Reformierte Bund nicht die ihm neben den ref. Gemeinden auch angeschlossenen Gliedkirchen gegenüber der EKD vertreten, ebenso wenig wie die VELKD ihre Mitglieder.[840] Freilich erfährt dieser Grundsatz die in Art. 21a und den betr. Verträgen vorgesehenen insb. verfahrensrechtlichen Modifikationen.

Absatz 4 (Angliederung kirchlicher Gemeinschaften)
Neben dem in den Absätzen 1-3 geordneten Verhältnis der „Zugehörigkeit" zur EKD, die nur den Gliedkirchen zukommt, sieht die GO noch die losere Form einer *Angliederung* vor: Kirchl. Gemeinschaften, die den Vorbedingungen als Gliedkirche nicht entsprechen, die also weder Landes- noch Provinzialkirchen waren, können der EKD auf dem Wege der Vereinbarung **angeschlossen werden**.

839 Der frühere Begriff der „Vereinigung" wurde wie in Art. 17 V durch GO-Änderung v. 2005 sprachlich i.S.d. Art. 21a angepasst und durch „Zusammenschluss" ersetzt.
840 Dies war noch eine der luth. Forderungen in Treysa; Art. 6 II VELKD-Verf. v. 8.7.1948 war insoweit eine lex imperfecta. Die dort vorgesehene „Gesamtvertretung innerhalb der Evangelischen Kirche in Deutschland" wurde nur angestrebt und zwar auf dem Wege einer allmählich zu erreichenden Rechtsgleichheit in der VELKD; zur Verbandsmitgliedschaft s. Erl Art. 17 II „ÖRK".

Satz 1 (Angeschlossene Gemeinschaften)
Mit dem Begriff der **kirchlichen Gemeinschaften** ist der Anwendungsbereich dieser Regelung an sich weit gefasst. Aus dem Kontext des gesamtkirchl. Gefüges folgen jedoch bestimmte organisatorische Mindestanforderungen, die sich auch nach Umfang und Charakter an der Kirchenstruktur der Gliedkirchen orientieren. Maßgebend für die Auslegung dieses Tatbestandes ist nicht das Selbstverständnis der Gemeinschaften, sondern das Kirchenverständnis der GO.[841] So wird nicht jede eigenständige Glaubensgemeinschaft oder einzelne Gemeinde für den besonderen Status eines Anschlusses in Betracht kommen. Eine technische und formale Begrenzung folgt schon daraus, dass Vertreter der angeschlossenen Gemeinschaften an den Tagungen der Synode und der KK teilnehmen[842] und dass ein Anschluss gem. Satz 2 eine förmliche Bestätigung durch Gesetz erfordert.

Ein Anschluss kann nur mit **bekenntnisverwandten** Gemeinschaften vereinbart werden. Dieses Kriterium wurde schon vor Verabschiedung der GO als unklar und auslegungsbedürftig empfunden.[843] Es bezieht sich zunächst auf die EKD und deren bekenntnismäßige Grundlagen, wie sie in der Präambel beschrieben werden, und mittelbar auf die für die Gliedkirchen und ihre Gemeinde geltenden Bekenntnisse (Erl Vorspr. III). Die Verwandtschaft bezieht sich also auf das luth. und ref. Bekenntnis und das der Konsens- und Bekenntnisunionen. Das Kriterium der Bekenntnisverwandtschaft zur „Evangelischen Kirche in Deutschland“ ist also beschränkt auf diese genannten Bekenntnisse und besteht nicht ohne weiteres zu allen christlichen Denominationen, die sich als „Evangelische“ bezeichnen, sich zur Gruppe der ev. Kirchen rechnen oder die sich allgemein dem Protestantismus zugehörig fühlen (vgl. Erl Überschrift „Evangelische“). Eine konkrete Definition dieses Kreises gibt die GO nicht. Einen Anhalt gibt die Statuierung der „*Gemeinschaft*“ zw. den Gliedkirchen und der „Kirchengemeinschaft“ i.S.d. *Leuenberger Konkordie* gem. Art. 1: Außer der inhaltlichen Übereinstimmung beschreibt dieser Lehrkonsens teilweise auch den Kreis der Kirchen, für die eine Beteiligung für möglich erachtet wird oder die Zustimmung schon erfolgt ist. Letztere sind namentlich dokumentiert. Damit beschreibt die Konkordie in der Sache die Bekenntnisverwandtschaft und stellt diese für zwei Kirchen auch ausdrücklich fest: für die vorreformatorischen Kirchen der Waldenser und für die Böhmischen Brüder (Text 2: Tz 1). Kirchengemeinschaft be-

---

841 Schon der Wittenberger Beschl. v. 1848 bestimmte für den DEKb: „Über die Fähigkeit, dem Bunde beizutreten, entscheidet jedoch bei entstehendem Zweifel nicht die eigene Versicherung der betreffenden Gemeinschaft, sondern der Bund“ (Anh 1: Ziff. 1); vgl. auch Erl Überschrift „Kirche“.

842 KG betr. die Angliederung der Ev. Brüder-Unität in Deutschland an die EKD v. 21.1.1949 (ABl. EKD S. 3) regelt die Synodalteilnahme; die Brüder-Unität ist i.d.R. auch in der KK vertreten; KG betr. die Angliederung des Bundes ev.-ref. Kirchen Deutschlands an die EKD v. 25.2.1960 (ABl. EKD S. 115) regelt die Teilnahme an Synode und KK (vgl. § 3 IV GeschOKK).

843 Votum Sachsen u. Vermerk der Kirchenkanzlei v. 20.10.1947(EZA 2/4); zum historischen Bezug der Bekenntnisverwandschaft i.S.d. Westfälischen Friedens s. Erl Art. 1 I 1 a.E.

steht auch mit der Evangelisch-methodistischen Kirche in Deutschland; mit weiteren ev. Freikirchen will die EKD in bilateralen Dialogen zu Zwischenstufen der Kirchengemeinschaft gelangen. So ist mit den Altkatholiken und den Mennoniten in Deutschland eine Vereinbarung zur gegenseitigen Einladung zum Abendmahl getroffen worden.[844]

Welcher Status für die Gemeinschaft durch einen **Anschluss** bewirkt wird, ist nicht explizit geregelt, insb. nicht, ob er die Aufnahme als vollberechtigte Gliedkirche bedeutet; dagegen spricht die Abstufung zw. Aufnahme und Anschluss, die in einem GO-Entwurf vorgenommen worden war und nur im letzteren Sinne übernommen wurde.[845]

Auf der Grundlage eines verwandten Bekenntnisses in diesem Sinne ist ein vertragliches Anschlussverhältnis zur EKD bisher nur zu zwei Gemeinschaften begründet worden: zur *Evangelischen Brüder-Unität in Deutschland* und zum *Bund evangelisch-reformierter Kirchen Deutschlands*. Beide Gemeinschaften waren schon dem DEKb und der DEK angeschlossen:
Die *Brüder-Unität* (Herrnhut) schloss sich durch Vertrag mit dem DEKb v. 13./23.5.1924 an. Dem entsprach das Kirchenbundesgesetz v. 16.6.1924.[846] Der Vertrag wurde unter der Geltung der GO durch eine neue Vereinbarung v. 22./28.12.1948 ersetzt. Darin erkennt die Brüder-Unität die bekenntnismäßige Grundlage im Vorspr. der GO an und gibt deren Grundbestimmungen (GO a.F.) ihre Zustimmung. Im Übrigen wird die Bekenntnisverwandtschaft weder in der Vereinbarung noch im KG näher beschrieben. Man sah sie wohl als gegeben an, weil die Brüder-Unität seit ihren Anfangszeiten die *Augsburgische Konfession* anerkennt. Die EKD übernimmt die Aufgaben der Art. 6, 7, 8, 14, 15, 16, 18 (a.F. entsprechend Art. 17 I n.F.), 19 und 20 I auch für die Brüder-Unität. Diese ist aber im ÖRK selbständig vertreten. Die Unität entsendet ein Mitglied (ohne Stimmrecht) zur Synode der EKD und zahlt einen geringfügigen Jahresbeitrag. Ein „Rücktritt“ von der Vereinbarung steht beiden Teilen jederzeit frei.
Der *Bund evangelisch-reformierter Kirchen* ist eine freie Vereinigung von ref. Kirchengemeinden, die keiner Landeskirche angehören (im Unterschied zum „Reformierten Bund“, Erl Abs. 2 Satz 2). Er erstreckt sich über ganz Deutschland. Vorort des Bundes ist seit langem die Gemeinde in Göttingen. Die Angliederung erfolgte durch Vertrag vom 2.6.1930, der durch Kirchenbundesgesetz vom 28.6.1930 bestätigt worden ist. Eine Erneuerung des Anschlusses nach 1948 wie bei der Brüder-Unität ist nicht erfolgt. Die Vereinbarung entspricht inhaltlich weitgehend dem mit der Brüdergemeine geschlossenen Vertrag. Auch hier war die Bekenntnisverwandtschaft eindeutig zu bejahen, da der Bund nur ref. Kirchen vereint.

---

844 SB Trier 1985, S. 67; SB Braunschweig 2000, S. 522.
845 Art. 2 II GO-Entwurf Feine v. September 1946 (EZA 2/2); vgl. Vermerk der Kirchenkanzlei v. 20.10.1947 (EZA 2/4).
846 KBl. 1924 S. 105 ff.; abgedruckt bei Hosemann, Kirchenbund, S. 61, u. Recht der EKD 2, S. 27.

Satz 2 (Bestätigung durch Gesetz)
Eine Vereinbarung über die Angliederung einer Kirchengemeinschaft an die EKD **bedarf der Bestätigung durch Kirchengesetz** im formellen Sinn. Durch den verfassungsrechtl. eingerichteten Status der angeschlossenen Gemeinschaft wird der Bestand der EKD berührt. Er ist auf Dauer angelegt und begründet Rechte und Pflichten der EKD und der Gemeinschaft.
Die Frage der **Bekenntnisverwandtschaft** (Erl Satz 1) kann im Gesetzgebungsverfahren unter Umständen zu Erörterungen führen, die ein Verfahren nach Art. 27 erfordern. Deshalb konnte es in diesem Falle nicht bei der Regelvertretung durch den Rat gem. Art. 34 I 1 bleiben; vielmehr wurde die Synode als gesetzgebendes Organ zusätzlich eingeschaltet. Zur Zustimmungs- und Transformationsfunktion der gesetzlichen Ratifizierung s. Erl Art. 34 I 1.

Die beiden vorgenannten Vereinbarungen mit der *Brüder-Unität* und dem *Bund ev.-ref. Kirchen* wurden bereits bei Begründung durch den Kirchenbund durch diesen gesetzlich bestätigt. Die neuerlichen Vereinbarungen der EKD mit der Brüderunität und dem Bund ev.-ref. Kirchen wurden durch die Kirchengesetze der EKD v. 12.1.1949 bzw. 25.2.1960 ratifiziert.

III a. Gliedkirchliche Zusammenschlüsse in der Evangelischen Kirche in Deutschland

Der Abschnitt enthält wie der vorhergehende nur einen Artikel. Nachdem dort der Bestand und die Struktur der Gesamtkirche sowie Entstehung und Arten **gliedkirchl. Zusammenschlüsse** neben der EKD beschrieben werden, geht es in diesem neuen Abschnitt um deren Wirken **in der EKD**. Die Wahrnehmung des gemeinsamen Verkündigungsauftrags innerhalb der Gesamtkirche war das zentrale Anliegen der Strukturreform v. 2005. Es galt zunächst und vor allem den beiden größten Zusammenschlüssen, der EUK und der VELKD, und wurde wegen der Bedeutung der Sache in einem eigenen Abschnitt hervorgehoben (vgl. Gesch 9; Erl Art. 21 II).[847]

---

[847] Kirchengesetz zur Änderung der Grundordnung der EKD und zur Ratifizierung der Verträge der EKD mit der Union Ev. Kirchen in Deutschland und der Vereinigten Evangelisch-Lutherischen Kirche Deutschlands v. 10.11.2005 (ABl. EKD S. 549). Die Einfügung dieses Abschn. veränderte die GO in grundlegender Weise und überschritt somit die Paktierungsgrenze. Deshalb war ein erweitertes Zustimmungsverfahren geboten, das eine Ratifizierung durch die Gliedkirchen vorsah (so die amtl. Begründung, Drucks. Nr. VII/1, 4. Tagung der 10. Synode der EKD, S. 33 ff.)

Artikel 21 a (Auftrag der gliedkirchlichen Zusammenschlüsse in der EKD)

(1) Gliedkirchliche Zusammenschlüsse können ihren Auftrag in der Evangelischen Kirche in Deutschland wahrnehmen.
(2) Das Nähere wird durch Vertrag geregelt.

Die Vorschrift knüpft an Art. 21 II an, der das Zusammenschließen (ebenso wie Neubildung und Auflösung) als rechtsgestaltenden Vorgang regelt. Sie setzt hier dessen Ergebnis in Gestalt der so entstandenen neuen Körperschaft voraus.
In der Sache eröffnet die Einbeziehung gliedkirchl. Zusammenschlüsse in die EKD einen besonderen Weg zur Verwirklichung der in Art. 1 II festgestellten Kirchengemeinschaft im Zusammenwachsen der Gliedkirchen. Wegen der verfassungsgeschichtlichen Bedeutung der Strukturreform v. 2005 werden der folgenden Erläuterung der GO hier insb. die betr. Verträge mit EUK und VELKD zugrundegelegt (Text 10 f., Gesch 9).

Absatz 1 (Wahrnehmung des Auftrags)

Die „Festigung und Vertiefung" der EKD (Art. 6 I) erfordert Strukturen, die eine engere Gemeinschaft bekenntnisgleicher Kirchen in der größeren Gemeinschaft bekenntnisverschiedener Kirchen ermöglicht und respektiert. Daher räumt die GO die Möglichkeit ein, dass gliedkirchl. Zusammenschlüsse in der EKD wirken können. Sie ist offen für die Struktur, in der dies geschieht.

Gliedkirchliche Zusammenschlüsse sind hinsichtlich ihrer Entstehung in Art. 21 II 2 beschrieben. „Zusammenschluss" (im objektiven Sinn im Unterschied zum aktiven Vorgang gem. Art. 21 II) bezeichnet hier in der Sache den „konfessionell oder territorial bestimmten Zusammenschluss" i.S.d. Art. 21 III (bzw. einer „Vereinigung" i.S.d. a.F.).

Welche Gliedkirchen sich in welcher Weise zusammenschließen, bleibt ihre Entscheidung. Es können mithin bekenntnisgleiche Gliedkirchen – wie die VELKD – oder auch bekenntnisverschiedene Gliedkirchen – wie die UEK – einen gliedkirchl. Zusammenschluss in der EKD bilden. Das Wort **„können"** bringt zum Ausdruck, dass es die freie Entscheidung des gliedkirchl. Zusammenschlusses ist, die Verbindung einzugehen. Welche Organisationsform die Gliedkirchen oberhalb ihrer selbst benötigen, hängt davon ab, ob das Zusammenwirken in der gemeinsamen Bekenntnisfamilie im Vordergrund steht, was z.B. für die luth. Kirchen von besonderer Bedeutung ist, die Teil der im Lutherischen Weltbund verbundenen weltweiten Gemeinschaft sind, oder ob die theol. Arbeit zw. den bekenntnisverschiedenen Gliedkirchen stärker in den Blick genommen wird. Die Wahrnehmung öff. Verantwortung, die ökum. Beziehungen im Inland wie im zusammenwachsenden Europa und die gemeinsame Verantwortung für Gemeinden deutscher Sprache und Herkunft im Ausland, in denen sich Lutheraner, Reformierte und unierte ev. Christen versammeln, werden immer mehr zu Gemeinschaftsaufgaben, die ein Zusammenwirken aller Gliedkirchen erfordern.

Besondere Anforderungen an Organisationsstruktur und kirchl. Status werden durch die GO nicht ausdrücklich normiert, mittelbar jedoch mit der inhaltlichen Verbundenheit durch einen gemeinsamen Auftrag und dessen wirksamer Wahrnehmung vorausgesetzt. Rechtsfähigkeit des Zusammenschlusses, wie sie Absatz 2 nahe legen mag, ist nicht erforderlich angesichts der Möglichkeit einzelner Verträge mit den Gliedern.

Die Wahrnehmung beschränkt sich auf den jew. **Auftrag** des Zusammenschlusses. Den allgemeinen kirchl. Auftrag beschreibt die GO an anderer Stelle als „Zeugnis und Dienst“ (Art. 1 II), d.h. als Bezeugung des Evangeliums (Art. 16 I) und der Verkündigung Christi Liebe in Wort und Tat (Art. 15 I). Dies entspricht den kirchl. Grundfunktionen: Zeugnis (griech. martyria), Dienst (diakonia), Gottesdienst (leiturgia) und Gemeinschaft (koinonia). In der Berufung zum Zeugnis wird die dynamische gemeinsame Pflicht deutlich, die Gemeinschaft der luth., ref. und unierten Gliedkirchen in der EKD zu stärken, um Menschen für das Evangelium zu gewinnen und den Öffentlichkeitsauftrag der Kirche wirksamer werden zu lassen.

Der hier gemeinte besondere Auftrag des Zusammenschlusses umfasst darüber hinaus auch den Auftrag im partikularkirchl. Sinne, der ihm aus der Verbindung seiner Glieder erwächst. Dieser ist durch die Vielfalt von *Aufgaben* bestimmt, die von Seiten der Gliedkirchen aufgetragen sind. Er ergibt sich im Wesentlichen aus der Verf. des Zusammenschlusses. So formulieren die Grundordnung der UEK (Art. 3) und die Verf. der VELKD (Art. 7) Aufgabenkataloge, die eine Wahrnehmung des Auftrages beschreiben.
Die im Zeitpunkt des Vertragsschlusses mit der EKD wahrgenommen *Aufgaben*, Befugnisse und Kompetenzen beiderseits sollten 2005 grundsätzlich durch die Verträge (Texte 10 f.) nicht verändert werden. Von einem Neuzuschnitt wurde bewusst abgesehen. Die Verträge formulieren allerdings keine Festschreibung des Status quo. Veränderungen werden aber nur im partnerschaftlichen Konsens und damit unter Beteiligung der betroffenen Kirchen in den verfassungsrechtl. vorgesehenen Verfahren vorgenommen.
Die Verträge verpflichten, beiderseits zu prüfen, ob eine Aufgabenübertragung angezeigt ist, um eines ihrer wesentlichen Ziele zu erreichen, nämlich gemeinsame Aufgaben wirksamer für ihre Gliedkirchen wahrzunehmen. Dabei soll soviel Gemeinsamkeit erreicht werden wie möglich und soviel Differenzierung für die Zusammenschlüsse beibehalten werden, wie nach deren Selbstverständnis nötig. Damit sind diese in der Erfüllung ihrer spezifischen Gemeinschaftsaufgaben nicht eingeschränkt.
Die Verträge lassen ferner zu, dass die Aufgabenerfüllung – ohne dass es unmittelbar zu einer Veränderung der Zuständigkeit kommt – auch in einem abgesprochenen, arbeitsteiligen Verfahren erfolgt. Eine gemeinsame Wahrnehmung kann dabei unterschiedlich erfolgen: So kann die EKD in Absprache mit und für den Zusammenschluss eine die-

sem obliegende Aufgabe oder umgekehrt der Zusammenschluss eine Aufgabe der EKD für diese erfüllen.
Der *Aufgabenbegriff* ist weit auszulegen. Er umfasst auch die ökum. Beziehungen im In- wie im Ausland sowie das Haushaltsrecht einschließlich der Aufstellung der Stellenpläne.

Auch wenn die Zusammenschlüsse ihren Auftrag **in der EKD** wahrnehmen, bleiben sie Kirche und Körperschaft des öff. Rechts und nehmen ihren Auftrag in eigener Verantwortung wahr. Demzufolge ist auch die Besetzung der Organe grundsätzlich ihre eigene Angelegenheit. Durch das Vertragswerk soll jedoch das bisher bestehende faktische Nebeneinander von Zusammenschluss und EKD zu einer mit Verfassungsrang geordneten, strukturellen Verbindung verändert werden. Ihre Konkretion erfährt diese Verbindung insb. über das Kirchenamt und den in ihm eingerichteten *Amtsstellen* der UEK und VELKD einschließlich der besonderen Rechte für deren Leitung. Die Verbindung findet weiter ihren Ausdruck in den Regelungen in Bezug auf die Änderung von Aufgaben, Befugnissen und Kompetenzen. Eine besondere strukturelle Verzahnung besteht mit der VELKD in der synodalen Personalidentität und die zeitliche Verbindung der Tagungen, ferner durch bischöfliche Teilnahmerechte in der KK.

UEK wie VELKD behalten ihr Initiativ-, Gestaltungs- und Prüfungsrecht in allen ihr nach ihrer Verf. zugewiesenen Aufgaben, etwa im Blick auf ein in ihren Mitgliedskirchen geltendes *Bekenntnis*. Beide gewinnen neue Einflussmöglichkeiten hinzu, indem sie innerhalb der gesamtkirchl. Strukturen rechtl. abgesicherte Ein- und Mitwirkungsrechte auf die ganze EKD gewinnen, statt früherer Absprachen ad hoc.
Die Gemeinschaft aller Gliedkirchen in der EKD behält ebenfalls die ihr bisher schon zustehenden Rechte. Sie gewinnt durch das enge und verbindliche Zusammenarbeiten mit den Zusammenschlüssen an Kraft zur Wahrnehmung der Gemeinschaftsaufgaben. Ihre Möglichkeit zur Information, Koordination und Beratung, vor allem zur theol. Reflektion werden gestärkt.

Für eine **Wahrnehmung** des Auftrages der Zusammenschlüsse **in der EKD** gilt es, mögliche *Bekenntnisunterschiede* der Gliedkirchen zu berücksichtigen, ohne aber jedes Problem sogleich zu einer Bekenntnisfrage werden zu lassen oder machen zu müssen. Dieser Gesichtspunkt zwingt nicht zu einem starren System solcher Verbindungen für alle Zusammenschlüsse, sondern lässt, wie die Verbindung mit EUK und VELKD 2005 gezeigt hat, asymmetrische Strukturen zu (vgl. Texte 10 f.).
So kann die VELKD als Zusammenschluss und verfasste Gemeinschaft bekenntnisgleicher Kirchen als Kirche innerhalb der EKD fortbestehen und wirken. Für die in der VELKD zusammengeschlossenen luth. Kirchen ist die Gemeinschaft bekenntnisgleicher Kirchen notwendig auf dem Weg der Herstellung einer universalkirchl. Ein-

heit. Die Gemeinschaft in der EKD soll die gewachsene enge Gemeinschaft der bekenntnisgleichen Kirchen weder ersetzen noch einschränken; sie kann nur ergänzend hinzutreten. So nimmt die VELKD weiterhin auf der Grundlage des gemeinsamen Bekenntnisses ihr Prüfungs-, Gestaltungs- und Initiativrecht wahr. Die EKD ist nach Art. 1 I verpflichtet, die Bekenntnisgrundlage ihrer Gliedkirchen zu achten und setzt dabei voraus, dass diese ihr Bekenntnis wirksam werden lassen. Die luth. Kirchen stehen in einer Verbindlichkeit gegenüber der EKD, der Leuenberger Kirchengemeinschaft und ihren Schwesterkirchen in der luth. Weltfamilie.
Ebenso ist es möglich, dass die Mitgliedskirchen der UEK ihre Gemeinschaft fortsetzen oder dass sich die UEK, was schon ihr Gründungsvertrag vorsieht, in die EKD auflöst.

Absatz 2 (Verträge mit der EKD)
Die Verbindung erfolgt durch **Vertrag.** Dieses kirchl. Rechtsinstitut ist hier – in Anlehnung an das öff. bzw. private Recht – zu verstehen als eine zw. juristischen Personen des Kirchenrechts (Erl Art. 10 I) erklärte Willensübereinstimmung über die Herbeiführung eines bestimmten rechtl. Erfolges. Das Kriterium des Rechtsbindungswillens besagt hier im gesamtkirchl. Kontext, dass beide Seiten die vertiefte Verbindung wollen müssen.
Aus dem öff.-rechtl. Korporationsstatus der vertragsschließenden Kirchen oder deren Zusammenschlüsse ergeben sich i.d.R. auch Implikationen und Rechtsfolgen nach staatl. Recht (vgl. Erl Art. 2 vor I).
Aus der sachl. Bedeutung der Verträge i.S.d. Art. 10 ergibt sich grundsätzlich – insoweit die inneren Angelegenheiten der EKD geregelt werden – das Bedürfnis gesetzlicher Regelung. Auch aus den verfahrensrechtl. Erfordernissen des Vertragsschlusses bzw. der Ratifizierung folgt – wie im staatl. Bereich – das Gebot der *Schriftform.*

Der Vertrag beinhaltet i.S.d. vorerwähnten bestimmten rechtl. Erfolges **das Nähere** der Verbindung, d.h. die Konkretisierung der Gemeinschaft im Einzelnen. So bildet er mit dem übrigen kirchl. Recht auch den Rahmen für die Verwaltung und Geschäftsführung durch das KA (Art. 31 I 2). Mit dem Vertrag ordnen EKD und Zusammenschluss in wesentlichen Zügen ihr Verhältnis zueinander und schaffen damit eine zukunftsfähige Struktur im Hinblick auf die Erfüllung ihrer gemeinsamen Aufgaben. Sie wollen die theol. Zusammenarbeit vertiefen und zu einer profilierteren Stärkung der kirchl. Präsenz in Gesellschaft und Öffentlichkeit beitragen. Ressourcen werden gebündelt und vorhandene Kräfte effektiver eingesetzt, um die vor den Kirchen liegenden Herausforderungen zu meistern.

Strukturreform 2005
Durch dieses Vertragswerk wurde eine vertiefte strukturelle Verbindung der drei großen gliedkirchl. Zusammenschlüsse EKD, UEK und VELKD hergestellt. Die Verträge

(Texte 10 f.) nahmen den Willen der beteiligten Zusammenschlüsse und der ihnen angehörenden Kirchen auf, die nach Art. 1 bestehende Kirchengemeinschaft untereinander zu vertiefen. Die Verträge stellen sicher, dass unterschiedliche Sichtweisen zw. luth., unierten und ref. Kirchen in einem verlässlichen Verfahren des Aufeinanderbezogenseins aufgenommen werden. Wichtige Regelungsgegenstände sind deshalb Zuständigkeits- und Konfliktlösungen innerhalb der EKD. Die Verträge sehen auch vor, dass und wie die Zusammenschlüsse bei der Berufung auf der Präsidial- und Hauptabteilungsebene gem. Art. 31 IV zu beteiligen sind. Die Verträge bedingten als Grundlage der Strukturreform und verfassungsrechtl. Konsequenzen auch entsprechende Änderungen bzw. Ergänzungen der GO (vgl. Erl Art. 2, 10a, 10b, 21a, 24, 28, 28a, 31).

IV. Organe und Amtsstellen

Der Abschnitt (Art. 22 bis 32c) behandelt den organisatorischen Aufbau der EKD einschließlich ihres Gerichtswesens. **Organe** sind die Synode, die Kirchenkonferenz (KK) und der Rat. In ihrer Ausgestaltung und im Verhältnis zueinander kommt kein durchgehendes Strukturprinzip bestimmter konfessioneller Prägung zum Ausdruck. Die GO integriert presbyterial-synodale wie auch episkopale und konsistoriale, föderale wie unitarische Verfassungselemente. Ihre ekklesiologischen und rechtlichen Strukturen knüpfen an ref. wie auch luth. Traditionen der Gliedkirchen an.

Auf Grund unterschiedlicher *historischer Entwicklungen* in den einzelnen Territorien und gefördert durch theol. Vielfalt, haben sich mehrere Typen ev. Kirchenverfassungen herausgebildet. Die luth. Reformation zielte nicht auf grundlegende Änderungen der Verf.; Versuche, Gemeinde und Gemeindeglieder in das verantwortliche kirchl. Handeln einzubeziehen, blieben weitgehend hinter dem herkömmlichen Subjekt-Objekt-Verhältnis von Pfarrer und Parochianen zurück. Das territoriale Kirchenwesen wurde im Auftrag der Landesherren durch Konsistorien vereint, während Pfarrsynoden nach wie vor nur beratende Bedeutung zukam. Demgegenüber entwickelte sich aus der von Zwingli (1484-1531) und Calvin (1509-1564) ausgehenden Reformation die presbyteriale Gestalt der Kirchengemeinden mit einer Ämterteilung zw. Pastor, Lehrer, Ältestem und Diakon; zudem entstanden aus Pfarrern und Laien bestehende Synoden, die das Kirchenregiment ausübten. Im 19. Jh. vollzog sich nach den Gebietsveränderungen auch der Landeskirchen durch den Wiener Kongress im Zuge der allgemeinen demokratisch-parlamentarischen Entwicklung und der innerev. Unionen wie auch unter pietistischem Einfluss eine Verschmelzung der luth. *Konsistorial-Episkopalverfassung* mit der ref. *Presbyterial-Synodalverfassung*. Dabei wurden in den Landeskirchen nach dem Wegfall des landesherrlichen Kirchenregiments und der Lösung aus dem Staatsgefüge neben Synoden und Konsistorien neue Leitungsorgane mit personalen Leitungsämtern in Gestalt von

Bischöfen oder Kirchenpräsidenten gebildet. Der *Kirchenkampf* des 20. Jh. führte zu einem vertieften Verständnis des Auftrags der Synoden und der leitenden Amtsträger. Diese Erkenntnisse wurden in die GO wie auch in die gliedkirchl. Neuordnungen aufgenommen und in formalen, dem übrigen Recht vorgeordneten und nur erschwert abzuändernden Kirchenverf. (Erl Art. 26a III) festgelegt.

Als Grundtypen lassen sich heute vereinfacht die am Bischofsamt orientierte *episkopale Verfassung* (Epískopos griech. Überschauer), das an kollegialer Verantwortung orientierte *synodale Modell* und die sich stärker am behördlichen Aufbaustil anlehnende *konsistoriale Verfassungsstruktur* unterscheiden, die bei den Gliedkirchen meist durch Überschneidungen als Mischverfassungen erscheinen. Darin werden geistliche und rechtl. Kirchenleitung auf verschiedene Organe aufgegliedert und diese im wechselseitigen Dienstverbund einander zugeordnet.[848] Wie mit typischen Nuancen die gliedkirchl. Verf. so weist auch die GO einen *synodal-episkopal-konsistorialen Charakter* mit dem für die Gesamtkirche charakteristischen föderalen Elementen auf (H. Frost). Dabei tritt das synodale Element im gesetzgebenden Organ deutlich hervor, zumal der Synode – zusammen mit dem föderalen Organ der KK – auch die Wahl des Rates vorbehalten ist. *Episkopale* Strukturen finden sich im Rat der EKD als dem mit der laufenden Leitung betrauten (wenn auch in sich bruderschaftlich strukturierten) Organ und den hervorgehobenen Ämtern des Synodenpräses und des Ratsvorsitzenden, der praktisch als Sprecher des Rates fungiert. Demgegenüber traten infolge der Erfahrungen des *Kirchenkampfes* die klassische Ausgestaltung einer *konsistorialen* Leitungsbehörde in der gesamtkirchl. Tradition eines Kirchenbundesamtes oder eines Geistlichen Ministeriums zurück. Amtsstellen des Rates waren zunächst die beiden überschaubaren Behörden der Kirchenkanzlei und des kirchl. Außenamtes. Erst in Jahrzehnten gesamtkirchl. Entwicklung und nach entsprechender Neuordnung zu einem *Kirchenamt* wuchs diesem mit dem praktischen auch ein verfassungsrechtl. Gewicht zu, auch wenn ihm die GO de jure keine Organqualität zubilligt.

Der *bündisch-föderalistische* Charakter der EKD, wie er bei ihrer Entstehung im Vordergrund stand, hatte seinen Ausdruck explizit in der früheren Definition als „Bund" (Art. 1 I 1 a.F.) gefunden. Diese Verfassungsstruktur hat sich, auch wenn die EKD in die Qualität einer Kirchengemeinschaft hineingewachsen ist, wie die GO-Änderung v. 1991 verdeutlicht, noch in Teilen erhalten. Insofern kann aus dem ekklesialen Status

---

848 Z. Ganzen T. Barth, Elemente und Typen landeskirchlicher Leitung; Frost, Strukturprobleme; zur Wiedereinführung des Bischofsamtes u. -titels nach dem Kirchenkampf und zur theol. Begründung: H. Ehlers, Aufbau der EKD, S. 614; Liermann, Bischofsamt; zur synodalen Ordnung vgl. H.-T. Conring, Eckstein „Gemeinde" ?, in: Dill u.a., Im Dienste der Sache, S. 137 ff. m.w.N.; M. Heckel, Kirchenreformfragen im Verfassungssystem, S. 302 f.

der EKD als Kirche und Kirchengemeinschaft nicht ohne weiteres auf die Organisationsgestalt und Verfassungsstruktur geschlossen werden.[849]

Die Reihenfolge der GO stellt die *Synode* voran und gibt ihr auch inhaltlich Gewicht durch wesentliche Leitungsfunktionen, wie Gesetzgebung und Ratswahl. Die Synode gehört „wesensgemäß" zur ev. Verf., nicht nur für eine unierte Kirche, „wo sie als Gegengewicht zum luth. Gedanken des Bischofsamtes den ref. Gedanken der Gemeindeämter betont. Dies gilt für jede Kirche der Reformation, weil sie als Gemeinde nicht nur anstaltlich, sondern auch genossenschaftlich sein muss" (Erik Wolf). Die Synode ist aber weder die „Inhaberin oder Trägerin der Kirchengewalt" (wie in früheren Kirchenordnungen oder -verfassungen) noch „oberstes Organ" (wie in der Bekennenden Kirche). Hierarchie ist kein Element ev. Kirchenverf. (H. Dombois). „Die hierarchische Gestaltung der Kirche widerspricht dem reformatorischen Bekenntnis."[850] Vielmehr ist die Leitung im engeren Sinne, die in Synodalverf. dem Synodenpräsidium zukommt,[851] nach der GO grundsätzlich dem *Rat* und wichtige Initiativ- und Zustimmungsbefugnissen der KK übertragen (Art. 29 I). Unterstrichen wird die weitgehende Leitungs- und Verwaltungskompetenz des Rates durch seine Vertretungsfunktion (Art. 34 I) und weitere Befugnisse, wie das Vetorecht gegen Synodenbeschl. und seine Verordnungsrechte (Art. 10b u. 29 II) sowie die Leitung der KK durch Ratsvorsitzende. Während die Synode vor allem das Ganze der EKD vor Augen haben soll, so ist die KK das eigentlich föderative Organ. Die Organe sind in bruderschaftlicher Gleichheit einander kollegial zugeordnet; sie bilden keine Leitung zur gesamten Hand, so dass sie nur immer in Übereinstimmung handeln könnten, sondern die Leitung ist auf die Organe nach bestimmten Segmenten aufgegliedert. Synode und Rat sind die eigentlich unitarischen Organe, während die *Kirchenkonferenz* zwar auch Organ der EKD und nicht der Gliedkirchen, aber auf deren Belange hin angelegt ist. Die Leitungsstruktur des Ratsgremiums mit der ihm zugeordneten Amtsstelle vereint bruderrätliche wie konsistoriale Elemente. Letztere erfahren ihre rechtl. Einschränkung durch die fehlende Organqualität der **Amtsstellen** (auch der Zusammenschlüsse). Andererseits gewinnt das *Kirchenamt*, da die Ratsmitglieder alle neben- bzw. ehrenamtlich tätig sind und nur in Abständen tagen, in der Praxis durch seine Sach- und Geschäftskunde auch als Geschäftsstelle der anderen Organe und der Zusammenschlüsse an „konsistorialem" Gewicht, das durch die Verfassungsänderung v. 1982 u. 2005 seinen Ausdruck gefunden hat (Erl Art. 31 u. 34 II).

---

849 M. Heckel, Rechtsprobleme, S. 154, Fn 67; zum Ganzen: Frost, Strukturprobleme, S. 500 ff.; Link, Typen ev. Kirchenverfassungen, S. 87 ff.; Winter, Staatskirchenrecht, S. 166 ff. m.w.N.

850 Barmer Erkl. zur Rechtslage, These IV (Text 4); Erik Wolf, Gutachten über die Neuordnung (Söhlmann, Treysa, S. 194); Dombois, Altkirchl. und ev. Kirchenverfassung, S. 14.

851 Z.B. in den synodal-presbyterialen Verf. der rhein. (Art. 192) oder westf. (Art. 142) Kirchenordnung; vgl. Smend, Zur neueren Bedeutungsgeschichte der ev. Synode, S. 248 ff.

Die Organstruktur der GO weist äußere *Parallelen zur staatl. Bundesverf.* (Bundestag, -rat und -regierung) auf. In der Sache überwiegen jedoch nach dem Vorgesagten entscheidende wesensmäßige und strukturelle Unterschiede. Dies gilt vor allem für die *enge Verzahnung der Organe:* So werden die Syn. sowohl von den Landeskirchen als auch vom Rat bestimmt; ferner gehört der Präses der Synode von Amts wegen dem Rat an. Des Weiteren entsenden Rat und KK Mitglieder in die ständigen Ausschüsse der Synode, denen das Wort zu erteilen ist (§ 24 III GeschOSyn). Das KA als konsistoriale Institution ist nicht nur Amtsstelle einer Exekutiven i.S.e. Ministeriums, sondern dient allen Organen der EKD und der Zusammenschlüsse zur Erfüllung ihrer Aufgaben. Eher schon entspricht die KK, beschickt von den landeskirchl. Leitungen, dem aus Vertretern der Länderregierungen gebildeten Bundesrat.

Keine Organqualität kommt den *Kammern* als Beratungsgremien für die Organe zu (Art. 22 II). Dies gilt auch für die *Kirchengerichte,* da die GO als kirchl. Verf. die Rechtspflege nicht als eine judikative Gewalt i.S. staatl. Gewaltenteilung gestaltet (Erl Art. 32 ff.).

Artikel 22 (Organe und Kammern)

(1) Die Organe der Evangelischen Kirche in Deutschland sind
die Synode der Evangelischen Kirche in Deutschland,
die Kirchenkonferenz,
der Rat der Evangelischen Kirche in Deutschland.
(2) Zur Beratung der leitenden Organe sind für bestimmte Sachgebiete kirchliche Kammern aus sachverständigen kirchlichen Persönlichkeiten zu bilden.

Die Leitung der EKD teilen sich drei Organe, die damit als solche definiert werden: die Synode (Art. 23-27), die Kirchenkonferenz (Art. 28) und der Rat (Art. 29-30). Die Entwürfe zur GO wiesen hierzu teils aus traditionellen und kirchenpolitischen, teils aus Zweckmäßigkeitserwägungen Unterschiede – auch hinsichtlich der Bezeichnungen – auf. Intentionen eines konfessionell bestimmten oder theol. fixierten Verfassungsprinzips traten schon im Verfassungsausschuss und mehr noch im Rat in den Hintergrund.

Absatz 1 (Organe)

Organe der EKD sind die organisatorisch selbständigen Verfassungseinrichtungen, die der Kirchengemeinschaft Willens- und Handlungsfähigkeit vermitteln (griech. organon = Werkzeug) und unmittelbar deren Aufgaben, Rechte und Pflichten wahrnehmen, insb. im Bereich der geistlichen und kirchenpolitischen Willensbildung und

Leitung.[852] Die Dreigliederung folgt aus der Verschmelzung synodaler und episkopaler Strukturelemente und dem Herkommen gliedkirchlichen Verfassungsaufbaus, um „das wirklich Vorhandene und Gemeinsame im bekenntnismäßigen Verfassungsleben" auszudrücken. Die drei kollegialen Verfassungsorgane stehen gleichrangig nebeneinander, insofern sie ihre rechtl. und personelle Teilhabe an der Leitung der EKD in gemeinsamer Verantwortung nach Maßgabe der GO wahrnehmen. Begründet ist die Leitungsbefugnis im Priestertum aller Gläubigen. Es gibt kein oberstes Leitungsorgan, dem die letztentscheidende Verantwortung zugeschrieben wird. Dieser Ausschluss des Vorranges und das Gebot des Zusammenwirkens entspricht der Barmer Theol. Erklärung (These IV) und dem Grundsatz der Organtreue und findet Parallelen auch in den meisten gliedkirchl. Verfassungen.[853]

Das Synodalorgan hat nach seiner Zusammensetzung und Funktion Parallelen zum „Kirchentag" des DEKb (Anh 2: §§ 7 ff.) und zur „Nationalsynode" der DEK (Anh 3: Art. 8 ff.). Der Entwurf des Bruderrates sah noch an Stelle der **Synode der EKD** eine „Kirchenversammlung" (Anh 7A: Art. XII) vor, eine Bezeichnung, wie sie auch bei den Tagungen in Treysa (1945 u. 1947) und Eisenach (1948) gebraucht wurde und vom Lutherrat angeregt worden war.[854] Doch entschied sich der Verfassungsausschuss gegen diese Anknüpfung und verzichtete auch auf die Bezeichnung „Generalsynode", wie das synodale Organ der APU und wie es auch in der zuvor schon in Treysa beratenen Verf. der VELKD bezeichnet worden war. Die Wahl möglichst einfacher Bezeichnungen vermied den Eindruck einer hierarchischen Überordnung der Gesamtkirche.

Synode (griech. Zusammenkunft) ist die unter dem Wort Christi versammelte Gemeinde. Nach der GO ist sie herausgehobenes verfassungsrechtl. Funktionszentrum, Kontrollorgan und Forum der gesamtkirchl. Auseinandersetzung, der Meinungsbildung und der prinzipiellen Öffentlichkeit kirchl. Handelns mit dem Ziel, Leben und Lehre in der EKD zu bedenken und ihrem Wachstum zu dienen (Art. 23 I). Im Unterschied zum Repräsentativsystem und *Parlamentarismus* einer parteistaatl. Demokratie mit dem Volk als Träger der Staatsgewalt übt die Synode keine originäre Herrschaft des Kirchenvolkes aus, wenngleich sie in Vertretung für dieses Verantwortung trägt. Sie

[852] Leitung i.S. des Abs. 2 ist zu unterscheiden von der Leitung im engeren Sinne durch den Rat (Art. 29 I).

[853] Erik Wolf, Ordnung, S. 736; dazu Robbers, Verbindlichkeit von Beschlüssen kirchenleitender Organe, S. 6 f.; Kienitz, Das Verhältnis der kirchenleitenden Organe zueinander nach luth. Verständnis, S. 9 ff.

[854] Schr. des Verfassungsausschusses der EKD an den Rat v. 11.4.1948, abgedruckt in Erik Wolf, Zur Entstehung der GO, S. 71 f.; zu den konfessionellen Beweggründen: ders., Ordnung, S. 736; vgl. Gesch 5. Der Begriff „Kirchenversammlung" geht zurück auf den Wittenberger Entwurf des DEKb v. 1848 (Anh 1: Ziff. 6).

orientiert sich nicht am Volkssouverän, sondern an Schrift und Bekenntnis. Die Erkenntnis des Willens Gottes wird nicht durch Mehrheitsentscheid gewährleistet. Darum sind die Syn. gehalten, sich nicht gegenseitig zu belehren, sondern einander zuzuhören und sich in geschwisterlicher Beratung um Einmütigkeit der Entscheidung zu bemühen, im gemeinsamen Hören auf das Wort Gottes und auf das Zeugnis der Brüder und Schwestern mit dem Ziel eines magnus consensus. Die historische Bedeutung der Synode im 19. Jh. als „parlamentarische" Vertretung der Kirche gegenüber dem landesherrlichen Souverän hat mit dem Ende der Monarchie und durch die Erkenntnisse des Kirchenkampfes in der GO ihren ursprünglichen Charakter einer geistlichen Zusammenkunft zurückgewonnen. Dieser geht zurück auf die Tradition i.S.d. der ersten Synode des Apostelkonzils (Apg 15,6) und des reformatorischen Verständnisses.[855] Diesem Verständnis werden, wie auch das grundlegend verschiedene Wahlverfahren zeigt (Erl Art. 24 I), weder eine Missdeutung als „Kirchenparlament" noch die Kritik eines Demokratiedefizits gerecht; denn insofern ist die Kirche „weder demokratisch noch undemokratisch".[856]

Die **Kirchenkonferenz** war im Entwurf von Erik Wolf nicht vorgesehen und vom Bruderrat als „Konferenz der Kirchenleitungen" bezeichnet worden. Dagegen entschied sich schon der Verfassungsausschuss auch aus praktischen Gründen dafür, auf den prägnanteren Namen der Eisenacher „*Kirchenkonferenz*" v. 1852 zurückzugreifen, der auch schon 1945 in Treysa amtl. verwendet wurde. Diese Änderung lässt den redaktionellen Grund dafür vermuten, dass hier im Unterschied zu Synode und Rat der Zusatz „der EKD" fehlt. Auch galt es damals wohl, das theol. Missverständnis zu vermeiden, die „Kirchen" seien Bestandteil *der* Kirche.[857] Daraus ist jedenfalls nicht der Schluss zu ziehen, dass es sich hier um ein gliedkirchl. Verfassungsinstrument handelt. Vielmehr lässt die geltende Bezeichnung eher als die ursprünglich vorgeschlagene deutlich werden, dass die KK ebenso wie Synode und Rat ein gesamtkirchl. Organ ist.

Der **Rat der EKD** ist neben seiner Leitungs- und Verwaltungsfunktion für alle Aufgaben der EKD zuständig, soweit sie nicht den anderen beiden Organen zugewiesen sind (Art. 29 I 2). Er ist grundsätzlich weder der Synode noch der KK verantwortlich.

---

855 Luther, WA, Bd. 11, S. 408-415; vgl. Heinemann, Das Verhältnis von Synode und Parlament, S. 286; die erste neuzeitliche Ausformung fand das presbyterial-synodale System 1559 in der Discipline des Eglises Reformées de France.

856 Heinemann, Das Verhältnis von Synode und Parlament, S. 285 ff.; Zum Unterschied der Synode zum Parlamentarismus: KI-Gutachten „Zur erforderlichen Abstimmungsmehrheit bei bestimmten Geschäftsordnungsfragen pp." v. 4.1.1996 m.w.N.; vgl.: Guntau, Pfarrhaus, S. 151 ff.; Slenzka, Synode zwischen Wahrheit und Mehrheit, S. 70 ff.; zum Ganzen: T. Barth, Elemente, S. 19 ff.; Grundmann, Verfassungsrecht, S. 39 ff.

857 Gesch 2; Kundg.EKD 1, S. 3-13; vgl. Erik Wolf, Ordnung, S. 740.

Verhältnis der Leitungsorgane zueinander, Arbeits- und Funktionsteilung
Damit der einzelne Syn., der als Gemeindeglied oder kirchl. Mitarbeiter in die Synode gerufen ist, seine Verantwortung wahrnehmen kann, muss ein ausgewogenes Verhältnis zw. der Synode und den anderen Organen bestehen.[858] Eine besondere Systematik unter den Organen oder eine Theorie vom Wesen der Synode oder Kirchenleitung ist dem Wortlaut der GO freilich nicht ohne weiteres zu entnehmen. Bei allen drei Organen wird nicht gesagt, was ihr Wesen ist, sondern welche Aufgabe sie haben (Art. 23, Art. 28 u. Art. 29). Auch die Reihenfolge, in der die Organe aufgezählt werden, stellt in der Sache keine Rangfolge dar.[859] Die scheinbar naheliegenden Versuche, die traditionell gewachsenen und sehr viel differenzierteren, bekenntnisbezogenen Vorstellungen aus dem gliedkirchl. Verfassungsrecht auf die EKD zu übertragen, geben nur begrenzten Aufschluss. So gibt es etwa Landeskirchen, bei denen die Synode das „oberste" Organ ist, das die Kirche leitet und vertritt. Solche Konzeptionen können auf die EKD kaum übertragen oder rechtl. Folgerungen aus den terminologischen Entsprechungen gezogen werden. Maßgebend für die Aufgaben der einzelnen Organe sind vor allem die inhaltlichen Aussagen der GO. Diese beschränkt sich im Wesentlichen darauf, die für eine so umfassende Organisation erforderlichen Organe einzusetzen und ihre Aufgaben in klarer Abgrenzung voneinander festzulegen: Der Synode obliegt neben Gesetzgebungs- und Wahlfunktionen insb. der Dienst an Erhaltung und Wachstum der Gesamtkirche im Wechselbezug zw. Gemeinde, Universalkirche und Gesellschaft. Die KK erfüllt neben ihrer legislativen Mitwirkung mehr eine beratende Aufgabe mit dem besonderen Gewicht der gliedkirchl. Anliegen. Der Rat hat die EKD im institutionellen Sinn zu leiten und zu verwalten. Die Zuordnung ist im Übrigen so deutlich geregelt, dass Kompetenzkonflikte bislang kaum aufgetreten sind.

Für die Organqualität im Grundordnungsgefüge und für den Wechselbezug der Organe sind auch *Rückgriffe auf das staatl. Verfassungsrecht* nur bedingt möglich. Das gilt insb. für den Grundgedanken des rechtsstaatl. *Gewaltenteilungsprinzips.* Denn dieser baut als wesentlicher Bestandteil der Demokratie auf dem Prinzip der *Volkssouveränität* auf, das nicht in den kirchl. Bereich übertragen werden kann (Erl Art. 29 II 1). „Im kirchlichen Recht hat die Gewaltenteilung keine rechte Stätte."[860] Hier ist vom Bild in der Apologie zu Art. VII und VIII CA auszugehen, wonach „die Gläubigen als Glieder am Leib Christi" zu sehen sind, nicht als souveränes Kirchenvolk. Grundlage der kirchl. Verf. ist das in der Heiligen Schrift gegebene Evangelium und nicht die ver-

---

858 SB Berlin-Spandau 1972, S. 354.
859 So Brunotte, GO, S. 221.
860 Scheuner, Wie sollte eine Landeskirche geordnet werden? S. 486; so auch Hoffmann, Kirchenleitung, Sp. 1644; a.A. nach den Erfahrungen des Kirchenkampfes: Niemöller, Haupttypen heutiger deutscher Kirchenverfassungen, S. 344 f.

fassungsgebende Gewalt des Volkes. Namentlich ist eine Aufteilung der Ämter nach Funktionen im strikten Sinne der Zuständigkeit (wie im weltlichen Recht) problematisch. Der kirchl. Dienst ist stets mandatum; der unmittelbare göttliche Auftrag der Kirche in unmittelbarer Bindung an Bibel und Bekenntnis verbietet eine strikte Trennung von gesetzlicher Grundentscheidung und verwaltungsmäßigem Vollzug. Da es nicht um die Verhütung von Machtstreben geht, sondern um die rechte Ordnung der Dienste, entfallen Schutzfunktion und Möglichkeit einer dem staatl. Bereich entsprechenden scharfen Kompetenzabgrenzung, der Gewaltenbalance und der Verantwortungsklarheit. Deshalb hat dieses Konzept einer konstitutiven Gewaltentrennung in das ev. Verfassungsrecht keinen Eingang gefunden. Die Kirchen sind auch an das für den Staat geltende Bundesstaats- und Rechtsstaatsprinzip nicht gebunden.[861] Soweit Gewaltenteilung jedoch eine aus sachlichen Gegebenheiten resultierende Funktionsunterscheidung liefert, ist diese i.S. eines *materiellen Gewaltenteilungsprinzips* für Bereiche kirchl. Verfassung praktikabel. Klare Kompetenzabgrenzung – auch im Zusammenwirken der Organe – dient dem Bedürfnis nach formeller Rechtssicherheit. Nicht die Trägerschaft der Kirchengewalt, aber ihre Ausübung ist teilbar. In diesem Sinne eines *Funktionsgliederungs-* und Ordnungs*prinzips* sind nach der GO den drei Organen bestimmte Kompetenzen zugewiesen.[862] Andererseits wird auch eine Gewaltenverbindung, die im gliedkirchl. Bereich z.T. integrierenden Leitungsorganen[863] obliegt, nach der GO durch vielfältige verfahrensrechtl. und personelle Verzahnung gewährleistet (Erl vor Art. 21). Die Organe sind im Einzelnen, wie in den folgenden Artikeln deutlich wird, vielfach aufeinander angewiesen. Auch für dieses Miteinander und in der Ausrichtung auf das Konsensualprinzip gilt das Verfassungsgebot der „Geschwisterlichkeit" (Erl Art. 5).

Absatz 2 (Kammern, beratende Gremien)

Schwierig in die Gesamtstruktur einzuordnen ist die Stellung der **Kammern**. Diese waren in der Verf. des DEKb noch nicht vorgesehen; vergleichbare Gremien wurden jedoch schon als Unterausschüsse des Kirchenausschusses gebildet. Der Gedanke beratender „Kammern" tritt unter dieser Bezeichnung in der Verf. der DEK auf (Anh 3). Dort werden sie „zu verantwortlicher Arbeit herangezogen und haben das Recht des ratsamen Gutachtens" (Art. 9 I). Sie sollten „den im deutschen evangelischen Volkstum

---

[861] So schon für das 19. Jh.: Hermann, Die nothwendigen Grundlagen einer die consistoriale und synodale Ordnung vereinigenden Kirchenverfassung, S. 37; vgl. Guntau, Gesetzgebungsrecht, Ziff. I.2.

[862] Grundmann, Verfassungsrecht, S. 47; Kienitz, Das Verhältnis der kirchenleitenden Organe zueinander nach luth. Verständnis, S. 31; KI-Gutachten „Zur Zulässigkeit der Erhebung von Einzelfalldaten im Rahmen einer kirchl. Mitarbeiterstatistik" v. 11.3.1992, S. 3 m. Bezug auf Robbers, Zur Verbindlichkeit von Beschlüssen kirchenleitender Organe, S. 8; vgl. auch Erik Wolf, Ordnung, S. 736.

[863] Als Beispiel vgl. B. Guntau, Der Kirchensenat der Ev.-luth. Landeskirche Hannovers, ZevKR 46 (2001) S. 385 ff.

lebendigen Kräften die freie schöpferische Mitarbeit im Dienste der Kirche“ verbürgen (Art. 5 IV). Offiziell sind aber solche Kammern von der DEK auf verfassungsmäßige Art und Weise nicht gebildet worden.[864] Sie wurden später nach kirchl. Notrecht von der Bekennenden Kirche eingesetzt und haben auf mehreren Sachgebieten, etwa durch Denkschriften zur christlichen Schule und Erziehung sowie zum Religionsunterricht Bedeutung erlangt. Nach Verabschiedung der GO wurden schon 1949 in Bethel auf Antrag aus der Synode folgende Kammern vom Rat gebildet:

1. für Erziehung und Unterweisung („Schulkammer“),
2. Jugendkammer (später: „Kammer für Bildung und Erziehung, Kinder und Jugend“),
3. für öffentliche Verantwortung,
4. für soziale Fragen (später: „Kammer für soziale Ordnung“).

1949 berief der Rat von sich aus noch die Kammer für publizistische Arbeit. Hinzugekommen sind die Kammern für nachhaltige Entwicklung sowie für Migration und Integration. Auf einem Synodenbeschl. beruht ferner die Einrichtung der Kammer für Theologie der EKD 1989; damit wurde eine eigenständige Kompetenz der EKD anerkannt, theol. Fragen zu erörtern und Antworten zu geben.[865]

Kirchenrechtl. sind die Kammern kircheneigene, rechtl. unselbständige Einrichtungen ohne Vertretungs- und Leitungsaufgaben, die nicht in den Behördenaufbau eingegliedert sind.[866] Sie sind keine „Organe“ der EKD, sondern leiten ihre Funktionen von diesen ab. Die GO besagt auch nicht, dass sie ständige Einrichtungen sind, was freilich zur Regel geworden ist. Es liegt der GO auch der Gedanke fern, die Kammern für bestimmte Sachgebiete zur Leitung und zur Vertretung der EKD nach außen zu bilden. Die Verantwortung für alle Sachgebiete, auf denen Kammern arbeiten können, und auch die Vertretung der EKD in der Öffentlichkeit bleibt bei den Organen. Nicht die Schulkammer macht die ev. Schulpolitik; nicht die Sozialkammer erlässt Kundgebungen zu sozialen Problemen; nicht die Jugendkammer koordiniert die Jugendarbeit der Landeskirchen usw. Die Kammern haben vielmehr die Aufgabe der „Beratung“ (s.u.).

Die Bestimmungen der GO sind hier summarisch und lassen Fragen offen, die einer besonderen Regelung bedürften. Z.B. wird nicht gesagt, durch welches Organ die Kam-

---

864 Dazu Braune, Die Kammern der EKD, S. 135.

865 Vgl. Antrag des Syn. A. Echte (SB 1988 Bad Wildungen, S. 194 f.), Beitrag des Syn. E. Jüngel (S. 202 f.), die Aussprache (S. 333 f.) und den Beschl. (S. 640); in seiner 9. Sitzung im November 1946 hielt der Rat „die Zeit für die Bildung einer Theologenkammer noch nicht für gekommen“ (Nicolaisen, Ratsprot. 1, S. 727).

866 Braune, aaO, S. 136; zu frühen Ratsüberlegungen 1946: Nicolaisen, Ratsprot. 1, S. 728.

mern **zu bilden sind** und wieder abberufen werden. Tatsächlich wurden alle Kammern bisher vom Rat auf Grund dessen genereller Zuständigkeit (Art. 29 I 2) gebildet. Die Synode hat sich seit Anbeginn in Bethel 1949[867] darauf beschränkt, die Bildung von Kammern anzuregen und ihre Einsetzung dem Rat überlassen.
Die Erfahrungen lassen es nicht erforderlich erscheinen, für alle denkbaren Sachgebiete der kirchl. Arbeit Kammern zu bestellen. Für konkrete Aufgaben erweist es sich oft als fruchtbarer, wenn der Rat auf den aktuellen Anlass zugeschnittene Kommissionen beruft oder ad hoc eine Arbeitsgruppe von Sachverständigen bildet, die einen Bericht oder ein Gutachten erarbeiten und danach wieder auseinandergehen (z.B. Lenkungsausschuss, Beratungsausschuss für Fragen des kirchl. Arbeitsrechts).

Die Kammern beraten die „**leitenden** Organe". Diese Formulierung lässt offen, ob alle der vorerwähnten Organe als leitende bezeichnet werden. Die hier verwandte Mehrzahl des Organbegriffs beschränkt die leitende Funktion nicht auf ein einziges Organ, etwa auf den Rat, dem die Leitung im engeren Sinne zukommt (z. *Begriff:* Erl Art. 29 I 1). So ist davon auszugehen, dass auch die *Synode* die Beratung der Kammern in Anspruch nehmen kann, insoweit sie Leitung ausübt.[868] Nach dem ursprünglichen Konzept der GO, nur *Rat* und *Synode* als die nach außen handelnden Organe auszugestalten, trat das dritte Organ in diesem Kontext zunächst zurück. Nachdem die Aufgaben der *Kirchenkonferenz* jedoch mit ihrem Initiativrecht und weiterer Mitwirkung an der Gesetzgebung durch die GO-Änderungen v. 2000 u. 2005 erheblich erweitert worden sind, gehört auch die KK zu den „leitendenden Organen" i.S. dieser Vorschrift, denen die Kammerberatung gilt. Insofern erübrigt sich das Attribut. Nach bisheriger Übung gilt die Beratungsarbeit der Kammern vor allem dem Rat, der sie auch beruft. Ihre *Geschäftsführung* liegt i.d.R. beim KA; die Vorsitzenden werden meist durch den Rat bestimmt.

Die regelmäßige Arbeit der Kammern und Kommissionen entwickelt naturgemäß strukturelle und inhaltliche Eigendynamik. Andererseits beschränkt die GO ihre Funktion auf eine bloße **Beratung**. Dies bedeutet, „der erteilte Arbeitsauftrag zu einem bestimmten Thema impliziert in keinem Fall schon eine Entscheidung über die Art einer etwaigen späteren Verwendung des Arbeitsergebnisses, insb. über dessen Veröffentlichung. Die Entscheidung muss sich der Rat in vollem Umfang vorbehalten, um der jew. aktuellen Situation und ihren Erfordernissen verantwortlich Rechnung zu tragen. In der Regel wird der Rat (zumindest zur ersten) Beratung des Arbeitsergebnisses einen oder mehrere Vertreter der Kammer einladen, damit nähere Erläuterungen gegeben werden können." Bei weiteren Beratungen auch mit anderen Organen entscheidet der

867 SB Bethel 1949, S. 178 u. 188.
868 So der Synodenpräses (SB Bad Wildungen 1988, S. 336).

Rat, ob eine Mitwirkung der Vertreter erforderlich ist, d.h. „ob vorwiegend fachspezifische oder (kirchen-)politische Fragen zu behandeln sind". Auch kann der Rat insoweit nicht dem Willen des zu beteiligenden Organs über die Art und Weise der Behandlung vorgreifen. Lässt der Rat das Arbeitsergebnis noch von anderen Sachverständigen begutachten, „so wird er der Kammer nach Möglichkeit Gelegenheit zur Stellungnahme geben".[869] Die beratenden Kammern stellen sich nicht selber ihre *Aufgaben*, erkennen aber kraft ihres Sachverstandes evtl. mögliche Themen und Klärungsbedarf der Öffentlichkeit. Sie haben keine permanenten Forschungsaufgaben; dafür gibt es die Evangelischen Akademien, FEST, SWI, KI und andere wissenschaftliche Einrichtungen (Erl Art. 7).

Einer restriktiven Beratungsfunktion entspricht es auch, dass die Kammern nur zusammentreten, wenn die Organe ihnen eine bestimmte Aufgabe stellen, ein bestimmtes Gutachten anfordern, eine Denkschrift oder den Entwurf einer öff. Kundgebung erbitten. Aus verfahrenstechnischen Gründen und terminlichen Rücksichten tagen die Kammern aber meist in festem Turnus und tendieren zu weitergehenden Zuständigkeiten. Studien und Memoranden, aber auch Gutachten und andere Stellungnahmen werden der Öffentlichkeit, nachdem sie der Rat approbiert hat, zuweilen von den Kammern vorgelegt.[870] Sie nehmen damit praktisch Funktionen wahr, die eigentlich den Organen vorbehalten sind. Dies tendiert zu dem ursprünglich vom Bruderrat vorgeschlagenen Konzept, die Kammern nicht nur zur Beratung, sondern „zur Förderung bestimmter kirchl. Aufgaben" einzurichten (Anl 7A: Art. V).
Schwerpunkte der Kammerarbeit sind traditionell die *Denkschriften*.[871] Weithin beachtet waren die Schriften zu den Themen: „Eigentumsbindung in sozialer Verantwortung" (1962), „Die Lage der Vertriebenen und das Verhältnis des deutschen Volkes zu seinen östlichen Nachbarn" (sog. „Ost-Denkschrift 1965), „Aufgaben und Grenzen kirchlicher Äußerungen zu gesellschaftlichen Fragen" (1970), „Ev. Kirche und freiheitliche Demokratie" (1985), „Die Menschenrechte im ökumenischen Gespräch" (1979), „Strafe: Tor zur Versöhnung" (1981) und in neuerer Zeit „Maße des Menschlichen" (2003).

---

869 Beschl. des Rates der EKD v. 1975 (NdschrRat 10./12.4.1975, Ziff. 27 – KA-Az. 0232/2/30. Sitzung).

870 Oft durch das KA herausgegeben, nicht immer „im Auftrag" des Rates; beispielsweise wurde auch die Ost-Denkschrift 1965 von der Kammer für öffentliche Verantwortung – „mit Zustimmung des Rates" – veröffentlicht.

871 Dazu Raiser, Die Denkschriften der EKD; die nachgenannten Denkschriften sind alle in Gütersloh erschienen und neuerlich veröffentlicht in: Die Denkschriften der EKD, Bd. 1/1bis 4/1, Gütersloh 1978 bis 1987; vgl. Sammlung „Die Denkschriften der EKD von 1962-2002" hg. v. Kirchenamt der EKD.

Die Kammern bestehen **aus sachverständigen kirchlichen Persönlichkeiten**. Es genügt nicht, dass ihnen Personen angehören, die an dem betr. Sachgebiet besonders interessiert sind. Dies sollte grundsätzlich ausschließen, dass die Kammern zur Erörterung von Fachfragen ihrerseits noch Sachverständige heranziehen. Ausgenommen sind u.U. Sachverständige aus dem politischen Raum, z.B. amtierende Politiker, zumal wenn sie nicht der ev. Kirche angehören. Regelmäßig werden sich jedoch für die betr. Bereiche namentlich in Politik, Wirtschaft und Wissenschaft geeignete Sachverständige als Mitglieder finden.

Neben den Kammern werden durch den Rat auch andere Beratungsgremien gebildet. Darunter sind insb. die *Kommissionen* nach ihrer Arbeit, Struktur und Bedeutung wie die Kammern praktisch zu ständigen Einrichtungen geworden (Erl Art. 31 II Nr. 1). Dies gilt etwa für die *Grundstücks- und Baurechtskommission* sowie die *Versicherungs-* und die *Steuerkommission der EKD*, auch wenn sie nur sachlich bestimmte und damit meist auch zeitlich begrenzte Aufgaben zur Erledigung übertragen bekommen.[872] Die Aufgaben gehen teils auch über die Beratungsfunktion hinaus; so hält die *Dienstrechtliche Kommission* etwa den ständigen Kontakt zw. Dienststellenleitungen und Vertretern des Verbandes der Vereine evangelischer Pfarrerinnen und Pfarrer e.V. Zu den durch den Rat berufenen Kommissionen gehören ferner: die *Kommission für Ausländerfragen und ethnische Minderheiten*, die *Studienkommission „Kirche und Judentum"* und die *Ökumenekommission*. Ferner beraten den Rat die *Arbeitsgruppe Europa-Fragen*, der Beratungsausschuss für Arbeitsrecht und etliche ad hoc-Kommissionen. Darüber hinaus hat sich eine Vielfalt weiterer Beratungsstrukturen entwickelt, wie Arbeits- oder Steuerungsgruppen, Kontakt-, Gesprächs- oder Besprechungskreise.

Die Zunahme der Bildung solcher Beratungsgremien machte es in der Vergangenheit notwendig, die jeweils bestehenden „Kammern" und „Kommissionen" unter den vorstehenden Gesichtspunkten der GO zu überprüfen und sie nach deren Intentionen auszurichten. Die seitherige Entwicklung und Bedeutung dieser Gremien legt es nahe, ihre Aufgaben, Befugnisse und Ordnung in einem Kirchengesetz näher zu umschreiben und ihre Mitgliederzahlen zu beschränken.[873] Nach den Verträgen i.S.d. Art. 21a mit gliedkirchl. Zusammenschlüssen sind diese wie die EKD bemüht, ihre Kammern, Kommissionen u. dgl. soweit möglich gemeinsam zu nutzen, ihre ständige Koordination und Kooperation zu sichern sowie Möglichkeiten ihrer Zusammenführung zu prüfen.

---

872 Z.B. wurden die „Hinweise und Empfehlungen der Grundstückskommission" von der Kommission selbst – erstmals in Bonn 1975 – veröffentlicht und weder i.A. des Rates noch durch die Kirchenkanzlei herausgegeben.

873 Heßler, EKD-Reform, S. 60.

Artikel 23 (Aufgaben der Synode)

(1) Die Synode hat die Aufgabe, der Erhaltung und dem inneren Wachstum der Evangelischen Kirche in Deutschland zu dienen.
(2) Sie beschließt Kirchengesetze nach Maßgabe des Artikels 26 a, erlässt Kundgebungen, bespricht die Arbeit der Evangelischen Kirche in Deutschland, erörtert Fragen des kirchlichen Lebens und gibt dem Rat Richtlinien.
(3) Sie wählt in Gemeinschaft mit der Kirchenkonferenz gemäß Artikel 30 den Rat der Evangelischen Kirche in Deutschland.

Die Synode leitet die EKD zusammen mit dem Rat und der KK. An den Anfang der fünf Artikel, die die Synode behandeln, stellt die GO wie auch bei den anderen Organen im Unterschied zur staatl. Bundesverf. eine Beschreibung der Aufgaben. Daraus erschließt sich die nachfolgend geregelte Zusammensetzung, Konstituierung und Arbeitsweise.[874] Vorangestellt ist die inhaltliche Aufgabenbeschreibung (Abs. 1). Ihr folgen die formellen Funktionen der Gesetzgebung und Wahl (Abs. 2 u. 3).

Absatz 1 (Erhaltung und Wachstum der EKD)

Weit gefasst formuliert die GO zunächst die grundsätzliche **Aufgabe, der Erhaltung und dem inneren Wachstum der EKD zu dienen**. Sie konkretisiert das durch Art. 6 umrissene gesamtkirchl. Bemühen um Vertiefung und Festigung der Gemeinschaft und die Hilfe und Förderung des gliedkirchl. Dienstes. Während die „Erhaltung" der EKD auch ihre äußere Gestaltung erfaßt, bezieht die GO das Wachstum auf das *Innere* der Kirche.[875] Dieser Dienst gilt also nicht nur der äußeren organisatorischen Gestaltung. Die Synode ist auch nicht nur „zeugnisgebendes Organ der hörenden Gemeinde" (W. Maurer) zur Bestätigung und als Resonanzboden der Amtsausübung einer eigentlichen Kirchenleitung im engeren Sinne. Kennzeichnend für diese „innere" Funktion der Synode ist vielmehr zum einen ihre gesamtkirchl. Bezogenheit zur Gemeinde, in der sich die ecclesia spiritualis vornehmlich vollzieht, und andererseits ihre ökum. Ausrichtung auf die eine Kirche der ecclesia universalis (Vorspr. I 2). Dem inneren Wachstum dient die Synode durch Stärkung des partikularen und universalen Zugehörigkeitsbewusstseins in der Gemeinschaft der Gliedkirchen und Gemeinden. Sie repräsentiert Gemeinde und deren Mitwirkung in der Gesamtkirche, vermittelt ihr aber auch ökum.

---

874 Dazu Schlaich, Synode, Sp. 3371 ff.

875 In dieser Abstufung deutet sich auch der Kompromisscharakter der Verf. an. Die Betonung des inneren Wachstums wendet sich aber auch gegen die historische Unterscheidung des ius sacra, als dem inneren, geistlichen Kern der eigentlichen Kirchenleitung, und dem ius circa sacra als der peripheren Organisation des Gemeindelebens.

Einbindung.[876] In dieser Doppelfunktion wirkt die Synode als gesamtkirchl. Funktionszentrum sowie als Gehör und Stimme in die Gesellschaft.

Die Hervorhebung am Abschnittsbeginn bringt zum Ausdruck, dass dieser Dienst in besonderer Weise der Synode übertragen ist. Die Aufgabe für sich genommen gilt zwar auch für andere Organe und Stellen der EKD. Sie steht hier jedoch im engen formalen Bezug mit den folgenden Absätzen und im inhaltlichen Kontext der darin entfalteten Einzelfunktionen als deren Ziel und Auslegungsgrundsatz. Die Synode trägt die Hauptverantwortung dafür, dass das Verfassungsziel des inneren Ausbaus der gliedkirchl. Gemeinschaft erreicht wird und dass Gefährdungen, die aus EKD-internen Spannungen kommen können, vermieden bzw. überwunden werden. Letzteres gilt in dem durch Art. 6 gezogenen Rahmen aber auch für den äußeren Bestand der EKD und dessen Bedrohung durch außerkirchl. Macht etwa staatl. oder weltanschaulicher Natur.

Dieser hervorgehobenen Verantwortung der Synode entspricht ihre Struktur und das besondere Gewicht als Beschlussorgan mit entsprechendem personellen Umfang und Tagungsaufwand. In ihrer Mitte vereinigt sie Vertreter aller Gliedkirchen und der wichtigen gesellschaftlichen und politischen Kräfte als wirksame *Repräsentation* der ev. Christenheit in Deutschland. Die Synode erfüllt ihre Aufgaben vor allem als geistliche Versammlung. Sie ist ein Ort der EKD, an dem sich der consensus ecclesiae feststellen lässt. Prägendes Gebot hierfür ist die *Konziliarität:* Kirche als eine *Kommunikationsgemeinschaft* ist in ihrem Handeln, auch im Konflikt, daran orientiert, dass ihre Glieder – untereinander verbunden – den Menschen außerhalb der Kirche in Solidarität zugewandt sind.[877]

Absatz 2 (Gesetzgebung und weitere Aufgaben)
Der programmatischen Aufgabenbestimmung im vorausgehenden Absatz folgen hier die einzelnen Funktionen der Synode, in denen sie ihre Aufgabe erfüllt. Die Aufzählung ist *enumerativ;* denn alle anderen Aufgaben werden, soweit sie nicht der KK zukommen, gem. Art. 29 I 2 dem Rat zugewiesen. Im Einzelnen sind die Aufgabenbeschreibungen aber weit gefasst, wie etwa die Besprechung der Arbeit der EKD oder die Erörterung von Fragen des kirchl. Lebens. Inhaltliche Grenzen ergeben sich für die gesamtkirchl. Beschlusskompetenzen nicht nur aus den besonderen Bekenntnissen der Gliedkirchen, sondern auch aus der ekklesialen Bedeutung der Gemeinden. Sie dürfen als Basis der Kirchengemeinschaft in ihrer Verantwortung und ihrem Dienst für diese nicht durch Synodalbeschl. geschmälert werden; denn auch ihnen gilt die gesamtkirchl. Aufgabe, der Erhaltung und dem inneren Wachstum zu dienen.

---

876 Kritisch zu diesem Zitat von W. Maurer und zur gemeindlichen und ökum. Doppelfunktion der Synode: Grundmann, Verfassungsrecht S. 41 ff. m.w.N.

877 W. Huber, Überlegungen zur Theologie der Synode, S. 326.

Gesetzgebung

Die praktisch wichtigste und formal wirksamste Funktion der Synode ist ihre Befugnis, **Kirchengesetze** zu beschließen.[878] Abgesehen von dem für Ausnahmen vorgesehenen unmittelbaren Verordnungsrecht des Rates (Art. 29 II) ist die Synode das alleinige gesetzgebende Organ. Mit ihrer legislatorischen Bestimmung (Art. 10 f.) wird auch eine *Zuständigkeitsabgrenzung* zur Leitungsfunktion des Rates und der KK vorgenommen. Von der Einrichtung eines Zweikammersystems, wie es sich in Ansätzen etwa in der Verf. der VELKD und einiger Gliedkirchen findet, oder einer gesetzgebenden „Länderkammer" im hergebrachten staatl. Sinne hat die GO ursprünglich abgesehen. Die KK hatte bis zur GO-Änderung v. 2000 lediglich das Recht, zu den Gesetzesvorl. Stellung zu nehmen (Art. 26 III 2 u. Art. 28 I 2 a.F.). Diese Gewichtsverteilung auf Synode und Rat zu Lasten des föderalen Organs hat sich für dessen politische Ausgestaltung wie auch für das Zusammenwirken mit der Synode als problematisch erwiesen. Sie hat Veranlassung gegeben, die KK strukturell zu stärken und ihre Beteiligung an der Gesetzgebung in Richtung auf eine zweite Kammer zu erweitern (Erl Art. 10 I 1, Art. 26a IV vor Satz 1, Art. 28 I).

Das formale Recht des Synodalorgans, Gesetze zu erlassen, enthält selbstverständlich keine Erweiterung der EKD-Zuständigkeit zum Erlass von Gesetzen mit Wirkung für die Gliedkirchen, die sich aus Art. 10a ergibt. Das *Gesetzgebungsverfahren* bestimmt Art. 26a.

Kundgebungen

Die der Synode obliegende „Erörterung und Besprechung" (s.u.) führt in wichtigen Fragen – i.d.R. zu den Schwerpunktthemen – zum Erlass von **Kundgebungen**.[879] Zum *Begriff* s. Erl Art. 20 I. Diese Befugnis konkretisiert die in Art. 20 I allgemein bestimmte Zuständigkeit der EKD und ist auf die „Erfüllung ihrer Aufgaben" beschränkt.[880] Das Kundgebungsrecht kommt wie die Gesetzgebung grundsätzlich nur der Synode zu, während der Rat auch hier lediglich subsidiär tätig werden kann (Art. 29 I).

Als Rechtsakte haben Kundgebungen naturgemäß eine begrenzte rechtl. Verbindlichkeit im Verhältnis zu Richtl., VO oder KG. Weder der Rat noch Ratsbeauftragte sind daran unmittelbar gebunden; freilich haben letztere die Auffassung der Kirche insg. zu vermitteln, zu der die Synode einen wichtigen Beitrag leistet. Für die „Kirchenkonferenz", die 1945 die ersten Kundgebungen der „EKD" erließ, ist nach der GO nicht mehr die Möglichkeit vorgesehen, Kundgebungen zu erlassen.

---

878 Z. Begriff Erl Art. 10 I; dazu Robbers, Zur Verbindlichkeit von Beschlüssen kirchenleitender Organe.

879 „Die Kundgebungen der EKD" sind als Sammlung veröff. (s. Kundg.EKD).

880 Der DEKb beschränkte sich auf „Angelegenheiten, die das Gesamtinteresse des deutschen Protestantismus berühren" (Anh 2: § 9).

Einzelheiten des *Verfahrens* regelt die GeschOSyn (§ 19): Anträge auf **Erlass** einer Kundgebung bedürfen der Unterstützung von 25 Syn., der Beschl. im Regelfall einer Mehrheit von zwei Dritteln der anwesenden Syn. Sofern er nicht als Kundgebung bezeichnet ist, sollte daher vor der Abstimmung geklärt sein, dass es sich um eine Kundgebung und nicht um eine sonstige Erklärung handelt.[881] Wird die erforderliche Mehrheit nicht erreicht, kann die Synode beschließen, dass über den Erlass erneut abgestimmt wird; ggf. genügt dann die Mehrheit der abgegebenen Stimmen. Bei der Bekanntmachung ist das Abstimmungsergebnis anzugeben, wenn weniger als zwei Drittel der anwesenden Synodalen für die Annahme gestimmt haben. Demnach sind Kundgebungen *bekannt zu machen*, und zwar im ABl. der EKD.[882]
An die Öffentlichkeit wendet sich die Synode – wie insb. auch der Rat – mitunter auch mit *sonstigen Verlautbarungen*, die mit einfacher Mehrheit zu beschließen sind. Diese sind in der Praxis von „Kundgebungen" zuweilen kaum zu unterscheiden, was äußere Form, Adressaten und Gegenstand betrifft. Der Kundgebung im formalen Sinne misst aber die GeschO ein erhöhtes Gewicht mit entsprechend höheren Anforderungen bei, insoweit sich die Synode damit auch an die „außerkirchliche" Öffentlichkeit wendet.[883] Dieses sachliche Anliegen darf nicht formal umgangen werden, auch nicht durch andere Organe. Die Kundgebungen der EKD werden im ABl. veröffentlicht und über die vorhandenen Medieneinrichtungen, wie dem *Gemeinschaftswerk des ev. Publizistik* bzw. dem *Ev. Pressedienst*, ggf. auch durch Hörfunk, Fernsehen und Internet verbreitet. Sie werden außerdem unverzüglich den Leitungen der Gliedkirchen mitgeteilt, insb. wenn eine Bekanntgabe an die Gemeinden oder Abkündigung im Gottesdienst erwünscht ist. Letztere kann die EKD nur empfehlen, nicht aber anordnen (z. medialen Publizierung: Erl Art. 20 I „Öffentlichkeitsauftrag").

Besprechung der Arbeit der EKD
Die Synode **bespricht die Arbeit der EKD.** Dies schließt die eigene Arbeit, aber auch eine gewisse Informationsfunktion und Mitverantwortung gegenüber den anderen Organen und Stellen der EKD ein, die diese Arbeit tun. Thematisch ist sie praktisch kaum beschränkt. Das gesamte Arbeitsgebiet der EKD kann erörtert werden. Die Synode kann, wie auch bei der Erörterung des kirchl. Lebens, ein aktuelles Thema aufgreifen und als *Schwerpunktthema* herausstellen.

---

[881] SB Berlin-Spandau 1991, S. 155.
[882] Erik Wolf, Ordnungen, S. 740; einschränkend auf den Regelfall, Brunotte, GO, S. 226. Eine Neuregelung des Kundgebungsrechts ist in Aussicht genommen.
[883] Vgl. § 19 I GeschOSyn; Robbers, Zur Verbindlichkeit von Beschlüssen kirchenleitender Organe, S. 20.

Sie hat dies bisher bei jeder ordentlichen Tagung getan und verhandelt auch Themen allgemeinpolitischer Bedeutung. Die erste Synode 1949 in Bethel wählte als Schwerpunkt die christliche Begründung des allgemeinen Rechts („Kirche, Recht und Rechtsbewusstsein"), 1950 das Thema „Was kann die Kirche für den *Frieden* tun?", 1952 über die *Wiedervereinigung Deutschlands.* Viele dieser Schwerpunktberatungen führten zu Entschließungen oder Kundgebungen.

Zur Vorbereitung eines Schwerpunktthemas wird i.d.R. rechtzeitig vor der Tagung vom Präsidium im Benehmen mit dem Rat ein *Vorbereitungsausschuss* (§ 26 GeschOSyn), in den neben Syn. auch weitere (bis zur Hälfte), sachkundige Mitglieder berufen werden. Arbeitsziel ist meist ein Kundgebungsentwurf. Zu dessen weiterer Begleitung auf der Synodentagung beruft das Präsidium einen *Themenausschuss,* zu dem auch Mitglieder des Vorbereitungsausschusses gehören können.

Die Besprechung der Arbeit durch die Synode setzt ihre Information voraus. Dem entspricht die Pflicht des Rates, ihr gem. Art. 29 I 4 einen *Rechenschaftsbericht* vorzulegen. Dieser bedarf jedoch nicht der Billigung der Synode; er ist lediglich zu „besprechen". Kritik kann geübt und eine etwaige Missbilligung der Tätigkeit des Rates im Einzelfall oder im Grundsätzlichen ausgesprochen werden, dies hat aber an sich keine rechtl. Konsequenzen. Ferner wird der Synode regelmäßig über die *Durchführung ihrer Beschlüsse* berichtet.

Erörterung kirchlichen Lebens, Fragestunde
Das Gespräch über die Arbeit der EKD veranlasst die Synode naturgemäß auch dazu, **Fragen des kirchlichen Lebens zu erörtern.** Dies geschieht im Einzelnen oft mehr oder weniger spontan auf Initiative von Syn. und mischt sich in der Sache häufig mit der Besprechung der Arbeit und der Behandlung des Schwerpunktthemas. Die Formulierung in unbestimmter Mehrzahl verdeutlicht, dass die Erörterung nicht das gesamte kirchl. Leben zu behandeln hat, sondern dass hier tunlichst eine *sorgsame Auswahl* aktuell wichtiger Themen zu treffen ist. Verfahrensmäßig empfiehlt sich eine entsprechende Anmeldung oder Vorl., auch wenn die GeschO letztere nur für Beratungen mit dem Ziel der Beschlussfassung vorsieht (§§ 13-15).
In diesem Zusammenhang und auch zur Ergänzung des Ratsberichts sieht die GeschO eine *Fragestunde* vor (§ 22). Jedes Mitglied der Synode sowie eingeladene stellvertretende Mitglieder können hier Fragen über Angelegenheiten der EKD an den Rat und an das Präsidium der Synode richten. Sie sind nicht an die Gegenstände des Rechenschaftsberichts gebunden. Die Fragen sind spätestens zwei Wochen vor Tagungsbeginn einzureichen und werden von einem Rats- oder Präsidiumsmitglied oder Beauftragten, vornehmlich Mitarbeitern des KA, beantwortet.

Richtlinien für den Rat
Zur Leitungsfunktion der Synode gehört, dass sie **dem Rat Richtlinien gibt.** Diese „Richtlinien sind keine Richtlinien i.S.d. Art. 9“,[884] die auch Verwaltungsvorschriften einschließen, sondern waren ursprünglich mehr als „Anregungen“ gemeint (Anh 7B: Art. 23 II); denn der Rat ist der Synode insofern im Prinzip nicht verantwortlich. So haben sie auch nicht den Regelungscharakter von Richtl., wie sie der Rat gem. Art. 31 I seiner Amtsstelle gibt, sondern eher den Sinn politischer Richtungsweisung für das Leitungs- und Vertretungshandeln des Rates, die ihn aber nicht im Einzelnen bindet.[885] So mag die Richtl. auch in Gestalt einer Bitte der Synode ergehen.[886] Denn die Synode kann dem Rat nicht wie ein übergeordnetes parlamentarisches Organ Weisungen geben oder deren Einhaltung kontrollieren. Ebenso wenig kann sie den Rat abberufen; denn nach der Konzeption der GO handelt jedes Organ grundsätzlich selbständig (Erl Art. 22 I). Daher sind Weisungen an die Leitung im engeren Sinne im Einzelfall nicht Sache der Synode; denn sie hat hier keine exekutiven Funktionen. Freilich wird der Rat unbeschadet der Verantwortung für sein Handeln jede Kritik hören und erwägen müssen. Dies entspricht auch dem Rechtsgedanken des Art. 5.

Absatz 3 (Wahl des Rates)
Eine Aufgabe der Synode von besonderem kirchenpolitischem Gewicht ist ihre Mitwirkung bei der Wahl des Rates. Diese Aufgabe ist daher nicht nur an dieser Stelle der GO, sondern auch in der Bestimmung bezüglich der KK (Art. 28 I 2) verankert und ausführlicher zum Wahlverfahren in den Vorschriften über den Rat geregelt (Art. 30). Gemeinsam mit der KK wählt die Synode die Mitglieder des Rates und aus seiner Mitte auch dessen Vorsitzende und deren Stellvertreter. Zum Verfahren und zur Zusammensetzung des Rates im Einzelnen s. Erl Art. 30 und § 21 GeschOSyn.
Ein Mitglied des Rates, nämlich der oder die Präses der Synode, wird als erstes durch die Synode aus ihrer Mitte bereits auf ihrer ersten Tagung vor Beginn der Beratungen gewählt (Art. 26 I u. § 7 II GeschOSyn). Es gehört gem. Art. 30 I 5 dem Rat kraft Amtes an.

---

884 Heßler, EKD-Reform, S. 49; zum Begriff der Richtl. s. Erl Art. 9.
885 Erik Wolf, Ordnung, S. 740 („verbindlich...wohl aber nicht zwingend“); Robbers, aaO.
886 Z.B. die Bitte, Novellierungsentwürfe künftig in geschlechtergerechter Sprache vorzulegen (Beschl. v. 5.11.1998, ABl. EKD S. 491; Gesch 8f.).

Artikel 24 (Zusammensetzung, freies Mandat)

(1) Die Synode besteht aus 106 Mitgliedern, die von den synodalen Organen der Gliedkirchen gewählt werden, und 20 Mitgliedern, die vom Rat berufen werden. Für jeden Synodalen sind 2 Stellvertreter oder Stellvertreterinnen zu bestimmen. Von den gewählten und berufenen Synodalen darf nicht mehr als die Hälfte Theologen und Theologinnen sein.
(2) Die Verteilung der zu wählenden Synodalen auf die Gliedkirchen wird durch Gesetz geregelt. Jede Gliedkirche hat in der Synode mindestens zwei Sitze.
(3) Unter den vom Rat zu berufenden Synodalen sind besonders Persönlichkeiten zu berücksichtigen, die für das Leben der Gesamtkirche und für die Arbeit der kirchlichen Werke Bedeutung haben.
(4) Die Mitglieder der Synode sind an Weisungen nicht gebunden.
(5) Die Mitglieder der Kirchenkonferenz nehmen an den Beratungen der Synode ohne Stimmrecht teil.

„Nach herkömmlichem Verständnis ist die Synode dasjenige Organ, in dem die aktiven Gemeindeglieder verantwortlich mitarbeiten“ und gründet im Prinzip das Priestertums aller Gläubigen.[887] Die Zusammensetzung der Synode, Wahl und Berufung sowie die Weisungsfreiheit der Synodalen (Syn.) erfuhren schon durch den Entwurf des Verfassungsausschusses im Vergleich zum DEKb eine vereinfachte Regelung bei einer erheblich verringerten Zahl von Syn. Erhalten blieb der Grundsatz, die Syn. größtenteils durch die gliedkirchl. Synoden zu wählen und eine kleinere Gruppe durch die gesamtkirchl. Leitung zu berufen. Entfallen sind die Vorschlagsrechte besonderer kirchl. Gruppierungen und die Berufung einer „Ausgleichsgruppe“ (Anh 2: § 7).

Absatz 1 (Mitgliederzahl)

Die Vorschrift (Satz 1 u. 3) wurde durch die GO-Änderung 2000 in geschlechtergerechter Sprache abgefasst (Gesch 8f) und bezüglich der (gewählten) Mitgliederzahl durch GO-Reform v. 2005 geändert. Letzteres entsprach den Verträgen der EKD mit VELKD und EUK (Text 1o f.; vgl. Erl Abs. 2 Satz 2). Diese Änderung gilt, wie auch die dementsprechenden Ausführungsregelungen ab der Synodalperiode 2009.

Satz 1 (Gewählte und berufene Mitglieder)

Die Synode repräsentiert die Gesamtkirche als eine gegliederte Einheit. Sie besteht aus 106 gewählten und 20 berufenen Mitgliedern. Dieser Verteilungsmodus, der sich am

---

[887] SB Berlin-Spandau 1972, S. 259; vgl. Robbers, Zur Verbindlichkeit von Beschlüssen kirchenleitender Organe, S. 5; KI-Gutachten „Zur Mitgliedschaft in der EKD-Synode“ v. 6.6.1980.

Vorbild unierter Kirchen orientierte, sollte den Gepflogenheiten luth. wie ref. Provenienz entgegenkommen. Eine gliedkirchl. oder konfessionelle Aufschlüsselung wird durch die GO unmittelbar nicht festgelegt. So konnte 1970 nach dem Ausscheiden der Gliedkirchen des BEK die Zahl der Syn. der neuen Synode für den West-Bereich unverändert bleiben. Anzustreben ist, dass in die Synode „Frauen und Männer in gleicher Zahl gewählt und berufen werden".[888] Zur Beteiligung der Jugend können an den Tagungen bis zu 12 *Jungdelegierte* ohne Stimmrecht teilnehmen. Sie werden auf Vorschlag der Verbände der Jugend- und Studierendenarbeit vom Präsidium bestimmt und können nach Maßgabe der GeschO (§ 28) in Plenum und Ausschüssen wie Syn. das Wort erhalten.

Syn. kraft Amtes (geborene Mitglieder, wie im Rat die Synodenpräses) kennt die GO im Unterschied zu manchen gliedkirchl. Ordnungen nicht. Auch für die Werke und Einrichtungen sind angesichts ihrer großen Zahl und Vielfalt und entsprechender Auswahlprobleme keine von ihnen zu beschickenden, festen Sitze vorgesehen. Sie sind jedoch ggf. bei den Berufungen durch den Rat gem. Abs. 3 zu berücksichtigen.[889]

Gewählt werden die betr. Syn. nicht wie ein politisches Parlament „in allgemeiner, unmittelbarer, freier, gleicher und geheimer Wahl" (Art. 38 GG), sondern in mittelbarer Wahl. Das stufen- und bereichsweise Wahl-, Entsendungs- und Berufungsverfahren der Synode entspricht ihrem Charakter als versammelter Gemeinde, im Unterschied zum politischen Moment des Wahlkampfs und der daraus resultierenden Fraktionsbildung. Diese erfolgt nicht durch die Gemeinden der Gliedkirchen, sondern durch deren **„synodale Organe"**. Diese bereits im Ratsentwurf vorgenommene Umschreibung der Synoden berücksichtigt Gliedkirchen mit abweichenden Strukturen und Bezeichnungen (z.B. den brm. „Kirchentag"). Sie wählen die nach Abs. 2 auf ihre Kirche entfallenden Syn. Diese müssen nicht den gliedkirchl. Synoden oder Kirchenleitungen angehören. Die von den Gliedkirchen der VELKD gewählten Syn. sind zugleich Syn. deren Generalsynode (§ 4 Vertrag m.d.VELKD nach Art. 21a II).
Wählbar sind alle Gemeindeglieder, die nach dem jew. Wahlrecht für die Landessynode oder die entsprechende synodale Körperschaft passiv wahlberechtigt sind. Bei Verlust

---

888 Für die 8. Synode galt eine erhöhte Zahl von Syn. (134 und 26; vgl. KG der EKD zur Regelung von Fragen im Zusammenhang mit der Herstellung der Einheit der EKD u. Gesch 8e); Synodenbeschl. v. 10.11.1989 (SB Bad Krotzingen 1989, S. 807). Bis zur 10. Synode (Strukturreform 2005) wurden nur 100 Syn. gewählt.

889 Für die in Werken organisierten funktionalen Dienste, d.h. für das außerparochiale Handeln der Kirche, wird zunehmend eine eigene Vertretung in Synoden gefordert, wie dies einige gliedkirchl. Verf. bereits vorsehen; dazu: Bock, Die Beteiligung kirchl. Dienste an der Synode, S. 121 ff. u. Erl Abs. 3.

der Wählbarkeit in ihrer Landeskirche verlieren sie auch das passive Wahlrecht bezüglich der EKD-Synode.[890]

20 Synodale, also fast ein Sechstel der Synode, **werden vom Rat berufen**. Dabei ist der Rat an Vorschläge anderer Stellen nicht gebunden. Er hat lediglich die nach Abs. 3 vorgegebenen allgemeinen Kriterien zu berücksichtigen. Hinzu kommt die Beachtung der gem. Satz 3 zulässigen Höchstzahl von theol. Syn. Berufendes Gremium ist der „alte" Rat, da die neue Synode, Berufene und Gewählte, erst als Ganzes gebildet wird und sodann den neuen Rat wählt. Doppelberufungen von Syn., die bereits von einer Landessynode gewählt worden sind, werden vermieden, indem die Berufung erst nach Vorliegen der Wahlergebnisse erfolgt oder in Fühlungnahme mit den Gliedkirchen.[891]

Satz 2 (Stellvertretungen)
„Synodale" i.S.d. GO sind die Mitglieder der Synode. Die GeschO fasst unter diesen Begriff i.S.d. versammelten Synode nur die an der Synodaltagung (auch stellvertretend) *teilnehmenden* Mitglieder (§ 5 IV).

Zwei Stellvertreter sind für jeden Syn. zu bestimmen. Während Verfassungsausschuss und Rat nur einen Stellvertreter vorschlugen, wurde die Zahl während der Beratungen in Eisenach – vermutlich aus praktischen Erwägungen – verdoppelt.[892] Das Mitglied der Synode, das an der Wahrnehmung des Mandats gehindert ist, wird durch die ihm zugeordneten Vertreter in bestimmter Reihenfolge vertreten. Diese Reihenfolge wird bei der Wahl und Berufung festgelegt. Bestimmt wird also von vornherein ein erster und ein zweiter Stellvertreter (Text 5: § 2 I). Die Stellvertreter vertreten nur die Syn., denen sie zugeordnet sind. Sie sind nicht auch Ersatzleute.[893] Scheidet ein Mitglied der

---

890 Z. Ganzen Kühn, Das Wahlrecht der EKD und ihrer Gliedkirchen; vgl. A. v. Campenhausen, Synoden, S. 54; T. Barth, Elemente, S. 57 ff.

891 Schr. des Leiters des KI v. 13.10.1953 an die Kirchenkanzlei (EZA 2/1018).

892 Anh 7B u. 7C; Eisenach 1948, S. 128.

893 Schr. des Präses der Synode der EKD v. 22.10.1953 Nr. 5006.1 an die Leitungen der deutschen ev. Landeskirchen:
„Im Einvernehmen mit dem Rat der EKD teile ich mit: ... Für jeden Synodalen sind gemäß Art. 24 der Grundordnung zwei Stellvertreter zu wählen bzw. zu berufen. Sie vertreten nur den Synodalen, dem sie als Stellvertreter zugeordnet sind. Sie sind nicht auch Ersatzleute. Fällt ein Synodaler etwa durch Tod, Amtsniederlegung oder dergleichen e n d g ü l t i g aus, so wählt die beteiligte Gliedkirche einen neuen Synodalen. Ebenso ist beim endgültigen Ausfall von Stellvertretern zu verfahren. Bei berufenen Synodalen gilt das Entsprechende für den Rat der EKD. Solange die Gliedkirche bzw. der Rat noch nicht für Ersatz gesorgt haben, wird der Stellvertreter des Ausgeschiedenen zur Synode eingeladen"; vgl. auch Beschl. des Rates v. 22.10.1953 (NdschrRat 22.10.1953, EZA 2/1018). Im DEKb trat der Stellvertreter ein, wenn sich das Amt des Syn. vorzeitig erledigte (Anh 2: § 8 IV f.). Vgl. auch KI-Gutachten „Zur Stellvertretung der Synodalen in der Synode der EKD" v. 28.3.1951.

Synode durch Tod, Amtsniederlegung, Fortzug oder aus anderen Gründen endgültig aus, so ist an seiner Stelle ein neues Mitglied für den Rest der Wahlperiode zu wählen. Ein ius succendendi oder eine Anwartschaft der Stellvertreter bei Neuwahlen gibt es nicht. Den Gliedkirchen steht es nicht frei, den Sitz unbesetzt oder den Stellvertreter bis zum Ablauf der Wahlperiode ohne weiteres als Ersatzsyn. eintreten zu lassen. Bis zur Durchführung der Ersatzwahl wird das ausgeschiedene Mitglied der Synode durch das stellvertretende ersetzt. Wird letzteres zum Syn. gewählt, ist auch ein neuer Vertreter zu wählen. Entsprechendes gilt beim Ausscheiden einer Stellvertreterin oder eines Stellvertreters (Text 5: § 2 II). *Stellvertretung für einen Teil der Tagung* ist grundsätzlich nicht zulässig; der oder die Präses kann Ausnahmen zulassen. Ein Mitglied, das die Tagung vorzeitig verlassen oder ihr zeitweise fernbleiben will, stellt hierüber Einvernehmen mit dem bzw. der Präses her (§ 4 I 2 GeschOSyn).

Satz 3 (Theologenanteil)

Von allen Syn., gewählten wie berufenen, dürfen **nicht mehr als die Hälfte Theologen oder Theologinnen** sein. Die Vorschrift geht zurück auf eine entsprechende Regelung der VO über das Zustandekommen der GO (Anh 8: § 4 II). Der *Zweck der Vorschrift* erschließt sich aus der historischen Erfahrung eines Übergewichts des theol. Synodalelementes vor allem luth. Tradition (Gesch 1a). Er gewährleistet die auch aus volkskirchl. Sicht gebotene Repräsentanz des Laienelementes. Für den Kirchentag des DEKb galt, „dass Geistliche und Nichtgeistliche im Verhältnis 1:2 gewählt“ wurden (Anh 2: § 7). Die geregelte Beteiligung von Theologen und Laien soll aber nicht das Gegenüber von Amt und Gemeinde widerspiegeln; die Synode ist nicht eine Vertretung des Kirchenvolks gegenüber den Amtsträgern; sie personifiziert die Einheit der Gesamtkirche.[894] Auch gibt es nach ev. Verständnis hier keinen qualitativen Unterschied zw. weltlichem und geistlichem Beruf.

Die Quote gilt jew. für den gewählten und den berufenen Teil der Synode für sich genommen. Wäre sie aus der Gesamtzahl zu errechnen, würde der Rat bei seinen Berufungen durch einen möglichen Theologenüberhang bei den gewählten Synodalen in unangemessenem Umfang auf die Berufung von Laien festgelegt. Eine Ausgleichsmöglichkeit bietet sich durch diejenigen Gliedkirchen, die eine ungerade Mitgliederzahl und weniger Theologen wählen als Laien. Im DEKb konnte dies bei der Berufung der „Ausgleichsgruppe“ kompensiert werden.[895]

894 Schlaich, Synode, Sp. 3372; Provinz Sachsen hatte für eine Mindestquote (1/3) votiert (EZA 2/6); im DEKb standen „Geistliche und Nichtgeistliche im Verhältnis 1:2“ (Verf.-Art. 7 a).

895 Auch könnten die Stellvertreter, wenn sie nicht Theologen sind, eintreten (Erik Wolf, Ordnung, S. 737; a.A. Brunotte, GO, S. 231).

Der Begriff „**Theologen und Theologinnen**“ umfasst nach dem Zweck der Vorschrift nicht nur das Pfarramt, sondern auch Professur und Lehramt, die Leitung kirchl. Verwaltungen bzw. Werke und Einrichtungen, Vikariat u. dgl. Demgegenüber verwandten die GO-Entwürfe von Rat und Verfassungsausschuss noch den engeren Begriff „Pfarrer“. Eine Unterscheidung zw. ordinierten und nicht ordinierten Theologen trifft die GO im Unterschied zu manchen gliedkirchl. Verfassungen nicht. Es „sollte nicht mehr als die Hälfte der gewählten Theologen oder hauptamtliche Mitarbeiter im kirchl. Dienst sein“.[896]

Absatz 2 (Verteilung auf die Gliedkirchen)
Für die *Sitzverteilung* auf die Gliedkirchen legt die GO – im Unterschied zum Entwurf des Bruderrates (Anh 7A: Art. XIII) – keine Zahlen fest und verweist auf den Gesetzgeber. Bestimmt wird lediglich eine Mindestzahl je Gliedkirche. Zugrunde liegt der Gedanke, dass hier wenigstens in groben Zügen die Seelenzahl der Kirchen maßgeblich sein müsse,[897] dass diese jedoch durch die zunehmende Fluktuation der Bevölkerung und besondere politische Umstände, wie etwa die Umsiedlungsbewegungen der Vertriebenen in der Nachkriegszeit oder der Migration nach der Wende oder innerhalb der EU, erheblichen Schwankungen unterliegen kann.

Satz 1 (Gesetzliche Regelung)
Das *Kirchengesetz über die Verteilung der von den Gliedkirchen zu wählenden Mitglieder der Synode der EKD* (Text 5) sieht pro Gliedkirche nach *Mitgliederzahl* gestaffelt bis zu 11 (Hannover) Synodensitze vor. Die gesetzliche Sitzverteilung ist in der Vergangenheit bedingt durch die Bildung der *Nordelbischen Ev.-Luth. Kirche* 1977 und im Zusammenhang mit der Herstellung der Einheit der EKD 1991 geändert worden. Bei der letztgenannten Übergangsregelung wurde zur Abfederung der Folgen für die östlichen Gliedkirchen von der rein rechnerischen Mandatsverteilung durch Zuordnung zusätzlicher Mandate (gem. Art. 5) abgewichen. Eine weitere Änderung erfolgte im Rahmen der Strukturreform der EKD v. 2005 (Erl Satz 2).[898]

---

896 Entschließung der EKD-Synode v. 15.5.1970 (ABl. EKD S. 279); so auch Art. 35 EGO74. Bei den Beratungen in Eisenach wurde eingewandt, dass dann auch der Begriff „Laie“ geklärt werden müsse, denn neben Kirchenbeamten und anderen hauptberuflichen Kräften des kirchl. Dienstes blieben seinerzeit von den 142 Syn. nur 40 Laien im engeren Sinne (Eisenach 1948, S. 128) – mit bis heute abnehmender Tendenz.

897 So schon § 7 Verf. des DEKb (Anh 2).

898 KG zur Änderung des Verteilungsschlüssels v. 10.11.1977 (ABl EKD 1978 S. 1); bis zur 10. Synode (Strukturreform 2005) galt die Mindestzahl von einem Sitz.

Satz 2 (Mindestzahl)
Die Regelung wurde durch die Strukturreform 2005 eingefügt und entspricht den Verträgen mit UEK (§ 15 II) und VELKD (§ 18 III). Im Zusammenhang mit der Einbeziehung der Zusammenschlüsse ergab sich laut amtl. Begründung das „Bedürfnis", dass die Gliedkirchen mit mindestens zwei Sitzen in der Synode vertreten sind. Das Kirchengesetz über die Verteilung der von den Gliedkirchen zu wählenden Mitgliedern der Synode der EKD (Text 5) ist entsprechend zu ändern.[899] Dies führte zu einer Erhöhung der Zahl der gewählten Syn. auf 106 (Abs. 1 Satz 1).

Absatz 3 (Berufung besonderer Persönlichkeiten)
Bei der Berufung durch den Rat, hat dieser **besonders Persönlichkeiten zu berücksichtigen, die für das Leben der Gesamtkirche und für die Arbeit der kirchlichen Werke Bedeutung haben**. Die Formulierung entspricht weitgehend den Vorl. von Verfassungsausschuss und Rat und in der Sache auch des Bruderrates. Der DEKb sah hier ein weitergehendes Vorschlagsrecht der Fakultäten, Religionslehrer und Vereinsorganisationen vor (Anh 2: § 7). Die GO räumt dem berufenden Organ einen größeren Ermessensspielraum ein. Dafür werden als Kriterien nur die beiden Aspekte der Bedeutung für Gesamtkirche und deren Werke ausdrücklich, wenn auch nicht im ausschließlichen Sinne („besonders"), genannt und insoweit dem Rat verbindlich vorgegeben. Die Berufung darf sich also i.d.R. nicht an anderen personellen Aspekten orientieren und beispielsweise aus gliedkirchl. Sicht regional bedeutsame kirchenleitende oder wissenschaftlich hervorragende Persönlichkeiten ohne besonderen gesamtkirchl. Bezug honorieren oder solche, die für die Arbeit nur eines Werkes bedeutsam sind. Freilich kann hier politische Gewichtung in der Heimatkirche oder die besondere Repräsentanz eines politischen Amtes mittelbar Bedeutung auch für die Gesamtkirche haben. Da die Werke kirchenrechtl. Teil der Gesamtkirche sind, geht es hier mehr um eine sachl. Differenzierung.

Die Auswahl innerhalb dieses beschriebenen Kreises von Kandidaten hat auch die Zusammensetzung der bereits gewählten Syn. zu berücksichtigen, beispielsweise die gliedkirchl. Wahl leitender Persönlichkeiten der Werke und Einrichtungen. Unter diesem Aspekt der Ergänzung und der Gesamtgewichtung empfiehlt es sich, dass der Rat

---

[899] Amtl. Begründung (Drucksache Nr. VII/1, 4. Tagung der 10. Synode der EKD, S. 33 ff.): Die Änderung wird erst ab der 11. Synode – und damit ab dem Jahre 2009 – nach § 15 II des Vertrages zw. der UEK und der EKD v. 2005 und § 18 des Vertrages zw. der VELKD und der EKD v. 2005 wirksam. Die Zwischenzeit kann für die Meinungsbildung in den Gliedkirchen genutzt werden, ob und ggf. wie die Verteilung der von den Gliedkirchen zu wählenden Mitgliedern der Synode der EKD gestaltet werden soll. Nach In-Kraft-Treten dieses Gesetzes ist das Kirchengesetz über die Verteilung der von den Gliedkirchen zu wählenden Mitglieder der Synode der EKD in der Fassung v. 11.11.1999 entsprechend zu ändern.

die gliedkirchl. Wahlen abwartet, bis sich ein Überblick über die übrige Zusammensetzung der Synode gewinnen lässt (und so auch Doppelberufungen vermeidet). Nach bisheriger Übung kommen für die Berufung auch Repräsentanten der gesellschaftlichen und politischen Gruppierungen, etwa der Parteien, Verbände, Gewerkschaften sowie des Wirtschaftslebens, der Wissenschaften und Medien in Betracht. Im Übrigen spricht diese Vorschrift eine „Selbstverständlichkeit" aus; einem Antrag auf ihre Streichung wurde aber mit dem Hinweis auf die „psychologischen Gründe" widersprochen.[900]

Absatz 4 (Freies synodales Mandat)
Die berufenen Mitglieder **sind an Weisungen nicht gebunden**. Sie sind unabhängig und haben nur nach ihrem Gewissen zu entscheiden. Es gibt *kein imperatives Mandat*. Im Unterschied zu einer Parlamentsfraktion sind sie nicht an Parteien, sondern allein an den Auftrag der einen Kirche gebunden (Erl Art. 22 I). Sie sollen nicht als Beauftragte anderer Stellen und Gremien fungieren, sondern in persönlicher Verantwortung für die EKD entscheiden. Die berufenen Mitglieder sind auch nicht als Repräsentanten bestimmter Institutionen oder Bewegungen oder Interessenvertreter gedacht, sondern als unabhängige Persönlichkeiten, deren Erfahrungen auf bestimmten Arbeitsgebieten für die Gesamtkirche nutzbar gemacht werden sollen. Entsprechend ist der Proporz bei der Sitzverteilung unter den Institutionen, Vereinigungen, Ämtern und Werken weniger wichtig als die Wahl „kirchlicher Persönlichkeiten".[901] Die Weisungsfreiheit besagt zudem, dass es einen *Fraktionszwang* in der Synode der EKD nicht gibt. Naturgemäß werden die Syn. auch von Besonderheiten ihrer Heimatkirche geprägt; sie müssen sich aber in erster Linie der Gesamtverantwortung für die EKD bewusst sein. Der GO-Entwurf des Bruderrates sah vor, dass sie „ihr Amt in der Verantwortung gegenüber der EKD als einer Einheit zu führen" hätten (Anh 7A: Art. XIII).

Dieses gilt ohne Einschränkung auch für die Versammlung zu *Konventen* bei bekenntnisbezogenen Bedenken gem. Art. 27 sowie für die Zusammenarbeit in *synodalen Arbeitsgruppen*. Für letztere bestimmt die GeschO ausdrücklich, dass dort keine Eingriffe in das freie synodale Mandat angestrebt werden. Zwar mag man in der zunehmenden Bildung von Synodalgruppen de facto einen Trend in Richtung auf eine Fraktionsbildung erkennen; er entspricht jedoch nicht dem traditionellen Wesen der gesamtkirchl. Synode als der unter dem Wort Christi versammelten Gemeinde. Die GO kennt weder ein Parteienprivileg noch einen Fraktionsstatus (Erl Art. 22 I).[902]

900 Eisenach 1948, S. 108; im Vorfeld der GO war ferner angeregt worden, dass „die evangelische Ordenssache in der neuen Verfassung einen entsprechenden Platz finden" möchte (EZA 2/5).
901 Erik Wolf, Ordnung, S. 737.
902 § 27 II Nr. 2 GeschOSyn.; Gruppe Offene Kirche, Gesprächskreis und SAG-Lebendige Gemeinde; vgl. Guntau, Pfarrhaus, S. 151 ff.

Absatz 5 (Teilnahme der Kirchenkonferenz)
Die Zusammensetzung der Kirchenversammlung war sowohl in Treysa 1947 als auch in Eisenach 1948 so geregelt, dass ihr außer den gewählten und berufenen Mitgliedern auch die Mitglieder des Rates und je ein Mitglied der Gliedkirchenleitungen als ordentliche Mitglieder angehörten.[903] Denn auch der GO-Entwurf des Bruderrates sah Sitz und Stimme für die Mitglieder des Rates und der damaligen Konferenz der Kirchenleitungen vor (Anh 7A: Art. XIII). Der Verfassungsausschuss entschloss sich aber zu einer Trennung der Organe. Jedenfalls sollten Rat und KK nicht in corpore der Synode angehören (Erl Art. 30 I 2).

Hinsichtlich der KK setzt die GO voraus, dass ihre Mitglieder i.d.R. nicht zugleich auch Mitglieder der Synode sind. Denn sie bestimmt ausdrücklich, dass die Mitglieder der KK **ohne Stimmrecht teilnehmen**. Sie steht als besonderes Organ neben der Synode. Die Mitglieder sind aber nicht als stumme Zuhörer gedacht. Nach der GeschOSyn. können die Konferenzmitglieder (ebenso wie die Ratsmitglieder) namens ihres Organs sprechen und das Wort auch außer der Reihe erhalten (§ 17 III). Die Absicht der GO ist es also, dass die Gliedkirchen in die KK besondere Vertreter entsenden sollen und dass nicht ein Syn. bei Bedarf seine Gliedkirche auch in der KK vertritt. Dementsprechend entsendet die KK (wie auch der Rat und das Synodenpräsidium) Vertreter in die Ständigen Synodalausschüsse.

Eine *Doppelmitgliedschaft* in Synode und KK wird durch die GO freilich nicht ausgeschlossen; sie ist vielmehr durch die GeschOSyn (§ 21 IV) ausdrücklich vorgesehen: Wenn eine Gliedkirche verhindert ist, einen eigenen Vertreter zur KK zu entsenden, kann bei gleichzeitig tagender Synode ein Syn. seine Kirche in der KK vertreten. Es ist allerdings dabei zu bedenken, dass in einigen Fällen, z.B. bei der Wahl des Rates (Art. 30 I) und bei der Gesetzgebung nach Art. 26 III 3, die KK und die Synode als gesonderte Gremien mitzuwirken haben. Bei Abstimmungen können also die betr. Abgeordneten ihre Stimmen nur einmal abgeben, entweder in der Synode oder in der KK.[904] Die Doppelmitgliedschaft in beiden Gremien hätte also für die betr. Gliedkirche die nachteilige Folge, dass ihr z.B. bei der Ratswahl eine Stimme verloren geht. Schon aus diesem Grunde liegt es im Interesse der Gliedkirchen, einen besonderen Vertreter zur KK abzuordnen, der nicht zur Synode gehört.

---

903 Vgl. ABl. EKD 1948 Heft 12 Nr. 81; ABl. EKD 1948 S. 239; ABl. EKD 1954 Heft 4 Nr. 79, S. 99; vgl. Anh 8.

904 Brunotte, GO, S. 232.

Artikel 25 (Amtszeit, Tagungsturnus, Eröffnungsgottesdienst)

(1) Die Synode wird für 6 Jahre gebildet. Ihre Amtszeit beginnt mit dem ersten Zusammentritt und endet mit dem ersten Zusammentritt der nächsten Synode, der frühestens 70 und spätestens 73 Monate nach Beginn der Amtszeit stattfinden soll.
(2) Die Synode tritt in der Regel einmal im Jahr zu einer ordentlichen Tagung zusammen. Sie ist außerdem einzuberufen, wenn der Rat oder 30 Synodale es verlangen.
(3) Sie wird mit einem Gottesdienst eröffnet. Ihrer Tagung wird im Gottesdienst aller Gemeinden fürbittend gedacht.

Die Regelungen der Amtszeit und des Tagungsturnus der Synode knüpfen in der Sache an entsprechende Bestimmungen schon des DEKb zur „Kirchentagsperiode" und der DEK zur Amtsdauer der „Nationalsynode" und zu ihren ordentlichen und außerordentlichen Tagungen an (Anh 2: § 8; Anh 3: Art. 8).

Absatz 1 (Amtsperiode)

Die Bestimmung der Amtsdauer entspricht übereinstimmenden Entwürfen des Verfassungsausschusses und des Rates. Die Regelung der Amtszeit wurde durch GO-Änderung 1991 als Satz 2 angefügt.

Satz 1 (Amtsdauer)

Die Dauer der Amtszeit ist – im Unterschied zur Verf. der DEK – für das Organ und nur mittelbar für dessen Mitglieder geregelt. Mit der Bemessung auf sechs Jahre (wie bei DEKb und DEK) gingen die Vorl. des Verfassungsausschusses und des Rates über die vom Bruderrat vorgeschlagenen vier Jahre hinaus und gaben dem Organ mehr Kontinuität und größere Gewichtung gegenüber Gliedkirchen und Gemeinden.

„Die Amtsdauer der Synode beträgt 6 Jahre"; bei dieser ursprünglichen Bestimmung beließ es die GO a.F. und verzichtete auf eine Präzisierung des Beginns und Endes der Amtszeit. Dies führte im Zusammenhang mit der Herstellung der Einheit der EKD zu Problemen und hat durch GO-Änderung v. 1991 eine nicht nur redaktionelle Änderung („Amtsdauer") und Präzisierung erfahren (Satz 2).[905]

[905] KG zur Regelung von Fragen im Zusammenhang mit der Herstellung der Einheit der EKD v. 24.2.1991; dazu v. Scheliha, Rechtsprobleme der kirchl. Wiedervereinigung, S. 52 ff.

Nach alter Regelung endete sie nach Ablauf von sechs Jahren.[906] Diese rechneten ab dem Zeitpunkt, an dem sich die Synode konstituiert hatte.[907] So trat die erste Synode beispielsweise am 9.1.1949 erstmalig zusammen und endete mithin mit Ablauf des 8.1.1955. Bis zu diesem Zeitpunkt bzw. Tag musste die neue Synode gebildet sein; andernfalls konnte eine Lücke eintreten, wenn eine Synode nach Amtsende der vorausgehenden Synode im Eilfall gem. Abs. 2 Satz 2 (s.u.) einmal vorzeitig einzuberufen war. Daher galt schon im DEKb: „Die Landeskirchen haben für die rechtzeitige Vornahme der Wahlen zu sorgen" (Anh 2: § 7). Dieses Problem hätte auch durch eine (verfassungsändernde) Verlängerung der Amtsdauer gelöst werden können. Eine solche Verlängerung ist auch für die GO-Reform 1974 erwogen, aber abgelehnt worden, weil „jede Selbstverlängerung eines Organs Bedenken gegen sich habe".[908] Die GO verzichtet daher heute – im Unterschied zur Amtsdauer des Rates (Art. 30 IV) – auf eine definitiv nach Jahren bemessene „Amtsdauer". In der Sache belässt sie es zwar grundsätzlich bei der traditionellen sechsjährigen Periode, bestimmt diese jedoch lediglich als Intention für die Bildung der Synode. Deren eigentliche „Amtszeit" wird dagegen nicht mehr statisch nach Jahren festgelegt, sondern nach dem jew. ersten Zusammentritt der alten und neuen Synode.

Mit der befristeten Amtszeit der Synode gilt auch für sie wie im Parlamentsrecht der gewohnheitsrechtl. Grundsatz der *Diskontinuität.* Er bringt die personelle, institutionelle und sachliche Zäsur zum Ausdruck, die mit der regelmäßigen Neubildung der Synode verbunden ist: Mit dem Ende der Amtszeit verlieren die bisherigen und erwerben die neugewählten Syn. ihr Mandat. Entsprechendes gilt für die von der Synode gewählten Gremien, sofern nicht ausnahmsweise deren Fortdauer bestimmt ist. Alle Beschlussvorl., namentlich Gesetzesentwürfe, gelten als erledigt und sind in der nächsten Synode erneut einzubringen. Mit dem Ende der Amtszeit soll „reiner Tisch" gemacht werden, unbelastet von einer „Erbschaft" unerledigter und womöglich unerwünschter Vorhaben.[909]

---

906 Schr. des Präses der EKD-Synode v. 22.10.1953 an die Leitungen der deutschen ev. Landeskirchen (EZA 2/1018): „Im Einvernehmen mit dem Rat der EKD teile ich mit:
1. Gemäß Art. 25 der Grundordnung beträgt die Amtsdauer einer Synode der EKD 6 Jahre. Die Synode versammelte sich erstmalig am 8. Januar 1949 in Bethel. Ihre Amtsdauer endet demzufolge am 8. Januar 1955. Ich bitte die Gliedkirchen, bis zum 8. Januar 1955 die Neuwahl der Synodalen für die am 8. Januar 1955 beginnende zweite Synodalperiode durchzuführen und der Kirchenkanzlei in Hannover das Ergebnis mitzuteilen."

907 NdschrRat 7.11.1990, TOP 11 (KA-Az. 0232/2-56. Sitzung); die Amtszeit begann auch nach GO a.F. mit ihrem Zusammentritt; denn eine andere Berechnung, etwa nach dem Wahlakt, entfiel mangels allgemeiner Wahl, ebenso nach dem zu frühen Zeitpunkt der Anordnung der Wahl (Schr. des Leiters des KI v. 21.11.1953, EZA 2/1018).

908 Ndschr. der 6. Sitzung des Struktur- und Verfassungsausschusses der Synode der EKD v. 3.7.1971 (EZA 2/93/316).

909 Guntau, Gesetzgebungsrecht, S. 651; andererseits beschloss z.B. die 4. Synode 1972, den GO-Entwurf auf ihrer letzten Tagung im Januar 1973 so weit „abzuschließen, dass die neue GO in der Form eines Gesetzesentwurfs vorliegt und nach Gelegenheit zur Stellungnahme durch die

Satz 2 (Beginn und Ende der Amtszeit)
Die **Amtszeit** bemisst sich nach dem ersten Zusammentritt der alten und neuen Synode und kann insoweit von der auf sechs Jahre intendierten Amtsdauer abweichen. Die zu Satz 1 geschilderte Problematik einer verspäteten Neubildung der Synode hat die GO-Änderung v. 1991 dahingehend gelöst, dass die alte Synode über die sechsjährige Amtsdauer hinaus solange amtiert, bis die neue Synode zusammentritt. Diese Lösung orientiert sich an der Sukzessionsregelung für Präsidium (Art. 26 I 2) und Rat (Art. 30 IV).[910] Für den **Zusammentritt der nächsten Synode** sieht ihre GeschO (§ 6) eine Zeitspanne von 70 bis 73 Monaten ab Zusammentritt der alten Synode vor. Das sind zwei Monate vor und ein Monat nach Ablauf der regulären Dauer. Diese zeitliche Flexibilisierung wird zudem nur als Soll-Vorschrift vorgegeben, lässt also Abweichungen zu.
Im Unterschied zur Amtszeit der Synode beginnt das *Amt der Synodalen* bereits mit der Annahme der Wahl bzw. Berufung und endet u.a. mit der Niederlegung des Mandats oder dem Wegfall der Wählbarkeit (z.B. wegen Beendigung der Kirchenmitgliedschaft oder Wohnsitzwechsel in eine andere Gliedkirche).

Eine *Selbstauflösung* der Synode ist in der GO nicht vorgesehen (Satz 1) und dürfte nach den Erfahrungen in der Weimarer Republik auch nicht im Sinn des Verfassungsgebers (ebenso wie im GG) gewesen sein.[911]

Absatz 2 (Zusammentritt und Einberufung)
Hinsichtlich des jährlichen Zusammentritts und der Einberufung der Synode stimmten alle Vorl. zur GO – bis auf den Regelvorbehalt, den der Bruderrat nicht vorsah – überein.

Satz 1 (Ordentliche Tagung)
Für den **Regelfall** sieht die GO **eine** jährliche **Tagung**, d.h. wie das Wort besagt, eine mehrtägige Zusammenkunft der Synode vor. Davon kann abgewichen werden, indem sie nicht zusammentritt, wenn z.B. der Beratungsbedarf den Tagungsaufwand nicht rechtfertigt, oder indem sie zusätzlich tagt. Dabei ist zu beachten, dass die Landessynoden durchweg mehrmals jährlich zusammentreten; dazwischen kamen bis zur Strukturreform 2005 Synoden der kirchl. Zusammenschlüsse. Diese Tagungshäufung führt für mehrfache Mandatsträger u.U. zu Terminkollisionen und zusätzliche Belastungen. Andererseits ist die Synode der EKD eine der wichtigsten Veranstaltungen für

Gliedkirchen von der neuen (5.) Synode verabschiedet werden“ könne (SB Berlin-Spandau 1972, S. 364).

910 Bis zur GO-Änderung 1991 wurde die Amtsdauer vom ersten Zusammentritt der Synode im Januar 1949 – ohne formellen Beschluss – jeweils weitergerechnet.

911 v. Scheliha, Rechtsprobleme der kirchl. Wiedervereinigung, S. 54.

den gesamtkirchl. Zusammenhalt. Ihre Bedeutung liegt nicht immer in der Nachhaltigkeit der Beratungsergebnisse, sondern auch in der gemeinschaftsbildenden Begegnung des Protestantismus. Sie ist daher mit wenigen Ausnahmen (1953, 1959, 1962, 1964 und 1969) jährlich zusammengetreten. Die Bezeichnung als **ordentliche** Tagung besagt, dass – wie verschiedentlich geschehen – vom Regelturnus auch durch *außerordentliche* Tagungen abgewichen werden kann. 1991 kam es im Zusammenhang mit der Wiedervereinigung zu drei Tagungen (der 7. und 8. Synode).
Die erste ordentliche Tagung in Bethel fand vom 9. bis 13.1.1949, also Anfang des Jahres statt. Später hat sich ein terminlich abgesicherter „November-Tagungsrhythmus" ergeben.[912] Die Einberufung zusätzlicher Tagungen bedarf, abgesehen vom Zeitpunkt, keines Benehmens mit anderen Organen oder deren Zustimmung, wie dies die Bundesverf. v. 1922 vorsah (Anh 2: § 10 I).
Für die Konstituierung einer neu gewählten Synode wird i.d.R. eine Tagung im Frühjahr vorgeschaltet (Erl Art. 30 I 4). Diese Tagung dient hauptsächlich dazu, Präses und Synodalgremien zu wählen. Dies sind neben dem Präsidium insb. die *Ständigen Ausschüsse* (§ 25 GeschOSyn), der *Ratswahlausschuss* und die *Tagungsausschüsse.* Hierfür macht der zunächst gewählte *Nominierungsausschuss* Wahlvorschläge. Deren *Ausgewogenheit* berücksichtigt u.a. die unterschiedlichen Regionen, kirchl. Landschaften, die konfessionellen Traditionen, aber auch die unterschiedlichen geistlichen Prägungen, wie sie in den Arbeitsgruppen der Synode präsent sind, die Repräsentanz beider Geschlechter, die Altersstruktur und zeitliche Synodalerfahrung, Berufsstände, insb. bezüglich Theologen und Laien u.a.[913] Zu entsprechenden Kriterien der Ratswahl s. Erl Art. 30 II und III. Die Frühjahrssynode gibt auch Gelegenheit für die *Entsendungen* von Syn. in Werke und Einrichtungen der EKD, für den Ratsbericht, die Fragestunde und den Einstieg in ein Schwerpunktthema.
Die Synode wird von ihrem bzw. ihrer Präses einberufen. *Zeitpunkt* und *Ort* bestimmt das Präsidium. Darüber stellt es *Benehmen mit dem Rat* her.[914] Die Tagungen werden i.d.R. mit denen der Generalsynode zeitlich verbunden. Dies gilt auch für die sonstige Tagungsvorbereitung durch das Präsidium. Die Synode tagt öffentlich; die *Öffentlichkeit* kann aber für einzelne Beratungsgegenstände ausgeschlossen werden (§ 9 GeschOSyn). Eine *Dauer der Tagung* ist nicht bestimmt; es hat sich die Übung von bis zu einer Woche herausgebildet.[915]

---

912 Stellungnahme des Rates und der KK zur GO-Änderung 1984 (SB Lübeck-Travemünde 1984, S. 483).
913 Vgl. Bericht des Nominierungsausschuss 1997 (SB Friedrichsroda 1997, S. 102).
914 Ähnlich § 10 I Verf. des DEKb (Anh 2); zum Begriff „Benehmen" Erl Art. 21 II 1.
915 Zur Dauer bestimmte § 10 II der DEKb-Verf.: Der Kirchentag kann seine Verhandlungen bis zur Dauer von drei Tagen aussetzen. Die Tagung ist zu schließen, wenn die dem Kirchentag zugegangenen Vorlagen sowie die geschäftsordnungsmäßig zugelassenen Anträge erledigt sind. Eine Wei-

Satz 2 (Außerordentliche Tagung)
Aus besonderen Anlässen ist die Synode **einzuberufen, wenn der Rat oder 30 Synodale es verlangen.** Dahingehende Initiativen hat die Synode jedoch immer schon von sich aus aufgenommen. Denn die reguläre Einberufung schließt nicht aus, dass die Synode darüber hinaus spontan zu weiteren Tagungen zusammentritt. Auch darüber bedarf es keines Einverständnisses anderer Organe (Erl Satz 1). So beschloss die 7. Synode anlässlich der Herstellung der Einheit der EKD auf ihrer 7. ordentlichen Herbsttagung 1990, zum Zwecke dringender Entscheidungen noch vor der nächsten Herbsttagung zu einer weiteren Tagung v. 22.-24.2.1991 (gleichzeitig mit der BEK-Synode) zusammenzutreten.[916]

Als der Zusammentritt der Syn. während der deutschen Teilung vor der Gründung des BEK durch Reiseverbote u.ä. zunehmend erschwert und schließlich unmöglich wurde, ist 1967 die gesetzliche Möglichkeit getrennter und regionaler Tagungen der Synode geschaffen worden.[917] Danach kann der bzw. die Präses im Einvernehmen mit dem Rat zu einer Tagung einberufen, zu der sich die Synode an verschiedenen Orten versammelt. Wenn auch dies nicht möglich ist, können Angelegenheiten für bestimmte Bereiche und unter besonderen Voraussetzungen auf regionalen Tagungen wahrgenommen werden. Dieses KG ist aber nach der Wiedervereinigung nicht mehr praktiziert worden.

Absatz 3 (Gottesdienst und Fürbitte)
Die Vorgabe der GO, die Synode mit einem Gottesdienst zu eröffnen und ihre Tagung der Fürbitte *aller* Gemeinden zu empfehlen, bringt die Kirchengemeinschaft der EKD auch liturgisch zum Ausdruck und zwar aus Sicht der Gesamtkirche wie der Gemeinden.

Satz 1 (Eröffnungsgottesdienst der Synode)
Die Feier eines Eröffnungsgottesdienstes war für den DEKb noch nicht vorgesehen, wohl aber für die Nationalsynode der DEK (Anh 3: Art. 8 III). Die GO knüpft hier an die vorausgehende Regelung der Synodentagung an. Satz 1 bezieht sich also nicht auf den Beginn der Amtsperiode, sondern auf jede ordentliche und außerordentliche Tagung. Die Vorschrift besagt, dass sich die Synode wie bei jeder kirchl. Versammlung zu solcher Beratung unter Gottes Wort stellt, und dass dies in der feierlichen Form eines Gottesdienstes geschieht. Im **Gottesdienst** *sammelt* sich die EKD-Synode, erfährt Orientie-

---

tertagung ist im Einverständnis mit dem Kirchenbundesrat statthaft, wenn die Verhandlung über weitere Gegenstände von zwei Dritteln der verfassungsmäßigen Mitgliederzahl verlangt wird.

916 SB Lübeck-Travemünde 1990, S. 832.

917 KG über Tagungen der Synode und Kirchenkonferenz der EKD in besonderen Fällen v. 4.4.1967 (ABl. EKD S. 121).

rung und *Gemeinschaft* und lässt sich *senden.* **Eröffnet** wird die Synode mit **einem** gemeinsamen Gottesdienst, nicht mit mehreren Feiern unterschiedlicher Bekenntnisse. Ferner pflegt die Synode ihre Tagungen mit einer Andacht zu beschließen. Auch die einzelnen Verhandlungstage werden mit einer Andacht oder Bibelarbeit eröffnet und mit Andacht oder Gebet geschlossen (§ 5 I GeschOSyn).

Satz 2 (Fürbitte aller Gemeinden)
Während die Synode ihren Dienst für die Gemeinschaft ihrer Gliedkirchen und Gemeinden unter Gottes Wort stellt, gedenken die **Gemeinden** ihrerseits **fürbittend** der Synodentagung (z. *Begriff* der Gemeinde s. Erl Art. 1 IV). Aus dieser Bestimmung folgt die gliedkirchl. Verpflichtung, die Gemeinden mit der Tagung der EKD-Synode und ihren wichtigsten Arbeiten und Themen bekannt zu machen. Der Gedanke der GO, dass die Beratung der gesamtkirchl. Synode auch geistlich von den Gliedkirchen und allen Gemeinden begleitet und getragen wird, entfaltet das in den Grundbestimmungen beschriebene Wesen der EKD als Kirchengemeinschaft: Die Gemeinschaft der versammelten Gottesdienstgemeinde bittet für die Gemeinschaft der gesamtkirchl. Synode, tritt vor Gott für sie ein und macht deren Not und Hoffnung zu ihrer eigenen.

Diese Fürbitte geschieht in den Gottesdiensten **aller** Gemeinden, und zwar i.d.R. am ersten Sonntag der Synodentagung. Die Tagung ist dort auch meist Gegenstand der Abkündigungen. Die GO bestimmt dies – ähnlich wie das Dankopfer (Art. 20 II) – mit einer gewissen Verbindlichkeit und stellt die Fürbitte nicht in das gliedkirchl. oder gemeindliche Belieben.

Artikel 26 (Geschäftsordnung und Ratsveto)

(1) Die Synode wählt für ihre Amtsdauer aus ihrer Mitte ein Präsidium, bestehend aus dem oder der Präses, zwei Vizepräsides und den Beisitzern oder Beisitzerinnen. Die Mitglieder des Präsidiums bleiben bis zur Wahl ihrer Nachfolger oder Nachfolgerinnen im Amt. Der oder die Vorsitzende des Rates soll nicht gleichzeitig Präses der Synode sein.
(2) Die Synode beschließt mit Stimmenmehrheit. Sie ist beschlussfähig, wenn zwei Drittel der Synodalen anwesend sind. Sie gibt sich eine Geschäftsordnung.
(3) Erhebt der Rat gegen einen Beschluss der Synode Einwendungen, so hat die Synode über den Gegenstand in einer nicht am gleichen Tage stattfindenden Sitzung erneut zu beschließen. Erklären sich zwei Drittel der anwesenden Mitglieder der Synode für die Aufrechterhaltung des Beschlusses, so bleibt er bestehen. Gegen Wahlen durch die Synode kann der Rat Einwendungen nicht erheben.

Die GO regelt hier die wichtigsten Fragen der synodalen Geschäftsordnung und ein Vetorecht des Rates. Der Artikel wurde durch die GO-Änderung v. 2000 redaktionell neu gefasst; der das Gesetzgebungsverfahren betreffende Abs. 3 a.F. ist in einen neuen Art. 26a integriert und Abs. 1 in geschlechtergerechter Sprache formuliert worden (Gesch 8f).

Absatz 1 (Wahl des Präsidiums und der Präsides)
Die Vorschrift über das Synodenpräsidium stellt im Unterschied zur Regelungssystematik der Organe nicht die Aufgabe, sondern die Bildung und Zusammensetzung des Gremiums voran.

Satz 1 (Wahl, Amtsdauer, Aufgaben)
Das Präsidium wird aus der Mitte der Synode gewählt und zwar für deren Amtsdauer; die Mitglieder bleiben jedoch bis zur Neuwahl des Präsidiums im Amt. Diese **Wahl** erfolgt auf der ersten Synodentagung *vor Beginn der Beratungen*. Demnach obliegt die Leitung bei Tagungsbeginn und Wahl noch dem alten Präsidium. Wählbar ist jedes Mitglied der Synode. Dies gilt auch für Mitglieder, die gleichzeitig dem Rat oder der KK angehören (z. Kompatibilität: Erl Satz 3 u. Art. 30 I 2).

Die Vorbereitung der Wahlvorschläge liegt in der Hand des (ständigen) *Nominierungsausschusses*. Gewählt wird durch *Stimmzettel*; in *offener Abstimmung* kann gewählt werden, wenn kein Widerspruch erfolgt und nicht mehr Kandidaten vorgeschlagen sind, als gewählt werden müssen. Präsides bedürfen zu ihrer Wahl mehr als die Hälfte der Stimmen der gesetzlichen Mitgliederzahl der Synode, d.h. über 63 Stimmen. Näheres regelt die GeschO (§§ 7 u. 20 GeschOSyn).

Das Präsidium besteht aus dem bzw. der Präses, zwei stellvertretenden Präsides und vier beisitzenden Mitgliedern (§ 7). Der oder die **Präses** leitet die Synode, führt ihre Geschäfte und vertritt sie nach außen. Er oder sie fertigt die Gesetze aus und verkündet sie im ABl. Diese Befugnis ist nicht ausdrücklich in der GO, sondern durch die Synode selbst in ihrer GeschO geregelt. Daher bestanden hierzu anfänglich Zweifel, die zu förmlichen Einwänden gegen diese Übung führten.[918] Sie wurden durch den Hinweis auf frühere Kirchenverf. und auf das Staatsrecht begründet und resultierten auch aus einem bekenntnismäßig divergierenden Verfassungsverständnis (Erl vor Art. 22). Denn nach der Verf. des DEKb und der DEK wurden Gesetze nicht durch Kirchentag oder Nationalsynode, sondern durch den Kirchenausschuss (§ 6 IV) bzw. den luth. Reichsbischof (Art. 10) verkündet; dem oblag auch die Ausfertigung. Auch nach dem GG kommt dies

---

918 Schr. des (luth.) Syn. u. Leiters des KI R. Smend v. 9.2.1950 (EZA 2/900).

dem Bundespräsident als Staatsoberhaupt, nicht dem Bundestagspräsidenten zu. Demgegenüber übertragen neuere Kirchenverf. Ausfertigung und Verkündigung den Synoden. So hat der Rat der EKD schließlich für eine Beibehaltung der bisherigen Übung und nicht für die Übertragung dieser Funktion auf den Ratsvorsitzenden votiert.[919]

Aufgabe des Präsidiums ist die Leitung der Synode, wenn sie versammelt ist, sowie die Tagungsvorbereitung. Nach der GeschO soll es nicht nur als „Hilfstruppe" der Präsides, sondern mehr als eigenes Organ der Synode fungieren.[920] Es ist aber keine permanente Einrichtung wie der Rat oder die ständigen Synodenausschüsse und wie dies in gliedkirchl. Verfassungen für deren Synodenpräsidien auch wegen der häufigeren Tagungen vorgesehen ist.
Ferner beschließt das Präsidium die vorl. Tagesordnung, den Arbeitsplan und besondere Arbeitsformen der Synode.
Die Präsidiumsmitglieder unterstützen den oder die Präses in der Geschäftsführung; deren Stellvertreter tun dies auch in der Sitzungsleitung.[921] Sie können an den Sitzungen der ständigen Ausschüsse teilnehmen (synodenöffentlich). Im Übrigen entsendet das Präsidium Mitglieder in die ständigen Ausschüsse (§ 24 III GeschOSyn).

Satz 2 (Amtszeit)
Die Präsidiumsmitglieder **bleiben bis zur Wahl ihrer Nachfolger im Amt**. Für den Übergang zw. den Tagungen entspricht dies der Regelung für die Amtszeit der Synode (Art. 25 I 2). Demnach obliegt dem Präsidium auch die Vorbereitung der nächsten Tagung unter der dann neu zu wählenden Leitung.

Satz 3 (Rats- und Synodenvorsitz)
Die Präsides gehören dem Rat kraft Amtes an; sie **sollen** jedoch **nicht gleichzeitig** dessen Vorsitzende **sein**. Die Soll-Vorschrift vermittelt zw. konträren gliedkirchl. Vorstellungen, die Verbot oder Gebot einer Personalunion forderten. Der oder die Präses wird also nach seiner oder ihrer Wahl zu Beginn der Synode tunlichst nicht mehr für den Ratsvorsitz kandidieren. Ausnahmen sind möglich. Mit dieser Vorschrift folgt die GO nicht dem ref. Verfassungsprinzip, wonach die Synodalpräsides i.d.R. auch den Vorsitz in der Kirchenleitung innehaben (wie dies der Entwurf des Bruderrates vorsah),

---

919 Vollzogen und verkündet werden KG z.B. nach han. Kirchenverf. durch den Kirchensenat (Art. 119 II), nach rh. Kirchenordnung durch die Kirchenleitung (Art 187 II), dagegen durch den Synodenpräses nach Art. 72 V GO v. Berlin-Brandenburg und Art. 39 II Verf. der EKHN; zur GO-Regelung: Beschl. des Rates v. 12./13.4.1950, TOP 11 (EZA 2/1792).
920 SB Osnabrück 1993, S. 386.
921 Zur Zusammensetzung schließt der Wortlaut der GO (Beisitzer *oder ...)* nicht aus, dass ausnahmsweise nur Männer oder Frauen gewählt werden; nach der Synoden-Entschließung v. 1989 ist hier aber zu lesen: „Beisitzer *und* Beisitzerinnen" (vgl. Erl Art. 9).

sondern dem Funktionsgliederungsprinzip i.S.e. materiellen Gewaltenteilung, das den drei Leitungsorganen bestimmte Kompetenzen zuweist (Erl Art. 22 I). Zur Mitgliedschaft in Rat, KK und Synode s. Erl Art. 24 V u. 30 I 2.

Absatz 2 (Beschlussfassungen)
Die GO legt die wichtigsten Grundsätze des Abstimmungsverfahrens fest und verweist im Übrigen auf die von der Synode zu erlassende GeschO.

Satz 1 (Mehrheitsgrundsatz)
Im Regelfall entscheidet die einfache **Stimmenmehrheit**, wenn nicht nach GO, Gesetz oder GeschO anders vorgesehen (§ 18 VI GeschOSyn). *Stimmengleichheit* bedeutet also die Ablehnung des Antrags. Bei stimmgleichem *Wahlergebnis* entscheidet das *Los* (§ 20 III). Die besonderen Fälle der GO-Änderungen und Staatskirchenverträge (Art. 26a III), des aufschiebenden Ratsvetos (Art. 26 IV 2), der Wahl der Ratsvorsitzenden nebst Vertreter (Art. 30 III) und der Kundgebung (§ 19) erfordern eine *Mehrheit von zwei Dritteln* der gültig abgegebenen Ja- und Nein-Stimmen (§ 18 III). Bei Zweifeln von mindesten fünf Syn. am Stimmverhältnis wird die *Zählung* angeordnet. Ansonsten ist es bei offensichtlichem Ergebnis der *Handzeichen* – auch bei erforderlicher Zweidrittelmehrheit – nicht die Übung, die Stimmen bzw. die Nein-Stimmen und Enthaltungen zu zählen.[922] *Namentliche Abstimmung* findet nur auf Verlangen von 25 Syn. statt (§ 18 V).

Die formale *Mehrheitsentscheidung* wird kirchenrechtl. in ihrer materiellen Bedeutung relativiert durch den Grundsatz, bei wesentlichen Entscheidungen im Lehren, Leben und Handeln der Kirche die breite Übereinstimmung, den magnus consensus, der Entscheidungsträger zu suchen. Dies gilt es in Sonderheit für die Synode bei der Auslegung der Verfahrensregeln zu berücksichtigen. In diesem Grundsatz unterscheidet sich Synode vom Parlament und dem demokratischen Mehrheitsprinzip. Danach wird „es dem Stil des Miteinanders“ nicht gerecht, Gemeinschaft „demokratisch zu erzwingen. Brüderliches Verhalten in Glaubensfragen ist im kirchlichen Miteinander höher zu bewerten als Mehrheitsbeschlüsse. Aber auch das Sperrvotum einer Minderheit kann unbrüderlich sein, jedenfalls dann, wenn die dafür angeführte theologische Begründung nicht ganz einsichtig ist.“[923] Ähnliches gilt für die Sperrminorität eines Bekenntniskonvents (Art. 27 III). Besondere Quoren gelten in den Konventen der KK (Art. 28a).

Satz 2 (Beschlussfähigkeit)
Die Synode ist **beschlussfähig, wenn zwei Drittel der Synodalen anwesend sind**. „Synodale“ i.S.d. GeschO sind die an der Tagung teilnehmenden Mitglieder der Syno-

922 SB Berlin-Spandau 1991, S. 155.
923 Raiser, Zum Stand der Arbeiten des Ausschusses für Struktur- und Verfassungsfragen, S. 1 ff.

de und stellvertretende Mitglieder für die Dauer der Tagung (§ 5 IV GeschOSyn). Zu Beginn der Tagung erfolgt der *Namensaufruf.* Danach stellt der oder die Präses die Beschlussfähigkeit fest. Diese Feststellung ist während einer Tagung nur zu wiederholen, wenn die Beschlussfähigkeit aus der Synode bezweifelt wird. Die Mitglieder der KK sind zu Beginn der Tagung ebenfalls aufzurufen, bleiben jedoch für die Beschlussfähigkeit außer Betracht (§ 5 II). Das Quorum wurde 1969 durch die Gründung des BEK zum Problem für die Wiederherstellung der Funktionsfähigkeit der Synode der EKD und für die Wahrnehmung ihrer Aufgaben für den Bereich der Bundesrepublik und Berlin-West.[924]

Satz 3 (Geschäftsordnung)
Die Synode gibt sich eine Geschäftsordnung (GeschOSyn – Text 6). Dies tat sie auf der ersten Tagung in Bethel am 10.1.1949. Diese GeschO ist in der Folgezeit mehrfach ergänzt und neugef. worden. Die Neufassungen bezogen sich u.a. auf die Interaktion zw. den einzelnen Syn. und dem Plenum, insb. auf Antragsrecht und Rededauer, wobei das Bemühen des Präsidiums, „die Zeit in den Griff zu bekommen", gegen das Recht der Syn. auf ausreichende und erschöpfende Information abzuwägen war. Weitere Änderungen betrafen die Ratswahl, Öffentlichkeit, Bild- und Tonträger, die präsidiale Ordnungsbefugnis, die Zwischenbemerkung, die synodalen Arbeitsgruppen und das Antragsrecht der Ausschüsse.[925] Reformüberlegungen zur GeschO betreffen u.a. Ratswahl, Kundgebung und Folgerungen aus der Strukturreform 2005.

Absatz 3 (Ratsveto)
Die Möglichkeit des Rates, gegen Synodenbeschl. Einwendungen zu erheben, wurde von Rat und Kirchenversammlung aus dem ersten Entwurf des Verfassungsausschusses unverändert übernommen. Sie verdeutlicht die funktionelle Verzahnung der Leitungsorgane im Rahmen ihrer Gesamtverantwortung.

Satz 1 (Erhebung von Einwendung)
Gegen Synodenbeschl., also auch gegen KG oder Kundgebungen, kann der Rat **Einwendungen erheben**. Daher bringt ihm der Präses alle in Betracht kommenden Synodenbeschl. möglichst frühzeitig zur Kenntnis, i.d.R. schon während der Tagung.

---

924 Die Problematik veranlasste den damaligen Präses Puttfarcken zur Niederlegung seines Amtes. In seinem Schr. an den Ratsvorsitzenden v. 10.4.1969 begründete er diesen Schritt u.a. damit, dass die Synode, „wenn sie sich als Synode der EKD nach Maßgabe der GO" verstehe, ihre Handlungsfähigkeit verliere; denn sie sei „aufgrund von Art. 26 Abs. 2 GO nicht mehr beschlussfähig, da nicht zwei Drittel der Synodalen anwesend" seien (KJ 1970, S. 4; NdschrRat 18./19.3.1969 – EZA 2/93/755).

925 SB Kassel 1974, S. 269; ferner SB Halle/Saale 1994, S. 223 ff. u. SB Osnabrück 1993, S. 385-388 (Einbringung der GeschOSyn); vgl. Neufassung v. 7.11.2002 (Text 6).

Einwendungen sind ggf. vom Rat tunlichst bereits auf der Tagung zu erheben, obwohl dies nicht ausdrücklich vorgeschrieben ist. Erhebt der Rat sie erst später, so nimmt er in Kauf, dass evtl. das KG bereits vollzogen oder die Kundgebung veröffentlicht ist. Zumindest würde eine verspätete Einwendung eine erneute Einberufung der Synode zur Folge haben, wenn diese in einem solchen Konfliktsfall den Beschl. nicht bis zur nächstjährigen ordentlichen Tagung zurückstellen will. Auch könnten 30 Syn. eine außerordentliche Tagung herbeiführen (Art. 25 II). Der EGO74 schrieb für das Veto eine Frist von 24 Stunden vor (Anh 12: Art. 42).

Einwendungen des Rates haben die Wirkung eines aufschiebenden Vetos, dass die Synode über den betr. Gegenstand **in einer nicht am gleichen Tage stattfindenden Sitzung erneut zu beschließen** hat.

Der Rat hat von diesem Recht bisher kaum Gebrauch gemacht. 1975 wandte er sich einmal gegen einen Beschl. in Haushaltsangelegenheiten; er betraf die sog. „Ministerialzulage" bei den Amtsstellen der EKD. Die Synode hat den Beschl. daraufhin zurückgenommen und den Haushaltsausschuss mit der Erarbeitung neuer Vorschläge beauftragt.[926]

Satz 2 (Überstimmung)

Die Einwendungen des Rates verhindern nicht ohne weiteres den gefassten Beschl. Sie haben jedoch nicht nur aufschiebende Wirkung, sondern erhöhen überdies das Quorum. Die Synode wird naturgemäß die Gründe des Rates gewissenhaft prüfen und geschwisterlich beachten (Art. 5). Sie hat aber die Freiheit, bei ihrem Beschl. zu bleiben; dazu bedarf sie einer **Zweidrittelmehrheit**. Kommt diese nicht zu Stande, hat das Veto den Synodenbeschl. zu Fall gebracht. Die Synode wird dann auf diesen Beschl. verzichten müssen, oder es ist ein entsprechend geänderter einzubringen.

Satz 3 (Keine Einwendungen gegen Wahlen)

Ausgenommen vom Vetorecht sind **Wahlen**, die die Synode vorzunehmen hat, also die des Präsidiums oder die Bestellung von Ausschüssen; auch die Wahl des Rates selbst kann dieser natürlich nicht anfechten.

---

[926] Diese Einwendung wurde dahingehend begründet, dass der Beschl. über den Wegfall der Zulage mit Rücksicht auf die entsprechende Anwendung des staatl. Besoldungsrechts und den Vergleichsrahmen der gliedkirchl. Besoldungsstrukturen nicht vollziehbar und praktikabel sei. Denn die Besoldung der Kirchenbeamten konnte formal nur durch KG geändert werden; in der Sache wurde das Veto auf personalpolitische Erwägungen und die Funktionsfähigkeit der Amtsstellen gestützt; vgl. Begründung der Einwendung durch das Ratsmitglied H. Müller (SB Freiburg 1975, S. 293 u. 357).

Artikel 26 a (Gesetzgebungsverfahren)

(1) Entwürfe zu Kirchengesetzen werden vom Rat, von der Kirchenkonferenz oder aus der Mitte der Synode eingebracht. Sie sind mit einer Begründung zu versehen. Vorlagen des Rates sind der Kirchenkonferenz, Vorlagen der Kirchenkonferenz dem Rat zur Stellungnahme zuzuleiten. Der Rat legt der Synode die Vorlagen mit den Stellungnahmen vor, auch wenn sie von der Kirchenkonferenz oder aus der Mitte der Synode eingebracht werden.
(2) Kirchengesetze bedürfen einer zweimaligen Beratung und Beschlussfassung durch die Synode.
(3) Kirchengesetze, die die Grundordnung ändern oder die Gegenstände nach Art. 10 Abs. 2 Buchstabe b betreffen, bedürfen einer Stimmenmehrheit von zwei Dritteln der anwesenden Mitglieder der Synode.
(4) Kirchengesetze nach Artikel 10 Absatz 2 Buchstaben a und b sowie Artikel 10 a Absatz 1 und 2 bedürfen der Zustimmung der Kirchenkonferenz. Sie werden nach ihrer Verabschiedung durch die Synode von dem oder der Präses unverzüglich der Kirchenkonferenz zugeleitet.
(5) Kirchengesetze, die die Grundordnung ändern, bedürfen einer Stimmenmehrheit von zwei Dritteln der Mitglieder der Kirchenkonferenz.
(6) Kirchengesetze sind im Amtsblatt der Evangelischen Kirche in Deutschland zu verkünden.
(7) Kirchengesetze nach Artikel 10 Absatz 2 und Art. 10 a Absatz 1 treten mit dem 14. Tage nach der Herausgabe des Amtsblattes in Kraft, wenn nicht jeweils etwas anderes bestimmt ist. Kirchengesetze nach Art. 10 a Absatz 2 treten in Kraft, nachdem die betroffenen Gliedkirchen ihre Zustimmung erklärt haben. Den Zeitpunkt, zu dem diese Kirchengesetze in Kraft treten, bestimmt der Rat der Evangelischen Kirche in Deutschland durch Verordnung.

Die Vorschrift wurde ebenso wie Art. 10a durch GO-Änderung v. 2000 eingefügt; diese betraf vor allem die Gesetzgebung mit Wirkung für die Gliedkirchen. Sie verstärkte die gliedkirchl. Mitwirkung und begünstigt damit die Verabschiedung gesamtkirchl. Gesetze, indem nunmehr auch der Kirchenkonferenz (KK) durch Initiativ- und Zustimmungsrechte maßgeblicher Einfluss auf deren Verabschiedung zukommt. Zu den Motiven s. Erl Art. 10a vor I. [927]
Auf der Grundlage der in Art. 23 II 1 bestimmten Gesetzgebungsaufgabe regelt die GO hier das Verfahren vom Entwurf bis zum Inkrafttreten der KG. Sie beschränkt sich im Wesentlichen auf die Befugnisse und das Zusammenwirken der Organe (interorganrechtl. Beziehungen) und auf das Zusammenwirken der EKD mit den Gliedkirchen,

---

[927] Z. Ganzen Guntau, Gesetzgebungsrecht; zum staatl. Recht Ossenbühl, Verfahren der Gesetzgebung.

während sie das Verfahren innerhalb der Organe deren GeschO[928] überlässt; hinzu kommen gewohnheitsrechtl. Grundsätze, wie etwa der auch hier relevante Grundsatz der *Organtreue* (Erl Art. 5). Die Synode kann KG nur in dem der EKD durch die GO insg. gezogenen Zuständigkeitsrahmen beschließen; die Voraussetzung bestimmen Art. 10 f.

Absatz 1 (Einbringung und Vorlage)
In das Initiativrecht sind nunmehr alle drei Leitungsorgane, insb. auch die KK als föderales Organ, gleichermaßen einbezogen und verfahrensmäßig miteinander verbunden. Dem Recht zur Gesetzesinitiative entspricht keine Verpflichtung, davon Gebrauch zu machen. Eine Ausnahme gilt für das Haushaltsgesetz, das mangels Zuweisung an andere Organe gem. Art. 29 I 2 der Rat vorzulegen hat.

Satz 1 (Einbringung durch alle Organe)
Neben der herkömmlichen Einbringung durch den Rat und aus der Mitte der Synode wird nunmehr auch der KK ein Gesetzesinitiativrecht eingeräumt. Dies sah in ähnlicher Weise schon der Entwurf des Bruderrates vor (Anh 7A: Art. XIV). Die KK kann ebenso wie der Rat Gesetzesvorl. erarbeiten und dem Rat zur Stellungnahme und Vorl. an die Synode zuleiten. Sie tut dies freilich als EKD-Organ und wird insb. bei Gesetzen mit Wirkung für die Gliedkirchen nicht von vornherein jeden denkbaren Vorbehalt oder Widerspruch einer Gliedkirche vorwegnehmen, sondern ein gesamtkirchl. Handeln anstreben.[929] Die Initiativrechte stehen gleichwertig nebeneinander; nach bisheriger Übung wird aber noch meist der Rat initiativ.

Eingebracht werden textlich ausformulierte **Gesetzesentwürfe.** Diese können auf verschiedene Weise entstehen: Nach herkömmlicher Übung beauftragt meist der **Rat**, wenn eine Materie nach seiner politischen Entscheidung gesetzesreif ist, das KA mit der Vorbereitung eines Entwurfs (§ 5 GeschORat); der wird durch den Fachreferenten erstellt und mit beteiligten Referaten abgestimmt. Bei Bedarf wird auch die betr. Referentenkonferenz konsultiert. Nach Prüfung der Rechtsförmlichkeiten[930] durch das Justitiariat und Abstimmung im Kollegium des KA beschließt der Rat ggf., die Stellungnahme der KK einzuholen und den Entwurf (ggf. entsprechend geändert) der Synode vorzulegen.

---

928 Die GeschO beruhen auf der Autonomie der jeweiligen Organe, so dass sie keine Rechte oder Pflichten anderer Organe begründen.
929 Schlaich, Änderungen der GO, S. 150.
930 Prüfung, ob der Entwurf höherrangigem Recht widerspricht, sein Inhalt klar, verständlich und widerspruchsfrei zu anderen KG ist u. dgl.

Für die Gesetzesentwürfe der **Kirchenkonferenz** gilt entsprechendes. Das Initiativrecht steht nicht einzelnen Konferenzmitgliedern zu, sondern der KK als Organ. Es muss die Initiative mit Mehrheit beschließen (§ 2 II GeschOKK). Der mögliche Inhalt ist nicht begrenzt, insb. nicht auf gliedkirchl. Belange festgelegt. Zur Erarbeitung kann auch die KK das KA als Geschäftsstelle in Anspruch nehmen (Art. 31 II Nr. 1).

KG können auch **aus der Mitte der Synode** eingebracht werden. Auch solche *Initiativ-Vorlagen* müssen durch den Rat gehen und von diesem vorgelegt werden, ehe sie zur Aussprache und Abstimmung gestellt werden können. Ansonsten bestimmt die GO weder ein Quorum noch das Verfahren. Der Entwurf kann demnach auch von einzelnen Syn. eingebracht werden. Dies geschieht nach Maßgabe der GeschO und bedarf wie andere Beschlussanträge der Unterstützung von 25 Syn. (§ 16 GeschOSyn).[931] Zur Erarbeitung von Entwürfen steht das KA als Geschäftsstelle nur der Synode als Ganzes zur Verfügung. Der Rat kann aber, wo die auch in Parlamenten übliche Hilfe eines wissenschaftlichen Dienstes geboten ist, beschließen, dass Bedienstete des KA zuarbeiten. **Eingebracht** sind die Entwürfe in der Synode mit der Vorlegung durch den Rat.

Satz 2 (Begründung)

Die Gesetzesentwürfe aller Organe sind bei ihrer Einbringung mit einer **Begründung** zu versehen. Dieses Erfordernis wurde durch die GO-Änderung v. 2000 statuiert; denn an einer förmlichen Begründung hatte es in der Vergangenheit insb. bei den *Initiativ-Vorlagen* aus der Synode verschiedentlich gefehlt.

Die Begründung ist *schriftlich* zu geben; denn die Gesetzesentwürfe sind damit zu **versehen**. Nicht näher bestimmt ist, wer die Begründung erstellt, und der *Zeitpunkt*, wann sie vorliegen muss, ob schon mit der Einbringung des Gesetzesentwurfs, d.h. bei der Zuleitung *an* die Synode (Geschäftsstelle bzw. Präsidium) oder *in* der Synode (Verteilung an die Syn.) oder erst zur beginnenden Beratung.

Dem EGO74 wurde z.B. für die Syn. nach Darstellung der Kirchenkanzlei offiziell keine „amtliche Begründung" beigefügt, sondern erst während der Verhandlung eine Begründung vorgelegt, die durch den Geschäftsführer des Verfassungsausschusses im Auftrag des Rates unter Verantwortung der Kirchenkanzlei erstellt worden war.[932]

---

931 Guntau, Gesetzgebungsrecht, S. 654 f.

932 So die den Syn. als Tischvorl. ausgehändigte nichtamtliche „Begründung" zum Verfassungsentwurf 1974, den der Geschäftsführer des Verfassungsausschusses i.A. des Rates unter Verantwortung der Kirchenkanzlei ausgearbeitet hatte; vgl. Schr. der Kirchenkanzlei – Berliner Stelle – v. 10.7.1981 (EZA 4/91/370).

Satz 3 (Stellungnahme von Kirchenkonferenz und Rat)
Gesetzesentwürfe werden durch den Rat mit dessen Stellungnahme und der Stellungnahme der KK zur Beratung vorgelegt (§ 14 I GeschOSyn). Daher sind Vorl. des Rates der KK und deren Vorl. vice versa dem Rat zur Stellungnahme zuzuleiten. Eine solche muss abgegeben werden; denn Satz 4 setzt dies für die Zuleitung der Gesetzesvorl. an die Synode voraus.[933]

Die **Stellungnahme** kann in einer Zustimmung zum Entwurf oder in Abänderungsvorschlägen bestehen; sie kann auch von einer gesetzlichen Regelung abraten, wenn die Materie für diese noch nicht reif erscheint, oder feststellen, dass Bestimmungen des Entwurfes gliedkirchl. Bekenntnis verletzen und geändert werden müssen (Art. 2 II, Art 27). Endlich können Bedenken gegen die Anwendung der Art. 10 oder 10 a erhoben werden. In allen diesen Fällen wird das vorlegende Organ zu prüfen haben, ob es bei der Gestaltung der Vorl. der Stellungnahme Rechnung trägt und den Gesetzentwurf ändert, ehe er der Synode vorgelegt wird. Die Stellungnahme beinhaltet aber kein Vetorecht, so beachtlich auch das Votum für die Vorl. sein sollte. Kommt das vorlegende Organ der Stellungnahme nicht nach, so muss es diese dennoch der Synode mitteilen. In deren Aussprache kann dann das stellungnehmende Organ selbst seinen Standpunkt darlegen. Auch die Synode hat die Stellungnahme sorgsam zu beachten, besonders wenn sie einmütig abgegeben wird. Die letzte Entscheidung über das Gesetz liegt bei der Synode als der gesetzgebenden Körperschaft im engeren Sinne.

Die obligatorische Stellungnahme kann – wie dies 1971 bei der Vorl. des ersten GO-Änderungsentwurfs geschah – dadurch vermieden werden, dass eine Gesetzesvorl. zunächst in Gestalt eines „Zwischenberichts“ abgegeben wird.[934] Das Erfordernis der Stellungnahme ist auch zuweilen aus verfahrenstechnischen Erwägungen dadurch umgangen worden, dass keine Beschlussvorl., sondern *„Arbeitshilfen“* für die Synodalausschüsse vorgelegt wurden. So wurde z.B. 1972 der zweite Entwurf des Vorlageausschusses zur GO-Änderung als „Arbeitshilfe für den ständigen Struktur- und Verfassungsausschuss der Synode“ wegen des Zeitdrucks der auslaufenden Synodalperiode ohne Ratsstellungnahme eingebracht und den Syn. am ersten Verhandlungstag als Tischvorl. ausgehändigt.[935]

Die **Zuleitung** zur Stellungnahme kann über das KA als Geschäftsstelle der Organe bzw. des Rates erfolgen, das auch die Beratungen der KK vorbereitet und die Geschäfte ihres Arbeitsausschusses führt (§§ 5 f. GeschOKK).

---

933 So Brunotte, GO, S. 247; a.A. Erik Wolf, Ordnung, S. 741, der ein Schweigen nach angemessener Frist als Zustimmung wertet (qui tacet, consentit).
934 Heßler, EKD-Reform, S. 75.
935 SB Berlin-Spandau 1972, S. 92.

Satz 4 (Vorlegung durch den Rat)

KG werden der Synode stets durch den **Rat** vorgelegt, auch wenn sie von der KK oder von Syn. „eingebracht“ werden. Dies gilt auch für solche Gesetze, die den Rat selbst betreffen.[936] Mit der Vorl. nebst Stellungnahme an die Synode ist der Entwurf i.S.d. Satz 1 in die Synode „eingebracht“. Die Bestimmung: „**werden vorgelegt**“ berechtigt und verpflichtet den Rat zur Vorlegung. Daher hat er nicht ohne weiteres das Recht, eine Vorl. zurückzustellen, wenn er den Zeitpunkt für ungeeignet hält.[937] Anderes gilt, wenn dem Rat von einer an der Gesetzgebung unbeteiligten Stelle, z.B. einer Gliedkirche oder einer kirchl. Organisation, Gesetzesvorschläge zugehen, oder wenn ihm entsprechende Eingaben an die Synode von dieser übermittelt werden, ohne dass der Vorschlag durch Syn. aufgenommen worden ist. In solchen Fällen kann der Rat von einer Synodenvorl. absehen, wenn er selbst den Gegenstand beispielsweise noch nicht für entscheidungsreif hält.

Absatz 2 (Beratungen und Beschlussfassung)

Nach Einbringung eines Gesetzesentwurfs ist die Synode verpflichtet, sich damit zu befassen. KG bedürfen nach der GO der Behandlung in **zweimaliger Beratung und Beschlussfassung**, wie die Verf. selbst auch verabschiedet worden ist.[938] Die GeschOSyn sieht demgegenüber praktisch *drei* Lesungen vor, indem sie den beiden Beratungsgängen mit Beschlussfassung eine Aussprache ohne Beschlussfassung vorschaltet, bei der die Vorl. lediglich eingebracht, i.d.R. nur in Grundsätzen erörtert und den Ausschüssen überwiesen wird, ohne dass über sie in der Sache abgestimmt wird. Unter „**Beratung**“ i.S.d. GO versteht die Synode (§ 6a III GeschOSyn) demnach eine Behandlung *mit* Beschlussfassung. Diese Verfahrenserweiterung entspricht bewährter Übung (auch bundesstaatl. Praxis) und beruht auf der Geschäftsautonomie der Synode.[939]

Da die GeschOSyn vorschreibt, dass alle Vorl. i.d.R. erst nach Vorberatung in einem Ausschuss zur Verhandlung gelangen und die Beratungen – entsprechend allgemeinen Grundsätzen auch im parlamentarischen Bereich – nicht am gleichen Tag stattfinden

---

936 Z.B. die Änderung von Art. 30 (SB Lübeck-Travemünde 1984, S. 230 m. Hinw. des Berichterstatters).

937 Abweichend die Empfehlung des KA an den Rat, den vom Rechtsausschuss zur 7. Tagung der 7. Synode eingebrachten Gesetzesentwurf zum Wiederaufleben der Rechtseinheit der EKD aus Zeitgründen zurückzustellen (Ndschr. der Sitzung des Kollegiums v. 8./9.10.1990, KA-Az. 0232/2, 54. Sitzung).

938 Eisenach 1948, S. 175.

939 Dazu im Einzelnen, insb. zur Begriffsunterscheidung Guntau, Gesetzgebungsrecht, S. 655, Fn 70; die GO ist freilich hier im Wortlaut („zwei“) insoweit eindeutig und kann auch nicht vom Gesetzeszweck her (Verfahrensstraffung) i.S. einer Mindestzahl umgedeutet werden; vgl. Syn. G. Frost (SB Saarbrücken 1977, S. 258). Die Deutungsmöglichkeit einer Verfassungsdurchbrechung (Erl Abs. 3) kraft einstimmiger Verabschiedung (SB Halle 1994, S. 236) würde eine konkludente Zustimmung der KK gem. Art. 26 III a.F. voraussetzen.

sollen (Text 6: § 14), benötigt die Synode zur Verabschiedung mehrere Tage. Es ist allerdings nicht unzulässig, dass die zweite und dritte Lesung mit Schlussabstimmung am selben Tage stattfinden.

Im Übrigen ist nach der GeschOSyn (§§ 14, 24) wie folgt zu verfahren:

In einer *ersten* Behandlung des Entwurfes kann nach der Einbringung eine allgemeine Aussprache folgen, in der die Grundsätze erörtert werden. Sachanträge können gestellt werden. Die Beratung endet mit der Verweisung an einen oder mehrere Ausschüsse. Unterbleibt diese, so gilt der Entwurf als abgelehnt. Wird die Vorl. an mehr als einen Ausschuss verwiesen, wird zugleich der federführende Ausschuss bestimmt. Die Beratung im Ausschuss ist nur *synodenöffentlich;* dies lässt den offenen Austausch auch kontrovers akzentuierter Argumente und Ansichten zu. Der Ausschuss hat nur den überwiesenen Entwurf zu beraten und beschließt eine Empfehlung für den Synodenbeschl.; er kann Verbesserungen vorschlagen, aber keinen eigenen erstellen.

Gegenstand und Grundlage für die *zweite* Behandlung (und erste „Beratung" i.S.d. GO) ist die – ggf. veränderte – Fassung des *federführenden Ausschusses.* Dieser erstattet zunächst seinen Bericht. Eine *allgemeine Aussprache* findet statt, wenn sie der Ausschuss empfiehlt oder wenn sie von mindestens 25 Syn. verlangt wird. Über jede selbständige Bestimmung wird der Reihenfolge nach die Aussprache eröffnet und geschlossen. Sodann wird über jede Bestimmung abgestimmt. Soweit kein Widerspruch erhoben wird, kann bei der *Einzelabstimmung* auch außerhalb der Reihenfolge sowie über mehrere Bestimmungen gemeinsam abgestimmt werden. Änderungen können nur beantragt werden, solange die jeweilige Aussprache darüber noch nicht abgeschlossen ist. Solange nicht die letzte Einzelabstimmung erledigt ist, kann die Vorlage ganz oder teilweise – auch hinsichtlich der schon beratenen Teile – an den Ausschuss zurückverwiesen werden.[940]

Die dritte Lesung (und zweite „Beratung" i.S.d. GO) schließt sich an, wenn der Entwurf in der vorangegangenen Beratung nicht geändert wurde; anderenfalls darf sie erst nach Verteilung der Änderungen beginnen. Änderungsanträge sind nur noch zulässig von den beteiligten Ausschüssen, dem Rat und der KK sowie aus der Mitte der Synode mit Unterstützung von mindestens 25 Syn. Der Berichterstatter oder die Berichterstatterin des federführenden Ausschusses hat Gelegenheit zum *Schlusswort.* Mit der *Schlussabstimmung* ist das Gesetz festgelegt und das Verfahren innerhalb der Synode (bis auf Ausfertigung und Verkündung) beendet. Einen einmal wirksam gefassten Gesetzesbeschl. kann die Synode nach dem gewohnheitsrechtl. *Grundsatz der Unverrückbarkeit* – mangels abweichender Regelung der GO – nicht mehr ändern oder zurücknehmen (streitig), sondern hat ihn gem. Art. 26a IV unverzüglich der KK zuzuleiten. Ausnahmen gelten für Berichtigungen von Druckfehlern und anderen offenbaren Unrichtigkeiten.[941]

940 Z. Behandlung in den Ausschüssen im Einzelnen: Guntau, aaO, S. 656 f.

941 So Guntau, Gesetzgebungsrecht, S. 651 m.w.N. auch zum staatl. Recht; kritisch zur kirchenrechtl. Geltung Müller-Volbehr/Busse, S. 43 f.

Absatz 3 (Zwei-Drittel-Mehrheit der Synode)
Einer qualifizierten Mehrheit von zwei Dritteln der anwesenden Mitglieder der Synode und der Zustimmung der KK (mit 1 Stimme pro Gliedkirche) bedürfen KG, welche die GO ändern oder Staatskirchenverträge der EKD zum Gegenstand haben (Art. 3 II und 10 II). Entsprechende Mehrheiten sahen auch die Verf. sowohl des DEKb (für den Kirchenbundesrat und Kirchentag) als auch der DEK vor (Anh 2: § 20; Anh 3: Art. 12 I).

Kirchengesetze, die die Grundordnung ändern, sind Gesetze, die zum selben Gegenstand etwas anderes bestimmen, als in der Verf. geregelt ist (vgl. Art. 10 II lit. a). Dazu gehören auch KG, welche die GO nicht formell, aber materiell ändern, d.h. ohne dass dabei der Verfassungstext ausdrücklich geändert wird (sog. *Verfassungsdurchbrechung*); denn die GO-Änderung erfordert im Unterschied zu manchen gliedkirchl. Verf. keine ausdrückl. Verfassungstextänderung. Es gehört aber zum guten verfassungsrechtl. Stil, nicht jedem mit Zwei-Drittel-Mehrheit beschlossenen KG verfassungsändernden Charakter beizulegen.[942] Beispiel einer Verfassungsdurchbrechung war die mit Zwei-Drittel-Mehrheit beschlossene Erklärung der Synode und KK v. 15.5.1970 zur „besonderen Gemeinschaft" (Gesch 6 u. 8e). Deren Aussage wurde durch GO-Änderung v. Juni 1984 insoweit nur deklaratorisch in die GO übernommen, da sie bereits 1970 neben die GO getreten war.[943] Die qualifizierte Mehrheit dient auch dem *Minderheitenschutz*. Darüber, ob ein Gesetz verfassungsändernd wäre, entscheidet im Zweifelsfall die Synode nur mit *einfacher* Mehrheit, um ggf. nicht die Abstimmungen der Sache vorwegzunehmen.[944] Zum Quorum für die Zustimmung der KK s. Erl Abs. 5.

Grenzen der Fortentwicklung der Grundordnung, „paktierte Verfassung"
In der EKD sind die Landeskirchen zu einer Handlungseinheit zusammengeschlossen, die über den organisatorischen Zusammenschluss hinausgeht und durch die GO v. 1948 ihren Ausdruck in einer „eigengearteten kirchlichen Föderativgestalt"[945] gefunden hatte. Unter diesem Aspekt warfen die Verfassungsreform v. 1974[946] und spätere Änderungen der Grundbestimmungen, die das Mitgliedschaftsrecht, die Rechtsnatur der EKD und ihre Gesetzgebung betrafen, die Frage nach der Änderbarkeit der GO und ggf. dem Mitwirkungserfordernis der Gliedkirchen auf.[947]

---

942 M. Heckel, Rechtsprobleme, Anm.101.
943 Frost, Reform, S. 280; Hofmann, Bemühungen um die Reform der GO, S. 86 f.; vgl. aber Art. 10 II a.
944 Vgl. KI-Gutachten „Zur erforderlichen Abstimmungsmehrheit bei bestimmten Geschäftsordnungsfragen" v. 4.1.1996, S. 14 ff.
945 Frost, Strukturprobleme, S. 486.
946 Im Verlauf der Beratungen zur GO-Reform 1974 wurde deutlich, dass eine solche Totalrevision der gliedkirchl. Zustimmungen bedurfte (vgl. Art. 70 EGO74).
947 Die theoretische Frage wird von Brunotte bereits 1947 (zit. b. Smith-v. Osten, Treysa, S. 315 f.) und 1954 (Brunotte, GO, S. 98) angesprochen.

Ein ausdrückliches formales *Veränderungsverbot* bestimmter Verfassungsbestimmung, beispielsweise des Vorspruchs oder der Grundbestimmungen, enthält die GO nicht. Es fehlt eine dem Art. 52 EGO74 entsprechende explizite Bestimmung oder eine sog. „Ewigkeitsgarantie" i.S.d. Grundgesetzes (Art. 79 III). Trotz ihres Ranges versteht sich die GO nicht in dem Sinne als unantastbar, wie die Staatsverf. hinsichtlich deren Wertaxiome wie Menschenwürde oder Demokratie, sondern sie ist für Fortentwicklungen offen (semper reformanda).[948] Daher legt sie nicht ausdrücklich fest, ob bzw. welche ihrer Bestimmungen nicht geändert werden dürfen und welche Änderungen der Zustimmung aller Gliedkirchen bedürfen.

Das statische Moment der GO liegt eher in der Bekenntnisbestimmtheit der Gliedkirchen und ihrer Gemeinschaft. Die bekenntnisbezogenen Grundlagen der Gesamtkirche werden vor allem im Vorspruch beschrieben, und zwar nicht als Materie kirchenrechtl. Kodifizierung, sondern zur Bestimmung der ekklesialen Koordinaten von EKD und Gliedkirchen. Hier markieren Schrift und Bekenntnis eine Grenze, die der Disposition kirchl. Rechtsetzung entzogen ist (Art. 2 II 2).[949]

Neben dieser absoluten Schranke der Rechtsetzung ergibt sich für die Gesetzgebungsorgane eine relative Änderungsgrenze aus der Rechtsnatur der GO, nämlich in Gestalt eines Zustimmungserfordernisses aller Gliedkirchen für Gesetzesmaterien außerhalb der sachlichen Regelung der GO, d.h. die „den Kreis der GO" überschreiten (sog. *Paktierungsgrenze).*[950] Dem entsprach schon im Kirchenbund v. 1922 eine einstimmige Entscheidung des Kirchenbundesrates für Änderungen bezüglich „der vollen Selbständigkeit der verbündeten Kirchen in Bekenntnis, Verfassung und Verwaltung". Für die GO wurde diese relative Änderungsschranke erstmals Gegenstand einer konkreten Verfassungsdiskussion bei der GO-Änderung 1984, die den Text des § 2 II KMG in die Verf. einfügte. Freilich ergab sich hier das gliedkirchl. Zustimmungserfordernis „auf Grund der besonderen Kompetenzverteilung im Kirchenmitgliedschaftsrecht" aus dem KMG (§ 20), ohne dass die Grundsatzfrage eine systematische Beantwortung erfuhr (Erl Art. 1 IV).[951]

---

948 Zur Abänderung grundlegender Verfassungsbestimmungen: Kirchl. Verfassungs- und Verwaltungsgericht der EKHN, Urt. v. 1.3.1993 (KuR 1995 S. 58); vgl. Dehnen, Kirchenverfassung und Kirchengesetz, S. 454; zur Geschichte: Schneider, Ius reformandi, S. 15.

949 Dazu Büning, Bekenntnis und Kirchenverfassung, S. 133 ff. m.w.N.; Erl Art. 2 I u. II 2.

950 KI-Gutachten „Zum Erfordernis der gliedkirchlichen Zustimmung bei Änderung der GO der EKD" v. 29.10.1999, S. 2.

951 Dies veranlasste die KK, den Rat um eine generelle Prüfung zu bitten, welche Aussagen der GO von 1948 nur mit Zustimmung aller Gliedkirchen geändert werden können und auf welche Weise dies feststellbar sei; dazu Schlaich, Änderungen der GO etc., S. 117 ff. Im Fall der Kirchenmitgliedschaft wurde das verfassungsrechtl. Problem auf dem pragmatischen Wege einer Vorbehaltserklärung der KK erledigt (Erl Art. 1 IV).

Hinter den rechtsförmlichen und politischen Vorbehalten steht die Frage nach der inhaltlichen Struktur der föderativen Verf. und letztlich auch nach ihrer Entstehung (Gesch 2). Schon 1966 wurde in der Diskussion um die Abendmahlsgemeinschaft die Ansicht vertreten, dass entsprechende Änderungen einen neuerlichen „Pakt" der Gliedkirchen erforderten. Denn die GO sei eine *paktierte Verfassung,*[952] die – wie der Bundesschluss des DEKb (Anh 2: § 3) – als Vertragswerk sui generis zw. den Gliedkirchen als Trägern der konstituierenden bündischen Gewalt zu Stande gekommen sei (Erl Art. 1 IV). Nach dieser heute noch überwiegend vertretenen Ansicht ist ein Kernbestand[953] der GO durch konstituierenden Akt aller Landeskirchen festgelegt. Dem wurde entgegengehalten, dass „die EKD bereits seit 1945 vorläufig bestand" und die Verabschiedung der GO 1948 – anders als die Verf. des DEKb und der DEK – nicht durch Vertrag zu Stande kam, sondern nach Auseinandersetzungen über die Rechtsform einer spez. Kirchenversammlung zugewiesen worden war, „welche die Aufgabe hat(te), die Grundordnung ... zu beschließen".[954] Schon der DEKb (§ 20 I) konnte mit qualifizierter Mehrheit auch Grundentscheidungen der Verf. ändern, ohne dass dies einer neuerlichen Paktierung der Mitgliedskirchen bedurfte. Auf die Paktierungsgrenze stützten sich auch Vorbehalte gegen eine umfassende EKD-Reform anlässlich der Wiedervereinigung.[955]

Auch die neuere Reformdiskussion hat „die rechtliche und auch kirchenpolitische Notwendigkeit deutlich" werden lassen, dass in bestimmten Fällen die Zustimmung aller Gliedkirchen erforderlich ist. Diese einschränkende Auslegung ergibt sich freilich nicht aus einer paktierten Entstehung, sondern aus „den in der GO verankerten Grundprinzipien, die das Miteinander von Gliedkirchen und EKD beschreiben" und die in den Bestimmungen etwa der Art. 2 II 2. Halbsatz, Art. 5, Art. 6 II, Art. 12, Art. 19 Satz 2 und Art. 27 i.S.d. Gedankens der paktierten Verf. mittelbar zum Ausdruck kommen.[956] Änderungen, die diesen grundlegenden Kernbestand der GO berühren, kön-

---

952 So schon Brunotte, Nochmals: Abendmahlszulassung und GO der EKD, S. 508; Schlaich als Berichterstatter des Rechtsausschusses (SB Worms 1983, S. 267 ff.); ders., Änderungen der GO, S. 123; ebenso M. Heckel, Rechtsprobleme, S. 149, u. Guntau, Gesetzgebungsrecht, Ziff. I.2. Auch das KA wertete die GO in einer Ratsvorl. als „paktierte Verfassung" (Vorl. f. der Sitzung v. 18./19.3.1983 betr. Änderung Art. 1 u. 4, KA-Az.0100/8). Die Bundesverf. v. 1922 sprach von „vertragschließenden Landeskirchen" (Anh 2: § 18 I).

953 Der GO-Entwurf des Bruderrates bezeichnete diesen Kern im Kontext der Notverordnung als „die in dieser Ordnung festgelegten Grundlagen" (Anh 7A: Art. XVI).

954 Anh 8: § 1 VO v. 14.1.1948; vgl. Brunotte, GO, S. 98, u. Hauschild, EKD, in: TRE, S. 666 u. 669. Die Verf. des DEKb spricht von „vertragschließenden Landeskirchen" (Anh 2: § 18 I). Ablehnend. auch v. Heyl, Um die Abendmahlszulassung, S. 569, u. L. Raiser im Bericht vor der Synode (SB Stuttgart 1970, S.182); hinzu kommt der Umstand, dass sich mit dem Bruderrat eine beteiligte Körperschaft aufgelöst hatte.

955 M. Heckel, Rechtsprobleme, S. 152.

956 Dazu KI-Gutachten „Zum Erfordernis der gliedkirchlichen Zustimmung bei Änderung der GO der EKD" v. 29.10.1999; so schon KI-Gutachten „Zur Auslegung des Art. 10b der GO" v. 14.7.1978, S. 1 ff. Mit der Paktierungsgrenze begründet dagegen T. Koch die Rechtswidrigkeit der GO-Än-

nen nicht allein mit dem synodalen Quorum wirksam beschlossen werden, sondern bedürfen darüber hinaus der Zustimmung aller Gliedkirchen.[957] Dieses gilt namentlich für den föderativen Grundbestand der GO, die Wahrung des gliedkirchl. Bekenntnisstandes[958] und deren Autonomie, eine Erweiterung des Mitgliederbestandes (Art. 21 I), das Fehlen einer gesamtkirchl. Kompetenz-Kompetenz und die Aussagen zur Kirchenmitgliedschaft.[959] In neuerer Zeit wurde die Zustimmung aller Gliedkirchen zu den wesentlichen Erweiterungen der Strukturreform 2005 für erforderlich gehalten; gem. Art. 4 des GO-Änderungsgesetzes v. 10.11.2005 galt dies insb. für die Einbeziehung der gliedkirchl. Zusammenschlüsse in die KK und in das Gesetzgebungsverfahren (betr. Abschn. IIIa sowie Art. 28a und 31, ebenso die Zustimmungsgesetze bezüglich der Verträge mit UEK u. VELKD; vgl. Erl Abs. 7 Satz 3).

Einer GO-Änderung können ferner Rechtsvorschriften außerhalb der GO entgegenstehen, z.B. § 20 KMG (Erl Art. 1 IV). Zur *derogativen Wirkung* der GO s. Erl Art. 2 I.

Seit Inkrafttreten der GO ist die EKD weiter zur Kirchengemeinschaft zusammengewachsen. Die Bekenntnisgemeinschaft, auf Grund derer sich die EKD bereits in der GO von 1948 als „Kirche" und „bekennende Kirche" bezeichnet, ist auf Grund der Erkenntnisse des Kirchenkampfes, vornehmlich mit Barmen und Leuenberg, mit den Erfahrungen des BEK und der neuen Einheit der EKD sowie mit der faktischen Verdichtung gesamtkirchl. Handelns in eine neue Qualität hineingewachsen. Diese hat auch verfassungsrechtl. ihren Ausdruck als geordnete „Gemeinschaft ihrer Gliedkirchen" gefunden (Art. 1 I). Diese ekklesiale und rechtl. Entwicklung kann auch für eine „Paktierungsgrenze" nicht ohne Auswirkung sein. Mit weiterer Vertiefung der gesamtkirchl. Gemeinschaft wird der Rückbezug auf bündische Ursprünge und

---

derung 1991, da diese die Grundstruktur der EKD ändere (T. Koch, Die „EKD" – Kirche Jesu Christi?, S. 47).

957 Schlaich als Berichterstatter des Rechtsausschusses (SB Worms 1983, S. 267 ff.); M. Heckel, Rechtsprobleme S. 149 f.; Hofmann, Bemühungen um die Reform der GO der EKD nach 1981, S. 89; Voten W. Hofmann, in: SB 1983 Worms, S. 90 u. 355; Frank, Möglichkeiten und Formen gesamtkirchlicher Rechtsetzung, S. 119. Als GO-Änderungen mit positivem Zustimmungsverfahren traten die Neuregelung der EKD-Gesetzgebung bzw. die verstärkte Einbeziehung der KK in das Gesetzgebungsverfahren (Gesch 8f) erst nach Zustimmung aller Gliedkirchen 2001, ferner die GO-Änderung v. 2002 (Art. 18) mit Zustimmung der Gliedkirchen des ehemaligen BEK 2004 (vgl. o.a. KI-Gutachten v. 29.10.1999, S. 3) sowie die Strukturreform 2005 in Kraft. Alle weiteren Änderungen der GO sind auf dem regulären Weg gem. Art. 26 III a.F. ohne Zustimmung der Gliedkirchen als solcher vorgenommen worden; zum Überblick: Hofmann, Bemühungen um die Reform der GO, S. 83.

958 Z. Änderung der die Bekenntnisgrundlagen betr. Verfassungsbestimmungen: de Wall, Die Änderung der Grundartikel ev. Kirchenverfassungen, S. 249 ff.

959 Zu den weiteren Gegenständen der Kirchengemeinschaft (Art. 1 II), des Verkündigungsdienstes und der Sakramentsgemeinschaft (Art. 4) und der Mitgliedschaft (Art. 1 I) s. Schlaich, aaO; zur gesamtkirchl. Gesetzgebung: o.a. KI-Gutachten v. 29.10.1999; M. Heckel, Rechtsprobleme, S. 150; Kremser, Rechtsstatus, S. 123 (betr. Wiedervereinigung).

kirchentrennenden Konfessionalismus für das aktuelle Verfassungsverständnis in kirchenpolitischer und prinzipieller Sicht entsprechend zurücktreten zugunsten eigenverantwortlicher Wahrung ihrer Verfassungsgrundlagen durch die EKD.

Zur Entscheidung über Meinungsverschiedenheiten und zur Normenkontrolle ist ein *Verfassungsgerichtshof* eingesetzt (Erl Art. 32 ff.). Er trat an die Stelle des vormaligen Schiedsgerichtshofs (Erl Art. 32 vor I).

Einer Zweidrittel-Mehrheit bedürfen ferner solche **Gesetze, die Gegenstände nach Art. 10 Absatz 2 lit. b betreffen**, d.h. wenn *Staatsverträge* der EKD Regelungsgegenstand sind. Dieses Quorums bedarf es ferner in den Fällen des aufschiebenden *Ratsvetos* (s.u. Abs. 4 Satz 2), der *Wahl des Rates* und seiner Vorsitzenden nebst Vertretern (Art. 30 I u. III) und der *Kundgebung* (§ 19 GeschOSyn).

Absatz 4 (Zustimmung der Kirchenkonferenz)
Diese durch die GO-Änderung v. 2000 eingefügte Regelung stärkt – wie auch das Initiativrecht gem. Abs. 1 – den Organstatus der KK in Richtung auf die Stellung einer zweiten Kammer. In Konsequenz dessen, dass die EKD ihre Rechtsetzungszuständigkeit von den Gliedkirchen ableitet, sieht die GO vor, dass die KK regelmäßig an den die Gliedkirchen bindenden KG mitwirkt und so im gesamtkirchl. Interesse in die Legislative einbezogen ist. Entsprechende Ansätze fanden sich bereits im EGO74, begegneten dort aber noch Bedenken gegen einen solchen „Einbau von Sicherungsmaßnahmen" und der Sorge vor einer möglichen Blockierung durch die Gliedkirchen.[960] Eine entsprechende Vorschrift findet sich bereits in der VO über das Zustandekommen der GO v. 1948 (Anh 8: § 8).

Satz 1 (Zustimmungsgesetze)
KG zur Änderung der GO oder zur Änderung oder Aufhebung von KG (Art. 10 II lit. a) oder Gesetze, die Staatskirchenverträge der EKD zum Gegenstand haben (Art. 10 II lit. b), **bedürfen der Zustimmung der Kirchenkonferenz**. Diese hat damit ein *Letztentscheidungsrecht*, das weder durch einen Vermittlungsausschuss noch durch eine synodale Zwei-Drittel-Mehrheit beschränkt ist (wie nach Art. 53 II EGO74). Der KK kommt insofern das gleiche Gewicht wie der Synode zu. Von dieser definitiven Zustimmung zu unterscheiden ist die Stellungnahme gem. Abs. 1 Satz 2 zur Ratsvorl. vor Beratung der Synode.
Die Vorschrift unterstreicht den föderativen Charakter der EKD. Alle KG mit Wirkung für Gliedkirchen bedürfen – mit Ausnahme der Haushaltsgesetze nach Art. 33 II – der

[960] Ahme, Der Reformversuch der EKD, S. 73.

Zustimmung der KK. Dies gilt auch für die Gesetzgebung kraft Herkommens (Art. 10a I). Das Zustandekommen aller dieser zustimmungspflichtigen Gesetze hängt also von der mehrheitlichen Übereinstimmung in Synode und KK ab.

Satz 2 (Zuleitung an die Kirchenkonferenz)

Das Zustimmungsbedürfnis für bestimmte KG gem. Satz 1 macht diese Verfahrensregelung erforderlich. Sie gewährleistet, dass diese Gesetze der KK zur weiteren Beschlussfassung vorliegen. Das Gebot **unverzüglicher** Zuleitung an die KK entspricht auch dem gewohnheitsrechtl. *Grundsatz der Unverrückbarkeit von Gesetzesbeschl.* (Erl Abs. 2). Zur Zuleitung an den Rat s. Erl Art. 26 III 1.
Die Vorschrift wurde durch GO-Änderung v. 2000 in geschlechtergerechter Sprache formuliert (Gesch 8f).

Absatz 5 (Zwei-Drittel-Mehrheit der Kirchenkonferenz)

Die Zustimmung der KK hat mit der Mehrheit zu erfolgen, mit der die Synode das betr. Gesetz beschließen muss; dies ist i.d.R. die einfache Stimmenmehrheit. Wegen der Bedeutung der GO für die Gliedkirchen, bedürfen KG, die die GO ändern, einer **Mehrheit von zwei Dritteln der Konferenzmitglieder**. Abweichend von Abs. 3, der die Stimmenverhältnisse in der Synode betrifft, kommt es hier – auch wegen der unterschiedlichen Organstruktur – nicht auf die Zahl der anwesenden Mitglieder an.

Absatz 6 (Verkündung)

Mit der **Verkündung** wird das Gesetzgebungsverfahren abgeschlossen. Diese amtl. Bekanntmachung erfolgt durch *Abdruck* und Veröffentlichung „im **Amtsblatt** der EKD". Die Einrichtung eines Amtsblatts wird also durch die GO gefordert (vgl. Art. 32c II; über Bestehen und Einrichtung des ABl.: Gesch 3 und Erl Art. 10a II 4).
Keine nähere Bestimmung enthält die GO über die *Vollziehung* der Gesetzesbeschl. Gem. § 7 III GeschOSyn fertigen die Präsides der Synode die Gesetze aus, nachdem sie nach den Vorschriften der GO zu Stande gekommen sind, und *verkünden* sie. Diese wichtige Sicherungsfunktion stärkt die Stellung der Synode bei der Rechtsetzung.[961] Die *Ausfertigung* durch unterschriftliche Vollziehung (mit vollem Nachnamen) des Gesetzestextes enthält die Anordnung der Verkündung. Zu letzterer bedienen sich die Präses des KA (Art. 31 II Nr. 1). Erst durch die Verkündung wird aus dem Gesetzesentwurf das KG. Ohne den Abdruck im ABl. ist nicht etwa ein verfassungswidriges, sondern überhaupt kein KG zu Stande gekommen. Mit der *Ausfertigung*, d.h.

---

961 Nach Art. XIV Bruderratsentwurf (Anh 7A) kam die Ausfertigung dem Ratsvorsitzenden zu; entsprechend votierte R. Smend in einem Schr. an die Kirchenkanzlei v. 9.2.1950 (EZA 2/900); im Einzelnen Erl Art. 26 I 1; K. Müller, Die Praxis kirchl. Rechtsetzung im Spiegel des ABl. der EKD, S. 260 f.; zum Grundsatz der *Allzuständigkeit* des Rates s. Erl Art. 29 I 2.

der verbindlichen, amtl. Feststellung, welchen Text der Gesetzgeber gewollt hat, wird die Authentizität und Identität des Gesetzestextes mit dem Synodenbeschl. beglaubigt und das grundordnungsgemäße Zustandekommen des Gesetzes beurkundet (vgl. Erl Art. 34 I); insoweit haben die Präsides ein *formelles Prüfungsrecht*. Dieses schließt keine inhaltlichen Änderungen, aber die Berichtigung von Druckfehlern und offensichtlichen Unrichtigkeiten oder Unstimmigkeiten (falsche Schreibweise, Verweisen, Fundstellen u. dgl.) ein. Dieser allgemeine Rechtsgrundsatz (vgl. § 319 I ZPO) ist auch noch nach Verkündung anwendbar. Eine *materielle Prüfung* kommt den Präses nur insoweit zu, als ein Entwurf „offenkundig und zweifelsfrei" der GO widerspricht; denn sie sind nicht verpflichtet, an offensichtlichen Rechtsverstößen mitzuwirken.[962] Dementsprechende Wächterfunktionen weist die GO auch der Synode besonders bezüglich des Bekenntnisses (Art. 27) und dem Rat (Veto gem. Art. 26 III) zu.

Der *Abdruck im ABl.* erfolgt regelmäßig nach Abschluss des Gesetzgebungsverfahrens in der Synode, d.h. bei Gesetzen gem. Art. 10a mit Wirkung auch für die Gliedkirchen schon vor deren Zustimmung (z.B. zum EKD-DSG v. 1977). Ähnlich wurde mit ökum. Vereinbarungen verfahren; dagegen wurde die von der Synode beschlossene GO von 1974 nicht im ABl. abgedruckt.

Absatz 7 (Inkrafttreten)

Mit der abgestuften Einbeziehung von KK und Gliedkirchen in die Legislative differiert auch die Schlussphase der Gesetzgebung je nach dem Zustandekommen des Gesetzes.

Satz 1 (Regelfall)

Das Inkrafttreten der KG erfolgt, wenn nichts anderes – wie dies häufig der Fall ist – im Gesetz selbst bestimmt ist, mit dem 14. Tage **nach der Herausgabe** des Amtsblattes. Maßgebend ist hierfür dessen Datum. Genauer beschrieb die Verf. des DEKb den Zeitpunkt „mit dem 14. Tag nach Ablauf des Tages ... an dem das betreffende Stück des Amtsblattes am Ort seines Erscheinens ausgegeben worden ist" (Anl 2: § 6 V). Zum ABl. s. Erl Abs. 6. Dies gilt namentlich für Gesetze der EKD in eigener Sache, die die GO ändern, die Staatskirchenverträge der EKD zum Gegenstand haben und die den Haushalt und weitere Angelegenheiten des Art. 33 II regeln, soweit **nicht jeweils anderes bestimmt ist**. Üblicherweise wird in dem Gesetz selbst bestimmt, an welchem Tage es in Kraft tritt. Eine *rückwirkende Inkraftsetzung* ist u.U. zulässig, wenn bestehende Rechte dadurch nicht beeinträchtigt werden. Auch im staatl. Bereich darf der Rückwirkungstermin nicht vor den Zeitpunkt verlagert werden, zu dem der Adressat

---

962 Guntau, Gesetzgebungsrecht, S. 663.

bzw. Betroffene mit der durch das Gesetz auferlegten Verhaltenspflicht oder Belastung rechnen konnte.[963]

Satz 2 (Inkrafttreten nach Zustimmung der Gliedkirchen)
Diese Bestimmung stellt sicher, dass ein KG nach Art. 10a II erst in Kraft tritt, wenn alle betr. Gliedkirchen zugestimmt haben. Entsprechendes gilt für gliedkirchl. Zusammenschlüsse. Durch diese Regelung wird die (früher gem. Art. 10 lit. b a.F. bestehende) Möglichkeit ausgeschlossen, dass ein KG nur in den Gliedkirchen gilt, die ihm zugestimmt haben. Nach dieser ursprünglichen Regelung entfaltete ein KG der EKD in dem Gebiet einer Gliedkirche, die ihre Zustimmung versagt, keine Wirkung; dagegen war es in den übrigen Gliedkirchen rechtsverbindlich.[964] Eine solche Situation besteht noch für das KG über die Mitarbeitervertretungen in der Evangelischen Kirche in Deutschland v. 6.11.1992 (ABl. EKD S. 445), dem nicht alle Gliedkirchen zugestimmt haben.

Satz 3 (Bestimmung des Zeitpunktes)
Der **Zeitpunkt**, an dem ein zustimmungspflichtiges Gesetz in Kraft tritt, wird durch VO des Rates bestimmt. So wurde z.B. das KG zur Änderung der GO v. 9.11.2000 nach Zustimmung aller Gliedkirchen durch VO des Rates v. 22.3.2002 (ABl. EKD 2003 S. 61) zum 1.4.2002 in Kraft gesetzt. Entsprechendes galt für die GO-Änderung 2005 bezüglich des Abschn. IIIa sowie der Art. 28a und 31, ebenso für die Zustimmungsgesetze bezüglich der Verträge mit UEK u. VELKD (Gesch 9). Diese Verordnungsermächtigung geht historisch zurück auf die entsprechende Ermächtigung des Rates durch die Kirchenversammlung bei der Verabschiedung der GO 1948, zu der sich die Gliedkirchen erklären mussten (Anh 8). Der Zeitpunkt richtet sich nach dem Eingang der Zustimmungserklärungen. Für deren Abgabe bestimmt Art. 10a im Regelfall eine Jahresfrist ab Verkündung.

Artikel 27 (Bekenntniskonvente der Synode)

(1) Werden in der Synode gegen eine Vorlage Bedenken erhoben mit der Begründung, dass sie dem lutherischen, dem reformierten oder einem unierten Bekenntnis widerspreche, und können die Bedenken durch eine Aussprache in der Synode nicht behoben werden, so versammeln sich die Angehörigen des Bekenntnisses zu einem Konvent.

---

963 Z. Rückwirkungsverbot gem. Art. 2 I u. Art. 19 II GG s. Maunz/Dürig, Art. 2 I Rdn. 47.
964 Z. Ganzen Guntau, aaO, S. 647; KI-Gutachten „Zur Auslegung von Art. 10 b) der GO" v. 14.7.1978, S. 1 ff.

(2) Die Zugehörigkeit der Synodalen zu einem Konvent richtet sich nach dem Bekenntnisstand der Gliedkirchen, denen sie angehören. Unierte Gliedkirchen können bestimmen, ob die von ihnen entsandten Synodalen dem unierten oder demjenigen Konvent beitreten sollen, der ihrem persönlichen Bekenntnisstand entspricht.
(3) Bestätigt der Konvent die Bedenken und können sie auch bei nochmaliger Beratung in der Synode nicht behoben werden, so kann die Synode in dieser Frage nicht gegen die Stellungnahme des Konvents entscheiden.

Die Bestimmung ergänzt die Regelungen der Art. 23 bis 26a zu Aufgaben, Struktur und Verfahren der Synode. Sie gilt dem besonderen Verfahren für Beschlüsse, die ein Bekenntnis tangieren und entspricht weitgehend der Verordnung über das Zustandekommen der GO (Anh 8: § 8). Der schon im Begriff anklingende konfessionelle Bezug der Versammlung zu einem „Konvent" (lat. Zusammenkunft) innerhalb eines Leitungsorgans entspricht den „Konventen" der KK (Art. 28a), die dort freilich nicht ad hoc, sondern als ständige Teilorgane bestehen.

Die ev. Kirche ist dem Grundsatz verpflichtet, in den wesentlichen Fragen des kirchl. Lehrens, Lebens und Handelns die breite Übereinstimmung, den *magnus consensus*, zu suchen. Der Einheit der Kirche ist nicht gedient, wenn Mehrheitsentscheidungen der Synode namentlich in Bekenntnisfragen an deren Stelle treten. Theol. Fragen können in der ev. Kirche nicht durch eine Lehrinstanz generell beschlussmäßig entschieden werden. Auch hat die Synode der EKD kein kirchl. Lehramt. Daher regelt die GO hier das Verfahren in den Fällen, in denen aus der Synode heraus gegen eine Vorl. Bedenken erhoben werden mit der Begründung, dass sie dem Bekenntnis widerspreche. Gegen diese Regelung ist schon vor Verabschiedung der GO eingewandt worden, die Konfessionen hätten „hiernach praktisch nur eine negative Bedeutung" (i.S.d. Nichtverletzung), statt die „konfessionelle Vielgestaltigkeit der EKD fruchtbar zu machen".[965] Diesen Einwand berücksichtigte die Strukturreform v. 2005, indem sie die konfessionellen Zusammenschlüsse der Gliedkirchen und deren konfessionelle Prägung in die EKD und ihre gesamtkirchl. Entscheidungsprozesse einbezogen hat (vgl. Erl Abschn. IIIa u. Gesch 9).

Eine Verletzung des Bekenntnisses durch *Majorisierung* ist ebenso zu vermeiden wie eine Blockierung notwendiger Zusammenarbeit durch eine kleine Minderheit unter Berufung auf das Bekenntnis. Die Vertreter der Mehrheit müssen in einer kirchl. Gemeinschaft geschwisterlich Rücksicht auf die Minderheit üben und deren Anliegen von

---

965 Stellungnahme der Kirchenkanzlei v. 20.10.1947 (EZA 2/4).

sich aus in ihre Verantwortung aufnehmen (Art. 5). Ebenso muss sich die Minderheit der Gefahr für die Gemeinschaft bewusst sein, wenn sie es nicht in Kauf nehmen will, zu unterliegen bzw. nachzugeben, und wenn sie aus jeder Angelegenheit eine Prinzipienfrage macht oder gar mit der Konsequenz des Ausscheidens droht. Meist werden Bedenken aus dem Bekenntnis bereits in den der Beratung vorausgehenden Stellungnahmen geäußert, wie im Fall des EKD-Disziplinargesetzes.[966] Daher musste von dieser Möglichkeit eines synodalen Konvents bisher noch nicht Gebrauch gemacht werden. Dies spricht für eine eher latente und argumentative als praktische Bedeutung von Bekenntnisdivergenzen.

Absatz 1 (Versammlung in Konventen)

Die Synodalkonvente sind (im Unterschied zu Konventen in der KK) keine regelmäßigen Einrichtungen, die die normale Gliederung der Synode darstellen, sondern Hilfsinstrumente für besondere Fälle, die ansatzweise schon die Bekennende Kirche kannte.[967] Die GO geht nicht davon aus, dass sich die Synode in Bekenntniskonvente gliedert, wie ein Parlament in Fraktionen. Es ist auch nicht vorgesehen, dass die Synode in Fragen, die das Bekenntnis betreffen, regelmäßig in **Konvente** auseinander träte. Eine „*itio in partes*“ dergestalt, dass bestimmte Fragen, wie früher in den konfessionellen Körperschaften der Reichsstände, in Konventen vorberaten werden müssten, ehe sie ins Plenum kommen, ist nicht beabsichtigt.[968] Vielmehr tritt ein Konvent nur dann zusammen, wenn in der Synode Bedenken erhoben werden und diese durch eine (allgemeine) „Aussprache in der Synode“ nicht behoben werden können. I.d.R. werden im Konfliktsfall nicht mehrere Konvente zusammentreten, sondern es versammeln sich nur die Angehörigen des Bekenntnisses, für das die Bedenken geltend gemacht werden.

Ferner ist die Anrufung eines Konventes nicht schon dann möglich, wenn eine **Vorlage** (Kirchengesetz, Kundgebung oder einfacher Beschluss) der Synode das Bekenntnis berührt, sondern nur, wenn sie ihm **widerspricht**. Dies erfordert eine *Begründung der Bedenken*, aus der sich ergibt, worin dieser Widerspruch gesehen wird. Unter Berufung auf den Primat der Heiligen Schrift kann nach ref. Verständnis zur Substantiierung nicht einmal die „bloße Berufung auf die Formulierung einer Bekenntnisschrift oder auf

---

966 Schr. der VELKD v. 9.1.1954 (SB Berlin-Spandau 1954, S. 525); dazu Gutachten v. W. Künneth, P. Brunner, H. Liermann, H. Brunotte u. des KI (aaO, S. 533 ff. und SB Espelkamp 1955, S. 629 ff.).

967 1934 in Barmen; zu Idee und Entstehung der Konvente Ende des 19. Jh.: Brunner, Eisenach, S. 139 f.

968 Zu gliedkirchl. Parallelen: Schwab, Änderung des Grundartikels der KO der Ev. Kirche im Rheinland, S. 133.

eine konfessionelle Tradition in der Kirche des Wortes" genügen.[969] Der GO-Entwurf des Bruderrates forderte ausdrücklich eine Begründung „von Schrift und Bekenntnis her" (Anh 7A: Art. XIII).

Der Verfahrensaufwand setzt auch eine entsprechende materielle *Gewichtung* der erhobenen **Bedenken** voraus, da letztlich die gesamte Ordnung der Kirche bis in ihre äußere Gestaltung[970] durch das Bekenntnis geprägt ist. Bedenken können beispielsweise dagegen erhoben werden, dass die EKD bestimmte Werke oder Projekte fördert, gegen die bekenntnismäßige Bedenken bestehen.[971]

Die Anrufung eines Konvents muss **aus der Synode** heraus geschehen. Es genügt nicht, dass ein Mitglied der KK oder ein nicht der Synode angehörendes Ratsmitglied Bedenken geltend macht. In solchen Fällen kann es zu einer Konventsberatung erst kommen, wenn ein Mitglied der Synode die Bedenken aufnimmt und die zunächst vorgeschriebene **Aussprache** nicht zum Ziel führt.

Der Begriff „**Bekenntnis**" ist in diesem Kontext nicht in einem allgemeinen Sinn gebraucht, auch nicht im Sinne von Absatz 1 und 2 der Präambel. Die Bedenken können nicht erhoben werden vom „Bekenntnis der Kirche" oder vom „Bekenntnis zu Christus" her. Gemeint ist vielmehr das historisch gewordene und kirchenrechtl. geltende luth. bzw. ref. Bekenntnis im Sinne von Art. 2 II i.V.m. Vorspr. III. Daneben redet die GO hier in deutlicher Unterscheidung von **einem unierten Bekenntnis**. Damit ist klargestellt, dass es sich hier um den Bekenntnisstand einer bekenntnis- oder konsensunierten Kirche handelt; denn nur ein solcher hat in seinem Bereich eine kirchenrechtl. Geltung. Die verwaltungsunierten Kirchen (Erl Vorspruch III) haben als solche kein eigenes Bekenntnis in diesem Sinne; maßgeblich bleibt in solchen Kirchen das Bekenntnis der Gemeinden[972] (z. Begriff der „Konfession" und seiner Entstehung: Gesch 1b). Der unbestimmte Artikel (**einem**) besagt ferner, dass es nicht nur „das" unierte Bekenntnis gibt; vielmehr stellt im Fall der Konsensunion jede Gliedkirche genau genommen ein eigenes Bekenntnis dar.[973]

---

969 Stellungnahme des Ref. Moderamens zum EGO74 (EZA 2/901); vgl. auch J. Beckmann in seiner Begründung zum Bruderratsentwurf (Gesch 4).

970 So gehören beispielsweise zu der (in der APU vereinheitlichten) geistlichen Amtstracht des schwarzen Talars bekenntnismäßig divergierende – halb (uniert) oder ganz (luth.) gespaltene oder zusammengenähte (ref.) – Beffchen.

971 Vgl. KI-Gutachten „Zur Umlageverpflichtung der Gliedkirchen" v. 7.12.1987, S. 113 f.

972 Es ist also wohl möglich, dass Syn. aus verwaltungsunierten Kirchen geltend machen, eine Vorl. stehe im Widerspruch zum luth. bzw. zum ref. Bekenntnis; sie können aber nicht geltend machen, sie widerspreche einem unierten Bekenntnis, es sei denn, dass es in dieser verwaltungsunierten Kirche Gemeinden mit rechtl. konsensusuniertem Bekenntnis gäbe.

973 Vgl. Nicolaisen, Ratsprot. 2, S. 397; H. Barth, Welches Bekenntnis braucht die Kirche?, S. 7.

Wird der *Zusammentritt* von Konventen erstmalig in der Amtszeit der Synode erforderlich, so bittet der oder die Präses ein Mitglied des Konvents, diesen zu **versammeln**. Die Konvente wählen dann ihre *Vorsitzenden* (§ 23 II 2 GeschOSyn).

Absatz 2 (Bekenntnisstand)
Die Mitglieder der Synode und im Falle ihrer Verhinderung die stellvertretenden Mitglieder gehören entsprechend ihrem Bekenntnis dem luth., dem ref. oder dem unierten Konvent an.

Satz 1 (Bekenntnisstand der Gliedkirche als Regel)
Die Zugehörigkeit der Syn. zu einem Konvent ist keine Angelegenheit des subjektiven Bekenntnisses, sondern richtet sich nach dem **Bekenntnisstand der Gliedkirchen, denen sie angehören**. Der Begriff Bekenntnisstand bezieht sich rechtl. jew. auf die örtlich umgrenzte Einzelkirche und meint das aus deren Geschichte (urkundlich) überkommene, in ihr geltende Bekenntnis.[974] Syn. aus bekenntnismäßig gebundenen luth. oder ref. Gliedkirchen gehören ohne weiteres dem luth. bzw. ref. Konvent an.

Satz 2 (Unierter Bekenntnisstand)
Die Zugehörigkeit hätte die GO auch für *bekenntnismäßig* unierte Gliedkirchen festsetzen können. Angesichts der überkommenen Differenziertheit der Unionsbekenntnisse hat sie aber auf die Unterscheidung zw. bekenntnis- bzw. konsensusunierten und verwaltungsunierten Kirchen verzichtet. Sie hat vielmehr für alle unierten Kirchen einheitlich festgesetzt, dass sie selbst bestimmen können, wie ihre Syn. einzuordnen sind.[975]
Die Synode einer unierten Gliedkirche kann demnach bestimmen, dass alle ihre in die Synode der EKD gewählten Syn. dem unierten Konvent beitreten sollen. Dies wird bei den eindeutig bekenntnisunierten Kirchen nahe liegen. Die Synode einer unierten Kirche kann aber auch bestimmen, dass ihre Synodalen demjenigen Konvent beitreten sollen, der ihrem **persönlichen Bekenntnisstand** entspricht.[976] Dieser bezeichnet nicht die subjektive Überzeugung. Er richtet sich vielmehr bei Ordinierten nach ihrer Ordinationsverpflichtung und bei anderen Syn. nach dem *Bekenntnisstand ihrer*

---

974 Vgl. Erl Vorspruch III; zur Begriffsgeschichte der „Konfession": Jüngel, Einheit gewinnt durch Vielfalt, S. 36 ff.; Brunner, Bekenntnis und Bekenntnisbindung, S. 152; vgl. R. Mau, Hg., Evangelische Bekenntnisse, Teilband 1 u. 2, Bielefeld 1997; H. Faulenbach u.a., Hg., Grundtexte der Reformation, Bd. 1: 1523-1534, Neukirchen 2003.

975 Zum Begriff der Bekenntnis-, Konsens- und Verwaltungsunion und den diversen Modifikationen: Erl Vorspr. III. Vorbehalte Erik Wolfs gegen die ursprünglich vorgesehene Option durch die Syn. selbst (Anh 7B) waren der einzige Streitpunkt, der ansonsten einmütigen Verabschiedung des GO-Entwurfs im Verfassungsausschuss (Gesch 4; EZA 2/4).

976 Dies hätte i.d.R. bei verwaltungsunierten Kirchen seinen Sinn. Es kann aber auch dort beschlossen werden, dass alle Abgeordneten dem unierten Konvent angehören sollen.

Wohnsitzgemeinde.[977] Gem. § 23 I 2 GeschOSyn teilen die Mitglieder und stellvertretenden Mitglieder der Synode aus unierten Kirchen dem KA als Geschäftsstelle der Synode zu Beginn der Synodalperiode mit, welchem Konvent sie angehören. Das KA führt darüber eine Liste, die nur von den Syn. und den Mitgliedern der KK eingesehen werden darf.[978]

Gegen diese Bestimmung ist eingewandt worden, dass sie den Anforderungen nach Abs. 2 nicht genüge: Das KA könne nicht darauf verzichten, die Kirchenleitungen um Auskunft zu bitten, welche Bestimmung sie über die Zugehörigkeit ihrer Syn. getroffen haben. Nur diese, nicht die Erklärung der Syn. allein entscheide über die Zugehörigkeit.[979] Andererseits sind gegen eine Bindung der Syn. durch ihre Heimatsynode bereits bei der Beratung in Eisenach Bedenken erhoben worden. Die Syn. verwiesen auf ihr freies Mandat und wandten sich gegen eine bekenntnisbezogene Bindung durch Mehrheitsbeschl. ihrer Landesynoden.[980] Gleichwohl richtet sich die nach der GeschO vorgesehene Mitteilung der Syn. letztlich nach der GO und dem Recht ihrer Gliedkirche. Diese braucht jedoch ihr Recht, ihre Syn. einem Konvent zuzuordnen, nicht auszuüben. Ggf. entscheiden die Syn. selbst. Das KA als Synodengeschäftsstelle kann dies den Gliedkirchen überlassen und sich mit der Erklärung der Syn. begnügen. Denn es ist deren Sache, ihre Mitteilung gem. gliedkirchl. Recht abzugeben.[981]

Satz 2 bezieht sich nur auf die **von den Gliedkirchen entsandten Synodalen**. Bei den vom Rat berufenen unierten Syn., ist mangels genauerer Bestimmungen davon auszugehen, dass stets der *persönliche Bekenntnisstand* (s.o.) entscheidet.

Absatz 3 (Aufgaben des Syonodalkonvents)

Der Konvent hat zu prüfen, ob das erhobene Bedenken vom Bekenntnis aus berechtigt ist. Dabei geht es um die Identität des persönlichen bzw. kirchl. Bekenntnisses und deren Bewahrung vor einem damit unvereinbaren Synodenbeschl., nicht dagegen um konfessionelle Selbstwahrnehmung, bei der die eigene Identität von der Abgrenzung zu anderen Bekenntnisprägungen in der EKD abhängig wird (Erl Abs. 1). Der Konvent hat damit *eine theol., nicht eine kirchenpolitische Aufgabe.* Es geht nicht darum, einen politisch wünschbaren Beschl. in der Synode durchzubringen oder einen unerwünschten zu verhindern. Die Syn. müssen sich stets vor Augen halten, dass das Bekenntnis, dem sie verpflichtet sind, nicht dazu missbraucht werden darf, um be-

977 Soweit sie nicht geltend machen, dass ihr durch Taufe und Konfirmation bezeichneter Bekenntnisstand ein anderer ist als der der Gemeinde, der sie zur Zeit angehören.

978 Diese Regelung der GeschOSyn entspricht der bay. Stellungnahme u. Empfehlung zu GO v. 15.9.1948 Ziff. 5 (Gesch 5).

979 Brunotte, GO, S. 243.

980 Eisenach 1948, S. 109.

981 So auch Weeber, Bericht, S. 71.

stimmten Bestrebungen Gewicht zu verleihen oder gar um gliedkirchl. Partikularismus zu bemänteln.

Kommt der Konvent zu der Überzeugung, dass die betr. Vorl. dem von ihm vertretenen Bekenntnis widerspricht, so **bestätigt** er die Bedenken. Andernfalls tritt er den in der Synode erhobenen Bedenken nicht bei. In beiden Fällen kann ein Beschl. des Konventes nicht anders, als mit Mehrheit gefasst werden. Es wäre eine unpraktikable Erschwerung, an dieser Stelle eine einmütige Entscheidung zu verlangen, so erstrebenswert ein weitestgehender Konsens gerade in Bekenntnisfragen auch sein mag.[982] Da es aber nicht bei der Aussprache bleiben kann, ist auch hier auf das Mittel der Abstimmung nicht zu verzichten. Kommt es nicht dazu, dass der Konvent die Bedenken mit Mehrheit bestätigt, so kann die Synode über diese Bedenken durch Beschl. hinweggehen. Das schließt aber nicht aus, dass die Synode, auch wenn der Konvent keine Mehrheit für eine Bestätigung der Bedenken aufgebracht hat, in geschwisterlicher Weise eine größere Minderheit oder das Gewicht einiger persönlicher Voten achtet und zu dem Ergebnis kommt, von sich aus auf eine solche Entscheidung zu verzichten, um Gewissensbedenken auch nur eines kleinen Teiles der Synode nicht zu negieren. In jedem Falle kann die Synode nicht gegen den Konvent entscheiden, wenn die Bedenken letztlich nicht behoben werden.

Hat der Konvent mit Mehrheit die Berechtigung der Bedenken bestätigt, hat eine **nochmalige Beratung** im Plenum stattzufinden. Dabei können auch die kirchenpolitischen Aspekte und die Frage einer etwaigen missbräuchlichen Erhebung von Bedenken erwogen werden. Bringt die weitere Aussprache in der Synode kein anderes Ergebnis, so kann die Vorl. in dieser Gestalt von der Synode nicht beschlossen werden. Sie kann entsprechend den erhobenen Bedenken umgestaltet und neu eingebracht werden.

Artikel 28 (Kirchenkonferenz)

(1) Die Kirchenkonferenz hat die Aufgabe, über die Arbeit der Evangelischen Kirche in Deutschland und die gemeinsamen Anliegen der Gliedkirchen zu beraten und Vorlagen oder Anregungen an die Synode und den Rat gelangen zu lassen. Sie wirkt bei der Wahl des Rates der Evangelischen Kirche in Deutschland und bei der Gesetzgebung nach Maßgabe von Artikel 23 Ab-

[982] Es wäre aber auch nicht richtig gewesen, vorzuschreiben, dass eine Minderheit im Konvent nicht überstimmt werden dürfte, so dass praktisch einige wenige Stimmen, die den Bedenken zuneigen, den Ausschlag geben würden. Für den Modus der GO spricht auch, dass im Konvent nur Angehörige des gleichen Bekenntnisses beieinander sind. Es soll eine Majorisierung durch *andere* Bekenntnisse vermieden werden.

satz 3 und 26 a Absätze 1 und 4 mit. Die Kirchenkonferenz kann der Synode über ihre Arbeit berichten.
(2) Die Kirchenkonferenz wird von den Kirchenleitungen der Gliedkirchen gebildet. Jede Kirchenleitung entsendet zwei Mitglieder, die nicht dem Rat der Evangelischen Kirche in Deutschland angehören. Die Verteilung der Stimmen in der Kirchenkonferenz wird durch Gesetz geregelt. Die Mitglieder des Rates nehmen an den Sitzungen ohne Stimmrecht teil.
(3) Die Kirchenkonferenz kann Ausschüsse bilden.
(4) Die Kirchenkonferenz wird von dem oder der Vorsitzenden des Rates geleitet. Sie tritt auf Einladung des oder der Vorsitzenden des Rates nach Bedarf zusammen. Auf Verlangen von drei Gliedkirchen muss sie einberufen werden.

Die Kirchenkonferenz (KK) ist gegenüber den mehr zentralistisch gerichteten Organen Synode und Rat das föderale, „ewige“ Organ der EKD. Ihre Amtszeit ist nicht begrenzt. Sie gibt den Gliedkirchen Gelegenheit, an der Leitung der EKD maßgeblich mitzuwirken, ihre Erfahrungen einzubringen und ihre Belange geltend zu machen.[983] Gleichwohl ist die KK auch de facto kein Zusammenschluss zur gliedkirchl. Interessenwahrung, wie es der „Rat der Kirchenführer“ des GO-Entwurfs Feine v. 1946 und noch die 1947 vom Rat gebildete „*Kirchenversammlung*“ darstellte (Gesch 3f), sondern ein *Organ der EKD*. Im Unterschied zu staatl. Föderalstrukturen, etwa des Bundesrates, ist die KK grundsätzlich auch nicht durch ständige Gruppierungen etwa nach Bekenntnis, Region oder sonstige politische Position geprägt, wenn man von gemeinsamen Belangen der östlichen Landeskirchen in der Zeit nach der Wiedervereinigung absieht. Ungeachtet der Arbeit in den gliedkirchl. Zusammenschlüssen und bilateralen Kontakten ist die KK der eigentliche Ort der *gemeinsamen* Aussprache aller Gliedkirchen.

Die verfassungsrechtl. Ausgestaltung und Arbeitsweise der KK waren stets umstritten und Gegenstand etlicher Reformüberlegungen. Im Zusammenspiel der leitenden Organe nahm sich ihre Position in der Vergangenheit neben der eigentlichen Handlungs- und Vertretungsfunktion des Rates und der rechtsetzenden und kundgebenden Funktion der Synode, die beide im Wesentlichen die EKD nach außen darstellen, relativ indifferent aus, ohne originäre Hauptfunktion. Arbeitsauftrag, Organisation und Effizienz der KK standen kaum im angemessenen Verhältnis zu der eigentlichen Macht, die sie verkörpert. Angesichts der schwachen Organstellung geschah die Einflussnahme

---

983 Guntau, EKD, S. 647; „Die KK ist dasjenige Organ, durch das die Leitungen der Gliedkirchen an der Leitung der EKD mitwirken. In ihr sollen vorwiegend die kirchenregimentlichen Erfahrungen und Gesichtspunkte zur Geltung kommen“ (SB Bethel 1949, S. 309).

der Gliedkirchen bisher mehr auf direkteren Wegen.[984] Die Leitung der KK durch den Ratsvorsitzenden gewährleistet zwar eine gewisse Verklammerung mit dem Rat, vermindert aber auch die Eigendynamik. Der Vorsitz eines Nichtmitgliedes mag dessen Moderation begünstigen, nicht aber die Identitätsfindung und Initiative des Organs. Es hatte keinen Sprecher, sondern übte Mitsprache.
Mit der gesamtkirchl. Integration gliedkirchl. Anliegen verbindet sich die Ambivalenz der Stärkung der EKD aber auch partikularistischer Restriktion. Einerseits sahen *Reformbestrebungen* den Weg zu einer engeren Kirchengemeinschaft in der konstruktiveren Einbindung der Gliedkirchen und Profilierung der KK als eines Entscheidungs- und Initiativorgans. Andererseits ließen solche Verstärkungen Zweifel an der Praktikabilität weiterer Kompetenzaufteilung aufkommen; es gab Besorgnisse, dass ein zusätzliches Leitungsorgan zur Schwerfälligkeit des Arbeitsvollzuges innerhalb der EKD führe. Partikularistische Einflüsse ließen befürchten, durch eine stärkere KK werde das überkommene landeskirchl. Misstrauen noch institutionalisiert.[985]

Reformüberlegungen zielten vor allem auf ein Mehr an verbindlicher Absprache gemeinsamen gliedkirchl. Handelns – über den Meinungs- und Erfahrungsaustausch hinaus – und auf ein prinzipielles Junktim zw. einer Stärkung der KK und einem Kompetenzzuwachs für die EKD. Dies betrifft die KK sowohl als Organ i.S. einer zweiten Kammer der EKD als auch ihre Zuständigkeit für die Angelegenheiten der Gliedkirchen und Zusammenschlüsse (entsprechend Bundesrat und Ministerkonferenz). In diesem Sinne gibt die KK heute insb. Empfehlungen an die Gliedkirchen, z.B. in Gestalt von Gesetzesentwürfen zur Vereinheitlichung des Dienstrechts oder der Besoldungsstruktur.
Schon in der verfassunggebenden Kirchenversammlung war festgestellt worden, dass „das ganze Gewicht der Gesetzgebung, die von der EKD ausgeht, eine größere Autorität hat, wenn die KK daran mitgearbeitet hat“. Dafür stützte man sich auf die Erfahrung des DEKb: „Man arbeitet dem Partikularismus entgegen, wenn man die Einzelkirchen aufs stärkste an der Verantwortung für die Gesetzgebung der Gesamtkirche mitbeteiligt.“[986] Auch die GO-Reform 1974 sah Aufgabenerweiterungen und Strukturverbesserungen der KK hinsichtlich neuer Planungs-, Richtlinienkompetenzen und Gesetzgebungsbeteiligung vor. Dem ist die GO-Reform 2000 in einem wichtigen Punkt gefolgt und hat nunmehr eine Ausweitung der legislativen Mitwirkung der KK mit einer Erweiterung der gesamtkirchl. Gesetzgebungskompetenz namentlich durch Ini-

984 W. Hammer, Zur „Schwäche“ der EKD, unveröff. Arbeitspapier v. Januar 1978 (EZA 4/91/370 u. 644/106). In der Rolle als Beratungsinstanz überwog in der Vergangenheit die Mitwirkung bei anderen Organen eine kritische Kontrolle des Gegenübers, wie es dem Antagonismus staatl. Gewaltenteilung entspräche.
985 Beier, Kirchwerdung, S. 97, 99 u. 101.
986 Eisenach 1948, S. 113.

tiativrechte und zusätzliche Zustimmungserfordernisse verbunden (Erl Abs. 1 Satz 2). Eine verstärkte Aufnahme konfessioneller Elemente i.S.d. Kirchengemeinschaft intendierte insb. die GO-Reform v. 2005 und zwar durch die Einbeziehung der gliedkirchl. Zusammenschlüsse in Gestalt konfessionsgebundener Konvente (Art. 28a); ferner sind die Gliedkirchen durch je zwei Mitglieder und damit i.d.R. auch durch Geistliche vertreten (Abs. 2 Satz 2). Organisatorische Verbesserungen ergeben sich auch aus der erweiterten technischen Unterstützung durch das KA (Art. 31 I) und die Berichtsmöglichkeit in der Synode (Abs. 1 Satz 3).

Mit der Ausweitung der Aufgaben, der Struktur und ihrer verfassungsrechtl. Stellung wird die KK auch einer stärker politisch gestützten und damit in der Sache tragfähigeren Vorarbeit durch Ausschüsse (Rechts- und Verfassungssauschuss, Finanzausschuss) bzw. Arbeitsgruppen (z.B. für Publizistik und Medien) bedürfen, wie sie etwa der Finanzbeirat faktisch bereits darstellt. Auch die *Beratungsinhalte* könnten im Unterschied zur Administration des Rates in verstärktem Maße Grundsatzthemen auch mit gliedkirchl. Problembezügen aufnehmen. Das Problem einer Interessenspaltung zw. EKD-Organ und gliedkirchl. Vertretung ist durch eine explizite Ordnung zu lösen, in der sachbezogene Gesetzesarbeit und kirchenpolitische Entscheidung gleichermaßen zur Geltung kommen.[987] Ansätze hierzu finden sich in verfahrensrechtl. Verbesserungen etwa durch die Einrichtung von Ausschüssen, insb. eines ständigen Arbeitsausschusses mit einer Sprecherfunktion der Vorsitzenden (Erl Abs. 3 Satz 2).

Absatz 1 (Aufgaben)
Die Aufgaben der **Kirchenkonferenz** entsprechen dem föderalen Charakter des Organs mit beratenden und gesetzgebenden Funktionen. Zur *Namensgebung* s. Erl Art. 22 I.

Satz 1 (Beratung und Anregungen)
Die KK soll nicht nur die Gesamtarbeit der EKD im Auge haben, sondern auch die Anliegen, die von Seiten der Gliedkirchen an die EKD heranzutragen sind. Die Arbeit der EKD und **die gemeinsamen Anliegen der Gliedkirchen** stehen hier *neben*einander, obwohl sie sich auch überschneiden. Aus dem Blickwinkel der KK tritt jedoch der letztere, gesondert benannte Bereich in den Vordergrund. Die **Arbeit „der EKD“** ist hier insofern mehr auf die Tätigkeit der anderen Organe und Stellen bezogen. Diese Tätigkeit hat sie lediglich **zu beraten**, ähnlich wie die Synode „die Arbeit der EKD bespricht“ und dazu den Rat berichten lässt (Art. 23 II). Dem verfahrnstechnischen Aus-

987 So der GO-Entwurf einer Arbeitsgruppe leitender Juristen im Rahmen einer Machbarkeitsstudie für die Novellierung der GO v. 19.2.2002 (epd-Dok. Nr. 42/2002, S. 9); vgl. schon K. Schlaich, Votum auf der Kirchenjuristen-Tagung 1986 (KA-Az. 0146/2).

druck „beraten“ ist gegenüber dem „besprechen“ kein rechtl. oder geistlich größeres Gewicht beizumessen.[988] Die KK ist also einerseits selbst Organ der EKD, andererseits berät sie – quasi extern – deren Arbeit. Gleichwohl geht die GO von der Erwartung aus, dass aus der Beratung auch **Vorlagen und Anregungen an die Synode und den Rat** erwachsen. Ihnen kommt naturgemäß erhebliches politisches Gewicht zu. Der Terminus der **„Vorlage“** bezieht sich auf die förmlichen Beschlussverfahren der anderen Organe, beispielsweise auf Gesetzesvorl. für die Synode, die dem Rat zur Stellungnahme zuzuleiten sind (Art. 26a I). Zum *Begriff* der **Anregungen** s. Erl Art. 8. Ihnen entspricht bei der Synode das – weniger praktizierte – Instrument der Richtlinien (Art. 23 II). Gelegenheit zu Anregungen geben auch Personalentscheidungen, wie die Berufung der Leitung des KA und dessen Hauptabteilungen, bei der die KK gem. Art. 31 IV im Benehmen mit dem Rat mitwirkt. Die KK hat nicht die Aufgabe, Kundgebungen zu erlassen.

Satz 2 (Wahl des Rates und Gesetzgebung)

Die KK **wirkt bei der Wahl des Rates der EKD mit**. Sie hat bei der Ratswahl ein *Vorschlagsrecht* (Art. 30 I 3). Die Mitwirkung geschieht ferner **„nach Maßgabe von Artikel 23 Absatz 3“**. Danach wählt die Synode den Rat „in Gemeinschaft mit der Kirchenkonferenz“. Die Ratsmitglieder werden „gemeinsam in geheimer Abstimmung mit Zweidrittelmehrheit gewählt“ (Art. 30 I). Dabei hat jede Gliedkirche nur eine Stimme.[989] Das Quorum verstärkt angesichts der Überzahl der Syn. (126) das Gewicht der KK (23 Stimmen). Bei gemeinsamen Abstimmungen haben Syn., die zugleich der KK angehören, nur eine Stimme (§ 21 VI GeschOSyn). Auch Ratsvorsitzende und stellvertretende RV werden von der Synode und der KK gemeinsam gewählt. Zu den Einzelheiten s. Erl Art. 30.

Bedeutsam für das Gewicht der KK als Leitungsorgan ist zudem ihre **Mitwirkung an der Gesetzgebung nach Maßgabe des Artikel 26a Absätze 1 und 4** sowie Abs. 5. Diese Befugnis wurde durch die GO-Änderung v. 2000 in mehrfacher Weise verstärkt und damit der föderative Charakter der EKD unterstrichen (Erl vor Abs. 1): Zum einen wurde der KK das eigene *Initiativrecht* eingeräumt. Ihre Vorl. sind dem Rat zuzuleiten und von diesem mit Stellungnahme der Synode vorzulegen (Art. 26 a I). Zum anderen ist das *Zustimmungsrecht* der KK erweitert worden. Ihrer Zustimmung bedürfen gem. Art. 26a IV alle KG, die Wirkungen für die Gliedkirchen entfalten (Art. 10a). Dies gilt auch für EKD-Gesetze in eigenen Angelegenheiten (Art. 10) mit Ausnahme des Haushaltsgesetzes (lit. c). Daher werden diese Gesetzesbeschl. nach Verabschiedung unverzüglich der KK zugeleitet. Änderungen der GO bedürfen wegen der besonderen

988 Erik Wolf, Ordnung, S. 741.
989 KG über die Verteilung der Stimmen in der KK (Text 7).

Bedeutung für die Gliedkirchen statt der früheren einfachen einer Zweidrittel-Mehrheit der Mitglieder der KK (nicht nur der anwesenden – Art. 26a V).
Im Übrigen darf kein vom Rat initiiertes Gesetz ohne *Stellungnahme* der KK von der Synode verabschiedet werden (Art. 26a I 3).

Satz 3 (Bericht an die Synode)
Die Vorschrift wurde durch die Strukturreform v. 2005 eingefügt. Um die Zusammenarbeit zw. der Synode und der KK zu stärken, wird dieser das Recht gegeben, der Synode über ihre Arbeit zu berichten. Im Unterschied zur Berichtspflicht des Rates gem. Art. 29 I 5 steht die Berichterstattung ebenso wie Form und Inhalt im Ermessen der KK und hat auch nicht den Rechenschaftscharakter.

Absatz 2 (Zusammensetzung und Stimmverteilung)
Auch nach ihrer Zusammensetzung und Stimmverteilung verkörpert die KK die tragende bündische Funktion der gliedkirchl. Gemeinschaft.

Satz 1 (Bildung durch die Kirchenleitungen)
Die Bildung der KK als dem föderalen Organ ist allein Sache der Gliedkirchen. Rat und Synode der EKD wirken hier nicht mit. Während die EKD-Synodalen nur z.T. von den gliedkirchl. Synoden gewählt werden, wird die KK von den **Kirchenleitungen** durch Entsendung gebildet. Zum *Begriff* der Kirchenleitung s. Erl Art. 11.

Satz 2 (Entsendung der Mitglieder, Inkompatibilität mit der Ratsmitgliedschaft)
Jede Kirchenleitung entsendet zwei Mitglieder. Die ursprüngliche Beschränkung auf ein Mitglied wurde im Zuge der Strukturreform v. 2005 geändert. Die GO schreibt nicht vor, wer diese Mitglieder sein sollen, oder dass sie der Leitung oder bestimmten Gremien angehören müssen. Die Gliedkirchen konnten daher entsenden, wen sie wollten, obgleich es dem Gewicht der KK nicht zuträglich war, wenn nicht die leitenden Persönlichkeiten, sondern deren Vertreter oder andere Amtsträger erschienen. Nach neuerer Regelung der GeschO der KK (§ 3 II) *sollen* nunmehr die leitenden Geistlichen bzw. die leitenden, nichtordinierten Personen benannt werden. Nur im Verhinderungsfall sind andere zu benennen. Beide Mitglieder sind stimmberechtigt; die Stimmabgabe kann nur einheitlich erfolgen. Dies entspricht bewährter Übung, nach der durchweg die leitenden Geistlichen und Juristen bzw. die Leiter der zentralen Verwaltungsstellen entsandt werden.[990] Die KK als EKD-Organ ist andererseits keine „Bischofskonferenz“ oder eine Versammlung leitender Juristen. Geistliche wie Juristen

---

990 Die Doppelvertretung wurde eingefügt durch GO-Änderung v. 2005.

pflegen ihre verschiedenen Aufgabenbereiche auf besonderen Zusammenkünften zu besprechen (Erl Art. 20 I). Auch hat die Entsendung den politischen Leitungscharakter der KK zu beachten, der sie von der Fachebene der *Referentenkonferenz* unterscheidet. „Jeder, der ein leitendes Amt in einer Gliedkirche übernimmt, muss sich bewusst sein, dass er damit auch eine Teilnahmeverpflichtung an Sitzungen der KK übernimmt. Und er muss sich zuvor daheim einen ausreichenden Spielraum für verbindliche Erklärungen geben lassen. Vorauszusetzen ist eine gezielte Vorarbeit der jeweiligen Referentenkonferenzen."[991]

Nach der GO ist nicht vorgeschrieben, dass *stets dieselben Personen* an der KK teilnehmen müssen, obgleich ein Wechsel der *Arbeitskontinuität* abträglich ist. Dem begegnet die vorerwähnte Empfehlung, die leitenden Persönlichkeiten zu entsenden. Außerdem sollen die Mitglieder des Arbeitsausschusses (s.u. Abs. 3) ständig an den Sitzungen der KK teilnehmen (§§ 3 II u. 5 II GeschOKK).

Außer der Zahl schreibt die GO für die Entsendung lediglich vor, dass die Mitglieder der KK **nicht dem Rat der EKD angehören dürfen**. Eine Doppelmitgliedschaft ist also durch die GO (Abs. 2 Satz 2 u. 4) – im Unterschied zur Synodenzugehörigkeit – ausgeschlossen (s. auch Satz 4). Wenn beispielsweise der Landesbischof Ratsmitglied ist, wird sein geistlicher Vertreter oder der leitende Jurist entsandt. Es entspricht ohnehin einer häufigen Praxis, dass beide, Bischof und Präsident, erscheinen, also das Laienelement angemessen vertreten ist. Die Mitglieder der KK nehmen ihrerseits an den Beratungen der Synode ohne Stimmrecht teil und können in dieser das Wort nehmen (Art. 24 V, § 8 I GeschOSyn). Mitabstimmen können sie (gemeinsam mit den Syn.) bei der Ratswahl.

Ohne Stimmrecht können an den Sitzungen der KK beratend teilnehmen:
a) der Präsident/die Präsidentin und die Vizepräsidenten/Vizepräsidentinnen des KA sowie zu ihrer Unterstützung die am Beratungsgegenstand Beteiligten,
b) der Leiter/die Leiterin der Hauptgeschäftsstelle des DW und der Geschäftsstelle des EMW,
d) der/die Bevollmächtigte des Rates,
e) der Bischof /die Bischöfin der Bundeswehrseelsorge,
f) der Leitende Bischof oder die Leitende Bischöfin der VELKD, wenn sie nicht Mitglieder der KK sind (§ 5 Vertrag gem. Art. 21a II m.d.VELKD).

[991] W. Hammer, aaO.

Der oder die RV kann von sich aus oder auf Beschl. der KK weitere Personen einladen; dabei sollen die gliedkirchl. Zusammenschlüsse berücksichtigt werden; i.d.R. nehmen die Leiter der zentralen Verwaltungsstellen teil.
Andererseits kann die KK auch die Teilnahme an ihren Beratungen auf die stimmberechtigten Mitglieder und die weiteren Vertreter/Vertreterinnen der Kirchenleitungen sowie die Ratsmitglieder beschränken. Der oder die RV kann die KK zu Beratungen in dieser Zusammensetzung einladen. Dem Präsidenten/der Präsidentin des KA soll die Teilnahme gestatten werden. Weitere durch KG oder Vertrag begründete besondere Rechte zur Teilnahme an der KK bleiben unberührt. Dies gilt namentlich für die angeschlossenen Gemeinschaften (Erl Art. 21 IV) und die Zusammenschlüsse (vgl. Art. 21a II).

Satz 3 (Stimmverteilung)

Die Verteilung der Stimmen in der Kirchenkonferenz auf die Gliedkirchen weist die GO einer gesetzlichen Regelung zu. Diese ist durch das *Kirchengesetz über die Verteilung der Stimmen in der Kirchenkonferenz* getroffen (Text 7). Da in der Praxis meist leitende Geistliche und leitende Juristen teilnehmen, haben gem. Strukturreform 2005 ggf. auch beide eine Stimme. Das Stimmrecht der Gliedkirchen können die beiden jew. entsandten Mitglieder nur einheitlich ausüben.

Die Verf. des DEKb verteilte die Stimmen differenzierter nach gestaffelten Quoten der Gesamtzahl.[992] Die erste Regelung der EKD v. 1949 verzichtete auf jegliche Staffel und gab jeder Gliedkirche einen Sitz und eine Stimme. Nach der damaligen Gesetzesbegründung sollten in der KK „vorwiegend die kirchenregimentlichen Erfahrungen und Gesichtspunkte zur Geltung kommen. Diejenigen einer kleinen Gliedkirche können für die Leitung der Ev. Kirche ebenso bedeutsam sein und daher die gleiche Beachtung beanspruchen wie die einer größeren Kirche."[993] Der zugrundeliegende Rechtsgrundsatz des geschwisterlichen Miteinanders (Art. 5), der weniger die Stimmen zählt, als ihr sachliches Gewicht wägt, findet auch in der geltenden Regelung seinen Ausdruck.[994]

---

992 Gem. § 11 II hatte jede Landeskirche im *Kirchenbundesrat* wenigstens eine Stimme; die größeren Landeskirchen bekamen auf jede angefangene halbe Million Seelen eine Stimme; jedoch sollte keine Landeskirche mehr als zwei Fünftel aller Stimmen innehaben. Letzteres bezog sich auf Altpreußen, das mit einer Seelenzahl von 49% des ganzen Kirchenbundes nicht allzu sehr überwiegen sollte (APU 37 v. 93 Stimmen); danach folgten Sachsen mit 10, Hannover mit 5, Bayern und Württemberg mit 4, Schleswig-Holstein und Thüringen mit 3 und alle übrigen mit nur 2 oder einer Stimme.

993 Begründung zum KG über die Verteilung der Stimmen in der Kirchenkonferenz v. 10.1.1949 (SB Bethel 1949, S. 309).

994 Vgl. Beschl. der KK zum GO-Entwurf v. 9.12.1972 (EZA, 2/93/690) u. SB Berlin-Spandau 1972, S. 348. Bis zur Strukturreform 2005 hatten Gliedkirchen mit mehr als 2 Mio. Mitgliedern 2 Stimmen, aber bei der Wahl des Rates (Erl Abs. 1 Satz 2) und seiner Vorsitzenden sowie bei GO-Änderungen und der Ratifizierung eines Staatskirchenvertrages nur 1 Stimme (Art. 30 I 2 und III, Art. 26a III u. V). Das bis zur Strukturreform 2005 geltende KG (Text 7) ist entsprechend zu ändern.

Satz 4 (Teilnahme der Ratsmitglieder)

Die Mitglieder des Rates nehmen an den Sitzungen teil. Die GO geht demnach davon aus, dass die Bedeutung der KK die Anwesenheit des Rates als dem Verwaltungs- und Vertretungsorgan der EKD erfordert (z. Synode vgl. Art. 24 V). Zur organisatorischen Vereinfachung schließt sich nach bisheriger Übung daher an die Sitzung der KK meist eine Ratssitzung am gleichen oder nächsten Tage an.

Ratsmitglieder haben wegen der *Inkompatibilität* gem. Satz 2 kein **Stimmrecht**. Dies gilt auch für den RV, der die KK leitet.

Absatz 3 (Ausschüsse)

Die zunehmende Differenzierung der Aufgaben macht es erforderlich, dass die Kirchenkonferenz Ausschüsse bildet. Zum Arbeitsausschuss s. Erl Abs. 4 Satz 2. Die Mitwirkung der KK an der Gesetzgebung nach Art. 26a IV u. V legt es insb. nahe, einen Rechtsausschuss zu bilden. Die Strukturreform 2005 wurde durch einen Ad-hoc-Ausschuss vorbereitet. Zum Finanzbeirat s. Erl Art. 33 II 1.

Absatz 4 (Zusammentritt, Leitung)

Die Einberufung und Leitung der KK durch die Ratsvorsitzenden gewährleistet eine wirksame Verbindung des föderalen mit dem exekutiven Leitungsorgan. Die Vorschrift wurde durch GO-Änderung v. 2000 in geschlechtergerechter Sprache formuliert (Gesch 8f).

Satz 1 (Vorsitz)

Die Kirchenkonferenz wird von dem oder der Ratsvorsitzenden geleitet. Dies stärkt die Kohärenz zw. beiden Organen, nicht aber das Eigengewicht der KK (dazu Erl vor Abs. 1). Es sollte aber neben RV und Synodenpräses nicht noch eine dritte Persönlichkeit hervorgehoben werden. Darum ist die Leitung der KK von Amts wegen einem Nichtmitglied übertragen, das auch kein Stimmrecht hat und somit das Amt gewissermaßen treuhänderisch ausübt.[995] Zur strukturellen Stärkung der KK ist der *Arbeitsausschuss* als Vorbereitungs- und Leitungsgremium ausgebaut worden (im Einzelnen s. Erl Satz 2).

---

[995] Denkbar ist auch, dass die KK ihre Vorsitzenden etwa auf 6 Jahre wählt oder dass jede Tagung im Wechsel von einem anderen Mitglied geleitet wird. Das letztere Verfahren hätte aber zuviel Wechsel mit sich gebracht. Und die Wahl ständiger Vorsitzender für einen längeren Zeitraum (Votum Sachsen) hätte ein unerwünschtes Überwiegen der betr. Gliedkirche mit sich bringen können.

Satz 2 (Zusammentritt)
Die KK tritt **nach Bedarf** zusammen. Nach ihrer GeschO (Text 8) tagt sie i.d.R. dreimal jährlich (§ 1), und zwar nach bisheriger Übung im Frühjahr, Sommer und Herbst; ferner tritt die KK anlässlich der Synode, d.h. meist im November, zusammen. Den *Zeitpunkt* bestimmt der RV (§ 1 I). Aus organisatorischen Gründen schließen sich oft Sitzungen des Rates, der Leitenden Geistlichen oder der Leitenden Juristen an oder gehen ihr voraus.

Der Vorsitzende bestimmt auch den *Tagungsort* (§ 1 I). Wegen der im KA verfügbaren Räumlichkeiten tagt die KK meist in Hannover oder am Sitz des Ratsbevollmächtigten in Berlin sowie am jeweiligen Tagungsort der Synode. Der Arbeitsausschuss erstellt zusammen mit dem KA eine vorläufige *Tagesordnung* und berücksichtigt dabei Anträge, die ihm von der KK oder einer Gliedkirche mitgeteilt worden sind.
Einladender ist der RV als Leiter der KK. Er richtet die **Einladungen** mit der vorläufigen Tagesordnung über das KA an die Kirchenleitungen und gliedkirchl. Zusammenschlüsse. Jede teilt dem Vorsitzenden die von ihr entsandten stimmberechtigten Mitglieder mit. Im Verhinderungsfall ist eine andere Person zu benennen (§ 3 II). *Beschlussfähig* ist die KK mit mehr als der Hälfte ihrer stimmberechtigten Mitglieder. Bei Abstimmungen und Wahlen entscheidet die *Mehrheit der abgegebenen Stimmen*, soweit durch GO (z.B. Art. 26a V) oder KG nichts anderes bestimmt ist.

Arbeitsausschuss
Zur Vorbereitung der Beratungen und Beschlüsse wählt die KK einen Arbeitsausschuss (AA). Diesem sollen sieben Personen angehören, die als stimmberechtigte Mitglieder (§ 3 I) oder als weitere Vertreter/Vertreterinnen der Leitungen der Gliedkirchen (§ 3 III) ständig an den Beratungen der KK teilnehmen. Vorsitzende des AA und Stellvertreter wählt die KK aus ihrer Mitte. Sie sind berechtigt, bei Tagungen der Synode namens der KK zu sprechen und Anträge zu stellen, oder können ein anderes Mitglied der KK damit beauftragen (§ 17 I u. III GeschOSyn). Der AA kann je einen Vertreter der gliedkirchl. Zusammenschlüsse und bestimmter Dienst- und Geschäftsstellen der EKD mit beratender Stimme an seinen Sitzungen beteiligen (§ 3 GeschOKK). Der AA nimmt zu den Vorl. Stellung. Die Geschäfte des AA führt das KA (§ 5), das bei der Ausschussberatung i.d.R. durch den Präsidenten vertreten ist. Die Vorbereitung der Beratungen der KK obliegt im Übrigen dem KA, das auch die Beschl. durchführt und für die Ndschr. sorgt (§ 6). Neben dem ständigen AA bildet die KK auch ad hoc Beratungsgremien und Arbeitsgruppen (z.B. zur Koordinierung gesamtkirchl. Öffentlichkeitsinitiativen) und sonstige Ausschüsse bei Bedarf.

Satz 3 (Einberufungsquorum)

Auf Verlangen von drei Gliedkirchen muss die KK **einberufen werden.**[996] Sie vermag sich also mit verhältnismäßig wenig Aufwand zu Gehör zu bringen, wenn sie das im gemeinsamen Interesse der Gliedkirchen und der EKD für erforderlich hält. Ist die KK nicht versammelt und Eile geboten, so kann der oder die Vorsitzende des Rates nach Fühlungnahme mit dem oder der Vorsitzenden des Arbeitsausschusses eine *schriftliche Abstimmung* herbeiführen. Widerspricht eine Kirchenleitung diesem Verfahren, so ist die Entscheidung der nächsten Tagung der KK vorbehalten (§ 7 GeschOKK).

Artikel 28 a (Konvente der gliedkirchlichen Zusammenschlüsse in der Kirchenkonferenz)

(1) Die Vertreter der zu einem gliedkirchlichen Zusammenschluss nach Artikel 21 a angehörenden Gliedkirchen in der Kirchenkonferenz bilden einen Konvent. Nicht zu einem gliedkirchlichen Zusammenschluss gehörenden Gliedkirchen kann in diesen Konventen Gaststatus eingeräumt werden.
(2) Die gliedkirchlichen Zusammenschlüsse können die Zuständigkeit zur Erfüllung bestimmter Aufgaben an sich ziehen. Dies erfolgt durch Beschluss des Konvents des jeweiligen gliedkirchlichen Zusammenschlusses in der Kirchenkonferenz mit Zustimmung der zuständigen Organe des gliedkirchlichen Zusammenschlusses. Der Beschluss bedarf der Zustimmung von drei Vierteln der in diesem Konvent vertretenen Gliedkirchen. Er ist wirksam, wenn die zustimmenden Gliedkirchen mindestens zwei Drittel der diesem Konvent zuzurechnenden Kirchenglieder vertreten.
(3) Nach Absatz 2 erworbene Zuständigkeiten gelten nur für den jeweiligen gliedkirchlichen Zusammenschluss. Die Zuständigkeit der Evangelischen Kirche in Deutschland im Übrigen bleibt unberührt.

Die Vorschrift wurde zusammen mit Art. 21a als Schwerpunkt der Strukturreform v. 2005 eingefügt. Mit der Neuordnung des Verhältnisses der EKD, UEK und VELKD zueinander wird hier die Wahrnehmung des Auftrags der gliedkirchl. Zusammenschlüsse innerhalb der EKD im Leitungsorgan der Kirchenkonferenz organisatorisch verankert. Für diese grundlegende verfassungsrechtl. Erweiterung der Gesamtkirche sah das Änderungsgesetz mit Rücksicht auf die sog. Paktierungsgrenze (Erl Art. 26a III) eine Ratifizierung durch die Gliedkirchen vor.

---

[996] KG über Tagungen der Synode und der Kirchenkonferenz der EKD in besonderen Fällen v. 4.4.1967 (Gesch 8e).

Absatz 1 (Zusammensetzung eines Konvents)
Nach Art. 21 I ist die Kirchenkonferenz das föderale Organ der EKD, in dem die Gliedkirchen und deren Zusammenschlüsse an der Leitung der Gesamtkirche in besonderer Weise mitwirken. Innerhalb dieses Organs wird ein Teilorgan gebildet, der Konvent des jew. mit der EKD vertraglich nach Art. 21a verbundenen Zusammenschlusses. Er gibt diesem in besonderer Weise das Recht, in der EKD zu wirken und an ihrer Leitung mitzuwirken.

Satz 1 (Vertreter eines Zusammenschlusses)
Bei den **Konventen** i.S. dieser Vorschrift handelt es sich nicht um die ebenso bezeichneten Gremien der Synode (Art. 27), die zur Klärung bekenntnismäßiger Bedenken gegen Beschlussvorlagen ad hoc versammelt werden können, sondern um ständige Teilorgane der KK. Sie setzen sich aus den von den Kirchenleitungen nach Art. 28 II entsandten ordentlichen Mitgliedern der KK zusammen, die einem Zusammenschluss i.S.d. Art. 21a angehören (ähnl. schon § 6 VO v. 24.1.1947 – Gesch. 3f).

Satz 2 (Gaststatus)
Da die Gliedkirchen der EKD nicht alle einem Zusammenschluss angehören oder einem solchen – wie der UEK und VELKD – nur gastweise angehören, sieht die GO vor, dass auch der Konvent einen Gaststatus einräumen kann. Damit soll die bereits in dem Zusammenschluss gelebte Verbindung fortgesetzt werden.

Das Recht zur **Einräumung** des **Gaststatus** steht nach vertraglicher Regelung dem Konvent zu. Das Antragserfordernis und die Bedeutung dieses Status für die Beschlüsse und Quoren im Hauptorgan der KK gem. Abs. 2 setzt eine klare und offizielle Vornahme dieser Einräumung voraus. Der Begriff des „*Status*" und der konstitutionelle Zweck sprechen zudem für eine gewisse Dauer der gastweisen Konventszugehörigkeit. Sie sollte jedenfalls nicht je nach anstehender Entscheidung ad hoc geändert werden; denn der konfessionelle Bezug dieser Institution schließt i.d.R. einen taktischen Wechsel aus.

Absatz 2 (Begründung von Zuständigkeiten)
Damit die Zusammenschlüsse ihren Auftrag und die ihnen obliegenden spezifischen Aufgaben in der EKD wahrnehmen können, sieht die GO eine Verschiebung von Zuständigkeiten von der EKD auf den gliedkirchl. Zusammenschluss vor. Insb. können die Verträge nach Art. 21a II vorsehen, dass dem jew. Konvent weitere Aufgaben zugewiesen werden. Dies erfolgte etwa durch die Verträge der EKD mit der UEK und der VELKD. Danach trifft der Konvent die abschließende Entscheidung darüber, ob einem Beschl. des Kollegiums des KA Bekenntnisgründe entgegenstehen und er deshalb nicht gefasst oder ausgeführt werden kann (Texte 10 f. §§ 6 bzw. 8).

Satz 1 (An-sich-ziehen)

Die Vorschrift besagt, dass bisher von der EKD wahrgenommene Aufgaben (GO-Abschn. II) auf die gliedkirchl. Zusammenschlüsse übertragen werden können. Bei dem **An-sich-ziehen** ist das Ziel der Verträge im Blick zu behalten, soviel Gemeinsamkeit wie möglich herzustellen. Dennoch mag es gewichtige Gründe dafür geben, dass die Erfüllung von Aufgaben, die bisher in der Zuständigkeit der EKD lagen, auf die Zusammenschlüsse übertragen werden, soweit für deren Selbstverständnis nötig.

Satz 2 (Beschluss des Konvents mit Zustimmung des Zusammenschlusses)

Wegen der Eigenständigkeit der gliedkirchl. Zusammenschlüsse – die ihrerseits auch staatskirchenrechtl. als öff.-rechtl. Körperschaften anerkannt sind – bedarf der Beschl. des Konvents der Zustimmung der zuständigen Organe des betr. gliedkirchl. Zusammenschlusses, da dessen Kompetenzen unmittelbar verändert werden.

Satz 3 (Quorum der im Konvent vertretenen Gliedkirchen)

Um den Grundsatz größtmöglicher Gemeinsamkeit nicht auszuhöhlen, bedarf ein Beschl. des Konvents nach Satz 2 eines hohen Quorums. Diese Hürde ist auch deswegen erforderlich, weil solche Beschlüsse nur diejenigen Aufgaben betreffen, für die bisher nach der Verfassung der VELKD bzw. der Grundordnung der UEK keine Zuständigkeit besteht.

Satz 4 (Quorum der im Konvent vertretenen Kirchenglieder)

Die kirchenpolitischen Beweggründe für das hohe Quorum gem. Satz 3 bezüglich der Konventsmitglieder betreffen auch die gesamtkirchl. Repräsentanz der absoluten Mitgliederzahlen in der EKD. Zusätzliches Wirksamkeitserfordernis eines Konventsbeschl. ist daher die Größe der betr. Gliedkirchen, d.h. die dem jew. beschließenden Konvent zuzurechenden Kirchenglieder. Dies vermeidet die Majorisierung einer Mehrheit von Kirchengliedern durch eine Vertretermehrheit kleinerer Gliedkirchen.

Absatz 3 (Umfang der Zuständigkeiten)

Die interne Verschiebung der Aufgabenverteilung zw. den gliedkirchl. Zusammenschlüssen gem. Abs. 2 lässt die gesamtkirchl. Zuständigkeit der EKD im Übrigen unberührt.

Satz 1 (Zuständigkeit für den Zusammenschluss)

Soweit einem Zusammenschluss bestimmte Aufgaben durch Beschl. seines Konvents zuwachsen, gilt diese besondere Zuständigkeit nur für den betr. Zusammenschluss.

Satz 2 (Zuständigkeit der EKD)

Der gem. Satz 1 auf den jew. Zusammenschluss beschränkten Geltung einer besonderen

Aufgabenwahrnehmung nach Abs. 2 entspricht die im Übrigen unberührte gesamtkirchl. Zuständigkeit der EKD. So ist beispielsweise auch die Rechtsetzung der Gesamtkirche nicht betroffen. Ob die Zuständigkeit für die Gesetzgebung von der EKD auf einen gliedkirchl. Zusammenschluss übergeht, richtet sich im Einzelfall nach Art. 10a III.

Artikel 29 (Verwaltung, Leitung und Verordnungsrecht des Rates)

(1) Der Rat hat die Aufgabe, die Evangelische Kirche in Deutschland zu leiten und zu verwalten. Soweit die Befugnisse nicht anderen Organen beigelegt sind, ist er für alle Aufgaben der Evangelischen Kirche in Deutschland zuständig. Der Rat vertritt die Evangelische Kirche in Deutschland nach außen. Er kann Kundgebungen erlassen, wenn die Synode nicht versammelt ist. Er legt der Synode auf jeder ordentlichen Tagung einen Rechenschaftsbericht vor, der zu besprechen ist.
(2) Gegenstände, die durch Gesetz zu ordnen sind, können ausnahmsweise durch Verordnung des Rates geregelt werden, wenn die Sache keinen Aufschub duldet, die Synode nicht versammelt und ihre Einberufung nicht möglich oder der Bedeutung der Sache nicht entsprechend ist. Die Grundordnung der Evangelischen Kirche in Deutschland darf durch Verordnung nicht geändert werden. Verordnungen sind der Synode bei ihrem nächsten Zusammentritt vorzulegen. Die Synode kann eine Verordnung des Rates ändern oder aufheben. Artikel 26 a Absatz 6 findet Anwendung.

Der Rat der EKD ist als geistlich-rechtl. Regierungsorgan der Gesamtkirche hinsichtlich seiner Zusammensetzung und Befugnisse dem Kirchenausschuss des DEKb nachgebildet. Auch diesem stand als geschäftsführendem und vollziehendem Organ die Vertretung des Bundes, die Kundgebungsbefugnis und ein Notverordnungsrecht zu.[997] Auf dieser Struktur beruhte auch die erste Berufung eines „Rates der EKD“ durch die Vorläufige Ordnung v. 1945 (Anh 5). Dagegen war das Geistliche Ministerium der DEK weitgehend auf die Führung des Reichsbischofs zugeschnitten und wurde auch wie ein Regierungskabinett von diesem besetzt (Anh 3: Art. 7).
Bei der Verabschiedung der GO konnte der Rat als das einzige Organ der EKD bereits auf eine fast dreijährige Bewährung zurückblicken. Zw. den GO-Vorl. des Bruderrates und des Verfassungsausschusses ergaben sich daher auch keine wesentlichen Unterschiede. Der GO-Entwurf des Rates wurde dann von der Kirchenversammlung unverändert übernommen.

---

[997] Über das Notverordnungsrecht hinaus konnte das Exekutivorgan des DEKb auch „bei Gefahr im Verzuge“ Maßnahmen treffen, die an sich die Zustimmung anderer Organe erforderten (Anh 2: §§ 14-17).

Absatz 1 (Leitung, Verwaltung, Vertretung, Kundgebung)
Der Rat ist das Leitungs- und Verwaltungsorgan. Die prononcierte Voranstellung der Leitungskompetenz erhält besonderes Gewicht auch im Hinblick darauf, dass dem Rat im Folgesatz ohnehin alle Aufgaben zugewiesen werden, soweit nicht anderen Organen vorbehalten. Inhalt und Wahrnehmung dieser umfassenden Zuständigkeit werden, auch im Verhältnis zu den anderen Organen, vor allem in diesem und dem folgenden Absatz entfaltet. Neben der Leitung und Verwaltung ist dem Rat auch die Außenvertretung übertragen. Dadurch wird dieses Organ zur eigentlichen Kirchenbehörde der EKD im Rechtssinne.[998] Mit der Beratung theol., kirchl., politischer und gesellschaftlicher Fragen leistet es als das eigentliche Leitungsorgan praktisch die Hauptarbeit der EKD, um ihr Handeln angemessen vorzubereiten und zu vertreten.

Satz 1 (Leitung und Verwaltung)
Das begriffliche Nebeneinander „**zu leiten und zu verwalten**" weicht hier vom heutigen Verständnis[999] der Kirchenleitung als Oberbegriff von Kirchenregiment und Kirchenverwaltung ab. Die Formulierung geht zurück auf die Übergangsordnung der EKD v. 1946: „Der Rat leitet und verwaltet die EKD. Er vereinigt insoweit die Rechte und Pflichten der früheren verfassungsmäßigen Organe der DEK in einer Hand", insb. auch der Synode (Anh 6). Diese Bestimmung zeugt von der Erkenntnis des Kirchenkampfes über die Zusammengehörigkeit von (äußerer) Verwaltung und (geistlicher) Leitung (Erl Art. 1 III 1). Nach der geltenden Verfassungsstruktur kommen auch der Synode und KK als „leitenden Organen" (Art. 22 II) neben dem Rat gewisse Leitungsfunktionen zu.

Leitung i.S.d. Kirchenregiments bezeichnet nicht die historische Bedeutung landesherrlicher Rechtsausübung durch staatl. Kirchenbehörden, sondern bedeutet Weisung der Richtung „sine vi humana sed verbo"[1000] und „geschieht geistlich und rechtl. in unaufgebbarer Einheit".[1001] Rechtsgrund der Leitung ist wesensgemäß nicht der Auftrag aus dem gliedkirchl. Verband, sondern der Auftrag Christi. Sie gründet in der Verantwortung für die äußere Ordnung der Kirche für Wort und Sakrament und umfasst verschiedene Funktionen: Die Aufsicht (Episcope), die Verantwortung für ordnungsgem. kirchl. Veranstaltung, die Verfügung über die (finanziellen, räumlichen und sachlichen) Mittel für die Wahrnehmung des kirchl. Auftrags und die Befugnis, die erforderlichen

---

[998] Frost, Strukturprobleme, S. 511.
[999] Z. theol. und rechtl. Begriffsverständnis: Weber, Kirchenleitung und Gemeindeleitung, S. 135 f.; A. v. Campenhausen, Kirchenleitung, S. 11; zum Verhältnis zw. Leitung und Verwaltung: Maurer, Verwaltung und Kirchenleitung, S. 105 ff.; vgl. 1. Kor 12, 28.
[1000] CA XXVIII: Ohne menschliche Gewalt allein durch Gottes Wort; zum „Kirchenregiment" im engeren Amtsverständnis s. CA XIV.
[1001] Art. 109 bad. Grundordnung.

Ordnungen zu beschließen.[1002] Für kirchl. Leitung – für Rat und Ratsvorsitz wie für das Bischofsamt – gilt die weitere Erkenntnis von Barmen, dass diese Ämter „keine Herrschaft der einen über die anderen, sondern die Ausübung des der ganzen Gemeinde anvertrauten und befohlenen Dienstes" begründen.[1003] Ev. Leitungskompetenz liegt bei der Gemeinde; alle geordneten Ämter werden in ihrem Auftrag ausgeübt und auf Zeit vergeben. Jede hierarchische Überordnung eines Amtes über das andere würde die Ordnung der kirchl. Gemeinschaft und ihre Botschaft eigenmächtig gewählten Wünschen ausliefern und „widerspricht dem reformatorischen Verständnis". Leitung ist, obwohl zugleich geistlicher und rechtl. Dienst (ministerium), nach diesem Verständnis nicht notwendig mit dem Predigtamt verknüpft.[1004] Dem entspricht die Zusammensetzung des Rates aus Theologen und Laien.

Ausgeübt wird die Leitung durch Beschlüsse in regelmäßigen Sitzungen durch den Rat selbst, soweit nicht andere Organe der EKD daran mitwirken. Zur *Rechtsetzungsbefugnis* des Rates und zur *Gewaltenteilung* s. Erl Abs. 2 Satz 1.

Kirchenverwaltung hat vornehmlich die Aufgabe, die äußeren Mittel und Voraussetzungen für den Verkündigungsdienst, den Vollzug von Wort und Sakrament, bereitzustellen. Nach reformatorischem Verständnis ist aber eine prinzipielle Trennung zw. geistlichem und administrativem Vollzug dem Auftrag der Kirche unangemessen. Denn auch Verwaltung i.S. technisch-organisatorischer Fürsorge für die „äußeren" Bedürfnisse der Kirche teilt ihren geistlichen Charakter.
Die Verwaltung der EKD *„führt"* gem. Art. 31 I für den Rat nach seinen Richtlinien und Weisungen das KA. Auch für dessen Organisation und Geschäftsverteilung erlässt er Richtlinien und gibt ihm eine GeschO. Dem Rat sind ferner die wichtigsten Personalentscheidungen im KA vorbehalten (Erl Art. 31 I u. IV).

Satz 2 (Regelzuständigkeit)
Der Rat ist **für alle Aufgaben der EKD zuständig**, die nicht ausdrücklich anderen Organen beigelegt sind. Dieser Grundsatz resultiert auch aus der Vorgeschichte der GO (Erl vor Abs. 1). In Zweifelsfall besteht also immer eine Vermutung für die Zuständigkeit des Rates, sowohl i.S.e. Berechtigung als auch einer Verpflichtung, beispielsweise seine Obliegenheit, das Haushaltsgesetz einzubringen (Erl Art. 33 II). Ob Aufgaben anderen Organen **beigelegt sind** (nicht: „werden"), bestimmt die GO und nicht nach-

1002 Härle, Kirche, S. 301.
1003 Barmer Theol. Erkl., These IV (Text 3).
1004 Barmer Erkl. zur Rechtslage, These IV (Text 4); vgl. auch Art. 5 bay. Kirchenverf. Die äußere Kirchenleitung im reformatorischen Sinne geht historisch zurück auf die durch den Landesherrn als praecipuum membrum ecclesiae veranlasste Visitation und auf die Leitungsbefugnisse des von ihm eingerichteten Konsistoriums (Gesch 1a).

rangige Vorschriften. Zu den **anderen Organen** gehört nicht das Kirchenamt; unter diesem Vorbehalt stehen dessen Zuständigkeiten beispielsweise gem. Art. 31 II.

Satz 3 (Vertretung nach außen)

Vertretung „**nach außen**" besagt, dass diese sich nicht auf eine Rechtsvertretung beschränkt, sondern dass dem Rat die Vertretung der EKD im weiteren, auch politischen Sinne zukommt. Die Vertretung in Rechtsangelegenheiten ist gesondert geregelt (Art. 34 I). Der Rat repräsentiert die EKD. „Nach außen" besagt auch, dass der Rat über die kircheninterne Vertretung hinaus insb. in die gesellschaftliche Öffentlichkeit wirkt und die EKD „gegenüber allen Inhabern öffentlicher Gewalt" **vertritt** und den Öffentlichkeitsauftrag der Gesamtkirche wahrnimmt (Erl Art. 19 Satz 1).

Satz 4 (Kundgebungsrecht)

Im Zusammenhang mit seiner Gesamtvertretung nach außen steht die Befugnis des Rates, **Kundgebungen** zu erlassen, wenn die Synode nicht versammelt ist. Zum *Begriff* vgl. Erl Art. 20 I u. Art. 23 II sowie § 3 GeschORat. Die konditionale Einschränkung besagt, dass dem Rat ein Kundgebungsrecht in diesem formalen Sinne ansonsten nicht zusteht. Die GO ermächtigt ihn aber – ebenso wie das KA (Art. 31 II Nr. 8) – ausdrücklich zur Abgabe „öffentlicher Erklärungen". Besonders seine politische Vertretungsbefugnis gem. Satz 3 umfasst die Veröffentlichung eines Wort des Rates. Solche Erklärungen „helfen, die Funktion des Rates im Zusammenhang mit der öffentlichen Diskussion über kirchl. Fragen zu klären". Hierbei ist aber der Anschein einer förmlichen „Kundgebung" zu vermeiden und eine inhaltliche und zeitliche Abstimmung mit entsprechenden Äußerungen der Synode zu beachten.[1005] Ansonsten ist der Rat bei seinen Kundgebungen inhaltlich nicht an entsprechende Verlautbarungen der Synode gebunden.[1006]

„Kundgebungen" darf der Rat nur verabschieden, wenn außer dem oder der Vorsitzenden mindestens die Hälfte der Mitglieder und zwei weitere anwesend sind und, wie bei der Synode, mindestens zwei Drittel der anwesenden zustimmen (§ 3 III GeschORat).

Satz 5 (Rechenschaft gegenüber der Synode)

Der Rat hat „der Synode auf jeder ordentlichen Tagung einen **Rechenschaftsbericht**" vorzulegen. Diese Berichterstattung erfolgte in den ersten Jahren durch einzelne Berichte von Organen und Amtsstellen. Seit 1967 wurden diese nach einem systematisch aufgebauten Grundschema zu einem *Jahresbericht der EKD* zusammengefasst. Dieser

---

1005 NdschrRat 10./12.4.1975, Ziff. 28 (KA-Az. 0232/2, 29. Sitzung); das gilt z.B. für eine Ratserklärung „Zur gegenwärtigen Lage der ev. Kirche", wenn die Synode eine Kundgebung zum Thema „Volkskirche" vorbereitet.

1006 Robbers, Verbindlichkeit von Beschlüssen kirchenleitender Organe, S. 20.

behandelte die gesamte Tätigkeit, mit denen die Organe und Amtsstellen, Werke und Einrichtungen der EKD befasst waren. Die Tätigkeitsberichte aus der diakonischen und missionarischen Arbeit wurden beigefügt.[1007] Er wurde hg. von Kirchenkanzlei bzw. KA und erschien in Hannover im Amtsblatt-Verlag. Ab 1970 bis 1995 erschien der Bericht als Broschüre wachsenden Umfanges (ab 1977 im Dreijahresturnus) und integrierte die Berichte des DW und der Ev. Arbeitsgemeinschaft für Weltmission bzw. des EMW.
Neben dem Rechenschaftsbericht wird der Synode regelmäßig auch *über die Durchführung ihrer Beschlüsse* berichtet.

Der Rechenschaftsbericht ist der Synode **vorzulegen**, d.h. in Schriftform zu erstatten. Er ist von der Synode **zu besprechen**. Der Bericht oder die darin mitgeteilte Tätigkeit des Rates unterliegt jedoch nicht der förmlichen Billigung der Synode (dazu Erl Art. 23 II). Freilich kann die Synode ihr Missfallen zu Einzelheiten oder zum Bericht im Ganzen äußern. Besprechen heißt auch rezensieren, d.h. auch beurteilen.[1008] Der Bericht ist regelmäßig Gegenstand einer intensiven Aussprache und wird – ähnlich wie im Parlament – häufig zum Anlass für Anfragen und Initiativen genommen, die über das Berichtete hinausgehen.
Eine *Verantwortlichkeit des Rates gegenüber der Synode* im parlamentarischen Sinne besteht nicht. Der Rat wird zwar von der Synode (und der KK) gewählt, kann von dieser aber nicht abberufen werden. Sie kann kein Misstrauensvotum gegen den Rat beschließen oder dessen Rücktritt herbeiführen. Der Rat unterliegt demnach auch nicht ihrer operativen Kontrolle. Andererseits hat der Rat gegenüber der Synode ein Einspruchsrecht gegen deren Beschl. (Art 26 IV). Er hat auch insofern eine starke Position, als er befugt ist, fast ein Sechstel der Synodalen zu berufen (Art. 24 I). Insg. stehen beide Organe in einem ausgewogenen Wechselbezug zueinander, ohne doch voneinander abhängig zu sein. Jedes Organ trägt gegenüber der EKD-Gemeinschaft eine eigene, in der GO festgelegte Verantwortung. Daher soll der Ratsvorsitzende nicht gleichzeitig Präses der Synode sein.[1009] Zur Gewaltenteilung s. Erl Art. 22 I.

Absatz 2 (Verordnungsrecht)
An der Gesetzgebung der EKD ist der Rat zunächst dadurch beteiligt, dass alle Entwürfe, gleichviel von welcher Stelle initiiert, durch ihn der Synode vorgelegt werden (Art. 26a I 4). Außerdem sind ihm Gesetzesvorl. der KK zur Stellungnahme zuzuleiten.

1007 Dazu Vorbemerkung des Rechenschaftsberichts 1967, S. 5. Die Vorschrift des Rechenschaftsberichts geht auf Voten v. EKKW u. Moderamen zurück (EZA 2/6).

1008 So Erik Wolf, Ordnung, S. 745, weitergehend als Brunotte, GO, S. 251; vgl. auch KI-Gutachten „Rechenschaftsbericht zur Synodaltagung" v. 4.3.1977.

1009 Wohl aber können die Ratsmitglieder zugleich Mitglieder der Synode sein (z. Kompatibilität Erl Art. 26 I 3 u. Art 30 I 2).

Der Rat kann sich also bereits an den Vorarbeiten für ein KG eingehend beteiligen. Ferner hat der Rat das Einwendungsrecht gegen Gesetzesbeschl. (Art. 26 III). Darüber hinaus räumt ihm die GO eine Befugnis zum Erlass sog. *Notverordnungen* ein. Diese gehört zu den Besonderheiten des ev. Kirchenrechts und ist, wenn auch mit unterschiedlicher Bezeichnung, in allen Gliedkirchen eingeführt. Der Begriff deckt sich nicht mit dem staatl. Institut für außergewöhnliche Not- und Krisenzeiten, sondern bezeichnet ein auch in Normalzeiten gebräuchliches, gesetzesvertretendes Verordnungsrecht. Nicht unter dieses Recht fällt die Möglichkeit, dass ein KG den Rat ermächtig, bestimmte Einzelheiten der Gesetzesmaterie durch VO zu regeln oder Ausführungsbestimmungen mit Verordnungscharakter zu erlassen, wie beispielsweise zur Durchführung des DSG-EKD (§ 27 I). Solche VO sind nicht aus dem Notverordnungsrecht, sondern aus der *Ermächtigung des Gesetzgebers* abgeleitet (Art. 10b).

Satz 1 (Verordnungen mit Gesetzeskraft)
Das Notverordnungsrecht beschränkt sich auf Fälle besonderer Dringlichkeit. Es kommt einem praktischen Bedürfnis entgegen, da die Synode i.d.R. nur einmal jährlich zusammentritt. Durch VO kann der Rat Gegenstände der Gesetzgebung selbständig und umfassend regeln, wenn „die Sache keinen Aufschub duldet, **die Synode nicht versammelt und ihre Einberufung nicht möglich oder der Bedeutung der Sache nicht entsprechend ist“.** Aus diesen Bedingungen folgt, dass die GO hier neben dem Gesetzgebungsrecht der Synode kein selbständiges niederrangiges Verordnungsrecht schafft. Durch die VO übt der Rat nur ersatzweise für die Synode deren Rechtsetzungsbefugnis aus. Sie haben zwar die gleiche Rechtskraft wie reguläre Gesetze, werden aber, um ihren Ersatzcharakter deutlich zu machen, als „**Verordnungen**“ bezeichnet. Es handelt sich um *gesetzesvertretende VO* im Unterschied zur gesetzesabhängigen (d.h. gesetzesdurchführenden oder -anwendenden) VO beispielsweise gem. Art. 10a III oder Art. 10b. Das Verordnungsrecht umfasst ferner *gesetzesändernde und -ergänzende VO.*[1010]

Der Tatbestand insb. der Sachbedeutung ist dehnbar und insoweit problematisch. Das Verordnungsrecht ist aber mehrfach eingeengt. Zunächst wird betont, dass VO nur **ausnahmsweise** zu erlassen sind. Sodann wird bestimmt, dass der betr. Gegenstand eilbedürftig sein muss und die Sache **keinen Aufschub duldet.**[1011] Ferner wird vorausgesetzt, dass **die Synode nicht versammelt** ist und ihre Einberufung entweder aus irgendwelchen Hinderungsgründen nicht möglich oder wegen der Geringfügigkeit des Gegenstandes untunlich ist. Der Rat, der i.d.R. monatlich zusammentritt, sah sich

[1010] Dazu Stiller, Die Verordnung als Form kirchl. Rechtsetzung, S. 361 ff.; zur NotVO: Schlaich, Kirchenrechtsquellen, S. 47.
[1011] Die Verf. des DEKb formulierte: „Zur Verhütung unwiederbringlichen Schadens“ (Anh 2: § 13).

durch den nur jährlichen Zusammentritt der Synode häufig veranlasst, von seinem Verordnungsrecht Gebrauch zu machen. Sinngemäß ist jedoch zu ergänzen, dass VO nicht erlassen werden sollten, wenn die Einberufung der Synode in absehbarer Zeit bevorsteht. Ebenso muss es vermieden werden, dass der Rat kurz nach einer Synodaltagung eine VO erlässt; dies wäre nur vertretbar, wenn die gesetzliche Regelung erst nach der Synodaltagung erforderlich geworden ist. Auf keinen Fall darf der Rat schwierige Angelegenheiten deswegen zw. zwei Synodaltagungen durch VO regeln, weil dies bequemer ist und etwaige Widerstände in der Synode umgangen werden sollen. Ein solches Verfahren würde das Vertrauensverhältnis der Organe gefährden (zur Organtreue s. Erl Art. 5 Satz 1).
Gegenstand der VO kann auch der *Haushalt* sein, der an sich zu den originären Aufgaben der Synode gehört. Nach HKRO soll der Rat den Haushaltsplan gem. Art. 29 II aufstellen, wenn der Synode dessen Feststellung vor Beginn des Rechnungsjahres nicht möglich ist; entsprechendes gilt für den Nachtragshaushalt.[1012]
Das Verordnungsrecht des Rates setzt ferner voraus, dass die Einberufung der Synode **nicht möglich** ist. Es besteht also auch, wenn die Synode aus Gründen höherer Gewalt einmal auf längere Zeit ausgeschaltet sein sollte. So etwas stand bei der Verabschiedung der GO noch deutlich vor Augen. Die EKD wäre also im Falle einer etwaigen Behinderung durch politische Kräfte nicht ohne gesetzgebendes Organ.

Regelungsgegenstand sind alle **Gegenstände, die durch Gesetz zu ordnen sind**. Die Ermächtigung gilt also nicht für die Materie, die durch Rechtsakte unterhalb eines KG, z.B. durch gesetzesabhängige VO oder Richtlinie, geregelt werden kann. Sie gilt auch nicht für alle Angelegenheiten, die durch KG geordnet werden *können*, vielmehr nur für solche die durch Gesetz zu ordnen *sind*, d.h. für die aus der Sache oder Rechtsgründen eine gesetzliche Regelung geboten ist. Dies gilt zum einen für alle gem. Art. 10 zu erlassenden Gesetze, für die entweder ein „Bedürfnis besteht“ (Abs. 1) oder für die Gesetzesform vorgeschrieben ist (Abs. 2), mit Ausnahme von GO-Änderungen (Art. 10 II lit. b); vgl. Erl Satz 2. Der Regelungsgegenstand muss selbstverständlich im Rahmen der EKD-Kompetenz liegen. Über das Notverordnungsrecht kann also nicht die Notwendigkeit der Übertragung der Regelungszuständigkeit durch die Gliedkirchen (Art. 10a II) unterlaufen werden.

1012 Die VO bedarf der vorherigen Zustimmung des Haushaltsausschusses, um die Beteiligung der Synode zu gewährleisten (dazu Guntau, Gesetzgebungsrecht, S. 666; kritisch Stiller, aaO, S. 380 f.) Im Zusammenhang mit den Ost-West-Problemen wurde dies besonders in den sechziger Jahren häufig praktiziert, z.B. für den Haushalt und Nachtragshaushalt 1965 durch VO v. 15.10.1964 (S. 333) bzw. VO v. 8.10.1965 (S. 425), ferner für die Rechnungsjahre 1962, 1964-67, 1969 u. 1970.

Nicht ausdrücklich bestimmt ist die *Beteiligung der Kirchenkonferenz* an der VO. Dies gilt namentlich für die Vorlage zur Stellungnahme und Zustimmung (Art. 26a I u. IV). Nach seinem Zweck und den ausdrücklichen Prämissen stellt das Verordnungsrecht des Rates nur darauf ab, dass das gesetzgebende Organ der *Synode* nicht verfügbar ist. Von dem kleineren und verfügbareren Gremium der KK ist in der Ausnahmeregelung nicht die Rede – im Unterschied zu Art. 15 IV DEKb-Verf. Zudem besteht dort die Möglichkeit einer schriftlichen Eilentscheidung gem. § 7 GeschOKK. Gleichwohl besagt die hier dem Rat konzedierte Regelung „durch Verordnung" eindeutig einen vor allem verfahrensmäßig vereinfachten Rechtsetzungsakt des Leitungsorgans, der wegen der gebotenen Eile die reguläre Mitwirkung der gesetzgebenden Organe zunächst grundsätzlich ausschließt, da die „Sache keinen Aufschub duldet". Gegen eine entsprechende Anwendung des diesbezüglichen Verfahrens gem. Art. 26a spricht auch Satz 5, der diese auf die Verkündung und das Inkrafttreten beschränkt. Zudem wird die KK nach der Bestätigung der VO durch die Synode beteiligt.[1013] Dabei hatte der Verfassungsgeber bei Verabschiedung dieser Bestimmung die heutige legislative Mitwirkung der KK noch nicht vor Augen und wird sie für weitere Reformüberlegungen zu bedenken haben. Der GO-Entwurf v. 1974 hatte das Zustimmungserfordernis ausdrücklich aufgenommen (Anh 12: Art. 55 II).

Die Verordnungsermächtigung berührt das allgemeine Verfassungsprinzip der *Gewaltenteilung* (dazu Erl Art. 22 I). Dieses ist in der für den auf Volkssouveränität gegründeten Rechtsstaat ausgeprägten Geltung nicht auf die im Evangelium gegründete Kirche übertragbar. Es hat jedoch im materiellen Sinne als allgemeines Funktionsgliederungs- und Ordnungsprinzip auch in die GO Eingang gefunden. Sie weist den Organen bestimmte Aufgabengebiete und Zuständigkeiten zu und sorgt so für eine funktionsgerechte Ordnung, die allumfassende Befugnisse verhindert und Zusammenarbeit voraussetzt und fördert. Für die VO als Form kirchl. Rechtsetzung gelten aber nicht die engen Grenzen staatl. Gewaltenteilung. Demzufolge ist die Rechtsetzungsbefugnis nicht so strikt auf das synodale Gesetzgebungsorgan beschränkt. Auch der Rat kann im Rahmen seines Aufgabenfeldes – über sein Notverordnungsrecht oder über ausdrückliche Ermächtigung durch die Synode hinaus – rechtsetzend tätig sein. Im Unterschied zur rechtsstaatl. Verf. ist es nach der GO denkbar, dass auch ohne ausdrückliche Ermächtigung eine Rechtsetzungsbefugnis aus dem übertragenen Aufgabenbereich bzw. der Zuständigkeit folgt, sofern dies nicht ein Gesetzesvorbehalt oder die enumerativen Richtlinien- und Gesetzgebungsbefugnisse, insb. mit Wirkung für die Gliedkirchen, ausschließen.[1014]

1013 Auch beim Kundgebungsrecht richtet sich der Rat nach dem regulären synodalen Verfahren z.B. mit der Zwei-Drittel-Mehrheit (§ 3 III GeschORat).

1014 Art. 9-10a; dazu KI-Gutachten „Zum Verordnungsrecht der Kirchenleitung der Vereinten Kirche" v. 10.3.1980, S. 24 ff.

Satz 2 (GO-Änderungsverbot)
Die Verordnungsermächtigung umfasst ausdrücklich keine Änderungen der GO. Die Vorschrift unterstreicht ähnlich wie die Formerfordernisse für GO-Änderungen den Rang der gesamtkirchl. Verfassung, auch wenn ihr nicht der absolute Geltungsanspruch einer Staatsverfassung zukommt (Erl Art. 26a III).

Satz 3 (Vorlage an die Synode)
Die VO ist **der Synode** bei ihrem nächsten Zusammentritt **vorzulegen**. Diese Bestimmung bedeutet nicht, dass die Synode die vom Rat erlassene VO bestätigen müsste. Sie hat ihre Rechtskraft in sich selbst. Die Synode hat darüber zu befinden, ob sie die an sich geltende VO ändert oder aufhebt. Das Verfahren dieser Vorlegung an die Synode wird hier nicht ausdrücklich geregelt und stellt sich nach der legislativen Einbeziehung der KK durch die GO-Änderung v. 2000 anders dar als bei Verabschiedung dieser Vorschrift. Während früher für die Ratifizierung, mithin auch für die Vorlegung, nur die Synode als dem einzigen gesetzgebenden Organ in Betracht kam, ist nach der neuen Regelung des Art. 26a III nunmehr auch die KK in die Gesetzgebung einbezogen. Sie ist daher bei der Ratifizierung wie bei regulären Gesetzesentwürfen zu beteiligen (Erl Satz 1). Auch im Übrigen gelten die allgemeinen Regeln für das Gesetzgebungsverfahren entsprechend. Die Vorlage ist also auch mit einer Begründung zu versehen.[1015]

Satz 4 (Änderung oder Aufhebung durch die Synode)
Die Synode muss jede Ratsverordnung bei ihrer nächsten Tagung prüfen; sie ist formell frei, die im ABl. verkündeten und in Kraft getretenen VO zu genehmigen, aufzuheben oder zu ändern. Dies ist an keine besonderen Bedingungen geknüpft. Die Synode verfährt in der Form eines Ratifizierungsgesetzes (Erl Satz 3). Stimmt die Synode der VO nicht zu, bedeutet dies die **Aufhebung** mit der Folge, dass die VO ex nunc außer Kraft tritt und der alte Rechtszustand wieder hergestellt ist.[1016]
Stimmt die Synode der VO zu, tritt ihr Gesetzesbeschl. an die Stelle der VO. Dieses KG ist, soweit zustimmungspflichtig (Art. 26a IV 2 i.V.m. Art. 10 f.), der KK zuzuleiten. Stimmt diese zu, tritt es gem. Art. 26a VII in Kraft; andernfalls kommt es nicht zu Stande, ohne dass die bereits außer Kraft gesetzte VO wieder auflebt.[1017]
Die Synode hat die Möglichkeit, es bei der Aufhebung bewenden zu lassen und damit das durch die VO geregelt gewesene Sachgebiet künftig ohne Regelung zu belassen; sie kann aber auch an die Stelle der außer Kraft gesetzten VO ein KG gewünschten Inhalts setzen. Entsprechend können auch Rat und KK ihr Initiativrecht wahrnehmen.

1015 Guntau, Gesetzgebungsrecht, S. 647 f.
1016 Gegen eine Rückwirkung auch Guntau, aaO m.w.N.; so auch Stiller, aaO, S. 370 f.; das RatifizierungsG lautet etwa: „§ 1 Der VO ... über ... vom ... wird zugestimmt."
1017 vgl. Guntau, aaO.

Will die Synode – oder in den Fällen des Art. 26a IV die KK – die VO nur **ändern**, so gilt dies ebenfalls als Ablehnung mit den vorgenannten Folgen.[1018] Die Änderungsbefugnis der Synode gilt für jede Gesetzesvorl. und hat hier insoweit nur deklaratorische Bedeutung. Mit dem ändernden Gesetzesbeschl. tritt die VO ex nunc außer Kraft; bei folgender Ablehnung durch die KK, kann auch das KG nicht in Kraft treten. Ein Außerkrafttreten seiner VO und dessen Zeitpunkt hat der Rat aus Gründen der Rechtsklarheit im ABl. zu veröffentlichen.

Satz 5 (Veröffentlichung im Amtsblatt)

Auf alle NotVO des Rates findet Art. 26a VI Anwendung: Die VO, die von den RV zu vollziehen sind, werden im **Amtsblatt der EKD** verkündet; sie treten auf dieselbe Weise wie ein KG in Kraft, nämlich mit dem 14. Tage nach der Herausgabe des ABl., falls nicht in der VO selbst etwas anderes bestimmt wird. Zum ABl.EKD s. Gesch 5 u. Erl Art. 26a VII 1). Auf die Aufhebung einer VO ist diese Vorschrift aus Gründen der Rechtsklarheit entsprechend anzuwenden.

Artikel 30 (Zusammensetzung, Wahl, Amtsdauer, Zusammentritt)

(1) Der Rat besteht aus 15 Mitgliedern. 14 Mitglieder werden von der Synode und der Kirchenkonferenz gemeinsam in geheimer Abstimmung mit Zweidrittelmehrheit gewählt. Die Kirchenkonferenz kann Vorschläge machen. Die Wahl findet in der zweiten Tagung der Synode statt. Als weiteres Mitglied gehört der oder die Präses der Synode dem Rat an.
(2) Bei der Wahl der Mitglieder des Rates ist die bekenntnismäßige und landschaftliche Gliederung der Evangelischen Kirche in Deutschland zu berücksichtigen.
(3) Der oder die Vorsitzende des Rates und der oder die stellvertretende Vorsitzende des Rates werden aus der Mitte der Ratsmitglieder von der Synode und der Kirchenkonferenz gemeinsam in getrennten Wahlgängen mit Zweidrittelmehrheit gewählt. Der Rat kann Vorschläge machen.
(4) Die Amtsdauer des Rates beträgt 6 Jahre. Wiederwahl ist zulässig. Die Mitglieder bleiben bis zur Wahl ihrer Nachfolger oder Nachfolgerinnen im Amt. Nach dem Ausscheiden eines Mitgliedes erfolgt Neuwahl gemäß Absatz 1 und 3.
(5) Der Rat der Evangelischen Kirche in Deutschland tritt nach Bedarf zu Sitzungen zusammen. In den Sitzungen wird mit Stimmenmehrheit entschieden; bei Stimmengleichheit gibt der oder die Vorsitzende den Ausschlag. Der Rat

[1018] Abweichend Brunotte, GO, S. 254; wie hier und zum Ganzen Guntau, aaO.

gibt sich eine Geschäftsordnung. Sie kann vorsehen, dass die Erledigung bestimmter Aufgaben einem engeren Ausschuss des Rates übertragen wird.

Die organisatorischen Grundlagen des in der Praxis wichtigsten und bis 1949 einzigen Leitungsorgans nahmen bei der Beratung der GO in Eisenach mit sechs schriftlichen Anträgen ungleich mehr Raum ein, als für Synode und KK. Die bündischen Verfassungsbestimmungen des DEKb für den Kirchenausschuss boten wenig Anknüpfungspunkte; das Geistliche Ministerium der DEK hatte an der Seite des Reichsbischofs kaum Gewicht. Lediglich die Vorläufige Ordnung der EKD v. 1945 sowie die Übergangsordnung v. 1946 boten Anhaltspunkte für Zahl und Zusammensetzung des Rates; der Wahlmodus war zunächst auf die Kirchenversammlung als einzigem Wahlkörper beschränkt. Der Artikel (Abs. 1, 3 und 5) wurde durch die GO-Änderung v. 2000 in geschlechtergerechter Sprache gefasst (Erl Art. 9) und Abs. 1 durch GO-Änderung v. 1984 ergänzt.

Absatz 1 (Zusammensetzung und Wahl)
Die GO regelt hier die der Synode und KK gem. Art. 23 III und Art. 28 I zugewiesene Ratswahl. Die Diskussion der verfassungsgebenden Kirchenversammlung galt besonders der Zusammensetzung, die auch das Bekenntnis betraf, sowie dem Wahlmodus, der unterschiedliche Verfassungsmodelle zu berücksichtigen hatte. Es wurde ferner angeregt, die Ratsmitglieder auf Schrift und Bekenntnis zu verpflichten und in einem Gottesdienst einzuführen (Erl Abs. 4 Satz 1).

Satz 1 (Zusammensetzung)
Ursprünglich war die Gesamtzahl der Ratsmitglieder in Eisenach auf 12 festgesetzt worden; das war auch das (zufällige) Ergebnis der vorläufigen Wahl von Treysa 1945. Dort beabsichtigte man ursprünglich, einen sehr viel kleineren Rat zu wählen, „dass er jederzeit zusammenkommen" konnte.[1019] Aber die zunächst gewünschte Zahl von 3 oder 4 Mitgliedern wurde aus sachlichen und personellen Gründen immer wieder erhöht (Gesch 2). Bruderrat und Verfassungsausschuss wollten die Gesamtzahl zunächst auf 9 (zzgl. Amtsstellenleiter bzw. Synodenpräses) begrenzen; aber schon die Vorl. des Rates stellte die Zwölfzahl (einschließlich Synodenpräses) wieder her. Die spätere Erfahrung hat gezeigt, dass bei der Größe der EKD und bei der Notwendigkeit, die in Abs. 2 enthaltenen Gesichtspunkte zu berücksichtigen, ein zahlenmäßig kleinerer Rat nicht geeignet wäre, arbeitsfähig zu sein und den Leitungsaufgaben gerecht zu werden. Die Ratsmitglieder sind *ehrenamtlich* tätig, nachdem in Vorentwürfen auch hauptamtliche Ratsmitglieder vorgesehen waren, um die sachgemäße Abwicklung der Geschäfte zw. den Ratstagungen zu sichern.[1020]

1019 Eisenach 1948, S. 112.
1020 Art. 30 GO-Entwurf der EKKW v. 5.4.1948 (EZA 2/7), die auch eine Diskrepanz zw. 6-jähriger

Unter den Auswirkungen der deutschen Teilung ist die Zahl der Ratsmitglieder durch das *Kirchengesetz über die Zahl der Mitglieder des Rates der EKD* v. 1966 (ABl. EKD S. 153) auf 15 erhöht worden. Die damaligen Reisebeschränkungen erschwerten zunehmend beschlussfähige Zusammenkünfte. Diese entsprachen auch nicht mehr den Anforderungen der bekenntnismäßigen und landschaftlichen Gliederung (Abs. 2).[1021] Nach der Wiedervereinigung erfolgte eine neuerliche Erhöhung auf 18 gewählte Ratsmitglieder zzgl. Präses.[1022] Sie galt jedoch lediglich für den von der 8. Synode gewählten Rat. Diese vorübergehende Vergrößerung berücksichtigte die neuerliche Einbeziehung der östlichen Gliedkirchen. Seit Ablauf der Amtszeit der 8. Synode und des von ihr gewählten Rates gilt wieder die 1966 festgelegte Mitgliederzahl.

Satz 2 (Wahl durch Synode und Kirchenkonferenz)
Die Ratsmitglieder werden außer dem Präses, der dem Rat von Amts wegen angehört, von der Synode und der KK gemeinsam gewählt. Sie müssen nicht aus der Mitte dieser Gremien gewählt werden. Das Verfahren regelt insb. die GeschO der Synode. Danach wird die Wahl von einem *Ratswahlausschuss* vorbereitet.

Die Ausschussmitglieder werden von der Synode (10 Syn.) und der KK (3 Mitglieder von Kirchenleitungen) für die Dauer der Synodalperiode gewählt. Insofern ist er ein ständiger Ausschuss, der aber nur ad hoc tätig wird.[1023] Der Ausschuss stellt einen *Wahlvorschlag* mit mehr Namen als zu Wählenden auf. Dieser wird zwei Wochen vor Beginn der Tagung an die Syn. und die KK versandt. Der Vorschlag hat u.a. Gründe und Wahlkriterien bezüglich der einzelnen Kandidaten (z.B. kirchenleitende Funktion, Theologe oder Laie, Arbeitsbereich) darzulegen. Weitere Vorschläge müssen von 25 Syn. oder von der KK unterstützt sein. Das Vorschlagsrecht der KK bleibt unberührt. Die Zustimmung der Vorgeschlagenen muss vor der Wahl vorliegen. Zum Verfahren im Einzelnen s. § 21 GeschORat.

Gewählt wird **in geheimer Abstimmung**, d.h. durch verdeckte Stimmzettel mit den Vorgeschlagenen in alphabetischer Reihenfolge. Gewählt sind die vorgeschlagenen Personen, die die höchsten Stimmzahlen erhalten und die auf mindestens zwei Dritteln der abgegebenen Stimmzettel bezeichnet sind. Soweit diese **Zweidrittelmehrheit** für ein Ratsmitglied nicht erreicht wird, ist die Wahl für die noch offenen Sitze zweimal zu wiederholen. Für danach noch offene Sitze macht der Ratswahlausschuss nach Unterbrechung der Wahlhandlung unverzüglich erneut einen Wahlvorschlag. Im Übrigen ist die Wahl so lange zu wiederholen, bis die Zweidrittelmehrheit erreicht ist. Eine

---

Amtszeit des Rates und lebenslanger Bestellung der Verwaltungsleiter anmerkt; vgl. Thiele, Art. „Rat der EKD", in: LKS, Bd. 3, S. 326 ff. m.w.N.

1021 Vgl. Einbringung des KG (SB Berlin u. Potsdam 1966, S. 276).

1022 § 4 KG der EKD zur Regelung von Fragen im Zusammenhang mit der Herstellung der Einheit der EKD v. 24.2.1991 (ABl. EKD S. 89).

1023 SB Lübeck-Travemünde 1984, S. 195.

Ausnahmeregelung, die für einen späteren Wahlgang nur noch eine einfache Mehrheit vorsieht, besteht nicht. Daher benötigten die Synoden bis zu 10 Wahlgänge (10. Synode, 2003). Die Schwächen dieses Verfahrens sind für Kirche, Kandidat und Synode offenkundig geworden und veranlassen zur Erwägung einer Neuregelung.

Die GO setzt voraus, dass durch Verhandlungen zw. den Wahlgängen eine geschwisterliche Einigung (Art. 5) erfolgt, die zu erforderlichen Mehrheiten führt. Ist eine Entscheidung nicht möglich, so muss der betr. Ratssitz so lange unbesetzt bleiben, bis die Synode bei einer späteren Tagung zu einer gültigen Wahl gelangt. Bei der ersten ordentlichen Ratswahl in Bethel 1949 kam die Wahl des zwölften Ratsmitgliedes im 3. Wahlgang zu Stande, nachdem eine Zwischenbesprechung stattgefunden hatte.[1024]
Die Wahl kann binnen zwei Stunden nach Bekanntgabe des Ergebnisses wegen Verletzung des Art. 30 II *angefochten* werden. Die Anfechtung ist hinfällig, wenn das Wahlergebnis mit den Stimmen von zwei Dritteln der Anwesenden bestätigt wird. Andernfalls ist die Wahl zu wiederholen.

Der Rat wird von **Synode und Kirchenkonferenz gemeinsam** gewählt. Bei den gemeinsamen Abstimmungen haben Syn., die zugleich Mitglieder der KK sind, nur eine Stimme (Text 7).

Das Zusammenwirken von Synode und KK bei der Ratswahl (vgl. Art. 23 III u. Art. 28 I) hat im Verfassungsausschuss längere Überlegungen erfordert. Dagegen bestanden zunächst Bedenken, dass beide Organe einen gemeinsamen Wahlkörper bilden, weil die damals 120 Synodalen bei der Wahl ein größeres Gewicht hatten als die 28 Mitglieder der KK. Diesen Bedenken widersprach die Erwartung, dass die Synode nie so geschlossen auftritt und votiert, wie damals gemutmaßt worden war. Die Entwürfe des Bruderrates und des Verfassungsausschusses, in denen ref. und synodal-presbyteriale Verfassungsgedanken wirksamer waren, schlossen das gliedkirchl. Vertretungsorgan von der Wahl aus. Zur Beteiligung der KK lagen der Kirchenversammlung folgende weitere Modelle vor: das Stimmenverhältnis beider Organe „gleichzuschalten“ oder die KK (eine doppelte oder dreifache Anzahl) vorschlagen und die Synode wählen zu lassen oder beide Organe je sechs Ratsmitglieder wählen zu lassen. Dagegen wurde eingewandt, dass der erste Vorschlag den Charakter der KK verändern würde, dass der weitere Vorschlag die Freiheit der Synode beschränke und der letztgenannte u.U. Loyalitätsprobleme für die jeweils von der Synode bzw. KK gewählten Mitglieder befürchten lasse.[1025]

[1024] SB Bethel 1949, S. 158 ff. u. 171 ff.; m. Verbesserungen des Modus ist der Rechtsausschuss befasst.

[1025] Eisenach 1948, S. 112 f.

Vereinbarkeit der Mitgliedschaft in Rat, Synode und Kirchenkonferenz

Eine *Doppelmitgliedschaft in Rat und KK* wird durch Art. 28 II 2 ausgeschlossen; die KK wird aber durch die Ratsvorsitzenden (ohne Stimmrecht) geleitet. Dagegen können *Mitglieder der KK der Synode* angehören (§ 21 VI GeschOSyn; dazu Erl Art. 24 V). Auch eine *Doppelmitgliedschaft in Rat und Synode* ist zulässig (Art. 26 I 3) und wird praktiziert. Sie ist aber nicht geboten. Die Synode ist nicht verpflichtet, nur Syn. in den Rat zu wählen. Sie wählt auch sonstige Persönlichkeiten des kirchl. Lebens, die weder in ihrer Landeskirche noch in der EKD zur Synode gehören.[1026]

Infolgedessen besteht die Möglichkeit, dass ein Teil der Ratsmitglieder in der Synode stimmberechtigt ist, ein Teil nicht. Anlässlich der zweiten Ratswahl stellte sich die Frage, ob dies vom Verfassungsgeber beabsichtigt war. Der Verfassungsausschuss war 1948 der Meinung, es entspreche am besten der Struktur der EKD, wenn man beide Möglichkeiten offen lasse: Mitgliedschaft in der Synode und unabhängige Stellung außerhalb der Synode. Diese Offenheit nach beiden Seiten vermeidet den Eindruck, als folge die GO einem ref. oder luth. Verfassungsprinzip.[1027] Weder sollen alle Ratsmitglieder aus der Mitte der Synode gewählt werden, noch geht es um eine personelle Trennung oder ein Gegenüber der Organe. Die GO stellt es den Gliedkirchen frei, nach den bei ihnen geltenden Grundsätzen zu verfahren. Wünschen sie eine enge Verklammerung von Synode und Kirchenleitung, so müssen sie die Mitglieder der Kirchenregierung auch in die Synode wählen. Treten sie mehr für ein Nebeneinander beider Organe ein, so wählen sie ihre für den Rat in Frage kommenden leitenden Persönlichkeiten nicht in die Synode.[1028]

Auch der Rat hat sich dahingehend geäußert, dass die GO einen unterschiedlichen Status der Ratsmitglieder absichtlich zulässt, und eine Verfassungsänderung nicht befürwortet. Er hat aber sodann im Hinblick darauf, dass die Verschiedenheit von manchen Ratsmitgliedern seinerzeit als unliebsam empfunden wurde, seinen Mitgliedern empfohlen, für die Dauer ihrer Tätigkeit als Ratsmitglieder den Sitz in der Synode ruhen (nicht: niederzulegen) und sich vertreten zu lassen.[1029] Dies führte zu langjähriger

---

[1026] Es gibt auch kaum die Möglichkeit, einem Ratsmitglied, das nicht der Synode angehört, nachträglich einen Sitz in der Synode zu verschaffen, es sei denn bei Gelegenheit einer Nachwahl.

[1027] Die gleichzeitige Ausübung des Synodenmandats berührt das konfessionell divergierende Verständnis von Amt und Gemeinde und widersprach dem Amtsverständnis der Bischöfe episkopaler Gliedkirchen, die insofern gegenüber presbyterial-synodalen Kirchenvertretern benachteiligt waren; vgl. Vermerk der Kirchenkanzlei v. 21.11.1953 (EZA 2/1018).

[1028] So Brunotte, GO, S. 252.

[1029] Der Rat stellte fest, dass nach dem Sinn der GO eine Doppelmitgliedschaft in KK und Synode nicht zweckmäßig sei. Er hielt es im Interesse eines gleichmäßigen Vorgehens auch für erwünscht, wenn die Ratsmitglieder während der Dauer ihrer Mitgliedschaft im Rat ihren Sitz in der Synode ruhen ließen und durch ihren Stellvertreter vertreten würden. Ratsmitglieder, die trotzdem ihren Sitz in der Synode einnehmen wollen, sollten bei Abstimmungen ihren Platz in der Synode einnehmen und nicht vom Tisch des Rates aus abstimmen (NdschrRat 3./4.12.1953 – EZA 2/1796 u. 2/1018); vgl. auch NdschrRat 22.10.1953 (EZA 2/1796) u. Erl Art. 24 V.

Übung entsprechenden Erklärungen von Ratsmitgliedern. Das bedeutete, die Ausübung des Mandats in das Belieben des Ratsmitglied zu stellen. Diese Handhabung entbehrte der Rechtsgrundlage und wird heute als mit dem Amt nicht vereinbar angesehen, zumal es auch vorkam, dass ein Ratsmitglied sich von Tagung zu Tagung umentschloss. Ein Ruhen des Mandats ist mithin nicht in der GeschOSyn vorgesehen. Es bleibt für die in den Rat gewählten Syn. die Option, sowohl Synoden- als auch Ratsmitglied zu sein oder auf das Synodenmandat zu verzichten. Im letzteren Fall muss nachgewählt oder nachberufen werden.[1030] Werden beide Mandate ausgeübt, kann bei bestimmten Abstimmungen bzw. Wahlen auch die jew. Sitzordnung der Klarheit dienen.

Satz 3 (Vorschlagsrecht der Kirchenkonferenz)
Die KK **kann Vorschläge machen**. Diese Personalvorschläge sind aber für die Synode nicht bindend, wie dies bei der Beratung der GO in Eisenach als eine Möglichkeit des Zusammenwirkens beider Organe vorgeschlagen worden war (Erl Satz 2). Es ist nicht vorgeschrieben, dass die Wahl sich auf den Kreis dieser Kandidatenvorschläge beschränkt. Das Vorschlagsrecht kommt der **Kirchenkonferenz** als solcher zu; ihre einzelnen Mitglieder können keine Kandidaten für die Ratswahl benennen, sondern müssen einen entsprechenden Beschl. herbeiführen.

Satz 4 (Zeitpunkt der Wahl)
Die **Wahl des Rates findet** erst **in der zweiten Tagung der Synode statt**. Diese Bestimmung wurde durch GO-Änderung v. 1984 eingefügt.[1031] Damit soll für die wohl wichtigste Wahl i.S.d. Kontinuität die Gewähr gegeben sein, dass die Wähler bereits über eine gewisse synodale Erfahrung verfügen und einander näher kennen gelernt haben.[1032] Zudem ist sichergestellt, dass beide Organe in personell neuer Zusammensetzung nicht gleichzeitig ihre Arbeit aufnehmen. Vor allem hatte es sich für die Synode als schwierig erwiesen, auf ihrer ersten Tagung neben den Synodenausschüssen sogleich auch noch den Rat zu wählen, da zunächst ein Ratswahlausschuss zu bilden ist, der umfängliche Vorbereitungen zu treffen hat (Erl Satz 2).[1033] Ähnliche Regelungen bestehen in mehreren Gliedkirchen. Es wird nun in der ersten Synodentagung der

---

1030 Bericht zur Neufassung der GeschOSyn 1994 (SB Halle/Saale 1994, S. 224).

1031 KG v. 14.12.1985 (ABl. EKD 1985 S. 1); SB Lübeck-Travemünde 1984, S. 586 (Einführung u. Vorl.: S. 230 u. 480 ff.).

1032 v. Scheliha, Rechtsprobleme der kirchl. Wiedervereinigung, S. 55.

1033 Das bedeutete vor der GO-Änderung, dass die gesamte Wahlvorbereitung, die Auswahl geeigneter Kandidaten, bei der die bekenntnismäßige und landschaftliche Gliederung der EKD zu berücksichtigen ist, und die Befragung der Vorzuschlagenden zzgl. der notwendigen Bedenkzeit innerhalb von zwei bis drei Tagen erfolgen musste. Eine sorgfältige Auswahl war dadurch in Frage gestellt. Wenn zudem in der ersten Tagung nicht alle Ratsmitglieder gewählt werden konnten, ergab sich die Frage, ob mit einer Teilwahl die Amtsdauer des neuen unvollständigen Rates beginnt.

Ratswahlausschuss bestellt, der die Wahl bis zur nächsten Zusammenkunft hinlänglich vorbereiten kann. Dies hat in der Praxis dazu geführt, dass die konstituierende Tagung der Synode zeitlich verkürzt bereits im Frühjahr einberufen wird, so dass die Ratswahl bis zur regulären Herbstsynode vorbereitet werden kann. Damit hält sich auch die Überschneidung mit der Amtszeit des „alten" Rates in Grenzen.[1034]

Satz 5 (Mitgliedschaft der Synodenpräsides)
Die Zusammensetzung des Rates ist so geregelt, dass es nur ein „geborenes" Mitglied gibt: der oder die Präses der Synode gehört kraft Amtes dem Rat an. Solche personelle Verschränkung erhöht die Verbindlichkeit der Ratsentscheidungen, insoweit Argumente und Gegenargumente der Synode bereits bei der Beratung des Rates eingebracht werden.[1035]

In der Regel wählen nach Ablauf von sechs Jahren die neugebildeten Synoden zunächst ihre Präsides, die damit die zuerst bestellten Ratsmitglieder sind. Wechselt im Laufe der Synodalperiode die Leitung (durch Tod, Niederlegung des Amtes oder Ausscheiden aus der Synode), so wird der oder die neugewählte Präses damit wiederum Ratsmitglied. In der Zwischenzeit findet eine Stellvertretung nicht statt. Stellvertretende Präsides rücken nicht auch stellvertretend in den Rat ein. Stellvertretung für Ratsmitglieder sieht die GO nicht vor. Wenn ein Ratsmitglied ausscheidet, bleibt der Sitz im Rat bis zu einer Nachwahl durch die Synode frei. Das gilt auch für die Präsides. Andernfalls hätte die GO dies ausdrücklich vorsehen müssen.

Absatz 2 (Gliederung nach Bekenntnis und Landschaft)
In der Begründung seines Wahlvorschlags hat der Ratswahlausschuss zu verdeutlichen, in welcher Weise die bekenntnismäßige und landschaftliche Gliederung der EKD berücksichtigt ist (§ 21 I GeschOSyn). Diese Berücksichtigung war in den Entwürfen des Verfassungsausschusses und des Rates lediglich Soll-Vorschrift und wurde erst durch die Kirchenversammlung zum verbindlichen Gebot.

Zur **bekenntnismäßigen** Gliederung sind bestimmte Zahlen nicht in die GO aufgenommen worden, wurden aber in der Kirchenversammlung vorgeschlagen und diskutiert. Eine Zusammensetzung – etwa nach dem Schlüssel der ÜbergangsO „6:4:2" (luth./uniert/ref.) oder im Verhältnis 9:3 (Theologen/Laien) der ersten Ratswahl 1945 in Treysa – ist also nicht vorgeschrieben (Anh 5: § 2). Ein solcher *Schlüssel* ist auch tatsächlich nicht angewandt worden, wenngleich die Ergebnisse dem oft nahe kamen.

1034 Vgl. Abs. 4 Satz 3. Dies berührt auch das Problem der Ratszugehörigkeit des alten *und* des neuen Synodenpräses.
1035 Robbers, Verbindlichkeit von Beschlüssen kirchenleitender Organe, S. 9.

Wollte man solche Regeln aufstellen, müssten sich diese nicht nach dem persönlichen Bekenntnisstand der Ratsmitglieder richten, sondern nach dem Bekenntnisstand ihrer Gliedkirchen.[1036] In der Praxis war man bisher bemüht, mit einem Ratsmitglied auch die *evangelikale* Glaubensprägung mit einzubeziehen.

Eine Gliederung nach *Theologen und Laien* – wie bei der Synode – ist nicht vorgeschrieben. Man hat aber durchweg auch Laien, etwa zu einem Drittel, in den Rat gewählt. Die Synodenpräsides als geborene Ratsmitglieder waren bisher Laien, bis zur 9. Synode Juristen. Die Mehrzahl der Ratsmitglieder besteht i.d.R. aus leitenden Amtsträgern und Amtsträgerinnen der Gliedkirchen, obwohl auch dies nicht vorgeschrieben ist. Bisher waren meist die beiden größten unierten Gliedkirchen (Rh u. Westf) durch ihre Präsides vertreten. Der GO widerspricht es nicht, dass auch Pfarrer im Gemeindedienst oder aus kirchl. Organisationen dem Rat angehören, wie dies z.B. nach der Wiedervereinigung (1991) der Fall war.

Außer der bekenntnismäßigen ist für den Rat eine **landschaftliche** Gliederung vorgesehen, für die ebenfalls keine Zahlen angegeben sind. Es müssen in angemessener Weise norddeutsche und süddeutsche Vertreter sowie Gliedkirchen der alten und der neuen Bundesländer im Rat vertreten sein. Synode und KK tragen dafür Sorge, dass auch die „auf Grund ihres Gewichts und ihrer Bedeutung" wichtigsten Gliedkirchen im Rat vertreten sind; andererseits soll es grundsätzlich keine „Erbhöfe" geben, weder für Gliedkirchen noch für Personen. Traditionell gehört zum Rat i.d.R. auch eine profilierte, kirchl. engagierte *politische Persönlichkeit des öffentlichen Lebens.*[1037]

In der Praxis können manchmal Gesichtspunkte des *politischen Proporzes* nicht außer Betracht bleiben. Ferner gilt für den Rat die Empfehlung der Synode, in die EKD-Gremien „*Frauen und Männer* in gleicher Zahl" zu wählen.[1038] Der Rat ist ein Gremium, dessen Struktur im Übrigen weithin offen ist. Er soll in seinem Kreise Persönlichkeiten vereinigen, die im kirchl. Leben hervorgetreten sind und ein möglichst großes Vertrauen in der ganzen EKD genießen.

1036 Auch die ÜbergangsO v. 1946 stellte auf das Bekenntnis der Kirchengebiete ab (Anh 5: § 2). Der 1949 in Bethel gewählte Rat bestand nicht aus 6 Lutheranern und 4 Unierten; denn 3 von den 4 „Unierten" hätten ihren persönlichen Bekenntnisstand vermutlich als luth. angegeben, so dass der Rat aus 9 Lutheranern, 1 Unierten und 2 Reformierten bestand. Dies zeigt, dass allenfalls eine Gruppierung nach dem Bekenntnisstand der Gliedkirchen dem Bilde der EKD entsprechen würde. In diesem Sinne bestand der 1949 gewählte Rat aus 6 Mitgliedern luth. Gliedkirchen (5 aus der VELKD), 5 Mitgliedern unierter Kirchen (3 persönlich luth., 1 uniert, 1 ref.) und 1 Mitglied einer ref. Kirche.

1037 SB Lübeck-Travemünde 1984, S. 197; auch sollte bei der landschaftlichen Gliederung nach der Intensität des kirchl. Lebens in diesen Landschaftsteilen gefragt werden (Erik Wolf, Ordnung, S. 743). 3 Bundespräsidenten u. etliche BT-Präs.u. Bundesmin. sind aus dem Rat hervorgegangen.

1038 Beschl. v. 10.11.1989 (SB Bad Krozingen 1989, S. 807).

So ist auch seine eigene Arbeitsweise auf Vertrauen und geschwisterliche Rücksichtnahme (Art. 5) eingestellt. Die Ratsmitglieder sind nicht Exponenten irgendeiner Gruppe, sondern sie tragen eine gemeinsame Verantwortung für die EKD. Der Rat der EKD soll im traditionellen Sinn der „Bruderräte" ein geschwisterliches Gremium sein.

Durch VO[1039] hatte der Rat 1946 bestimmt, dass ein Ratsmitglied die Kanzlei leitet und eines die Aufgaben des Außenamtes übernimmt. Beide Funktionen waren bereits seit 1945 demgemäß wahrgenommen worden.[1040] Daher sahen der Entwurf des Verfassungsausschusses und die Ratsvorl. ausdrücklich vor, dass die Leiter der Kirchenkanzlei und des Kirchlichen Außenamtes dem Rat angehören konnten (Anh 7B: Art. 30 I 2; Anh 7C: Art. 29 I 2). Diese Bestimmung ist nicht in die GO aufgenommen und eine entsprechende Vorschrift der GeschORat[1041] später gestrichen worden. Demnach schließt die GO eine Personalunion zw. Rat und *Amtsstellenleitung* zwar nicht aus; sie ist aber schon wegen möglicher Interessen- und Loyalitätskonflikte zw. Dienstherr und Dienstnehmer sowie zw. Leitungsorgan und seiner weisungsgebundenen Amts- bzw. Geschäftsstelle nicht wieder praktiziert worden. Sie entspricht auch nicht der GO-Struktur eines ehrenamtl. tätigen Rates und der ihm verantwortlichen hauptamtl. Amtsleitung.
Ein Anspruch darauf, dass die *Werke und Einrichtungen* im Rat vertreten sind, wie dies bei den GO-Beratungen verschiedentlich angeregt worden war, besteht nicht.[1042]

Absatz 3 (Wahl der Ratsvorsitzenden)

Die Entwürfe des Verfassungsausschusses und des Rates sahen vor, dass der Rat Vorsitzende und Stellvertreter aus seiner Mitte wählte. Dafür sprach – auch nach der schwierigen ersten Wahl[1043] – die praktische Erwägung, dass der Rat sich über seine Vorsitzenden leichter einigt als die Synode. Hinzu kam das grundsätzliche Bedenken, dass die Wahl durch Synode und KK diese Funktion zu stark herauszuheben schien. Denn nach der GO sind Ratsvorsitzende (RV) als solche nicht selbst Organe, wie z.B. Bischöfe in manchen luth. Gliedkirchen. Der oder die RV ist nach ursprünglicher Konzeption der

1039 VO über die Kanzlei der EKD v. 2.5.1946 (VO.u.N.Bl. Nr. 16, S. 2).
1040 Schon vor ihrer förmlichen Berufung übten H. Assmussen und M. Niemöller die Leitung der Amtsstellen seit 1945 an ihren jew. Wohnorten (Schwäb. Gmünd und Büdingen) aus (Gesch 3; Erl Art. 31 I).
1041 Vgl. § 4 GeschORat a.F. v. 2.5.1946 (VO.u.N.Bl. Nr. 16 S. 2) u. § 3 III GeschORat a.F. v. 6.9.1951 (Nr. 121).
1042 Der Leiter des Hilfswerks sollte ursprünglich wegen dessen „repräsentativer Bedeutung" und der Mitverantwortlichkeit der EKD (auch im Blick auf die umfängliche Vermögensverwaltung für die EKD) einen Sitz mit beratender Stimme haben (Eisenach 1948, S. 112 f.). Gem. § 3 IV GeschORat wird der Präsident des DW zu den Sitzungen eingeladen.
1043 SB Bethel 1949, S. 192-217, 218-223 u. 244-287.

GO, wie auch die Bezeichnung besagt, kein „Leitender Bischof“, sondern der „chairman“, der die Sitzungen einberuft und leitet und die Beschl. vollzieht. Nicht seine Vorsitzenden, sondern der Rat selbst vertritt die EKD nach außen (Art. 29 I 3).

Auch in Rechtsgeschäften (Art. 34) wird die EKD durch den Rat vertreten; die formelle Vollziehung bestimmter Rechtsgeschäfte kann freilich nur durch RV (und Präs. des KA) geschehen. Der RV kann auch keine Kundgebungen oder Hirtenbriefe erlassen. Seine Äußerungen in der Öffentlichkeit haben nach der ursprünglichen Verfassungskonzeption nur dann ein größeres Gewicht als die der übrigen Ratsmitglieder, wenn sie in Ausführung eines Ratsbeschl. ergehen. Im schnelllebigen Medienalltag wird dies freilich nicht immer deutlich.

Die Kirchenversammlung ist 1948 in Anlehnung an den GO-Entwurf des Bruderrates (Anh 7A: Art. XVII Abs. 3) den vorerwähnten Vorschlägen einer ratsinternen Wahl nicht gefolgt und hat damit die Stellung der Synode und der KK gestärkt.[1044] Im Laufe der Zeit hat sich die Stellung des RV in der Praxis dementsprechend zu einer hervorgehobenen, intern bedeutsamen und repräsentativen Funktion entwickelt (Erl Satz 1).

Satz 1 (Wahl durch Synode und Kirchenkonferenz)
Die Wahl der Mitglieder des Rates (Abs. 1 u. 2) erfolgt zunächst ohne Rücksicht darauf, wer ihnen vorsitzen wird. Die Wahl des **Vorsitzenden oder der Vorsitzenden des Rates** und des Stellvertreters oder der Stellvertreterin erfolgt **in getrennten Wahlgängen**. Sie werden „aus der Mitte der Ratsmitglieder in getrennten Wahlgängen mit **Zweidrittelmehrheit**“ der abgegebenen Stimmzettel gewählt. Eine Bestimmung darüber, was zu geschehen hat, wenn dieses Quorum in mehreren Wahlgängen nicht erreicht wird, ist in der GO nicht enthalten (Erl Abs. 1 Satz 2). Schon die erste Synode zeigte, welche Gefahr und Versuchung darin liegen kann, an dieser Stelle, wo die GO das weniger vermuten lässt, um „Machtpositionen“ zu ringen. Daher hat sich die Synode bei dieser Wahl stets zu vergegenwärtigen, welche Aufgaben der Rat als solcher hat und welches die Stellung des oder der Vorsitzenden ist (z. Reformbedarf vgl. Erl Abs. 1 Satz 2).

Die RV leiten ein „bruderratsähnliches Gremium“, dessen Mitglieder alle die gleiche Verantwortung tragen. Ihnen kommt aber auch ohne Organstatus, eine hervorgehobene Bedeutung zu.[1045] Ihre Stimme gibt bei Stimmengleichheit den Ausschlag (Abs. 5 Satz 2), und sie leiten die KK (Art. 28 III). Ihnen obliegt zudem ein Entscheidungs- und

[1044] So zutreffend Brunotte, GO, S. 261; a.A. Erik Wolf, Ordnung, S. 743.
[1045] Brunotte, GO, S. 261; kritisch auch zum Wahlmodus: Erik Wolf, Ordnung, S. 743.

Anweisungsrecht in Dringlichkeitsfällen (§ 1 II GeschORat; Erl Abs. 5 Satz 2).[1046] Die rechtl. Hervorhebung dieses Amtes kommt vor allem in der Praxis der täglichen Leitungsarbeit zum tragen, so in der *Medienpräsenz*, die immer kurzfristigere Entscheidungen und Stellungnahmen der EKD erfordert.

Zur *persönlichen Qualifikation* trifft die GO unmittelbar keine Bestimmung. Die Aufgaben stellen jedoch besondere Anforderungen, insb. an die theol. Befähigung und ökum. Gesinnung, an das Durchsetzungsvermögen und die Überzeugungskraft in der breiten Öffentlichkeit auch hinsichtlich einer fairen und selbstbewussten Partnerschaft zu Staat und Gesellschaft. Vorsitzender war bisher immer Bischof einer Gliedkirche, der beide Ämter nebeneinander führte, wie dies von Gliedkirchen auch „aus repräsentativen Gründen" angeregt worden war.[1047] Die RV haben ein Büro und einen persönlichen Referenten im KA.

Der oder die Vorsitzende wird, wie die übrigen Ratsmitglieder, durch **Synode und Kirchenkonferenz gemeinsam** gewählt. Bei den gemeinsamen Abstimmungen haben Synodale, die zugleich Mitglieder der KK sind, nur eine Stimme. Im Einzelnen s. Erl Abs. 1 Satz 2 und Text 7.

Satz 2 (Vorschlagsrecht des Rates)
Die Mitwirkung des neu gewählten Rates an der Wahl seiner oder seines Vorsitzenden beschränkt sich auf ein *Vorschlagsrecht*. Er hat davon schon auf der ersten Synode 1949 und später beispielsweise bei der Wahl durch die 9. und 10. Synode (1997/2003) Gebrauch gemacht. Im ersteren Fall gab der Personalvorschlag jedoch Anlass zu einer langen Diskussion in der Synode, die auch das Vorschlagsrecht selbst problematisierte.[1048]

Absatz 4 (Amtsdauer, Wieder- und Neuwahl)
Die Bestimmung der Amtsdauer des Rates und des Überganges orientiert sich an dem ihn wählenden synodalen Organ, wobei sich die Amtszeit gegenüber der Synode i.d.R. um die Zeit zw. deren Zusammentritt im Frühjahr und der Ratswahl im Herbst verschiebt.

[1046] Nach dem GO-Entwurf des Bruderrates war er auch Vertreter des Rates im Rechtsverkehr (Anh 7A: Art. XVI).

[1047] So die EKKW in der Erläuterung ihres GO-Entwurfs v. 5.4.1948 (EZA2/7); vgl. auch Thiele, Art. „Vorsitzender des Rates der EKD", in: LKS, Bd. 3, S. 851 ff.

[1048] SB 1948 Bethel, S. 193-224, 246-287 (Wahl des Berliner Bischofs O. Dibelius zum RV und des luth. Bischofs H. Lilje als Stellvertreter an Stelle des Bruderratsvorsitzenden M. Niemöller) und SB Wetzlar 1997, S. 374.

Satz 1 (Amtsdauer)

Die **Amtsdauer** des Rates beträgt wie bei der Synode regulär sechs Jahre (Erl Art. 25 I). Mit der Amtszeit endet grundsätzlich auch das Mandat der von ihm berufenen Kammern, Kommissionen und ähnlichen Beratungsgremien; sie sind durch den folgenden Rat neu zu bilden. Dies gilt auch für die von Organisationen und Institutionen nominierten Gremiumsmitglieder. Näheres und zum Zeitpunkt der Wahl s. Erl Abs. 1 Satz 4. In einem Gottesdienst der EKD werden die Ratsmitglieder seit der Synode von Trier 1985 in ihr Amt *eingeführt*.[1049]

Satz 2 (Wiederwahl)

Der Satz besagt lediglich eine Klarstellung; denn das Recht der Wiederwahl ist stets gegeben, wenn es nicht ausgeschlossen ist. Gleichwohl sollte kein Ratsmitglied ein Misstrauen der wählenden Körperschaften darin sehen, wenn es nicht wieder gewählt wird. Denn es empfiehlt sich, bei jeder Wahl auch mit neuen, ggf. jüngeren Kräften weitere Kirchenbereiche in die Leitung und Verwaltung der Gesamtkirche einzubeziehen.

Satz 3 (Übergang)

Da die Wahl erst in der zweiten Tagung der Synode vorgenommen werden kann (Abs. 1 Satz 4) und die Synode auch nicht sogleich nach ihrer Neubildung zusammentreten muss, **bleiben** die bisherigen Ratsmitglieder **bis zur Wahl ihrer Nachfolger** gem. Abs. 1 und 3 **im Amt** (vgl. für die Synode: Art. 26 I). Die Amtszeit der Ratsmitglieder dauert also insoweit über die meist im Frühjahr stattfindende konstituierende Synodentagung hinaus bis zur regelmäßig folgenden Herbsttagung. Näheres s. Erl Abs. 1 Satz 4.
Der Rat in seiner bisherigen Zusammensetzung hat auch noch die 20 vom Rat zu berufenden Synodalen zu bestellen (Art. 24 I).

Satz 4 (Ausscheiden)

Scheidet während der sechsjährigen Amtszeit ein Mitglied des Rates aus diesem aus, sei es durch Todesfall, Krankheit oder durch Niederlegung seiner Mitgliedschaft, so muss eine Nachwahl gem. Abs. 1 und 3 durch Synode und KK erfolgen. Bis dahin bleibt der Sitz im Rat unbesetzt. Eine etwaige unfreiwillige Entfernung aus dem Rat, etwa aus bekenntnisbedingten, kirchenpolitischen oder disziplinarischen Gründen, ist nicht vorgesehen. Sollte eine solche Notwendigkeit eintreten, so müssten KK und Synode gemeinsam eine Lösung finden.[1050]
Scheiden Ratsvorsitzende vorzeitig aus dem Rat aus, so führen ihre Stellvertreter den Vorsitz – auch der KK – bis zu einer Neuwahl weiter.

1049 Dazu Schlaich, Änderungen der GO, S. 121.
1050 Abweichend Brunotte, der statt der KK den Rat hierfür vorsieht (GO, S. 262).

Absatz 5 (Zusammentritt, Geschäftsordnung)
Die GO legt nur die wichtigsten *Geschäftsordnungsbestimmungen* für den Rat fest. Einzelheiten werden der Ordnung überlassen, die sich der Rat selbst gibt (Text 9: GeschORat).

Satz 1 (Zusammentritt nach Bedarf)
Der Rat fasst seine Beschl. in **Sitzungen**. Diese finden **nach Bedarf** statt. Nach der GeschO muss auf Verlangen von 4 Mitgliedern eine Sitzung einberufen werden (§ 2 I). Zu den Sitzungen lädt der oder die Vorsitzende ein, im Falle seiner oder ihrer Verhinderung der Stellvertreter; wenn auch dieser verhindert ist, das an Lebensjahren älteste Ratsmitglied. Die Vorsitzenden bestimmen *Zeit und Ort der Sitzung*, soweit sie nicht durch Beschl. des Rates festgelegt sind. Diese Festlegung erfolgt regelmäßig im Rahmen einer Jahresplanung in Abstimmung mit den Tagungen der KK und der Synode.

Der oder die RV stellt ferner unter Berücksichtigung der Beschlüsse des Rates sowie der Anträge der Mitglieder und der Vorschläge des KA die *Tagesordnung* auf. Auch zu diesem Zweck sollen die Mitglieder den Rat über alle für seine Arbeit bedeutsamen Angelegenheiten auf dem Laufenden halten, die ihnen in ihrem eigenen Wirkungsbereich bekannt werden (§ 5 III). Tagesordnung und etwaige Vorl. *sollen möglichst* in der Hand der Mitglieder sein (§ 2 III). Die Sitzungen sind nicht öffentlich; sie stehen unter dem Gebot der Amtsverschwiegenheit.
Die *Leiter oder Leiterinnen* des *Kirchenamtes*[1051] und seiner *Hauptabteilungen* sowie der oder die *Bevollmächtigte des Rates* (bei Bund/EU) nehmen an den Sitzungen des Rates *mit beratender Stimme* teil, sofern nicht der Rat im Einzelfall etwas anderes bestimmt. In gleicher Weise können die *Leiter und Leiterinnen der Abteilungen* an den Sitzungen teilnehmen. Die *Referenten oder Referentinnen* des KA können bei der Erörterung von Angelegenheiten ihres Arbeitsgebietes hinzugezogen werden. Der *Präsident* oder die *Präsidentin des DW* wird zu den Sitzungen eingeladen. Ferner können die RV, wenn der Rat nicht widerspricht, weitere Personen hinzuziehen (§ 3 IV).
Über jede Sitzung des Rates ist eine *Niederschrift* anzufertigen; sie kann sich auf die Wiedergabe der Beschl. beschränken (§ 4 I). Für die Ndschr. ist der Präsident oder die Präsidentin des KA verantwortlich und unterzeichnet sie. Zur Unterstützung können Mitarbeiter des KA hinzugezogen werden.

Satz 2 (Beschlussfassung)
Der Rat ist *beschlussfähig*, wenn mindestens die Hälfte der Mitglieder (einschließlich Vorsitz) anwesend ist. Bei Verhinderung der RV und Stellvertreter müssen wenigstens

[1051] Sie haben immer mit mindestens beratender Stimme teilgenommen und unterzeichnen die Ndschr.

die Hälfte der Mitglieder und zwei weitere anwesend sein (§ 3 I). Wird bei der Beschlussfassung die **Mehrheit** aller Mitglieder des Rates nicht erreicht, so bedarf es der Zustimmung von zwei Dritteln der anwesenden Mitglieder. Wird diese Mehrheit infolge *Enthaltungen* nicht erreicht, findet unverzüglich eine weitere Abstimmung statt (§ 3 II). Für **Kundgebungen** s. Erl Art. 29 I 4.

Ausnahmsweise kann der oder die Vorsitzende eine *Abstimmung schriftlich* durchführen. Widerspricht dem ein Mitglied, so ist sie der nächsten Sitzung vorzubehalten (§ 1 II). Kann eine Entscheidung nicht ohne Schaden für die Sache aufgeschoben oder schriftlich herbeigeführt werden, so kann der oder die RV sie treffen und das KA anweisen, die Entscheidung sofort durchzuführen. Er oder sie soll sich nach Möglichkeit mit dem oder der stellvertretenden Vorsitzenden hierüber verständigen. Die Mitglieder sind über die Entscheidung unverzüglich zu benachrichtigen. Sie ist auf die Tagesordnung der nächsten Sitzung zu setzen (§ 1 II).

Satz 3 (Geschäftsordnung)
Der Rat gibt sich eine **Geschäftsordnung** (Text 9). Diese wurde erstmals 1951 beschlossen und ist heute zu einem dichten Regelwerk über Arbeit und Verfahren des wichtigsten Leitungsorgans der EKD geworden (Erl Satz 1).
Sie regelt auch Aufgaben des KA: Die Ratsbeschl. sind vom KA vorzubereiten und durchzuführen (§ 5 I). Die HAL des KA haben den Rat und, wenn er nicht versammelt ist, den oder die RV über alle wichtigen Geschäfte zu *unterrichten*. Der oder die RV kann von ihnen Berichte anfordern und ihnen im Rahmen des § 1 II *Weisungen* erteilen. Die Ratsmitglieder haben das Recht, die *Akten des Kirchenamtes* einzusehen (§ 5 II), und auch bestimmte Informationspflichten gegenüber dem Rat (§ 5 III; vgl. Erl Satz 1).

Satz 4 (Ratskommission)
Der Rat kann die Erledigung bestimmter **Angelegenheiten einem engeren Ausschuss des Rates übertragen**.
Diese Bestimmung, die erst in Eisenach 1948 in die GO aufgenommen wurde, hatte zunächst nicht die Bedeutung gewonnen, wie es der Entwurf des Bruderrates vorsah (Anh 7A: Art. XVI Abs. 4). Hiernach sollte ein Arbeitsausschuss bestehend aus dem Vorsitzenden, seinem Stellvertreter, dem Präses der Synode und den Amtsstellenleitern, die lfd. Geschäfte des Rates führen. Diese Einrichtung erinnerte an die Vorl.O.EKD v. 1945, nach der die ersten sieben der damals zwölf Ratsmitglieder mit der „Vertretung des Rates“ beauftragt wurden – eine Bestimmung, die nie praktiziert wurde. Offenbar hielt man den Rat – zumal nach den damaligen Tagungsmöglichkeiten – für zu groß, die Leitung der EKD wirklich ausüben zu können.[1052] So wurde der Begriff des **enge-**

[1052] Zunächst waren hierfür als Teil einer Kompromisslösung der Ratswahl i.S. eines Leitungsausschusses die Ratsmitglieder O. Dibelius, H. Lilje und M. Niemöller vorgesehen (SB Bethel 1949 S. 249, 484).

ren Ausschusses ursprünglich dahin gedeutet, dass es dem Rat freistehe, für besondere Aufgaben zeitweise einen Ausschuss einzusetzen, dem für die Erledigung dieser Aufgaben eine gewisse Beschlussfähigkeit eingeräumt werden kann.
Die seitherige gesamtkirchl. Entwicklung und der gewachsene Umfang der Leitungs- und Verwaltungsaufgaben des Rates haben ihn 1976 veranlasst, eine ständige *Ratskommission* einzurichten, der neben dem RV drei Ratsmitglieder angehören. Sie tagt regelmäßig vor den Ratssitzungen, um die Plenarsitzungen vorzubereiten und zu entlasten.[1053] An ihrer Beratung nehmen i.d.R. auch der Ratsbevollmächtigte und der Präsident des KA mit weiteren Mitarbeitern (HAL, Pressesprecher, Protokollant u.a.) teil. Für das Verfahren der Kommission des Rates gilt dessen GeschO entsprechend (§ 1 III GeschORat). Neben der ständigen Ratskommission bildet der Rat insb. für die Fülle der Gespräche des Rates mit Partnern der verschiedenen Bereiche *Ad-hoc-Kommissionen.*

Artikel 31 (Kirchenamt)

(1) Das Kirchenamt dient den Organen der Evangelischen Kirche in Deutschland sowie den gliedkirchlichen Zusammenschlüssen nach Artikel 21 a zur Erfüllung ihrer Aufgaben. Es führt die Verwaltung und die laufenden Geschäfte nach Richtlinien und Weisungen des Rates im Rahmen des kirchlichen Rechts und der vertraglichen Regelungen gemäß Artikel 21 a.
(2) Das Kirchenamt hat insbesondere

1. **die Organe in der Erfüllung ihrer Aufgaben zu unterstützen und für sie Aufgaben einer Geschäftsstelle wahrzunehmen sowie für die Geschäftsführung in den Kammern und Kommissionen zu sorgen,**
2. **an der ständigen Zusammenarbeit zwischen der Evangelischen Kirche in Deutschland, ihren Gliedkirchen und den gliedkirchlichen Zusammenschlüssen sowie den kirchlichen Werken, Verbänden und Einrichtungen mitzuwirken,**
3. **Stellungnahmen und Auskünfte der Gliedkirchen, der gliedkirchlichen Zusammenschlüsse sowie der kirchlichen Werke, Verbände und Einrichtungen in Angelegenheiten von gesamtkirchlicher Bedeutung einzuholen,**
4. **durch Beratung und Information die Gliedkirchen bei der Wahrnehmung ihrer Aufgaben zu unterstützen,**
5. **Arbeiten und Planungen der Evangelischen Kirche in Deutschland einzuleiten und Entscheidungen der Organe, insbesondere auf dem Gebiet der Rechtsetzung, vorzubereiten,**

[1053] Rechenschaftsbericht des Rates 1976/77, S. 18.

6. die ökumenischen Verbindungen der Evangelischen Kirche in Deutschland wahrzunehmen,
7. die ihm kirchengesetzlich auf dem Gebiet der Auslandsarbeit und in anderen Bereichen zugewiesenen Aufgaben zu erfüllen,
8. gesamtkirchliche Anliegen gegenüber staatlichen und anderen Stellen im Rahmen von Regelungen des Rates zu bearbeiten und sie zu vertreten, soweit die Vertretung nicht besonderen Bevollmächtigten übertragen ist,
9. die Öffentlichkeit über die Arbeit der Evangelischen Kirche in Deutschland zu unterrichten und im Rahmen von Regelungen des Rates öffentliche Erklärungen abzugeben.

(3) Das Kirchenamt wird von einem Kollegium unter Vorsitz eines Präsidenten oder einer Präsidentin geleitet und in Hauptabteilungen gegliedert. Der Rat erlässt Richtlinien für die Organisation und Geschäftsverteilung und gibt dem Kirchenamt eine Geschäftsordnung.

(4) Der Präsident oder die Präsidentin sowie die Leiter und Leiterinnen der Hauptabteilungen des Kirchenamtes werden vom Rat im Benehmen mit der Kirchenkonferenz berufen. Verträge nach Artikel 21 a Absatz 2 können vorsehen, dass und wie die gliedkirchlichen Zusammenschlüsse bei der Berufung zu beteiligen sind.

(5) Bei der Auswahl der Leiter und Leiterinnen der Hauptabteilungen und der Abteilungen des Kirchenamtes sowie der Referenten und Referentinnen ist auf eine ausgewogene Berücksichtigung der unterschiedlichen Bekenntnisbindungen zu achten.

Die GO sah ursprünglich zwei voneinander unabhängige Amtsstellen vor, die Kirchenkanzlei und das Kirchliche Außenamt (z. Entstehung s. Gesch 3 u. 8a, Erl Art. 17 III 1). Diese waren bereits 1946 durch VO des Rates mit folgender Maßgabe errichtet worden: „Die Kirchenkanzlei führt im Auftrag des Rates der EKD die laufenden Geschäfte der EKD, bereitet die Verhandlungen des Rates vor und führt dessen Beschlüsse aus. Die Aufgaben des bisherigen kirchlichen Außenamtes übernimmt ein Ratsmitglied."[1054] Beide Stellen haben bis 1983 selbstständig nebeneinander in Hannover-Herrenhausen (seit 1947) und Frankfurt (seit 1949) bestanden. Die Aufteilung in zwei überschaubare Behörden als „Bürodiakonie" (H. Brunotte), die zunächst unter der Leitung von Ratsmitgliedern standen, entsprach Erfahrungen des Kirchenkampfes

[1054] § 1 VO über die Kanzlei der EKD v. 2.5.1946 (VO.u.N.Bl. Nr. 16 S. 2); beide Amtsstellen nahmen diese Funktionen schon vor der formellen Errichtung an den Wohnorten ihrer Leiter wahr (Gesch 3). Schon 1945 hatte der Rat mit seinem ersten Beschl. die Leitung der Kirchenkanzlei H. Asmussen und die des Außenamtes M. Niemöller übertragen (NdschrRat 31.8.1945 Ziff.1, EZA 2/1790 u. Nicolaisen, Ratsprot.1, S. 1).

mit dem Eigengewicht konsistorialer Leitungsbehörden, namentlich des *Geistlichen Ministeriums* der DEK (Gesch 1e und 3). Erst 1982 wurden die Amtsstellen durch die erste Änderung der GO zu einem „Kirchenamt" mit Sitz in Hannover-Herrenhausen zusammengeführt.

Ziel der Zusammenfassung war es, die bislang „in den beiden Amtsstellen wahrgenommen Aufgaben ... in einem Amt effektiver zu gestalten, insb. die verschiedenen Aspekte kirchl. Arbeit in der täglichen Praxis enger zu verbinden und damit für die EKD wirksamer werden zu lassen."[1055] Den Anstoß zur neuen Amtsstellenstruktur gab eine Initiative aus der Synode. Angestrebt war eine Übernahme der Regelung des nicht in Kraft getretenen EGO74 in die GO. Als Stellungnahme (Art. 26 III 2 a.F.) legte der Rat einen ausformulierten Gegenvorschlag vor. Nach umfassender Debatte in der Synode wurde das *KG zur Änderung der Artikel 31 und 34 der GO*[1056] verabschiedet, das 1983 in Kraft trat. Das KA wird seither im Unterschied zur früheren Präsidialstruktur von einem Kollegium unter dem Vorsitz eines Präsidenten geleitet und ist in vier Hauptabteilungen gegliedert.

Mit der Strukturreform 2005 und Einbeziehung der gliedkirchl. Zusammenschlüsse wurden auch deren Amtsstellen, d.h. die Kirchenkanzlei der UEK und das Kirchenamt der VELKD, als „Amt der UEK bzw. VELKD" in das Kirchenamt der EKD einbezogen, das nunmehr der Aufgabenerfüllung aller drei Zusammenschlüsse dient.[1057]
In der Sache orientiert sich die Neuordnung des KA v. 1982 am Verfassungsentwurf v. 1974.[1058] Wegen der Bedeutung einer funktionsfähigen Verwaltung werden die Grundzüge ihrer Organisation in der GO selbst geregelt. Eine Kollegialverf. im strengen Sinne wird nicht festgelegt. Der Rat kann die Mitgliederzahl im Leitungsgremium begrenzen. Er wird im Übrigen bei der Organisation des KA stärker als vordem, etwa bei Berufungen, an die Mitwirkung der KK gebunden. Der *Aufgabenkatalog* nimmt auf, was Kirchenkanzlei und Außenamt tatsächlich an Funktionen wahrgenommen haben; er reicht also nach der Intention der GO-Änderung nicht über deren bisherige Funktionen hinaus, sondern kodifizierte die seit 1949 gewachsene Praxis. Gleichwohl verstärkte die Neufassung Rechtsstellung und Kompetenz des KA: Während es nach altem Recht lediglich die lfd. Geschäfte des Rates führte, kam als selbständige Kompetenz die Verwaltung der EKD hinzu. Besondere Aufgaben, die dazu gehören, sind in gewissem Rahmen dem KA übertragen (Abs. 2). Damit ist deren anderweitige Übertragung inso-

---

1055 Anl. 1 der Vorl. für die KK v. 24.8.1982 (KA-Az. 0100/7.30, Sitzung v. 16.9.1982).

1056 KG v. 9.12.1982 (ABl. EKD 1983 S. 1).

1057 Die Strukturreform v. 2005 auch bezüglich Art. 31 Abs. 1, 2, 4 und 5 veränderte die GO in grundlegender Weise und überschritt lt. amtl. Begründung die Paktierungsgrenze. Deshalb war ein erweitertes Zustimmungsverfahren geboten, d.h. eine Ratifizierung durch die Gliedkirchen.

1058 Zur Institutionengeschichte: Smend, Die Konsistorien in Geschichte und heutiger Bewertung, S. 134 ff.

weit der Disposition des Rates entzogen (vgl. aber Abs. 2 Nr. 7). Seine Richtl. und Weisungen beziehen sich nur noch darauf, *wie* das KA seine Aufgaben wahrnimmt, nicht aber darauf, *dass* es sie wahrnimmt.

Absatz 1 (Amtsstelle, Verwaltung und Geschäftsführung)
Das Kirchenamt (KA) dient der EKD und den Zusammenschlüssen nach Art. 21a zur Aufgabenerfüllung und führt die Verwaltung und laufenden Geschäfte.

Bis zur Strukturreform 2005 war das KA in erster Linie Amtsstelle des Rates (Art. 21 I 1 a.F.). Dies ging zurück auf die vorkonstitutionelle Errichtung der Kirchenkanzlei durch den damaligen Rat als dem ursprünglich einzigen Organ der EKD. Auch nach Verabschiedung der GO entsprach dies zunächst dessen umfassender Leitungs- und Verwaltungszuständigkeit und seiner Vertretung nach außen (Art. 29 I). Mit zunehmendem Gewicht von Synode und Kirchenkonferenz als „leitenden Organen" (Art. 22 II) und entsprechendem Verwaltungsaufwand erhielt das KA durch die neue Amtsstellenstruktur von 1982 auch für diese beiden Organe verfassungsrechtl. den Status einer Geschäftsstelle (Art. 31 II Nr. 1 i.d.F. v. 1982).
Mit der Strukturreform v. 2005 galt es dann, die Verwaltungen der Zusammenschlüsse und der EKD zusammenzuführen. Dieses neu konzipierte KA dient nunmehr den Organen aller drei Zusammenschlüsse gleichermaßen. Somit entfiel der überkommene Charakter des KA als Amtsstelle nur des Rates, unbeschadet dessen fortbestehender Leitungsfunktion.

Satz 1 (Amt für alle drei Zusammenschlüsse)
Das KA **dient den Organen** zur Aufgabenerfüllung. Dies stellt klar, dass ihm selbst keine Organqualität zukommt. Andererseits vermittelt diese zentrale Funktion und die ihm zugewachsenen und auch von ihr erwarteten Initiativen für die gesamtkirchl. Kooperation und Koordination eine zentrale Stellung im Organisationsgefüge und dem Zusammenwirken mit den Organen. Diese geht über die frühere organisatorische Funktion als deren „*Geschäftsstelle*" (Nr. 1) hinaus.[1059]

Die Bezeichnung als **Kirchenamt** löste 1982 die der „Kirchenkanzlei" ab, weil sie eine kirchl. Verwaltungsbehörde zutreffender beschreibt und darin auch der Name des „Kirchlichen Außenamtes" anklang.[1060] Die Bezeichnung als Kirchen**amt** charakterisiert dieses auch als „Amtsstelle" i.S.d. Überschrift des Abschnitts. Zur Weisungsbefugnis vgl. Erl Satz 2, zur Dienst- und Fachaufsicht vgl. Erl Abs. 3 Satz 1.

Das KA dient **allen drei Zusammenschlüssen** gleichermaßen. Dies trägt den Verträgen der EKD mit UEK und VELKD (Texte 10 f., §§ 5 bzw. 6) Rechnung, nach de-

---

1059 Stellungnahme Bad zu EGO74 (EZA 2/93).
1060 Ratsvorl. v. 27.4.1982, S. 3 (KA-Az. 0100/7.30, 33. Sitzung).

nen hierfür „nur das Kirchenamt in Hannover-Herrenhausen erforderlich ist" (amtl. Begründung der Gesetzesvorl. von 2005, S. 38).
Die **Erfüllung der Aufgaben** aller drei Zusammenschlüsse fördert den stetigen Austausch und den gemeinsamen Diskurs. Organisatorisch dient diese zentrale Funktion dem Abbau von Doppelstrukturen und vermeidet positive wie negative Kompetenzkonflikte, bei denen zwei Institutionen dieselbe Angelegenheit bearbeiten oder jede auf die andere wartet. Zum Begriff der Aufgabe s. Erl Art. 21a I.

Amtsstellen der Zusammenschlüsse
Zur Wahrung der Eigenständigkeit der Zusammenschlüsse sind nach den Verträgen i.S.d. Art. 21a II im KA Amtsstellen eingerichtet mit der Bezeichnung „Amt der UEK" und „Amt der VELKD". Sie erfüllen Aufgaben, die ihnen von den Organen der UEK bzw. VELKD verfassungsgemäß zugewiesen sind. Es ist Angelegenheit der UEK bzw. VELKD, festzulegen, welche sachliche und personelle Ausstattung der Amtsstelle zur Verfügung steht. Die Kosten hierfür sind durch die Zusammenschlüsse aufzubringen. Die Amtsstellen sind nicht in die Abteilungsstrukturen des KA eingebunden. Ihre Mitarbeiter und Mitarbeiterinnen sind in dieser Eigenschaft allein ihrem Zusammenschluss verantwortlich (vgl. Text 10 §§ 5 ff. und Text 11 §§ 7 ff.).
Das KA kann auch für die herkömmlich durch die Kirchenkanzlei der UEK wahrgenommen Aufgaben des Sekretariats der Gemeinschaft Evangelischer Kirchen in Europa (GEKE) in Anspruch genommen werden, sofern die GEKE dies wünscht.

Die Leiter oder Leiterinnen der Amtsstellen sind zugleich theol. Vizepräsident bzw. Vizepräsidentin der EKD. Diese nehmen also auch gesamtkirchl. Aufgaben der theol. Hauptabteilungen des KA wahr und bilden eine „Gelenkstelle" zw. EKD und UEK bzw. VELKD. Als Mitglieder des Kollegiums des KA sind sie in die kollegiale Leitungsstruktur des KA eingebunden. Verantwortung und Aufgaben der Amtsstellenleitung ergeben sich aus den Verträgen gem. Art. 21a II und dem Recht des jew. Zusammenschlusses. Dem entspricht die Verpflichtung, über die Arbeit in der UEK bzw. der VELKD zu unterrichten und den innerev. Dialog zu fördern.

Satz 2 (Verwaltung und Geschäftsführung)
Das KA führt die Verwaltung und die laufenden Geschäfte. Es hat damit teil an der Verwaltungs- und Leitungsfunktion des Rates als dem eigentlichen Verwaltungsorgan. Dieses Gremium tritt zwar regelmäßig, aber jew. nur kurzzeitig zusammen und könnte ohne die Vorarbeit des KA praktisch keine kompetenten Entscheidungen treffen. Insoweit tritt die Verantwortung für die Vorbereitung kaum hinter der endgültigen Entscheidung zurück. Die Fülle der Einzelaufgaben muss der Rat der kontinuierlichen Bearbeitung im KA überlassen. Diese Arbeit beschränkt sich daher nicht auf eine technisch-administrative Erledigung von Einzelaufgaben, sondern reicht aufnehmend, be-

obachtend und initiativ ins Grundsätzliche und in Entscheidungsfunktionen – auch des geistlichen Lebens der Kirche.[1061]

Das KA **führt** zum einen **die Verwaltung der EKD** (nicht: ... verwaltet die EKD). Dies umfasst alle in der EKD anfallenden Verwaltungsaufgaben. Im herkömmlichen Sinne ist „*Verwaltung*" hier zunächst im Unterschied zur Leitung (im engeren Sinne v. Regierung) zu verstehen, der anderen Aufgabe des Rates. Darüber hinaus umfasst sie im Prinzip alles, was nicht als Gesetzgebung, Rechtsprechung oder Leitung angesprochen werden kann. Zum *Begriffsverständnis* und zum geistlichen Charakter s. Erl Art. 29 I 1. Für ein mehr organisatorisches Begriffsverständnis der GO an dieser Stelle spricht die Gegenüberstellung der Verwaltung mit dem laufenden Geschäft, das ja die Verwaltung zu einem Teil mitumfasst.

Das KA **führt** ferner **die laufenden Geschäfte** der EKD. Über die Verwaltung hinaus wirkt es damit praktisch auch bei der Leitung der EKD mit. Einige Bereiche dieser Geschäfte werden im Aufgabenkatalog des folgenden Absatzes hervorgehoben: die Geschäftsführung der Kammern und Kommissionen, die Mitwirkung bei der Zusammenarbeit mit den Gliedkirchen, mit deren Vereinigungen und mit den Werken, Verbänden und Einrichtungen, ferner die Planungsaufgaben, die Wahrnehmung ökum. Verbindungen und z.T. der Auslandsarbeit sowie Vertretungsaufgaben gegenüber dem Staat. Hinzu kommen weitere allgemeine Aufgaben als Amts- und Geschäftsstelle, z.B. die Ratsbeschlüsse vorzubereiten und durchzuführen.

Damit nimmt das KA auch einen Teil beider Exekutivaufgaben des Rates gem. Art. 29 I 1 für diesen wahr, die EKD zu verwalten und zu leiten. Die Verknüpfung beider Befugnisse durch Rat und KA bringt ihren engen funktionalen Zusammenhang nach heutigem Verwaltungsverständnis als *gestaltender Verwaltung* zum Ausdruck. Auch der Aufgabenkatalog des Abs. 2 unterscheidet nicht zw. Verwaltung und Geschäftsführung bzw. leitender Tätigkeit (vgl. Erl Abs. 2). Für Vertretungsfunktionen gegenüber Dritten (vgl. insb. Nrn. 2, 5, 6 u. 7) räumt die GO dem Rat die Möglichkeit ein, dem KA die *Vertretung in Rechtsangelegenheiten* „allgemein oder im Einzelfall" zu übertragen (Art. 34 II).

Da letztlich der Rat die Aufgabe hat, die EKD zu verwalten und dies verantwortet, nimmt das KA insoweit die Führung dieser Verwaltung – ebenso wie die lfd. Ratsgeschäfte – **nach den Richtlinien oder Weisungen des Rates** wahr. Dies gilt sowohl für die Organisation als auch für den Inhalt der Aufgabenerfüllung. Innerhalb dieses

[1061] A. v. Campenhausen, Kirchenleitung, S. 33; Scheuner, Der Dienst in der kirchl. Verwaltung, S. 497 ff.

Rahmens handelt das KA selbständig und insoweit eigenverantwortlich. Soweit es als Geschäftsstelle der Synode oder geschäftsführend für die KK oder für die Organe der Zusammenschlüsse tätig wird, unterliegt deren entsprechender Weisungsbefugnis.[1062]
Richtlinien erlässt der Rat für die Führung sowohl der Verwaltung als auch seiner lfd. Geschäfte durch das KA. Soweit die Zusammenschlüsse betroffen sind, wird dies i.S.d. Verträge nach Art. 21a im Einvernehmen mit deren Organen geschehen. Dabei handelt es sich im Unterschied zur Weisung um abstrakte Regelungen für bestimmte Arbeitsfelder.[1063] Im Hinblick auf die Amtsstellenfunktion des KA überwiegt hier naturgemäß der Charakter der Verwaltungsrichtlinie, die den Regelungsgegenstand weitgehend durchnormiert. Beispiele hierfür sind etwa die *Richtlinie für die Führung der Übersicht über die kirchl. Werke und Einrichtungen der EKD gem. § 1 II DSG-EKD* oder die *Wohnungsfürsorgerichtlinie.* Gleichwohl verbleibt auch hier – im Unterschied zum Ermessen in Gesetz oder VO – ein weiterer politischer Entscheidungsspielraum bei der Umsetzung mit entsprechender Eigenverantwortlichkeit des KA.
Der Verwaltung und Geschäftsführung des KA im konkreten Fall gelten die **Weisungen** des Rates, die dieser – wie die Richtl. – als Gremium in Sitzungen oder ausnahmsweise schriftlich beschließt (§ 1 II GeschORat). Zum Begriff der Richtlinie s. Erl Art. 9. Die einzelnen Mitglieder des Rates können dem KA keine Weisungen geben; sie haben aber das Recht, dessen Akten einzusehen (§ 5 II GeschORat). Auch der RV kann dem Präsidenten des KA keine Einzelanweisungen für seine Arbeit geben, mit Ausnahme der in § 1 II GeschORat beschriebenen Eilfälle, in denen die HAL – als solcher auch der Präsident – vom RV angewiesen werden können. Im Übrigen arbeitet das KA **im Rahmen des kirchl. Rechts und der Verträge nach Art. 21a.** Dieser Rahmen ist auch den Richtl. und Weisungen des Rates vorgegeben. Im Kollisionsfall gilt für das KA nicht die besondere Ratsvorgabe, sondern das allgemeine kirchl. Recht. Innerhalb dieses Rahmens handelt das KA insoweit selbständig und in eigener Verantwortung. Eine ausdrückliche Bestimmung, dass der Rat die Aufsicht über das KA führt (wie Art. 16 II EGO74), fehlt in der GO.

Absatz 2 (Aufgabenkatalog)

Aus der Vielfalt der Verwaltungsaufgaben des KA bzw. der lfd. Geschäfte werden acht Aufgabenfelder hervorgehoben. Der Katalog beruht auf der GO-Änderung v. 1984 (Erl vor Abs. 1) und geht zurück auf Art. 56 EGO74. Durch diese Regelung wurden seinerzeit keine neuen Zuständigkeiten geschaffen, sondern die Aufgaben kodifiziert, die schon Kirchenkanzlei und Außenamt seit langem wahrgenommen hatten. Die ausführliche Beschreibung kam dem Bedürfnis entgegen, deren Zuständigkeiten durchsichtiger

---

1062 SB Berlin-Spandau 1972, S. 286.
1063 Z.B. Die „Empfehlung zur sprachlichen Gleichbehandlung etc.“ v. 22.5.1992 (KA-Az. 0232/2/8. Sitzung).

zu machen. Der Katalog hat aber keinen abschließenden Charakter und weist Überschneidungen auf. Er unterscheidet auch nicht zw. verwaltender und geschäftsführender Funktion. Er berührt nicht die Regelzuständigkeit des Rates gem. Art. 29 I 2.

Nr. 1 (Geschäftsstelle der Organe, Geschäftsführung für Kammern)
Das KA unterstützt die Organe aller drei Zusammenschlüsse und nimmt für diese die Aufgaben einer **Geschäftsstelle** wahr. Als solche erledigt es die für die Vorbereitung und Durchführung der Tagungen erforderlichen Arbeiten und sorgt für die Erstellung und Versendung der Ndschr. Als „Synodenbüro“ vermittelt es den Geschäftsverkehr des Präsidiums und unterstützt die Arbeit der Ausschüsse (§ 29 GeschOSyn). Für die KK führt das KA auch die Geschäfte des *Arbeitsausschusses* (§ 5 V GeschOKK). Es bereitet dessen Beratungen vor, führt seine Beschl. durch und sorgt für die Ndschr. (§ 6 GeschOKK). Die **Geschäftsführung in den Kammern und Kommissionen** wie auch der meisten anderen Beratungsgremien nimmt das KA i.d.R. durch seine Referenten wahr (Erl Art. 22 II).

Das KA führt die Geschäfte der Organe und hat sie **in der Erfüllung ihrer Aufgaben zu unterstützen**. Hierbei handelt es sich weniger um eine unmittelbare substantielle Teilhabe an den Aufgaben dieser Organe, sondern im Wesentlichen um Organisation, technische Hilfe, Beratung und Vermittlung. Hierfür stehen den Organen personelle und technische Kapazitäten des KA zur Verfügung. Darüberhinaus hat das KA an dieser Stelle in der Praxis zuweilen auch in Sachfragen die Funktion des Helfers und bei Bedarf des „ehrlichen Maklers“ zw. den Organen, notfalls der „Feuerwehr“. Im sachlichen Konfliktfall vertritt es jedoch im Rahmen des Art. 29 I 1 die Meinung des Rates, ist insoweit an dessen Weisungen gebunden und in erster Linie zur Loyalität ihm gegenüber verpflichtet.[1064]

Nr. 2 (Zusammenarbeit mit Gliedkirchen und Werken)
Neben der Geschäftsführung fällt hier dem KA ein Teil der Mitgestaltung, der Vermittlung und der Verhandlungsführung zu. Bei grundsätzlicher Anerkennung der gliedkirchl. Autonomie geht es jew. um den Versuch einer Einigung in den Sachfragen und eines gemeinsamen Vorgehens. Auch in diesem Rahmen führt das KA *laufende Geschäfte* der EKD im Sinne von Art. 6 bis 20 mit letztlich allen Konsequenzen der Loyalität und Weisungsgebundenheit gegenüber dem Rat. In der Praxis spielen die in den Art. 6, 7 und 19 gen. Aufgaben der EKD eine besondere Rolle. Von den Organen sind es vor allem Rat und KK, die sich dieser Aufgaben annehmen. Die durch das KA wahrzunehmenden Funktionen betreffen insb. die *Referentenkonferenzen, Arbeitskreise,*

1064 Hammer, Zur „Schwäche“ der EKD, unveröff. Arbeitspapier v. Januar 1978 (EZA 4/91/370 u. 644/106), Ziff. III B 5.

Vorbereitungs- und *Beratungsausschüsse* und sonstige Gremien gliedkirchl. Sachbearbeiter. Der ständigen Zusammenarbeit der Werke und Einrichtungen dient insb. die *Konferenz der kirchlichen Werke und Verbände.* Für den ständigen *Kontakt zu den einzelnen Gliedkirchen* und gliedkirchl. Zusammenschlüssen sieht der Geschäftsverteilungsplan des KA persönliche Zuständigkeiten bestimmter Referenten im KA vor.[1065]

Nr. 3 (Einholung gliedkirchlicher Stellungnahmen und Auskünfte)
Die der EKD gem. Art. 20 I obliegende Aufgabe, von Kirchenleitungen Stellungnahmen und Auskünfte einzuholen, ist mangels anderweitiger Zuweisung an sich vom Rat wahrzunehmen; dieses Ratsgeschäft wird hier – erweitert um die Äußerungen der **gliedkirchl. Zusammenschlüsse** und der **Werke, Verbände und Einrichtungen** (Erl Art. 14) – ausdrücklich dem KA übertragen. Die Einschränkung auf **Angelegenheiten von gesamtkirchl. Bedeutung** (die in Art. 20 fehlt) verweist auf die allgemeine Begrenzung der Aufgaben der EKD durch die gliedkirchl. Autonomie, schließt aber u.U. Angelegenheiten innerhalb einer Gliedkirche oder etwa Übereinkommen oder Konflikte zw. zwei Gliedkirchen ein. Sie können hier auch bei nur mittelbaren Auswirkungen auf die Gemeinschaft je nach Gewicht auch gesamtkirchl. Bedeutung gewinnen und Stellungnahmen oder Auskünfte erfordern. Dabei sind u.U. die Zusammenschlüsse besonders angesprochen.

Nr. 4 (Beratung und Information der Gliedkirchen)
Diese Aufgabe wurde im Zuge der Strukturreform v. 2005 eingefügt. Es war zu erwarten, dass die Beratung und Information der Gliedkirchen infolge der personellen Verknappung in den gliedkirchl. Verwaltungen und bei ihren Werken, Einrichtungen und Verbänden eine immer größere Bedeutung erlangen würden.

Nr. 5 (Planung und Entscheidungsvorbereitung)
Als bedeutendes Aufgabenfeld der EKD findet hier die gesamtkirchl. **Planung** ausdrückliche Erwähnung. Sie ist – wie auch andere **„Arbeiten"** – durch das KA **einzuleiten** (z.B. durch Personalplanungsberichte). Dies entspricht zum einen gewachsener Übung, wie auch die Initiativen meist vom KA ausgehen, und betont zum anderen den Entscheidungsvorbehalt der Leitungsorgane.

Die **Entscheidungsvorbereitung** nimmt das KA größtenteils als Geschäftsstelle der Leitungsorgane und mit der Geschäftsführung für Kammern und Kommissionen wahr; sie überschneidet sich insb. mit den Aufgaben zu Nr. 1. Das KA hat insb. die Beschl. des Rates aber auch der anderen Leitungsorgane vorzubereiten und durchzuführen

1065 Hammer, ebd.

(§ 5 I GeschORat, Erl Art. 30 V 3). Es erstellt Vorl. und Ndschr. Hervorgehoben wird die **Rechtsetzung**, die vornehmlich der Synode zukommt. Gesetzesvorl. des Rates und der KK werden regelmäßig durch das KA und meist in Abstimmung mit der betr. Referentenkonferenz entworfen.

Nr. 6 (Wahrnehmung ökumenischer Verbindungen)
Diese Aufgabe knüpft daran an, dass die EKD in der Ordnung der Ökumene steht (Art. 2 III) und in dieser mitarbeitet (Art. 17 I). Die **Wahrnehmung** der für diese Arbeit erforderlichen Kontakte durch seine Amtsstellen hatte der Rat bereits in den *„Kasseler Feststellungen"* v. 1974 hervorgehoben (Gesch 8a). Sie wird im Unterschied zur Auslandsarbeit (Nr. 7) nicht ausdrücklich auf die gesetzlich zugewiesenen Aufgaben beschränkt. Dies entspricht hergebrachter Übung, schließt aber andererseits eine unmittelbare Wahrnehmung durch den Rat selbst nicht aus. **Die ökum. Verbindungen der EKD** betreffen die Mitarbeit in der Ökumene, wie sie Art. 17 näher umschreibt; dazu gehören insb. die Mitgliedschaft bei ÖRK, KEK und ACK und die Beziehung zu sonstigen ökum. Organisationen und anderen Kirchen im Inland (z. Auslandsarbeit: Nr. 7). Zum Deutschen Nationalkomitee des Luth. Weltbundes s. Erl Art. 21 II 2.

Nr. 7 (Auslandsarbeit)
Die **Auslandsarbeit** schließt unmittelbar an Nr. 6 an, um den Sachzusammenhang deutlich zu machen.[1066] Der Aufgabenkatalog unterscheidet hier die Auslandsarbeit aber von der sonstigen Wahrnehmung ökum. Verbindungen und beschränkt die Aufgabe des KA auf die ihm kirchengesetzlich auf diesem Gebiet und in anderen Bereichen zugewiesenen Aufgaben, jedoch nicht nur auf Verwaltungsaufgaben. Die Regelung findet sich hauptsächlich im *KG über die Mitarbeit der EKD in der Ökumene* v. 6.11.1996 (ABl. EKD S. 525). Die tatsächliche Aufgabenwahrnehmung ist verschiedentlich darüber bereits hinausgewachsen.
In der Sache entspricht die Aufgabe dem in Art. 17 III beschriebenen Dienst an ev. Christen deutscher Sprache oder Herkunft im Ausland in partnerschaftlicher Zusammenarbeit mit deren Kirchen und Gemeinden, den die EKD fördert und in Gemeinschaft mit anderen Kirchen wahrnimmt. Bezüglich der Auslandsgemeinden führt das KA auch *Kirchenbücher* (Erl Art. 17 III).
Zu den dem KA in diesem Kontext **in anderen Bereichen zugewiesenen Aufgaben** gehört der Dienst an Ausländern in Deutschland (Art. 17 IV). Nach den *Kasseler Feststellungen* (Gesch 8a) sollte auch der ökum. Bezug der Auslandsarbeit vertieft und der Wechselbezug des ökum. Aspekts mit den von der damaligen Kirchenkanzlei wahrgenommenen Aufgaben organisatorisch gefördert werden. Im Rahmen dieser

1066 Ratsvorl. v. 27.4.1982, S. 3 (KA-Az. 0100/7.30,33. Sitzung).

ökum. Dimension der kirchenamtl. Zuständigkeiten für den Dienst an ev. Christen und Gemeinden im Ausland führen die zuständigen HAL die Amtsbezeichnung „Bischof" bzw. „Bischöfin".

Nr. 8 (Vertretung gegenüber staatlichen und anderen Stellen, Bevollmächtigte)

Diese Aufgabe entspricht der Vertretungsbefugnis des Rates nach außen, insb. gegenüber Inhabern öff. bzw. staatl. Gewalt in gesamtkirchl. Anliegen (Art. 19 i.V.m. Art. 29 I 3). Sie schließt die Sachbearbeitung und die Vertretung nach außen ein.

Der Aufgabenbereich überschneidet sich in der Sache mit dem Mandat der „besonderen Bevollmächtigten" und wird von der GO daher ausdrücklich durch deren Auftrag begrenzt. Inwieweit diesen **die Vertretung** des Rates **übertragen ist**, d.h. Inhalt und Grenze der Vollmacht, ergibt sich aus der jew. Beauftragung und dem wahrzunehmenden Aufgabenbereich, wie er in der Amtsbezeichnung des Beauftragten zum Ausdruck kommt und nach herkömmlicher Übung zu verstehen ist. Die Beauftragungen sind i.d.R. mit Dienstanweisungen, Richtl. oder GeschO verbunden.

Diese Begrenzung der Aufgaben des KA bezieht sich ausdrücklich auf die *Vertretungsfunktion* und beschränkt nicht unmittelbar seine Aufgabe, die betr. gesamtkirchl. Anliegen **zu bearbeiten**. Dies besagt auch die Bezeichnung als „Bevollmächtigte". In der Praxis wird sich die Sachbearbeitung jedoch schon aus technischen Gründen nicht immer von der Vertretungsfunktion trennen und nicht gänzlich dem KA zuordnen lassen.

Der Vorbehalt der Bevollmächtigtenkompetenz bezieht sich nicht nur auf die in der Vergangenheit erfolgten Beauftragungen („übertragen **ist**"). Vielmehr ist es dem Rat unbenommen, die grundsätzliche Vertretungszuständigkeit des KA durch weitere Beauftragungen ausnahmsweise einzuschränken. Dem steht auch Art. 30 V 4 nicht entgegen, aus dem kein zwingendes Verbot abzuleiten ist, einzelne Aufgaben auf Personen außerhalb des Rates auf Grund seiner allgemeinen Leitungskompetenz zu übertragen.[1067]

Bevollmächtigte/Beauftragte

Mit **besonderen Bevollmächtigten** sind hier alle Amtsträger gemeint, die kraft Ratsvollmacht meist mit der Amtsbezeichnung „Beauftragter" einen besonderen Aufgabenbereich für den Rat **gegenüber dem Staat und anderen Stellen** vertreten.[1068] Die Beauftragung soll u.a. die Arbeitsfähigkeit des i.d.R. nur monatlich tagenden Rates verbessern; hinzu kommt die spezielle Eignung des Beauftragten hinsichtlich seiner Sachkunde, seiner Persönlichkeit und seiner Verbindungen im eigenen Auftragsfeld.

[1067] Heun, Die Beauftragten in der Kirche, S. 393.

[1068] Dazu allgemein Heun, aaO, S. 382 ff., u. E. Koch, Die Beauftragten in der Kirche.

Eine Regelung dieses Instituts der Bevollmächtigten findet sich in der GO außer diesem Zuständigkeitsvorbehalt nicht. Die *Bezeichnung* als „Bevollmächtigte" deutet an, dass der Schwerpunkt nicht bei der Verwaltung, sondern bei der Leitung und Vertretung nach außen liegt. Hinzu kommen Aufgaben der Planung, Koordinierung, Beratung und Information. Dem entsprechen in den Grenzen des jew. Auftrags Initiativ- und Entscheidungsbefugnisse, Recht zur Akteneinsicht, Anhörung, Veröffentlichung wie auch Repräsentationskompetenzen. Neben kirchenleitende und verwaltende treten seelsorgerliche Aufgaben; die Wahrnehmung des Verkündigungsauftrages hat neben der politischen und rechtl. vor allem *pastoralen* Charakter. Beauftragt werden können – wie verschiedentlich praktiziert – auch Ratsmitglieder; obwohl eine Ressortbildung innerhalb der Gremiumsarbeit des Rates bisher grundsätzlich nicht beabsichtigt ist.

Der Beauftragte ist, insoweit er seinen Auftrag unmittelbar vom Rat erhält, nur diesem in seiner Arbeit verantwortlich. Er ist nach allgemeinen Grundsätzen und bisheriger Praxis wie das KA (Erl Abs. 1) an Richtl. und Weisungen des Rates gebunden. Dem entspricht die Ausgestaltung der Rechts-, Dienst- und Fachaufsicht. Der sachlichen und organisationsrechtl. Verselbständigung der Beauftragten entspricht eine besondere Unabhängigkeit im Vergleich und im Verhältnis zur übrigen Verwaltungshierarchie namentlich zum KA. Die hier von der GO getroffene Unterscheidung zw. den Aufgaben der Bevollmächtigten und des KA sowie zw. deren Bearbeitung und der Vertretung besagt, dass hier eine gewisse Unabhängigkeit vom KA mit der notwendigen Kooperation und Einbindung in die Amtsstelle des Rates zum Ausgleich zu bringen ist.

Die Vertretung durch Bevollmächtigte wird hier als Ausnahme formuliert (**„soweit"**) und ist intern im Zweifel restriktiv auszulegen. Die dem KA ohne Einschränkung übertragene Verwaltungskompetenz umfasst insb. die Finanz- und Personalverwaltung. Dazu gehört die Vorbereitung des Gesetzes über den Haushalts- und Stellenplan auch bezüglich der Bevollmächtigten. Eine Teilzuständigkeit der Beauftragten ist nicht ausdrücklich vorgesehen. Sie wird aber insoweit anzunehmen sein, als dies für die Wahrnehmung des Vertretungsauftrags notwendig und aus der Natur der Sache, auch wegen eigener Dienstsitze, geboten ist.

Gesamtkirchliche Angelegenheiten gegenüber staatlichen Stellen vertritt vornehmlich der hauptamtl. *Bevollmächtigte des Rates der EKD bei der Bundesrepublik und der Europäischen Union.*[1069] Hier hat der Rat schon bei der ersten Berufung besondere Regelungen für die Vertretung und für das Verhältnis zur Amtstelle des Rates getroffen. Lt. Geschäftsordnung[1070] gehört der Bevollmächtigte beamtenrechtl. dem

[1069] Mit der Amtsbezeichnung „Prälat", bis 1997 in Personalunion mit dem Amt des Militärbischofs.

[1070] Vorlfg. GeschO des Rates für Propst Kunst und OKR Ranke v. 8.3.1950 (Anl. zu NdschrRat v.

KA als Amtsstelle des Rates an, untersteht aber dienstlich unmittelbar dem Rat. Der besondere Ausbau der eigenen Dienststelle im Zentrum der Bundeshauptstadt entspricht dem besonderen politischen Gewicht seines Auftrages. Gleichwohl liegt auch hier die Sachbearbeitung im Wesentlichen beim KA. Hierzu waren bis 1975 Referenten der Kirchenkanzlei der Dienststelle des Ratsbevollmächtigten als „Außenstelle Bonn“ zugeordnet. Die GeschO sieht sogar vor, dass „Schreiben an ... zentrale Stellen anderer christlicher Kirchen und Organe der Ökumene, soweit sie allgemeine und grundsätzliche Fragen betreffen, von der“ Amtsstelle des Rates „in Hannover“ ausgehen. „Rundschreiben an die Landeskirchen“ ergehen grundsätzlich nur von dieser Stelle.[1071] An Organe der Bundesrepublik, deren Regierungsmitglieder und Ministerien schreibt grundsätzlich der Ratsbevollmächtigte und unterrichtet das KA über die weitere Behandlung (§ 22 IV Ergänzende GeschOKA; vgl. Erl Art. 19 Satz 1).

Gesamtkirchl. Anliegen gegenüber staatl. und anderen Stellen[1072] werden außerdem für besondere Aufgabenfelder durch weitere, meist nebenamtl. Beauftragte des Rates vertreten. Bei einigen verbindet sich diese Vertretungsfunktion mit der Seelsorge an Kirchengliedern bestimmter Bereiche bzw. Gruppen und Institutionen (z.B. JVA u. BGS) oder mit anderen z.T. überwiegend innerkirchl. Aufgaben (z.B. Datenschutz).

Beauftragte wurden vom Rat u.a. für folgende Bereiche bestellt:
Agrarsoziale Fragen, Fragen der Arbeitslosigkeit, Seelsorge im Bundesgrenzschutz, Datenschutz, Film, Seelsorge in Justizvollzugsanstalten, Kindergottesdienst, Kontakt zu Kommunitäten, Kriegsdienstverweigerung, Kultur, Rundfunk, Spätaussiedler und Heimatvertriebene, Sport und Umweltfragen.

Zu den Bevollmächtigten besonderer Art i.S.d. Art. 31 gehört auch der *Bischof* bzw. *die Bischöfin für die Bundeswehr.* Auch er bzw. sie wird (nebst einem Beirat) durch den Rat der EKD (mit Zustimmung der KK) ernannt und wirkt mit diesem eng zusam-

---

7./8.3.1950, TOP 14, EZA 2/1792); zum Ganzen J. Gaertner, Der Dienst des juristischen Stellvertreters beim Bevollmächtigten etc., ZevKR 51 (2006) S. 190 ff.

1071 NdschrRat v. 7./8.3.1950, aaO, Ziff. 7; in der Praxis ist die Eigenständigkeit des Bevollmächtigten und seine Kooperation mit der Amtsstelle des Rates i.S.e. zunehmenden Verselbständigung der Berliner Dienststelle über die GeschO v. 1954 und den Status einer ausgegliederten Stelle des KA hinausgewachsen. Zudem war früher ein Referent der Kirchenkanzlei in die Bundeshauptstadt abgeordnet, der an der Dienststelle des Bevollmächtigten „Einzelfragen der Gesetzgebung und Verwaltung in Verbindung mit den zuständigen Bundesorganen zu bearbeiten“ hatte (Vorlfg. GeschO des Ratsbevollmächtigten v. 1950, aaO; weitergehend E. Koch, aaO, S. 50 u. 213, jedoch ohne Bezugnahme auf die GeschO).

1072 Weitere Beauftragte sind für innerkirchl. Anliegen bestellt, z.B. der Beauftragte des Rates für den Kontakt zu den Kommunitäten.

men. Das Bischofsamt für die Bundeswehr begründet neben der Beratungsfunktion für den Rat eine besondere Eigenständigkeit (Erl Art. 18).[1073]

Nr. 9 (Öffentlichkeitsarbeit)

Mit der **Unterrichtung der Öffentlichkeit** nimmt das KA einen Teil der Leitungsbefugnisse der Organe wahr, wie sie bezüglich der Öffentlichkeit an verschiedenen Stellen der GO beschrieben sind (Art 19, 20 I, 23 II, 29 I). Das KA hat die Pflicht, die Öffentlichkeit zu informieren und **öffentliche Erklärungen** abzugeben. Im Unterschied zu dem mehr appellativen Charakter der „Ansprache und Kundgebung" i.S.d. Art. 20 (Erl Art. 20 I) haben die Begriffe Unterrichtung und Erklärung den Charakter der Information. Sie kreieren keine neuen theol. oder kirchenpolitischen Positionen, sondern beziehen sich mehr auf die Klärung von Sachverhalten oder auf einen (gesicherten) Meinungsstand der EKD. Im Hinblick auf die politische Wirkung der Themenwahl, der Akzentuierungen und des Zeitpunkts im jew. politischen Kontext sind die Grenzen zu der den Organen vorbehaltenen Öffentlichkeitsarbeit für das KA im Einzelnen fließend. Im Wesentlichen zielt der Auftrag des KA darauf, die Meinung der Organe zu vertreten, deren Meinungsbildung in wichtigen Fragen aber nicht zu ersetzen oder ihr vorzugreifen.

Demnach sind „Veröffentlichungen von grundsätzlichem oder kirchenpolitisch bedeutsamem Charakter vor ihrer Publikation durch das KA vom Rat zu billigen, sonstige vom Kollegium ... Über die Freigabe der in seine Zuständigkeit fallenden Veröffentlichungen entscheidet" eine vom KA eingesetzte „Kolleggruppe". *Veröffentlichungen* in diesem Sinne „sind alle zur Publikation bestimmten Texte, die im KA erarbeitet oder anderweitig auf Veranlassung des Rates oder des Kirchenamtes für kirchliche Zwecke erstellt und mit dem Namen der EKD verbunden werden".[1074] Dies betrifft auch Verlautbarungen im Internet. *Pressemitteilungen* der Pressestelle des KA bedürfen nicht der Einschaltung des Kollegiums. I.d.R. werden Erklärungen und Auskünfte von weiterreichender Bedeutung von den zuständigen HAL oder dem Pressesprecher abgegeben. Nach Möglichkeit sind diese Äußerungen vorher unter den Beteiligten abzustimmen. Der Fachreferent soll gehört werden. Andere Auskünfte und Verlautbarungen werden grundsätzlich von dem Pressesprecher abgegeben.[1075] Im Fall besonderer Dringlichkeit wird das KA zu Erklärungen über seine Befugnis gem. Nr. 8 die Zustimmung der oder des RV oder Synodenpräses einholen. Zu Öffentlichkeitsarbeit und Medien s. Erl Art. 20 I.

[1073] In neuerer Zeit gibt es Stimmen, dieses Amt als Ratsbeauftragter neu zu konzipieren; dazu kritisch I.-J. Werkner, „Soldatenseelsorge versus Militärseelsorge" – Ev. Pfarrer in der Bundeswehr, Heidelberg, 2001.

[1074] § 36 Ergänzende GeschO des KA (EGOK) i.d.F. v. 1.7.1997 (unveröff. Hausverfügung des KA Nr. 5/1997 v. 18.7.1997).

[1075] § 35 EGOK aaO.

Zum *weiteren Aufgabenkreis* des KA ist insb. das Gerichtswesen zu nennen. Nach Maßgabe des Kirchengerichtsgesetzes der EKD ist es Geschäftsstelle für die Kirchengerichte (Erl Art. 32 II vor Nr. 1).

Absatz 3 (Leitungsstruktur)
Die GO bestimmt für das KA eine modifizierte Kollegialverfassung und verweist im Übrigen auf die organisatorischen Rechtsakte. Die Vorschrift wurde durch GO-Änderung v. 2000 in geschlechtergerechter Sprache formuliert (Gesch 8f).

Satz 1 (Leitung und Gliederung)
Das KA wird von einem Kollegium unter Vorsitz des Präsidenten bzw. der Präsidentin geleitet und ist in Hauptabteilungen (HA) gegliedert. Nach seiner GeschO[1076] bestehen vier HA für Leitung u. kirchl. Handlungsfelder (I), Recht u. Finanzen (II), Öffentl. Verantwortung u. Bildung (III), Ökumene u. Auslandsarbeit (IV). Diese bündeln *Abteilungen*, denen *Referate* und *Sachgebiete* zugeordnet sind.

Das KA berät und beschließt durch das **Kollegium** oder für dieses durch Kolleggruppen oder in den Abteilungen. Das Kollegium besteht aus den Leiterinnen und Leitern der Hauptabteilungen (HAL) und Abteilungen. Seine Aufgabe ist die Information und Beratung sowie die Beschlussfassung in Angelegenheiten von hervorgehobener Bedeutung. Es kann Grundsätze und Richtl. für die Kolleggruppen und Abteilungen aufstellen sowie in Einzelfällen Weisungen erteilen. Das Kollegium beschließt den *Geschäftsverteilungsplan* und ggf. eine ergänzende Ordnung zu der vom Rat erlassenen GeschOKA. Die Bildung oder Auflösung von Abteilungen sowie ihre Zuordnung zu den HA bedarf der Zustimmung des Rates (§§ 7 u. 16 GeschOKA).

Der Rat ist *Dienstvorgesetzter* der Mitglieder des Kollegiums, soweit diese nicht als Amtsleiter der Zusammenschlüsse deren Organen zugeordnet sind. Er kann die Ausübung der sich daraus ergebenden Befugnisse, soweit sie nicht die *Grundfragen des Dienstverhältnisses* betreffen, wie Auflösung oder Versetzung in den Ruhestand, auf die Präs. des KA übertragen. *Vorgesetzte* sind im Übrigen Personen, die einer Amtskraft für die dienstliche Tätigkeit Anordnungen erteilen können (entspr. § 4 III KBG).

Der **Präsident** oder die **Präsidentin** haben außer dem Vorsitz im Kollegium wichtige *Leitungsfunktionen* im KA: Sie sind für die Angelegenheiten der Verwaltung und der Organisation des KA zuständig, soweit es sich nicht um grundsätzliche Angelegenheiten handelt. Sie überwachen die Ausführung der Organbeschl. und sorgen nach den

[1076] Geschäftsordnung des Kirchenamtes der EKD v. 6.9.1996 (Recht der EKD 1.20).

Richtl. des Rates für den sachgemäßen Personaleinsatz sowie für die Koordinierung der Arbeit. In der Führung der Geschäfte werden sie durch die HAL unterstützt (§ 5 I GeschOKA).
Der Präsident ist Dienststellenleitung i.S.d. MVG und Dienstvorgesetzter der Mitarbeiter und Mitarbeiterinnen des KA mit Ausnahme der Kollegiumsmitglieder. Er wird von den HAL und den Kollegiumsmitgliedern in einer vom Rat zu beschließenden Reihenfolge vertreten.[1077] Im Hinblick auf seine früher umfassende Beurkundungszuständigkeit (Art. 34 II 1 a.F.) und Protokollverantwortung galt er auch als *„Protonotarius der EKD“*. Gegenüber dem Rat hat er als ausführendes Organ i.S.d. erforderlichen Vertrauensverhältnisses strikte Neutralität zu wahren.[1078]

Anstellungsträgerin bzw. Dienstherrin der *Mitarbeiter und Mitarbeiterinnen der Amtsstellen der UEK und VELKD* im KA ist nach vertraglicher Regelung gem. Art. 21a die EKD. Sie stellt im Einvernehmen mit den Zusammenschlüssen ein, mit denen sie die Personalentscheidungen vorbereitet. Da sie alle Bedienstete der EKD sind, ist der Rat nach Art. 22 und 29 oberster Dienstvorgesetzter. Die gen. Verträge enthalten für die Ausübung der Personalverwaltung, Dienst- und Fachaufsicht nähere Regelungen, die für den Rat verbindlich sind.
Die EKD führt die *Dienstaufsicht* im Einvernehmen mit dem jew. Zusammenschluss. Dieser führt die *Fachaufsicht*. Der innere Dienstbetrieb im KA folgt einheitlichen Regelungen (vgl. §§ 5, 6, 7 u. 13 des Vertrages der EKD mit der UEK bzw. §§ 7, 8, 9 u. 16 des Vertrages mit der VELKD).
Die theol. Vizepräs. leiten neben den ihnen zugeordneten Hauptabteilungen das Amt der UEK bzw. der VELKD. Sie führen mittels ihres jew. Amtes die Geschäfte ihres Zusammenschlusses. Insoweit sind sie nur dessen Organen gegenüber verantwortlich. Ihre Bestellung sowie die der Vertreter in der Leitung des Amtes erfolgt im Einvernehmen mit dem Zusammenschluss.

Die Leitungen des Amtes der UEK und der VELKD unterrichten das Kollegium des KA über die Arbeit der Zusammenschlüsse und fördern den innerev. Dialog. Machen sie gegen einen Beschl. des KA Bedenken geltend mit der Begründung, er widerspreche einem der in ihren Kirchen geltenden Bekenntnisse, und können die Bedenken durch eine Aussprache im Kollegium

---

1077 § 4 GeschOKA; nach der Vertretungsregelung im KA (Verfügung des Präsidenten v. 20.9.2002 entsprechend Beschl. v. 5.7.1997) richtet sich die Reihenfolge nach der Bezifferung der HA; bei Verträgen mit ausländischen Kirchen (Art. 10 I) wurde der Leiter der HA „Ökumene und Auslandsarbeit“ jeweils zur Unterzeichnung ermächtigt.

1078 Alleingänge und kirchenpolitische Aktivitäten des Präsidenten führten in den Anfängen der Kirchenkanzlei zu Störungen des erforderlichen Vertrauensverhältnisses; zur Amtsniederlegung des ersten Leiters der Kirchenkanzlei 1947: Schr. H. Assmussen an den Ratsvorsitzenden v. 20.5.1947 (Nicolaisen, Ratsprot. 2, S. 161 ff.; dazu Smith-von Osten, Treysa, S. 134 u. 373).

nicht behoben werden, so kann gegen ein solches Votum nicht entschieden und ein bereits gefasster Beschl. nicht ausgeführt werden. Die Leitungen haben unverzüglich die Angelegenheit ihrem Konvent in der KK vorzulegen (vgl. Art. 28a II).

Eine *Außenstelle des KA* in Berlin wurde vom Rat 1991 bei der Wiedervereinigung errichtet, als die EKD in die Rechtsnachfolge des BEK eintrat.[1079] Mit ihrer Errichtung wurde die „*Berliner Stelle*" aufgelöst, die bereits 1945 aus Gründen der deutschen Teilung zunächst „für die Dauer der Verkehrsschwierigkeiten" eingerichtet worden war.[1080]

Satz 2 (Richtlinien des Rates und Geschäftsordnung)
Unbeschadet der auf alle Leitungsorgane bezogenen Aufgabe des KA kann es in organisatorischer und disziplinarischer Hinsicht praktisch nur einem Organ zugeordnet werden: Nach der Organstruktur der GO ist dies der Rat. Die Richtlinien- und Ordnungsbefugnis des Rates soll ihm die Möglichkeit geben, die Arbeitsbeziehungen zw. den Organen und dem KA zu koordinieren. Dafür hat er die **Richtlinie des Rates der EKD über die Organisation und Geschäftsverteilung** des Kirchenamtes der EKD[1081] und die **Geschäftsordnung** des Kirchenamtes der EKD (GeschOKA) erlassen. Sie ermächtigt das Kollegium zum Erlass einer *Ergänzenden Geschäftsordnung* (EGOK). Diese regelt ergänzend Gliederung, Zuständigkeit und Zusammenarbeit sowie den innerbehördlichen Geschäftsablauf im KA.

Absatz 4 (Präsidial- und Hauptabteilungsebene)
Die leitenden Funktionen im KA werden durch EKD-Organe und ggf. unter vertraglich vorgesehener Beteiligung der Zusammenschlüsse berufen. Die Vorschrift wurde durch GO-Änderung v. 2000 in geschlechtergerechter Sprache formuliert (Gesch 8 f).

Satz 1 (Berufung durch Rat und Kirchenkonferenz)
Präs. und HAL werden „im Benehmen" mit der KK vom Rat berufen. Ihre *Dienstherrin* ist, wie für alle Amtskräfte im Beamtenverhältnis, die EKD, ihre *oberste Dienstbehörde* der Rat (§ 4 KBG).
Das **Benehmen** mit der KK bedeutet, dass ihr der Rat die Namen der in Aussicht genommenen Kandidaten mitteilt, so dass die beabsichtigte Ernennung bei einer ihrer

---

1079 Beschl. v. 24./25.1.1991 (KA-Az. 0232/2/59. Sitzung).

1080 § 2 VO ü. der Kanzlei der EKD v. 2.5.1946 (VO.u.N.Bl. Nr. 16, S. 2); schon in der ersten Sitzung des Rates 1945 wurde der „Aufbau eines Büros im östlichen Teil Deutschlands" vorgesehen (Nicolaisen, Ratsprot. 1, S. 3).

1081 Beschlossen zusammen mit der ersten GeschOKA am 10.12.1982 (NdschrRat 10./11.12.1982 Anlage 2a und b: KA-Az. 0100/7); hierzu GeschOKA v. 6.9.1996 (Recht der EKD, 1.20); EGOK v. 2.7.1991.

Sitzungen besprochen und ggf. noch geändert werden kann. Ein Einvernehmen ist formell nicht erforderlich; ursprünglich sah die GO (Abs. 2 a.F.) hier lediglich eine „Fühlungnahme“ vor. Die KK hat einen entsprechenden Beschl. zu fassen; sie hat aber kein Vetorecht. Angesichts der zentralen Stellung des KA in der EKD und seiner Bedeutung im Verhältnis zu den Gliedkirchen kommt diesem Benehmen erhebliches Gewicht zu, auch wenn der Rat an die Stellungnahme der KK de iure nicht gebunden ist.

Satz 2 (Beteiligung der Zusammenschlüsse)
Bei Berufung auf Präsidial- und Hauptabteilungsebene können die Verträge nach Art. 21a II eine Beteiligung der gliedkirchl. Zusammenschlüsse vorsehen.
Wegen der doppelten Loyalität der theol. Vizepräs. zur EKD einerseits und in der Leitung der Amtstelle der UEK bzw. der VELKD andererseits sehen die Verträge v. 2005 vor, dass und wie die Zusammenschlüsse zu beteiligen sind (vgl. Text 10: § 5 III 4 und Text 11: § 7 II 4).

Absatz 5 (Bekenntnisbindung der Leitenden)
Bei der Personalauswahl auf Hauptabteilungs-, Abteilungs- und Referatsebene ist auf die Berücksichtigung der unterschiedlichen Bekenntnisbindungen zu achten. Dass die EKD nach Art. 1 I eine Gemeinschaft ihrer luth., ref. und unierten Gliedkirchen ist, soll sich auch in der Mitarbeiterschaft des KA niederschlagen (z. Bekenntnisstand: Erl Vorspr. Abs. 3, Satz 4; zur entsprechenden Bestimmung für Ratsmitglieder: Art. 30 II).
„**Bekenntnisbindungen**“ sind weder gleichbedeutend mit dem „Bekenntnisstand der Gliedkirche, denen sie angehören“, noch mit dem „persönlichen Bekenntnisstand“ i.S.d. Art. 27 II. Denn die Mitarbeiter des KA werden oder sind u.U. bereits mit ihrem Umzug in eine Wohnsitzgemeinde im hann. Bereich des KA Glieder der dortigen (luth. oder ref.) Landeskirche, auch solche aus beispielsweise konsensunierten Gemeinden. Der Begriff der „Bindung“ besagt hier – in mehr subjektivem Sinne – den bis zur Auswahl bzw. Einstellung bestehenden Bekenntnisstand des Mitarbeiters. Er wird im Regelfall objektiviert durch die Ordinationsverpflichtung oder das Bekenntnis der bisherigen Wohnsitzgemeinde.

Artikel 32 (Rechtsauslegung, Rechtsprechung, Kirchengerichte)

(1) Die Auslegung kirchlichen Rechts, das gegründet ist auf der Heiligen Schrift und den Bekenntnisschriften, erfolgt durch die verfassungsmäßigen Organe der Evangelischen Kirche in Deutschland. Unbeschadet der Einheit der verfassungsmäßigen Organe der Evangelischen Kirche in Deutschland haben die Kirchengerichte der Evangelischen Kirche in Deutschland die Aufgabe der Streitschlichtung. Die kirchliche Rechtsprechung in der Evangelischen Kirche in Deutschland ist Richtern und Richterinnen anvertraut.

(2) Kirchengerichte der Evangelischen Kirche in Deutschland sind

1. der Verfassungsgerichtshof der Evangelischen Kirche in Deutschland,

2. das Kirchengericht der Evangelischen Kirche in Deutschland als Kirchengericht erster Instanz und

3. der Kirchengerichtshof der Evangelischen Kirche in Deutschland als Kirchengericht zweiter Instanz.

(3) Durch Kirchengesetz kann die Evangelische Kirche in Deutschland für sich die Zuständigkeit von Kirchengerichten ihrer Gliedkirchen und deren gliedkirchlichen Zusammenschlüsse begründen, soweit dies das Recht der Gliedkirchen und gliedkirchlichen Zusammenschlüsse zulässt.

(4) Durch Kirchengesetz kann die Evangelische Kirche in Deutschland ihren Gliedkirchen, deren gliedkirchlichen Zusammenschlüssen und für kirchliche und freikirchliche Einrichtungen, Werke und Dienste im Bereich der evangelischen Kirchen die Möglichkeit eröffnen, die Zuständigkeit der Kirchengerichte der Evangelischen Kirche in Deutschland zu begründen.

Die Vorschrift wurde durch Beschl. der Synode der EKD zum *Kirchengesetz über die Errichtung, die Organisation und das Verfahren der Kirchengerichte der EKD* v. 6.11.2003 (ABl. EKD S. 408) mit Wirkung v. 1.1.2004 neu gefasst und durch Art. 32a bis c ergänzt. Die Rechtspflege war auf der Ebene der GO durch Art. 32 a.F. und in verschiedenen Kirchengesetzen geregelt. Durch die GO-Änderung und ein damit verbundenes *Kirchengerichtsgesetz der EKD (KiGG.EKD)* wurden einschlägige Regelungsmaterien zusammengefasst und damit auf Rechtsklarheit und -vereinheitlichung in der EKD hingewirkt (Art. 6 II).

Die Funktion kirchl. Gerichtsbarkeit geht u.a. auf den biblischen Gedanken zurück, dass im Streit unter Gemeindegliedern ein „Weiser unter euch" richten möge (1. Kor 6,1-7). Als Kontrolle kirchl. Handelns am Maßstab des Kirchenrechts dient sie der Ordnung und dem Rechtsfrieden in der Kirche, auch i.S. helfender Diakonie. Voraussetzung ist die Rechtsbindung der handelnden und die Unabhängigkeit der kontrollierenden Funktion. Beide Elemente der Gerichtsbarkeit sind zwar nicht prinzipiell, aber vor dem Hintergrund der Rechtfertigungslehre und in einer Ordnung der Geschwisterlichkeit (Art. 5) mit dem Gebot einmütigen und einheitlichen Handelns in der Begründung und Reichweite umstritten.[1082]
Für den ev. Kirchenbund sahen die Wittenberger Beschlüsse v. 1848 lediglich die Aufgabe einer „Vermittlung bei Streitigkeiten" zw. den ihm angehörenden Kirchenge-

[1082] Vgl. Germann, Gerichtsbarkeit, Sp. 471; Kästner, Ev. Kirchengerichtsbarkeit in Deutschland; Ehlers, Rechtsfragen der Vollstreckung kirchlicher Gerichtsentscheidungen; Winter, Gerichtsbarkeit, Sp. 918; z. Ganzen Guntau, Neuordnung der Rechtspflege m.w.N.

meinschaften vor (Anh 1: Ziff. 5d). Die ersten kirchl. Gerichte entstanden nach 1919 im Zuge der Neuordnung nach dem Wegfall des landesherrlichen Kirchenregiments (Gesch 1c). Bei Verabschiedung der GO 1948 konnten die staatl. Regelungen der Rechtspflege durch das Grundgesetz von 1949 noch nicht mit berücksichtigt werden. Die GO behandelte die Rechtspflege nur in einem sehr eingeschränkten Umfang. Nach Art. 32 a.F. war zur Entscheidung von Meinungsverschiedenheiten und Streitfragen innerhalb der EKD ein *Schiedsgerichtshof* (SHG) berufen und das Nähere durch das *Kirchengesetz über die Bildung eines SHG der EKD* v. 13.1.1949 (ABl. EKD S. 25) geregelt. Der SHG diente nicht der Rechtskontrolle und dem Rechtsschutz Einzelner, sondern der Bereinigung von Streitfragen, die sich zw. Kirchen, Verbänden u. dgl. ergaben. Er entsprach damit dem föderativen Charakter der EKD und der ihr gegenüber betonten Selbständigkeit der Gliedkirchen.[1083]

Die staatl. Selbstbestimmungsgarantie gem. Art. 140 GG i.V.m. Art. 137 III WRV räumt den Kirchen das Recht ein, ihre Angelegenheiten durch eigene Gerichtsbarkeit zu ordnen. Dies rechtfertigt sich gegenüber dem Staat aus der Tatsache, dass das gesamte Kirchenrecht eigenständig und eigengeartet ist (vgl. Erl Art. 2 vor I). Die Errichtung eigener Gerichte führt dabei nicht zu einer Verdrängung des staatl. Rechtsschutzes.[1084] Vielmehr sind die Kirchen aus Sicht des Staates mit ihrem Selbstbestimmungsrecht in das weltliche Verfassungsgefüge eingeordnet und können insoweit ihre Angelegenheiten nach staatl. Ordnung nur innerhalb der Schranken des für alle geltenden Gesetzes selbständig regeln.
Die staatl. Anerkennung eines kirchl. Gerichtswesens setzt zudem voraus, dass dieses die fundamentalen Rechtsprinzipien einhält, die die Grundlage staatl. Justiz bilden. Demnach hat die Kirche für ihre Gerichtsorganisation zur Sicherung der Rechtlichkeit Regelungen zu treffen, die den heutigen rechtsstaatl. Standards entsprechen.[1085] Deren tragendes Organisationsprinzip ist die *Eigenständigkeit* der Rechtsprechung. Diese beinhaltet das Rechtsprechungsmonopol, die organisatorische Selbständigkeit der Ge-

---

1083 Dazu R. Smend, Bericht vor der Synode 1949 (SB Bethel 1949, S. 162 ff.); Entwurf und Begründung des KG, aaO, S. 312 ff.; zum Allgemeinen H. Maurer, Die Verwaltungsgerichtsbarkeit der Evangelischen Kirche, ders., Gerichtsbarkeit, Sp. 1087. Art. 32 a.F. s. Anh 7D; vgl. Schlaich, Änderungen der GO, S. 147; Pirson, Kirchenrecht Sp. 1175.

1084 Vgl. v. Campenhausen/de Wall, Staatskirchenrecht, § 37, S. 310 f.; Schilberg, Rechtsschutz und Arbeitsrecht, S. 79 f.; Richardi, Arbeitsrecht, § 21 I, 1; Rüfner, Zuständigkeit staatlicher Gerichte etc., § 73; BGH NJW 2000, 1555; dazu Anm. v. Campenhausen, ZevKR 45 (2000) S. 622; Kästner, Tendenzwende in der Rechtsprechung etc., S. 889; vgl. auch D. Ehlers, Vollstreckbarkeit kirchlicher Gerichtsentscheidungen, ZevKR 49 (2004) S. 496 ff., ferner J. Wenzel, „Richtet nicht, auf dass Ihr nicht gerichtet werdet“, ZevKR 49 (2004) S. 559 ff.

1085 Grethlein/Böttcher/Hofmann/Hübner, Ev. Kirchenrecht in Bayern, S. 399 f.; dem entspricht ihre Aufgabe der Sicherung der „Rechtlichkeit“ (nicht: Rechtsstaatlichkeit) (K.-H. Kästner, Ev. Kirchengerichtsbarkeit, S. 188).

richte und die richterliche Unabhängigkeit. Hinzu kommt die grundsätzliche Unvereinbarkeit des Richteramtes mit Funktionen in der Verwaltung und Gesetzgebung.[1086] An diesen Kriterien orientiert sich auch die GO, indem sie die Streitschlichtung den Kirchengerichten zuweist und deren Trennung von der Verwaltung und Gesetzgebung einschließlich der Kompetenz des Verfassungsgerichtshofes, Gesetze und Verordnungen aufheben zu können, sowie die unabhängige Stellung der Richter verankert. Damit wird auf EKD-Ebene nachvollzogen, was sich auch bereits in gliedkirchl. Verf. wiederfindet.[1087]

Absatz 1 (Richterliche Rechtsauslegung)
Anknüpfend an die Aussagen der GO zur geistlichen Grundlegung kirchl. Rechts und der Rechtsetzung (Art. 2) wird diese hier für die *Auslegung* des Rechts entfaltet.

Satz 1 (Grundsatz der Rechtsauslegung)
Die Auslegung des Rechts, d.h. dessen Sinn und den Willen des Gesetzgebers zu ermitteln, ist nicht nur Aufgabe der Gerichte, sondern aller Organe der EKD, durch die sie handelt und Recht anwendet (z. Begriff Erl Art. 21 I).
Rechtsauslegung im weiteren Sinne ist prinzipiell mit jeglicher Rechtsanwendung, d.h. mit kirchl. Handeln verbunden, das wiederum insg. der Verkündigung dient und Sache aller Gläubigen ist. Insofern ist hier die „Auslegung" durch die EKD-Organe in einem engeren funktionalen Sinne zu verstehen.
Die geistliche Grundlegung allen **kirchlichen Rechts** (z. Begriff Erl Art. 2 vor I) wie der Recht*setzung* durch Art. 2 wird hier (im Nebensatz) für die Rechts*auslegung* aufgenommen. Verwiesen wird hier aber nicht auf das im Vorspruch benannte Evangelium an sich, sondern auf dessen schriftliches Offenbarungszeugnis der **Heiligen Schrift** und auf die Bekenntnisschriften als positivierte Glaubensgrundsätze. Die **Bekenntnisschriften** betreffen sowohl die altkirchl. Bekenntnisse als auch die geltenden Bekenntnisse der Reformation (vgl. Erl Vorspr. II und III). Die Mehrzahl (Bekenntnisse) lässt offen, inwieweit einzelne konfessionelle Besonderheiten für die Auslegung des konkreten Rechtssatzes rechtstheol. relevant werden können (vgl. Erl Art. 2 vor I).

Satz 2 (Streitschlichtung als Aufgabe der Gerichte)
Im Verfassungsgefüge der GO stehen die drei Organe gleichrangig nebeneinander; sie sind verfahrensrechtl. wie auch personell verzahnt und teilen sich die Leitung der

---

1086 Zu den staatl. Kriterien der Eigenständigkeit BVerfGE 3, 225, 247; 54, 159, 166; 67, 100, 130); BVerwGE 25, 210, 218; 41, 195, 198; 78, 216, 219; vgl. § 4 I Deutsches Richtergesetz; zur kirchl. Entsprechung H. Maurer, Grundprobleme, S. 73.

1087 Vgl. insoweit Art. 102 ff. Verf. Bswg, Art. 128 ff. Verf. Han, Art. 142 ff. GO EKKW und Art. 58 f. Verf. SLi.

Gesamtkirche in gemeinsamer Verantwortung (Erl vor Art. 22 und Art. 22 vor I). **Unbeschadet** dieser Leitungseinheit und der den Organen zugewiesenen Aufgaben statuiert die GO die auf den internen Ausgleich gerichtete sekundäre **Aufgabe der Streitschlichtung.** Diese Integrationsfunktion ist den **Kirchengerichten** zugewiesen. Damit statuiert die GO unter dem Abschnitt IV „Organe und Amtsstellen" kein neues judikatives Verfassungsorgan i.S. staatl. Gewaltenteilung. Statt der für Demokratie und Rechtsstaat konstitutiven Gewaltentrennung sieht die Kirchenverfassung durch eine klare Aufgabenzuweisung eine Funktionsscheidung i.S. materieller „Gewalten"-Teilung vor (vgl. Erl vor Abs. 1 und Art. 22 I).

Die Formulierung orientiert sich damit zwar am Gedanken des Art. 92 1. Halbsatz GG. In der kirchenrechtl. Literatur besteht aber Einigkeit darüber, dass der Kirchenverf. keine Gewaltenteilung i.S.d. konstituierenden Gestaltungsprinzip eines Rechtsstaates zugrunde liegt. Im kirchl. Bereich ist eine Teilung der Aufgaben und Funktionen aber möglich und der Sache nach auch zweckmäßig. Die Funktionsscheidung stellt die Einheit kirchl. Handelns nicht in Frage; die gerichtliche Kontrolle verwirklicht nur die Rechtsbindung der kirchl. Ordnung.[1088]

Satz 3 (Richterliche Rechtsprechung)

Die Eigenständigkeit der Rechtsprechung wird ferner durch deren organisatorische und personelle Selbständigkeit gewährleistet. Daher ist die kirchl. Rechtsprechung Richtern und Richterinnen vorbehalten. Diesem ihnen **anvertrauten** Amt entspricht der durch Art. 32a garantierte richterliche Status einer besonderen Berufung, Bindung und Unabhängigkeit.

Absatz 2 (Kirchengerichte)

Die GO sieht als „**Kirchengerichte**" im weiteren Sinne vor: den Verfassungsgerichtshof der EKD (Nr. 1), das Kirchengericht der EKD als Gericht erster Instanz (Nr. 2) und den Kirchengerichtshof der EKD als Gericht zweiter Instanz (Nr. 3).
Allgemeine Verfassungs- und Verfahrensvorschriften für die Kirchengerichte der EKD enthält das *Kirchengerichtsgesetz* v. 6.11.2003 *(KiGG.EKD).* Sie betreffen die Besetzung der Kammern und Senate (§ 3 III) und die Geschäftsverteilung (§ 4 II), die Verhandlung und Beweisaufnahme, Ordnungsvorschriften, Form und Verkündung der Entscheidungen, Zustellung, Verweisung, Zulassungsvoraussetzungen der Verfahrensbevollmächtigten, Verfahrenskosten, Zeugen- und Sachverständigen-Entschädigung (§§ 16–24); z.T. wird dort auf entsprechend anzuwendende Vorschriften des Gerichtsverfassungsgesetzes, des Bundesverfassungsgerichtsgesetzes, der Zivilprozessordnung und des Arbeitsgerichtsgesetzes verwiesen. Hinsichtlich gerichtlicher *Zwangsmaßnah-*

[1088] Vgl. Schilberg, Rechtsschutz und Arbeitsrecht, S. 17; H. Maurer, Grundprobleme etc., S. 83; Winter, Gerichtsbarkeit, Sp. 918; Germann, Gerichtsbarkeit, Sp. 471.

men sind staatl. Vorschriften nicht anwendbar; auch kann das Moment des Zwangs in einer nach Art. 5 geprägten Kirchenordnung nur eine untergeordnete Bedeutung haben (Erl Art. 2 vor I). Denkbar sind aber kircheninterne Maßnahmen wie die Androhung und Festsetzung von Ordnungsgeldern, soweit kirchl. Dienststellen Zugriffsmöglichkeiten zustehen.[1089]
Die Kirchengerichte der EKD haben gem. § 1 KiGG.EKD ihren *Sitz in Hannover.* Es können Gerichtstage außerhalb des Sitzes im Inland abgehalten werden. Das Nähere wird durch Ratsverordnung geregelt.
Aufgrund des Selbstbestimmungsrechtes der Kirche (Art. 140 GG i.V.m. Art. 137 III WRV) können Kirchengerichte für unterschiedliche Sachgebiete zuständig sein, die nach staatl. Verfassungsrecht (Art. 95 GG) unterschiedlichen Gerichtsbarkeiten zugewiesen sind.[1090] Nach § 3 II findet die Spezialisierung in den jew. Spruchkörpern statt. So werden durch Verordnung des Rates die für Mitarbeitervertretungs- oder Disziplinarsachen zuständigen Kammern und Senate gebildet.

Für jedes Kirchengericht wird eine *Geschäftsstelle* am Sitz des Kirchenamtes der EKD gebildet. Die Stellen können personenidentisch besetzt sein. Sie sind Teil der Gerichtsverwaltung. Zu ihren Aufgaben gehören die Vermittlung des Schriftverkehrs, die Ausführung richterlicher Anordnungen, die Protokollführung, die Erteilung von Entscheidungsausfertigungen und -abschriften durch Urkundsbeamte, Ladungen, Akten und Registerführung und statistische Erhebungen. Das Nähere regelt eine *Geschäftsordnung,* die der Rat auf Vorschlag des oder der Präs. des VGH als Verwaltungsvorschrift erlässt (§ 15 KiGG.EKD).

Die Dienststellen der EKD, ihrer Gliedkirchen und deren Zusammenschlüsse und die Einrichtungen der Diakonie leisten den Kirchengerichten *Rechts- und Amtshilfe* (§ 8 KiGG.EKD). Soweit die Einsicht in Urkunden oder Akten oder die Erteilung von Auskünften gesetzlich beschränkt ist oder wenn es sich um geheim zu haltende Vorgänge handelt, kann die oberste Dienstbehörde die Vorlage von Urkunden oder Akten oder die Erteilung von Auskünften verweigern. Die Rechts- und Amtshilfe staatl. Behörden richtet sich nach deren Vorschriften.

Nummer 1 (Verfassungsgerichtshof)
Der **Verfassungsgerichtshof** (VGH) entscheidet über die Auslegung der GO bei Organstreitigkeiten (32b), im Normenkontrollverfahren (Art. 32c) und über weitere im KiGG.EKD bestimmte Angelegenheiten.

[1089] Fey/Rehren, MGV, § 63 Rdn. 3.
[1090] v. Campenhausen/de Wall, Staatskirchenrecht, § 37, S. 310 f. m.w.N.

Die Statuierung einer Verfassungsgerichtsbarkeit für Organstreitigkeiten und Normenkontrolle steht hinsichtlich der Leitung und Ordnung der Kirche in einem gewissen Spannungsverhältnis zu den Grundlagen ev. Kirchenrechts; denn eine Hierarchie kirchl. Ämter und Normen findet in den Grundsätzen des allgemeinen Priestertums aller Gläubigen und der unauflöslichen Verbindung zw. Bekenntnis und äußerer Ordnung der Kirche (Art. 1 III) als Ordnung der Geschwisterlichkeit (Art. 5) rechtstheol. Grenzen (Erl vor Abs. 1 und Art. 2 I). Andererseits bedürfen diese Grundsätze in einer materiellen Abstufung der Ordnungsebenen der organisatorisch praktischen Entfaltung, etwa auf dem Wege der Beauftragung durch die Gemeinde, konkreter Aufgabenteilung, Funktionszuweisung und Verantwortlichkeiten. Insofern stehen der Ausgestaltung der Verfassungsgerichtsbarkeit keine durchgreifenden kirchenrechtl. oder theol. Bedenken entgegen. Die Verantwortlichkeit in der EKD bzw. ihrer Organe wird nicht verschoben. Auch geht es bei der Organklage (Art. 32b) mehr um organisationsrechtl. Fragen eines „mehr äußeren Bereichs“ der kirchl. Ordnung.[1091] Verfassungsgerichte bestehen auch in der VELKD sowie in den Landeskirchen von Hessen-Nassau und der Pfalz [1092]

Der VGH besteht aus dem oder der Präs. und vier weiteren Richterinnen und Richtern. Er entscheidet in dieser Besetzung. Präs. und zwei weitere Richter müssen die Befähigung zum Richteramt nach dem Deutschen Richtergesetz haben. Die übrigen müssen ordinierte Theologen oder Theologinnen sein (§ 1 f. KiGG.EKD).
Die Verteilung der Geschäfte erfolgt durch den Präsidenten oder die Präsidentin (§ 4 I). Soweit kirchengesetzlich nicht anderes bestimmt ist, finden die Vorschriften des BVerfGG entsprechend Anwendung (§ 27).

Nummer 2 (Kirchengericht)
Das **Kirchengericht der EKD** entscheidet in Verfahren nach dem Disziplinargesetz und über Streitigkeiten aus der Anwendung des Mitarbeitervertretungsgesetzes (§ 5 II). Das Kirchengericht besteht jew. aus einem oder einer Präs., aus Vorsitzenden Richterinnen oder Richtern und weiteren Richterinnen und Richtern in erforderlicher Anzahl (§ 3 I). Vorschlagsberechtigt für die Vorsitzenden sind das Kirchenamt der EKD, das Diakonischen Werk der EKD, die Gesamtmitarbeitervertretung der EKD und der

---

[1091] Zur Problematik: H. Maurer, Gerichtsbarkeit, Sp. 1086; einschränkend Winter, aaO, Sp. 917; dazu schon K. Hesse, Anmerkung zur Verfassungs- und Verwaltungsgericht der EKHN v. 9.3.1959 (ZevKR 7, 1959/60, S. 222); Wendt, Ordnung, S.102 f.

[1092] Art. 14 Verf. und KG über die Errichtung eines Verfassungs- und Verwaltungsgerichts der VELKD i.d.F. v. 6.11.1969 (ABl. VELKD 1970, S. 41); Art. 64 der Kirchenordnung und Kirchengesetz über das Kirchliche Verfassungs- und Verwaltungsgericht v. 14.2.1952 (ABl. EKHN S. 102), i.d.F. v. 1.8.1979 (ABl. EKHN S. 119); Gesetz betr. das Verfassungs- und Verwaltungsgericht der Pfälzischen Landeskirche v. 17.10.1959 (ABl. EKD 1960, S. 40, geändert durch KG v. 13.03.1972 (ABl. Pf. S. 61).

Hauptgeschäftsstelle des DW und ihrer Berliner Dienststelle (s. VO über die Berufung der Richter und Richterinnen der Kirchengerichte etc. v. 6.11.2003).

Bei dem Kirchengericht werden Kammern gebildet. Die erforderliche Anzahl errichtet der Rat durch VO und legt ihre Bezeichnung fest. Gem. *Verordnung über die Kammern und Senate bei den Kirchengerichten der EKD* v. 6.11.2003 führen sie die Bezeichnungen „Kirchengericht der Evangelischen Kirche in Deutschland“ mit dem jew. Zusatz: „– Disziplinarkammer –, – Erste Kammer für mitarbeitervertretungsrechtliche Streitigkeiten –, – Zweite Kammer für mitarbeitervertretungsrechtliche Streitigkeiten –“.

Das Kirchengericht der EKD ist zuständig (§ 57a KiGG.EKD):

1. für den Bereich der EKD und ihrer Amts- und Dienststellen und Einrichtungen;
2. für das Diakonische Werk der EKD und seine Dienststellen und die ihm unmittelbar angeschlossenen, rechtl. selbständigen Einrichtungen. Dies gilt auch für rechtl. selbständige Einrichtungen, die dem DW mittelbar angeschlossen sind, wenn sie das Mitarbeitervertretungsgesetz anwenden und eine Zuständigkeit eines anderen Kirchengerichts nach § 57 I KiGG.EKD nicht besteht;
3. für die Gliedkirchen der EKD und ihre Zusammenschlüsse, die gem. § 6 I KiGG. EKD eine Zuständigkeit begründen, und
4. für die kirchl. und freikirchl. Einrichtungen, Werke und Dienste im Bereich der ev. Kirchen, für die gem. KiGG.EKD die Zuständigkeit begründet wird.

Im Übrigen sind die Zuständigkeiten im Einzelnen gesetzlich festgelegt. Der kirchengerichtliche Beschl. ist verbindlich. Die Gliedkirchen können bestimmen, dass ein Aufsichtsorgan den rechtskräftigen Beschl. auch durch *Ersatzvornahme* durchsetzen kann, sofern die Dienststellenleitung die Umsetzung verweigert (§ 60 MVG).

Durch das Änderungsgesetz v. 2003 (Erl vor Abs. 1) wurde für Rechtsstreitigkeiten aus dem MVG.EKD – wie im Betriebsverfassungs- und im Personalvertretungsrecht – das arbeitsgerichtliche Beschlussverfahren verbindlich vorgeschrieben, so dass auf die hier vorliegende umfangreiche Literatur und Rechtsprechung unmittelbar zurückgegriffen werden kann. Ähnliches gilt für die Verweisung des KiGG.EKD auf das Richtergesetz und das BVerfGG.

Nummer 3 (Kirchengerichtshof)

Der **Kirchengerichtshof der EKD** (KGH) ist *Kirchengericht zweiter Instanz* in Verfahren nach Nr. 2. Er besteht jew. aus einem oder einer Präs., aus Vorsitzenden Richterinnen oder Richtern und weiteren Richterinnen und Richtern in erforderlicher Anzahl (§ 3 I KiGG.EKD). Für die Berufung der Vorsitzenden soll ein einvernehmlicher Vorschlag der Dienstgeber- und Dienstnehmerseite vorgelegt werden. Die übrigen Gerichtsmitglieder werden je als Vertreter der Mitarbeiter und der Dienstgeber vom Kirchenamt der EKD und der Gesamtmitarbeitervertretung der EKD benannt. Mitglied des KGH kann nicht sein, wer einem kirchenleitenden Organ gliedkirchl. Zusammenschlüsse oder einem leitenden Organ des Diakonischen Werkes angehört. Bei dem KGH werden Senate gebildet. Die erforderliche Anzahl errichtet der Rat durch VO und legt ihre Bezeichnung fest (Art. 10b). Gem. *Verordnung über die Kammern und Senate bei den Kirchengerichten der EKD* v. 6.11.2003 führen sie die Bezeichnung „Kirchengerichtshof der Evangelischen Kirche in Deutschland" mit dem jew. Zusatz „Lutherischer Senat in Disziplinarsachen, Reformierter Senat in Disziplinarsachen, Unierter Senat in Disziplinarsachen, Erster Senat für mitarbeitervertretungsrechtliche Streitigkeiten, Zweiter Senat für mitarbeitervertretungsrechtliche Streitigkeiten". Die Senate entscheiden in einer den Kammern der Kirchengerichte entsprechenden Besetzung (§ 3 III). Die Entscheidungen sind endgültig.

Absatz 3 (Zuständigkeit gliedkirchlicher Gerichte für die EKD)
Die GO ermöglicht der EKD die Inanspruchnahme von Kirchengerichten der Gliedkirchen und ihrer Zusammenschlüsse statt des Aufbaus eigener Gerichtsbarkeit. Von dieser Ermächtigung wird beispielsweise für verwaltungsrechtl. Streitigkeiten aus Dienst- und Entsendungsverhältnissen Gebrauch gemacht. Dies betrifft insb. die Zuständigkeit des Rechtshofs der KonNds und des Verfassungs- und Verwaltungsgerichts der VELKD für Kirchenbeamte und Auslandspfarrer, die im unmittelbaren Dienst der EKD stehen (§ 7 KiGG.EKD).

Absatz 4 (Zuständigkeitserweiterung der EKD-Gerichte)
Die Bestimmung konkretisiert für die Gerichtsbarkeit die allgemeine Übertragung von Aufgaben gem. Art. 13 und kommt dem Wunsch vieler Gliedkirchen angesichts eines zunehmenden Aufwandes für die Rechtspflege entgegen. Die EKD kann anderen durch KG die Möglichkeit eröffnen, die Zuständigkeit ihrer Gerichte zu begründen. Diese Möglichkeiten nehmen verschiedene Gliedkirchen und Freikirchen – wie z.B. die Selbständige Evangelisch-Lutherische Kirche und die Heilsarmee – bereits seit längerem wahr.

Das KiGG.EKD sieht hierzu folgende Regelungen vor: Die Gliedkirchen und ihre Zusammenschlüsse können durch KG mit Zustimmung des Rates die Zuständigkeit der Kirchengerichte auch für andere Streitigkeiten als die in § 5 KiGG.EKD genannten (s. Erl Absatz 2) begründen (§ 6 I; z.B. der VGH für die Föderation Ev. Kirchen in Mitteldeutschland). Durch Vereinbarungen der EKD mit kirchl. und freikirchl. Einrichtungen, Werken und Diensten im ev. Bereich kann die Zuständigkeit des Kirchengerichts und des KGH begründet werden, wenn die EKD-Gesetze oder Bestimmungen wesentlich gleichen Inhalts angewendet werden. Die Vereinbarung kann eine Beteiligung an den der EKD durch die Inanspruchnahme entstehenden Kosten vorsehen (§ 6 II).

Artikel 32 a (Richterliche Rechtsstellung)

(1) Die Richter und Richterinnen der Kirchengerichte der Evangelischen Kirche in Deutschland werden vom Rat der Evangelischen Kirche in Deutschland berufen. Sie sind an die Heilige Schrift und an ihr Bekenntnis sowie an das in der Kirche geltende Recht gebunden. In diesem Rahmen üben sie ihr Amt unparteiisch und in richterlicher Unabhängigkeit aus. Sie haben sich innerhalb und außerhalb ihres Amtes, auch bei politischer Betätigung, so zu verhalten, dass das Vertrauen in ihre Unabhängigkeit nicht gefährdet wird.
(2) Zu Richtern und Richterinnen der Kirchengerichte der Evangelischen Kirche in Deutschland können nur Kirchenmitglieder der Evangelischen Kirche in Deutschland berufen werden, die zu kirchlichen Ämtern in einer Gliedkirche der Evangelischen Kirche in Deutschland wählbar sind. Nicht berufen werden können die Mitglieder der verfassungsmäßigen Organe der Evangelischen Kirche in Deutschland.
(3) Die Richter und Richterinnen der Kirchengerichte der Evangelischen Kirche in Deutschland können gegen ihren Willen nur auf kirchengesetzlich geordnetem Wege ihres Amtes enthoben oder an der Ausübung ihres Amtes gehindert werden.

Die Eigenständigkeit der Rechtsprechung als Organisationsprinzip der GO findet ihren Ausdruck auch im richterlichen Status. – Zur Einfügung der Vorschrift durch GO-Änderung 2003 und zur kirchl. Rechtspflege s. Erl Art. 32 vor I.

Absatz 1 (Berufung, Bindung, Unabhängigkeit)

Wesentliche Kriterien des richterlichen Status betreffen die Berufung, die Bindung an Schrift, Bekenntnis und Recht sowie die Unabhängigkeit und Unparteilichkeit.

Satz 1 (Berufung durch den Rat)

Richter und Richterinnen der EKD-Gerichte werden vom Rat berufen. Die Einrichtung besonderer, über die Synode oder KK zu bildender Richterwahlausschüsse[1093] schien dem Verfassungsgeber zu aufwendig und der Sache nach nicht geboten. Auch im staatl. Bereich werden Richter i.d.R. durch die Regierung berufen, ohne dass sich diese dadurch eine „Hausgerichtsbarkeit" schafft.
Die *Verpflichtung* erfolgt durch den Rat. Der oder die Präs. des Kirchenamtes kann vom Rat hierzu ermächtigt werden. Die *Berufung* erfolgt bis zum Ablauf der regelmäßigen Amtszeit gem. § 9 III KiGG.EKD. Sie beträgt sechs Jahre. Das Amt eines Mit-

[1093] Vgl. hierzu Schilberg, Rechtsschutz und Arbeitsrecht, S. 82 und H. Maurer, Grundprobleme, S. 75 f.

glieds endet mit der Vollendung des 70. Lebensjahres. Zur Amtsenthebung s. Absatz 3. Die Tätigkeit der Gerichtsmitglieder ist ein kirchl. Ehrenamt (§ 12).
Ein Mitglied kann mehreren Kirchengerichten der EKD bzw. Kammern und Senaten angehören. Da es sich um Ehrenamtliche handelt, die sich nur für eine spezielle Rechtsmaterie zur Verfügung stellen, ist ihre Zugehörigkeit bei der Berufung anzugeben.

Satz 2 (Bindung an Schrift, Bekenntnis und Recht)
Die GO bindet Richter und Richterinnen über das Recht hinaus an die Heilige Schrift und das für sie wirksame Bekenntnis mit dem entsprechenden geistlichen Anspruch an die richterliche Praxis. Daher werden sie mit dem Richtergelöbnis verpflichtet:
„Ich gelobe vor Gott, mein Amt in Bindung an die Heilige Schrift und an das Bekenntnis meiner Kirche und getreu dem in der Evangelischen Kirche in Deutschland geltenden Recht auszuüben und nach bestem Wissen und Gewissen ohne Ansehen der Person zu urteilen" (§ 10 KiGG.EKD).

Bekenntnis- oder Glaubensfragen als solche haben die Gerichte allerdings nicht zu entscheiden, sie sind praktisch auf die Entscheidungen von Rechtsfragen beschränkt, soweit dies im Einzelnen zu trennen ist (vgl. Erl Art. 2 II 2). Dies gilt zudem mit der Einschränkung, dass sie Recht, das im Widerspruch zu Schrift und Bekenntnis steht, nicht anwenden dürfen, sondern ein schrift- oder bekenntniswidriges KG oder eine entsprechende VO nach Art. 32c dem VGH vorzulegen haben; denn nur dieser hat die formale Verwerfungskompetenz. Der rechtsverbindliche Bezug auf Schrift und Bekenntnis ist in der Präambel und in Art. 1 enthalten. Das Recht der Kirche ist im Geiste der Heiligen Schrift zu interpretieren. Dadurch wird nicht die Rechtsbindung gelockert, sondern der unabdingbare biblische und bekenntnismäßige Grund und damit der geistliche Bezug des gesamten Kirchenrechts hervorgehoben.[1094] Der umfassende Begriff „Recht" verzichtet auf die im staatl. Bereich überkommene Unterscheidung zw. Recht und Gesetz, die das ungeschriebene und überpositive Recht ausdrücklich einbezieht. Dazu gehört auch der Grundsatz der Geschwisterlichkeit, „gewissermaßen das Gesetzbuch", das die Kirchengerichte anzuwenden haben (R. Smend, Erl Art. 5 Satz 1).

Satz 3 (Sachliche Unabhängigkeit)
Die Vorschrift begründet die richterliche Unabhängigkeit und entspricht der Regelung des Art. 97 I GG. Sie garantiert die sachliche Unabhängigkeit der Richter von Weisungen der Exekutive oder von Eingriffen durch den Gesetz- oder Verordnungsgeber in laufende Gerichtsverfahren. Die Garantie der Unabhängigkeit kann auch innerhalb

---

1094 Dazu H. Maurer, aaO, S. 57 ff.; ders., Gerichtsbarkeit, S. 1086; Schilberg, aaO, S. 82; Winter, Gerichtsbarkeit, Sp. 918; vgl. auch Verfassungs- und Verwaltungsgericht der VELKD, Beschl. v. 14.3.1988 (ZevKR 33 [1988] S. 461).

der Kammern und Senate Wirkungen entfalten, beispielsweise im Verhältnis der Richter, z.B. des Berichterstatters zum Vorsitzenden. Zur persönlichen Unabhängigkeit s. Absatz 3.

Satz 4 (Wahrung der Unabhängigkeit)
Zu der gem. Satz 3 statuierten objektiven, richterlichen Unabhängigkeit gehört notwendig das **Vertrauen** der Rechtsgemeinschaft. Daher hat auch das persönliche Verhalten der Amtsinhaber solches Vertrauen zu rechtfertigen. Dies gilt für die Amtsausübung wie für das Leben außerhalb des Amtes; in Sonderheit ist bei politischer Betätigung die Mäßigung und Zurückhaltung zu üben, welche die Rücksicht auf das Richteramt gebietet. Für Gerichtsmitglieder gilt auch das Gebot, eine Vereinigung nicht zu unterstützen, wenn sie dadurch in Widerspruch zu ihrem Amt treten und in der Ausübung des Dienstes wesentlich behindert werden (vgl. §§ 47 f. KBG). In der Formulierung orientiert sich die GO hier am Deutschen Richtergesetz (§ 39).

Absatz 2 (Berufungsvoraussetzungen, Inkompatibilität)
Die persönliche Voraussetzung der richterlichen Kirchenmitgliedschaft orientiert sich an der Zugehörigkeit zur EKD und am Wahlrecht der Gliedkirchen.

Satz 1 (Persönliche Voraussetzungen)
Eine Berufung setzt voraus, dass die Berufenen Kirchenmitglieder der EKD (Art. 2 IV) sind und zu kirchl. Ämtern einer Gliedkirche wählbar sind (Erl Art. 24 I 1). Das *passive Wahlrecht* kann sich je nach Gliedkirche auch auf Mitglieder einer der EKD gem. Art. 21 IV angeschlossenen Gemeinschaft erstrecken (vgl. § 7 KBG). Zu den Ämtern gehören die den Ämtern i.S.d. Art. 3 I entsprechenden gliedkirchl. Ämter, insb. die Kirchenvorstände, Presbyter und Synodalen.
Die Präs., Vorsitzenden Richter und Richterinnen müssen gem. KiGG.EKD die Befähigung zum Richteramt nach dem *Deutschen Richtergesetz* haben (§§ 2 f.).

Satz 2 (Unvereinbarkeit von Aufgaben)
Die *Inkompatibilität*[1095] dient in Anlehnung an Art. 94 I 3 GG und § 36 II Deutsches Richtergesetz der Sicherung der politischen Neutralität und damit der Kontrollfunktion des Gerichts, die ihm i.S.e. materiellen Funktionsteilung zukommt. Insoweit wird von der früheren Schiedsgerichtsregelung abgewichen, die eine solche Inkompatibilitätsregelung nicht aufwies und die Eignung des Gerichtshofs für Organstreit oder Normenkontrolle erheblich einschränkte.

[1095] Zu ihrer Notwendigkeit vgl. H. Maurer, Grundprobleme, S. 73 f.

Absatz 3 (Persönliche Unabhängigkeit, Amtsenthebung)
Die Vorschrift entspricht der Regelung des Art. 97 II GG und ist Ausdruck der richterlichen Unabhängigkeit. Die sachliche Unabhängigkeit der Richter (Absatz 1 Satz 3) wird hier durch die Garantie der *persönlichen Unabhängigkeit* institutionell gesichert (Grundsatz der Inamovibilität): Dienstaufsichtliche Maßnahmen, die von der Kirchenleitung gegenüber Richtern getroffen werden, dürfen nicht in deren Richterstellung und damit in deren persönliche Unabhängigkeit eingreifen; anderes gilt für entsprechende gerichtliche Maßnahmen.

Das Amt eines Gerichtsmitglieds ist nach Maßgabe des § 8 KiGG.EKD für beendet zu erklären, wenn

1. die rechtl. Voraussetzungen der Berufung weggefallen sind,
2. es infolge gesundheitlicher Beeinträchtigungen oder infolge Verlegung seines ständigen Wohnsitzes in das Ausland zur Ausübung seines Amtes nicht mehr in der Lage ist,
3. es seine Pflichten gröblich verletzt hat,
4. das Ergebnis eines straf-, disziplinar- oder berufsgerichtlichen Verfahrens eine weitere Ausübung des Amtes nicht mehr zulässt.

Der Rat kann bis zu einer Entscheidung das vorläufige Ruhen des Amtes anordnen. Die Entscheidung über Beendigung und Ruhen trifft der Rat nach Anhörung des Mitglieds durch Beschluss. Dagegen kann Beschwerde beim VGH eingelegt werden (§ 15 V KiGG.EKD). Im Übrigen kann ein Mitglied von sich aus jederzeit sein Amt niederlegen.

Artikel 32 b (Organklage)

Der Verfassungsgerichtshof der Evangelischen Kirche in Deutschland entscheidet über die Auslegung der Grundordnung aus Anlass von Meinungsverschiedenheiten zwischen den verfassungsmäßigen Organen der Evangelischen Kirche in Deutschland oder eines anderen durch Kirchengesetz Berechtigten, wenn der Antragsteller oder die Antragstellerin geltend macht, durch eine Maßnahme oder Unterlassung des Antragsgegners oder der Antragsgegnerin in eigenen Rechten verletzt oder unmittelbar gefährdet zu sein.

Die Vorschrift behandelt die Zuständigkeit des Verfassungsgerichtshofs (VGH) für Organklageverfahren und ermächtigt den Gesetzgeber, den Kreis der Antragsberechtigten über die Organe der EKD hinaus zu erweitern. Zu diesem Kreis gehören nach § 25 I KiGG.EKD die Gliedkirchen und ihre Zusammenschlüsse entsprechend der früheren Regelung durch Kirchengesetz über die Bildung eines Schiedsgerichtshofes der Evangelischen Kirche in Deutschland vom 13.1.1949 (ABl. EKD S. 25).

Auch hier gilt, dass der VGH Rechtsfragen zu entscheiden hat. Fragen der geistlichen Leitung können, soweit sie als solche im Vordergrund stehen, nicht zum Gegenstand einer verfassungsgerichtlichen Streitigkeit gemacht werden.[1096]

Der VGH entscheidet über die Auslegung der GO aus Anlass von Meinungsverschiedenheiten zw. den verfassungsmäßigen Organen der EKD. Diese können nur mit der Mehrheit ihrer Mitglieder beschließen, eine Organklage zu erheben (d.h. mit 7 Ratsmitgliedern bzw. 64 Synodalen).
Durch Kirchengesetz Berechtigte sind nach § 26 KiGG.EKD ferner die Gliedkirchen und deren Zusammenschlüsse (Art. 21 f.), wenn der Antragsteller geltend macht, durch eine Maßnahme oder Unterlassung des Antragsgegners in eigenen Rechten verletzt oder unmittelbar gefährdet zu sein. Eine Erweiterung des Kreises der Antragsberechtigten durch Gesetz ist möglich, jedoch de lege lata nicht vorgesehen, insb. kein der Verfassungsbeschwerde entsprechendes Verfahren.

Im Antrag ist die Bestimmung der GO zu bezeichnen, gegen die durch die beanstandete Maßnahme oder Unterlassung verstoßen worden sein soll. Der Antrag muss binnen sechs Monaten gestellt werden, nachdem die beanstandete Maßnahme oder Unterlassung dem Antragsteller bekannt geworden ist.
Der VGH stellt in seiner Entscheidung fest, ob die beanstandete Maßnahme oder Unterlassung gegen eine Bestimmung der GO verstößt. Die Bestimmung ist auch hier zu bezeichnen. Der VGH kann in der Entscheidungsformel zugleich eine für die Auslegung der Bestimmung der GO erhebliche Rechtsfrage entscheiden, von der die Feststellung eines Verstoßes abhängt.

Die Verwerfungskompetenz des VGH hat keine Bindungswirkung gegenüber staatl. Gerichten. Diese entscheiden selbst in erster Instanz; denn sie sind nicht zur Vorlage an den VHG verpflichtet, und das Bundesverfassungsgericht ist nicht für die Kontrolle kirchl. Rechtsnormen zuständig.

Artikel 32 c (Normenkontrolle)

(1) Hält ein Kirchengericht ein Kirchengesetz oder eine Verordnung der Evangelischen Kirche in Deutschland, auf dessen oder deren Gültigkeit es bei der Entscheidung ankommt, für mit der Grundordnung nicht vereinbar, so hat es das Verfahren auszusetzen und die Entscheidung des Verfassungsgerichtshofes der Evangelischen Kirche in Deutschland einzuholen.

[1096] H. Maurer, Gerichtsbarkeit, Sp. 1086; vgl. Erl Art. 2 II 2.

(2) Die Entscheidung des Verfassungsgerichtshofes der Evangelischen Kirche in Deutschland hat Gesetzeskraft. Soweit ein Kirchengesetz oder eine Verordnung mit der Grundordnung für unvereinbar und daher für nichtig erklärt wird, ist die Entscheidungsformel im Amtsblatt der Evangelischen Kirche in Deutschland zu veröffentlichen.

Die Vorschrift wurde durch GO-Änderung 2003 eingefügt (Erl Art. 32 vor I). Sie orientiert sich an staatl. Bestimmungen (Art. 100 I GG). Durch die konkrete Normenkontrolle wurde für die EKD die in der Praxis aufgekommene Streitfrage geklärt, ob ein Kirchengericht erster Instanz berechtigt ist, ein Gesetz wegen der Nichtvereinbarkeit mit Verfassungsrecht nicht anzuwenden, oder daran gebunden ist.[1097] Der Streit resultiert aus der Bekenntnisbezogenheit kirchl. Rechts. Er berührt kirchenspezifische Fragen der Rechtserzeugung wie auch ev. Vorbehalte gegenüber einer Hierarchie kirchl. Ämter und Organe und der von ihnen gesetzten Normen.[1098]
„Die Entstehung von verbindlichen Normen in der Kirche ist nicht unbedingt auf jene geregelte Formalität der Rechtserzeugung beschränkt, wenn dem Geist, der sich im Konsensus der Gläubigen äußert, die eigentlich rechtsbildende Kraft zuerkannt wird" und nicht einer parlamentarischen Majorität.[1099] Die hervorgehobene Bedeutung der GO für die Gestaltung sonstiger Rechtsvorschriften wird zwar von ihr vorausgesetzt. Dies zeigen die Verfahrensregeln und Schranken für GO-Änderungen (Erl 26a III) sowie die Kollisionsnorm des Art. 35 I 3 für vorkonstitutionelles Recht. Die Verf. selbst tritt jedoch als absolute Geltungsgrundlage hinter den rechtstheol. Maßgaben und Schranken zurück. In diesem Sinne kommt auch dem Rangverhältnis zw. Verf. und sonstigem Recht traditionell nicht dasselbe Gewicht zu wie staatl. Normenhierarchie.[1100] Demgemäß schafft der kirchl. Verfassungsgeber kein weiteres Organ der Jurisdiktion als dritte Gewalt, die etwa über eine unmittelbare Geltung von Grundrechten im Prozesswege letztgültig entscheiden könnte. Entsprechend eingeschränkt waren die Funktionen des früheren Schiedsgerichtshofs.[1101] Die Einrichtung der Normenkontrolle durch den VGH beruht eher auf einer pragmatisch funktionalen Unterscheidung zw.

1097 Vgl. hierzu VuVG der VELKD, aaO, S. 450.

1098 Die Synode ist weder die „Inhaberin oder Trägerin der Kirchengewalt" noch „oberstes Organ" und Hierarchie kein Element ev. Kirchenverf. (Dombois, Altkirchl. und ev. Kirchenverfassung, S. 14). „Die hierarchische Gestaltung der Kirche widerspricht dem reformatorischen Bekenntnis" (Barmer Erkl. zur Rechtslage, These IV (Text 4); vgl. Erik Wolf, Gutachten über die Neuordnung, in: Söhlmann, Treysa, S. 194; vgl. Erl Art. 2 vor I). Der Begriff „Norm" ist an sich kein zentraler Begriff des ev. KR.

1099 Pirson, Kirchenrecht, Sp. 1175; zu kirchl. und staatl. Recht: Erl Art. 3 vor I; kritisch zur hierarchischen Gestaltung der Kirche auch Barmer Erkl. zur Rechtslage, These IV.

1100 Pirson, Neue Verfassung für die EKKW, S. 258 f.; Schlaich, Kirchenrechtsquellen, S. 48.

1101 Zum Problem und Reformüberlegungen: Guntau, Gesetzgebungsrecht, S. 641 f.; R. Smend als Berichterstatter zum KG betr. den Schiedsgerichtshof der EKD (SB Bethel 1949, S. 166).

dem bekenntnisbezogenen und rein ordnungspolitischen Moment des Kirchenrechts. Sie trägt einem elementaren Erfordernis juristischer Praxis Rechnung: die Bindung der Gerichte an gültiges Recht zu sichern und auf Rechtsvereinheitlichung hinzuwirken.

Die Überprüfungskompetenz erstreckt sich auch auf Verordnungen, da eine eigene Verwaltungsgerichtsbarkeit, der dieser Kontrollbereich nach staatl. Muster (§ 47 I Nr. 2 VwGO) hätte übertragen werden können, nicht errichtet werden soll.
Auch für die Einführung einer abstrakten Normenkontrolle – wie sie das GG für die Überprüfung von Bundes- oder Landesrecht vorsieht – ist kirchenrechtl. kein praktisches Bedürfnis erkennbar. Die Möglichkeit eines Normenkontrollverfahrens für Gerichte der Gliedkirchen und deren Zusammenschlüsse wurde aufgrund der EKD-weiten Strukturdebatte, die auch den Bereich der kirchl. Gerichte umfasst, noch nicht aufgenommen. Eine Zuweisung dieser Aufgabe ist jedoch nach § 6 KiGG.EKD jederzeit möglich.

Absatz 1 (Aussetzungs- und Vorlagepflicht)
Die *konkrete Normenkontrolle* findet im Unterschied zur abstrakten im Rahmen eines konkreten gerichtlichen Verfahrens statt und nicht anlässlich abstrakter Meinungsverschiedenheiten. Sie schützt so die Legitimation des Gesetz- und Verordnungsgebers vor divergierenden Gerichtsentscheidungen und vermeidet eine Rechtszersplitterung (vgl. Art. 6 II).

Für Entscheidungen im Kontrollverfahren ist ausschließlich der Verfassungsgerichtshof (VGH) zuständig. Vorlageberechtigt und -verpflichtet sind das Kirchengericht und der Kirchengerichtshof der EKD. Den Kirchengerichten belässt die GO die *Prüfungskompetenz,* überträgt aber dem VGH das Monopol der *Verwerfungskompetenz* (§ 26 KiGG. EKD).
Die Begründung des Vorlagebeschl. muss angeben, inwiefern die Entscheidung des Kirchengerichts von der Gültigkeit der Rechtsvorschrift abhängig und mit welcher übergeordneten Rechtsnorm die anzuwendende Rechtsvorschrift unvereinbar sein soll. Die Verfahrensakten sind beizufügen. Der VGH entscheidet nur über die Rechtsfrage. Die Organe der EKD erhalten Gelegenheit zur Stellungnahme und werden zur mündlichen Verhandlung geladen (§ 26 KiGG).

Die GO unterscheidet prinzipiell zw. den vorlagefähigen förmlichen **Gesetzen** und **Verordnungen** i.S.d. Art. 10 f. und 29 II einerseits und niederrangigem Recht andererseits.
Kirchengerichte i.S.d. Vorschrift sind die in Art. 32 II Nr. 2 f. aufgeführten Gerichte. Die Vorlage ist in derselben Besetzung zu beschließen wie die Sachentscheidung. Dass die Vorlagefrage bereits beim VGH angängig ist, hebt die Vorlagepflicht nicht auf

(Mehrfachvorlage). Vorzulegen ist der einzelne entscheidungserhebliche Rechtssatz, bei untrennbarem Zusammenhang auch ein Normenkomplex. Kontrollmaßstab ist die GO. Vorlagevoraussetzung ist die Überzeugung des Gerichts, der Vorlagegegenstand sei mit dem Kontrollmaßstab unvereinbar. Die betr. Norm muss im Ergebnis für den Tenor, nicht nur für die Begründung, entscheidungserheblich sein.

Absatz 2 (Verbindlichkeit und Veröffentlichung der Entscheidung)
Die Vorschrift orientiert sich an der Regelung des § 31 II BVerfGG.

Satz 1 (Gesetzeskraft)
Die Gesetzeskraft steht im Zusammenhang mit der Frage der Rechtskraft und der Bindungswirkung. Im Unterschied zur normalen materiellen Rechtskraft gerichtlicher Entscheidungen für die Verfahrensbeteiligten erstreckt sich die Bindung hier auf alle Organe der EKD einschließlich der Kirchengerichte und gilt wie ein Gesetz für und gegen jedermann. Sie steht regelmäßig einer erneuten Vorlage entgegen, es sei denn, es treten neue tatsächliche oder rechtl. Gesichtspunkte auf. Folgt der VGH dem vorlegenden Gericht, so erklärt es die Norm – auch teilweise – für nichtig oder mit der GO unvereinbar; andernfalls stellt es die Vereinbarkeit fest. Zur Bindungswirkung gegenüber staatl. Gerichte s. Erl Art. 32b.

Satz 2 (Veröffentlichung im Amtsblatt)
Das Normenkontrollverfahren schließt, soweit eine Rechtsvorschrift verworfen ist, wie das Gesetzgebungsverfahren (Verkündung gem. Art. 26a) mit einer Veröffentlichung der Verwerfung ab. Dieses gilt auch für die Verwerfung einer Verordnungsbestimmung (vgl. Art. 29 II 3). Veröffentlicht wird nur der Tenor. Dies geschieht im Amtsblatt. Im Einzelnen vgl. Erl Art. 26a IV.

V. Besondere und Übergangsbestimmungen

Der letzte Abschnitt der GO umfasst **besondere Bestimmungen** zur Finanz- und Vertretungsregelung sowie **Übergangsbestimmungen** zur Rechtsnachfolge und zur Geltung vorkonstitutionellen Rechts. Die erstgen. Bereiche gehörten im DEKb und in der DEK systematisch in die Hauptabschnitte der Verf. Die redaktionelle Absonderung im Schlussabschnitt der GO geht auf den Verfassungsausschuss zurück und mag aus historisch und theol. bedingten Vorbehalten gegenüber den damals noch klärungsbedürftigen finanzpolitischen und staatskirchenrechtl. Verhältnissen resultieren. Weitere Übergangsbestimmungen zur Konstituierung der leitenden Organe und bezüglich der vorkonstitutionellen Ratsverordnungen (Anh 7D: Art. 35 I u. II a.F.; Erl Art. 35 Satz

2) wurden durch GO-Änderung v. 2000 gestrichen, weil sie durch Zeitablauf gegenstandslos geworden waren.

Artikel 33 (Finanzen)

(1) Die Einnahmen und Ausgaben der Evangelischen Kirche in Deutschland sind für ein Jahr oder mehrere Jahre auf einen Haushaltsplan zu bringen. Ausgaben, die durch eigene Einnahmen nicht gedeckt sind, werden auf die Gliedkirchen umgelegt.
(2) Der Haushaltsplan sowie die Höhe und der Verteilungsmaßstab der Umlage werden durch Gesetz festgelegt. Das gleiche gilt für Anleihen und Sicherheitsleistungen, die nicht aus Mitteln des laufenden Rechnungsjahres gedeckt werden können.
(3) Über die Haushalts- und Kassenführung ist jährlich Rechnung zu legen. Die Rechnung wird von einem hierzu bestimmten Ausschuss geprüft. Aufgrund seines Berichts beschließt die Synode über die Entlastung.
(4) Das Nähere über das Haushalts-, Umlagen- und Kassenwesen wird durch eine Verordnung des Rates geregelt.

Die Finanzverfassung der GO konnte an die DEK-Verf. (Art. 11) anknüpfen und beinhaltet die notwendigsten Vorschriften über den Haushalt, die gliedkirchl. Umlage und das Kassen- und Rechnungswesen. Einzelheiten regelt die *Haushalts-, Kassen- und Rechnungslegungsordnung für die EKD* (HKRO). Der Vereinheitlichung des Haushaltswesens in der EKD dient ferner die *Ordnung für das kirchliche Finanzwesen auf der Basis der erweiterten Kameralistik bzw. für die kirchl. Doppik mit Ausführungsbestimmungen* als Richtlinie des Rates, an der sich auch die gliedkirchl. Finanzordnungen orientieren. Im Zuge der Umstellung des Finanzwesens auf EDV wurden in Zusammenarbeit mit den Gliedkirchen *Grundlagen zur Haushaltssystematik für kirchliche Körperschaften und Einrichtungen* erarbeitet.[1102]

Absatz 1 (Haushalt und Umlage)

Der Haushaltsplan spiegelt in seinen Einzelplänen die Aufgaben der EKD gem. Art. 6 ff.[1103] Die EKD verfügt über keine eigenen Steuereinnahmen. Sie ermittelt ent-

---

1102 HKRO v. 9.12.1994 (ABl. EKD 1995 S. 1); FinanzwesenO v. 29.5.1999 (ABl. EKD S. 250 – neugefasst 2006); dazu Grundlagen zur Haushaltssystematik für kirchl. Körperschaften und Einrichtungen, bearb. v. KA, 6. Aufl., Hannover 1999; zum Ganzen Lienemann, Die Finanzen der Kirche – Studien zur Struktur, Geschichte und Legitimation kirchl. Ökonomie; Blaschke, Die Kirchenfinanzierung in Deutschland.

1103 Zur theol. u. kirchenpolitischen Begründung s. Einbringung des HaushaltsG 1974 (SB Kassel 1974, S. 233-243).

sprechend einem *Bedarfsdeckungsprinzip* den jährlichen Aufwand für die ihr zugeordneten Aufgaben, der durch Haushaltsgesetz festgestellt und von den Gliedkirchen im Umlageverfahren finanziert wird.

Satz 1 (Haushaltsplan)
Grundlage für die Haushalts- und Wirtschaftsführung der EKD ist der Haushalt. Der Begriff umfasst hier insb. den ordentlichen und den Nachtragshaushalt. Der **Haushaltsplan** dient der Feststellung und Deckung des Ressourcenbedarfs, der zur Erfüllung der Aufgaben der EKD im Bewilligungszeitraum voraussichtlich notwendig sein wird. Alle voraussehbaren Einnahmen und Ausgaben sind gesondert zu veranschlagen. Der Plan ist in Einnahmen und Ausgaben auszugleichen. Bei seiner Aufstellung und Ausführung ist den Erfordernissen der Erfüllung des kirchl. Auftrags einerseits und einer ausgewogenen Finanzwirtschaft andererseits Rechnung zu tragen. Dabei sind die *Grundsätze der Wirtschaftlichkeit und Sparsamkeit* zu beachten. Zu Erfordernis und Notwendigkeit ist nach der sog. Umkehrung der Begründungspflicht lt. Ratsbeschl. v. 2004 für jede Aufgabe zu fragen: Was würde der ev. Kirche fehlen, wenn es diese Ausgabe nicht mehr gäbe? Für Maßnahmen von erheblicher finanzieller Bedeutung sind vorab mögliche Folgekosten und Wirtschaftlichkeit zu untersuchen. Einzelheiten auch zu Zahlungen, Buchführung und Geldverwaltung sind in der HKRO festgelegt (Erl Abs. 4). Der Haushaltswirtschaft soll ein fünfjähriger Finanzplan zugrundliegen.

Welche **Ausgaben** die EKD veranschlagen darf, ist nicht explizit geregelt und ergibt sich aus der Aufgabenbeschreibung insb. der Art. 6 ff. Daher wird beispielsweise der dort nicht ausdrücklich aufgeführte *Finanzausgleich*, nachdem sich dagegen Bedenken erhoben, nicht mehr in den Haushalt eingestellt.[1104] Dieses Institut basiert auf einem Art. 6 I entsprechenden Solidarpakt der Gliedkirchen. Aufbringung und Verteilung wurden ab 1970 nach der wirtschaftlichen Leistungsfähigkeit unter Einbeziehung der Staatsleistungen (Karlsruher Modell) und 1990 bis 1992 als reiner *Steuerkraftausgleich* ermittelt. Dem besonderen Bedarf östlicher Gliedkirchen dienten „Hilfspläne" (Betriebsmittelzuschüsse, Bauhilfsprogramme, Personalkostenunterstützung) und später ein „relativer Finanzkraftausgleich" (im Unterschied zum Steuerkraftausgleich). Inzw. wird wieder ein „Gesamtfinanzausgleich" durchgeführt, der auch westliche Gliedkirchen als mögliche Empfänger einschließt.[1105]

1104 Nordmann, Kirchl. Finanz- und Haushaltsrecht, S. 161; Blaschke, Kirchenfinanzierung in Deutschland; vgl. Beschl. der KK v. 31.8.2005, Ndschr. v. 20.12.2005.

1105 Für die Haushaltsjahre bis 2006 betrug beispielsweise das vom Finanzbeirat empfohlene Ausgleichsvolumen mit Rücksicht auf Steuerrückgänge in östlichen Gliedkirchen über 150 Mio €; dazu Bauer, Kirchl. Finanzausgleich; vgl. KI-Gutachten „Zum Finanzausgleich zwischen den Gliedkirchen der EKD" v. 13.7.2005.

Für die Finanzierung der *Seelsorge in der Bundeswehr* werden die von den Soldaten und Soldatinnen durch die EKD zentral erhobenen Kirchensteuern entsprechend dem durch ihren Haushaltsplan festgestellten Bedarf der Bundeswehrseelsorge zugeführt.[1106] Der verbleibende Betrag wird nach einem durch die EKD unter Beteiligung der KK zu regelnden Verfahren an die Gliedkirchen verteilt. Soweit letzteren Steuern aus der Bundeswehr zufließen, sind sie verpflichtet, zu den durch staatl. Mittel nicht gedeckten Kosten der Bundeswehrseelsorge entsprechend beizutragen (§ 8 BundeswehrseelsorgeG; Erl Art. 18).

Haushaltsjahr („Rechnungsjahr") ist das Kalenderjahr. Der Haushaltsplan kann **für ein Jahr oder auch für mehrere Jahre** aufgestellt werden. Da die Synode nach bisheriger Übung (mit wenigen Ausnahmen) im vorgeschriebenen Regelturnus mindestens einmal im Jahr tagt (Art. 25 II), wird der EKD-Haushalt jährlich verabschiedet. In den ersten Jahren kam dies dem erheblichen Haushaltswachstum entgegen. Viele Gliedkirchen praktizieren insb. aus arbeitsökonomischen Gründen einen zweijährigen Haushaltsplan, zu dem auch einzelne Bundesländer übergegangen sind. Für die Praxis der EKD wird dagegen der zusätzliche Aufwand eines möglichen Nachtragshaushalts geltend gemacht; auch müsste die geringere Planungsgenauigkeit durch Rücklagen kompensiert werden.

Satz 2 (Umlageverfahren)

Die Formulierung dieser grundlegenden Finanzregelung erweckt prima facie den Anschein, als gehe es hier im Nachsatz lediglich um einen sekundären Haushaltsbereich, womöglich noch mit eigenständiger Umlagekompetenz. In der herkömmlichen Praxis hat die EKD jedoch kaum **eigene Einnahmen** etwa aus Kapitalerträgen oder Liegenschaften. Notwendige ergänzende Finanzierungssysteme wie Stiftungen, Fund-raising u. dgl. treten allmählich hinzu. Zum weitaus größten Teil wird der Haushalt durch **Umlagen** der Gliedkirchen gedeckt. Die *Umlagezahlungen* erfolgen i.d.R. (lt. HaushaltsG) in gleichen monatlichen Teilbeträgen im Voraus.

Das *Umlageprinzip* geht auf die Verf. des DEKb (Anh 2: § 18 I) und der DEK (Anh 3: Art. 11 IV) zurück. Der *Reformentwurf* v. 1974 (Art. 59) und ein späterer Vorschlag der bay. Kirche sahen dagegen vor, dass der Finanzbedarf der EKD nicht mehr durch beitragsmäßig fixierte Haushaltsumlage gedeckt wird, sondern dadurch, dass die EKD einen Anteil an den gliedkirchl. Einnahmen erhält (Anteilsprinzip). Freilich würde die Bemessung dieses Anteils nach wie vor eine genaue Bedarfsfeststellung erfordern; nur wäre der daraus errechnete Anteil nicht jedes Haushaltsjahr neu festzusetzen. Anteils-

[1106] Dieser Sonderhaushalt ist in den Haushalt der EKD als Teil II integriert (Beschl. der EKD-Synode v. 6.11.1997, S. 515).

höhe und Art der Einnahmen als Berechnungsgrundlage sollten in einem Ausführungsgesetz festgelegt werden, das den Gliedkirchen eine Mitsprache bezüglich Festlegung und Anpassung einräumte. Unter dem Eindruck der gescheiterten Reform sind diese nach wie vor anstehenden Überlegungen seitdem (im Finanzbeirat) nur in Einzelfragen (z.B. feste Prozentsätze, Erl Abs. 2 Satz 1) wieder aufgenommen worden, zumal eine derartige Änderung, soweit sie die Finanzhoheit der Gliedkirchen berührt, deren Zustimmung erfordert. Seit 2002 orientiert sich die Haushaltsentwicklung u.a. am nachlaufenden gleitenden Durchschnittsbetrag des Steuergesamtaufkommens von jeweils drei Jahren.

Neben den Umlagen der Gliedkirchen tragen auch deren *Zusammenschlüsse* nach Maßgabe der Verträge gem. Art. 21a II die bei Erfüllung ihrer Aufgaben erwachsenden Kosten insb. der im KA der EKD eingerichteten Amtsstellen.

Absatz 2 (Gesetzesvorbehalt)
Der Haushaltsplan als Grundlage der Haushaltsführung ist, wie auch die gliedkirchl. Umlage, von der Synode durch KG festzulegen.

Satz 1 (Haushalt, Umlagenhöhe und Verteilungsmaßstab)
Der Gesetzesvorbehalt gilt für **Haushaltsplan** und **Umlage**. Ist der Haushalt bei Beginn des Rechnungsjahres (wie z.B. 1974) noch nicht fertiggestellt, sind nur bestimmte, bei sparsamer Verwaltung notwendige Ausgaben zu leisten (§ 26 II HKRO-EKD). Im *Haushaltsgesetz* werden neben dem Haushaltsplan und den Kollekten der für den *Zentralen EKD-Haushalt* aufzubringende Zuschussbedarf als *Allgemeine Umlage* und Umlagen für besondere Aufgabenbereiche, insb. das DW sowie die Ost- und Exilpfarrerversorgung, und der *Umlageverteilungsmaßstab* festgesetzt. Der Umfang des Haushalts bestimmt sich in der Sache im Wesentlichen nach den Aufgaben der EKD und den Wünschen der Gliedkirchen zu einer Finanzierung über die EKD (z.B. Ostpfarrerversorgung, Inlandsökumene).[1107]

Die **Kollekten** sind in jeder Gliedkirche zu erheben und die Erträge jeweils nach Eingang an die Kasse der EKD abzuführen (Erl Art. 20 II).
Die Methodik zur Ermittlung des **Verteilungsmaßstabes der Umlage** ist in der Vergangenheit mehrfach geändert worden. Der Umlageschlüssel berücksichtigt (als Bemessungsgrundlage bzw. Progressionsfaktor) Steueraufkommen, Staatsleistungen für

---

[1107] Nach den Vorstellungen des Finanzbeirats (Beschl. v. 26.6.2002) soll sich das gliedkirchl. Aufkommen statt der jährlichen Neuermittlung an der Entwicklung des ev. Kirchensteueraufkommens nachlaufend im gleitenden Durchschnitt von jeweils drei Jahren orientieren.

die allgemeine Verwaltung und die Pfarrerbesoldung und -versorgung sowie Seelenzahl.[1108]

Formalrechtl. könnte die EKD weitreichende Umlageverpflichtungen zu Lasten der Gliedkirchen begründen; ein Missbrauch dieses Rechts ist aber nach der Praxis des Haushaltsaufstellungsverfahrens ausgeschlossen. Durch die Umlage findet zw. EKD und Gliedkirchen neben dem *horizontalen Finanzausgleich* zw. finanzstarken und -schwachen Gliedkirchen (Erl Art. 6 I) ein durch die Umlageprogression bewirkter *vertikaler Finanzausgleich* statt.[1109]

Da Haushalt und Umlagen **durch Gesetz** festzustellen sind, bedarf die Vorl. des Rates in jedem Falle der Stellungnahme der KK, nicht deren Zustimmung (Art. 26a I u. IV); dieses Gesetz ist von der gliedkirchl. Ausstiegsmöglichkeit nach Art. 10a III ausgenommen. Eingebracht wird das Haushaltsgesetz vom Rat (Art. 29 I 2). Ausnahmsweise kann der Haushalt auch durch *Ratsverordnung* aufgestellt werden, wie verschiedentlich praktiziert (Erl Art. 29 II). Da nach der Finanzverf. der gliedkirchl. Umlage und dem Votum der KK entscheidende Bedeutung zukommt, beruft der Rat einen *Finanzbeirat*, dem in der Regel leitende Wirtschafts- und Finanzfachleute der Gliedkirchen angehören. Wegen der Kontinuität der Haushaltsarbeit handelt es sich bezüglich der personellen Zusammensetzung praktisch um ein ständiges Gremium. Es berät die Organe der EKD – vornehmlich den Rat – und das KA in finanziellen Angelegenheiten und ist an der Aufstellung des Haushalts beteiligt, hinzu kommen Aufgaben auf Gebieten, auf denen die EKD keine gesetzlich geregelte Kompetenz hat, gleichwohl aber initiativ werden muss (z.B. Finanzausgleich). Der Finanzbeirat hat formell nur beratende Funktion; dem Sachverstand und der Autorität seiner Empfehlungen kommt jedoch nach bisheriger Übung entscheidendes Gewicht zu.[1110]

Der durch das Haushaltsgesetz nach dem Verteilungsmaßstab auf die einzelne Gliedkirche entfallende Umlageanteil ist eine kirchenrechtl. festgelegte Rechtsverpflichtung. Bedenken, einzelne Ausgabenansätze im Haushaltsplan verstießen gegen das Bekenntnis, können durch die Gliedkirche nur in den mit der Haushaltsgesetzgebung befassten Gremien der EKD geltend gemacht werden, ferner über Syn. auf dem Wege des Art. 27. Auch mit Rücksicht auf das nach der GO vorgesehene *Gesamtdeckungsprinzip* kann nicht durch gezielte Umlageverkürzungen Einfluss auf die Mittelbewirtschaf-

---

1108 Dazu Bauer, Kirchlicher Finanzausgleich, S. 119 f.; Lohse, Zwischenkirchlicher Finanzausgleich, ZevKR 48 (2003) S. 48 ff.

1109 Bauer, aaO, S. 120; zum Haushaltsvolumen 2006 einschl. Sonderhaushalt s. KG über den Haushaltsplan, die Umlagen und die Kollekten der EKD für das Haushaltsjahr 2006 v. 10.11.2005 (ABl. EKD S. 545); dazu Ahme, Der Reformversuch der EKD, S. 183 ff. m.w.N.

1110 Guntau, Gesetzgebungsrecht, S. 659; einen „Finanzbeirat" berief der Rat erstmalig 1946 (Nicolaisen, Ratsprot. 1, S. 461).

tung bei einzelnen Haushaltsstellen der Ausgabenseite genommen werden. Daher ist es nicht zulässig, einen Anteilsbetrag einer im Haushalt vorgesehenen Zuwendung für ein bestimmtes Werk oder Projekt, gegen das politische oder bekenntnismäßige Vorbehalte bestehen, einzubehalten.[1111] Im Übrigen gilt für die rechtl. Durchsetzung der Umlageverpflichtung der Grundsatz der Geschwisterlichkeit (Art. 5). Eine Gliedkirche, die hartnäckig und fortgesetzt dagegen verstößt, wäre mit dem gebotenen Nachdruck zur Ordnung zu rufen und zur Erfüllung ihrer Pflichten anzuhalten.[1112]

Satz 2 (Anleihen und Sicherheitsleistungen)

Der Gesetzesvorbehalt (Satz 1) gilt auch für **Anleihen und Sicherheitsleistungen**, die nicht aus Mitteln des lfd. Rechnungsjahrs gedeckt werden können. Der Haushaltsplan ermächtigt das KA regelmäßig, zur Aufrechterhaltung der ordnungsgem. Haushalts- und Kassenwirtschaft vorübergehende *Kassenkredite* aufzunehmen.[1113] Solche Kredite sind beispielsweise in dem Fall aufzunehmen, dass eine kurzfristige Kontenüberziehung wirtschaftlicher ist, als die vorzeitige Auflösung einer anderweitigen Geldanlage.

Absatz 3 (Rechnungslegung, Prüfung und Entlastung)

Eine Rechnungslegung der Gesamtkirche regelte bereits die Verf. des DEKb (Anh 1: § 19 IV).

Satz 1 (Jahresrechnung)

Über alle Haushaltseinnahmen und -ausgaben für das abgelaufene Rechnungsjahr hat die Kasse eine Haushaltsrechnung aufzustellen. Dies hat – auch bei mehrjährigem Haushaltsplan – **jährlich** zu geschehen. In ihr sind die Einnahmen und Ausgaben für jede Haushaltsstelle zusammengefasst nach der im Haushaltsplan vorgesehenen Ordnung nachzuweisen. Einzelheiten regelt die Haushalts-, Kassen- und RechnungslegungsO der EKD (Erl Abs. 4).

Satz 2 (Rechnungsprüfung)

Die gem. Satz 1 erstellte Rechnung über die Haushalts- und Kassenführung wird von einem Ausschuss **geprüft.** Ziel der Prüfung ist es, die kirchenleitenden Organe bei der Wahrnehmung ihrer Finanzverantwortung zu unterstützen und wirtschaftliches Denken sowie verantwortliches Handeln im Umgang mit den der Kirche anvertrauten

---

1111 KI-Gutachten „Zur Umlageverpflichtung der Gliedkirchen gegenüber der EKD“ v. 7.12.1987 im Fall württ. Bedenken gegen Zuwendungen an das EMW, S. 114; ähnliche Probleme ergaben sich bei der Finanzierung der KiGSt und des DAS sowie der ÖRK-Beiträge; vgl. Bauer, Kirchlicher Finanzausgleich, S. 117.

1112 Nordmann, aaO, S. 160.

1113 Z.B. 2006 bis zur Höhe v. 25 Mio €.

Mitteln zu fördern. Sie beinhaltet die Feststellung, ob die Mittel zweckentsprechend, wirtschaftlich und sparsam verwendet und ob die Bestimmungen für das Haushalts-, Kassen- und Rechnungswesen und die Wirtschaftsführung eingehalten wurden. Die ordnungsgemäße Haushalts-, Kassen- und Rechnungsführung sowie die Vermögensverwaltung sind durch Rechnungsprüfungen festzustellen (s. Ordnung für das kirchl. Finanzwesen).

Die Prüfung wird durch einen **hierzu bestimmten Ausschuss** wahrgenommen. Dies ist der *Ständige Haushaltsausschuss* (§ 10 ORAG). Eine besondere Einrichtung für die *Haushaltsüberwachung* und Rechnungsprüfung neben dem Synodalausschuss sieht die GO nicht vor. Bundesrechtl. Modellvorgaben gab es vor Inkrafttreten des GG nur in Ansätzen in der Weimarer Reichsverfassung (Art. 86). An den grundgesetzlichen Vorgaben orientierte sich dann die GO-Reform von 1974 (Art. 65). Sie sah, wie bei vielen Gliedkirchen, die Einrichtung eines „Rechnungshofes" vor. Dieser sollte die Rechnungslegung mit richterlicher Unabhängigkeit prüfen und dem Haushaltsausschuss berichten, der seinerseits auf Grund dieses Berichts die Entlastung vorschlägt. Diesem Verfahren kommt die heutige Praxis nahe: Die Rechnungsprüfung wird für den Synodalausschuss nach dem Oberrechnungsamtsgesetz (ORAG) durch das *Oberrechnungsamt der EKD* (ORA) vorgenommen. Dieses ist unabhängig und nur dem Gesetz unterworfen. Sein Sitz befindet sich bei dem KA. Es wird durch einen vom Rat mit Zustimmung des Haushaltsausschusses bestellten Leiter vertreten, der auch die Dienstaufsicht über die Prüfer und sonstigen Mitarbeiter ausübt.

Das ORA überwacht die Haushalts- und Wirtschaftsführung der EKD einschließlich ihrer Einrichtungen, Betriebe und Sondervermögen und soll in diesem Rahmen auch beratend tätig sein. Die Überwachung der Kassenführung schließt auch unvermutete *Kassenprüfungen* ein, ebenso wie die Prüfung der Verwendungsnachweise von Zuschussempfängern der EKD. Die Prüfung durch das ORA erstreckt sich darauf, ob ordnungsgemäß, wirtschaftlich und sparsam verfahren wird (§ 5 ORAG). Aufgaben und Durchführung der Rechnungsprüfung sind Gegenstand der *Richtlinie für das kirchliche Rechnungsprüfungswesen.*

Das Ergebnis der Prüfung der Haushalts- und Vermögensrechnung der EKD fasst das ORA in einem *Jahresbericht* zusammen. Den legt es dem Vorsitzenden des Haushaltsausschusses der Synode und dem KA vor. Das KA übermittelt den Bericht den übrigen Ausschussmitgliedern und dem Rat. Andere Syn. können ihn vertraulich einsehen (§ 10 ORAG). Der Bericht wird im Ausschuss beraten, nicht verändert. Insofern wird die eigentliche Rechnungsprüfung vom Ausschuss in der Praxis mehr verantwortet als tatsächlich vorgenommen. Die *Rechnung des ORA* wird vom Haushaltsausschuss geprüft (§ 11 ORAG).

Satz 3 (Entlastung durch die Synode)
Mit der **Entlastung** bestätigt die Synode, dass die Leitung und Verwaltung der EKD die durch HaushaltsG erteilten Ausgabeermächtigungen eingehalten hat. Sie wird erteilt für die Haushalts- und Kassenführung sowie die Rechnungslegung für ein bestimmtes Rechnungsjahr. Diese nachträgliche synodale Haushaltskontrolle gilt nach bisheriger Übung Rat und Kirchenamt, ferner dem Sonderhaushalt der Bundeswehrseelsorge. Die Erteilung bzw. deren Verweigerung haben freilich – wie im Bundesrecht – keine unmittelbaren haushaltsrechtl. Folgen; sie beinhalten auch nicht den Verzicht auf Regressansprüche.[1114]

Auf der Grundlage des Schlussberichts des ORA über die Prüfung der Haushalts- und Vermögensrechnung berät der Ständige Haushaltsausschuss und legt das Ergebnis seiner Beratung dem Plenum zur Beschlussfassung vor. Auf Grund dieses Vorschlags erteilt die Synode dem Rat und KA ggf. Entlastung für die Haushalts- und Kassenführung und Rechnungslegung des vergangenen Rechnungsjahres. Freilich ist der eigentliche Prüfungsbericht (des ORA) außer dem Rat nur den Ausschussmitgliedern bekannt, soweit die übrigen Syn. nicht von der Einsichtsmöglichkeit Gebrauch machen. Daher entscheidet u.U. das Plenum weitgehend ohne Kenntnis des Prüfungsergebnisses im Einzelnen praktisch nur auf der Grundlage der Empfehlung des Ausschusses, dem insoweit die Verantwortlichkeit für die Entlastung zuwächst.

Absatz 4 (Haushalts-, Kassen- und RechnungslegungsVO)
Da die vorstehenden Bestimmungen nur Grundregeln enthalten, sind für die Einzelheiten ergänzende Vorschriften über das Haushalts-, Umlagen- und Kassenwesen erforderlich. Da es sich hier um mehr technische Gegenstände handelt, ist hierfür kein KG, sondern lediglich eine VO vorgesehen. Dennoch ist bemerkenswert, dass die verfassunggebende Kirchenversammlung diese Materie des Finanzwesens in die Kompetenz nicht der Synode, sondern des Rates gestellt hat. Dieser hat die Verordnungsermächtigung durch die **Haushalts-, Kassen- und RechnungslegungsO für die EKD** (HKRO-EKD) v. 9.12.1994 (ABl. EKD 1995 S. 1) wahrgenommen.

Artikel 34 (Vertretung in Rechtsangelegenheiten, Beurkundung)

(1) Die Evangelische Kirche in Deutschland wird in Rechtsangelegenheiten durch den Rat vertreten. Urkunden, durch welche die Evangelische Kirche in Deutschland Dritten gegenüber verpflichtet werden soll, und Vollmachten

---

[1114] Art. 65 II EGO74 nennt als Adressaten ausdrücklich Rat und KA; vgl. KI-Gutachten „Zu den Rechtsfolgen der Versagung einer Entlastung etc." v. 27.10.1989, S. 114 ff. Gem. Art. 114 II GG wird die Regierung entlastet; zu den Rechtswirkungen Maunz/Dürig, Grundgesetz, Art. 114, Rdn. 63.

sind von dem Vorsitzenden des Rates oder seinem Stellvertreter oder seiner Stellvertreterin oder von der Vorsitzenden des Rates oder ihrem Stellvertreter oder ihrer Stellvertreterin zu vollziehen; das Siegel ist beizudrücken. Dadurch wird die Rechtmäßigkeit der Beschlussfassung festgestellt.
(2) Der Rat kann die Vertretung allgemein oder im Einzelfall auf das Kirchenamt übertragen und dabei regeln, durch wen Urkunden, welche die Evangelische Kirche in Deutschland Dritten gegenüber verpflichten sollen, und Vollmachten zu vollziehen sind.

Die Vorschrift knüpft an die Aufgabe des Rates an, die EKD nach außen zu vertreten, und die Aufgabe des KA, die Verwaltung der EKD und die lfd. Geschäfte des Rates auch gegenüber Dritten zu führen. Die Regelung der Vertretung und Beurkundung durch das KA ist durch die GO-Änderungen v. 1982 bei der Zusammenlegung der Amtsstellen umgestaltet und 2000 neu gefasst worden: Die grundsätzliche Vertretung durch den Rat und deren Übertragung auf das KA wurden je einem gesonderten Absatz zugeordnet.[1115] Durch GO-Änderung v. 2000 wurde Abs. 1 in geschlechtergerechter Sprache erweitert (Gesch 8f).

Absatz 1 (Vertretung durch den Rat)

Die dem Rat generell übertragene Vertretung der EKD (Art. 29 I 3) wird hier für die Ausübung dieser Organfunktion in Rechtsangelegenheiten ausgestaltet. Die Bestimmung beinhaltet weitgehend die ursprüngliche Regelung der Vertretung und Beurkundung durch den Rat. Entfallen ist durch die GO-Änderung v. 2000 mit Rücksicht auf nunmehr eigenständige Vertretungsmöglichkeiten des KA (Abs. 2) die früher gebotene Mitwirkung durch dessen Präsidenten bei allen Beurkundungen als „Protonotarius" der EKD (Anh 7D: Art. 34 Satz 1). Die erste GeschORat v. 1946 (Erl Art. 30 V 3) sah die Vertretung des Rates „nach außen" durch den RV vor und für seine Erklärungen die „Mitzeichnung" des Kanzleileiters.

Satz 1 (Vertretung)

Der Rat, nicht die Synode, handelt in Rechtsangelegenheiten mit Dritten für die EKD

1115 KG zur Änderung der GO v. 9.12.1982 (ABl. EKD 1983 S.1) u. KG zur Änderung der GO v. 9.11.2000 (ABl. EKD S. 223); vgl. Art. 34 a.F. v. 1948 (Anh 7D) u. Art. 34 a.F. v. 1982:
„(1) Die Evangelische Kirche in Deutschland wird in Rechtsangelegenheiten durch den Rat vertreten. Der Rat kann die Vertretung allgemein oder im Einzelfall auf das Kirchenamt übertragen.
(2) Urkunden, durch welche die Evangelische Kirche in Deutschland Dritten gegenüber verpflichtet werden soll, und Vollmachten sind vom Vorsitzenden des Rates oder seinem Stellvertreter und vom Präsidenten des Kirchenamtes oder seinem Stellvertreter zu vollziehen, in den Fällen des Absatzes 1 Satz 2 vom Präsidenten des Kirchenamtes oder seinem Stellvertreter; das Siegel ist beizudrücken. Dadurch wird die Rechtmäßigkeit der Beschlussfassung festgestellt."

und schließt deren Verträge, soweit die Vertretung nicht dem KA oder Bevollmächtigten übertragen ist (Art. 31). Nur für hervorgehobene Rechtsgeschäfte sieht die GO eine bestätigende Mitwirkung der Synode bzw. der Legislativen vor, z.B. für Angelegenheiten von besonderer Bedeutung i.S.d. Art. 10 oder für Vereinbarungen über den Anschluss bekenntnisverwandter Gemeinschaften (Art. 21 IV) und Zusammenschlüssen (Art. 21a). Von der Rechtswirksamkeit des Vertretungshandelns zu unterscheiden ist die für besondere Rechtsakte, z.B. für Verträge über die Beziehungen zum Staat und ausländischen Kirchen, erforderliche Ratifizierung durch KG, durch das dem Vertrag als kirchenleitendem Akt zugestimmt und der Vertragsinhalt in EKD-Recht umsetzt, d.h. bindendes KR wird (Erl Art. 3 II, im Einzelnen streitig).

Die Vertretungsmacht ist umfassend und gilt gegenüber kirchl. wie staatl. Stellen, d.h. Behörden und Gerichten, gegenüber Privatpersonen und Wirtschaftsunternehmen, auch gegenüber einzelnen Bediensteten der EKD. Sie gilt also auch staatskirchenrechtl. für die EKD als öffentlich-rechtl. Körperschaft und ihre allgemeinen Rechtsangelegenheiten nach öffentl. und bürgerlichem Recht. Die Vertretungsmacht umfasst alle Arten von Rechtshandlungen und -geschäften der EKD, einseitige, z.B. Kündigungen, wie auch Verträge und gilt im In- und Ausland.

Satz 2 (Beurkundung und Siegelung)
Urkunden, die die EKD verpflichten, und Vollmachten sind von den Ratsvorsitzenden oder deren Stellvertretern zu vollziehen. Bis zur GO-Änderung 2000 oblag der Vollzug aller Urkunden auch dem Präsidenten des KA. In der Praxis hatten sich jedoch Unzuträglichkeiten bei dem Abschluss aller möglichen Verträge der Regelverwaltung ergeben, die jew. der Unterschrift des Ratsvorsitzenden und des Präs. des KA bedurften. In geeigneten Fällen konnte hierauf verzichtet werden, so dass der Rat die Modalitäten seiner Vertretung nunmehr gem. Abs. 2 nach Zweckmäßigkeitsgesichtspunkten regelt.

Urkunden sind Schriftstücke, die einen Gedanken verkörpern.[1116] Aus dem Kontext der Rechtsangelegenheiten und aus dem Beweiszweck ergibt sich, dass sich Urkunden i.S.d. GO auf *Rechts*geschäfte beschränken, durch die Rechte und Pflichten begründet, anerkannt oder verändert werden sollen. Nicht gemeint sind mit dieser Vorschrift der GO „solche Urkunden, die ohnehin nach anderen Vorschriften formbedürftig sind. Diesen Vorschriften gegenüber ist Art. 34 eine zusätzliche Schutzvorschrift."[1117] Zur Eigenschaft der öffentlichen Urkunde s. Erl Satz 3.

[1116] Baumbach/Lauterbach/Hartmann, Zivilprozessordnung, vor § 415 Rdn. 1; genauer: Schriftstücke die eine Erklärung enthalten, die ihrerseits wiederum einen Gedanken in sich schließt (F. Lent).

[1117] So -sehr weitgehend- KI-Gutachten „Zu Art. 34 Satz 2 der GO" (a.F.) v. 17.8.1951 (EZA 2/904).

Zwingend sind die besonderen Formvorschriften für alle Urkunden, **durch die die EKD verpflichtet werden soll**. Dazu gehört „jede Erklärung, die darauf abzielt, eine Verpflichtung einzugehen, wobei es allerdings nicht genügt, dass durch die Erklärung eine nicht bezweckte Nebenfolge" zu einer Verpflichtung führt. Dies gilt sowohl für Verpflichtungen öffentlich-rechtl. Bezugs (z.B. Beamtenernennung) als auch im bürgerlichen Rechtsverkehr (z.B. Kaufvertrag, umstr. für Rücktritt). Nicht dazu werden gerechnet: (zivilrechtl.) Verfügungen über Rechte bzw. Forderungen sowie Tatsachenerklärungen (z.B. Quittung, Eigentums- und Besitzübertragung bzw. Auflassung und Löschungsbewilligung) oder (öffentlich-rechtl.) Steuerstundung und Bewilligung von Unterstützung. Der allgemeine Begriff der Verpflichtungserklärung umfasst an sich auch geringfügige Verpflichtungen, z.B. einen Bestellschein für Büromaterial. Von diesem Formerfordernis der GO sind jedoch „in entsprechender Anwendung der vom RG (und BGH) zu den Vorschriften des Kommunalrechts entwickelten Grundsätze als nach dem immanenten Sinn der Vorschrift ausgenommen anzusehen die *Geschäfte der laufenden Verwaltung*".[1118] Diese sind jedoch i.d.R. gem. Abs. 2 auf das KA übertragen (Erl Abs. 2 Satz 1).

Vollmacht ist die durch Rechtsgeschäft erteilte Vertretungsmacht. Mit ihrer Erteilung gibt der Rat ein Stück seiner ihm selbst als Gremium durch die GO erteilten Vertretungsmacht weiter, z.B. an einzelne Mitarbeiter des KA oder externe Prozessbevollmächtigte. Vollmachten durch den Rat werden i.d.R. schriftlich, d.h. in Form einer Urkunde, erteilt und begründen die – wenn auch nur potentielle – Verpflichtung, das Vertretungshandeln ggf. gegen sich gelten zu lassen. Um dies klarzustellen, wurde die Vollmachtserteilung durch die Kirchenversammlung in die Formvorschrift ausdrücklich aufgenommen, was Verfassungsausschuss und Rat zunächst für entbehrlich hielten, zumal eine Vollmachtserteilung i.d.R. nicht der Form der Vertretungshandlung bedarf.

Die genannten Urkunden sind von dem oder der RV oder – nicht nur in deren Abwesenheit – deren Stellvertreter **zu vollziehen**, d.h. zunächst zu *unterzeichnen*. Daneben gehört zum Vollzug der Urkunde und der Vollmacht die *Siegelung*, d.h. „**das Siegel** ist beizudrücken". Durch das der Unterschrift beigedrückte Kirchensiegel wird festgestellt, dass die Urkunde von demjenigen herrührt, der als Aussteller angegeben ist.
Die GO statuiert hier die *Siegelberechtigung* der EKD. Diese Befugnis, ein Kirchensiegel zu führen, und deren Ausübung (*Siegelführung*) sind Ausdruck der Eigenständigkeit (§ 1 SiegelO) und Unabhängigkeit der EKD in ihrer Ordnung und Verwaltung (Art. 3 I) und entsprechen (wie auch die Führung von Kirchenbüchern) ihrem Kirchenstatus. Neben der innerkirchl. Befugnis stehen der EKD Siegelberechtigung und -führung auch

---

[1118] AaO (Klammerzusatz u. Hervorhebung v. Verfasser); in diesem Sinne Schr. der Kirchenkanzlei v. 29.10.1951 an den Rat (EZA 2/900).

dem Staat gegenüber im allgemeinen Rechtsverkehr in Ausübung der Rechte als *öffentlich-rechtlicher Körperschaft* zu (Erl Art. 35 I). Als Siegelberechtigter steht der EKD ein eigenes *Kirchensiegel* mit ihrem *Siegelbild* und besonderer *Siegelumschrift* nebst *Umrandung* zu. Die Gestaltung ist im Einzelnen durch die SiegelO geregelt, die der Rat zur Berechtigung und Führung des Kirchensiegels erlassen hat.[1119] Die Berechtigung schließt auch deren Übertragung auf Organe, Ämter, Dienststellen und Werke der EKD ein.

Die *Siegelführung* obliegt den Organen und Stellen, die die EKD nach der kirchl. Ordnung vertreten. Dies sind insb. der Rat und das KA sowie der Ratsbevollmächtigte, ferner sonstige Ämter, Dienststellen, Werke und Einrichtungen, auf die die Siegelberechtigung wegen eines berechtigten Bedürfnisses übertragen worden ist (§ 3 SiegelO). Die Ermächtigung zur Führung von Dienstsiegeln wird vom Präsidenten des KA schriftlich erteilt. Dienstsiegel werden fortlaufend nummeriert und gegen Empfangsbestätigung ausgehändigt. Sie sind unter Verschluss zu halten (§ 26 EGOK).

Das Siegel ist der Unterschrift des Siegelführenden **beizudrücken**. Dies geschieht meist als *Normalsiegel* mit einem Petschaft unter Verwendung eines Farbkissens (im Unterschied zu siegelähnlichen Stempeln, etwa der Bibliothek des KA) und bei besonderen Anlässen als *Prägesiegel* unter Verwendung einer Oblate, z.B. bei einem gem. § 313 BGB beurkundeten Grundstückserwerb. Dies geschieht im Regelfall durch ständig damit Beauftragte. Das KA führt ein *Siegelverzeichnis*, in dem diese Personen und deren *Beizeichen* aufgelistet sind.

Satz 3 (Beweiskraft, Feststellung der Beschlussfassung)
Das Siegel wird als formgebundenes *Beweiszeichen* im Rechtsverkehr geführt. Durch die besiegelte Unterschrift wird darüber hinaus die Gesetzmäßigkeit bzw. **Rechtmäßigkeit der Beschlussfassung festgestellt.** Da das Siegel auch staatskirchenrechtl. in Ausübung der Rechte als Körperschaft des öff. Recht geführt wird, genießen die gem. Satz 2 vollzogenen Urkunden der EKD *öffentlichen Glauben.* Sie sind *öffentliche Urkunden* auch im staatl. Sinne (§ 415 ZPO) und *begründen nicht nur kirchenrechtl., sondern auch im allgemeinen Rechtsverkehr vollen Beweis des durch die EKD beurkundeten Vorgangs.*[1120] Entsprechendes gilt für die öff. Beglaubigung (§ 129 BGB).

1119 Richtlinie für das Siegelwesen in der EKD v. 31.8.1965 (ABl. EKD 1966 S. 1); dazu Thiele, Art. „Kirchensiegel“, in: RGG, 4. Bd., Sp. 1294 ff.

1120 Davon zu unterscheiden ist die öffentliche Beglaubigung von Privaturkunden, zu der die EKD ebenfalls befugt ist; zum Ganzen A. v. Campenhausen/Christoph, Amtliche Beglaubigungen der öffentlich-rechtlich korporierten Kirchen im weltlichen Bereich.

Absatz 2 (Vertretung und Beurkundung durch das Kirchenamt)
Bei der Zusammenlegung der beiden Amtsstellen durch GO-Änderung v. 1982 wurde dem Rat die Möglichkeit eingeräumt, die Vertretung auf das KA zu übertragen (Erl vor I). Diese Delegation trägt dem gewachsenen Aufgabenbereich des KA als Amts- und Geschäftsstelle Rechnung. Denn es führt die Verwaltung der EKD, insb. die laufenden Ratsgeschäfte und tätigt dabei den weitaus größten Teil der Rechtsgeschäfte der EKD.

Zu Art und Umfang der dem KA zu übertragenden Vertretungsgeschäfte ist über dessen Aufgabenbeschreibung (Art. 31 I u. II) hinaus in der GO nichts unmittelbar gesagt. Inwieweit der Rat von dieser Übertragungsmöglichkeit Gebrauch macht, ist Sache seines pflichtgem. Ermessens und vor allem eine Frage der Zweckmäßigkeit und Praktikabilität. Ähnlich wie in der kommunalen Verwaltungspraxis betrifft dies die Geschäfte der laufenden Verwaltung, insb. Rechtsgeschäfte geringerer Art, d.h. „die finanziell von nicht erheblicher Bedeutung sind und regelmäßig wiederkehren" wie die Lieferung von Waren, Miet-, Pacht- und Werkverträge.[1121] *Begrenzt* wird die Übertragung der Vertretung auf das KA nur noch in der Sache durch den Umfang seiner Zuständigkeit für die Verwaltung der EKD und die lfd. Geschäftsführung für den Rat (Erl Art. 31 I 2). Auch eine *Rechtsform* ist für die Übertragung über die allgemeine Form der Ratsbeschlüsse hinaus nicht vorgeschrieben; soweit der Rat die Vertretung dem KA **allgemein** überträgt, sollte dies im Interesse der Rechtssicherheit in geeigneter Weise bekanntgemacht werden.

Soweit die Vertretung übertragen ist, tritt auch beim **Vollzug der Urkunde oder Vollmacht** das KA an die Stelle der RV. Dies gilt in der Praxis für die weitaus meisten Beurkundungen, die durchweg die Regelverwaltung betreffen. Die Ermächtigung zur Führung von Dienstsiegeln (Erl Abs. 1 Satz 2; dort auch zur SiegelO des Rates) ist ebenso wie die Zeichnungsberechtigung im KA durch eine *Ergänzende GeschO des KA der EKD* geregelt, zu deren Erlass der Rat das Kollegium des KA gem. § 16 GeschO-KA ermächtigt hat.

Artikel 35 (Übergangsvorschriften)

Die Evangelische Kirche in Deutschland als öffentlich-rechtliche Körperschaft ist Trägerin der Rechte und Verbindlichkeiten des Deutschen Evangelischen Kirchenbundes und der Deutschen Evangelischen Kirche. Die Verfassung der Deutschen Evangelischen Kirche vom 11. Juli 1933 wird hiermit aufgeho-

[1121] Über die zur GO a.F. diskutierte Handlungsbefugnis der Kirchenkanzlei hatte das KI-Gutachten v. 17.8.1951, aaO, auf die kommunale Praxis abgestellt (entsprechend § 45 des Preußischen Gemeindefinanzgesetzes v. 15.12.1932 sowie 2. DVO v. 23.2.1934).

ben. Im Übrigen bleibt das gesamtkirchliche Recht in Kraft, soweit es dieser Grundordnung nicht widerspricht.

Diese Übergangsvorschrift regelt vorkonstitutionelle und staatskirchenrechtl. Aspekte der gesamtkirchl. Neuordnung nach dem Kriege. Die Rechtsnachfolge wie auch der Status der EKD waren vor Verabschiedung der GO Gegenstand von Verhandlungen mit den Besatzungsmächten, namentlich eines Schriftwechsels des Rates der EKD, der 1945 durch die Kirchenversammlung berufen worden war, mit dem Alliierten Kontrollrat (Gesch 3). Die verfassungsrechtl. Feststellungen finden sich z.T. schon in der Vorläufigen Ordnung und der Übergangsordnung (Anh 5 f.).

Satz 1 (Rechtsnachfolge und Korporationsstatus)
*Kirchen*rechtlich bestimmt bereits die Übergangsordnung: „Die Evangelische Kirche in Deutschland (EKD) ist die Fortsetzung der Deutschen Evangelischen Kirche" (Anh 6: § 1). In *staats*kirchenrechtl. Hinsicht hatte der Rat diese Feststellung der Rechtsnachfolge nach 1945 mehrfach gegenüber den staatl. Machthabern getroffen, namentlich in seinen Schreiben an den *Alliierten Kontrollrat* vom 31.1. und 10.10.1945.[1122] Mit letzterem Schreiben teilte der Rat mit, in Treysa sei beschlossen worden, „dass die EKD dieselbe kirchliche Körperschaft darstellt, wie die bisher durch die Verfassung vom 11.7.1933 geordnete Deutsche Evangelische Kirche". Deren Organe seien „mit dem Zusammenbruch des nationalsozialistischen Staates endgültig fortgefallen". An deren Stelle trete der Rat. „Alle Rechte, einschließlich der Vermögensrechte, sowie Pflichten, einschließlich der Schulden der Deutschen Evangelischen Kirche werden von der Evangelischen Kirche in Deutschland (EKD) fortgeführt und durch den Rat wahrgenommen." Der *Kontrollrat* hat diese Akte „amtlich bestätigt".[1123] Die GO spricht diese damit auch staatl. anerkannte Rechtsnachfolge aus und stellt fest, dass die EKD Trägerin der **Rechte und Verbindlichkeiten** der vorausgehenden gesamtkirchl. Organisationen geworden ist. Die Feststellung der Kirchenverf. ist insoweit nur deklaratorisch. Daher formuliert die GO: Die EKD „**ist** Trägerin" der Rechte.

Rechtsträgerin ist die EKD hier in ihrer Eigenschaft „**als**" öffentlich-rechtl. Körperschaft, also auf Grund eines staatl. Rechtsstatus. Daher betrifft die hier festgestellte Trägerschaft in erster Linie *Rechte und Pflichten* öff. und zivilen Rechts. Sie setzt die kirchenrechtl. Rechtsnachfolge (als juristische Person des Kirchenrechts) voraus, insb. bezüglich der überkommenen Rechtsverhältnisse zu Gliedkirchen und Gemeinden, soweit sie nicht in der GO neu geordnet sind. Im Blick waren in der damaligen politischen und historischen Situation vor allem vermögensrechtl. Aspekte. Dies besagt

---

[1122] VO.u.N.Bl. Nr. 9 v. März 1946, Ziff. IV u. VI; Gesch 3.
[1123] Schr. v. 18.12.1945, VO.u.N.Bl. Nr. 9 v. März 1946, Ziff. V.

auch der ökonomische Begriff der „**Verbindlichkeiten**“ an Stelle von „Pflichten“. Die Übergangsregelung galt auch den Rechtsbeziehungen zu den Kirchenbediensteten der EKD.[1124]

Gegenstand der Rechtsnachfolge ist insb. das *Kirchenvermögen,* d.h. der geldwerten Rechte der DEK an beweglichen und unbeweglichen Sachen sowie ihrer Forderungen. Das Finanz- wie das *Verwaltungsvermögen* der Kirche steht unter der *Vermögensgarantie* des Art. 140 GG i.V.m. 138 II WRV und ist auch vor staatl. Eingriffen geschützt; dieses Säkularisierungsverbot gewährleistet „das Eigentum und andere Rechte der Religionsgesellschaften ... an ihren, für Kultus-, Unterrichts- und Wohltätigkeitszwecke bestimmten Anstalten, Stiftungen und sonstigen Vermögen.“ Die Rechtsnachfolge galt auch dem ausländischen Grundbesitz des Deutschen Evangelischen Kirchenausschusses bzw. des DEKb[1125] und Vermögensrechten, die anderen kirchl. Rechtsträgern zu treuer Hand übertragen worden waren (z.B. in Jerusalem).

Mit dem Hinweis auf den Status einer **öffentlich-rechtlichen Körperschaft** behandelt die Kirchenverf. hier eine für die EKD in der Praxis wichtige staatskirchenrechtl. Qualifizierung.[1126] Diese wird mit der Formulierung „als öffentlich-rechtl. Körperschaft“ (im Unterschied zum bürgerlich-rechtl. *Vereinsstatus* im Sinne von Art. 147 IV WRV) als bereits bestehend erwähnt.

Die Feststellung geht über den kirchenrechtl. Rahmen der GO hinaus, bringt dies aber – ebenso wie ihre deklaratorische Bedeutung – durch die Kennzeichnung als „Besondere Vorschrift“ zum Ausdruck. Der EGO74 übernahm diese Feststellung in die Grundbestimmungen, kennzeichnete dort aber ausdrücklich deren staatl. Rechtscharakter.[1127] Zum Verhältnis zw. Grundgesetz und GO s. Erl Art. 3 vor I.

Die Anerkennung des Korporationsstatus schafft eine rechtl. Voraussetzung zur Teilnahme am allgemeinen Rechtsleben. Er betrifft die immanente rechtl. Qualifikation kirchl. Körperschaft und deren Verhältnis zum Staat.[1128] Er vermittelt der Kirche nicht nur eine Korporationsqualität im formellen Sinne bestimmter vom Staat übertragener

---

1124 So „in dienstrechtlicher Hinsicht“: Brunotte, GO, S. 274.

1125 Dazu Hofmann, Kirchenvermögen, Sp. 1741 ff.; zum Grundbesitz des DEKb in Übersee s. „Aufzeichnung des Kirchlichen Außenamtes“ als Anl. zum Schr. der Kirchenkanzlei – Berliner Stelle – v. 17.9.1953 (EZA 2/900).

1126 Vgl. Friesenhahn, Kirchen und Religionsgemeinschaften als Körperschaften des öffentlichen Rechts.

1127 Art. 6 II EGO74 (Anh 12) betont dies durch die Doppelfeststellung, dass die EKD nach „staatlichem“ Recht Körperschaft des „öffentlichen Rechts“ sei.

1128 Frost, Strukturprobleme, S. 60, in staatskirchenrechtl. Sinn.

herkömmlicher öffentlich-rechtl. Befugnisse, sondern auch im materiellen Sinne einer – freilich vom Staat abgeleiteten – *Hoheitsgewalt*. Diese schließt ein öffentlich-rechtl. Handlungsrecht ein, das sich hoheitlicher Mittel bedient, z.B. bei der Unterhaltung von Friedhöfen, der Abgabenerhebung oder der Begründung öff. Dienstverhältnisse.[1129] Durch den Korporationsstatus wird die EKD aber weder dem Staat eingegliedert noch einer besonderen staatl. *Kirchenhoheit* unterworfen. Ihrerseits übt die Kirche im weltlichen Rechtsbereich keine eigene Kirchenhoheit aus (Erl Art. 3 I).

Der Körperschaftsstatus der EKD geht zurück auf dessen Zuerkennung schon für den DEKb und die DEK gem. Art. 137 V der Deutschen Reichsverfassung v. 11.8.1919 (WRV). Danach „bleiben" die damals bestehenden Landeskirchen („Religionsgesellschaften") Körperschaften des öff. Rechts, soweit sie solche bereits waren; schließen sich mehrere von ihnen zu einem Verband zusammen, so ist auch dieser Verband öffentlich-rechtl. Körperschaft. Mit dieser Bestimmung war in erster Linie der 1919 schon in Aussicht genommene Deutsche Evangelische Kirchenbund gemeint.[1130] Den Religionsgesellschaften sollte die ihnen bis zum Inkrafttreten der WRV zustehende öff. Rechtsposition und die damit verbundenen Vorteile auch weiterhin erhalten bleiben. Wegen der religiösen und weltanschaulichen Neutralität der Weimarer Republik und aus Gründen der Parität wurde der Korporationsstatus nunmehr allen Religionsgesellschaften unter gewissen Voraussetzungen angeboten. Durch *Reichsgesetz über die Verfassung der DEK* v. 14.7.1933 (RGBl. I S. 471) wurde ausdrücklich bestätigt: „Die Deutsche Evangelische Kirche ist Körperschaft des öffentlichen Rechts des Reiches" (Anh 3: Art. 2 I). Dieses Reichsgesetz ist zwar hinfällig geworden,[1131] nicht aber der Körperschaftsstatus der EKD, weil er auf der Reichsverfassung beruhte. Deren *Kirchenartikel (136-141 WRV)* wurden in das Grundgesetz (Art. 140) übernommen.[1132]

Von der Anerkennung als öff. Körperschaft bleiben Art und Freiheit der Religionsausübung (Art 4 GG), Unabhängigkeit vom Staat (Art. 137 I WRV) und das Selbstbestim-

---

1129 Müller-Volbehr, Körperschaftsstatus und Sachenrecht der Kirchen, S. 156 f.

1130 Schr. des Reichsministers des Inneren vom 31.3.1924 -Nr. I.1084- an den DEKb: „Der Deutsche Evangelische Kirchenbund ist auf Grund des Art. 137 Abs. 5 Satz 3 der Reichsverfassung eine öffentlich-rechtliche Körperschaft. gez. Jarres" (zit. n. Hosemann, Kirchenbund, S. 16; vgl. Anschütz, Die Verfassung des Deutschen Reiches, S. 558; Bredt, Der Geist der Deutschen Reichsverfassung, S. 289; E.R. Huber, Quellen zum Staatsrecht der Neuzeit, S. 47; vgl. Art. 4 Verf. des DEKb.

1131 Aufgehoben durch Gesetz Nr. 49 des Alliierten Kontrollrates vom 20.3.1947 (ABl. EKD Nr. 18/19, Sp. 131).

1132 Z. Ganzen H. Weber, Die Verleihung der Körperschaftsrechte an Religionsgemeinschaften, m.w.N.; Lindner, Entstehung und Untergang von Körperschaften des öffentlichen Rechts; auch für das Gebiet der DDR kehrt die Formel der WRV zunächst fast wörtlich in Art. 43 der Verf. der DDR v. 7.10.1950 wieder.

mungsrecht (Art. 137 III WRV) unberührt, denn sie gelten für alle Religionsgesellschaften. Die Beibehaltung des Korporationsstatus für die Kirchen bedeutet jedoch die *Absage an eine radikal-laizistische Trennung vom Staat* und die Entscheidung für den Fortbestand grundlegender Beziehungen zw. Staat und Kirche für die partnerschaftliche Zusammenarbeit beider Institutionen in einem bestimmten Rahmen.[1133]

Mit dem Körperschaftsstatus sind insb. verbunden:
- *Dienstherrenfähigkeit*, d.h. die Befugnis Beamte zu haben (Erl Art. 3 I), verbunden mit der Disziplinargewalt auch mit Wirkung im staatl. Rechtskreis,
- *Organisationsgewalt*, d.h. die Untergliederung in öffentlich-rechtl. Körperschaften und Schaffung sonstiger öffentlich-rechtl. Rechtssubjekte, ebenso wie der öffentlich-rechtl. Zusammenschluss mit anderen Körperschaften,
- *Autonomie* i.S.d. Regelungsbefugnis mit öffentlich-rechtl. Wirkung (Rechtsetzungsgewalt),
- *res sacrae* und kirchl. öff. Sachen: die dem Kultus dienenden Gegenstände, z.B. die Versöhnungskirche der EKD in Dachau,[1134] sowie das Verwaltungsvermögen der Kirche, insb. die Dienstgebäude der EKD, unterliegen dem öff. Sachenrecht,[1135]
- Sonderregelungen im *Steuerrecht* (Befreiung von Körperschafts-, Vermögens-, Grund- und Erbschaftssteuern), im *Kosten-* und *Gebührenrecht*, im *Bauplanungswesen* und im Recht *amtlicher Beglaubigung* u.a.[1136]

Auch bei der Mitwirkung und Repräsentation gesellschaftlich relevanter Kräfte in staatl. und sonstigen öff. Gremien (*z.B. Rundfunk- bzw. Fernsehrat u. Medienanstalten*) wird hinsichtlich der Religionsgesellschaften regelmäßig an den Körperschaftsstatus angeknüpft (Erl Art. 20 Satz 1).

Der staatl. festgelegte Körperschaftsstatus berührt nicht die ekklesiologischen und kirchenrechtl. Fragen nach der Gestalt und Qualität der EKD als Kirche; er ist mit den unterschiedlichen Kirchenbegriffen wie mit den Sozial- und Rechtsgestaltungen von Kirche vereinbar und regelt nur die Stellung im staatl. Raum.[1137]

1133 v. Mangoldt/Klein/Starck, Art. 140/Art. 137 WRV Rdn. 149.

1134 Das Erbbaurecht hat die Gesamtkirchengemeinde München treuhänderisch für die EKD zur treuhänderischen Verwaltung durch den LKR Bay. erworben (Verwaltungsvereinbarung v. 3.12.1973, KA-Az. 9708/2).

1135 Z. Kirchenschutzgut im Sinne von Art. 140 GG i.V.m. Art. 138 II WRV vgl. Filmer/Görisch, Die Reichweite des Grundgesetzlichen Kirchengutschutzes; Winter, Staatskirchenrecht, S. 196 f. m.w.N.

1136 Näheres v. Mangoldt/Klein/Starck, aaO, Rdn. 178-181.

1137 v. Campenhausen/de Wall, Staatskirchenrecht, S. 128 f.; Impulspapier rh. Ki., Ziff. 2.1.2.; vgl. Erl Überschrift „Kirche“ u. Art. 2 vor I.

Satz 2 (Aufhebung der DEK-Verfassung)
Mit Schr. v. 10.10.1945 teilte der Rat der EKD dem Alliierten Kontrollrat mit, dass beschlossen worden sei, die Verf. der DEK v. 1933 für ungültig zu erklären (Erl Satz 1). Diese Mitteilung beruhte auf der durch die Kirchenversammlung in Treysa beschlossenen Vorläufigen Ordnung der EKD. Darin war einmütig festgestellt worden: „Die Wiederherstellung des Aufbaus der Verfassung von 1933 ist unmöglich, weil, abgesehen von allem Grundsätzlichen, die Ämter dieser Verfassung unheilbar diskreditiert sind“ (Anh 5: Ziff. 2 lit. c). Aus dieser Feststellung wurde die Konsequenz einer „vorläufigen“ Neuordnung gezogen und die Verf. der DEK dann durch konstitutiven Akt der verfassungsgebenden Kirchenversammlung mit Verabschiedung der GO **„hiermit“** endgültig aufgehoben. Die Aufhebung erfolgte nicht rückwirkend; ihre legitime Verabschiedung 1933 und ihre Geltung war auch von der Bekennenden Kirche nie in Frage gestellt worden; auch blieben KG, die auf ihr gründeten, zunächst in Geltung.[1138]
Der staatl. Mitwirkung bedurfte es dazu nicht, da das Reichsgesetz über die Verf. der DEK durch Kontrollratsgesetz Nr. 49 v. 20.3.1947 aufgehoben worden war und der Beschl. im Übrigen im Rahmen der überkommenen kirchl. Ordnungsautonomie i.S.d. Art. 137 WRV lag.[1139] Mit dieser Außerkraftsetzung der DEK-Verfassung war auch der innerkirchl. Meinungsstreit über eine mögliche Fortgeltung bei den Bestrebungen, „den Zusammenhang mit den (1945) bestehenden Rechtsformen der EKD in Deutschland zu wahren“ abgeschlossen (Anl 5: Ziff. II; Gesch 2).

Satz 3 (Fortgeltung des gesamtkirchlichen Rechts)
In der Mitteilung des Rates der EKD v. 10.10.1945 an den Alliierten Kontrollrat[1140] wurden auch die künftigen *staatskirchenrechtl. Grundlagen* der neuen Gesamtkirche formuliert. Es wurde vor allem auf die Mitteilung bzw. Anweisung des Kontrollrats reagiert, die Rechte und Pflichten der Landeskirchen innerhalb ihrer Gebiete ohne seine Zustimmung nicht zu ändern und Pläne des Rates „zur Organisation und Beaufsichtigung der gesamten Evangelischen Kirche vor deren Ausführung dieser Behörde zur Begutachtung vorzulegen“. Der Rat erwiderte: „Wir nehmen entsprechend dem von den alliierten Mächten zugesagten Grundrecht der freien Religionsausübung an, dass durch den letzten Absatz des Schreibens vom 18.12.1945 betreffend die Rechte der Landeskirchen und deren Freiheit zu autonomer Gestaltung ihrer inneren Ordnung,

---

1138 Noch nach Verabschiedung der GO erbat der Präses der Kirchenversammlung Gottes „Segen auf die weitere Entwicklung unserer Deutschen (sic) Evangelischen Kirche“ (Eisenach 1948, S. 175).
1139 Das Gesetz besagt, dass die Verf. der DEK unberührt bleibt und es den zuständigen deutschen Kirchenbehörden überlassen bleibe, diese Verfassung als eine innere kirchl. Angelegenheit ganz oder teilweise aufrechtzuerhalten oder aufzuheben (ABl. EKD Nr. 18/19, Sp. 131; ABl. des Kontrollrats in Deutschland Nr. 14 S. 265).
1140 Schr. v. 31.1.1946, aaO, Ziff. VI (VO.u.N.Bl. 1946 Nr. 9) Ziff. IV .

eine Freiheit, wie sie im Kampf gegen den Nationalsozialismus als von dem Bekenntnis unserer Kirche her geforderte Vollmacht verteidigt worden ist, nicht in Frage gestellt wird". Der Kontrollrat hat diese Akte „amtlich bestätigt".[1141]

Nach Aufhebung der DEK-Verfassung geht die GO mit dem übrigen gesamtkirchl. Recht des DEKb und der DEK behutsam um: Es bleibt in Kraft, **„soweit es dieser Grundordnung nicht widerspricht"**.[1142] Neben der Aufhebung der DEK-Verf. v. 1933 wird ein Außerkrafttreten der vorausgegangenen Bundesverf. v. 1922 nicht explizit ausgesprochen. Es ergibt sich mittelbar aus der ex nunc aufgehobenen DEK-Verf., die sich als lex posterior rechtl. und tatsächlich an die Stelle des Kirchenbundes bzw. seiner Verf. setzte. Denn durch sie verbanden „sich die deutschen evangelischen Kirchen in Fortführung und Vollendung der durch den Deutschen Evangelischen Kirchenbund eingeleiteten Einigung zu einer einigen Deutschen Evangelischen Kirche" und gaben sich eine neue „Verfassung" (Anh 3: Präambel). Damit war auch die Bundesverf. mit allen Bestimmungen ihrer Verfassungsurkunde außer Kraft getreten. Demgemäß erachtete es 1945 die Kirchenversammlung von Treysa auch in der Sache für „unmöglich, ... auf die Verfassung des Kirchenbundes von 1922 zurück zu gehen".[1143]
Vom übrigen Recht des Kirchenbundes blieben 1948 seine gesetzlichen Regelungen der Auslandsarbeit in Kraft; ansonsten galten die durch VO des Rates v. 2.5.1946 bestätigten KG der DEK fort.[1144]

Zwei weitere Absätze *dieser Übergangsvorschrift* sind durch GO-Änderung v. 2000 aufgehoben worden: Ein *zweiter Absatz* betraf Übergangsregelungen zur Konstituierung der EKD-Organe. Ein *dritter Absatz* betraf VO-Vorlagen an die Synode und bestimmte, dass Art. 29 II 3 nicht erst für die nach Inkrafttreten der GO erlassenen Ratsverordnungen gelten sollte, sondern dass auch die vordem erlassenen VO der Synode bei ihrem ersten Zusammentritt vorzulegen wären. Dies war 1949 geschehen.[1145] Die Synode hat keine der von 1945 bis 1948 erlassenen (12) Ratsverordnungen und eben-

---

1141 Schr. v. 18.12.1945, aaO, Ziff. V.

1142 Dazu KI-Gutachten „Zur Zuständigkeit der EKD zum Erlass eines Disziplinargesetzes" v. 29.1.1954 (SB Espelkamp 1955, S. 733 ff.) u. KI-Gutachten „Zur Gültigkeit der Kirchenbeamtenordnung der DEK" v. 5.6.1962, S. 44; auch diese Kirchenbeamtenordnung v. 13.4.1938 wurde in bereinigter Form vom Rat bestätigt.

1143 Einer Fortgeltung käme auch insoweit keine praktische Bedeutung mehr zu, als die Regelungsgegenstände der Bundesverf. weitestgehend durch die GO neu geordnet sind. Einzelne Verfahrensregeln oder Befugnisse der Organe, wie etwa die Maßnahmebefugnis des Exekutivorgans bei Gefahr im Verzuge (Anh 2: § 15 V), wären angesichts der Neugestaltung der Organe und ihrer Aufgaben trotz gewisser Entsprechungen allenfalls als Rechtsgedanken zu übernehmen. Zur staatl. Verfassungsablösung vgl. BVerfG 15,167, 194 f.

1144 V.u.N.Bl. Nr. 16, Mai 1946, vgl. SB Bethel 1949, S. 310 f.; s. auch Zusammenstellung der Texte in: Recht der EKD 1.

1145 SB Bethel 1949, S. 79, 172 u. 310; Wortlaut Art. 35 II u. III a.F. s. Gesch 5.

falls vorgelegten (5) Richtlinien geändert oder aufgehoben. Damit ist auch das in der Übergangszeit gesetzte Recht als fortgeltendes Recht der EKD anerkannt und der Anschluss von der Vorläufigen Ordnung von Treysa 1945 zu der GO von 1948 hergestellt worden.

Anhang

1. Beschlüsse des Wittenberger Kirchentages (1848)
2. Verfassung des Deutschen Evangelischen Kirchenbundes (1922)
3. Verfassung der Deutschen Evangelischen Kirche (1933)
4. Die 13 Sätze des Einigungswerks (1943)
5. Vorläufige Ordnung der Evangelischen Kirche in Deutschland (1945)
6. Übergangsordnung der Evangelischen Kirche in Deutschland (1946)
7. Synopse der Grundordnungsentwürfe des Bruderrates der EKD und des Verfassungsausschusses (1947), der Vorlage des Rates und des Beschlusses der Kirchenversammlung (1948)
8. Verordnung über das Zustandekommen einer Grundordnung der EKD (1948)
9. Beschluss der Kirchenversammlung der EKD über die Grundordnung (1948)
10. Unterschriften zur Grundordnung (1948)
11. Ordnung des Bundes der Evangelischen Kirchen in der DDR (1969)
12. Entwurf einer Grundordnung der EKD (1974)

1. Beschlüsse des Wittenberger Kirchentages zur Gründung eines deutschen evangelischen Kirchenbundes vom 21. September 1848.

(Anlage zum Protokoll des Kirchentages)[1146]

1. Die evangelischen Kirchengemeinschaften Deutschlands treten zu einem Kirchenbunde zusammen.
2. Der evangelische Kirchenbund ist nicht eine die konfessionellen Kirchen aufhebende Union, sondern eine kirchliche Konföderation.
3. Der evangelische Kirchenbund umfasst alle Kirchengemeinschaften, welche auf dem Grunde der reformatorischen Bekenntnisse stehen, namentlich die lutherische, die reformierte, die unierte und die Brüdergemeine. Über die Fähigkeit, dem Bunde beizutreten,

---

1146 Abgedruckt in: W. Baur, Art. „Kirchentag“, in: RE Bd. 10, S. 478.

entscheidet jedoch bei entstehendem Zweifel nicht die eigene Versicherung der betreffenden Gemeinschaft, sondern der Bund.

4. Jede evangelische Kirchengemeinschaft, welche zum Bunde gehört, bleibt in Bezug auf die Anordnung ihres Verhältnisses zum Staate, ihres Regiments und ihrer inneren Angelegenheiten in Lehre, Kultus und Verfassung selbständig.
5. Die Aufgabe des evangelischen Kirchenbundes ist Pflege und Förderung aller gemeinsamen Interessen der zu ihm gehörigen Kirchengemeinschaften, insbesondere:
   a) Darstellung der wesentlichen Einheit der evangelischen Kirche, Pflege der Gemeinschaft und des brüderlichen Sinnes;
   b) gemeinsames Zeugnis gegen das Unevangelische;
   c) gegenseitiger Rat und Beistand;
   d) Vermittlungsamt bei Streitigkeiten zwischen Kirchengemeinschaften, die zum Bunde gehören;
   e) Förderung christlich-sozialer Zwecke, Vereine und Anstalten, insbesondere der inneren Mission;
   f) Wahrung und Verteidigung der Rechte und Freiheiten, welche den evangelischen Kirchengemeinschaften nach göttlichem und menschlichem Rechte zustehen;
   g) Knüpfung und Festhaltung des Bandes mit allen evangelischen Kirchen außerhalb Deutschlands.
6. Der Kirchenbund tritt ins Leben durch eine erste, mit Abgeordneten aller zu demselben gehörigen Kirchengemeinschaften beschickte evangelische Kirchenversammlung Deutschlands. Diese wird sich als rechtmäßige Kirchenversammlung der evangelischen Kirche konstituieren durch die von einem jeden Gliede derselben abzugebende Erklärung, dass es mit seinem Glauben auf dem Grunde der reformatorischen Bekenntnisse (seiner Kirche) stehe und nur auf diesem Grunde verhandeln wolle.

2. Verfassung des Deutschen Evangelischen Kirchenbundes.

Vom 25. Mai 1922. (AKBl. S. 346)

I. Allgemeine Bestimmungen

§ 1 Bundeszweck

Der Deutsche Evangelische Kirchenbund hat den Zweck, zur Wahrung und Vertretung der gemeinsamen Interessen der deutschen evangelischen Landeskirchen einen engen und dauernden Zusammenschluss derselben herbeizuführen, das Gesamtbewusstsein des deutschen Protestantismus zu pflegen und für die religiös-sittliche Weltanschauung der deutschen Reformation die zusammengefassten Kräfte der deutschen Reformationskirchen einzusetzen, dies alles unter Vorbehalt der vollen Selbständigkeit der verbündeten Kirchen in Bekenntnis, Verfassung und Verwaltung.

§ 2 Aufgaben des Bundes im Einzelnen

(1) Der Bund wird teils unmittelbar tätig mit bindender Wirkung für die verbündeten Kirchen, teils mittelbar im Wege der Anregung und Förderung.

(2) In den Grenzen seiner unmittelbaren Tätigkeit ist der Bund ausschließlich zuständig.

(3) A. Die unmittelbare Tätigkeit des Bundes erstreckt sich auf

1. Die Wahrung der gemeinsamen evangelischen Interessen
   a) im Verhältnis zum Auslande,
   b) im Verhältnis zum Reiche, seiner Gesetzgebung und Verwaltung,
   c) auf Antrag der beteiligten Kirchen im Verhältnis zu den einzelnen Ländern, ihrer Gesetzgebung und Verwaltung,
   d) im Verhältnis zu anderen Religionsgesellschaften im In- und Auslande,
   e) bei der kirchlichen Versorgung der evangelischen Deutschen im Ausland unter Fühlungnahme mit den jeweils beteiligten einzelnen Kirchen und freien Vereinigungen;
2. sonstige Aufgaben, welche von einzelnen Kirchen dem Bunde übertragen und von ihm durch Bundesgesetz übernommen werden.

(4) B. Die mittelbare Tätigkeit des Bundes gilt sowohl dem Kirchenwesen im engeren Sinne als den Werken der freien kirchlichen Arbeitsorganisationen. Sie umfasst:

1. im Verhältnis zu den verbündeten Kirchen Anregungen im Sinne und in den Grenzen des Bundeszwecks (§ 1), insbesondere in bezug auf
   a) die Festigung des Bandes zwischen evangelischem Volkstum und Kirche,
   b) die Pflege des christlichen Hauses, die religiöse Volkserziehung auf allen Stufen des Schulwesens und die Arbeit an der schulentlassenen Jugend,
   c) die christliche Liebestätigkeit,
   d) den Ausgleich und die Versöhnung der sozialen Gegensätze,
   e) die kirchliche Versorgung der öffentlichen Anstalten für Kranke, Waisen, Gefangene, Verwahrloste u. dergl. mehr,
   f) den Schutz der christlichen Feiertage,
   g) die Ausbildung des theologischen Nachwuchses auf den theologischen Fakultäten der Universitäten sowie vor und nach dem Universitätsstudium,
   h) die Wahrung der der Kirche für die Erfüllung ihrer Aufgaben erforderlichen Rechte;
2. die Förderung der freien kirchlichen Arbeitsorganisationen, insbesondere der Werke der äußeren und inneren Mission, der Bibelverbreitung sowie aller Bestrebungen, welche auf die Durchdringung des evangelischen Volkes mit den Kräften des Evangeliums abzielen.

§ 3 Mitgliedschaft

Mitglieder des Bundes sind die den Bund schließenden Landeskirchen. Die Bedingungen, unter denen andere evangelische Religionsgesellschaften als Mitglieder in den Bund aufgenommen oder ihm in anderer Form angegliedert werden können, werden durch Bundesgesetz unter Beobachtung der Vorschrift in § 2 festgestellt.

§ 4 Rechtlicher Charakter

Der durch den Bund gebildete Verband hat die Rechte einer öffentlich-rechtlichen Körperschaft nach Artikel 137 Abs. 5 der Deutschen Reichsverfassung vom 11. August 1919.

§ 5 Bundesorgane

(1) Die Organe des Bundes sind
a) der Deutsche Evangelische Kirchentag,
b) der Deutsche Evangelische Kirchenbundesrat,
c) der Deutsche Evangelische Kirchenausschuss.

(2) Die zur Erledigung der Bundesgeschäfte erforderlichen Bundesbeamten werden vom Kirchenausschuss angestellt. Die Stellen der hauptamtlichen Berufsbeamten sind mit Ruhestands- und Hinterbliebenenversorgung auszustatten. Im Übrigen werden die Rechtsverhältnisse der Bundesbeamten durch Bundesgesetze geregelt.

§ 6 Bundesgesetze

(1) Ein Bundesgesetz kommt durch übereinstimmende Beschlüsse des Kirchentages und des Kirchenbundesrats zu Stande.

(2) Gesetzesvorschläge können vom Kirchentag, vom Kirchenbundesrat oder vom Kirchenausschuss ausgehen.

(3) Eines Bundesgesetzes bedarf es
a) in allen Fällen, wo diese Verfassung (§ 2 Abs. 2, § 3, § 5 Abs. 2, § 7 Abs. 1 unter a, § 10 Abs. 7, § 18 Abs. 3, § 19 Abs. 2, § 20) oder ein Bundesgesetz es vorschreibt,
b) zur Abänderung bestehender Bundesgesetze.

(4) Die Bundesgesetze sind vom Kirchenausschuss in dem von ihm zu bestimmenden Amtsblatt des Bundes zu verkünden. Bei der Verkündung ist auszusprechen, dass das Bundesgesetz in der durch Abs. 1 vorgeschriebenen Weise zu Stande gekommen ist.

(5) Bundesgesetze treten, soweit sie nichts anderes bestimmen, mit dem vierzehnten Tage nach Ablauf des Tages in Kraft, an dem das betreffende Stück des Amtsblattes am Orte seines Erscheinens ausgegeben worden ist.

II. Kirchentag

§ 7 Zusammensetzung

Der Kirchentag besteht aus 210 Mitgliedern.

a) 150 Mitglieder werden von den obersten Synoden der einzelnen Landeskirchen gewählt. Die Wahl ist nicht auf die Mitglieder der Synode beschränkt. Die Landeskirchen haben für die rechtzeitige Vornahme der Wahlen zu sorgen. Sofern eine rechtzeitige Wahl im Wege des regelmäßigen Wahlverfahrens nicht möglich ist, hat dasjenige Organ der Kirche zu wählen, welches die nicht versammelte Synode zu vertreten befugt ist. In jeder Landeskirche soll tunlichst der Grundsatz beachtet werden, dass Geistliche und Nichtgeistliche im Verhältnis = 1:2 gewählt werden. Auf jede Landeskirche, deren Seelenzahl den 150. Teil der Gesamtseelenzahl der verbündeten

Landeskirchen nicht übersteigt, entfällt ein Abgeordneter. Die Verteilung der übrigen Abgeordneten erfolgt auf die übrigen Landeskirchen nach der Seelenzahl und dem Restteilungsverfahren. Die Vollzugsbestimmungen erlässt der Kirchenausschuss.
b) Weitere 35 Mitglieder werden vom Kirchenausschuss berufen und zwar 8 auf Vorschlag der theologischen Fakultäten, 12 auf Vorschlag der Religionslehrer und 15 auf Vorschlag der auf die Gesamtheit der deutschen Landeskirchen sich erstreckenden Vereinsorganisationen. Sofern einheitliche oder doch zusammenstimmende Vorschläge von Stellen vorliegen, die der Kirchentag, erstmalig der Kirchenausschuss, als vorschlagsberechtigt anerkannt hat, sind die Vorschläge bindend.
c) Die übrigen 25 Mitglieder werden als Ausgleichsgruppe vom Kirchenausschuss nach freier Entschließung berufen.

§ 8 Kirchentagsperiode und Amtsdauer der Mitglieder

(1) Die Kirchentagsperiode dauert sechs Jahre. Sie umfasst zwei ordentliche Tagungen, eine an ihrem Anfange, die andere regelmäßig drei Jahre später, sowie etwaige außerordentliche Tagungen. Eine außerordentliche Tagung findet bei dringlichem Anlasse statt.
(2) Der Kirchentag muss einberufen werden, wenn es von zwei Dritteln der verfassungsmäßigen Mitgliederzahl verlangt wird.
(3) Die Amtsdauer der Kirchentagsmitglieder deckt sich mit der Kirchentagsperiode.
(4) Für jedes Mitglied der Gruppen § 7a und b ist ein Stellvertreter zu bestimmen. Dieser tritt ein, soweit das Mitglied behindert ist oder wenn dessen Amt sich vorzeitig erledigt. In letzterem Falle ist ein neuer Stellvertreter zu bestimmen.
(5) Erledigt sich das Amt eines Mitgliedes der Gruppe § 7c, so wird ein neues Mitglied vom Kirchenausschuss berufen.
(6) Die Mitgliedschaft im Kirchentag erlischt insbesondere, wenn das Mitglied die Wählbarkeit zur Kirchengemeindevertretung in seiner Landeskirche verliert.

§ 9 Zuständigkeit

(1) Dem Kirchentag steht das Recht zu, über alle Angelegenheiten des Bundes (§ 2) zu verhandeln, Gesetzesvorschläge einzubringen (§ 6 Abs. 2) und Anregungen an den Kirchenbundesrat und den Kirchenausschuss zu geben.
(2) Seiner Zustimmung bedarf es zu Bundesgesetzen (§ 6) und unbeschadet der Vorschrift in § 19 Abs. 3 zu solchen über die laufende Verwaltung hinausgehenden Beschlüssen, durch die der Bund finanziell belastet werden soll.
(3) Er kann in Angelegenheiten, die das Gesamtinteresse des deutschen Protestantismus berühren, öffentliche Kundgebungen ergehen lassen.

§ 10 Präsidium und Geschäftsgang

(1) Der Kirchentag wird vom Kirchenausschuss einberufen. Der Zeitpunkt der ordentlichen Tagung ist nach Benehmen mit dem Präsidenten des Kirchenbundesrats festzustellen. Die Einberu-

fung zu einer außerordentlichen Tagung bedarf außer dem Falle in § 8 Abs. 2 der Zustimmung des Kirchenbundesrats.

(2) Der Kirchentag kann seine Verhandlungen bis zur Dauer von drei Tagen aussetzen. Die Tagung ist zu schließen, wenn die dem Kirchentag zugegangenen Vorlagen sowie die geschäftsordnungsmäßig zugelassenen Anträge erledigt sind. Eine Weitertagung ist im Einverständnis mit dem Kirchenbundesrat statthaft, wenn die Verhandlung über weitere Gegenstände von zwei Dritteln der verfassungsmäßigen Mitgliederzahl verlangt wird.

(3) Der Kirchentag wählt für die Dauer der Periode aus seiner Mitte das Präsidium, das aus dem Präsidenten und zwei Stellvertretern sowie aus Beisitzern und Schriftführern besteht, und stellt seine Geschäftsordnung auf.

(4) Die Mitglieder des Kirchenausschusses und des Kirchenbundesrats sind jederzeit mit ihren Erklärungen zu hören.

(5) Der Kirchentag ist beschlussfähig bei Anwesenheit von zwei Dritteln der verfassungsmäßigen Mitgliederzahl. Bei der Beschlussfassung entscheidet, abgesehen von der Vorschrift in § 20, die Mehrheit der abgegebenen Stimmen; bei Stimmengleichheit gilt der gestellte Antrag als abgelehnt. Für Wahlen genügt relative Stimmenmehrheit; bei Stimmengleichheit entscheidet das Los.

(6) Die Verhandlungen des Kirchentages sind öffentlich. Über Ausnahmen bestimmt der Kirchentag durch seine Geschäftsordnung. Für einzelne Gegenstände kann der Ausschluss der Öffentlichkeit auch vom Kirchenausschuss verlangt werden.

(7) Den Mitgliedern des Kirchentages werden Tagegelder und Reisekosten aus der Bundeskasse gewährt. Das nähere wird durch Bundesgesetz festgestellt.

III. Kirchenbundesrat

§ 11 Zusammensetzung

(1) Der Kirchenbundesrat besteht aus Vertretern der Kirchenregierungen der im Bunde zusammengeschlossenen Landeskirchen.

(2) Im Kirchenbundesrat hat jede Landeskirche wenigstens eine Stimme. Bei den größeren Landeskirchen entfällt auf jede angefangene halbe Million Seelen der evangelischen Bevölkerung eine Stimme. Keine Landeskirche darf durch mehr als zwei Fünfteile der Stimmen vertreten sein.

(3) Den Kirchenregierungen ist unbenommen, zu den Sitzungen des Kirchenbundesrats auch mehr oder weniger Vertreter zu entsenden, als ihre Stimmenzahl beträgt. An der Zahl der Stimmen bei der Beschlussfassung wird hierdurch nichts geändert.

§ 12 Zuständigkeit

(1) Der Kirchenbundesrat soll den deutschen evangelischen Landeskirchen als beratendes Organ für die Behandlung wichtiger kirchlicher Fragen dienen.

(2) Er hat die Hälfte der Mitglieder des Kirchenausschusses aus seiner Mitte zu entsenden (§ 14).

(3) Der Zustimmung des Kirchenbundesrats bedürfen

a) die Bundesgesetze (§ 6),

b) alle über die laufende Verwaltung hinausgehenden Beschlüsse des Kirchentags und des Kirchenausschusses, durch die der Bund finanziell belastet werden soll.

§ 13 Geschäftsführung

(1) Die Amtsdauer der Mitglieder des Kirchenbundesrats wird von der Kirchenregierung der entsendenden Landeskirche bestimmt.

(2) Die Mitglieder sind bei ihrer Abstimmung an die Weisungen ihrer Kirchenregierungen gebunden.

(3) Der Kirchenbundesrat versammelt sich nach Bedarf, muss aber während des Kirchentags am gleichen Orte versammelt sein. Den Vorsitz führt der vom Kirchenbundesrat aus seiner Mitte auf je drei Jahre gewählte Präsident oder ein ebenso zu wählender Stellvertreter.

(4) Bei der Abstimmung entscheidet, abgesehen von der Vorschrift in § 20, die Mehrheit der abgegebenen Stimmen; bei Stimmengleichheit gilt der gestellte Antrag als abgelehnt. Für Wahlen genügt relative Stimmenmehrheit; bei Stimmengleichheit entscheidet das Los.

(5) Den Mitgliedern des Kirchenbundesrats werden Tagegelder und Reisekosten von den sie entsendenden Kirchenregierungen gewahrt.

(6) Im Übrigen regelt der Kirchenbundesrat seine Geschäftsordnung selbständig. In dieser ist auch über eine schriftliche Abstimmung Bestimmung zu treffen.

IV. Kirchenausschuss

§ 14 Zusammensetzung

Der Deutsche Evangelische Kirchenausschuss besteht

a) aus 18 Mitgliedern, die vom Kirchenbundesrat aus seiner Mitte entsendet werden.

Zu benennen haben:

1. die Kirche der älteren preußischen Provinzen fünf Vertreter, darunter den ersten Beamten der Verwaltung der altpreußischen Landeskirche,
2. die Landeskirchen von Sachsen, Hannover-luth., Württemberg, Bayern rechts des Rheins, Thüringen und Schleswig-Holstein je einen Vertreter,
3. die Landeskirchen der übrigen Kirchengebiete zusammen sieben Vertreter nach näherer Vereinbarung der beteiligten Kirchenregierungen untereinander.

Für jedes Mitglied sind Stellvertreter nach dem Ermessen der beteiligten Kirchenregierungen zu bestimmen.

Die Entsendung in den Ausschuss erfolgt für die Vertreter zu 1 und 2 auf je sechs Jahre, für die Vertreter zu 3 nach der dort vorgesehenen Vereinbarung. Scheidet ein Mitglied während dieses Zeitraumes aus dem Kirchenbundesrat aus, so hat dieser den ihm aus dem betreffenden Kirchengebiete zu benennenden Nachfolger zu entsenden.

Der Präsident des Kirchenbundesrats nimmt, wenn er nicht als Mitglied entsendet wird, mit beratender Stimme an den Sitzungen des Kirchenausschusses teil.

b) aus 18 Mitgliedern, die vom Kirchentage aus seiner Mitte gewählt werden. Für jedes Mitglied ist ein oder mehrere Stellvertreter zu bestimmen. Die Wahl erfolgt auf die Dauer der Kirchentagsperiode; doch bleiben die Gewählten bis zur Neuwahl im Amte. Die Mitgliedschaft im Kirchenausschuss erlischt, wenn nach § 8 Abs. 6 der Verlust der Mitgliedschaft im Kirchentag eintritt.

§ 15 Zuständigkeit

(1) Der Kirchenausschuss ist das geschäftsführende und vollziehende Organ des Kirchenbundes. Ihm steht die Vertretung des Kirchenbundes in vollem Umfange zu, einschließlich der Vertretung vor Gerichten und anderen Behörden. Erklärungen des Kirchenausschusses werden in seinem Namen von seinem Präsidenten oder dessen Stellvertreter abgegeben.
(2) Dem Kirchenausschuss liegt ferner die Vorbereitung der erforderlichen Entschließungen des Kirchenbundesrats und des Kirchentags sowie die Aufstellung entsprechender Vorlagen ob.
(3) Der Kirchenausschuss hat die Bundesgesetze und die Beschlüsse des Kirchenbundesrats auszuführen und für die vom Bunde wahrzunehmenden Interessen gegenüber den Volksvertretungen, Reichs- und Landesbehörden sowie sonstigen weltlichen oder kirchlichen Stellen einzutreten.
(4) Zur Verhütung unwiederbringlichen Schadens kann, wenn der Kirchentag nicht versammelt ist, der Kirchenausschuss mit Zustimmung des Kirchenbundesrats und, falls diese nicht rechtzeitig eingeholt werden kann, selbständig Bundesverordnungen mit der Kraft von Bundesgesetzen erlassen. Die Verordnungen sind dem Kirchenbundesrat, sofern dieser bei dem Erlass nicht mitgewirkt hat, und dem Kirchentag bei ihrer nächsten Versammlung zur Genehmigung vorzulegen und, falls eines dieser Bundesorgane die Genehmigung versagt, außer Kraft zu setzen.
(5) Auch sonst kann der Kirchenausschuss, wenn Gefahr im Verzuge ist, Maßnahmen selbständig treffen, zu denen an sich die Zustimmung des Kirchentags oder des Kirchenbundesrats erforderlich wäre.
(6) Der Kirchenausschuss kann, wenn der Kirchentag nicht versammelt ist, im Namen des Bundes öffentliche Kundgebungen erlassen.

§ 16 Geschäftsgang

(1) Das Präsidium und die Leitung der Geschäfte wird, wie bisher, dem ersten Beamten der Verwaltung der altpreußischen Landeskirche übertragen, an dessen Amtssitz auch die Verwaltung geführt wird. Ist diese Stelle erledigt, so übernimmt bis zu ihrer Wiederbesetzung der mit Wahrnehmung dieses Amtes Betraute das Präsidium des Kirchenausschusses und die Leitung seiner Geschäfte. Für den Fall der Behinderung des Präsidenten wählt der Kirchenausschuss einen Stellvertreter aus seiner Mitte.
(2) Der Ausschuss wird vom Vorsitzenden wenigstens halbjährlich einmal berufen, außerdem, soweit es nötig wird, oder sechs Mitglieder mit Bezugnahme auf einen von ihnen gestellten Antrag eine Sitzung beantragen.
(3) Zur Gültigkeit der Beschlüsse ist erforderlich, dass mindestens zwanzig Mitglieder anwesend sind. Die Beschlüsse werden durch Mehrheit der abgegebenen Stimmen gefasst. Im Falle der Stimmengleichheit entscheidet bei Wahlen das Los, sonst die Stimme des Vorsitzenden. Die Mitglieder sind bei ihrer Abstimmung im Kirchenausschuss an Weisungen nicht gebunden.

(4) Die Geschäftsordnung, in der auch Bestimmungen über etwaige schriftliche Abstimmung und die Ausführung der Beschlüsse zu treffen sind, ist vom Kirchenausschuss selbständig aufzustellen und den Kirchenregierungen mitzuteilen.
(5) Der Ausschuss hat dem Kirchenbundesrat in angemessenen Zeiträumen und dem Kirchentag bei dessen ordentlichen Tagungen über seine Tätigkeit Bericht zu erstatten.

§ 17 Bildung von Unterausschüssen

(1) Zur Vorbereitung seiner Beschlüsse kann der Kirchenausschuss sowohl Unterausschüsse aus seiner Mitte wie gemischte Unterausschüsse einsetzen. Zur Bildung der letzteren werden andere Mitglieder des Kirchenbundesrats und des Kirchentags wie sonstige evangelische Männer und Frauen herangezogen, die für die betreffenden Angelegenheiten besondere Fachkunde besitzen.
(2) Die Geschäftsführung der Unterausschüsse wird durch die Geschäftsordnung des Kirchenausschusses mitgeregelt.

V. Bundeslasten

§ 18 Aufbringung der Umlagen

(1) Die Lasten, welche dem Bunde durch die Erfüllung der in § 2 bezeichneten Aufgaben sowie durch die Geschäftsführung seiner Organe entstehen, werden auf die vertragschließenden Landeskirchen umgelegt (vgl. indessen § 13 Abs. 5).
(2) Die Umlegung erfolgt nach Maßgabe einer Matrikel, bei deren Aufstellung in erster Linie die Seelenzahl der evangelischen Bevölkerung des Kirchengebiets zugrunde zu legen, daneben aber die finanzielle Leistungsfähigkeit der betreffenden Landeskirche zu berücksichtigen ist.
(3) Bis zu anderweitiger Festsetzung durch Bundesgesetz werden die Umlagen in der Weise geregelt, dass auf je 100 000 Seelen der evangelischen Bevölkerung der Landeskirche eine Beitragseinheit gerechnet wird mit der Maßgabe, dass

a) Zahlen über 50 000 Seelen als volle Einheit gerechnet werden,
b) Zahlen unter 50 000 Seelen nicht gerechnet werden,
c) auf jede Landeskirche aber wenigstens eine Beitragseinheit entfällt.

§ 19 Haushalt und Rechnung

(1) Für die regelmäßigen Ausgaben und Deckungsmittel des Kirchenbundes innerhalb dreijähriger Zeiträume ist ein Haushaltsplan vom Kirchenausschuss aufzustellen, der nach Genehmigung durch den Kirchenbundesrat dem Kirchentag zur Entschließung vorzulegen ist.
(2) Die Feststellung des Haushaltsplans und die Aufnahme etwa erforderlicher Anleihen auf den Kredit des Kirchenbundes erfolgt durch Bundesgesetz.
(3) Der Kirchenausschuss ist ermächtigt, zur Deckung dringlicher Ausgaben Darlehen für den Kirchenbund selbständig aufzunehmen, dafern sie innerhalb der dreijährigen Haushaltsperiode rückzahlbar sind.

(4) Über die Einnahmen und Ausgaben des Bundes hat der Kirchenausschuss jedes Mal nach Ablauf der Haushaltsperiode dem Kirchenbundesrat und dem Kirchentag zur Entlastung Rechnung zu legen.

VI. Schlussbestimmungen

§ 20 Verfassungsänderung

(1) Änderungen der Bundesverfassung können durch Bundesgesetz herbeigeführt werden, wenn Kirchenbundesrat und Kirchentag mit je 2/3 der abgegebenen Stimmen es beschließen. Zu Änderungen des Vorbehalts am Schluss des § 1, des § 21 Abs. 1 und dieses Satzes ist Einstimmigkeit des Kirchenbundesrats und Dreiviertelmehrheit des Kirchentages erforderlich.
(2) Für bundesgesetzliche Änderung der Mitgliederzahl des Kirchentags, durch welche das Zahlenverhältnis der gewählten und berufenen Mitglieder nicht berührt wird, genügt einfache Mehrheit der abgegebenen Stimmen.

§ 21 Austritt aus dem Bunde

(1) Jedem Mitgliede des Bundes steht der Austritt aus dem Bunde frei.
(2) Die Austrittserklärung wird mit Ablauf des auf den Eingang der Erklärung folgenden Kalenderjahres wirksam.
(3) Der Austritt befreit nicht von den bis zum Eintritt der Rechtswirksamkeit laufenden Bundeslasten und von dem matrikelmäßigen (§ 18) Anteil an den zur Zeit des Eingangs der Austrittserklärung bestehenden Bundesschulden.

Wittenberg, am Himmelfahrtstag, den 25. Mai 1922.

3. Verfassung der Deutschen Evangelischen Kirche.

Vom 11. Juli 1933. (GesBl.DEK S. 2; RGBl. I S. 471)

In der Stunde, da Gott unser deutsches Volk eine große geschichtliche Wende erleben lässt, verbinden sich die deutschen evangelischen Kirchen in Fortführung und Vollendung der durch den Deutschen Evangelischen Kirchenbund eingeleiteten Einigung zu einer einigen Deutschen Evangelischen Kirche.

Sie vereinigt die aus der Reformation erwachsenen gleichberechtigt nebeneinanderstehenden Bekenntnisse in einem feierlichen Bunde und bezeugt dadurch: „Ein Leib und ein Geist, ein Herr, ein Glaube, eine Taufe, ein Gott und Vater unser aller, der da ist über allen und durch alle und in allen.“

Die Deutsche Evangelische Kirche gibt sich nachstehende Verfassung:

Abschnitt I

Artikel 1

Die unantastbare Grundlage der Deutschen Evangelischen Kirche ist das Evangelium von Jesus Christus, wie es uns in der Heiligen Schrift bezeugt und in den Bekenntnissen der Reformation neu ans Licht getreten ist. Hierdurch werden die Vollmachten, deren die Kirche für ihre Sendung bedarf, bestimmt und begrenzt.

Abschnitt II

Artikel 2

1. Die Deutsche Evangelische Kirche gliedert sich in Kirchen (Landeskirchen).
2. Bekenntnisverwandte Kirchengemeinschaften können angeschlossen werden. Die Art des Anschlusses wird durch Gesetz bestimmt.
3. Die Landeskirchen bleiben in Bekenntnis und Kultus selbständig.
4. Die Deutsche Evangelische Kirche kann den Landeskirchen für ihre Verfassung, soweit diese nicht bekenntnismäßig gebunden ist, durch Gesetz einheitliche Richtlinien geben. Sie hat die Rechtseinheit unter den Landeskirchen auf dem Gebiete der Verwaltung und Rechtspflege zu fördern und zu gewährleisten.
5. Eine Berufung führender Amtsträger der Landeskirchen erfolgt nach Fühlungnahme mit der Deutschen Evangelischen Kirche.
6. Alle kirchlichen Amtsträger sind beim Amtsantritt auf die Verfassung der Deutschen Evangelischen Kirche zu verpflichten.

Abschnitt III

Artikel 3

1. Die Deutsche Evangelische Kirche regelt das deutsche gesamtkirchliche Rechtsleben.
2. Sie ordnet ihr Verhältnis zum Staat.
3. Sie bestimmt ihre Stellung zu fremden Religionsgesellschaften.

Artikel 4

1. Die Deutsche Evangelische Kirche will die in ihr geeinte deutsche evangelische Christenheit für die Erfüllung des göttlichen Auftrages der Kirche rüsten und einsetzen. Sie hat deshalb von der Heiligen Schrift und den reformatorischen Bekenntnissen her sich um eine einheitliche Haltung in der Kirche zu bemühen und der kirchlichen Arbeit Ziel und Richtung zu weisen.
2. Ihre besondere Fürsorge widmet sie dem deutschen Volkstum, vornehmlich der Jugend.
3. Die freie kirchliche Arbeit von gesamtkirchlicher Bedeutung, insbesondere auf dem Gebiete der inneren und äußeren Mission, nimmt sie unter ihre fördernde Obhut.
4. Die Verbundenheit mit den evangelischen Deutschen im Ausland hat sie zu wahren und zu festigen.
5. Sie pflegt die Beziehungen zu den befreundeten Kirchen des Auslandes.

Abschnitt IV

Artikel 5

1. An der Spitze der Kirche steht der lutherische Reichsbischof.
2. Dem Reichsbischof tritt ein Geistliches Ministerium zur Seite.
3. Eine Deutsche Evangelische Nationalsynode wirkt bei der Bestellung der Kirchenleitung und bei der Gesetzgebung mit.
4. Beratende Kammern verbürgen den im deutschen evangelischen Volkstum lebenden Kräften die freie schöpferische Mitarbeit im Dienst der Kirche.

Artikel 6

1. Der Reichsbischof vertritt die Deutsche Evangelische Kirche. Er ist berufen, die Gemeinsamkeit des kirchlichen Lebens in den Landeskirchen sichtbar zum Ausdruck zu bringen und für die Arbeit der Deutschen Evangelischen Kirche eine einheitliche Führung zu gewährleisten. Er trifft die zur Sicherung der Verfassung erforderlichen Maßnahmen.
2. Der Reichsbischof weist die Mitglieder des Geistlichen Ministeriums in ihr Amt ein. Mit den führenden Amtsträgern der Landeskirchen tritt er zu regelmäßigen Aussprachen und Beratungen zusammen. Er vollzieht die Ernennung und Entlassung der Beamten der Deutschen Evangelischen Kirche.
3. Der Reichsbischof hat das Recht, jede geistliche Amtshandlung vorzunehmen, insonderheit zu predigen, Kundgebungen im Namen der Deutschen Evangelischen Kirche zu erlassen und außerordentliche Buß- und Festgottesdienste anzuordnen. Soweit es sich hierbei um die Wahrung und Pflege eines anderen als seines Bekenntnisses handelt, werden seine Befugnisse durch das hierfür berufene Mitglied des Geistlichen Ministeriums wahrgenommen.
4. Der Reichsbischof erhält einen kirchlichen Sprengel. Für die Erledigung der kirchlichen Verwaltungsgeschäfte hat der Reichsbischof seinen Amtssitz in Berlin.
5. Der Reichsbischof wird der Nationalsynode von den im leitenden Amt stehenden Führern der Landeskirchen in Gemeinschaft mit dem Geistlichen Ministerium vorgeschlagen und von der Nationalsynode in das Bischofsamt berufen.
6. Das Nähere bestimmt ein Gesetz.

Artikel 7

1. Das Geistliche Ministerium ist berufen, unter Führung des Reichsbischofs die Deutsche Evangelische Kirche zu leiten und Gesetze zu erlassen.
2. Es besteht aus drei Theologen und einem rechtskundigen Mitglied. Bei der Berufung der Theologen ist das in der Deutschen Evangelischen Kirche lebendige Bekenntnisgepräge zu berücksichtigen. Die Zahl der Mitglieder kann im Bedarfsfall erhöht werden. Die Mitglieder verwalten ihr Amt selbständig. Sie tragen dem Reichsbischof gegenüber die Verantwortung für die Einheit der Kirche.
3. Die besondere Aufgabe der theologischen Mitglieder ist es, das geistliche Band der Landeskirchen zur Deutschen Evangelischen Kirche, die Gemeinschaft unter den Angehörigen gleichen

Bekenntnisses und deren Vertrauensverhältnis zu den übrigen Gliedern der Deutschen Evangelischen Kirche zu festigen.

4. Die Mitglieder des Geistlichen Ministeriums werden vom Reichsbischof ernannt. Die theologischen Mitglieder werden durch die im leitenden Amt stehenden Führer der Landeskirchen dem Reichsbischof vorgeschlagen. Das Amt des rechtskundigen Mitgliedes ist mit der Stelle des leitenden rechtskundigen Mitgliedes in der Verwaltung der Evangelischen Kirche der altpreußischen Union verbunden. Die Stelle wird nach Verständigung mit dem Reichsbischof besetzt. Der Inhaber der Stelle muss die Befähigung zum Richteramt oder zum höheren Verwaltungsdienst besitzen.
5. Das rechtskundige Mitglied ist der Stellvertreter des Reichsbischofs in Rechtsangelegenheiten; es leitet die Deutsche Evangelische Kirchenkanzlei als oberste kirchliche Verwaltungsbehörde.
6. Das Nähere bestimmt ein Gesetz.

Artikel 8

1. Die Deutsche Evangelische Nationalsynode besteht aus sechzig Mitgliedern. Zwei Drittel werden von den deutschen evangelischen Landeskirchen aus den Synoden und Kirchenleitungen entsandt. Ein Drittel beruft die Deutsche Evangelische Kirche aus Persönlichkeiten, die sich im kirchlichen Dienst hervorragend bewährt haben.
2. Die Bestellung der Mitglieder der Nationalsynode wird durch Gesetz geregelt. Das Amt der Mitglieder dauert sechs Jahre. Auf die Eingliederung neuer Kräfte ist bei jeder Umbildung der Nationalsynode besonders Bedacht zu nehmen.
3. Die Nationalsynode wird durch den Reichsbischof mindestens einmal im Jahre berufen. Der Reichsbischof soll im Übrigen dem Verlangen der Nationalsynode nach einer Berufung Rechnung tragen. Ort und Zeit der Tagung bestimmt der Reichsbischof. Er eröffnet die Synode durch einen Gottesdienst und führt bei der ersten Tagung die Geschäfte bis zur Regelung des Vorsitzes. Die Synode gibt sich eine Geschäftsordnung.

Artikel 9

1. Die beratenden Kammern werden vom Geistlichen Ministerium zu fortlaufender verantwortlicher Arbeit herangezogen und haben das Recht des ratsamen Gutachtens.
2. Die Mitglieder werden durch den Reichsbischof im Einvernehmen mit dem Geistlichen Ministerium ernannt.

Abschnitt V

Artikel 10

Die deutschen evangelischen Kirchengesetze werden von der Nationalsynode im Zusammenwirken mit dem Geistlichen Ministerium oder von diesem allein beschlossen, durch den Reichsbischof ausgefertigt und im Gesetzblatt der Deutschen Evangelischen Kirche verkündet. Sie treten am vierzehnten Tage nach der Ausgabe des Gesetzblattes in Kraft, soweit nicht ein anderes bestimmt ist.

Abschnitt VI

Artikel 11

1. Alle Einnahmen und Ausgaben werden jährlich auf einen Haushaltsplan gebracht. Er wird vor Beginn des Rechnungsjahres durch Gesetz festgestellt.
2. Der Gesetzesform bedarf ferner ein Beschluss über die Aufnahme von Anleihen oder die Übernahme von Sicherheitsleistungen zu Lasten der Deutschen Evangelischen Kirche.
3. Über die Haushaltsführung ist jährlich einem von der Nationalsynode zu bestimmenden Haushaltsausschuss Rechnung zu legen. Er erteilt die Entlastung.
4. Die Deutsche Evangelische Kirche bringt ihren Finanzbedarf durch Umlagen der Landeskirchen auf.

Abschnitt VII

Artikel 12

1. Die Verfassung kann durch Gesetz geändert werden, soweit es sich nicht um Bestimmungen über das Bekenntnis und den Kultus handelt. Das Gesetz bedarf der Zustimmung von zwei Dritteln der anwesenden Mitglieder der Nationalsynode oder der Einstimmigkeit im Geistlichen Ministerium.
2. Zu einer Verfassungsänderung, welche die Gliederung oder die Organe der Deutschen Evangelischen Kirche betrifft, bedarf das Gesetz der Mitwirkung der Nationalsynode.

4. Die 13 Sätze über Auftrag und Dienst der Kirche[1147]

(Kirchliches Einigungswerk) Ostern 1943

An die Pfarrer und Gemeinden in der Deutschen Evangelischen Kirche!
Wir sind es dem Herrn Jesus Christus und seiner Gemeinde schuldig, dass wir uns, ein jeder in Treue gegen das Bekenntnis seiner Landeskirche, auf den Auftrag und Dienst unserer Evangelischen Kirche neu besinnen und uns zur Gemeinsamkeit des Handelns zusammenschließen. Diesem Ziel wollen die nachfolgenden Sätze dienen. Sie sollen dem praktischen kirchlichen Handeln der Kirchenleitungen, der Pfarrer und Gemeinden zu Grunde liegen. Sie sollen dazu helfen, alle zusammenzufassen, die dem Herrn Jesus Christus dienen wollen, aber auch klare Grenzen zu ziehen gegenüber aller Verdrehung oder Verkürzung der uns durch Schrift und Reformation aufgetragenen Botschaft. Wir hoffen, dass nun allenthalben die Brüder, die bisher durch mancherlei Unterschiede in der Beurteilung kirchlicher Fragen getrennt waren, sich auf Grund dieser Sätze zusammenfinden, um eine einheitliche geistliche Ausrichtung und Führung des Amtes und der Kirche zu gewinnen. Wir bitten, diese Sätze auch den für die kirchlichen Fragen aufgeschlos-

---

1147 KJ 1933-44, S. 441 (Landeskirchl. Archiv Nürnberg, Landesbischof D. Meiser Nr. 108).

senen Gemeindegliedern mitzuteilen und zur Grundlage von Besprechungen in kirchlichen Arbeitskreisen zu machen.
Gott der Herr lasse solches Vorhaben gelingen und lege auf unseren Dienst in dieser für unser Volk so schweren und entscheidungsvollen Zeit seinen Segen!
Landesbischof D. Wurm, Stuttgart

Auftrag und Dienst der Kirche

I.

1. Die Kirche Jesu Christi ist von ihrem Herrn und Meister selbst gestiftet. Sie ist nicht eine Vereinigung, von Menschen gebildet, und deshalb auch nicht abhängig vom Willen ihrer Glieder. Sie lebt vom Wort und Geist ihres gekreuzigten und auferstandenen Herrn. Seine Verheißungen sind die Quelle ihrer Kraft. Mit ihm geht sie durch alle Zeiten, immer an ihn gebunden und immer seiner Zusage gewiss: Siehe ich bin bei euch alle Tage, bis an der Welt Ende.
2. Die Kirche ist die Gemeinschaft derer, die der Heilige Geist durch das Evangelium zum Glauben an Jesus Christus und zur Kindschaft Gottes berufen hat. Sie ist dort, wo die Gemeinde sich um die rechte Verkündigung des Wortes Gottes und um die rechte Verwaltung der Sakramente sammelt. Als Glieder am Leibe Christi haben die Gemeinden auch Gemeinschaft untereinander.
3. Die Kirche will nichts anderes als den Auftrag ihres Herrn erfüllen. Dieser Auftrag besteht darin, die frohe Botschaft von Jesus Christus und seinem Heil allen Völkern zu verkündigen. Diese Botschaft ist in der Heiligen Schrift Alten und Neuen Testaments bezeugt und in den Bekenntnissen der Reformation neu ans Licht getreten. Darum kann die Kirche von der Heiligen Schrift niemals lassen; sie hat in ihr die alleinige Richtschnur für ihre Verkündigung. Unabhängig von irdischer Weisheit und menschlichen Weltanschauungen hat sie das Evangelium jeder Zeit als die Wahrheit darzubieten, die unsern Glauben fordert und unser Leben gestaltet.
4. Das Handeln der Kirche muss durch ihren Auftrag bestimmt sein. Weil dieser Auftrag sie an alle Menschen weist, muss sie das Evangelium öffentlich verkündigen. Ihr Dienst gilt vor allem dem Volk, in das sie hineingestellt ist und dessen Bestes sie sucht.

II.

Aus der Verpflichtung, unserer Zeit und unserem Volk das Evangelium darzubieten, ergeben sich für die Arbeit der Deutschen Evangelischen Kirche als eines Bundes bekenntnisbestimmter Landeskirchen folgende Richtlinien:

1. Die Aufnahme in die Kirche geschieht durch die Taufe auf den Namen des dreieinigen Gottes. Wer getauft ist, gehört zur Kirche, ohne dass es einer weiteren Erklärung der Aufnahme bedarf. In der Gemeinschaft der Kirche schenkt Gott die Gaben, die er den Seinen verheißen hat. Die Zugehörigkeit zur Kirche erlischt nur, wenn jemand offenkundig sich von Jesus Christus lossagt und von seiner Gemeinde trennt.

2. Wer getauft ist, muss auch im christlichen Glauben unterwiesen werden, so wie Jesus Christus es geboten hat. Die Kirche hat für solche Unterweisung zu sorgen um des Herrn willen, dem die getauften Kinder zu Eigen sind. Dabei fällt dem christlichen Hause eine besondere Aufgabe und Verantwortung zu.
3. Das Amt der Predigt überträgt die Kirche an die, die sie für geeignet hält und beruft; sie wacht darüber, dass das Wort Gottes lauter und rein verkündigt wird. Dabei ist sie sich der Pflicht bewusst, die Gottes Wort dem Prediger des Evangeliums gegenüber Volk und Staat auferlegt. Die Vorbereitung der Amtsträger auf ihren Beruf lässt sie sich besonders angelegen sein; auf ihre wissenschaftliche Vorbildung kann sie dabei nicht verzichten.
4. Jedes Glied der Gemeinde ist berufen, ihr mit seinen Gaben und Kräften zu dienen. Dieser Dienst muss seine Freiheit haben innerhalb und außerhalb des Gottesdienstes. Alle Ämter der Kirche dienen der Verkündigung des Evangeliums. Sie können daher nur von der Kirche selbst übertragen werden.
5. Die Kirche bedarf für ihr Leben und für ihre Arbeit einer Ordnung. Diese Ordnung, wie sie auch gestaltet sein mag, muss auf Wesen und Auftrag der Kirche ausgerichtet sein und eine Verpflichtung der Kirchenleitung auf das Bekenntnis enthalten.
6. Die Kirche bedarf für ihre Verkündigung besonderer Räume und gottesdienstlicher Stätten. Ihre Arbeit geschieht im Kirchengebäude, in Gemeinderäumen, in Pfarrwohnungen und wo immer zwei oder drei versammelt sind in Christi Namen.
7. Die Mittel, die die Kirche braucht, erwartet sie von allen ihren Gliedern. Die Opferbereitschaft der Gemeinde muss sich nach dem Vorbild der ersten Christenheit vor allem im regelmäßigen Gottesdienst der Gemeinde als Dankopfer bewähren. Was für die Verkündigung des Evangeliums und für die Arbeit der christlichen Liebe gestiftet wurde, soll diesen Zwecken erhalten bleiben.
8. Weil Gottes barmherzige Liebe Grund und Inhalt aller christlichen Verkündigung ist, bleibt der Dienst der Liebe unabtrennbar vom Leben der Kirche. Er geschieht als brüderlicher Liebesdienst des einzelnen oder in der geordneten Arbeit der Inneren Mission und der Hilfe für die Gemeinden in der Zerstreuung. Für solchen Dienst die freudige Bereitschaft immer aufs Neue zu wecken, ist Aufgabe der Kirche.
9. Die Kirche Jesu Christi umspannt viele Völker und hat den Auftrag, das Evangelium allen Menschen zu bringen. Darum gilt auch für die Kirchen der Reformation das Gebot des Herrn, Mission zu treiben und um die wahre Einheit der Kirche Jesu Christi zu ringen im Sinn des hohepriesterlichen Gebets: „Dass sie alle eins seien, gleichwie Du, Vater, in mir und ich in Dir!"

In ihren Mühen, Kämpfen und Leiden wartet die Kirche des Tages, an dem Jesus Christus wiederkommen und seine Herrschaft über alle Welt offenbar machen wird. In solchem Glauben betet sie ohne Unterlass: Dein Reich komme!

5. Vorläufige Ordnung der Evangelischen Kirche in Deutschland.

Vom 31. August 1945. (VO.u.NBl. Nr. 38/39 vom 11.12.1946)

I. Die Evangelische Kirche in Deutschland (EKD) ist in Abwehr der Irrlehren der Zeit und im Kampf gegen einen staatskirchlichen Zentralismus zu einer kirchlich gegründeten inneren Einheit geführt worden, die über den deutschen Evangelischen Kirchenbund von 1922 hinausreicht. Diese Einheit ist zuerst auf den Bekenntnissynoden in Barmen, Dahlem und Augsburg sichtbar geworden. Ihr diente die Arbeit des kirchlichen Einigungswerkes und der Landeskirchenführerkonferenz.
Heute dürfen wir dieser Einheit in einer vorläufigen Ordnung der EKD Gestalt geben.

II. Bestrebt, den Zusammenhang mit bestehenden Rechtsformen der EKD in Deutschland zu wahren, haben wir folgende Möglichkeiten erwogen:

a) den Aufbau der „Verfassung der Deutschen Evangelischen Kirche“ vom 11. Juli 1933 wiederherzustellen,
b) auf die Verfassung des Deutschen Evangelischen Kirchenbundes von 1922 zurückzugehen,
c) die Notorgane der Bekennenden Kirche zu bestätigen.

Zu a) Die Wiederherstellung des Aufbaues der Verfassung von 1933 ist unmöglich, weil, abgesehen von allem Grundsätzlichen, die Ämter dieser Verfassung unheilbar diskreditiert sind.
Zu b) Auf die Verfassung des Kirchenbundes von 1922 zurückzugehen, ist schon deshalb unmöglich, weil arbeitsfähige Organe des Bundes angesichts der veränderten staatsrechtlichen Verhältnisse und der noch unabgeschlossenen Neuordnung der Landeskirchen nicht gebildet werden könnten.
Zu c) Die Notorgane der Bekennenden Kirche einfach zu bestätigen, geht nicht angesichts der zwischen der Bekennenden Kirche und den im Amt befindlichen Kirchenleitungen wachsenden Gemeinsamkeit.

III. Durch diese Gemeinsamkeit verpflichtet und im Bewusstsein ihrer Verantwortung gegenüber den heute so dringenden Aufgaben muss die Kirche jetzt handeln. Eine vorläufige Leitung muss die tragenden Kräfte der Kirche vereinigen und zur Auswirkung bringen.
Zu diesem Zweck beschließen wir, was folgt:
Die Kirchenversammlung in Treysa, zu der die Landeskirchenführerkonferenz, der Beirat des Einigungswerks und eine Abordnung des Bruderrats der Bekennenden Kirche in Deutschland zusammengetreten sind, beruft einen „Rat der Evangelischen Kirche in Deutschland“.
Er besteht aus 12 Mitgliedern, davon 6 aus lutherischen, 4 aus unierten und 2 aus reformierten Kirchengebieten.

Zu Mitgliedern werden bestellt:

1. Landesbischof D. Theophil *Wurm,* Stuttgart, Stafflenbergstr. 51, als Vorsitzender,
2. P. Martin *Niemöller,* D. D., Schloss Büdingen b. Gelnhausen (Hessen), als stellvertretender Vorsitzender,
3. Landesbischof D. Hans *Meiser,* München-Solln, Paulastr. 1,
4. Bischof D. Otto *Dibelius,* Berlin-Lichterfelde, Brüderstr. 5,
5. Oberkirchenrat Dr. Hanns *Lilje,* Hannover, Ebhardtstr. 3,
6. Superintendent Heinrich *Held,* Essen-Rüttenscheid, Reginenstr. 47,
7. P. Lic. Wilhelm *Niesel,* Reelkirchen über Blomberg,
8. P. Hans *Asmussen,* D. D., Schwäb. Gmünd, Oberbettringer Str. 19,
9. Superintendent Hugo *Hahn,* Stuttgart-Hedelfingen, Eßlinger Str. 23,
10. Prof. Dr. Rudolf *Smend,* Göttingen, Am Goldgraben 13,
11. Rechtsanwalt Dr. Dr. *Heinemann,* Essen, Schinkelstr. 34,
12. Oberstudiendirektor *Meier,* Hamburg-Altona, Moltkestr. 3.

Mit der Vertretung des Rates werden *Wurm, Niemöller, Meiser, Dibelius, Lilje, Held* und *Niesel* beauftragt.
Besondere Aufgaben des Rates der Evangelischen Kirche in Deutschland sind:

a) die Vertretung der Evangelischen Kirche in Deutschland in ihren gemeinsamen Anliegen. Dabei bleibt die Selbständigkeit der Landeskirchen unberührt,
b) die Mitarbeit der EKD in der Ökumene,
c) die Wahrnehmung der Belange der EKD nach außen,
d) die Durchführung kirchlicher Hilfswerke,
e) die Beratung und Unterstützung von Landeskirchen bei der Wiederherstellung bekenntnismäßiger Ordnungen,
f) die Vorbereitung einer endgültigen Ordnung der EKD.

Erläuterungen zu der Vorläufigen Ordnung der EKD:

1. Die Bestellung eines Rates der EKD durch die Kirchenversammlung in Treysa bedeutet, dass der Bruderrat der Bekennenden Kirche in Deutschland seine kirchenregimentlichen Funktionen diesem Rat als vorläufiger Leitung der EKD für die Zeit des Bestehens dieser vorläufigen Leitung überträgt.
2. Der Hinweis auf die Wahrung des rechtlichen Zusammenhangs bedeutet nicht, dass der Wegfall der Verfassungseinrichtung der DEK von 1933 auch den Wegfall von Landeskirchenrecht zur Folge hat. Ebenso wenig bedeutet es, dass damit die Rechtsnormen ungültig sind, die seit 1933 für den Bereich der DEK gesetzt wurden. Bei der vorläufigen Leitung ist aber alsbald ein Sachverständigenausschuss zu bilden, der zu prüfen und zu entscheiden hat, welche Rechtsnormen eine bekenntnismäßig geordnete EKD nicht anzuerkennen vermag.
3. Die Vorläufige Ordnung bedeutet nicht eine Vorwegnahme der endgültigen Gestalt der EKD. Die Nennung besonderer Aufgaben bedeutet keine erschöpfende Aufzählung.

4. Die Bezeichnung der Vertretung der EKD als „vorläufige Leitung“ (III. Satz 2) bedeutet nicht, dass das von dieser Vertretung gesetzte Recht den Charakter endgültiger Ordnungen trägt; sie enthält auch keine Befugnis, den Landeskirchen bindende Weisungen zu erteilen.

6. Übergangsordnung der Evangelischen Kirche in Deutschland.

Vom 22. März 1946. (VO.u.N.Bl. Nr. 38/39 vom 11.12.1946)

§ 1

Die Evangelische Kirche in Deutschland (EKD) ist die Fortsetzung der Deutschen Evangelischen Kirche.

§ 2

Das einzige verfassungsmäßige Organ der EKD ist bis auf weiteres der Rat der EKD. Er besteht aus 12 Mitgliedern, 6 aus lutherischen, 4 aus unierten, 2 aus reformierten Kirchengebieten.

§ 3

Der Rat leitet und verwaltet die EKD. Er vereinigt insoweit die Rechte und Pflichten der früheren verfassungsmäßigen Organe der DEK in seiner Hand.
Besondere Aufgaben des Rates sind:
a) die Vertretung der EKD in ihren gemeinsamen Anliegen. Dabei bleibt die Selbständigkeit der Landeskirchen unberührt,
b) die Mitarbeit der EKD in der Ökumene,
c) Wahrnehmung der Belange der EKD nach außen,
d) Durchführung kirchlicher Hilfswerke,
e) Beratung und Unterstützung von Landeskirchen bei der Wiederherstellung bekenntnismäßiger Ordnungen,
f) die Vorbereitung einer endgültigen Ordnung der EKD.

§ 4

Der Rat übt die fördernde Obhut über diejenigen Arbeitsverbände und Werke aus, die als Einrichtungen der EKD von ihr anerkannt sind. Hierzu gehören vor allem die Innere und Äußere Mission, die männliche und weibliche Diakonie, die kirchliche Männer-, Frauen- und Jugendarbeit, die Verbände zur Pflege der Diaspora, der Kirchenmusik und des gottesdienstlichen Lebens, der religiösen Kunst, der theologischen Wissenschaft sowie der Evangelische Bund zur Wahrung der protestantischen Interessen.

§ 5

Der Rat ist berechtigt, bei Ausscheiden eines Mitgliedes unter Wahrung seiner bekenntnismäßigen Zusammensetzung eine Neuwahl zu treffen. Sie bedarf der Zustimmung aller anwesenden Ratsmitglieder.

§ 6

Im Auftrage des Rates führt die Kanzlei der EKD die laufenden Geschäfte der EKD, bereitet die Verhandlungen des Rates vor und führt dessen Beschlüsse aus.

§ 7

Die EKD bringt ihren Finanzbedarf durch Umlage der Landeskirchen auf.

§ 8

Die Verordnungen des Rates werden im Verordnungs- und Nachrichtenblatt der EKD verkündet. Sie treten am vierzehnten Tage nach der Ausgabe des Blattes in Kraft, soweit nicht ein anderes bestimmt wird.

Frankfurt am Main, 22. März 1946.

7. Synopse der Entwürfe des Bruderrates der EKD (A) und des Verfassungsausschusses (B), der Vorlage des Rates (C) und der beschlossenen Grundordnung a.F. (D)[1148]

A

Entwurf des Bruderrates der EKD

vom März 1947

(Flugblätter der Bekennenden Kirche, Nr. 6, Stuttgart 1947)

A. Wesen und Aufgabe der Evangelischen Kirche in Deutschland

Artikel I

Die Grundlage der Evangelischen Kirche in Deutschland ist das Evangelium von Jesus Christus, wie es in der Heiligen Schrift Alten und Neuen Testaments bezeugt ist, in den Bekenntnissen der Reformation als bindend wieder ans Licht getreten und in der Barmer Theologischen Erklärung aufs neue als verpflichtend bekannt ist.

Indem die Evangelische Kirche in Deutschland diese Grundlage anerkennt, bekennt sie sich zu dem einen Herrn der einen heiligen allgemeinen und apostolischen Kirche.

B

Entwurf des Verfassungsausschusses

vom 29. August 1947 (ABl. EKD Nr. 23 S. 12)

1. Grundlagen

Artikel 1

(1) Grundlage der Evangelischen Kirche in Deutschland ist das Evangelium von Jesus Christus, wie es uns in der Heiligen Schrift Alten und Neuen Testamentes gegeben ist.

(2) Gemeinsam mit der alten Kirche steht die Evangelische Kirche in Deutschland auf dem Boden der altkirchlichen Bekenntnisse.

(3) Im reformatorischen Verständnis des Evangeliums wissen sich ihre lutherischen, reformierten und unierten Gliedkirchen und Gemeinden an die für sie geltenden Bekenntnisse gebunden.

(4) Mit ihren Gliedkirchen bejaht die Evangelische Kirche in Deutschland die von der Bekenntnissynode in Barmen getroffenen Entscheidungen und sieht in der Theologischen Erklärung vom 31. Mai 1934 die von Schrift und Bekenntnis her gebotene, die Kirche auch künftig verpflichtende Abwehr kirchenzerstörender Irrlehre.

(5) Damit bekennt die Evangelische Kirche in Deutschland in allen ihren Gemeinden den Einen Herrn der heiligen allgemeinen christlichen Kirche.

[1148] Vgl. Synopsen in: Eisenach 1948, S. 210 ff. u. im Rdschr. der Kirchenkanzlei an den Rat v. 21.4.1947 (EZA 2/2 und Zentralarchiv der EKHN Bestand 64 IV/159; B35/248).

C	D
Vorlage des Rates der EKD für die Kirchenversammlung vom 28. April 1948 (ABl. EKD -Berliner Stelle- Nr. 4 S. 78)	**Grundordnung der Evangelischen Kirche in Deutschland** vom 13. Juli 1948. (ABl. EKD Heft 5 S. 109 und Heft 12 S. 233)
Grundlage der Evangelischen Kirche in Deutschland ist das Evangelium von Jesus Christus, wie es uns in der Heiligen Schrift Alten und Neuen Testaments gegeben ist.	Grundlage der Evangelischen Kirche in Deutschland ist das Evangelium von Jesus Christus, wie es uns in der Heiligen Schrift Alten und Neuen Testaments gegeben ist. Indem sie diese Grundlage anerkennt, bekennt sich die Evangelische Kirche in Deutschland zu dem Einen Herrn der einen heiligen allgemeinen und apostolischen Kirche.
Gemeinsam mit der alten Kirche steht die Evangelische Kirche in Deutschland auf dem Boden der altkirchlichen Bekenntnisse	Gemeinsam mit der alten Kirche steht die Evangelische Kirche in Deutschland auf dem Boden der altkirchlichen Bekenntnisse.
Für das Verständnis der Heiligen Schrift und der altkirchlichen Bekenntnisse sind in den lutherischen, reformierten und unierten Gliedkirchen und Gemeinden die für sie geltenden Bekenntnisse der Reformation maßgebend.	Für das Verständnis der Heiligen Schrift wie auch der altkirchlichen Bekenntnisse sind in den lutherischen, reformierten und unierten Gliedkirchen und Gemeinden die für sie geltenden Bekenntnisse der Reformation maßgebend.
Im Gehorsam gegen den Herrn Jesus Christus als das Haupt seiner Gemeinde gibt sich die Evangelische Kirche in Deutschland folgende Ordnung:	

A

Artikel II

Die Evangelische Kirche in Deutschland ist ein Bund lutherischer, reformierter und unierter Kirchen.

1. Die Evangelische Kirche in Deutschland wahrt die bekenntnismäßigen Grundlagen ihrer Gliedkirchen. Sie unterstützt die Gliedkirchen bei der Klarstellung und Neugewinnung ihrer Bekenntnisgrundlage und hilft ihnen, daraus die Folgerungen für ihr Leben und ihre Ordnung zu ziehen.

2. Getreu den Erkenntnissen über Wesen und Ordnung der Kirche, wie sie in den Jahren des Kirchenkampfes Lutheranern, Reformierten und Unierten durch das gemeinsame Hören auf die Heilige Schrift und die Bekenntnisse der Väter gemeinsam zuteil worden sind, ist die Evangelische Kirche in Deutschland verpflichtet, die Glieder der verschiedenen Bekenntniskirchen unter das Wort Gottes zu rufen, sie zum Hören auf das Zeugnis der Brüder zu mahnen und ihnen zu einem gemeinsamen Bekennen zu helfen.

B

Artikel 2

(1) In der Evangelischen Kirche in Deutschland wird die bestehende Gemeinschaft der deutschen evangelischen Christenheit sichtbar. Gemäß den Erkenntnissen über Wesen, Auftrag und Ordnung der Kirche, wie sie in den Jahren des Kirchenkampfes Lutheranern, Reformierten und Unierten durch das gemeinsame Hören auf die Heilige Schrift zuteil geworden sind, ist die Evangelische Kirche in Deutschland verpflichtet, die Glieder der verschiedenen Bekenntniskirchen zum Hören auf das Zeugnis der Brüder zu mahnen und ihnen zu einem gemeinsamen Bekennen zu helfen.

(2) Die Evangelische Kirche in Deutschland ist ein Bund lutherischer, reformierter und unierter Kirchen. Sie achtet die Bekenntnisgrundlage ihrer Gliedkirchen und erwartet, dass diese ihr Bekenntnis ernst nehmen und klären, damit es in Lehre, Leben und Ordnung der Kirche wirksam wird.

Artikel 3

(1) Die Ordnungen der Evangelischen Kirche in Deutschland und ihrer Gliedkirchen müssen auf der in Artikel 1 und 2 gegebenen Grundlage ruhen.

(2) Die gesamtkirchlichen Ordnungen dürfen das Bekenntnis der Gliedkirchen nicht verletzen; die Ordnungen der Gliedkirchen dürfen den gesamtkirchlichen Ordnungen nicht widersprechen.

(3) Die Evangelische Kirche in Deutschland steht in der Gesamtordnung der Ökumene.

C

I. Grundbestimmungen

Artikel 1

1. Die Evangelische Kirche in Deutschland ist ein Bund lutherischer, reformierter und unierter Kirchen. Sie achtet die Bekenntnisgrundlage der Gliedkirchen und Gemeinden und setzt voraus, dass sie ihr Bekenntnis in Lehre, Leben und Ordnung der Kirche wirksam werden lassen.

2. In der Evangelischen Kirche in Deutschland wird die bestehende Gemeinschaft der deutschen evangelischen Christenheit sichtbar. Mit ihren Gliedkirchen bejaht die Evangelische Kirche in Deutschland die von der ersten Bekenntnissynode in Barmen 1934 getroffenen Entscheidungen. Sie weiß sich verpflichtet, als bekennende Kirche die Erkenntnisse des Kirchenkampfes über Wesen, Auftrag und Ordnung der Kirche zur Auswirkung zu bringen. Sie ruft die verschiedenen Bekenntniskirchen zum Hören auf das Zeugnis der Brüder. Sie hilft ihnen, wo es gefordert wird, zur gemeinsamen Abwehr kirchenzerstörender Irrlehre.

Artikel 2

1. Das Recht der Evangelischen Kirche in Deutschland und ihrer Gliedkirchen muss auf der im Vorspruch und in Artikel 1 bezeichneten Grundlage ruhen.

2. Die gesamtkirchliche Rechtsetzung darf das Bekenntnis der Gliedkirchen nicht verletzen; die Rechtsetzung der Gliedkirchen darf dem gesamtkirchlichen Recht nicht widersprechen.

3. Die Evangelische Kirche in Deutschland steht in der Ordnung der Ökumene.

D

I. Grundbestimmungen

Artikel 1

1. Die Evangelische Kirche in Deutschland ist ein Bund lutherischer, reformierter und unierter Kirchen. Sie achtet die Bekenntnisgrundlage der Gliedkirchen und Gemeinden und setzt voraus, dass sie ihr Bekenntnis in Lehre, Leben und Ordnung der Kirche wirksam werden.

2. In der Evangelischen Kirche in Deutschland wird die bestehende Gemeinschaft der deutschen evangelischen Christenheit sichtbar. Mit ihren Gliedkirchen bejaht die Evangelische Kirche in Deutschland die von der ersten Bekenntnissynode in Barmen getroffenen Entscheidungen. Sie weiß sich verpflichtet, als bekennende Kirche die Erkenntnisse des Kirchenkampfes über Wesen, Auftrag und Ordnung der Kirche zur Auswirkung zu bringen. Sie ruft die Gliedkirchen zum Hören auf das Zeugnis der Brüder. Sie hilft ihnen, wo es gefordert wird, zur gemeinsamen Abwehr kirchenzerstörender Irrlehre.

Artikel 2

1. Das Recht der Evangelischen Kirche in Deutschland und ihrer Gliedkirchen muss auf der im Vorspruch und in Artikel 1 bezeichneten Grundlage ruhen.

2. Die gesamtkirchliche Rechtsetzung darf das Bekenntnis der Gliedkirchen nicht verletzen; die Rechtsetzung der Gliedkirchen darf dem gesamtkirchlichen Recht nicht widersprechen.

3. Die Evangelische Kirche in Deutschland steht in der Ordnung der Ökumene.

A	B
	Artikel 4 (1) Im Rahmen der für alle Staatsbürger geltenden Rechtsordnung ist die Evangelische Kirche in Deutschland unabhängig in der Aufstellung ihrer Grundsätze, in der Gestaltung ihrer Einrichtungen in der Verleihung ihrer Ämter und in der Erfüllung ihrer Aufgaben. (2) Die Regelung ihres Verhältnisses zum Staat bleibt einem Übereinkommen vorbehalten.
Artikel III 1. Der Dienst am Wort wird in den Gliedkirchen der Evangelischen Kirche in Deutschland nach der Ordnung ihres Bekenntnisses ausgerichtet. Jedoch darf der gelegentliche Dienst eines evangelischen Predigers nicht darum verwehrt werden, weil er auf ein anderes in der Evangelischen Kirche in Deutschland geltendes Bekenntnis verpflichtet ist.	Artikel 5 (1) Der Dienst am Wort und die Verwaltung der Sakramente geschieht in den Gliedkirchen nach der Ordnung ihres Bekenntnisses. (2) Das Sakrament der Heiligen Taufe wird in allen Gliedkirchen der Evangelischen Kirche in Deutschland gegenseitig anerkannt, ebenso die Gültigkeit aller ordnungsgemäßen Amtshandlungen. (3) Der gelegentliche Dienst der Verkündigung darf einem evangelischen Prediger in einer Gliedkirche nicht deshalb verwehrt werden, weil er nicht auf ihr Bekenntnis verpflichtet ist. Im Übrigen bleiben die geltenden Bestimmungen der Gliedkirchen unberührt.

C

Artikel 3

1. Die Evangelische Kirche in Deutschland ist um ihres Auftrages willen unabhängig in der Aufstellung ihrer Grundsätze, in der Ordnung und Verwaltung ihrer Angelegenheiten und in der Verleihung und Aberkennung ihrer Ämter.

2. Die Regelung ihres Verhältnisses zum Staat bleibt einem Übereinkommen vorbehalten.

Artikel 4

1. Der Dienst am Wort und die Verwaltung der Sakramente geschieht in den Gliedkirchen und Gemeinden nach der Ordnung ihres Bekenntnisses. Vereinbarungen über Kanzel- und Abendmahlsgemeinschaft bleiben den Gliedkirchen überlassen.

2. Der gelegentliche Dienst der Verkündigung soll einem berufenen Diener am Wort in einer Gliedkirche nicht deshalb verwehrt werden, weil er nicht auf ihr Bekenntnis verpflichtet ist. Im Übrigen bleiben die geltenden Bestimmungen der Gliedkirchen unberührt.

3. Das Sakrament der Heiligen Taufe wird in allen Gliedkirchen der Evangelischen Kirche in Deutschland gegenseitig anerkannt, ebenso die Gültigkeit aller ordnungsgemäßen Amtshandlungen.

D

Artikel 3

1. Die Evangelische Kirche in Deutschland ist um ihres Auftrages willen unabhängig in der Aufstellung ihrer Grundsätze, in der Ordnung und Verwaltung ihrer Angelegenheiten und in der Verleihung und Aberkennung ihrer Ämter.

2. Die Regelung ihres Verhältnisses zum Staat bleibt einem Übereinkommen vorbehalten.

Artikel 4

1. Der Dienst am Wort und die Verwaltung der Sakramente geschieht in den Gliedkirchen und Gemeinden nach der Ordnung ihres Bekenntnisses. Vereinbarungen über Kanzel- und Abendmahlsgemeinschaft bleiben Aufgabe der Gliedkirchen.

2. Berufenen Dienern am Wort wird der Dienst der Verkündigung auch in Gemeinden eines anderen Bekenntnisses im Rahmen der geltenden Bestimmungen der Gliedkirchen nicht verwehrt.

3. Der ordnungsmäßige Vollzug der Heiligen Taufe wird in allen Gliedkirchen anerkannt; dasselbe gilt für alle Amtshandlungen.

A

2. Das Heilige Abendmahl wird in den Gliedkirchen der Evangelischen Kirche in Deutschland nach den Ordnungen ihres Bekenntnisses gefeiert. Jedoch dürfen evangelische Gemeindeglieder nicht darum von der Feier des Heiligen Abendmahls ausgeschlossen werden, weil sie einem anderen in der Evangelischen Kirche in Deutschland geltenden Bekenntnis zugehören.

B

(4) Evangelische Christen dürfen in einer Gemeinde nicht darum von der Teilnahme am Heiligen Abendmahl ausgeschlossen werden, weil sie einem anderen in der Evangelischen Kirche in Deutschland geltenden Bekenntnis angehören.

(5) Vereinbarungen über eine weitergehende Kanzel- und Abendmahlsgemeinschaft bleiben den Gliedkirchen überlassen.

II. Aufgaben
Artikel 6

(1) Die Evangelische Kirche in Deutschland hat sich um die Festigung und Vertiefung der Gemeinschaft unter den Gliedkirchen zu bemühen, ihnen bei der Erfüllung ihres Dienstes zu helfen und den Austausch ihrer Kräfte und Mittel zu fördern.

(2) Sie soll dahin wirken, dass die Gliedkirchen, soweit nicht ihr Bekenntnis entgegensteht, in den wesentlichen Fragen des kirchlichen Lebens und Handelns nach übereinstimmenden Grundsätzen verfahren.

C

4. Zur Feier des Heiligen Abendmahls werden in einigen Gliedkirchen Angehörige eines anderen Bekenntnisses ohne Einschränkung zugelassen. In anderen Gliedkirchen erfolgt die Zulassung da, wo seelsorgerliche oder gemeindliche Verhältnisse es nahe legen. Die rechtliche Kirchenzugehörigkeit und die Bestimmungen über Abendmahlszucht bleiben in jedem Falle unberührt. Alle Gliedkirchen sind dabei einig in dem Gebet, dass der Herr der Kirche einmal allen ihren Gliedern volle und wahre Abendmahlsgemeinschaft schenken möchte.

Artikel 5

Die Ordnung des Verhältnisses der Gliedkirchen zueinander und zur Evangelischen Kirche in Deutschland ist eine Ordnung der Brüderlichkeit. Verhandlungen und Auseinandersetzungen sowie die Geltendmachung von Rechten und Pflichten zwischen ihnen sollen in diesem Geiste stattfinden.

II. Aufgaben

Artikel 6

1. Die Evangelische Kirche in Deutschland bemüht sich um die Festigung und Vertiefung der Gemeinschaft unter den Gliedkirchen, hilft ihnen bei der Erfüllung ihres Dienstes und fördert den Austausch ihrer Kräfte und Mittel.

2. Sie wirkt dahin, dass die Gliedkirchen, soweit nicht ihr Bekenntnis entgegensteht, in den wesentlichen Fragen des kirchlichen Lebens und Handelns nach übereinstimmenden Grundsätzen verfahren.

D

4. Über die Zulassung zum Heiligen Abendmahl besteht innerhalb der Evangelischen Kirche in Deutschland keine volle Übereinstimmung. In vielen Gliedkirchen werden Angehörige eines anderen in der Evangelischen Kirche in Deutschland geltenden Bekenntnisses ohne Einschränkung zugelassen. In keiner Gliedkirche wird einem Angehörigen eines in der Evangelischen Kirche in Deutschland geltenden Bekenntnisses der Zugang zum Tisch des Herrn verwehrt, wo seelsorgerliche Verantwortung oder gemeindliche Verhältnisse die Zulassung gebieten. Die rechtliche Kirchenzugehörigkeit und die Bestimmungen über die allgemeine Kirchenzucht bleiben in jedem Falle unberührt.

Artikel 5

Die Ordnung des Verhältnisses der Gliedkirchen zueinander und zur Evangelischen Kirche in Deutschland ist eine Ordnung der Brüderlichkeit. Verhandlungen und Auseinandersetzungen sowie die Geltendmachung von Rechten und Pflichten zwischen ihnen sollen in diesem Geiste stattfinden.

II. Aufgaben

Artikel 6

1. Die Evangelische Kirche in Deutschland bemüht sich um die Festigung und Vertiefung der Gemeinschaft unter den Gliedkirchen, hilft ihnen bei der Erfüllung ihres Dienstes und fördert den Austausch ihrer Kräfte und Mittel.

2. Sie wirkt dahin, dass die Gliedkirchen, soweit nicht ihr Bekenntnis entgegensteht, in den wesentlichen Fragen des kirchlichen Lebens und Handelns nach übereinstimmenden Grundsätzen verfahren.

A	B
Artikel V 3. Die Evangelische Kirche in Deutschland ... unterstützt Einrichtungen von gesamtkirchlicher Bedeutung (Kirchliche Hochschulen, Evangelische Akademien u. a.).	Artikel 7 Die Evangelische Kirche in Deutschland fördert und unterstützt Einrichtungen und Arbeiten von gesamtkirchlicher Bedeutung, insbesondere Kirchliche Hochschulen und Evangelische Akademien, die wissenschaftliche Forschung auf den Gebieten der Theologie und des Kirchenrechts und die Herausgabe kirchlichen Schrifttums.
	Artikel 8 Die Evangelische Kirche in Deutschland kann den Gliedkirchen für ihre Arbeit Anregungen geben, insbesondere für die Grundordnungen der Gliedkirchen, für die Zuordnung der kirchlichen Werke innerhalb einer Gliedkirche zu deren Leitung und für die Gestaltung der kirchlichen Presse.
Artikel V 1. Die Evangelische Kirche in Deutschland weiß sich für die theologische Arbeit verantwortlich und stellt Grundsätze für die Vorbildung der Pfarrer und der anderen Diener der Kirche auf.	Artikel 9 Die Evangelische Kirche in Deutschland kann Grundsätze aufstellen: a) für die wissenschaftliche und praktische Ausbildung der Pfarrer und der übrigen kirchlichen Amtsträger;
Artikel VI Die Evangelische Kirche in Deutschland hat die Aufgabe: a) Richtlinien für die Amtsführung und die brüderliche Zucht der Pfarrer und der sonstigen Diener der Kirche zu erarbeiten; b) Grundsätze für die Rechtsstellung der Diener der Kirche zu schaffen; c) das Recht der Kirchenbeamten zu regeln; d) die Grundsätze für die Regelung der kirchlichen Abgaben und Steuern und für die Verwaltung. des kirchlichen Vermögens aufzustellen.	b) für die Rechtsverhältnisse und für die wirtschaftliche Versorgung der Pfarrer und der übrigen kirchlichen Amtsträger; c) für die Erhebung kirchlicher Abgaben; d) für die Verwaltung des kirchlichen Vermögens; e) für die Vereinheitlichung der kirchlichen Amtsbezeichnungen und die Benennung der kirchlichen Dienststellen; f) für das Archiv- und Kirchenbuchwesen und für die kirchliche Statistik.

C

Artikel 7

Die Evangelische Kirche in Deutschland fördert und unterstützt Einrichtungen und Arbeiten von gesamtkirchlicher Bedeutung, insbesondere die wissenschaftliche Forschung auf den Gebieten der Theologie und des Kirchenrechts, die Kirchenmusik, die kirchliche Kunst und die Herausgabe kirchlichen Schrifttums.

Artikel 8

Die Evangelische Kirche in Deutschland kann den Gliedkirchen für ihre Arbeit Anregungen geben, insbesondere für die Ordnungen der Gliedkirchen, für die Zuordnung der kirchlichen Werke innerhalb einer Gliedkirche zu deren Leitung und für die Gestaltung der kirchlichen Presse.

Artikel 9

Die Evangelische Kirche in Deutschland kann Richtlinien aufstellen:

a) für die wissenschaftliche und praktische Ausbildung der Pfarrer und der übrigen kirchlichen Amtsträger;

b) für die Rechtsverhältnisse und für die wirtschaftliche Versorgung der Pfarrer und der übrigen kirchlichen Amtsträger;

c) für die Erhebung kirchlicher Abgaben;

d) für die Verwaltung kirchlichen Vermögens;

e) für die Vereinheitlichung der kirchlichen Amtsbezeichnungen und die Benennung der kirchlichen Amtsstellen;

f) für das Archiv- und Kirchenbuchwesen und für die kirchliche Statistik.

D

Artikel 7

Die Evangelische Kirche in Deutschland fördert und unterstützt Einrichtungen und Arbeiten von gesamtkirchlicher Bedeutung, insbesondere die wissenschaftliche Forschung auf den Gebieten der Theologie und des Kirchenrechts, die Kirchenmusik, die kirchliche Kunst und die Herausgabe kirchlichen Schrifttums.

Artikel 8

Die Evangelische Kirche in Deutschland kann den Gliedkirchen für ihre Arbeit Anregungen geben, insbesondere für die Ordnungen der Gliedkirchen, für die Zuordnung der kirchlichen Werke innerhalb einer Gliedkirche zu deren Leitung und für die Gestaltung der kirchlichen Presse.

Artikel 9

Die Evangelische Kirche in Deutschland kann Richtlinien aufstellen

a) für die wissenschaftliche und praktische Ausbildung der Pfarrer und der übrigen kirchlichen Amtsträger;

b) für die Rechtsverhältnisse und für die wirtschaftliche Versorgung der Pfarrer und der übrigen kirchlichen Amtsträger;

c) für die Erhebung kirchlicher Abgaben;

d) für die Verwaltung des kirchlichen Vermögens;

e) für die Vereinheitlichung der kirchlichen Amtsbezeichnungen und die Benennung der kirchlichen Amtsstellen;

f) für das Archiv- und Kirchenbuchwesen und für die kirchliche Statistik.

A	B
	Artikel 10 Die Evangelische Kirche in Deutschland kann gesetzliche Bestimmungen mit Wirkung für die Gliedkirchen erlassen a) für Gebiete, die im Bereich der Evangelischen Kirche in Deutschland bereits einheitlich geregelt waren; b) für andere Gebiete, wenn die beteiligten Gliedkirchen damit einverstanden sind.
	Artikel 11 Die Gliedkirchen nehmen vor der Wahl oder Berufung des Vorsitzenden ihrer Kirchenleitung und des Leiters ihrer Verwaltung mit dem Rat der Evangelischen Kirche in Deutschland Fühlung. Erhebt der Rat Bedenken, so überprüft das Organ der Gliedkirche, dem die Wahl oder Berufung obliegt, seine Entschließung.
	Artikel 12 Kirchengesetze und sonstige Ordnungen mit Gesetzeskraft legen die Gliedkirchen, bevor sie in Kraft gesetzt werden, dem Rat der Evangelischen Kirche in Deutschland vor. Sie sind abzuändern, wenn der Rat innerhalb von zwei Monaten mitteilt, dass sie gegen gesamtkirchliche Ordnungen verstoßen oder einer bevorstehenden gesamtkirchlichen Regelung vorgreifen.
Artikel VII Die Gliedkirchen in ihrer Gesamtheit oder einzelne derselben können der Evangelischen Kirche in Deutschland Aufgaben übertragen oder ihre Entscheidungen und ihren Rat in Fragen erbitten, die der Zuständigkeit der Gliedkirchen verbleiben.	Artikel 13 Alle Gliedkirchen gemeinsam oder einzelne von ihnen können der Evangelischen Kirche in Deutschland mit Zustimmung des Rates Aufgaben übertragen oder die Entscheidung in Fragen überlassen, für welche die Gliedkirchen zuständig sind.

C

Artikel 10

Die Evangelische Kirche in Deutschland kann gesetzliche Bestimmungen mit Wirkung für die Gliedkirchen erlassen

a) für Sachgebiete, die im Bereich der Evangelischen Kirche in Deutschland bereits einheitlich geregelt waren;

b) für andere Sachgebiete, wenn die beteiligten Gliedkirchen damit einverstanden sind.

Artikel 11

Die Gliedkirchen nehmen über die Bestellung des Vorsitzenden ihrer Kirchenleitung mit dem Rat der Evangelischen Kirche in Deutschland Fühlung.

Artikel 12

Kirchengesetze und sonstige Ordnungen mit Gesetzeskraft legen die Gliedkirchen gleichzeitig mit der Verkündung dem Rat der Evangelischen Kirche in Deutschland vor. Sie sind abzuändern, wenn der Rat mitteilt, dass sie gegen gesamtkirchliche Ordnungen verstoßen.

Artikel 13

Alle Gliedkirchen gemeinsam oder einzelne von ihnen können der Evangelischen Kirche in Deutschland mit Zustimmung des Rates einzelne Aufgaben übertragen oder die Entscheidung in Fragen überlassen, für welche die Gliedkirchen zuständig sind.

D

Artikel 10

Die Evangelische Kirche in Deutschland kann gesetzliche Bestimmungen mit Wirkung für die Gliedkirche erlassen

a) für Sachgebiete, die im Bereich der Evangelischen Kirche in Deutschland bereits einheitlich geregelt waren;

b) für andere Sachgebiete, wenn die beteiligten Gliedkirchen damit einverstanden sind.

Artikel 11

Die Gliedkirchen nehmen über die Bestellung des Vorsitzenden ihrer Kirchenleitung mit dem Rat der Evangelischen Kirche in Deutschland Fühlung.

Artikel 12

Kirchengesetze und sonstige Ordnungen mit Gesetzeskraft legen die Gliedkirchen spätestens mit der Verkündung dem Rat der Evangelischen Kirchen Deutschland vor. Sie sind abzuändern, wenn der Rat mitteilt, dass sie gegen gesamtkirchliche Ordnungen verstoßen.

Artikel 13

Alle Gliedkirchen gemeinsam oder einzelne von ihnen können der Evangelischen Kirche in Deutschland mit Zustimmung des Rates einzelne Aufgaben übertragen oder die Entscheidung in Fragen überlassen, für welche die Gliedkirchen zuständig sind.

A	B
Artikel V 2. Die Evangelische Kirche in Deutschland sorgt für die kirchliche Zuordnung der in ihrer Arbeit selbständigen Werke der Kirche und unterstützt sie: die Männer-, Frauen-, und Jugendarbeit	Artikel 14 Die Evangelische Kirche in Deutschland fördert die Zusammenfassung der der Kirche aufgetragenen Arbeit an den verschiedenen Gruppen von Gliedern der Kirche, insbesondere an den Männern, den Frauen und der Jugend, soweit sie über den Bereich der Gliedkirchen hinausgeht und gesamtkirchlicher Ordnungen oder Organe bedarf. Sie regelt die kirchliche Zuordnung dieser Arbeit auf allen Stufen ihres Aufbaus so, dass die Mitarbeit freier Kräfte in jeder Form gewährleistet ist.
die Äußere und Innere Mission und alle sonstigen Organisationen der Kirche, die über den Bereich einer Gliedkirche hinaus arbeiten, insbesondere das Hilfswerk der Evangelischen Kirche in Deutschland.	Artikel 15 Die Evangelische Kirche in Deutschland und die Gliedkirchen sind Träger der im Hilfswerk der Evangelischen Kirche in Deutschland zusammengefassten christlichen Liebestätigkeit zur Linderung der besonderen Notstände der Zeit und zum kirchlichen Wiederaufbau. Die Ordnung des Hilfswerkes bedarf eines Gesetzes der Evangelischen Kirche in Deutschland. Diese Ordnung hat zu gewährleisten, dass die Arbeit unter Sicherung der sachlich notwendigen Freiheit von den Gemeinden und Kirchen verantwortlich getragen wird, dass das Vermögen des Hilfswerks als kirchliches Sondervermögen verwaltet wird und dass die Organe des Hilfswerks in der Evangelischen Kirche in Deutschland und in den Gliedkirchen in klarer Zuordnung zu den Organen der Kirche stehen.

C

Artikel 14

Die Evangelische Kirche in Deutschland fördert die Zusammenfassung der der Kirche aufgetragenen Arbeit an den verschiedenen Gruppen von Gliedern der Kirche, insbesondere an den Männern, den Frauen und der Jugend, soweit sie über den Bereich der Gliedkirchen hinausgeht und gesamtkirchlicher Ordnungen oder Organe bedarf. Sie regelt die kirchliche Zuordnung dieser Arbeit so, dass die Mitarbeit freier Kräfte gewährleistet ist.

Artikel 15

1. Die Evangelische Kirche in Deutschland und die Gliedkirchen wissen um die Verpflichtung der Christenheit, dass der Glaube in der Liebe tätig werde. Demgemäß pflegen und fördern sie alle kirchlichen Werke, in denen die Liebe Christi Gestalt gewinnt. Die diakonischen Werke sind Wesens- und Lebensäußerung der Kirche.

2. Die Evangelische Kirche in Deutschland fördert die in besonderen Rechtsformen im Gesamtbereich der Evangelischen Kirche in Deutschland arbeitenden Liebeswerke der Inneren Mission. Sie kann ihnen für ihre Arbeit und ihre Ordnung Richtlinien geben, die die freie Gestaltung der Arbeit und die Verbindung mit der Kirche und der Gemeinde sichern.

3. Das zur Linderung der besonderen Notstände der Zeit und zum kirchlichen Wiederaufbau ins Leben gerufene Hilfswerk der Evangelischen Kirche in Deutschland wird von der Evangelischen Kirche in Deutschland und den Gliedkirchen getragen. Die Ordnung des Evangelischen Hilfswerks bedarf eines Gesetzes der Evangelischen Kirche in Deutschland.

D

Artikel 14

Die Evangelische Kirche in Deutschland fördert die Zusammenfassung der der Kirche aufgetragenen Arbeit an den verschiedenen Gruppen von Gliedern der Kirche, insbesondere an den Männern, den Frauen und der Jugend, soweit sie über den Bereich der Gliedkirchen hinausgeht und gesamtkirchlicher Ordnungen oder Organe bedarf. Sie regelt die kirchliche Zuordnung dieser Arbeit so, dass die Mitarbeit freier Kräfte gewährleistet ist.

Artikel 15

1. Die Evangelische Kirche in Deutschland und die Gliedkirchen sind gerufen, Christi Liebe in Wort und Tat zu verkündigen. Diese Liebe verpflichtet alle Glieder der Kirche zum Dienst und gewinnt in besonderer Weise Gestalt im Diakonat der Kirche; dem gemäß sind die diakonischrnissionarischen Werke Wesens- und Lebensäußerung der Kirche.

2. Die Evangelische Kirche in Deutschland fördert die in ihrem Gesamtbereich arbeitenden Werke der Inneren Mission, ungeachtet deren Rechtsform. Ihre Verbindung mit der Kirche und den Gemeinden sowie die freie Gestaltung ihrer Arbeit werden in Vereinbarungen und entsprechenden Richtlinien gesichert.

3. Das Hilfswerk der Evangelischen Kirchen Deutschland wird von der Evangelischen Kirche in Deutschland, den Gliedkirchen und ihren Gemeinden getragen. Es dient dem kirchlichen Wiederaufbau sowie der Linderung und Behebung der Notstände der Zeit. Die Ordnung des Hilfswerkes bedarf eines Gesetzes der Evangelischen Kirche in Deutschland.

A

B

Artikel 16

Die Evangelische Kirche in Deutschland fördert die in besonderen Rechtsformen arbeitenden kirchlichen Werke, insonderheit die Innere und die Äußere Mission sowie die Einrichtungen für die Unterstützung der kirchlichen Diaspora, soweit sie im Bereich der gesamten Evangelischen Kirche in Deutschland ihre Arbeit tun. In Vereinbarungen mit diesen Werken und in entsprechenden Richtlinien soll die freie Gestaltung der Arbeit und die innere Verbindung mit den zuständigen Organen der Kirche gewährleistet werden.

Artikel X

Die Evangelische Kirche in Deutschland vertritt die deutschen evangelischen Gemeinden im Ausland und leitet sie, soweit sie nicht einer Gliedkirche angehören oder eine eigene Kirchenleitung haben.

Artikel 18

Der Evangelischen Kirche in Deutschland liegt die Fürsorge für die kirchliche Versorgung der evangelischen Deutschen im Ausland ob.

C

Artikel 16

Die Evangelische Kirche in Deutschland und die Gliedkirchen fördern ebenso die anderen kirchlichen Werke, insbesondere auch die missionarischen Werke der Inneren Mission, die Äußere Mission sowie die Einrichtungen zur Unterstützung der kirchlichen Diaspora, soweit sie im Bereich der gesamten Evangelischen Kirche in Deutschland ihre Arbeit tun. Die Evangelische Kirche in Deutschland kann ihnen für ihre Arbeit und ihre Ordnung unbeschadet der sachlich erforderlichen Selbständigkeit Richtlinien geben.

D

Artikel 16

1. Die Evangelische Kirche in Deutschland und die Gliedkirchen wissen, dass die Kirche Christi das Evangelium an die ganze Welt zu bezeugen hat. Im Gehorsam gegen den Sendungsauftrag ihres Herrn treiben sie das Werk der Äußeren Mission. Die Evangelische Kirche in Deutschland fördert die Arbeit der Äußeren Mission in Zusammenarbeit mit der von den Missionsgesellschaften bestellten Vertretung. Sie kann für diese Zusammenarbeit Grundsätze aufstellen.

2. Ebenso weiß sich die Evangelische Kirche in Deutschland zum Dienst an der evangelischen Diaspora gerufen. Sie fördert die zur Erfüllung dieses Dienstes bestehenden Einrichtungen und die anderen kirchlichen Werke, soweit sie im Gesamtbereich der Evangelischen Kirche in Deutschland ihren Dienst tun. Sie kann ihnen unter Wahrung ihrer sachlich erforderten Selbständigkeit für ihre Arbeit und ihre Ordnung Richtlinien geben.

Artikel 17

Die Evangelische Kirche in Deutschland trägt die Verantwortung für die deutschen evangelischen Kirchengemeinschaften und Gemeinden, Pfarrer und Gemeindeglieder außerhalb Deutschlands, insbesondere soweit sie ihr nach Maßgabe der gesetzlichen Bestimmungen angeschlossen sind.

A

Artikel IX

Die Evangelische Kirche in Deutschland arbeitet in den Organen der Ökumene mit und vertritt in ihr die evangelische Christenheit Deutschlands. Die selbständige Vertretung von Gliedkirchen in bekenntnismäßig bestimmten ökumenischen Zusammenschlüssen wird dadurch nicht beeinträchtigt. Diese Vertretung soll aber in Zusammenarbeit mit den zuständigen Organen der Evangelischen Kirche in Deutschland geschehen.

B

Artikel 17

(1) Die Evangelische Kirche in Deutschland arbeitet in der Ökumene mit und vertritt in ihr die evangelische Christenheit Deutschlands. Bei der Auswahl der Vertreter in ökumenischen Organen und Dienststellen ist auf die bekenntnismäßige Gliederung der Evangelischen Kirche in Deutschland Rücksicht zu nehmen.

(2) Die selbständige Vertretung von Gliedkirchen in bekenntnismäßig bestimmten ökumenischen Vereinigungen wird hierdurch nicht beeinträchtigt. Diese Vertretung soll aber in Zusammenarbeit mit den zuständigen Organen der Evangelischen Kirche in Deutschland geschehen.

(3) Kirchliche Werke und Verbände, die auf ihrem Arbeitsgebiet ökumenische Beziehungen pflegen, sowie einzelne Persönlichkeiten des kirchlichen Lebens, die in der ökumenischen Arbeit tätig sind, sind gehalten, dies in Fühlung mit den zuständigen Organen der Evangelischen Kirche in Deutschland zu tun.

A

Artikel XI

Die Evangelische Kirche in Deutschland ist zuständig für alle Fragen des Verhältnisses zu den öffentlichen Gewalten, die ihre Gliedkirchen gemeinsam angehen. Sie erstrebt ein einheitliches Handeln ihrer Gliedkirchen in allen Aufgaben des öffentlichen Lebens.

B

Artikel 19

Die Evangelische Kirche in Deutschland vertritt die gesamtkirchlichen Anliegen gegenüber allen Inhabern öffentlicher Gewalt. Sie erstrebt ein einheitliches Handeln ihrer Gliedkirchen auf allen Gebieten des öffentlichen Lebens.

A

Artikel IV

Die Evangelische Kirche in Deutschland spricht, wo sie vom Wort Gottes her gefordert ist, zu der evangelischen Christenheit in Deutschland, zur Christenheit der Welt, zum deutschen Volk und zu den Obrigkeiten.

B

Artikel 20

(1) In Erfüllung ihrer Aufgaben kann die Evangelische Kirche in Deutschland Ansprachen und Kundgebungen ergehen lassen, die leitenden Stellen der Gliedkirchen zu Besprechungen versammeln und von ihnen Auskunft oder Stellungnahme erfordern.

C	D
Artikel 17 1. Die Evangelische Kirche in Deutschland arbeitet in der Ökumene mit. 2. Die Pflege ökumenischer Beziehungen durch kirchliche Werke und Verbände und die Mitarbeit einzelner Persönlichkeiten an ökumenischen Aufgaben wird dadurch nicht beeinträchtigt. Sie soll in Fühlung mit den zuständigen Organen der Evangelischen Kirche in Deutschland geschehen. 3. Das gleiche gilt von der selbständigen Vertretung von Gliedkirchen in bekenntnismäßig gebundenen Vereinigungen innerhalb der Ökumene.	Artikel 18 1. Die Evangelische Kirche in Deutschland arbeitet in der ökumenischen Bewegung mit. 2. Die Pflege ökumenischer Beziehungen durch kirchliche Werke und Verbände und die Mitarbeit einzelner Persönlichkeiten an ökumenischen Aufgaben wird dadurch nicht beeinträchtigt. Sie soll in Fühlung mit den zuständigen Organen der Evangelischen Kirche in Deutschland geschehen. 3. Das gleiche gilt von der selbständigen Vertretung von Gliedkirchen in bekenntnismäßig gebundenen ökumenischen Vereinigungen.
Artikel 18 Die Evangelische Kirche in Deutschland vertritt die gesamtkirchlichen Anliegen gegenüber allen Inhabern öffentlicher Gewalt. Sie erstrebt ein einheitliches Handeln ihrer Gliedkirchen auf allen Gebieten des öffentlichen Lebens.	Artikel 19 Die Evangelische Kirche in Deutschland vertritt die gesamtkirchlichen Anliegen gegenüber allen Inhabern öffentlicher Gewalt. Sie erstrebt ein einheitliches Handeln ihrer Gliedkirchen auf allen Gebieten des öffentlichen Lebens
Artikel 19 1. In Erfüllung ihrer Aufgaben kann die Evangelische Kirche in Deutschland Ansprachen und Kundgebungen ergehen lassen, die leitenden Stellen der Gliedkirchen zu Besprechungen versammeln und von ihnen Auskunft oder Stellungnahme einholen.	Artikel 20 1. In Erfüllung ihrer Aufgaben kann die Evangelische Kirche in Deutschland Ansprachen und Kundgebungen ergehen lassen, die leitenden Stellen der Gliedkirchen zu Besprechungen versammeln und von ihnen Auskunft oder Stellungnahme einholen.

A | **B**

(2) Sie kann zur Erfüllung bestimmter Aufgaben Kollekten ausschreiben, die in allen Gliedkirchen einzusammeln sind. Ihre Zahl soll jährlich nicht mehr als vier betragen. Die Erhebung weiterer gesamtkirchlicher Kollekten kann sie den Gliedkirchen empfehlen.

Artikel VIII
Bei Zusammenschlüssen von Gliedkirchen, die ihr Verhältnis zur Evangelischen Kirche in Deutschland berühren, bei der Teilung oder Zusammenlegung von Gliedkirchen ist die Evangelische Kirche in Deutschland vorher zu hören. Die Evangelische Kirche in Deutschland hat auf eine Gliederung nach kirchlichen Gesichtspunkten hinzuwirken.

III. Gliederung
Artikel 21
(1) Gliedkirchen der Evangelischen Kirche in Deutschland sind die bestehenden Landes- und Provinzialkirchen.
(2) Der Zusammenschluss, die Neubildung und die Auflösung von Gliedkirchen bedarf der gesetzlichen Bestätigung durch die Evangelische Kirche in Deutschland.
(3) Schließen sich Gliedkirchen ohne Aufgabe ihres rechtlichen Bestandes innerhalb der Evangelischen Kirche in Deutschland zusammen, so bedarf die Ordnung der Vereinigung gleichfalls der gesetzlichen Bestätigung durch die Evangelische Kirche in Deutschland. Das gleiche gilt für die künftige Ordnung der Gemeinschaft der Provinzialkirchen in der Evangelischen Kirche der altpreußischen Union.

(4) Jede Gliedkirche steht, unbeschadet ihrer Zugehörigkeit zu einer konfessionell oder territorial bestimmten Vereinigung von Gliedkirchen, im unmittelbaren Verhältnis zur Leitung der Evangelischen Kirche in Deutschland.
(5) Bekenntnisverwandte kirchliche Gemeinschaften können der Evangelischen Kirche in Deutschland durch Vereinbarung angeschlossen werden; die Vereinbarung bedarf der gesetzlichen Bestätigung.

C

2. Sie kann zur Erfüllung bestimmter Aufgaben Kollekten ausschreiben, die in allen Gliedkirchen einzusammeln sind. Ihre Zahl soll jährlich nicht mehr als drei betragen. Die Erhebung weiterer gesamtkirchlicher Kollekten kann sie den Gliedkirchen empfehlen.

III. Gliederung
Artikel 20

1. Gliedkirchen der Evangelischen Kirche in Deutschland sind die bestehenden Landes- und Provinzialkirchen.
2. Der Zusammenschluss, die Neubildung und die Auflösung von Gliedkirchen erfolgt im Benehmen mit der Evangelischen Kirche in Deutschland. Das gleiche gilt, wenn sich Gliedkirchen ohne Aufgabe ihres rechtlichen Bestandes innerhalb der Evangelischen Kirche in Deutschland zusammenschließen.

3. Jede Gliedkirche steht, unbeschadet ihrer Zugehörigkeit zu einer konfessionell oder territorial bestimmten Vereinigung von Gliedkirchen, im unmittelbaren Verhältnis zur Leitung der Evangelischen Kirche in Deutschland.
4. Bekenntnisverwandte kirchliche Gemeinschaften können der Evangelischen Kirche in Deutschland durch Vereinbarung angeschlossen werden. Die Vereinbarung bedarf der Bestätigung durch Kirchengesetz.

D

2. Sie kann zur Erfüllung bestimmter Aufgaben Kollekten ausschreiben, die in allen Gliedkirchen einzusammeln sind. Ihre Zahl soll jährlich nicht mehr als drei betragen. Die Erhebung weiterer gesamtkirchlicher Kollekten kann sie den Gliedkirchen empfehlen.

III. Gliederung
Artikel 21

1. Gliedkirchen der Evangelischen Kirche in Deutschland sind die bestehenden Landes- und Provinzialkirchen.
2. Der Zusammenschluss, die Neubildung und die Auflösung von Gliedkirchen erfolgt im Benehmen mit der Evangelischen Kirche in Deutschland. Das gleiche gilt, wenn sich Gliedkirchen ohne Aufgabe ihres rechtlichen Bestandes innerhalb der Evangelischen Kirche in Deutschland zusammenschließen.

3. Jede Gliedkirche steht, unbeschadet ihrer Zugehörigkeit zu einer konfessionell oder territorial bestimmten Vereinigung von Gliedkirchen, im unmittelbaren Verhältnis zur Leitung der Evangelischen Kirche in Deutschland.
4. Bekenntnisverwandte kirchliche Gemeinschaften können der Evangelischen Kirche in Deutschland durch Vereinbarung angeschlossen werden. Die Vereinbarung bedarf der Bestätigung durch Kirchengesetz.

A	B
B. Die Organe der Evangelischen Kirche in Deutschland und ihre Aufgaben	IV. Organe und Dienststellen
Artikel XII Die Organe der Evangelischen Kirche in Deutschland sind: 1. die Kirchenversammlung, 2. die Konferenz der Kirchenleitungen, 3. der Rat der Evangelischen Kirche in Deutschland.	Artikel 22 (1) Die Organe der Evangelischen Kirche in Deutschland sind die Synode der Evangelischen Kirche in Deutschland, die Kirchenkonferenz, der Rat der Evangelischen Kirche in Deutschland.
Artikel V 3. Die Evangelische Kirche in Deutschland beruft Kammern zur Förderung bestimmter kirchlicher Aufgaben.	(2) Zur Beratung der leitenden Organe sind für bestimmte Sachgebiete kirchliche Kammern aus sachverständigen kirchlichen Persönlichkeiten zu bilden.
Artikel XIII 3. Die Kirchenversammlung hat die Aufgabe, den Rat der Evangelischen Kirche in Deutschland zu wählen und innerhalb der Zuständigkeit der Evangelischen Kirche in Deutschland Kirchengesetze zu beschließen, Kundgebungen zu erlassen, das gesamte Leben der Evangelischen Kirche in Deutschland zu erörtern, Anregungen an den Rat der Evangelischen Kirche in Deutschland zu geben.	Artikel 23 (1) Die Synode hat die Aufgabe, der Erhaltung und dem inneren Wachstum der Evangelischen Kirche in Deutschland zu dienen. (2) Sie wählt den Rat der Evangelischen Kirche in Deutschland, beschließt Kirchengesetze, erlässt Kundgebungen, bespricht die Arbeit der Evangelischen Kirche in Deutschland, erörtert Fragen des kirchlichen Lebens und gibt dem Rat Anregungen.

C

IV. Organe und Amtsstellen

Artikel 21

1. Die Organe der Evangelischen Kirche in Deutschland sind:
die Synode der Evangelischen Kirche in Deutschland,
die Kirchenkonferenz,
der Rat der Evangelischen Kirche in Deutschland.

2. Zur Beratung der leitenden Organe sind für bestimmte Sachgebiete kirchliche Kammern aus sachverständigen kirchlichen Persönlichkeiten zu bilden.

Artikel 22

1. Die Synode hat die Aufgabe, der Erhaltung und dem inneren Wachstum der Evangelischen Kirche in Deutschland zu dienen.
2. Sie beschließt Kirchengesetze nach Maßgabe des Artikels 25 Absatz 3, erlässt Kundgebungen, bespricht die Arbeit der Evangelischen Kirche in Deutschland, erörtert Fragen des kirchlichen Lebens und gibt dem Rat Richtlinien.
3. Sie wählt in Gemeinschaft mit der Kirchenkonferenz den Rat der Evangelischen Kirche in Deutschland.

D

IV. Organe und Amtsstellen

Artikel 22

1. Die Organe der Evangelischen Kirche in Deutschland sind die Synode der Evangelischen Kirche in Deutschland, die Kirchenkonferenz, der Rat der Evangelischen Kirche in Deutschland.

2. Zur Beratung der leitenden Organe sind für bestimmte Sachgebiete kirchliche Kammern aus sachverständigen kirchlichen Persönlichkeiten zu bilden.

Artikel 23

1. Die Synode hat die Aufgabe, der Erhaltung und dem inneren Wachstum der Evangelischen Kirche in Deutschland zu dienen.
2. Sie beschließt Kirchengesetze nach Maßgabe des Artikels 26 Absatz 3, erlässt Kundgebungen, bespricht die Arbeit der Evangelischen Kirche in Deutschland, erörtert Fragen des kirchlichen Lebens und gibt dem Rat Richtlinien.
3. Sie wählt in Gemeinschaft mit der Kirchenkonferenz gemäß Artikel 30 den Rat der Evangelischen Kirche in Deutschland.

A

Artikel XIII

1. a) Die Kirchenversammlung besteht aus 80 gewählten und 20 berufenen Mitgliedern. Außerdem haben die Mitglieder des Rates der Evangelischen Kirche in Deutschland und der Konferenz der Kirchenleitungen Sitz und Stimme.

b) Die Synoden der Gliedkirchen und der Provinzkirchen der Evang. Kirche der Altpreußischen Union wählen die Mitglieder der Kirchenversammlung nach folgender Ordnung:
je 6 Mitglieder: Berlin-Brandenburg, Sachsen,
je 5 Mitglieder: Hannover-luth. (einschl. Schaumburg-Lippe), Rheinland, Provinz Sachsen, Westfalen, je 4 Mitglieder: Bayern rechts des Rheins, Nassau-Hessen, Schleswig-Holstein, Thüringen, Württemberg,
je 3 Mitglieder: Baden, Hamburg, Kurhessen-Waldeck, Mecklenburg, Schlesien,
je 2 Mitglieder: Pfalz, Pommern, je 1 Mitglied: Anhalt, Braunschweig, Bremen, Hannover-ref., Lippe, Lübeck und Eutin (gemeinsam), Oldenburg, Brüderunität, Bund reformierter Kirchen.

c) Der Rat der Evangelischen Kirche in Deutschland beruft 20 weitere Mitglieder. Dabei sind besonders Persönlichkeiten zu berücksichtigen, die für das Gesamtleben der Evangelischen Kirche in Deutschland Bedeutung haben oder die kirchlichen Werke repräsentieren.

2. Die Mitglieder der Kirchenversammlung können bis zur Hälfte Pfarrer sein. Die Mitglieder der Kirchenversammlung sind gehalten, ihr Amt in der Verantwortung gegenüber der Evangelischen Kirche in Deutschland als einer Einheit zu führen. Sie sind an Weisungen nicht gebunden.

B

Artikel 24

(1) Die Synode besteht aus 100 Mitgliedern, die von den Synoden der Gliedkirchen gewählt werden, und 25 Mitgliedern, die vom Rat berufen werden. Für jeden Synodalen ist ein Stellvertreter zu bestimmen. Von den gewählten und berufenen Synodalen darf nicht mehr als die Hälfte Pfarrer sein.

(2) Die Verteilung der zu wählenden Synodalen auf die Gliedkirchen wird durch Gesetz geregelt.

(3) Unter den vom Rat zu berufenden Synodalen sind besonders Persönlichkeiten zu berücksichtigen, die für das Leben der Gesamtkirche und für die Arbeit der kirchlichen Werke Bedeutung haben.

(4) Die Mitglieder der Synode sind an Weisungen nicht gebunden.

C

Artikel 23

1. Die Synode besteht aus 100 Mitgliedern, die von den synodalen Organen der Gliedkirchen gewählt werden, und 20 Mitgliedern, die vom Rat berufen werden.
Für jeden Synodalen ist ein Stellvertreter zu bestimmen. Von den gewählten und berufenen Synodalen darf nicht mehr als die Hälfte Pfarrer sein.

2. Die Verteilung der zu wählenden Synodalen auf die Gliedkirchen wird durch Gesetz geregelt.

3. Unter den vom Rat zu berufenden Synodalen sind besonders Persönlichkeiten zu berücksichtigen, die für das Leben der Gesamtkirche und für die Arbeit der kirchlichen Werke Bedeutung haben.

4. Die Mitglieder der Synode sind an Weisungen nicht gebunden.

5. Die Mitglieder der Kirchenkonferenz nehmen an den Beratungen der Synode ohne Stimmrecht teil.

D

Artikel 24

1. Die Synode besteht aus 100 Mitgliedern, die von den synodalen Organen der Gliedkirchen gewählt werden, und 20 Mitgliedern, die vom Rat berufen werden.
Für jeden Synodalen sind 2 Stellvertreter zu bestimmen. Von den gewählten und berufenen Synodalen darf nicht mehr als die Hälfte Theologen sein.

2. Die Verteilung der zu wählenden Synodalen auf die Gliedkirchen wird durch Gesetz geregelt.

3. Unter den vom Rat zu berufenden Synodalen sind besonders Persönlichkeiten zu berücksichtigen, die für das Leben der Gesamtkirche und für die Arbeit der kirchlichen Werke Bedeutung haben.

4. Die Mitglieder der Synode sind an Weisungen nicht gebunden.

5. Die Mitglieder der Kirchenkonferenz nehmen an den Beratungen der Synode ohne Stimmrecht teil.

A	B
	Artikel 25
4. Die Amtsdauer der Kirchenversammlung beträgt 4 Jahre. Die Kirchenversammlung tritt jährlich einmal zusammen. Sie wählt ein Präsidium, bestehend aus dem Präses, seinem Stellvertreter und 3 Beisitzern. Auf Verlangen des Rates der Evangelischen Kirche in Deutschland oder auf Verlangen von 30 Mitgliedern der Kirchenversammlung muss der Präses die Kirchenversammlung zu einer außerordentlichen Tagung einberufen.	(1) Die Amtsdauer der Synode beträgt 6 Jahre. (2) Die Synode tritt in der Regel einmal im Jahr zu einer ordentlichen Tagung zusammen. Sie ist außerdem einzuberufen, wenn der Rat oder 30 Synodale es verlangen. (3) Sie wird mit einem Gottesdienst eröffnet. Ihrer Tagung wird im Gottesdienst aller Gemeinden fürbittend gedacht.
	Artikel 26 (1) Die Synode wählt für ihre Amtsdauer aus ihrer Mitte ein Präsidium, bestehend aus dem Präses, seinen Stellvertretern und den Beisitzern. Die Mitglieder des Präsidiums bleiben bis zur Wahl ihrer Nachfolger im Amt. Der Vorsitzende des Rates kann nicht gleichzeitig Präses der Synode sein.
Artikel XIII 6. Die Kirchenversammlung gibt sich eine Geschäftsordnung.	(2) Die Synode fasst ihre Entschließungen mit Stimmenmehrheit. Sie ist beschlussfähig, wenn zwei Drittel der Synodalen anwesend sind. Sie gibt sich eine Geschäftsordnung.
Artikel XIV 1. Gesetze kommen durch Beschluss der Kirchenversammlung zustande. Vorlagen für Gesetze können aus der Mitte der Kirchenversammlung und von der Konferenz der Kirchenleitungen eingebracht werden. Sie sind dem Rat und von diesem der Kirchenversammlung vorzulegen. Der Rat nimmt zu den Vorlagen Stellung. Er kann jederzeit eigene Gesetzentwürfe einbringen.	(3) Kirchengesetze bedürfen einer zweimaligen Beratung und Beschlussfassung. Sie werden der Synode, auch wenn sie aus ihrer Mitte eingebracht werden, durch den Rat mit seiner Stellungnahme vorgelegt. Kirchengesetze, welche die Grundordnung der Evangelischen Kirche in Deutschland ändern oder die Beziehungen der Kirche zum Staat oder zu außerdeutschen Kirchen zum Gegenstand haben, bedürfen der Zustimmung von zwei Dritteln der anwesenden Mitglieder.

C	D
Artikel 24	Artikel 25
1. Die Amtsdauer der Synode beträgt 6 Jahre.	1. Die Amtsdauer der Synode beträgt 6 Jahre.
2. Die Synode tritt in der Regel einmal im Jahr zu einer ordentlichen Tagung zusammen. Sie ist außerdem einzuberufen, wenn der Rat oder 30 Synodale es verlangen.	2. Die Synode tritt in der Regel einmal im Jahr zu einer ordentlichen Tagung zusammen. Sie ist außerdem einzuberufen, wenn der Rat oder 30 Synodale es verlangen.
3. Sie wird mit einem Gottesdienst eröffnet. Ihrer Tagung wird im Gottesdienst aller Gemeinden fürbittend gedacht.	3. Sie wird mit einem Gottesdienst eröffnet. Ihrer Tagung wird im Gottesdienst aller Gemeinden fürbittend gedacht.
Artikel 25	Artikel 26
1. Die Synode wählt für ihre Amtsdauer aus ihrer Mitte ein Präsidium, bestehend aus dem Präses, seinen Stellvertretern und den Beisitzern. Die Mitglieder des Präsidiums bleiben bis zur Wahl ihrer Nachfolger im Amt. Der Vorsitzende des Rates soll nicht gleichzeitig Präses der Synode sein.	1. Die Synode wählt für ihre Amtsdauer aus ihrer Mitte ein Präsidium, bestehend aus dem Präses, seinen Stellvertretern und den Beisitzern. Die Mitglieder des Präsidiums bleiben bis zur Wahl ihrer Nachfolger im Amt. Der Vorsitzende des Rates soll nicht gleichzeitig Präses der Synode sein.
2. Die Synode fasst ihre Entschließungen mit Stimmenmehrheit. Sie ist beschlussfähig, wenn zwei Drittel der Synodalen anwesend sind. Sie gibt sich eine Geschäftsordnung.	2. Die Synode beschließt mit Stimmenmehrheit. Sie ist beschlussfähig, wenn zwei Drittel der Synodalen anwesend sind. Sie gibt sich eine Geschäftsordnung.
3. Kirchengesetze bedürfen einer zweimaligen Beratung und Beschlussfassung. Sie werden der Synode, auch wenn sie aus ihrer Mitte eingebracht werden, durch den Rat mit seiner Stellungnahme und mit der Stellungnahme der Kirchenkonferenz vorgelegt. Kirchengesetze, welche die Grundordnung der Evangelischen Kirche in Deutschland ändern oder die Beziehungen zum Staat oder zu außerdeutschen Kirchen zum Gegenstand haben, bedürfen einer Stimmenmehrheit von zwei Dritteln der anwesenden Mitglieder und der Zustimmung der Kirchenkonferenz.	3. Kirchengesetze bedürfen einer zweimaligen Beratung und Beschlussfassung. Sie werden der Synode, auch wenn sie aus ihrer Mitte eingebracht werden, durch den Rat mit seiner Stellungnahme und mit der Stellungnahme der Kirchenkonferenz vorgelegt. Kirchengesetze, welche die Grundordnung der Evangelischen Kirche in Deutschland ändern oder die Beziehungen zum Staat oder zu außerdeutschen Kirchen zum Gegenstand haben, bedürfen einer Stimmenmehrheit von zwei Dritteln der anwesenden Mitglieder und der Zustimmung der Kirchenkonferenz.

A

2. Die Kirchenversammlung entscheidet mit einfacher Mehrheit. Gesetze, die eine Änderung der Ordnung der Evangelischen Kirche in Deutschland, die Zusammensetzung der Evangelischen Kirche in Deutschland, die Stellung der Evangelischen Kirche in Deutschland oder ihrer Gliedkirchen im Staat und die Beziehungen der Evangelischen Kirche in Deutschland zu außerdeutschen Kirchen zum Gegenstand haben, bedürfen einer Mehrheit von zwei Drittel der abgegebenen Stimmen.

Artikel XIV

3.... Die Gesetze und Verordnungen werden vom Vorsitzenden des Rates ausgefertigt und verkündigt.

Artikel XIII

5. Werden von Mitgliedern der Kirchenversammlung gegen eine Vorlage vom Bekenntnis her Bedenken erhoben, so kann die Kirchenversammlung in einen lutherischen, reformierten und unierten Konvent auseinander treten. Die Konvente haben ihre Bedenken vor der Kirchenversammlung von Schrift und Bekenntnis her zu begründen. Gegen ein in der Kirchenversammlung nicht zu überwindendes Bedenken eines Konventes kann in der strittigen Angelegenheit nicht beschlossen werden.

B

(4) Kirchengesetze sind im Amtsblatt der Evangelischen Kirche in Deutschland zu verkünden. Sie treten, wenn nichts anderes bestimmt ist, mit dem 14. Tage nach der Herausgabe des Blattes in Kraft.

(5) Erhebt der Rat gegen einen Beschluss der Synode Einwendungen, so hat die Synode über den Gegenstand in einer nicht am gleichen Tage stattfindenden Sitzung erneut zu beschließen. Erklären sich zwei Drittel der anwesenden Mitglieder der Synode für die Aufrechterhaltung des Beschlusses, so bleibt er bestehen. Gegen Wahlen durch die Synode kann der Rat Einwendungen nicht erheben.

Artikel 27

(1) Werden in der Synode gegen eine Vorlage Bedenken erhoben mit der Begründung, dass sie dem lutherischen, reformierten oder unierten Bekenntnis widerspreche, so können sich die Angehörigen des Bekenntnisses zu einem Konvent versammeln.

(2) Die Zugehörigkeit der Mitglieder zu einem der Konvente richtet sich nach dem Bekenntnisstand der Gliedkirchen, denen sie angehören. Mitglieder aus unierten Kirchen können entweder dem unierten oder demjenigen Konvent beitreten, der ihrem persönlichen Bekenntnis entspricht.

C

4. Erhebt der Rat gegen einen Beschluss der Synode Einwendungen, so hat die Synode über den Gegenstand in einer nicht am gleichen Tage stattfindenden Sitzung erneut zu beschließen. Erklären sich zwei Drittel der anwesenden Mitglieder der Synode für die Aufrechterhaltung des Beschlusses, so bleibt er bestehen. Gegen Wahlen durch die Synode kann der Rat Einwendungen nicht erheben.

5. Kirchengesetze sind im Amtsblatt der Evangelischen Kirche in Deutschland zu verkünden. Sie treten, wenn nichts anderes bestimmt ist, mit dem 14. Tage nach der Herausgabe des Blattes in Kraft.

Artikel 26

1. Werden in der Synode gegen eine Vorlage Bedenken erhoben mit der Begründung, dass sie dem lutherischen, dem reformierten oder einem unierten Bekenntnis widerspreche, so versammeln sich die Angehörigen des Bekenntnisses zu einem Konvent.

2. Die Zugehörigkeit der Synodalen zu einem Konvent richtet sich nach dem Bekenntnisstand der Gliedkirchen, denen sie angehören. Unierte Gliedkirchen bestimmen, ob die von ihnen entsandten Synodalen dem unierten oder demjenigen Konvent beitreten sollen, der ihrem persönlichen Bekenntnisstand entspricht.

D

4. Erhebt der Rat gegen einen Beschluss der Synode Einwendungen, so hat die Synode über den Gegenstand in einer nicht am gleichen Tage stattfindenden Sitzung erneut zu beschließen. Erklären sich zwei Drittel der anwesenden Mitglieder der Synode für die Aufrechterhaltung des Beschlusses, so bleibt er bestehen. Gegen Wahlen durch die Synode kann der Rat Einwendungen nicht erheben.

5. Kirchengesetze sind im Amtsblatt der Evangelischen Kirche in Deutschland zu verkünden. Sie treten, wenn nichts anderes bestimmt ist, mit dem 14. Tage nach der Herausgabe des Blattes in Kraft.

Artikel 27

1. Werden in der Synode gegen eine Vorlage Bedenken erhoben mit der Begründung, dass sie dem lutherischen, dem reformierten oder einem unierten Bekenntnis widerspreche, und können die Bedenken durch eine Aussprache in der Synode nicht behoben werden, so versammeln sich die Angehörigen des Bekenntnisses zu einem Konvent.

2. Die Zugehörigkeit der Synodalen zu einem Konvent richtet sich nach dem Bekenntnisstand der Gliedkirchen, denen sie angehören. Unierte Gliedkirchen können bestimmen, ob die von ihnen entsandten Synodalen dem unierten oder demjenigen Konvent beitreten sollen, der ihrem persönlichen Bekenntnisstand entspricht.

A	B
	(3) Bestätigt der Konvent in seiner Mehrheit die Bedenken und können sie auch bei nochmaliger Beratung in der Synode nicht behoben werden, so kann die Synode in dieser Frage nicht gegen die Stellungnahme des Konvents entscheiden.
Artikel XV	Artikel 28
1. Die Konferenz wird gebildet von den Kirchenleitungen der Gliedkirchen der Evangelischen Kirche in Deutschland und der Provinzkirchen der Evang. Kirche der Altpreußischen Union. Jede Kirchenleitung entsendet ein Mitglied, das nicht dem Rat der Evangelischen Kirche in Deutschland angehören darf. Jede Kirche hat in der Konferenz eine Stimme.	(1) Die Kirchenkonferenz hat die Aufgabe, die Arbeit der Evangelischen Kirche in Deutschland und die gemeinsamen Anliegen der Gliedkirchen zu besprechen und Vorlagen oder Anregungen an die Synode und den Rat gelangen zu lassen.
2. Die Konferenz wird von dem Vorsitzenden des Rates der Evangelischen Kirche in Deutschland geleitet.	(2) Die Kirchenkonferenz wird von den Kirchenleitungen der Gliedkirchen gebildet. Jede Kirchenleitung entsendet ein Mitglied, das nicht dem Rat der Evangelischen Kirche in Deutschland angehören darf. Jede Gliedkirche hat in der Konferenz eine Stimme. Die Mitglieder des Rates nehmen an den Sitzungen ohne Stimmrecht teil.
3. Die Konferenz hat folgende Aufgaben: a) Besprechung der Arbeit der Evangelischen Kirche in Deutschland und der gemeinsamen Anliegen der Gliedkirchen. b) Anregungen und Vorlagen an die Kirchenversammlung und den Rat der Evangelischen Kirche in Deutschland.	
4. Die Konferenz der Kirchenleitungen tritt auf Einladung des Vorsitzenden des Rates der Evangelischen Kirche in Deutschland nach Bedarf zusammen. Auf Verlangen von drei Gliedkirchen muss sie einberufen werden.	(3) Die Kirchenkonferenz wird von dem Vorsitzenden des Rates geleitet. Sie tritt auf Einladung des Vorsitzenden des Rates nach Bedarf zusammen. Auf Verlangen von drei Gliedkirchen muss sie einberufen werden.

C

3. Bestätigt der Konvent in seiner Mehrheit die Bedenken und können sie auch bei nochmaliger Beratung in der Synode nicht behoben werden, so kann die Synode in dieser Frage nicht gegen die Stellungnahme des Konvents entscheiden.

Artikel 27

1. Die Kirchenkonferenz hat die Aufgabe, die Arbeit der Evangelischen Kirche in Deutschland und die gemeinsamen Anliegen der Gliedkirchen zu besprechen und Vorlagen oder Anregungen an die Synode und den Rat gelangen zu lassen. Sie wirkt bei der Wahl des Rates der Evangelischen Kirche in Deutschland und bei der Gesetzgebung nach Maßgabe von Art. 22 Absatz 3 und 25 Absatz 3 mit.

2. Die Kirchenkonferenz wird von den Kirchenleitungen der Gliedkirchen gebildet. Jede Kirchenleitung entsendet ein Mitglied, das nicht dem Rat der Evangelischen Kirche in Deutschland angehören darf. Die Verteilung der Stimmen in der Kirchenkonferenz wird durch Gesetz geregelt. Die Mitglieder des Rates nehmen an den Sitzungen ohne Stimmrecht teil.

3. Die Kirchenkonferenz wird von dem Vorsitzenden des Rates geleitet. Sie tritt auf Einladung des Vorsitzenden des Rates nach Bedarf zusammen. Auf Verlangen von drei Gliedkirchen muss sie einberufen werden.

D

3. Bestätigt der Konvent die Bedenken und können sie auch bei nochmaliger Beratung in der Synode nicht behoben werden, so kann die Synode in dieser Frage nicht gegen die Stellungnahme des Konvents entscheiden.

Artikel 28

1. Die Kirchenkonferenz hat die Aufgabe, über die Arbeit der Evangelischen Kirche in Deutschland und die gemeinsamen Anliegen der Gliedkirchen zu beraten und Vorlagen oder Anregungen an die Synode und den Rat gelangen zu lassen. Sie wirkt bei der Wahl des Rates der Evangelischen Kirche in Deutschland und bei der Gesetzgebung nach Maßgabe von Artikel 23 Absatz 3 und 26 Absatz 3 mit.

2. Die Kirchenkonferenz wird von den Kirchenleitungen der Gliedkirchen gebildet. Jede Kirchenleitung entsendet ein Mitglied, das nicht dem Rat der Evangelischen Kirche in Deutschland angehören darf. Die Verteilung der Stimmen in der Kirchenkonferenz wird durch Gesetz geregelt. Die Mitglieder des Rates nehmen an den Sitzungen ohne Stimmrecht teil.

3. Die Kirchenkonferenz wird von dem Vorsitzenden des Rates geleitet. Sie tritt auf Einladung des Vorsitzenden des Rates nach Bedarf zusammen. Auf Verlangen von drei Gliedkirchen muss sie einberufen werden.

A	B
Artikel XVI 2. Der Rat hat die Aufgabe, die Evangelische Kirche in Deutschland zu leiten und zu verwalten. Soweit die Befugnisse nicht anderen Organen beigelegt sind, ist er für alle Aufgaben der Evangelischen Kirche in Deutschland zuständig. Der Rat vertritt die Evangelische Kirche in Deutschland nach außen. Im Rechtsverkehr wird die Evangelische Kirche in Deutschland durch den Vorsitzenden des Rates vertreten.	Artikel 29 (1) Der Rat hat die Aufgabe, die Evangelische Kirche in Deutschland zu leiten und zu verwalten. Soweit die Befugnisse nicht anderen Organen beigelegt sind, ist er für alle Aufgaben der Evangelischen Kirche in Deutschland zuständig. Der Rat vertritt die Evangelische Kirche in Deutschland nach außen.
Artikel XIV 3. Der Rat hat das Recht, Verordnungen zu erlassen. Sie dürfen die in dieser Ordnung festgelegten Grundlagen nicht verändern. Die Kirchenversammlung kann die Verordnung aufheben. Die Gesetze und Verordnungen werden vom Vorsitzenden des Rates ausgefertigt und verkündigt.	(2) Gegenstände, die durch Gesetz zu ordnen sind, können ausnahmsweise durch Verordnung des Rates geregelt werden, wenn die Sache keinen Aufschub duldet, die Synode nicht versammelt und ihre Einberufung nicht möglich oder der Bedeutung der Sache nicht entsprechend ist. Die Grundordnung der Evangelischen Kirche in Deutschland darf durch Verordnung nicht geändert werden. Verordnungen sind der Synode bei ihrem nächsten Zusammentritt vorzulegen. Die Synode kann sie ändern oder aufheben. Artikel 26 Absatz 4 findet Anwendung.
Artikel XVI 1. Der Rat der Evangelischen Kirche in Deutschland besteht aus dem Präses der Kirchenversammlung und weiteren neun gewählten Mitgliedern. Dazu treten der Leiter der Kirchenkanzlei und der Leiter des Kirchlichen Außenamtes. Bei der Berufung des Rates muss die bekenntnismäßige und landschaftliche Gliederung der Evangelischen Kirche in Deutschland berücksichtigt werden.	Artikel 30 (1) Der Rat besteht aus neun von der Synode in geheimer Abstimmung mit einfacher Mehrheit gewählten Mitgliedern. Außerdem gehört der Präses der Synode dem Rate an. Der Leiter der Kirchenkanzlei und der Leiter des Kirchlichen Außenamtes nehmen, wenn sie nicht zu Mitgliedern des Rates gewählt sind, an seinen Sitzungen mit beratender Stimme teil.

C

Artikel 28

1. Der Rat hat die Aufgabe, die Evangelische Kirche in Deutschland zu leiten und zu verwalten. Soweit die Befugnisse nicht anderen Organen beigelegt sind, ist er für alle Aufgaben der Evangelischen Kirche in Deutschland zuständig. Der Rat vertritt die Evangelische Kirche in Deutschland nach außen. Er kann Kundgebungen erlassen, wenn die Synode nicht versammelt ist. Er legt der Synode auf jeder ordentlichen Tagung einen Rechenschaftsbericht vor, der zu besprechen ist.

2. Gegenstände, die durch Gesetz zu ordnen sind, können ausnahmsweise durch Verordnung des Rates geregelt werden, wenn die Sache keinen Aufschub duldet, die Synode nicht versammelt und ihre Einberufung nicht möglich oder der Bedeutung der Sache nicht entsprechend ist. Die Grundordnung der Evangelischen Kirche in Deutschland darf durch Verordnung nicht geändert werden. Verordnungen sind der Synode bei ihrem nächsten Zusammentritt vorzulegen. Die Synode kann sie ändern oder aufheben. Artikel 25 Absatz 5 findet Anwendung.

Artikel 29

1. Der Rat besteht aus elf von der Synode und der Kirchenkonferenz gemeinsam in geheimer Abstimmung mit einfacher Mehrheit gewählten Mitgliedern. Außerdem gehört der Präses der Synode dem Rate an. Der Leiter der Kirchenkanzlei und der Leiter des Kirchlichen Außenamtes nehmen, wenn sie nicht zu Mitgliedern des Rates gewählt sind, an seinen Sitzungen mit beratender Stimme teil.

D

Artikel 29

1. Der Rat hat die Aufgabe, die Evangelische Kirche in Deutschland zu leiten und zu verwalten. Soweit die Befugnisse nicht anderen Organen beigelegt sind, ist er für alle Aufgaben der Evangelischen Kirche in Deutschland zuständig. Der Rat vertritt die Evangelische Kirche in Deutschland nach außen. Er kann Kundgebungen erlassen, wenn die Synode nicht versammelt ist. Er legt der Synode auf jeder ordentlichen Tagung einen Rechenschaftsbericht vor, der zu besprechen ist.

2. Gegenstände, die durch Gesetz zu ordnen sind, können ausnahmsweise durch Verordnung des Rates geregelt werden, wenn die Sache keinen Aufschub duldet, die Synode nicht versammelt und ihre Einberufung nicht möglich oder der Bedeutung der Sache nicht entsprechend ist. Die Grundordnung der Evangelischen Kirche in Deutschland darf durch Verordnung nicht geändert werden. Verordnungen sind der Synode bei ihrem nächsten Zusammentritt vorzulegen. Die Synode kann sie ändern oder aufheben. Artikel 26 Absatz 5 findet Anwendung.

Artikel 30

1. Der Rat besteht aus 12 Mitgliedern. 11 Mitglieder werden von der Synode und der Kirchenkonferenz gemeinsam in geheimer Abstimmung mit Zweidrittelmehrheit gewählt. Die Kirchenkonferenz kann Vorschläge machen. Als weiteres Mitglied gehört der Präses der Synode dem Rat an.

A

Artikel XVII

1. Der Rat der Evangelischen Kirche in Deutschland wird von der Kirchenversammlung gewählt. Die Konferenz der Kirchenleitungen hat das Recht, der Kirchenversammlung Vorschläge für die Wahl der Mitglieder des Rates vorzulegen, wenn drei Viertel der Mitglieder der Konferenz die Vorschläge unterstützen.

2. Die Abstimmung ist geheim. Es wird über jedes Mitglied des Rates einzeln abgestimmt.

3. Die Kirchenversammlung bestimmt dann den Vorsitzenden und seinen Stellvertreter.

4. Jedes Mitglied der Kirchenversammlung und der Konferenz der Kirchenleitungen hat eine Stimme. Zwischen der Wahl der einzelnen Mitglieder des Rates ist eine Aussprache zulässig. Gewählt. ist, wer die Mehrheit der abgegebenen Stimmen erhält.

B

(2) Bei der Wahl der Mitglieder des Rates soll die bekenntnismäßige und landschaftliche Gliederung der Evangelischen Kirche in Deutschland berücksichtigt werden.

(3) Die Amtsdauer des Rates beträgt 6 Jahre. Die Mitglieder bleiben bis zur Wahl ihrer Nachfolger im Amt. Nach dem Ausscheiden eines Mitgliedes erfolgt Neuwahl durch die Synode.

A

Artikel XVI

3. Die Amtsdauer des Rates beträgt sechs Jahre.
Der Rat tritt nach Bedarf, mindestens aber alle 2 Monate, zusammen.

4. Der Rat bildet einen aus 5 Mitgliedern bestehenden Arbeitsausschuss, dem der Vorsitzende, der stellv. Vorsitzende, der Präses der Kirchenversammlung und der Leiter der Kanzlei und der Leiter des Kirchlichen Außenamtes angehören. Der Arbeitsausschuss führt die laufenden Geschäfte des Rates.

B

(4) Der Rat der Evangelischen Kirche in Deutschland tritt nach Bedarf zu Sitzungen zusammen. In den Sitzungen wird mit Stimmenmehrheit entschieden; bei Stimmengleichheit gibt die Stimme des Vorsitzenden den Ausschlag. Der Rat wählt aus seiner Mitte den Vorsitzenden und dessen Stellvertreter. Er gibt sich eine Geschäftsordnung.

(5) In eiligen Fällen kann der Vorsitzende unter Beteiligung eines weiteren Mitgliedes und des Leiters der Kirchenkanzlei oder des Kirchlichen Außenamtes Entscheidungen treffen, die jedoch der Bestätigung durch den Rat bedürfen.

C

2. Bei der Wahl der Mitglieder des Rates soll die bekenntnismäßige und landschaftliche Gliederung der Evangelischen Kirche in Deutschland berücksichtigt werden.

3. Die Amtsdauer des Rates beträgt 6 Jahre. Die Mitglieder bleiben bis zur Wahl ihrer Nachfolger im Amt. Nach dem Ausscheiden eines Mitgliedes erfolgt Neuwahl gemäß Absatz 1.

4. Der Rat der Evangelischen Kirche in Deutschland tritt nach Bedarf zu Sitzungen zusammen. In den Sitzungen wird mit Stimmenmehrheit entschieden; bei Stimmengleichheit gibt die Stimme des Vorsitzenden den Ausschlag. Der Rat wählt aus seiner Mitte den Vorsitzenden und dessen Stellvertreter. Er gibt sich eine Geschäftsordnung.

D

2. Bei der Wahl der Mitglieder des Rates ist die bekenntnismäßige und landschaftliche Gliederung der Evangelischen Kirche in Deutschland zu berücksichtigen.

3. Der Vorsitzende des Rates und sein Stellvertreter werden aus der Mitte der Ratsmitglieder von der Synode und der Kirchenkonferenz gemeinsam in getrennten Wahlgängen mit Zweidrittelmehrheit gewählt. Der Rat kann Vorschläge machen.

4. Die Amtsdauer des Rates beträgt 6 Jahre. Wiederwahl ist zulässig. Die Mitglieder bleiben bis zur Wahl ihrer Nachfolger im Amt. Nach dem Ausscheiden eines Mitgliedes erfolgt Neuwahl gemäß Absatz 1 und 3.

5. Der Rat der Evangelischen Kirche in Deutschland tritt nach Bedarf zu Sitzungen zusammen. In den Sitzungen wird mit Stimmenmehrheit entschieden; bei Stimmengleichheit gibt der Vorsitzende den Ausschlag. Der Rat gibt sich eine Geschäftsordnung. Sie kann vorsehen, dass die Erledigung bestimmter Aufgaben einem engeren Ausschuss des Rates übertragen wird.

A	B
Artikel XVI	Artikel 31
5. Die Kanzlei ist die Dienststelle des Rates und arbeitet nach seinen Weisungen. Die Kanzlei besteht aus einem hauptamtlichen Leiter und der erforderlichen Zahl von theologischen und rechtskundigen Räten. Der Leiter wird von der Kirchenversammlung, die Räte werden vom Rat der Evangelischen Kirche in Deutschland berufen.	(1) Dienststellen des Rates sind die Kirchenkanzlei und das Kirchliche Außenamt. Sie führen die laufenden Geschäfte im Rahmen der kirchlichen Ordnungen nach den Weisungen des Rates. (2) Der Leiter der Kirchenkanzlei und der Leiter des Kirchlichen Außenamtes werden auf Vorschlag des Rates von der Synode gewählt. Der Leiter der Kirchenkanzlei soll rechtskundig, der Leiter des Kirchlichen Außenamtes soll Theologe sein.
6. Das Kirchliche Außenamt ist dem Rat der Evangelischen Kirche in Deutschland angegliedert und ihm in seiner Arbeit verantwortlich. Der Leiter des Kirchlichen Außenamtes wird von der Kirchenversammlung berufen. Er beruft seine Mitarbeiter mit Zustimmung des Rates der Evangelischen Kirche in Deutschland.	
	(3) Die erforderliche Zahl von theologischen und rechtskundigen Räten für die Dienststellen wird vom Rat der Evangelischen Kirche in Deutschland berufen. Zur Anstellung weiterer Mitarbeiter kann der Rat die Leiter der Dienststellen ermächtigen. (4) Wenn die Verhältnisse es erfordern, können für einzelne Teile der Evangelischen Kirche in Deutschland oder für einzelne Arbeitszweige besondere Dienststellen eingerichtet werden. Das Nähere bestimmt der Rat.

C

Artikel 30

1. Amtsstellen des Rates sind die Kirchenkanzlei und das Kirchliche Außenamt. Sie führen die laufenden Geschäfte im Rahmen der kirchlichen Ordnungen nach den Weisungen des Rates.

2. Der Leiter der Kirchenkanzlei und der Leiter des Kirchlichen Außenamtes werden nach Anhörung der Kirchenkonferenz vom Rat ernannt. Der Leiter der Kirchenkanzlei soll rechtskundig, der Leiter des Kirchlichen Außenamtes soll Theologe sein.

3. Die erforderliche Zahl von theologischen und rechtskundigen Räten für die Amtsstellen wird vom Rat der Evangelischen Kirche in Deutschland berufen. Zur Anstellung weiterer Mitarbeiter kann der Rat die Leiter der Amtsstellen ermächtigen.

4. Wenn die Verhältnisse es erfordern, können für einzelne Teile der Evangelischen Kirche in Deutschland oder für einzelne Arbeitszweige besondere Amtsstellen eingerichtet werden. Das Nähere bestimmt der Rat.

Artikel 31

Zur Entscheidung von Meinungsverschiedenheiten und Streitfragen innerhalb der Evangelischen Kirche in Deutschland und zur Begutachtung von Rechtsfragen wird ein Schiedsgerichtshof der Evangelischen Kirche in Deutschland eingesetzt, der von jedem der Beteiligten angerufen werden kann. Das Nähere wird durch Gesetz bestimmt.

D

Artikel 31

1. Amtsstellen des Rates sind die Kirchenkanzlei und das Kirchliche Außenamt. Sie führen die laufenden Geschäfte im Rahmen der kirchlichen Ordnungen nach den Weisungen des Rates.

2. Der Leiter der Kirchenkanzlei und der Leiter des Kirchlichen Außenamtes werden nach Fühlungnahme mit der Kirchenkonferenz vom Rat ernannt.

3. Die erforderliche Zahl von theologischen und rechtskundigen Räten für die Amtsstellen wird vom Rat der Evangelischen Kirche in Deutschland berufen. Zur Anstellung weiterer Mitarbeiter kann der Rat die Leiter der Amtsstellen ermächtigen.

4. Wenn die Verhältnisse es erfordern, können für einzelne Teile der Evangelischen Kirche in Deutschland oder für einzelne Arbeitszweige besondere Amtsstellen eingerichtet werden. Das Nähere bestimmt der Rat.

Artikel 32

Zur Entscheidung von Meinungsverschiedenheiten und Streitfragen innerhalb der Evangelischen Kirche in Deutschland und zur Begutachtung von Rechtsfragen wird ein Schiedsgerichtshof der Evangelischen Kirche in Deutschland eingesetzt, der von jedem der Beteiligten angerufen werden kann. Das Nähere wird durch Gesetz bestimmt.

A	B
	V. Besondere und Übergangsbestimmungen Artikel 32
	(1) Die Einnahmen und Ausgaben der Evangelischen Kirche in Deutschland sind für ein Jahr oder für mehrere Jahre auf einen Haushaltsplan zu bringen. Ausgaben, die durch eigene Einnahmen nicht gedeckt sind, werden auf die Gliedkirchen umgelegt.
	(2) Der Haushaltsplan sowie die Höhe und der Verteilungsmaßstab der Umlage werden von der Synode beschlossen. Das gleiche gilt für Anleihen, die nicht aus Mitteln des laufenden Rechnungsjahres zurückerstattet werden können, und für Sicherheitsleistungen.
	(3) Über die Haushalts- und Kassenführung ist jährlich Rechnung zu legen. Die Rechnung wird von einem hierzu bestellten Ausschuss der Synode geprüft. Auf Grund seines Berichtes beschließt die Synode über die Entlastung. (4) Das Nähere über das Haushalts-, Umlage- und Kassenwesen wird durch eine Verordnung des Rates geregelt.
Artikel XVI	Artikel 33
2.... Im Rechtsverkehr wird die Evangelische Kirche in Deutschland durch den Vorsitzenden des Rates vertreten.	Die Evangelische Kirche in Deutschland wird in Rechtsangelegenheiten durch den Rat vertreten. Urkunden, welche sie Dritten gegenüber verpflichten sollen, sind namens des Rates durch den Vorsitzenden oder seinen Stellvertreter und durch den Leiter der Kirchenkanzlei unter Beidrückung des Siegels zu vollziehen; dadurch wird die Gesetzmäßigkeit der Beschlussfassung festgestellt.

C

V. Besondere und Übergangsbestimmungen
Artikel 32

1. Die Einnahmen und Ausgaben der Evangelischen Kirche in Deutschland sind für ein Jahr oder für mehrere Jahre auf einen Haushaltsplan zu bringen. Ausgaben, die durch eigene Einnahmen nicht gedeckt sind, werden auf die Gliedkirchen umgelegt.

2. Der Haushaltsplan sowie die Höhe und der Verteilungsmaßstab der Umlage werden von der Synode beschlossen. Das gleiche gilt für Anleihen, die nicht aus Mitteln des laufenden Rechnungsjahres zurückerstattet werden können, und für Sicherheitsleistungen. Artikel 28 Absatz 2 Satz 1 findet Anwendung.

3. Über die Haushalts- und Kassenführung ist jährlich Rechnung zu legen. Die Rechnung wird von einem hierzu bestimmten Ausschuss der Synode geprüft. Auf Grund seines Berichtes beschließt die Synode über die Entlastung.

4. Das Nähere über das Haushalts-, Umlage-

Artikel 33
Die Evangelische Kirche in Deutschland wird in Rechtsangelegenheiten durch den Rat vertreten. Urkunden, welche sie Dritten gegenüber verpflichten sollen, sind namens des Rates durch den Vorsitzenden oder seinen Stellvertreter und durch den Leiter der Kirchenkanzlei unter Beidrückung des Siegels zu vollziehen; dadurch wird die Gesetzmäßigkeit der Beschlussfassung festgestellt.

D

V. Besondere und Übergangsbestimmungen
Artikel 33

1. Die Einnahmen und Ausgaben der Evangelischen Kirche in Deutschland sind für ein Jahr oder mehrere Jahre auf einen Haushaltsplan zu bringen. Ausgaben, die durch eigene Einnahmen nicht gedeckt sind, werden auf die Gliedkirchen umgelegt.

2. Der Haushaltsplan sowie die Höhe und der Verteilungsmaßstab der Umlage werden durch Gesetz festgelegt. Das gleiche gilt für Anleihen und Sicherheitsleistungen, die nicht aus Mitteln des laufenden Rechnungsjahres gedeckt werden können.

3. Über die Haushalts- und Kassenführung ist jährlich Rechnung zu legen. Die Rechnung wird von einem hierzu bestimmten Ausschuss geprüft. Aufgrund seines Berichts beschließt die Synode über die Entlastung.

4. Das Nähere über das Haushalts-, Umlage- und Kassenwesen wird durch eine Verordnung des

Artikel 34
Die Evangelische Kirche in Deutschland wird in Rechtsangelegenheiten durch den Rat vertreten. Urkunden, welche sie Dritten gegenüber verpflichten sollen, und Vollmachten sind namens des Rates durch den Vorsitzenden oder seinen Stellvertreter und durch den Leiter der Kirchenkanzlei oder seinen geschäftsordnungsmäßigen Vertreter unter Beidrückung des Siegels zu vollziehen; dadurch wird die Rechtmäßigkeit der Beschlussfassung festgestellt.

A

B

Artikel 34

(1) Die Evangelische Kirche in Deutschland als öffentlich-rechtliche Körperschaft übernimmt die Rechte und Verbindlichkeiten ihrer Rechtsvorgänger, des Deutschen Evangelischen Kirchenbundes und der Deutschen Evangelischen Kirche. Die Verfassung der Deutschen Evangelischen Kirche vom 11. Juli 1933 wird hiermit aufgehoben. Im Übrigen bleibt das gesamtkirchliche Recht in Kraft, soweit es dieser Grundordnung nicht widerspricht.

(2) Bis zur Bildung des Rates nach Artikel 30 dieser Grundordnung werden seine Aufgaben durch den bisherigen Rat der Evangelischen Kirche in Deutschland wahrgenommen. Dieser verteilt erstmalig die nach Artikel 24 von den Gliedkirchen zu wählenden Mitglieder der Synode und beruft erstmalig die Synode ein; sein Vorsitzender leitet sie bis zur Wahl des Präses.

C

Artikel 34

1. Die Evangelische Kirche in Deutschland als öffentlich-rechtliche Körperschaft ist Trägerin der Rechte und Verbindlichkeiten des Deutschen Evangelischen Kirchenbundes und der Deutschen Evangelischen Kirche. Die Verfassung der Deutschen Evangelischen Kirche vom 11. Juli 1933 wird hiermit aufgehoben. Im Übrigen bleibt das gesamtkirchliche Recht in Kraft, soweit es dieser Grundordnung nicht widerspricht.

2. Bis zur Bildung des Rates nach Artikel 29 dieser Grundordnung werden seine Aufgaben durch den bisherigen Rat der Evangelischen Kirche in Deutschland wahrgenommen. Dieser verteilt erstmalig die nach Artikel 23 von den Gliedkirchen zu wählenden Mitglieder der Synode und beruft erstmalig die Synode ein; sein Vorsitzender leitet sie bis zur Wahl des Präses.
Der bisherige Rat regelt ferner bis zum Erlass des in Artikel 27 Absatz 2 vorgesehenen Kirchengesetzes die Verteilung der Stimmen in der Kirchenkonferenz.

D

Artikel 35

1. Die Evangelische Kirche in Deutschland als öffentlich-rechtliche Körperschaft ist Trägerin der Rechte und Verbindlichkeiten des Deutschen Evangelischen Kirchenbundes und der Deutschen Evangelischen Kirche. Die Verfassung der Deutschen Evangelischen Kirche vom 11. Juli 1933 wird hiermit aufgehoben. Im Übrigen bleibt das gesamtkirchliche Recht in Kraft, soweit es dieser Grundordnung nicht widerspricht.

2. Bis zur Bildung des Rates nach Artikel 30 dieser Grundordnung werden seine Aufgaben durch den bisherigen Rat der Evangelischen Kirche in Deutschland wahrgenommen. Dieser verteilt erstmalig die nach Artikel 24 von den Gliedkirchen zu wählenden Mitglieder der Synode und beruft erstmalig die Synode ein; sein Vorsitzender leitet sie bis zur Wahl des Präses. Der bisherige Rat regelt ferner bis zum Erlass des in Artikel 28 Absatz 2 vorgesehenen Kirchengesetzes die Verteilung der Stimmen in der Kirchenkonferenz.

3. Die von dem bisherigen Rat erlassenen Verordnungen sind der Synode bei ihrem ersten Zusammentritt vorzulegen.

8. Verordnung über das Zustandekommen einer Grundordnung der Evangelischen Kirche in Deutschland.

Vom 14. Januar 1948. (ABl. EKD Nr. 3 v. 1.2.1948)

Auf Grund von Abschnitt III f) der Vorläufigen Ordnung der Evangelischen Kirche in Deutschland vom 31.8.1945 (VO.u.N.Bl. Nr. 9) wird folgendes verordnet:

§ 1

Es ist eine Kirchenversammlung zu bilden, welche die Aufgabe hat, die Grundordnung der Evangelischen Kirche in Deutschland zu beschließen.

§ 2

I. Der Kirchenversammlung gehören an:
   1. Mitglieder, die von den Leitungen der Gliedkirchen nach § 3 entsandt werden;
   2. Mitglieder, die von den Synoden der Gliedkirchen nach § 4 gewählt werden;
   3. Mitglieder, die vom Rat der Evangelischen Kirche in Deutschland nach § 5 berufen werden;
   4. die Mitglieder des Rates, soweit sie nicht bereits nach Ziffer 1 bis 3 der Kirchenversammlung angehören.

II. Die Mitglieder der Kirchenversammlung sind an Weisungen nicht gebunden.

§ 3

Die Leitung einer jeden Gliedkirche entsendet eines ihrer Mitglieder in die Kirchenversammlung. Dieses Recht steht in der Evangelischen Kirche der Altpreußischen Union der Leitung dieser Kirche und den Leitungen der Provinzialkirchen zu.

§ 4

I. Durch die Synoden der Gliedkirchen sind zu wählen:
   1. in der Evang. Kirche der Kirchenprovinz Berlin-Brandenburg,
      in der Evang.-luth. Landeskirche Sachsens,
      in der Evang. Kirche der Kirchenprovinz Sachsen und
      in der Evang.-luth. Landeskirche Hannovers je 7 Mitglieder;
   2. in den Evangelischen Kirchen der Rheinprovinz und von Westfalen,
      in der Evang.-luth. Kirche in Bayern rechts des Rheins und
      in der Evang.-luth. Landeskirche Schleswig-Holsteins je 5 Mitglieder;
   3. in der Thüringer Evang. Kirche und in der Evang. Landeskirche in Württemberg je 4 Mitglieder;
   4. in der Evang. Kirche in Hessen und Nassau 3 Mitglieder;
   5. in der Vereinigten Evang.-protestantischen Landeskirche Badens,
      in der Evang. Landeskirche von Kurhessen-Waldeck,

in der Evang.-luth. Landeskirche von Mecklenburg und
in den Evang. Kirchen von Schlesien und von Pommern je 2 Mitglieder;

6. in der Vereinigten Protestantischen Kirche der Pfalz,
in der Evang.-luth. Kirche im Hamburgischen Staate,
in der Braunschweigischen Evang.-luth. Landeskirche,
in der Evang.-luth. Kirche in Oldenburg,
in der Bremischen Landeskirche,
in der Anhaltischen Landeskirche,
in der Evang.-ref. Kirche in Nordwestdeutschland,
in der Lippe'schen Landeskirche,
in der Evang.-luth. Kirchen in Lübeck, Schaumburg-Lippe und Eutin je 1 Mitglied.

II. Hat eine Synode mehr als ein Mitglied zu wählen, so dürfen nicht mehr als die Hälfte der Gewählten Theologen sein; die übrigen Mitglieder müssen die Befähigung zum Ältestenamt besitzen. Die Mitglieder brauchen nicht Synodale zu sein. Die Gliedkirchen, die nur ein Mitglied zu entsenden haben, können entweder einen Theologen oder einen Nichttheologen wählen.

III. Für jedes Mitglied sind zwei Stellvertreter zu wählen, die auch Ersatzleute sind.

IV. Ist die rechtzeitige Einberufung der Synode nicht möglich, so tritt an ihre Stelle dasjenige Organ, das die Aufgaben der Synode wahrnimmt.

§ 5

Der Rat der Evangelischen Kirche in Deutschland beruft 25 Mitglieder der Kirchenversammlung, von denen nicht mehr als zehn Theologen sein dürfen.

§ 6

Die Evang. Brüderunität in Deutschland und der Bund Freier Ev.-ref. Gemeinden Deutschlands entsenden entsprechend ihrer vereinbarten Rechtsstellung je ein Mitglied mit beratender Stimme in die Kirchenversammlung.

§ 7

I. Die Kirchenversammlung wird durch den Rat der Evangelischen Kirche in Deutschland einberufen, dessen Vorsitzender sie bis zur Wahl des Präsidiums leitet. Sie prüft die Legitimation ihrer Mitglieder und wählt ihr Präsidium, das aus dem Vorsitzenden, seinen Stellvertretern und den Beisitzern besteht. Sie gibt sich eine Geschäftsordnung.

II. Die Kirchenversammlung ist beschlussfähig, wenn zwei Drittel der Mitglieder anwesend sind.

III. Die Verhandlungen sind in der Regel öffentlich.

§ 8

I. Werden in der Kirchenversammlung gegen Bestimmungen des zur Beratung stehenden Entwurfs einer Grundordnung Bedenken erhoben mit der Begründung, dass sie dem lutherischen, reformierten oder unierten Bekenntnis widersprächen, so können sich die Angehörigen des Bekenntnisses zu einem Konvent versammeln.

II. Die Zugehörigkeit der Mitglieder zu einem Konvente richtet sich nach dem Bekenntnisstand der Gliedkirchen, denen sie angehören. Mitglieder aus unierten Kirchen können entweder dem unierten oder demjenigen Konvent beitreten, der ihrem persönlichen Bekenntnis entspricht. Vor der ersten Sitzung der Kirchenversammlung erklärt jedes Mitglied, welchem Konvent es angehört.

III. Bestätigt der Konvent in seiner Mehrheit die Bedenken und können sie auch bei nochmaliger Beratung in der Kirchenversammlung nicht behoben werden, so kann die Kirchenversammlung in dieser Frage nicht gegen die Stellungnahme des Konvents entscheiden.

§ 9

I. Der Entwurf einer Grundordnung wird der Kirchenversammlung vom Rat nach Fühlungnahme mit den Leitungen der Gliedkirchen vorgelegt.

II. Nach Abschluss der Beratungen wird über die Vorlage im Ganzen abgestimmt. Zur Annahme bedarf es einer Mehrheit von zwei Dritteln der anwesenden Mitglieder.

III. Der Rat übergibt die beschlossene Grundordnung den Gliedkirchen und dem Bruderrat der Evangelischen Kirche in Deutschland zur Stellungnahme. Diese können sich zu der Grundordnung nur im Ganzen erklären. Die Kirchenversammlung kann für die Erklärung eine Frist setzen.

§ 10

I. Stimmen alle Gliedkirchen und der Bruderrat der Evangelischen Kirche in Deutschland der Grundordnung zu, so wird sie von ihnen unterzeichnet und vom Rat der Evangelischen Kirche in Deutschland verkündet.

II. Stimmen nicht alle Gliedkirchen zu, so ist die Kirchenversammlung zu einer erneuten Beratung einzuberufen. Sie beschließt darüber, ob die Grundordnung für den Bereich derjenigen Gliedkirchen, die ihr zugestimmt haben, in Kraft gesetzt werden soll. § 9 Absatz II Satz 2 und § 10 Absatz I gelten entsprechend.

III. Die Landeskirchen, die nicht zugestimmt haben, können ihre Zustimmung nachträglich erteilen mit der Wirkung, dass die Grundordnung auch für ihren Bereich wirksam wird.

§ 11

Diese Verordnung tritt mit der Vollziehung in Kraft.

Frankfurt/Main, den 14. Januar 1948.

9. Beschluss der Kirchenversammlung der Evangelischen Kirche in Deutschland über die Grundordnung.

Vom 13. Juli 1948. (ABl. EKD 1948 H. 5 Nr. 1)

Der Präses der Kirchenversammlung
der Evangelischen Kirche in Deutschland

Eisenach, den 13. Juli 1948

An den
Rat der Evangelischen Kirche in Deutschland

Die Kirchenversammlung der Evangelischen Kirche in Deutschland hat heute die anliegende Grundordnung einstimmig angenommen.

Sie hat den Rat ermächtigt, den Landeskirchen für ihre Erklärungen gemäß § 9 Absatz III der Verordnung vom 14. Januar 1948 über das Zustandekommen einer Grundordnung der Evangelischen Kirche in Deutschland eine Frist zu setzen.

Ich übergebe dem Rat der Evangelischen Kirche in Deutschland die Grundordnung mit der Bitte, gemäß §§ 9 und 10 der Verordnung über das Zustandekommen einer Grundordnung der Evangelischen Kirche in Deutschland zu verfahren.

Dr. Dr. *Heinemann*

10. Die Unterschriften der Gliedkirchen zur Grundordnung.

(ABl. EKD 1948 S. 237; EZA 2/10)

Der Präses der Kirchenversammlung der Evangelischen Kirche in Deutschland:
Dr. Dr. *Heinemann*

Für die Evangelische Kirche der altpreußischen Union: D. *Dibelius*

Für die Evangelisch-lutherische Landeskirche Sachsens: D. *Hahn, Kotte, Mager*

Für die Evangelische Kirche von Berlin-Brandenburg: D. *Dibelius*

Für die Evangelische Kirche der Kirchenprovinz Sachsen: D. *Müller,* Bischof

Für die Evangelisch-lutherische Landeskirche Hannovers: D. *Lilje,* Landesbischof

Für die Evangelische Kirche von Westfalen: D. *Koch,* Präses

Für die Evangelisch-Lutherische Landeskirche Schleswig-Holsteins: Bischof D. *Halfmann*

Für die Evangelische Kirche im Rheinland: Lic. Dr. *Beckmann, Held*

Für die Evangelisch-lutherische Kirche in Bayern: D. *Meiser,* Landesbischof

Für die Evangelisch-lutherische Kirche in Thüringen: D. *Mitzenheim,* Landesbischof

Für die Evangelische Landeskirche in Württemberg: Landesbischof D. *Wurm*

Für die Evangelische Kirche in Hessen und Nassau: D. *Martin Niemöller*

Für die Evangelisch-lutherische Landeskirche Mecklenburgs:
Landesbischof D. Dr. *Beste*

Für die Evangelische Landeskirche in Kurhessen-Waldeck: *Adolf Wüstemann*

Für die Vereinigte Evangelisch-protestantische Landeskirche Badens:
Der Landesbischof D. *Julius Bender*

Für die Evangelische Kirche in Pommern: D. *Karl v. Scheven*

Für die Evangelisch-lutherische Kirche im Hamburgischen Staate: D. Dr. *Schöffel,* Bischof

Für die Braunschweigische Evangelisch-lutherische Landeskirche: Die Kirchenregierung:
Erdmann, Dr. *Breust, Ernesti, Herdieckerhoff, Linke,* Dr. *Vermeil, V. Roepke*

Für die Vereinigte protestantische Kirche der Pfalz: D. *Hans Stempel,* Kirchenpräsident

Für die Evangelisch-Lutherische Kirche in Oldenburg: D. Dr. *Wilhelm Stählin,* Bischof

Für die Evangelische Landeskirche Anhalts: Dr. *Müller,* Oberkirchenrat

Für die Evangelische Kirche von Schlesien: *Hornig,* Bischof

Für die Lippische Landeskirche: *Jürges,* Präses der Landessynode, Lic. *Neuser,* Landessuperintendent, *Ostmann,* Kirchenrat

Für die Evangelisch-lutherische Kirche in Lübeck: Die Kirchenleitung: *Ernst Jensen,* Pastor

Für die Evangelisch-Reformierte Kirche in Nordwestdeutschland: *Middendorff,* D. Dr. *Hollweg,* Dr. *Fokken*

Für die Evangelisch-lutherische Landeskirche Eutin: *Wilhelm Kieckbusch*[1149], *de Beer, Wulff*

Für die Evangelisch-lutherische Landeskirche in Schaumburg-Lippe: *Henke,* Landesbischof und Präsident des Landeskirchenrats

Für den Bruderrat der Evangelischen Kirche in Deutschland: Lic. Dr. *Beckmann*

11. Ordnung des Bundes der Evangelischen Kirche in der Deutschen Demokratischen Republik.

Vom 10. Juni 1969. (MBl 1/1971, S. 2)

Die Evangelische Landeskirche Anhalts, die Evangelische Kirche in Berlin-Brandenburg, die Evangelische Kirche des Görlitzer Kirchengebietes, die Evangelische Landeskirche Greifswald, die Evangelisch-Lutherische Landeskirche Mecklenburgs, die Evangelische Kirche der Kirchenprovinz Sachsen, die Evangelisch-Lutherische Kirche in Thüringen schließen sich ohne Aufgabe ihres rechtlichen Bestandes zu dem **Bund der Evangelischen Kirchen in der Deutschen Demokratischen Republik** zusammen. Für den Bund der evangelischen Kirchen in der Deutschen Demokratischen Republik gilt folgende Ordnung:

Grundbestimmungen

Artikel 1

(1) Ziel des Bundes der evangelischen Kirchen in der Deutschen Demokratischen Republik ist, die diesen Kirchen vorgegebene Gemeinschaft und ihre in der Konferenz der Evangelischen Kirchenleitungen in der Deutschen Demokratischen Republik geübte Zusammenarbeit zu vertiefen.
(2) Der Bund als ein Zusammenschluss von bekenntnisbestimmten und rechtlich selbständigen Gliedkirchen strebt an, in der Einheit und Gemeinsamkeit des christlichen Zeugnisses und Dienstes gemäß dem Auftrag des Herrn Jesus Christus zusammenzuwachsen.

[1149] Kieckbusch (1891-1987) hatte bereits 1933 die Verfassung der DEK für die Evangelisch-lutherische Landeskirche des Landesteils Lübeck im Freistaat Oldenburg mitunterzeichnet und amtierte als Eutiner Bischof noch auf der Kirchenkonferenz in Freiburg am 6.11.1975.

(3) Mit seinen Gliedkirchen bejaht der Bund die von der ersten Bekenntnissynode in Barmen getroffenen Entscheidungen. Er ruft die Gliedkirchen zum Hören auf das Zeugnis der Brüder. Er hilft ihnen zur gemeinsamen Abwehr kirchenzerstörender Irrlehre.

Artikel 2

(1) Der Dienst am Wort und die Verwaltung der Sakramente geschieht in den Gliedkirchen und Gemeinden nach der Ordnung ihres Bekenntnisses.
(2) Die berufenen Diener am Wort sind in allen Gliedkirchen im Rahmen der geltenden gliedkirchlichen Bestimmungen zum Dienst der Verkündigung zugelassen.
(3) Die ordnungsgemäß vollzogene Heilige Taufe wird in allen Gliedkirchen anerkannt. Die nach den Ordnungen der Gliedkirchen vollzogenen Amtshandlungen werden gegenseitig anerkannt. Die gliedkirchlichen Bestimmungen über das Dimissoriale bleiben unberührt.
(4) Es ist in allen Gliedkirchen festgelegt, dass evangelischen Christen, die einer der Gliedkirchen des Bundes angehören, der Zugang zum Heiligen Abendmahl offen steht. Die gliedkirchlichen Bestimmungen über die Kirchenzucht bleiben unberührt.

Artikel 3

(1) Der Bund nimmt seine Aufgaben nach innen und nach außen durch seine Organe wahr.
(2) Als ein Verband der in ihm zusammengeschlossenen Kirchen hat der Bund den gleichen Rechtsstatus wie seine Gliedkirchen.

Aufgaben

Artikel 4

(1) Der Bund verfolgt seine Ziele, indem er die Gemeinschaft der in ihm zusammengeschlossenen Gliedkirchen festigt, den Gliedkirchen bei der Erfüllung ihres Dienstes hilft und ein gemeinsames Handeln anstrebt.
(2) Der Bund nimmt die gemeinsamen Aufgaben der in ihm zusammengeschlossenen Gliedkirchen selbständig und unabhängig wahr.
(3) In der Verantwortung für den missionarischen und diakonischen Auftrag fördert der Bund die gesamtkirchlichen Werke und regelt ihre Zuordnung zum Bund.
(4) Der Bund bekennt sich zu der besonderen Gemeinschaft der ganzen evangelischen Christenheit in Deutschland.
In der Mitverantwortung für diese Gemeinschaft nimmt der Bund Aufgaben, die alle evangelischen Kirchen in der Deutschen Demokratischen Republik und in der Bundesrepublik Deutschland gemeinsam betreffen, in partnerschaftlicher Freiheit durch seine Organe wahr.
(5) Der Bund fördert und koordiniert die Mitarbeit der Gliedkirchen in der Ökumene.

Artikel 5

(1) Der Bund kann kirchengesetzliche Bestimmungen mit Wirkung für die Gliedkirchen erlassen
a) für Sachgebiete, die bereits gesamtkirchlich geregelt waren;
b) für andere Sachgebiete, welche alle Gliedkirchen dem Bund zur selbständigen Regelung übertragen;
c) für Sachgebiete, deren Regelung durch Initiative des Bundes oder einzelner Gliedkirchen gemäß Art. 6 angeregt wird.

(2) Der Bund kann den Gliedkirchen Anregungen für ihre Arbeit geben.

Artikel 6

Die Organe des Bundes oder einzelner Gliedkirchen können den Gliedkirchen Gesetzentwürfe mit der Anfrage zuleiten, ob sie der Regelung des Sachgebietes durch den Bund zustimmen. Mit Wirkung für die zustimmenden Gliedkirchen kann die Synode das Sachgebiet kirchengesetzlich regeln. Das Kirchengesetz kann nur für diejenigen Gliedkirchen in Kraft gesetzt werden, bei denen festgestellt wird, dass sie nicht widersprechen.

Artikel 7

Einzelne oder mehrere Gliedkirchen können mit Zustimmung der Konferenz dem Bund Aufgaben übertragen oder die Entscheidung über Fragen überlassen, für welche die Gliedkirchen zuständig sind.

Organe

Artikel 8

(1) Die Organe des Bundes sind
die Synode des Bundes der evangelischen Kirchen in der Deutschen Demokratischen Republik,
die Konferenz der Evangelischen Kirchenleitungen in der Deutschen Demokratischen Republik.

(2) Zur Beratung dieser Organe sind für bestimmte Sachgebiete Kommissionen zu bilden.

Artikel 9

(1) Die Synode nimmt teil an der Verantwortung dafür, dass der Bund die ihm übertragenen Aufgaben erfüllt. Sie erörtert Fragen, die sich aus dem gemeinsamen kirchlichen Auftrag ergeben und kann Richtlinien für die Arbeit des Bundes aufstellen.

(2) Die Synode beschließt Kirchengesetze nach Maßgabe des Artikels 12 Absatz 3.

(3) Die Synode wählt aus ihrer Mitte sieben Mitglieder der Konferenz gemäß Artikel 14 Absatz 1 Ziffer d.

(4) Die Synode beschließt, welche Kommissionen zu bilden oder aufzulösen sind.

Artikel 10

(1) Die Synode besteht aus
50 Mitgliedern, die von den Synoden der Gliedkirchen gewählt werden, und
10 Mitgliedern, die von der Konferenz berufen werden.
Für jeden Synodalen sind zwei Stellvertreter zu bestimmen. Von den gewählten und berufenen Synodalen soll nicht mehr als die Hälfte Theologen sein.

(2) Die Gliedkirchen wählen zur Synode Mitglieder in folgender Zahl

die Ev. Landeskirche Anhalts	2	Mitglieder
die Ev. Kirche in Berlin-Brandenburg	10	Mitglieder
die Ev. Kirche des Görlitzer Kirchengebietes	2	Mitglieder
die Ev. Landeskirche Greifswald	3	Mitglieder
die Ev.-Luth. Landeskirche Mecklenburgs	4	Mitglieder
die Ev. Kirche der Kirchenprovinz Sachsen	11	Mitglieder
die Ev.-Luth. Landeskirche Sachsens	12	Mitglieder
die Ev.-Luth. Kirche in Thüringen	6	Mitglieder

(3) Die Konferenz hat erforderlichenfalls durch zusätzliche Berufungen dafür Sorge zu tragen, dass der Synode mindestens zwei Mitglieder mit reformiertem Bekenntnis angehören.
(4) Die Mitglieder der Synode sind nicht an Weisungen gebunden.
(5) Die Mitglieder der Konferenz, die nicht der Synode angehören, nehmen an den Beratungen der Synode ohne Stimmrecht teil.

Artikel 11

(1) Die Amtsdauer der Synode beträgt 4 Jahre.
(2) Die Synode tritt in der Regel einmal im Jahr zusammen. Sie ist außerdem einzuberufen, wenn die Konferenz oder 15 Synodale es verlangen.

Artikel 12

(1) Die Synode wählt für ihre Amtsdauer ein Präsidium. Es besteht aus dem Präses, zwei Stellvertretern und zwei Beisitzern. Die Mitglieder des Präsidiums bleiben bis zur Wahl ihrer Nachfolger im Amt.
(2) Die Synode ist beschlussfähig, wenn zwei Drittel der Synodalen anwesend sind. Die Synode beschließt mit der Mehrheit der abgegebenen Stimmen. Sie gibt sich eine Geschäftsordnung.
(3) Kirchengesetze bedürfen zweimaliger Beratung und Beschlussfassung. Enthalten sie eine Änderung der Ordnung des Bundes, so bedürfen sie einer Mehrheit von zwei Dritteln der anwesenden Mitglieder.
(4) Gegen einen Beschluss der Synode kann die Konferenz nur während der Tagung der Synode Einspruch erheben. In diesem Falle hat die Synode über den Gegenstand in einer nicht am gleichen Tage stattfindenden Sitzung erneut zu beschließen. Erklären sich zwei Drittel der anwesenden Mitglieder der Synode für die Aufrechterhaltung des Beschlusses, so bleibt er bestehen.

Gegen Wahlen durch die Synode kann die Konferenz Einspruch nicht erheben.
(5) Kirchengesetze treten, wenn nichts anderes bestimmt ist, mit dem 14. Tage nach ihrer Verkündung durch den Präses der Synode in Kraft.

Artikel 13

(1) Die Konferenz der evangelischen Kirchenleitungen in der Deutschen Demokratischen Republik hat die Aufgabe, den Bund zu leiten. Sie kann der Synode Vorlagen oder Anregungen zustellen. Die Konferenz ist grundsätzlich für alle Aufgaben des Bundes zuständig, soweit sie nicht der Synode obliegen. Sie legt der Synode jährlich einen Bericht vor, zu dem diese Stellung nimmt.
(2) Gegenstände, die durch Kirchengesetz zu ordnen sind, können durch Verordnungen der Konferenz geregelt werden, wenn die Sache keinen Aufschub duldet und die Synode nicht versammelt ist. Artikel 6 gilt entsprechend. Verordnungen sind der Synode bei ihrem nächsten Zusammentritt zur Bestätigung vorzulegen. Die Synode kann sie ändern oder aufheben.
(3) Die Konferenz nimmt die personelle Besetzung der Kommissionen vor.
(4) Für besondere Aufgaben kann die Konferenz Ausschüsse bilden.

Artikel 14

(1) Die Konferenz besteht aus
- a) den leitenden Geistlichen der Gliedkirchen, die sich durch ein Mitglied ihrer Kirchenleitung vertreten lassen können;
- b) je einem weiteren Vertreter der Kirchenleitungen der Gliedkirchen;
- c) dem Präses der Synode, der sich durch einen seiner Stellvertreter vertreten lassen kann;
- d) sieben von der Synode aus ihrer Mitte für die Dauer der Legislaturperiode zu wählenden Mitgliedern;
- e) dem Leiter des Sekretariats des Bundes der evangelischen Kirchen in der Deutschen Demokratischen Republik mit beratender Stimme.

(2) Die Konferenz kann Berater hinzuziehen. Sie zieht als ständigen Berater einen Angehörigen des reformierten Bekenntnisses hinzu, sofern nicht bereits eines ihrer Mitglieder reformierten Bekenntnisses ist.
(3) Die Konferenz wählt aus ihrer Mitte für die Dauer der Legislaturperiode der Synode den Vorsitzenden, der in der Regel ein leitender Geistlicher sein soll, und zwei Stellvertreter. Wiederwahl ist zulässig.
(4) Die Konferenz tritt nach Bedarf, jedoch mindestens alle zwei Monate zusammen.
(5) Beschlüsse der Konferenz gelten nicht für die Kirchen, die innerhalb einer Frist von drei Wochen ausdrücklich widersprochen haben.

Artikel 15

(1) Der Vorsitzende, die zwei Stellvertreter des Vorsitzenden, der Präses der Synode und ein weiteres Mitglied, das von der Konferenz aus ihrer Mitte für die Dauer von vier Jahren zu wählen ist, bilden den Vorstand der Konferenz der Evangelischen Kirchenleitungen in der Deutschen

Demokratischen Republik. Der Leiter des Sekretariats nimmt an den Sitzungen des Vorstandes mit beratender Stimme teil.
(2) Der Vorstand nimmt die laufenden Aufgaben der Konferenz zwischen ihren Tagungen wahr. Er ist der Konferenz verantwortlich.

Bischofskonvent

Artikel 16

(1) Die leitenden Geistlichen kommen in einem Bischofskonvent zusammen. Der Bischofskonvent dient der brüderlichen Beratung, dem Austausch über Fragen des geistlichen Lebens und der Beratung über Fragen der öffentlichen Wahrnehmung der bischöflichen Verantwortung.
(2) Den Vorsitz im Bischofskonvent führt der Vorsitzende der Konferenz. Ist der Vorsitzende der Konferenz kein leitender Geistlicher, so bestimmt der Bischofskonvent seinen Vorsitzenden selbst.

Verwaltung und Vertretung

Artikel 17

(1) Die laufenden Verwaltungsaufgaben werden vom Sekretariat des Bundes der evangelischen Kirchen in der Deutschen Demokratischen Republik wahrgenommen. Das Sekretariat führt seine Aufgaben nach den Weisungen des Vorstandes durch.
(2) Der Leiter des Sekretariats und die Sekretäre der Kommissionen werden von der Konferenz ernannt.
(3) Weitere Referenten und Mitarbeiter des Sekretariats werden vom Vorstand berufen.
(4) Eine Geschäftsordnung für das Sekretariat wird von der Konferenz erlassen.

Artikel 18

(1) Die Einnahmen und Ausgaben des Bundes sind für ein Jahr oder für mehrere Jahre auf einen Haushaltsplan zu bringen. Ausgaben, die durch eigene Einnahmen nicht gedeckt sind, werden auf die Gliedkirchen umgelegt.
(2) Der Haushaltsplan sowie die Höhe und der Verteilungsmaßstab der Umlage werden durch Kirchengesetz geregelt. Das gleiche gilt für Anleihen und Sicherheitsleistungen, die nicht aus Mitteln des laufenden Rechnungsjahres gedeckt werden können.
(3) Über die Haushalts- und Kassenführung ist jährlich Rechnung zu legen. Die Rechnung wird von einem Ausschuss der Synode geprüft. Auf Grund seines Berichtes beschließt die Synode über die Entlastung.
(4) Die Konferenz kann zur Erfüllung bestimmter Aufgaben drei Kollekten jährlich ausschreiben, die in allen Gliedkirchen eingesammelt werden.

Artikel 19

Der Bund der evangelischen Kirchen in der Deutschen Demokratischen Republik wird in Rechtsangelegenheiten durch die Konferenz vertreten. Urkunden, welche ihn Dritten gegenüber verpflichten sollen, sind durch den Vorsitzenden der Konferenz und den Leiter des Sekretariats, oder deren Vertreter, unter Beidrückung des Siegels zu vollziehen.

Besondere und Übergangsbestimmungen

Artikel 20

Bekenntnisverwandte kirchliche Gemeinschaften in der Deutschen Demokratischen Republik können dem Bund durch Vereinbarung angegliedert werden, wenn alle Gliedkirchen zustimmen. Die Vereinbarung bedarf der Bestätigung durch Kirchengesetz.

Artikel 21

(1) Die erstmalige Berufung der gemäß Artikel 10 Absatz 1 zu berufenden Synodalen wird durch die derzeitige Konferenz der Evangelischen Kirchenleitungen in der Deutschen Demokratischen Republik vorgenommen.
(2) Die erstmalige Einberufung der Synode erfolgt auf Grund eines Beschlusses der derzeitigen Konferenz der Evangelischen Kirchenleitungen in der Deutschen Demokratischen Republik durch deren Vorsitzenden.

(Unterschriften)

Die vorstehende Ordnung ist von den Synoden aller beteiligten Kirchen beschlossen worden und tritt mit ihrer Unterzeichnung in Kraft. Sie wird vom Vorsitzenden der derzeitigen Konferenz der Evangelischen Kirchenleitungen in der Deutschen Demokratischen Republik verkündet.

Berlin, den 10. Juni 1969.

12. Entwurf einer Grundordnung der EKD.
Vom 7. November 1974. (SB Berlin-Spandau 1974, S. 109–135)

Grundartikel

(1) Grundlage der Evangelischen Kirche in Deutschland ist das Evangelium von Jesus Christus, wie es in der Heiligen Schrift Alten und Neuen Testaments gegeben ist. Dieses Evangelium ist die Richtschnur des Glaubens, der Lehre und des Lebens.
(2) Die Evangelische Kirche in Deutschland bekennt sich zu Jesus Christus als dem einen Herrn der einen, heiligen, allgemeinen, apostolischen Kirche, zu der er Menschen aus allen Ländern, Völkern und Rassen beruft.

I. Grundbestimmungen

Artikel 1

Die Evangelische Kirche in Deutschland umfasst lutherische, reformierte und unierte Kirchen (Gliedkirchen) mit ihren Kirchengemeinden und Kirchenmitgliedern. Zwischen den Gliedkirchen besteht Kirchengemeinschaft im Sinne der Konkordie reformatorischer Kirchen in Europa (Leuenberger Konkordie); sie schließt Kanzel- und Abendmahlsgemeinschaft ein.

Artikel 2

(1) Unter den Gliedkirchen der Evangelischen Kirche in Deutschland besteht Übereinstimmung über ein gemeinsames Verständnis des Evangeliums, wie es in der Leuenberger Konkordie seinen Ausdruck gefunden hat.
(2) Die Evangelische Kirche in Deutschland achtet die Bekenntnisgrundlagen der Gliedkirchen und Gemeinden und hilft dazu, dass sie ihr Bekenntnis in Lehre, Leben und Ordnung der Kirche wirksam werden lassen. Sie hält dazu an, auf das Glaubenszeugnis der Brüder zu hören. Die Bekenntnisse sind immer neu an der Heiligen Schrift zu prüfen.
(3) Die Evangelische Kirche in Deutschland bejaht mit ihren Gliedkirchen die von der Bekenntnissynode in Barmen getroffenen Entscheidungen über Wesen, Auftrag und Ordnung der Kirche.

Artikel 3

(1) Die Kirchengemeinschaft in der Evangelischen Kirche in Deutschland verwirklicht sich in gemeinsamer Ausrichtung von Zeugnis und Dienst.
(2) Die Evangelische Kirche in Deutschland hat die Aufgabe, das gemeinsame Verständnis des Evangeliums in theologischer Arbeit zu vertiefen und die Wahrheit des Evangeliums gegenüber Entstellungen abzugrenzen.
(3) Die Evangelische Kirche in Deutschland bejaht ihre Mitverantwortung für die besondere Gemeinschaft der ganzen evangelischen Christenheit in Deutschland.

Artikel 4

In der Evangelischen Kirche in Deutschland gilt für den Dienst der Verkündigung und der Sakramentsverwaltung:

1. Die in einer Gliedkirche ordnungsgemäß vollzogene Taufe wird in allen Gliedkirchen anerkannt;
2. es besteht Abendmahlsgemeinschaft;
3. die in einer Gliedkirche ordnungsgemäß vollzogene Ordination wird in allen Gliedkirchen anerkannt; Ordinierte sind in allen Gliedkirchen zum Dienst der Verkündigung, zur Vornahme von Taufen und Amtshandlungen zugelassen;
4. ordnungsgemäß vollzogene Amtshandlungen werden in allen Gliedkirchen anerkannt.

(2) Die gliedkirchlichen Ordnungen und Vereinbarungen zwischen den Gliedkirchen bleiben unberührt.

Artikel 5

(1) Innerhalb der Evangelischen Kirche in Deutschland wird die Kirchenmitgliedschaft durch die Taufe, durch evangelischen Bekenntnisstand (Zugehörigkeit zu einem in der Evangelischen Kirche in Deutschland geltenden Bekenntnis) und durch Wohnsitz in der Kirchengemeinde einer Gliedkirche begründet.

(2) Der getaufte evangelische Christ gehört durch seine Mitgliedschaft in einer Kirchengemeinde und Gliedkirche zugleich der Evangelischen Kirche in Deutschland an. Die sich daraus ergebenden Rechte und Pflichten gelten im Rahmen dieser Grundordnung und nach Maßgabe der gliedkirchlichen Ordnungen im Gesamtbereich der Evangelischen Kirche in Deutschland.

(3) Bei einem Wohnsitzwechsel in den Bereich einer anderen Gliedkirche setzt sich die Kirchenmitgliedschaft in der Gliedkirche des neuen Wohnsitzes fort. Unberührt bleibt das Recht des Zuziehenden, sich einer anderen im Bereich der Gliedkirche bestehenden evangelischen Kirche anzuschließen.

Artikel 6

(1) Die Evangelische Kirche in Deutschland ist um ihres Auftrags willen unabhängig in der Aufstellung ihrer Grundsätze, in der Ordnung und Verwaltung ihrer Angelegenheiten und in der Verleihung und Aberkennung ihrer Ämter.

(2) Die Evangelische Kirche in Deutschland ist nach staatlichem Recht Körperschaft des öffentlichen Rechts.

II. Die Evangelische Kirche in Deutschland und ihre Gliedkirchen

Artikel 7

Gliedkirchen der Evangelischen Kirche in Deutschland sind die Evangelische Landeskirche in Baden, die Evangelisch-Lutherische Kirche in Bayern, die Evangelische Kirche in Berlin-Brandenburg (Berlin West), die Evangelisch-lutherische Landeskirche in Braunschweig, die Bremische Evangelische Kirche, die Evangelisch-Lutherische Landeskirche Eutin, die Evangelisch-lutherische Kirche im Hamburgischen Staate, die Evangelisch-lutherische Landeskirche Hannovers, die Evangelische Kirche in Hessen und Nassau, die Evangelische Kirche von Kurhessen-Waldeck, die Lippische Landeskirche, die Evangelisch-lutherische Kirche in Lübeck, die Evangelisch-reformierte Kirche in Nordwestdeutschland, die Evangelisch-Lutherische Kirche in Oldenburg, die Vereinigte Protestantisch-Evangelisch-Christliche Kirche der Pfalz, die Evangelische Kirche im Rheinland, die Evangelisch-Lutherische Landeskirche Schaumburg-Lippe, die Evangelisch-Lutherische Landeskirche Schleswig-Holsteins, die Evangelische Kirche von Westfalen, die Evangelische Landeskirche in Württemberg.

Artikel 8

Die Gliedkirchen nehmen den Dienst der Kirche in ihrem Bereich nach ihren Ordnungen wahr. Sie sind in Gesetzgebung und Verwaltung selbständig, soweit sich aus dieser Grundordnung nichts anderes ergibt.

Artikel 9

Das Recht der Evangelischen Kirche in Deutschland geht dem Recht der Gliedkirchen vor. Das gesamtkirchliche Recht darf das Bekenntnis und die Verfassungsgrundsätze der Gliedkirchen nicht verletzen.

Artikel 10

Kirchlicher Dienst geschieht wie in den Gemeinden und Gliedkirchen so auch in den kirchlichen Werken, Verbänden und Einrichtungen. Diese tragen ungeachtet ihrer Rechtsform gemeinsam mit den Gliedkirchen Verantwortung für den Auftrag der Kirche. In dieser Einheit haben sie die zur Erfüllung ihrer besonderen Aufgaben notwendige Eigenverantwortung und Freiheit, die durch die kirchlichen Ordnungen gesichert und begrenzt werden.

Artikel 11

(1) Zusammen mit den Gliedkirchen wirkt die Evangelische Kirche in Deutschland auf eine ausgewogene Neugliederung hin, die den regionalen und bekenntnismäßigen Gliederungen Rechnung trägt.

(2) Die Neubildung, Auflösung und Neuabgrenzung von Gliedkirchen geschieht durch Vereinbarungen der Gliedkirchen im Benehmen mit der Evangelischen Kirche in Deutschland, die hierfür Empfehlungen geben kann.

Artikel 12

Andere Kirchen und kirchliche Gemeinschaften können sich der Evangelischen Kirche in Deutschland durch Vereinbarung anschließen. Die Vereinbarung bedarf der Bestätigung durch Kirchengesetz. Für die angeschlossenen Kirchen und Gemeinschaften sowie ihre Mitglieder gelten der Grundartikel und Artikel 1 bis 4 entsprechend.

Artikel 13

In der Evangelischen Kirche in Deutschland sollen Verhandlungen und das Geltendmachen von Rechten und Pflichten vom Geist der Brüderlichkeit bestimmt sein.

III. Aufgaben

Artikel 14

(1) Die Evangelische Kirche in Deutschland fördert die Gemeinschaft und die Zusammenarbeit der in ihr verbundenen Gliedkirchen. Sie wirkt dahin, dass die Gliedkirchen nach übereinstimmenden Grundsätzen verfahren.

(2) Die Evangelische Kirche in Deutschland und ihre Gliedkirchen unterstützen sich gegenseitig in der Erfüllung ihrer Aufgaben.

(3) Die Evangelische Kirche in Deutschland erstrebt ein einheitliches Handeln ihrer Gliedkirchen auf allen Gebieten des öffentlichen Lebens. Sie vertritt die gesamtkirchlichen Anliegen gegenüber Staat und Gesellschaft.

Artikel 15

(1) Die Evangelische Kirche in Deutschland nimmt Aufgaben wahr, die im Interesse der wirksamen Ausrichtung von Zeugnis und Dienst gesamtkirchliches Handeln erfordern und für die Gesamtheit der Gliedkirchen von besonderer Bedeutung sind.

(2) Daraus entstehen Gemeinschaftsaufgaben insbesondere auf folgenden Gebieten:

1. Zusammenarbeit in Fragen des Gottesdienstes, der Bibelübersetzung und Bibelverbreitung, der Seelsorge und der Beratungsdienste;
2. Förderung der theologischen Forschung und Lehre sowie anderer Wissenschaften in ihrer Bedeutung für das kirchliche Leben und für den Auftrag der Kirche in der Gesellschaft;
3. Hilfe an notleidenden Menschen und Gruppen, sowie Mitwirkung an der Behebung der Ursachen der Not;
4. Mitarbeit in der ökumenischen Gemeinschaft und Verantwortung für Mission, Diasporadienst und Auslandsarbeit;
5. Wahrnehmung von Aufgaben im Bildungs- und Erziehungswesen, in der Ausbildung und Weiterbildung für kirchliche Dienste und soziale Berufe sowie in der Jugend- und Erwachsenenbildung;
6. Förderung gesamtkirchlicher Einrichtungen und Initiativen auf dem Gebiet evangelischer Publizistik;
7. Mitarbeit an den gesellschaftlichen Aufgaben in der Arbeitswelt und im Freizeitbereich;
8. Mitverantwortung für Frieden und soziale Gerechtigkeit in der Welt.

Artikel 16

(1) Die Evangelische Kirche in Deutschland sorgt für die diakonische Ausrichtung der kirchlichen Arbeit. Sie fördert die in ihrem Bereich arbeitenden diakonischen und volksmissionarischen Einrichtungen und Werke. Sie unterstützt die Zusammenarbeit und gemeinsame Planung der gliedkirchlichen diakonischen Werke. Sie führt diakonische Maßnahmen im In- und Ausland durch, soweit ein unmittelbares gesamtkirchliches Handeln erforderlich ist.

(2) Die Evangelische Kirche in Deutschland nimmt ihre diakonischen Aufgaben unter Mitverantwortung ihrer Organe durch das Diakonische Werk wahr; es vertritt diese Aufgaben für die Evangelische Kirche in Deutschland gegenüber den Gliedkirchen und ihren Werken, Verbänden und Einrichtungen, den anderen Verbänden der freien Wohlfahrtspflege, dem Staat und der Öffentlichkeit und gegenüber ökumenischen Partnern.

(3) Das Nähere bestimmt die Ordnung des Diakonischen Werkes, die der Bestätigung durch Kirchengesetz bedarf. In der Ordnung sind die Selbständigkeit des Werkes, die Mitwirkung der Organe der Evangelischen Kirche in Deutschland und die partnerschaftliche Mitarbeit der Freikirchen und Gemeinschaften zu gewährleisten. Die Übernahme neuer Arbeitsbereiche bedarf der Zustimmung der Evangelischen Kirche in Deutschland.

Artikel 17

(1) Die Evangelische Kirche in Deutschland sorgt für die missionarische Ausrichtung der kirchlichen Arbeit. Sie fördert die Zuordnung von Kirche und Mission in ihrem Bereich sowie die Zusammenarbeit der regionalen Missionszentren und Missionsgesellschaften.

(2) Eine gesamtkirchliche Ordnung der Missionsarbeit bedarf der Bestätigung durch Kirchengesetz. Sie muss die Selbständigkeit der Arbeit gewährleisten, die Mitwirkung der Organe der Evangelischen Kirche in Deutschland regeln und offen sein für eine partnerschaftliche Mitarbeit von Freikirchen und Gemeinschaften.

Artikel 18

(1) Die Evangelische Kirche in Deutschland verwirklicht ihre Mitarbeit in der Ökumene insbesondere durch ihre Mitgliedschaft im Ökumenischen Rat der Kirchen, in der Konferenz Europäischer Kirchen und in der Arbeitsgemeinschaft christlicher Kirchen in der Bundesrepublik Deutschland und Berlin (West); sie hält Verbindung mit den konfessionellen Weltbünden und anderen ökumenischen Organisationen sowie mit einzelnen Kirchen des In- und Auslandes. Die selbständige Vertretung und Mitarbeit von Gliedkirchen in ökumenischen Vereinigungen bleibt unberührt. Sie sollen dabei Fühlung mit den zuständigen Organen der Evangelischen Kirche in Deutschland halten. Gemeinsam mit den Gliedkirchen und den kirchlichen Werken, Verbänden und Einrichtungen hat die Evangelische Kirche in Deutschland die Aufgabe, das ökumenische Bewusstsein und die ökumenische Verantwortung in den Gemeinden zu stärken.

(2) Die Auslandsarbeit der Evangelischen Kirche in Deutschland umfasst insbesondere die partnerschaftliche Zusammenarbeit mit den evangelischen Kirchengemeinschaften und Gemeinden deutscher Herkunft sowie den in Gemeinschaft mit einheimischen Kirchen geschehenden Dienst an evangelischen Christen deutscher Sprache außerhalb Deutschlands.

Artikel 19

(1) Die Evangelische Kirche in Deutschland kann Werke, Verbände und Einrichtungen, die Aufgaben von gesamtkirchlicher Bedeutung wahrnehmen, als Werke, Verbände und Einrichtungen der Evangelischen Kirche Deutschland anerkennen; sie kann ihnen Aufgaben von gesamtkirchlicher Bedeutung übertragen. Die sich hieraus ergebenden Recht und Pflichten werden in Vereinbarungen geregelt, die der Bestätigung durch die Synode bedürfen. Hierbei sind nähere Bestimmungen zu treffen über

1. die Selbständigkeit der Werke, Verbände und Einrichtungen in der Wahrnehmung ihrer Aufgaben,
2. die Mitwirkung der Organe der Evangelischen Kirche in Deutschland und ihre finanzielle Beteiligung,
3. die Möglichkeit partnerschaftlicher Mitarbeit von Freikirchen und Gemeinschaften.

Eine Regelung durch Kirchengesetz bleibt vorbehalten.

(2) Berührt eine Regelung nach Absatz 1 Ordnungen der Gliedkirchen oder ihrer Werke, Verbände und Einrichtungen, so bedarf sie der Zustimmung der Kirchenkonferenz.

(3) Beabsichtigen anerkannte Werke, Verbände und Einrichtungen sich zusammenzuschließen, so ist die Evangelische Kirche in Deutschland an den Verhandlungen zu beteiligen.

Artikel 20

In Erfüllung ihrer Aufgaben kann die Evangelische Kirche in Deutschland durch die Synode oder den Rat öffentliche Erklärungen abgeben.

Artikel 21

Der Rat oder die Synode kann für Arbeiten und Ordnungen der Gliedkirchen und kirchlichen Werke, Verbände und Einrichtungen Empfehlungen geben oder Muster-Entwürfe aufstellen.

Artikel 22

Der Rat oder die Synode kann im Einvernehmen mit der Kirchenkonferenz Grundsätze aufstellen, die von den Gliedkirchen in Gesetzgebung und Verwaltung beachtet werden sollen (Richtlinien).

Artikel 23

(1) Besteht ein Bedürfnis für eine kirchengesetzliche Regelung durch die Evangelische Kirche in Deutschland, so kann diese durch Kirchengesetz Rahmenbestimmungen mit Wirkung für die Gliedkirchen erlassen für

1. das kirchliche Mitgliedschaftsrecht,
2. Aufbau und Gliederung kirchlicher Hochschulen und Forschungsstätten,
3. die Grundsätze für die Aus- und Fortbildung sowie das Prüfungswesen,
4. die Rechtsverhältnisse der kirchlichen Mitarbeiter,
5. die Besoldung, Vergütung und Versorgung der kirchlichen Mitarbeiter,
6. das kirchliche Abgabenrecht und die Finanzstatistik,
7. das allgemeine Haushaltsrecht und das Rechnungsprüfungswesen,
8. die Zuordnung von kirchlichen Werken, Verbänden und Einrichtungen zu den Gliedkirchen.

(2) Das gleiche gilt für andere Sachgebiete, wenn die Voraussetzungen des Artikel 15 Abs. 1 vorliegen und die Synode auf Antrag oder mit Zustimmung der Kirchenkonferenz eine rahmengesetzliche Regelung des Sachgebietes beschließt. Die Beschlüsse der Synode und der Kirchenkonferenz bedürfen einer Mehrheit von zwei Dritteln der gesetzlichen Mitgliederzahl.

Artikel 24

(1) Die Evangelische Kirche in Deutschland kann über rahmengesetzliche Bestimmungen hinaus Kirchengesetze mit Wirkung für die Gliedkirchen erlassen

1. soweit ein Sachgebiet bereits durch Kirchengesetz der Evangelischen Kirche in Deutschland einheitlich geregelt ist oder
2. soweit sich Gliedkirchen mit einer Regelung durch die Evangelische Kirche in Deutschland einverstanden erklärt haben.

(2) Die Evangelische Kirche in Deutschland kann durch Kirchengesetz gesamtkirchliche Statistiken, insbesondere Finanzstatistiken anordnen.
(3) Die Evangelische Kirche in Deutschland regelt ihre eigenen Angelegenheiten im Wege der Gesetzgebung, wenn diese wegen ihrer Bedeutung einer kirchengesetzlichen Regelung bedürfen.

Artikel 25

(1) Die Evangelische Kirche in Deutschland kann für die Wahrnehmung von Gemeinschaftsaufgaben Pläne aufstellen.
(2) In der Planungsarbeit wirken die Evangelische Kirche in Deutschland und ihre Gliedkirchen zusammen. Die Gliedkirchen zeigen ihre Planungsarbeit auf diesen Sachgebieten an. Die Evangelische Kirche in Deutschland hat das Recht, sich jederzeit beratend zu beteiligen. Nimmt sie eine neue Planung in Angriff, so zeigt sie dies den Gliedkirchen an.
(3) Im Interesse gemeinsamen Handelns sollen Gliedkirchen bestimmte Entscheidungen im Einzelfall zurückstellen, soweit und solange es der Rat mit Zustimmung der Kirchenkonferenz mit Rücksicht auf Planungsvorhaben der Evangelischen Kirche in Deutschland für erforderlich hält.
(4) Die Kirchenkonferenz kann mit einer Mehrheit von zwei Dritteln der anwesenden Mitglieder beschließen, dass die Evangelische Kirche in Deutschland verbindliche Rahmenpläne für bestimmte Sachgebiete aufstellen kann. Diese werden nach den für Kirchengesetze geltenden Vorschriften beschlossen und in Kraft gesetzt. Sie müssen allgemeine Grundsätze für ihre Erfüllung und Vorschläge für die Aufbringung der Mittel enthalten.

Artikel 26

(1) Beabsichtigen Gliedkirchen zur einheitlichen Fortentwicklung ihres Rechts Vereinbarungen zu treffen, so sollen sie dem Rat Gelegenheit geben, beratend mitzuwirken.
(2) Vereinbarungen, die alle Gliedkirchen betreffen, bedürfen der Zustimmung des Rates und werden von ihm in Kraft gesetzt.

Artikel 27

(1) Die Gliedkirchen sind verpflichtet, der Evangelischen Kirche in Deutschland die zur Wahrnehmung ihrer Aufgaben erforderlichen Auskünfte zu erteilen und auf Verlangen Stellungnahmen abzugeben.
(2) Die Gliedkirchen teilen der Evangelischen Kirche in Deutschland die Sachgebiete mit, für die sie eine kirchengesetzliche Regelung beabsichtigen. Entwürfe zu Kirchengesetzen für Gegenstände nach Artikel 23 legen die Gliedkirchen dem Rat spätestens mit der Vorlage des Entwurfs an die rechtsetzende Körperschaft vor. Der Rat kann zu dem Gesetzesentwurf Stellung nehmen. Seine Stellungnahme ist nach Möglichkeit zum Gegenstand der Beratung der rechtsetzenden Körperschaft zu machen.

Artikel 28

Die Gliedkirchen sollen vor der Bestellung des Vorsitzenden ihrer Kirchenleitung mit dem Rat Fühlung nehmen.

Artikel 29

(1) Die Evangelische Kirche in Deutschland kann zur Erfüllung ihrer Aufgaben die Hilfe der Gliedkirchen nach näherer Absprache in Anspruch nehmen. Sie kann ihnen die Erfüllung einzelner Aufgaben übertragen.
(2) Gliedkirchen können der Evangelischen Kirche in Deutschland mit Zustimmung des Rates Aufgaben oder Entscheidungen übertragen, für die sie zuständig sind.

IV. Gliedkirchliche Vereinbarungen

Artikel 30

(1) Gliedkirchen können sich im Benehmen mit der Evangelischen Kirche in Deutschland ohne Aufgabe ihres rechtlichen Bestandes zur Wahrnehmung gemeinsamer Aufgaben zu Vereinigungen zusammenschließen, wenn gewährleistet ist, dass die Rechte und Pflichten der Gliedkirchen nach dieser Grundordnung den Rechten und Pflichten aus der Vereinbarung über den Zusammenschluss vorgehen.
(2) Bei der Wahrnehmung der ihnen übertragenen Aufgaben haben die Vereinigungen im Verhältnis zur Evangelischen Kirche in Deutschland die Rechte und Pflichten von Gliedkirchen. Das Nähere kann durch Vereinbarungen zwischen der Evangelischen Kirche in Deutschland und den Vereinigungen geregelt werden.

Artikel 31

(1) Die Evangelischen Kirche der Union (Bereich Bundesrepublik Deutschland und Berlin West) und die Vereinigte Evangelisch-Lutherische Kirche Deutschlands nehmen nach Maßgabe dieser Grundordnung und besonderer Vereinbarungen an der Erfüllung von Aufgaben der Evangelischen Kirche in Deutschland teil.
(2) Beabsichtigt die Evangelische Kirche in Deutschland, rechtliche Regelungen mit Wirkung für die Gliedkirchen auf Sachgebieten zu treffen, die durch Recht der Evangelischen Kirche der Union oder der Vereinigten Evangelisch-Lutherischen Kirche Deutschlands geordnet sind, so holt sie zunächst deren Stellungnahme ein.
(3) Artikel 30 Abs. 2 ist anzuwenden.

V. Organe

Artikel 32

Organe der Evangelischen Kirche in Deutschland sind die Synode, die Kirchenkonferenz und der Rat. Sie leiten die Evangelische Kirche in Deutschland in gemeinsamer Verantwortung und nehmen ihre Leitungsbefugnis nach Maßgabe der folgenden Bestimmungen wahr.

Artikel 33

(1) Die Synode hat die Aufgabe, die Angelegenheiten der Evangelischen Kirche in Deutschland zu beraten und nach Maßgabe dieser Grundordnung über sie zu beschließen. Sie erörtert den Rechenschaftsbericht des Rates und den Arbeitsbericht der Kirchenkonferenz. Sie kann jederzeit über die Tätigkeit des Rates Auskunft verlangen, ihm für seine Arbeit allgemeine Richtlinien geben und in besonderen Fällen Aufträge erteilen. Die Synode kann ihr Wort an die Gemeinden richten und öffentliche Erklärungen abgeben.

(2) Der Synode sind folgende Aufgaben vorbehalten:

1. Sie beschließt Kirchengesetze und verbindliche Rahmenpläne;
2. sie bestätigt Verordnungen des Rates (Artikel 55 Abs. 3);
3. sie beschließt über den Haushalt durch Kirchengesetz und erteilt für die Jahresrechnung Entlastung;
4. sie schreibt Kollekten aus;
5. sie wählt zusammen mit der Kirchenkonferenz den Rat;
6. sie bestätigt die Vereinbarungen mit kirchlichen Werken, Verbänden und Einrichtungen.

Artikel 34

(1) Die Synode hat 125 Mitglieder. 100 Synodale werden von den Synoden der Gliedkirchen gewählt, 25 Synodale vom Rat berufen.

(2) Für die Zahl der von den Synoden der Gliedkirchen zu wählenden Synodalen sind Stellvertreter zu wählen, die nach einer von der Synode der Gliedkirche festzulegenden Ordnung eintreten. Für jeden berufenen Synodalen sind zwei Stellvertreter zu berufen.

(3) Die Synodalen werden auf ihr Amt verpflichtet. Sie sind an Weisungen nicht gebunden.

(4) Die Aufteilung der Zahl der zu wählenden Synodalen auf die Gliedkirchen wird durch Kirchengesetz geregelt. Dabei ist die Zahl der Kirchenmitglieder zu berücksichtigen.

Artikel 35

(1) Von den in einer Gliedkirche zu wählenden Synodalen soll wenigstens die Hälfte nicht hauptamtlich im kirchlichen Dienst stehen.

(2) Von den zu berufenen Synodalen und ihren Stellvertretern sind je zehn aus dem Bereich der kirchlichen Werke, Verbände und Einrichtungen zu berufen; diese können Vorschläge machen.

Artikel 36

(1) Das Amt eines Synodalen erlischt durch Beendigung der Kirchenmitgliedschaft, bei gewählten Synodalen auch durch Wohnsitzwechsel in den Bereich einer anderen Gliedkirche.

(2) Das synodale Amt eines gewählten Mitgliedes des Rates ruht für die Dauer seiner Zugehörigkeit zum Rat. Während dieser Zeit nimmt der Vertreter das synodale Amt wahr.

Artikel 37

Die Mitglieder des Rates und der Kirchenkonferenz sowie je ein Vertreter der Evangelischen Kirche der Union (Bereich Bundesrepublik Deutschland und Berlin West), der Vereinigten Evangelisch-Lutherischen Kirche Deutschlands und des Reformierten Bundes nehmen an den Beratungen der Synode ohne Stimmrecht teil. Das Präsidium kann auch andere Personen als Berater ohne Stimmrecht einladen. Das Nähere regelt die Geschäftsordnung der Synode.

Artikel 38

(1) Die Synode wird für sechs Jahre gebildet. Sie ist innerhalb von vier Monaten nach der Neubildung zu ihrer ersten Tagung einzuberufen. Sie bleibt so lange im Amt, bis die neugebildete Synode zu ihrer ersten Tagung zusammentritt.
(2) Die Synode tritt in der Regel einmal im Jahr zu einer ordentlichen Tagung zusammen. Sie ist außerdem einzuberufen, wenn der Rat, die Kirchenkonferenz oder 30 Synodale es verlangen.

Artikel 39

(1) Die Synode wählt für ihre Amtsdauer aus der Zahl ihrer ordentlichen Mitglieder ein Präsidium, das aus dem Präses, zwei Stellvertretern und aus Beisitzern besteht. Die Mitglieder des Präsidiums bleiben nach Neubildung der Synode bis zur Wahl ihrer Nachfolger im Amt. Die Mitgliedschaft im Präsidium endet, wenn das synodale Amt endet oder ruht. Das Präsidium bereitet die Synodaltagungen vor und kann dazu Ausschüsse bilden. Der Präses beruft die Synode ein und leitet sie.
(2) Die Synode bildet aus ihrer Mitte Ausschüsse. Sie haben die Aufgabe, Beschlüsse der Synode in den von ihr bestimmten Angelegenheiten vorzubereiten. Die Mitglieder und Beauftragten des Rates und die Mitglieder der Kirchenkonferenz können an den Sitzungen der Ausschüsse ohne Stimmrecht teilnehmen, soweit nicht der Ausschuss im Einzelfall anders beschließt.
(3) Die Synode gibt sich eine Geschäftsordnung.

Artikel 40

Die Synode ist beschlussfähig, wenn zwei Drittel der Synodalen anwesend sind. Sie fasst ihre Beschlüsse mit der Mehrheit der abgegebenen Stimmen, soweit in der Grundordnung nichts anderes bestimmt ist.

Artikel 41

(1) Werden in der Synode gegen eine Vorlage Bedenken erhoben mit der Begründung, dass sie dem lutherischen, dem reformierten oder einem unierten Bekenntnis widerspreche, und können die Bedenken durch eine Aussprache in der Synode nicht behoben werden, so versammeln sich die Angehörigen des Bekenntnisses zu einem Konvent.
(2) Die Zugehörigkeit der Synodalen zu einem Konvent richtet sich nach dem Bekenntnisstand der Gliedkirchen, denen sie angehören. Unierte Gliedkirchen können bestimmen, ob die von

ihnen entsandten Synodalen dem unierten oder demjenigen Konvent beitreten sollen, der ihrem persönlichen Bekenntnisstand entspricht.
(3) Bestätigt der Konvent die Bedenken und können sie auch bei nochmaliger Beratung der Synode nicht behoben werden, so kann die Synode in dieser Frage nicht gegen die Stellungnahme des Konvents entscheiden.

Artikel 42

Erhebt der Rat gegen einen Beschluss der Synode innerhalb von 24 Stunden beim Präses der Synode Einwendungen, so hat die Synode erneut zu beschließen. Erklären sich zwei Drittel der anwesenden Synodalen für die Aufrechterhaltung des Beschlusses, so bleibt er bestehen. Gegen vollzogene Wahlen und gegen beschlossene Kirchengesetze sowie Rahmenpläne kann der Rat Einwendungen nicht erheben.

Artikel 43

Die Kirchenkonferenz hat die Aufgabe, über die Arbeit der Evangelischen Kirche in Deutschland und die gemeinsamen Anliegen der Gliedkirchen zu beraten und Vorlagen an die Synode und den Rat zu beschließen. Gemeinsam mit Synode und Rat bemüht sie sich um übereinstimmendes Handeln der Gliedkirchen in grundsätzlichen Fragen, um die Angleichung gliedkirchlichen Rechts und um gemeinsame Planung.

Artikel 44

(1) Die Kirchenkonferenz wird von den Gliedkirchen gebildet. Die Kirchenleitungen der Gliedkirchen benennen die Mitglieder der Kirchenkonferenz und regeln ihre Vertretung. Sie können sie jederzeit abberufen. Die Mitglieder der Kirchenkonferenz und ihre Vertreter dürfen weder dem Rat noch der Synode angehören; Artikel 47 Abs. 2 Nr. 2 bleibt unberührt.
(2) Jede Gliedkirche entsendet ein Mitglied in die Kirchenkonferenz; Gliedkirchen mit mehr als 2 Millionen Kirchenmitgliedern entsenden zwei Mitglieder, die sich bei der Ausübung des Stimmrechts vertreten können.
(3) Jedes Mitglied der Kirchenkonferenz hat eine Stimme; in den Fällen der Artikel 23 Abs. 2, 47 Abs. 2 Nr. 3 und 48 Abs. 2 ist von zwei Mitgliedern einer Gliedkirche nur ein Mitglied stimmberechtigt. In den Fällen der Artikel 45 Abs. 3, 47 Abs. 2 Nr. 3 und 48 Abs. 2 sind die Mitglieder der Kirchenkonferenz an Weisungen ihrer Kirchenleitungen nicht gebunden.
(4) Ohne Stimmrecht nehmen an den Sitzungen der Kirchenkonferenz ein Vertreter der Evangelischen Kirche der Union (Bereich Bundesrepublik Deutschland und Berlin West), der Vereinigten Evangelisch-Lutherischen Kirche Deutschlands und des Reformierten Bundes teil.
(5) Der Präsident des Kirchenamtes und der Präsident des Diakonischen Werkes nehmen an den Sitzungen der Kirchenkonferenz ohne Stimmrecht teil. Mitglieder des Rates sowie je ein Vertreter der der Evangelischen Kirche in Deutschland angeschlossenen Kirchen und kirchlichen Gemeinschaften können an den Sitzungen der Kirchenkonferenz ohne Stimmrecht teilnehmen. Die Kirchenkonferenz kann Synodale oder Berater zu ihren Sitzungen hinzuziehen.

Artikel 45

(1) Die Kirchenkonferenz wählt für die Dauer von drei Jahren einen Vorsitzenden und zwei Stellvertreter. Sie tritt auf Einladung des Vorsitzenden zusammen. Auf Verlangen von drei Gliedkirchen oder des Rates muss sie einberufen werden.

(2) Die Kirchenkonferenz ist beschlussfähig, wenn zwei Drittel der Gliedkirchen vertreten sind. Sie fasst ihre Beschlüsse mit der Mehrheit der abgegebenen Stimmen, soweit in der Grundordnung nichts anderes bestimmt ist.

(3) Artikel 41 gilt für die Kirchenkonferenz entsprechend.

(4) Die Kirchenkonferenz gibt sich eine Geschäftsordnung.

Artikel 46

(1) Der Rat leitet die Evangelische Kirche in Deutschland in allen Angelegenheiten, die nicht anderen Organen vorbehalten sind. Er sorgt für die Wahrnehmung der Gemeinschaftsaufgaben und wirkt darauf hin, dass die Gliedkirchen und kirchlichen Werke, Verbände und Einrichtungen in allen Bereichen zusammenarbeiten. Er erörtert Entwicklungen des kirchlichen und öffentlichen Lebens und nimmt dazu Stellung. Er fördert die Zusammenarbeit der Evangelischen Kirche in Deutschland mit anderen Kirchen. Er vertritt die Evangelische Kirche in Deutschland nach außen.

(2) Der Rat hat insbesondere folgende Aufgaben:

1. Er erlässt Verordnungen aufgrund kirchengesetzlicher Ermächtigung und Richtlinien;
2. er trifft Bestimmungen über die allgemeine Organisation der Verwaltung im Rahmen der Grundordnung mit Zustimmung der Kirchenkonferenz;
3. er beruft die Mitglieder des Kollegiums des Kirchenamtes;
4. er führt die Aufsicht über das Kirchenamt;
5. er kann ein Wort an die Gemeinden richten und öffentliche Erklärungen abgeben, wenn die Synode nicht versammelt ist.

(3) Der Rat gibt der Synode auf jeder Tagung einen Rechenschaftsbericht.

(4) Der Rat kann für die Vertretung der Evangelischen Kirche in Deutschland nach außen Bevollmächtigte oder zur Wahrnehmung bestimmter Aufgaben Beauftragte berufen. Diese vertreten die Evangelische Kirche in Deutschland namens des Rates aufgrund der ihnen erteilten Vollmacht und nach Maßgabe besonderer Weisungen. Sie unterstehen der unmittelbaren Dienstaufsicht des Rates.

Artikel 47

(1) Der Rat besteht aus 15 Mitgliedern.

(2) Dem Rat gehören an

1. der Präses der Synode,
2. der Vorsitzende der Kirchenkonferenz,
3. 13 Mitglieder, die von der Synode und der Kirchenkonferenz gemeinsam in geheimer Abstimmung mit einer Mehrheit von zwei Dritteln der anwesenden Mitglieder gewählt

werden. Zur Vorbereitung der Wahl wird von der Synode und der Kirchenkonferenz gemeinsam ein Ausschuss gebildet. Das Nähere regelt die Geschäftsordnung der Synode.
(3) Bei der Wahl der Mitglieder des Rates soll die bekenntnismäßige und regionale Gliederung der Evangelischen Kirche in Deutschland berücksichtigt werden. Von den Ratsmitgliedern soll mindestens ein Drittel nicht hauptamtlich im kirchlichen Dienst stehen.
(4) Der Präsident des Kirchenamtes und der Präsident des Diakonischen Werkes nehmen an den Sitzungen des Rates ohne Stimmrecht teil, soweit der Rat im Einzelfall nichts anderes beschließt.

Artikel 48

(1) Die Amtsdauer des Rates beträgt sechs Jahre. Der Rat wird im zweiten Jahr nach Beginn der Amtsdauer der Synode gewählt. Nach dem Ausscheiden eines Mitgliedes erfolgt Nachwahl nach Artikel 47 Abs. 2 Nr. 3. Gewählte Mitglieder des Rates, die das 70. Lebensjahr vollendet haben, scheiden aus dem Rat zu dem Zeitpunkt aus, zu dem die Synode zu ihrer nächsten Tagung zusammentritt. Der Rat bleibt bis zur Übernahme der Geschäfte durch den neugebildeten Rat im Amt. Dieser tritt sein Amt an, wenn ihm mindestens zwölf Mitglieder angehören.
(2) Der Vorsitzende des Rates und sein Stellvertreter werden in getrennten Wahlgängen gemeinsam von der Synode und der Kirchenkonferenz aus der Mitte der gewählten Ratsmitglieder mit einer Mehrheit von zwei Dritteln der anwesenden Mitglieder gewählt. Der Rat kann Vorschläge machen.

Artikel 49

(1) Der Rat ist beschlussfähig, wenn wenigstens acht Mitglieder anwesend sind. Er entscheidet mit der Mehrheit der abgegebenen Stimmen. Bei dem Erlass von Verordnungen (Artikel 46 Abs. 2 Nr. 1) und bei der Abgabe von öffentlichen Erklärungen (Art. 46 Abs. 2 Nr. 5) bedarf ein Beschluss der Zustimmung von acht Mitgliedern des Rates.
(2) Der Rat kann Ausschüssen, die er aus seiner Mitte bildet, oder dem Kirchenamt die Erledigung bestimmter Aufgaben übertragen, soweit diese nicht in Art. 46 Abs. 2 bis 4 genannt sind.
(3) Der Rat gibt sich eine Geschäftsordnung.

Artikel 50

Zur Beratung der Organe und der Gliedkirchen der Evangelischen Kirche in Deutschland sowie des Kirchenamtes können Kammern und Kommissionen gebildet werden. Im Benehmen mit dem Präses der Synode und dem Vorsitzenden der Kirchenkonferenz beruft der Rat die Mitglieder der Kammern und Kommissionen und bestimmt ihre Aufgaben. Er beschließt über die Auswertung der Arbeitsergebnisse und sorgt dafür, dass die übrigen Organe und die Gliedkirchen der Evangelischen Kirche in Deutschland über die Arbeit regelmäßig unterrichtet werden.

VI. Rechtsetzung

Artikel 51

(1) Kirchengesetze werden von der Synode beschlossen und bedürfen einer zweimaligen Beratung und Abstimmung.

(2) Vorlagen zu Kirchengesetzen können vom Rat, der Kirchenkonferenz oder aus der Mitte der Synode eingebracht werden. Sie sind mit einer Begründung zu versehen. Vorlagen des Rates sind der Kirchenkonferenz, Vorlagen der Kirchenkonferenz dem Rat zur Stellungnahme zuzuleiten. Sie werden mit den Stellungnahmen vom Rat der Synode vorgelegt. Artikel 62 Abs. 3 bleibt unberührt. Vorlagen aus der Mitte der Synode bedürfen der Unterstützung von mindestens 20 Synodalen. Vor ihrer Beratung in der Synode ist dem Rat und der Kirchenkonferenz Gelegenheit zur Stellungnahme zu geben.

(3) Kirchengesetze, welche die Grundordnung ändern, bedürfen bei der zweiten Abstimmung einer Mehrheit von zwei Dritteln der gesetzlichen Mitgliederzahl. Das gleiche gilt für Kirchengesetze nach Artikel 23 Abs. 1 Nr. 1, Artikel 34 Abs. 4 und Artikel 68. Die beiden Lesungen müssen an zwei verschiedenen Tagen erfolgen.

Artikel 52

(1) Die in dem Grundartikel und in den Abschnitten I und II dieser Grundordnung niedergelegten Grundsätze können nur mit Zustimmung aller Gliedkirchen geändert werden.

(2) Änderungen der Grundsätze über die Zuständigkeit der Evangelischen Kirche in Deutschland auf dem Gebiet der Rechtsetzung und der Finanzverfassung bedürfen der Zustimmung aller Gliedkirchen.

(3) Bei der erstmaligen Verabschiedung der in den Artikel 59 Abs. 1 und 60 vorgesehenen Kirchengesetze sowie bei Änderungen der in diesen Kirchengesetzen niedergelegten Grundsätze ist die einstimmige Zustimmung der Kirchenkonferenz erforderlich. Änderungen, die nicht die Grundsätze betreffen, bedürfen der Zustimmung der Kirchenkonferenz mit einer Mehrheit von drei Vierteln ihrer gesetzlichen Mitgliederzahl.

Artikel 53

(1) Ein von der Synode beschlossenes Kirchengesetz kommt zustande, wenn die Kirchenkonferenz zustimmt. Genügt zur Beschlussfassung der Kirchenkonferenz die Mehrheit der abgegebenen Stimmen, so gilt die Zustimmung als erteilt, wenn die Kirchenkonferenz innerhalb einer Frist von zwei Monaten zu einem von der Synode beschlossenen Kirchengesetz nicht Stellung nimmt. Die Frist beginnt mit der Annahme des Kirchengesetzes durch die Synode.

(2) Versagt die Kirchenkonferenz ihre Zustimmung, ruft der Präses der Synode den Vermittlungsausschuss an, der je zur Hälfte aus Mitgliedern der Synode und der Kirchenkonferenz besteht. Die Mitglieder des Vermittlungsausschusses sind an Weisungen nicht gebunden. Die Zusammensetzung und das Verfahren des Vermittlungsausschusses regelt eine Geschäftsordnung, die von der Synode beschlossen wird und der Zustimmung der Kirchenkonferenz bedarf. Schlägt der Vermittlungsausschuss eine Änderung des Kirchengesetzes vor, ist es erneut der Synode zur

Beschlussfassung und der Kirchenkonferenz zur Zustimmung vorzulegen. Schlägt der Vermittlungsausschuss vor, das Kirchengesetz unverändert anzunehmen, ist es erneut der Kirchenkonferenz zur Zustimmung vorzulegen; die Zustimmung gilt als erteilt, wenn die Kirchenkonferenz dem Kirchengesetz nicht innerhalb von drei Monaten nach Vorlage mit einer Mehrheit von zwei Dritteln ihrer gesetzlichen Mitgliederzahl widerspricht. Satz 5 letzter Halbsatz ist bei Kirchengesetzen nach Artikel 59 Abs. 1 und Artikel 60 nicht anzuwenden.

(3) Ist für die Beschlussfassung in der Synode eine Mehrheit von zwei Dritteln erforderlich, so bedarf das Kirchengesetz der Zustimmung der Kirchenkonferenz mit gleicher Mehrheit. Versagt die Kirchenkonferenz ihre Zustimmung, so ist der Vermittlungsausschuss entsprechend Abs. 2 anzurufen. Der Vorschlag des Vermittlungsausschusses bedarf der Zustimmung von Synode und Kirchenkonferenz mit der für das Kirchengesetz erforderlichen Mehrheit.

(4) Kirchengesetze werden vom Präses der Synode ausgefertigt. Sie sind im Amtsblatt der Evangelischen Kirche in Deutschland zu verkünden und treten, wenn nichts anderes bestimmt ist, mit dem 14. Tage nach Ablauf des Tages in Kraft, an dem das Amtsblatt ausgegeben worden ist.

Artikel 54

(1) Hält eine Gliedkirche ein Kirchengesetz für nicht vereinbar mit einem ihrer Verfassungsgrundsätze (Artikel 9) und ruft sie den Rechtshof der Evangelischen Kirche in Deutschland nach Artikel 69 nicht an, so kann sie dies dem Rat unter Angabe des Verfassungsgrundsatzes innerhalb von sechs Monaten nach Verkündung des Kirchengesetzes mitteilen. Die Mitteilung hat die Wirkung, dass das Kirchengesetz im Bereich dieser Gliedkirche vorläufig nicht angewendet wird.

(2) Können im Fall des Abs. 1 die geltend gemachten Verfassungsbedenken nicht ausgeräumt werden, so holt der Rat ein Rechtsgutachten des Rechtshofs der Evangelischen Kirche in Deutschland ein (Artikel 69). Nach Beratung des Gutachtens entscheidet das gesetzgebende Organ der Gliedkirche abschließend, ob das Kirchengesetz im Bereich der Gliedkirche Anwendung findet.

(3) Die Anwendung der Abs. 1 und 2 schließt für die beteiligte Gliedkirche ein Verfahren nach Artikel 69 Abs. 1 Nr. 1 Buchstabe b) aus.

(4) Die Absätze 1 und 3 gelten für Verordnungen und verbindliche Rahmenpläne entsprechend.

Artikel 55

(1) Gegenstände, die durch Kirchengesetz zu regeln sind, können durch Verordnung des Rates geregelt werden, wenn die Sache keinen Aufschub duldet, die Synode nicht versammelt und ihre Einberufung nicht möglich ist oder der Bedeutung der Sache nicht entspricht, und wenn das Präsidium der Synode einer Regelung durch Verordnung des Rates zustimmt. In den Fällen des Artikel 51 Abs. 3 und des Artikel 52 sind Verordnungen des Rates nicht zulässig.

(2) Die Verordnung bedarf der Zustimmung durch die Kirchenkonferenz.

(3) Verordnungen sind der Synode bei ihrer nächsten Tagung zur Bestätigung vorzulegen. Sie kann sie unter entsprechender Anwendung der Artikel 51 Abs. 1 und Artikel 3 aufheben oder ändern.

VII. Verwaltung und Rechtsvertretung

Artikel 56

Das Kirchenamt führt die Verwaltung der Evangelischen Kirche in Deutschland und die laufenden Geschäfte des Rates im Rahmen des kirchlichen Rechts nach Richtlinien oder Weisungen des Rates. Es hat insbesondere

1. die Synode und die Kirchenkonferenz in der Erfüllung ihrer Aufgaben zu unterstützen und für die Synode, die Kirchenkonferenz und den Rechtshof die Aufgaben einer Geschäftsstelle wahrzunehmen sowie für die Geschäftsführung in den Kammern und Kommissionen zu sorgen,
2. an der ständigen Zusammenarbeit zwischen der Evangelischen Kirche in Deutschland, ihren Gliedkirchen und gliedkirchlichen Vereinigungen sowie den kirchlichen Werken, Verbänden und Einrichtungen mitzuwirken,
3. Stellungnahmen der Gliedkirchen, der gliedkirchlichen Vereinigungen sowie der kirchlichen Werke, Verbände und Einrichtungen in Angelegenheiten von gesamtkirchlicher Bedeutung einzuholen,
4. Arbeiten und Planungen der Evangelischen Kirche in Deutschland einzuleiten und Entscheidungen der Organe, insbesondere auf dem Gebiet der Rechtsetzung, vorzubereiten,
5. die ihm kirchengesetzlich auf dem Gebiet der Auslandsarbeit und anderen Bereichen zugewiesenen Verwaltungsaufgaben zu erfüllen,
6. die Öffentlichkeit über die Arbeit der Evangelischen Kirche in Deutschland zu unterrichten und im Rahmen von Regelungen des Rates öffentliche Erklärungen abzugeben,
7. die ständige Verbindung der Evangelischen Kirche in Deutschland zu den ökumenischen Stellen und Einrichtungen wahrzunehmen, gesamtkirchliche Anliegen gegenüber staatlichen und anderen Stellen im Rahmen von Regelungen des Rates zu erarbeiten und sie zu vertreten, soweit die Vertretung nicht besonderen Bevollmächtigten übertragen ist.

Artikel 57

(1) Das Kirchenamt wird von einem Kollegium unter Vorsitz eines Präsidenten geleitet und in Abteilungen gegliedert. Die Einzelheiten regelt vorbehaltlich eines Kirchengesetzes der Rat mit Zustimmung der Kirchenkonferenz.
(2) Die Mitglieder des Kollegiums des Kirchenamtes werden vom Rat nach Anhörung der Kirchenkonferenz berufen. Die weiteren Beamten beruft der Rat. Er kann diese Befugnis ganz oder teilweise dem Kollegium des Kirchenamtes übertragen. Dieses regelt auch die Einstellung der übrigen Mitarbeiter.

Artikel 58

(1) Die Evangelische Kirche in Deutschland wird in Rechtsangelegenheiten durch den Rat vertreten. Der Rat kann die Vertretung allgemein oder im Einzelfall auf das Kirchenamt übertragen.
(2) Urkunden, durch welche die Evangelische Kirche in Deutschland Dritten gegenüber verpflichtet werden soll, und Vollmachten sind vom Vorsitzenden des Rates oder seinem Stellvertreter und

vom Präsidenten des Kirchenamtes oder dessen Stellvertreter zu vollziehen, in den Fällen des Abs. 1 Satz 2 vom Präsidenten des Kirchenamtes oder dessen Stellvertreter; das Siegel ist beizudrücken. Dadurch wird die Rechtmäßigkeit der Beschlussfassung festgestellt.

VIII. Finanzen

Artikel 59

(1) Die Evangelische Kirche in Deutschland erhält zur Erfüllung ihrer Aufgaben jährlich einen Anteil an den Mitteln, die in den Gliedkirchen aufkommen. Die Höhe des Anteils und die Art der Einnahmen, nach denen der Anteil berechnet wird, bestimmt ein Kirchengesetz.

(2) Unbeschadet der Einnahmen, die die Evangelische Kirche in Deutschland nach Absatz 1 erhält, kann sie für bestimmte Zwecke Sammlungen veranstalten; sie kann Kollekten ausschreiben, die in allen Gliedkirchen einzusammeln sind. Die Zahl der Kollekten soll jährlich nicht mehr als drei betragen.

Artikel 60

Durch Kirchengesetz ist sicherzustellen, dass die unterschiedliche Finanzkraft der Gliedkirchen angemessen ausgeglichen wird. Die Maßstäbe für diesen Finanzausgleich sind in dem Kirchengesetz zu bestimmen.

Artikel 61

Bei Beschlüssen von Organen einer Gliedkirche, die die Höhe der Einnahmen vermindern, von denen die Evangelische Kirche in Deutschland einen Anteil nach Artikel 59 Abs. 1 erhält, ist das Einvernehmen mit dem Rat und der Kirchenkonferenz herzustellen.

Artikel 62

(1) Die Einnahmen und Ausgaben der Evangelischen Kirche in Deutschland sind in den Haushaltsplan einzustellen. Durchlaufende oder treuhänderisch verwaltete Mittel und Kollekten können in Sonder- oder Nebenplänen nachgewiesen werden.

(2) Der Haushaltsplan wird für ein oder mehrere Rechnungsjahre, nach Jahren getrennt, vor Beginn des ersten Rechnungsjahres durch das Haushaltsgesetz festgestellt. Er ist in Einnahme und Ausgabe auszugleichen.

(3) Die Haushaltsgesetzesvorlage sowie Vorlagen zur Änderung des Haushaltsgesetzes und des Haushaltsplanes werden gleichzeitig der Synode und der Kirchenkonferenz vom Rat zugeleitet.

(4) Die Synode beruft einen ständigen Haushaltsausschuss, die Kirchenkonferenz einen ständigen Finanzausschuss. Vorlagen nach Abs. 3 sind vor der Zuleitung an die Synode und die Kirchenkonferenz in diesen Ausschüssen zu beraten.

Artikel 63

Ist bis zum Schluss eines Rechnungsjahres der Haushaltsplan für das folgende Jahr nicht durch Kirchengesetz festgestellt, so ist bis zu seinem Inkrafttreten der Rat ermächtigt, alle Ausgaben zu leisten, die nötig sind, um

1. bestehende Einrichtungen zu erhalten und kirchengesetzlich beschlossene Maßnahmen durchzuführen,
2. rechtlich begründete Verpflichtungen der Evangelischen Kirche in Deutschland zu erfüllen,
3. Bauten, Beschaffungen und sonstige Leistungen fortzusetzen oder Beihilfen und Zuschüsse für diese Zwecke weiter zu gewähren, sofern durch den Haushaltsplan eines Vorjahres bereits Beträge bewilligt worden sind.

Artikel 64

(1) Kirchengesetze und Beschlüsse, die die vom Rat vorgeschlagenen Ausgaben des Haushaltsplanes erhöhen oder neue Ausgaben in sich schließen oder für die Zukunft mit sich bringen, bedürfen der vorherigen Zustimmung des Rates und des Haushaltsausschusses der Synode. Die Zustimmung darf nur erteilt werden, wenn die Finanzierung der erhöhten oder neuen Ausgaben gesichert ist.
(2) Überplanmäßige oder außerplanmäßige Ausgaben bedürfen der Zustimmung des Rates und des Haushaltsausschusses der Synode. Die Zustimmung darf nur im Falle eines unvorhergesehenen und unabweisbaren Bedürfnisses sowie bei gesicherter Finanzierung erteilt werden. Der Rat kann seine Zustimmungsbefugnis übertragen. Das Nähere regelt die nach Artikel 66 zu erlassende Haushaltsordnung.

Artikel 65

(1) Über die Haushalts- und Kassenführung sowie über das Vermögen und die Schulden ist jährlich Rechnung zu legen.
(2) Der Rechnungshof der Evangelischen Kirche in Deutschland prüft in richterlicher Unabhängigkeit die Rechnung und berichtet dem Haushaltsausschuss der Synode über das Ergebnis. Aufgrund dieses Berichtes schlägt der Haushaltsausschuss die Entlastung des Rates und des Kirchenamtes vor, über die die Synode beschließt.

Artikel 66

Das Nähere über das Haushalts-, Kassen-, Rechnungs- und Rechnungsprüfungswesen wird durch Verordnung geregelt, die der Zustimmung des Haushaltsausschusses der Synode und des Finanzausschusses der Kirchenkonferenz bedarf.

Artikel 67

Bis zum Inkrafttreten der nach Abschnitt VIII zu erlassenden Kirchengesetze und Verordnungen gelten Artikel 33 Abs. 1 S. 2 und Abs. 2 der Grundordnung vom 13. Juli 1948 sowie die aufgrund des Abs. 4 dieses Artikels erlassenen Verordnungen.

IX. Rechtspflege

Artikel 68

(1) In der Evangelischen Kirche in Deutschland wird die Rechtsprechung durch den Rechtshof der Evangelischen Kirche in Deutschland ausgeübt. Er entscheidet in Verfassungs-, Verwaltungs- und Disziplinarsachen.

(2) Die Richter sind unabhängig und in der Bindung an Schrift und Bekenntnis nur dem Recht unterworfen. Sie sind auf ihr Amt zu verpflichten.

(3) Vorsitzende und beisitzende Richter werden von einem Richterwahlausschuss gewählt und vom Rat berufen. Der Richterwahlausschuss hat zwölf Mitglieder, die je zur Hälfte von Synode und Kirchenkonferenz für sechs Jahre gewählt werden. Der Rat sowie die Leitungen der Gliedkirchen und gliedkirchlichen Vereinigungen können dem Richterwahlausschuss Vorschläge machen.

(4) Die Richter dürfen den Organen oder dem Kirchenamt der Evangelischen Kirche in Deutschland nicht angehören; sie dürfen ferner nicht Mitglieder von Leitungen oder Verwaltungen der Gliedkirchen oder gliedkirchlichen Vereinigungen sein.

(5) Das Nähere über die Bestellung der Richter, die Verfassung und das Verfahren der Gerichte der Evangelischen Kirche in Deutschland wird durch Kirchengesetz geregelt.

Artikel 69

(1) Der Rechtshof der Evangelischen Kirche in Deutschland ist zuständig

1. in Verfassungssachen
   a) für die Entscheidung über die Auslegung der Grundordnung aus Anlass von Meinungsverschiedenheiten zwischen Organen der Evangelischen Kirche in Deutschland über den Umfang ihrer Rechte und Pflichten auf Antrag eines betroffenen Organs,
   b) für die Entscheidung über die Vereinbarkeit von Recht der Evangelischen Kirche in Deutschland mit dieser Grundordnung, soweit nicht ein Verfahren nach Art. 54 stattfindet, sowie von Recht der Gliedkirchen und gliedkirchlichen Vereinigungen mit dem Recht der Evangelischen Kirche in Deutschland auf Antrag des Rates, der Kirchenkonferenz, mindestens eines Drittels der gesetzlichen Mitgliederzahl der Synode, der Leitung einer Gliedkirche oder gliedkirchlichen Vereinigung,
   c) für die Entscheidung über die Auslegung dieser Grundordnung bei Streitigkeiten über Rechte und Pflichten im Verhältnis zwischen der Evangelischen Kirche in Deutschland und ihren Gliedkirchen, gliedkirchlichen Vereinigungen, den nach Art. 12 angeschlossenen Kirchen und kirchlichen Gemeinschaften sowie den Werken, Verbänden und Einrichtungen nach den Art. 16 bis 19,
   d) für die Erstattung von Rechtsgutachten in Fällen des Art. 54 Abs. 2, die Entscheidung über Rechtsmittel gegen Urteile kirchlicher Verwaltungsgerichte, soweit diese Zuständigkeit in Vereinbarungen zwischen der Evangelischen Kirche in Deutschland und den Gliedkirchen oder gliedkirchlichen Vereinigungen begründet und durch Kirchengesetz der Evangelischen Kirche in Deutschland zugelassen ist,

e) für die Entscheidung über Rechtsmittel gegen Urteile kirchlicher Disziplinargerichte, soweit nicht das Recht der Gliedkirchen oder gliedkirchlichen Vereinigungen etwas anderes bestimmt.

(2) Der Rechtshof der Evangelischen Kirche in Deutschland kann außerdem entscheiden in Rechtsstreitigkeiten

1. zwischen der Evangelischen Kirche in Deutschland und den in Abs. 1 Nr. 1 Buchst. c) genannten Rechtsträgern,
2. zwischen Gliedkirchen untereinander.

(3) In Vereinbarungen zwischen der Evangelischen Kirche in Deutschland und den Gliedkirchen oder gliedkirchlichen Vereinigungen kann geregelt werden, dass dem Rechtshof in Verfassungssachen der Gliedkirchen oder gliedkirchlichen Vereinigungen die Aufgabe eines Verfassungsgerichts übertragen wird, soweit dies ein Gesetz der Evangelischen Kirche in Deutschland zulässt.

(4) Die Rechtsprechung in Verwaltungssachen für die eigenen Angelegenheiten der Evangelischen Kirche in Deutschland wird für den ersten Rechtszug dem Verwaltungsgericht oder Disziplinargericht einer Gliedkirche oder gliedkirchlichen Vereinigungen übertragen, sofern deren Recht dies zulässt. Die Übertragung bedarf von Seiten der Evangelischen Kirche in Deutschland eines Kirchengesetzes.

(5) Das Nähere regelt ein Kirchengesetz.

X. Übergangsbestimmungen

Artikel 70

Die Grundordnung bedarf der Zustimmung der in Art. 7 genannten Gliedkirchen, der Evangelischen Kirche der Union (Bereich Bundesrepublik Deutschland und Berlin West) und der Vereinigten Evangelisch-Lutherischen Kirche Deutschlands. Sie wird vom Präses der Synode im Amtsblatt der Evangelischen Kirche in Deutschland verkündet und tritt am Tage nach der Herausgabe des Amtsblattes in Kraft.

Artikel 71

(1) Die Grundordnung tritt an die Stelle der Grundordnung vom 13. Juli 1948 (ABl. EKD S. 233).

(2) Mit dem Inkrafttreten dieser Grundordnung treten alle entgegenstehenden Bestimmungen außer Kraft.

(3) Insbesondere treten außer Kraft

1. das Kirchengesetz über die Verteilung der von den Gliedkirchen zu wählenden Mitglieder der Synode der Evangelischen Kirche in Deutschland vom 15. Mai 1970 (ABl. EKD S. 278),
2. das Kirchengesetz über die Verteilung der Stimmen in der Kirchenkonferenz vom 10. Januar 1949 (ABl. EKD S. 5),
3. das Kirchengesetz über Tagungen der Synode und der Kirchenkonferenz der Evangelischen Kirche in Deutschland in besonderen Fällen vom 4. April 1967 (ABl. EKD S. 121 und 229),

4. das Kirchengesetz über die Zahl der Mitglieder des Rates der Evangelischen Kirche in Deutschland vom 18. März 1966 (ABl. EKD S. 153),
5. das Kirchengesetz über die Bildung eines Schiedsgerichtshofes der Evangelischen Kirche in Deutschland vom 13. Januar 1949 (ABl. EKD S. 25) mit Änderungen vom 26. April 1950 (ABl. EKD S. 108), vom 5. April 1951 (ABl. EKD S. 92), vom 18. März 1954 (ABl. EKD S. 114), vom 4. März 1957 (ABl. EKD S. 88) und vom 13. März 1963 (ABl. EKD S. 174).

Artikel 72

Wo in weitergeltenden Gesetzen und anderen rechtlichen Vorschriften auf Organe, Amtsstellen und Einrichtungen der Evangelischen Kirche in Deutschland Bezug genommen wird, die nach der Grundordnung vom 13. Juli 1948 gebildet worden sind, treten an ihre Stelle die Organe, Amtsstellen und Einrichtungen nach dieser Grundordnung.

Artikel 73

(1) Bis zur Bildung der in dieser Grundordnung vorgesehenen Organe nehmen die bisherigen Organe die sich aus dieser Grundordnung ergebenden Aufgaben und Befugnisse wahr.
(2) Die 5. Synode der Evangelischen Kirche in Deutschland bleibt im Amt, bis nach Ablauf ihrer Amtsperiode die neugebildete Synode zu ihrer ersten Tagung zusammentritt.
(3) Der beim Inkrafttreten dieser Grundordnung bestehende Rat bleibt im Amt, bis nach der ersten Neubildung der Synode nach Art. 38 der Rat nach Art. 48 gewählt worden ist. Nach der Wahl des Vorsitzenden der Kirchenkonferenz nach Art. 45 tritt dieser als Mitglied in den amtierenden Rat ein. Die Bestimmungen dieser Grundordnung über das Ausscheiden von Ratsmitgliedern und ihre Nachwahl sowie über die Beschlussfähigkeit und die Beschlussfassung des Rates gelten vom Inkrafttreten dieser Grundordnung an.

Artikel 74

Die Kirchenkanzlei und das Kirchliche Außenamt nehmen bis zur Bildung eines Kirchenamtes die Aufgaben und Befugnisse des Kirchenamtes wahr. Entsprechendes gilt für ihre Leiter.

Artikel 75

Bis zum Inkrafttreten der in den Artikeln 68 und 69 vorgesehenen Kirchengesetze gelten die bisherigen Bestimmungen über die Gerichtsbarkeit fort.

Stichwörter